AF516627

श्रीमत्सायणमाधवाचार्यप्रणीतः

सर्वदर्शनसंग्रहः

SARVA-DARŚANA-SAṀGRAHA OF SĀYAṆA-MĀDHAVA

श्रीमत्सायणमाधवाचार्यप्रणीतः

सर्वदर्शनसंग्रहः

SARVA-DARŚANA-SAṀGRAHA

OF

SĀYAṆA-MĀDHAVA

(with Commentary in Sanskrit by Vasudev Shastri Abhyankar)

Translated by
E.B. Cowell
A.E. Gough

BHARATIYA KALA PRAKASHAN
Delhi :: (India)

First Edition : 2017

Published by **C.P. Gautam**
BHARATIYA KALA PRAKASHAN
3421-A, IInd Floor, Narang Colony Tri Nagar,
Delhi-110035. Phone : 27393083, 32967505
E-mail : bkp3421@yahoo.co.in

ISBN : 978-81-8090-212-3

Printed by :
Salasar Imaging Systems
Delhi

Contents
अनुक्रम

Preface

I well remember the interest excited among the learned Hindus of Calcutta by the publication of the Sarva-darśana-saṁgraha of Mādhava Ācārya in the Bibliotheca Indica in 1858. It was originally edited by Paṇḍit Iśvara-Candra Vidyāsāgara, but a subsequent edition, with no important alterations, was published in 1872 by Paṇḍit Tārānātha Tarkavācaspati. The work had been used by Wilson in his "Sketch of the Religious Sects of the Hindus" (first published in the Asiatic Researches, vol. xvi., Calcutta, 1828) ; but it does not appear to have been ever much known in India. MS. copies of it are very scarce; and those found in the North of India, as far as I have had an opportunity of examining them, seem to be all derived from one copy, brought originally from the South, and therefore written in the Telugu character. Certain mistakes are found in all alike, and probably arose from some illegible readings in the old Telugu original. I have noticed the same thing in the Nāgarī copies of Mādhava's Commentary on the Black Yajur Veda, which are current in the North of India.

As I was at that time the Oriental Secretary of the Bengal Asiatic Society, I was naturally attracted to the book; and I subsequently read it with my friend Paṇḍit Maheśa-Nyāyaratna, the present Principal of ,the Sanskrit College at Calcutta. I always hoped to translate it into English; but I was continually prevented by other engagements while I remained in India. Soon after my return to England, I tried to carry out my intention; but I found that several chapters, to which I had not paid the same attention as to the rest, were too difficult to be translated in England, where I could no longer enjoy the advantage of reference to my old friends the Paṇḍits of the

Sanskrit College. In despair I laid my translation aside for years, until I happened to learn that my friend, Mr. A. E. Gough, at that time a Professor in the Sanskrit College at Benares, was thinking of translating the book. I at once proposed to him that we should do it together, and he kindly consented to my proposal; and we accordingly each undertook certain chapters of the work. He had the advantage of the help of some of the Paṇḍits of Benares, especially of Paṇḍit Rāma Miśra, the assistant Professor of Sāṅkhya, who was himself a Rāmānuja, and I trust that, though we have doubtless left some things unexplained or explained wrongly, we may have been able to throw light on many of the dark sayings with which the original abounds. Our translations were originally published at intervals in the Benares Paṇḍit between 1874 and 1878; but they have been carefully revised for their present republication.

The work itself is an interesting specimen of Hindu critical ability. The author successively passes in review the sixteen philosophical systems current in the fourteenth century in the South of India, and gives what appeared to him to be their most important tenets, and the principal arguments by which their followers endeavoured to maintain them; and he often displays some quaint humour as he throws himself for the time into the position of their advocate, and holds, as it were, a temporary brief in behalf of opinions entirely at variance with his own.[1] We may sometimes differ from him in his judgment of the relative importance of their doctrines, but it is always interesting to see the point of view of an acute native critic. In the course of his sketches he frequently explains at some length obscure details in the different systems; and I can hardly imagine a better guide for the European reader who wishes to study any one of these Darśanas in its native authorities. In one or two cases (as notably in the Bauddha, and perhaps in the Jaina system) he could only draw his materials second-hand from the discussions in the works of Brahmanical controversialists; but in the great

1. The most remarkable instance of this philosophical equanimity is that of Vācaspati Miśra, who wrote standard treatises on each of the six systems except the Vaiśeṣika, adopting, of course, the peculiar point of view of each, and excluding for the time every alien tenet.

majority he quotes directly from the works of their founders or leading exponents, and he is continually following in their track even where he does not quote their exact words.[1]

The systems are arranged from the Vedānta point of view,—our author having been elected, in A.D. 1331, the head of the Smārta order in the Maṭh of Śṛṅgeri in the Mysore territory, founded by Śaṁkara Ācārya, the great Vedāntist teacher of the eighth century, through whose efforts the Vedānta became what it is at present-the acknowledged view of Hindu ortho-doxy. The systems form a gradually ascending scale,—the first, the Cārvāka and Bauddha, being the lowest as the furthest removed from the Vedānta, and the last, the Sāṅkhya and Yoga, being the highest as approaching most nearly to it.

The sixteen systems here discussed attracted to their study the noblest minds in India throughout the medieval period of its history. Hiouen Thsang says of the schools in his day : "Les ēcoles philosophiques sont constamment en lutte, et le bruit de leurs discussions pasionnees śeleve comme les flots de la mer. Les hérétiques des diverses śectes śattachent ā des maītres particuliers, et, par des voies différentes, marchent tons au mēme but." We can still catch some faint echo of the din as we read the medieval literature. Thus, for instance, when King Harṣa wanders among the Vindhya forest, he finds " seated on the rocks and reclining under the trees Ārhata begging monks, Śvetapadas, Mahāpāśupatas, Pāṇḍarabhikṣus, Bhāgavatas, Varṇins, Keśaluñcanas, Lokāyatikas, Kāpilas, Kāṇādas, Aupaniṣadas, Isvarakārins, Dharmaśāstrins, Paurāṇikas, Sāptatantavas, Śābdas, Pāñcarātrikas, etc., all listening to their own accepted tenets and zealously defending them."[2] Many of these sects will occupy us in the ensuing pages; many of them also are found, in Mādhava's poem on the controversial triumphs of Śaṅkara Ācārya, and in the spurious prose work on the same subject, ascribed to Anantānandagiri. Well may

1. An index of the names of authors and works quoted is given in Dr. Hall's Bibliographical Catalogue, pp. 162-164, and also in Professor Aufrecht's Bodleian Catalogue, p. 247.
2. Śrīharha-charita, p, 204 (Calcutta ed.)

some old poet have put into the mouth of Yudhiṣṭhira the lines which one so often hears from the lips of modern paṇḍits—

Veda vibhinnāḥ smṛitayo vibhinnā,
Nāsau munir yasya mataṁ na bhinnaṁ,
Dharmasya tattvaṁ nihitaṁ guhāyāṁ,
Mahājano yena gataḥ sa panthāḥ.[1]

And may we not also say with Clement of Alexandria, *μιας τοίνυν οὔσης της ἀληθειας, το γαρ Ψευδος μυρίας εκτροπας ἔχει, καθάπερ αἱ βάκχαι τα του Πενθέως διαφορήσασαι μέλη αἱ της φιλοσοφίας της τε βαρβάρου της τε Ελληνικης, αἱρεσεις, ἑκάστη ὅπερ ἔλαχεν, ὡς πασαν αὔχει την ἀλήθειαν, φωτος δ', οἶμαι, ανατολη πάντα φωτίζεται*

E. B. C.

1. Found in the Mahābh. iii. 17402, with some variations. I give them as I have heard them from Paṇḍit Rāmanārāyaṇa Vidyāratna.

The Prologue

1. I worship Śiva, the abode of eternal knowledge, the storehouse of supreme felicity; by whom the earth and the rest were produced, in him only has. this all a maker.

2. Daily I follow my Guru Sarvajña-Viṣṇu, who knows all the Āgamas, the son of Śārṅgapāṇi, who has gone to the further shore of the seas of all the systems, and has contented the hearts of all mankind by the proper meaning of the term Soul.

3. The synopsis of all the systems is made by the venerable Mādhava, mighty in power, the Kaustubha-jewel of the milk-ocean of the fortunate Sāyaṇa.

4. Having thoroughly searched the Śāstras of former teachers, very hard to be crossed, the fortunate Sāyaṇa-Mādhava[1] the lord has expounded them for the delight of the good. Let the virtuous listen with a mind from which all envy has been far banished; who finds not delight in a garland strung of various flowers?

---

1. Dr. A. C. Burnell, in his preface to his edition of the Vaṁśa-Brāhmaṇa, has solved the riddle of the relation of Mādhava and Sāyaṇa. Sāyaṇa is a pure Draviḍian name given to a child who is born after all the elder children have died. Mādhava elsewhere calls Sāyaṇa his "yonger brother," as an allegorical description of his body, himself being the eternal soul. His use of the term Sāyaṇa-Mādhavaḥ here (not the dual) seems to prove that the two names represent the same person. The body seems meant by the Sāyaṇa of the third śloka. Māyaṇa was the father of Mādhava, and the true reading may be *śriman-māyaṇa*.

संक्षिप्तचिह्नज्ञेयानि नामानि

अ० अ० व० ऋ०=अष्टकाध्यायवर्गऋक्
अथर्वसं०=अथर्वसंहिता
अम०को०=अमरकोशः
अमरसिं०=अमरकोशः
आत्मोप०=आत्मोपनिषत्
ई०=ईशोपनिषत्
उणा०सू०=उणादिसूत्रम्
ऋ०सं०=ऋक्संहिता
ऋ०सं०म०=ऋक्संहितामण्डलम्
कठ०=काठकोपनिषत्
क०सू०=कणादसूत्रम्
का०=काठकोपनिषत्
का०प्र०=काव्यप्रकाशः
का०प्रदी० उ०=काव्यप्रदीप उल्लासः
कुसु०=न्यायकुसुमाञ्जलिः
कै०= कैयटः
ख०=खण्डनखण्डखाद्यम्
गी०=भगवद्गीता
गौत०सू०=गौतमसूत्रम्
गौ०सू०=गौतमसूत्रम्
गौ०सू०वा०=गौतमसूत्रवात्स्यायनभाष्यम्
चित्सु०=चित्सुखी
चू०=चूलिकोपनिषत्
छा०=छान्दोग्योपनिषत्
जै० सू०=जैमिनिसूत्रम्
तत्त्वमु०=तत्त्वमुक्ताकलापः
तत्त्वा०=तत्त्वावली
त०वा०=तन्त्रवार्तिकम्
त०वि०=तत्त्वविवेकः
त०सू०=तत्त्वार्थाधिगमसूत्रम्
तै०=तैत्तिरीयोपनिषत्
तै०आ०=तैत्तिरीयारण्यकम्
तै०ब्रा०=तैत्तिरीयब्राह्मणम्
तै०सं०=तैत्तिरीयसंहिता
द०=दर्शनम्
नृ०पू०=नृसिंहपूर्वतापिनी
न्या०कु०=न्यायकुसुमाञ्जलिः
न्या० कुसु०=न्यायकुसुमाञ्जलिः
न्या० बि०=न्यायबिन्दुः
न्या० सू०=न्यायसूत्रम्
न्या० सू० भा०=न्यायसूत्रभाष्यम्
पं०=पङ्क्तिः

प० द०=पञ्चदशी
पञ्चपा०=पञ्चपादिका
प० न०=पद्मनन्दी
प० पा०=पञ्चपादिका
पाणि० सू०=पाणिनिसूत्रम्
पात० भा० = पातञ्जलमहाभाष्यम्
पात० म० भा०=पातञ्जलमहाभाष्यम्
पात० यो० सू०=पातञ्जलयोगसूत्रम्
पा० यो० सू०= पातञ्जल योगसूत्रम्
पा० सू०=पाणिनिसूत्रम्
पृ०=पृष्ठम्
प्र०=प्रश्नोपनिषत्
प्रक० प०=प्रकरणपञ्चिका
प्र०क०मा०=प्रमेयकमलमार्तण्ड:
बृ०=बृहदारण्यकोपनषित्
ब्र० वै०=ब्रह्मवैवर्तम्
ब्र०सू०=ब्रह्मसूत्रम्
ब्रह्मसू०=ब्रह्मसूत्रम्
भ०गी०=भगवद्गीता
भाग०=भागवतम्
भा०प०=भाषापरिच्छेद:
भाषाप०=भाषापरिच्छेद:
म०ना०=महानारायणोपनिषत्
मनु०=मनुस्मृति:
म०भा०ता०=महाभारततात्पर्यनिर्णय:
मा०=माध्यंदिनशाखा
मा०का०=माण्डूक्यकारिका
माघका०=माघकाव्यम्
मु०=मुण्डकोपनिषत्
योगभा०=योगसूत्रभाष्यम्
यो०वा०=योगवासिष्ठम्
र०हृ०=रसहृदयम्
वाक्यप०=वाक्यपदीयम्
वि०त०=विष्णुतत्त्वनिर्णय:
वि०पु०=विष्णुपुराणम्
वि०वि०=विवेकविलास:
वी०स्तु०=वीतरागस्तुति:
वै०सू०=वैशेषिकसूत्रम्
श्लो० वा०=श्लोकवार्तिकम्
श्वे०=श्वेताश्वतरोपनिषत्
सां०का०=सांख्यकारिका
सांख्यका०=सांख्यकारिका
सां०प्र०सू०=सांख्यप्रवचनसूत्रम्
सां० समाससू०=सांख्यसमाससूत्रम्
सि०बि०=सिद्धान्तबिन्दु:
सू०=सूक्तम्

प्रस्तावना

ग्रन्थस्य दुष्प्रापता

१. श्रीमत्सायणमाधवाचार्यप्रणीतः सर्वदर्शनसंग्रहाभिधोयं ग्रन्थो रत्नाकर इव तत्त्वं जिज्ञासमानानामखिलानां जनानां स्पृहणीयतरः। किं तु क्षीरसागर इवायमत्यन्तदुष्प्रापो दुरवगाहश्च संदृश्यते। दुष्प्रापता दुरवगाहता चेति द्वयमपि प्रेक्षावतां जनानां सौकर्याय दूरीकरणीयं भवति। तत्रादावस्य ग्रन्थस्य दुष्प्रापतां दूरीकर्तुकामोहमेतद्ग्रन्थसंशोधने प्रवृत्तोभूवम्। यद्यप्ययं ग्रन्थः कलिकातानगरे पुण्यग्रामे च संशोध्य पूर्वं मुद्रित इति परहितैकप्रवणैस्तत्तन्मुद्रालयाधिकृतैर्व्यवस्थापकैरस्य ग्रन्थस्य दुष्प्रापता दूरीकृतैव तथापि तावता संशोधनेन न प्रेक्षावन्तः संतुष्टान्तरङ्गा बभूवुः। किं च पठनपाठनसंप्रदायस्य विच्छिन्नत्वेनादर्शपुस्तकानां च प्रायो लेखनसमयादन्यत्र केनाप्यदर्शनेन पुस्तकभेदेन भिन्नानां पाठनामशुद्धिबाहुल्याच्च वाचकानां स्वान्ताकर्षणेयं ग्रन्थो न पर्याप्तः। द्वित्रस्थलेषु तु मध्यगताः काश्चित्पङ्क्तय एव त्रुटिता यत्र पूर्वापरसंगतिर्न दृश्यते। अतः पुनरेतद्ग्रन्थसंशोधनाय प्रयतितव्यमिति मतिरभूत्।

आदर्श पुस्तकानि

२. पुनः संशोधने च पूर्वमुद्रितं पुस्तकमेवोपजीव्यमासीत्। किं तु तावन्मात्रेण न पर्याप्तिरित्यतो लिखितपुस्तकमन्वेषयता मया डेक्कनकालेजस्थग्रन्थसंग्रहालयादेकं पुस्तकं लब्धम्। अस्मिंश्च पुस्तके केषुचित्स्थलेष्वशुद्धान्यक्षराणि रेखाङ्कितानि कृत्वा बहिःपङ्क्ति शुद्धाक्षराणि प्रदर्शितानि। तेषु च प्रायो लेखकेन लेखनकाले स्वहस्तदोषात्समापतितान्यशुद्धाक्षराणि सद्य एवोक्तरीत्या संमार्जितानि। क्वचित्तु मषीभेदोक्षशैलीवैलक्षण्यं च संदृश्यते। तत्र लेखकांदन्येन केनचित्प्रेक्षावता वाचकेन शुद्धाक्षराणि निर्दिष्टानि स्युः। अस्मिंश्च पुस्तके शांकरदर्शनं नास्ति। एतत्पुस्तकं C इति संज्ञितम्। द्वितीयं च लिखितपुस्तकं सप्तर्षिग्रामनिवासिनां पुराणीक-इत्युपाह्वानां काशीनाथशास्त्रिणाम्। तच्च तेभ्यः सकाशात् सहस्रबुद्धे-इत्युपाह्वैर्गोपालशर्मण

आत्मजैर्वासुदेवशर्मभिर्महाशयैर्महता यत्नेन संपाद्यानीतम्। एतच्चातीव जीर्णं कृमिदुष्टं च। हस्ते पृष्ठं गृहीतं चेद्धस्तग्रहमपि सोढुमक्षमम्। पूर्ववदेव केषुचित्स्थलेष्वशुद्धाक्षराणि संमार्ज्य शुद्धाक्षराणि निर्दिष्टानि दृश्यन्ते। अस्मिंश्च पुस्तके शांकरदर्शनमुपलभ्यते। किंतु तत्र पातञ्जलदर्शनान्तं ग्रन्थं समाप्य स्वतन्त्रमेतल्लिखितमिव संदृश्यते। एतत्पुस्तकं D इति संज्ञितम्। पुण्यग्रामस्थानन्दाश्रममुद्रणालये मुद्रितं पुस्तकं A इति संज्ञितम्। कलिकातानगरे मुद्रितं च B इति संज्ञितम्। अस्मिंश्च संशोधने विशेषतः साहाय्यं तत्तद्दर्शनस्थानां ग्रन्थानामभूत्। निर्दिष्टेषु चैषु पुस्तकेषु पाठभेदा भूयांस उपलब्धास्तथापि केचिदेव तत्तत्पृष्ठेधोभागे निर्दिष्टाः। केचिच्च टीकायां प्रदर्शिताः। अशुद्धा इति भूयांस उपेक्षिताः।

पाठभेदकारणानि

३. अथ प्रसङ्गात्पाठभेदकारणानि संभाव्यमानानि प्रदर्श्यन्ते। त्रीणि चात्र कारणानि भवन्ति। ग्रन्थकर्तैव यदि प्रसङ्गवशात्स्वकृतस्य ग्रन्थस्य पुनःसंस्करणे प्रवर्तते तदा बुद्धेर्नवनवोन्मेषशालितया पूर्वकृतशब्दयोजनायां शब्दविनिमयोधिकशब्दप्रवेशो वा कार्य इति तस्य स्यान्मतिः। तदनुसारेण चापरा योजना तेन संपादिता चेत्तादृशे लिखिते पुस्तके पाठान्तरं जायते। पाठान्तरं चेदं शुद्धमेव। बुद्धिपुरःसरमेव संपादितत्वात्। ईदृशं च पाठान्तरं पूर्वपाठापेक्षया प्रायःसमीचीनं च भवेत्। पूर्वपाठापेक्षयाधिकसमीचीनोयं पाठ इति मत्वैव ग्रन्थकृता संपादितत्वात्।

लेखक-प्रमादः

४. पाठभेदस्य द्वितीयं कारणं च लेखकप्रमादः। लेखकस्य हस्तदोषाद्यदि शब्दस्य वर्णस्य मात्रादेर्वा भ्रंशः स्यात् तथा तेषां विनिमय आधिक्यं वा स्यात् सद्यो लेखकेनान्येन वा तत्पुस्तकं संशोधितं च न भवेत्तर्हि कालान्तरेण ग्रन्थकृतोभिप्रेतोयं पाठः स्यादिति स्यान्मतिर्वाचकानां मन्दमतीनां केषांचित्। पाठभेदश्च प्रायोयमशुद्ध एव भवेत्। घुणाक्षरन्यायेन कदाचिच्छुद्धोपि स्यात्। कदाचिच्च ग्रन्थकृदभिप्रेतपूर्वपाठापेक्षया समीचीनोपि भवेत्। घुणा कीटविशेषः। स यदा स्तम्भादिकाष्ठं भक्षयितुं प्रवर्तते तदा तेन क्वचित्सूक्ष्मेषु क्वचित्सूक्ष्मतरेषु स्तम्भादिकाष्ठावयवेषु भक्षितेषु कदाचित्तत्र ककारखकाराद्यक्षरतुल्य आकारो दृश्यते। तत्र चैतादृश्यक्षरानुपूर्वी मयात्र संपादनीयेति न कीटविशेषस्य तस्य मतिस्तथाप्यक्षराकारो दृश्यते तथात्रेदृशं पाठान्तरं संपादनीयमिति न बुद्धिपुरःपरं प्रवृत्तिस्तथापि पाठभेदो भवति। अत्र च ग्रन्थकार एव गुणदोषभाग्भवति। वाचकानां वस्तुवृत्ताज्ञानात्। लेखकहस्तदोषेण संजायमानमेतत्पाठान्तरमशुद्धं

चेत्तन्मूलभूतो दोषो वस्तुतो लेखकस्यैव न ग्रन्थकर्तुस्तथापि कालवशेन तदज्ञानाद्वाचकैः स दोषो ग्रन्थकार एवारोप्यते। तथा तादृशं संजायमानं पाठान्तरं यदृच्छया शुद्धं समीचीनं वा जायेत चेत्तन्मूलभूतो गुणो वस्तुतो न ग्रन्थकर्तुर्न वा लेखकस्य तथापि वाचकैः स गुणो ग्रन्थकार एवारोप्यते। ईदृशगुणदोषप्रतीतौ कारणं च ग्रन्थकर्तुरदृष्टमेव संभवति नान्यत्किंचिदपि कल्पयितुं शक्यते।

टीकाकारकृतिः

५. पाठभेदस्य तृतीयं कारणं चेत्थं संभवति। मूलग्रन्थं व्याख्यातुं टीकाकाराः प्रवर्तन्ते। तत्र केषुचित्स्थलेषु मूलग्रन्थकारस्य टीकाकारस्य च मध्ये प्रतिपत्तिवैचित्र्यान्मतभेदः संजायते। एवं यत्र मूलग्रन्थकारस्य टीकाकारस्य च मतद्वयं मिथो विरुद्धं तादृशस्थले केचिदृजुप्रकृतयष्टीकाकारा मूलग्रन्थाक्षरेभ्यो योर्थः स्वरसतः प्रतीयते मूलग्रन्थकृदभिमतत्वेन च प्रतिभाति तत्प्रकाशनं यथा भवेत्तथा मूलग्रन्थं व्याख्याय ततस्तद्विरुद्धं स्वसिद्धान्तं प्रदर्शयन्ति। एते च टीकाकारा विरुद्धमतप्रदर्शनविषये उत्तमा इति गणनीया भवन्ति। केचिच्च टीकाकारा मूलग्रन्थार्थं प्रथमतः प्रदर्श्य बाधकप्रमाणैस्तं दूषयित्वा ततस्तद्विरुद्धं स्वसिद्धान्तं प्रदर्शयन्ति। एतेपि तादृशे विषय उत्तमजातीया एव गणनीयाः। उभाभ्यामप्येताभ्यां मूलग्रन्थकृदभिमतत्वेन प्रतीतस्य वाक्यार्थस्य स्वानभिमतस्याप्यनपलापात्। अन्ये च केचिट्टीकाकारा उक्तांशे मध्यमा इति गण्यन्ते ये कुटिलमतयः स्वाभिमतमर्थं मूलग्रन्थकृतोनभिमतमपि तत्संमतत्वेन प्रख्यापयितुं प्रयतन्ते। स्वानभिमतार्थबोधकानि मूलग्रन्थस्थवाक्यानि च यथाकथंचिद्गौणार्थकत्वेन योजयित्वा मूलग्रन्थकृतः संमत एवायमर्थ इत्येवं वाचकानां भ्रममुत्पाद्य तान्वञ्चयितुमीहन्ते। वाचकाश्च मन्दमतय एवैतादृशीं व्याख्यां दृष्ट्वा मोहिता भवेयुर्न तीक्ष्णमतयः। ते तु प्रत्युतायं स्वारसिकस्य मूलग्रन्थार्थस्य टीकाकारेणापलापः कृत इत्येव जानीयुरित्यन्यत्। यद्यप्येतैर्मूलग्रन्थस्थवाक्यानां तदन्तर्गतशब्दानां वर्णमात्रादीनां वा लेशतोप्यपलापो न क्रियते तथापि प्रथमतः प्रतीयमानस्य स्वारसिकस्य मुख्यस्यार्थस्य मूलग्रन्थकृत्संमतस्यापलापः क्रियत एवेत्यतो मध्यमा भवन्ति। अपरे च केचन टीकाकाराः कुटिलतरप्रकृतयः साहसिका अधमाः स्वाभिमतोर्थो मूलग्रन्थकृत्संमत एवेति प्रदर्शयितुं स्वाभिमतोर्थो यादृशवाक्ययोजनया स्वरसतः प्रतीयेत तादृशं पाठान्तरं प्रकल्पयन्ति। न केवलमेतैरर्थस्यापलापः क्रियते किं तु शब्दस्यापीत्यतो वञ्चनापटव एते सर्वथाधमा इत्युच्यन्ते। तीक्ष्णतरबुद्धयोप्यत्र वञ्चिता भवेयुर्यावन्मूलग्रन्थस्थं टीकाकृता कल्पितात्पाठभेदादन्यत्पाठान्तरं न दृष्टिपथमागच्छेत्। तादृशं च पाठान्तरं कदाचिद्ये वाचकाः पश्येयुस्तेष्वपि परःशतेषु पञ्चषाणामेव वाचकानामीदृशी मनोवृत्तिः स्यात्

यट्टीकाकृता स्वकपोलकल्पितोयं पाठभेदः स्यादिति। जातायामपि च तादृश्यां मनोवृत्तौ न निश्चिता प्रतिपत्तिः कल्पित एवायं पाठभेदः स्यादिति। कदाचिदेकस्य तादृशी निश्चिता मनोवृत्तिर्भवतु नाम। न तावता स्वसिद्धान्तस्य हानिर्जायते। यतो बाहुल्येन स्वमतप्रचार उपहसनीयो न भवतीति। अहो वञ्चनापटुत्वमेतेषाम्। यदेतत्स्वातन्त्र्येण पाठभेदप्रकल्पनमेतादृशं साहसं कथमेभिः कृतं भवेदित्याशङ्कायास्तु लेशतोपि स्वान्तेवकाशो न देयः। यतोत्यल्पमिदं पाठभेदप्रकल्पनसाहसम्। धृष्टा ग्रन्थकारा निरङ्कुशाः किं किं न कुर्युः। तथा हि ग्रन्थकाराश्च स्वप्रतिपादितेर्थे प्रेक्षावतां दृढप्रत्ययोत्पादनाय प्रमाणत्वेन श्रुतिस्मृत्यादिवचनान्युदाहरन्ति। यस्मिंश्चार्थे तादृशप्रमाणवचनं नोपलभ्यते तत्र सरला ग्रन्थकारा उदासते नाभिनिविशन्ते। शठास्तु केनचित्कारणेन तत्राभिनिविष्टबुद्धयो धाष्ट्र्येनापूर्वं वचनं विरच्य तदुक्तमिति सामान्यत उक्त्वा तद्वचनमुदाहरन्ति। धृष्टतरास्तु तदुक्तं ब्रह्माण्डे इत्येवं कस्यचित्पुराणस्य नाम्नापि तद्वचनमुदाहर्तुं न बिभ्यति। वञ्चकाग्रेसरास्तु केचन स्वाभिमतार्थस्य स्पष्टतया प्रतिपादकमध्यायमपि विरच्य भारतादिषु प्रक्षिपन्ति। इतः पूर्वं संवत्सरचतुःशत्याः प्राक्कमलाकरभट्टेन निर्णयसिन्धुनामा निबन्धो निरमायि। तत्र च तत्पूर्वतनैः कैश्चिद्ग्रन्थकारैः प्रकल्पितानि वचनानि भूयांस्युदाहृत्य हेमाद्र्याद्याकरग्रन्थेष्वनुदाहृतत्वेन निर्मूलत्वादप्रमाणानीति बहुषु स्थलेषूक्तम्। मानुषस्वभावसुलभो लघिमेदानींतनानिव पूर्वान्पूर्वतरानपि कांश्चिन्मनुष्यांस्तारतम्येन ग्रसितुं शक्नुयादेव। तथा चापूर्वाणि वचनान्यध्याया वा यत्र धाष्ट्र्येन परिकल्प्यन्ते तत्र का वार्ता शब्दविनिमयेन पाठभेदप्रकल्पनस्य। तदेतत्पाठभेदस्य तृतीयं कारणं सिद्धं भवति।

६. अस्मिंश्च कारणत्रये प्रथमेन तृतीयेन च कारणेन जायमानाः पाठभेदाः शुद्धा एव। द्वितीयेन कारणेन जायमानास्तु पाठभेदा अशुद्धा एव प्रायो भवन्ति।

श्रुतौ पाठभेदकारणविशेषासंभवः

७. अपरं चेदमत्रानुसंधेयम्–प्रथमेन कारणेन जायमानाः पाठभेदाः श्रुतौ न संभवन्ति। तस्या अपौरुषेयत्वात्। पौरुषेयत्ववादिनां वैशेषिकादीनां नये श्रुतेरीश्वरकर्तृकत्वेपि न प्रथमेन कारणेन पाठभेदसंभवः। ग्रन्थकर्ता हि यदा स्वकृतस्य ग्रन्थस्य पुनः संशोधने प्रवर्तते तदा ग्रन्थरचनानन्तरं पुनः संशोधनात्प्राक् मध्ये लोकशास्त्राद्यवेक्षणादिना संस्कारविशेषे जायमाने तादृशसंस्कारमूलकेन प्रतिभाविशेषेण पुनः संशोधनकाले वर्णशब्दादिविन्यासविशेषेण पाठभेदान्संपादयति। तादृशप्रतिभाविशेषस्य ग्रन्थविरचनकाले अभावान्न तादृशशब्दादिविन्यासस्तेन पूर्वं संपादितो भवति। ईश्वरस्य तु सर्वज्ञत्वात्तत्र न कस्यापि प्रतिभाविशेषस्य कदापि न्यूनता। अतः प्राथमिकप्रवृत्त्यैव

सर्वं विवक्षितमखिलं सामीचीन्येन सुसाधमिति पुनः संशोधनमेव यत्र न प्रवर्तते तत्र का वार्ता प्रथमेन निमित्तेन जायमानस्य पाठभेदस्य।

सर्वदर्शनसंग्रहे पाठभेदकारण विशेषासंभवः

८. सर्वदर्शनसंग्रहनिर्मातारः श्रीमत्सायणमाधवाचार्या अपि सर्वज्ञकल्पा एवेति तन्मनोगतस्याखिलस्यार्थस्य प्रथमप्रवृत्त्यैव प्रकाशनसंभव इति भूयसांशेन न ग्रन्थकृत्कृतस्य पुनः संशोधनस्य संभवः। अत उक्तेषु पाठभेदकारणेषु त्रिषु प्रथमं कारणमत्रावकाशं न लभते। तथा तृतीयस्यापि कारणस्यात्र बहुधा नैवावकाशो दृश्यते। श्रीमत्सायणमाधवाचार्याः शालिवाहनशकीये त्रयोदशशतकोत्तरार्धे समभूवन्नित्यैतिहासिकाः कथयन्ति। तथा च ग्रन्थविरचनकालमारभ्याद्य यावन्मध्ये बहुतिथः कालो यात आसीत्। विपुला च पृथ्वी। बहुरत्ना वसुंधरेति च प्रवादः। अतश्चास्य सर्वदर्शनसंग्रहस्य व्याख्यां कर्तुं नैव कस्यापि प्रवृत्तिरभूदिति न निश्चयः कर्तुं शक्यते तथापि सांप्रतमेकापि व्याख्या नोपलभ्यते। तथा च पाठभेदस्य तृतीयं कारणमत्र नापादयितुं शक्यते। अवशिष्टं द्वितीयं कारणं लेखकप्रमादाख्यम्। तदेवात्र संभवदुक्तिकतां लभते। तज्जन्याः पाठभेदाश्च शते द्वित्राः कदाचिच्छुद्धाः स्युरित्यालोच्याशुद्धा इति प्रतीयमानाः पाठभेदाः प्रायः प्रतिक्षिप्ताः।

ग्रन्थकृच्चरितम्

९. सर्वदर्शनसंग्रहाभिधनिबन्धप्रणेतारः श्रीमत्सायणमाधवाचार्याः शालिवाहनशकीयत्रयोदशशतकोत्तरार्धे समभूवन्नित्यनुपदमेवोक्तम्। माधवाचार्यैश्चैभिर्जनुषा यत्कुलं समलंकृतं तत्सायणेति नाम्ना लक्षितमासीदिति प्रतीयते। ग्रन्थारम्भ एव तृतीये श्लोके सायणदुग्धाब्धिकौस्तुभेनेति ग्रन्थकर्तुर्माधवाचार्यस्य विशेषणं संदृश्यते। सायणरूपो यो दुग्धसमुद्रस्तत्रत्यकौस्तुभस्थानीयेनेति तत्तात्पर्यम्। एते च दक्षिणस्यां दिशि कर्णाटकप्रदेशे तुङ्गभद्रानदीतीरे पंपासरःसविधे विजयनगरे न्यवात्सुः। तस्मिंश्च नगरे राजा बुक्कवीर आसीत्। तस्य मुख्यं मन्त्रिपदं च माधवाचार्यैः कृतार्थीकृतमासीत्। तस्य च राज्ञः कश्चन शत्रुः कोङ्कणप्रदेशस्थो गोमन्तकप्रान्तनिवासी माधवाचार्यैः स्वपराक्रमेण पराजयं प्रापितोभूत्। तं च प्रदेशं बुक्कराजाधीनं संपाद्य तत्र सर्वाङ्गसुन्दरं चातुर्वर्ण्याश्रयं कंचन नगरविशेषं निर्माय श्रोत्रियेभ्यो ब्राह्मणेभ्योऽग्रहार इति प्रददुरेते माधवाचार्याः। ततस्तन्नगरं 'माधवपूर' इति नाम्ना प्रसिद्धमासीत्। शालिवाहनशकीये नेत्रेन्द्वग्नीन्दुमित (१३१२) संवत्सरे तद्दानपत्रं समभूदिति श्रूयते। माधवाचार्याश्च भारद्वाजगोत्रा याजुषा बौधायनसूत्रानुसारिणः। पिता मायणः। माता श्रीमती। तारुण्ये च

प्रथमतो बुक्कवीरस्य राज्ञस्ततस्तत्पुत्रस्य हरिहरस्य च राज्ञो मुख्यमन्त्रिपदमास्थाय सामीचीन्येन कार्यभारं निर्वाह्य वार्धक्ये चतुर्थाश्रमं स्वीकृत्य शृङ्गेरीग्रामे श्रीमच्छंकराचार्यपीठमधिष्ठाय विद्यारण्य इति नाम्ना प्रसिद्धिमवापुः। विद्यारण्य इति नाम्नोऽन्वर्थतां संसूचयद्भिरेभिः प्रणीता अनेकेषु शास्त्रेषु भूयांसो निबन्धाः समुपलभ्यन्ते। ते चाग्रे सूचीपत्रे द्रष्टव्याः।

व्याख्याविरचने प्रवृत्तिः

१०. अथ यास्य सर्वदर्शनसंग्रहग्रन्थस्य दुरवगाहता सापि दूरीकरणीयैव। तस्य दूरीकरणं चास्य ग्रन्थस्य व्याख्यामन्तरेण न संभवति। कार्यं चैतदत्यावश्यकमिति सत्यम्। किं तु दुष्करम्। क्व बृहस्पतिसंनिभाः प्रतिभाशालिनः सायणमाधवाचार्याः। क्व चाहं मन्दमतिः। कथं चास्मिन्कर्मणि प्रवृत्तेनापि मया मूलग्रन्थकृन्मनोगतोर्थो याथातथ्येन प्रकाशितो भवेत्। तथा चास्य कार्यस्यात्यावश्यकत्वान्मनसः प्रवृत्तिर्दुष्कर-त्वान्मनसो निवृत्तिश्चेति दोलायमानं मनोभूत्। किंकर्तव्यतामूढेन मया दोलायितमनोवृत्त्यैव द्वित्रेषु दिनेष्वतिवाहितेषु परमगुरूणां पितामहानां दर्शनाश्रमतपस्विनां श्रीमद्भास्कर-शास्त्रिणां मूर्तिः स्वप्ने क्षणमेकं प्रत्यक्षीकृताभूत्। सद्यस्तत्पादयोर्विनिहितमूर्धाः प्रसन्नमुखैस्तैः कृपाकटाक्षपातेनानुगृहीतश्चाहमासम्। अत्यानन्ददायके तस्मिन्क्षणे क्षणस्वभावत्वादेवापसृते सद्यः प्रबुद्धस्य मम सहसा प्राथमिक्येव मनोवृत्तिरीदृशी समजायत यदेतत्सर्वदर्शनसंग्रहव्याख्यानेवश्यं प्रयतितव्यमिति। किं चैतद्व्याख्यानमाञ्जसं भवतु मा वा भूत्किं तेन। सर्वदर्शनसंग्रहारण्यानीं गन्तुं प्रवृत्तानां प्रेक्षावतां मार्गदर्शिता तु स्यादेवेति। एवमान्तरया दृढप्रेरणया प्रवृत्तोहं श्रीमत्सद्गुरूणां पण्डितप्रवराणां गोडबोले-इत्युपाह्वानां रामशास्त्रीति सुगृहीतनामधेयानां चरणपङ्कजं ध्यायं ध्यायं तदेव शरणं मन्यमानस्तदेवास्य महतः कार्यस्य पारं नेष्यतीति विस्रम्भितस्वान्तः स्वोपास्यदेवतां नमस्कृत्य विद्वन्मुकुटसूरिभूतानां परमगुरूणामभ्यंकरोपाह्वानां श्रीमद्भास्करशास्त्रिणां मूर्तिं स्मारं स्मारं सर्वदर्शनसंग्रहव्याख्यानरूपस्य स्वोद्दिष्टकार्यस्य प्रारम्भमकरवम्। आरब्धस्यान्तगमनं च गुरुकृपया संवत्सरद्वयेन संपादितम्। अस्य च व्याख्यानस्य पुनः पुनः परिशीलनेन मत्प्रयत्नस्य साफल्यमापादयितुं प्रयतन्तां प्रेक्षावन्तः सहृदयाः।

अभ्यंकरोपाह्व-वासुदेवशास्त्री

उपोद्घातः

प्रास्ताविकम्

१. अथैतद्ग्रन्थप्रतिपाद्या ये विषयास्तत्संबद्धानां विषयान्तराणामभित आलोचने सति तेन सुसंस्कृतचेतसां प्रेक्षावतामस्य ग्रन्थस्य दुरवगाहता कियताप्यंशेन शिथिलीभवेत्। अतस्तत्र जिज्ञासूनां प्रवेशसौलभ्याय प्रास्ताविकं किंचिल्लिख्यते।

प्रवृत्तिकारणम्

२. इह खलु जगत्याब्रह्मस्तम्बपर्यन्तं सर्वेषां प्राणिनां सुखप्राप्तये दुःखनिवृत्तये च निसर्गत एव जायमाना प्रवृत्तिर्दृश्यते। तत्रापि दुःखनिवृत्त्यर्थं जायमाना प्रवृत्तिर्बलवती। यत्रैकवृन्तगतफलद्वयन्यायेनैकेनैव प्रयत्नेन सुखप्राप्तिर्दुःखनिवृत्तिश्च साध्या भवेत्तत्र यद्यपि विशेषो नालक्ष्यते तथापि भिन्नप्रयत्नेन यत्रोभयं साध्यं भवेत्तत्र विचक्षणानां कर्तव्याकर्तव्यकुशलानां प्रथमतो दुःखनिवृत्तये प्रवृत्तिर्भवति पश्चात्सुखावाप्तये। यत्र भूयसी दुःखनिवृत्तिरल्पीयसी च सुखप्राप्तिस्तत्र सर्वेषामपि प्रायः प्रथमतो दुःखनिवृत्तय एव प्रवृत्तिः। यत्र च वैपरीत्यमल्पीयसी दुःखनिवृत्तिर्भूयांश्च सुखलाभस्तत्र भवतु नाम केषांचित्प्राणिनां प्रथमतः सुखार्था प्रवृत्तिः। नैतावता सुखसाधनप्रवृत्तेर्दुःखनिवृत्त्यर्थप्रवृत्त्यपेक्षया बलवत्त्वं सिध्यति। एवं दुःखनिवृत्त्यर्थायाः प्रवृत्तेरितरप्रवृत्त्यपेक्षया बलवत्त्वं निश्चितं चेदर्थादेव तादृशप्रवृत्तिप्रयोजनीभूताया दुःखनिवृत्तेरपीतरप्रवृत्तिप्रयोजनीभूतसुखापेक्षया ज्यायस्त्वं निश्चितं भवति।

आशाया अकुण्ठितत्वम्

अथ सर्वो जन्तुः स्वस्वज्ञानशक्त्यनुसारेण क्रियाशक्त्यनुसारेण च सुखावाप्तये दुःखनिवृत्तये च प्रयतत इति सत्यम्। किं तु यादृशसुखावाप्त्यर्थं कश्चित्प्रवर्तते तादृशसुखमनुभवन्नन्यस्ततोधिकसुखावाप्तये प्रवर्तत एव। न तु प्रायः कश्चिदपि विरमति। यथा लब्धशतरूपकः सहस्रमिच्छति। सहस्राधिपो लक्षमिच्छति। तत्स्वामी ततोप्यधिक-

मिच्छति। सुखस्य दुःखनिवृत्तेश्च साधनीभूतं द्रव्यमिति तदर्थं जायमानः प्रयत्नः सुखार्थ एव दुःखनिवृत्त्यर्थ एव च भवति। तत्र चैको वष्टि शतं शती दशशतं लक्षं सहस्राधिप इति न्यायेनाकुण्ठितगतेराशायाश्चरमावधिर्न दृश्यते। असंभविन्यर्थेप्याशा प्रवर्तते किमु वाच्यं संभविन्यर्थे प्रवर्तेतेति। अज्ञाते वस्तुन्याशाया अभावेपि न तावता तस्याः कुण्ठितगतित्वं वक्तुं शक्यम्। यच्च ज्ञातमपि वस्तु स्वप्रयत्नासाध्यत्वेनालक्ष्यते तत्र प्रयत्नाभावेप्याशाया नैव विरामः।

निरतिशयसुखानवगमः

४. एवं लोकेनुभूयमानानि शब्दस्पर्शादिविषयसंबन्धजन्यानि नानाविधानि वैषयिकसुखानि प्रसिद्धान्येव लोके। किं तु तेष्वपि चरमावधिर्न ज्ञायते। चरमावधिर्दूरे। अनुभूयमानेष्वेव च वैषयिकेषु सुखेषु कस्य वा ज्यायस्त्वं कस्य वा नेत्यपि निश्चेतुं न शक्यते व्यवहारविद्भिरपि। लोके ह्येवं दृश्यते–कश्चिन्मधुरशब्दश्रवणे सविशेषं लुब्धो भवति। कश्चित्सुखकारकस्पर्शमधिकं मन्यते। कश्चित्सौन्दर्याद्यवलोकन आसज्जते। कश्चिन्मधुरादिरसाय स्पृहयन्नितरत्रौदासीन्यमालम्बते। कश्चित्सुगन्धमाघ्रातुमधिकमुत्कण्ठते। भिन्नरुचिर्हि लोकः। कस्यचित्क्वचित्सविशेषाभिरुचिरालक्ष्यते। एवं चेदृशं सुखमितरसुखापेक्षया ज्याय इति सुखविशेषस्य ज्यायस्त्वं न शब्दस्पर्शाद्यन्यतमविषयविशेषापेक्षया सिध्यति। किं तु सुखविशेषस्य ज्यायस्त्वजघन्यत्वे भोक्तृतन्त्रे एव भवतः। भोक्तॄणां चानन्तत्वात्प्रतिपत्तिवैचित्र्याच्च कश्चित्सुखविशेषः कस्मैचित्स्वदते। तथा चामुकस्य सुखविशेषस्य सर्वांशेन महत्त्वमित्येवं दृष्टसुखविषयेपि निर्णयो न भवति किमुतादृष्टसुखविषये।

निरतिशयदुःखनिवृत्त्यनवगमः

५. एवं दुःखनिवृत्तये प्रवर्तमानाः प्रायः सर्व एव प्राणिनो दृश्यन्ते। किं त्वीदृशी दुःखनिवृत्तिः सर्वापेक्षया ज्यायसीति न निश्चयः कर्तुं शक्यते सहसा केनापि। दुःखनिवृत्तिश्च वर्तमानदुःखस्य निवृत्तिर्भाविदुःखस्य निवृत्तिश्चेति द्विविधासंभवति। तत्र वर्तमानदुःखनिवृत्त्यपेक्षया भाविदुःखनिवृत्तिर्बलीयसी। यतो भावि दुःखं वर्तमानदुःखापेक्षया बलीयो दृश्यते। वर्तमानदुःखं हि सोढप्रायमेव भवति न तथा भावि दुःखं लेशतोपि सोढं भवति। अनागतत्वात्। अत एव योगसूत्रकारः पतञ्जलिः साधनपादे विशेषतोऽनागतस्य दुःखस्य हेयत्वमाह–हेयं दुःखमनागतम् (यो०सू० २/१६) इति। अयमर्थः–अतीतं दुःखमुपभोगेनातिक्रान्तमेवेति तस्य निवृत्तिः सिद्धैव। वर्तमानं दुःखं तु स्वस्यास्तित्वक्षणे भुज्यत एवेति तस्य निवृत्तिरशक्या। तथा चानागतस्यैव दुःखस्य निवृत्तिर्विशेषतः साधनीया भवति। अथानागतस्य दुःखस्यानुत्पन्नत्वेनास्तित्वमेव नास्तीति

कीदृशी तस्य निवृत्तिः साधनीया भवेत्। न ह्यनुत्पन्नस्य शत्रोर्वधाय शस्त्रमुपक्षिपेदनुन्मत्तः कश्चित्। तथा चासमञ्जसमेतदिति चेत्–सत्यमेतत्। किं तु तादृशस्यानागतस्य दुःखस्य यत्कारणं संभवति तत्कारणमस्तितामापन्नमेवेति तस्य या कार्योत्पादनशक्तिस्तस्याः प्रतिबन्धकसमवधानेन साधनान्तरेण वा समुच्छेदः साध्यो भवितुमर्हति। तस्याश्च समुच्छेदेनागतस्य दुःखस्योत्पत्तिरेव न भवति। इयं चानागतस्य दुःखस्यानुत्पत्तिरेव तादृशदुःखस्य निवृत्तिरुच्यते। तथा च न किंचिदत्रासमञ्जसम्।

निरतिशय सुखास्तित्वम्

६. अथ यदपेक्षयाधिकं सुखं नास्ति तादृशं निरतिशयं सुखं नोपलभ्यते तथा तादृशी दुःखनिवृत्तिरपि नोपलभ्यत इत्युक्तम्। परं तु तादृशं निरतिशयं सुखं दुःखनिवृत्तिश्च तादृशी नैव स्यात्। अस्तीत्यत्र किं प्रमाणम्। प्रत्युतोपलम्भाभावान्नास्त्येव। अस्ति चेदुपलभ्येत। तर्कोप्यत्र प्रमाणभावमर्हति। दृष्टं सर्वविधं सुखं सातिशयमालोच्य तद्दृष्टान्तेनादृष्टमपि सुखं सर्वं सातिशयमेव स्यादिति तर्कबलेन निरतिशयसुखस्या-सिद्धेरिति। अत्रैवमुच्यते–यस्या अनुपलब्धेर्बलादयं निरतिशयसुखस्याभावः कल्प्यते सा निरतिशयसुखस्यानुपलब्धिस्तव त्वत्सदृशस्यान्यस्य वा कस्यचिदभिमताथ वा सर्वस्य। आद्यपक्षश्चेद प्रयोजकोयं हेतुः। न हि सर्वं वस्तु सर्वैर्ज्ञायत एवेत्यस्ति नियमः। त्वददृष्टानां सर्वेषां पदार्थानामसत्त्वप्रसङ्गात्। अथ निरतिशयं सुखं केनापि न ज्ञायत इत्युच्यते तर्हि तादृशं सुखं येन केनापि न ज्ञातमित्येतादृशो निश्चयस्त्वया कथं संपादितः। अतो निरतिशयं सुखं नास्तीत्युक्तिरसंगतैव भवति। दृष्टान्तबलेनाप्येतन्नाध्यवसातुं शक्यते। न हि लोके सर्वे प्राणिनोऽनीश्वरा दृष्टा इति तद्दृष्टान्तबलेन सर्वेश्वरो नास्त्येवेति केनाप्यभ्युपगम्यते। अभ्युपगम्यते चेदीश्वरोपि कस्यचिदीशितव्यः स्यात्। अतस्तस्या-प्यन्यो नियन्ता स्यात्। पुनश्च तस्याप्यन्यो नियन्तेत्यनवस्थाप्रसङ्गः। अस्तु नामानवस्था। अगत्या सात्र स्वीकार्येत्युक्तिस्तु न युक्ति सहा। अत्र गत्यभावस्य साधयितुमशक्यत्वात्। कीदृशी चात्रागतिः। प्रत्युत सर्वेश्वरे सर्वनियन्तरि स्वीक्रियमाणेग्नेरूर्ध्वज्वलनं वायोस्तिर्यग्गमनं जलस्य चाधोगमनमित्येवं तत्तद्वस्तुगता धर्मा व्यवस्थिता भवन्ति। एतावता निरतिशयं सुखं तादृशी दुःखनिवृत्तिश्च सिद्धा भवति।

मोक्षस्वरूपम्

७. जन्तुभिर्हि प्राप्तसुखापेक्षयाधिकं सुखमभिलष्यते। तथा प्राप्तदुःखनिवृत्त्य-पेक्षयाधिका दुःखनिवृत्तिरभिलष्यते। नैसर्गिकी चैषा स्थितिर्दृश्यते। उक्तं निरतिशयसुखं च सुखस्य परा काष्ठा। तथा तादृशी दुःखनिवृत्तिश्च दुःखनिवृत्तेः परा काष्ठा।

अतस्तादृशीमवस्थां प्राप्तवतो जन्तोर्न किंचिदप्यन्यदभिलषणीयं भवति। इयमेवावस्था सोऽश्नुते सर्वान्कामान् (तै० २/१/१) अथ सोऽभयं गतो भवति (तै० २/७/१) अमृतत्वं च गच्छति (का० ६/८) न स भूयोभिजायते (अ०बि० ३८) इत्यादिश्रुतिभिरभिधीयते। अयमेव मोक्ष इत्युच्यते। अत्र श्रुतौ सर्वान्कामानश्नुत इत्यनेन निरतिशयसुखावाप्तिरापातत: प्रतीयते। अभयं गतो भवति,–अमृतत्वं च गच्छति,–न स भूयोभिजायत इत्यनेन निरतिशय:दुखनिवृत्तिरुक्ता। भयं हि भाविदु:खानुसंधानजन्यश्चित्तवैक्लव्यदश्चित्तवृत्तिविशेष:। स्वल्पस्यापि दु:खस्य सत्त्वे भयं स्यादेवेति सर्वथा भयराहित्येनावस्थानं निरतिशयदु:खनिवृत्तावेव भवति। अतश्चाभयं गतो भवतीत्युक्त्या निरतिशयदु:खनिवृत्तिरुक्ता भवति। तथा जन्ममरणभवं दु:खं हीतरसर्वदु:खापेक्षयाधिकम्। मोक्षावस्थायां च सोऽमृतत्वाय कल्पते न स भूयोभिजायत इत्यनेन जन्ममरणाभावो बोधित इति तत्रार्थादेव निरतिशयदु:खनिवृत्तिरुक्ता भवति।

केचिदेव मुमुक्षवः

८. अथ यदि निरतिशयसुखार्था निरतिशयदु:खनिवृत्त्यर्था च नैसर्गिकी जन्तूनां प्रवृत्तिरुक्तावस्थैव च मोक्षस्तर्हि सर्वै: प्राणिभिर्मुमुक्षुभिर्भवितव्यम्। लोके तु केचिदेव मुमुक्षवो दृश्यन्ते न सर्वे। तथा च कथमेतदिति। अत्रोच्यते–सुखं हि ज्ञातमेव प्रवृत्ते: कारणं भवति। ईदृशी काचिन्मोक्षावस्थास्तीति यै: पश्वादिभिर्न ज्ञायते तेषां कथं तत्र प्रवृत्ति: संभवेत्। पश्वादीनां तिरश्चां तु दुष्कृतकारिणां तादृशं ज्ञानं नास्त्येव। मनुष्या अपि बहव: पशुतुल्यवृत्तय एव। तथा च केषांचिदेव तादृशं ज्ञानं संभवति। तादृशज्ञानवतामपि मध्ये यैर्मोक्षावस्थाप्राप्तिसाधनं न ज्ञायते तेषां तत्र प्रवृत्तिर्न जायते। अज्ञाते हि साधने प्रवृत्तेर्विषय एव नास्तीति कीदृशी तत्र प्रवृत्ति: स्यात्। घटार्थिन: प्रवृत्तेर्विषयो हि मृद्दण्डचक्रादिरेव। स एव च येन न ज्ञायते स कथं घटं करिष्यति। साधनज्ञानवतामपि मध्येनेन साधनेनैतत्कार्यं साधयितुं शक्यमिति न यस्य मति: स तत्र न प्रवर्तते किं तूदास्ते। विद्यमानापि च तादृशी मति: संशयात्मिका चेत्स मोक्षार्थं प्रयत्नं कुर्यादेवेति न नियमो दृश्यते। यस्य च तादृशं निश्चयात्मकं ज्ञानं तादृश: परप:सहस्रेष्वेक इति मुमुक्षव: केचिदेव भवन्ति।

स्वर्गाद्यर्थमपि केषांचिदेव प्रवृत्तिः

९. किं चेह लोके पारलौकिकसुखार्थं प्रवर्तमानां केचिदेव भवन्ति। तथा हि–जनताया: साधारण्येन निरीक्षणे कृते त्रिविधा: प्राणिनो दृश्यन्ते। इह लोके स्वस्थित्यनुसारेण यस्य यादृशं सुखं प्राप्तुं शक्यं भवति तादृशं सुखं प्राप्तवन्त आद्या:।

येषां तु तादृशं सुखं प्राप्तुं शक्यं किं तु यावन्न प्राप्तं ते द्वितीयाः। येषां च तादृशं सुखं प्राप्तुं शक्यमपि न भवति किं तु केवलं प्राप्तुं योग्यमित्येव ते तृतीयाः। तत्राद्येषु परःशतेष्वेकस्य पारलौकिकसुखार्थं प्रवृत्तेः संभवः स्यात्। को हि नाम दृष्टं सुखं प्राप्तं परित्यज्यादृष्टसुखार्थं तपश्चर्यादिक्लेशं सोढुमुत्सहते। अनुभूयमानेन सुखेनाविष्टा अन्धा इव न ते प्रायः परलोकं समीक्षन्ते। द्वितीयेषु तु परःशतेषु द्वित्राः पार लौकिकसुखार्थं प्रवर्तमानाः स्युः। दृष्टं सुखं प्राप्तुं शक्यमपि यावन्न प्राप्तं तावद्यद्यपि भाविसुखाशाबद्धैस्तैः सुखं न परित्यक्तं तथापि किंचित्कालपर्यन्तं सुखेनैव ते सामि परित्यक्ता भवन्ति। अतस्तेषां पूर्वापेक्षयाधिका पारलौकिकसुखार्थं प्रवृत्तिः संभवेत्। तथापि परःशतेषु द्वित्राणामेव स्यात्। ऐहिकसुखस्य प्राप्तुं शक्यत्वेन तदाशाया बलीयस्त्वात्। आशयाप्यन्धो जनो भवतीति मनोराज्यादौ लोके दृष्टचरम्। अतस्ते प्रायः पारलौकिकं सुखं नानुसंदध्युः। तृतीयेषु तु परःशतेषु पञ्चषाणां प्राणिनां पारलौकिकसुखार्थं प्रवृत्तेः संभवः। तेषां त्वैहिकं सुखं प्राप्तुं केवलं योग्यमित्येव न तु शक्यम्। अतस्तत्राशापि दुर्बला भवति। यथा भर्जितं बीजमङ्कुरोत्पादनाय नालं तथा तत्राशा दग्धतुल्यैवति भाविसुखानुसंधानं जनयितुं न प्रभवति। तथा चैहिकेन सुखेन ते परित्यक्तप्राया एवेति तेषु पारलौकिकसुखार्थं प्रवृत्तेर्भूयसांशेन संभवः। तथापि परः शतेषु पञ्चषा एव प्रवृत्ता भवेयुः। आशाग्रहो ह्यस्तंगतोपि कार्यकारी भवति। तदुक्तम्–

हते भीष्मे हते द्रोणे कर्णे च त्रिदिवं गते।
आशा बलवती राजञ्शल्यो जेष्यति पाण्डवान्।। इति।

कौरवपाण्डवसंग्रामे कर्णवधोत्तरं शल्यस्य सेनापतिस्थानेभिषेकं कर्तुं प्रवृत्तस्य दुर्योधनस्य राज्ञो मनोवृत्तिरियं वर्णिता। त्रिविधेषु जनेषु पारलौकिकसुखार्थमेकस्य द्वित्राणां पञ्चषाणां च प्रवृत्तिर्योक्ता तत्संभवमात्रं प्रदर्शितं न तु नियमः। एवं चादृष्टसुखार्थं यदीदृश्यल्पीयसी प्रवृत्तिस्तर्हि किमु वक्तव्यमत्यन्तादृष्टमोक्षसुखार्थं तदपेक्षयाप्यल्पीयसी प्रवृत्तिः स्यादिति।

मोक्षस्वरूपे विवादः

१०. अथ मोक्षस्वरूपं कीदृशं संभवतीत्युच्यते। यच्चात्यन्तिकं सुखं या चात्यन्तिकी दुःखनिवृत्तिस्तयोर्मध्ये किंचिदेकमेव मोक्षशब्देनोच्यतेथ वा तदुभयं मिलितम्। एकमपि किमात्यन्तिकं सुखमेव मोक्ष उतात्यन्तिकी दुःखनिवृत्तिरेव मोक्ष इति विकल्प इति त्रयः कल्पा भवन्ति। एतस्मिन्कल्पत्रय आत्यन्तिकं सुखमेव केवलं मोक्ष इति कल्पो न कल्पयितुं शक्यते। आत्यन्तिकसुखसत्त्वेपि यदि तत्रात्यन्तिकी दुःखनिवृत्तिर्नास्ति तर्हि यत्र लेशतोपि दुःखं विद्यते तत्र कथं सुखस्यात्यन्तिकत्वं स्यात्। यच्च निरतिशयं

सुखं तदात्यन्तिकमित्युच्यते। दुःखासंस्पृष्टं हि सुखं दुःखसंयुक्तसुखापेक्षयातिशेत इति दुःखसंयुक्तं सुखं सातिशयं भवति न तु निरतिशयम्। तथा च तस्य कथमात्यन्तिकत्वम्।

मोक्षशब्द स्वरसः

अथ यदितरसर्वसुखापेक्षयाधिकं तत्र लेशतो दुःखसत्त्वेपि न तस्य सुखस्यात्यन्तिकत्वं हीयते। लेशतो विद्यमानं दुःखं च न सुखस्वरूपे कामपि न्यूनतां संपादयति किं तु सुखसंवेदन इत्यभिप्राय इति चेत्। अनेनाभिप्रायेणेषद्दुःखसत्त्वेप्यात्यन्तिकसुखस्य मोक्षत्वं भाष्यते चेदस्तु नाम। नासौ मोक्षशब्दात्स्वारसिकोर्थः प्रतीयते। मोक्षो हि मुक्तता। दुःखलेशसत्त्वे कथं दुःखान्मुक्ततोच्यते। अथ यादृशो दुःखलेशः सन्नप्यनस्तिकल्पो यो दुःखत्वेन न प्रतिभाति तत्र तादृशदुःखलेशसत्त्वेपि तस्य दुःखलेशस्याप्रतिभासात्तस्मान्मुक्तता प्रतीयत एवेति यथाकथंचित्तत्र मोक्षशब्दोपपत्तिरित्युच्यते चेदास्तां तावदात्यन्तिकदुःखनिवृत्त्यभावेप्यात्यन्तिकसुखस्य केवलस्य मोक्षत्वम्। परं त्वेतादृशं मोक्षस्वरूपमात्मभेदवादिनां मत एव संगतं भवति। आत्मैक्यवादिनां नये त्वात्मभेदस्य लोके प्रतिभासमानस्यौपाधिकत्वाङ्गीकारावश्यंभावेन मोक्षावस्थायां चौपाधिकभेदस्य सुतरां वक्तुमशक्यत्वेन तदानीमेकस्यात्मनः सर्वनियन्तुरीश्वरस्य पूर्णस्वातन्त्र्यसत्त्वेनात्यन्तिक्या दुःखनिवृत्तेरपि सत्त्वान्न केवलमात्यन्तिकं सुखं मोक्षे संभवति। चिज्जड योर्नियन्तृनियम्ययोर्भेदस्त्वास्तां नाम। न तेन केवलात्यन्तिकसुखस्वरूपाया मोक्षावस्थाया हानिः। प्रत्युतेदृशीं मोक्षावस्थामङ्गीकुर्वतां मते चिज्जडयोर्भेदस्यावश्यकत्वमेव। अभेदे हि जडवस्तूनामारोपितत्वाङ्गीकारावश्यंभावान्मोक्षावस्थायां चारोपितस्यानुपलम्भात्सुखोत्पत्तिरेव न संभवतीति तदानीमात्यन्तिकसुखस्वरूपत्वं मोक्षावस्थाया न संभवति। तथा चात्मानात्मनोर्भेदमात्मनां मिथो भेदं च ये मन्यन्ते तेषामेव मते केवलमात्यन्तिकं सुखं मोक्ष इति वक्तुं शक्यते नात्मानात्मैक्यवादिनां नापि नानात्मवादमनङ्गीकुर्वतां मत इति सिद्धम्।

आत्यन्तिकदुःखनिवृत्त्युपपादनम्

१२. अथात्यन्तिकी दुःखनिवृत्तिरात्यन्तिकं सुखं चेति मिलितं मोक्ष इति पक्षः कया विधया संभवतीत्युच्यते। आत्यन्तिकी दुःखनिवृत्तिश्च यस्य पूर्णं स्वातन्त्र्यं तस्यैव संभवति। पारतन्त्र्यं हि दुःखबीजमिति परतन्त्रस्य लेशतोपि दुःखं नास्तीत्युक्तिर्नैव युक्तिसहा। पूर्णं स्वातन्त्र्यं ह्येकस्य परमेश्वरस्यैव। तदपेक्षया मुक्तानां भेदे हि तेषामीश्वरपारतन्त्र्यमवश्यंभावि भवति। यदि तेषां सर्वेषा मुक्तानां पूर्णस्वातन्त्र्यं स्यात्तर्हि जगद्व्यापारो नियमितो न भवेत्। पूर्णस्वातन्त्र्ये द्वयोरपि वैमत्यं दृश्यते किमुत बहूनाम्।

यतश्च जगद्व्यापारो नियमितो दृश्यते ततः स एकतन्त्र एव नानेकतन्त्र इति मुक्ताः परतन्त्रा एव स्वीकार्या भवन्ति। पारतन्त्र्ये च कीदृश्यात्यन्तिकी दुःखनिवृत्तिः स्यात्। अत एकात्मवादः स्वीकार्यो भवति। तथा हि सति मुक्तानामीश्वररूपत्वात्पूर्ण-स्वातन्त्र्यसद्भावादात्यन्तिकीं दुःखनिवृत्तिः सिध्यति। तथात्यन्तिकं सुखं चात्मानात्मनोर्भेदे सत्येव। आत्मनः सुखं च शरीरसंबन्धेन शब्दस्पर्शादिविषयसंबन्धेन च जायते। शरीरं शब्दस्पर्शादयो विषयाश्चानात्मभूता एवेति तेषां मोक्षावस्थायामस्तित्वं सुखोत्पादनाय स्वीकार्यमेव। अतो न ते मिथ्याभूताः किं तु सत्या एव स्वीकार्या भवन्ति। तथा चात्मानात्मनोर्भेदमेकात्मवादं च ये मन्यन्ते प्रत्यभिज्ञावादिनस्तेषां मत आञ्जस्येनायं पक्ष उपपन्नो भवति।

मोक्षस्वरूपे श्रुतिसंमतिः

१३. आत्यन्तिकं सुखं केवलं मोक्षस्तथात्यन्तिकदुःखनिवृत्तिरात्यन्तिकं सुखं चेति मिलितं मोक्ष इति पक्षद्वयमुक्तरीत्या संभवदुक्तिकमपि श्रुतेरनभिमतमिति गम्यते। अशरीरं वाव सन्तं न प्रियाप्रिये स्पृशतः (छा० ८/१२/१) इतीयं मोक्षावस्थां प्रदर्शयन्ती श्रुतिर्दुःखजनकमप्रियस्पर्शमिव सुखजनकं प्रियस्पर्शमपि प्रतिषेधति। तथा च मोक्षावस्थायां केवलात्यन्तिकी दुःखनिवृत्तिरेव च श्रुतेरभिमता भवति। न तत्र लेशतोपि दुःखं सुखं वा। एतादृशी मोक्षावस्था च विधाद्वयेन संभवति। मुक्तात्मानः पाषाणादितुल्या जडा इत्येका विधा। अपरा चात्मनः स्वाभाविकमभोक्तृत्वम्। यदि मुक्तात्मानो जडास्तर्हि कथं तत्र दुःखनिवृत्तिव्यपदेशः। न हि पाषाणो दुःखान्निवृत्त इति केनापि प्रेक्षावता व्यपदिश्यते। दुःखसंभव एव हि दुःखनिवृत्तिर्निर्देष्टुमर्हति। स्यादियमाशङ्का यदि पाषाणावत्सर्वदैव जडा जीवा भवेयुः। कीदृशास्तर्हि ते। मोक्षावस्थातः पूर्वं चेतना मोक्षावस्थायां जडाः। चैतन्यं च ज्ञानमेवेति ज्ञानिनश्चेतना उच्यन्ते। बद्धावस्थायां ज्ञानसत्त्वेन सुखदुःखभागिनो भवन्ति। मोक्षावस्थायां तु ज्ञानगुणस्यैव सर्वथोच्छेदे सति न लेशतोपि दुःखं सुखं वा। यद्यप्येवंरीत्या मोक्षावस्थायामात्यन्तिकी दुःखनिवृत्तिः केवलोपपद्यते तथाप नासौ मोक्षावस्था श्रुतेः संमता भवति। सर्वात्मैक्यदृष्टेरभावात्। जडानां हि दृष्टिरेव नास्ति कुतः सर्वात्मैक्यदृष्टिः। श्रुतिश्च यत्र त्वस्य सर्वमात्मैवाभूत्तत्केन कं पश्येत् (बृ० २/४/४) इत्यादिना सर्वात्मैक्यदृष्टिमूलकं दर्शनादिज्ञानाभावं दर्शयति न पुनर्जडत्वप्रयुक्तम्। सर्वात्मैक्यदृष्टेश्च परस्यां काष्ठायां द्रष्टुर्द्रष्टृत्वेन प्रतिभासाभावे तथा दृश्यस्य दृश्यत्वेन प्रतिभासाभावे च दृष्टिः स्वरूपेण विद्यमानापि न दृष्टिशब्दव्यपदेश्या भवतीति त्वन्यत्। अत एव यत्र त्वस्य सर्वमात्मैवाभूदिति श्रुतावुक्तं न तु यत्र त्वस्य सर्वमात्मैव दृश्यत इति। एवं च मोक्षावस्थायां केवलात्यन्तिकी दुःखनिवृत्तिः 'आत्मनः स्वाभाविकमभोक्तृत्वम्' इत्येव मुक्तेन द्वितीयेनैव प्रकारेणोपपादनीया भवति। अभोक्तृत्वे

चात्मनः स्वाभाविके स्वीक्रियमाण आत्मैक्यमस्त्वात्मनानात्वं वास्तु तथात्मानात्मनोरैक्यमस्तु भेदो वास्तु न तत्र कश्चिद्विशेषः। अभोक्तृत्वादेव न लेशतोपि दुःखं सुखं वेति केवलात्यन्तिकी दुःखनिवृत्तिरुपपादिता भवति। एवं संभवद्भिः प्रकारैर्मोक्षस्वरूपमुप- पादितम्।

दर्शनभेदेन मोक्षस्वरूपभेदः

१४. दर्शनकाराणां च मध्ये स्वस्वाभिमतप्रमाणैर्यस्य यत्साधयितुं शक्यमात्मैक्य-मात्मनानात्वं वात्मानात्मनोरैक्यं भेदो वात्मनः स्वाभाविकं भोक्तृत्वमभोक्तृत्वं वा तदनुसारेण तेन मोक्षस्वरूपमङ्गीक्रियते। तत्र कस्य दर्शनकारस्य कीदृशं मोक्षस्वरूपम-भिमतं तदग्रे संक्षेपतस्तत्तन्मतनिरूपणप्रसङ्गेनोपपादयिष्यते।

मोक्षसाधन विचारः

१५. अधुना सा मोक्षावस्था सामान्यतः केन साधनेन प्राप्तुं शक्येति मीमांस्यते। तत्र यद्यपि न सर्वे प्राणिनो मुमुक्षवो भवन्ति तथापि ये तेषु मुमुक्षवस्तेषां मोक्षसाधनं जिज्ञासमानानां सामान्यतो विचारसरणिरीदृशी स्यात्। पूर्वं प्रदर्शितेषु संभवत्स्वखिलेषु मोक्षस्वरूपेषु दुःखनिवृत्तिः सर्वथैवेष्यत एव। दुःखप्रहाणार्थं यतमानैश्च कैश्चिद्दुःखस्य सोढुमशक्यत्व औषधोपचारैर्मोहमुत्पाद्य दुःखसंवेदनं प्रतिबध्यते। अन्यैश्च दुःखसाधन-मन्विष्य तत्परिहारोपायश्चिन्त्यते। तत्रौषधसेवनादिना दुःखसंवेदनाभावेपि न सर्वथा दुःखनिवृत्तिस्तत्र जायत इति तदपेक्षया दुःखसाधनीभूतवस्तुपरिहार एव ज्यायान्। यावच्च दुःखसाधनं न ज्ञायते तावत्तत्परिहारो न संभवतीत्यतोवश्यं दुःखसाधनं मुमुक्षुभिर्ज्ञातव्यं भवति। दुःखानि च लोके नानाविधानि प्राणिभिरनुभूयन्ते। तानि सर्वाण्येव मुमुक्षु-भिर्हातव्यानि। अप्रियवस्तुसंबन्धाद्धि दुःखं जायते। तत्रैकस्मिन्नप्रिये वस्तुनि परिहृते दुःखसाधनीभूतं वस्त्वन्तरं न परिहृतं भवति। अतो यद्यद्वस्तु नानाविधदुःखसाधनं स्यात्तत्सर्वं परिहर्तव्यम्। तत्रैकविधस्यापि दुःखस्येदं साधनमिति न निश्चयेन ज्ञातुं शक्यते किमुत नानाविधानां दुःखानाम्। यतो यदेकस्य दुःखसाधनं तदन्यस्य सुखसाधनं भवति। यथा यदेकस्य दुःखसाधनं तत्तस्यैव कालान्तरे देशान्तरे च सुखसाधनं भवति। तथा च नानाविधानां दुःखानां साधनमिदमेवेति सूक्ष्मतरदृष्ट्यैव विचारणीयं भवति। तत्र शब्दस्पर्शादिगुणकेषु भौतिकेषु वस्तुष्विन्द्रियसंबद्धेषु कानिचिद्दुःखं जनयन्ति कानिचित्सुखम्। तत्र सुखसाधनीभूतस्य दुःखसाधनीभूतस्य च वस्तुनः किं कारणं तस्य कारणस्य च किं कारणमित्येवं मूलकारणान्वेषणायां यदि तयोर्मूलकारणं भिन्नमालोच्येत ततो दुःखोत्पादकं सुखोत्पादकं च स्वरूपं मूलकारणस्यैवेति निश्चयः

कर्तुं शक्येत। यदि च तयोरेकमेव कारणमालोच्येत ततो मूलकारणस्य दुःखोत्पादकं सुखोत्पादकं वा न किमपि स्वरूपं किं तु तस्मात्कार्योत्पादनपरंपरायां मध्य एव कस्मिंश्चिद्वस्तुनि केनचिन्निमित्तेन दुःखोत्पादकं सुखोत्पादकं स्वरूपमुत्पन्नमिति निश्चयः स्यात्। अतो जगति दृश्यमानानां भूतभौतिकानां वस्तूनां मूलतत्त्वान्वेषणा निसर्गत एव मुमुक्षूणां जायते। तथा जगति दृश्यमानेष्वखिलेषु वस्तुष्विमानि दुःखसाधनानीमानि च सुखसाधनानीति द्वैराश्येन न तानि व्यवस्थापयितुं शक्यन्ते। तदुक्तमभियुक्तैः--

वस्तुतस्तदनिर्देश्यं न हि वस्तु व्यवस्थितम्।
कामिनीकनकेभ्योऽपि न सुखं शान्तचेतसाम्।। इति।

तथा च सुखं दुःखं वा न वस्तुमात्रतन्त्रं किं तु भोक्तृपुरुषतन्त्रमपि भवति। अतश्च सुखोत्पादकं दुःखोत्पादकं च किंचिद्विशेषस्वरूपं भोक्तृभूतेषु पुरुषेष्वप्यावश्यकम्। तच्चानादिकालमारभ्यैव वर्तत उत मध्य एव केनचिन्निमित्तेनोत्पन्नमिति निर्णयार्थं मुमुक्षुणा पुरुषेण भोग्यवस्तुन इव स्वस्यापि मूलस्वरूपमीदृशमित्यवश्यं ज्ञातव्यं भवति। अतश्चेदं सिद्धं भवति यच्चिदचिन्मिश्रेऽस्मिञ्जगति मुमुक्षूणां तत्त्वजिज्ञासायां स्वाभाविकी प्रवृत्तिर्भवतीति।

तत्त्वलक्षणम्

१६. तत्त्वं चोक्तरीत्या सामान्यतो द्विविधं जडस्य वस्तुनो मूलस्वरूपं चेतनस्य च वस्तुनो मूलस्वरूपमिति। तस्य जडस्य चेतनस्य वा वस्तुनो भावो मूलस्वरूपं तत्त्वमिति तत्त्वशब्दव्युत्पत्तिः। मूलस्वरूपज्ञानं हि मोक्षोपयोगि भवति। तथा च यस्य ज्ञानं मोक्षोपयोगि भवति तत्तत्त्वमिति तत्त्वलक्षणं पर्यवसन्नम्।

श्रौतानि तत्त्वानि

१७. तानि च तत्त्वानि प्रतिदर्शनं तत्तद्दर्शनकारैः स्वस्वप्रतिपत्त्यनुसारेण भिन्नानि प्रतिपादितानि। तथापि श्रुतिप्रतिपादिततत्त्वविषये दर्शनकाराणां प्रायो न विवादः। तत्त्वान्वेषणकुशलाः प्रेक्षावन्तो हि स्थूलमर्थमालोच्य तत्कारणीभूतं सूक्ष्मं वस्तु कीदृशं स्यात्। तथा विशेषभूतमर्थमालोच्य तत्कारणीभूतं सामान्यरूपं कीदृशं स्यात्। तथा मूर्तमर्थमालोच्य तत्कारणीभूतममूर्तं वस्तु कीदृशं स्यादिति विचारणायां प्रकृत्यैव प्रवर्तन्ते। कार्यकारणभावे ज्ञापिते चेयमालोचना प्रेक्षावतां सुलभा भवेदित्यभिप्रायेण परमात्मानमारभ्य शरीरादिस्थूलार्थजातपर्यन्तं कार्यकारणभावज्ञापनाय श्रुत्या सृष्टिक्रमो वर्णितः। सृष्टिक्रमश्चायं वस्तुत एकविध एव। केवलं श्रुत्या बहुषु स्थलेषु भिन्नभिन्नप्रकारेण वर्णितः। गजस्वरूपमन्धस्य बोधनीयं चेत्त्वक्काठिण्यादिद्वारैव बोधनीयं भवति। न तु

तत्र श्वेतं कृष्णं वा रूपं प्रदर्शयितुं शक्यते। बोद्धृणां स्त्रीबालवृद्धादिभेदेनैक एवार्थो वक्त्रा यथा बोद्धुः प्रतिपत्तिसौकर्यं भवेत्तथा प्रसङ्गानुसारेण प्रकारभेदेन प्रतिपाद्यते। बाणभट्टप्रभृतिभिर्महाकविभिः कादम्बर्यादिप्रबन्धेषु सूर्योदयादिरेक एवार्थस्तत्र तत्र स्थले तत्तत्प्रसङ्गमनुसृत्य बोद्धृणां प्रकृत्यैव पुरःस्फुरणविषयीभूतान्पदार्थानुपमानादिभावेन संग्रथ्य यथा सौलभ्येन याथातथ्येन च बोद्धृभिर्ज्ञातुं शक्यस्तथा वर्णित इति सहृदयानां प्रतिभाशालिनां प्रसिद्धमेव। सर्वासां व सृष्टिश्रुतीनामेकवाक्यता श्रीमद्बादरायणैर्ब्रह्मसूत्रे द्वितीयाध्यायोत्तरार्धे प्रदर्शितैव। वर्णितसृष्टिक्रमानुसारेण चेमानि तत्त्वानि संभवन्ति। पृथिवी जलं तेजो वायुराकाशश्चेति पञ्च भूतानि। तन्मात्राः शब्दः स्पर्शो रूपं रसो गन्धश्च। तद्ग्राहकाणि पञ्च श्रोत्रादीनि ज्ञानेन्द्रियाणि। तत्प्रेरकं मनः। तथा पञ्च कर्मेन्द्रियाणि। तदधिष्ठाता प्राणः। बुद्धिर्महानात्मा। अव्यक्तं पुरुषश्चेति। एषु च तत्त्वेषु कार्यकारणभावः श्रुत्या प्रतिपादितः। तस्याशयस्तु कार्यं कारणदृष्ट्या समालोचनीयमित्येवं सर्वमूलकारणभूतः परमात्मा साक्षात्कृतो भवेदिति। तथैतेषु तत्त्वेषु पौर्वापर्यभावोपि श्रुत्या प्रतिपादित इन्द्रियेभ्यः परा ह्यर्था अर्थेभ्यश्च परं मनः (क० १/३/१०) इत्यादिना। यथा देवालयात्परं देवदत्तगृहमित्युक्ते देवालये ज्ञाते देवदत्तगृहं ज्ञातं भवति तथेन्द्रियेष्विन्द्रियत्वेन ज्ञातेषु तेभ्यः परा अर्था अर्थत्वेन ज्ञाता भवन्ति। तथा तेभ्योपि परं मनो मनस्त्वेन ज्ञातं भवति। एवं पूर्वदृष्ट्या परमालोचनीयमित्येवं सर्वेभ्यः परः परमात्मा साक्षात्कृतो भवेदिति। तथा बाह्ये वस्तुनि ज्ञाते तदन्तःस्थं वस्तु ज्ञातुं शक्यत इत्याशयेन परमात्मनः सर्वान्तरत्वं श्रुत्या प्रतिपादितम्। एवं स्थूले वस्तुनि ज्ञाते तदपेक्षया सूक्ष्मं ज्ञातं भवति। तस्मिंश्च ज्ञाते तदपेक्षयापि सूक्ष्मतरं ज्ञातं भवति। एवं परमात्मसाक्षात्कारोपाया अनेके श्रुत्या प्रदर्शिताः।

आत्मसाक्षात्कारोपायः

१८. परमात्मा हि सर्वकारणकारणभूतः सुसूक्ष्मतरः सर्वान्तर्यामी सर्वेभ्यः पर इति तत्साक्षात्कारः स्थूलदृश्वनामत्यन्ताशक्य एव। सूक्ष्मतरदृशां कुशाग्रबुद्धीनां प्रतिभाशालिनामपि श्रुतिप्रदर्शितमार्गमन्तरेण परमात्मसाक्षात्कारोऽशक्य एव। श्रुतिरपि परमकृपयाविष्टा बद्धाञ्जीवानुद्धर्तुकामा परमात्मप्रज्ञापने कथं कथमपि प्रवृत्ता। यतः श्रुतिः परमात्मप्रज्ञापने स्वस्या असामर्थ्यं यतो वाचो निवर्तन्ते (तै० २/९/१) इति स्वयमेवाह। तथा वेदा अवेदाः (बृ० ४/३/२२) इति। वेदा बोधका अपि परमात्मबोधनेऽबोधका भवन्ति। परमात्मज्ञापने श्रुतेर्यथाकथंचित्प्रवृत्तिस्तु–अशब्दम-स्पर्शम् (क० ३/१५) अस्थूलमनणु (बृ० ३/८/८) इत्येवं निषेधमुखेन लक्षणया वा भवति। यदि श्रुतिः स्वस्याः सारल्येन परमात्मप्रतिपादनासामर्थ्यं दृष्ट्वोदासीनाभविष्यत्तर्हि

न कथमपि परमात्मसाक्षात्कारोऽभविष्यदिति। बोद्धारश्च सर्वे न प्रतिभाशालिन इति मन्दमतीनप्यनुजिघृक्षुः श्रुतिर्ब्रह्म बोधयितुं प्रवृत्ता प्रथमतोऽन्नं ब्रह्मेत्याह। ब्रह्मभावना दृढीकर्तव्येत्येतावन्मात्रेर्थ एव केवलं तस्याः श्रुतेस्तात्पर्यम्। सा च भावना प्रथमतो यत्र क्वापि भवतु न तत्राभिनिवेशः। यथा शिशोरौषधरूपं किंचित्पेयं पाययितुं प्रवृत्तया मात्रा मधुरमेतत्पेयमित्युक्तेपि न यावतस शिशुः पातुं प्रवर्तते तावत्तत्र तस्य शिशोर्माधुर्य-भावनां दृढीकर्तुं प्रथमत औषधमिति सा गुडं लेहयति। तेन च तदौषधं मधुरमित्येवं भावितः स शिशुस्तदौषधं पातुं प्रवर्तते तद्वत्। एतदुक्तं भवति। ब्रह्मनामकः सर्वापेक्षया श्रेष्ठः कश्चन पदार्थ इति प्रथमतः सामान्यकल्पना ब्रह्म जिज्ञासूनां भवति। ततः स्थूलदृष्टीनामेकपदे ब्रह्म ज्ञापयितुं न शक्यत इत्यतस्तेषां सर्वदा पुरोवस्थितानां स्थूलतराणां मूर्तानां शरीरादीनामखिलपदार्थानामन्नाधीनस्थितिकत्वेनान्नस्य श्रेष्ठत्वादन्नं ब्रह्मेति कथितं चेत्सत्यतया भासेतेत्यभिप्रायेण श्रुतिरन्नं ब्रह्मेत्याह। ततोन्नस्य तद्विकारभूतानां शरीरादीनां चानित्यतां बुद्धवापि यस्यान्नमेव ब्रह्मेति निश्चयमत्यजतो ब्रह्म विकार्येवेति मतिः सोऽनधिकार्येव ब्रह्मज्ञापने। यस्य तु पुनरीदृशी मतिर्यदन्नं ब्रह्मेत्युक्त्या वञ्चितोहम्। यतोन्नं विकारित्वान्नैव श्रेष्ठमिति न तद्ब्रह्म। किं त्वन्नस्य स्थितिर्यदवलम्बना तादृशमन्ना-पेक्षया श्रेष्ठमन्यत्किंचिद्ब्रह्म स्यादिति। सोयमधिकारीति परीक्षणीयः। इत्थं हि तस्याशयः संभवति–न मामसन्मार्गे प्रवर्तयितुमियं वञ्चना। किं तु स्थूलदृश्वानमपि मां येन केनापि प्रकारेण सन्मार्गं प्रदर्शयितुमेवेति। ततस्तादृशाशययुक्तं जिज्ञासुं प्रत्यन्नापेक्षया श्रेष्ठं प्राणं ब्रह्मत्वेन बोधयन्ती श्रुतिः प्राणो ब्रह्मेत्याह। ततस्तदुत्तरं यथाधिकारं मनआदीनां ब्रह्मत्वमुक्त्वा पूर्णाधिकारिणं प्रति सत्यं ब्रह्माजिज्ञपत्। अत्र च स्थूला अन्नादयः पदार्थाः सर्वसाधारणजनप्रसिद्ध इति ततः–प्रभृत्येव तत्त्वान्वेषणमार्गा अनेके श्रुत्या प्रदर्शिताः। यथा काशीं प्रति केन पथा गन्तव्यमिति पृष्टे यत्र ग्रामेवस्थितिस्ततः प्रभृत्येव मार्गः कथयितव्यो भवति। केवलं प्रयागात्काशीं प्रति गन्तव्यमित्युक्तौ यावत्प्रयागपर्यन्तं मार्गो नावगतस्तावत्तस्या उक्तेरकिंचित्करत्वं दृश्यते तथैवात्र श्रुतेरभिप्रायं संभावयामः। अनेकमार्गप्रदर्शनमपि बोद्धॄणां प्रतिपत्तिभेदादावश्यकं भवति। यथा ग्रामवासिना प्रसङ्गवशादरण्यानीं गतेन तत्रत्यं वनेचरं प्रति ग्राममार्गे पृष्टे स इत्थमुपदिशति–एतत्पुरो दृश्यमानमाम्रवणमुत्तरेण गच्छ। ततः कदम्बकुटजान्वामतः कृत्वा महतः सालवृक्षस्य समीपेन गन्तव्यम्। ततो दूरे पूर्वस्यां दिशि जनपादक्षुण्णः पन्थास्ते दृष्टिपथं यास्यतीति। एतच्च वनौषधिज्ञं प्रत्युपयुज्यते। पक्ष्याद्यभिज्ञं प्रति त्वितः कोकिलालापः श्रूयते ततः पुरो गच्छंस्त्वं मयूरवनं द्रक्ष्यसि। ततो हरिणकदम्बम्। तं च वामे कृत्वा गच्छेत्यादि। सर्वथानभिज्ञो बालादिस्तु हस्तं धृत्वैव ग्रामे प्रवेशनीयो भवति। तथैवात्र श्रुत्या बोद्धॄणां भेदेनानेके मार्गाः प्रदर्शिताः। सर्वथानभिज्ञस्याप्यत्र संग्रहार्थं श्रुत्या प्रथमतस्तस्य प्रणवजपोभिहितः।

श्रुतेर्वात्सल्यम्

१५. कियद्वा वात्सल्यं मातृसहस्रेभ्योप्यधिकवत्सलायाः श्रुतेर्वर्णनीयम्। न केवलमुक्तरीत्या सुलभमपि तत्त्वान्वेषणमार्गं कथयित्वा श्रुतिर्विरताभूत्। मन्ये च नैव तावता तस्या मनः समाहितमभूदिति। यतस्तेनोक्तेन मार्गेण गमनं कथं सुलभं भवेदिति तत्रेतिकर्तव्यतापि श्रुतौ वर्णिता दृश्यते। यथा किंचित्कार्यं साधयितुं राजानं द्रष्टुकामेन देवदत्तादिना राजसभामार्गे पृष्ट उपदेष्टा वत्सलः पित्रादिश्चेत्स न केवलं सभामार्गं कथयित्वा विरमति। किं त्वस्य कथं तत्र प्रवेशः स्यादिति व्याकुलचित्तः सन्नपृष्टोपि वक्तुं प्रवर्तते। राजद्वारि ये चारक्षिकाः स्युर्न तेषु सामान्यतः प्रेष्यबुद्ध्या वर्तितव्यम्। किं तु सान्त्वप्रयोगेण ते संमाननीयाः। इतरथा ते प्रतिबध्नीयुः। ये चान्तराले राजाधिकारिणो दृश्येयुस्ते तु ननु राजान एवैत इति मनसा संभाव्य तत्राप्रमत्तेन राजनिष्ठेन च सता त्वया तथा तेषु वर्तितव्यं यथा ते न द्वेष्यवन्नाप्युदासीनवद्वा त्वां पश्येयुः। ततो विनयादिसात्त्विकभावयुतेन त्वया राजसभा तथा प्रवेष्टव्या यथा दूरत एव त्वां प्रेक्ष्य राज्ञः स्वीयत्वबुद्धिस्त्वय्युदेष्यति। पश्चात्त्वं कृतकृत्यो भविष्यसीति। तथैवात्र श्रुत्या मोक्षमार्गे कथितेपि पुनरित्थमुच्यत इन्द्रियाणि विषयाश्च सन्ति ते वश्यतामापादनीयाः। तदुक्तम्-

> **यस्तु विज्ञानवान्भवति युक्तेन मनसा सदा।**
> **तस्येन्द्रियाणि वश्यानि सदश्वा इव सारथेः॥** (का० ३/६) इति।

मनःप्राणादयोधिकारिणस्तु ब्रह्मैवेति भावनीयाः। तदुक्तम्-मनो ब्रह्मेति व्यजानात् (तै० ३/४) प्राणो ब्रह्मेति व्यजानात् (तै० ३/३) इति। अप्रमत्तेन ब्रह्मनिष्ठेन च तत्र जिज्ञासुना वर्तितव्यम्। तदुक्तम्-अप्रमत्तेन बोद्धव्यम् (मु० २/२/३) श्रोत्रिया ब्रह्मनिष्ठाः (मु० ३/२/१०) ब्रह्मपरा ब्रह्मनिष्ठाः (प्र० १/१) इति। तत ईदृशं जिज्ञासुमालक्ष्य परमात्मा प्रसन्नः सन्स्वीयत्वेन पश्यति। तत आत्मसाक्षात्कारो भवति। तदुक्तम्-

> **यमेवैष वृणुते तेन लभ्यस्तस्यैष आत्मा विवृणुते तनूं स्वाम्।**
> (मु० ३/२/३) इति।

आत्मसाक्षात्कारश्च मुक्तिरेवेति।

आत्मसाक्षात्कारान्मोक्षः

२०. एवं च सामान्यतः श्रौते दर्शने संक्षेपतोर्था इत्थं पर्यवसिताः-द्रष्टा दृश्यं चेति तत्त्वद्वयम्। द्रष्टा चेतन आत्मा ज्ञानस्वरूपः। दृश्यमचेतनमनात्मभूतं जडम्। तच्चानेकविधमाकाशादीनि पञ्च भूतानि तद्धर्मभूताः शब्दादयो ज्ञानेन्द्रियाणि कर्मेन्द्रियाणि

मनो बुद्धिरहंकारश्चित्तं प्राणो ज्ञानसामान्यमव्यक्तं चेति। एतेषु मूलतत्त्वान्वेषणं च मुख्यतः प्रमाणत्रयेण सुकरं भवति। प्रत्यक्षं शब्दोनुमानं चेति प्रमाणत्रयं द्रष्टव्यः श्रोतव्यो मन्तव्यः (बृ० २/४/५) इति श्रुतौ क्रमेण शब्दत्रयेण सूचितम्। तत्र मूलतत्त्वभूतस्यात्मनः प्रत्यक्षसाक्षात्कारो मोक्षोपयोगी भवति। तादृशप्रत्यक्षोपयोगितया प्रथमतो मूलतत्त्वमिदमिति गुरुमुखादिभ्यः श्रुत्वा शब्दप्रमाणेन निश्चेतव्यम्। श्रवणमात्रेण तु न कृतकृत्यता। दीपोस्तीति शाब्दज्ञानमात्रेण तमोनिवृत्त्यदर्शनात्। शाब्दं ज्ञानं परोक्षम्। दर्शनं च प्रत्यक्षम्। प्रत्यक्षपरोक्षयोश्चान्तरं सर्वैरनुभूयत एव। श्रीकृष्णेन युद्धारम्भ कौरवपाण्डवसेनयोर्मध्येर्जुनस्य रथे स्थापिते तत्रार्जुनेनाभिमुखा भीष्मद्रोणादयो योद्धारो ये प्रत्यक्षतो दृष्टास्ते पूर्वं तेन निश्चिता एवैतैः सह योद्धव्यमिति। तत्र तेषां प्रत्यक्षदर्शनपर्यन्तं या तस्य युद्धविषयिण्युत्सुकता प्रबलतरासीत्सा दर्शनसमय एव क्षणमात्रेण विपर्यस्ता। न केवलं न्यूना किं तु समूलकाषं कषिताभूत्। यत्तत्रार्जुनस्य चित्ते महता प्रयत्नेन पुनर्वीजारोपणं भगवतः कर्तव्यतया समापतितम्। तच्च गीतापरिशीलनशालिनां प्रसिद्धमेव। तथा च विचक्षणानामपि क्षणमात्रेणेदृशी गतिः। तत्र च बीजं प्रत्यक्षपरोक्षयोन्तरमेव नान्यत्किंचिदपि संभवति। यादृशी कार्योत्पादनशक्तिः प्रत्यक्षज्ञाने न तादृशी परोक्षे। चिञ्चाप्रत्यक्षे यथा जिह्वा द्रवीभवति न तथा चिञ्चायाः शाब्दे ज्ञाने। व्याकुलचित्तस्य प्राणिनः शरीरे रक्तोद्गमे दृष्टे सद्य एव द्रष्टुः शरीरे यथा रोमोद्गमो न तथा तस्मिञ्छ्रुते सति भवति। तथा च श्रवणमात्रेण नैव कृतार्थता भवतीति सिद्धं भवति। ततः श्रवणेन निश्चितस्यार्थस्य विपरीतभावनानिवृत्तिपुरःसरमुपपत्तये मननमुपयोगि भवति। मननं चानुमानाधीनम्। अत्र च सर्वस्मात्परस्य मूलतत्त्वस्य दर्शने मुख्यतया शाब्दं प्रमाणमेवोपयुज्यते। अनुमानं तु तदुपोद्बलकतया तत्पारिषदं भवति। लोके तु स्वातन्त्र्येणाप्यनुमानं प्रत्यक्षोपयोगि भवतीत्यन्यत्। तत्रापि शब्दप्रमाणपारिषदमनुमानं प्रत्यक्षं उपयुक्ततरं भवति। यथा रज्ज्वां सर्पभ्रमोत्तरं नायं सर्प इत्याप्तवाक्याद्यथा रज्जुरनुभूयते तदपेक्षया तत्राचलनेन सर्पाभावानुमाने शीघ्रमनुभूयत इति सत्यम्। किं तु तदेवानुमानं शाब्दप्रमाणेन सर्पाभावनिश्चयोत्तरं प्रवृत्तं चेत्तत्र रज्जोः शीघ्रतरमनुभावकं स्यादेव।

मूलतत्त्वान्वेषणोपयोगः

२१. अथ मूलतत्त्वान्वेषणं कथमुपयुक्तं भवतीत्युच्यते। एवं हि लोके दृश्यते। मृद्विकारे गणपतौ राक्षसे वा समालोकिते गणपतिरिति राक्षस इति च नाम्नस्तथाकारविशेषभूतस्य तयो रूपस्य चालोचनायां दृष्टिवैषम्येण मनोवृत्तौ वैषम्य संजायते गणपतिभावनया प्रेम राक्षसभावनया द्वेषश्चेति। तयोश्च गणपतिराक्षसयोर्मूलतत्त्वान्वेषणे

तु मनोवृत्तेर्द्वयोरपि साम्यमेव। नाम रूपं च वर्जयित्वा यदनुसंधीयते तन्मूलतत्त्वम्। तच्च तत्र मृत्तिकैव। नामरूपानुसंधानादेव च सर्वत्र रागद्वेषावुद्भवतः। नाम रूपं च विहाय तत्र केवलमृदोनुसंधाने तु न गणपतिरिति रागो नापि राक्षस इति द्वेषः। यथा तत्रैव नामरूपाननुसंधायिनां पशुपक्ष्यादीनां बालानां वा। ते हि न गणपतिमालोच्य स्निह्यन्ति नापि राक्षसमालोच्य त्रस्यन्ति। एवं मृदोपि मूलतत्त्वमालोचनीयम्। ततः पुनस्तस्यापीत्येवं सर्वस्मात्परं मूलतत्त्वमनुसंहितं चेत्सुतरां रागद्वेषयोरभावाच्चित्तवृत्तिः प्रसन्ना भवति। प्रसन्नायां च तस्यां न किंचित्प्रियं नापि किंचिदप्रियमिति प्रियाप्रियवस्तुसंबन्धाभावान्मोक्षः सिध्यति। प्रियाप्रिययोरसंस्पर्श एव हि श्रौतो मोक्षपदार्थः। तदुक्तं श्रुतौ–अशरीरं वा व सन्तं न प्रियाप्रिये स्पृशतः (छा० ८/१२/१) इति। अस्यां चावस्थायां मुक्तात्मनः परमात्मनश्चेषदपि तारतम्यं नास्ति।

यथोदकं शुद्धे शुद्धमासिक्तं तादृगेव भवति।
एवं मुनेर्विजानत आत्मा भवति गौतम।। (का० २/१/१५)

इति श्रुतिलिङ्गात्। मोक्षश्चायमीदृशमूलतत्त्वभूतात्मस्वरूपज्ञानादेव भवति नान्यत्किंचिदपि तत्र साधनान्तरमन्वेषणीयम्। तमे॒वं वि॒द्वान॒मृत॑ इ॒ह भ॑वति। नान्य॒: पन्था॑ विद्य॒तेऽय॑नाय। (तै०आ०) इति श्रुतौ साधनान्तरस्याभावकथनात्।

सर्वभूतस्थमात्मानं सर्वभूतानि चात्मनि।
संपश्यन्ब्रह्म परमं याति नान्येन हेतुना।। (कै० १/१०)

इति श्रुतावपि साधनान्तरं प्रतिषिध्यते।

आत्मज्ञानादेव मोक्षः

२२. इदं त्ववधेयम्–लोके हि द्वीपान्तरं गन्तुं नौरेव साधनम्। तां विना नान्यो मार्ग इत्युच्यते। तत्र च यत्र क्वापि ग्रामे क्वचन गृहेवस्थितस्य न गृहद्वारि नौरारोढुं शक्यते किं तु समुद्रतीरे गत्वैव। तावत्प्रदेशपर्यन्तं यथासंभवमग्निशकटादि साधनमवश्यमेषितव्यं भवति। तच्च न नौरेवैत्येवशब्देन प्रतिषिध्यते। किं तर्हि तत्र प्रतिषिध्यत इति चेत्–उच्यते। यस्येदृशी मतिर्नौसंबन्धं विना केवलेन भूमिगतेनापि मार्गेण द्वीपान्तरगमनं संभवतीति तां व्यवच्छेत्तुमयमेवकारः। कथमपि गमने कृते नौसंबन्ध आवश्यक एव भवतीति तत्तात्पर्यम्। एतादृशश्चैवकारोऽयोगव्यवच्छेदार्थक इति शास्त्रे परिभाष्यते। तथा च मोक्षमार्ग आत्मज्ञानमावश्यकम्। इतरत्तु कर्मोपासनादिकं यथायोग्यं संभवन्न प्रतिषिध्यते। तच्च कर्मोपासनादिकं चित्तशुद्धिद्वारा ज्ञानप्राप्तय उपयुज्यते। तदुत्तरं तु तस्य नोपयोगः। यथा नावारोहणोत्तरमग्निशकटादेर्नोपयोगो द्वीपान्तरगमने कश्चिद्दृश्यते तद्वत्। तमेतं

वेदानुवचनेन ब्राह्मणा विविदिषन्ति यज्ञेन दानेन (बृ० ४/४/२२) इत्यादिश्रुतेरयमेव स्वारसिकोर्थः। यज्ञादीनि कर्माणि विविदिषायां साधनीभूतानि तत्र प्रतीयन्ते। द्वयी च मुक्तिः श्रुतेः संमता सद्योमुक्तिः क्रममुक्तिश्चेति। तस्य तावदेव चिरं यावन्न विमोक्ष्येथ संपत्स्ये (छा० ६/१४/२) इति श्रुतौ सद्योमुक्तिरभिहिता।

वेदान्तविज्ञानसुनिश्चितार्थाः संन्यासयोगाद्यतयः शुद्धसत्त्वाः।
ते ब्रह्मलोके तु परान्तकाले परामृतात्परिमुच्यन्ति सर्वे।।
(म० ना० १२/३)

इत्यादौ क्रममुक्तिरुक्ता। क्रममुक्तौ देवयानमार्गश्च श्रुतावनेकशोभिहितः। प्रतिबन्धकस्य प्रारब्धकर्मणोऽसत्त्वे परां काष्ठां गते चात्मविज्ञाने सद्यो मुक्ता भवन्ति। अन्यथा तु क्रमेणेति विशेषः।

जन्मान्तरास्तित्वम्

२३. यात्रच्च नात्मज्ञानं तावन्न कथमपि मोक्षः। किं तु पुनः पुनर्जन्मान्तरग्रहणेन संसारेवस्थितिः। जन्मान्तरं त्वस्त्येव न तु मरणेन संसारान्मुक्तता संपद्यते। जन्मान्तरकर्मयोगात् (कै० १/१४) इति श्रुतौ जन्मान्तरस्यास्तित्वबोधनात्। मरणोत्तरं पुनर्जन्मप्राप्तिश्च कया विधया संपद्यत इति च छान्दोग्योपनिषदि पञ्चमेध्याये वर्णितम्।

जातश्चैव मृतश्चैव जन्म चैव पुनः पुनः। (गर्भो० ४)

इत्यादिश्रुत्या च जन्मान्तरं स्पष्टमेवाभिधीयते। जातमात्रस्य जन्तोः स्तन्यपाना-भिलाषदर्शनाच्च पूर्वसंस्कारानुमानेन जन्मान्तरं सिध्यति। किं च यदि जन्मान्तरं नास्ति तर्हि शोभनमशोभनं वा यदिह कर्मजातं संपादितं तत्र यस्य कर्मणः फलं नोपभुक्तं तत्सुतरां व्यर्थं भवेत्। अयं कृतप्रणाशदोषः। तथा जातमात्रेण राजपुत्रेण सुखमुपभुज्यते न तथा दरिद्रस्य पुत्रेणेति वैषम्यं दृश्यते। यदि जन्मान्तरं नास्ति तर्ह्येतद्दृश्यमानं वैषम्यकारणकमेव स्वीकर्तव्यं भवेत्। अयमकृताभ्यागमदोषः। एतादृशदोषद्वयप्रसञ्जन-भयात्सर्वैरास्तिकैर्दर्शनकारैर्जन्मान्तरं स्वीकृतमेवेति न तद्विषये संशयितचेतसा भवितव्यम्। एवं च न मरणान्मोक्ष इत्यवश्यमत्र तदर्थमात्मसाक्षात्कारे यत्नः कर्तव्यो भवति।

साक्षात्कारहेतुरुपासना

२४. आत्मसाक्षात्कारश्च नाहत्य शक्यः संपादयितुम्। आत्मनोत्यन्तदुर्ज्ञेयत्वात्। लोकेपि राजानं दिदृक्षुरधिकारिद्वारैव प्रयतते जनः। तत्र मर्यादितैश्वर्ये स्थूलशरीरधारिण्य-प्येवं किमु वक्तव्यममर्यादितैश्वर्येऽचिन्त्यशक्तिके सूक्ष्मतरे परमात्मनि। साधयेदपि

कदाचिल्लोको मध्ये द्वारं किंचिदप्रकल्प्यैव राज्ञो दर्शनम्। तस्य दृश्यत्वात्। अत्र तु कथमपि न संभवतीति मध्ये द्वारं किंचित्प्रकल्पनीयमेव। यथा मनो ब्रह्मेत्युपासीत (छा० ३/१८/१) इति मनसि ब्रह्मभावनयोपासना विधीयते। मनो हि प्राणिमात्रसाधारणं प्रसिद्धमिति तत्र वस्त्वन्तरभावना कर्तुं शक्यते। यच्च कायेन कर्तुं शक्यते तदपेक्षयाधिकं वाचा प्रतिपाद्यते। कायेन कर्तुमशक्यमपि वस्तु वाक् प्रतिपादयितुं शक्नोति। वक्तुमशक्यमपि च मनसा कल्पयितुं शक्यते। तथा च मनसो गतिः प्रायः प्रतिहता न भवति। एतच्च काप्यप्रतिहतशक्तेः परमेश्वरस्य ज्ञापकं चिह्नं भवति। तेन च चिह्नेन परमेश्वरस्वरूपं कथंचित्कल्पयितुं शक्यं स्यादित्येतावतैवेयमुपासना विधीयते। न त्वत्र ब्रह्मणः स्वरूपं प्राधान्येनोपास्यं भवति। तेजस्विनं ब्राह्मणं दृष्ट्वा सूर्योयं ब्राह्मण इत्युक्ते तेजोतिशयेन ब्राह्मणस्य महत्त्वं प्रतीयते न तु सूर्यस्य। परं त्वसूर्यंपश्यानां राजदाराणां सूर्यस्वरूपे बोधनीये पुरस्तिष्ठन्तं तेजस्विनं ब्राह्मणं निर्दिश्य सूर्योयं ब्राह्मण इत्युच्यते। तत्र च न ब्राह्मणस्य महत्त्वप्रतिपादने तात्पर्यम्। किं त्विमां तेजस्वितां दृष्ट्वा तेजोतिशयविशिष्टः पदार्थो यादृशः कल्पयितुं शक्यः स्यात्तादृशः सूर्यो भवेदिति। तद्वदेव मनो ब्रह्मेत्युपासीतेति श्रुतेस्तात्पर्यं बोध्यम्। इयमेव प्रतीकोपासनेति व्यवह्रियते। अथ वा यथा शरीरज्ञानेन तदुपाधिकस्य जीवात्मनो ज्ञानं संजायते तथा पूर्वोक्तसामर्थ्य-विशेषयुक्तस्य मनसो ज्ञानेन तदुपाधिकः परमात्मा ज्ञातुं शक्यते। शरीरस्य शरीरत्वं हि तदुपाधेयभूतजीवात्ममूलकमेव यथा तथैव मनसस्तादृशसामर्थ्यविशेषविशिष्टत्वरूपं मनस्त्वमपि तदुपाधेयपरमात्ममूलकमेव भवति। ईदृश्युपासना च मनोमयः प्राणशरीरः (छा० ३/१४/२) इति श्रुतावुपदिश्यते। इयमुपाध्युपासनेति व्यवह्रियते। अस्यां चोपास्यस्य प्राधान्यम्। उपासनायां भावनीयं ब्रह्म येन स्वरूपेण भावयितव्यं भवति तादृशं स्वरूपं सत्यं ज्ञानमनन्तं ब्रह्म (तै० २/१/१) इति श्रुत्या प्रतिपाद्यते। सत्यं न कथमपि मिथ्याभूतम्। ज्ञानं चित्स्वरूपम्। अनन्तं परिच्छेदरहितम्। परिच्छेद इयत्ता। एवं ब्रह्मलक्षणं निरूप्यापि पुनरग्रे यतो वा इमानि भूतानि जायन्ते (तै० ३/१/१) इत्येवं प्रत्यक्षतोनुभूयमानैः पृथिव्यादिभूतैः सह ब्रह्मणः कार्यकारणभावं प्रदर्शयन्ती श्रुतिस्तदेव ब्रह्मानुमानेन बोधयितुं प्रवृत्तेति गम्यते।

श्रुतिपार्षदमनुमानम्

२५. अत्रेदमवधेयम्–ग्रन्थकारः कंचिद्विषयं प्रतिपाद्य तद्विषये स्वयं संशयितमना अपि प्रमाणं प्रदर्शयति। वाचका एवात्र निर्धारणं कुर्वन्त्विति तस्याशयो दृश्यते। यत्र च स्वप्रतिपादितविषये स्वयं निश्चितमना ग्रन्थकारस्तत्रापि वाचकाः संशयितमनसो न भवेयुरित्यतस्तेषां स्वप्रतिपादितेर्थे विश्वासोत्पादनाय प्रमाणं प्रदर्शयति। क्वचित्तु ग्रन्थकारः

स्वप्रतिपादितेर्थे स्वयं निश्चितमना वाचकाश्च विश्वस्ता इति संभाव्यापि प्रतिपादितस्यार्थस्य दुर्ग्रहत्वं मन्यमानो वाचकानां सौलभ्येन तदवबोधाय प्रमाणं प्रदर्शयति। एवं लोके दृश्यते-पुत्रः शिष्यो वा बोधनीयश्चेत्तत्र पित्रादिः कंचिदर्थं प्रतिपाद्य पुनस्तदर्थं प्रमाणान्तरेण साधयितुं तथा प्रवर्तते यथायमर्थो झटिति पुत्रादेर्बुद्धिमारोहेत्। श्रुतेश्च प्राय एतदर्थैव प्रवृत्तिः संभवति। दृश्यते हि छान्दोग्ये तत्त्वमसि (छो० ६/८/७-१५) इत्यात्मोपदेशः पुनः पुनरपरानपरान्दृष्टान्तान्प्रदर्श्य नवकृत्त्वः प्रतिपादितः। इहापि च स॒त्यं ज्ञानम् (तै० २/१) इत्येवं ब्रह्मस्वरूपं निरूप्य पुनर्यतो वा (तै०३/१/१) इत्येवमनुमानेन बोधयन्त्याः श्रुतेस्तादृगेवाभिप्रायः प्रतीयते। अनुपदमेवोक्तमेतत् (पृष्ठम् ५१) यच्छब्दप्रमाण-परिषदमनुमानमुपयुक्ततरं भवतीति। श्रुतिरपि ब्रह्मण्यनुमानस्य प्रमाणभावं स्वपार्षदतयै-वानुमन्यते। अत एव च श्रुतिरात्मा वारे द्रष्टव्यः (बृ० २/४/५) इत्युक्त्वा श्रोतव्यो मन्तव्य इत्याह। न तु मन्तव्यः श्रोतव्य इति।

अनुमानस्यानुभावकत्वम्

२६. सत्यं ज्ञानमित्येवं यथालक्षितं ब्रह्मणः स्वरूपमनुमानेनानुभावयितुं शक्यते। कार्यं हि स्वानुरूपं कारणमनुमापयति। घटादिकार्याणां मृद्विकाराणां कारणीभूता मृत्स्वयं विनाशिन्यपि घटाद्यपेक्षया सत्यैव। घटोत्पत्तेः पूर्वमनन्तरं घटविनाशोत्तरं च मृदोस्तित्वं दृश्यते। तथा चेतनपुरस्कृतैव च मृद्घटोत्पत्तिकाले दृश्यते। तथा घटादीनां यः परिच्छेदस्तद्रहिता च दृश्यते। एवमेव यतो॒ वा इ॒मानि॒ भूता॑नि॒ जा॑यन्ते (तै० ३/१/१) इति श्रुत्या सर्वस्यास्य पाञ्चभौतिकस्य लोकत्रयस्य कारणं ब्रह्मेति प्रतिपादिते सर्वजगदपेक्षया ब्रह्मणः सत्यत्वं चेतनपुरस्कृतत्वं जगदपेक्षया परिच्छेदरहितत्वं च कल्पयितुं शक्यते। चेतनपुरस्कृतत्वं च स्वयं चेतनत्वान्न चेतनान्रापेक्षमित्यन्यत्। तथा च सत्यज्ञानादिस्वरूपं ब्रह्म जगत्कारणत्वात्सामान्यतः कल्पयितुं शक्यं भवति। एतदभिप्रायेणैव च श्रुतौ जगतः परमात्मनश्च कार्यकारणभावः प्रदर्शितः।

श्रुतितात्पर्याज्ञानम्

२७. श्रुतेश्चाभिप्रायोयमेवेति न सर्वत्र निर्णेतुं शक्यते। श्रुतिर्हि काचित्स्पष्टार्था काचिद्गूढार्था काचिद्गूढतरार्था च भवति। तत्र गूढार्थविषये पुरुषमतिवैश्वरूप्याद्भवति संशयः। गूढतरार्थविषये तु सुतराम्। आधुनिकाश्च मन्दमतयः स्पष्टार्थविषयेपि क्वचित्संशेरते। तथा च मोक्षसाधनतयावश्यं ज्ञातव्येषु तत्त्वेषु श्रुत्या प्रतिपादितेष्वपि तदभिप्रायानवधारणात्तानि तत्त्वानि कतिविधानि किंस्वरूपाणि केन वा प्रमाणेन साधनीयानीत्यादयोनेके प्रश्नाः प्रादुर्भवन्ति। दिङ्मात्रेण च प्रदर्श्यन्ते-

समुद्भवन्तः प्रश्नाः

२८. प्रमाणानि कतिविधानि। कानि च तत्त्वान्वेषणे पर्याप्तानि। किं प्रबलं किं दुर्बलम्। किं स्वतः प्रमाणं किं वा परतः प्रमाणम्। वेदः पौरुषेयोथापौरुषेयः। शब्दो नित्य उतानित्यः। किं प्रमाणं मुख्यं किं गौणम्। प्रमाणसिद्धोर्थश्चेतन एको जीवेश्वरभेदेनानेको वा। ईश्वरः सगुणो निर्गुणो वा। जीवोप्येकोनेको वा। सगुणो निर्गुणो वा। नित्योऽनित्यो वा। अणुर्मध्यमपरिमाणो बिभुर्वा। जडो वा बोधात्मको वोभयस्वरूपो वा। कर्तोताकर्ता। भोक्तोताभोक्ता। अचेतनानामर्थानां मूलकारणं किं त्रसरेणव उत तदवयवा अथ परमाणव आहोस्विच्छब्द उत प्रधानमथात्मशक्तिर्वा। अचेतनं चितः सकाशाद्भिन्नमभिन्नं वा। अचेतनानि मूलतत्त्वानि कतिविधानि। आरम्भवादः संघातवादः परिणामवादो विवर्तवादो वा। सत्कार्यवादोऽसत्कार्यवादो वा। आकाशं कालो दिगन्धकारश्चेत्येतानि तत्त्वान्तराणि न वा। कार्यरूपेण परिणामः स्वाभाविकः केनचित्कृतो वा। कारणात्कार्यमनन्यदन्यद्वा। परमेश्वरस्तस्योपादानकारणमथ निमित्तकारणमथोभय-मुतानुभयं वा। कर्तृत्वं च परमात्मनः कर्मसापेक्षं तदनपेक्षं वा। अचेतनं सदसद्वा। सदपि स्थिरं क्षणिकं वा। आन्तरं बाह्यं वोभयरूपं वा। अविनाशि वा विनाशि वा। विनाशोपि सान्वयो निरन्वयो वा। अचित्संबन्धेन जायमानश्चितो बन्धश्च कीदृशः। ज्ञानस्य किं स्वरूपम्। ज्ञानं गुणो द्रव्यं वा। साकारं निराकारं वा। ख्यातिश्च कीदृशी। तत्त्वज्ञानेन जायमानस्य मोक्षस्य किं स्वरूपम्। कश्च मोक्षं ददातीत्यादयः।

मतभेदोपक्रमः

२९. एवंविधान्यन्यानि च भूयांसि संशयस्थलानि सन्ति। श्रुतीनां गूढार्थकत्वाद्द्रष्टॄणां मतिबाहुल्याच्च को वा प्रेक्षावान्किं मन्यते कथं वा मन्यते तत्सर्वं तत्तदर्शननिरूपणावसरे स्पष्टं भविष्यति। किं त्वतिगम्भीरोयं दर्शनाम्भोधिः साधारणमतीनां जनानां दूरत आलोकयितुमप्यशक्य इत्यतस्तत्र प्रवेशसौलभ्याय प्रतिपदार्थं मतभेदः प्रदर्शनीयो भवति। तत्र तावदादौ प्रमाणविषये मतभेद उच्यते।

प्रमाणविषये मतभेदः

३०. प्रत्यक्षमेकमेव प्रमाणं यथार्थज्ञानसाधनमिति चार्वाका मन्यन्ते। इन्द्रियजन्यं ज्ञानं प्रमा। तदितरत्तु प्रमैवेति नाध्यवसातुं शक्यते। चक्षुरादिनेन्द्रियेण गृह्यमाणोर्थः सत्यः। आप्तावाक्यस्थलेपि शब्द एव श्रोत्रेन्द्रियगोचरत्वात्सत्यः। श्रोत्रेन्द्रियं हि शब्दमेव बोधयति। तावतैव च तद्विरतव्यापारं सन्नार्थमुपस्थापयितुं प्रभवति। किं तु तत्रेन्द्रियेण गृह्यमाणः शब्द एव स्वार्थोपस्थापने प्रभुः। तर्हि किं तत्रासत्य एवार्थः। को ब्रूतेऽसत्य

एवेति। स सत्योपि स्यान्नाम। सत्यत्वेन न ज्ञायत इत्यत: सोर्थ: श्रद्धेयो न भवतीत्येव परं वयमत्र प्रतिजानीम:। अनुमानादिकं प्रमाणान्तरं तु नास्त्येव। तत्रानुमानं व्याप्तिज्ञान-सापेक्षम्। व्याप्तिश्च यत्र यत्र धूमस्तत्र तत्राग्निरित्येवमखिले जगति पूर्वमुत्पन्ना: सांप्रतं विद्यमानास्तथाग्र उत्पत्स्यमानाश्च सकला धूमव्यक्तीरग्निव्यक्तीश्च संनिवेशयति। तादृशधूमानामग्नीनां सकलानां ज्ञानं च कादाचित्कस्य जन्तो: शशशृङ्गायमाणमेव। यतो विद्यमानावस्था अपि सकला धूमव्यक्तयोऽग्निव्यक्तयश्च नानुमातुरिन्द्रियेण संबन्धमर्हन्ति। दूरेऽतीता अनागताश्च तादृशव्यक्तय:। अनुमानेन सकलधूमाग्निज्ञानं चेत्तत्रापि पुनर्व्याप्तिज्ञानापेक्षेत्यनवस्थैव स्यात्। भूयोदर्शनेन व्याप्तिज्ञानं भवितुमर्हतीत्यपि न वक्तुं शक्यम्। यत्र क्वचित्स्थलेग्न्यभावेपि धूम: स्यादित्येवं व्यभिचारशङ्काया: सकलधूमाग्निज्ञानाभावेनानिवारणात्। शङ्कितेन च व्याप्तिज्ञानेन प्रवर्तमानमनुमानं ज्ञानसाधनं भवतु नाम। न तु निश्चितं तज्ज्ञानमित्यतो नानुमानं प्रमाणपदवीमधिरोहति। प्रमाणत्वेन पराभिमतानामितरेषामुपमानादीनामेषैव गति:। एवं च चार्वाकदर्शने प्रत्यक्षमेकमेव प्रमाणमिति सिद्धम्। यद्यपि बृहस्पतिप्रणीतं सूत्रं चार्वाका: प्रमाणत्वेन गृह्णन्तीति शाब्दं प्रमाणं स्वीक्रियत एव तथापि सूत्रप्रणेत्रा दर्शनकारेण येन प्रमाणेन सिद्धमर्थं मनसिकृत्य सूत्राणि प्रणीतानि तादृशं प्रमाणमेकं प्रत्यक्षमेवेति तदभिप्राय:। बौद्धा आर्हताश्च प्रत्यक्षमनुमानं चेति प्रमाणद्वयमभ्युपगच्छन्ति। अन्वयव्यतिरेकाभ्यां धूमाग्न्यो: कार्यकारणभावनिश्चये जाते तेन व्यभिचारशङ्कायां निवारितायां व्याप्तिनिश्चयस्य सौलभ्यात्। शब्दस्तु प्रत्यक्षानुमानसिद्धार्थबोधकत्वात्प्रमाणमिति न स प्रमाणान्तरत्वेन पृथग्गण्यते। एवमेवोपमानादिकमपि। वैशेषिका अप्युक्तरीत्या प्रत्यक्षमनुमानं चेति प्रमाणद्वयमेवेच्छन्ति। किं च शब्द: सर्वत्र न प्रमाणभूतो भवति। उन्मत्तप्रलपितादौ प्रामाण्याभावात्। किं तु प्रमाणभूतेनेश्वरेण गुर्वादिना वोच्चारित एव शब्द: प्रमाणं भवति। तथा च वक्तृप्रामाण्येन तदुच्चारितस्य शब्दस्य प्रामाण्यमनुमेयमिति शब्दप्रामाण्यस्यानुमानप्रामाण्याधीनत्वान्नानुमानात्पार्थक्येन प्रमाणत्वेन शब्दो गण्यते। माध्वास्तु प्रत्यक्षं शब्दश्चेति प्रमाणद्वयं मन्यन्ते। यद्यप्यनुमानं प्रमाणं तथापि प्रमाणभूतशब्दप्रतिपादितार्थावबोधकं चेत्तत्प्रमाणं नेतरथा। अतस्तैरनुमानं न पार्थक्येन गण्यते। रामानुजीयास्तु प्रत्यक्षमनुमानं शब्दश्चेति प्रमाणत्रयमिच्छन्ति। तेषां मते शब्दानुमानयो: प्रामाण्यविषये न शब्दोनुमानमपेक्षते। नाप्यनुमानं शब्दापेक्षि। किं त्वन्योन्यानपेक्षया स्वातन्त्र्येणैव तयो: प्रामाण्यम्। सांख्या अप्येतदेव प्रमाणत्रयमिच्छन्ति। पातञ्जला अप्येवमेव। तदुक्तं समाधिपादे पतञ्जलिना–प्रत्यक्षानुमानागमा: प्रमाणानि (पात० यो० सू० १/७) इति। जरन्नैयायिका अप्येतदेव प्रमाणत्रयमङ्गीकुर्वते। जरत्तरा अर्वाचीनाश्च नैयायिका: प्रत्यक्षमनुमानमुपमानं शब्दश्चेति प्रमाणचतुष्टयं मन्यन्ते। माहेश्वरा:

प्राय एवमेव। उक्तं प्रमाणचतुष्टयमर्थापत्तिश्चेति प्रमाणपञ्चकं मीमांसकविशेषाः प्राभाकरा मन्यन्ते। अनुपलब्ध्या सह षट्प्रमाणानीति मीमांसकविशेषा भाट्टा वदन्ति। अद्वैतवादिनो वेदान्तिनोप्येवम्। संभवैतिह्याभ्यां सह प्रमाणाष्टकं पौराणिकानामभिमतम्। चेष्टापि प्रमाणान्तरमिति तान्त्रिका वदन्ति।

प्रमाणसंख्यायां वादः

३१. अत्रेदं बोध्यम्–प्रत्यक्षैकवादिनश्चार्वाका अतीव स्थूलदृश्वान इति न ते विचारसहाः। अनुमानप्रमाणं बिना प्राणिनां व्यवहारो लुप्तप्राय एव भवेत्। अतीतवर्तमानाध्वसाम्येन ह्यनागतेध्वनि प्रवर्तमानो लोको दृश्यते। चार्वाका अपि परमितरद्व्यवहारे वस्तुतोनुमानप्रमाणसिद्धं प्रमेयमङ्गीकुर्वन्त्येव। यथा परस्येङ्गितं दृष्ट्वा तदभिप्रायादिकम्। एवं सत्यप्यनुमानं प्रमाणं न भवतीति कथं वदन्तीति त एव प्रष्टव्या भवन्ति। अत एव च ते चार्वाका अतीवोपहास्या इति खण्डनीयत्वेनापि तन्मतस्योल्लेखो ब्रह्मसूत्रकारैः श्रीमद्बादरायणैर्नाकारि।

निर्युक्तिकं ब्रुवाणस्तु नास्माभिर्विनिवार्यते।

इति न्यायात्। चार्वाकव्यतिरिक्तदर्शनेषु यद्यप्युक्तरीत्या प्रमाणविषये विवादो दृश्यते तथापि स केवलं प्रमाणसंख्याविषयक एवेति शुष्क एव स विवादः। प्रमेयसत्यतायां प्रायः सर्वेषामैकमत्यमेव। यथा तार्किकैरनुमानादिप्रमाणान्तरेण साधित ईश्वरादिरर्थः सत्य इति चार्वाका न श्रद्दधते न तथान्ये। यथा प्रत्यक्षानुमानरूपप्रमाणद्वयवादिनो वैशेषिका नैयायिकादिभिः शब्दप्रमाणेन साधितोर्थः सत्य एवेति मन्यन्ते। तथा च तादृगर्थसत्यतायां न ते विवदन्ते। किं तु केवलमियं सत्यता न शब्दप्रमाणमूलिका किं त्वनुमानप्रमाणमूलिकेति। यथा वार्थापत्तिप्रमाणमङ्गीकुर्वद्भिर्मीमांसकैरद्वैतवेदान्तिभिश्चार्थापत्तिप्रमाणस्य प्रमेयत्वेन पीनो देवदत्तो दिवा न भुङ्क्त इत्यत्र रात्रिभोजनरूपोर्थः सत्यतया निश्चितः स एवार्थोर्थापत्तिप्रमाणमनङ्गीकुर्वद्भिर्नैयायिकादिभिरनुमानप्रमाणस्य प्रमेयत्वेन सत्यतया निश्चीयते। यथा वानुपलब्धिप्रमाणमङ्गीकुर्वद्भिर्वेदान्त्यादिभिरनुपलब्धिप्रमाणस्य प्रमेयत्वेन सत्यतया निश्चितो घटाद्यभावरूपोर्थोनुपलब्धिप्रमाणमनङ्गीकुर्वद्भिर्वैशेषिकादिभिः प्रत्यक्षप्रमाणस्य प्रमेयत्वेन सत्यता निश्चीयते। तथा च तत्र प्रमाणसंख्याविषय एव विवादो नार्थसत्यतायाम्। अतः शुष्क एव स विवादः। अत एव च पाणिनीया अत्रोदासीना इत्याहुः।

प्रमाणेषु मिथः संबन्धः

३२. अथ प्रसङ्गात्किं प्रमाणं कस्य प्राणप्रदं भवति तथा कस्य वा किमुपजीव्यं

तथा कस्य किमनुग्राहकं कस्य च किं पार्षदमिति विचार्यते। तत्र यस्य प्रमाणस्य प्रामाण्यं प्रमाणान्तराधीनं भवति तस्य प्रमाणस्य तत्प्रमाणान्तरं प्राणप्रदमुच्यते। यथा नैयायिकदर्शने श्रुतिप्रमाणस्य प्रामाण्यमनुमानप्रमाणाधीनम्। स्वतः प्रमाणभूतः सर्वज्ञो यः परमेश्वरस्तत्प्रणीतत्वाद्धि श्रुतेः प्रामाण्यमाश्रितं नैयायिकैः। तथा च प्रयोगः–श्रुतिः प्रमाणं, प्रमाणभूतेश्वरप्रणीतत्वात्। न यत्प्रमाणं न तदीश्वरप्रणीतं यथोन्मत्तप्रलपितमिति। यथा वा स्मृतिप्रमाणस्य प्रामाण्यं श्रुतिप्रमाणाधीनमिति स्मृतिप्रमाणस्य श्रुतिप्रमाणं प्राणप्रदं भवति। लब्धप्रामाण्यस्य यस्य प्रमाणस्य साधनं प्रमाणान्तराधीनं भवति तस्य प्रमाणस्य तत्प्रमाणान्तरमुपजीव्यं भवति। यथा प्रत्यक्षेतरप्रमाणानां साधनं प्रत्यक्षप्रमाणाधीनम्। अग्न्यनुमानस्य साधनीभूतं धूमज्ञानं प्रत्यक्षप्रमाणाधीनम्। शाब्दज्ञानस्य साधनीभूतं शब्दज्ञानं श्रावणप्रत्यक्षप्रमाणाधीनम्। अत्र धूमोस्तीति शाब्दज्ञानवतान्धेनेतरेण वा कृतस्याग्न्यनुमानस्यापि प्रत्यक्षमेवोपजीव्यं भवति। धूमोस्तीति शब्दप्रत्यक्षस्य शाब्दज्ञानद्वारानुमानजनकत्वात्। लब्धप्रमाण्यस्योपपन्नसाधनस्य च यस्य प्रमाणस्य स्वीकरणे यत्प्रमाणान्तरं साहाय्यं करोति तस्य प्रमाणस्य तत्प्रमाणान्तरमनुग्राहकमुच्यते। यथा–आत्मा० मन्तव्यः (बृ० २/४/५) इति श्रुतिर्मननद्वारात्मविषयकानुमानस्य ग्राह्यतां बोधयति। अनुमानेन ह्यात्मविषयिण्यो विपरीतभावना निवर्तन्ते। लब्धप्रामाण्यस्योपपन्नसाधनस्य प्रमाणान्तरानुगृहीतस्य च यस्य प्रमाणस्य क्वचिद्विषयविशेषे प्रवृत्तिः प्रमाणान्तरं पुरस्कृत्यैव भवति तत्प्रमाणं तस्य प्रमाणान्तरस्य पार्षदमुच्यते। प्रमाणान्तरं तु तत्तत्राग्रेसरमुच्यते। यथा वेदान्तिनां नये

अचिन्त्याः खलु ये भावा न तांस्तर्केण योजयेत्।

इत्युक्तरीत्या परमात्मप्रभृतिष्वचिन्त्येषु वस्तुषु न प्रथमतोनुमानस्य प्रवृत्तिः। श्रुतिप्रमाणेन मार्गे प्रदर्शिते तु पश्चादेव तत्रानुमानस्य प्रवेशो भवति। यत्र तु विषयविशेषे द्वयोः प्रमाणयोः प्रवृत्तिः। न च तत्र कस्यचिदग्रेसरत्वं कस्यचित्पार्षदत्वं वा तत्रान्यतरदुभयं वा यदृच्छयोल्लेख्यं भवति न नियमः कश्चित्। उभयोल्लेखेपि न क्रमनियमः। पुरःस्फूर्तिकं वा प्रथमत उल्लेख्यम्।

प्रमाणेषु बाध्यबाधकभावः

३३. अथ युगपदेकत्र मिथोविरोधिप्रमाणद्वयसंनिपाते किं कस्य बाधकं भवतीति विचार्यते। लोके तावदमुकं प्रमाणममुकप्रमाणस्य बाधकमेवेति न नियमः। क्वचित्स्थले नेत्रदोषादिसत्त्वे तज्जन्यं सर्पप्रत्यक्षं नायं सर्प इत्याप्तवचनेन बाध्यते। क्वचित्स्थले तु वक्तुरुन्मादादिदोषसत्त्वे तदुक्तं नायं सर्प इति वचनमदूषितलोचनादिजन्येन सर्पप्रत्यक्षेण बाध्यते। अन्यथासिद्धं हि बाध्यं भवति। आद्योदाहरणे सर्पप्रत्यक्षस्य दोषजन्यत्वादन्यथा–

सिद्धत्वम्। द्वितीयोदाहरणे तादृशवचनस्य नायं सर्प इत्यस्योन्मादजन्यत्वादन्यथा-सिद्धत्वम्। द्वयोरपि दोषजन्यत्वे समत्वमेव। यथादोषस्फुरणं क्षणिको बाध्यबाधकभावो वा यथा तथास्तु। प्रमाणविषये च पूर्वोक्तरीत्या तत्तदर्शनानुसारेण मतभेदेपि सांप्रतिके व्यवहारे प्रायः प्रमाणानि मुख्यानि प्रत्यक्षानुमानशब्दरूपाणि त्रीणि संप्रदृश्यन्ते। इतरेषां तत्तद्दर्शनानुसारेण पार्थक्यं वा त्रिष्वन्तर्भावो वा यथा तथास्तु। बाध्यबाधकभावविषयेपि यस्य यत्रान्तर्भावस्तद्वदेव तदन्तर्गतस्यापि प्राबल्यं दौर्बल्यं वा बोध्यम्। यत्र प्रत्यक्षप्रमाणापेक्षयानुमानं प्रमाणं दुर्बलं भवति तत्र तादृशानुमानान्तर्गतमर्थापत्तिप्रमाणमपि प्रत्यक्षापेक्षया दुर्बलमेव। प्राबल्यदौर्बल्यहेतोस्तुल्यत्वात्। यथा पर्वते प्रत्यक्षतयाग्न्यभावं निश्चित्यावतरतः पुरुषस्य पुरो यदि कश्चिदग्निमनुमिनुयात्तर्हि तदनुमानं प्रत्यक्षापेक्षया दुर्बलमेव। भवति। दोषजन्यत्वेनान्यथासिद्धत्वात्। तत्र च धूमज्ञानेनाग्यनुमाने बाष्पे धूलिकदम्बे वा धूमभ्रमो दोषः। वृक्षादिज्ञाने नाग्न्यनुमाने वृक्षाग्न्योर्व्याप्तिभ्रमो दोषः। तत्रैव यदि कश्चित्पर्वते शैत्यातिशयेपि तत्रावस्थितानां मनुष्याणामकार्श्यं दृष्ट्वा तदन्यथानुपपत्त्यार्थापत्तिप्रमाणेन पर्वतेग्निं साधयेत्तर्हि तदर्थापत्तिप्रमाणमपि प्रत्यक्षापेक्षया दुर्बलं भवति। दोषजन्यत्वेनान्यथासिद्धत्वात्। दोषश्च शैत्यातिशयस्थले कार्श्याभाव-स्याग्निव्यतिरिक्तो न कोपि हेतुरित्याकारको भ्रमः। उक्तोदाहरणे पर्वतेग्न्यभावप्रत्यक्षस्य दोषजन्यत्वे तादृशं प्रत्यक्षमपि दोषाजन्यानुमानाद्यपेक्षया दुर्बलं भवति। द्वयोर्दोषजन्यत्वे साम्यं वा स्यादित्यन्यत्।

प्रमाणसाध्यम्

३४. तदित्थं दर्शनभेदेन प्रमाणभेदस्तेषु प्राणप्रदत्वादिकं बाध्यबाधकभावबीजं च निरूपितम्। अधुना तेन प्रमाणेन किं साधनीयं भवति कस्मिंश्च दर्शने जगतो मूलकारणज्ञापनाय किं प्रमाणमुपयुज्यत इत्युच्यते। प्रमाणं हि न किंचिद्वस्तूत्पादयति। किं तु पूर्वसिद्धमेव वस्तु केवलमिदमीदृशमित्येवं ज्ञापयति। तादृशं प्रमाणेन ज्ञापितं वस्तु प्रमाणसाध्यमित्युच्यते। यच्च प्रमाणसाध्यं तदेव प्रमेयम्। तच्च द्विविधम्। चेतनाचेतनभेदात्। तत्राचेतनस्य चेतनाधीनत्वेन तदपेक्षया चेतनस्य प्राधान्यादादौ तत्साधनीयम्। तदपि जीवब्रह्मभेदेन द्विविधं प्रतीयते। तत्रापि जीवस्याप्राधान्यम्। ब्रह्मज्ञानार्थं जीवस्य प्रवृत्तिदर्शनात्। तथा च प्रथमतो जिज्ञास्ये ब्रह्मणि पूर्वोक्तानां प्रमाणानां प्रमाणभावः कया विधया संभवतीति विचार्यते। यश्चायं प्रमाणानां प्रमाणभावस्तदुपजीव्यं परं ब्रह्म वस्तुतः प्रमाणातीतमेव। न कस्यापि प्रमाणस्य तत्र गतिः। ब्रह्मसत्तयैव हि लब्धात्मभावानि प्रमाणानि कथं स्वोपजीव्ये ब्रह्मणि प्रवर्तयेयुः। न ह्यग्निः स्वमात्मानं स्वोपजीव्यं वायुं वा दहति प्रकाशयति वा तद्वत्। न च ब्रह्मणः

प्रमाणागम्यतया तस्यासत्त्वं शङ्कनीयम्। ब्रह्मणोऽसत्त्वे प्रमाणानामेवासत्त्वापातात्। प्रमाणाविषयत्वेपि प्रमाणोपजीव्यत्वेनैव ब्रह्मणः सिद्धत्वात्।

ब्रह्मणि प्रमाणगतिः

३५. तथा च वस्तुनः प्रमाणसिद्धत्वं द्विविधम्। प्रमाणोपजीव्यतया प्रमाणविषयतया च। आद्यं निर्गुणस्य निर्विशेषस्य ब्रह्मणः। अन्त्यं तु भूतभौतिकवस्तुनः। प्रमाणविषये तु प्रमाणानामनेकत्वेन कस्यचित्प्रमाणस्य प्रमाणान्तरविषयत्वेन सिद्धावप्यनवस्थापातादेकस्य कस्यचित्प्रमाणस्य प्रमाणाविषयत्वेन स्वयं सिद्धत्वमवश्यं वक्तव्यमेव। तथा च तस्य स्वतः प्रमाणत्वमेवाङ्गीकार्यम्। अतस्तत्साधकस्य प्रमाणान्तरस्याभावेपि नाप्रमाणत्वमाशङ्कनीयम्। यथाखिलेष्वपि दर्शनेषु प्रत्यक्षं स्वतः प्रमाणं भवति। न तु तस्य प्रामाण्यमनुमानादिभिः साध्यते। अनुमानप्रमाणस्य तु प्रामाण्यं प्रत्यक्षप्रमाणेन सिद्धं भवति। पर्वते ह्यनुमानेन प्रमाणेनाग्निं निश्चित्यानुमाता पर्वतमारूढश्चेत्तत्राग्निं प्रत्यक्षीकरोति। एवमेकत्रानुमानस्य प्रामाण्यं प्रत्यक्षेण प्रमितं चेत्तेन दृष्टान्तेन सर्वत्रैव सद्धेतुमूलकस्यानुमानप्रमाणस्य प्रामाण्यमनुमानेनैव साधयितुं शक्यते। शब्दप्रमाणस्याप्येवं प्रत्यक्षमूलकं प्रामाण्यम्। किं तु न सर्वत्र। अदृष्टार्थविषयेस्माकं प्रत्यक्षासंभवात्। एतच्च प्रमाणस्य प्रामाण्यं प्रमाणान्तरेण ज्ञायते न तूत्पाद्यते। उत्पत्तिस्तु प्रामाण्यस्य यथासंभवं स्वतः परतो वा स्यात्।

आत्मसाक्षात्कारस्वरूपम्

३६. एवं च ब्रह्म प्रमाणसिद्धमिति यः प्रवादस्तस्य प्रमाणप्राणप्रदत्वाद्ब्रह्म प्रमाणसिद्धमित्यर्थः। न तु प्रमाणविषयत्वादिति। द्वैतवादिनां मते ब्रह्मणः प्रमाणविषयत्वं स्यान्नाम। अद्वैतवादिनां मते न कथमपि प्रमाणविषयत्वं ब्रह्मणः। तन्मतानुसारेणाद्वैतात्मसाक्षात्कारे सति न प्रमातुः प्रमातृत्वं नापि ब्रह्मणः प्रमेयत्वम्। प्रमातृप्रमेयभावस्य द्वैतमूलकत्वात्। न चैवमद्वैतात्मसाक्षात्कारः शशशृङ्गायते। साक्षात्कारो हि प्रत्यक्षानुभवः। स च प्रमातृप्रमेयभावाधीन इति वाच्यम्। अद्वैतात्मसाक्षात्कार इत्यस्य द्वैतसाक्षात्काराभावः समूलभेदभावनानिवृत्तिरित्यत्र तात्पर्यात्। यथा देवदत्तो वामेनाक्ष्णा पश्यतीत्युक्ते दक्षिणेनाक्ष्णा न पश्यतीत्यत्र तदुक्तेस्तात्पर्यं कल्प्यते तद्वत्। तत्र वामेनाक्ष्णा दर्शनसंभवेपि न तत्र वक्तुस्तात्पर्यम्। अत्र तु संभवोपि नास्ति। न चैवं ब्रह्मणः कथमपि प्रमाणविषयत्वाभावे कया विधया तज्ज्ञापनार्थमुपनिषदां प्रवृत्तिरिति वाच्यम्। उक्ताद्वैतात्मसाक्षात्काराव्यवहितपूर्वावस्थापर्यन्तं प्रमाणानां प्रवृत्तिरव्याहतैव। तादृशवास्थासंपादनार्थत्वेनैव चोपनिषदां साफल्यम्। एतादृश्येव ब्रह्मणि प्रमाणानां प्रवृत्तिः। एवं चाद्वैतवादिनां नये

प्रमाणानां प्राणप्रदत्वाद्ब्रह्मसिद्धिः। द्वैतवादिनां तु नये प्रमाणविषयत्वादपि ब्रह्मसिद्धिर्भवति।

ब्रह्मणि रामानुजमते प्रमाणप्रवृत्तिः

३७. अथास्त्वेवं यया कयापि विधया ब्रह्मणि प्रमाणानां प्रवृत्तिः। किं तु ब्रह्मज्ञापनार्थं प्रमाणप्रवृत्तौ सत्यां द्वैताद्वैतयोर्विरोधात्किमत्राद्वैतप्रतिपादकश्रुत्या भेदप्रत्यक्षस्य बाध उत भेदप्रत्यक्षेणाद्वैतश्रुतेर्बाधः। किमत्र प्रबलं किं वा दुर्बलमिति संशयः। अत्र रामानुजीया एवमाहुः। अत्र बाध्यबाधकभाव एव नास्ति। कुतो बलाबलविचारः भेदग्राहिप्रत्यक्षमपि प्रमाणमेव। आत्मैक्यश्रुतिरपि च प्रमाणमेव। न च भेदस्य सत्यत्वे कथमात्मैक्यं श्रुत्युक्तं प्रमाणं स्यादिति शङ्कनीयम्। शरीरशरीरिणोरैक्याभिप्रायेण श्रुतौ तथा निर्देश इति श्रुत्युक्तस्य प्रामाण्यानपायादिति। एतदपरे न क्षमन्ते। चिदचिद्वर्गेण सह परमात्मनः शरीरशरीरिभावरूपसंबन्धाङ्गीकारेऽस्य चिदचिदात्मकप्रपञ्चस्य परमात्मशरीरत्वेपि न परमात्मत्वम्। तथा चेदं सर्वं यदयमात्मा (बृ० २/४/६) इत्यात्मैक्यश्रुतिर्बाधिता सती लक्षणयैवोपपादनीया भवति। मनुष्योहमित्यादिर्लोके निरूढः प्रयोग इति चेत्कामं निरूढा लक्षणास्तु। न तु लक्षणैव नेति। एवं च लक्षणया योजितेयं श्रुतिर्न सामञ्जस्येनोपपादिता भवति। तथा च श्रुतिवाक्यात्स्वरसतः प्रतीयमानोर्थो रामानुजीयानामनभिमत एवेत्यन्ततः श्रुतिरप्येभिरप्रमाणीकृतप्रायैव भवति। परं तु नास्तिकवत्स्पष्टतया कस्या अपि श्रुतेरप्रामाण्योक्तावविश्वसनीयवचनता प्रसज्येत। सा मा प्रसाङ्क्षीदित्यतः पर्यायेण श्रुतेः प्रामाण्यमुच्यत इति कोयं स्वसिद्धान्तेभिनिवेशो रामानुजीयानाम्। एतेषां सरणिरीदृशी दरीदृश्यते यत्प्रमाणान्तरेणान्ततो विनिश्चितेर्थे सति तद्विरुद्धानि श्रुत्यक्षराणि सूत्राक्षराणि वा स्युश्चेत्तानि कथमपि स्वाभिमतार्थानुसारेण योजयितव्यानीति।

शंकराचार्यमते ब्रह्मणि प्रमाणप्रवृत्तिः

३८. शंकराचार्याणां त्वयमाशयः। तत्त्वमसि (छा० ६/८/७) अहं ब्रह्मास्मि (बृ० १/४/१०) इत्यादीनामैक्यश्रुतीनां शरीरशरीरिभावमूलकैक्यतात्पर्यकत्वे प्रमाणाभावः। ननु वस्तुतो जीवब्रह्मणोरैक्ये प्रमातृप्रमेयभावविरहादद्वैतात्मसाक्षात्कार एव न संभवतीति चेत्–अनुपदमेव दत्तोत्तरमेतत्। अद्वैतात्मसाक्षात्कारस्य साक्षात्कारत्वं च विरुद्धभावनानिवृत्तिरित्येतावतैव। प्रमाणानां प्रवृत्तिश्च विरुद्धभवनानिवृत्तिपर्यन्तमेव। यदपि मतं द्वैतप्रत्यक्षस्याद्वैतात्मसाक्षात्कारस्य च कालभेदेनावस्थाभेदान्न विरोध इति तदपि न समीचीनम्। द्वैतस्य सत्यत्वे कालभेदेनावस्थाभेदेपि सत्यस्याद्वैतस्यासंभवात्। जीवब्रह्मणोः शरीरशरीरिभावाङ्गीकारेपि शरीरविशिष्टस्यात्मत्वाभावेन सत्यस्याद्वैतस्या-

संभव एव। तथा चावश्यं द्वैताद्वैतयोः प्रत्यक्षप्रमाणश्रुतिप्रमाणसिद्धयोर्मध्ये कस्यचिदेकस्यारोपितत्वं स्वीकार्यम्। यस्य चारोपितत्वं स्वीक्रियते तत्रारोपितवस्तुविषयकत्वेन दोषमूलकस्य तस्य प्रमाणस्य प्रमाणाभासत्वाद्बाध्यत्वम्। स चारोप आहार्योऽनाहार्यो वा। तत्रानाहार्यारोपश्च भ्रम एवेति तत्रारोपितस्य मिथ्यात्वमेवेति तादृशारोपितार्थबोधकस्य प्रमाणस्याप्रामाण्यमेव। आहार्यारोपस्थले तु न तथा। यद्यप्याहार्यारोपस्थलेप्यारोपितार्थस्याधिष्ठानप्रदेशेऽसत्त्वमेव तथाप्यारोपितवस्तुगतगुणसदृशगुणकत्वादिकमधिष्ठानस्य बोधयत्प्रमाणभूतं वचनं नाप्रमाणं भवितुमर्हति। यथा सूर्यो ब्राह्मणः सिंहो माणवक इति। अत्र हि ब्राह्मणे सूर्यारोपो माणवके च सिंहारोपः। स चारोपो न भ्रममूलकः। नायं ब्राह्मणः सूर्यस्तथा नायं माणवकः सिंह इति सत्यस्यार्थस्य तदानीं परिज्ञानात्। तादृशज्ञानसत्त्वेपि तद्विरुद्धो योयमारोपो हठात्क्रियते स एवाहार्य इत्युच्यते। ईदृशस्थले च न वक्ता ब्राह्मणे सूर्यतादात्म्यं माणवके वा सिंहतादात्म्यमभिप्रैति। न चापि श्रोता तादृशवाक्यात्तयोस्तादात्म्यं प्रत्येति। किं तु सूर्यस्तेजस्वी प्रसिद्ध इति ब्राह्मणे तेजोतिशयो वक्तुर्बोधयितुमिष्टो भवति। श्रोतापि तथैव बुध्यते। तथा च तादृशस्थले नैव तद्वाक्यमप्रमाणं भवति।

श्रुतिप्रत्यक्षयोरन्यतरस्यारोपित विषयत्वम्

३९. प्रकृते च प्रत्यक्षप्रमाणसिद्धस्य द्वैतस्य सत्यत्वाङ्गीकारे श्रुतिप्रमाणसिद्धस्याद्वैतस्यारोपितत्वं स्वीकार्यमित्येकः पक्षः। अपरश्चोक्तवैपरीत्येनाद्वैतस्य सत्यत्वाङ्गीकारेण प्रत्यक्षविषयीभूतस्य द्वैतस्यारोपितत्वमिति। आद्यपक्षे द्वैतस्य सत्यत्वमङ्गीकृत्याद्वैत- स्यारोपितत्वे हठादद्वैतमारोपितं श्रुत्येत्येवमाहार्यारोपि एव स्वीकार्यो भवति। न त्वनाहार्यारोपः। अनाहार्यारोपस्य भ्रममूलकत्वात्। श्रुतेस्तु न कथमपि भ्रमः कल्पयितुं शक्यते श्रुतिप्रामाण्यवादिभिः। द्वितीयपक्षे चाद्वैतस्य सत्यत्वमङ्गीकृत्य द्वैतस्यारोपितत्वे- ऽनाहार्यारोप एव स्वीकार्यो भवति। न त्वाहार्यः। आहार्यारोपाङ्गीकारे तु प्रत्यक्षप्रमाण- प्रतीतमिदं द्वैतं जीवात्मभिर्हठात्कल्पितमित्युक्तं स्यात्। तच्च न संभवति। कल्पितस्य प्रत्यक्षविषयत्वासंभवात्। किं च यत्र हठात्क्वचित्कस्यचित्कल्पनाश्रीयते तत्र वस्तुतः सोत्र नास्तीति प्रतीतिसत्त्वेन तत्स्वरूपप्रयुक्ता व्यवहारास्तत्र न भवन्ति। सूर्योयं ब्राह्मण इत्युक्ते तादृशं सूर्यस्वरूपमुद्दिश्यार्घ्यप्रदानादिकं न केनापि क्रियमाणं संदृश्यते। तथा सिंहोयं माणवक इत्युक्ते न तादृशं सिहं मारयितुं धृष्टः कश्चन प्रवर्तते न वा शालीनः कश्चिद्भीत्या पलायितुमारभते। प्रकृते तु प्राणिनां नाहं परमात्मेति बुद्ध्या शास्त्रीये लौकिके च व्यवहारे प्रवृत्तिरव्याहतैव दृश्यते। प्राणिभिःस्वस्मिन्परमात्मनः सकाशाद्भेद- कल्पना

हठात्कृता चेदेते व्यवहारा न भवेयुः। अतस्तेषां भ्रममूलकोऽनाहार्यारोप एव स्वीकार्यो भवति। एवं च द्वैतस्य सत्यत्वेऽद्वैतस्यानाहार्यारोपः (१) द्वैतस्य सत्यत्वेऽद्वैतस्याहार्यारोपः (२) अद्वैतस्य सत्यत्वे द्वैतस्यानाहार्यारोपः (३) अद्वैतस्य सत्यत्वे द्वैतस्याहार्यारोपः (४) इति यत्पक्षचतुष्टयं केवलं वक्तुं शक्यते तत्र द्वितीयस्तृतीयश्चेति पक्षद्वयमेव संभवति। चतुर्थो नैव संभवति नैव कैश्चिदपि स्वीकृतश्च। एवमाद्योपि। परं स आद्यः पक्षः श्रुत्यप्रामाण्यवादिभिश्चार्वाकादिभिः कथंचित्स्वीकर्तुं शक्य इत्यन्यत्। ते ह्यद्वैतिनां शब्दजन्य ऐक्यभ्रम इति वदन्ति। अवशिष्टद्वितीयतृतीय- पक्षद्वयमध्ये कतरः पक्षो ग्राह्य इति विचारः। तत्र श्रुतिप्रमाणापेक्षया प्रत्यक्षप्रमाणस्य प्राबल्ये द्वितीयः पक्षः। प्रत्यक्षप्रमाणापेक्षया श्रुतिप्रमाणस्य प्राबल्ये तृतीयः पक्षः। तत्र कस्य प्राबल्यं युक्तमिति।

प्रत्यक्षस्य न बाधः

४०. अत्र कश्चिदाह–संशय एवात्र न युज्यते। यतः प्रत्यक्षप्रमाणं सकलेतर-प्रमाणोपजीव्यमिति तस्य कथं प्रमाणान्तरेण बाधः। प्रत्युत तेनैवेतरस्य प्रमाणस्य बाधो न्याय्य इति। तत्रेदां वक्तव्यम्–उपजीव्यस्य प्रमाणान्तरेण बाधो न भवतीति यदुच्यते तत्सत्यम्। यच्च तेनेतरस्य बाध इत्युच्यते तत्र मृष्यामहे। यद्युपजीव्यमुपजीवकस्य बाधकं भवेत्तर्हि तदुपजीव्यमेव न भवेत्। उपजीव्यं ह्युपजीवकसापेक्षम्। नियम्यसापेक्षनियन्तृत्वादिवत्। बाधे ह्युपजीवकस्यैवाभाव इत्युपजीव्यस्य स्वरूपहानिरेव स्यात्। तदैव ह्युपजीव्यस्योपजीव्यत्वं यद्युपजीव्यत्वनिरूपकमन्यदुपजीवकं स्यात्। तथा चोपजीव्योपजीवकयोर्मध्ये नैकमन्यस्य बाध्यं बाधकं वा। एवमेव च प्राणप्रदप्राणनीय-विषयेनुग्राहकानुग्राह्यविषये च बोध्यम्। यच्च क्वचिद्ग्रन्थकृद्भिरुपजीव्यस्य बाधकत्व-मुच्यते तत्र नोपजीवकस्य सर्वथा बाधस्तदभिप्रेत इति। अथात्र पुनरपि त्वदुक्तन्यायेनैव संशयो न युज्यते। यत उपजीव्योपजीवकयोर्मध्ये नैकमन्यस्य बाध्यं बाधकं वेति त्वयैवोक्तम्। प्रत्यक्षप्रमाणं च स्वेतरसकलप्रमाणानामुपजीव्यभूतमिति च सर्वसंमतम्। तथा च न श्रुत्या प्रत्यक्षस्य बाधो युज्यते नापि प्रत्यक्षेण श्रुतेरिति।

प्रत्यक्षस्यापि बाधोपपादनम्

४१. अत्रोच्यते–उपपद्यत एवात्र संशयः। न हि जगति जायमानं प्रत्यक्षमेकमेव भवति। किं तु प्रमातृभेदेन प्रमेयभेदेन देशकालादिभेदेन च नानाविधाः प्रत्यक्षव्यक्तयः। यथा देवदत्तस्य जायमानाज्ज्ञानाद्यज्ञदत्तस्य जायमानं ज्ञानं भिन्नम्। ततोपि चैत्रस्य जायमानमन्यत्। किं च देवदत्तस्यैव जायमानाद्घटज्ञानात्तस्यैव जायमानमपि पटज्ञानं भिन्नम्। एवं ह्यस्तनघटज्ञानापेक्षया घटज्ञानमेवाद्यतनं भिन्नम्। ततोपि श्वस्तनमन्यत्। एवं देशभेदेनाप्येकत्र जायमानाज्ज्ञानाद्देशान्तरे ग्रामान्तरे गृहान्तरेन्यत्र वा क्वचिदपि

जायमानं ज्ञानं भिन्नम्। यावन्ति च ज्ञानानि तावत्यस्तत्साधनभूताः प्रमाणव्यक्तयो भवन्ति। तथा चानन्ताः प्रत्यक्षप्रमाणव्यक्तयः। अनुमानादिविषयेप्येवमेव। तथा च यां प्रत्यक्ष-व्यक्तिमुपजीव्य प्रमाणान्तरं प्रवृत्तं तेन प्रमाणान्तरेण तस्याः प्रत्यक्षव्यक्तेर्बाधो मा भून्नाम। प्रत्यक्षान्तरस्य बाधे स्वीक्रियमाणे कथमुपजीव्यविरोधः। देवदत्तस्योपजीव्यभूता या मनुष्यव्यक्तिस्तदितरमनुष्यव्यक्तेर्देवदत्तेन विरोधे कृतेपि न स उपजीव्यविरोध इति लोकाः संप्रतिपद्यन्ते। यथा रज्ज्वां जायमानं सर्पप्रत्यक्षं नायं सर्प इत्याप्तवाक्यजज्ञानेन बाध्यते। बाधकस्य च तस्य शाब्दज्ञानस्योपजीव्यभूतं प्रत्यक्षं तु नायं सर्प इति वाक्यश्रवणम्। नायं सर्प इति शाब्दज्ञानेन च सर्पप्रत्यक्षे बाधितेपि न नायं सर्प इति वाक्यविषयकं श्रावणप्रत्यक्षं बाध्यते। अपरं च तत्र बाध्यबाधकभावशङ्कापि नोदेति। यतो विरोधे हि बाध्यबाधकभावः। यस्याः प्रमाणव्यक्तेर्यया प्रमाणव्यक्त्या सह प्राणप्रदतयोपजीव्यतयानुग्राहकतयाग्रेसरतया वा संबन्धस्तत्र तयोर्विरोध एव नास्तीति बाध्यबाधकभावगन्धोपि तत्र सुतरां न संभवति।

शब्दप्रमाणेन श्रावणप्रत्यक्षस्यापि बाधः

४२. अथ प्रासङ्गिकमनुपेक्षणीयं चेति किंचिद्विचार्यते। शब्दविषयकश्रावणप्रत्यक्ष-मूलिका हि शब्दप्रमाणस्य प्रवृत्तिः। तथा च तत्त्वमसि (छा० ६/८/७) इदं सर्वं यदयमात्मा (बृ० २/४/६) इत्यादिशब्दप्रमाणेन श्रावणप्रत्यक्षगतज्ञातृज्ञेयभावसंबन्ध-निबन्धनो भेदो बाध्यते न वा। आद्य उपजीव्यविरोधो दुष्परिहरः। यतो ज्ञातृज्ञेय-संबन्धाभावे प्रमाणस्य प्रमाणत्वमेव विनश्येत्। न बाध्यते चेत्तादृशं द्वैतमबाधिततया सत्यं स्वीकर्तव्यं स्यादित्यद्वैतसिद्धान्तविरोधः। तथा च दुर्घटमेतदिति। अत्रोच्यते। यद्यपि न कश्चित्स्वोपजीव्यविरोधं कर्तुं प्रवर्तते तथापि परहितैकप्रवणतया यः संभाव्यमानं स्वविनाशमप्यनालक्ष्यैव प्रवर्तते तत्र स्वसंरक्षणेपि नास्था का वार्ता स्वोपजीव्यसंरक्षणे। अयमाशयः। यथा कश्चित्सुशिक्षितो विनयादिगुणान्वितो बाल एव देवदत्तः स्वपितरमङ्गविकलं पितामहं च भिक्षावृत्त्या परिपालयन्नास्ते। कदाचिद्देशान्तरस्थ कश्चन पुत्रार्थी नृपो दत्तकं पुत्रं परिजिघृक्षुस्तादृशं स्वपुत्रत्वयोग्यं गुणान्वितं बालकं समन्वेषयन्यदृच्छया तत्र समागतो देवदत्तं दृष्ट्वा संतुष्टान्तरङ्गस्तत्पितरं पुत्रं ययाचे। पिता च पुत्रहितैकतत्परः पुत्रवियोगे भाविनीं कष्टामपि स्वावस्थामनालक्षयन्पुत्रं राज्ञे समर्पयामास। तत्र च देवदत्तपित्रा कृतेन देवदत्तप्रदानेन यद्यपि पितुरिव तदुपजीव्यस्य पितामहस्यापि कष्टा दशा संभाव्यते तथापि नोपजीव्यविरोधदूषणोद्भावनेन देवदत्त-पितरमपवदन्ति जनाः। यतः स्वकृतेनाचरणेन या स्वस्यावस्था भाविनी तदपेक्षया दुःखदायिनी दशा स्वोपजीव्यस्य प्राप्यते चेदुपजीव्यविरोधः समुद्भाव्यते नेतरथा।

तथात्रैक्यप्रतिपादिकेदं सर्वं यदयमात्मा (बृ० २/४/६) नेह नानास्ति किंचन (बृ० ४/४/१९) इत्यादिश्रुतिरद्वैतात्मसाक्षात्कारे सति प्रमातृप्रमेयभावविलयेन स्वस्याः प्रमाणत्वं नङ्क्ष्यतीत्यालोच्यापि मातृवद्दयापरवशतया मुमुक्षूणामात्मसाक्षात्कारं जनयितुं प्रवर्तते। तत्र स्वसंरक्षणेपि न संरम्भः श्रुतेः कुतस्तरां स्यात्स्वोपजीव्यप्रत्यक्षप्रमाणसंरक्षणे। एतदुक्तं भवति। ऐक्यप्रतिपादिका श्रुतिर्वाच्यवाचकभावसंबन्धपुरःसरं प्रवृत्ता स्वप्रवृत्त्युत्तरं तादृशसंबन्धनिबन्धनो भेदोत्र क्षणमपि पदं न दध्यात्। तदभावे च स्वस्या अपि सैवावस्था स्यादिति निश्चयेन जानानापि मुमुक्षुजनहितैककर्तव्यतया दयापरवशतया चावश्यकर्तव्यमेतदिति मन्यमाना भाविनं स्वविनाशमप्यनालक्ष्य तत्रोदासीना सर्वथा जिज्ञासूनामद्वैतं बोधयितुं प्रवर्तते। तथा चाग्रे भाविनं कमपि परिणामविशेषमनालोचयन्त्या स्वविनाशस्येव स्वोपजीव्यश्रावणप्रत्यक्षविनाशस्याप्यनाकलनान्नोपजीव्यविरोधः। विरोध इति मत्वा कृतो विरोधो हि विरोध इति भाष्यते। स्तनंधयेन लत्ताप्रहारे कृतेपि नोपजीव्यविरोध इति मत्वा माता कुप्यति। प्रत्युत स्निह्यत्येव। एवं चाद्वैतप्रतिपादकश्रुत्या स्वोपजीव्यश्रावणप्रत्यक्षगतज्ञातृज्ञेयभावसंबन्धनिबन्धस्य भेदप्रत्यक्षस्य बाधेपि नोपजीव्यविरोधस्तत्र भवतीति न किंचिदपि दुर्घटम्। इत्थं च भेदग्राहिप्रत्यक्षमभेदग्राहिणी श्रुतिश्चेत्यनयोर्मध्ये किं प्रबलं किं दुर्बलमिति केन कस्य बाध इति पूर्वोक्तः प्रश्नस्तदवस्थ एव।

श्रुतिविषये बाधस्वरूपम्

४३. प्रमाणस्य बाधो नाम बाध्यभूतस्य प्रमाणस्याप्रामाण्यमेव। आत्मैक्यप्रतिपादकश्रुत्या द्वैतग्राहि प्रत्यक्षं बाधितं चेत्तदप्रमाणमेव स्यात्। नैवं प्रत्यक्षप्रमाणेन श्रुतिर्बाधिता चेत्तस्या अप्रामाण्यमिष्यते। किं तु प्रमाणान्तरेण बाधिता श्रुतिश्चेतसा कथमपि गौणार्थत्वेन योजनीयेति। एतावतैव च तस्या बाध उच्यते। नास्तिकाः परमप्रामाण्यपर्यन्तमपि बाधस्य पर्यवसानं संगिरन्त इत्यन्यत्।

बाध्यबाधकभावे स्थूलविचारः

४४. अत्र च बाध्यबाधकभावविषये व्यावहारिकाः सामान्यजना इत्थमालोचयन्ति–इदं सर्वं यदयमात्मा (बृ० २/४/६) इति सार्वदिकमात्मैक्यं वदन्ती श्रुतिः सांप्रतिकेन भेदग्राहिप्रत्यक्षेण विरुद्धा भवति। आत्मा वा इदमेक एवाग्र आसीत् (ऐ० १/१) इति सृष्टेः पूर्वमात्मैक्यं वदन्ती श्रुतिस्तु न प्रत्यक्षप्रमाणेन विरुद्धा भवति। तदानीं प्रत्यक्षप्रमाणासंभवात्। किं तु प्रत्यक्षमूलकेनानुमानप्रमाणेन विरुद्धा भवति। तथा हि–प्रमाता पूर्वमपि प्रमेयाद्भिन्नः प्रमातृत्वादिदानींतनप्रमातृवत्। प्रमेयं पूर्वमपि प्रमातुः सकाशाद्भिन्नं प्रमेयत्वादिदानींतनप्रमेयवदिति। तथा च श्रुतिः क्वचित्प्रत्यक्षप्रमाणेन सह

विरुद्धा भवति क्वचिदनुमानप्रमाणेनेति। तथा चैकं द्वयेन बाध्यं द्वयमेकेन वेति विचारे क्रियमाणे प्रमाणद्वयानुग्रहो न्याय्य इत्यात्मैक्यप्रतिपादिका श्रुतिरेवात्र बाध्या भवति। अतः कथमपि सा गौणार्थत्वेन योजनीयेति।

बाध्यबाधक भावे सूक्ष्मविचारः

४५. अत्रापरे कुशाग्रधिषणाः प्रेक्षावन्तः प्रत्यवतिष्ठन्ते। अस्थान एवायं विचारो यदेकं प्रमाणं द्वयं वेति। एकेन चक्षुष्मता सूर्योदये कथिते परःशता अप्यन्धा रात्रिंमन्या अप्रमाणीभवन्ति। कथं तर्ह्यत्र निर्णय इति चेत्–उच्यते। जगति मूलतत्त्वमेकमनेकं वेति निर्णये तदनुरोधेन सांप्रतिकं वस्तु निर्णेतुं शक्यं भवति। मूलतत्त्वान्वेषणे च न प्रत्यक्षप्रमाणस्य गतिरिति प्रसिद्धमेव। किं तु श्रुतिरनुमानं वा तत्र प्रभवति। तत्रापि श्रुतेर्मुख्यत्वमनुमानं तत्पार्षदं चेच्छ्रुतिर्बलीयसी। अथानुमानं मुख्यं तत्पार्षदत्वं श्रुतेश्चेच्छ्रुतिर्दुर्बला भवति। किमत्र युक्तमिति चेत्–मतभेदेनोभयमपि। तथा हि–

श्रौता दर्शनकाराः

४६. दर्शनकारा द्विविधाः श्रौतास्तार्किकाश्च। तत्र श्रुतिरेव मुख्यतया मूलतत्त्वान्वेषणे साधनम्। तामन्तरेण मूलतत्त्वान्वेषणं दुर्लभमित्येवं मन्वानाः श्रुत्येकशरणाः श्रौताः। एत एव वेदवादिन इति व्यपदिश्यन्ते। जगत्कारणादिष्वतिपरोक्षभूतेष्वर्थेषु श्रुत्यनुसारेणैव तेर्थं निश्चिन्व[illegible]। श्रुतिप्रतिपादितोर्थश्चापाततो विरुद्धत्वेन सर्वतोऽसंभवित्वेन वा भासमानोपि सत्य एवेति हि तेषां दृढनिश्चयः। न हि वेदप्रतिपादितेर्थेनुपपन्ने वैदिकानां बुद्धिः खिद्यते। अपि तु तदुपपादनमार्गमेव विचारयतीति हि वैदिकसंबन्धेन सायणमाधवाचार्यैरुक्तम् (सर्वद० द० १६ पं० २६१)–श्रुतिविरुद्धोर्थेनुमानेन केनचित्साधितश्चेत्तदनुमानं न प्रमाणं किं तु प्रमाणाभास एव। एवं स्मृतिरपि। जैमिनिरप्येवं सूत्रयामास–विरोधे त्वनपेक्षं स्यादसति ह्यनुमानम् (जै० सू० १/३/३) इति। जैमिनिरिव पाणिनिरपि श्रौत एव। यतः पाणिनीये नये हरिणोक्तं वाक्यपदीये–

> **च चागमादृते धर्मस्तर्केण व्यवतिष्ठते।**
> **ऋषीणामपि यज्ज्ञानं तदप्यागमहेतुकम्।।**
> **धर्मस्य चाव्यवच्छिन्नाः पन्थानो ये व्यवस्थिताः।**
> **न ताँल्लोकप्रसिद्धत्वात्कश्चित्तर्केण बाधते।।**
> **अवस्थादेशकालानां भेदाद्भिन्नासु शक्तिषु।**
> **भावानामनुमानेन प्रसिद्धिरतिदुर्लभा।।** (वा० १/३०–३२)
> **चैतन्यमिव यश्चायमविच्छेदेन वर्तते।**
> **आगमस्तमुपासीनो हेतुवादैर्न बाध्यते।।** (वा० १/४१ इति।

पुञ्जराजेनैताः कारिका इत्थं व्याख्याताः–न चेति। आगमिनः सर्वे सुदूरमपि गत्वा स्वभावं न व्यतिवर्तन्ते। अदृष्टार्थानां कर्मणां फलनियमे स्वभावज्ञानं न तर्कैः साध्यम्। अनवस्थितसाधर्म्यवैधर्म्येषु नित्यमलब्धनिश्चयेषु पुरुषतर्केष्वनाश्वासात्। अतश्चागममूलक एव धर्माधर्मनिश्चयः। धर्मस्येति। आगमाद्धि लोकविरुद्धं तर्कविरुद्धमप्याचरणं प्रतिपद्यन्ते शिष्टाः। तस्मादागमो न तर्कबाध्यः। अवस्थेति। पूर्वं विलक्षणबलशालिनामप्यवस्थान्तरे विपर्ययो दृश्यते। एवं देशभेदादपि। हिमवति जलस्पर्शोतिशीतलः। बलाहकाग्निकुण्डादिषूष्णः। कालभेदादपि। ग्रीष्मे यथा वह्नेरत्युष्णः स्पर्शो न तथा हेमन्ते। एवं च स्वभावो नानुमानादवगन्तुं शक्यः किं त्वागमादेवेति। चैतन्यमिति। यथाहं ममेत्यादिप्रत्ययानुगतं चैतन्यं न केनापि बाध्यत एवं श्रुतिस्मृतिलक्षण आगमः शिष्टपरिगृहीतो भक्ष्याभक्ष्यादिविषयको यस्तमुपासीनः स नानुमानेन ततः प्रच्यावयितुं शक्य इत्यर्थ इति। ब्रह्मसूत्रकारो भगवान्बादरायणोपि श्रौत एव। तथा च तेन सूत्रितं शास्त्रयोनित्वात् (ब्र० सू० १/१/३) श्रुतेस्तु शब्दमूलत्वात् (ब्र०सू० २/१/२७) इत्यादि। महाभारतेप्युक्तम्–

अचिन्त्याः खलु ये भावा न तांस्तर्केण योजयेत्।

(भार० भीष्म० ५/१२) इति।

अतस्तादृशे विषये श्रुतिविरुद्धार्थसाधनाय प्रयुक्तो हेतुराभासीभवति। तार्किका अपि हेत्वाभासान्प्रदर्शयन्तः सर्वः सद्धेतुरेवेति नैव मन्यन्ते। तदित्थं श्रौता दर्शनकारा मीमांसासूत्रकारो जैमिनिर्व्याकरणसूत्रकारः पाणिनिर्ब्रह्मसूत्रकारो बादरायणश्चेति त्रयः संप्रतिपन्नाः।

तार्किका दर्शनकाराः

४७. केचिद्दर्शनकारास्तार्किका इति व्यपदिश्यन्ते। तर्क एव मूलतत्त्वान्वेषणे मुख्यं साधनम्। तमन्तरेण मूलतत्त्वान्वेषणं दुर्लभमित्येवं मन्वानास्तर्कैकशरणा हि ते भवन्ति। तर्कोनुमानम्। तार्किकाणां च यद्यपि श्रुतिः प्रमाणत्वेन संमता तथापि श्रुतिप्रमाणापेक्षया–नुमानप्रमाणस्य मुख्यत्वं तेषामभिमतम्। अनुमानानुसारिणी श्रुतिः प्रमाणत्वेन स्वीकार्यैव। अनुमानाननुसारिणी तु कथंचिद्गौणार्थकत्वेन योज्या। न तु तस्या मुख्येर्थेभिनिवेशः कार्यः। यथाकाशं नित्यं निरवयवत्वात्। यन्निरवयवं तन्नित्यं यथा परमाणव इत्यनुमानेन सिद्धमाकाशस्य नित्यत्वं स्वीकुर्वाणैस्तार्किकविशेषैर्नैयायिकैर्वैशेषिकैश्चात्मन आकाशः संभूतः (तै० २/१/१) इति श्रुतिः संभूत इत्यस्याभिव्यक्त इत्यर्थं स्वीकृत्य कथंचिद्योजिता। यथा वा संप्रत्युपलभ्यमानं चेतनाचेतनभेदं चेतननानात्वं चालक्ष्य सृष्टेः प्रागपि तादृशं भेदं नानात्वं चानुमिमानैः प्रायः सर्वैरेव तार्किकैरिदं सर्वं यदयमात्मा (बृ० २/४/६) इति श्रुतिरात्माधीनं जगत्सर्वमित्यादिकं गौणार्थं स्वीकृत्य कथंचिद्योजिता।

प्रच्छन्नतार्किकाः

४८. अत्र चेयमाशङ्का चेतसि समुद्भवति यद्रामानुजा माध्वाश्च श्रीमद्बादरायणप्रणीतब्रह्मसूत्रानुसारिणो वयं श्रौता इति यद्यपि प्रख्यापयन्ति तथापि तत्केवलं स्वोक्तेर्थे प्रेक्षावतामादरातिशयोत्पत्त्यर्थंबाद्यत एव। अन्ततस्तु तार्किका एवेति। यतस्तैरनुमानसिद्धं तार्किकपरिकल्पितं सृष्टिप्राक्कालिकं द्वैतमङ्गीकुर्वद्भिस्तत्त्वमसि (छा० ६।८।७) इति श्रुतिरपि कथंचिद्योजिता। अज्ञातार्थज्ञापिका चेयं श्रुतिः। तस्याश्च प्राथमिकोपस्थितमर्थं परित्यज्य तात्पर्यान्तरपरिकल्पनं सर्वथानुचितमेव। तत्रापि नैकमत्यं तेषां दृश्यते। केचिज्जीवस्य ब्रह्मणा सह संबन्धबोधने तात्पर्यं कल्पयन्ति। कैश्चिज्जीवस्य ब्रह्मशरीरत्वबोधने तात्पर्यं कल्प्यते। ब्रह्माधीनत्वे तात्पर्यमित्यन्ये। ब्रह्मणा सहात्यन्तसाम्ये तात्पर्यमित्यपरे। अपथेन गन्तुं प्रवृत्तानां मतिवैचित्र्यमवश्यंभावि। तथा च ब्रह्मसूत्रव्याख्यानपरे श्रीभाष्य वेदवादरतप्रच्छन्नबौद्धा इत्येवं श्रीमच्छंकराचार्यानुपहसन्तो रामानुजाचार्याः स्वयं वेदवादरतप्रच्छन्नतार्किकत्वेनोपहसनीयतरा भवन्तीत्यास्तां तावत्।

सांख्यास्तार्किकाः

४९. सांख्यसूत्रप्रणेता कपिलस्तार्किकान्तर्गत एव। स ह्येवं मन्यते। यद्यपि जगतो मूलकारणमत्यन्तसूक्ष्मं तथापि न तत्साध्यं भवति किं तु सिद्धमेव। सिद्धे च वस्तुन्यस्त्येव प्रमाणान्तरस्यावकाशः। यथा देवदत्त आगमिष्यतीत्युक्ते तद्वचनं सत्यं मिथ्या वेत्यवधारयितुं न शक्यते केनचित्प्रत्यक्षादिना प्रमाणान्तरेण। तदागमनस्य तदानीमनिष्पन्नत्वेन प्रत्यक्षं तावन्न संभवति। अविद्यमानत्वादेव च तत्कार्यादीनामप्यभावान्नानुमानमपि संभवति। कार्यादिकं दृष्ट्वा हि कारणादिकमनुमीयते। तदागमनोत्तरमेव हि तादृशागमनस्य कार्यं किंचित्स्यान्न तु पूर्वम्। परं तु देवदत्त आगत इत्युक्ते तु तदागमनस्य निष्पन्नत्वात्तन्न प्रत्यक्षेणानुमानेन वा यथायथं तदागमनमवधारयितुं शक्यत एव। तथा जगतो मूलकारणं सिद्धमेवेत्यस्त्यवकाशस्तत्र प्रमाणान्तरस्य। यद्यपि जगत्कारणस्य सूक्ष्मतरत्वान्न तत्र प्रत्यक्षं क्रमते तथाप्यनुमानस्य तत्र गतिर्न प्रतिहन्यते केनापि। कार्यं प्रत्यक्षमनुभूय तदनुरूपं तत्कारणं कल्पयन्त ईदृशेनैवैतत्कारणेन भवितव्यमिति निश्चिन्वन्ति जनाः। न केवलमत्र जगत्कारणविषयेनुमानप्रमाणस्य प्रवेश इत्येव। किं तु तदेवैकं जगतो मूलकारणं ज्ञापयितुं प्रभवति। यतः श्रुतिरप्यनुमानं पुरस्कृत्य जगतो मूलकारणं ज्ञापयितुं प्रवृत्ता। यथा छान्दोग्ये नेदममूलं भविष्यति (छा० ६।८।३) इत्येवं दृश्यमानमिदं कार्यभूतं शरीरं कारणं विना नैव स्यादित्युक्त्वा ततस्तस्यान्नं मूलं तदपि कार्यमेवेति तस्य मूलमुदकं तदपि कार्यमिति तस्यापि मूलं तेज इत्येवं परमं मूलकारणं प्रतिपद्यस्वेति श्रुतिराह। तथा मूलकारणं ज्ञापयितुं प्रवृत्ताया यतो वा इमानि

भूतानि जायन्ते (तै० ३।१।१) इति श्रुतेरप्ययमेवाभिप्रायः। तत्रैतावान्विशेषः। कार्येण कारणं विजानीहीत्येवं साक्षात्प्रति पादयन्ती छान्दोग्यश्रुतिः श्रोतर्यनुमानं बुबोधयिषति। यतो वेति तैत्तिरीयश्रुतिस्त्वनुमानसाधनीभूतं कार्यकारणभावमात्रं प्रदर्शयन्ती श्रोतर्यनुमान-मुत्पिपादयिषतीति। तत्र चेमानीतीदंशब्देनाङ्गुल्येव कार्यभूतानि भूतानि निदर्शयन्त्या-स्तैत्तिरीयश्रुतेर्लिङ्गज्ञानद्वारा साध्यं प्रज्ञापनीयमित्यभिप्रायः स्पष्टमेवावगम्यते। एतदेकवाक्यतया चाशब्दमस्पर्शम् (का० ३।१५) इत्यादीनि श्रुत्यराण्यप्येत-त्तात्पर्यकतयैव योजयितव्यानि। एवं च परावलम्बिनी श्रुतिर्न स्वातन्त्र्येण मूलकारणं बोधयितुं प्रभवति। किं त्वनुमानद्वारैव। तथा च जगतो मूलकारणं केवलमनुमानेनैव सिद्ध्यति। यच्च सांख्यैर्भूतभौतिक कार्यानुसारेण तदनुरूपं त्रिगुणात्मकं प्रधानशब्दवाच्यं जडं सूक्ष्मं वस्तु जगतो मूलमिति कल्पितं तत्केवलानुमानप्रमाणसिद्ध-त्वादानुमानिकशब्देनैव तदानीं लोके प्रतीतमभूत्। अनुमानप्रमाणे सांख्यानां तथा समग्रो भारो यथा तैरनुमानप्रमाणेन कल्पितस्य मूलकारणस्य प्रधानादिशब्दवदानुमानिकमित्यपि निरूढतरं नामैवाभूत्।

पातञ्जलास्तार्किकाः

५०. योगसूत्रप्रणेता पतञ्जलिरपि तार्किक एव। यतस्तर्कैकगोचरमनुमानसिद्धं जगतो मूलकारणं प्रधानं कपिलवदेव पतञ्जलिरप्यभ्युपैति । किं च प्रमाणभूतेषु श्रुतिस्मृतिप्रभृतिषु शब्देषु प्राधान्यं श्रुतेरिति निर्विवादम्। सा च श्रुतिः परमेश्वरेण प्रणीता। तथा च ततः पूर्वं लोकत्रये विद्यमानानां भूतानां भविष्यतां चाखिलार्थानामाकलनं तस्यावश्यकम्। ग्रन्थकर्ता हि पूर्वं मनस्यर्थमनुसंधाय तद्बोधकं वाक्यकदम्बं प्रयुङ्क्ते। तच्चाकलनं प्रत्यक्षेणानुमानेन चेश्वरेण संपादितम्। तत्र प्रायोनुमानेनैवार्था भूयांसः संकलिताः स्युः। प्रत्यक्षेण तु केचिदेव। तथा च भूयसांशेनानुमानमूलकत्वं श्रुतेरवर्जनीयं भवति। अनुमानं च तर्कैकजीवितमिति तार्किकत्वं पातञ्जलानां स्फुटमेव सिध्यति।

नैयायिकास्तार्किकाः

५१. गौतमप्रणीतसूत्रानुसारिणो नैयायिकास्तार्किका इति तु प्रसिद्धमेव। तेषामपि जगतो मूलकारणान्वेषणे तर्क एव प्रधानं साधनमभिमतम्। यद्यप्यत्र नये स्वातन्त्र्येणापि जगत्कारणं ज्ञापयितुं श्रुतिः प्रभवति न त्वनुमानद्वारैवेति पूर्वस्माद्विशेषस्तथाप्येते श्रौता इति न भ्रमितव्यम्। यतो जगत्कारणं साक्षाद्बोधयितुं स्वातन्त्र्येण प्रवर्तमानापि द्यावाभूमी जनयन्देव एकः (श्वे० ३।३) इत्यादिका श्रुतिः प्रथमतोनुमानेन जगत्कारणे बोधिते पश्चादेव तमर्थमनुभावयितुं समर्था। शब्दो ह्यैतिह्यमात्रेण स्वार्थमभिधत्त इति श्रुतमात्रः

शब्दस्तावतैव कथं श्रोतॄणां चेतस्यर्थानुभावकः स्यात्। अनुमानं तु प्रत्यक्षदृष्यन्तप्रदर्शनेन सूक्ष्ममप्यर्थमनुभावयितुं शक्नोति। तथा च मूलकारणरूपस्य सूक्ष्मार्थस्य बुद्धावारोहणं तर्केणैवेति ते मन्यन्ते। अतस्तार्किकास्ते भवन्ति।

वैशेषिकास्तार्किकाः

५२. वैशेषिकाश्च तार्किका एवेत्यत्र तु न लेशतोपि संशयः पदं धत्ते। यतः श्रुतेः प्रमाणान्तरत्वमेव तैर्न स्वीक्रियते। तदुक्तं भाषापरिच्छेदे–

शब्दोपमानयोर्नैव पृथक्प्रामाण्यमिष्यते।
अनुमानगतार्थत्वादिति वैशेषिकं मतम्।। (भा० प० १४०) इति।

यद्यप्येते वैशेषिकाः प्रमाणद्वयवादिनः शब्दस्य प्रमाणान्तरत्वं नेच्छन्ति तथाप्येते नास्तिका इति नाशङ्कनीयम्। श्रुतेरप्रामाण्यानङ्गीकारात्। सर्वोपि प्रमाणभूतत्वेनाभिमतः शब्दोनुमानसाधनीभूत इत्यनुमानद्वारा स्वार्थं सत्यतया ग्राहयति। तथा च श्रुतिरप्यनुमानकुक्षिप्रविष्य भवन्ती नाप्रामाण्यं भजते।

आस्तिकाः

५३. श्रुतिप्रामाण्याविरोधिनस्तार्किकविशेषा आस्तिकाः । ते चोक्ताः सांख्याः पातञ्जला नैयायिका वैशेषिकाश्च सर्वेपि मूलतत्त्वान्वेषणं तर्केणैव विदधति। तत्र श्रुतिप्रमाणं नापेक्षन्ते। यतस्तेषां सर्वेषामविशिष्टैवेदृशी प्रतिपत्तिर्यद्वेदः पौरुषेय इति। पुरुषश्चेश्वरः। सांख्यमते तु कपिल एव वेदद्रष्टेत्यन्यत्। ईश्वरेण च प्रमाणान्तरेणार्थमुपलभ्य वेदो विरचितः। प्रमाणान्तरं च मुख्यतः प्रत्यक्षमनुमानं चेति द्वयमेव। तत्राखिलविषयप्रत्यक्षमीश्वरस्यापि न संभवति। सत्यपि सामर्थ्यातिशय इन्द्रियाणि स्वविषयं नातिक्रामन्ति। न हि चक्षुषि शक्त्याधिक्येपि व्यवहितमर्थमालोचयितुं प्रभवति कश्चित्। तदुक्तं कुमारिलभट्टाचार्यैः :–

यत्राप्यतिशयो दृष्टः स स्वार्थानतिलङ्घनात्।
दूरसूक्ष्मादिदृष्टौ स्यान्न रूपे श्रोत्रवृत्तिता।। इति।

सर्वेर्थाः सदैवेन्द्रियसंनिकृष्य ईश्वरस्येत्युक्तिस्तु न युक्तिसहा। तार्किकास्तु न श्रद्धाजडा इव युक्तिमन्तरेण कंचिदप्यर्थं निश्चिन्वते। अभ्युपेत्यापि ब्रूमहे। प्रत्यक्षप्रमाणेनैवार्थमुपलभ्याखिलो वेदो विरचित ईश्वरेणेत्ययमर्थः केन प्रमाणेनावगतस्त्वया। न हीश्वरस्य सर्वे पदार्थाः प्रत्यक्षा इत्येवं प्रत्यक्षेण ज्ञायते भवता। किं तु सर्वे पदार्था ईश्वरस्य प्रत्यक्षा इत्ययमर्थः केवलमनुमानैकसाध्य एव । एवं सति किमन्तर्गडुभूतयेश्वरस्याखिलविषयप्रत्यक्षकल्पनया यदनुमानेनेश्वरप्रत्यक्षं प्रसाध्यं तादृशप्रत्यक्षसिद्धार्थ–

मूलिका वेदविरचनेति। तदपेक्षयाहत्यानुमानसिद्धार्थमूलिकैव वेदविरचनेति कल्पनैव लघीयसी। तदेवं वेदस्यानुमानमूलकत्वात्तार्किकाणां नैसर्गिक्येवेदृशी स्यात्प्रतिपत्तिः। किमनुमानमूलकेन प्रमाणान्तरेण। अनुमानेनैव वयं तत्त्वान्यन्विष्यामः। श्रुत्या प्रतिपादितोप्यर्थस्तर्कमन्तरेण नैव विश्वसनीयो भवतीति। एतैश्च तार्किकविशेषैरास्तिकैः श्रुत्यप्रमाण्यानङ्गीकारेपि तत्त्वान्वेषणे श्रुतिप्रमाणानपेक्षणादेषां तार्किकशब्दव्यपदेशः। एतेषां च श्रुतौ श्रद्धामान्द्यमेव। यतस्तैस्तत्त्वान्वेषणे श्रुतेः साहाय्यं नैवादृतम्। किं तु तत्त्वोल्लेखेप्यनुमानपार्षदत्वेनापि च क्वचिदेव प्रमाणत्वेन श्रुतेरुल्लेखस्तत्कृतो दृश्यते।

नास्तिकाः

५४. श्रुतिप्रामाण्यविरोधिनस्तार्किकविशेषा नास्तिकाः। एतेषां च लेशतोपि च श्रुतौ श्रद्धा संदृश्यते। लोकायतार्हतसौगतकापालिकादिशास्त्राणि तर्कैकप्रधानानि वेदविरोधीनीति महाभारतटीकायां नीलकण्ठभट्टैरुक्तम् (भार० शान्ति० मोक्षध० अ० २६९ श्लोक ४३)

पाक्षिकं प्राबल्यम्

५५. प्रकृतमनुसरामः। मूलतत्त्वान्वेषणे श्रुत्यनुमानयोर्मध्ये किं प्रबलं किं वा दुर्बलमिति प्रश्ने मतभेदेनोभयमपीति प्रागुक्तम् (पृ० ७२ प० १४)। तदित्थं पर्यवस्यति। श्रौतानां दर्शनकाराणां नयेऽनुमानापेक्षया श्रुतिः प्रबला। तार्किकाणां दर्शनकाराणां नये त्वनुमानं श्रुत्यपेक्षया प्रबलमिति। श्रौतास्तु सर्वे दर्शनकारा आस्तिका एव। तार्किकेष्वेव दर्शनकारेषु केचिदास्तिकाः केचिन्नास्तिका भवन्ति।

श्रौततार्किकभेदबीजम्

५६. अथ दर्शनकाराणां सर्वेषां सर्वज्ञकल्पत्वात्तेषु केचिच्छ्रौताः केचित्तार्किका इति भेदः कथं समुद्भूत इति चेत्–अनुपदमेव दत्तोत्तरमेतत्। एतदुक्तं भवति। श्रुत्योर्मिथो विरोधे तयोरन्यतरा गौणार्थत्वेन नेयेति सर्वैरेव दर्शनकारैरगत्या स्वीकर्तव्यं स्वीकृतं च। श्रुत्यनुमानयोर्मिथो विरोधे तु तत्रानुमानमाभासीभवति। न तु तादृशे विषये श्रुतिः कथमपि गौणार्थत्वेन योजनीया। यतोनुमानं परतः प्रमाणं भवति। अनुमानस्य प्रामाण्यं सद्व्याप्त्यादिसाधनमूलकमित्येवं परतस्तदिष्यते तार्किकैरपि। श्रुतिस्तु स्वत एव प्रमाणम्। न स्वतः प्रमाणभूतया श्रुत्या परतः प्रमाणमनुमानमनुवर्त्यम्। परतः प्रमाणेन नाम श्रुतिरनुवर्त्या भवति। एतादृशी येषां मतिस्ते दर्शनकाराः श्रौता भवन्ति। ये पुनर्दर्शनकाराः श्रुतेरपि परतः प्रामाण्यमिच्छन्तः कणादगौतमकपिलप्रभृतयः श्रुत्यनुमानयोर्विरोधे कदाचिदनुमानमप्याभासीभवेत्कदाचिच्छ्रुतिरपि गौणार्थत्वेन नेया स्यादिति मन्यन्ते ते

तार्किका भवन्ति। एवं च श्रुतेः स्वतः प्रामाण्यं श्रौतत्वे बीजं तस्याः परतः प्रामाण्यं च तार्किकत्वे बीजमिति सिद्धम्। अथ स्वतस्त्वपरतस्त्वविषयेप्यंय प्रतिपत्तिभेदः कुत आचार्याणां दर्शनकाराणामिति चेत्–उच्यते। अपौरुषेयो वेद इति येषां स्थिरा मतिस्तेषां मते समागतमेव श्रुतेः स्वतः प्रामाण्यम्। ये तु वेदस्य पौरुषेयत्वं वदन्ति तेषां मते परतः प्रामाण्यम्। शब्दप्रामाण्यं चाप्तवक्तृपुरुषाधीनम्। पौरुषेयत्वं च पुरुषेणार्थमुपलभ्य रचितत्वम्। पुरुषश्चेश्वरः। स चाप्ततर एव। एवं च दर्शनभेदस्य किं मूलमित्येवं पार्यन्तिके विचारे क्रियमाणे वेदस्य पौरुषेयत्वमपौरुषेयत्वं च सर्वते मूलमापतति।

वेदस्यापौरुषेयत्वम्

५७. अथ वेदस्य पौरुषेयत्वमपौरुषेयत्वं वा किं युक्तम्। किं वेदो विरचित ईश्वरेणाहोस्विन्नित्य एव स केवलं तस्मात्प्रकाशितः। विरचितश्चेत्पौरुषेयः स्यात्। आलोचितश्चेदपौरुषेय इति। उच्यते। ईदृशो वेदस्योद्भव इति श्रुतेरेवावगन्तव्यं भवति। श्रुतिश्च तस्य ह वा एतस्य महतो भूतस्य निःश्वसितमेतद्यदृग्वेदो यजुर्वेदः (बृ० २।४।१०, मैत्र्यु० ६।३२) इत्येवं परमात्मनः सकाशान्निःश्वसितन्यायेन वेदस्योद्भवं ब्रूते। निःश्वसितं च लोकेनायासेन जायमानं दृश्यते। अबुद्धिपुरःसरं च तद्भवति। यदि च वेद ईश्वरेण विरचितः स्यात्तर्हि वेदविरचने तस्यायासाभावमात्रं संभवतु नाम। यद्यपि दृष्यदृष्टस्थूल-सूक्ष्ममूर्तामूर्तचेतनाचेतनादिसर्वविधार्थावभासको वेदस्तथापि परमेश्वरस्याचिन्त्यशक्ति-कत्वेन तादृशस्यापि वेदस्य विरचने प्रयत्नाभावो वक्तुं शक्यते। अबुद्धिपुरःसरत्वं पुनर्न कथमपि संभवति। स्वातन्त्र्येण वाक्यरचनायां बुद्धिपुरःसरत्वस्यावश्यकत्वात्। तथा च निःश्वसितन्यायलब्धस्याबुद्धिपुरः सरत्वस्योपपत्तये वेद ईश्वरात्केवलं प्रकाशितो-भूदित्यवश्यं स्वीकर्तव्यं भवति। ये तु दार्शनिका दृष्यददृष्यसिद्धिमनुमानेन प्रतिपद्यमाना अर्थबोधकवाक्यरचनाया अबुद्धिपुरःसरं जाताया वेदादन्यत्र क्वाप्यदर्शनेन वेदे तादृशीं रचनां स्वीकर्तुं न प्रभवन्ति ते निःश्वसितन्यायस्यानायासमात्रे तात्पर्यं मत्वा तस्य ह वा एतस्य (बृ० २।४।१०) इति निःश्वसितोक्तिं संगमयन्ति। अथ बुद्धिपुरःसरं कृतायां वाक्यरचनायां लेशतोप्यायासो नास्तीति वक्तुमशक्यमिति निःश्वसितोक्तेर्न केनाप्यभिप्रायेण संगतिर्भवतीति तु न शङ्कनीयम्। यतो निःश्वसितेपि जीवनयोनिरूपः प्रयत्नोस्त्येवेति तार्किकैरङ्गीकारात्। एवं च निःश्वसितोक्तेरनायासमात्रे तात्पर्यं मन्वानानां मते वेदस्य पौरुषेयत्वम्। अबुद्धिपुरःसरत्वेपि तदुक्तेस्तात्पर्यं मन्वानानां मते तु वेदस्यापौरुषेयत्वं सिध्यति। मनीषिणस्तूभयत्र तात्पर्ये कल्प्यमाने निःश्वसितन्यायः सामञ्जस्येनोपपादितो भवतीति मन्वाना अपौरुषेयत्वमेव वेदस्योचितमिति मन्यन्ते। तदेव चात्र युक्तमुत्पश्यामः । तत्सिद्धं श्रौतानां दर्शने श्रुतेः प्राबल्यमिति।

सत्ताभेदेन श्रुतिप्रत्यक्षयोरविरोधः

५८. अत्रेदं बोध्यम्। प्रमाणं हि स्वविषयस्य सत्तामवगमयति। सा च सत्ता पारमार्थिकी व्यावहारिकी च। तत्त्वमसीत्यादिश्रुत्या चाद्वैतस्य पारमार्थिकी सत्ता बोध्यते। तथा च द्वैतग्राहिप्रत्यक्षादिप्रमाणेन यदि द्वैतस्य पारमार्थिकी सत्ता बोध्येत तर्हि विरोधाद्बाध्यबाधकभावविचारः। यदि च प्रत्यक्षादिप्रमाणेन द्वैतस्य व्यावहारिकी सत्ता बोध्येत तर्हि विरोध एव नास्ति। तथा चाद्वैतश्रुत्या द्वैतग्राहिप्रमाणस्य बाध इति यदुच्यते तस्यैतदेव तात्पर्यं यत्प्रत्यक्षादिप्रमाणं द्वैतस्य पारमार्थिकीं सत्तां नावगमयतीति। इति प्रमाणविचारः।

प्रमेयम्

५९. अथ प्रमेयविचारः। प्रमाणेन साध्यं वस्तु प्रमेयमुच्यते। तच्च द्विविधम्–चेतनाचेतनभेदात्। तत्र चेतनं प्रधानम्। भूतभौतिकस्याखिलस्याचेतनवस्तुनश्चेतनार्थत्वात्। चेतनमपि वस्तु जीवेश्वरभेदेन द्विविधं प्रतीयते। जीवेश्वरयोश्च मध्ये जीवापेक्षयेश्वरः प्रधानम्। सर्वसत्वादिगुणयोगात्। तथा च प्रथममीश्वरस्वरूपं निरूपणीयं कीदृशमीश्वरस्वरूपं केन वा प्रमाणेन तत्प्रमातव्यं भवतीति।

ईश्वरविषये चार्वाकमतम्

६०. तत्र चार्वाकमत ईश्वरो नास्त्येव। तस्य प्रत्यक्षप्रमाणेन ज्ञानाभावात्। बीजादिभ्यः सकाशादङ्कुराद्युत्पत्तिस्तु मृज्जलसंनिधाने स्वभावात् एव भवति। नान्यं कंचन कर्तारमपेक्षते। स्याच्चेत्कश्चन तत्र कर्ता कदाचितुदपलभ्येत। यतश्च तत्रोत्पादयिता येन केनापि क्वचिदपि च नालोच्यते ततो नास्त्येवेति निर्विवादमुररीक्रियते चार्वाकैः। तन्मते लोकप्रसिद्धः प्रत्यक्षतो दृश्यमानो राजैव परमेश्वरः। यद्येवमीश्वरो नाङ्गीक्रियते तर्हि प्राणिभिः कृतस्य साध्वसाधुकर्मणः पुण्यपापाख्यस्य फलं को ददातीति चेत्–किं लौकिकस्य कर्मणः फलं पृच्छस्यलौकिकस्य वा। आद्ये निग्रहानुग्रहसमर्थो भूपाल एव प्रभुः। किं न पश्यसि भूपालः समीचीनं कर्म कुर्वतां सेवकादीनां मनोरथं द्रव्यादिभिः पूरयन्सुखयति चोरादीन्दण्डयति चेति। द्वितीये तु यज्ञदानतपःप्रभृतिकर्मणो भोगसाधनत्वमेव नास्ति येन तदर्थं फलदातुरीश्वरस्यापेक्षा स्यात्। वञ्चिताः खलु वैदिकंमन्यैर्धूर्तैर्लोकाः। कर्मजडा भ्रान्ता एव तादृशे कर्मणि प्रवर्तन्ते। जातमात्रस्य प्राणिनः सुखदुः खानुभवस्तु यदृच्छया काकतालीयन्यायेन भवति न तु तदर्थं तत्कारणेमिनिवेष्टव्यम्।

ईश्वरविषये मतान्तराणि

६१. एवं बौद्धा अपि सर्वज्ञबुद्धमुनिव्यतिरिक्तमीश्वरं नाङ्गीकुर्वन्ति। जैनमते च

सर्वज्ञोर्हन्मुनिरेवेश्वरो नान्यः। सांख्याश्च जीवातिरिक्तमीश्वरं न मन्यन्ते। मीमांसकानां मते कर्मैव फल ददाति न तु तदतिरिक्तः फलदातेश्वरो नाम कश्चित्। मीमांसकविशेषास्तु केचिदीश्वरं मन्यन्त इत्यन्यत्। शब्दोपासका वैयाकरणास्तु

परा वाङ्मूलचक्रस्था पश्यन्ती नाभिसंस्थिता।
हृदिस्था मध्यमा ज्ञेया वैखरी कण्ठदेशगा।।

इत्येवंविधे शब्दचतुष्टये मूलभूतो यः पराख्यः शब्दः स एवेश्वर इति वदन्ति।

ईश्वरविषये रामानुजमतम्

६२. रामानुजमते च जीवानां नियन्ता जीवान्तर्यामी जीवेभ्योतिरिक्त ईश्वरः। जीववर्गो जडवर्गश्च तस्य शरीरम्। स एव च जीवेन कृतस्य साध्वसाधुकर्मणः कर्मापेक्षया फल ददाति। स च ज्ञानस्वरूपः ; अनुकूलज्ञानस्यैवानन्दत्वादीश्वरस्यानन्दस्वरूपत्वं श्रुतिषूच्यते। ज्ञानादिगुणानामयमाश्रयः। गुणभूतज्ञानं च स्वरूपभूतज्ञानाद्भिन्नम्। अयं च परमेश्वरो जगतस्त्रिविधं कारणं भवति। तत्त्वत्रयभाष्य इत्थमुक्तम्–जगद्रूपकार्योत्पत्तावीश्वर एव त्रिविधं कारणं भवति। तथा हि । बहु स्यामिति संकल्पविशिष्टो निमित्तकारणम्। नामरूपविभागानर्हतया स्वविशेषणीभूतसूक्ष्मचिदचिद्विशिष्टः सन्नुपादानकारणम्। ज्ञानशक्त्यादिविशिष्टः सन्सहकारिकारणं च भवति (तत्त्वत्र० भा० पृ० १०९) इति। ईश्वरश्च जीवस्याप्यन्तर्यामी। यथा शरीरस्यान्तस्तिष्ठन्सूक्ष्मो जीवः शरीरं नियमयति तथा जीवस्याप्यन्तस्तिष्ठन्सूक्ष्मतर ईश्वरो जीवं नियमयति। इयान्विशेषः–जीवः स्वेच्छानुसारेण कात्स्न्र्येन शरीरं नियन्तुं न शक्नोति। अपरिपूर्णशक्तित्वात्। ईश्वरस्तु परिपूर्णशक्तित्वात्सर्वांशेन जीवान्नियन्तुं शक्नोति। यदृच्छया नियन्तुं शक्तोप्ययं जीवकृततत्तत्कर्मानुसारेणैव नियमयति।

ईश्वरविषये नैयायिकादिमतम्

६३. चतुर्विधा माहेश्वरा नैयायिका वैशेषिका माध्वाश्चेश्वरो जगतो नोपादानकारणं किं तु केवल निमित्तकारणमेवेति मन्यन्ते। कर्मफलदाता च स एव। किं तु तत्र माहेश्वरेषु नकुलीशपाशुपताः प्रत्यभिज्ञावादिनश्चेश्वरस्य कर्मफलदातुः कर्मापेक्षितां न स्वीकुर्वन्ति ।ईश्वरस्य कर्मावलम्बित्वे स्वातन्त्र्यभङ्गप्रसङ्गात्। किं तु स्वातन्त्र्येण कर्म तत्तद्वस्तूत्पत्तौ निमित्तकारणं भवति। इतरे माहेश्वरा नैयायिका वैशेषिका माध्वाश्च कर्मसापेक्ष एवेश्वरो जगन्निर्मिमीत इति वदन्ति। पातञ्जलमते त्वीश्वरो जीवापेक्षया भिन्नोस्त्येव। किं तु स निर्विशेषो निर्लेपो निर्गुणः। स च जगतो नोपादानकारणं नापि निमित्तकारणम्।

ईश्वरविषये अद्वैतवादिमतम्

६४. अद्वैतवादिनां श्रीमच्छंकराचार्याणां मते च परमात्मा निर्विशेषो निर्लेपो निर्गुण एकः पारमार्थिकः। स च जगतो नोपादानकारणं नापि निमित्तकारणम्। जगतः पारमार्थिकी सत्तैव नास्ति दूरे तत्कारणप्रथा। जगतः सत्ता तु केवलं व्यावहारिकी। तादृशस्य जगतः कारणं तु मायोपाधिकः परमात्मा। अयमेवेश्वर इति भण्यते। अयं च मायाविशिष्टः स्वप्राधान्येन जगतो निमित्तकारणं भवति। मायाप्राधान्येन च जगतः परिणाम्युपादानकारणं भवति। मायाश्रयश्च मायाविशिष्टस्यैकदेशभूतः केवलो जगतो विवर्तोपादानकारणं भवति। जीवकृतकर्मणां फलानि च तत्तत्कर्मानुसारेणायमेवेश्वरो ददाति। एवमीश्वरविषये मतभेदः प्रदर्शितः।

ईश्वरे प्रमाणम्

६५. अथायमीश्वरः केन प्रमाणेनावगम्यत इति विचार्यते। तत्र च ये दर्शनकारा ईश्वरं न मन्यन्ते तेषामयं विचारो मुधैव। न हि वन्ध्यासुतस्य नाम्नि विवादो दृश्यते जनानाम्। ये च दर्शनकारा ईश्वरं मन्यन्ते तेषामीश्वरविषयकज्ञाने मिथो वैमत्यं दृश्यत इति तदिदानीं निरूप्यते। ईश्वरविषयकं जीवानां जायमानं ज्ञानं चावस्थाभेदेन द्विविधम्। मोक्षावस्थायां जायमानमेकम्। ततः पूर्वं जायमानमपरम्। तत्राद्यमद्वैतवादिनां शंकराचार्याणां मते नैव संभवति। निरूपाधिकस्वरूपावस्थानं मोक्ष इति तत्रौपाधिकद्वैतस्य प्रतिभासाभावात्। द्वैतवादिष्वपि वैशेषिकाणां नये मुक्तौ जीवानां विशेषगुणोच्छेदात्तदानीं कस्यापि विषयस्य ज्ञानं नास्ति। नैयायिकानां नयेपि प्राय एवमेव। सांख्यानां मते जीवानामसङ्गत्वान्मोक्षे च तेन रूपेणावस्थानान्न ज्ञातृज्ञेयभाव इति न कस्यापि विषयस्य तदानीं ज्ञानं जायते। पातञ्जलानां मतेप्येवम्। प्रत्यभिज्ञादर्शने च जीवस्य तदानीमीश्वर-स्वरूपेणैवाविर्भावात्स्वतोन्यस्येश्वरस्याभावान्नेश्वरज्ञानम्। अन्येषां तार्किकाणां द्वैतवेदान्तिनां मते तदानीमीश्वरः प्रत्यक्षज्ञानविषयो भवति। मोक्षावस्थातः प्राग्जायमानं मोक्षसाधनीभूतमात्मज्ञानं तत्त्वान्वेषणरूपम्। तत्त्वान्वेषणं च तार्किकाणां नये प्रथमतोनुमानेनैव भवति। ततस्तदनुसारेण श्रुतिस्तत्र क्रमते। तथा चेश्वरविषयकज्ञानेपि तेषामयमेव क्रमः। रामानुजीयानां नये तु श्रुतिरेवात्र प्रथमतः प्रवर्तते ततोनुमानमिति तार्किकाङ्गीकृतक्रमापेक्षया विपरीत एव क्रमः। माध्वास्त्वनुमानस्य प्रमाणान्तरत्वमेव न स्वीकुर्वन्तीत्यन्यत्।

आत्मप्रत्यक्षे श्रुतेः प्राधान्यम्

६६. अद्वैतवादिनां शंकराचार्याणां नयेप्यद्वैतात्मसाक्षात्कारं साधयितुं श्रुतिरेवात्र

प्रथमतः प्रभवति पश्चात्तदनुसारेणानुमानम्। अथ दृष्टसाम्येन चादृष्टमर्थं समर्थयन्ती युक्तिरनुभवस्य संनिकृष्यते विप्रकृष्यते तु श्रुतिरैतिह्यमात्रेण स्वार्थाभिधानात् (शा० भा० २।१।४) इति शारीरभाष्ये श्रीमच्छंकराचार्यैरेवोक्तम्। युक्तं चैतत्। रज्ज्वां सर्पभ्रमवतः पुरुषस्य नायं सर्प इति केवलं श्रुतमात्राच्छब्दाद्यावता कालेन सर्पाभावानुभवो बुद्धिमारोहति तदपेक्षया यतो नायं चलत्यतो नायं सर्प इत्यनुमानात्तादृशोनुभवः शीघ्रतरं बुद्ध्यारूढो भवति। तथा चैतादृशसामर्थ्यातिशयशालिनोनुमानस्य कथमात्मरूपे विषयविशेषे सामर्थ्यप्रतिघातो यत्प्रथमतोनुमानप्रमाणस्य तत्र गतिरपि दुर्वचेति। सत्यमेवमेतत्। स्यान्नाम द्वैतिनां नये परमात्मनि श्रुत्यपेक्षया प्रथमतोनुमानप्रमाणस्य प्रवेशसंभवः। अद्वैतिनां नये तु नास्त्यत्र शङ्काया लेशतोप्यवकाशः। यत्र हि ज्ञातुः सकाशाज्ज्ञेयं भेदेनानुभूयमानं भवति तत्र तथास्तु नाम। यत्र तु ज्ञेयेन साकं स्वस्यैक्यमनुभूयते यथा–

दशमस्त्वमसीत्यादौ शब्दादेवापरोक्षधीः।

इति–तत्र युक्त्यपेक्षया शब्द एवानुभवस्य संनिकृष्यते। यथा दशसु भृत्येषु किंचित्कार्यमुद्दिश्य ग्रामान्तरं गतेषु तत्रत्यः कश्चनैकः स्वव्यतिरिक्तान्नव गणयित्वा स्वमगणयन्नस्मास्वेको विनष्ट इति बुद्ध्या विललाप। सर्वेपि ते देवानीप्रियास्तथैव गणयित्वैको विनष्ट इत्युद्विग्नमानसा दुःखसागरे निमज्जयामासुः। ततः कश्चन निपुणमतिस्तान्बोधयन्यदि युष्मास्वेको विनष्टः स्यात्तर्हि स विनश्यमानो युष्माकं मध्ये केनाप्यवश्यं ज्ञातः स्यात्। यतो न केनापि विनश्यदवस्थो दृष्टस्ततो नैव विनष्ट इति निश्चयः। एतावता युक्तिवादेनापि यावत्तेतीव मूर्खतरा न दशमं बुबुधिरे तावत्स दर्शयामि दशमं सावधानतया पश्यतेति तान्संबोध्य शृङ्गग्राहिकान्यायेन प्रत्येकमङ्गुलिस्पर्शपूर्वकं त्वमेकस्त्वं द्वितीय इत्येवं नव प्रदर्श्यावशिष्टं दशमस्त्वमसीत्यवोचत्। मूर्खतरा अपि ते तेन वाक्येन दशमं साक्षात्कृतवन्तः। एवं चाभेदासाक्षात्कारे तर्कापेक्षयापि शब्द एव सौकर्येणानुभावक इति सिद्धम् (पञ्चद० ७।२३–२७)। किं च निर्विशेषात्मैक्यं कथमनुमानप्रमाणेन ज्ञातुं शक्यं भवेत्। प्रमाणं हीदमीदृशमित्येवंरूपेणैव वस्तु बोधयति। आत्मरूपं च वस्तु निर्विशेषम्। अतस्तद्बोधने कथं प्रभवेदनुमानम्। यन्मनसा न मनुते (के० ५) इति श्रुतेरेतदेव तात्पर्यम्। तद्यपि श्रुतेरपि निर्विशेषं वस्तु प्रतिपादयितुं न सामर्थ्यम्। अनुमनुते च श्रुतिः स्वयमेव स्वस्या असामर्थ्यं यतो वाचो निर्वर्तन्ते (तै० २।४।१) इति। तथाप्यनेनैव रूपेण यतो वाचो निवर्तन्ते। यन्मनसा न मनुते। नेति नेति (बृ० ३।९।२६) निर्गुणः (श्वे० ६।११) इत्येवं निषेधमुखेन कथंचित्प्रतिपादयितुं सा समर्था भवेत्। लक्षणावृत्त्या वा बोधयेत्। तात्पर्यानुपपत्त्या हि लक्षणा प्रसरति। निर्विशेषे सविशेषे वा यत्र वस्तुनि श्रुतेस्तात्पर्यमुपक्रमादिसाधनैरवगम्यते तल्लक्षणया प्रदर्श्यते।

अनुमानं तु लिङ्गसंबन्धाल्लिङ्गिनं ज्ञापयति। निर्विशेषवस्तुनस्तु केनापि साकं संबन्धाभावेनानुमानं तत्र नावकाशं लभते। नन्वेवं श्रुतेः पश्चादप्यनुमानस्य तत्र प्रवृत्तिर्न स्यादिति चेत्–इष्टमेवैतत्संगृहीतं भवति। यच्च श्रुतेः पार्षदत्वेन श्रुतेः पश्चादनुमानस्य जगत्कारणविषये गतिर्भवतीत्युक्तं तत्सोपाधिकेश्वरविषयकमेव न तु निर्विशेष-वस्तुविषयकम्।

ईश्वरविषये श्रुतेरेव प्राथम्यम्

६७. अथ जगत्कारणीभूते सोपाधिक ईश्वरे कुतो नानुमानस्य श्रुतेः पूर्वं प्रवृत्तिरिति चेत्–उच्यते। जगतः किंचित्कारणमस्तीत्येवं निश्चये जाते सत्येव तादृशं कार्यकारणभाव-मुपजीव्य कार्यमुखेन कारणं बोधयतोनुमानप्रमाणस्य संचारः। जन्यं क्षित्यङ्कुरादिकं दृष्ट्वा तत्स्वाभाविकमेव तथाविधमभूदथ वा कश्चित्तादृशमकरोदिति संदेहस्य यतो॒ वा इ॒मा॒नि भूता॑नि॒ जाय॑न्ते (तै० २।१।१) इति श्रुतिमन्तरेणानपगमात्। चेतनसाहाय्यं विना स्वातन्त्र्येणाचेतनस्य परिणामं लोके क्वाप्यदृष्टमपि स्वीकुर्वाणैः कपिलादिभिर्दर्शनकारैः स्वतन्त्रप्रधानकारणवाद आदृतश्चेदुपादानकारणमन्तरेण जायमानं लोके क्वाप्यदृष्टमपि कार्यं स्वीकुर्वाणैः स्वभाववादिभिः क्षित्यङ्कुरादिकं जन्यमपि निमित्तकारणमपादानकारणं चान्तरेणैव जातमित्युक्ते किमपराद्धं भवेत्। अतः श्रुतिमन्तरेणायमर्थो दुर्ज्ञेयः। श्रुत्या हि भूतानां केनचित्क्रियमाणत्वे निश्चिते पश्चात्तादृशकार्यकारणभावमूलिकानुमानस्य प्रवृत्तिरिति। इममर्थं च श्रुतिरेव साक्षाद्ब्रवीति नावेदविन्मनुते तं बृहन्तम् (तै० ब्रा० ३।१२।९।७) इति। मननं चानुमानाधीनम्। यो वेदवेत्ता न भवति स जगत्कारणीभूतं तं बृहन्तं परमात्मानं न केवलेनानुमानेन जानातीत्यर्थः। आत्मा० श्रोतव्योमन्तव्यः (बृ० २।४।५) इति श्रवणोत्तरमनुमानसाध्यं मननं विदधत्याः श्रुतेरुक्त एवाभिप्रायः। अत्र श्रुतिस्त्वनुमानप्रमाणस्योपजीव्या भवति। ईश्वरानङ्गीकर्तृणां मतेपि मोक्षार्थं तत्त्वान्वेषण-मावश्यकमेव। तेषु च तत्त्वेषु जीवने स्वस्य मूलस्वरूपमितरेभ्यो विविक्ततया ज्ञातव्यं भवतीति ज्ञानसाधनीभूतप्रमाणापेक्षा विद्यत एव ।ईश्वरानङ्गीकर्तारश्च दर्शनकाराश्चार्वाक-व्यतिरिक्ताः सर्वे तार्किका एवेति जीवस्य स्वस्वरूपज्ञापनाय तन्नये मुख्यं प्रमाणमनुमानमेव । ततस्तदनुगामी शब्द इति। एवमीश्वरस्वरूपं तज्ज्ञापकप्रमाणं च निरूपितम्।

जीवः

६८. अथ जीवस्वरूपं तस्य नित्यत्वमनित्यत्वं वेत्यादि च निरूप्यते। चार्वाकमते चैतन्यविशिष्टो देह एव जीवात्मा । कर्ता भोक्ता च स एव। तस्य मूलस्वरूपं तु

भूतचतुष्टयपरमाणवः। यदा भूतचतुष्टयस्य देहरूपेण परिणामो भवति तदा तादृश-परिणामविशेषात्तत्र चैतन्यमुत्पद्यते। तदैव तादृशचैतन्यविशिष्टो देहो जीवसंज्ञां लभते। चैतन्यविशिष्टे देहे च चैतन्यांशो बोधरूपः। देहांशश्च जडरूप इत्येतन्मेत जडबौधैतदुभयरूपो जीवो भवति। देहाश्च नानाविधा इति जीवोष्यर्थान्नानैव न त्वेक एव। देहेन सहोत्पत्तिविनाशाङ्गीकारादनित्यश्च। चार्वाकैकदेशिन एव केचिन्द्रियाण्ये-वात्मेत्याहुः। अन्ये च प्राण एवात्मेति वदन्ति । अपरे च मन एवात्मेति मन्यन्ते। बौद्धेषु माध्यमिकानां मते यश्च व्यवहारदशायां जीवात्मा भासते तस्य मूलस्वरूपं शून्यमेव। अन्येषां बौद्धानां मते विज्ञानस्वरूपो जीवात्मा। स च क्षणिकानां विज्ञानानां यः प्रवाहस्तद्रूप इति प्रतिक्षणं भेदादनित्य एव। पूर्वपूर्वविज्ञानसंस्काराणामुत्तरोत्तरविज्ञाने संक्रमान्न स्मरणदीनामनुपपत्तिः। जैनानां मते देहपरिमाणो देहादतिरिक्तो जीवात्मा। यथा यथा देहो वर्धते तथा तथा तदनुरोधेन तत्रस्थो जीवात्मापि वर्धते। देहस्यापचये तदनुरोधेनापचीयते। तथा चोपचयापचयरूपविकारसत्वान्न जीवात्मा तेषां मते कूटस्थनित्यः। किं तु परिणामिनित्यः। य एकेन स्वरूपेण सदा वर्तते स कूटस्थनित्य इत्युच्यते। आस्तिकानां सर्वेषां दर्शनकाराणां मते जीवात्मा कूटस्थनित्यः।

जीवात्मनः कौटस्थ्याक्षेपः

६९. अत्र वदन्ति। नैयायिकानां वैशेषिकाणां च दर्शने जीवात्मा कूटस्थनित्यो भवितुं नार्हति। जीवात्मनो बुद्धिसुखदुःखादयो गुणा अनित्या इति हि तेषां सिद्धान्तः। अनित्यत्वाच्च यदा यदा तेषामुत्पादो विनाशो वा भवेत्तदा तदा तेषामाश्रयभूते जीवात्मस्वरूपे विकार आवश्यकः।

उपयन्नपयन्धर्मो विकरोति हि धर्मिणम्।

इति न्यायात्। धर्मिणि विकारं विना तदाश्रितानां गुणानामुत्पत्तिर्विनाशो वृद्धिः क्षयो वा नैव संभवतीति तन्यायतात्पर्यम्। शंकराचार्यैरपि शारीरभाष्य एवमुक्तम्— न चान्तरेण मूर्त्युपचयं गुणोपचयो भवतीत्युच्यते। कार्येषु भूतेषु गुणोपचये मूर्त्युपचयदर्शनात् (ब्र० सू० शा० भा० २।२।१६) इति। पृथिवीजलादीनां पञ्चानां भूतानामुत्तरोत्तरं सूक्ष्मत्वम्। तदनुरोधेन तत्रत्यानां गुणानामप्युत्तरोत्तरं ह्रास एव। पृथिव्यपेक्षया जले गन्धो न्यूनः। तदपेक्षयापि रसो न्यूनस्तेजसीत्यादि। तथा च बुद्ध्यादिगुणानामुत्पत्तिविनाशसमये जीवात्मनो विकारित्वावश्यंभावात्तेषां नये कूटस्थनित्यत्वं जीवात्मनो न संभवतीति।

जीवात्मनः कौटस्थ्योपपादनम्

७०. अत्राहुः। स्यादेतदेवं यदि बुद्ध्यादिगुणविशिष्टं जीवात्मनः स्वरूपं

तैरभ्युपगम्येत। न तु तथा तैरभ्युपगम्यते। जीवात्मनि विद्यमाना अपि बुद्ध्यादयो गुणो जीवात्मस्वरूपनन्तर्गता एव। यथा भूतले विद्यमानोपि घटादिः पदार्थो भूतलस्व-रूपान्तर्गतो न भवति तथैवैतत्। तथा च गुणिनः सकाशाद्गुणानां पृथग्भाव एव तेषामभिमतो भवति। अत एव तेषां नये द्रव्यादिषु सप्तपदार्थेषु द्रव्यापेक्षया गुणाः पार्थक्येन परिगणिताः। तथा च बुद्ध्यादीनां गुणानामुत्पादे विनाशे वा सत्यपि तदाश्रयभूते जीवात्मस्वरूपे न कश्चिदपि विकार इति न जीवात्मनः कूटस्थनित्यताहानिः। अत एव तेषां मत आत्मवाख्यं सामान्यमात्मनि वर्तमानं न गुणविशिष्टे किं तु गुणाश्रये केवल एव। यथा शरीरसंयुक्तेपि जीवात्मनि न शरीरविशिष्ट आत्मत्वं किं तु शरीरभिन्ने केवल एव। शरीरस्य जीवात्मनः सकाशात्पार्थक्यात्। तथा ज्ञानादिगुणयुक्तेपि ज्ञानादिगुणेभ्यो भिन्ने केवल एवात्मत्वम्। तथा च जीवात्मनो गुणा अपि ज्ञानादयः शरीरवदेव नात्मस्वरूपेन्तर्भवन्ति। अथ ज्ञानं यदि जीवात्मस्वरूपेनान्तर्भवति तर्हि ज्ञानात्पृथग्भूतं जीवात्मस्वरूपमिति ज्ञानाद्भिन्नस्य तस्य जडत्वं गले पतितं भवतीति चेत्–अस्तु नाम तथा का हानिस्तेषाम्। तथा च नैयायिकानां वैशेषिकाणां च नय आत्मस्वरूपं जडमेवेति पर्यवसितम्। मुक्तौ ज्ञानविनाशे पाषाणकल्पा आत्मान इति हि ते वदन्ति। मीमांसविशेषाः प्राभाकरा एवमेव मन्यन्ते (पञ्चदशी ६।८८)। आर्हताः पुनर्ज्ञानादात्मनो भेदमभेदं चेच्छन्ति।

जीवविषये मतान्तराणि

७१. मीमांसकविशेषा भाट्टा आत्मानमंशभेदेन ज्ञानस्वरूपं जड स्वरूपं चेच्छन्ति। तेपां मत आत्मा बोधाबोधरूप इति पञ्चदश्यां चित्रदीपप्रकरणे (६।९५) उक्तम्। शैवाः सांख्याः पातञ्जलाः सर्वे वेदान्तिनश्चात्मा केवलज्ञानस्वरूप इति वदन्ति। तत्र सांख्यानां मते ज्ञानस्वरूप आत्मनि स्वरूपान्तर्गतस्तदनन्तर्गतो वा न कश्चनैकोपि गुणः। किं तु निर्गुण एवात्मा ।पातञ्जला अद्वैतवेदान्तिनश्चैवमेव मन्यन्ते। द्वैतवेदान्तिनो माध्वा रामानुजीया नैयायिका वैशेषिकाश्चात्मानं सगुणमेव वर्णयन्ति।

जीवस्य परिमाणम्

७२. अथ जीवात्मनः परिमाणं निरूप्यते। बौद्धानां मते विज्ञानसंततिरात्मा। विज्ञानं च गुणभूतमिति न तस्य स्वातन्त्र्येण किंचिदपि परिमाणं वक्तुं शक्यते। आश्रयानुरोधेनापि न तस्य परिमाणं वक्तुं शक्यते। वस्तुत आश्रयस्याभावात्। रामानुजीया माध्वा वल्लभमतानुसारिणश्च जीवानामणुपरिमाणं वदन्ति। चार्वाका बौद्धान्तर्गतमाध्यमिका जैनाश्च मध्यमपरिमाणो जीवात्मेति मन्यन्ते। नैयायिका वैशेषिकाः सांख्याः पातञ्जला अद्वैतवेदान्तिनश्च जीवात्मनो विभुत्वमिच्छन्ति।

जीवस्य कर्तृत्वम्

७३. अथ कर्तृत्वं विचार्यते। नैयायिका वैशेषिकाश्च जीवात्मनः। कर्तृत्वं सत्यमेवेति मन्यन्ते। सत्यमपि तन्न स्वाभाविकं किं तु नैमित्तिकमिति रामानुजीया माध्वाश्च। औपाधिकं जीवात्मनः कर्तृत्वमित्यद्वैतवेदान्तिनः। प्रकृतेरेव वस्तुतः कर्तृत्वम्। तच्च प्रकृतिसंबन्धाज्जीवात्मनि प्रतिभासते। अतस्तत्प्रातिभासिकमिति सांख्याः पातञ्जलाश्च वदन्ति। भोक्तृत्वमप्येवमेव। केवलं सांख्याः पातञ्जलाश्च भोक्तृत्व नैमित्तिकमिति मन्यन्ते। सुखदुःखाभ्यां बुद्धिधर्माभ्यामविवेकोपलक्षितानुभवो भोगः (सिद्धा० बि० पृ० ८९) इति।

अचिद्वर्गः

७४. अथ भोक्तुर्जीवात्मनो भोग्यभूतो जडवर्गो निरूप्यते। जगति दृश्यमाना ये भूतभौतिकाः पदार्थादस्तित्वविषये कस्यापि न विवादः। न हि दृष्टेनुपपन्नं नामेति न्यायात्। तथा च जालसूर्यमरीचिस्थानि यानि रजांसि तानि सर्वेभ्यः सूक्ष्माणि दृश्यन्त इति तान्येवास्याखिलस्य दृश्यस्य जडजातस्य मूलकारणमिति चार्वाकाः। एतन्मते जालसूर्यमरीचिस्थानि रजांस्येव परमाणुशब्देनोच्यन्ते। ते च परमाणवः पृथिव्यप्तेजो-वायुभेदेन चतुर्विधाः। आकाशं तु न दृश्यत इति तस्यास्तित्वं नैव ते मन्यन्ते। बौद्धास्तु दृश्यमानानां तेषां रजसामनुमानेन सावयवत्वं परिकल्पयन्ति। ये च तदवयवाः स्युस्त एव परमाणुपदवाच्याः। ततः प्रभृत्येवायं कार्यप्रवाहः संततः प्रवर्तते। चार्वाकवदेवै-तेप्याकाशं न मन्यन्ते। आर्हतास्त्वेकविधा एव परमाणवो जगतो मूलकारणमिति वदन्ति। आर्हतास्त्वेकरूपान्परमाणूनभ्युपगच्छन्तीत्यार्हतमतस्योल्लेखस्तत्त्वत्रयभाष्ये (पृ० १०३) कृतः। आकाशस्य च तत्त्वान्तरत्वमङ्गीकुर्वन्त्यार्हताः। नैयायिका वैशेषिकाश्चेत्थं मन्यन्ते। ये चानुमानेन कल्पिता दृश्यस्य रजसोवयवास्तेपि न परमाणवः। किं तु ततोन्ये तस्याप्यवयवाः परमाणवः। त एव च चतुर्विधानां भूतानां मूलकारणम्। परमाणुद्वय-संयोगेन जायमानं कार्यं द्व्यणुकशब्देनोच्यते। द्व्यणुकान्येव च दृश्यमानस्य रजसोवयवभूतानि। त्रयाणां द्व्यणुकानां संयोगेन त्र्यणुकं जायते। तदेव जालसूर्यमरीचिस्थं सूक्ष्मं रजः । आकाशं तु तत्त्वान्तरमस्त्येव । पृथिव्यादीनां चतुर्णां परमाणव आकाशं च नित्यमेव। नान्यस्मात्कस्मादपि तेषामुत्पत्तिः। अतस्तेषां न मूलकारणं विद्यते। जैमिनीयाः पाणिनीयाश्च परमाणूनामप्यनित्यत्वं मन्यमानाः पृथिव्यप्तेजोवाय्वाकाशानां मध्ये क्रमेण पूर्वपूर्वस्योत्तरोत्तरं कारणत्वमिति वदन्ति। आकाशमप्यनित्यमेव। तस्य कारणं शब्दः। तथा च शब्द एवाखिलस्य जगतो मूलकारणम्। सांख्यानां पातञ्जलानां च मते शब्दो न मूलकारणम्। किं तु शब्दोपि कार्य एव। तत्कारणमहंकारः।

तादृशाहंकारस्य कारणं महत्तत्त्वम्। महत्तत्त्वस्य कारणं त्रिगुणात्मकं प्रधानम्। तत्तु नित्यमेव न त्वन्यस्य कस्यापि कार्यम्। तदेव चास्याखिलस्य जडवर्गस्य मूलकारणम्। रामानुजीयैरेतदेवानुसृतम्। अद्वैतवेदान्तिनां नये तु प्रधानमपि न मूलकारणम्। तदपि कार्यमेव। यतस्तम॑ आसी॒त्तम॑सागूढमग्रे॑प्रके॒तम्। तु॒च्छ्येना॒भ्वपि॑हि॒तम् (तै०ब्रा० २।८।९) इति श्रुतौ सर्वं तमसा पूर्वं व्याप्तमित्युक्तत्वात्। तथा च तमः शब्दवाच्यं किंचित्सर्वस्यास्य मूलकारणं स्यात्। तच्च सर्वथा नासत्। कथमसतः सज्जायेत (छा० ६।२।२) इति श्रुत्यैवासद्वादं प्रतिक्षिप्य सत्त्वेव सौम्येदमग्र (छा० ६।२।२) इति सद्वादस्थापनात्। तच्च सच्छब्दवाच्यं न जडं नाप्यात्मनः सकाशाद्भिन्नम्। एतत्समानार्थिकायां मूलस्थितिप्रतिपादिकायामात्मा वा इदमेक एवाग्र आसीत् (ऐ० १।१) इति श्रुतावात्मशब्दादेकशब्दाच्च। तथा श्रुत्येकशरणैरात्मशक्तिः काचिन्मूलकारणमित्येष्टव्यम्। एवं दर्शनभेदेन मूलकारणभेद उपपादितः।

आरम्भादयो वादाः

७५. अथेदानीं मूलकारणाज्जातेयं सृष्टिः किं मूलकारणेनारब्धाथ वा मूलकारणसंघातरूपाहोस्विन्मूलकारणपरिणामभूतोत मूलकारणविवर्तभूतेति विचार्यते। तत्र सर्वज्ञात्ममहामुनिविरचिते संक्षेपशारीरक इत्थमुक्तम्–

आरम्भवादः कणभक्षपक्षः संघातवादस्तु भदन्तपक्षः।
सांख्यादिपक्षः परिणामवादो वेदान्तपक्षस्तु विवर्तवादः।।

–(सं० शा० २।६३) इति।

समवायिकारणमसमवायिकारणं निमित्तकारणं चेति त्रिविधकारणसमुदायः स्वस्माद्भिन्नं कार्यमुत्पादयति। अयमारम्भवादो वैशेषिकाणां नैयायिकानां च। तत्रासमवायिकारणान्निमित्तकारणाच्च कार्यं भिन्नमिति सर्वेषां संमतमेव। परं कार्यस्य समवायिकारणाद्भेद इतरैर्नाद्रियते। केवलं नैयायिकैर्वैशेषिकैरेव च स आद्रियते। तन्तुभिरारब्धः पटः स्वसमवायिकारणभूतात्तन्तुसमुदायादपि भिन्न एवेति हि तेषां मतिः। समवायिकारणमेवोपादानकारणमित्युच्यते। उपादानकारणानां तन्त्वादीनां समुदाय एवं पटादिकार्यं न तु कारणादतिरिक्तं कार्यं नाम किंचिदिति संघातवादः सौत्रान्तिकानां वैभाषिकाणां च बौद्धानाम्। अयं च संघातः प्रतिक्षणं नवनव उत्पद्यते। उपादानकारणं च स्वविनाशद्वारैव कार्योत्पादकं भवति। बौद्धविशेषाः शून्यवादिनो माध्यमिकास्तु न कार्यस्य सद्रूपं कारणं किंचित्। किं त्वसदेव प्रतिक्षणं तथा भासत इति वदन्ति। इयमेवासत्ख्यातिरित्युच्यते। बौद्धविशेषा विज्ञानवादिनस्तु विज्ञानरूप आत्मैव प्रतिक्षणं नवनवेन बाह्येन घटादिरूपेणावभासत इति मन्यन्ते। इयमात्मख्यातिरित्युच्यते।

उपादानकारणस्य तात्त्विकोन्यथाभाव: कार्यमित्येष परिणामवाद: सांख्यानां पातञ्जलानां रामानुजीयानां च। अतात्त्विक: कारणस्यान्यथाभाव: कार्यमित्येष विवर्तवाद: शंकराचार्यानुसारिणामद्वैतवेदान्तिनाम्।

दृष्टिसृष्टिवाद:

७६. अत्रेदं बोध्यम्। दृष्टिसृष्टिवाद इति यो लोके गीयते स नैतेभ्योतिरिक्त:। किं तु विवर्तवादान्तर्गत एव। दृष्टिसमय एव सृष्टिरिति तदर्थ:। यत्र यदा येन यद्यथा दृष्टं तत्र तदा तस्याविद्यया तद्वस्त तेन रूपेण सृष्टं भवति। शुक्तौ रजताभासोत्र निदर्शनम्। तत्र विरलतमसावृते प्रदेशे प्रात:काले देवदत्तेन रजतं दृष्टं भवति चेत्तद्रजतं तत्रैव प्रदेशे तस्मिन्नेव काले देवदत्तस्यैवाविद्यया समुत्पाद्यते। यतो यज्ञदत्तस्य रजतं तत्र न प्रतीयते। देवदत्तस्यापि च देशान्तरे न प्रतीयते। पूर्वं पश्चाच्च न प्रतीयते। तथैवायं प्रपञ्चो येन यदा यथा दृश्यते तस्याविद्यया तदानीं तथा सृष्टो भवति। तत्र च जीवैकत्वपक्ष एक एव प्रपञ्च:। जीवनानात्वपक्षे तु प्रतिजीवं प्रपञ्चभेद:। य एव घटो देवदत्तेन दृष्ट: स एव मया दृष्ट इति प्रत्यभिज्ञा तु सादृश्यातिशयाज्जायते। जीवैकत्वपक्षो जीवनानात्वपक्षश्चेत्येतत्पक्षद्वयेपि जीवत्वमविद्योपाधिकं न तु वास्तविकमित्यद्वैतवादिनां सिद्धान्त:।

प्रतिबिम्बवाद:

७७. तान्त्रिकाश्चाद्वैतवादिन एव। परं मूलकारणविषये प्रतिबिम्बवादमुररीकुर्वन्ति। तेषामयमाशय:–जगदिदं न ब्रह्मारब्धम्। आरम्भवादे हि कार्यकारणयोर्भेदस्यावश्यंभावेनाद्वैतभङ्गप्रसङ्गात्। नापि ब्रह्मण: परिणामभूतं जगत्। परिणामिनो विकारावश्यंभावेन ब्रह्मणो विकारित्वप्रसङ्गात्। नापि ब्रह्मणो विवर्तभूतं जगत्। यथा भ्रमस्थले रज्जुविवर्त: सर्प इति सर्पप्रतीतिसमये रज्जुप्रतीतिर्न भवति तथा ब्रह्मविवर्तभूतं जगदिति जगत्प्रतीतिसमये ब्रह्मण: प्रतीतिर्न स्यात्। अध्यस्तमेव हि परिस्फुरति भ्रमेषु (सं० शा० १।३६) इति न्यायात्। व्यवहारदशायां ब्रह्मप्रतीतिर्नैव भवतीति तु न मन्तव्यम्। घटोस्ति घट: सन्नित्यादौ सद्रूपेण ब्रह्मप्रतीतेरद्वैतवादिभिरङ्गीकारात्। एवमारम्भवादपरिणामवाद विवर्तवादासंभवेन प्रतिबिम्बवाद: स्वीकर्तृव्यो भवति। स चेत्थम्–यथा बहिरवस्थितस्य मुखादेर्वस्तुनो दर्पणान्तर्गतं प्रतिबिम्बं दृश्यते तथा ब्रह्मणि तदन्तर्गततया प्रतिबिम्बितं जगत्प्रतिभासते। अत्र चेयमाशङ्का समुद्भवति। यथा बिम्बभूतं मुखादि वस्तु दर्पणाद्बहिरवस्थितं दृश्यते तथात्र बिम्बभूतं जगद्ब्रह्मण: सकाशाद्बहिरवस्थितमित्यगत्या स्वीकर्तृव्यं भवति। तथा चाद्वैतसिद्धान्तभङ्गस्तदवस्थ:।

अथैतद्दोषपरिजिहीर्षया ब्रह्मणः सकाशाद्भेदेन बहिर्नास्त्येव जगदित्युच्यते चेन्मूल एव कुठारः। प्रतिबिम्बावस्थानस्य बिम्बस्थित्यधीनत्वात्। बिम्बतन्त्रं हि प्रतिबिम्बमिति लोके निरूढा प्रतीतिः। तथा च दुर्वचोयं प्रतिबिम्बवाद इति। अत्रेदमुच्यते। बिम्बतन्त्रं प्रतिबिम्बमिति प्रतीत्यनुरोधाद्बिम्बं प्रतिबिम्बस्य कारणमिति सत्यम्। किं तु तन्निमित्तकारणमात्रं न तूपादानकारणम्। उपादानकारणं हि कार्यस्वरूपेन्वेति न तु ततः पार्थक्येन दृष्टिपथमवतरति। अत्र त्विदं बिम्बमिदं प्रतिबिम्बमिति पार्थक्येन तदुभयमनुभूयते। तथा च तन्निमित्तकारणमिति सिध्यति। निमित्तकारणं च तेन तेन विशेषरूपेण तत्र तत्रोपेक्षितमिति न नियमः। घटं प्रति निमित्तकारणीभूतस्य दण्डस्याभावे हस्तेन चक्रभ्रमे घटोत्पत्तिर्दृश्यते। तथा च प्रतिबिम्बभूतस्य जगत उत्पत्तौ निमित्तकारणत्वेन बिम्बस्वरूपस्य नापेक्षा । किं तु यथा दण्डस्थानीयो हस्तो दण्डाभावेपि चक्रभ्रममुत्पाद्य घटं प्रयोजयति तथा प्रकृते बिम्बस्थानीया माया ब्रह्मणि स्वसंबन्धमुत्पाद्य बिम्बाभावेपि प्रतिबिम्बमुत्पादयतीत्युक्ते सुवच एव प्रतिबिम्बवादः।

ख्यातयः

७८. अयं च मतभेदो मूलकारणविषय एव। अन्यत्र तु यथासंभवं व्यवस्था। तथा हि–शुक्तिकायां रजतभ्रमस्थले शुक्तिर्विवर्तोपादानमिति विवर्तवादः सांख्यैः पातञ्जलैरद्वैतवेदान्तिभिश्चाद्रियते। न तु परिणामवादिभिरपि सांख्यैः पातञ्जलैश्च तत्र परिणामवाद आदृतः। इयमेवानिर्वचनीयख्यातिरित्युच्यते। शुक्तौ रजतप्रतीतिसमये-ऽनिर्वचनीयरजतोत्पत्तिस्वीकारात्। तथारम्भवादिभिरपि नैयायिकैर्वैशेषिकैश्च न तत्रारम्भवादः स्वीक्रियते। रजतभ्रमस्थले तु रजतं नास्त्येव नैव चोत्पद्यते। किं तु शुक्तिरेव दोषवशाद्रजतरूपेणावभासते। इयमेवान्यथाख्यातिरित्युच्यते।

सत्ख्यातिः

७९. रामानुजीयास्त्वित्थं मन्यन्ते। तत्र रजतं नास्ति चेद्रजतप्रतीतिः सर्वथा न संभवति। अतस्तत्र रजतस्यास्तित्वमावश्यकम्। किं तु तद्रजतप्रतीतिसमय एवोत्पद्यत इति न वक्तुं शक्यते। विकल्पासहत्वात्। शुक्तिस्वरूपे रजतोत्पादनसामग्री विद्यतेथ वा न विद्यते। न विद्यते चेत्कथं तदानीं तत्र रजतस्योत्पत्तिः। दोषेण तदानीं रजतमुत्पद्यत इत्युक्तिस्तु न विश्वसनीया भवति। यतो यत्र दोषाभावे वस्तुनो यथार्थत्वेनाभिमतं ज्ञानं यावद्भिरंशैर्भवितुमर्हति तत्र दोषसत्त्वे स दोषस्तादृशज्ञाने केनचिदंशेन न्यूनतां संपादयेन्न त्वाधिक्यम्। तथा च शुक्तेर्यथार्थज्ञाने रजतांशो न भासत इति तत्र दोषेणापि स रजतांशो नोत्पादयितुं शक्यः। अथ तत्र रजतप्रतीत्यनुरोधेन तदुत्पादनसामग्री तत्र विद्यत इति कल्प्यते चेदस्तु नाम। इष्ट एव नः पक्षस्त्वयाभ्यनुज्ञायते। किं तु तया सामग्र्योत्पाद्यमानं

रजतं शुक्त्युत्पादनसमय एव शुक्तिस्वरूपेण सहोत्पद्यते। न तु प्रतीतिसमय एवोत्पद्यते। रजतोत्पादसामग्र्याः शुक्त्युत्पादकसामग्र्यपेक्षया न्यूनत्वाद्रजतांशः स्वल्पः। शुक्त्युत्पादकसामग्र्या भूयस्त्वाच्छुक्त्यंशोधिकः। अधिकस्यापि च तस्य शुक्त्यशस्य तिमिरादिदोषेणाप्रतीतौ स्वल्पोपि रजतांशो दृष्टिगोचरो भवति। दोषापगमे शुक्त्यंशप्रतीतिः। तदानीं च भूयसा शुक्त्यंशेन दृष्टिप्रतिघातात्तेन प्रतिघातदोषेण दृष्टिसामर्थ्यस्यांशतो ह्रासे सति न रजतांशो भासते। यथा सौरतेजसा चक्षुष्युपहते नक्षत्राणि विद्यमानान्यपि न दृश्यन्ते तद्वत्। भ्रमस्थले सर्वत्रैवमेव। इयमेव च सत्ख्यातिरित्युच्यते।

अख्यातिः

८०. मीमांसकास्त्वेवमाहुः। रजतभ्रमस्थले रजतं सुतरां नास्त्येव। प्रतीतिसमयेपि च नैवोत्पद्यते किं त्विदं रजतमिति ज्ञान इदमंशस्यैव प्रत्यक्षं न तु रजतांशस्य। इदमंशप्रत्यक्षेण त्विदमंशसादृश्याद्रजतसंस्कारोद्बोधे रजतस्य केवलं स्मरणं भवति न त्वनुभवः। तथा च तत्रेदमंशप्रत्यक्षं रजतस्मरणं चेति ज्ञानद्वयम्। तत्रेदमंशप्रत्यक्षविरुद्धः स्मरणे परोक्षत्वांशः। तादृशस्मरणविरुद्धश्च प्रत्यक्षे शुक्त्यंशः। तयोर्विरुद्धांशयोर्दोषेणा-भानेऽन्योन्यवैलक्षण्याप्रतीतौ ज्ञानद्वयमप्येकं ज्ञानमित्यवभासते। इयमख्यातिरित्युच्यते। प्रसङ्गाच्चात्रेमाः ख्यातयस्तत्तन्मतानुसारेण प्रदर्शिताः। एवं च रजतभ्रमस्थले विवर्तवादः सांख्यादीनामपि संमत एव। तथा दध्यादिस्थले पयसो दधिरूपेण परिणाम इत्येष परिणामवादः शंकराचार्यानुसारिभिरप्याद्रियते। नैयायिका वैशेषिकाश्च परं तत्रारम्भवाद-मिच्छन्ति। तन्तुपटादिविषयेप्येवमेव। धान्यराशौ च सर्वेपि संघातवादमेवेच्छन्ति। एवं मूलकारणव्यतिरिक्तविषय आरम्भादिवादानां यथासंभवं व्यवस्था सर्वत्रोहनीया। इदमत्रावधेयम्। मूलकारणविषये विवर्तवादं मन्वानाः शंकराचार्यानुसारिणः कारणभेदेन तत्रापि परिणामवादं स्वीकुर्वन्त्येव। प्रकृत्यादिपदवाच्याया आत्मशक्तेः परिणाम्युपादान-कारणत्वस्य तैरङ्गीकारात्।

कार्यकारणयोर्भेदः

८१. अत्रेदं बोध्यम्। आरम्भवादे ह्युपादानकारणं स्वस्माद्भिन्नं कार्यमुत्पादयति। एवं कार्यकारणयोर्द्वैते स्वीकृते तृतीयस्तयोः संबन्धोवश्यं स्वीकार्यो भवति। स्वीकृत एव च तत्र समवायाख्यः संबन्धो नैयायिकैर्वैशेषिकैश्च। अथ पटे तन्तवः पटश्चेति वस्तद्वयं पार्थक्येन नोपलभ्यते। तथा चानुपलब्ध्या बाधितमपि कारणाद्भिन्नं कार्यं प्रकल्प्यत इत्येकं गौरवम्। भेदे च कल्पिते तयोः संबन्धः प्रकल्प्यत इत्यपरं गौरवम्। एवमपि कुत इयानभिनिवेशस्तत्र नैयायिकानां वैशेषिकाणां चेति चेत्–उच्यते।

तन्तुपटयोरभेदे पटबुद्धिः पूर्वमपि स्यात्। सा क्वापि न दृश्यते। पटशब्दश्च तत्र न केनापि व्यपदिश्यमानो दृश्यते। पटेन जायमानं प्रावरणरूपं कार्यं च न तन्तुभिः संपाद्यते। पटशब्देन व्यपदिश्यमान आकारविशेषश्च पूर्वं न दृश्यते। तन्तूनां बहुत्वं पटस्य चैकत्वमिति संख्या च भिन्ना दृश्यते। तथा च बुद्धिभेदः शब्दभेदः कार्यभेद आकारभेदः संख्याभेदश्चेत्येवमनेकैः कारणैः कार्यकारणभेदाङ्गीकारे पक्षपातस्तेषाम्। तथा च पूर्वमसदेव पटादिकार्यं कारकव्यापारेणोत्पद्यते। सत्तया सह संबन्ध एवोत्पत्तिः। अयमेवासत्कार्यवाद इत्युच्यते।

कार्यकारणयोरभेदः

८२. सङ्घातवादिनः परिणामवादिनो विवर्तवादिनश्च कार्यकारणयोर्भेदमेव न मन्यन्ते दूरे समवायप्रकल्पना। उपादानकारणस्यैवावस्थाविशेषः कार्यमिति तेषामाशयः। बुद्धिभेदादयस्त्ववस्थाभेदादपि संभवन्तीति न ते कार्यकारणयोर्भेदं साधयन्ति। किं चारम्भवादिनां नये पटोत्पत्त्यनन्तरमप्यविनष्यस्तन्तवो विद्यन्त एवेति तदानीं तन्तुपटरूपवस्तुद्वयसत्त्वात्परिणामद्वैगुण्यमुपलभ्येत। तत्तु नोपलभ्यत इत्यतः कारणस्यैवावस्थाविशेषः कार्यमिति सिध्यति। अवस्थाविशेषेणाविर्भाव एवोत्पत्तिः। अवस्थाविशेषश्चायं तस्य तस्य वस्तुनः स्वभावत एवाविर्भवति तिरोभवति च। पटाद्यवस्थाप्राप्तौ च यानि कुविन्दवेमादीनि कारणानि लोक उपलभ्यन्ते तानि तन्तूनां पटावस्थाप्राप्तौ यत्प्रतिबन्धकं तद्दूरीकुर्वन्तीत्येव। एतदेव च कारकव्यापारसाध्यं न त्वपूर्वं किंचित्तेन साधनीयं भवति। एतच्च नागोजीभट्टकृतयोगसूत्रवृत्तौ स्पष्टमुक्तम्। यथा स्वभावतः प्रवर्तमानस्य जलस्य विधरणः सेतुः प्रतिबन्धको भवति तथा सांख्यनये स्वभावत एव सुखकारकवस्तुरूपेण परिणममानायाः प्रकृतेस्तादृशवस्तुन उपभोक्ता य एकोनेको वा जीवविशेषस्तत्कृतं पापं कर्म प्रतिबन्धकं भवति। तथा दुःखकारकवस्तुरूपेण परिणममानायाः प्रकृतेस्तादृशजीवविशेषकृतं पुण्यं कर्म प्रतिबन्धकं भवति। तत्रान्यतरेणान्यतरस्य स्वोदये प्रतिबन्धशक्तिरपनीयते। एतन्नीलकण्ठभट्टैर्महाभारतटीकायामुक्तम् (भार० शा० मो० अध्याय २१) । तथा च पटादिकार्यमुत्पत्तेः प्रागपि तन्तुरूपेण विद्यत एवेति सत्कार्यवाद एवैतेषां मते फलितो भवति। सत्कार्यवादे च कार्यनाशोत्तरमपि कार्यमवस्थाविशेषेण वर्तत एव। यदा च कार्यस्य च्छेदेन विनाशस्तदा विशकलितावयवरूपेण कार्यं विद्यते। यदा च दाहेन विनाशस्तदाङ्गाररक्षादिरूपेण कार्यं विद्यते। विनष्टस्य वस्तुनो विनाशोत्तरं येन केनापि रूपेणान्वयो दृश्यते। तथा च सर्वत्र नाशः सान्वय एवेति तेनैव रूपेण कार्यस्य तदानीं सत्त्वमुपपादनीयम्। तप्तायसि पतितस्योदबिन्दोर्विनाशे यद्यपि तत्रोदबिन्दोर्न केनापि

रूपेणान्वया दृश्यते तथापि तत्रादृश्यावयवरूपेण तप्तायसः सकाशाद्वियुक्त उदबिन्दुर्वर्तत एवेति न कदाप्यसत्त्वं सत्कार्यवादे कार्यस्य नापि च क्वापि निरन्वयो विनाश इति।

जडवर्गः

८३. अथ सन्त्वेवमारम्भादयो वादाः। परं तु सर्वेष्वपि वादेषु किमर्थं जडवर्गस्योत्पत्तिरिति चेत्–उच्यते। जडवर्गोयं सर्वो भोग्यभूतो जीवानां भोगाय समुत्पन्न इति सर्वसंमतम्। यदा हि शब्दादीनां विषयाणामिन्द्रियादिसाहाय्येन जीवस्यानुभवो जायते तदानीं जीवः स्वमनोवृत्त्यनुसारेण सुखं दुःखं वानुभवति। यद्यपीन्द्रियाणि विषयज्जडान्येव तथापि सात्त्विकत्वात्तेषु प्रकाशकत्वशक्तिर्न घटादिषु।

इन्द्रियाणां भौतिकत्वम्

८४. नैयायिकानां वैशेषिकाणां च नये भौतिकान्येवेन्द्रियाणि। घ्राणेन्द्रियं पृथिवी-गुणस्य गन्धस्यैव ग्राहकं रसनेन्द्रियं जलगुणस्य रसस्यैवेत्येवं विषयग्रहणप्रतिनियमा-नुसारेण घ्राणेन्द्रियं पार्थिवं रसनेन्द्रियं जलीयं चक्षुरिन्द्रियं तैजसं श्रोत्रेन्द्रियमाकाशं त्वगिन्द्रियं वायवीयमित्याश्रीयते। पृथिव्यादिभूतचतुष्टस्य परमाणवः प्रत्येकं त्रिविधाः सात्त्विका राजसास्तामसाश्चेति। तथा च भौतिकानामपीन्द्रियाणां सात्त्विकत्वं वक्तुं शक्यते। आकाशं तु स्वभावादेव सात्त्विकम्। सांख्यानां पातञ्जलानां च नये तु नेन्द्रियाणि भौतिकानि ः किं तु सात्त्विकाहंकारकार्याणि। तत्रापि तामसाहंकारात्प्रथमत उत्पन्नानामा-काशादिमहाभूतकारणीभूतानां शब्दादितन्मात्राणां क्रमशः साहाय्यं गृहीत्वा ततः पश्चात्सात्त्विकाहंकारात्क्रमेण श्रोत्रत्वक्चक्षुर्जिह्वाघ्राणेन्द्रियाणामुत्पत्तिर्जायते। तेन विषय-ग्रहणप्रतिनियमो विरुध्यते। रामानुजीयानां दर्शनेप्येवमेव। तदेकदेशिनस्त्विन्द्रियोत्पत्तौ न शब्दतन्मात्रादीनां साहाय्यापेक्षा। किं त्विन्द्रियोत्पत्त्यनन्तरं तेषां पोषकाणि भूतानि विषयग्रहणप्रतिनियमश्चाप्यायकभूतानुसारेणैवेति वदन्ति। शंकराचार्याणां तु नानयोः पक्षयोरन्यतरस्मिन्क्वापि पक्षपातः। इन्द्रियाणां भूताप्यायितत्वं वास्तु भौतिकत्वं वास्तु। तथा चान्तरा विज्ञानमनसी (ब्रह्मसू० २।३।१५) इति सूत्रे शारीरभाष्ये यदि तावद्भौतिकानि करणानीति पक्षमुपक्रम्येन्द्रियाणामुत्पत्त्यादि दर्शयित्वा तदुत्तरमथ त्वभौतिकानि करणानीति पक्षान्तरमुपन्यस्तम्। विद्यारण्याचार्यैस्तु सत्त्वांशैः पञ्चभिः (प० द० १।१९) इति श्लोके भौतिकत्वमेवेन्द्रियाणामभिहितम्। इन्द्रियाणां चाणुपरिमाणमिति बहवः। सांख्याः पातञ्जलाश्च परमिन्द्रियाणां विभुत्वमिच्छन्ति। इन्द्रियाणां च मध्ये कस्यापीन्द्रियस्य केनापीन्द्रियेण ज्ञानं न भवति। किं तु तान्यतीन्द्रियाण्येव। अनुमानादिप्रमाणेन तेषां ज्ञानमिति तु सर्वसंमतम्।

कर्मेन्द्रियाणां भौतिकत्वम्

८५. ज्ञानेन्द्रियवत्कर्मेन्द्रियाण्यपि भौतिकानि। एकैकभूतेभ्यो ज्ञानक्रियाशक्ति-भेदात्प्रत्येकमिन्द्रियद्वयं जायते। आकाशाच्छ्रोत्रेन्द्रियं वागिन्द्रियं च। वायोस्त्वगिन्द्रियं पाणिश्च। तेजसश्चक्षुरिन्द्रियं पादश्च। जलाद्रसनेन्द्रियं पायुश्च। पृथिव्या घ्राणेन्द्रियमुपस्थश्च। आकाशगुणः शब्दः। तद्ग्राहकत्वाच्छ्रोत्रेन्द्रियमाकाशरूपम्। वागिन्द्रियं शब्दव्यञ्जक-त्वात्तथा। वायोर्गुणः स्पर्शः। तद्ग्राहकत्वात्त्वगिन्द्रियं वायुरूपम्। तेजस्यनुभूयमानः स्पर्शस्तु तेजसो वायुपादानकत्वात्कारणगुणपूर्वको न तु प्रकृत्यैव तस्य सः। तथा वायोः क्रियाशक्तिः। पाणीन्द्रिये च क्रियाशक्तिरधिका दृश्यत इत्यतः पाणीन्द्रियस्य वायुरूपत्वम्। तेजसो गुणो रूपम्। जलादौ रूपं तु कारणगुणपूर्वकम्। रूपग्राहकत्वाच्चक्षुरिन्द्रियं तेजोरूपम्। पादयोर्घृतादिसंमर्दनेन चक्षुषः स्वास्थ्यदर्शना-त्पादेन्द्रियं तेजो रूपम्। जलस्य गुणो रसः। तद्ग्राहकत्वाद्रसनेन्द्रियं जलस्वरूपम्। पाय्विन्द्रियस्य जलवन्मलशोधकत्वाज्जलस्वरूपत्वम्। पृथिव्या गुणो गन्धः। गन्धग्राहकत्वाद्घ्राणेन्द्रियं पृथिवीस्वरूपम्। उपस्थेन्द्रियस्य तु दुर्गन्धातिशय-व्यञ्जकत्वात्पृथिवीस्वरूपत्वम्।

मनः

८६. मानस्त्वेतेषां सर्वेषामिन्द्रियाणां प्रेरकम्। तच्च कर्मेन्द्रियाणि प्राणद्वारा प्रेरयति। ज्ञानेन्द्रियाणि तु प्राणसहायेन प्रेरयतीति विवेकः। तच्च मनो न भौतिकं किं तु स्वतन्त्रं द्रव्यमिति नैयायिका वैशेषिकाश्च मन्यन्ते। राजसाहंकारसहकृतात्मसात्त्विकाहंकारान्मन उत्पद्यत इति सांख्याः पातञ्जलाश्च वदन्ति। पञ्चमहाभूतानां सर्वेषां सात्त्विकांशान्मनस उत्पत्तिरित्यद्वैतवादिनां मतम्। तत्रापि वायवीयोंशोधिक इति वेदान्त्येकदेशिनः। मनसः परिमाणं त्वणु। सांख्यतत्त्वविवेचने (पृ० ३६) मनसो विभुत्वमुक्तम्। तत्प्रतिषेधार्थमेक-तत्त्वाभ्यासः (पात० यो० सू० १।३१) इति सूत्रे नागोजीभट्टविरचितलघुवृत्तौ च मनसो विभुत्वमुक्तम्। तथा च सांख्यानां पातञ्जलानां च नये मनसो विभुत्वम्। मीमांसका अपि विभुत्वमिच्छन्ति। मनसः स्थानं हृदयमिति विद्यारण्याचार्यैः पञ्चदश्यामुक्तम् (२।१२)। तत्राणुपरिमाणवादिनां नयेऽणोर्मनसो युगपदनेकेन्द्रियसंबन्धो न संभवति। अतो नैकस्मिन्क्षणे ज्ञानद्वयं त्रयं वा। अष्टवधानिनां युगपद्बहूनि ज्ञानानि भवन्तीति तु भ्रम एव। यावन्ति ज्ञानानि तावन्तः स्वल्पतराः कालांशाः क्षणपदवाच्यास्तत्र तादृशज्ञानाधिकरणत्वेन कल्पनीयाः। क्षणस्यात्यन्तसूक्ष्मत्वात्तदाकलनमस्मादृशानां न भवतीत्यतो यौगपद्यभ्रान्तिर्न निवर्तते। दीर्घशष्कुलीभक्षणादावपि रसगन्धस्पर्शविशेषाणां ज्ञानं क्षणभेदेनैव न तु कदापि युगपत्। मनसो विभुत्ववादिनां नये तु युगपदपि ज्ञानोत्पत्तिः

संभवति। तस्य च मनसश्चतस्रो वृत्तयः संशयनिश्चयगर्वस्मरणात्मिकाः। वृत्तिभेदेन चैकमपि तत्क्रमेण मनो बुद्धिरहंकारश्चित्तमिति च शब्दैर्व्यपदिश्यते। पूर्णप्रज्ञाचार्यानुसारिणस्तु मनोबुद्धिरहंकारश्चित्तं चेतनेति पञ्चविधं मन इत्याहुः। चेतना चेतसो व्याप्तिः। नकुलीशपाशुपतानां दर्शने तु मनो बुद्धिरहंकारश्चेति त्रिविधमेवान्तःकरणम्। तेषां क्रमेण वृत्तयस्तिस्रः संकल्पाध्यवसायाभिमानाभिधाः। चित्तं तु न मनसोवस्थाविशेषः किं तु बोधरूपो जीवगुणः।

ज्ञानम्

८७. अथ मनसः प्रयोजनं निरूप्यते। मनसो मुख्यं प्रयोजनं ज्ञानम्। ज्ञानं चैतन्यं दृक्शक्तिरिति यावत्। माहेश्वरास्तुदृक्शक्तिः क्रियाशक्तिश्चेति द्विविधं चैतन्यमिति वदन्ति। तत्र विषयेन्द्रियसंबन्धोपकृतं मनः प्रत्यक्षज्ञानं जनयति। परोक्षाज्ञानोत्पादने तु न विषयेन्द्रियसंबन्धापेक्षा मनसः। तस्य तत्र स्वातन्त्र्यमेव। प्रत्यक्षज्ञाने तु विषयेन्द्रिसंबन्धाधीनम्। तत्र विषयेन्द्रियसंबन्धे जाते सति स संबन्ध इन्द्रियस्पृष्टमनःसंयुक्त आत्मनि कंचन गुणविशेषमुत्पादयति। अयमेव गुणविशेषो ज्ञानमित्युच्यत इति नैयायिका वैशेषिकाश्च मन्यन्ते। एतन्मते ज्ञानं निराकारमनित्यं च। ईश्वरस्य तु ज्ञानं नित्यम्। रामानुजमतेपि ज्ञानमात्मनो गुण इति समानं किं तु जीवस्यापि ज्ञानं नित्यमेव। विषयेन्द्रियसंबन्धात्केवलं स आत्मगुणो घटज्ञानं पटज्ञानमित्येवमवस्थाविशेषेण प्रकाशते। नकुलीशपाशुपतदर्शने तु चित्ताख्यो जीवगुणविशेषो बोधस्वरूपत्वाद्दीप इव विषयेन्द्रियसंबन्धे सति घटादीन्पदार्थान्प्रकाशयति। वैभाषिकाणां बौद्धानां दर्शने तु घटादीनां पदार्थानां रूपद्वयं बाह्यमान्तरं च। बाह्येन रूपेण घटादयो विषया जलाहरणादिव्यवहार उपयुज्यन्ते। आन्तरं रूपं तु यदा विषयेन्द्रियसंबन्धो जायते तदा तादृशेन्द्रियद्वारेन्द्रियसंबद्धे मनसि प्रविशति। इदमेव ज्ञानम्। गुरुणा कस्मिंश्चिदर्थ उपदिष्टे ततः शिष्यपरीक्षायामिदं ते मन स्यागतं किमित्येवमनुयुज्यते । सोयं व्यवहार एतन्नय आञ्जस्येनोपपद्यते। विज्ञानवादिनां बौद्धानां नये तु बाह्या अर्था नैव सन्ति। विज्ञानस्कन्ध एव तु पूर्वसंस्कारवशात्तेन तेन घटपटादिविषयाकारेण परिणमते बाह्यवच्च प्रतीयते। बौद्धमते ज्ञानं साकारम्। क्षणिकत्वादनित्यं च तत्। मनसः परिणामविशेष एव ज्ञानमिति माध्वाः। पातञ्जलानां दर्शने तु विभोर्मनसो हृदयावच्छिन्नो यः प्रदेशः स विषयेन्द्रियसंबन्धे सति परिणमते। अयं परिणाम एव मनोवृत्तिः। सा च वृत्तिरात्मनि प्रतिबिम्बते। प्रतिबिम्बं चैतद्विभोरात्मनो हृदयावच्छिन्नो यः प्रदेशस्तत्रैव। तादृशवृत्तिप्रतिबिम्बावच्छिन्नमात्मचैतन्यमेव ज्ञानम्। सांख्यानां दर्शने तु विषयावच्छिन्नस्य मनःप्रदेशस्य परिणामः। विषयावच्छिन्न एव चात्मप्रदेशे प्रतिबिम्बमिति विशेषः।

मनसोणुत्ववादिनां सांख्यैकदेशिनां मतेत्विन्द्रियद्वारा मनसो विषयप्रदेशे गमनम्। तदुत्तरं तत्र मनः परिणमते। अद्वैतवेदान्तिनां नयेपि मनसोणुत्वादिन्द्रियद्वारा मनसो विषयप्रदेशे गमनं तत्र विषयाकारेण मनसः परिणामश्च समान एव। परिणाम एव वृत्तिः। तादृशवृत्त्यवच्छिन्नं चैतन्यमेव ज्ञानमित्युच्यते। मूर्तामूर्तनिखिलजगद्व्यापकस्यात्मनो विषये हृदये मनसीव च मनोवृत्तावपि व्याप्तिरस्ति। आत्मस्वरूपमेव च चैतन्यमिति। एतन्मते च साकारमेव ज्ञानमनित्यं च। चैतन्यस्य नित्यत्वेपि वृत्त्याद्यवच्छिन्नचैतन्यस्यौपाधिकस्वरूपस्यानित्यत्वात्। परोक्ष ज्ञानकाले तु न विषयप्रदेशे मनसो गमनं भवति। विषयेन्द्रियसंबन्धाभावेन गतिसाधना भावात्। अनुमानेन शब्दादिना वा जायमानं ज्ञानं परोक्षमित्युच्यते। एवं मनसः प्रयोजनं शब्दाद्यर्थज्ञापनमिति सिद्धम्।

सप्तपदार्थः

८८. अर्थाश्च त्रैलोक्ये विद्यमाना द्रव्यगुणादयः साकल्येन वैशेषिकैः परिगणिताः। किं त्वेतेभ्योन्येप्यर्था दर्शनान्तरे संगृहीतः। एतदन्तर्गताश्च केचिद्दर्शनान्तरे न स्वीकृताः। केचिच्चान्यत्रान्तर्भावं प्रापिताः। तदिदानीं प्रदर्श्यते। वैशेषिकैः सप्त पदार्था उक्ताः। ते च द्रव्यगुणकर्मसामान्यविशेषसमवायाभावाः। पृथिव्यप्तेजोवाय्वाकाशकालदिगात्म-मनांसि नव द्रव्याणि। रूपरसगन्धस्पर्शसंख्यापरिमाणपृथक्त्वसंयोगविभागपरत्वा-परत्वगुरुत्वद्रवत्वस्नेहशब्दबुद्धिसुखदुःखेच्छाद्वेषप्रयत्नधर्माधर्मसंस्काराश्चतुर्विंशतिर्गुणाः। चलनात्मकं कर्म। परमपरं चेति द्विविधं सामान्यम्। नित्ये द्रव्ये विद्यमाना अनन्ता विशेषाः। समवायः संबन्ध एकः। प्रागभावः प्रध्वंसावोत्यन्ताभावोन्योन्याभावश्चेति चतुर्विधा अभावाः। एतेषां स्वरूपादिकं वैशेषिकदर्शने (द० १० पं० ४७) द्रष्टव्यम्।

अनुमानं तदवयवाः

८९. जगति विद्यमानानां चिदचिद्रूपाणामखिलपदार्थानां स्वरूपावगमे किं द्रव्यं कश्च तस्य गुणः को धर्मी के च तस्य धर्माः कीदृशी च कस्य जातिः केन धर्मेण केषां साधर्म्यं केन वा वैधर्म्यमित्येवं सर्वं कात्स्न्र्येन करतलामलकवदनुसंदधते प्रेक्षावन्तः। ततश्च क्वचित्कस्मिंश्चिदर्थे साधनीये तत्र साधर्म्येण वैधर्म्येण वा निदर्शनं तेनानुसंधानेन सद्यः परिस्फुरति। निदर्शनमुदाहरणं दृष्यन्त इति पर्यायाः। दृष्येन्तो निश्चयो येनेति दृष्यान्तशब्दव्युत्पत्तिः। अनुमानेन ज्ञानमानो ह्यर्थो निदर्शनेनैव निश्चितो भवति। प्रतिज्ञाहेतूदाहरणोपनयनिगमनाख्यपञ्चावयववाक्ये चोदाहरणवाक्यमेवानुमानजीवातुः। प्रतिपत्ता निपुणमतिश्चेदेकेनोदाहरणवाक्येनैव वक्तुरभिप्रायं बुद्ध्वा साध्यं साधयितुं क्षमते। इमानि च पञ्चावयववाक्यानि प्रायः सर्वेषां संमतानि। बौद्धास्तूदाहरणोपन-

याख्यमवयवद्वयं मन्यन्ते। प्रतिज्ञाहेतूदाहरणाख्यत्र्यवयववादिनो मीमांसकाः। उदाहरणान्तमुदाहरणप्रभृति वावयवत्रयमित्यद्वैतवेदान्तिनः। हेतूदाहरणोपनयाख्यमवयवत्रयमिति केचित्। रामानुजीयानां माध्वानां त्वनियमः। क्वचित्पञ्चावयवाः क्वचित्त्रयः क्वचिदुदाहरणोपनयाख्यद्वयमेव। प्रतिपत्तृभेदेन यस्य यावता कार्यनिष्पत्तिस्तावानेव तत्र वाक्यसमुदायोपेक्ष्यते। सर्वथापि तूदाहरणवाक्यं न क्वचिद्व्यभिचरतीति तदेव तेषु प्रधानम्। तच्चोदाहरणं सप्तपदार्थानां याथातथ्येनाकलने द्राग्बुद्धिमारोहति। ततस्तन्मूलकेनानुमानेन मोक्षप्राप्तयेवश्यं ज्ञातव्या अर्था ज्ञातुं शक्यन्ते। अतः सप्तपदार्थनिरूपणमुपयुक्ततरमिति युक्तमुत्पश्यन्ति वैशेषिकाः।

९०. नैयायिकैरुक्ताः प्रमाणप्रमेयादयः षोडशपदार्था उक्तेषु सप्तस्वेवान्तर्भवन्ति। संमतश्चायं सप्तस्वन्तर्भावो नैयायिकानाम्। तथापि मोक्षसाधनीभूततत्त्वज्ञानाय तैर्विशिष्य निर्दिष्यः (पृ० २४३ पं० २५ दृश्यम्)। ते च वादे वादे जायते तत्त्वबोध इत्युक्तरीत्या तत्त्वज्ञानं वादैकसाध्यमित्यालोचयन्तः प्रायो वादोपयोगिनः षोडशपदार्थान्निरदिक्षन्।

चार्वाकादिनास्तिकानां तत्त्वानि

९१. चार्वाकाः प्रत्यक्षैकप्रमाणवादिनः पृथिव्यप्तेजोवायुरूपेण भिन्नाश्चतुर्विधाः परमाणवस्तत्त्वानीति मन्यन्ते। बौद्धेषु माध्यमिकानां मते शून्यमेव तत्त्वम्। योगाचाराणां मते विज्ञानैकस्कन्धः। सौत्रान्तिकानां वैभाषिकाणां च नये रूपविज्ञानवेदनासंज्ञा-संस्कारसंज्ञका आन्तराः पञ्च स्कन्धा बाह्याश्च चतुर्विधाः परमाणवस्तत्त्वानि। तथान्यत्तत्त्वचतुष्टयं समुदायसत्यं निरोधसत्यं दुःखसत्यं मार्गसत्यं चेति। सर्वमुत्पत्तिमदस्तीति यन्निर्णयज्ञानं तत्तसमुदायसत्यम्। सर्वं क्षणिकमिति निरोधसत्यम्। सर्वं शून्यमिति दुःखसत्यम्। सर्वं निरात्मकमिति मार्गसत्यम्। एतच्चतुष्टयमार्यसत्यमित्युच्यते। जैनमते जीवाजीवाख्यं संक्षेपतस्तत्त्वद्वयम्। तयोरेव प्रपञ्चः पञ्च तत्त्वानि जीवाकाश-धर्माधर्मपुद्गलाख्यानि। तथैव जीवाजीवास्रवसंवरनिर्जरबन्धमोक्षाख्यानि सप्त तत्त्वान्यपि तैरुक्तानि।

रामानुजमते तत्त्वानि

९२. रामानुजीयानां नये सर्वं पदार्थजातं प्रमाणप्रमेयभेदेन द्विप्रकारम्। प्रमाण त्रिविधम्। प्रत्यक्षानुमानशब्दभेदात्। प्रमेयमपि त्रिविधम्। द्रव्यं गुणः सामान्यमिति। द्रव्याणि षट्—ईश्वरो जीवो नित्यविभूतिर्ज्ञानं प्रकृतिः कालश्चेति। प्रकृतिस्त्रिगुणं प्रधानम्। गुणा दश सत्त्वरजस्तमःशब्दस्पर्शरूपरसगन्धसंयोगशक्तिभेदात्। द्रव्यगुणोभयरूपं सामान्यम्। ईश्वरः पञ्चविधः परव्यूहविभवान्तर्याम्यर्चावतारभेदात्। परो वैकुण्ठवासी

मुक्तप्राप्यो नारायणः। व्यूहश्चतुर्विधः। वासुदेवसंकर्षणप्रद्युम्नानिरुद्धभेदात्। एकस्यैवै-तच्चतुर्विधत्वं जगदुत्पत्त्याद्यर्थमुपासनार्थं च। तत्र षड्गुणपूर्णः श्रीवासुदेवः। ज्ञानबलैश्वर्य वीर्यशक्तितेजांसि षड्गुणाः। संकर्षणे तु ज्ञानबलेत्येतद्गुणद्वयं प्रधानम्। प्रद्युम्न ऐश्वर्यवीर्येति गुणद्वयं प्रधानम्। अनिरुद्धे तु शक्तितेजोरूपं गुणद्वयं प्रधानम्। मत्स्यकूर्मादिरवतारो विभवः। अन्तर्यामी तु जीवानां हृदयप्रदेशे स्थितं योगिभिर्द्रष्टव्यं रूपम्। अयमेव जीवानां नियन्ता जीवान्प्रेरयति। अर्चावतारस्तु देवालये स्थापितासु प्रतिमास्वधिष्ठितः। जीव ईश्वरपरतन्त्रः प्रतिशरीरं भिन्नो नित्यश्च। स त्रिविधः। बद्धमुक्तनित्यभेदात्। बद्धाः संसारिणः। श्रीमन्नारायणोपासनया वैकुण्ठलोकं गतामुक्ताः। कदाप्यस्पृष्टसंसारा अनन्तगरुडादयो नित्याः। नित्यविभूतिर्वैकुण्ठलोकः। ज्ञानं स्वप्रकाशं चेतनं बुद्धिरित्युच्यते। प्रकृतिस्तु सत्त्वरजस्तमोरूपगुणत्रयवती नित्य चतुर्विंशति-तत्त्वात्मिका। प्रकृतिमहदहंकारमनांसि पञ्च ज्ञानेन्द्रियाणि पञ्च कर्मेन्द्रियाणि पञ्च तन्मात्राः पञ्च भूतानि चेति चतुर्विंशतिः। कालो जडो विभुः। द्रव्याश्रिताः सत्त्वादयो दश गुणाः। सत्त्वं द्विविधम्–शुद्धं मिश्रं च । शुद्धं नित्यविभूतौ। मिश्रं प्रकृतौ। रजस्तमोभ्यां सहितं मिश्रम्। रागलोभादिकारणीभूतो गुणो रजः। मोहप्रमादादिकारणीभूतो गुणस्तमः। एतद्गुणद्वयं प्रकृतौ। शब्दः पञ्चभूतवर्ती। स्पर्शरूपरसगन्धाः प्रसिद्धाः। संयोगः षड्द्रव्यवृत्तिः सामान्यगुणः। अव्याप्यवृत्तिरनित्यश्च। सर्वकारणानां कारणत्वनिर्वाहिका शक्तिः। अयमपि षड्द्रव्यवृत्तिः सामान्यगुणः। धर्मभूतज्ञानं प्रभा शुद्धसत्त्वं चेति त्रयं द्रव्यं गुणश्च भवति। संकोचविकासावस्थत्वाद्द्रव्यत्वमाश्रितस्वभावत्वाद्गुणतत्वं चेति।

मध्वमते तत्त्वानि

९३. माध्वानां मत इत्थं पदार्थाः संकलिताः पदार्थसंग्रहे। द्रव्यगुणकर्मसामान्य-विशेषविशिष्टांशिशक्तिसादृश्याभावा दश पदार्थाः। तत्र द्रव्याणि परमात्म[१]लक्ष्मी[२]-जीवा[३]व्याकृता[४]काशप्रकृति[५]गुण[६]त्रयमहत्[७]तत्त्वाहंकार[८]तत्त्वबुद्धि[९]मन[१०]इन्द्रिय[११]मात्रा[१२]भूत[१३]ब्रह्माण्डा[१४]-वि[१५]द्या[१६]वर्णा[१७]न्धकार[१८]वासना[१९]काल[२०]प्रतिबिम्बभेदाद्विंशतिरेव। रूपरसगन्धस्पर्शसंख्यापरिमाण-संयोगविभागपरत्वापरत्वद्रवत्वगुरुत्वलघुत्वमृदुत्वकाठिन्यस्नेहशब्दबुद्धिसुखदुःखेच्छा द्वेषप्रयत्नधर्माधर्मसंस्कारालोकशमदमकृपातितिक्षाबलभयलज्जागम्भीर्य सौन्दर्यधैर्य-स्थैर्यशौर्यौसौभाग्यप्रभृतयोऽनेके गुणाः। विहितनिषिद्धोदासीनभेदेन त्रिविधं कर्म। नित्यमनित्यं चेति द्विविधं सामान्यम्। भेदाभावेपि भेदव्यवहारनिर्वाहका अनन्ता एव विशेषाः। समवायस्तु नास्ति। विशेषणसंबन्धेन विशेष्यस्य य आकारस्तद्विशिष्टम्। अंशी तु हस्तवितस्त्यादिपरिमितः पटादिर्गगनादिश्चानुभवसिद्धः। अचिन्त्यशक्तिराधेय-शक्तिः सहजशक्तिः पदशक्तिश्चेति चतुर्विधा शक्तिः। सादृश्यं प्रसिद्धमेकनिरूपितम-

परवृत्ति। न तु द्विष्ठम्। अभावश्चतुर्विध: प्रागभाव: प्रध्वंसाभावोन्योन्याभावोत्यन्ताभावश्चेति। दिगेवाव्याकृताकाशम्। सृष्टिप्रलययोरपि निर्विकारं भूताकाशाद्भिन्नम्। विश्वस्योपादानं प्रकृति:। सत्त्वरजस्तमोनामकानां गुणानां समुदायो गुणत्रयम्। साक्षाद्गुणत्रयोपादानकं महत्तत्त्वम्। तस्मादहंकारतत्त्वम्। बुद्धिर्द्विविधा तत्त्वरूपा ज्ञानरूपा च। तत्र तत्त्वरूपा द्रव्यम्। मनो द्विविधम्। तत्त्वरूपमन्यच्च। वैकारिकाहंकाराज्जायमानं मनस्तत्त्वम्। अन्यत्त्विन्द्रियम्। मनो बुद्धिरहंकारश्चित्तं चेतनेति पञ्चविधं मनस्तत्त्वम्। इन्द्रियं प्रसिद्धम्। मात्रा विषया: शब्दस्पर्शरूपरसगन्धा:। तेभ्य: क्रमेणोत्पन्नानि पञ्च भूतानि। भौतिकं ब्रह्माण्डम्। अविद्या तु मोहो महामोहस्तामिस्रमन्धतामिस्रं तमश्चेति पञ्चपर्वात्मिका। पुनश्चतुर्विधा जीवाच्छादिका परमाच्छादिका शैवला माया चेति। सर्वाप्यविद्या जीवाश्रिता। वर्णा अकारादय एकपञ्चाशत्। अन्धकार: प्रसिद्ध:। न तु तेजोऽभावरूप:। स्वाप्नपदार्थोपादानभूता वासना:। आयुर्व्यवस्थापक: काल:। प्रतिबिम्बस्तु बिम्बाविनाभूतस्तत्सदृश:। दोषभिन्ना गुणा:। रूपादीनां स्वरूपमवान्तरभेदाश्च प्रायो वैशेषिकवदेव। परिमाणं त्रिविधम्। अणु महन्मध्यमं चेति। उभयो: संयोगो नैक:। किं तु भिन्न:। घटनिरूपित: पटे पटनिरूपितश्च घट इति तत्र संयोगद्वयम्। संयोगजसंयोगो नास्ति। वेगहेतुर्गुणो लघुत्वम्। मृदुत्वं मार्दवम्। काठिन्यं गुणान्तरं न तु निबिडावयवसंयोग: । संबन्धिद्वयप्रतीतिं विनापीदं कठिनमिति प्रतीते:। पृथक्त्वमन्योन्याभाव एव। शब्दो ध्वनि: पञ्चभूतगुण:। बुद्धिर्ज्ञानम्। अनुभवस्त्रिविध: प्रत्यक्षानुमितिशाब्दभेदात्। बुद्ध्यादय: प्रयत्नान्ता मनोधर्मा एवानित्याश्च। संस्कारश्चतुर्विधो वेगो भावना योग्यता स्थितिस्थापकश्चेति। आलोक: प्रकाश:। बुद्धेर्भगवन्निष्ठता शम:। इन्द्रियनिग्रहो दम:। कृपा दया। सुखदु:खादिद्वंद्वसहिष्णुता तितिक्षा। परापेक्षां विना कार्यानुकूलगुणो बलम्। भयादय: प्रसिद्धा:। प्रभृतिशब्देन सत्यशौचादय:। उदासीनं कर्म चलनात्मकमुत्क्षेपणादिकम्। सामान्यं च ब्राह्मणत्वमनुष्यत्वादिकं प्रतिव्यक्ति भिन्नमनित्यं च। व्यक्त्या सहोत्पद्यते विनश्यति च। किं च व्यक्तौ विद्यमानायामपि सुरापानादिना ब्राह्मणत्वस्य नाशो विश्वामित्रे तपसा ब्राह्मणत्वस्योत्पत्तिश्च दृश्यते। जीवत्वादिकं सामान्यं तु जीवस्य नित्यत्वान्नित्यम्। पुनरपि सामान्यं द्विविधं जातिरुपाधिश्च। सर्वज्ञत्वप्रमेयत्वादिकमुपाधिरूपं सामान्यम्। ईश्वरस्य नित्यत्वात्तद्गतं सर्वज्ञत्वं नित्यम्। घटपटादिगतं प्रमेयत्वमनित्यम्। विशेषा: सर्वपदार्थनिष्ठा:। ईश्वरादिगता नित्या:। घटादिगता अनित्या:। विशिष्टमपि नित्यमनित्यं च। सर्वज्ञत्वादिविशेषणविशिष्टं परब्रह्मादिरूपं नित्यम्। दण्डादिविशेषणसंबन्धेन परिणतं दण्ड्यादि विशिष्टं रूपमनित्यम्। अंशा अवयवा:। तद्युक्तोंशी पटादिर्गगनादिश्च। ते चावयवास्तन्तुव्यतिरिक्ता हस्तवितस्त्यादिपरिमाणविशेषपरिमिता:। तादृशावयवविशिष्ट

एवावयवी तन्तुभिर्जन्यते। गगनादौ त्वनारम्भका अवयवा: सन्ति। अत एवात्र गगनभागे पक्षी संचरत्यन्यत्र तद्भाव इति व्यवस्थोपपद्यते। अचिन्त्यशक्ति: परमेश्वरे संपूर्णा। अन्यत्र यथाश्रयमवस्थिता। प्रतिष्ठादिना प्रतिमादावाधेय शक्ति:। स्वभाव: सहजशक्ति:। वाच्यवाचकभावसंबन्ध: पदशक्ति:। सादृश्यं च जीवानां नित्यम्। घटादीनामनित्यम्। प्रागभाव: प्रध्वंसाभावोत्यन्ताभावश्चेति त्रयोऽभावा धर्म्यतिरिक्ता:। अन्योन्याभावस्तु धर्मिस्वरूप एव। नित्यात्मको नित्य:। अनित्या त्मकोऽनित्य:। शशशृङ्गाद्य-भावोत्यन्ताभाव:। स च नित्य:। घटाद्यभावस्तु यथायथं प्रागभावादिरूप एव नातिरिक्त:। इत्थं प्रतीयमाना: पदार्था निरूपिता:।

माहेश्वरादिमते तत्त्वानि

९४. नकुलीशपाशुपतानां मते कार्यकारणयोगविधिदु:खान्ता पञ्च पदार्था: । कार्यमस्वतन्त्रम्। तत्त्रिविधं विद्या कला पशुश्चेति। जीवगुणो विद्या। कलाशब्देनाचेतनं वस्तूच्यते। तद्द्विविधं कार्यकारणभेदात्। भूतपञ्चकं तद्गुणपञ्चकं चेति दशविधं कार्यम्। पञ्च ज्ञानेन्द्रियाणि पञ्च कर्मेन्द्रियाणि त्रीण्यन्त:करणानि चेति त्रयोदशविधं कारणम्। स्वतन्त्रं कारणं परमेश्वर:। योग आत्मेश्वरसंबन्ध:। धर्मार्थसाधको विधि:। दु:खान्तो मोक्ष:। शैवानां नये पति: पशु: पाशश्चेति पदार्थत्रयमुक्तम्। पति: शिव:। पशुर्जीव:। पाशश्चतुर्विध:–मल: कर्म माया रोधशक्तिश्चेति। प्रत्यभिज्ञादर्शने जीवात्मपरमात्मनो-रैक्यम्। जडं पूर्ववत्। किं त्वात्मन: सकाशाज्जडं भिन्नमभिन्नं चेति। अवशिष्टं नकुलीशपाशुपतदर्शनवत्। रसेश्वरदर्शनेपि कार्यकारणादय: पञ्च पदार्था नकुलीश-पाशुपतदर्शनवदेव बोध्या: । मीमांसकानां नये नायं तत्त्वविचार: प्रामुख्येन कृत:। यतो मीमांसाशास्त्रं वाक्यार्थविचारप्रधानम्। तथाप्येते समवायादिकान्कांश्चित्-पदार्थान्खण्डयन्ति। ततश्चाप्रतिषिद्धमनुमतं भवतीति न्यायेन प्राय: सर्वेर्था एतेषां मते वैशेषिकवद्बोध्या:। पाणिनीयानां नयेप्येवम्। व्याकरणशास्त्रं हि शब्दार्थविचारप्रधानम्। तत्रापि पाणिनीया अद्वैतवेदान्तिमतानुसारिण: प्रतीयन्ते। सांख्यानां नये चतुर्विधं तत्त्वम्–प्रकृतिमात्ररूपं प्रकृतिविकृत्युभयरूपं विकृतिमात्ररूपमनुभयरूपं चेति। त्रिगुणात्मकं प्रधानं प्रकृतिमात्ररूपम्। महत्तत्त्वमहंकार: पञ्च तन्मात्राश्चेति सप्त प्रकृतिविकृत्युभय रूपा:। इन्द्रियदशकं भूतपञ्चकं मनश्चेति षोडश विकृतिमात्ररूपा:। अनुभयरूपस्त्वात्मा। पातञ्जलानां नयेप्येवम्।

अद्वैतमते तत्त्वानि

९५. अद्वैतवेदान्तिनां नये परमार्थत एक एव दृग्रूप: पदार्थ आत्मा। द्वैतं

त्वनाद्यविद्यया कल्पितम्। तदनुसारेण दृग्दृश्यं चेति पदार्थद्वयम्। तत्राद्यो दृग्रूपस्त्रिविधः। ईश्वरो जीवः साक्षी चेति भेदात्। कारणीभूताज्ञानोपाधिरीश्वरः। स च ब्रह्मविष्णुमहेश्वरभेदेन त्रिविधः। अन्तःकरणतत्संस्कारावच्छिन्नाज्ञानोपाधिविशिष्टो जीवः। ईश्वरो जीवश्च तत्तदुपाधिसंयुक्तः केवलः साक्षीत्युच्यते। दृश्यपदार्थश्च प्रपञ्चः। स त्रिविधः। अव्याकृतमूर्तामूर्तभेदात्। अविद्या, तया सह चितः संबन्धः, तस्यां चिदाभासः, जीवेश्वरविभागश्चेति चतुष्टयमनादित्वादव्याकृतपदेनोच्यते। अविद्यायाः सकाशाज्जातानि शब्दस्पर्शरूपरसगन्धात्मकानि सूक्ष्माणि पञ्च भूतान्यविद्यात एवोत्पन्नोन्धकारश्चामूर्त-शब्देनोच्यते। पञ्चीकरणात्पूर्वं तेषां सूक्ष्मभूतानां मूर्तावस्थाया अभावात्। अन्धकारोप्यमूर्त एव। अमूर्तावस्थानामेव च भूतानां प्रत्येकं सात्त्विकांशादेकैकस्य ज्ञानेन्द्रियस्योत्पत्तिः। सर्वेषां सात्त्विकांशेभ्यो मिलितेभ्यो मनस उत्पत्तिः। तथा तस्यामेवावस्थायां प्रत्येकं राजसांशादेकैकस्य कर्मेन्द्रियस्योत्पत्तिः। मिलितेभ्यश्च राजसांशेभ्यः प्राणस्योत्पत्तिः। ततस्तेषां भूतानां पञ्चीकरणम्। पञ्चीकरणं नाम परस्परं मिश्रणम्। तेन च मूर्तावस्था संपद्यते। ततो भौतिकं सर्वमेतद्भूमण्डलमुत्पद्यते। एवं दर्शनभेदेन भावरूपा अभावरूपाश्च पदार्था निरूपिताः।

अन्धकारादिषु मतभेदाः

९६. अन्धकारस्त्वभावरूप एव न तु भावरूप इति वैशेषिका नैयायिकाश्च मन्यन्ते। प्रौढप्रकाशकतेजःसामान्याभावस्तम इति दीपिकायामुक्तम्। मीमांसकैकदेशिनस्तु नान्धकार उक्ताभावरूपः। किं तु तादृशालोकज्ञानाभावरूप इति वदन्ति। द्रव्यं तमः। तत्र नीलरूपं त्वारोपितमिति श्रीधराचार्याः। मीमांसकैकदेशिनां भाट्टानां मते तु नीलरूपाश्रयं द्रव्यं तमः। तदुक्तम्–

छायायास्तमसश्चापि संबन्धाद्गुणकर्मणोः।
द्रव्यत्वं केचिदिच्छन्ति मीमांसकमताश्रयाः॥ इति।

वेदान्तिनोपि तमसो द्रव्यत्वमिच्छन्ति। तमसः पृथिव्यामन्तर्भाव इति रामानुजीयाः। तमः स्वतन्त्रं द्रव्यमिति माध्वा अद्वैतवेदान्तिनश्च। दिक् स्वतन्त्रं द्रव्यमिति नैयायिका वैशेषिकाश्च। दिश आकाशेन्तर्भाव इति रामानुजीयाः पाणिनीया अद्वैतवेदान्तिनश्च वदन्ति। अव्याकृताकाशस्वरूपा दिगिति माध्वाः। कालः स्वतन्त्रं द्रव्यमिति रामानुजीया माध्वा माहेश्वरा नैयायिका वैशेषिकाश्चाहुः। चार्वाका बौद्धाः सांख्याः पातञ्जलाश्च कालं न मन्यन्ते। अविद्यायामन्तर्भाव इत्यद्वैतवेदान्तिनः। समवायो नैयायिकैर्वैशेषिकैश्च स्वीकृतः। रामानुजीयैर्माध्वैर्जैनैर्भाट्टैः सांख्यैः पातञ्जलैरद्वैतवेदान्तिभिश्च न स्वीक्रियते। वैशेषिकै-रुक्तानां गुणानां मध्ये केषांचिदितरत्रान्तर्भावो रामानुजीयैरित्थमुक्तः–संख्या संख्येयद्रव्य-

रूपा। पृथक्त्वं संयोगाभावः। विभागः संयोगनाशः। परत्वं देशकालसंयोगविशेषः। एवमपरत्वमपि। गुरुत्वं शक्तिविशेषः। द्रवत्वं द्रवद्द्रव्यस्वरूपम्। स्नेह आश्रयस्वरूप-विशेषः। सुखं दुःखमिच्छा द्वेषः प्रयत्नश्चोपाधिविशेषयुक्ता बुद्धिरेव। धर्म ईश्वरनिष्ठो ज्ञानविशेषः। एवमधर्मः। तथा चलनात्मकं कर्म संयोगविशेष एव। सामान्यमवयव-संस्थानविशेष एवेति। अभावश्च भावव्यतिरिक्तः स्वतन्त्रः पदार्थ इति वैशेषिका नैयायिका माध्वाश्च प्रतिपद्यन्ते। अधिकरणस्वरूप एवाभावो नातिरिक्त इति मीमांसका रामानुजीया अद्वैतवेदान्तिनश्च मन्यन्ते।

बन्धः

९७. एवं मूलतत्त्वानि तद्विकारभूताः पदार्थाश्चोक्ताः। तत्र तत्त्वज्ञानान्मोक्षाः। विकारज्ञानाद्बन्धः। बन्धश्च संसारबन्धः। संसारे च सुखदुःखमोहानुभव आबालवृद्धं प्राणिनां निरूढः। तत्र पदार्था एव प्रत्येकं सुखदुःखमोहस्वरूपा इति सांख्याः पातञ्जलाश्चाहुः। भोक्तुः शुभकर्मोदये पूर्वसंस्कारवशात्पदार्थगतः सुखरूपो गुणो दुःखमोहावभिभूय प्रादुर्भवति। अशुभकर्मोदये च दुःखरूपो गुण इतरावभिभूय प्रादुर्भवति। द्वयोरपि कर्मणोरनुदये मोहः प्रादुर्भवति। वेदान्तिनां नये तु नैते पदार्थाः सुखदुःखमोहस्वरूपाः। किं तु सुखादिप्रयोजकाः। सुखादयस्तु मनसो वृत्तिविशेषाः। ते च वृत्तिविशेषाः पूर्वसंस्कारवशात्तत्तत्पदार्थज्ञानात्तथातथाविर्भवन्ति तिरोभवन्ति च।

प्रामाण्यवादः

९८. सुखादिसाधनीभूतं पदार्थज्ञानं च प्रमाणमप्रमाणं चेति द्विविधम्। तत्र प्रामाण्याप्रामाण्यविषये मिथो विवदन्ते दर्शनकाराः। प्रामाण्यस्याप्रामाण्यस्य चोत्पत्तिः किं स्वतः परतो वा। तथा तयोर्ज्ञप्तिरपि किं स्वतः परतो वेति। ज्ञप्तिर्ज्ञानम्। तत्र वैशेषिका नैयायिका बौद्धाश्च प्रामाण्यस्योत्पत्तिं ज्ञप्तिं च परत इच्छन्ति। मीमांसका वेदान्तिनश्च स्वत इति संगिरन्ते। अप्रामाण्यस्य तूत्पत्तिर्ज्ञप्तिश्च परत एवेति प्रायः सर्वेषां संमतम्। बौद्धास्त्वप्रामाण्यस्योत्पत्तिः स्वत इति वदन्ति। तथा सांख्या अप्रामाण्यस्य ज्ञप्तिः स्वत इति वदन्ति। जैनास्तु प्रामाण्यस्याप्रामाण्यस्य चोत्पत्तौ परतस्त्वमेव। ज्ञप्तौ त्वभ्यस्तस्थले स्वतस्त्वमनभ्यस्तस्थले परतस्त्वमिति मन्यन्ते। तत्र बन्धसाधनीभूतं पदार्थज्ञानं प्रमाणं वास्त्वप्रमाणं वास्तु न तत्र कश्चन निर्बन्धः। द्विविधमपि बन्धायोपयुज्यते। मोक्षसाधनीभूतं तत्त्वज्ञानं तु प्रमाणं सदेवोपयुक्तं भवति नेतरथा।

मोक्षः

९९. अथ कीदृशं मोक्षस्वरूपं तन्मतभेदेन प्रदर्श्यते–स्वातन्त्र्यं मृत्युर्वा मोक्ष इति

चार्वाकाः। आत्मोच्छेदो मोक्ष इति शून्यवादिनो माध्यामिकाः। निर्मलज्ञानोदयो मोक्ष इतीतरे बौद्धाः। कर्मकृतस्य देहस्वरूपस्यावरणस्याभावे जीवस्य सततोर्ध्वगमनं मोक्ष इति जैनाः। सर्वकर्तृत्वव्यतिरिक्तानां सर्वज्ञत्वादीनां परमात्मगुणानां प्राप्तिर्याथात्म्येन भगवत्स्वरूपानुभवश्च मोक्ष इति रामानुजीयाः। जगत्कर्तृत्वलक्ष्मीपतित्वश्रीवत्सप्राप्ति-रहितं दुःखामिश्रितं पूर्णं सुखं मोक्ष इति माध्वाः। परमैश्वर्यप्राप्तिर्मोक्ष इति नकुलीशपाशुपताः। शिवत्वप्राप्तिरिति शैवाः। पूर्णात्मतालाभ इति प्रत्यभिज्ञावादिनः। पारदरसेन देहस्थैर्ये जीवन्मुक्तिरेव मोक्ष इति रसेश्वरवादिनः। अशेषविशेषगुणोच्छेदो मोक्ष इति वैशेषिकाः। आत्यन्तिकी दुःखनिवृत्तिरिति नैयायिकाः। नैयायिकैकदेशिनस्तु न तत्र केवला दुःखनिवृत्तिः किं तु सुखमप्यस्तीत्याहुः। स्वर्गादिप्राप्तिर्मोक्ष इति मीमांसकाः। मूलचक्रस्थायाः परानामिकाया ब्रह्मरूपाया वाचो दर्शनं मोक्ष इति पाणिनीयाः। प्रकृत्युपरमे पुरुषस्य स्वरूपेणावस्थानं मोक्ष इति सांख्याः। कृतकर्तव्यतया पुरुषार्थशून्यानां सत्त्वरजस्तमसां मूलप्रकृतावत्यन्तलयः प्रकृतेर्मोक्षः। चितिशक्तेस्तु निरुपाधिकस्वरूपेणावस्थानं मोक्ष इति पातञ्जलाः। मूलाज्ञाननिवृत्तौ स्वस्वरूपाधिगमो मोक्ष इत्यद्वैतवेदान्तिनः। इत्थं प्रमाणप्रभृतिमोक्षपर्यन्तानां पदार्थानां स्वरूपं तत्तद्दर्शनभेदेन प्रतिपादितम्।।

दर्शनभेदबीजम्

१००. अथ दर्शनभेदे किं बीजमिति चेत्–उच्यते। दर्शनमित्यत्रदृशधातुर्ज्ञान-सामान्यार्थकः। तत्र ज्ञानं संप्रत्युपलभ्यमानानां चेतनाचेतनभेदेन द्विविधानां पदार्थानां मूलतत्त्वानुसंधानम्। तदेव मोक्षसाधनतया सर्वेषामिष्टतमम्। तत्त्वानुसंधानं च प्रमाणैकसाध्यम्। प्रपाणं च नैकमेव किं त्वनेकानि प्रत्यक्षानुमानशब्दादीनि। तथा च कारणभेदात्कार्यभेद इति नान्येन प्रमाणभेदे नान्तरीयक एव दर्शनभेदसंभवः। अथ प्रमाणानामनेकत्वेपि दर्शनकाराणां महात्मनां मध्ये कस्यचित्क्वचित्प्रमाणे कुतो वा पक्षपात इदमेव प्रमाणं तत्त्वान्वेषणसमर्थं नान्यदिति। अल्पदृशामस्मादृशानां मतिषु पक्षपातोवतरतु नाम न तु महात्मनाम्। किं च श्रुतिरेव तत्त्वान्वेषणसमर्था नान्यत्किंचिदित्यविशेषण सर्वेषामेवास्तिकानां दर्शनकाराणां मतिर्भाव्या। तथा च दर्शनभेदो निर्मूल इति चेत्–प्रमाणविचारप्रसङ्गेन पूर्वं (पृ० ७९) दत्तोत्तरमेतत्। केषांचिच्छ्रुतावविश्वासात्केषांचिद्विश्वासमान्द्यात्केषांचिदमन्दविश्वासात्केषांचिद्दृढ-तरविश्वासात्प्रमाणविशेषे पक्षपातो दर्शनकारेष्वप्यवकाशं लभते। तथा च मूलतत्त्वानुसंधाने समर्थं प्रमाणं केचिदध्यक्षं वदन्ति। अन्येनुमानं मन्यन्ते। अपरे शब्दं संगिरन्ते। अध्यक्षं प्रत्यक्षम्। अनुमानं तर्कः। शब्दः श्रुतिः। तथा च तत्त्वानुसंधानसाधनीभूतप्रमाणत्रैविध्यादाध्यक्षिकं तार्किकं श्रौतं चेति दर्शनस्यापि त्रैविध्यं

समजायत। किं च यथा चक्षुष्मतामपि मध्येकश्चिद्दूरस्थितमर्थमालोचयितुं प्रभवति कश्चिदासन्नमेव कश्चित्त्वासन्नतरमेव। तर्केणापि कश्चित्सूक्ष्ममर्थं संभावयति कश्चित्सूक्ष्मतरं कश्चित्सूक्ष्मतममपि। श्रुतावपि कस्यचिन्मतिर्वाच्यार्थमालोच्य तत्रैव पर्यवतिष्ठते कस्यचिद्व्यङ्ग्येर्थे कस्यचित्तु निगूढव्यङ्ग्येपि। तथा च तत्त्वानुसंधान-साधनीभूतं प्रमाणमेकमेवाङ्गीकुर्वतामपि मध्ये प्रतिपत्तिवैचित्र्यात्तादृशप्रमाणसाध्ये तत्त्वान्वेषणे वैषम्यमशक्यनिवारणम्। अतश्च प्रमाणभेदेन भिन्नानामपि दर्शनानां मध्ये प्रत्येकं पुनरन्विष्यमाणतत्त्वभेदेन भेदो दुर्निवारः। तथा च श्रौतेषु तार्किकेषु च दर्शनकारेषु तत्तद्द्रष्टृप्रतिपत्तिभेदेन पुनः प्रत्येकमनेकविधत्वाद्दर्शनान्यपि नानाविधानि समभूवन्।

प्रवाहरूपेण जगन्नित्यता

१०१. अत्र च जगदुत्पादकस्येच्छैव नियामिका। जगति सर्वेषां जन्तूनामेकविधैव प्रवृत्तिश्चेद्येन मार्गेण जन्तूनां प्रवृत्तिस्तस्य मार्गस्योत्कृष्टां निकृष्टां वा परां काष्ठां गच्छेयुः कियतापि कालेन सर्व एव प्राणिनः। एवं जगति व्यवहारलोपे सर्वं शून्यमिव स्यादिति जगतो जगत्त्वमेव न स्यात्। मार्गभेदो हि जगत्स्वरूपस्य स्थिरतां संपादयति। स च जन्तूनामनेकविधत्वात्तेषु चैकविधानामप्यनेकेषां भिन्नरुचिर्हि लोक इति न्यायेन प्रवृत्तिवैचित्र्याच्च संजायते। परमात्मना च स्वशक्त्या त्रिगुणात्मिकां प्रकृतिं प्रकाश्य गुणानां च सत्त्वरजस्तमसां प्रत्येकमनन्तानां मध्ये कस्यचित्सत्त्वविशेषस्य केनचिद्रजो-विशेषेण केनचित्तमोविशेषेण च सह संयोग इत्येवं दिक्कालान्पञ्च भूतानि च सृष्ट्वा तथा चेतना अचेतनाश्चार्थाः प्रकाशिता यथैकजातीयासु कोट्यधिकास्वपि व्यक्तिषु द्वयोरपि न सर्वांशेन साम्यं भवति। प्रवाहरूपेण सततं विद्यमानाया जगदवस्थितेः साधनीभूते मार्गभेदे च न केवलं जन्तूनां नानाविधत्वमेकमेव प्रयोजकम्। किं त्वेकजातीयानामेव सतां जायमानः प्रवृत्तिभेदोपि प्रयोजकम् इत्युक्तमेव। प्रवृत्तयश्च यथा वर्णभेदादाश्रमभेदाच्चानेकविधास्तथा प्रतिपत्तिभेदादप्यनेकविधा भवन्ति। यद्यपि प्रतिपत्तिभेदाभावेपि व्यवहारलोपप्रसङ्गो नापादयितुं शक्यते जातिभेदवर्णभेदाश्रमभेदादी-नामनेकेषां प्रवृत्तिवैचित्र्यकारणानां सद्भावात् तथापि जगद्व्यवहारस्यानेकविधत्वाद-नियतत्वाच्च तत्र भूयांसि विविधानि च कारणान्यपेक्ष्यन्त इति प्रतिपत्तिभेदोपि तत्रैकः कारणतया परमात्मनोभिमत इति गम्यते। प्रतिपत्तुश्च यथा तत्त्वप्रतिपत्तिस्तथा तदीयं दर्शनमभूत्। प्रतिपत्त्रा च कुशाग्रधिषणाजुषा तत्त्वान्वेषिणा जगद्वैचित्रीमूलमनुसंदधानेन स्वदृष्ट्यनुसारेण तत्त्वानि स्वीये दर्शनेभिहितानि । तथा च तत्त्वभेदो दर्शनभेदस्यानुमापको भवति। तदुक्तं तत्त्वभेदाद्दर्शनभेद इति। तत्त्वभेदादिति हेत्वर्थे पञ्चमी। हेतुश्च कारको ज्ञापको वा बोध्यः।

तत्त्वान्वेषणोपयोगः

१०२. ननु सर्वमिदमास्तां दूरे। तत्त्वान्वेषणसमर्थानामपि तीर्थकराणां किमर्थमयं तत्त्वान्वेषणप्रयास इति चेत्–उच्यते। सर्वो हि जन्तुः स्वस्य सद्गतिप्राप्तये यथाशक्ति कायेन वाचा मनसा च प्रयतत इति स्वभावसिद्धं प्रसिद्धं च। सद्गतिश्च न्यूनाधिक-तरतमभावेनानेकविधा। तस्याश्च या काचित्परा काष्ठा सैव सर्वैर्दर्शनकारैर्मोक्षशब्देना-भिधीयते। तत्त्वज्ञानान्मोक्ष इति च सर्वेषां मोक्षवादिनामभ्युपगमः। अतस्तत्त्वान्वेषण-प्रयासो न व्यर्थः।

तत्त्वज्ञानान्मोक्षसाधनप्रकारः

१०३. अथ तत्त्वज्ञानं कया विधया मोक्षसाधनं भवतीति चेत्–उच्यते। मोक्षो हि बन्धस्य प्रतिद्वन्द्विभूतः। बन्धश्च चेतनस्याचेतनेन सह संबन्धः। अचेतनं च वस्तु यद्यपि भूतभौतिकमपरिमितं तथापि तत्र शरीरकस्य कृत एव तदितरेण सह शरीरद्वारा चेतनस्य संबन्धो भवति। तथा च यथा करिणि परित्यक्ते नाङ्कुशाभिलाषस्तथा शरीरेण चेतनस्य यः संबन्धस्तस्मिन्नेव नष्टे नष्टप्राये वा शरीरद्वारा भवन्नितरेण संबन्धोपि तथाविध एव संजायते। एवं च चेतनस्य जीवस्याचेतनेन शरीरेण सह संबन्धो बन्ध इति फलितं भवतीति मोक्षेच्छुना तस्य संबन्धस्य विनाशार्थं प्रयतितव्यम्। संबन्धविनाशश्च तदानीमेव सुकरो भवेद्यदायं संबन्धः कदाभूत्केन वा संपादित कीदृशश्चासाविति सर्वं विज्ञातं भवेत्। तत्र कदायं संबन्धोभूदिति न विचारार्हम्। गत्यन्तराभावेनास्य संबन्धस्यानादितायाः सर्वैरेवाभ्युपेतव्यत्वात्। एतेनैव च केन वायं संपादित इति प्रश्नोपि गतार्थ एव भवति। यतोऽनादित्वादेवास्य न कोपि संपादयिता कल्पयितुं शक्यते। केवलं प्रवाहरूपेण विद्यमानस्यास्य संबन्धस्य कः परिरक्षितेति विचारणीयं भवति। तत्रामुक एव परिरक्षितेति विशेषतस्तत्स्वरूपाज्ञानेपि कश्चित्परिरक्षितास्त्येवेति निर्विवादम्। स एव चेश्वरेशान-नारायणादिशब्दैर्व्यपदिश्यते तेषु तेषु तन्त्रेषु। कीदृशश्चायं संबन्ध इति तु विचारे क्रियमाणे चेतनाचेतनयोर्द्वयोर्मूलतत्त्वस्वरूपावधारणायामेव स संबन्ध ईदृश इति ज्ञातुं शक्यते नान्यथा। तथा स संबन्धो येन परिरक्षितस्तस्य तत्त्वस्य ज्ञाने सत्येव तादृशसंबन्धदूरी-करणोपायो ज्ञातुं शक्यते नान्यथा। तथा च मोक्षोपायतया मूलतत्त्वान्वेषणमवश्य-कर्तव्यतामापतितं भवतीति सिद्धम्।

चत्वारो व्यूहाः

१०४. एवं मूलतत्त्वान्यन्विष्य दर्शनकारैर्मुमुक्षुजनहितैकप्रवणैश्चत्वारो व्यूहाः प्रदर्शनीया भवन्ति मोक्षस्तदुपायो बन्धस्तन्निमित्तं चेति। तत्र मोक्षस्वरूपं मुख्यतयावश्य-

मादौ प्रदर्शनीयम्। इतरथा तत्स्वरूपज्ञानाभावेन लोकानां तद्विषयिणीच्छैव नोदयमासादयेत्। सामान्यज्ञानेन जायमानापि वा तथा बलवती न स्याद्यथान्तरेण मोक्षप्रयत्नं क्षणमप्यवस्थातुं मुमुक्षुर्न शक्नुयात्। मोक्ष प्राप्तये च तदुपायोप्यवश्यं ज्ञातव्य एवेति सोपि प्रदर्शनीय एव। एवं मोक्षप्रतिद्वन्द्विभूतस्य बन्धस्य याथात्म्यमप्यवश्यं वर्णनीयमेव। तद्धानार्थं तज्ज्ञानस्यावश्यकत्वात्। बन्धनाशार्थं च बन्धकारणज्ञानमावश्यकम्। कारणे ज्ञाते सति कारणनाशात्कार्यनाशः सुकरो भवति।

दर्शनकारतारतम्यम्

१०५. अथ तत्त्वान्वेषणमेकेन कृतं चेत्किमर्थमपरे तत्र प्रयतन्ते। प्रत्युतानेकैस्तत्त्वदर्शिभिरभिहितानि मिथो भिन्नानि तत्त्वान्यालक्ष्य सूक्ष्मदृशामपि प्रेक्षावतां चेतसि संमोहः समुत्पद्यते। सत्यमेतत् । किं तु पिण्डे पिण्डे मतिर्भिन्ना भवति। तथा चैकेन प्रोक्तेषु तत्त्वेषु कथमन्ये पण्डितंमन्या निखिलास्तत्र विश्वस्येयुः। अतस्तादृशानां तत्त्वान्वेषणे प्रवृत्तिरवर्जनीयैव भवति। पिण्डभेदेन मतिभेद एव कुत इति चेत्–दत्तोत्तरमेतत्। तथा च

चेतनानां तथैवाचेतनानां तत्त्वसंज्ञितम्।
यथा यथा येन मूलस्वरूपमनुसंहितम्।।
तथा तथा बुद्धिसौक्ष्म्यतारतम्याद्यथोत्तरम्।
चार्वाकादिषु विज्ञेयं ज्यायस्त्वं तत्त्वदार्शिषु।।

अयं भावः। मतिभेदेन कस्यिचित्तत्त्वदर्शिनः क्वचित्प्रमाणे पक्षपात इत्यनुपदमेवोक्तम्। तथा च तैस्तत्त्वदर्शिभिः प्रमाणभेदेन तत्त्वान्यपि भिन्नान्युसंधीयन्ते। प्रमाणानि च प्रत्यक्षमनुमानं शब्दश्चेति त्रिविधान्येव मुख्यानीति तदनुरोधेनाध्यक्षिकास्तार्किकाः श्रौताश्चेति त्रिविधास्तत्त्वदर्शिनः प्रागुक्ताः (पृ० ११३) यद्यपि प्रत्यक्षप्रमाणं सर्वेषां तत्त्वदर्शिनामभिमतमेव।

अध्याक्षिकाः

तस्य केनाप्यनपलपनीयत्वात्। तथापि केवलं तदेकप्रमाणवादिन इहाध्यक्षिका इत्युच्यन्ते। किं च तार्किकाः श्रौताश्च प्रत्यक्षप्रमाणं स्वीकुर्वन्तोपि न मूलतत्त्वं प्रत्यक्ष प्रमाणेन साक्षादन्वेषयितुं प्रयतन्ते। अतस्ते प्रत्यक्षप्रमाणाविरुद्धापि नाध्यक्षिका इत्युच्यन्ते। आध्यक्षिकास्त्वतीव स्थूलदृश्वानश्चार्वाकाः।

तार्किकाः

१०६. तर्कसहायेन परोक्षमर्थं साधयन्तो ये मूलतत्त्वानि निश्चिन्वते ते तार्किकाः।

तेच द्विविधा नास्तिका आस्तिकाश्च। तत्र नास्तिकाः श्रुतेः प्रामाण्यं नाङ्गीकुर्वन्ति। ते च द्विविधा ऐकान्तिका अनैकान्तिकाश्च। ऐकान्तिका बौद्धाः। एकान्तो निश्चयः। बुद्धमुनिर्हि तर्कसहायेन जगति वस्तुस्वरूपयाथात्म्यमन्वेषयन्ननुमानप्रमाणेनेदमीदृशमेवेति मनसि निश्चित्यार्यसत्याख्यं तत्त्वचतुष्टयमुपदिदेश। सर्वं दुःखं दुःखं क्षणिकं क्षणिकं स्वलक्षणं स्वलक्षणं शून्यं शून्यमिति। आदरार्था द्विरुक्तिर्निश्चयं द्योतयति। अनैकान्तिका जैनाः। जिनस्य हि तर्कसहायेन वस्तुस्वरूपयाथात्म्यमन्वेषयतोपीदमीदृशमेवेति न क्वापि मतिर्निश्चिताभूत्। केनचिदिदं दुःखमित्युक्ते स्याद्दुःखमित्यमुष्य मतिः। तथा केनचिदिदं सुखमित्युक्तेपि स्यात्सुखमिति मतिः। स्यादित्ययमनेकान्तद्योतको निपातः। एतन्मूलक एव जैनाः स्याद्वादिन इति व्यवहारः। श्रुतिप्रामाण्याविरोधिनस्तार्किकविशेषा आस्तिकाः। तेषां च श्रुत्यपेक्षयाप्यनुमाने सविशेष आदरः। तद्बीजं च प्रागुक्तम्। अस्ति परलोक इति येषां स्थिरा मतिस्त आस्तिकाः। आस्तिकानां च तार्किकाणां श्रुतौ प्रायः श्रद्धामान्द्यमेव। तत्रापि मन्दतमश्रद्धा माहेश्वराः। श्रुतिरप्रमाणमिति स्पष्टतयैते नास्तिकवन्न कदापि ब्रुवत इत्येव। परमुदासीना इव स्वसिद्धान्तविरोधिश्रुतिवाक्यस्य गौणार्थत्वेन योजनायामपि बहुधा न प्रवर्तन्ते। मन्दतरश्रद्धास्तार्किकास्तु वैशेषिका नैयायिकाश्च। तेषां च स्वसिद्धान्तविरोधित्वेन प्रतीतस्य श्रुतिवाक्यस्य तदविरोधित्वेन योजनायां क्वचित्वप्रवृत्तिर्दृश्यते। मन्दश्रद्धास्तार्किकास्तु सांख्याः पातञ्जलाश्च। ते हि स्वतन्त्रसिद्धस्यानुमानिकस्यापि प्रधानादेर्वस्तुनः श्रौततां सिषाधयिषवोऽजामेकाम् (श्वे० उ० ४।५) इत्यादीनि श्रुतिवाक्यान्युदाहृत्य स्वसिद्धान्तानुगुण्येन तानि योजयितुं प्रवर्तन्ते।

श्रौताः

१०७. श्रौता दर्शनकारा द्विविधाः। कर्मकाण्डज्ञानकाण्डभेदेन श्रुतेर्द्वैविध्यात्। तत्र कर्मकाण्डस्य भूयस्त्वादल्पीयस्त्वाच्च ज्ञानकाण्डस्य श्रुतेर्मुख्यतः प्रतिपाद्यो विषयः कर्मैवेत्यवसीयते। ज्ञानकाण्डं तु तदङ्गतयोपयुज्यते। कर्मकाण्डमेव ज्ञानकाण्डस्याङ्ग-भूतमिति वैपरीत्यं तु नाशङ्कनीयम्। न ह्यङ्गस्यातिविस्तृतिर्न्याय्या भवति क्वचिदपि। इत्थं ये श्रौता अभिमन्यन्ते ते मीमांसकाः। अन्ये श्रौता वेदान्तिनस्तु नैतत्साधु मन्यन्ते। यतो जन्तूनां सन्मार्गे प्रज्ञा संग्रहणीयेति हि श्रुतेर्मुख्यत उद्दिष्टोर्थः। जन्तूनां चाखिलानां नैसर्गिक्येव कर्मणि प्रवृत्तिरिति नाहत्य तेषां ज्ञानमार्गे प्रवृत्तिः संपादयितुं शक्या भवति। किं तु कर्मद्वारैव। कर्मणा शुद्धचित्त एव च ज्ञानमार्गेधिकारी भवति। अतोत्राङ्गस्याति-विस्तृतिर्न दोषावहा। फलमुखं गौरवं न दोषायेति न्यायात्। वेदान्तिनश्च द्विविधा द्वैतवादिनोऽद्वैतवादिनश्च। तत्र द्वैतवादिनो रामानुजीया माध्वाश्च। अद्वैतवादिनः श्रीशंकराचार्याः। एते च विवर्तवादाङ्गीकारेणाद्वैतमुपपादयन्ति। पाणिनीया अपि श्रौता एव विवर्तवादनुसारिणश्चेति।

दर्शनकारसंग्रहः

१०८. अत्रायं संग्रहः। दर्शनकारा द्विविधा नास्तिका आस्तिकाश्च। नास्तिका द्विविधा आध्यक्षिकास्तार्किकाश्च। आध्यक्षिकाश्चार्वाकाः (१)। नास्तिकास्तार्किका द्विविधाः क्षणिकवादिनः स्याद्वादिनश्च। क्षणिकवादिनो बौद्धाः (२)। स्याद्वादिनो जैनाः (३) आस्तिका द्विविधाः सगुणात्मवादिनो निर्गुणात्मवादिनश्च। सगुणात्मवादिनो द्विविधास्तार्किकाः श्रौताश्च। तार्किका द्विविधाः प्रच्छन्नतार्किकाः स्पष्टतार्किकाश्च। प्रच्छन्नतार्किका द्विविधाः प्रच्छन्नद्वैताः स्पष्टद्वैताश्च। प्रच्छन्नद्वैता रामानुजीयाः (४)। स्पष्टद्वैता माध्वाः (५)। स्पष्टतार्किका द्विविधा भोगसाधनादृष्टवादिन उत्पत्तिसाधनादृष्टवादिनश्च। भोगसाधनादृष्टवादिनो द्विविधा विदेहमुक्तिवादिनो जीवन्मुक्तिवादिनश्च। विदेहमुक्तिवादिनो द्विविधाः आत्मभेदवादिन आत्मैक्यवादिनश्च। आत्मभेदवादिनो द्विविधाः कर्मानपेक्षेश्वरवादिनः कर्मसापेक्षेश्वरवादिनश्च। कर्मानपेक्षेश्वरवादिनो नकुलीशपाशुपताः (६)। कर्मसापेक्षेश्वरवादिनः शैवाः (७)। आत्मैक्यवादिनः प्रत्यभिज्ञादर्शिनः, (८)। जीवन्मुक्तिवादिनो रसेश्वराः (९)। उत्पत्तिसाधनादृष्टवादिनो द्विविधाः शब्दं प्रमाणान्तरमनङ्गीकुर्वाणास्तदङ्गीकुर्वाणाश्च। अनङ्गीकुर्वाणा वैशेषिकाः (१०)। अङ्गीकुर्वाणा नैयायिकाः (११)। श्रौता द्विविधा वाक्यार्थवेदिनः पदार्थवेदिनश्च। वाक्यार्थवेदिनो मीमांसकाः (१२)। पदार्थवेदिनो वैयाकरणाः (१३)। निर्गुणात्मवादिनो द्विविधास्तार्किकाः श्रौताश्च। तार्किका द्विविधा निरीश्वराः सेश्वराश्च। निरीश्वराः सांख्याः (१४)। सेश्वराः पातञ्जलाः (१५)। श्रौता अद्वैतवादिनः शांकराः (१६)।

दर्शनेषु तारतम्यबीजम् (चार्वाकाः, बौद्धाः, जैनाः)

१०९. अनेनैव क्रमेण प्रायो दर्शनानां स्रगेषा गुम्फिता सर्वदर्शनसंग्रहे श्रीमत्सायणमाधवाचार्यैः। इत्थं हि तेषामभिप्रायं संभावयामः। तत्त्वदर्शिनां बुद्धिसौक्ष्म्यतारतम्यदर्शनादुत्तरोत्तरं सूक्ष्मदृष्टीनां दर्शनान्यत्र ग्रथितानि। तथा हि। केचित्स्थूलबुद्धयः प्रत्यक्षतोनुभूयमानं पृथिव्यप्तेजोवायुरूपं तत्त्वचतुष्टयं मन्यन्ते। एत एव चार्वाकाः। सर्वव्यवहारनिर्वाहकस्यानुमानप्रमाणस्याप्येभिरनङ्गीकारादेतेषां दर्शनमितरसर्वदर्शनापेक्षया जघन्यतरम्। ब्रह्मसूत्रकारैः श्रीमद्बादरायणमहर्षिभिश्चैतद्दर्शनं खण्डनीयतयापि नादृतम्।

एतन्मते जालसूर्यमरीचिस्थानि दृश्यमानानि रजांस्येव परमाणुपदवाच्यानि। सैवाणुत्वस्य परा काष्ठा। चार्वाकाणां चैतेषामतीव स्थूलदर्शित्वात्तद्दर्शनस्य प्रथमत उल्लेखः। तदपेक्षया सूक्ष्मदृष्टयः केचित्तर्कानुसारेण चतुर्विधानां भूतानां परमाणवस्तत्त्वानीति वदन्ति। पूर्वस्माच्चायं विशेषो यदेतन्मते सूर्यमरीचिस्थानां दृश्यमानानां सूक्ष्मरजसां

न परमाणुत्वम्। किं तु तेषां दृश्यत्वेन संघातरूपत्वानुमानात्तादृशसंघातावयवाः परमाणुपदवाच्याः। एवं चतुर्विधान्परमाणून्प्रकल्प्यापि परमाणुषु तत्संघातेषु दृश्येषु च सुखकारकं वा स्थिरं वा सामान्यलक्षणं वा लब्धसत्ताकं वा किं चिदप्यपश्यन्तः सर्वं दुःखं क्षणिकं स्वलक्षणं शून्यं चेति भावयन्ति। आकाशं तु न तत्त्वान्तरम्। किं तु पृथिव्यादीनामभावमात्रम्। एते बौद्धाः। सूर्यमरीचिस्थरजसां सावयवत्वानुसंधानादेते चार्वाकापेक्षया सूक्ष्मदृष्टयः। आकाशस्य भावरूपतायां अननुसंधानाच्च जैनापेक्षया स्थूलदृष्टयः। अतश्चार्वाकदर्शनोत्तरं जैनदर्शनात्प्रागेतद्दर्शनोल्लेखः। एवमग्रेपि बोध्यम्। चार्वाका बौद्धा जैनाश्च नास्तिका इत्यास्तिकदर्शनेभ्यः पूर्वमेतानि दर्शनानि संगृहीतानि। बौद्धानामवान्तरभेदेन चातुर्विध्यात्षण्नास्तिका इति प्रसिद्धः। चातुर्विध्यं च माध्यमिकयोगाचारसौत्रान्तिकवैभाषिकभेदेन बोध्यम्। तत्र सर्वशून्यवादिनो माध्यमिका इतरापेक्षया जघन्याः। सर्वप्राणिसाधारण्येनानुभवारूढानामान्तराणां बाह्यानां च सर्वेषामपि पदार्थानामपलापात्। एतदपेक्षया योगाचाराणां दर्शनं ज्यायः। बाह्यानां घटादीनामपलोपेप्यान्तरं ज्ञानमेते नापह्नुवते। घटपटाद्याकारं ज्ञानमेव वस्तुत आन्तरमपि बाह्यवद्भासत इति हि ते मन्यन्ते। तदपेक्षयापि सौत्रान्तिकानां दर्शनं ज्यायः। सौत्रान्तिका ह्यान्तरमिव बाह्यमप्यर्थं वस्तुतः स्वीकुर्वन्ति। किं तु स बाह्योर्थो न नः प्रत्यक्षः किं त्वनुमेय इत्याचक्षते। तदपेक्षयापि बाह्यार्थप्रत्यक्षवादिनां वैभाषिकाणां दर्शनं ज्यायः। बाह्योर्थः प्रत्यक्ष इति ह्याबालवृद्धं सर्वजनसिद्धोनुभवः। अतो बाह्यार्थस्याप्रत्यक्षत्व-कल्पनमसत्त्वकल्पनमान्तरस्याप्यसत्त्वकल्पनं च प्रतीतिविरुद्धम्। कल्पना हि प्रतीतिमनुसरति न तु प्रतीतिः कल्पनामनुसरति। एतदभिप्रेत्य ग्रन्थकृता प्रथमं माध्यमिकानां ततो विज्ञानवादिनां योगाचाराणां ततो बाह्यार्थानुमेयत्ववादिनां सौत्रान्तिकानां ततो बाह्यार्थप्रत्यक्षत्ववादिनां वैभाषिकाणां दर्शनमुत्तरोत्तरज्यायस्त्वानुसारेण क्रमेण निर्दिष्टम्। बौद्धापेक्षया सूक्ष्मदृष्टयो जैना आकाशं तत्त्वान्तरं भावरूपं मन्यन्ते। बौद्धेभ्यश्चैषामपरो विशेषो यदेतैस्तर्कसहायेन मूलभूताः परमाणव एकरूपा एवानुसंहिताः। न तु पृथिव्यादिभेदेन मूलतश्चातुर्विध्यं तेषाम्। पृथिव्यादिभेदस्तु घटपटादिभेदवत्पार्ष्ठिक इति। एतन्मते चेदमीदृशमेवेति निश्चितस्वरूपं न किंचिदपि वस्तु भवति। किं तु सर्वमनेकान्तमेव। एवं षण्णां नास्तिकानामास्तिकापेक्षया जघन्यानां दर्शनानि पूर्वं क्रमेण निर्दिष्यनि।

आस्तिकदर्शनानि

११०. अथेदानीं नास्तिकदर्शनापेक्षया ज्यायांस्यास्तिकदर्शनानि प्रदर्शनीयानि। आस्तिका द्विविधाः श्रौतास्तार्किकाश्च। श्रुतिप्रमाणेन मूलतत्त्वान्वेषिणः श्रौताः ।

तर्कोपस्कृतेनानुमानप्रमाणेन मूलतत्त्वान्वेषिणस्तार्किकाः। तार्किकाश्च श्रौतापेक्षया जघन्या भवन्ति। यतस्तर्कस्य प्रतिष्ठितत्वं नास्तीति मूलतत्त्वमिदमीदृशमेवेति न तर्केण निश्चेतुं पार्यते। तथा च तर्केण सत्यस्यैव मूलतत्त्वस्यान्वेषणं भवेदिति न नियमः। एवं च परोक्षार्थविषये मुख्यतः श्रुतेरेव मार्गदर्शित्वम्। तथा चोत्तरोत्तरज्यायस्त्वानुसारिणा क्रमेण दर्शनानि प्रदर्शयितुं प्रवृत्तैः श्रीमत्सायणमाधवाचार्यैर्नास्तिकदर्शनोत्तरं प्रथमतस्तार्किकाणां दर्शनानि प्रदर्शनीयानि ततः श्रौतानाम्। परं तु रामानुजीया माध्वाश्च श्रौतंमन्या अपि श्रुतिवादरतप्रच्छन्नतार्किका इत्यतः श्रौता अपि ते तार्किकप्राया एव। प्रच्छन्नतार्किकाश्च प्रत्यक्षतार्किकापेक्षया जघन्या भवन्ति। ये हि तर्कापेक्षया श्रुतौ विश्वासाधिक्यात्तार्किक-प्रतिपादितं मूलतत्त्वं नानुमन्यन्ते तेषामप्येते श्रौतंमन्या वञ्चकाः श्रुतिसिद्धार्थप्रतिपादका वयमिति स्ववचनेषु विश्वासमुत्पाद्य तर्कसिद्धं मूलतत्त्वं ग्राहयन्ति। अन्ततो विषसंपृक्तामृतापेक्षया प्रत्यक्षं विषमपि वरम्। यतस्तद्धातव्यतया झटिति ज्ञायते।

रामानुजीयाः माध्वाः

किं च रामानुजीयैर्माध्यैश्च जीवस्वरूपं याथातथ्येन नानुसंहितम्। यत एते जीवस्याणुत्वं मन्यन्ते। अतोप्येते प्रत्यक्षतार्किकापेक्षया जघन्या भवन्ति। तथा च नास्तिकदर्शनोत्तरं रामानुजानां माध्वानां च दर्शनं प्रथमतः प्रदर्शनीयं भवति। ततः प्रत्यक्षतार्किकाणां ततः श्रौतानाम् । रामानुजमध्वदर्शनयोश्च मध्ये मध्वदर्शनं ज्यायः। रामानुजीयाश्च वस्तुवृत्त्या माध्वा इव द्वैतमङ्गीकुर्वन्त्येव। किं तु विशिष्टद्वैतमिषेण वयमद्वैतिन इति प्रख्यापयन्ति। ततश्च रामानुजा अद्वैतवादरतप्रच्छन्नद्वैतिन इत्युक्तन्यायेन माध्वापेक्षया जघन्या एव। अतस्तेषां रामानुजानां दर्शनं प्रथमतः प्रदर्शितं ततो माध्वानाम्।

माहेश्वराः

१११. तदुत्तरं प्रत्यक्षतार्किकाणां दर्शनानि प्रदर्शनीयानि। यद्यपि ते सर्वे तर्केणैव मूलतत्त्वमन्वेषयन्ति तथापि श्रुतौ विश्वासतारतम्येन त्रिविधाः। तत्र मन्दश्रद्धाः सांख्या योगाश्च। मन्दतरश्रद्धा वैशेषिका नैयायिकाश्च। मन्दतमश्रद्धाश्चतुर्विधा माहेश्वराः। एत एव सर्वेषु तार्किकेषु जघन्या इति माध्वदर्शनोत्तरं प्रथमतश्चतुर्विधानां माहेश्वराणां दर्शनानि प्रदर्शनीयानि। तानि च प्रायः सर्वाणि समान्येवाभिलक्ष्यन्ते न तत्र कस्यचिज्ज्यायस्त्वं जघन्यत्वं वा संदृश्यते। अतस्तत्र क्रमविशेषे वक्तुरिच्छैव नियामिका भवति न तु कारणान्तरं किंचित्। तत्रापि केनचित्कारणेन भाव्यमेवेति निर्बन्धश्चेदित्थं कल्पयितव्यं भवति। जीवन्मुक्तौ विशेषतोभिनिविष्टा रसेश्वरवादिन इत्यतस्तदपेक्षया जघन्यास्त्रय इतरे। तेष्वपि प्रत्यभिज्ञावादिनो वस्तुतो जीवेश्वरयोरैक्यं मन्यन्त इति तदपेक्षया

नकुलीशपाशुपताः शैवाश्च जघन्या भवन्ति। तयोश्च शैवापेक्षया जघन्या नकुलीश-पाशुपताः। यतस्त ईश्वरस्य जगत्सृष्टौ कर्मापेक्षितां नानुमन्यन्ते। ईश्वरस्य वैषम्नैर्घृण्यदोषपरिहाराय कर्मापेक्षित्वमश्यमङ्गीकर्तव्यं भवति। वैषम्यनैर्घृण्ये न सापेक्षत्वात्तथा हि दर्शयति (ब्र० सू० २।१।३४) इति सूत्रयद्भिर्बादरायणाचार्यैः स्पष्टमेवैतदुक्तम्। तथा चेदृशं विशेषमालक्ष्य पूर्वं नकुलीशपाशुपतदर्शनं ततः शैवदर्शनं ततः प्रत्यभिज्ञादर्शनं ततो रसेश्वरदर्शनं निर्दिष्टं स्यादिति संभवति कथंचित्कारण-मित्यास्ताम्।

तार्किकाः

११२. तदुत्तरं च तार्किकविशेषाणां वैशेषिकाणां नैयायिकानां सांख्यानां पातञ्जलानां च दर्शनानि प्रदर्शनीयानि। तेष्वारम्भवादिनो नैयायिका वैशेषिकाश्च सांख्यपातञ्जलापेक्षया जघन्या भवन्ति। यतस्ते जालसूर्यमरीचिस्थस्य रजसो दृश्यमानत्वान्महत्वं सावयवत्वं च प्रकल्प्य तादृशमहदारम्भकस्यापि महदारम्भकत्वेनैव हेतुना सावयवत्वमनुमाय तदवयवाः परमाणव इति कल्पयन्ति। किं तु तर्कसहायेनापि तेषां परमाणुनां कारणं किंचिसंभावयन्तः परमाणव एव जगतो मूलकारणमिति मन्यन्ते। अतस्ते सांख्यपातञ्जलापेक्षया जघन्याः। सांख्याः पातञ्जलाश्च परमाणूनामनित्यत्वं मन्यमाना अनुमानेनैव त्रिगुणात्मकं प्रधानं जगतो मूलकारणमिति मन्यन्ते। किं च सांख्याः पातञ्जलाश्चात्मनां ज्ञानस्वरूपतामिच्छन्ति। वैशेषिका नैयायिकाश्चात्मनां जडरूपतां मन्यन्ते। श्रद्धामान्द्यं चाधिकं सांख्याद्यपेक्षयैतेषामिति प्रागुक्तमेव । अतोपि ते सांख्याद्यपेक्षया जघन्या इति माहेश्वरदर्शनोत्तरं प्रथमतो वैशेषिकाणां नैयायिकानां च दर्शनं प्रदर्शनीयम्।

वैशेषिकाः

तयोरपि नैयायिकापेक्षया वैशेषिका जघन्याः। यतो वैशेषिकाः शब्दं प्रमाणान्तरत्वेन नाङ्गीकुर्वते। श्रुतेरप्यनुमानद्वारैव प्रामाण्यम्। श्रुतिः केवलमनुमानसाधनीभूतमर्थ-मुपस्थापयति। श्रुतिप्रतिपादितस्यार्थस्य प्रामाण्यं त्वनुमानेनैवेति तेषामाशयः। नैयायिकास्तु शब्दं प्रमाणान्तरं स्वीकुर्वते। किं च नैयायिकाः प्रमाणप्रमेयादिषोडशपदार्थानां तत्त्वज्ञानान्मोक्ष इति वदन्ति। वैशेषिकैश्च प्रायस्तदेवानुसृत्य तदङ्गतया केवलं प्रत्यक्षानुमानादिप्रमाणसाधनानामिन्द्रियसंनिकर्षव्याप्तिज्ञानादीनां याथार्थ्येन प्रवृत्तये द्रव्यगुणादीन्सप्तपदार्थानुद्दिश्य तल्लक्षणानि प्रदर्श्य लक्षणानां परीक्षणं च कृत्वा साधर्म्यवैधर्म्यनिर्णयः कृतः। अतो नैयायिकापेक्षया जघन्यानां वैशेषिकाणां मतं प्रथमतः प्रदर्श्य तदुत्तरं नैयायिकानां मतं प्रदर्शितम्।

जैमिनीयाः, पाणिनीयाः

११३. तदनन्तरं च तार्किकविशेषाणां सांख्यानां पातञ्जलानां च दर्शनं प्रदर्शनीयम्। परं तु जैमिनीयाः पाणिनीयाश्च श्रौता अपि तत्त्वानुसंधाने सांख्याद्यपेक्षया जघन्याः। यतस्तैः शब्दब्रह्मवादिभिः शब्दरूपं ब्रह्मैव जगतो मूलकारणमित्यभ्युपेतम्। प्रधानकारण-वादिभिः सांख्यैस्तु प्रधानपर्यन्तं तत्त्वान्यनुसंहितानि। नैयायिकापेक्षया त्वेते शब्दकारण-वादिनो ज्यायांसः। आकाशात्परस्याकाशकारणीभूतस्य शब्दब्रह्मरूपस्य तत्त्वस्यानु-संधानात्। किं च पृथिव्यप्तेजोवायुपरमाणूनामुत्तरोत्तरं पूर्वपूर्वकारणत्वं स्वीकृतमेभिः। नैयायिकैस्तु तर्कबलेन तत्त्वायन्वेषयद्भिरपि तन्नानुसंहितम्। प्रत्युत नित्या एव परमाणव इति तेषां सिद्धान्तः। तथा च नैयायिकदर्शनोत्तरं जैमिनीयानां पाणिनीयानां च दर्शनं प्रदर्शनीयम्। तत्रापि पाणिनीयापेक्षया जैमिनीया जघन्या एव। व्याकरणं हि जैमिनीयानामुपजीव्यभूतम्। व्याकरणसिद्धं प्रकृतिप्रत्ययविभागमवलम्ब्यैव हि जैमिनिना केवलं वाक्यार्थविचारः कृतः। किं च व्याकरणस्य पवित्रतातिशयमभियुक्ता वदन्ति–

आपः पवित्रं परमं पृथिव्यामपां पवित्रं परमं च मन्त्राः।
तेषां च सामर्ग्यजुषां पवित्रं महर्षयो व्याकरणं निराहुः।। इति।

किं च

तद्व्याकरणमागम्य परं ब्रह्माधिगम्यते (वा० प० १।२२)

इत्येवमुक्तवता हरिणा परब्रह्माधिगमोपायत्वं व्याकरणस्य प्रदर्शितम्।

किं च

अनादिनिधनं ब्रह्म शब्दतत्त्वं यदक्षरम्।
विवर्ततेर्थभावेन प्रक्रिया जगतो यतः।। (वा० प०)

इति हर्युक्तरीत्या पाणिनीयैर्विवर्तवादः स्वीकृत इव दृश्यते। अतस्ते सिद्धान्तमत-प्रत्यासन्नत्वाज्जैमिनीयापेक्षया ज्यायांसो भवन्ति। अतस्तदपेक्षया जघन्यानां जैमिनीयानां दर्शनं प्रथमतो निर्दिष्टं तदनन्तरं पाणिनीयानाम्।

सांख्याः, पातञ्जलाः

११४. तदुत्तरं तार्किकविशेषाणां सांख्यानां पातञ्जलानां च दर्शनं प्रदर्शनीयम्। तत्रापि निरीश्वरवादिनां सांख्यानां पातञ्जलापेक्षया जघन्यत्वात्पातञ्जलदर्शनात्पूर्वं सांख्यदर्शनं निर्दिष्टं तत ईश्वरवादिनां पातञ्जलानाम्। एवमारोहक्रमेणेतरेषां दर्शनानि प्रदर्श्य सर्वान्ते सर्वापेक्षया ज्यायसः शांकरदर्शनस्योल्लेखः संपादितः।

ग्रन्थकर्तुः शांकरदर्शनम्

११५. यद्यपीदं शांकरदर्शनं केषुचित्पुस्तकेषु न दृश्यते तथापि केषुचिदुपलभ्यत एव। येषु च पुस्तकेषु नोपलभ्यते तेषु पातञ्जलदर्शनान्त इत्थं पङ्क्तिर्दृश्यते–इतः परं सर्वदर्शनशिरोमणिभूतं शांकरदर्शनमन्यत्र लिखितमित्यत्रोपेक्षितमिति–इति। तथा च सायणमाधवाचार्याणामित्थमभिप्रायोवगम्यते। पूर्वं पातञ्जलदर्शनान्तं ग्रन्थं विरच्य तावतैव ग्रन्थसमाप्तिः कृता। यतः शांकरदर्शनं सर्वदर्शनशिरोमणित्वात्प्रसिद्धतरं स्ववगाहं च सहृदयानां प्रेक्षावताम्। शांकरदर्शनमहीरुहो हि शारीरभाष्येणावापं प्रापितः पञ्चपादिकयाङ्कुरितो भामत्यादिनिबन्धैः पुष्पितः पञ्चदश्यादि प्रबन्धैः फलितश्चेति दर्शनोद्यानं प्रविष्टः को नाम चक्षुष्मानीदृशं रमणीयतरं महीरुहं नालोचयेदिति। तदनन्तरं सुग्रथिताया अप्यस्या दर्शनमालाया मेरुमणिरहितत्वेन रामणीयकमपश्यद्भिः शिष्यादिभिर्नूनं संप्रार्थिता अभूवन्गुरुचरणा अस्यां शांकरदर्शनग्रथनाय। शांकर-दर्शनेनास्याः सौन्दर्यातिशयश्च स्याच्छांकरदर्शनस्य च शिरोमणित्वं दर्शनान्तरसंनिधाने प्रेक्षावतां शीघ्रं बुद्धिमारोहेदिति। अनया च प्रार्थनया द्रवीभूतहृदयाः सद्य एवास्यां मूर्धन्यं शांकरदर्शनं संग्रथयामासुर्गुरुचरणा इति । अत्र केचिदित्थमुत्प्रेक्षयन्ति शांकरदर्शनं सायणमाधवाचार्यैर्न लिखितम्। किं तु तच्छिष्येणान्येन वा केनचिद्विलिख्यात्र ग्रन्थे प्रक्षिप्तम्। ग्रन्थकृतैव लिखितमित्यत्रप्रमाणभावादिति। नैतद्युक्तमिवाभाति। यद्यपि मूलग्रन्थकृतैव लिखितमित्यत्र प्रमाणं नोपलभ्यते तथापि मूलग्रन्थकृता नैव लिखितमित्यत्रापि प्रमाणं नोपलभ्यते। तथा चोक्तरीत्यैककर्तृकत्वे संभवति सति भिन्नकर्तृकत्वकल्पनमसांप्रतम्। किं च शांकरदर्शने विषयप्रतिपादनप्रकारो नान्यादृशः। भाषाशैली च सैवालक्ष्यते। तथा च सायणमाधवाचार्यैरेव शांकरदर्शनं लिखितमिति वयं प्रतीमः।

दर्शनक्रमे बीजान्तरम्

११६. सायणमाधवाचार्यैः स्वीकृते चास्मिन्दर्शनानां क्रमे बीजमन्यदपीत्थं कल्पयितुं शक्यते। चार्वाकदर्शनप्रभृतीनि पातञ्जलदर्शनान्तानि दर्शनान्युत्तरोत्तरं सिद्धान्तभूतस्य शांकरदर्शनस्याधिकप्रत्यासन्नान्यालक्ष्यन्त आत्मतत्त्वमीमांसायाम्। तथा हि। शंकराचार्या हि क्षेत्रज्ञात्मस्वरूपं देहाद्भिन्नमक्षणिकं कूटस्थनित्यं कथमपि विकाररहितं विभु प्रत्यक्षं बोधरूपमजडं शब्दातीतमीश्वरादिपदवाच्यं कर्तृत्वभोक्तृत्वादिरहितमसङ्गं निर्विशेष-मिच्छन्ति। तथा च देहात्मवादिचार्वाकदर्शनापेक्षया देहातिरिक्तात्मवादिनां बौद्धानां दर्शनं शांकरदर्शनस्य प्रत्यासन्नं भवति। बौद्धदर्शने चात्मनः क्षणिकत्वादनित्यत्वम्। तादृशानित्यत्वत्यागेन तदपेक्षया प्रत्यासन्नं जैनदर्शनम्। जैनदर्शने चात्मनः

परिणामिनित्यत्वम्। तदपेक्षयापि प्रत्यासन्नं रामानुजदर्शनम्। आत्मनः कूटस्थनित्यत्वाभ्युपगमात्। किं तु रामानुजीयैरात्मानः शरीरद्वारा विकारित्वमभ्युपगम्यते। अतस्तदपेक्षया माध्वदर्शनं प्रत्यासन्नम्। तद्दर्शने तादृशविकारानभ्युपगमात्। ते चात्मनोणुपरिमाणं मन्यन्त इत्यतस्तदपेक्षयात्मनो विभुत्ववादिनां माहेश्वराणां दर्शनानि शांकरदर्शनस्य प्रत्यासन्नानि भवन्ति। माहेश्वराश्चात्मनि विद्यमानं चैतन्यं दृक्क्रियारूपमित्युभयरूपं वदन्ति। अतस्तद्दर्शनापेक्षया दृङ्मात्ररूपं चैतन्यं वदतां वैशेषिकाणां दर्शनं प्रत्यासन्नं भवति। वैशेषिकाश्चात्मस्वरूपमनुमानमात्रगम्यं मन्यन्ते। अतस्तदपेक्षया नैयायिकानामात्मस्वरूपमितरप्रमाणेनाप्यवगम्यत इति वदतां दर्शनं प्रत्यासन्नम्। नैयायिकाश्चात्मा जडश्चैतन्यं तु तस्य गुण इति वदन्ति। अतस्तदपेक्षयात्मनो बोधरूपतां मन्यमानानां मीमांसकानां दर्शनं प्रत्यासन्नम्। किं तु मीमांसका अंशभेदेनात्मनो जडत्वमप्यभ्युपगच्छन्ति। अतस्तदपेक्षया पाणिनीयानां दर्शनं प्रत्यासन्नम्। पाणिनीया ह्यात्मनः शब्दरूपतां च कात्स्न्येनाभ्युपगच्छन्ति। तदपेक्षयापि सांख्यानां दर्शनं प्रत्यासन्नम्। यत आत्मनां ज्ञानमात्रस्वरूपतां सांख्या मन्यन्ते। सांख्याश्चेश्वरं न मन्यन्ते। अतस्तदपेक्षयेश्वरतत्त्वमङ्गीकुर्वाणानां पातञ्जलानां दर्शनं प्रत्यासन्नं भवति। एवं सिद्धान्तदर्शनस्य प्रत्यासतितारतम्यक्रमेण दर्शनानामुल्लेख इति क्रमविशेषबीजं श्रीमत्सायणमाधवाचार्यैः स्वान्तेनुसंहितमिति कल्पितं चेन्न प्रायस्तदनृतं स्यादिति मन्ये।

शास्त्रकाराणमुद्देशः

११७. श्रीमद्विद्वन्मुकुटललामभूता वेदभाष्यप्रणेतारः सर्वतन्त्रप्रवर्तकाः श्रीमत्सायणमाधवाचार्या लोकहितायानेकेषु शास्त्रेषु भूयसः प्रबन्धान्प्रणिन्युः। शास्त्राणां च प्रायः सर्वेषामद्वैते ब्रह्मणि साक्षात्परंपरया वा पर्यवसानं भवति। यतः शास्त्रकारा न साधारणजनवद्भ्रान्ता भवन्ति। निसर्गत एवोन्मार्गे लोकानां प्रवृत्तिर्जायत इति तादृशोन्मार्गप्रवृत्तिनिवारणार्थमेव हि शास्त्रकाराणां शास्त्ररचनायां प्रवृत्तिः। अयं चोद्देशः सर्वशास्त्रकारसाधारणः। बादरायणजैमिनिप्रभृतयः सूत्रकाराः शंकराचार्यशबरस्वामिप्रभृतयो भाष्यकाराश्चानेनैवोद्देशेन सूत्राणि भाष्याणि च विरचयामासुः।

अद्वैतमते कर्मापेक्षाप्रकारः

११८. शंकराचार्याः कर्मविरोधिनो नास्तिकप्राया एवेति केचिद्ब्रुवते। तन्न समीचीनम्। शंकराचार्या हि न कर्मविरोधिनः। प्रत्युत साधका एव। चित्तशुद्ध्यर्थं कर्मणोत्यावश्यकत्वात्। निष्कामकर्मणैव हि चित्तशुद्धिः। सकामेन कर्मणा तु न चित्तशुद्धिः। प्रत्युत रागाधिक्याद्रागपुटं मनस्यधिकं संजायते। रागश्च मनसो मल एव। कथं तर्हि नैष्कर्म्यवादिनः शंकराचार्या इति प्रसिद्धिः। उच्यते। अयं हि तेषामाशयः।

कर्म त्यक्तव्यमिति बुद्धिपुरःसरं न केनापि कर्म त्यक्तुं शक्यते। किं तु यथा निद्रावस्थायां कर्मत्यागो दृश्यते। तत्र न कस्यचित्संकल्पः कर्म त्यजामीति। नापि कर्मत्यागार्थं कस्यचित्प्रयत्नः। किं तु कर्मबीजस्य देहाभिमानस्याभावात्तदानीं कर्म निसर्गत एव लुप्तं भवति। तथा च न पुरुषेण कर्म हातव्यं भवति किं तु कर्मणैव पुरुषो हातव्यो भवति। इयमेव नैष्कर्म्यावस्था। एतदवस्थाप्राप्तये कर्तव्यः प्रयत्नश्च निष्कामकर्माचरणरूप एव। यथा कण्टकेन कण्टको निःसार्यते तद्वदेवेदम्। अत एव भगवता श्रीकृष्णेन कर्मण्येवार्जुनः प्रवर्तितः। न त्वेतावता निष्कामकर्माचरणेनैव कृतकृत्यतेति भगवतोभिप्रायः । किं त्वात्मज्ञानेनैव कृतकृत्यता। तदुक्तम्–

सर्वं कर्माखिलं पार्थ ज्ञाने परिसमाप्यते। (गी० ४।३३) इति। चित्तशोधनेनाधिकार संपत्त्यनन्तरमात्मज्ञानं त्ववश्यं भाव्येव। यतः स्वाधिकारानुसारेण पुरः प्रवृत्तिर्जन्तो नैसर्गिकी। तदपि गीतायां भगवता स्पष्टमुक्तम्–

उपदेक्ष्यन्ति ते ज्ञानं ज्ञानिनस्तत्त्वदर्शिनः। (गी० ४।३४) इति।

अस्मिञ्जन्मनि जन्मान्तरे वाहं वान्यो वा कोपि तवोपदेशमवश्यं करिष्यत्येवेति तदर्थः। निष्कामकर्मणा चित्तशुद्धौ जातायामवश्यंभाव्येवायं ज्ञानोपदेशः। स एवात्र भगवता केवलमनूदितो भ्रमनिरासाय। तथा चात्मज्ञानमन्तरेण न कृतकृत्यतेति जानतापि भगवता निष्कामकर्मयोग एवार्जुनाय प्रतिपादितो यथा तथैव शास्त्रकारैरपि तानि तानि भिन्नानि तत्त्वानि प्रतिपादितानि। तावतैव विनेयाः कृतकृत्या भविष्यन्तीति तु न शास्त्रकाराणामभिप्रायोनुमातव्यः। किं तून्मार्गप्रवृत्तिनिवारणं यथा यथा लोकबुद्ध्यनुसारेण कर्तव्यतया समापतितं तथा तथा तैस्तैः प्रस्थानकर्तृभिः प्रस्थानानि प्रदर्शितानि। यथा कंचिदनेकरोगग्रस्तं रोगिणमालक्ष्य चिकित्सको विचारयति यदेते सर्व एव रोगा अवश्यं निवारणीयाः। किं त्वेकेनैवौषधेन न निवारयितुं शक्यन्ते। अनेकेषामौषधानां चात्र न युगपत्प्रवृत्तिः कर्तुं शक्या। अतः प्रथमत एकस्य परिहारे यत्नः कर्तव्य इति। तत स्तेषु मुख्यं प्रथमतो निवारयितुं शक्यं च रोगविशेषं सूक्ष्मेक्षिकयालक्ष्यतन्निराकरणसमर्थमौषधं ददाति । रोगान्तरपरिहारे तु स तदानीमौदासीन्यमालम्बते। न तावता तत्रान्ये रोगा नैव परिहरणीया इति तस्य मतिः। किं त्वेकरोगनिवारणानन्तरं पश्चाद्रोगान्तरनिवारणे यत्नो भविष्यतीत्यतः सर्वरोगनिवारण एव तात्पर्यं चिकित्सकस्य कल्प्यते। तथात्र शास्त्रकाराणां सर्वेषां तात्पर्यमद्वितीयात्मप्रतिपादन एव। तदुक्तं श्रीमन्मधुसूदनसरस्वतीकृते प्रस्थानभेदे। सर्वेषां प्रस्थानकर्तॄणां मुनीनां विवर्तवादपर्यवसानेनाद्वितीये परमेश्वर एव प्रतिपाद्ये तात्पर्यम्। न हि ते मुनयो भ्रान्ताः। सर्वज्ञत्वात्तेषाम्। किं तु बहिर्विषयप्रवणानामापाततः पुरुषार्थे प्रवेशो न संभवतीति नास्तिक्यवारणाय तैः प्रकारभेदाः प्रदर्शिताः। तत्र तेषां तात्पर्यमबुद्ध्वा वेदविरुद्धेप्यर्थे तात्पर्यमुत्प्रेक्षमाणास्तन्मतमेवोपादेयत्वेन गृह्णन्तो

नानापथजुषो भवन्तीति। वेदान्तशास्त्रमेव सर्वशास्त्राणां मूर्धन्यम्। शास्त्रान्तरं सर्वमस्यैव शेषभूतमिति च तत्रैवोक्तम्।

ग्रन्थकृत उद्देशः

११९. श्रीमद्विद्यारण्यमुनिभिरपि पञ्चदश्यादिप्रबन्धान्विरच्य तत्तदाक्षेपनिरसन-पूर्वकमद्वैतवाद एव प्रस्थापितः तीक्ष्णबुद्धयश्च सहृदया दर्शनान्तराण्यालोच्य तेषु सर्वेष्वद्वैतवाद एव सारभूत इति निश्चेतुं प्रभवन्ति। ये च साधारणमतयस्तादृशं निश्चयं कर्तुं न पारयन्ति तेष्वपि कतिचिद्विशिष्टपुरुषा एकत्र संगृहीतान्यनेकानि दर्शनानि पश्येयुश्चेदिदमीदृशमिदमीदृशमित्येवं तारतम्यमवगन्तुं शक्नुयुरेव। यथा विविधेष्वनेकेषु रत्नेषु पार्थक्येनैकैकशोवलोकितेषु सारासारविवेकाय यादृशं बुद्धेस्तैक्ष्ण्यमपेक्ष्यते न तादृशस्य तैक्ष्ण्यस्यापेक्षा तेष्वेव रत्नेष्वेकस्यां मालायां गुम्फितेषु संभाव्यते। अमुमेवार्थं हृदि निधाय श्रीमत्सायणमाधवाचार्यैः सर्वदर्शनसंग्रहाभिधो ग्रन्थो निरमायीति मन्ये।

सूत्रकाराः

१२०. किं च तत्तद्दर्शनस्थानि सूत्राणि भाष्याणि चालोड्य तत्रत्यानखिला-न्सिद्धान्तानन्विष्य क्रमविशेषेण तेषां बहिः प्रकाशने श्रीमत्सायणमाधवाचार्या एव पर्याप्ता अभूवन्। यतः सूत्रकारा भूयांसमर्थजातं बुद्धावाकलय्य परं प्रति बुबोधयिषया संक्षेपतस्तत्प्रतिपादकं सूत्रं विरचयन्ति। यद्यपि सूत्रकारा विस्तरेणाप्यर्थं प्रतिपादयितुं प्रभवन्ति। उपयुक्तं च तादृशं प्रतिपादनम्। यतो विस्तरेणार्थप्रतिपादने सति बोद्धृणां संशयराहित्येन सौलभ्येन चार्थावबोधः संजायते। तथापि मूलमारभ्य समाप्तिपर्यन्तं कृत्स्नं सूत्रप्रबन्धमालोचयतां बुद्धिमतां संक्षिप्तादपि वाक्यान्निश्चितार्थावगतिः सुलभा बुद्धिमन्दानां तु विस्तृतादपि वाक्यान्निश्चितार्थावगतिर्न सुलभेति सामान्यतो लोकस्थितिमवलोकयतां सूत्रकाराणां संग्रहे प्रवृत्तिरभूत्। समासेनाभिधानं संग्रह उच्यते। मन्ये च महानयं संग्रहस्योपयोगः सूत्रकारैरभिलक्षितः स्याद्यदर्थावगमानन्तर-मवगतस्यार्थजातस्य स्वान्ते स्थिरधारणायै समभ्यस्यतां सूत्रपाठकानामल्पेनैव प्रयत्नेन भूयसोर्थजातस्यानुसंधानं सुकरम्। अवगतसूत्रार्था मुखोद्गतसूत्रकदम्बाश्च सूरयः सूत्रानुसंधानमात्रेणाखिलान्सिद्धान्तान्करतलामलकवत्सर्वदा पश्यन्ति। तदुक्तं तन्त्रवार्तिके–

सूत्रेष्वेव हि तत्सर्वं यद्वृत्तौ यच्च वार्तिके।
सूत्रं योनिरिहार्थानां सर्वं सूत्रे प्रतिष्ठितम्।।

(त० वा० २।३) इति।

अत्राह–स्यासान्नामोक्तन्यायेनावगतस्यार्थजातस्य लघुनोपायेन धारणा। किं त्ववगतिरेव

कथम्। यतः परमनोगतोर्थः परेणाकलयितुं न शक्यते। बहुभाषिणामपि मनोगतोखिलोर्थो निश्चयेनाकलयितुं न शक्यते किं पुनर्गूढाभिसंधीनां संक्षिप्तगिरां महात्मनां सूत्रकाराणाम्। सूत्रकारकल्पा एव सूत्रकाराणां हृद्गतमवगन्तु प्रभवेयुर्न पुनः साधारणी जनतेति।

भाष्याकाराः

१२१. इमामापत्तिमनुसंदधानास्तां परिहर्तुकामाश्च भाष्यकारा भाष्याणि विरचयितुं प्रावर्तन्त। भाष्यकाराश्चाखिलानि सूत्राणि सूक्ष्मेक्षिकया पर्यालोच्य महाशयानां सूत्रकाराणां हृद्गतमनुमाय भाष्यरूपेण तत्प्रकाशयन्ति। तथा हि ते प्रकाशयन्ति यथा तदाश्रयेणागाधेपि सूत्राब्धावनायासेन मत्स्या इव वाचका इतस्ततः संचरन्ति। तत्रापि च श्रीमद्बादरायणप्रणीतं ब्रह्मसूत्रं विवृण्वद्भिः श्रीमच्छंकराचार्यैः प्रणीते शारीरकभाष्ये त्वपरो विशेषो दृश्यते। यत्र च भाष्यकृद्भिः प्रकाशितं सूत्रकाराणां गुढाभिप्रायं समालोचयतां सहृदयानां वाचकानां सद्य एवेदृशी जायते मनोवृत्तिर्यदयमेवाशयः सूत्रकाराणामिति। न मयैतदभिनिविष्टबुद्धिना लिख्यते। सुसंस्कृतमनसः सहृदया एवात्र साक्षिणः। यतो माधुर्यविशेषवत्स्वसंवेद्य एवायमर्थः। किं च गम्भीरान्तरात्मनां गूढतराभिसंधीनां सूत्रकारसदृशानां महात्मनामखिलस्य मनोगतस्यार्थस्य सर्वांशेन याथात्म्येनाकलनं दुर्लभमेवेत्यतस्तादृशं कर्म कुर्वतां भाष्यकाराणां श्रीमच्छंकरपादानामार्हन्ती लोकोत्तरविलक्षणा सविशेषैवालक्ष्यते।

शांकरभाष्यम्

१२२. अपि चान्यदिदं यत्समाकलितः सूत्रकृदभिप्रेतो गूढार्थो यादृश्या विधया श्रीमच्छंकराचार्यैर्भाष्यकृद्भिर्भाष्यते सा लोकोत्तरैव काचिद्विधा। यतो भाष्यग्रन्थमवलोक्य पदतदर्थावगतिपूर्वकं तस्माज्जातापि वाक्यार्थावगतिर्न भाष्यत्वेन भाष्यावगतिरुच्यते। भाष्यं हि–

सूत्रार्थो वर्ण्यते यत्र वाक्यैः सूत्रानुकारिभिः।
स्वपदानि च वर्ण्यन्ते भाष्यं भाष्यविदो विदुः।।

इत्येवं यद्यपि लक्षितं तथापि परिचायकमात्रं तत्। न तावता भाष्येऽधीतिता संपद्यते। सामान्यतो व्युत्पन्नो हि वेदान्तशास्त्रे प्रविष्टमतिर्वाक्यार्थमवगन्तुं प्रभवेन्न तु गूढाशयम्। यथाब्धेस्तलस्पर्शो दुर्लभस्तथातिगम्भीरस्य भाष्याब्धेर्गूढार्थजातं मनसालोडितमपि न पारपर्यन्तमालेडित भवति कुशाग्रधिषणाजुषामपि। अध्ययनेनाध्यापनेन चानेकवारमालोडनेपि पुनः पर्यालोचनायां कश्चनानाकलितपूर्वो नवो नवो गूढतरोर्थश्चेतोवृत्तिमासादयति। इयानेवात्राभिसंधिर्नातोधिकोन्यः कश्चनात्र भाष्यकृद्भिरनुसंहितोर्थ इति पारमवधारयितुं न कोपि पर्याप्तो भवति। तथापि बहुरत्ना वसुंधरेति न्यायेन श्रीमच्छंकराचार्याणां मनोगतमवधारयितुं प्रदर्शयितुं च प्रवर्तमानाः पृथिव्यां ललामभूता

बृहस्पतिप्रतिमबुद्धयः श्रीपद्मपादाचार्यवाचस्पतिमिश्रसायणमाधवाचार्यप्रभृतयः पञ्चषा भाष्यवित्तमा अभूवन्। भाष्यवित्तमलक्षणं चोक्तमभियुक्तैः-

उत्तानार्था निगूढार्थसंभृता भाष्यपङ्क्तयः।
प्रकृत्या यो विजानाति स वाच्यो भाष्यवित्तमः।। इति।

तेष्वप्यवगतस्य गूढार्थस्य प्रकाशने श्रीमत्सायणमाधवाचार्या एव पुरोयायितां दधते। एषां ग्रन्थविलेखनशैली काचिदपूर्वा संदृश्यते यया चातिकठिनोप्यर्थः सुसंस्कृतमतीनां वाचकानां बुद्धावयत्नेनैवावतरति। तैरेव चायं सर्वदर्शनसंग्रहाभिधो ग्रन्थो निरमायि।

चार्वाकदर्शनोपक्रमः

१२३. दर्शनानां संक्षेपतो द्वैविध्यं नास्तिकास्तिकभेदेन प्रागुपपादितम्। तत्र नास्तिकदर्शनान्तर्गते चार्वाकदर्शने बृहस्पतिना सूत्रं प्रणीतम्। यद्यप्येतद्दर्शनं बृहस्पतेर्नाभिमतं तथापि तत्र सूत्रं विरचयतस्तस्य देवगुरोरयमभिप्रायोवगम्यते। इत्थं हि तस्य मतिः संभवति। यत्स्वशिष्याणां देवानामसुरेभ्यः सकाशाज्जायमाना संभाव्यमाना च पीडा येनकेनापि प्रकारेण परिहरणीयेति। असुरगणो हि यज्ञादिकर्म कृत्वा तत्सामर्थ्यलब्धोत्साहो देवाञ्जेतुमीहते। अतस्तस्यासुरगणस्य यथा यज्ञादिकर्मसु श्रद्धा नोत्पद्येत यथा चोत्पन्ना सुतरां विनिवर्तेत तथोपदेशं चिकीर्षुस्तथाविधार्थबोधकानि सूत्राणि विरचयामास। तेन चासुरेष्वेतद्दर्शनप्रचारः समजनि। अश्रद्दधानाश्च ते कर्मभ्रष्टा असुराः स्वर्गादिसुखोपभोगानर्हा अभूवन्।

मायामोहोपदेशः

१२४. विष्णुपुराणे तृतीयेंशे सप्तदशाध्याये चेदृशी कथा दृश्यते। पुरा कदाचन नर्मदारोधसि श्रुतिप्रतिपादितं मार्गमवलम्ब्यैकाग्रयान्तःकरणवृत्त्या कतिपये दैत्यास्तपश्चेरुः। ततो भयाकुला देवा नारायणं शरणं जग्मुः। ततो नारायणस्तथाविधांस्तानवलोक्य तेषामाधिं परिजिहीर्षन्स्वशरीरात्कंचन पुरुषं मायामोहनामानं समुत्पाद्यायं वः कार्यं संपादयिष्यतीत्यवोचत्। मायामोहश्च स्वनामावयवार्थानुसारेण स्वप्रवृत्तिं प्रदर्शयन्स्वमायया दैत्यान्व्यामोहयन्सन्मार्गात्प्रभ्रंशयांचकार। बृहस्पतिप्रणीतसूत्रानुसारिणं मायामोहोपदेशं श्रावं श्रावं विस्रम्भितान्तःकरणास्ते तपश्चर्यातः परावृत्ता बभूवुः। ततो निश्चिन्ता देवाः स्वर्गसुखमन्वभूवन्।

बौद्धदर्शनोद्गमः

१२५. नास्तिकमतप्रचारं संपादयता मायामोहेन कृत उपदेशश्चानेकविधः। तत्र सर्वसाधारण एकः। यज्ञादिकर्माणि न धर्म इति स्वीकार्याणि। यतस्तत्र पशव आलभ्यन्ते।

अहिंसैव परमो धर्मः। वेदश्च धूर्तप्रलापमात्रमित्यादिः। श्रुत्वा चैतत्तदेव मनसि कृत्वा ये तदनुसारेण व्यवहरन्ति जल्पन्ति च ते चार्वाकाः। एतावतोपदेशेन च येषु प्रतिपत्तृषु न स्वाभीष्टसिद्धिरालक्षिता मायामोहेन तांश्चापूर्वमिव किंचित्कथयन्विशेषत इत्थमुपदिदेश। ये चेमे जगत्यखिलाः पदार्थाः पुरो दृश्यन्ते ते वस्तुतो नैव सन्ति। भ्रम एवायमिति बुध्यध्वमिति। उपदेशमात्रेणास्माकं बोधसंभवेपि यतोयं बुध्यध्वमिति पुनर्ब्रवीति तत एतदुक्तं सत्यमिति निश्चिन्वानास्ते बौद्धा इति प्रसिद्धिमापुः।

आर्हतदर्शनोद्गमः

१२६. तावताप्यकृतमतीन्कांश्चित्प्रतिपत्तृनालक्ष्य तदनुसारेण सद्वा असद्वा, एकं वा अनेकं वा, नित्यं वा अनित्यं वा-इत्येवं न किंचिदपि निश्चितं भावयत। एष एव परमो धर्मः। अनेनैव वर्तयितुमर्हथेति पुनर्विशेषत उपदिदेश मायामोहः। यतश्चायमाहत्या-र्हथेत्यस्मान्ब्रवीति ततोस्मादेव धर्मान्नः परमं श्रेयः प्राप्स्यतीति कृतमतयः प्रतिपत्तारः आर्हतपदवाच्या अभूवन्निति।

चार्वाकदर्शनप्रचारः

१२७. तत्र चार्वाकमतस्याधिकः प्रचारश्चार्वाकनाम्ना दैत्येन संपादितः। अत एतद्दर्शनं चार्वाकदर्शनमित्यभिधीयते। चारुः सुन्दरो वाको वचनं यस्येति चार्वाकशब्दनिर्वचनम्। अदृष्यपेक्षया हि दृष्टसुखार्थं दृष्टदुःखनिवृत्त्यर्थं वा प्रवर्तते निसर्गतो जन्तुः। स्वर्गसुखप्राप्तये यज्ञादिकर्मणि प्रवर्तमाना विरला एव। तथा नरकदुःखभीत्या पापकर्मणः सकाशान्निवर्तमाना अपि विरला एव प्राणिनो दृश्यन्ते। ततश्च स्वाभाविकप्रवृत्त्यनुरोधेन कस्यचिदुक्तिः श्रुता चेत्तामनायासेनैव चारुत्वेन गृह्णाति लोक इति लोकप्रवृत्त्यनुसारिण्या उक्तेश्चारुता संपद्यते। अत एवेदं दर्शनमनायासेनैव लोके प्रसृतं भवतीत्यतो लोकायतमित्युच्यते। अनेन च चार्वाकदैत्येन तपस्विवेषधारिणा दुर्योधनमित्रेण दुर्योधननाशोत्तरं धर्मराजसभामागत्य पश्यत्सु ब्राह्मणेषु नास्तिकमेतन्मतं प्रतिपाद्यैव-मुक्तम्सत्यं दुर्योधनो भाग्यशाली। यतो भूमण्डलेस्मिन्नखिलेषु नृपेषु योद्धृषु च विद्यमानेषु राज्यलक्ष्मीं दधानः स स्वाराज्यसुखमन्वभूत्। सांप्रतं तु विनष्टेष्वखिलेषु वीरेषु स्त्रीबालवृद्धप्राये लोके कीदृशं ते राज्यसुखम्। रुधिरप्रदिग्धाश्च भोगाः। पारलौकिकसुखाभिलाषेण किल वञ्चितो भवान्। परलोक एव नास्ति कुतस्तत्सुखम्। यज्ञादीनि कर्माणि कुर्वता भवता केवलं क्लेशमात्रं संपादित नान्यत्किमपीति। ततस्तत्र स सभ्यब्राह्मणक्रोधानलेन दग्ध इत्यन्यत्। तन्मतानुसारिणश्चार्वाकाः। एते चार्वाकास्तथा चतुर्विधा बौद्धा आर्हताश्चेति षण्नास्तिका इत्याख्यायन्ते। नास्तिकास्तिकाखिलदर्शन-साधारणोयमर्थो यत्प्रमाणेन चेतनस्याचेतनस्य च मूलस्वरूपं तत्संबन्धं च ज्ञात्वा बन्धस्वरूपं निश्चित्य तत्त्वज्ञानेन मोक्षः संपादनीय इति।

शांकरदर्शनोपक्रमः

१२८. आस्तिकदर्शनान्तर्गते सर्वदर्शनमूर्धन्यभूते शांकरदर्शने च श्रीमच्छंकराचार्यैरुपनिषदो बादरायणप्रणीतानि ब्रह्मसूत्राणि भगवद्गीता चेति त्रितयेपि तदर्थाविष्करणाय भाष्यं प्रणीतम्। तत्रोपनिषदां तात्पर्यं साधारणमतिभिः सहसा ज्ञातुं न शक्यते। यतः श्रुतिः क्वचिदतिदुर्बोधा। क्वचिच्च पूर्वापरसंबन्धशून्येव प्रतिभाति। अनारभ्याधीतानि च वाक्यानि बहून्युपलभ्यन्ते। क्वचिद्वाक्यविपर्यय आलक्ष्यते। क्वचिदर्थस्य नित्यसाकाङ्क्षत्वेप्याकाङ्क्षापरिपूरकं वाक्यं न दृश्यते। क्वचिदावश्यकोपि हेतुर्न निर्दिश्यते। एते दोषाः सांप्रतमस्मादृशां दृष्ट्या भासमाना अपि कदाचिच्छ्रुतिकालीनवाचकानां बुद्धिमत्तातिशयेन संस्कारविशेषान्न स्युः। अथ वा विच्छिन्ना वेदा इति प्रवादानुसारेण सांप्रतमुपलभ्यमानपाठापेक्षयान्यैव श्रुत्यनुपूर्वी दोषासंस्पृष्य पूर्वं स्यात्। स च पाठः कदा परिभ्रष्ट इति न कल्पयितुं शक्यते। सांप्रतमुपलभ्यमाने पाठेऽध्याहारादिना वाक्यार्थपरिपूर्तिं संपाद्य दोषा निर्हरणीया भवन्ति। अध्याहारश्च च स्वमत्यनुसारेण यः कश्चित्कर्तव्यतामापद्यते। किं तूपक्रमादिभिः श्रुतितात्पर्यमवधार्य तदनुसारेण कर्तुं युज्यते। तथा च श्रुत्यर्थस्यातिगम्भीरत्वात्सहसा ज्ञातुमशक्यत्वात्तज्ज्ञापनाय ब्रह्मसूत्रकाराणां सूत्रविरचने प्रवृत्तिः।

सूत्रकारस्य श्रौतत्वम्

१२९. सूत्रकाराश्च परं श्रौता एव न त्वंशतोपि तार्किकाः। तथा च श्रुतेस्तु शब्दमूलत्वात् (ब्र०सू० २।१।२७) इति सूत्रितं सूत्रकारैः। तत्त्वज्ञानार्थं श्रुतिप्रमाण एव सर्वथा भारस्तेषामिति तादृशसूत्रप्रणयनादवगम्यते। जगत्कारणस्य शब्दैकप्रमाणकत्वात्तत्स्वरूपं श्रुतित एव निर्णेयमिति सूत्रार्थः। तादृशं च स्वरूपं लौकिकयुक्तिविरुद्धमिति प्रतीयमानमपि श्रद्धेयमेव। तादृशस्थले युक्तिरेवोपेक्षणीयेति सूत्रतात्पर्यम्। एतदेव च श्रौतानां दर्शनकाराणां श्रौतत्वम्। अयं च सूत्रार्थः शंकराचार्याणां रामानुजाचार्याणां पूर्णप्रज्ञाचार्याणां च संमत एव। तथा च तत्र सूत्रे शारीरभाष्यम्–शब्दमूलं च ब्रह्म शब्दप्रमाणकं नेन्द्रियादिप्रमाणकम्। तद्यथाशब्दमभ्युपगन्तव्यम्। ... तस्माच्छब्दमूल एवातीन्द्रियार्थयाथात्म्याधिगम इति। रामानुजभाष्यं चेत्थम्–श्रौतेर्थे यथाश्रुति प्रतिपत्तव्यमित्यर्थः।...शब्दैकप्रमाणकत्वेन सकलेतरवस्तुविसजातीयत्वादस्यार्थस्य विचित्रशक्तियोगो न विरुध्यत इति न सामान्यतो दृष्टं साधनं दूषणं वार्हति ब्रह्मेति। पूर्णप्रज्ञभाष्यं चेत्थम्–ईश्वरविषये न कश्चिद्विरोधः। कुतः। श्रुतेरेव। शब्दमूलत्वाच्च न युक्तिविरोधः।

यद्वाक्योक्तं न तद्युक्तिर्विरोद्धुं शक्नुयात्क्वचिदिति।

लौकिकदृष्ट्या विरुद्धमिति प्रतीयमानमपि श्रुत्युक्तं सर्वं जगत्कारणस्य

विचित्रशक्तिकत्वेनाचिन्त्यत्वात्तत्राविरोधेन संभवतीति सामान्यतस्तात्पर्यमेतेषां भाष्यकाराणाम्। किं तु शंकराचार्यैः प्रेक्षावतां श्रुतौ विश्वासदार्ढ्याय स चाविरोधः केन प्रकारेण संपादनीय इति पुनराक्षिप्य विवर्तवादे श्रुतितात्पर्यमङ्गीकृत्य परिहृतम् । संभवति च लोके रज्जुसर्पादिविवर्तस्थले सर्पश्च वस्तुतो नास्त्येव भयं च वस्तुतो दृश्यत एवेति मिथो विरुद्धमुभयमपि। तदिदमुक्तं सायणाचार्यैः सर्वदर्शनसंग्रहे (द० १६, पं० २६१) न हि श्रुतिप्रतिपादितेर्थे वैदिकानां बुद्धिः खिद्यते। अपि तु तदुपपादनमार्गमेव विचारयतीति। तथा च शंकराचार्याणां श्रौतत्वं कियतीं काष्ठां गतमिति परिशीलयन्तु सुधिय एव। विवर्तवादाङ्गीकारे च प्रतीयमानस्य भेदस्याविद्यकत्वमर्थादेव सिद्धं भवति। एवं ह्येकमेवाद्वितीयम् (छा० ६ ।१) इति श्रुतिरसंकोचेन सरलेनैवार्थेनोपपादिता भवति। तदप्युक्तं सायणाचार्यैः सर्वदर्शनसंग्रहे (द० १६ पं० ८६९) तस्मादाविद्यको भेद इति श्रुतावद्वितीयत्वोपपत्तयेभिधीयते न तु व्यसनितयेति। एतेन निर्विशेषब्रह्मवादः, नैष्कर्म्यवादः, जगन्मिथ्यात्ववादः, केवलज्ञानान्मोक्षः, मोक्षे सुखदुःखराहित्यम्, चिदचिदीश्वराणां सर्वथैक्यम्, ब्रह्मणो ज्ञानस्वरूपत्वम्, ज्ञानस्य नित्यत्वम्, ज्ञानस्यैकत्वम्, अविद्योपहितब्रह्मकारणवादः, जीवत्वमीश्वरत्वं चौपाधिकम्, मायावादः, ब्रह्माज्ञानवादश्चेत्यादयः शांकरे दर्शनेऽनन्यसाधारणतया प्रतीयमानाः सिद्धान्ताः सारल्येन प्रतीतस्य श्रुत्यर्थस्योपपादनाय शंकराचार्यैरभ्युपेता न त्वभिनिवेशेनेति बोध्यम्। सर्वथा सूत्रकाराणां श्रौताग्रणीत्वं सिद्धं भवति।

भाष्यकारप्रवृत्तिः

१३०. सूत्राणि व्याख्यातुं प्रवृत्तैर्भाष्यकारैश्च सूत्राणि तथैव व्याख्येयानि यथा सूत्रकाराणां श्रौताग्रणीत्वं न विहन्यते। श्रौतादर्शनकाराश्च श्रुतेः स्वरसतः प्रतीयमानेर्थे कथमपि नोपेक्षन्ते प्रत्युत तं समर्थयितुं प्रयतन्ते। सामान्यतः श्रुत्याभिहितेर्थेपि नोपेक्षन्ते किमुत स्वरसतः प्रतीयमाने। व्यञ्जितोर्थस्तु यदि श्रुत्यन्तराविरुद्धस्तर्हि तद्विषयेपि सैव विचारसरणिस्तेषाम्। श्रुत्यन्तरविरोधे तु दुर्बला श्रुतिरभिप्रायान्तरेण योजनीया भवति। अथ का श्रुतिर्दुर्बलत्वेन भावनीया का च प्रबलत्वेनेति चेत्— उच्यते। व्यङ्ग्यलक्ष्यवाच्य-प्राथमिकस्वा रसिकेष्वर्थेषूत्तरोत्तरं प्राबल्यमिति तादृशार्थबोधिका श्रुतिः प्रबला भवति। तत्र व्यङ्ग्यलक्ष्यवाच्या अर्थाः प्रसिद्धाः। प्राथमिकस्वारसिकौ वाच्यविशेषावेव। वाक्यश्रवणसमय एव योर्थः प्रथमं बुद्धिमारोहति स प्राथमिकः। प्रसिद्ध इति यावत्। तत्रापि प्रकृतिप्रत्ययविशेषालोचनपूर्वकं प्रतीयमानो वाच्योर्थः स्वारसिकः। अमुं प्राबल्यदौर्बल्यभावमनुसृत्योपक्रमाद्यनुरोधेन च सूत्रकारैः श्रीमद्बादरायणाचार्यैः समन्वयाध्याये श्रुतः संयोजिताः। सूत्राणि व्याचक्षाणैर्भाष्यकारैर्वृत्तिकारादिभिश्चैतत्तत्त्वं न कदाप्युपेक्षणीयं भवति। तदेतत्सर्वमभिसंधाय वाचकैरेव भाष्यकाराणां मध्येन्यतमस्य ज्यायस्त्वं निर्णेतव्यं भवति।

मोक्षावस्थाप्रतिपादिकाः श्रुतयः

	१. आत्मविज्ञानम् ।	२. पाशहानिः ।	३. आत्मस्वरूपसंपत्ति ।	४. शोकादिराहित्यम्
तथा वि[1]द्वानामरूपाद्वि[2]मुक्तः परात्परं पुरुष[3]मुपैति दिव्यम् (मु० ३।२।८)	,,	,,	,,	,,
तदा वि[1]द्वान्पुण्यपापे वि[2]धूय निरञ्जनः परमं साम्य[3]मुपैति (मु० ३।१।३)	,,	,,	,,	,,
एतद्यो वेद[1] निहितं गुहायां सोऽविद्याग्रन्थि विकिर[2]तीह सौम्य (मु० २।१।१०)	,,	,,	,,	,,
भि[2]द्यते हृदयग्रन्थिश्छिद्यन्ते सर्वसंशयाः । क्षीयन्ते चास्य कर्माणि तस्मिन्दृ[1]ष्टे परावरे (मु० २।२।८)	,,	,,	,,	,,
ज्ञा[1]त्वा देवं मुच्य[2]ते सर्वपाशैः (श्वे० २।१५)	,,	,,	,,	,,
ज्ञान[1]निर्मथनाभ्यासात्पाशं द[2]हति पण्डितः (कै० ११)	,,	,,	,,	,,
तद्ब्रह्माहमिति ज्ञा[1]त्वा सर्वबन्धैः प्र[2]मुच्यते (कै० १७)	,,	,,	,,	,,
एवंवि[1]दि न[2] पापं कर्म श्लिष्यते (छा० ४।१४।३)	,,	,,	,,	,,
निचाय्[1]य तन्मृत्युमु[2]खात्प्रमुच्यते (का० ३।१५)	,,	,,	,,	,,
तमेवं ज्ञा[1]त्वा मृत्युपा[2]शांश्छिनत्ति (श्वे० ४।१५)	,,	,,	,,	,,
यस्मिन्सर्वाणि भूतान्यात्मै[3]वाभूद्विजानतः । तत्र को[4] मोहः कः शोक एकत्वमनुपश्यतः (ई० ७, बृ० १।५।७)	,,	,,	,,	,,
यस्तु विज्ञा[1]नवान्भवति समनस्कः सदा शुचिः । स तु तत्पदमा[3]प्नोति यस्माद्भूयो न[4] जायते (का० ३।८)	,,	,,	,,	,,
यथोदकं शुद्धे शुद्धमासिक्तं तादृगेव भवति। एवं मुनेर्विजा[1]नत आत्मा भ[3]वति गौतम (का० ४।१५)	,,	,,	,,	,,
ब्रह्म[1] वेद ब्रह्मै[3]व भवति (मु० ३।२।९)	,,	,,	,,	,,
यो वेद[1] निहितं गुहायां परमे व्योमन् । सोऽ[3]श्नुते सर्वान्कामान्सह । ब्रह्मणा विपश्चितेति (तै० २।१।१)	,,	,,	,,	,,
यो यो देवानां प्रत्य[1]बुध्यत स एव तद[3]भवत्। स इदं सर्वं भवति (बृ० १।४।१०)	,,	,,	,,	,,

मोक्षावस्थाप्रतिपादिकाः श्रुतयः

	१. आत्मविज्ञानम्।	२. पाशहानिः।	३. आत्मस्वरूपसंपत्ति।	४. शोकादिराहित्यम्।
परमेव ब्रह्म[३] भवति य एवं[१] वेद (नृ० ५)	,,	,,	,,	,,
अभयं हि वै ब्रह्म भ[३]वति य एवं[१] वेद (बृ० ४।४।२५)	,,	,,	,,	,,
तदक्षरं वेदय[१]ते यस्तु सोम्य स सर्वज्ञः सर्वमे[३]वाविवेश (प्र० ४।११)	,,	,,	,,	,,
संविश[३]त्यात्मनात्मानं य एवं वेद[१] (मा० १२)	,,	,,	,,	,,
ब्रह्मैव[१] सन्ब्रह्मा[३]प्येति (वृ० ४।४।६)	,,	,,	,,	,,
आनन्दं ब्रह्मणो वि[१]द्वान्न[४] बिभेति कुतश्चन (तै० २।४।१)	,,	,,	,,	,,
तर[४]ति शोकमा[१]त्मवित् (छा० ७।१।३)	,,	,,	,,	,,
य एत[१]द्विदुरमृता[४]स्ते भवन्ति (बृ० ४।४।१४)	,,	,,	,,	,,
य एनं[१] विदुरमृता[४]स्ते भवन्ति (म० ना० १।११)	,,	,,	,,	,,
तमेवं वि[१]द्वानमृ[४]त इह भवति (नृ० पू० १।६)	,,	,,	,,	,,
तमेवं विदित्[१]वाति मृ[४]त्युमेति (श्वे० ३।८)	,,	,,	,,	,,
ज्ञा[१]त्वा तं मृत्यु[४]मत्येति (कै० ९)	,,	,,	,,	,,
विद्य[१]या विन्दतेऽ[४]मृतम् (के० १२)	,,	,,	,,	,,
यदा सर्वे प्रमु[२]च्यन्ते कामा येस्य हृदि श्रिताः। अथ मर्त्योऽमृ[४]तो भवत्यत्र ब्रह्म स[३]मश्नुते (बृ० ४।४।७, का० ६।१४)	,,	,,	,,	,,
सर्वाणि कर्माणि योगी द[२]ग्ध्वा परं व्र[३]जेत् (क्षु० २३)	,,	,,	,,	,,
यत्र त्वस्य सर्व[३]मात्मैवाभूत्तत्केन[२] कं पश्येत् (बृ० २।४।४)	,,	,,	,,	,,
अ[२]शरीरं वाव सन्तं न[४] प्रियाप्रिये स्पृशतः (छा० ८।१२।१)	,,	,,	,,	,,
त्यागेन[२] चैके अमृतत्व[४]मानशुः (म० ना० १०।५)	,,	,,	,,	,,
छिन्न[२]पाशस्तथा जीवः संसारं तर[४]ते सदा (क्षु० २२)	,,	,,	,,	,,
छित्[२]वा तन्तुं न[४] बध्यते (क्षु० २४)	,,	,,	,,	,,
अभयं प्रति[३]ष्ठां विन्दते अथ सोऽभ[४]यं गतो भवति (तै० २।७।१)	,,	,,	,,	,,
अभ[४]यं वै जनक प्राप्तोसि (बृ० ४।२।४)	,,	,,	,,	,,

श्रुत्येकवाक्यताप्रकारः

१३१. सूत्रकारैश्च न सर्वाः श्रुतयः परिगृहीताः। किं तु काश्चिदनुसंधायैवं समन्वयः कार्य इत्येवं श्रुतिसंयोजनमार्गः प्रदर्शितः। तमेव मार्गमनुसृत्य वादग्रस्तविषये तत्तद्विषयविशेषप्रतिपादिकाः श्रुतीरेकत्र संकलय्य सर्वैकवाक्यतया पूर्वापरसंदर्भानुसारेण च तादृशविषयविशेषस्वरूपं निर्धारणीयं भवति नेतरथा। तदर्थं वादग्रस्तविषयविशेषे काश्चिच्छ्रुतयः प्रदर्श्यन्ते।

अर्थचतुष्टयम्

१३२. एवमन्यान्यपि मोक्षप्रतिपादकवाक्यान्यत्र संग्राह्याणि। प्रदर्शितेष्वेतेष्वन्येषु च मोक्षवाक्येष्वात्मविज्ञानं पाशविमोचनमात्मस्वरूपसंपत्तिः शोकादिराहित्यं चेति चत्वारोर्थाः प्रतीयन्ते। ते च सर्वे सर्वत्र न निर्दिष्टाः। किं तु यथासंभवं केचित्क्वचिन्निर्दिष्टा दृश्यन्ते। तेषां च स्वरूपं सर्वेषामेकवाक्यतया निर्णेतव्यं भवति। तत्रादावात्मविज्ञानस्वरूपं मीमांस्यते। उपरि निर्दिष्टानां श्रुतीनां मध्ये कासुचिच्छ्रुतिषु विद्वान्, वित्, वेद, ज्ञात्वा-इत्येवं निरुपसृष्टविदधातुना ज्ञाधातुना च सामान्यज्ञानमुच्यते। विजानतः, विज्ञानवानित्यत्र वीत्युपसर्गेणज्ञाने कश्चन विशेषः प्रतीयते। स च कीदृशो विशेष इत्याकाङ्क्षायां दृष्टे, अनुपश्यतः, निचाय्येत्येकवाक्यतया प्रत्यक्षदर्शनरूपो गृह्यते । प्रत्यबुध्यतेति प्रतिबोधश्चायमेव । साक्षात्कार इति यावत्।

आत्मसाक्षात्कारः

१३३. अस्य साक्षात्कारस्य विषयश्चात्मैव। यद्यप्युक्तश्रुतिवाक्येषूक्तज्ञानविषयतयानेकेर्था अवभासन्ते तथाप्येकत्रैव तात्पर्यं तेषाम्। तथा हि । आत्मविदित्यत्रात्मा स्वशब्देनैव वेदनविषयतया निर्दिष्टः। यस्मिन्सर्वाणि भूतान्यात्मैवाभूद्विजानत इति श्रुतौ च विज्ञानेन भूतानामात्मस्वरूपसंपत्तिरभिहिता। सा चात्मन एव वेदनविषयत्वमुपोद्बलयति। प्रतिषेधति च सैव श्रुतिरात्मैवेत्येकारेणात्मनोन्यस्य कस्यचिद्वेदनविषयत्वम्। संवेदनानुरूपा हि स्वरूपसंपत्तिः। एतच्छ्रुत्युनरोधेनैकत्वमनुपश्यत इत्यत्र दर्शनविषयतया निर्दिष्टमेकत्वं चात्मैक्यमेव ग्राह्यं भवति। आत्मब्रह्मशब्दयोश्च पर्यायत्वाद्ब्रह्मविदित्यत्रापि वेदनविषयतयात्मैव निर्दिष्टो नान्यः कश्चित्। तस्मिन्दृष्टे परावर इति मुण्डकश्रुतौ परावरशब्देनाप्यात्मैव गृह्यते। उक्तश्रुत्यनुरोधात्। तत्र तस्यैव परामर्शाच्च। मुण्डके हि दिव्ये ब्रह्मपुरे ह्येष व्योम्न्यात्मा प्रतिष्ठितः। मनोमयः प्राणशरीरनेता प्रतिष्ठितोन्ने हृदयं संनिधाय। तद्विज्ञानेन परिपश्यन्ति धीरा आनन्दरूपममृतं यद्विभाति (मु० २।२।७) इति पूर्ववाक्ये दर्शनविषयतयात्मन एव निर्देशो दृश्यते।

अत्रानन्दरूपममृतमित्युक्तेर्विज्ञानमानन्दं ब्रह्म (बृ० ३।९।२८) इत्यन्यत्रानन्दब्रह्मणोः सामानाधिकरण्यनिर्देशाच्चानन्दं ब्रह्मणो विद्वानित्यत्र वेदनविषयतया निर्दिष्ट आनन्दो ब्रह्मस्वरूप एव। ब्रह्मण इति षष्ठीनिर्देशस्त्वौपचारिकः। आनन्दशब्दस्य लोके प्रायः सर्वत्रामुकस्यानन्द इति सप्रतियोगिकस्य निर्देशदर्शनादत्रापि तथैव निर्देशः। राहोः शिर इतिवत्। न तु तत्राभिनिवेष्टव्यम्। विज्ञानमानन्दं ब्रह्म (बृ० ३।९।२८) इत्येवमन्यत्रानन्दब्रह्मणोः सामानाधिकरण्येन निर्देशात्। आनन्दरूपममृतम् (मु० २।२।७) इत्यत्राहत्य रूपशब्देनानन्दब्रह्मणोरैक्यबोधनाच्च। आनन्दब्रह्मणोर्भेदमङ्गीकुर्वतां द्वैतवादिनां नयेप्यानन्दं ब्रह्मणो विद्वान्न बिभेति कुतश्चनेति निर्देशस्यौपचारिकत्वम वर्जनीयमेव। ब्रह्मानन्दविषयकं वेदनं हि न परोक्षम्। परोक्षेण ब्रह्मानन्दवेदनेन भयनिवृत्तेरसंभवात्। अस्मादृशामपि शाब्दं ब्रह्मानन्दज्ञानं विद्यत एव। अतस्तद्वेदनं प्रत्यक्षमेवाङ्गीकर्तव्यम्। तथा चानन्दशब्दस्यानन्दसदृशानन्द इति लक्षणावश्यं स्वीकार्यैव। न ह्यन्यस्यानन्दोन्येनानुभूयत इतिवक्तुं शक्यम्। किं चानन्दशब्दे लक्षणापेक्षया ब्रह्मण इति षष्ठीविभक्तौ लक्षणाकल्पनमुचितम्। गुणे त्वन्याय्यकल्पनेति न्यायात्। किं चैवमत्रानन्दशब्दस्यानन्दसदृशेर्थे लक्षणां स्वीकृत्यापि पुनर्विज्ञानमानन्दं ब्रह्म, आनन्दस्वरूपममृतमित्यत्र लक्षणा स्वीकार्यैवेति बहुगौरवम्। आनन्देन रूप्यते निरूप्यत इत्यानन्दरूपमिति क्लिष्टकल्पनया योजना तु श्रुतौ न न्याय्या। श्रुतयो हि गम्भीरा उत्तानार्था इति न ताः कथंचिदपि क्लिष्टकल्पनया योजयितुमर्हन्ति। अतो लोके चिदानन्दयोरैक्यमननुभूयमानमपि श्रुत्यर्थस्य सारल्येनोपपादनायं शंकराचार्यैः सिद्धान्तितम्।

आत्मैकत्वोपपादनम्

१३४. अथ दृश्यनानात्वं निवारयन्त्या एकत्वमनुपश्यत इत्येकत्वश्रुतेर्यथा दृश्येषु मिथः प्रतिभासमानस्य भेदस्य निवारणे तात्पर्यं तथा द्रष्टृदृश्ययोर्मध्ये प्रतिभासमानस्यापि भेदस्य निवारणे तात्पर्यमस्ति न वा। आद्ये द्रष्टृदृश्यभेदाभावे न द्रष्टुर्द्रष्टृत्वं न च दृश्यस्य दृश्यत्वम्। तयोरभावे च सुतरां दर्शनस्यापि दर्शनत्वं नास्ति। तथा चासंकोचेनैकत्वश्रुतेरुपपत्तावप्यनुपश्यत इति श्रुतिर्विरुध्यते। दर्शनस्य लोके द्रष्टृदृश्यापेक्षयैव सिद्धत्वात्। द्वितीये तु सर्वाणि भूतान्यात्मैवाभूदित्यत्रात्मेति श्रुतिविरोधः। आत्मशब्दो हि स्वशब्दापरपर्यायो द्रष्टृस्वरूपनिदर्शकः। द्रष्टृदृश्ययोर्भेदे विद्यमाने तु दृश्यस्यात्मस्वरूपसंपत्तिर्न घटत इति सर्वाणि भूतान्यात्मैवाभूत् (ई० ७) यत्र त्वस्य सर्वमात्मैवाभूत् (बृ० २।४।४) इति श्रुतिः कथं संगच्छेत। श्रुतेस्त्वेवशब्देन तत्प्रतिपादने विशेषतो भारो दृश्यत इति चेत्— उच्यते। आत्मश्रुतिरेकत्वश्रुतिर्दर्शनश्रुतिश्चेति तिसृणामविरोध इत्थमुपपादयितुं शक्यते।

यथा शुद्धे शुद्धमासिक्तं तादृगेव भवति।
एवं मुनेर्विजानत आत्मा भवति गौतम (का० ४।१५)

इति श्रुतावात्मसाक्षात्कारेण जायमानायाः अवस्थितेः शुद्धजलदृष्यन्त उपादीयते। दृष्यन्ते प्रदर्शिते तेन दार्ष्टान्तिकोर्थः सुज्ञानो भवति। शुद्धे जले शुद्धं जलमासिक्तं तादृगेव भवतीत्युच्यते। अत्रासेचनेन जायमाना तादृक्ता किं तत्सजातीयताथ वा तद्रूपता। आद्य आसेचनात्प्रागपि तत्सजातीयता सिद्धैवेत्यासेचनोक्तिर्व्यर्था। अतोत्र द्वितीय एवार्थो ग्राह्यः। तद्रूपता नाम तद्भेदाभावः। दार्ष्टान्तिके चासेचनाधारभूतशुद्धजलस्थानीयः सर्वप्रपञ्चविवर्तोपादानभूतः परमात्मा। स च विवर्तोपादानत्वच्छुद्ध एव। न हि सर्पप्रतिभासे रज्जुर्विषेण लेशतोपि स्पृश्यते। आधेयभूतशुद्धजलस्थानीयस्तु ज्ञानिन आत्मा। तस्य च शुद्धत्वमन्तःकरणादिसंबन्धरहितत्वम्। तस्य च परमात्मन्यासेचनस्थानीयं विजानत इति पदवाच्यं विज्ञानं श्रुतौ निर्दिष्टम्। तथा च यथासेचने सति शुद्धजलयोर्भेदप्रतीतिर्निवार्यते तथा जीवात्मपरमात्मनोर्भेदप्रतीतिर्विज्ञानेन निवार्यते। इत्थं यथा शुद्ध इति श्रुतेरर्थे स्थिते सति पूर्वोक्तानां तिसृणां श्रुतीनां मध्य आत्मश्रुतिरेकत्वश्रुतिश्च नैव विरुध्यते। प्रत्युतानुकूलैव भवति। दर्शनश्रुतिश्च यद्यपि विरुद्धेव प्रतीयते तथापि वस्तुनो नैव सापि विरुध्यते। प्रत्यक्षं हि त्रिविधचैतन्यानामैक्यम्। तच्च भेदावभासानवभाससाधारणम्। आद्यं सविकल्पकं घटादिप्रत्यक्षम्। द्वितीयं निर्विकल्पकमात्मैक्यप्रत्यक्षम्। तथा च दर्शने भेदावभासस्यानावश्यकत्वाद्दर्शनश्रुतिर्न विरुध्यत इति सिद्धम्।

आत्मप्रत्यक्षम्

१३५. अत्रेदं बोध्यम्–यत्साक्षादपरोक्षाद्ब्रह्म (बृ० ३।४।१) इति ब्रह्म साक्षात्प्रत्यक्षमित्युच्यते। अपरोक्षादित्यस्यापरोक्षमित्यर्थे न विवादः। शंकराचार्यरामानुजाचार्याभ्यामुभाभ्यामपि तथैव स्वीकृतत्वात्। अपरोक्षं प्रत्यक्षम्। प्रत्यक्षशब्दश्च यद्यपि घटस्य प्रत्यक्षं, घटः प्रत्यक्षः, घटज्ञापकं प्रमाणं प्रत्यक्षम्–इत्यनेकविधप्रयोगदर्शनाज्ज्ञानविशेषे तद्विषये तत्साधने च व्यपदिश्यते तथापि ज्ञानविशेषरूपोर्थो मुख्यः। तद्विषये तत्साधने च लक्षणा प्रयुज्यते। त्रयाणामपि मुख्यार्थत्वं स्वीकृत्यानेकार्थत्वकल्पनं तु न न्याय्यम्। गौरवग्रस्तत्वात्। शक्त्यन्तरकल्पनमेकं गौरवम्। प्रयोगे चामुकेर्थे वक्तुस्तात्पर्यमिति विशेषनिर्णयाय संयोगविप्रयोगाद्यनुसंधानं चापरं गौरवम्। यत्र च मिथोऽसंबद्धा अनेकार्थाः प्रतीयन्ते तत्र लक्षणया निर्वाहो न भवतीत्यगत्या तादृशस्थले सैन्धवशब्दादौ गौरवं स्वीकार्यं भवतु नाम। सर्वत्रानेकार्थत्वस्वीकारे लक्षणाया निरवकाशता स्यात्। उक्तश्रुतौ च मुख्यार्थे संभवति गौणार्थस्वीकारस्यनुचितत्वाद्ब्रह्म

प्रत्यक्षज्ञानरूपमित्यर्थः प्रतीयते। तथा चात्मचैतन्यमेव प्रत्यक्षप्रमेति प्रत्यक्षज्ञानलक्षणं श्रुतिसंमतम्। न त्विन्द्रियजन्यं ज्ञानं प्रत्यक्षमित्यादि। नित्यस्य ब्रह्मणो जन्यत्वासंभवात्। विषयाकारा मनसो वृत्तिस्त्विन्द्रियजन्या। सा च तदवच्छिन्नचैतन्यस्य ज्ञानस्वरूपब्रह्मण उपाधिः। अतो वृत्तौ ज्ञानत्वमौपचारिकम्। तादृशौपचारिकज्ञानस्य द्रष्टृदृश्यापेक्षा न तु मुख्यस्यात्मस्वरूपभूतज्ञानस्य। चैतन्यं ज्ञानमित्यनर्थान्तरम्। तच्चात्मरूपं चैतन्यं यदाविर्भवति तदा लोके ज्ञानं जातमित्युच्यते। आविर्भावश्च शुद्धसात्त्विके स्वच्छे पदार्थे भवति। घटाद्यर्थपेक्षयेन्द्रियाणि स्वच्छानि। तदपेक्षयापि मनः स्वच्छतरम्। तदपेक्षयापि मनसो वृत्तिरधिकं स्वच्छतरा। तथा च मूर्तेष्वमूर्तेषु सर्वेषु पदार्थेष्वन्ततो विद्यमानमपि चैतन्यं मनोवृत्तावाविर्भवति। यथा घर्षणविशेषेण पाषाणे सौन्दर्यातिशये समुत्पद्यमाने तत्र प्रतिबिम्बमाविर्भवति तद्वत्। तथा च विषयाकारमनोवृत्तावाविर्भूतं ब्रह्मचैतन्यमेव लोके प्रत्यक्षोपमित्यादिशब्दवाच्यं ज्ञानम्। यद्यपि घटादावपि चिद्रूपब्रह्मण एवाविर्भावस्तथापि स घटादिविषयाकाररूपेण न तु साक्षात्। यदा च साक्षाद्ब्रह्मा-विर्भावस्तदा मुक्त एव सः। अत एवोक्तश्रुतौ यत्साक्षादपरोक्षाद्ब्रह्म (बृ० ३।४।१) इत्युक्तम्। एवं च श्रौते दर्शने विषयाकारवृत्त्यवच्छिन्नमाविर्भूतं ब्रह्मचैतन्यमेव ज्ञानपदवाच्यम्। तच्च विषयचैतन्याद्भेदेनाविर्भूतं परोक्षमित्युच्यते। तदितरदपरोक्षम्। प्रत्यक्षमिति यावत्। लौकिकेऽयं घट इति प्रत्यक्षे मनसो विषयदेशे गमनान्न विषयचैतन्याद्वृत्त्यवच्छिन्नचैतन्यस्य भेदेनाविर्भावः। शास्त्रीय आत्मप्रत्यक्षे तु द्रष्टृदृश्ययोरपि भेदो नावभासत इति ब्रह्मचैतन्यं विषयचैतन्याद्भेदेनाविर्भूतं न भवत्येव। एतदेव यत्साक्षादपरोक्षाद्ब्रह्मेति श्रुतेस्तात्पर्यम्। तथा चात्मस्वरूपभूतं ज्ञानं निर्विकल्पकम्। लौकिक इदं किंचिदित्यादिनिर्विकल्पके दृश्यगतो विशेषो नावधार्यते। शास्त्रीये निर्विकल्पकात्मसाक्षात्कारे तु द्रष्टृगतोपि विशेषो नावधार्यत इति निर्विकल्पक-तरमेतत्। इत्थं चात्मविज्ञानस्वरूपं निरूपितम्।

पाशविमोचनम्

१३६. अथ पाशविमोचनं प्रदर्शितश्रुतिवाक्यानुसारेण निरूप्यते। बन्धसाधनं पाश उच्यते। बन्धश्च शरीरेण सह संबन्धः। स चाविद्याग्रन्थिमूलः कर्मणा संपादितः। शरीरं च नामरूपात्मकः कार्यकारणसंघातः। अशनाया पिपासा शोको मोहो जरा मृत्युर्जन्म तृष्णा भयं सुखं दुःखं चेत्यादि सर्वमुक्तबन्धमूलकमेव। बन्ध एव च मृत्युमुखमित्युच्यते। एतच्च सर्वमुक्तश्रुतिवाक्येभ्यः स्फुटतरमेव प्रतीयत इति विस्तरभिया तत्रोदास्यते। तथा चाविद्यारूपो मुख्यः पाशः। तन्मूलकं सर्वं शरीरादिकं तज्जन्यत्वात्पाशपदवाच्यं भवति। तादृशपाशवियोगः पाशविमोचनमित्युच्यते। अशरीरत्वस्थितिरिति यावत्।

अथात्मसाक्षात्कारेण कथं सशरीरत्वं निवर्तत इति चेत्–उच्यते। यस्मिन्सर्वाणि भूतान्यात्मैवाभूद्विजानतः (ई० ७) इति श्रुतावात्मसाक्षात्कारेण सर्वभूतानामात्मत्वमभिधीयते। अत्र भूतशब्देन पञ्चमहाभूतमयो जडः प्रपञ्च उच्यते। तस्य चात्मत्वमात्मप्रत्यक्षेण कथं स्यात्। न ह्यन्यस्यान्यरूपत्वं ज्ञाने संपादयितुं शक्यं भवति। अतश्चागत्यात्मविवर्तः प्रपञ्च इति विवर्तवाद आश्रयणीयो भवति। विवर्तवादाश्रयणे च प्रातिभासिक सर्पस्य रज्जुविवर्तस्य रज्जुप्रत्यक्षज्ञानेन रज्जुस्वरूपत्वमिवात्मविवर्तस्य प्रपञ्चस्यात्मप्रत्यक्षज्ञानेनात्मस्वरूपत्वं संपादयितुं शक्यं भवति। शरीरस्य च भूतमयत्वात्तस्य कथं शरीरत्वेन ज्ञानमात्मप्रत्यक्षानन्तरं स्यात्। तथा चार्थादेवाशरीरत्वं सिद्धम्।

आत्मस्वरूपसंपत्तिः

१३७. अथोक्तश्रुतिवाक्येभ्य एवात्मस्वरूपसंपत्तिः कीदृशीति मीमांस्यते। यस्तु विज्ञानवान्भवति (का० ३।८) इति काठकश्रुतावात्मसाक्षात्कारवांस्तादृशं स्थानविशेषमाप्नोति यत्र गतः पुनर्जन्म नोपैतीत्युच्यते। कीदृशं च तत्स्थानमिति विशेषजिज्ञासायां मुण्डकश्रुत्येकवाक्यतया दिव्यपुरुषरूपमिति लभ्यते। अथ तादृशपुरुषप्राप्तिश्च कीदृशीति चेत्–अभेदेनैव सा न तु भेदेन। अत्र च यस्मिन्सर्वाणि भूतान्यात्मैवाभूत्, एवमात्मा भवति, ब्रह्मैव भवति, स तदभवत्, स इदं सर्वं भवति, परमेव ब्रह्म भवति, सर्वमात्मैवाभूदित्येवंविधा भूयस्यः श्रुतयः प्रमाणभूताः।

सर्वकामावाप्तिः

१३८. स्यादेतत्। यद्यात्मसाक्षात्कारवानिदं सर्वं भवति तर्हि सोश्नुते सर्वान्कामान्सह। ब्रह्मणा विपश्चिता (तै० २।१।१) इत्यस्यां मोक्षप्रतिपादकश्रुतौ सर्वकामावाप्तिरभिहिता न संगच्छते। तथा ब्रह्मणेत्यपि न संगच्छते। ज्ञानिनः सकाशाद्भेदेन कामानां ब्रह्मणश्चाभावादिति चेत्–उच्यते। सोश्नुते सर्वान्कामानित्यस्यां मोक्षप्रतिपादिकायां श्रुतौ सर्वकामाशनं प्रतीयते। यदा सर्वे प्रमुच्यन्ते कामा इत्यस्यां मोक्षप्रतिपादिकायामेव श्रुतौ कामविमोचनं प्रतीयते। भासमानश्चायं विरोधोवश्यं परिहरणीयो भवति। परिहारप्रकारश्चात्र श्रुत्यैव ब्रह्मणेत्युक्त्या हृदि श्रिता इत्युक्त्या च प्रदर्शितः। हृदि श्रिता मनोगताः। इदं मे भूयादित्येवं मनसि प्रविष्टानां कामानां प्रकर्षेण मोचनम्। बहिरेवावस्थितानां सर्वेषां कामानामशनं चान्ततो ब्रह्मरूपेण व्यापनम्। तथा च न कोपि विरोधः। कामविशेषाणां केषांचित्प्रमोचनं तथा कामविशेषाणां केषांचित्स्वीकार इति परिहारस्तु न समीचीनः। उभयत्रापि सर्वशब्देन कामानां विशेषितत्वात्। श्रुतेस्त्वयमर्थः–

सहशब्दाभिधेयं साहित्यं नित्यसाकाङ्क्षं केन कस्येति। तत्र केनेत्याकाङ्क्षा ब्रह्मणेत्यनेन पूरयितव्या। परं तु श्रुतौ सहेत्यन्तमेकं वाक्यं ब्रह्मणा विपश्चितेति चापरं सांप्रदायिके पाठे दृश्यते। वाक्यान्तरेण च वाक्यान्तरीयनित्योत्थिताकाङ्क्षापरिपूरणं सत्यां गतावयुक्तम्। तथा च कामानां मध्य एवैकस्यापरेणेत्येवं मिथोन्यान्यसाहित्यं ग्राह्यम्। तथा च युगपदित्यर्थः पर्यवसितो भवति। सर्वे सहैवोपस्थिता इतिवत्। एतेन कस्येत्याकाङ्क्षापि परिपूरिता भवति। तथा च ज्ञानिनः सर्वकामसंबन्धो युगपदिति प्रतीयते। स संबन्धश्च न कामावाप्तिः किं तु कामव्याप्तिः। अश् व्याप्तौ संघाते चेत्येवमशधातुर्व्याप्त्यर्थकः स्वादिगणे पठ्यते। अश्नुत इत्युक्त्या च स एवात्र ग्राह्यो भवति। युगपच्छब्द-स्पर्शाद्यखिलकामव्याप्तिश्च ज्ञानिनः कथं स्यादिति शङ्कानिवृत्त्यर्थं ब्रह्मणेत्यादि वाक्यान्तरम्। ब्रह्मरूपेणेत्यर्थः। कीदृशेन ब्रह्मणा। विपश्चिता। विशेषेण पश्यच्चिद्विपश्चित्। तादृशेन। स्वयंप्रकाशमानज्ञानैकरूपेणेत्यर्थः। आन्तरेण सूक्ष्मेण चिद्रूपेणैव शब्दादीन्सर्वविषयान्पश्यति न तु बाह्येन तत्तद्रूपेणेति तात्पर्यम्। एवं च ज्ञानी ब्रह्मरूपेण सर्वं व्याप्नोतीत्युक्तं भवति। ब्रह्मविद्ब्रह्मैव भवतीत्यत्र यदुक्तं तदेव सोश्नुत इत्यत्र पर्यायेणोक्तं भवति।

साम्योपपादनम्

१३९. ननु निरञ्जनः परमं साम्यमुपैति (मु० ३।१।३) इति श्रुतौ साम्योक्तेस्तदानीं भेदस्यावश्यकत्वमिति चेत्– भ्रान्तोसि। साम्यं द्विविधं भेदघटितं तदघटितं च। तयोर्मध्येत्र कीदृशं ग्राह्यमिति विशेषजिज्ञासायामात्मैवाभूदित्यादीनामनुपदमेव प्रदर्शितानां भूयसीनां श्रुतीनामनुग्रहाद्भेदाघटितमेव ग्राह्यं भवति। भेदाघटिते साम्ये च नैव विवदितव्यम्। इवशब्दार्थं व्याचक्षाणैर्वैयाकरणैः स्पष्टमेव प्रतिपन्नत्वात्। आलंकारिका अपि तदनुसृत्य तादृशस्थलेनन्वयालंकारमुदाहरन्ति। किं चात्र परममिति साम्यस्य विशेषणं दृश्यते। अत्यन्तं साम्यं च स्वस्य स्वेनैवायाति न तु परेणेति स्पष्टमेव भट्टोजीदीक्षितैः शब्दकौस्तुभे प्रतिपादितम्। किं चात्र साम्यस्य भेदघटितत्वाङ्गीकारे केन धर्मेण साम्यमिति साम्यप्रयोजकीभूतो धर्मो वक्तव्यः। सुखातिशयेनेति चेत्तदानीं सुखसाधनीभूतपुण्यकर्मण आवश्यकत्वम्। अस्यां श्रुतौ तु पुण्यपापे विधूयेति पुण्यपापविधूननं स्पष्टमेवोच्यते। किं चात्र निरञ्जन इत्युच्यते। येन केनापि संबन्धेन रहित इति तस्यार्थः। यस्य च न कोपि संबन्धस्तस्य केनापि धर्मेण साम्यं सुतरां दुर्वचम्। तथा चायं श्रुत्यर्थः पर्यवसितो भवति। आत्मसाक्षात्कारवान्पुण्यपापरूपे द्विविधे अपि कर्मणी परित्यज्य कर्मजन्यशरीरादिसंबन्धरहितः सन्स्वेनैव सह साम्यं प्राप्नोति निरुपमो भवतीति यावदिति। एवमात्मस्वरूपसंपत्तिर्निरूपिता।

शोकादिराहित्यम्

१४०. अथ शोकादिराहित्यं विचार्यते–शोकादीत्यादिशब्देन मोहभयजन्ममरण-सुखदु:खग्रहणम्। उक्तश्रुत्यनुरोधात्। अयमेव च संसार:। प्रियाप्रिये न स्पृशत इत्यत्र प्रियाप्रियशब्दाभ्यां सुखदु:खे उच्येते। प्रियं हि सुखमेव। शब्दस्पर्शादयस्तु न स्वरूपेण प्रिया: किं तु सुखजनकत्वेन। अतस्ते न वस्तुत: प्रियशब्दवाच्या भवन्ति। तथा च मुक्तौ दु:खमिव सुखमपि नास्त्येव। द्वैतिनस्त्वत्राप्रियस्पर्शनिषेधमात्र एव श्रुतेस्तात्पर्यं न तु प्रियस्पर्शनिषेधेपि। प्रत्युत तत्र सुखातिशयो वर्तत एवेति वदन्ति। तच्छ्रुत्यक्षर-विरुद्धम्। श्रुतिर्हि प्रियाप्रिये इति द्वन्द्वनिर्देशेनाप्रियेण सहैव प्रियस्यापि स्पर्शं समुच्चयेन निषेधति। किं चाप्रियस्पर्शस्य कारणं सशरीरत्वम्। तदभावे कारणाभावात्कार्याभाव–इति न्यायेनाप्रियस्पर्शो निवार्यते। अप्रियस्येव च प्रियस्पर्शस्यापि कारणं सशरीरत्वमेव। अत्र च प्रियाप्रियसामान्यस्पर्श: श्रुतेर्निषेध्यत्वेन विवक्षितो न तु प्रियाप्रियविशेषस्पर्श:। तथा तत्कारणमपि शरीरसामान्यसंबन्धरूपमेव श्रुतेर्निवार्यत्वेन विवक्षितं न तु शरीरविशेषसंबन्धरूपम्। श्रुतौ तथाविधशब्दस्यादर्शनात्। तदत्र श्रुतेस्तात्पर्यं किमप्रिय-स्पर्शनिषेधमात्र एवाथ वा प्रियस्पर्शनिषेधेपि। तथा प्रियस्पर्शनिषेधे श्रुतेस्तात्पर्य स्वीकृतं चेत्प्रियसामान्यस्पर्शनिषेधेथ वा प्रियविशेषस्पर्शनिषेध इति सहृदया अनभिनिविष्टबुद्धय: प्रेक्षावन्त एव विदांकुर्वन्तु।

आत्मविज्ञानादिषु क्रम:

१४१. अत्र चात्मविज्ञानपाशविमोचनयोर्हेतुमद्भावो ज्ञाननिर्मथनाभ्यासात्पाशं दहतीत्यत्र पञ्चम्यैवोक्त:। अन्यत्र तु विद्वान्, दृष्टे, ज्ञात्वा, विजानत:, निचाय्येत्यादि-भिर्हेतुगर्भै: पदै: सूचित:। तथा नामरूपाद्विमुक्त: परात्परं पुरुषमुपैति। पुण्यपापे विधूय निरञ्जन: साम्यमुपैतीत्यादो पाशविमोचनात्मस्वरूपसंपत्त्योर्हेतुहेतुमद्भाव: सूचित:। तथैव चात्मस्वरूपसंपत्तिशोकादिराहित्ययोर्हेतुहेतुमद्भाव: सर्वाणि भूतान्यात्मैवाभूत्तत्र को मोह: क: शोक इत्यादौ सूचित:। हेतुहेतुमद्भावापनानां पदार्थानां च क्रमिकत्वेनात्मविज्ञानादिषु विद्यमानोपि क्रमोत्र कारणानामविलम्बेन कार्यकारित्वान्नालक्ष्यते। एतदभिप्रायेणैव च विजानत इति वर्तमानकालद्योतक: शतृप्रत्ययो निर्दिश्यते। तदेवमात्मविज्ञानम-विद्याकामकार्यशरीरादिपाशविमोचनद्वारात्मस्वरूपतामनुभाव्य शोकादिभ्यो मोचयतीति श्रौतो मोक्षपदार्थ: पर्यवसन्न: । अयमेव च शांकरे दर्शने स्वीकृतो दृश्यते।

मोक्षस्य कर्माजन्यत्वम्

१४२. ये तु मोक्षस्य कर्मजन्यत्वं मोक्षावस्थायामपि कर्मसंबन्धं च वदन्ति ते न

श्रौता इति संभावनामर्हन्ति। पूर्वोक्तश्रुतिविरोधात्। न कर्मणा न प्रजयेत्यस्यां श्रुतावमृतत्वप्राप्तेः कर्मजन्यत्वं निषिध्यते। नास्त्यकृतः कृतेन (मु० १।२।१२) इत्यत्राप्येवम्। तथा न कर्म लिप्यते नरे, हन्ति कर्म शुभाशुभम्, सर्वाणि कर्माणि दग्ध्वा–इत्यादिश्रुतिभिर्मोक्षावस्थायां कर्मसंबन्धो निषिध्यते। किं च बन्धश्रुतिपर्यालोचनयापि मोक्षे कर्मसंबन्धाभाव एव सिध्यति। बन्धमोक्षौ हि मिथो विरोधिनावन्योन्यप्रतिद्वन्द्विभूतौ। तथा च यथा देवदैत्ययोर्मध्ये दैत्यानां स्वरूपविशेषेभिहितेर्थादेव देवानां स्वरूपं तद्विरुद्धं सिध्यति तथा बन्धप्रतिपादकश्रुतिभिर्बन्धस्वरूपेवधारितेर्थादेव मोक्षस्वरूपं तद्विरुद्धमवधारणीयं भवति। बन्धप्रतिपादकश्रुतिषु तु कर्मणो बन्धाव्यभिचारित्वमभिधीयते। तथा च श्रुतयः–न हास्य कर्म क्षीयते (बृ० १।४।१५) तदेव सक्तः सह कर्मणैति (बृ० ४।४।६) पुनरेत्यस्मै लोकाय कर्मणै (बृ० ४।४।६) पुण्यो वै पुण्येन कर्मणा भवति पापः पापेन (बृ० ३।२।१३) एष ह्येव साधु कर्म कारयति तं यमेभ्यो लोकेभ्य उन्निनीषते। एष ह्येवासाधु कर्म कारयति तं यमेभ्यो लोकेभ्योधो निनीषते (कौ० ३।८) इति। तथा च पूर्वोक्त एव श्रौतो मोक्षपदार्थ इति न स कथमपि श्रौतंमन्यैरन्यथयितव्यो भवति।

अद्वैतदर्शन श्रौततरम्

१४३. दिगियमुदाहृता। अमुना प्रकारेण यावद्गति स्वारसिकस्य मुख्यस्य प्रथमतः प्रतीतस्य सरलस्य श्रुत्यर्थस्यापरित्याग इति निर्बद्धस्वान्तैस्तत्तद्विषयविशेषप्रतिपादकानां बहूनां श्रुतिवाक्यानामेकत्र संकलने तेषामेकवाक्यतया तत्तद्विषयविशेषस्वरूपनिर्धारणे च यच्छ्रौतं दर्शनं पर्यवसितं भवेत्तस्य दर्शस्य किं संनिहितं किं वा विप्रकृष्टमिति विचारे क्रियमाणे श्रीमच्छंकराचार्याणां दर्शनं संनिहिततरं भवेत्। इतराणि तु कानिचित्सामान्यतः संनिहितानि कानिचिद्विप्रकृष्टानि कानिचित्तु विप्रकृष्टतराणि स्युः। यद्यपि शांकरे दर्शने केचित्सिद्धान्ता युक्तिविरुद्धा इत्यापाततः प्रतिभासते तथापि सूक्ष्मविचारे क्रियमाणे न विरोधोवतिष्ठते। किं च श्रौतानां तत्त्वावधारणसमये युक्तावौदासीन्यमेव। एतदेव च श्रौतानां श्रौतत्वमिति पूर्वमुक्तमेव। अपरं चेदमत्रानुसंधेयम्–पश्यत्यचक्षुः स शृणोत्यकर्णः (श्वे० ३।१९) इत्यादिवर्णनं युक्तिविरुद्धमाभातीति तादृशे विषयविशेषे द्वैतिभिरपि युक्तावौदासीन्यमाश्रित्य स्वाभाविकमेव द्रष्टृत्वं स्वीकृतम्। तथा च श्रीभाष्यम्–न च परस्यात्मनः करणायत्तद्रष्टृत्वादिकमपि तु स्वभावत एव (ब्र० सू० श्री० १।२।१९) इति। तथा च ब्रह्मसूत्रकृतां श्रौतत्वं श्रीमच्छंकराचार्यैर्भाष्यं विलिख्य परिपोषितमित्यतोनन्यसाधारणं शारीरभाष्यमितराण्यतिशेते। तदीयं दर्शनं च सर्वदर्शनशिरोमणिभूतं भवति। श्रौतत्वादेव च शांकरं

दर्शनमितरापेक्षयाभ्यर्हिततरमिति सायणमाधवाचार्याणामभिप्रायं संभावये। तदिदं सर्वं कृतबुद्धयः प्रेक्षावन्त एव परिशीलयन्तु।

अविद्या

१४४. शांकरे च दर्शने परमार्थभूतः सत्यः पदार्थ एक एवात्मा। एष एव ब्रह्मशब्देनोच्यते। स चात्मा दृग्रूपः। दृगेव चिच्छब्देन ज्ञानशब्देन चोच्यते। स च निर्विशेषः कथमपीदृशस्तादृश इति वक्तुं न शक्यते। अचिन्त्यत्वान्मनसोप्यगोचरः। तस्य चात्मनः शक्तिरविद्यामायादिपदवाच्या सत्त्वरजस्तमोमयस्य जगतो मूलकारणम्। इयं चात्मशक्तिः पारमार्थिकसत्यत्वाभावादसती व्यावहारिकसत्यत्वात्सतीति चोच्यते। अस्याश्च चिता सह संबन्धस्त्रिविधः। यथाकाशं काष्ठलोष्ट्यदीनन्ततो बहिश्च सर्वान्व्याप्नोति तथेयं चिदविद्यामन्ततो बहिश्च व्याप्नोति। अविद्यायां चिद्व्याप्ताव-विद्याकार्ये मूर्ते पृथिव्यादावमूर्ते बुद्ध्यादौ चेत्यखिले प्रपञ्चे चिद्व्याप्तिरर्थादेव सिध्यति। इयमेका विधा। यथा स्फटिकः स्वच्छतया स्वसमीपवस्तुगतं रक्तिमानं गृह्णाति तथेयमविद्यान्ततो गुणत्रयबीजभूतापि स्वरूपतः स्वच्छा चितं गृह्णाति। अयमेव चिदाभासः। इयं द्वितीया विधा। यथा च दर्पणः स्वपुरोवस्थितस्य मुखादेः प्रतिबिम्बं गृह्णाति तथेयमविद्या चितः प्रतिबिम्बं गृह्णाति। प्रतिबिम्बितायाश्चितोपि चिदाभासशब्देन व्यपदेशो भवति। इयं तृतीया विधा। एतस्मिन्प्रकारत्रये प्रथमेन प्रकारेण चिद्व्याप्तिः समष्ट्यविद्यायामिव व्यष्ट्यविद्यायामपि तत्कार्येषु मूर्तेष्वमूर्तेषु पृथिव्यादिषु बुद्ध्यादिषु चापि सर्वत्र संभवति। यथाकाशस्य मृत्समूहे तत्खण्डेषु तत्कार्येषु नानाविधेषु घटशरावचित्रादिषु व्याप्तिस्तद्वत्। द्वितीयेन तृतीयेन च प्रकारेण जायमानश्चित्संबन्धः स्वच्छवस्तुन्येव। वस्तुस्वाभाव्यात्। स्फटिक एव हि समीपवस्तुगतरक्तिमाद्याभासं गृह्णाति नास्वच्छा लोष्ट्यदयः। तथा दर्पणादिरेव च प्रतिबिम्बं गृह्णाति नास्वच्छा लोष्ट्यदयः। प्रथमेन प्रकारेण चिद्व्याप्तिस्तु सर्वत्रैव स्वच्छे चास्वच्छे च। किं च द्वितीयेन तृतीयेन च प्रकारेण चित्संबन्धेन बुद्ध्यादौ प्रतीयमानो यश्चिदाभासश्चित्प्रतिबिम्बं वा तादृशे चिदाभासे चित्प्रतिबिम्बे च पुनः प्रथमेन प्रकारेण चिद्व्याप्तिर्दुर्वारैव । तथा च बुद्ध्यवच्छिन्नेव चिदाभासावच्छिन्नापि चित्प्रतिबिम्बावच्छिन्नापि च चिद्भवति। एतदेव च य आत्मनि तिष्ठन्नात्मनोन्तरः (बृ० ३।७।२२) इत्यनया घटकश्रुत्या बोध्यते।

ईश्वरः

१४५. आभासप्रतिबिम्बयोश्चान्तरं स्वल्पमेव । अवच्छिन्नात्त्वनयोरन्दप्यन्तरमित्थं संदृश्यते। यथाकाशकार्यमवकाशप्रदानरूप घटयकाशमपि साधयति। तादृशकार्यकरणे

च घटं नापेक्षते तथा तादृशशक्त्यवच्छिन्ना चित्। इयमेव मायासमष्ट्यवच्छिन्ना चिदीश्वरपदवाच्या। इयमेव च मायाकार्यभूतसत्त्वादिगुणत्रयरूपोपाधिभेदेन हरिहर-हिरण्यगर्भशब्दैरुच्यते। अत्र सत्त्वादयो न शुद्धाः। किं तु स्वेतरेण गुणद्वयेनांशतो मिश्रिताः। एते च हरिहरादय ईश्वरापेक्षया न भिन्नाः। न हि मठान्तर्वर्तिघटाकाशं मठाकाशाद्भिद्यते। अत एवेश्वरशब्देनैतेभिधीयन्ते। व्यष्ट्यविद्यायां प्रतिबिम्बरूपा चिज्जीवपदवाच्या। यथा दर्पणस्थं प्रतिबिम्बं दर्पणानुसारि भवति दर्पणे स्थितेवतिष्ठते दर्पणे चलति कम्पते दर्पणस्थं कालिमादिकं च गृह्णाति तथेयं जीवपदवाच्या चिदविद्यानुरोधिनी। तथा चौपाधिकत्व जीवेश्वरयोः समानमेव। किं तु जीव उपाधितन्त्रो न त्वीश्वरः। अत्र प्रमाणं तु रूपं रूपं प्रतिरूपो बभूव (बृ० २।५।१९) तदस्य रूपं प्रतिचक्षणाय (बृ० २।५।१९) मायाभासेन जीवेशौ कराति (नृ० ९) इत्यादयः श्रुतयः।

अनादिषट्कम्

१४६. या चेयं माया शुद्धायाश्चितः स्वसंबन्धेन जीवत्वमीश्वरत्वं च प्रदर्शयति सा तत्संबन्धश्चानादिरेव स्वीक्रियते। स्वस्वमतेन मूलकारणानादित्वस्य सर्वैरपि दर्शनकारैरङ्गीकृतत्वात्। तथा च शुद्धा चित् (१) माया (२) तत्संबन्धः (३) जीवत्वम् (४) ईश्वरत्वम्, (५) तयोर्भेदश्च (६) एते षट्पदार्था अनादयः संपद्यन्ते । तदुक्तम्-

जीव ईशो विशुद्धा चित्तथा जीवेशयोर्भिदा।
अविद्या तच्चितोर्योगः षडस्माकमनादयः।। इति ।

यश्चायं मायायाश्चिति संबन्धः स रजतस्य शुक्ताविवाध्यासेनोपपादनीयो भवति। मायायाः संबन्धो हि मायिक एव। अयं चिदात्मनि मायाध्यासोनादिः। इतरेध्यासाः सादयः।

अध्यासः

१४७. अध्यासप्रकारश्चेत्थम्-शुद्धे चिदात्मन्यनादिः प्रथमो मायाध्यासः। ततस्तादृशाध्यासविशिष्टे चिदात्मनि मायापरिणामभूतस्याहंकारस्याध्यासः। न तु केवले चिदात्मनि। तस्य स्वप्रकाशत्वेन तद्विषयकाज्ञानासंभवात्। केनचिद्रूपेणाज्ञातमेव हि वस्त्वध्यासाधिष्ठानं भवति। प्रथमाध्यासस्य त्वनादित्वान्न तत्राधिष्ठानाज्ञानान्तरा-पेक्षेत्यन्यत्। अहंकाराध्यासविशिष्टे चिदात्मन्यहंकारधर्माणां कामसंकल्पादीनामिन्द्रिय-धर्माणां च काणत्वादीनामध्यासः। अहमिच्छाम्यहं काण इत्यादिप्रत्ययान्नानध्यस्ताहंकार-श्चिदात्मा कामादिधर्माध्यासाधिष्ठानं भवितुमर्हति। किं त्वहंकाराध्यासविशिष्ट एव। स एव चेन्द्रियधर्माध्यासाधिष्ठानम्। न त्विन्द्रियाध्यासविशिष्टश्चिदात्मा। चक्षुरह-मित्यादिप्रतीत्यभावेनेन्द्रियाध्यासाभावात्। न हि संनिहितानां योग्यानामपि च सर्वेषां

वस्तूनामध्यासोवश्यं भावीति नियमः। प्रतीत्यनुसारेणैव ह्यध्यासाः स्वीकार्या भवन्ति। यदि चक्षुरहमिति प्रतीतिः स्यात्तर्हीन्द्रियाध्यासोपि स्वीकृतः स्यात्। नन्वेवमिन्द्रियाणा-मध्यासाभावे कथं तद्धर्माणामध्यास इति चेन्न। अहंकारविशिष्टे चिदात्मनीन्द्रिया-ध्यासाभावेपि मायाध्यासविशिष्टे चिदात्मनीन्द्रियाणामध्याससत्त्वात्। या चेयमिन्द्रियाणां प्रतीतिश्चक्षुषा पश्यामीत्यादिका सा घटपटादीनामिव चिदात्मन्यध्यस्तानामेवेन्द्रियाणाम्। भूतभौतिकनिखिलप्रपञ्चस्य चिदात्मन्येव कल्पितत्वात्। अहंकाराध्यासविशिष्टे चिदात्मन्येव च देहस्य मनुष्यादिविशेषरूपेणाध्यासः। अहं मनुष्य इत्यादिप्रत्ययात्। अहं देह इति प्रतीत्यभावाच्च न देहस्य सामान्यरूपेणाध्यासकल्पना। मनुष्याद्यध्यास-विशिष्टे चिदात्मनि स्थूलत्वादीनां देहधर्माणां पुत्रभार्यादिधर्माणां चाध्यासः। अहं स्थूल इति प्रत्ययात्। पुत्रादौ पूजिते पूजितोहमिति प्रत्ययाच्च।

अन्योन्याध्यासः

१४८. अत्रेदं बोध्यम्–शुक्तौ रजताध्यासे तादृशेध्यस्ते रजते पुनः शुक्तिधर्मस्ये-दंत्वस्याध्यासः। अत एवेदं रजतमिति प्रतीतिर्भवति। तथात्रापि पूर्वोक्तेषु सर्वेष्वध्यासेष्वध्यस्तेषु मायादिष्वधिष्ठानभूतानां तादृशानां चिदात्मादीनामध्यासः। अयमन्योन्याध्यासो ग्रन्थिरित्युच्यते। यथा द्वयो रज्वोर्मिथो ग्रथने दृढग्रन्थिर्भवति तद्वत्।

शुद्धा चित्

१४९. एवमध्यासपरंपरायामपि वस्तुतः शुद्धश्चिदात्मा कदाप्यशुद्धो नैव भवति। अध्यासाधिष्ठानस्यारोपितेन वस्तुना सह वस्तुतः स्पर्शाभावात्। तदुक्तम्–

न हि भूमिरूषरवती मृगतृड्जलवाहिनीं सरितमुद्वहति।
मृगवारिपूरपरिपूरवती न नदी तथोषरभुवं स्पृशति।। इति।

एवमनादिना संबन्धेन चिदात्मनि संबद्धायां मायायां चिदात्मा सूक्ष्मतरत्वादन्तः प्रविशन्निव तथा व्यापकत्वात्तां बहिरपि व्याप्नुवन्निव चालक्ष्यते। मायासंबद्धोयं मायाविशिष्ट ईश्वर इत्युच्यते। केवले चिदात्मनीशितृत्वस्य वक्तुमशक्यत्वात्। साक्षी तु न मायाविशिष्टः। किं तु मायासंबद्ध एव केवलः। मायाया जडत्वात्तद्विशिष्टे साक्षित्वस्यासंभवात्। तथा च चिदात्मनो मायासंबन्धेनेश्वरत्वं साक्षित्वं च सिध्यति। एवं मायापि चिदात्मसंबन्धेन गुणवैषम्यद्वारा परिणामोन्मुखी भवति। गुणवैषम्येण चानेके परिणामविशेषा भवन्ति। कश्चिद्रजस्तमोभ्यां मिश्रितः सत्त्वप्रधानः। अयं च शुद्धसत्त्व-प्रधानः। अस्य च शुद्धसत्त्वप्रधानस्य पुनरितररजस्तमोभ्यामंशतो मिश्रणे सत्त्वप्रधान एव परिणामः। किं तु मलिनसत्त्वप्रधानः एतद्व्यष्टिभूता अनन्ताः सत्त्वप्रधानाः

प्रकृतिपरिणामा भवन्ति। एवं राजसास्तामसाश्च बोध्याः। तत्र सत्त्वप्रधानेषु व्यष्टिभूतेषु प्रकृतिपरिणामेषु चित्प्रतिबिम्बते। न तु शुद्धरजस्तमःप्रधानेषु मलिनरजस्तमःप्रधानेषु वा परिणामेषु। तेषामस्वच्छत्वेन प्रतिबिम्बग्रहणायोग्यत्वात्। नापि सत्त्वप्रधानसमूहे। अनेकेष्वादर्शेषु मिथः संनिहितेष्वपि संभूयैकप्रतिबिम्बग्रहणादर्शनात्। एतानि चित्प्रतिबिम्बान्येव जीवपदवाच्यानि। ननु दर्पणाद्युपाधिविनाशे प्रतिबिम्बस्यापि विनाशदर्शनादुपाधिविलये जीवस्यापि विनाशः स्यादिति कथं जीवो मुक्त इत्युच्यते। किं च मोक्षार्थं कस्यापि प्रवृत्तिर्न स्यात्। स्वनाशाय स्वप्रवृत्त्यदर्शनादिति चेत्–भ्रान्तोसि। दर्पणाद्युपाधिना न प्रतिबिम्बाख्यं वस्तूत्पाद्यते। किं तु बिम्बमेव भेदेन प्रदर्श्यते। तथा चोपाधिविलये भेदेन दर्शनाभावान्मुक्त एव स भवति।

जीवेश्वरौ

१५०. जीवश्चायमुपाध्यनुरोधी। प्रतिबिम्बस्योपाधितन्त्रत्वात्। प्रकृतिसमष्ट्यवच्छिन्नस्त्वीश्वरः। व्यष्ट्यवच्छिन्नस्तु न तस्मादन्य इति चानुपदमेवोक्तम्। अयं च नोपाध्यनुरोधी। प्रत्युतोपाधिरेवैनमनुवर्तते। अत एवायमुपाधेस्तद्वशानां जीवानां च नियमनादीश्वर इत्युच्यते। तदुक्तं क्षरात्मानावीशते देव एकः (श्वे० १।१०) इति। अयं चोपाध्यवच्छिन्न इवोपाधिप्रतिबिम्बभूतजीवावच्छिनोपि भवति। उपाधिमिव प्रतिबिम्बमप्यन्तः सूक्ष्मतरत्वात्प्रविशति बहिश्च व्याप्नोतीति यावत्। एतेन य आत्मनि तिष्ठन्नात्मनोन्तरः (बृ० ३।७।२२) इत्यादयो घटकश्रुतयः सामञ्जस्येनोपपादिता भवन्ति। द्वैतिनां विशिष्टाद्वैतिनां च मते जीवस्याणुत्वेन तदन्तः प्रवेशस्यासंभवाद्घटकश्रुतिरनुपपन्ना स्यात्। जलावच्छिन्नाकाशस्य जलप्रतिबिम्बभूताकाशस्य च भेददर्शनाच्चात्मा वारे द्रष्टव्यः (बृ० २।४।५) इत्यादयो भेदश्रुतयोप्युपपन्नाः। उपाधिविलये चैक्यसद्भावात्तत्त्वमसि (छा० ६।८।७) इत्यादय ऐक्यश्रुतयश्चोपपद्यन्ते। नन्वेवं श्रुतीनामुपपत्तावपि किमर्थं मिथोविरुद्धं भेद ऐक्यं घटकत्वं च श्रुत्या वर्णितमिति चेत्–अस्थान एवेयमाशङ्का। मुमुक्षुजनहितार्था हि वेदान्तवाक्यानां प्रवृत्तिः। मुमुक्षूणां च साध्यभूता मोक्षावस्थैक्यश्रुतिभिरुपपाद्यते। साधनभूतं परमात्मदर्शनं च साधकानां भेददर्शित्वाद्भेदश्रुतिभिरुपपाद्यते। परमात्मा च साधकैरन्तर्यामितयानुसंधेय इत्येवमात्मदर्शनमार्गो घटकश्रुतिभिरुपपाद्यते। तदेतत्सर्वं तत्र तत्र पूर्वप्रक्रान्तार्थसमालोचनपूर्वकं श्रुतितात्पर्यमनुसंदधतां प्रेक्षावतां सुगममेव। एवं जीवपरमात्मनोरेकत्वे निश्चिते कश्चिच्छब्दच्छलवादी प्रत्यवतिष्ठते। आत्मन्येकत्व धर्माङ्गीकार आत्मनः सविशेषत्वापत्तिः। अनङ्गीकारे त्वर्थादेव द्वैतं सिध्येदिति। तदेतन्मनोरथमात्रम्। एकत्वस्य द्वित्वाभावरूपत्वात्।

ब्रह्मणि श्रुतिप्रवृत्तिः

१५१. जीवविषये प्रमाणभूताः श्रुतयस्तु न जीवो म्रियते (छा० ६।११।३) जीवः स विज्ञेयः (श्वे० ५।९) इत्याद्या भूयस्यः। ईश्वरविषये त्वीश्वरः सर्वभूतानाम् (म० ना० १७।५) तमीश्वराणां परमं महेश्वरम् (श्वे० ६।७) नियन्तेश्वरः (नृ० ९) इत्याद्याः। शुद्धचिद्रूपब्रह्मणस्तु निर्विशेषत्वादसङ्गत्वात्तत्र वाच्यवाचकभावसंबन्धस्यापि वक्तुमशक्यत्वाद्वाच्यमर्यादया नैव तत्प्रतिपादिकाः श्रुतयः संभवन्ति। असंभवश्चायं यतो वाचो निवर्तन्ते (तै० २।९।१) इति श्रुत्या स्वयमेवोक्तः। तथापि लोकहिताय प्रवृत्ता श्रुतिः कथमपि शुद्धचिद्रूपं ब्रह्म बोधयितुं प्रवर्तते। यथास्मिञ्जनसमाजे कस्तव पतिरिति सख्या पृष्टा नवोढा काचित्स्त्री लज्जाया पतिं न प्रदर्शयति। ततः सख्यायं वा पतिरयं वेत्यङ्गुलिनिर्देशपूर्वकं पुनः पृष्टा नेति नेतीत्युत्तरं ददाति। यदा च सख्या पत्यावेवाङ्गुलिर्निर्दिश्यते तदा तूष्णीमास्ते। तादृशावस्थानेनैव च सा पतिं बोधयति। तद्वत्स एष नेति नेति (बृ० ३।९।२६) अस्थूलमनणु (बृ० ३।८।८) अशब्दमस्पर्शम् (का० ३।१५) इत्याद्याः श्रुतयो निषेधमुखेन ब्रह्म बोधयन्ति।

बन्धः

१५२. चित्संबन्धेन जायमानो मायापरिणामश्च पूर्वं मतभेदेन पदार्थनिरूपणप्रसङ्गे प्रायः प्रदर्शित एवेति नेह पुनर्वितन्यते। भूतभौतिकं सर्वं जगन्मूर्तममूर्तमव्याकृतं चेति प्रागुक्तं (पृ० १०९) त्रिविधं मायापरिणाम एव। यश्चायं मायया तत्परिणामेन च सह जायमानश्चितः संबन्धः स एव बन्धः। स चाहमज्ञोहं देहीत्येवमनुभूयते। तन्मूलक एव चायं सुखदुःखानुभवः। तथा च श्रुतिर्न ह वै सशरीरस्य सतः प्रियाप्रिययोरपहतिरस्ति (छा० ८।१२।१) इति। प्रियाप्रियासंस्पर्श एव च मोक्षः। स च द्वैतदर्शनं यावन्न कथमपि संजाघटीतीत्यतोत्रात्मैक्यस्वरूपसंपत्तिरपेक्ष्यते। सा च कर्मतन्मूलकशरीरादिसंबन्धरूपपाशविमोचनं विना सुतरां दुर्लभा। पाशविमोचनं चात्मविज्ञानमन्तरेण दुर्वचम्। आत्मविज्ञानं चाधिकारं विना दुर्घटतरमित्तोधिकारसंपत्तये चित्तशुद्धिरपेक्ष्यते। चित्तशुद्धिर्ह्यधिकारं संपाद्य मोक्षेच्छां समुत्पाद्य तद्द्वारात्मविज्ञानं संपादयति। यावच्च न चित्तशुद्धिस्तावन्निष्कामकर्माचरणे प्रयतितव्यं जनुषः साफल्यकामेन। निष्कामकर्मणः कार्यविषये च त्रयः कल्पा अवकल्पन्ते। निष्कामकर्म केवलं चित्तशुद्धेरेव कारणम्। जातायां च चित्तशुद्धौ निसर्गत एव मोक्षेच्छा भवति। ततो गुरुपदेशादिनात्मविज्ञानमित्येकः कल्पः। निष्कामकर्मैव चित्तशुद्धिद्वारा मोक्षेच्छायाः कारणम्। जायमानायां च मोक्षेच्छायां पूर्ववदात्मविज्ञानमिति द्वितीयः कल्पः। तृतीयस्तु निष्कामकर्मात्मविज्ञानस्य कारणम्। तादृश कर्मैव चित्तशुद्धिमोक्षेच्छागुरूपदेशादि-

द्वारात्मविज्ञानं संपादयतीति। सर्वथापि त्वात्मैक्यविज्ञानोत्तरं द्वैतदर्शनाभावाल्लेशतोपि कर्मणो नावसरः। नापि तदानीं कस्मैचित्कार्याय कर्मापेक्षणीयं भवति।

कर्मोपयोगः

१५३. इदमिदानीं प्रासङ्गिकमुपेक्षानर्हं चेति चिन्त्यते। निष्कामकर्म चित्तशुद्धिर्मोक्षेच्छेत्येतत्त्रये किं कस्य कारणं किं वा कस्य कार्यमिति। निष्कामकर्मणा चित्तशुद्धिः। सकाम कर्मणा तु पुनश्चित्तमधिकमशुद्धमेव स्यात्। रागादिपुट्याधिक्य-संभवात्। तथा चित्तशुद्ध्युत्तरं निष्कामकर्म। रागादिमलाविष्टे मनसि निष्कामकर्माचरणा-संभवात्। तथा चान्योन्याश्रयः । एवं मोक्षेच्छायां सत्यां चित्तशुद्ध्यर्थो यत्नः संभवति। चित्ते शुद्धे सति तु मोक्षेच्छेत्यन्योन्याश्रयः। तथा निष्कामकर्माचरणोत्तरं चित्तशुद्धिद्वारा मोक्षेच्छा। तस्यां च सत्यामेव चित्तशुद्ध्यर्थं निष्कामकर्माचरणमिति चान्योन्याश्रयः। तथा च कथमत्र व्यवस्थेति चेत्–उच्यते। सकामकर्मफलानामसकृदनुभवे तेषु फलेष्वल्पत्वास्थिरत्वबुद्धौ जातायां वैराग्याङ्कुरश्चेतस्युदयमासादयति। तेन च कामादीनां मलानां न्यूनीभावे सति तत्र चेतसि शुद्धिर्मोक्षेच्छा चांशतः पदं दध्यादेव। निष्कामकर्माचरणं च वैराग्योदयात्प्रागपि श्रुतौ निष्कामकर्मणां विहितत्वादिद्वद्यमानमेव केवलं वैराग्योदयोत्तरं प्रतिपक्षभूतस्य सकामकर्मणो ह्रासाद्विस्फूर्जते। तथा चोक्ते त्रये नोत्पत्तौ कार्यकारणभावः। किं तु वृद्धौ । तथा चान्योन्यसहायेन तेषामुत्कर्षाधिक्यमिति न काचिदव्यवस्थेति।

श्रवणादि साधनम्

१५४. एवमनवरतनिष्कामकर्माचरणे सर्वथा चित्तशुद्धौ तीव्रायां च मोक्षेच्छायां मोक्षसाधनीभूतमात्मविज्ञानं संपादनीयं भवति। यादृश्या च मोक्षेच्छया क्षणमपि मोक्षार्थं प्रयत्नमन्तरेणावस्थातुं न शक्यते तादृशी मोक्षेच्छा तीव्रा विज्ञायते। आत्मविज्ञानं चात्मसाक्षात्कारः। श्रुतिर्हि माता पुत्रमिव मुमुक्षुजनान्सन्मार्गे प्रवर्तयितुं मोक्षसाधनी-भूतमात्मसाक्षात्कारं साधयति–आत्मा वारे द्रष्टव्यः श्रोतव्यो मन्तव्यो निदिध्यासितव्यः (बृ० २।४।९) इति। उपायमन्तरेण साक्षात्कारो न सिध्यतीत्यतस्तदु पायभूतं श्रवणं बोधयितुं द्रष्टव्य इत्यनन्तरं श्रोतव्य इत्याह। दशमस्त्वमसीत्यादाविव शब्दादेवात्रात्म-साक्षात्कारः। स चाविरततादृग्भावनया जायते। ईदृशी भावना चासंभावनया विपरीतभावनया च ग्रस्ते श्रुतेर्थे सति नैव संभवतीत्यतोऽसंभावनाया विपरीतभावनायाश्च निरासाय मननमावश्यकमिति श्रोतव्य इत्यनन्तरं मन्तव्य इत्याह श्रुतिः। अनवरतभावनासिद्ध्यर्थं निदिध्यासनं चावश्यकमिति निदिध्यासितव्य इति चाह।

मोक्षः

१५५. मोक्षे च नापूर्वं किंचित्प्रापणीयम्। किं तु मूलस्वरूपेणावस्थानम्। अतस्तत्साधनेषु कर्मणो न प्रवेशः। मूलस्वरूपेणावस्थानं च यद्यपि बद्धावस्थाया-मप्यस्त्येव तथापि तदा तदज्ञातम्। तथा चाविद्याविनाश एव मोक्षः पर्यवस्यति। तदुक्तम्–

अविद्यास्तमयो मोक्षः सा च बन्ध उदाहृतः। इति।

उक्तो मोक्षश्च विद्यैकसाध्यः। विद्या च प्रागुक्तात्मसाक्षात्कार एव। आत्मसाक्षात्कारे च सति जीवन्नपि मुक्त एव सः। अयमेव जीवन्मुक्त इत्युच्यते। अस्यां चावस्थायां द्वैतभानेपि न क्षतिः। यथा नेत्रदोषेण चन्द्रद्वये दृष्टे सत्यज्ञानेन किमर्थमयं धात्रा द्वितीयश्चन्द्रः सृष्ट–इति शङ्का समुत्पद्यते। ततो जगत्येक एव चन्द्र–इत्याप्तवाक्याच्छ्रुत्वा निवृत्ताज्ञानस्य चन्द्रद्वयदर्शनेपि पूर्ववच्छङ्का नैव समुद्भवति। तथा च तदानीं यथा चन्द्रद्वयदर्शनमकिंचित्करं तथा जीवन्मुक्तस्य जगदवभासनमकिंचित्करम्। न तु तदानीं बद्धस्येव कस्मैचित्कार्याय तत्प्रकल्पते। सद्यो मुक्त एव सः । अस्यां चावस्थायां तदुपाधिभूताः प्राणादयस्तेन त्यक्ताभिमानाः स्वं स्वं मूलस्वरूपमपियन्तुमुद्युक्ता भवन्ति। यथा स्वामिना त्यक्ताभिमानो भृत्यः स्वामिनं त्यक्तुं प्रयतते तद्वत्। तदुक्तम्–गताः कलाः पञ्चदश प्रतिष्ठाः (मु० ३।२।७) इति। शरीरपरिणामो द्विधा जीवेन गृहीताभिमानस्य संरोहणरूपस्त्यक्ताभिमानस्य विशरणरूपश्च। तत्र प्राणिजातस्य प्रेतावस्थायां स्थूलानि शरीरगतानि भूतानि स्वां स्वां प्रकृतिमपियन्तुमुद्युक्तानि भवन्ति। सद्यो मुक्तस्य तु सूक्ष्माण्यपि शरीरगतानि भूतानि तथैवेति विशेषः। प्रेतावस्थायां प्रारब्धविशरणान्यपि स्थूलानि भूतानि किंचित्कालपर्यन्तं शरीरत्वेन यथा प्रत्यभिज्ञायन्ते तथा सद्यो मुक्तस्य प्रारब्धविशरणानि सूक्ष्माणि भूतान्यपि किंचित्कालपर्यन्तमेवानुवर्तन्ते यावदायुः पूर्वसंस्कारात्। संस्कारोपि तदानीं क्षयोन्मुख एव। वृद्धौ कारणाभावात्। संस्कारावसाने तु कैवल्यमुक्तिः । यस्य चात्मविज्ञानं सामान्यतो जायमानमपि साक्षात्कारदशानापन्नं स देवयानेन पथा गच्छन्क्रमेण मुक्तो भवति।

१५६. एवं मुख्यमुख्यविषयविवेचनेन शांकरं दर्शनं संक्षेपेणोपपादितम्। विस्तरस्तु प्रमाणादिपदार्थानां मतभेदेन निरूपणप्रसङ्गे पूर्वं संपादित एव। कृत्स्नं च शांकरं दर्शनं तत्तदाक्षेपनिरसनपूर्वकमुपपादितमद्वैतामोदेस्माभिस्तत्सर्वं तत एव द्रष्टव्यमितीह विरम्यत इति शिवम्।। श्रीः ।।

१५७. अस्मिंश्च सर्वदर्शनसंग्रहव्याख्याने यैः प्रवर्तितोभूवं यैश्च परहितैकप्रवणैस्त-त्तद्दर्शनस्थानि पुस्तकानि महता प्रयत्नेन यावदुपलब्धि समन्विष्यावलोकनार्थं प्रदत्तानि

तेषामुपकारभारं मन्ये। तत्रापि डॉक्टरइत्युपपदधारिभिर्बेलवलकर–इत्युपाह्वैः श्रीपादशर्मभिर्महाशयैरस्मिन्कर्मणि विशेषतः प्रोत्साहितोहम्। न केवलमेतावदेव किं त्वसकृत्तत्तत्प्रसङ्गवशतोनेकविधसाहाय्यप्रदानेनानुगृहीतश्चेति तेषां महान्तमुपकारभारं मन्ये। सर्वं च जगत्सव्यापारं श्रीपरमेश्वराधीनमिति तस्यैव कृपया तद्दत्तप्रतिभालेशेन चैतद्व्याख्यानं निष्प्रत्यूहं संपूर्णतामगमत्। अतः श्रीभगवान्परमेश्वरश्चिरं मदीये स्वान्ते प्रतिष्ठां लभतामित्यहर्निशं प्रणतिततिपुरःसरं जगन्नियन्तारं सर्वसाक्षिणं तं श्रीभगवन्तं प्रार्थये।

महामहोपाध्याय–अभ्यंकरोपाह्व–वासुदेवशास्त्री

Chapter I
The Cārvāka System

चार्वाकदर्शनम्

नित्यज्ञानाश्रयं वन्दे निःश्रेयसनिधिं शिवम्।
येनैव जातं मह्यादि तेनैवेदं सकर्तृकम्।। १।।

पारं गतं सकलदर्शनसागराणा-
मात्मोचितार्थचरितार्थितसर्वलोकम्।
श्रीशार्ङ्गपाणितनयं निखिलागमज्ञं
सर्वज्ञविष्णुगुरुमन्वहमाश्रयेऽहम्।। २।।

श्रीमत्सायणदुग्धाब्धिकौस्तुभेन महौजसा।
क्रियते माधवार्येण सर्वदर्शनसंग्रहः।। ३।।

पूर्वेषामतिदुस्तराणि सुतरामालोड्य शास्त्राण्यसौ
श्रीमत्सायणमाधवः प्रभुरुपन्यास्यत्सतां प्रीतये।
दूरोत्सारितमत्सरेण मनसा शृण्वन्तु तत्सज्जना
माल्यं कस्य विचित्रपुष्परचितं प्रीत्यै न संजायते।। ४।।

श्री गणेशाय नमः
अथ सर्वदर्शन संग्रह व्याख्या प्रारभ्यते

व्या० : प्रणम्य परमात्मानं सच्चिदानन्दविग्रहम्।
व्याख्यास्यामि सतां प्रीत्यै सर्वदर्शनसंग्रहम्।।
अथात्र संप्रदर्श्यन्ते दर्शनानि समासतः।
नास्तिकास्तिकगीतत्वाद्द्विधा तानि प्रचक्षते।।
नास्ति वेदोदितो लोक इति येषां मतिः स्थिरा।
नास्तिकास्ते तथास्तीति मतिर्येषां त आस्तिकाः।।

अवैदिकप्रमाणानां सिद्धान्तानां प्रदर्शकाः।
चार्वाकाद्याः षड्विधास्ते ख्याता लोकेषु नास्तिकाः।।
वेदप्रमाणकानीह प्रोचुर्ये दर्शनानि षट्।
न्यायवैशेषिकादीनि ते स्मृता आस्तिकाभिधाः।।

[We have said in our preliminary invocation "salutation to Śiva, the abode of eternal knowledge, the storehouse of supreme felicity,"] but how can we attribute to the Divine Being the giving of supreme felicity, when such a notion has been utterly abolished by Cārvāka, the crest-gem of the atheistical school, the follower of the doctrine of Bṛhaspati? The efforts of Cārvāka are indeed hard to be eradicated, for the majority of living beings hold by the current refrain—

While life is yours, live joyously ;
None can escape Death's searching eye :
When once this frame of ours they burn,
How shall it e'er again return?

अथ कथं परमेश्वरस्य निःश्रेयसप्रदत्वमभिधीयते। बृहस्पतिमतानुसारिणा नास्तिकशिरोमणिना चार्वाकेण तस्य दूरोत्सारितत्वात्। दुरुच्छेदं हि चार्वाकस्य चेष्टितम्। प्रायेण सर्वप्राणिनस्तावत्—

यावज्जीवं सुखं जीवेन्नास्ति मृत्योरगोचरः।
भस्मीभूतस्य देहस्य पुनरागमनं कुतः।।

—इति लोकगाथामनुरुन्धाना नीतिकामशास्त्रानुसारेणार्थकामावेव पुरुषार्थौ मन्यमानाः पारलौकिकमर्थमपह्नुवानाश्चार्वाकमतमनुवर्तमाना एवानुभूयन्ते। अत एव तस्य चार्वाकमतस्य लोकायतमित्यन्वर्थमपरं नामधेयम्।

व्या० : चार्वाकाकाद्याश्चार्वाकमाध्यमिकयोगाचारसौत्रान्तिकवैभाषिकजैनरूपाः षण्नास्तिकाः। न्यायवैशेषिकदीनीत्यत्रादिपदेन सांख्ययोगपूर्वमीमांसावेदान्तशास्त्राणां संग्रहः। तत्र प्रथमं चार्वाकमतं प्रदर्शयति— **अथेति। निःश्रेयसप्रदत्वम्**। मोक्षप्रदत्वम्। **चार्वाकेणेति**। चारू रमणीयो वाक उक्तिर्यस्य स चार्वाकः। अयं बृहस्पतिशिष्यः। एतदुक्तेः परिणामे दुःखप्रदत्वेऽपि श्रवणसमये श्रोतृणां मनोरञ्जनाद्रमणीयत्वम्। **दुरुच्छेदमिति**। चार्वाकमतातिक्रमोऽशक्यः। यत उपदेशं बिना स्वभावत एव तन्मतानुसारिणो लोकाः। पुण्यपापयोरदृष्टत्वान्न तत्र विश्वासः प्रायेण प्राणिनाम्।

यावज्जीवमिति। तपश्चर्यादिक्लेशेन जीवनेऽपि यतो मृत्युरवश्यंभाव्यत: कृतं क्लेशेन। यावच्छक्यं सुखमुपभुज्यताम्। ननु जन्मान्तरे सुखातिशयार्थं क्लेशसहनमिति चेत्तत्राह-**भस्मीभूतस्येति**। देह एवात्मा। तदतिरिक्तस्यात्मनोऽदर्शनात्। देहस्तु मरणकाले भस्मीभूत:। तथा च न परलोकगतिर्नापि जन्मान्तरप्राप्तिरिति व्यर्थमेव क्लेशसहनमिति भाव:। **अर्थकामौ**। द्रव्यसंग्रहविषयोपभोगौ। **अत एव**। लोकानां चार्वाकमतानुसरणस्य स्वाभाविकत्वादेव। **लोकायतमिति**। लोक आयतं प्रसृतमित्यर्थ:।

The mass of men, in accordance with the Śāstras of policy and enjoyment, considering wealth and desire the only ends of man, and denying the existence of any object belonging to a future world, are found to follow only the doctrine of Çārvāka. Hence another name for that school is Lokāyata,—a name well accordant with the thing signified.[1]

In this school the four elements, earth, etc., are the original principles; from these alone, when transformed into the body, intelligence is produced, just as the inebriating power is developed from the mixing of certain ingredients;[2] and when these are destroyed, intelligence at once perishes also. They quote the Śruti for this [Bṛhad Āraṇy. Up. ii, 4, 12], "Springing forth from these elements, itself solid knowledge, it is destroyed when they are destroyed,—after death no intelligence remains."[3] Therefore the soul is only the body distinguished by the attribute of intelligence, since there is no evidence for any soul distinct from the body, as such cannot be proved; since

1. "Śaṅkara, Bhāskara, and other commentators name the Lokāyatikas, and these appear to be a branch of the Sect of Cārvāka" (Colebrooke). Lokāyata may be etymologically analysed as "prevalent in the world" (*loka* and *āyata*). Laukāyatika occurs in Pāṇini's ukthagaṇa.
2. *Kiṇwa* is explained as "drug or seed used to produce fermentation in the manufacture of spirits from sugar, bassia, etc." Colebrooke quotes from Śaṅkara : "The faculty of thought results from a modification of the aggregate elements in like manner as sugar with a ferment and other ingredients becomes an inebriating liquor ; and as betel, areca, lime, and extract of catechu chewed together have an exhilarating property not found in those substances severally."
3. Of course Śaṅkara, in his commentary, gives a very different interpretation, applying it to the cessation of individual existence when the knowledge of the Supreme is once attained. Cf. Śabara's Comm. Jaimini Sūt., i. i. 5.

this school holds that perception is the only source of knowledge and does not allow inference, etc.

तत्र पृथिव्यादीनि भूतानि चत्वारि तत्त्वानि। तेभ्य एव देहाकारपरिणतेभ्यः किण्वादिभ्यो मदशक्तिवच्चैतन्यमुपजायते। तेषु विनष्टेषु सत्सु स्वयं विनश्यति। तदाहुः–विज्ञानघन एवैतेभ्यो भूतेभ्यः समुत्थाय तान्येवानुविनश्यति न प्रेत्य संज्ञास्ति (बृ. २।४।१२) इति। तच्चैतन्यविशिष्टदेह एवात्मा। देहातिरिक्त आत्मनि प्रमाणाभावात्। प्रत्यक्षैकप्रमाणवादितयानुमानादेरनङ्गीकारेण प्रामाण्याभावात्। अङ्गनाद्यालिङ्गनादिजन्यं सुखमेव पुरुषार्थः। न चास्य दुःखसंभिन्नतया पुरुषार्थत्वमेव नास्तीति मन्तव्यम्। अवर्जनीयतया प्राप्तस्य दुःखस्य परिहारेण सुखमात्रस्यैव भोक्तव्यत्वात्। तद्यथा मत्स्यार्थी सशल्कान्सकण्टकान्मत्स्यानुपादत्ते स यावदादेयं तावदादाय निवर्तते। यथा वा धान्यार्थी सपलालानि धान्यान्याहरति स यावदादेयं तावदादाय निवर्तते। तस्माद्दुःखभयान्नानुकूलवेदनीयं सुखं त्यक्तुमुचितम्। न हि मृगाः सन्तीति शालयो नोप्यन्ते। न हि भिक्षुकाः सन्तीति स्थाल्यो नाधिश्रीयन्ते। यदि कश्चिद्भीरुर्दृष्टं सुखं त्यजेत्तर्हि स पशुवन्मूर्खो भवेत्।

तदुक्तम्–

त्याज्यं सुखं विषयसंगमजन्म पुंसां
दुःखोपसृष्टमिति मूर्खविचारणैषा।
व्रीहीञ्जिहासति सितोत्तमतण्डुलाढ्यान्
को नाम भोस्तुषकणोपहितान्हितार्थी।। इति।

व्या० : चत्वारिति। पृथिव्यप्तेजोवायुरूपाणीत्यर्थः। आकाशस्य प्रत्यक्षाभावेन प्रत्यक्षैकप्रमाणवादिभिश्चार्वाकैराकाशं नाङ्गीक्रियते। चतुर्णां च तेषां शरीररूपेण परिणामे परिणामविशेषस्वाभाव्यात्तत्र चैतन्यमुत्पद्यते। शरीरविनाशे च चैतन्यमपि नश्यत्येव। चैतन्यं ज्ञानम्। **किण्वादिभ्य इति**। किण्वशब्देन सुरायाः प्रकृतिभूतो वृक्षविशेषनिर्यास उच्यते। तत्र प्रकृत्यवस्थायां मदशक्त्यभावेपि तद्विकृतिभूतसुरायां मदशक्तिरुत्पद्यमाना दृश्यते तद्वत्। **विज्ञानघनः**। चैतन्यरूपोऽर्थः। **न प्रेत्येति**। मरणानन्तरं किमपि ज्ञानं न भवतीत्यर्थः। **प्रत्यक्षैकप्रमाणवादितयेति**। अनुमानं न प्रमाणम्। तद्धि व्याप्तिज्ञानसापेक्षम्। व्याप्तिश्च व्यभिचाररहितः संबन्धः। स न ज्ञातुं शक्यते। व्यभिचारस्य दुरपोहत्वात्। यथा काचिद्वह्निव्यक्तिर्धूमाधिकरणवृत्तिरिति बुद्धिस्तथा काचिद्वह्निव्यक्तिर्धूमाधिकरणावृत्तिरपि स्यादिति बुद्धेरपि संभवात्। न च वह्निधूमयोर्भूयोदर्शनेन

व्यभिचारनिरासः शङ्क्यः। महानसादौ वह्निधूमयोर्भूयोदर्शनसहस्रेऽपि यथा तप्ते लोहपिण्डे वह्निर्धूमव्यभिचरितो दृश्यते तथा क्वचिद्धूमे वह्निव्यभिचरितत्वदर्शनस्यापि संभवात्। न च वह्निधूमयोः सामान्यप्रत्यासत्त्या सकलधूमवह्नीनामलौकिकप्रत्यक्ष-संभवाद्व्याप्तिग्रहः सुलभ इति नैयायिकोक्तं युक्तमिति वाच्यम्। सामान्यस्यैवाभावात्। न हि घटादिव्यक्त्यपेक्षयातिरिक्तं किंचिद्घटत्वादिकं संदृश्यते येन सामान्यकल्पनार्थवती स्यात्। घटोऽयमिति प्रत्यक्षं तु घटसद्भावे प्रमाणं न तु घटत्वसत्त्वे। अन्यथाकाश-स्याप्यङ्गीकारापत्तेः। किं च तप्ते लोहपिण्डे केवलाग्निवद्गोपालघुटिकादौ केवलधूमस्यापि प्रत्यक्षदर्शनेन भूयोदर्शनेन व्यभिचारनिरासासंभव एव। एवं भूयः सहचरितयोरपि मित्रयोर्मिथो व्यभिचारः स्त्रीसङ्गादौ दृश्यत एव। तथा च व्याप्ति-ग्रहासंभवादनुमानं न प्रमाणम्। एवमुपमानमपि न प्रमाणम्। महिष एव पुरुषो मातङ्गीव योषिदित्युपमानात्प्रमाज्ञानासंभवात्। एवं शब्दोऽपि न प्रमाणम्। कस्यापि यथार्थवक्तुरभावात्। अर्थापत्तिरपि न प्रमाणम्। पीनो देवदत्तो दिवा न भुङ्क्ते इत्यत्र दिवाभोजनाभावविशिष्टपीनत्वेन रात्रिभोजनस्य कल्पना तु न नियमेन भवति। दिवा रात्रौ चाभोजिनोऽप्यामवातादिना पीनत्वदर्शनात्। एवमनुपलब्धिरपि न प्रमाणम्। तत्प्रमेयस्याभावस्यैवाभावात्। भूतले घटो नास्तीति प्रत्यक्षं हि केवलभूतलसत्त्वे प्रमाणं न तु भूतलव्यतिरिक्तभूतलनिष्ठाभावसत्त्वे। **न चास्येति।** विषयोपभोगजनितसुखस्य दुःखमिश्रितत्वेनेत्यर्थः। **सशल्कानिति।** शल्कं मत्स्यत्वक्। **सपलालानीति।** पलालं स्तम्बः कणिशादधोभागः। बुसं वा। **न हि मृगा इति।** अग्रे मृगाः सस्यविनाशं करिष्यन्तीति भिया क्षेत्रे शालीनामावाप एव न कार्य इति बुद्धिः कस्यापि नोदेति। तथाग्रे याचका आगमिष्यन्तीति भिया चुल्ल्यां पाकभाण्डान्येव न प्रस्थापनीयानीति बुद्धिर्न कस्यापि दृश्यते। **नाधिश्रीयन्त इति।** अधिश्रयणं प्रस्थापनम्। एतदुत्तरं न वा सपत्न्यः सन्तीति प्रेयान्परिह्रियते इति क्वचित्पाठो दृश्यते। **त्याज्यमिति।** विषयसंबन्धजन्यं यत्सुखं तद्दुःखयुक्तत्वात्त्याज्यमिति यो विचारः स मूर्खाणामेव। न ह्यन्तःस्वच्छतण्डुलपूर्णान्व्रीहीन्केवलं बहिस्तुषेण कणेन चोपहिता। इति बुद्ध्या कोऽपि त्युक्तमिच्छति। किं तु तुषान्कणांश्च दूरीकृत्यान्तःस्थांस्तण्डुलान्गृह्णात्येवेत्यर्थः। **नन्विति।** विदुषां याग्निहोत्रादौ प्रवृत्तिर्दृश्यते तत्र न किंचित्सुखं दृश्यते। प्रत्युत प्रचुरस्य द्रव्यस्य व्ययः शरीरक्लेशश्चानुभूयते। तथा च सा प्रवृत्तिः केवलं पारलौकिकसुखोद्देशेनैवेति तथा प्रवृत्त्या परलोकास्तित्वं कल्पनीयमिति शङ्काशयः। **तदपि नेति।** नेयं प्रवृत्तिः परलोकस्तित्वकल्पनायां प्रमाणभूता भवतीत्यर्थः।

The only end of man is enjoyment produced by sensual pleasures. Nor may you say that such cannot be called the end of man as they are always mixed with some kind of pain, because it is our wisdom to enjoy the pure pleasure as far as we can, and to avoid the pain which inevitably accompanies it; just as the man who desires fish takes the fish with their scales and bones, and having taken as many as he wants, desists; or just as the man who desires rice, takes the rice, straw and all, and having taken as much as he wants, desists. It is not therefore for us, through a fear of pain, to reject the pleasure which our nature instinctively recognises as congenial. Men do not refrain from sowing rice, because forsooth there are wild animals to devour it; nor do they refuse to set the cooking-pots on the fire, because forsooth there are beggars to pester us for a share of the contents. If any one were so timid as to forsake a visible pleasure, he would indeed be foolish like a beast, as has been said by the poet—

> The pleasure which arises to men from contact with sensible objects, Is to be relinquished as accompanied by pain,—such is the reasoning of fools;
>
> The berries of paddy, rich with the finest white grains,
>
> What man, seeking his true interest, would fling away because covered with husk and dust?[1]

ननु पारलौकिकसुखाभावे बहुवित्तव्ययशरीरायाससाध्येऽग्निहोत्रादौ विद्यावृद्धाः कथं प्रवर्तिष्यन्त इति चेत्तदपि न प्रमाणकोटिं प्रवेष्टुमीष्टे। अनृतव्याघातपुनरुक्तदोषैर्दूषिततया वैदिकंमन्यैरेव धूर्तबकैः परस्परं कर्मकाण्ड-प्रामाण्यवादिभिर्ज्ञानकाण्डस्य ज्ञानकाण्डप्रामाण्यवादिभिः कर्मकाण्डस्य च प्रतिक्षिप्तत्वेन त्रय्या धूर्तप्रलापमात्रत्वेनाग्निहोत्रादेर्जीविकामात्रप्रयोजनत्वात्। तथा चाभाणकः–

व्या० : अनृतेति। ओषधे त्रायस्वैनम् (तै. सं. १।२।१) इति मन्त्रो दर्भविषयः। स्वधिते मैनं हिंसी (तै. सं. १।२।१) इति मन्त्रः क्षुरविषयः। शृणोत ग्रावाणः (तै. सं. १।३।१३) इति पाषाणविषयः। एतेष्वचेतनानां दर्भक्षुरपाषाणानां चेतनवत्संबोधनं श्रूयते। तच्चासंभवि। अतश्चानृतार्थबोधकत्वादस्यसाप्रामाण्यम्। एक एव रुद्रो न द्वितीयस्य

---

1. I take *kaṇa* as here equal to the Bengali *kunṛ*. Cf. Atharva. V., xi, 3, 5. *Aśvaḥ kaṇā gāvas taṇḍulā maśakās tuṣāḥ.*

तस्थे (तै. सं. १।८।६) सहस्राणि सहस्रशो ये रुद्रा अधिभूम्याम् (तै.सं. ४।५।११) इत्यनयोर्मन्त्रयोर्मिथो विरुद्धार्थकत्वेन व्याघातादप्रामाण्यम्। आप उन्दन्तु (तै.सं. १।२।१) इति मन्त्रो यजमानस्य क्षौरकाले जलेन शिरसः क्लेदनं ब्रूते। अस्य मन्त्रस्य लोकप्रसिद्धार्थानुवादकत्वेन पुरुक्तवादनधिगतार्थगन्तृत्वाभावादप्रामाण्यम्। एवं कर्मबोधकस्य वेदभागस्याप्रामाण्यं ज्ञानकाण्डप्रामाण्यवादिभिर्वेदान्तिभिरुक्तम्। तथा ज्ञानकाण्डेऽन्नं ब्रह्मेति व्यजानात् (तै. ३।२) प्राणो ब्रह्मेति व्यजानात् (तै. ३।३।) इत्यादावन्नप्राणादीनां वस्तुतोऽब्रह्मभूतानामपि ब्रह्मत्वमुक्तम्। अतश्चानृतार्थबोधकत्वादस्याप्रामाण्यम्। तथैकमेवाद्वितीयम् (छा. ६।२।१) इत्यत्रात्मैक्यं प्रतिपाद्यते। द्वा सुपर्णा सयुजा (मु. ३।१।१) ऋतं पिबन्तौ (का. ३।१) इत्यत्रात्मभेदः प्रतिपाद्यते। तथा चानयोर्मिथो विरुद्धार्थकत्वेन व्याघातादप्रामाण्यम्। तथा पृथिव्या ओषधयः। ओषधीभ्योऽन्नम् (तै. २।१।१) अस्य मन्त्रस्य लोकप्रसिद्धार्थानुवादकत्वेन पुनरुक्तत्वादनधिगतार्थगन्तृत्वाभावादप्रामाण्यम्। एवं ज्ञानकाण्डस्याप्रामाण्यं कर्मकाण्डप्रामाण्यवादिभिर्मीमांसकैरुक्तम्। तथा च द्वयोः कलहे तृतीयस्य लाभ इति न्यायेन चार्वाकाः कृत्स्नस्यापि वेदस्याप्रामाण्यमिच्छन्त इत्थं ब्रुवते-ऋग्यजुःसामरूपा वेदत्रयी धूर्तानां प्रलापमात्रम्। धूर्ता ह्यग्निहोत्रादिकर्मप्रतिपादकं वेदं विरच्य तत्र श्रद्धाजडानां विश्वासमुत्पाद्य पारलौकिकसुखलोभेन संभवद्बहुवित्तव्ययेऽपि क्लेशसाध्येऽपि च यज्ञादौ लोकान्प्रवर्त्य तेभ्यः सकाशात्प्रचुरं द्रव्यं लब्ध्वा स्वजीविकां संपादयन्तीति। **आभाणकः**। लोकोक्तिविशेषः।

If you object that, if there be no such thing as happiness in a future world, then how should men of experienced wisdom engage in the agnihotra and other sacrifices, which can only be performed with great expenditure of money and bodily fatigue, your objection cannot be accepted as any proof to the contrary, since the agnihotra, etc., are only useful as means of livelihood, for the Veda is tainted by the three faults of untruth, self-contradiction, and tautology;[1] then again the impostors who call themselves Vaidic pundits. are mutually destructive, as the authority of the Jñāna-kāṇḍa is overthrown by those who maintain that of the karma-kāṇḍa, while those who maintain the authority of the Jñāna-kāṇḍa reject that of the karmakāṇḍa; and lastly, the three Vedas themselves are only the incoherent

1. See Nyāya Sūtras, ii. 57.

rhapsodies of knaves, and to this effect runs the popular saying—

अग्निहोत्रं त्रयो वेदास्त्रिदण्डं भस्मगुण्ठनम्।
बुद्धिपौरुषहीनानां जीविकेति बृहस्पतिः।। इति।

अत एव कण्टकादिजन्यं दुःखमेव नरकः। लोकसिद्धो राजा परमेश्वरः। देहोच्छेदो मोक्षः। देहात्मवादे च स्थूलोऽहं कृशोऽहं कृष्णोऽहमित्यादि-सामानाधिकरण्योपपत्तिः। मम शरीरमिति व्यवहारोः शिर इत्यादिवदौपचारिकः। तदेतत्सर्वं समग्राहि–

अङ्गनालिङ्गनाज्जन्यसुखमेव पुमर्थता।
कण्टकादिव्यथाजन्यं दुःखं निरय उच्यते।। १।।
लोकसिद्धो भवेद्राजा परेशो नापरः स्मृतः।
देहस्य नाशो मुक्तिस्तु न ज्ञानान्मुक्तिरिष्यते।। २।।
अत्र चत्वारि भूतानि भूमिवार्यनलानिलाः।
चतुर्भ्यः खलु भूतेभ्यश्चैतन्यमुपजायते।। ३।।
किण्वादिभ्यः समेतेभ्यो द्रव्येभ्यो मदशक्तिवत्।
अहं स्थूलः कृशोऽस्मीति सामानाधिकरण्यतः।। ४।।
देहः स्थौल्यादियोगाच्च स एवात्मा न चापरः।
मम देहोऽयमित्युक्तिः संभवेदौपचारिकी।। ५।। इति।

व्या० : अग्निहोत्रमिति। अग्निहोत्रपदेनाग्निसाध्यान्यलिखानि श्रौतस्मार्तकर्मा-ण्युपलक्ष्यन्ते। त्रयो वेदा ऋग्यजुः सामरूपाः। अथर्ववेदस्तु तदन्तर्गत एव। तस्यैव पृथक्त्वविवक्षया वेदचतुष्टयमिति लोके प्रसिद्धिः। एते च वेदा धूर्तैः स्वयं विरचिता अप्यज्ञानां श्रद्धोत्पादायापौरुषेयत्वेन प्रसिद्धिं प्रापिता इति चार्वाकाभिप्रायः। त्रिदण्डशब्देन कर्मत्यागरूपः संन्यासो गृह्यते। भस्मगुण्ठनं शरीरे भस्मलेपः। तेन च भस्मधारणपूर्वकाणि संध्यावन्दनदेवपूजनजपादीनि कर्माणि गृह्यन्ते। बुद्धिमन्तः पुरुषाः स्वबुद्धिवैभवेन राज्ञः सामदानाद्युपायेषु तत्तद्देशकालोचितमन्त्रप्रदानेन साहाय्यमाचरन्तो राज्ञः प्रीतिपात्रतां भजन्ते। पौरुषशालिनोऽपि पराक्रमेण शत्रून्विजित्य राज्ञः प्रीतिमातन्वते। द्वयेऽप्यमी राज्ञः सकाशाल्लब्धधना नयेन जीविकां संपादयन्ति। ये चैतादृशबुद्धिविकलाः पराक्रमहीनाश्च पुरुषास्ते नयेन स्वजीविकां संपादयितुमपारयन्तो लोकवञ्चना-दन्यज्जीविकासाधनमपश्यन्तोऽग्निहोत्राद्येकविषयजालं प्रसार्य भिन्नरुचील्लोकान्कां-

श्चित्क्वचिदित्येवं प्रायोऽखिलाज्ञनान्कर्मपाशबद्धान्संभाव्य पश्यतोहरा एते वैदिकमन्या धूर्तबका लोकेभ्यो द्रव्यं लब्ध्वा स्वजीविकां संपादयन्तीत्यर्थः। **दुःखमेव नरक इति**। नान्यःकश्चन कुम्भीपाकादिः। **लोकसिद्धः**। प्रजानां नियन्तृत्वेन दृष्टः। न तु जगत उत्पत्तिस्थितिसंहारकर्तान्य ईश्वरः कश्चिज्जन्मान्तरप्रदाता। उत्पत्त्यादि तु जगतः स्वाभाविकमेव। स्वभावत एव सर्वं परिणमति। जन्मान्तरं तु नास्त्येव। देह एवात्मा। तद्विनाशो मरणमेव मोक्षः। **देहात्मवाद इति**। देहव्यतिरिक्तस्यात्मनोऽङ्गीकारे तु मरणसमये देहाद्बहिर्गच्छतस्तस्यादर्शनेन तस्यामूर्तत्वाङ्गीकारावश्यंभावेन तत्र कृशत्वस्य कृष्णादिरूपस्य चासंभवादहंपद वाच्यात्मनः कृशकृष्णादिपदैः सामानाधिकरण्यं कृशोऽहं कृष्णोऽहमित्येवं लोकप्रसिद्धं न संभवतीत्यर्थः। ननु यदि शरीरमेवात्मा तर्हि तस्यैवाहंपदवाच्यत्वेनाहं शरीरमिति वक्तव्यं स्यान्न तु मम शरीरमितीत्य आह–**ममेति**। राहोः शिरोमात्ररूपत्वेन यद्यपि राहुः शिर इति वक्तव्यं तथाप्येकस्यैव तस्य शब्दभेदेन कथंचिद्भेदं परिकल्प्य षष्ठ्युपपत्तिः क्रियते तथैवात्रेति भावः। **भूमीति**। भूमिः पृथिवी। वारि जालम्। अनलोऽग्निः। अनिलो वायुः। आकाशं तु नैव चार्वाकैरङ्गीक्रियते। शरीररूपो यः पृथिव्यादीनां संघातविशेषस्तद्रूपेण परिणतेभ्यः पृथिव्यादिभ्यश्चतुर्भ्यो भूतेभ्यश्चैतन्यं संजायते। चैतन्यं ज्ञानम्।

> The Agnihotra, the three Vedas, the ascetic's three staves, and smearing oneself with ashes,—
> Bṛhaspati says, these are but means of livelihood for those who have no manliness nor sense.

Hence it follows that there is no other hell than mundane pain produced by purely mundane causes, as thorns, etc. ; the only Supreme is the earthly monarch whose existence is proved by all the world's eyesight; and the only Liberation is the dissolution of the body. By holding the doctrine that the soul is identical with the body, such phrases as "I am thin," "I am black," etc., are at once intelligible, as the attributes of thinness, etc., and self-consciousness will reside in the same subject [the body]; like and the use of the phrase "my body" is metaphorical "the head of Rāhu " [Rāhu being really *all head*].

All this has been thus summed up—

> In this school there are four elements, earth, water, fire, and air;
> And from these four elements alone is intelligence produced,—

Just like the intoxicating power from kiṇwa, etc., mixed together;

Since in "I am fat," "I am lean," these attributes[1] abide in the same subject,

And since fatness, etc., reside only in the body,[2] it alone is the soul and no other,

And such phrases as "my body" are only significant metaphorically.

"Be it so," says the opponent; " your wish would be gained if inference, etc., had no force of proof; but then they have this force ; else, if they had not, then how, on perceiving smoke, should the thoughts of the intelligent immediately proceed to fire; or why, on hearing another say, 'There are fruits on the bank of the river,' do those who desire fruit proceed at once to the shore ? "

All this, however, is only the inflation of the world of fancy.

Those who maintain the authority of inference accept the *sign* or middle term as the causer of knowledge, which middle term must be found in the minor and be itself invariably connected with the major.[3] Now this invariable connection must be a relation destitute of any condition accepted or disputed;[4] and this connection does not possess its power of causing inference by virtue of its *existence*, as the eye, etc., are the cause of perception, but by virtue of its being *known*. What. then is the means of this connection's being known ?

स्यादेतत्। स्यादेष मनोरथो यद्यनुमानादेः प्रामाण्यं न स्यात्। अस्ति च प्रामाण्यम्। कथमन्यथा धूमोपलम्भानन्तरं धूमध्वजे प्रेक्षावतां प्रवृत्तिरुपपद्येत। नद्यास्तीरे फलानि सन्तीति वचनश्रवणसमनन्तरं फलार्थिनां नदीतीरे प्रवृत्तिरिति। तदेतन्मनोराज्यविजृम्भणम्। व्याप्तिपक्षधर्मताशालि हि लिङ्गं गमकमभ्युप-

1. *I.e.*, personality and fatness, etc.
2. I read *dehe* for *dehaḥ*.
3. Literally, "must be an attribute of the subject and have invariable concomitance *(vyāpti)*."
4. For the *sandigdha* and *niścita upādhi* see Siddhānta Muktāvali, p. 125. The former is accepted only by one party.

गतमनुमानप्रामाण्यवादिभिः। व्याप्तिश्चोभयविधोपाधिविधुरः संबन्धः। स च सत्तया चक्षुरादिवन्नाङ्गभावं भजते। किं तु ज्ञाततया। कः खलु ज्ञानोपायो भवेत्। न तावत्प्रत्यक्षम्। तच्च बाह्यमान्तरं वाभिमतम्। न प्रथमः। तस्य संप्रयुक्तविषयज्ञानजनकत्वेन भवति प्रसरसंभवेऽपि भूतभविष्यतोस्तदसंभवेन सर्वोपसंहारवत्या व्याप्तेर्दुर्ज्ञानत्वात्। न च व्याप्तिज्ञानं सामान्यगोचरमिति मन्तव्यम्। व्यक्त्योरविनाभावाभावप्रसङ्गात्। नापि चरमः। अन्तःकरणस्य बहिरिन्द्रियतन्त्रत्वेन बाह्येऽर्थे स्वातन्त्र्येण प्रवृत्त्युपपत्तेः। तदुक्तम्–

व्या० : कथमन्यथेति। धूम एव ध्वजश्चिह्नं यस्य स धूमध्वजोऽग्निः। प्रेक्षावन्तो विचारशीलाः। ते हि पर्वतादौ धूमं दृष्ट्वाग्निस्तीत्यनुमानप्रमाणेन निश्चित्याग्निप्राप्त्यर्थं प्रवर्तमाना लोक उपलभ्यन्ते। तथा यथार्थवक्त्रा केनचिन्नद्यास्तीरे फलानि सन्तीत्युक्ते शब्दप्रमाणेन नद्यास्तीरे फलानि सन्तीति निश्चित्य फलप्राप्त्यर्थं प्रेक्षावतां फलार्थिनां तत्र प्रवृत्तिर्दृश्यते। प्रत्यक्षैकप्रमाणवादिनये त्वनुमानस्य शब्दस्य च प्रामाण्याभावेन लोके दृश्यमाना प्रेक्षावतां प्रवृत्तिर्नोपपद्यत इत्यर्थः। **व्याप्तीति।** यत्र धूमस्तत्राग्निरिति साहचर्यनियमो व्याप्तिः। हेतोर्धूमस्य यत्पर्वतादिपक्षवृतित्त्वं सा पक्षधर्मता। व्याप्तिः पक्षधर्मता चेत्युभयं ज्ञातं चेद्धूमादिलिङ्गेनाग्न्यादेः साध्यस्यानुमानं भवति। लीनमप्रत्यक्षमग्न्यादिकमर्थं गमयति बोधयति तल्लिङ्गं ज्ञापको हेतुर्धूमादिः। **व्याप्तिश्चेति।** तत्र धूमस्तत्राग्निरित्येवं हेतुसाध्ययोर्यः साहचर्यनियमः स उपाधिसत्त्वे च संभवति। यथा हिंसा अधर्मसाधनं हिंसात्वात् अत्र निषिद्धत्वमुपाधिः। उपाधिस्वरूपं चानुपदमेव स्फुटीभविष्यति। उपाधिसत्त्वाच्चात्र हिंसात्वाधर्मसाधनत्वयोः साहचर्यं न नियतम्। किं तु व्यभिचरितम्। यतो यत्रयत्र हिंसात्वं तत्रतत्राधर्मसाधनत्वमिति न नियमः संभवति। यागीयपशुहिंसायां वेदविहितायां हिंसात्वेऽप्यधर्मसाधनत्वाभावात्। उपाधिश्च शङ्कितो निश्चितश्चेति द्विविधः। उपाधिशङ्कायामपि व्याप्तिनिश्चया-भावेनानुमानप्रतिबन्धात्। व्याप्तिश्च वस्तुतः सत्यपि नानुमाने कारणं भवति। किं तु निश्चितज्ञानविषयीभूतैव तथा। यत्र निश्चितोपाधिस्तत्र व्याप्तेर्वस्तुत एवाभाव इति न तत्रानुमानावसरः। अत्र तु शङ्कितोपाधिस्तत्र वस्तुतः क्वचिद्व्याप्तिर्नास्ति क्वचिदस्तीति द्वैविध्यम्। आद्ये नैवानुमानम्। द्वितीये तु व्याप्तिसत्त्वेऽपि तस्या निश्चितज्ञानाभावेन नानुमानम्। उपाधिशङ्कापनोदोत्तरं तु व्याप्तेर्निश्चयादनुमानं भवत्येवेत्यन्यत्। **स चेति।** चक्षुरादिकमिन्द्रियं स्वयमज्ञातमपि दर्शनादिसाधनं भवति तथा बालस्य न तथा व्याप्तिरज्ञाता केवलसक्त्यानुमानसाधनं भवति। किं तु निश्चितज्ञानविषयीभूतैव। निश्चयात्मकं ज्ञानं च प्रमाणजन्यम्। प्रामाणानि च प्रत्यक्षानुमानोपमानशब्दरूपाणि चत्वारि न्यायनये। अन्येषां प्रमाणानां तत्रैवान्तर्भावः। प्रमाणचतुष्टयमध्ये न केनापि

प्रमाणेन व्याप्तिज्ञानं संभवति। तदाह–**कः खल्विति। प्रथमः।** प्रथमः पक्षः। **संप्रयुक्तेति।** बाह्येन्द्रियसाहाय्येन जायमानं बाह्यप्रत्यक्षं हि बाह्येन्द्रियंसयुक्तमेव विषयं गृह्णाति। इन्द्रियसंयोगश्च वर्तमानस्यैव वस्तुनो न तु भूतस्य भविष्यतो वा वस्तुनः संभवति। व्याप्तौ तु त्रैकालिकधूमाग्न्योः संग्रह आवश्यक इति न बाह्यप्रत्यक्षेण व्याप्तिज्ञानं संभवति। **भवति।** वर्तमाने। **सर्वोपसंहारवत्याः।** सर्वेषां त्रैकालिकानां धूमादीनामुपसंहारः संग्रहो यत्रास्ति तथाभूतायाः। **न चेति।** सामान्यं जातिर्धूमत्वाग्नित्वादि। यद्यपि त्रैकालिकानां धूमाग्न्यादिव्यक्तीनां प्रत्यक्षज्ञानं न संभवति तथापि तद्गतधूमत्वाग्नित्वादिजातीनां प्रत्यक्षं सुलभम्। त्रैकालिकेष्वपि धूमेषु धूमत्वस्यैकत्वात्। यच्च वर्तमाने धूमे धूमत्वं तदेव भूते भविष्यते च धूमे धूमत्वं नान्यदिति त्रैकालिकव्यक्तिगतधूमत्वादिजातेः प्रत्यक्षसंभवः। तथा च धूमत्वाग्नित्वयोर्व्यक्तिद्वारा परंपरया पर्वतादौ सामानाधिकरण्यं व्याप्तिरिति। व्याप्तिप्रत्यक्षं जायते। परं तु व्यक्त्योर्धूमाग्न्योर्व्याप्तिज्ञानाभावेन धूमेनाग्न्यनुमानासंभवस्तवस्थ एवेति भावः। **चरमः।** व्याप्तेरान्तरं प्रत्यक्षमित्येवंरूपो द्वितीयः पक्षः। **अन्तःकरणस्येति।** यद्यप्यान्तरस्यात्मनस्तद्गतगुणानां सुखादीनां च मनसा जायमानं मानसप्रत्यक्षं बाह्येन्द्रियसाहाय्यं विनैव भवति तथापि बाह्यार्थानां मनसा जायमानं प्रत्यक्षं बाह्येन्द्रियद्वारेणैव। धूमादिगता व्याप्तिश्च बाह्योऽर्थ एवेति भावः।

We will first show that it is not *perception*. Now perception is held. to be of two kinds, external and internal [*i.e.*, as produced by the external senses, or by the inner sense, mind]. The former is not the required means; for although it is possible that the actual contact of the senses and the object will produce the knowledge of the particular object thus brought in contact, yet as there can never be such contact in the case of the past or the future, the universal proposition[1] which was to embrace the invariable connection of the middle and major terms in every case becomes impossible to be known. Nor may you maintain that this knowledge of the universal proposition has the general class as its object, because if so, there might arise a doubt as to the existence of the invariable connection in this particular case[2] [as, for instance, in this particular smoke as implying fire].

1. Literally, the knowledge of the invariable concomitance (as of smoke by fire).
2. The attributes of the class are not always found in every member, — thus idiots are men, though man is a rational animal; and again, this particular smoke might be a sign of a fire in some other place.

Nor is internal perception the means, since you cannot establish that the mind has any power to act independently towards an external object, since all allow that it is dependent on the external senses, as has been said by one of the logicians, "The eye, etc., have their objects as described; but mind externally is dependent on the others."

Nor can *inference* be the means of the knowledge of the universal proposition, since in the case of this inference we should also require another inference to establish it, and so on, and hence would arise the fallacy of an *ad infinitum* retrogression.

Nor can *testimony* be the means thereof, since we may either allege in reply, in accordance with the Vaiśeṣika doctrine of Kaṇāda, that this is included in the topic of inference; or else we may hold that this fresh proof of testimony is unable to leap over the old barrier that stopped the progress of inference, since it depends itself on the recognition of a *sign* in the form of the language used in the child's presence by the old man;[1] and, moreover, there is no more reason for our believing on another's word that smoke and fire are invariably connected, than for our receiving the *ipse dixit* of Manu, etc. [which, of course, we Cārvākas reject.]

And again, if testimony were to be accepted as the only means of the knowledge of the universal proposition, then in the case of a man to whom the fact of the invariable connection between the middle and major terms had not been pointed out by another person, there could be no inference of one thing [as fire] on seeing another thing [as smoke; hence, on your own showing, the whole topic of inference for oneself[2] would have to end in mere idle words.

चक्षुराद्युक्तविषयं परतन्त्रं बहिर्मनः। (त. वि. २०) इति। नाप्यनुमानं व्याप्तिज्ञानोपायः। तत्रतत्राप्येवमित्यनवस्थादौःस्थ्यप्रसङ्गात्। नापि शब्दस्तदुपायः। काणादमतानुसारेणानुमान एवान्तर्भावात्। अनन्तर्भावे वा वृद्धव्यवहाररूप-

1. See Sāhitya Darpaṇa (Ballantyne's trans. p. 16), and Siddhānta- M. p. 80.
2. The properly logical, as distinguished from the rhetorical, argument.

लिङ्गावगतिसापेक्षतया प्रागुक्तदूषणलङ्घनाजङ्घालत्वात्। धूमधूमध्वजयोरविनाभावोऽस्तीति वचनमात्रे मन्वादिवद्विश्वासाभावाच्च। अनुपदिष्टविनाभावस्य पुरुषस्यार्थान्तरदर्शनेनार्थान्तरानुमित्यभावे स्वार्थानुमानकथायाः कथाशेषत्वप्रसङ्गाच्च कैव कथा परार्थानुमानस्य। उपमानादिकं तु दूरापास्तम्। तेषां संज्ञासंज्ञिसंबन्धादिबोधकत्वेनानौपाधिकसंबन्धबोधकत्वासंभवात्।

व्या० : चक्षुरिति। चक्षुरादिबाह्येन्द्रियैः प्रदर्शितो रूपादिर्विषयो यस्य तादृशं मनो बाह्यार्थप्रत्यक्षे परतन्त्रं बहिरिन्द्रियाधीनमित्यर्थः। **तत्रतत्रापीति।** अग्न्यादिसाधकानुमानसाधनीभूता धूमादिनिष्ठा व्याप्तिर्येनानुमानान्तरेण ज्ञायते तादृशानुमानसाधनीभूता व्याप्तिः पुनस्तृतीयेनानुमानेनेत्येवमनवस्था स्यादिति भावः। **तदुपायः।** व्याप्तिज्ञानोपायः। **काणादेति।** काणादा वैशेषिकाः। ते हि प्रत्यक्षानुमानरूपं प्रमाणद्वयमेवेच्छन्ति। तदुक्तं भाषापरिच्छेदे–

शब्दोपमानयोर्नैव पृथक्प्रामाण्यमिष्यते।
अनुमानगतार्थत्वादिति वैशेषिकं मतम्।। (भा. प. १४०)

इति। अनुपलब्धेः प्रत्यक्षेऽन्तर्भावः। शब्दोपमानार्थापत्तिसंभवैतिह्यचेष्टापरिशेषाणां चानुमानेऽन्तर्भावस्तन्मते। अनुमानस्य च व्याप्तिज्ञानोपायत्वमनवस्थादोषग्रस्तमित्युक्तमेव। नैयायिकादयो ह्यनुमानापेक्षया शब्दं प्रमाणान्तरमिच्छन्ति। तन्मतेऽप्याह– **अनन्तर्भाव इति। वृद्धेति।** शब्दो हि शक्तिज्ञानसहकारेणैवार्थबोधजनकः। शक्तिज्ञानजनकोपायेषु च वृद्धव्यवहारो मुख्यः। व्यवहारेण शक्तिज्ञानं चानुमानप्रमाणसहायेनैव। यथोत्तमवृद्धोच्चारितं गामानयेति वाक्यं श्रुत्वा मध्यवृद्धो गोपशुमानयति। तादृशगवानयनं दृष्ट्वा तेन लिङ्गेन बालो गामानयेति वाक्यस्य गवानयनरूपेऽर्थे संबन्धं कल्पयति धूमेनाग्निमिव। स संबन्ध एव शक्तिः। तथा चानुमानप्रमाणसाधनीभूतं धूमाग्न्योर्व्याप्तिरस्ति इति केनचिदुक्ताद्वाक्याच्छब्दप्रमाणेन जायमानं व्याप्तिज्ञानं तादृशवाक्यघटकानां धूमाग्निव्याप्तिशब्दानां शक्तिग्रहे सत्येव भवेन्न तु ततः प्राक्। शक्तिग्रहश्च व्यवहाररूपलिङ्गेनानुमानप्रमाणेनैवेति पुनरनुमानान्तरापेक्षायां तदर्थं पुनर्व्याप्तिज्ञानमित्यनवस्था दुरुद्धरेति भावः। ननु वृद्धव्यवहारं विनापि व्याकरणाकोशादिभिरेव धूमाग्निव्याप्तिशब्दानां शक्तिग्रहे जाते शब्दप्रमाणेन व्याप्तिज्ञानं स्यादिति नानवस्थेत्यत आह– **धूमधूमध्वजेति।** धूमध्वजोऽग्निः। अविनाभावो व्याप्तिः। **मन्वादिवदिति।** साधर्म्ये दृष्टान्तः। नास्तिकानां चार्वाकाणां मनोरपि वाक्ये विश्वासाभावात्। तथा च शब्दप्रमाणं नैव व्याप्तिज्ञानोपाय इति सिद्धम्। एतेन स्वार्थानुमाने पूर्वं प्रमाणान्तरेण गृहीतव्याप्तिकः पुरुषः पर्वतादौ पक्षे धूमादिकमर्थान्तरं दृष्ट्वाग्न्यादिक–

मर्थान्तरमनुमिनोतीति तत्रानवस्था भवतु नाम। परार्थानुमाने तु पञ्चावयववाक्यान्तर्गतोदाहरणवाक्यादेव व्याप्तिज्ञानं सुलभमिति नानावस्थेति परास्तम्। उदाहरणवाक्याज्जायमानं हि शब्दप्रमाणेनैत्वेत्युक्तदोषतादवस्थ्यात्। अथ पञ्चावयववाक्यप्रयोक्तापि दुर्लभ इत्याह–**अनुपदिष्टेति**। व्याप्तेश्च ज्ञानाभावे सति नैव धूमादिनाग्न्यादेरनुमानमिति नामशेषमेव स्वार्थानुमानम्। तथा च पञ्चावयववाक्यप्रयोगासंभवेनार्थादेव परार्थानुमानस्य नामापि ग्रहीतुं न शक्यत इति भावः। अथोपमानादिकमपि न व्याप्तिग्रहोपाय इत्याह–**उपमानादिकमिति**। गोसदृशपिण्डे संज्ञिनि गवय इति संज्ञाया यः संबन्धः शक्तिरूपः स उपमानप्रमाणेन ज्ञायते न तु तादृशसंबन्धविशेषातिरिक्तं किंचित्। एवमनुपलब्धिप्रमाणेनाभाव एव ज्ञायते न तु तदतिरिक्तं किंचित्। तथा च न सोऽपि व्याप्तिज्ञानोपायः। **अनौपाधिकसंबन्धः**। व्याप्तिः।

Then again *comparison,*[1] etc., must be utterly rejected as the means of the knowledge of the universal proposition, since it is impossible that they can produce the knowledge of the unconditioned connection [*i.e.,* the universal proposition], because their end is to produce the knowledge of quite another connection, *viz.,* the relation of a name to something so named.

Again, this same absence of a condition,[2] which has been given as the definition of an invariable connection [*i.e.,* a universal proposition], can itself never be known; since it is impossible to establish that all conditions must be objects of perception; and therefore, although the absence of perceptible things may be itself perceptible, the absence of non-perceptible things must be itself non-perceptible; and thus, since we must here too have recourse to inference, etc., we cannot leap over the obstacle which has already been planted to bar them. Again, we must accept as the definition of the condition, "it is that

1. *Upamāna* or the knowledge of a similarity is the instrument in the production of an inference from similarity. The particular inference consists in the knowledge of the relation of a name to something so named." Ballantyne's Tarka Saṁgraha.
2. The upādhi is the condition which must be supplied to restrict a too general middle term, as in the inference "the mountain has smoke because it has fire,"if we add wet fuel as the condition of the fire, the middle term will be no longer too general. In the case of a true vyāpti, there is, of course, no upādhi.

which is reciprocal or equipollent in extension[1] with the major term though not constantly accompanying the middle." These three distinguishing clauses, "not constantly accompanying the middle term," "constantly accompanying the major term," and "being constantly accompanied by it" [*i.e.*, reciprocal], are needed in the full definition to stop respectively three such fallacious conditions, in the argument to prove the non-eternity of sound, as " being produced," "the nature of a jar," and "the not causing audition ;"[2] wherefore the definition holds,— and again it is established by the śloka of the great Doctor beginning *samāsama*.[3]

---

1. Αντιστρέφει (Pr. Anal., ii. 25). We have here our A with distributed predicate.
2. If we omitted the. first clause, and only made the upādhi "that which constantly accompanies the major term and is constantly accompanied by it," then in the Naiyāyika argument "sound is non-eternal, because it has the nature of sound," "being produced " would serve as a Mīmāṁsaka upādhi, to establish the *vyabhicāra* fallacy, as it is reciprocal with "non-eternal;" but the omitted clause excludes it, as an upādhi must be consistent with either party's opinions, and, of course, the Naiyāyika maintains that "being produced" *always* accompanies the class of sound. Similarly, if we defined the upādhi as "not constantly accompanying the middle term. and constantly accompanied by the major," we might have as an upādhi "the nature of a jar," as this is never found with the middle term (the class or nature of sound only residing in sound, and that of a jar only in a jar), while, at the same time, wherever the class of jar is found there is also found non-eternity. Lastly, if we defined the upādhi as "not constantly accompanying the middle term, and constantly accompanying the major," we might have as a Mīmāṁsaka upādhi "the not causing audition," *i.e*, the not being apprehended by the organs of hearing; but this is excluded, as non-eternity is not always found where this is, ether being inaudible and yet eternal:
3. This refers to an obscure śloka of Udayanācārya, "where a reciprocal and a non-reciprocal universal connection (*i.e.*, universal propositions which severally do and do not distribute their predicates) relate to the same argument (as *e.g.*, to prove the existence of smoke), there that non-reciprocating term of the second will be a fallacious middle, which is. not invariably accompanied by the other reciprocal of the first." Thus "the mountain has smoke because it has fire" (here fire

किं च–उपाध्यभावोपि दुरवगमः। उपाधीनां प्रत्यक्षत्वनियमासंभवेन प्रत्यक्षाणामभावस्य प्रत्यक्षत्वेऽप्यप्रत्यक्षाणामभावस्याप्रत्यक्षतयानुमानाद्यपेक्षाया–मुक्तदूषणानतिवृत्तेः। अपि च साधनाव्यापकत्वे सति साध्यसमव्याप्तिरिति तल्लक्षणं कक्षीकर्तव्यम्। तदुक्तम्।

अव्याप्तसाधनो यः साध्यसमव्याप्तिरुच्यते स उपाधिः।
शब्देऽनित्ये साध्ये सकर्तृकत्वं घटत्वमश्रवतां च।
व्यावर्तयितुमुपात्तान्यत्र क्रमतो विशेषणानि त्रीणि।
तस्मादिदमनवद्यं समासमेत्यादिनोक्तमाचार्यैश्च।। इति।

व्या० : अथ व्याप्तिज्ञानं प्रकारान्तरेणापि दुर्लभमित्याह–**किं चेति।** अनौपाधिकसंबन्धो हि व्याप्तिः। अनौपाधिक उपाधिरहितः। उपाधिराहित्यं च सर्वविधस्योपाधेरभावः। उपाध्यभावज्ञानं चोपाधिज्ञाने सत्येव। अभावज्ञानस्य प्रतियोगिज्ञानसापेक्षत्वात्। उपाधिश्च द्रव्यरूपो धर्मी गुणादिर्धर्मश्च मूर्तोऽमूर्तश्च प्रत्यक्षोऽप्रत्यक्षश्च सर्वविधोऽपि संभवति। कश्चिन्निश्चितः कश्चिच्छङ्कितश्चेत्यन्यत्। तत्राप्रत्यक्षोपाध्यभावज्ञानार्थमनुमानान्तरापेक्षा स्यादेव। तथा चानुमानप्रमाणं व्याप्तिज्ञानापेक्षम्। व्याप्तिस्वरूप चोपाध्यभावघटितत्वेनोपाध्यभावज्ञानार्थं पुनरनुमानान्तरापेक्षेत्यनवस्था स्यादेवेति भावः। प्रकारान्तरेणापि दोषमाह–**अपि चेति।** व्याप्तिस्वरूपस्योपाध्यभावघटितत्वेनोपाधिज्ञानापेक्षा। उपाधिरूपस्य च व्याप्तिघटितत्वेन व्याप्तिज्ञानापेक्षेत्यन्योन्याश्रयदोष इत्याशयः। उपाधिस्वरूपमाह–**साधनाव्यापकत्व इति। अनित्ये साध्य इति।**

---

and smoke are non-reciprocating, as fire is not found invariably accompanied by smoke though smoke is by fire), or "because it has fire from wet fuel " (smoke and fire from wet fuel being reciprocal and always accompanying each other) ; the non-reciprocating term of the former (fire) will give a fallacious inference, because it is also, of course, not invariably accompanied by the special kind of fire, that produced from wet fuel. But this will not be the case where the non-reciprocating term is thus invariably, accompanied by the other reciprocal, me "the mountain has fire because it has smoke;" here, though fire and smoke do not reciprocate, yet smoke will be a true middle, because it is invariably accompanied by heat, which is the reciprocal of fire. I wish to add here, once for all, that I own my explanation of this, as well as many another, difficulty in the Sarvadarśana-śaṁgraha to my old friend and teacher, Paṇḍit Maheśa Candra Nyāyaratna, of the Calcutta Sanskrit College.

शब्दोऽनित्य उत्पन्नत्वात्। सद्धेतुरयम्। उत्पन्नत्वेऽनित्यत्वव्याप्तेरनौपाधिकत्वात्। परं तु यद्युपाधेर्लक्षणं साध्यव्यापकत्वमित्येव क्रियते तर्हि सकर्तृकत्वमुपाधिः स्यात्। तस्यानित्यत्वव्यापकत्वात्। न च प्रागभावेऽनित्यत्वसत्त्वेऽपि सकर्तृकत्वाभावान्न साध्यव्यापकत्वमिति वाच्यम्। सकर्तृकत्वस्य भावावच्छिन्नानित्यत्वव्यापकत्वात्। अतः साधनाव्यापकत्वमित्युक्तम्। सकर्तृकत्वं तु नोत्पन्नत्वस्याव्यापकम्। साधनाव्यापकत्व-मात्रमुपाधेर्लक्षणं चेदुक्तानुमान एव घटत्वमुपाधिः स्यात्। घटत्वस्योत्पन्नत्वरूपसाधना व्यापकत्वात्। अतः साध्यव्यापकत्वमित्युक्तम्। घटत्वस्यानित्यत्वरूपसाध्य-व्यापकत्वाभावात्। तावताप्यश्रावणत्वमुपाधिः स्यात्। अश्रावणत्वं ह्युत्पन्नत्वरूप-साधनस्याव्यापकं भवति। शब्द उत्पन्नत्वसत्त्वेऽप्यश्रावणत्वाभावात्। द्रव्यत्वा-वच्छिन्नानित्यत्वस्य व्यापकं च भवति। अतः साध्यसमव्याप्तत्वमित्युक्तम्। अश्रावणत्वं नित्येष्वात्माकाशादावस्तीति न तद्द्रव्यत्वावच्छिन्नानित्यत्वेन समनियतम्। अतो नेयं समव्याप्तिः। **समासमेत्यादिनेति।**

समासमाविनाभावावेकत्र स्तो यदा तदा।
समेन यदि नो व्याप्तस्योर्हीनोऽप्रयोजकः।।

But since the knowledge of the condition must here precede the knowledge of the condition's absence, it is only when there is the knowledge of the condition, that the knowledge of the universality of the proposition is possible, *i.e.*, a knowledge in the form of such a connection between the middle term and major term as is distinguished by the absence of any such condition; and on the other hand, the knowledge of the condition depends upon the knowledge of the invariable connection. Thus we fasten on our opponents as with adamantine glue the thunderbolt-like fallacy of reasoning in a circle. Hence by the impossibility of knowing the universality of a proposition it becomes impossible to establish inference, etc.[1]

The step which the mind takes from the knowledge of smoke, etc., to the knowledge of fire, etc., can be accounted for by its being based on a former perception or by its being an

---

1. Cf. Sextus Empiricus, P. Hyp. ii. In the chapter on the Buddhist system *infra*, we have an attempt to establish the authority of the universal proposition from the relation of cause and effect or genus and species.

error; and that in some cases this step is justified by the result, is accidental just like the coincidence of effects observed in the employment of gems, charms, drugs, etc.

तत्र विध्यध्यवसायपूर्वकत्वान्निषेधाध्वसायस्योपाधिज्ञाने जाते तदभाव-विशिष्टसंबन्धरूपव्याप्तिज्ञानं व्याप्तिज्ञानाधीनं चोपाधिज्ञानमिति परस्पराश्रय-वज्रप्रहारदोषो वज्रलेपायते। तस्मादविनाभावस्य दुर्बोधतया नानुमानाद्यवकाशः। धूमादिज्ञानानन्तरमग्न्यादिज्ञाने प्रवृत्तिः प्रत्यक्षमूलतया भ्रान्त्या वा युज्यते। क्वचित्फलप्रतिलम्भस्तु मणिमन्त्रौषधादिवद्यादृच्छिकः। अतस्तत्साध्यम-दृष्यादिकमपि नास्ति। नन्वदृष्यानिष्टौ जगद्वैचित्र्यमाकस्मिकं स्यादिति चेत्–न तद्भद्रम्। स्वभावादेव तदुपपत्तेः।

तदुक्तम्–

अग्निरुष्णो जलं शीतं समस्पर्शस्तथानिलः।
केनेदं चित्रितं तस्मात्स्वभावात्तद्व्यवस्थितिः।। इति।

तदेतत्सर्वं बृहस्पतिनाप्युक्तम्–

न स्वर्गो नापवर्गो वा नैवात्मा पारलौकिकः।
नैव वर्णाश्रमादीनां क्रियाश्च फलदायिकाः।। १।।

अग्निहोत्रं त्रयो वेदास्त्रिदण्डं भस्मगुण्ठनम्।
बुद्धिपौरुषहीनानां जीविका धातृनिर्मिता।। २।।

पशुश्चेन्निहतः स्वर्गं ज्योतिष्टोमे गमिष्यति।
स्वपिता यजमानेन तत्र कस्मान्न हिंस्यते।। ३।।

मृतानामपि जन्तूनां श्राद्धं चेत्तृप्तिकारणम्।
निर्वाणस्य प्रदीपस्य स्नेहः संवर्धयेच्छिखाम्।। ४।।

गच्छतामिह जन्तूनां व्यर्थं पाथेयकल्पनम्।
गेहस्थकृतश्राद्धेन पथि तृप्तिवारिता।। ५।।

स्वर्गस्थिता यदा तृप्तिं गच्छेयुस्तत्र दानतः।
प्रासादस्योपरिस्थानामत्र कस्मान्न दीयते।। ६।।

यावज्जीवेत्सुखं जीवेदृणं कृत्वा घृतं पिबेत्।
भस्मीभूतस्य देहस्य पुनरागमनं कुतः।। ७।।

यदि गच्छेत्परं लोकं देहादेष विनिर्गतः।
कस्माद्भूयो न चायाति बन्धुस्नेहसमाकुलः।। ८।।
ततश्च जीवनोपायो ब्राह्मणैर्विहितस्त्विह।
मृतानां प्रेतकार्याणि न त्वन्यद्विद्यते क्वचित्।। ९।।

व्या० : खण्डनखण्डखाद्यटीकायामानन्दपूर्णविरचितायामनुमानखण्डने। (पृ. ७०७) धृतोयं श्लोकः। अस्यार्थ–यदैकत्रैकस्मिन्पदार्थे समासमाविनाभावौ स्तः। अविनाभावो व्याप्तिः। सा च द्विधा–समव्याप्तिरसमव्याप्तिश्च। समनियतयोर्द्वयोर्मध्य एकेनापरस्य व्याप्तिः समव्याप्तिः। यथा पृथिवीत्वगन्धयोः। या चासमनियतयोर्द्वयोर्मध्य एकेनापरस्य व्याप्ति साऽसमव्याप्तिः। यथाग्निना धूमस्य। अयोगोलकेऽग्नेः सत्त्वेऽपि धूमस्यासत्त्वेनाग्निधूमयोरसमनियतत्वात्। अग्नि सह य आर्द्रेन्धनस्य संयोगस्तस्मिन्नेकस्मिन्पदार्थे धूमेन स समव्याप्तिः। धूमार्द्रेन्धनसंयोगयोः समनियतत्वात्। या चाग्निनार्द्रेन्धनसंयोगे व्याप्तिः सा त्वसमव्याप्तिः। अयोगोलकेऽग्ने सत्त्वेऽप्यार्द्रेन्धनसंयोगस्यासत्त्वेनाग्न्यार्द्रेन्धनसंयोगयोरसमनियतत्वात्। तथा चैकत्रार्द्रेन्धनसंयोग धूमेन समव्याप्तिरग्निना चासमव्यापप्तिरित व्याप्तिद्वयं वर्तते। तयोः समासमयोर्धूमाग्न्योर्मध्ये हीनोऽसमोऽग्निः समेन धूमेन यदि नो व्याप्तोऽग्निर्धूमव्याप्यो न भवति तर्हि सोऽसमोऽग्निप्रयोजकः। धूमरूपसाध्य साधको हेतुर्न भवतीति। एवमुपाधिस्वरूपं प्रदर्श्य व्याप्तिज्ञानोपाधिज्ञानयोरन्योन्याश्रयदोषमुपपादयति–तत्र। **विधीति**। अध्यवसायो निश्चयः। उपसंहरति–**तस्मादिति। अविनाभावस्य**। व्याप्तेः। एतावता ग्रन्थसंदर्भेण व्याप्तिज्ञानोपायाभावेनानुमानस्य न प्रामाण्यमिति प्रतिपादितम्। शब्दस्तु न प्रमाणमित्यनुपदमेव व्याप्तिज्ञानोपायविचारप्रसङ्गेनोपपादितम्। किं च प्रमाणान्तराणां प्रायो वैशेषिकैरनुमानेऽन्तर्भावः कृतः। तत्र चोक्तरीत्यानुमानस्य प्रामाण्यं न सिध्यतीत्यर्थादेव तदन्तर्भूतानां प्रमाणान्तराणामप्यप्रामाण्यसेवेति बोध्यम्। ननु यदि नानुमानं प्रमाणं तर्हि या लोके धूमं पश्यतोऽग्निप्राप्त्यर्थं प्रवृत्तिर्दृश्यते सा न संगच्छत इति चेत्तत्राह–**धूमादिज्ञानेति। प्रत्यक्षमूलतयेति**। पूर्वं प्रत्यक्षतो दृष्टोऽग्निः। पश्चात्कियद्भिः क्षणैर्धूमं दृष्ट्वोद्बुद्धसंस्कारोग्निं स्मृत्वा प्रवर्तत इति भावः। कल्पान्तरमाह–**भ्रान्त्येति**। धूमाग्न्योः साहचर्येण धूमं दृष्ट्वाग्निभ्रमात्प्रवृत्तिरिति भावः। ननु भ्रान्त्या प्रवृत्तौ कथं सत्यस्याग्नेः प्रतिलम्भस्तत्राह–**क्वचिदिति**। शारीरसामर्थ्यधनकीर्त्याद्यैश्वर्यप्राप्तये तथोत्पन्नस्य रोगदेर्निवृत्तये च मणिस्पर्शो मन्त्रप्रयोग औषधसेवनं च क्रियमाणं दृश्यते लोके। परं तु मण्याद्युपयोगेऽपि क्वचित्कार्यं न दृश्यते। क्वचिच्च तदभावेऽपि कार्यं दृश्यते। अतोऽन्वयव्यतिरेकव्यभिचारान्नैव तत्र वस्तुतः

कार्यकारणभावः। ऐश्वर्यादिप्राप्तिस्तु स्वभावत एव क्वचिद्भवति क्वचिन्न भवति। तथा रोगादिनिवृत्तिरपि स्वभावत एव भुक्तान्नादिपरिणामविशेषात्क्वचिद्भवति क्वचिन्न भवति। तत्र क्वचित्काकतालीयन्यायेन जायमानं कार्यं दृष्ट्वा भ्रान्ताः कार्यकारणभावं मन्यन्ते। वस्तुतस्तु नैव तत्र कार्यकारणभावः। तद्वदत्रापि नैव धूमज्ञानाग्निज्ञानयोः कार्यकारणभावः। भ्रान्त्या प्रवृत्तावपि यादृच्छिकतयैव वस्तुसतोऽग्नेः प्रतिलम्भ इति। केचित्तु सदसत्कर्मजन्यं पुण्यपापरूपमदृष्टं सुखदुःखस्वरूपफलदानोन्मुखं सदैश्वर्यं ददाति रोगोत्पत्त्यादिकं च करोति। तथा चैश्वर्यादिना कार्येण स्वकारणमदृष्टं साध्यते धूमेनाग्निरिवेत्याहुः। तन्न। ऐश्वर्यप्राप्त्यादेः स्वाभाविकत्वात्। तदाह–**अतस्तत्साध्यमिति। पशुश्चेदिति।** तदुक्तं विष्णुपुराणे–

निहतस्य पशोर्यज्ञे स्वर्गप्राप्तिर्यदीष्यते।
स्वपिता यजमानेन तदा किं न निहन्यते।।
तृप्तये जायते पुंसो भुक्तमन्येन चेत्ततः।
दद्याच्छ्राद्धं श्रमायान्नं न वहेयुः प्रवासिनः।।

(वि.पु. ३।१८।८५) इति।

तथा तत्रैव यज्ञादिकर्मविषयेऽप्युक्तम्–

नैतद्युक्तिसहं वाक्यं हिंसा धर्माय नेष्यते।
हवींष्यनल्लदग्धानि फलायेत्यर्भकोदितम्।।
यज्ञैरनेकैर्देवत्वमवाप्येन्द्रेण भुज्यते।
सस्यादि च समित्काष्ठं तद्वरं पत्रभुक्पशुः।।

(वि.पु. ३।१।८२-८३) इति

From this it follows that fate, etc.,[1] do not exist, since these, can only be proved by inference. But an opponent will say, if you thus do not allow adṛṣṭa, the various phenomena of the world become destitute of any cause. But we cannot accept this objection as valid, since these phenomena can all be produced spontaneously from the inherent nature of things. Thus it has been said—

The fire is hot, the water cold, refreshing cool the breeze of morn ;

1. *Adṛṣṭa*, i.e., the merit and demerit in our actions which produce their effects in future births.

By whom came this variety? from their own nature was it born,

And all this has been also said by Bṛhaspati—

There is no heaven, no final liberation, nor any soul in another world,

Nor do the actions of the four castes, orders, etc, produce any real effect.

The Agnihotra, the three Vedas, the ascetic's three staves, and smearing one's self with ashes,

Were made by Nature as the livelihood of those destitute of knowledge and manliness.

If a beast slain in the Jyotiṣṭoma rite will itself go to heaven,

Why then does not the sacrificer forthwith offer his own father?[1]

If the Śrāddha produces gratification to beings who are dead,

Then here, too in the case of travellers when they start, it is needless to give provision for the journey.

If beings in heaven are gratified by our offering the Śrāddha here,

Then why not give the food down below to those who are standing on the housetop?

While life remains let a man live happily, let him feed on ghee even though he runs in debt ;

When once the body becomes ashes, how can it ever return again?

If he who departs from the. body goes to another world,

How is it that he comes not back again, restless for love of his kindred?

Hence it is only as a means of livelihood that Brahmans have established here

1. This is an old Buddhist retort. See Burnouf, Introd. p. 209.

All these ceremonies for the dead,—there is no other fruit anywhere.

त्रयो वेदस्य कर्तारो भण्डधूर्तनिशाचराः।
जर्भरीतुर्फरीत्यादि पण्डितानां वचः स्मृतम्।। १०।।
अश्वस्यात्र हि शिश्नं तु पत्नीग्राह्यं प्रकीर्तितम्।
भण्डैस्तद्वत्परं चैव ग्राह्यजातं प्रकीर्तितम्।। ११।।
मांसानां खादनं तद्वन्निशाचरसमीरितम्।। इति।

तस्माद्बहूनां प्राणिनामनुग्रहार्थं चार्वाकमतमाश्रयणीयमिति रमणीयम्।।

इति श्रीमत्सायणमाधवीये सर्वदर्शनसंग्रहे चार्वाकदर्शनम्।।

व्या० : जर्भरीति। सृण्येव जर्भरी तुर्फरीतू नैतोशेव तुर्फरी पर्फरीका। उदन्यजेव जेमना मदेरू ता मे जराय्वजरं मरायु (ऋ. सं. १० ।१०६ ।६) अश्विनीकुमारयो प्रार्थनेयम्। पण्डितानां धूर्तानाम्। अत्र लोकेऽत्यन्ताप्रसिद्धानां जर्भरीतुर्फरीत्यादिशब्दानां प्रयोगात्प्रयोगकारैर्दाम्भिकैर्धूर्तैर्लोका वञ्चिता इत्याशयः। अर्थस्त्वयम्–सृण्येव सृण्याविव। सृणिरङ्कुशः। तत्र साधुः (पा. सू. ४ ।४ ।९८) इति सूत्रेण यत्प्रत्ययः। औप्रत्ययस्य सुपां सुलक् (पा. सू. ७ ।१ ।३९) इति सूत्रेणाकारः। अङ्कुशार्हौ मत्तगजाविव जर्भरी गात्रविनामं कुर्वन्तौ। जृभधातोरौणादिकोऽरिप्रत्ययः। उपधागुणः। तुर्फरीतू हन्तारौ च। नितरां तोशयतीति नितोशः। तस्यापत्य नैतोशः। तत् औप्रत्ययस्याकारः। नैतोशाविव तुर्फरी शत्रूणां हन्तारौ। पर्फरीका पर्फरीकौ स्तोतृणां धनप्रदानेन पूरयितारौ च। उदके भवमुदन्यम्। तत्र जाताविव निर्मलौ कान्तियुक्तौ। जेमना जयशीलौ। जयतेर्मनिन्। उपधादीर्घाभाव श्छान्दसः। मदेरू बलाधिक्येन मत्तौ स्तुत्यौ वा। ता तौ अश्विनौ मे मदीयं जरायु जरायुजमत एव मरायु मरणशीलं शरीरमजरं जरामरणरहितं कुरुताम्। **अश्वस्येति।** अश्वमेधयज्ञेऽश्वशिनं यजमानपत्न्या ग्राह्यमिति विधिर्भाण्डैः कथितो वेदे। एवमन्यदप्यश्लीलं त्रपाकरमन्यत्तैः कथितम्। भण्डा उन्मत्ताः। **मांसानामिति।** यज्ञे मांसभक्षणं यद्वेद उक्तं तन्निशाचरैर्मांसप्रियैरुक्तमित्यर्थः।।

इति सर्वदर्शनसंग्रहव्याख्यायां दर्शनाङ्कुराभिधायां चार्वाकदर्शनं समाप्तम्।।

The three authors of the Vedas were buffoons, knaves, and demons.

All the well-known formulae of the pandits, Jarphari, turphari, etc.[1]

---

1. Ṛg. Veda, x: 106. For the Aśvamedha rites, see Wilson's ṚgVeda, Preface, vol. ii. p. xiii.

And all the obscene rites for the queen commanded in the Aśvamedha

These were invented by buffoons, and so all the various kinds of presents to the priests,[1]

While the eating of flesh was similarly commanded by night-prowling demons.

Hence in kindness to the mass of living beings must we fly for refuge to the doctrine of Cārvāka. Such is the pleasant consummation.

E. B. C.

1. Or this may mean "and all the various other things to be handled in the rites."

Chapter II
The Baudha System

अथ बौद्धदर्शनम्

अत्र बौद्धैरभिधीयते। यदभ्यधायि–अविनाभावो दुर्बोध इति तदसाधीयः। तादात्म्यतदुत्पतिभ्यामविनाभावस्य सुज्ञानत्वात्।

तदुक्तम्–

कार्यकारणभावाद्वा स्वभावाद्वा नियामकात्।
अविनाभावनियमोऽदर्शनान्न न दर्शनात्।। [1](न्या. बि.) इति।

व्या० : तदुक्तमिति। न्यायबिन्दुसंज्ञके ग्रन्थे धर्मकीर्तिनैतदुक्तमित्यर्थः। चित्सुखमुनिविरचिततत्त्वप्रदीपिकाया व्यारव्यां नयनप्रसादिन्यां (पृ. ७१) तदप्युक्तं कीर्तिनेत्युल्लिख्यायं श्लोको निर्दिष्टः। तथा च धर्मकीर्तिः केवलकीर्तिनाम्नापि प्रसिद्ध इत्यनुमीयते। **कार्येति**। व्याप्तिनिश्चायकश्च कार्यकारणभावः स्वभावश्चेति तस्मादविना-भावनिश्चयो भवति। स्वभावस्तादात्म्यम्। कार्यं हि कारणाधीनात्मलाभं न कारणेन विना भवितुमलमिति तत्राविनाभावनियमोवगम्यते। तथा यदात्मा यो भावः स तद्विना कथं भवेदिति तादात्म्येपि युक्त एवाविनाभावनियमः। सपक्षे दर्शनमात्राद्विपक्षे चादर्शनमात्रान्न व्याप्तिनिश्चयः। केवलान्वयव्यतिरेकाभ्यां व्याप्तिनिश्चयो न भवतीत्यर्थः।

At this point the Buddhists remark: As for what you (Cārvākas) laid down as to the difficulty of ascertaining invariable concomitance, your position is unacceptable,

---

1. अविनाभांवनियमादविनाभावदर्शनात् इति प्रेमचन्द्रकृतकाव्यादर्शटीकायां हेत्वलंकारे पाठः। दर्शनान्तरदर्शनात् A—दर्शनात्तददर्शनात् C.—for—अदर्शनान्न न दर्शनात्।।

inasmuch as invariable concomitance is easily cognisable by means of identity and causality. It has accordingly been said :

> "From the relation of cause and effect, or from identity as a determinant, results a law of invariable concomitance—not through the mere observation of the desired result in similar cases, nor through the non-observation of it in dissimilar cases."[1]

अन्वयव्यतिरेकाववविनाभावनिश्चायकाविति पक्षे साध्यसाधनयोरव्यभिचारो दुवधारणो भवेत्। भूते भविष्यति वर्तमाने चानुपलभ्यमानेर्थे व्यभिचारशङ्काया अनिवारणात्। ननु तथाविधस्थले तावकेऽपि मते व्यभिचारशङ्का दुष्परिहरेति चेत्-मैवं वोचः। विनापि कारणं कार्यमुत्पद्यतामित्येवंविधायाः शङ्काया व्याघातावधिकतया निवृत्तत्वात्। तदेव ह्याशङ्क्येत यस्मिनाशङ्क्यमाने व्याघातादयो नावतरेयुः। तदुक्तम्–व्याघातावधिराशङ्का (कुसु. ३।७) इति। तस्मात्त-दुत्पत्तिनिश्चयेनाविनाभावो निश्चीयते। तदुत्पत्तिनिश्चयश्च कार्यहेत्वोः प्रत्यक्षोप-लम्भानुपलम्भपञ्चकनिबन्धनः। कार्यस्योत्पत्तेः प्रागनुपलम्भः कारणोपलम्भे सत्युपलम्भः उपलब्धस्य पश्चात्कारणानुपलम्भादनुपलम्भः इति पञ्चकारण्या धूमधूमध्वजयोः कार्यकारणभावो निश्चीयते। तथा तादात्म्यनिश्चयेनाप्यविनाभावो निश्चीयते। यदि शिंशपा वृक्षत्वमतिपतेत्स्वात्मानमेव जह्यादिति विपक्षे बाधकप्रवृत्तेः। अप्रवृत्ते तु बाधके भूयः सहभावोपलम्भेपि व्यभिचारशङ्कायाः को निवारयिता। शिंशपावृक्षयोश्चतादात्म्यनिश्चयो वृक्षोयं शिंशपेति सामानाधि-करण्यबलादुपपद्यते। न ह्यत्यन्ताभेदे तत्संभवति। पर्यायत्वेन युगपत्प्रयोगायोगात्।[2] नाप्यत्यन्तभेदे। गवाश्वयोरनुपलम्भात्। तस्मात्कार्यात्मानौ कारणात्मानावनुमापयत इति सिद्धम्।

व्या० : अन्वयेति। अन्वयव्यतिरेकौ हि वर्तमानाः संनिहिताश्च या धूमाग्निव्यक्तयस्तद्विषयावेव संभवतः। न ह्यग्निसत्त्वे धूमसत्त्वमग्न्यभावे धूमाभाव इत्येवं निश्चयो भूतवस्तुसंबन्धेन भविष्यद्वस्तुसंबन्धेनासंनिहितवस्तुसंबन्धेन चोपपद्यते। तथा च तत्र कदाचिदग्निं विनापि धूमः स्यादिति व्यभिचारशङ्कादुवरिति भावः। **व्याघातेति।**

---

1. This śloka is quoted in the "Benares Pandit," vol. i. p. 89, with a commentary, and the later part of the second line is there read more correctly, '*darśanān na na darśanāt.*
2. युगपदपि for युगपत् A.

शङ्का चेदनुमास्त्येव न चेच्छङ्का ततस्तराम्।
व्याघातावधिराशङ्का तर्कः शङ्कावधिर्मतः।। (न्या. कु. ३।७)

अनुमानुमानम्। कालान्तरदेशान्तरयोर्व्यभिचारोपाध्यन्तराशङ्का यदि तदानुमानमस्त्येव। अनुमानेन विना तयोरप्रतीतेः। यदि च तयोरप्रतीतौ सत्यां न शङ्का तर्हि सुतरामनुमानमस्त्येव। शङ्कानिरासकस्याप्यनपेक्षणात्। शङ्काया अवधिस्तर्कः। तर्कस्य शङ्कानिवर्तकत्वात्। ननु तर्केऽपि व्याप्तिमूलकतया तर्कान्तरापेक्षायामनवस्थेत्यतो व्याघातावधिराशङ्केत्युक्तम्। तर्कमूलव्याप्तौ स्वक्रियाव्याघातेन व्यभिचारशङ्कैव नोदेतीति न तत्र तर्कापेक्षेत्यर्थः। **प्रत्यक्षोपलम्भेति।** उपलम्भद्वयमनुपलम्भत्रयमित्येवं मिलित्वा पञ्चकं बोध्यम्। **पञ्चकारण्येति।** पञ्चानां कारणानां समाहारः पञ्चकारणी तया। मिलितानामेवामीषां पञ्चानां कारणत्वमिति समाहारद्वन्द्वेन बोध्यते। **अतिपतेत्।** अतिक्रामेत्। वृक्षत्वानधिकरणवृत्ति शिंशपात्वं भवेदित्यर्थः। **समानाधिकरण्येति।** भिन्नप्रवृत्तिनिमित्तानां शब्दानामेकस्मिन्नर्थे वृत्तिः सामानाधिकरण्यमिति शाब्दिकाः। यथा नीलो घट इति। नीलशब्दस्य हि नीलगुणः प्रवृत्तिनिमित्तम्। घटशब्दस्य तु घटत्वजातिः प्रवृत्तिनिमित्तम्। तयोर्नीलगुणघटत्वयोराश्रयीभूतोर्थस्त्वेकएव। तत्रार्थस्यैक्यान्नात्यन्तं भेदः। प्रवृत्तिनिमित्तभेदाच्च नात्यन्तमभेदः। **तस्मदिति।** कार्यात्मानाविति प्रथमान्तं कर्तृपदम्। कारणात्मानाविति द्वितीयान्तं कर्मपदम्। यथासंख्येनान्वयः। धूमादिकार्यं कारणानुमापकम्। शिंशपादि विशेषस्वरूपं सामान्यस्वरूपानुमापकम्।

On the hypothesis (of the Naiyāyikas) that it is concomitance and non-concomitance (*e.g.*, A is where B is, A is not where B is not) that determine an invariable connection, the unconditional attendance of the major or the middle term would be unascertainable, it being impossible to exclude all doubt with regard to instances past and future, and present but unperceived. If one (a Naiyāyika) rejoin that uncertainty in regard to such instances is equally inevitable on our system, we reply: Say not so, for such a supposition as that an effect may be produced without any cause would destroy itself by putting a stop to activity of any kind ; for such doubts alone are to be entertained, the entertainment of which does not implicate us in practical absurdity and the like, as it has been, said, "Doubt terminates where there is a practical absurdity."[1]

1. Kusumāñjali, iii. 7

यदि कश्चित्प्रामाण्यमनुमानस्य नाङ्गीकुर्यात्तं प्रति ब्रूयात्। अनुमानं प्रमाणं न भवतीत्येतावन्मात्रमुच्यते तत्र न किंचन साधनमुपन्यस्यत उपन्यस्यते वा। न प्रथमः अशिरस्कवचनस्योपन्यासे साध्यासिद्धेः।

एकाकिनी प्रतिज्ञा हि प्रतिज्ञातं न साधयेत्।

इति न्यायात्। नापि चरमः। अनुमानं प्रमाणं न भवतीति ब्रुवाणेन वचनप्रमाणमनभ्युपगच्छता त्वया स्वपरकीयशास्त्रे प्रामाण्येनोपगृहीतस्य वचनस्योपन्यासे मम माता वन्ध्येतिवद्व्याघातापातात्। किं च प्रमाणतदाभास-व्यवस्थापनं तत्समानजातीयत्वादिति वदता भवतैव स्वीकृतं स्वभावानुमानम्। परगता विप्रतिपत्तिस्तु वचनलिङ्गेनेति ब्रुवता कार्यलिङ्गकमनुमानम्। अनुपलब्ध्या कंचिदर्थं प्रतिषेधयतानुपलब्धिलिङ्गकमनुमानम्। तथा चोक्तं तथागतैः–

प्रमाणान्तरसामान्यस्थितेरन्यधियो[1] गतेः।
प्रमाणान्तरसद्भावः प्रतिषेधाच्च कस्यचित्।। इति।

पराक्रान्तं चात्र सूरिभिरिति ग्रन्थभूयस्त्वभयादुपरम्यते।

व्या० : प्रथमः। साधनानुपन्यासपक्षः। **अशिरस्कवचनस्येति।** पर्वतो वह्निमानित्येतावन्मात्रं धूमवत्त्वादित्यादिवाक्यरहितं यदुच्यते तदशिरस्कम्। पर्वतो वह्निमानित्युक्ते कुत इत्याकाङ्क्षायां तन्निर्वर्तकं यद्धूमवत्त्वादित्यादिवाक्यं तदाकाङ्क्षा-शामकत्वाच्छिरोभूतमिव भवति। **वचनप्रमाणमिति।** साधनोपन्यासपक्षे च तदेव वचनं प्रमाणत्वेनोपन्यस्तमित्यङ्गीकर्तव्यम्। वचनं प्रमाणं च शाब्दं प्रमाणम्। त्वया तु प्रत्यक्षमेकमेव प्रमाणं नानुमानादिकमिति ब्रुवता शाब्दमपि न प्रमाणत्वेन स्वीक्रियते तद्विरुद्धं च वचनं प्रमाणमुपन्यस्यत इति व्याघातः। यथा माता वन्ध्येत्युक्ते माता चेन्न वन्ध्या वन्ध्या चेन्न माता। मातृत्ववन्ध्यात्वयोर्विरोधात्। तथा अनुमानादिकं प्रमाणं न भवति इत्युक्तेनुमानादिकं प्रमाणं न भवति चेदेतद्वचनमपि न प्रमाणं स्यात्। वचनं प्रमाणं चेदनुमानादिकं प्रमाणं स्यात्। **प्रमाणतदाभासेति।** मार्गे गच्छता दूरतो जले दृष्ट इदं जलज्ञानं प्रमाणं प्रमाणाभासो वेति संशये पूर्वमेकदैतादृशमेव ज्ञानमभूत्। परं तु तत्र जलं लब्धम्। तज्जातीयमेव चैतदृश्यते। अत एतदपि प्रमाणमेवेत्येवं निश्चयः स्वभावानुमानेन त्वयैव क्रियते। अथ वा तादृशसंशयोत्तरं पूर्वमेतादृशमेव ज्ञानमभूत्। परं तु तत्र जलं न लब्धम्। तज्जातीयमेव चैतदृश्यते। अत एतदपि प्रमाणाभास एवेत्येवं

1. अन्यधियाम् for अन्यधियः A, D.

निश्चयस्त्वयैव क्रियते। **विप्रतिपत्तिरिति।** विरुद्धा प्रतिपत्तिर्विप्रतिपत्तिः। विपरीतज्ञानमिति यावत्। यादृशं च यस्य ज्ञानं तदनुरूपमेव स वक्तीति परवचनेन तत्कारणीभूतं तन्मनोगतं त्वयानुमीयत एव। **अनुपलब्ध्येति।** यतो घटस्तत्र नोपलभ्यतेतो नास्त्येवेति घटानुपलब्ध्या घटाभावोनुमीयते। **तथागतैः।** बौद्धैः। **प्रमाणान्तरेति।** पूर्वोक्तानुमानत्रयसंग्राहकः श्लोकोयम्। **पराक्रान्तं चात्रेति।** अत्रानुमानप्रामाण्यविषये सूरिभिः पण्डितैः पराक्रान्तम्। बहूक्तमिति यावत्। अथ वा पराक्रान्तमित्यस्योपेक्षितमित्यर्थः।

1. By ascertainment of an effectuation, then, of that (viz., of the designate of the middle) is ascertained the invariable-concomitance (of the major) ; and the ascertainment of such effectuation may arise from the well-known series of five causes, in the perceptive cognition or non-cognition of cause and effect. That fire and smoke, for instance, stand in the relation of cause and effect is ascertained by five indications, viz., (1.) That an effect is not cognised prior to its effectuation, that (2.) the cause being perceived (3.) the effect is perceived, and that after the effect is cognised (4.) there is its non-cognition, (5.) when the (material) cause is no longer cognised.

2. In like manner an invariable concomitance is ascertained by the ascertainment of identity (*e.g.*, a sisu-tree is a tree, or wherever we observe the attributes of a sisu we observe also the attribute arboreity), an absurdity attaching to the contrary opinion, inasmuch as if a sisu-tree should lose its arboreity it would lose its own self. But, on the other hand, where there exists no absurdity, and where a (mere) concomitance is again and again observed, who can exclude all doubt of failure in the concomitance? An ascertainment of the identity of sisu and tree is competent in virtue of the reference to the same object (*i.e.*, predication),—This tree is a sisu. For reference to the same object (predication) is not competent where there is no difference whatever (*e.g.*, to say, "A jar is a jar," is no combination of diverse attributes in a common subject), because the two terms cannot, as being synonymous, be simultaneously employed; nor can reference to the same object take place where there is a reciprocal exclusion (of the two terms), inasmuch as we never find, for instance, horse and cow predicated the one of the other.

It has thus been evinced that an effect or a self-same supposes a cause or a self-same (as invariable concomitants).

If a man does not allow that inference is a form of evidence, *pramāṇa,* one may reply: You merely assert thus much, that inference is not a form of evidence: do you allege no proof of this, or do you allege any? The former alternative is not allowable according to the maxim that bare assertion is no proof of the matter asserted Nor is the latter alternative any better, for if while you assert that inference is no form of evidence, you produce some truncated argument (to prove, *i.e.,* infer, that it is none, you will be involved in an absurdity, just as if you asserted your own mother to be barren. Besides, when you affirm that the establishment of a form of evidence and of the corresponding fallacious evidence results from their homogeneity, you yourself admit induction by identity. Again, when you affirm that the dissentiency of others is known by the symbolism of words, you yourself allow induction by causality. When you deny the existence of any object on the ground of its not being perceived, you yourself admit an inference of which non-perception is the middle term. Conformably it has been said by Tathāgata—

> "The admission of a form of evidence in general results from its being present to the understanding of others.
>
> "The existence of a form of evidence also follows from its negation by a certain person."

All this has been fully handled by great authorities; and we desist for fear of an undue enlargement of our treatise.

ते च बौद्धाश्चतुर्विधया भावनया परमपुरुषार्थं कथयन्ति। ते च माध्यमिकयोगाचारसौत्रान्तिकवैभाषिकसंज्ञाभिः प्रसिद्धा बौद्धा यथाक्रमं सर्वशून्यत्वबाह्यार्थशून्यत्वबाह्यार्थानुमेयत्वबाह्यार्थप्रत्यक्षत्ववादानातिष्ठन्ते। यद्यपि भगवान्बुद्ध एक एव बोधयिता तथापि बोद्धव्यानां बुद्धिभेदाच्चातुर्विध्यम्। यथा गतोस्तमर्क इत्युक्ते जारचौरानूचानादयः स्वेष्यानुसारेणभिसरणपरस्वहरण-सदाचरणादिसमयं बुध्यन्ते। सर्वं क्षणिकं क्षणिकं दुःखं दुःखं स्वलक्षणं स्वलक्षणं शून्यं शून्यमिति भावनाचतुष्टयमुपदिष्टं द्रष्टव्यम्। तत्र क्षणिकत्वं नीलादिक्षणानां

सत्त्वेनानुमातव्यं यत्सत्तत्क्षणिकं यथा जलधरपटलं सन्तश्चामी भावा इति। न चायमसिद्धो हेतुः। अर्थक्रियाकारित्वलक्षणस्य सत्त्वस्य नीलादिक्षणानां प्रत्यक्षसिद्धत्वात्। व्यापकव्यावृत्त्या व्याप्यव्यावृत्तिरिति न्यायेन व्यापकक्रमाक्रम-व्यावृत्तावक्षणिकात्सत्त्वव्यावृत्ते सिद्धत्वाच्च। तच्चार्थक्रियाकारित्वं क्रमाक्रमाभ्यां व्याप्तम्। न च क्रमाक्रमाभ्यामन्यः प्रकारः संभवति।

परस्परविरोधे हि न प्रकारान्तरस्थितिः।
नैकतापि विरुद्धानामुक्तिमात्रविरोधतः।। (कुसु. ३।८)

इति न्यायेन व्याघातस्योद्भटत्वात्। तौ च क्रमाक्रमौ स्थायिनः सकाशाद्व्यावर्तमाना-वर्थक्रियामपि व्यावर्तयन्तौ क्षणिकत्वपक्ष एव सत्त्वं व्यवस्थापयत इति सिद्धम्।

व्या० : बोद्धव्यानाम्। शिष्याणाम्। बुधधातोर्ण्यन्तात्प्रयोज्ये कर्मणि तव्यप्रत्ययः। बुद्धिभक्षार्थयोः शब्दकर्मकाणां निजेच्छया।

इत्युक्तेः। **बुद्धिभेदादिति।** बुद्धिप्रकारभेदादित्यर्थः। बुद्धितारतम्यादिति यावत्। **जारेति।** क्रमेणान्वयः। जारोभिसरणस्य चौरः परस्वहरणस्यानूचानः सदाचरणस्य समयं बुध्यते। वेदस्यानुवचनं कृतवाननूचानः। **स्वलक्षणमिति।** स्वेन लक्ष्यते न तु सामान्येन तत्स्वलक्षणम्। पूर्वमदृष्टोपि घटो घटत्वसामान्येन हेतुभूतेनायं घट इत्येवं लक्ष्यत इति नैयायिकादयः। वस्तुतस्तु न किमपि वस्तु सामान्यलक्षणम्। सामान्यस्यैवाभावात्। **नीलादिक्षणानामिति।** यथा यस्यकस्यचित्पदार्थस्य नाम्ना निर्देशे कर्त्तव्ये घटशब्दोल्लेख इत्याधुनिकानां शैली दृश्यते तथा नीलशब्देनोल्लेख इति प्राचीनानां शैली। न त्वत्र नीलरूपे पदार्थविशेषे तात्पर्यम्। क्षणशब्दः पदार्थवाची। घटादिपदार्थानामिति यावत्। **जलधरेति।** जलधरपटलं हि प्रतिक्षणमन्यथान्यथा दृश्यते। **भावाः।** पदार्थाः। **अर्थक्रियेति।** प्रयोजनभूता या क्रिया तत्कारित्वमेव सत्त्वम्। किंचित्कार्यकारित्वमिति यावत्। **अन्यः प्रकार इति।** क्रमाक्रमैतदुभयाभावरूपस्तदुभयरूपश्चान्यः प्रकारो न संभवति। तत्राद्यो न संभवति। प्रकाशान्धकारयोरिवक्रमाक्रमयोः परस्परमत्यन्तविरोधेन क्रमाभावेऽक्रमस्यावर्जनीयत्वेनाक्रमाभावे च क्रमस्यावर्जनीयत्वेनोभयाभावस्य शशविषाणायमानत्वात्। नापि तदुभयरूपः प्रकारः संभवति। मिथोत्यन्तविरुद्धोः सामानाधिकरण्यस्यासंभवदुक्तिकत्वात्।

These same Bauddhas discuss the highest end of man from four standpoints. Celebrated under the designations of Mādhyamika. Yogācāra, Sautrāntika, and Vaibhāṣika, these

Buddhists adopt respectively the doctrines of a universal void (nihilism), an external void (subjective idealism), the inferribility of external objects (representationism), and the perceptibility of external objects (presentationism).[1] Though the venerated Buddha be the only one teacher (his disciples) are fourfold in consequence of this diversity of views; just as when one has said, ,The sun has set," the adulterer, the thief, the divinity student, and others 'understand that it is time to set about their assignations, their theft, their religious duties, and so forth, according to their several inclinations.

नन्वक्षणिकस्यार्थक्रियाकारित्वं किं न स्यादिति चेत्–तदयुक्तम्। विकल्पासहत्वात्। तथा हि–वर्तमानार्थक्रियाकरणकालेतीतानागतयोः किमर्थक्रिययोः स्थायिनः सामर्थ्यमस्ति नो वा। आद्ये तयोरनिराकरणप्रसङ्गः। समर्थस्य क्षेपायोगात्। यद्यदा यत्करणसमर्थं तत्तदा तत्करोत्येव यथा सामग्री स्वकार्यं समर्थश्चायं भाव इति प्रसङ्गानुमानाच्च। द्वितीये कदापि न कुर्यात्। सामर्थ्यमात्रानुबन्धित्वादर्थक्रियाकारित्वस्य। यद्यदा यन्न करोति तत्तदा तत्रासमर्थं यथा हि शिलाशकलमङ्कुरे। न चैष वर्तमानार्थक्रियाकरणकाले वृत्तवर्तिष्यमाणे अर्थक्रिये करोतीति तद्विपर्ययाच्च। ननु क्रमवत्सहकारिलाभात्स्थायिनोतीतानागतयोः क्रमेण[2] करणमुपपद्यत इति चेत्–तत्रेदं भवान्पृष्टो व्याचष्टाम्। सहकारिणः किं भावस्योपकुर्वन्ति न वा। न चेन्नापेक्षणीयास्ते। अकिंचित्कुर्वतां तेषां तादर्थ्यायोगात्। अथ भावस्तैः सहकारिभिः सहैव कार्यं करोतीति स्वभाव इति चेत्। अङ्ग तर्हि सहकारिणो न जह्यात्। प्रत्युत पलायमानानपि गले पाशेन बद्ध्वा कृत्यं कार्यं कुर्यात्। स्वभावस्यानपायात्। उपकारकत्वपक्षे सोयमुपकारः किं भावाद्भिद्यते न वा। भेदपक्ष आगन्तुकस्यैव तस्य कारणत्वं स्यात्। न भावस्याक्षणिकस्य। आगन्तुकातिशयान्वयव्यतिरेकानुविधायित्वात्कार्यस्य। तदुक्तम्–

1. The Bauddhas are thus divided into—
   (1) Mādhyamikas or Nihilists.
   (2) Yogācāras or Subjective Idealists.
   (3) Sautrāntikas or Representationists.
   (4) Vaibhāṣikas or Presentationists
2. क्रमणम् for करणम् A, C.

वर्षातपाभ्यां किं व्योम्नश्चर्मण्यस्ति तयोः फलम्।
चर्मोपमश्चेत्सोनित्यः खतुल्यश्चेदसत्फलः।। इति।

व्या० : अक्षणिकस्य। स्थायित्वेन पराभिमतस्येश्वरकुलालादेः। **अर्थक्रिययोरिति।** कुलालो यदैकं घटं करोति तदा तस्य भूतभाविघटरूपार्थोत्पादकक्रियाकरणसामर्थ्यं किमस्त्यथ वा नास्तीत्यर्थः। **तयोः।** भूतभविष्यत्कालिकयोर्घटयत्पादकक्रिययोः। **अनिराकरणेति।** एकदैव त्रैकालिकघटोत्पादकक्रियाकरणप्रसङ्ग इत्यर्थः। **क्षेपायोगादिति।** न हि समर्थः कालक्षेपं सहते। एकघटोत्पादकक्रियाकारणकाले घयन्तरोत्पादकक्रियाकरणसामर्थ्ये त्वाह–**द्वितीय इति। कदापि न कुर्यादिति।** स्थायिन एकस्मिन्कालेऽसामर्थ्ये कालान्तरेप्यसामर्थ्यमेव तस्याङ्गीकर्तव्यम्। अन्यथा ह्यसमर्थवस्तुस्वरूपापेक्षया समर्थवस्तुस्वरूपे भेदस्यावर्जनीयत्वेन वस्तुनः स्थायित्वभङ्गः स्यादिति भावः। **सामर्थ्यमात्रेति।** मात्रपदेन सहकारिव्यावृत्तिः। सहकारिविषये त्वनुपदमेव वक्ष्यते। **तद्विपर्ययादिति।** प्रसङ्गविपर्ययादित्यर्थः। भूतभविष्यत्कालयोरपि तत्तत्कालिकघटोत्पादकक्रियाकरणप्रसङ्गाभावः स्यादित्यर्थः। **क्रमवदिति।** स्थायी त्रैकालिकाक्रियाकरणसमर्थः सर्वदैकरूप एव। किं तु यदा यादृशसहकारिसंनिधानं भवेत्तदा तादृशकार्योत्पत्तिरिति न सर्वदा सर्ववस्तूत्पादो नापि कदापि न कुर्यादिति प्रागुक्तो दोषः। तथा च कार्यक्रमः सहकारिक्रमाधीनो न तु सामर्थ्यासामर्थ्यमूलक इति वस्तुनः स्थायित्वोपपत्तिरित्याशयः। **सहकारिणः किमिति।** सहकारिणः सलिलमृत्पवनादयः स्थायित्वेन पराभिमते बीजादौ पदार्थे किं विशेषमादधते न वेत्यर्थः। **तादर्थ्यायोगादिति।** अङ्कुररूपकार्यप्रयोजनकत्वायोगादित्यर्थः। **भावः।** स्थायित्वेन पराभिमतः सहकारिभिः सलिलपवनादिभिरनुपकृत एव बीजादिः। **सहकारिभिः सहैवेति।** एवं च सहकारिणां सलिलादीनामङ्कुरादिकार्यार्थत्वमुपपन्नमित्याशयः। **न जह्यादिति।** अङ्कुरादिकार्यमनुत्पाद्य कुसूलादौ या बीजानां तूष्णीं स्थितिर्दृश्यते सा स्वभावविरोधान्न कदापि दृश्येतेत्यर्थः। **सोयमुपकार इति।** सहकारिजन्यः स्थायिनिष्ठो विशेषः स्वाश्रयभूतात्स्थायिभावात्काशाद्भिन्नोथ वा न भिन्न इत्यर्थः। तत्र भेदपक्षे दूषणमाह–**भेदपक्ष इत्यादिना तृतीयानवस्था दुरवस्था स्यात् (२।९७) इत्यन्तेन। आगन्तुकस्यैव तस्य।** अपूर्वोत्पन्नस्य स्थायिनिष्ठस्यातिशयस्यैव। **आगन्तुकातिशयेति।** बीजादिस्थायिभावनिष्ठातिशयसत्त्वेङ्कुरोत्पत्तिरित्यन्वयः। तादृशातिशाभावेङ्कुराभाव इति व्यतिरेक इत्येवमङ्कुरादिकार्यमतिशयनिरूपितान्वयव्यतिरेकानुविधत्ते न तु बीजनिरूपितौ। यद्यपि बीजाभावेङ्कुराभाव इति व्यतिरेकः संभवति तथापि बीजसत्त्वेङ्कुरसत्त्वमित्यन्वयो न संभवति। अतिशयोत्पत्तेः पूर्व बीजसत्त्वेप्यङ्कुरादर्शनात्।

वर्षेति। वर्षो वर्षणम्। विकारायोग्य आकाशे वर्षणेन नार्द्रता संपद्यते नाप्यातपेन शुष्कता। वर्षातपयोरार्द्रताशुष्कतारूपं फलं विकारयोग्ये चर्मणि दृश्यते। तथा यदि स्थायित्वेनाभिमतो बीजादिर्भावो विकारयोग्यः सहकारिजन्यातिशयेन विकृतो भवेत्तर्हि स भावोऽनित्यः स्यात्। अथाकाशतुल्योऽविकृत एव चेदसत्फलः स्यात्। असदविद्यमानं फलं यस्मिन्नेतादृशः सहकारिजन्यविशेषरूपफलानाधारः स्यात्। तथा च किं सलिलपवनादिसहकारिसंनिधानेनेति।

It is to be borne in mind that four points of view have been laid out, viz., (1.) All is momentary, momentary; (2.) all is pain, pain; (3.) all is like itself alone; (4.) all is void, void.

Of these points of view, the momentariness of fleetiing things, blue and so forth (*i.e.*, whatever be their quality), is to be inferred from their existence; thus, whatever *is* is momentary (or fluxional) like a bank of clouds, and all these things *are.*[1] Nor may any one object that the middle term (existence) is unestablished ; for an existence consisting of practical efficiency is established by perception to belong to the blue and other momentary things; and the exclusion of existence from that which is not momentary is established, provided that we exclude from it the non-momentary succession and

1. Cf. Ferrier's Lectures and Remains, Vol. i. p. 119.
"Suppose yourself gazing on a gorgeous sunset. The whole western heavens are glowing with roseate hues, but you are aware that within half an hour all these glorious tints will have faded away into a dull ashen grey. Yon see them even now melting away before your eyes, although your eyes cannot place before you the conclusion which your reason drawn. And what conclusion is that? That conclusion is that you never, even for the shortest time that can be named or conceived, see any abiding colour, any colour which truly *is.* Within the millionth part of a second the whole glory of the painted heavens has undergone an incalculable series of mutations One shade is supplanted by another with a rapidity which sets all measurement at defiance, but because the process is one to which no measurement applies, . . . reason refuses to lay an arrestment on any period of the passing scene, or to declare that it is, because in the very act of being it is not ; it has given place to something else. It is a series of fleeting colours, no one of which *is*, because each or them continually vanishes in another:"

simultaneity, according to the rule that exclusion of the continent is exclusion of the contained. Now this practical efficiency (here identified with existence) is contained under succession and simultaneity, and no medium is possible between succession and non-succession (or simultaneity); there being a manifest absurdity in thinking otherwise, according to the rule—

"In a reciprocal contradiction there exists no ulterior alternative;

"Nor is their unity in contradictories, there being a repugnance in the very statement:"[1]

And this succession and simultaneity being excluded from the permanent, and also excluding from the permanent all practical efficiency, determine existence of the alternative of momentariness.-Q.E.D.

किं च सहकारिजन्योतिशयः किमतिशयान्तरमारभते न वा। उभयथापि प्रागुक्तदूषणपाषाणवर्षणप्रसङ्गः। अतिशयान्तरारम्भपक्षे बहुमुखानवस्थादौः स्थ्यमपि स्यात्। अतिशये जनयितव्ये सहकार्यन्तरापेक्षायां तत्परम्परापात इत्येकानवस्थास्थेया। तथा सहकारिभिः सलिलपवनादिभिः पदार्थसार्थैराधीयमाने बीजस्यातिशये बीजमुत्पादकमभ्युपेयम्। अपरथा तदभावेप्यतिशयः प्रादुर्भवेत्। बीजं चातिशयमादधानं सहकारिसापेक्षमेवाधत्ते। अन्यथा सर्वदोपकारापत्तावङ्कुर-स्यापि सदोदयः प्रसज्येत। तस्मादतिशयार्थमपेक्ष्यमाणैः सहकारिभिरति-शयान्तरमाधेयं बीजे। तस्मिन्नप्युपकारे पूर्वन्यायेन सहकारिसापेक्षस्य बीजस्य जनकत्वे सहकारिसंपाद्यबीजगतातिशयानवस्था प्रथमा व्यवस्थिता। अथोपकारः कार्यार्थमपेक्ष्यमाणोपि बीजादिनिरपेक्षं कार्यं जनयति तत्सापेक्षं वा। प्रथमे बीजादेरहेतुत्वमापतेत्। द्वितीयेपेक्ष्यमाणेन बीजादिनोपकारेतिशय आधेयः। एवं तत्र तत्रापीति बोजादिजन्यातिशयनिष्ठातिशयपरम्परापात इति द्वितीयानवस्था स्थिरा भवेत्। एवमपेक्ष्यमाणेनोपकारेण बीजादौ धर्मिण्युपकारान्तर-माधेयमित्युपकाराधेयबीजाश्रयातिशयपरम्परापात इति तृतीयानवस्था दुरवस्था स्यात्। अथ भावादभिन्नोतिशयः सहकारिभिराधीयत इत्यभ्युपगम्यते तर्हि प्राचीनो

1. Principium exclusi medii inter duo contradictoria.

भावोनतिशयात्मा निवृत्तोन्यश्चातिशयात्मा कुर्वद्रूपादिपदवेदनीयो जायत इति फलितं मगापि मनोरथद्रुमेण। तस्मात्क्रमेणाक्षणिकस्यार्थक्रिया दुर्घटा।[1]

व्या० : उभयथापि प्रागुक्तदूषणेति। सलिलपवनादिसहकारिजन्यो बीजनिष्ठोपि बीजादत्यन्तं भिन्नोतिशयो बीजेतिशयान्तरं नोत्पादयति चेत्किं सहकारिजन्यातिशयेन। कुतो वा सहकारिजन्यातिशयोत्पत्तेः प्राग्बीजान्नाङ्कुरोत्पत्तिः। अथ सहकारिजन्यः प्रथमातिशयो बीजे द्वितीयातिशयमुत्पादयति चेत्सोपि द्वितीयोतिशयो बीजादत्यन्तभिन्नो बीजे तृतीयातिशयमुत्पादयति न वा। एवं तत्र तत्रापीत्यनवस्था। अतिशयस्य बीजादभिन्नत्वे तु दूषणमग्रे अथ भावादभिन्नोतिशय (२।९७) इत्यादिना मूल एव वक्ष्यते। भेदपक्ष एव प्रकारान्तरेण दूषणमाह–**अतिशयान्तरारम्भपक्ष इति।** सहकारिजन्यबीजनिष्ठैकातिशयोत्पत्त्या न निर्वाह इत्यतोतिशयान्तरोत्पत्तिं स्वीकर्तृणां मत इत्यर्थः। सा चातिशयान्तरोत्पत्तिः सहकारिषु सहकार्यन्तरेभ्यो वा बीजादिषु स्थायिषु सहकार्यन्तरेभ्यो वा अतिशयेषु बीजादिस्थायिभ्यो वा बीजादिष्वतिशयेभ्योवेत्यन्यत्। यो यदपेक्षते तेनोपेक्षितेन तस्मिन्नपेक्षके कश्चिद्विशेष उत्पादयितव्य इति। **बहुमुखेति।** बहुप्रकारेत्यर्थः। तत्रैकं प्रकारमाह–**अतिशये जनयितव्य इति। सहकार्यन्तरापेक्षायामिति।** सहकारिणः सलिलादेः सहकार्यन्तरापेक्षायामित्यर्थः। अतिशयोत्पादनस्य सहकार्यन्तरानपेक्षायां तु तस्य स्वाभाविकत्वात्सर्वदैव बीजादीन्गले पाशेन बद्ध्वा तेष्वतिशयं सलिलादय उत्पादयेयुः। **एका।** एकप्रकारा। प्रकारान्तरेण त्रिविधानवस्थामाह–**तथेति। आधीयमान इति।** एतेन बीजगतातिशयस्य नैमित्तिकत्वं साधितम्। **अपरथा।** बीजगतातिशयस्य स्वाभाविकत्वे। **तदभावेपि।** सलिलादिसहकारिणामभावेपि। **आदधानम्।** गृह्णानम्। **सहकारिसापेक्षम्।** सहकार्यन्तसापेक्षम्। **अन्यथेति।** अतिशयधारणस्य सहकार्यन्तरानपेक्षया स्वाभाविकत्वाङ्गीकारे। **सर्वदोपकारापत्तौ।** सलिलादिसहकारिणो गले पाशेन बद्ध्वा तेभ्यः सदैव बीजेनातिशयधारणापत्तौ। **अतिशयार्थम्।** प्रथमातिशयधारणार्थम्। **सहकारिभिः।** सहकार्यन्तरैः। **जनकत्वे।** आधारतया जनकत्वे। धारकत्व इति यावत्। **उपकाराधेयेति।** उपकारजन्येत्यर्थः। **भावादभिन्नोतिशयः।** बीजादेः स्थायिभावस्यैवावस्थाविशेषभूतोतिशयः। **कूर्वद्रूपम्।** परिणामोन्मुखं रूपम्। **फलमिति।** यदि च सहकारिमिरतिशयोत्पादनेपि बीजादिः स्थाय्यवस्थान्तरं न प्राप्नोति किं तु पूर्वावस्थ एवावतिष्ठत इत्युच्यते तदातिशयस्य वैयर्थ्यमेवेति किं सहकारिभूतसलिलादिसंनिधानेन। अवस्थान्तरप्राप्तौ तु क्षणिकत्वं सिद्धमेवेति।

---

1. उपकारवृत्ति for बीजगत D.

Perhaps some one may ask: Why may not practical efficiency reside in the non-fluxional (or permanent)? If so, this is wrong, as obnoxious to the following dilemma. Has your "permanent" a power of past and future practical. efficiency during its exertion of present practical efficiency or no ? On the former alternative (if it has such power), it cannot evacuate such past and future efficiency, because we cannot deny that it has power, and because we infer the consequence, that which can at any time do anything does not fail to do that at that time, as, for instance, a complement of causes, and this entity is thus powerful. On the latter alternative (if the permanent has no such power of past and future agency), it will never do anything, because practical efficiency results from power only; what at any time does not do anything, that at that time is unable to do it, as, for instance, a piece of stone does not produce a germ ; and this entity while exerting its present practical efficiency, does not exert its past and future practical efficiency. Such is the contradiction.

नाप्यक्रमेण घटते। विकल्पासहत्वात्। तथा हि। युगपत्सकलकार्यकरणसमर्थः स्वभावस्तदुत्तरकालमनुवर्तते न वा। प्रथमे तत्कालवत्कालान्तरेऽपि तावत्कार्यकरणमापतेत्। द्वितीये स्थायित्ववृत्त्याशा मूषिकभक्षितबीजादा-वङ्कुरादिजननप्रार्थनामनुहरेत्। यद्विरुद्धधर्माध्यस्तं तन्नानां यथा शीतोष्णे। विरुद्धधर्माध्यस्तश्चायमिति जलधरे प्रतिबन्धसिद्धिः। न चायमसिद्धो हेतुः। स्थायिनि कालभेदेन सामर्थ्यासामर्थ्ययोः प्रसङ्गतद्विपर्ययसिद्धत्वात्। तत्रासामर्थ्यसाधकौ प्रसङ्गतद्विपर्ययौ प्रागुक्तौ। सामर्थ्यसाधकावभिधीयते। यद्यदा यज्जननासमर्थं तन्न करोति यथा शिलाशकलमङ्कुरम्। असमर्थश्चायं वर्तमानार्थक्रियाकरणकालेतीतानागतयोरर्थक्रिययोरिति प्रसङ्गः। यद्यदा यत्करोति तत्तदा तत्र समर्थं यथा सामग्री स्वकार्ये। करोति चायमतीतानागतकाले तत्कालवर्तिन्यावर्थक्रिये भाव इति प्रसङ्गव्यत्ययो विपर्ययः। तस्माद्विपक्षे क्रमयौगपद्यव्यावृत्त्या व्यापकानुपलम्भेनाधिगतव्यतिरेकव्याप्तिकं प्रसङ्गत-द्विपर्ययबलाद्गृहीतान्वयव्याप्तिकं च सत्त्वं क्षणिकत्वपक्ष एव व्यवस्थास्यतीति सिद्धम्। तदुक्तं ज्ञानश्रिया–

यत्सत्तत्क्षणिकं यथा जलधरः सन्तश्च भावा अमी
सत्ता शक्तिरिहार्थकर्मणि मितेः सिद्धेषु सिद्धा न[1] सा।
नाप्येकैव विधान्यथा परकृतेनापि क्रियादि[2]र्भवेद्
द्वेधापि क्षणभङ्गसंगतिरतः साध्ये च विश्राम्यति।। इति।

व्या० : अक्रमेण। युगपत्। **स्वभाव इति।** स भाव इति क्वचित्पाठो दृश्यते। स न युक्तः। अननुवृत्तिपक्षे विरुद्धधर्माध्यस्तत्वेनाश्रयनानात्वसाधनस्यानुपयोगात्। **अनुवर्तत इति।** स्वाश्रये इत्यादिः। **आपतेदिति।** स्वाभावस्यानपायात्। **स्थायित्ववृत्तीति।** बीजादौ भावे स्थायित्वस्य वृत्तिर्वर्तनम्। यथा मूषकादिभक्षितादन्तः-शून्याद्बीजादङ्कुरोत्पत्त्याशा निष्फला तथा बीजादौ भावे स्थायित्वाशा निष्फला। तथा च प्रयोगः-बीजादिर्भावः प्रतिक्षणं भिन्नः विरुद्धधर्मविशिष्टत्वादित। बीजादौ सामर्थ्यमसामर्थ्यं च मिथो विरुद्धम्। न च कालभेदेन सामर्थ्यासामर्थ्ययोरेकत्र न विरोध इति वाच्यम्। धर्मिस्वरूपस्य पूर्वावस्थत्वे धर्मव्यत्ययस्यासंभवात्। धर्मव्यत्यये स्वरूपभेदावश्यंभावात्। **शीतोष्णे इति।** गुणोपसर्जनद्रव्यवाचकयोः शीतोष्ण-शब्दयोर्द्वन्द्वः। शीतोष्णस्पर्शौ मिथो विरुद्धौ। **जलधर इति।** प्रतिबन्धो व्याप्तिः। मेघो हि प्रतिक्षणं नवनवस्वरूपोनुभूयत इति तत्र विरुद्धधर्माध्यस्तत्वनानात्वयोर्व्याप्तिः सिध्यति। **असिद्ध इति।** बीजादौ पक्षे कालभेदेनापि विरुद्धधर्माध्यस्तत्वस्य हेतोरदर्शनाद्विरुद्धधर्माध्यस्तत्वहेतुः स्वरूपासिद्धः शब्दो गुणश्चाक्षुषत्वादितिवदिति शङ्काशयः। **प्रसङ्गतद्विपर्ययेति।** व्यतिरेकव्याप्तिमुखेन प्रदर्शितमनुमानं प्रसङ्गानुमान-मित्युच्यते। अन्वयव्याप्तिमुखेन प्रदर्शितमनुमानं प्रसङ्गविपर्ययानुमानमित्युच्यते। असतः सत्त्वापादनं प्रसङ्गः। यथा पर्वतो वह्निमान्धूमादित्यत्र यत्र वह्न्यभावस्तत्र धूमाभावो यथा ह्रद इति व्यतिरेकव्याप्तिः। तया च पर्वतेऽसतो धूमाभावस्य सत्त्वमापाद्यते यदि ह्रद इव पर्वते वह्निर्न स्यात्तर्हि धूमोपि न स्यादिति। एतद्धूमाभावापादनसहकृतेन पर्वते धूमदर्शनेन वह्निरनुमीयते। एतत्प्रसङ्गानुमानम्। प्रकृते तु स्थायिनि वर्तमानार्थक्रिया-करणकालेतीतानागतक्रियाकरणासामर्थ्यं साध्यम्। तच्चातीतानागतक्रियायास्त-दानीमकरणेन साध्यते। तत्र च यत्समर्थं तत्करोत्येवेति व्यतिरेकव्याप्त्या वर्तमानार्थ-क्रियाकरणकालेतीतानागतक्रियायाः करणमापाद्यते। तादृशापादनसहकृतेन वर्तमान-कालेतीतानागतक्रियाया अकरणदर्शनेनासामर्थ्यं साधितम्। आद्ये तयोरनिराकरणप्रसङ्गः (२।६२) इत्यादिनायसामर्थ्यसाधकः प्रसङ्गः प्रागुक्तः। सतः सत्त्वप्रदर्शनं

1. च for न D.
2. अन्यदापि परकृन्नैव क्रिया वा for अन्यथा परकृतेनापिक्रियादिः D.

प्रसङ्गविपर्ययः। यथा यत्र धूमस्तत्र वह्निरित्यन्वयव्याप्तिं प्रदर्श्य पर्वते सतो धूमस्य प्रदर्शनम्। तेन च तत्र वह्निरनुमीयते। सोप्यसामर्थ्यसाधकः प्रागुक्त एव यद्यदा यन्न करोति तत्तदा तत्रासमर्थम् (२।६६) इत्यादिना। सामर्थ्यसाधकावपि प्रसङ्गतद्विपर्ययावेवमेव बोध्यौ। अत्रायं निष्कर्षः–क्रियाकरणसामर्थ्ययोः समनियतत्वात्तयोर्मिथो व्याप्यव्यापकभावाद्व्याप्तिद्वयं संभवति। यत्करोति तत्समर्थमित्येका। यत्समर्थं तत्करोतीत्यपरा। एवमकरणासामर्थ्ययोरपि मिथो व्याप्यव्यापकभावाद्व्याप्तिद्वयं संभवति। यन्न करोति तदसमर्थमित्येका। यदसमर्थं तन्न करोतीत्यपरा। संकलिते व्याप्तिचतुष्टयेस्मिन्नाद्या सामर्थ्यसाधिकान्वयव्याप्तिः। द्वितीया त्वसामर्थ्यसाधिका व्यतिरेकव्याप्तिः। तृतीया चासामर्थ्यसाधिकान्वयव्याप्तिः। चतुर्थी तु सामर्थ्यसाधिका व्यतिरेकव्याप्तिरिति। **विपक्ष इति।** निश्चितसाध्याभाववान्विपक्षः। क्षणिकत्वे साध्येऽक्षणिकत्वेन पराभिमत ईश्वरकुलालादिर्विपक्षः। तस्य च कार्यकारित्वे उक्तरीत्या क्रमोऽक्रमश्च न संभवतीत्यर्थक्रियाकारित्वव्यापकस्य क्रमाक्रमान्यतरत्वस्येश्वरादावभावाद्व्याप्यस्यार्थक्रियाकारित्वस्याप्यभावः। व्यापकाभावे व्याप्यस्याभाव इति व्यतिरेकव्याप्तिः। तथा चाक्षणिकस्यार्थक्रियाकारित्वाभाव आवश्यक इति व्यतिरेकव्याप्तिःसिध्यति। **प्रसङ्गेति।** व्याप्यसत्त्वे व्यापकसत्त्वमित्यन्वयव्याप्तिः। यथा यत्सत्तत्क्षणिकमिति। सत्–अर्थक्रियाकारि। तस्य क्षणिकत्वाभावे नित्यस्य तस्य सामर्थ्यसत्त्वे सदा सर्वकार्यप्रसङ्गः। सामर्थ्याभावे कदापि न कुर्यादिति विपर्ययः। अतोर्थक्रियाकारिणः क्षणिकत्वमावश्यकमित्यन्वयव्याप्तिः सिध्यति। **यत्सदिति।** सत्–सत्ताविशिष्टम्। अमी बीजादयो घटादयश्च भावाः पदार्थाः सन्तः सत्तया युक्ता वर्तन्ते। अर्थकर्मणि या शक्तिः सैव सत्ता। किंचिद्वस्तूत्पादनक्रियासामर्थ्यमिति यावत्। मितेः। प्रमाणात्। येन न किंचिज्जन्यते यस्माज्ज्ञानमपि नोत्पन्नं तादृशं वस्तु नास्त्येव। शिलाघनमध्यस्थप्रदीपसहस्रवत्तस्यास्तिवे प्रमाणाभावात्। अत एव वैशेषिका अपेक्षाबुद्धेः प्राग्द्वित्वं नेच्छन्ति। सा सत्ता सिद्धेष्वक्षणिकेषु सिद्धा अक्षणिका न। किं तु क्षणिकष्वेव। स्वयं च सा सत्ता क्षणिकैव। नाप्येकैव विधा। अक्षणिकात्कार्योत्पत्तावेक एव प्रकारो न। किं तु तत्कार्योत्पादनं स्वाभाविकं चेत्क्रमेण युगपद्वा। उभयथाप्यसंभवस्य प्रागुक्तत्वात्तृतीयस्य चासंभवात्कारणस्याक्षणिकत्वं नास्थेयम्। अन्यथा। कार्योत्पादनस्यानैमित्तिकत्वे। परेण सहकारिणा कृतेनोपकारेणापि कार्योत्पत्तिर्भवेत्किं कारणेनेत्येतावतापि कारणस्याक्षणिकत्वं न संगच्छते। एवं द्वेधापि वस्तुनः क्षणिकत्वमेव साध्यकोटौ प्रविशतीत्यर्थः।

You will perhaps rejoin: By assuming successive

subsidiaries, there is competent to the permanent entity a successive exertion of past and future practical efficiency. If so, we would ask you to explain: Do the subsidiaries assist the entity or not? If they do not, they are not required; for if they do nothing, they can have nothing to do with the successive exertion. If they do assist the thing, is this assistance (or supplementation) other than the thing or not? If it is other than the thing, then this adscititious (assistance) is the cause, and the non-momentary entity is not the cause: for the effect will then follow, by concomitance and non-concomitance, the adventitious supplementation. Thus it has been said :

> "What have rain and shine to do with the soul? Their effect is on the skin of man;
>
> "If the soul were like the skin, it would be non-permanent; and if the skin were like the soil, there could be no effect produced upon it.".

Perhaps you will say : The entity produces its effect, *together with* its subsidiaries. Well, then (we reply), let the entity not give up its subsidiaries, but rather tie them lest they fly with a rope round their neck, and so produce the effect which it has to produce, and without forfeiting its own proper nature. Besides (we continue), does the additament (or supplementation) constituted by the subsidiaries give rise to another additament or not? In either case the afore-mentioned objections will come down upon you like a shower of stones. On the alternative that the additament takes on another additament, you will be embarrassed by a many-sided regress *in infinitum*. If when the additament is to be generated another auxiliary (or additament) be required, there will ensue an endless series of such additaments : this must be confessed to be one infinite regress, For example, let a seed. be granted to be productive when an additament is given, consisting of a complement of objects such as water, wind, and the like, as subsidiaries; otherwise an additament would be manifested without subsidiaries. Now the seed in taking on the additament takes it on with the need of (ulterior) subsidiaries; otherwise, as there would always be subsidiaries, it would follow that a germ would always be arising from the seed. We shall now have to add to the seed another supplementation by subsidiaries themselves requiring an additament. If when this additament is given, the seed be productive only on condition of subsidiaries as before, there will be established an infinite regression of additaments to (or supplementations of) the seed, to be afforded by the subsidiaries.

Again, we ask, does the supplementation required for the production of the effect produce its effect independently of the seed and the like, or does it require the seed and the like? On the first alternative (if the supplementation works independently), it would ensue that the seed is in no way a cause. On the second (if the supplementation require the seed), the seed, or whatever it may be that is thus required, must take on a supplementation or additament and thus there will be over and over again an endless series of additaments added to the additament constituted by the seed; and thus a second infinite regression is firmly set up.

In like manner the subsidiary which is required will add another subsidiary to the seed, or whatever it may be that is the subject of the additions, and thus there will be an endless succession of additaments added to the additaments to the seed which is supplemented by the subsidiaries; and so a third infinite regression will add to your embarrassment.

Now (or the other grand alternative), let it be granted that a supplementation identical with the entity (the seed, or whatever it may be) is taken on. If so, the former entity, that *minus* the supplementation, is no more, and a new entity identical with the supplementation, and designated (in the technology of Buddhism) *kurvad rūpa* (or effect-producing object), comes into being: and thus the tree of my desires (my doctrine of a universal flux) has borne its fruit.

Practical efficiency, therefore, in the non-momentary is inadmissible. Nor is practical efficiency possible apart from succession in time; for such a possibility is redargued by the following dilemma. Is this (permanent) entity (which you contend for) able to produce all its effects simultaneously, or does it continue to exist after production of effects? On the former alternative, it will result that the entity will produce its effects just as much at one time as at another; on the second alternative, the expectation of its permanency is as reasonable as expecting seed eaten by a mouse to germinate.

That to which contrary determinations are attributed is diverse, as heat and cold; but this thing is determined by contrary attributions. Such is the argumentation applied to the cloud (to prove that it has not a permanent but a fluxional existence). Nor is the middle term disallowable, for possession and privation of power and impotence are allowed in regard to the permanent (which you assert) at different times. The concomitance and non-concomitance already described (viz., That which can at any time do, anything does not fail to do that at that time, and What at any time does not do anything, that at that time is unable to do it) are affirmed (by us) to prove the existence of such power. The negative rule is: What at any time is unable to produce anything, that at that time does not produce it, as a piece of stone, for example, does not produce a germ; and this entity (the seed, or whatever it may be), while exerting a present practical efficiency, is incapable of past and future practical efficiencies. The contradiction violating this rule is : What at any time does anything, that at that time is able to do that thing; as a complement of causes is able to produce, its effect; and this (permanent) entity exerts at time past and time future the practical efficiencies proper to those times.

(To recapitulate.) Existence is restricted to the momentary; there being observed in regard to existence a negative rule, that in regard to permanent succession and simultaneity being excluded, existence which contains succession and simultaneity is not cognisable; and there being observed in regard to existence a positive rule, in virtue of a concomitance observed (viz., that the existent is accompanied or "pervaded" by the momentary), and in virtue of a non-concomitance observed (viz., that the non-momentary is accompanied or "pervaded" by the non-existent). Therefore it has been said by Jñāna-śrī—

> "What is is momentary; as a cloud, and as these existent things ;

"The power of existence is relative to practical efficiency, and belongs to the ideal; but this power exists not as eternal in things eternal (ether, etc.) ;

" Nor is there only one form, otherwise one thing could do the work of another;

"For two reasons, therefore (viz., succession and simultaneity), a momentary flux is congruous and remains true in regard to that which we have to prove."

Nor is it to be held, in acceptance of the hypothesis of the Vaiśeṣikas and Naiyāyikas, that existence is a participation in tile universal form existence; for were this the case, universality, particularity, and co-inhesion (which do not participate in the universal) could have no existence.

न च कणभक्षाक्षचरणादिपक्षकक्षीकारेण सत्तासामान्ययोगित्वमेव सत्त्वमिति मन्तव्यम्। सामान्यविशेषसमवायानामसत्त्वप्रसङ्गात्। न च तत्र स्वरूपसत्तानिबन्धनः सद्व्यवहारः। प्रयोजकगौरवापत्तेः। अनुगतत्वाननुगतत्वविकल्पपराहतेश्च। सर्षपमहीधरादिषु विलक्षणेषु क्षणेष्वनुगतस्याकारस्य मणिषु सूत्रवद्भूतगणेषु[1] गुणवच्चाप्रतिभासनाच्च। किं च सामान्यं सर्वगतं स्वाश्रयसर्वगतं वा। प्रथमे सर्ववस्तुसंकरप्रसङ्गः। अपसिद्धान्तापत्तिश्च। यतः प्रोक्तं प्रशस्तपादेन स्वविषयसर्वगतमिति। किं च विद्यमाने घटे वर्तमानं सामान्यमन्यत्र जायमानेन संबध्यमानं तस्मादागच्छत्संबध्यते अनागच्छद्वा। आद्ये द्रव्यत्वापत्तिः। द्वितीये संबन्धानुपपत्तिः। किं च विनष्टे घटे सामान्यमवतिष्ठते विनश्यति स्थानान्तरं गच्छति वा। प्रथमे निराधारत्वापत्तिः। द्वितीये नित्यत्ववाचोयुक्त्ययुक्तिः। तृतीये द्रव्यत्वप्रसक्तिः। इत्यादिदूषणग्रहग्रस्तत्वात्सामान्यमप्रामाणिकम्। तदुक्तम्–

अन्यत्र वर्तमानस्य ततोन्यस्थानजन्मनि।
तस्मादचलतः स्थानाद्वृत्तिरित्यतियुक्तता।।
यत्रासौ वर्तते भावस्तेन संबध्यते न तु।
तद्देशिनं च व्याप्नोति किमप्येतन्महाद्भुतम्।।
न याति न च तत्रासीदस्ति पश्चान्न चांशवत्।
जहाति पूर्वं नाधारमहो व्यसनसंततिः।। इति।

1. कणेषु for गणेषु C.

अनुवृत्तप्रत्ययः किमालम्बन इति चेत्–अङ्ग, अन्यापोहालम्बन एवेति संतोष्टव्यमायुष्मतेत्यलमतिप्रसङ्गेन।

व्या० : कणभक्षेति। कणभक्षः कणादऋषिर्वैशेषिकशास्त्रसूत्रकारः। अक्षचरणो गौतमऋषिर्न्यायशास्त्रसूत्रकारः। **अन्यत्रेति।** अन्यत्रैकस्मिन्घटे वर्तमानस्य घटत्वस्य तत्तस्तस्माद्घटदन्यद्यत्स्थानं घयन्तररूपं तस्य जन्मन्युत्पत्तौ जायमानायां सत्यामचलत एव पूर्वस्थानात्तत्र घयन्तरेपि वृत्तिः स्थितिर्भवतीत्यहो अतियुक्तता एतदयुक्तमित्यर्थः। यद्वा अतियुक्ततेति सोपहासोक्तिः। एतदत्यन्तं सयुक्तिकमित्यर्थः। **यत्रेति।** असौ घटरूपो भावो यत्र भूतले वर्तते तेन भूतलेन घटत्वं न संबध्यते। तद्देशिनं तत्र भूतलरूपे देशे विद्यमानं घटं चैतद्घटत्वं व्याप्नोति। अन्तर्बहिरूर्ध्वमधः परितश्च सर्वैर्घटावयवैः संबध्यते। एतत्किमप्याश्चर्यमित्यर्थः। न हि भूतलेनासंबध्यमानं वस्त्रं भूतलवृत्तिघटस्य सर्वानवयवान्व्याप्तुं शक्नुयात्। **न यातीति।** घटत्वादिजातिर्न याति नेतस्ततो गच्छति। जातौ क्रियाया अभावात्। कर्मणो द्रव्यमात्रवृत्तित्वात्। तथा च घटोत्पत्तौ तत्र घटत्वस्य संबन्धो न स्यादिति दोषः। ननु मृत्पिण्डे विद्यमानं घटत्वमुत्पन्नेन घटेन संबध्येतेत्यत आह–न चेति। तत्र घटोत्पत्तेः पूर्वं मृत्पिण्डे घटत्वं नासीत्। पश्चाद्घटोत्पत्तौ सत्यां तत्र घटेस्ति। एतदयुक्तमित्यपरो दोषः। नन्वन्यत्र घटे विद्यमानमेव घटत्वं वर्धमानं सत्तत्र संबध्येतेत्यत आह–न चांशवदिति। वृद्धिर्हि सावयवस्य दृष्टा। घटत्वं तु निरवयवम्। अतो वृद्धिर्न संभवति। वृद्ध्यभावेपि संबन्धेङ्गीक्रियमाणे पूर्वत्र स्थितिर्न, स्यात्। तथा तु न दृश्यत इत्याह–जहातीति। इयं दोषपरंपरा जातिवादिन इत्यर्थः। **अनुवृत्तप्रत्ययः।** घटोयं घटोयमित्येकाकारप्रत्ययः। घटत्वसामान्याभावेयं प्रत्ययो निर्मूलः स्यादिति शङ्काशयः। **अन्यापोहेति।** अपोहो व्यावृत्तिः। भेद इति यावत्। कृत्स्नघटेषु घटेतरभेदो यो वर्तते तन्मूलक एव घटोयमिति प्रत्यय इति भावः।

सर्वस्य संसारस्य दुःखात्मकत्वं सर्वतीर्थकरसंमतम्। अन्यथा तन्निविवृत्सूनां तेषां तन्निवृत्त्युपाये प्रवृत्त्यनुपपत्तेः। तस्मात्सर्वं दुःखं दुःखमिति भावनीयम्। ननु किंवदिति पृष्टे दृष्टान्तः कथनीय इति चेत्–मैवम्। स्वलक्षणानांक्षणानां क्षणिकतया सालक्षण्याभावादेतेन सदृशमपरमिति वक्तुमशक्यत्वात्। ततः स्वलक्षणं स्वलक्षणमिति भावनीयम्। एवं शून्यं शून्यमित्यपि भावनीयम्। स्वप्ने जागरणे च न मया दृष्टमिदं रजतादीति विशिष्टनिषेधस्योपलम्भात्। यदि दृष्टं सत्तदा तद्विशिष्टस्य दर्शनस्येदंताया अधिष्ठानस्य च तस्मिन्नध्यस्तस्य रजतत्वा-देस्तत्संबन्धस्य च समवायादेः सत्त्वं स्यात्। न चैतदिष्टं कस्यचिद्वादिनः। न

चार्धजरतीयमुचितम्। न हि कुक्कुट्या एको भागः पाकायापरो भागः प्रसवाय कल्प्यतामिति कल्प्यते। तस्मादध्यस्ताधिष्ठानतत्संबन्धदर्शनद्रष्टॄणां मध्य एकस्यानेकस्य वा असत्त्वे निषेधविषयत्वेन सर्वस्यासत्त्वं बलादापतेदिति भगवतोपदिष्टे माध्यमिकास्तावदुत्तमप्रज्ञा इत्थमचीकथन्–भिक्षुपादप्रसारणन्यायेन क्षणभङ्गाद्यभिधानमुखेन स्थायित्वानुकूलवेदनीयत्वानुगतत्वसर्वसत्यत्व-भ्रमव्यावर्तनेन सर्वशून्यतायामेव पर्यवसानम्। अतस्तत्त्वं सदसदुभयानु-भयात्मकचतुष्कोटिविनिर्मुक्तं शून्यमेव। तथा हि। यदि घटादेः सत्त्वं स्वभावस्तर्हि कारकव्यापारवैयर्थ्यम्। असत्त्वं स्वभाव इति पक्षे प्राचीन एव दोषः प्रादुःष्यात्। यथोक्तम्–

न सतः कारणापेक्षा व्योमादेरिव युज्यते।
कार्यस्यासंभवी हेतुः खपुष्पादेरिवासतः।। इति।

विरोधादितरौ पक्षावनुपपन्नौ। तदुक्तं भगवता लङ्कावतारे–

बुद्ध्या विविच्यमानानां स्वभावो नावधार्यते।
अतो निरभिलप्यास्ते निःस्वभावाश्च दर्शिताः।।[1] इति।

इदं वस्तुबलायातं यद्वदन्ति विपश्चितः।
यथा यथार्थाश्चिन्त्यन्ते विशीर्यन्ते तथा तथा।। इति च।

न क्वचिदपि पक्षे व्यवतिष्ठत इत्यर्थः। दृष्टार्थव्यवहारश्च स्वप्नव्यवहार-वत्संवृत्या संगच्छते। अत एवोक्तम्–

परिव्राट्कामुकशुनामेकस्यां प्रमदातनौ।
कुणपः कामिनी भक्ष्य इति तिस्रो विकल्पनाः।। इति।

व्या० : सर्वतीर्थकरेति। तीर्थकराः शास्त्रकाराः। सांख्या नैयायिका वैशेषिका द्वैतिनोऽद्वैतिनो विशिष्यद्वैतिनश्च सर्वेपि संसारबन्धस्य दुःखात्मकत्वेन हेयत्वमिच्छन्ति। **स्वलक्षणानां क्षणानामिति।** क्षणाः क्षणिकपदार्थाः। ते च सर्वे स्वलक्षणा एव न तु सामान्यलक्षणाः। स्वेनासाधारणेन रूपेण लक्ष्यन्त इति स्वलक्षणाः। सामान्येन साधारणेन रूपेण न केपि लक्ष्यन्ते। साधारणरूपस्य क्वाप्यभावात्। तदुक्तम्–

एतासु पञ्चस्ववभासिनीषु प्रत्यक्षबोधे स्फुटमङ्गुलीषु।
साधारणं रूपमवेक्षते यः शृङ्गं शिरस्यात्मान ईक्षते सः।।

1. खण्डनखण्डखाद्ये (पृ० १२५) दर्शिता इत्यस्य स्थाने देशिता इति पाठः।

इति। किं च सर्वेषां पदार्थानां क्षणिकत्वेन ज्ञातुरपि क्षणद्वयावस्थानं नास्ति। तथा चामुकेन ज्ञात्रा साधारणधर्मपुरस्कारेण घटोयमित्येवं घटरूपोर्थो लक्षित इति वक्तुं न शक्यते। **स्वप्न इति।** शुक्तौ रजतभ्रमेण प्रवृत्तस्तत्र गतो रजतमपश्यन्स्वप्ने जागरणे च न मया दृष्टमिदं रजतम् इति निषेधमनुसंधत्ते। तत्र च कारकाद्यन्वितक्रियायां नञर्थान्वयेन कारकाद्यन्वितक्रियाया निषेधो नञा बोध्यत इति दर्शनक्रिया तत्कर्ता द्रष्ट्य तत्कर्मादिकं दृश्यं च निषिद्धं भवति। दृश्यं च–धर्मी धर्मस्तयोः संबन्धश्चेति त्रिविधमप्यविशेषान्निषिद्धं भवति। तथा च धर्मिभूतायाः शुक्तेस्तद्धर्मस्येदंताया रजतत्वस्य च निषेधाद्रजतत्वस्येव शुक्त्यादीनामप्यसत्यत्वमेवेति शून्यवादे पर्यवसानम्। अत्र नैयायिकाः–यद्यपि विशिष्ट-क्रियायां नञर्थान्वयस्तथापि न सर्वत्र सर्वं निषिध्यते। तमसि मया घटो न दृश्यत इत्यत्र दर्शनक्रियाया एव निषेधो न द्रष्टुर्घटस्य तमसो वा। पद्भ्यां गच्छति सति रथेन न गच्छतीत्यत्र न प्रधानभूताया अपि गमनक्रियाया निषेधः। किं तु विधिप्रतिषेधौ विशेषणे पर्यवस्यतः सति विशेष्ये बाधे इति न्यायेन रथस्यैव निषेधः। एवं यथासंभवं तत्र तत्रोहनीयमिति। तन्न। अर्धजरतीयस्यानौचित्यात्। **संवृत्येति।** संवृतिरविद्या। कल्पनामात्रमितियावत्।

Nor is the ascription of existence to universality, particularity, and co-inhesion dependent on any *sui generis* existence of their own; for such an hypothesis is operose, requiring too many *sui generis* existences. Moreover, the existence of any universal is disproved by a dilemma regarding the presence or non-presence (of the one in the many); and there is not presented to us any one form running through all the diverse momentary things, mustardseeds, mountains, and so forth, like the string running through the gems strung upon it. Moreover (we would ask); is the universal omnipresent or present everywhere in its subjicible subjects? If it is everywhere, all things in the universe will be confounded together (chaos will be eternal), and you will be involved in a tenet you reject, since Praśasta-pāda has said, "Present in all its subjects." Again (if the universal is present only in its proper subjects), does the universal (the nature of a jar) residing in an already existing jar, on being attached to another jar now in making, come from the one to attach itself to the other, or not come from it? On the first alterntative (if it comes), the universal must be a substance (for substances alone underlie qualities and motions); whereas, if it does not come, it cannot attach itself to the new jar. Again (we ask), when the jar ceases to exist, does the universal outlast it, or cease to exist, or go to another place? On the first supposition it will exist without a subject to inhere in; on the second, it will be improper to call it eternal (as you do); on the third, it will follow that it is a substance (or base of qualities and motions). Destroyed as it is by the malign influence of these and the like objections, the universal is unauthenticated.

Conformably it has been said—

> "Great is the dexterity of that which, existing in one place, engages without moving from that place in producing itself in another place.
>
> "This entity (universality) is not connected with that wherein it resides, and yet pervades that which occupies that place: great is this miracle.
>
> "It goes not away, nor was it there, nor is it subsequently divided, it quits not its former repository: what a series of difficulties!"

तदेवं भावनाचतुष्टयवशान्निखिलवासनानिवृत्तौ परनिर्वाणं शून्यरूपं सेत्स्यतीति वयं कृतार्थाः नास्माकमुपदेश्यं किंचिदस्तीति। शिष्यैस्तावद्योगश्चाचारश्चेति द्वयं करणीयम्। तत्राप्राप्तस्यार्थस्य प्राप्तये पर्यनुयोगो योगः। गुरूक्तस्यार्थस्याङ्गीकरणमाचारः। गुरूक्तस्याङ्गीकरणादुत्तमाः पर्यनुयोगस्याकरणादधमाश्च। अतस्तेषां माध्यमिका इति प्रसिद्धिः।

गुरूक्तं भावनाचतुष्टयं बाह्यार्थस्य शून्यत्वं चाङ्गीकृत्यान्तरस्य शून्यत्वं चाङ्गीकृतं कथमिति पर्यनुयोगस्य करणात्केषांचिद्योगाचारप्रथा। एषा हि तेषां परिभाषा–स्वयंवेदनं तावदङ्गीकार्यम्। अन्यथा जगदान्ध्यं प्रसज्येत। तत्कीर्तितं धर्मकीर्तिना–

अप्रत्यक्षोपलम्भस्य नार्थदृष्टिः प्रसिध्यति। इति।

बाह्यं ग्राह्यं नोपपद्यत एव। विकल्पानुपपत्तेः। अर्थो ज्ञानग्राह्यो भवन्नुत्पन्नो भवति अनुत्पन्नो वा। न पूर्वः। उत्पन्नस्य स्थित्यभावात्। नापरः। अनुत्पन्नस्यासत्त्वात्। अथ मन्येथाः अतीत एवार्थो ज्ञानग्राह्यस्तज्जनकत्वादिति

तदपि बालभाषितम्। वर्तमानतावभासविरोधात्। इन्द्रियादेरपि ज्ञानजनकत्वेन ग्राह्यत्वप्रसङ्गाच्च। किं च ग्राह्यः किं परमाणुरूपोर्थोवयविरूपो वा। न चरमः। कृत्स्नैकदेशविकल्पादिना तन्निराकरणात्। न प्रथमः। अतीन्द्रियत्वात्। षट्केन युगपद्योगस्य बाधकत्वाच्च। यथोक्तम्–

षट्केन युगपद्योगात्परमाणोः षडंशता।
तेषामप्येकदेशत्वे पिण्डः स्यादणुमात्रकः।। इति।

व्या० : अर्थ इति। घटादिरर्थो यो ज्ञानग्राह्यो भवति स तथाविधो भवन्किमुत्पन्नस्तथाविधो ग्राह्यो भवत्यनुत्पन्नो वा। नाद्यः कल्पः संभवति। उत्पन्नस्य क्षणिकत्वेन द्वितीयक्षणे स्थित्यभावात्। उत्पत्तिक्षणे तु न ज्ञानग्राह्यत्वम्। अर्थस्य ज्ञानकारणत्वात्। कारणस्य च कार्यपूर्वकालिकत्वनियमात्। नान्त्यः। असत्त्वात्। **अतीत एवेति।** ज्ञानकालेऽविद्यमानस्यसाप्यर्थस्य ज्ञानजनकत्वसंबन्धेनैव ज्ञानग्राह्यत्वमित्यर्थः। **ग्राह्यत्वप्रसङ्गादिति।** इन्द्रियाणामपि ज्ञानसाधनत्वेन ज्ञानजनकत्वात्। **कृत्स्नेति।** अवयविरूपो घटादिः किं कृत्स्नो ज्ञानग्राह्यो भवति तदेकदेशो वा। नाद्यः। कृत्स्नस्येन्द्रियसंबन्धाभावात्। न द्वितीयः। अयं घट इति व्यवहारानुपपत्तेः। एकदेशे घटत्वाभावात्। षट्के **नेति।** पूर्वदक्षिणपश्चिमोत्तरोर्ध्वाधररूपेण दिशां षट्केन सह निरवयवस्य परमाणोर्युगपत्संबन्धो न भवितुमर्हति। भवति चेन्निरवयवत्वं तस्य न संभवति। एतदेव परमाणूनां निरवयवत्वाङ्गीकारे बाधकमित्यर्थः। **षट्केनेति।**

षट्कोणयुगपद्योगात्परमाणोः षडंशता।
षण्णां समानदेशत्वे पिण्डः स्यादगुणमात्रकः।।

If you ask: On what does the assurance that the one exists in the many rest? You must be satisfied with the reply that we concede it to repose on difference from that which is different (or exclusion of heterogeneity). We dismiss further prolixity.

That all transmigratory existence is indentical with pain is the common verdict of all the founders of institutes, else they would not be found desirous to put a stop to it and engaging in the method for bringing it to an end. We must, therefore, bear in mind that all is pain, and pain alone.

If you object: When it is asked, like what? you must quote an instance,—we reply: Not so, for momentary. objects self-characterised being momentary, have no common characters, and therefore it is impossible to say that this is like that. We must therefore hold that all is like itself alone, like itself alone.

In like manner we must hold that all is void, and void alone. For we are conscious of a determinate negation. This silver or the like has not been seen by me in sleeping or waking. If what is seen were (really) existent, then reality would pertain to the corresponding act of vision, to the (nacre, etc.), which is the basis of its particular nature (or hocceity), to the silver, etc., illusorily superposed upon that basis, to the connection between them, to the co-inherence, and so forth: a supposition not entertained by any disputant. Nor is a semi-effete existence admissible. No one imagines that one-half of a fowl may be set apart for cooking, and the other half for laying eggs. The venerated Buddha, then, having taught that of the illusorily superposed (silver, etc.), the basis (nacre, etc.), the connection between them, the act of vision, and the *videns*, if one or more be unreal it will perforce ensue that all are unreal, all being equally objects of the negation ; the Mādhyamikas excellently wise explain as follows, *viz.*, that the doctrine of Buddha terminates in that of a total void (universal baselessness or nihilism) by a slow progression like the intrusive steps of a mendicant, through the position of a momentary flux, and through the (gradual) negation of the illusory assurances of pleasurable sensibility; of universality, and of reality.

The ultimate principle, then, is a void emancipated from four alternatives, *viz.*, from reality, from unreality, from both (reality and unreality), and from neither (reality nor unreality). To exemplify, this: If real existence were the nature of a water-pot and the like, the activity of its maker (the potter) would be superfluous.

If now-existence be its nature the same objection will accrue; as it is said—

> "Necessity of a cause befits not the existent, ether and the like, for instance;
>
> "No cause is efficacious of a non-existent effect, flowers of the sky and the like, for instance."

तस्मात्स्वव्यतिरिक्तग्राह्यविरहात्तदात्मिका बुद्धिः स्वयमेव स्वात्मरूपप्रकाशिका प्रकाशवदिति सिद्धम्। तदुक्तम्–

नान्योनुभाव्यो बुद्ध्यास्ति तस्या नानुभवोऽपरः।
ग्राह्यग्राहक[1]वैधुर्यात्स्वयं सैव प्रकाशते।। इति।

ग्राह्यग्राहकयोरभेदश्चानुमातव्यः। यद्वेद्यते येन वेदनेन तत्ततो न भिद्यते यथा ज्ञानेनात्मा। वेद्यन्ते तैश्च नीलादयः। भेदे हि सत्यधुनानेनार्थस्य संबन्धित्वं न स्यात्। तादात्म्यस्य नियमहेतोरभावात्। तदुत्पत्तेरनियामकत्वात्। यश्चायं ग्राह्यग्राहक[1]संवित्तीनां पृथगवभासः स एकस्मिंश्चन्द्रमसि द्वित्वावभास इव भ्रमः। अत्राप्यनादिरविच्छिन्नप्रवाहा भेदवासनैव निमित्तम्। यथोक्तम्–

सहोपलम्भनियमादभेदो नीलतद्धियोः।
भेदश्च भ्रान्तिविज्ञानैर्दृश्येतेन्दाविवाद्वये।। इति।

अविभागोपि बुद्ध्यात्मा विपर्यासितदर्शनैः।
ग्राह्यग्राहकसंवित्तिभेदवानिव लक्ष्यते।। इति च।

व्या० : इत्यन्यत्र पाठो दृश्यते। **तेषामिति।** एकः समानो देशो येषां तेषां भाव एकदेशत्वम्। षण्णामंशानां समानदेशत्वे तु तेषामंशानां मिथः संबन्धः कात्स्न्येनैवाङ्गीकार्य इति घटादेः पिण्डस्याणुत्वमेव स्यान्न महत्त्वम्। उपर्यधः पार्श्वतश्च व्याप्तिः कात्स्न्यम्। यदि तादृशा अंशा मिथः कात्स्न्येन संयुज्येरंस्तर्हि यावति देशे एकोंशः संमितस्तावत्येव देशेपरेपि संमिताः स्युः। अतः प्रथिमानुपपत्तिः। **तदात्मिका।** विषयात्मिका। घटादिविषयरूपाकारधरेति यावत्। **नान्य इति।** बुद्धानुभाव्यो ग्राह्यो घटादिर्बुद्धेः सकाशादन्यो नास्ति। तस्या बुद्धेरनुभवो नैयायिकद्यभिमतोनुव्यवसायरूपः। सोपि बुद्धेः सकाशादपरोन्यो न। एवं बुद्धेः सकाशादन्ययोर्ग्राह्यग्राहकयोर्वैधुर्यादभावात्सैव स्वयं प्रकाशत इत्यर्थः। **यद्वेद्यत इति।** येन ज्ञानेन यद्वस्तु ज्ञायते तद्वस्तु तस्माज्ज्ञानान्न भिद्यते। यथा ज्ञानेनात्मा। अद्वैतवेदान्तिमतमनुसृत्यायं दृष्यन्तः। तेषां मत आत्मनो ज्ञानरूपत्वात्। एवं विषयविज्ञानयोरभेदं प्रसाध्य भेदपक्षे बाधकमाह–**भेदे हीति। संबन्धित्वम्।** संबन्धः। यद्यज्ज्ञानं तत्तत्सविषयमेवेत्येवं ज्ञानेन सह योर्थस्य नियतसंबन्धस्तद्बीजं तादात्म्यमेव। तत्तु भेदपक्षे न संभवतीति संबन्धनियमो लोकेनुभूयमानो नोपपद्येत। ननु भेदपक्षेर्थस्य ज्ञाननिमित्तत्वमङ्गीक्रियते। तथा च

1. ग्राहक for ग्राह्यग्राहक C.

विषयाज्जायमाना ज्ञानस्योत्पत्तिरेव संबन्धनियामिकास्त्विति चेत्तत्राह–**तदुत्पत्तेरिति**। न हि घटः कुलालदण्डचक्रादिभिर्नित्यसंबद्धो भवति। **सहोपलम्भेति**। नीलतद्धियो-र्विषयविज्ञानयोः सहोपलम्भनियमो दृश्यते। न ह्यनयोरेकस्यानुपलम्भेन्यस्योपलम्भोस्ति। यद्येन सह नियमेनोपलभ्यते तत्तेन सहाभिन्नमेव। यथा घटो मृदा सहैवोपलभ्यते इति मृदभिन्नः। तथैवात्रेति भावः। तदुक्तं विवरणप्रमेयसंग्रहे (पृ. ७५)

सहोपलम्भनियमादभेदो नीलतद्धियोः।
अन्यच्चेत्संविदो नीलं न तद्भासेत संविदि।।
भासते चेत्कुतः सर्वं न भासेतैकसंविदि।
नियामकं न संबन्धं पश्यामो नीलतद्धियोः।। इति।

The two remaining alternatives, as self-contradictory, are inadmissible. It has accordingly been laid down by the venerated Buddha in the Alaṅkārāvatāra[1]—

" Of things discriminated by intellect, no nature is ascertained ;[2]

"Those things are therefore shown to be inexplicable natureless."

And again—

"This matter perforce results, which the wise declare,

No sooner are objects thought than they are dissipated:"

That is to say, the objects, are not determined by any one of the four alternatives. Hence it is that it has been said—

"A religious mendicant, an amorous man, and a dog have three views of a woman's person, respectively that it is a carcass, that it is a mistress, and that it is a prey."

---

1. Query, Laṅkāvatāra?
2. Cf. Ferrier's Institutes of Metaphysic, p. 273. "If every *completed* object of cognition must consist of object *plus* the subject, the object without the subject must be incomplete, that is, inchoate—that is, no possible object of knowledge at all. This is the distressing predicament to which matter is reduced by the tactics of speculation; and this predicament is described not unaptly by calling it a *flux*—or, as we have depicted it elsewhere, perhaps more philosophically, as a never-ending redemption of nonsense into sense, and a never-ending relapse of sense into nonsense."

In consequence, then, of these four points of view, when all ideas are come to an end, final extinction, which is a void, will result. Accordingly we have overtaken our end, and there is nothing to be taught to us. There consequently remain only two duties to the student—interrogation and acceptance. Of these, interrogation is the putting of questions in order to attain knowledge not yet attained. Acceptance is assent to the matters stated by the sacred teacher. These (Bauddha nihilists) are excellent in assenting to that which the religious teacher enounces, and defective in interrogation, whence their conventional designation of Mādhyamikas (or mediocre).

न च रसवीर्यविपाकादि समानमाशामोदकोपार्जितमोदकानां स्यादिति वेदितव्यम्। वस्तुतो वेद्यवेदकाकारविधुराया अपि बुद्धेर्व्यवहर्तृपरिज्ञानानुरोधेन विभिन्नग्राह्य-ग्राहकाकाररूपवत्तया तिमिराद्युपहताक्ष्णां केशोण्डुकनाडीज्ञानभेद-वदनाद्युपप्लववासनासामर्थ्याद्व्यवस्थोपपत्तेः पर्यनुयोगायोगात्। यथोक्तम्—

अवेद्यवेदकाकारा यथा भ्रान्तैर्निरीक्ष्यते।
विभक्तलक्षणग्राह्यग्राहकाकारविप्लवा।।
तथा कृतव्यवस्थेयं केशादिज्ञानभेदवत्।
यदा तदा न संचोद्या ग्राह्यग्राहकलक्षणा।। इति।

तस्माद्बुद्धिरेवानादिवासनावशादनेकाकारावभासत इति सिद्धम्। ततश्च प्रागुक्तभावनाप्रचयबलान्निखिलवासनोच्छेदविगलितविविधविषयाकारोपप्लवविशुद्ध-विज्ञानोदयो महोदय इति।

व्या० : अविभागोपीति। बुद्ध्यात्मा बुद्धिस्वरूपमविभक्तमेकमेव यद्यपि तथाप्यनादिभेदवासनया येषां दर्शनं ज्ञानं विपर्यासितं विपर्यासं प्राप्तं तैर्बुद्धिस्वरूप-मेकमपि ज्ञेयज्ञातृज्ञानरूपेण त्रिविधमिवालक्ष्यत इत्यर्थः। **न च रसेति।** विज्ञानवादि-बौद्धव्यतिरिक्तमते बौद्धाः केवलं बुद्ध्या कल्पिता आशामोदकादयोर्था भिन्नाः। बाह्याश्चोपार्जितमोदकादयोर्था भिन्नाः। तत्र बाह्यमोदकभक्षणे शरीरे रसवीर्यादिरूपेण परिणामो भवति। न त्वाशामोदकस्थले। तेषां केवलं कल्पितत्वेनासत्यत्वात्। विज्ञानवादिमते तूपार्जितमोदकानामप्याशामोदकवत्केवलं कल्पितत्वेन द्वयोः समत्वात्परिणामसाम्यं स्यादित्याशयः। **वस्तुत इति।** बुद्धिर्ज्ञानम्। तच्च वस्तुतो न ज्ञेयाकारं नापि ज्ञानाकारम्। तथापि तज्ज्ञानमनादिमिथ्याज्ञानजन्यवासनया ज्ञेयाकारं ज्ञात्राकारं च भिन्नभिन्नं भवति। एतच्च व्यवहर्तॄणां घटमहं जानामीत्यादिपरिज्ञानानुरोधेन

स्वीकार्यम्। तथा च यथा पित्तादिदोषदूषितनेत्राणामाकाशे कदाचित्केशवद्रेखा दृश्यन्ते कदाचिदुण्डुकवत्कदाचित्तु नाडीवदित्येवं ज्ञानवैचित्र्यं वासनावैचित्र्यमात्रादेव जायते तथोपार्जितमोदकस्थले भक्षिता मोदकास्तृप्तोहमित्याकारं ज्ञानं जायते आशामोदकस्थले तु न तथेति ज्ञानवैचित्र्यं वासनावैचित्र्यमात्रादेवोपपद्यते। अतः प्रागुक्तप्रश्नस्यानवकाशः। तिमिरो नेत्ररोगविशेषः। आदिपदेन पित्तसंग्रहः। लूतातन्तुजालसदृशं नेत्रयोः पुरतो भासमानं जालमुण्डुकशब्देनोच्यते। उपप्लवो मिथ्याज्ञानम्। सामर्थ्यं शक्तिः। पर्यनुयोगः प्रश्नः। **अवेद्येति**। वस्तुतो वेद्यवेदकाकाररहितापि बुद्धिर्यथा बुद्धेः सकाशाद्विभक्तस्वरूपं यद्ग्राह्यं घटादि ग्राहकश्चात्मानुव्यवसायो वा तदाकारयुक्ता भ्रान्तैरवलोक्यते तथेयं ग्राह्यग्राहकस्वरूपा बुद्धिर्यदा केशादिज्ञानभेदवत्कृतव्यवस्था तदा न संचोद्या। परिणामसाम्यं नापादनीयम्। अनादिवासनावैचित्र्यवशादाकारवैचित्र्योपपत्तेरित्यर्थः। **प्रागुक्तेति**। सर्वं क्षणिकं दुःखं स्वलक्षणं शून्यमिति भावनाया उत्कर्षेण निखिलग्राह्यग्राहकवासनाया उच्छेदे सति विगलितो विविधग्राह्यग्राहकाकारसंबन्धो यस्य तादृशं विशुद्धं विज्ञानमुदयते। अयमेव महोदयो मोक्षः।

Certain other Buddhists are styled Yogācāras, because while they accept the four points of view proclaimed by the spiritual guide, and the void of eternal things, they make the interrogation: Why has a void of the internal (or baselessness of mental phenomena) been admitted? For their technology is as follows :—Self-subsistent cognition must be allowed, or it will follow that the whole universe is blind. It lids conformably been proclaimed by Dharmakīrti : "To one who disallows perception the vision of objects is not competent."

An external *percipibile* is not admissible in consequence of the following dilemma. Does the object cognitively apprehensible arise from an entity or not? It does not result from an entity, for that which is generated has no permanence. Nor is it non-resultant, for what has not come into being is non-existent. Or (we may proceed) do you hold that a past object is cognitively apprehensible, as begetting cognition? If so, this is childish nonsense, because it conflicts with the apparent presentness of the object, and because on such a supposition the sense organs (and other imperceptible things) might be apprehended. Further (we ask), Is the *percipibile* a simple atom or a complex body? The latter it cannot be, this alternative being ejected by the dilemma as to whether part or whole is perceived. The former alternative is equally impossible, an atom being supersensible, and it not being able to combine simultaneously with six others; as it has been said—

> " If an atom could simultaneously combine with six, it would have six surfaces;
>
> "And each of these being taken separately, there would be a body of atomic dimension."

अन्ये तु मन्यन्ते। यथोक्तं बाह्यं वस्तुजातं नास्तीति तदयुक्तम्। प्रमाणाभावात्। न च सहोपलम्भनियमः प्रमाणमिति वक्तव्यम्। वेद्यवेदकयोरभेद-साधकत्वेनाभिमतस्य तस्याप्रयोजकत्वेन संदिग्धविपक्षव्यावृत्तिकत्वात्। ननु भेदे सहोपलम्भनियमात्मकं साधनं न स्यादिति चेन्न। ज्ञानस्यान्तर्मुखतया ज्ञेयस्य बहिर्मुखतया च भेदेन प्रतिभासमानत्वात्। एकदेशत्वैककालत्वलक्षणसहत्व-नियमासंभवाच्च। किं च नीलाद्यर्थस्य ज्ञानाकारत्वेहमिति प्रतिभासः स्यात्। न त्विदमिति प्रतिपत्तिः। प्रत्ययादव्यतिरेकात्। अथोच्यते ज्ञानस्वरूपोपि नीलाकारो भ्रान्त्या बहिर्वद्भेदेन प्रतिभासत इति न च तत्राहमुल्लेख इति। तथोक्तम्–

परिच्छेदान्तराद्योयं भागो बहिरिव स्थितः।
ज्ञानस्याभेदिनो भेदप्रतिभासोप्युपप्लवः।। इति।

यदन्तर्ज्ञेयतत्त्वं तद्बहिर्वदवभासते।। इति च।

व्या० : अन्ये। सौत्रान्तिकाः। **वेद्येति।** यतश्च विषयविज्ञानयोः सहोपलम्भ-नियमोतस्तयोरभेद इत्येवं यो विज्ञानवाद्यभिमतोऽभेदसाधको हेतुः सोऽप्रयोजकः। अनुकूलतर्करहितः। यथा वन्ह्यभाववत्सु पदार्थेषु विपक्षेषु मध्ये देशान्तरे कालान्तरे वा क्वचिद्धूमः कदाचित्स्यात् विपक्षेषु क्वापि नास्त्येवेत्येवं कुतो नियम इत्याशङ्का धूमवन्ह्योः कार्यकारणभावभङ्गप्रसङ्गेन निरस्यते। अयमनुकूलस्तर्कः। तथात्र भेदेपि कदाचित्सहोपलम्भनियमः स्यात् इत्याशङ्का न कथमपि निरस्यते। एवं च विपक्षे हेतोर्व्यावृत्तिः संदिग्धेत्यनुमानं न संभवतीत्यर्थः। **ननु भेद इति।** साधनं हेतुः। च चाभेदसाधकत्वेनाभिमतो विषयविज्ञानयोः सहोपलम्भनियमात्मकः। यदि विषय-विज्ञानयोर्भेदस्तर्हि गवाश्वयोरिव सहोपलम्भनियमेनापि न भाव्यम्। परं तु यतो दृश्यते सहोपलम्भनियमोतस्तत्र तत्कारणत्वेनाभेदोनुमेय इति शङ्काशयः। **ज्ञानस्येति।** उक्तानुमानं बाधितम्। प्रत्यक्षविरुद्धत्वात्। यतो ज्ञानमान्तरत्वेन घटादिज्ञेयं च बाह्यत्वेन

प्रत्यक्षमुपलभ्यते। अन्तर्मुखमान्तरम्। बहिर्मुखं बाह्यम्। एवं सहोपलम्भनियम-मङ्गीकृत्यानुमानस्य बाधितत्वमुक्तम्। वस्तुतः सहोपलम्भ एव नास्तीत्याह—**एकदेशत्वेति।** ज्ञानमात्मनिष्ठम्। विषयो घटादिश्च भूतलादिनिष्ठः। तथा ज्ञानमुत्तरक्षणिकम्। विषयस्तु पूर्वक्षणिकः। एवं च न देशतः कालतश्च साहित्यं संभवतीति भावः। **किं च नीलेति।** यथा विज्ञानवादिमते ज्ञातात्मा न वस्तुतो ज्ञानाद्भिन्नः। किं तु ज्ञानमेवात्मा। स चाहमित्येवंरूपेण भासते। तथा घटादिर्विषयोपि यदि वस्तुतो न तस्माद्भिन्नस्तर्हि सोप्यहमिति प्रतीयेतेत्यर्थः। **ज्ञानस्वरूपोपीति।** ज्ञानस्वरूपेहमर्थ आत्मनि यो ज्ञेयाकाराध्यासः स इदमर्थे रङ्गे यथा रजतस्याभेदेना-ध्यासस्तथा नाभेदेन येन रजतस्येदंतया प्रतीतिवज्ज्ञेयस्याहंतया प्रतीतिः स्यात्। किं तु भेदेन। यथा शङ्खे पीतिम्नः। तत्र हि पित्तादिदोषेण शङ्खे श्वेतिमानमपह्नुत्य पीतिमा भासते तथात्राहमर्थे ज्ञानरूप आत्मन्यान्तरत्वमपह्नुत्य बाह्यत्वं भासते। यथा पीतिमाध्यासेपि शङ्खस्वरूपं भासते तथा ज्ञेयकाराध्यासेपि ज्ञानं भासते। घटमहं जानामीति प्रत्ययात्। **परिच्छेदेति।** ज्ञानस्य य आन्तरः परिच्छेदो विषयप्रकाशरूपो भागस्तस्मादन्यो योयं ज्ञेयाकारस्वरूपो भागो बहिरिव स्थितः स उपप्लवो मृषा। तथा तस्याभेदिन एकस्य ज्ञानस्य भेदप्रतिभासोपि मृषैव। ज्ञानस्य न केवलं बाह्योंश एव मृषा। किं तु ज्ञाने भेदप्रतीतिरपि मृषैवेत्यर्थः। बहिरिव स्थित इत्यत्र बहिरवस्थित इत्यपि पाठो दृश्यते।

Intellect, therefore, as having no other *percipibile* but itself, is shown to be itself its own *percipibile*, self-subsistent, luminous with its own light, like light. Therefore it has been said—

> "There is naught to be objectified by intellect; there is no cognition ulterior thereto ;
>
> "There being no distinction between percept and percipient, intellect shines forth of itself alone."

The identity of percipient and percept is inferrible, thus: That which is cognised by any cognition is not other than that cognition, as soul, for instance, is not other than the cognition of soul; and blue and other momentary objects are cognised by cognitions. For if there were a difference (between percept and percipient), the object could not now have any connection with the cognition, there being no, identity to determine a constancy of connection, and nothing to determine the rise of such a connection. As for the appearance of an interval between the object and subject consciousnesses, this is an illusion, like the appearance of two moons when there is only one. The cause of this illusion is ideation of difference in a stream without beginning and without interruption; as it has been said—

> "As invariably cognised together, the blue object and the cognition thereof are identical;
>
> "And the difference should be accounted for by illusory cognitions, as in the example of the single moon."

And again—

> "Though there is no division, the soul or intellect, by reason of illusory perceptions,
>
> "Appears to possess a duality of cognitions, of percepts and of percipient"

Nor must it be supposed that (on this hypothesis) the juice, the energy, and the digestion derivable from an imaginary and an actual sweetmeat will be the same; for it cannot be questioned that though the intellect be in strictness exempt from the modes of object and subject, yet there is competent to it a practical distinction in virtue of the succession of illusory ideas without beginning, by reason of its possessing diverse modes percept and percipient, conformably to its illusory supposition of practical agency, just as to those whose eyes are dim with some morbid affection a hair and another minute object may appear either diverse or identical; as it has been said—

> "As the intellect, not having object and subject modes, appears, by reason of illusory cognitions,
>
> "Illuded with the diverse forms of perception, percept and percipient ;
>
> "So when the intellect has posited a diversity, as in the example of the differences of the cognition of a hair, and the like,
>
> "Then it is not to be doubted that it is characterised as percipient and percept."

Thus it has been evinced that intellect, as affected by beginningless ideation, manifests itself under diverse forms.

When, therefore, by constancy of reflection (on the four pointy of view) aforesaid, all ideation has been interrupted, there arises knowledge purged from the illusions which take the form of objects, such illusions being now melted away; and this is technically exiled *Mahodaya* (the grand exaltation, emancipation).

तदयुक्तम्। बाह्यार्थाभावे तद्व्युत्पत्तिरहिततया बहिर्वदित्युपमानोक्तेरयुक्तेः। न हि वसुमित्रो वन्ध्यापुत्रवदवभासत इति प्रेक्षावानाचक्षीत। भेदप्रतिभासस्य भ्रान्तत्वेऽभेदप्रतिभासस्य प्रामाण्यं तत्प्रामाण्ये च भेदप्रतिभासस्य भ्रान्तत्वमिति परस्पराश्रयप्रसङ्गाच्च। अदिसंवादान्नीलतादिकमेव संविदाना बाह्यमेवोपाददते जगत्युपेक्षन्ते चान्तरमिति व्यवस्थादर्शनाच्च। एवं चायमभेदसाधको हेतुर्गोमयपायसीयन्यायवदाभासतां भजेत्। अतो बहिर्वदिति वदता बाह्यं ग्राह्यमेवेति भावनीयमिति भवदीय एव बाणो भवन्तं प्रहरेत्।

व्या० : तद्व्युत्पत्तिरहिततया। बहिःशब्दार्थज्ञानराहित्येन **भेदप्रतिभासस्येति।** नायं सर्प इति बाधदर्शनेन रज्ज्वां सर्पज्ञानस्य भ्रमत्वं निश्चीयते। तथा नात्र भेदो बाध्यते। तथा च भेदज्ञानस्य भ्रमत्वं विषयविज्ञानयोरैक्यज्ञानस्य प्रामाण्येनैव निश्चेयम्। प्रामाण्यनिश्चयश्च भेदज्ञानस्य भ्रमत्वनिश्चये सत्येव नान्यथा। लोके हि विषयविज्ञान-योरैक्यज्ञानमेव नास्ति कुतस्तस्य प्रामाण्यम्। अतोन्योन्याश्रयदोषः। **अविसंवादादिति।** आन्तरं बाह्यं चेति पदार्थद्वयाङ्गीकारो गौरवग्रस्तत्वान्न कार्य इति ये नैयायिकादयो मन्यन्ते ते नीलादीन्बाह्यार्थान्प्रत्यक्षत उपलभमाना बाह्यार्थविषये कस्यापि विसंवादाभावेन जगति बाह्यार्थमेव स्वीकुर्वते। आन्तरविषये तु तेषामुपेक्षा दृश्यते। भवन्तो विज्ञानवादिनस्तु निर्विवादतया लोकप्रसिद्धमपि बाह्यार्थमेव न स्वीकुर्वन्तीति कोयं मार्गः। बाह्याभ्यन्तरोभयवादिनः सौत्रान्तिका वैभाषिकाः साकारज्ञानवादिनोन्ये च। अनुभयवादिनो माध्यमिकाः। आन्तरमात्रवादिनो विज्ञानवादिनः। बाह्यमात्रवादिनो निराकारज्ञानवादिनो नैयायिकादयः। **गोमयेति।** गोमयं पायसं गव्यत्वादुभय-सिद्धपायसवदित्यत्र गव्यत्वहेतुरप्रयोजकः। अतो हेत्वाभासस्तद्वत्। गोमयपायसीयन्यायश्च तत्प्रतिषेधार्थमेकतत्त्वाभ्यासः (पा. यो. सू. १।३२) इति पातञ्जलयोगसूत्रे भाष्ये प्रदर्शितः। **भवदीय एवेति।** बाह्यार्थमनङ्गीकुर्वतां बहिर्वदित्युक्तिरेव न संभवतीति भावः।

Others again (the Sautrāntikas) hold that the position that there is no external world is untenable, as wanting evidence.

Nor (they contend) can it be maintained that invariability of simultaneous cognition is an evidence, for this simultaneous cognition which you accept as proof of the identity of subject and object is indecisive, being found in dubious and in contrary instances. If you rejoin (they proceed) : Let there be a proof of this identity, and let this proof be invariability of simultaneous cognition,—we refuse this, because inasmuch as cognition must ultimately have some object, it is manifested in duality, and because stick invariability of simultaneity as to time and place is impossible. Moreover (they continue), if the object, blue or whatever it be, were only a form of cognition, it should be presented as *Ego*, not as *Hoc aliquid*, because the cognition and the object would be identical. Perhaps you will say: A blue form consisting of cognition is illusorily presented as external and as other than self, and consequently the Ego is not suggested ; and so it has been said—

> "This side of knowledge which appears external to the other portion,
>
> "This appearance of duality in the unity of cognition is an illusion."

And again—

> "The principle to be known as internal also manifests itself as if it were external:"

To this we reply (say the Sautrāntikaṣ) : This is untenable, for if there be no external objects, there being no genesis of such, the comparison "as if they were external" is illegitimate. No man in his senses would say, "Vasumitra looks like the son of a childless mother." Again, if the manifestation of identity be proved by the illusoriness of the presentment of duality, and the presentment of duality be proved illusory by the manifestation of identity,' you are involved in a logical circle. Without controversy we observe that cognitions take external things, blue or whatever they may be, as their objects, and do not take merely internal modifications as such, and we see that men in their everyday life overlook their internal states. Thus this argument which you adduce to prove that there is difference between subject and object, turns out a mere absurdity, like milky food made of cow-dung. When then you say "as if it were external;" you must already suppose an external *percipibile,* and your own arrow will return upon you and wound you.

ननु ज्ञानाद्भिन्नकालस्यार्थस्य ग्राह्यत्वमनुपपन्नमिति चेत्–तदनुपपन्नम्। इन्द्रियसंनिकृष्टस्य विषयस्योत्पाद्ये ज्ञाने स्वाकारसमर्पकतया समर्पितेन चाकारेण तस्यार्थस्यसानुमेयतोपपत्ते। अत एव पर्यनुयोगपरिहारौ समग्राहिषाताम्–

भिन्नकालं कथं ग्राह्यमिति चेद्ग्राह्यतां विदुः।
हेतुत्वमेव च व्यक्ते[1]र्ज्ञानाकारार्पणक्षमम्।। इति।।

तथा च यथा पुष्ट्या भोजनमनुमीयते यथा च भाषया देशः यथा वा संभ्रमेण स्नेहः तथा ज्ञानाकारेण ज्ञेयमनुमेयम्। तदुक्तम्–

अर्थेन घटयत्येनां न हि मुक्त्वार्थरूपताम्।
तस्मात्प्रमेयाधिगतेः प्रमाणं मेयरूपता।। इति।।

न हि वित्तिसत्तैव तद्वेदना युक्ता। तस्याः सर्वत्राविशेषात्। तां तु सारूप्यमाविशत्सरूपयितुं घटयेदिति च। तथा बाह्यार्थसद्भावे प्रयोगः–ये यस्मिन्सत्यपि कादाचित्कास्ते सर्वे तदतिरिक्तसापेक्षाः। यथा–अविवक्षति अजिगमिषति मयि वचनगमनप्रतिभासा विवक्षुजिगमिषुपुरुषान्तरसंतानसापेक्षाः। तथा च विवादाध्यासिताः प्रवृत्तिप्रत्ययाः सत्यप्यालयविज्ञाने कदाचिदेव नीलाद्युल्लेखिन इति। तत्रालयविज्ञानं नामाहमास्पदं विज्ञानम्। नीलाद्युल्लेखि च विज्ञानं प्रवृत्तिविज्ञानम्। यथोक्तम्–

तत्स्यादालयविज्ञानं यद्भवेदहमास्पदम्।
तत्स्यात्प्रवृत्तिविज्ञानं यन्नीलादिकमुल्लिखेत्।। इति।

तस्मादालयविज्ञानंसतानातिरिक्तः कादाचित्कप्रवृत्तिविज्ञानहेतुर्बाह्योर्थो ग्राह्य एव न वासनापरिपाकप्रत्ययकादाचित्कत्वात्कदाचिदुत्पाद इति वेदितव्यम्।

व्या० : ननु ज्ञानादिति। घटयदयोर्था: प्रतिक्षणं भिन्नाः। ज्ञानमपि तथैव। तत्र ज्ञानकालिकोर्थो न ज्ञानग्राह्यः। विषयस्य ज्ञानकारणत्वेन विषयसमकालं

---

1. व्यक्तित्वम् for च व्यक्तेः C.

ज्ञानोत्पत्त्यसंभवात्। तथा च ज्ञानक्षणात्पूर्वक्षणिकोर्थ एव ज्ञानग्राह्य इति वक्तव्यम्। तस्य च ग्राह्यत्वं न संभवति। यस्मिन्क्षणे विषयो न तस्मिन्क्षणे ज्ञानम्। यस्मिंश्च क्षणे ज्ञानं न तस्मिन्क्षणे विषय इत्येवं ज्ञानविषययोर्भिन्नकालत्वात्। **इन्द्रियेति**। घटादिर्विषयो हि स्वद्वितीयक्षणे स्वसदृशं घटान्तरमुत्पादयति। स पूर्वक्षणिको घटादिरेवेन्द्रिय-संनिकृष्टश्चेत्स्वद्वितीयक्षणे स्वाकारसदृशाकारविशिष्टं ज्ञानमप्युत्पादयति। तादृशेन च ज्ञानाकारेण स्वकारणीभूतः पूर्वक्षणिको घटादिरनुमीयते। एतदेव च ज्ञानग्राह्यत्वम्। **पर्यनुयोगेति**। प्रश्नोत्तरयोरयं संग्रह इत्यर्थः। **भिन्नेति**। भिन्नकालं कथं ग्राह्यमिति प्रश्नः। घटादिव्यक्तेर्यज्ज्ञाने स्वाकारसदृशाकारोत्पादनसामर्थ्यरूपं हेतुत्वं तदेव ग्राह्यत्वमिति परिहारः। **संभ्रमेण**। आदरेण। **अर्थेनेति**। एनां संविदं ज्ञाता अर्थेन विषयेण सह यद्घटयति संयोजयति तत्संयोजनं संविदोर्थरूपता मुक्त्वार्थाकार-सदृशाकारतां विना प्रकारान्तरेण नास्ति। तस्मात्संविदो मेयरूपता विषयाकारतैव प्रमेयाधिगतेर्विषयप्रमितेः प्रमाणमित्यर्थः। **न हीति**। तेषां विषयाणां या वेदना प्रकाशः स वित्तिसत्ता केवलं ज्ञानस्यास्तित्वमात्रमिति न युक्तम्। तस्या वित्तेः सर्वत्र घटपटादिष्वविशेषात्। तथा च घटज्ञानपटज्ञानयोर्भेदो न स्यात्। किं तु सारूप्यं विषयसमानाकारता तां वित्तिमाविशत्प्रविष्टं सद्वित्तिं ज्ञानं सरूपयितुं विषयाकार-सदृशाकारं प्रापयितुं घटयेद्विषयेण सह संयोजयेदित्यर्थः। **ये यस्मिन्निति**। येङ्कुरादयो यस्मिन्बीजादौ सत्यपि कादाचित्काः। कुसूलस्थितबीजेष्वङ्कुरोत्पत्त्यदर्शनात्। तेङ्कुरादयस्तमाद्बीजादतिरिक्तं यन्मृत्सलिलादि तत्सापेक्षा इति नियमः। यथा स्वभावतो वचनेच्छाविरहवतो देवदत्तस्य कादाचित्कवचनं दूरतः श्रुत्वा चैत्रः प्रष्ट्रा पुरुषान्तरेणात्र भवितव्यम् इत्यनुमिनोति। तथा नीलाद्युल्लेखिनो घटादिविषयका एवं घटोयं पट इत्यादयो ये प्रवृत्तिप्रत्ययाः प्रवृत्तिविज्ञानानि तेहमित्यालयविज्ञाने सत्यपि कादाचित्कत्वादालय-विज्ञानातिरिक्तबाह्यघटादिविषयसापेक्षा इत्यनेनानुमानेनापि बाह्यघटादिवषयसिद्धिः। **अहमास्पदम्**। अहमित्यादकारम्। **नीलाद्युल्लेखि**। घटादिविषयकमिदंतास्पदम्। **तस्मादिति**। अहमित्यालयविज्ञानसंतानमेवात्मा। तदतिरिक्तः कादाचित्कं यत्प्रवृत्तिविज्ञानं तद्धेतुभूतो बाह्यो घटादिः स्वीकार्य एवं न तु प्रवृत्तिविज्ञानस्य कदाचिदुत्पत्तिर्वासनापरिपाकप्रत्ययस्य कादाचित्कत्वात्। विज्ञानवादिमते वासना-परिपाकप्रत्ययस्य कादाचित्कत्वे हेत्वभावात्।

If any one object that the externality of an object synchronous with the cognition is inadmissible, we (Sautrāntikas) reply that this objection is inadmissible, inasmuch as the subject in juxtaposition to the sensory imposes its form upon the cognition then in production, and the object is inferrible from the form thus imposed. The interrogation and response on this point have been thus summarised—

> "If it be asked, How can there be a past *percipibile?* They recognise perceptibility,
>
> "And a competent inferribility of the individual thing is its imposition of its form."

To exemplify. As nourishment is inferred from a thriving look, as nationality is inferred from language, and as affection is inferred from flurried movements, so from the form of knowledge a knowable may be inferred. Therefore it has been said—

> "With half (of itself) the object moulds (the cognition) without losing the nature of a half;
>
> "The evidence, therefore of the recognition of a knowable is the nature of the knowable."

For consciousness of the cognition cannot be the being of the cognition, for this consciousness is everywhere alike, and if indifference were to attach itself to this, it would reduce all things to indifference. Accordingly the formal argument for the existence of external things : Those things which while a thing exists appear only at times, all depend upon something else than that thing; as, for instance, if I do not wish to speak or to walk, presentments of speaking or walking must suppose others desirous of speaking or walking; and in like manner the presentments of activity under discussion, while there exists the recognition of a subject of them, are only at times manifested as blue and so forth. Of these, the recognition of a subject is the presentation of the Ego, the manifestation as blue and so forth is a presentment of activity, as it has been said—

> "That is a recognition of a subject which is conversant about the Ego :
>
> "That is a presentment of activity which manifests blue and the rest."

Over and above, therefore, the complement of subject-recognitions, let it be understood that there is an external object world perceptible, which is the cause of presentments of activity; and that this external world does not rise into being only from time to time on occasion of presentments resulting from ideation.

विज्ञानवादिनये हि वासना नामैकसंतानवर्तिनामालयविज्ञानानां-तत्तत्प्रवृत्तिविज्ञानजननशक्तिः। तस्याश्च स्वकार्योत्पादं प्रत्याभिमुख्यं परिपाकः। तस्य च प्रत्ययः कारणं स्वसंतानवर्तिपूर्वक्षणः कक्षीक्रियते। संतानान्तरनिबन्धन-त्वानङ्गीकारात्।[1] ततश्च प्रवृत्तिविज्ञानजनकालयविज्ञानवर्तिवासनापरिपाकं प्रति सर्वेप्यालयविज्ञानवर्तिनः क्षणाः समर्था एवेति वक्तव्यम्। न चेदेकोपि न समर्थः स्यात्। आलयविज्ञानसंतानवर्तित्वाविशेषात्। सर्वे समर्था इति पक्षे कालपेक्षानुपपत्तिः। ततश्च कादचित्कत्वनिर्वाहाय शब्दस्पर्शरूपरसगन्धविषयाः सुखादिविषयाः षडपि प्रत्ययाश्चतुरः प्रत्ययान्प्रतीत्योत्पद्यन्त इति चतुरेणा-निच्छताप्यच्छमतिना स्वानुभवमनाच्छाद्य परिच्छेत्तव्यम्।

व्या० : तदेवाह–**विज्ञानवादिनये हीति**। अहमित्याकाराणां क्षणिकानामालय-विज्ञानानां संतानः परंपरा प्रतिजीवं भिन्ना। चैत्रीयालयविज्ञानसंतानघटकमालयविज्ञानं चैत्रीयप्रवृत्तिविज्ञानं जनयति। तथा चालयविज्ञाननिष्ठा या प्रवृत्तिविज्ञानजननशक्तिः सैव वासना। तस्या वासनायाः प्रवृत्तिविज्ञानरूपस्वरूपकार्योत्पादने यदाभिमुख्य-मुन्मुखत्वं स तस्याः परिपाकः। वासनानामपि क्षणिकत्वेन प्रतिक्षणं भिन्नानां वासनानां मध्ये कासांचिदेव परिपाको न सर्वासाम्। परिपाकजन्यस्य प्रवृत्तिविज्ञानस्य सर्वदोत्पत्त्यदर्शनात्। तस्य च कादाचित्कस्य परिपाकस्य कादाचित्कमेव किंचित्कारण-मवश्यं वाच्यम्। तच्च घटादिबाह्यार्थरूपं सौत्रान्तिकमते संभवति। न तु बाह्यार्थ-मनङ्गीकुर्वतां विज्ञानवादिनां मते। तथा च तेषां मते वासनापरिपाकस्य वासनासंतानगततत्पूर्वक्षणिकवासनैव कारणमास्थेयम्। तस्याश्च पूर्वक्षणिकवासनायाः स्वोत्तरक्षणिकवासनापरिपाककारणत्वे तस्या इवान्यासां सर्वासामप्यालयविज्ञान संताननिष्ठत्वस्य तुल्यतया सर्वासामेव वासनानां स्वस्वोत्तरक्षणिकवासनापरिपाक-कारणत्वं दुर्वारमिति प्रवृत्तिविज्ञानस्य सर्वदोत्पत्तिप्रसङ्ग इति। **संतानान्तरेति**। ज्ञानसंतानापेक्षयान्यो घटादिज्ञेयसंतानः संतानान्तरम्। तन्निबन्धनत्वं तन्मूलकत्वं वासनापरिपाकस्य विज्ञानवादिभिर्नाङ्गीक्रियते। तेषां मते ज्ञानातिरिक्तस्य ज्ञेयस्याभावात्। **प्रवृत्तीति**। प्रवृत्तिविज्ञानजनकीभूतं यदालयविज्ञानं तन्निष्ठवासनायाः परिपाककरणे

1. अङ्गीकारात् for अनङ्गीकारात् C.

सर्वा अप्यालयविज्ञाननिष्ठास्तत्तत्पूर्वक्षणिका वासनाः समर्था इत्यर्थः। **एकोपि**। एकः क्षणोपि। एकापि क्षणिकवासनेति यावत्। **आलयविज्ञानसंतानवर्तित्वम्**। आलयविज्ञानपरंपरानिष्ठत्वम्। **शब्देति**। शब्दादिबाह्यविषयकाणि पञ्च ज्ञानानि सुखाद्यान्तरविषयकमेकं ज्ञानमिति मिलित्वा षड्ज्ञानानि कारणचतुष्टयं प्राप्योत्पद्यन्त इति स्वीकर्तव्यम्। **चतुरःप्रत्ययान्प्रतीत्य**। चतुर्विधानि कारणानि प्राप्य। **अनाच्छद्य**। अनपलप्य।

According to the view of the Sensationalists (*vijñāna-vādin*), ideation is a power of generating such and such sensations (or presentments of activity) in subject-recognitions which exist as a single stream. The maturescence of this power is its readiness to produce its effect; of this the result is a presentment (or sensation); the antecedent momentary object (sensation) in the mental train is accepted as the cause, no other mental train being admitted to exercise such causality. It must therefore be stated that all momentary objects (fleeting sensations) in the subject-consciousness are alike able to bring about that maturescence of ideation in the subject-consciousness, which maturescence is productive of presentments of activity. If any one (of these fleeting sensations) had not this power, none would possess it, ail existing alike in the stream of subject-recognitions. On the supposition that they all have this power, the effects cannot be diversified, and therefore any intelligent man, however unwilling, if he has a clear understanding, must decide, without putting out of sight the testimony of his consciousness, that to account for the occasional nature (of sense percepts) the six cognitions of sound, touch, colour, taste, and smell, of pleasure, and so forth, are produced on occasion of four conditions.

ते चत्वारः प्रत्ययाः प्रसिद्धा आलम्बनसमनन्तरसहकार्यधिपतिरूपाः। तत्र ज्ञानपदवेदनीयस्य नीलाद्यवभासस्य चित्तस्य नीलादालम्बनप्रत्ययान्नीलाकारता भवति। समनन्तरप्रत्ययात्प्राचीनज्ञानाद्बोधरूपता। सहकारिप्रत्ययादालोकात्स्पष्टता। चक्षुषोधिपतिप्रत्ययाद्विषयग्रहणप्रतिनियमः। उदितस्य ज्ञानस्य रसादिसाधारण्ये प्राप्ते नियामकं चक्षुरधिपतिर्भवितुमर्हति। लोके नियामकस्याधिपतित्वोपलम्भात्। एवं चित्तचैत्तात्मकानां सुखादीनां चत्वारि कारणानि द्रष्टव्यानि। सोयं चित्तचैत्तात्मकः स्कन्धः पञ्चविधो रूपविज्ञानवेदनासंज्ञा-

संस्कारसंज्ञकः। तत्र रूप्यन्त एभिर्विषया इति रूप्यन्त इति च व्युत्पत्त्या सविषयाणीन्द्रियाणि रूपस्कन्धः। आलयविज्ञानप्रवृत्तिविज्ञानप्रवाहो विज्ञान-स्कन्धः। प्रागुक्तस्कन्धद्वयसंबन्धजन्यः सुखदुःखादिप्रत्ययप्रवाहो वेदनास्कन्धः। गौरित्यादिशब्दोल्लेखिसंवित्प्रवाहः संज्ञास्कन्धः। वेदनास्कन्धनिबन्धना रागद्वेषादयः क्लेशा उपक्लेशाश्च मदमानादयो धर्माधर्मौ च संस्कारस्कन्धः।

व्या० : चत्वारः प्रत्ययाः। चतुर्विधानि कारणानि। **तत्र ज्ञानेति**। साकारं चित्तं ज्ञानपदवाच्यम्। तस्य चाकारग्रहणशक्तिरेव बोधरूपता। यथा पूर्वक्षणिकाद्घटात्तत्सदृशो घट उत्तरक्षण उत्पद्यते तथा पूर्वक्षणिकादाकारग्रहणसमर्थाज्ज्ञानात्तत्सदृशमुत्तरक्षणे ज्ञानमुत्पद्यते। सोयं ज्ञानप्रवाहोनादिः। आकारश्च द्विविधोहमाकार इदमाकारश्च। तत्राद्यः पूर्वक्षणिकाज्ज्ञानाज्जायते। न तत्र कारणान्तरापेक्षा। स चानादिः सार्वदिक एकरूपश्च। अयं घट इत्यादिप्रवृत्तिविज्ञानं यदा जायते तदाप्यहमाकारो वर्तत एव। द्वितीय इदमाकारस्तु कादाचित्कोत एव कारणान्तरसापेक्षः सादिर्भिन्नभिन्नरूपश्च। ज्ञाने स्वाकारसदृशाकार-समर्पकः शब्दस्पर्शादिरनेकविधो विषयस्तत्तदाकारात्मकप्रवृत्तिज्ञानस्य कारणम्। विषय एवालम्बनप्रत्यय इत्युच्यते। प्रवृतिविज्ञानस्य विषयालम्बनत्वात्। उत्तरक्षणिकज्ञाने आकारग्रहणसामर्थ्यं ददत्पूर्वक्षणिकं ज्ञानं समनन्तरप्रत्यय इत्युच्यते। ज्ञाने वैशद्यं दददालोकः सहकारिप्रत्यय इत्युच्यते। मनःसंयोगादिकं सहाकार्येव। इन्द्रियमधिपति-प्रत्यय इत्युच्यते। अधिपतिर्नियामकः। यथा चक्षुरिन्द्रियं हि ज्ञाने रूपाकारमेव दापयति। रसनेद्रियं हि रसाकारमेव दापयतीत्यादि। एवं **चित्तेति**। बाह्या घटादय इवान्तरा अपि सुखादयो विषया ज्ञानाद्भिन्नतया सौत्रान्तिकैरङ्गीक्रियन्ते। तथा च तत्रापि सुखानुभवकाले सुखाकारसदृशाकारं यत्सुखानुभवरूपं प्रवृत्तिविज्ञानं तस्य चत्वारि कारणानि भवन्ति। **रूपविज्ञानेति** भूतव्यतिरिक्तान्यमूर्तानि तत्त्वानि स्कन्धशब्देनोच्यन्ते। रूपादिषु पञ्चसु स्कन्धेषु द्वितीयो विज्ञानस्कन्धश्चित्तम्। इतरे चत्वारः स्कन्धाश्चैत्ताः। विज्ञानं द्विविधम्। आलयविज्ञानं प्रवृतिविज्ञानं च। अहमित्याकारमालयविज्ञानम्। तत्सन्तान एवात्मा। इदमाकारं प्रवृत्तिविज्ञानम्। तच्च विषयाकारपरिणतं रूपस्कन्धशब्देनोच्यते। रूप्यत ईदृशमिति परिच्छिद्यते तद्रूपमिति व्युत्पत्तेः। रूप्यतेनेन तद्रूपमिति व्युत्पत्त्येन्द्रियाण्यपि रूपस्कन्धशब्देनोच्यन्ते। इन्द्रियाणि हि चैत्तान्येव न तु भौतिकानि। विज्ञानस्कन्धस्य रूपस्कन्धेन सह संबन्धाज्जायमाने सुखदुःखे वेदनास्कन्धः। सुखदुःखे अभौतिके चित्तपरिणामभूते एव। घटादिनाम संज्ञास्कन्धः। घटादौ नामरूपात्मकांशद्वयमध्ये रूपांशो भौतिकः। नामांशस्त्वभौतिकश्चैत्त एव। रागद्वेषादयः संस्कारस्कन्धशब्देनोच्यन्ते। तेप्यभौतिकाश्चैत्ता एव।

These four conditions are known, as (1.) the data, (2.) the suggestion, (3.) the medium, and (4.) the dominant (organ). Of these, the form of blue or the like arises from the condition of blue data in the understanding in which there is a manifestation of blue or the like, which manifestation is styled a cognition. The resuscitation of forms or cognitions arises from suggestion as a condition. The restriction to the apprehension of this or that object arises from the medium, light, for instance, as a condition, and from the dominant, the eye, for example, as another condition. The eye, as determinant of one particular cognition (form) were taste, etc., might have been equally cognised, is able to become dominant; for in everyday life he who determines is regarded as dominant. We must thus recognise four causes of pleasure and the best which constiute the understanding and its modifications.

So also the universe, which consists of mind and its modifications, is of five kinds, entitled (1.) the sensational, (2.) the perceptional, (3.) the affectional, (4.) the verbal, and (5.) the impressional. Of these, the sensible world (*rūpa-skandha*) is the sense organs and their objects, according to the etymology, viz., that objects are discriminated (*rūpyante*) by these. The perceptional world. is the stream of subject-recognitions and of presentments of activity. The affectional world is the stream of feelings of pleasure and pain generated by the two aforesaid worlds. The verbal (or symbolical) world is the stem of cognitions conversant about words—the words "cow," and so forth. The impressional world is the miseries, as desire, aversion, etc., caused by the affectional world, the lesser miseries, as conceit, pride, etc., and merit and demerit.

तदिदं सर्वे दुःखं दुःखायतनं दुःखसाधनं चेति भावयित्वा तन्निरोधोपायं तत्त्वज्ञानं संपादयेत्। अत एवोक्तं दुःखसमुदायनिरोधमार्गाश्चत्वार आर्यबुद्धस्याभिमतानि तत्त्वानि। तत्र दुःखं प्रसिद्धम्। समुदायो दुःखकारणम्। तद्द्विविधं प्रत्ययोपनिबन्धनो हेतूपनिबन्धनश्च। तत्र प्रत्ययोपनिबन्धनस्य संग्राहकं सूत्रम्–इदं प्रत्ययफलम् इति। इदं कार्यं ये अन्ये हेतवः प्रत्ययन्ति गच्छन्ति तेषामयमानानां हेतूनां भावः प्रत्ययत्वं कारणसमवायः, तन्मात्रस्य फलं न चेतनस्य कस्यचिदिति

सूत्रार्थः। यथा बीजहेतुरङ्कुरो धातूनां षण्णां समवायाज्जायते। तत्र पृथिवी-धातुरङ्कुरस्य काठिन्य गन्धं च जनयति। अब्धातुः स्नेहं रसं च जनयति। तेजोधातूरूपमौष्ण्यं च। वायुधातुः स्पर्शनं चलनं च। आकाशधातुरवकाशं शब्दं च। ऋतुधातुर्यथायोगं पृथिव्यादिकम्। हेतूपनिबन्धनस्य च संग्राहकं सूत्रम्–'उत्पादाद्वा तथागतानामनुत्पादाद्वा स्थितैवैषां धर्माणां धर्मता धर्मस्थितिता धर्मनियामकता च प्रतीत्यसमुत्पादानुलोमता' इति। तथागतानां बुद्धानां मते धर्माणां कार्यकारणरूपाणां या धर्मता कार्यकारणभावरूपा एषोत्पादादनुत्पादाद्वा स्थिता। यस्मिन्सति यदुत्पद्यते यस्मिन्नसति यन्नोत्पद्यते तत्तस्य कारणस्य कार्यमिति। धर्मतेत्यस्य विवरणं धर्मस्थितितेत्यादि। धर्मस्य कार्यस्य कारणानतिक्रमेण स्थितिः। स्वार्थिकस्तल्प्रत्ययः। धर्मस्य कारणस्य कार्यं प्रति नियामकता। नन्वयं कार्यकारणभावश्चेतन मन्तरेण न संभवतीत्यत उक्तं प्रतीत्येति। कारणे सति तत्प्रतीत्य प्राप्य समुत्पादेनुलोमतानुसारिता या सैव धर्मतोत्पादादनुत्पादाद्वा धर्माणां स्थिता। न चात्र कश्चिच्चेतनोधिष्ठातोपलभ्यत इति सूत्रार्थः। प्रतीत्यसमुत्पादस्य हेतूपनिबन्धो यथा–बीजादङ्कुरोङ्कुरात्काण्डं काण्डान्नालो नालाद्गर्भस्ततः शूकं ततः पुष्पं ततः फलम्। न चात्र बाह्ये समुदाये कारणं बीजादि कार्यमङ्कुरादि वा चेतयते अहमङ्कुरं निर्वर्तयामि अहं बीजेन निर्वर्तित इति। एवमाध्यात्मिकेष्वपि कारणद्वयमवगन्तव्यम्।

पुरः स्थिते प्रमेयाब्धौ ग्रन्थविस्तरभीरुभिः।

व्या० : तदिदं सर्वमिति। इदं सर्व वस्तुजातं दुःखसाधनत्वाद्दुःखायतन-मित्युपचर्यते। दुःखायतनत्वाच्च दुःखमित्युपचर्यते। **तत्त्वज्ञानमिति**। तत्त्वानां दुःखसमुदायनिरोधमार्गरूपाणां चतुर्णा तत्त्वानां याथार्थ्येन ज्ञानमित्यर्थः। **समुदाय इति**। दुःखकारणस्य समुदाय इति पारिभाषिकी संज्ञा। **तदिद्विविधमिति**। प्रत्ययोपनिबन्धतो हेतूपनिबन्धतश्च कार्योत्पत्तेर्दृश्यमानत्वात्समुदायो द्विविध इत्यर्थः। अङ्कुरादि कार्यं हि मृज्जलबीजादिकारणसमुदायाज्जायमानं दृश्यते। न तत्र कश्चित्तदन्यश्चेतनो दृश्यते। अतश्चकारणसमुदायस्वभावत एव कार्योत्पत्तिः। अयं प्रत्ययोपनिबन्धनः कार्योत्पादः। प्रत्ययः कारणसमवायः। तदुपनिबन्धनस्तन्मात्रमूलक इत्यर्थः। तथाङ्कुरात्काण्डं काण्डान्नाल इत्यादिक्रमेण यः कार्योत्पादो दृश्यते तत्रापि चेतनस्य कस्यचिद-दर्शनात्तत्तत्कारणस्वभावत एव कार्योत्पादः। अयं हेतूपनिबन्धन इत्युच्यते। हेतुः कारणं तन्मात्रमूलक इत्यर्थः। **इदं कार्यमिति**। सूत्रस्थेदंपदेन कार्यजातस्य परामर्शः। तन्मात्रस्य

फलमित्यनेनान्वयः। कार्यजातं कारणसमवायमात्रफलमित्यर्थः। **प्रत्ययन्ति गच्छन्तीति।** हेत्वन्तरमिति शेषः। कारणान्तरेण समवेता भवन्तीति यावत्। **अयमानानामिति।** कारणान्तरेण सह मिलितानामित्यर्थः। **धातूनां षण्णां समवायादिति।** अत्र चाहमीदृशं कार्यं करोमीत्येवं न ज्ञानं षण्णां धातूनाम्। नापि च तत्तत्कार्यस्य ज्ञानमहमनेनोत्पादितमिति। तथा च कार्यकारणेषु चैतन्यस्याभावादन्यस्य च चेतनस्यादर्शनात्कार्यं कारणसमवायमात्रस्य फलमिति निश्चीयत इति भावः। **उत्पादाद्वेति।** यस्मिन्सति यदुत्पद्यते इत्यन्वय उत्पादादित्यनेन सूचितः। यस्मिन्नसति यन्नोत्पद्यते इति व्यतिरेकोनुत्पादादित्यनेन सूचितः। वाशब्दः समुच्चये। धर्माणां कार्यकारणानां धर्मता कार्यकारणभावोन्वयव्यतिरेकाभ्यां स्थित एवेत्यर्थः। **न चात्रेति।** अहमङ्कुरमुत्पादयामीत्येवं न ज्ञानं बीजस्य। तथाहं बीजेनोत्पादित इत्येवं न ज्ञानमङ्कुरस्य। एतेन तत्र चेतनकारणत्ववादिनः परास्ताः। येषां कार्यकारणभावो दृश्यते न तेषां चैतन्यम्। यस्य च चैतन्यमीश्वरादेर्न स तत्र कार्यं कुर्वन्नुपलभ्यते। एतेन क्षित्यङ्कुरादि सकर्तृकं कार्यत्वाद्घटवदित्याद्यनुमानेनेश्वरं साधयन्तो निरस्ता वेदितव्याः। हेतोरप्रयोजकत्वात्। **एवमाध्यात्मिकेष्वपीति।** तत्र प्रत्ययोपनिबन्धो यथा–पृथिव्यप्तेजोवाय्वाकाशविज्ञानधातूनां समवायाद्भवति कायः। तत्र पृथिवीधातुः कास्य काठिन्यं निर्वर्तयति। अब्धातुः कायं स्नेहयति। तेजोधातुः कायस्याशितपीते परिपाचयति। वायुधातुः कायस्य श्वासादिकं करोति। आकाशधातुः कायस्यान्तः सुषिरभावं करोति। विज्ञानधातुर्नामरूपादि निर्वर्तयति। आध्यात्मिकेषु हेतूपनिबन्धो यथा–क्षणिकेषु स्थिरत्वभ्रान्तिरविद्या। तादृशाविद्यातः संस्कारः। स च विषयप्रीत्याद्यात्मकः। संस्काराद्गर्भस्थस्याहमित्यालयविज्ञानम्। तस्मान्नाम्। नामपदेन नामाश्रयं शरीरकारणभूतं पृथिव्यादिचतुष्टमुच्यते। तस्माच्छरीरम्। तस्मादिन्द्रियजातम्। ततो विषयसंबन्धः। ततः सुखादिका वेदना। ततो विषयतृष्णा। ततः प्रवृत्तिः। ततो धर्माधर्मौ। ततो गर्भवास इत्यादि। बाह्येष्विवाध्यात्मिकेष्वपि कार्याणां कारणानां च ज्ञानाभावः समान एव। सोयं प्रतीत्यसमुत्पादो दृष्टत्वान्नान्यथयितव्यः। प्रतीत्य प्राप्य। समुत्पादः समुत्पत्तिः। कारणस्वभावादेव कारणं प्राप्य कार्यस्योत्पत्तिर्भवति नान्यश्चेतनः कारणत्वेन तत्राश्रयितव्य इति। **पुरः स्थित इति।**

पुरः स्थिते प्रमेयाब्धौ ग्रन्थविस्तरभीरुभिः।
विस्तारं संपरित्यज्य दिङ्मात्रमुपदर्श्यताम्।।

Reflecting, therefore, that this universe is pain, an abode of pain, and an instrument of pain, a man should acquire a knowledge of the principles, the method of suppressing this pain. Hence it has been said—

"The principles sanctioned by Buddha are to the saint the four methods of suppressing the aggregate of pain."[1]

In these words the sense of pain is known to every one; the "aggregate" means the cause of pain. This aggregate is twofold, as (1.) determined by concurrence; or (2.) determined by causation. Of these, there is an aphorism comprising the aggregate determined by concurrence," which other causes resort to this effect;" the condition of these causes thus proceeding is concurrence; the concurrence of causes is the result of this only, and not of any conscious being,—such is the meaning of the aphorism. To exemplify this. A germ, caused by a seed, is generated by the concurrence of six elements. Of these, earth as an element produces hardness and smell in the germ; water as an element produces viscidity and moisture; light as an element produces colour and warmth; air as an element produces touch and motion; ether as an element produces expansion and sound; the season as an element produces a fitting soil, etc., The aphorism comprising the aggregate determined by causation is: "With the Tathāgatas the nature of these conditions is fixed by production, or by non-production; there is continuance as a condition, and determination by a condition, and conformity of the production to the cause;" that is to say, according to the doctrine of the Tathāgata Buddhas, the nature of these conditions that is, the causal relation between the cause and effect, results from production or from non-production. That which comes into being, provided that something exists, is the effect of that as its cause; such is the explanation of the nature (or causal relation). Continuance as a condition is where the effect is not found without its cause. The (abstract) affix *tal* (in the word *sthititā*) has the sense of the concrete. Determination by a condition is the determination of the effect by the cause. Here some one might interpose the remark that the relation of cause and effect cannot exist apart from some conscious agent. For this reason it is added that there existing a cause, conformity of the genesis to that cause is the nature which is fixed in conditions (that is, in causes and effects) ; and in all this no intelligent designer is

1. Cf. Burnouf, *Lotus*, p. 520.—Should we read *sumudaya?*

observed.[1] To illustrate this, the causal determination of a genesis to be gone through is as follows :—From the seed the germ, from the germ the stalk, from the stalk the hollow stem, from the hollow stem the bud, from the bud the spicules, from the spicules the blossom, from the blossom the fruit. In this external aggregate neither the cause, the seed and the rest, nor the effect, 'the germ and the rest, has any consciousnesss of bringing a germ into being, or of being brought into being by the seed. In like manner in mental facts two causes are to be recognised. There is a whole ocean of scientific matter before us, but we desist, apprehensive of making our treatise unduly prolix.

इति न्यायेनोपरम्यते। तदुभयनिरोध:, तदनन्तरं विमलाज्ञानोदयो वा मुक्ति:। तन्निरोधोपायो मार्ग:। स च तत्वज्ञानम्। तञ्च प्राचीनभावनाबलाद्भवतीति परमं रहस्यम्। सूत्रस्यान्तं पृच्छतां कथितं भवन्तश्च सूत्रस्यान्तं पृष्टवन्तं सौत्रान्तिका भवन्त्विति। भगवताभिहिततया सौत्रान्तिकसंज्ञा संजातेति।

व्या० : इति न्याय:। **तदुभयेति**। दु:खं तत्कारणं चेत्यर्थ:। **तन्निरोधेति**। दु:खतत्कारणेत्युभनिरोधेत्यर्थ:। **सूत्रस्यान्तं पृच्छतामिति**। बुद्धेन हि प्रथमत: सर्वं शून्यमित्युपदिष्टम्। ततो विज्ञानवादिभिर्जगदान्ध्यप्रसङ्गापादनपूर्वकं सर्वशून्यत्वासंभवे पृष्टेस्तुनामेति ज्ञानमात्रास्तित्वं स्वीकृतम्। ततो बाह्यार्थमन्तरेण कथं ज्ञानमित्याशङ्किते बाह्यार्थास्तित्वं स्वीकृतम्। एवं कियत्पर्यन्तं सूत्रस्यान्तो भविष्यतीति यै: पृष्टं ते सौत्रान्तिका: संजाता:। सूत्रान्तं पृच्छति सौत्रान्तिक:। पृच्छतौ सुस्नातादिभ्य इति ठक् प्रत्यय:।

Emancipation is the suppression of these two causal. aggregates, or the rise of pure cognition subsequent to such suppression. The method (path, road) is the mode of

---

1. Cf. G. H. Lewes' History of Philosophy, vol. i. p. 85. "We not only . see that the architect's plan determined the arrangement of materials in the house, but we see why it must have done so, because the materials have no spontaneous tendency to group themselves into houses; that not being a recognised property of bricks, mortar, wood, and glass. But what we know of organic materials is that they *have* this spontaneous tendency to arrange themselves in definite forms; precisely as we see chemical substances arranging themselves in definite forms without the intervention of any extra-cham. rency."

suppressing them. And this method is the knowledge of the principles, and this knowledge accrues from former ideas. Such is the highest mystery. The name Sautrāntika arose from the fact that the venerated Buddha said to certain of his disciples who asked what was the ultimate purport (*anta*) of the aphorism (*sūtra*), "As you have inquired the final purport of the aphorism, be Sautrāntikas."

केचन बौद्धाः–बाह्येषु गन्धादिष्वान्तरेषु रूपादिस्कन्धेषु सत्स्वपि तत्रानास्थामुत्पादयितुं सर्वं शून्यमिति प्राथमिकान्विनेयानचकथद्भगवान् द्वितीयांस्तु विज्ञानमात्रग्रहाविष्टान्विज्ञानमेवैकं सदिति तृतीयानुभयं सत्यमित्यास्थिता-न्विज्ञेयमनुमेयमिति सेयं विरुद्धाभाषेति वर्णयन्तः–वैभाषिकाख्यया ख्याताः। एषा हि तेषां परिभाषा समुन्मिषति। विज्ञेयानुमेयत्ववादे प्रात्यक्षिकस्य कस्यचिदप्यर्थस्याभावेन व्याप्तिसंवेदनस्थानाभावेनानुमानप्रवृत्त्यनुपपत्तिः सकल-लोकानुभवविरोधश्च। ततश्चार्थो द्विविधः–ग्राह्योध्यवसेयश्च।

तत्र ग्रहणं निर्विकल्पकरूपं प्रमाणम्। कल्पनापोढत्वात्। अध्यवसायः सविकल्पकरूपोऽप्रमाणम्। कल्पनाज्ञानत्वात्। तदुक्तम्–

कल्पनापोढमभ्रान्तं प्रत्यक्षं निर्विकल्पकम्।
विकल्पो वस्तुनिर्भासादसंवादादुपप्लवः।। इति।।

ग्राह्यं वस्तु प्रमाणं हि ग्रहणं यदितोन्यथा।
न तद्वस्तु न तन्मानं शब्दलिङ्गेन्द्रियादिजम्।। इति च।

व्या० : केचन बौद्धा इति। वैभाषिकाख्यया ख्याता इत्यत्रान्वयः। **विनेयान्।** शिष्यान्। वीत्युपसर्गपूर्वकस्य नीधातोः शिक्षणमर्थः। एते शिष्या माध्यमिकाः। **द्वितीयानिति।** एते विज्ञानवादिनो योगाचारा इति प्रसिद्धाः। **तृतीयानिति।** एते सौत्रान्तिकाः। **उभयम्।** बाह्यमान्तरं च। **विज्ञेयानुमेयत्ववादे।** सौत्रान्तिकमते। **व्याप्तिसंवेदनेति।** यत्र धूमस्तत्राग्निरिति व्याप्तावुच्यमानायां कथमियं ज्ञातुं शक्येत्याशङ्का महानसोदाहरणेन निराक्रियते। महानसे हि धूमाग्न्योः प्रत्यक्षज्ञानेन व्याप्तिः सुगृहीता भवति। अतो महानसं व्याप्तिसंवेदनस्थानम्। सौत्रान्तिकमते तु क्वाप्यर्थस्य प्रत्यक्षज्ञानाभावेन व्याप्तिज्ञानासंभव इति भावः। **अर्थो द्विविध इति।** इन्द्रियसंयोगानन्तरं सद्य एवेदं किंचिदित्येवं निर्विकल्पकज्ञाने विषयीभूतो देवदत्तादिरर्थो ग्राह्य इत्युच्यते। स एव पश्चाज्जात्यादिविशिष्टतया ब्राह्मणोयं श्यामोयं पाचकोयं डित्थोयमित्येवं

सविकल्पकज्ञाने विषयीभूतोध्यवसेय इत्युच्यते। निर्विकल्पकं ज्ञानं ग्रहणम्। सविकल्पकं ज्ञानमध्यवसायः। **कल्पनापोढत्वादिति।** कल्पनारहितत्वादित्यर्थः। **कल्पनाज्ञानत्वादिति।** यथा वस्तुतः शुक्तौ सत्यां तत्रेदं रजतमिति ज्ञानं कल्पितरजतत्वविशिष्टत्वान्न प्रमाणं तथा जात्यादीनां कल्पितत्वात्तद्विशिष्टं ज्ञानं न प्रमाणम्। कल्पितत्वमेवासत्यत्वे तन्त्रमिति बौद्ध मन्यन्ते। तत्र डित्थादयः संज्ञा न वस्तुतन्त्राः किं तु पुरुषतन्त्रा अतः कल्पिता एवेति सर्वैरनुभूयत एव। गुणक्रिययोरपि यावदाश्रयस्थितिसंबन्धित्वाभावेन वस्तुतन्त्रत्वं नास्तीति कल्पितत्वमेव स्वीकार्यम्। जातिरपि न वस्तुभूता किं त्वतद्व्यावृत्त्यात्मिका तुच्छैव। यतो घटत्वं घटेतरभेद एव। अतः सापि कल्पितैवेति। **कल्पनापोढमिति।** अभ्रान्तं सत्यम्। प्रमाणमिति यावत्। विकल्पः सविकल्पकज्ञानम्। संवादः सर्वेषामैकमत्येन ज्ञानम्। उपप्लवो भ्रमः। अप्रमाणमिति यावत्। निर्विकल्पकं प्रत्यक्षज्ञानं कल्पनारहितत्वात्प्रमाणम्। सविकल्पकं प्रत्यक्षज्ञानं तु न प्रमाणम्। यतस्तत्र कल्पितेन जात्यादिरूपेणेदृशं तादृशमित्येवं वस्तु निर्भास्यते। कल्पितत्वादेव च न तत्र सर्वेषामैकमत्यमित्यर्थः। **ग्राह्यमिति।** ग्राह्यं निर्विकल्पकज्ञानविषयीभूतं यत्तदेव वस्तु सत्यम्। हि यतो ग्रहणं निर्विकल्पकज्ञानमेव प्रमाणम्। इतो ग्राह्याद्ग्रहणाच्च यदन्यथान्यत् ग्राह्यादन्यत्सविकल्पज्ञानविषयी-भूतमध्यवसेयं तन्न वस्तु किं तु तुच्छम्। तथा ग्रहणाद्यदन्यत्सविकल्पज्ञान-मध्यवसायात्मकं तन्न मानम्। न प्रमाणम्। तच्च सविकल्पकज्ञानं शब्दजं लिङ्गजमिन्द्रियादिजं च। शब्दजं शाब्दं ज्ञानम्। अस्मद्ग्रामे नदीतीरे पञ्च फलानि सन्तीति शब्दं श्रुत्वा श्रोतान्यत्र पूर्वदृष्टनदीसदृशाकारां तत्र नदीं कल्पयति। तस्याश्च निकटे पूर्वदृष्टतीरसदृशाकारं तीरं कल्पयति। तत्र च तादृशानि फलानि कल्पयतीत्येवमनुगताकारावगाहि शाब्दं ज्ञानं कल्पितविषयकत्वान्नं प्रमाणम्। लीनमर्थं गमयति तल्लिङ्गं धूमादिकम्। तज्जं ज्ञानमनुमितिः। पर्वते धूमं दृष्ट्वा महानसादौ पूर्वदृष्ट्याग्निसदृशाकारमग्निं तत्र कल्पयति। अत एतदपि पूर्ववत्कल्पितविषयकत्वान्न प्रमाणम्। इन्द्रियजं सविकल्पकं ज्ञानं कल्पितविषयकत्वान्न प्रमाणमित्यनुपदमेवोक्तम्। आदिपदेनोपमानादिज्ञानसंग्रहः।

Certain Bauddhas, though there exist the external world, consisting of odours, etc., and the internal, consisting of colours, etc., in order to produce unbelief in these, declared the universe to be a void. These the venerated Buddha styled Prāthamika (primary) disciples. A second school, attached to the apprehension of sensations only, maintain that sensation is the only reality. A third school, who contend that both are true (the internal and the external), and maintain that sensible objects are inferrible. Others hold all this to be absurd language (*viruddhā bhāṣā*), and are known under the designation of Vaibhāṣikas. Their technical language springs up as follows: According to the doctrine of inferrible sensibles, there being no perceptible object, and consequently no object from which a universal rule can be attained, it will be impossible that any illation should take place, and therefore a contradiction will emerge to the consciousness of all mankind. Objects, therefore, are of two kinds, sensible and cogitable. Of these apprehension is a non-discriminative instrument of knowledge as other than mere representation; cognition which is discriminative is not a form of evidence, as being a merely ideal cognition. Therefore it has been said—

> "Apprehension, exempt from ideality and not illusory, is non-discriminative. Discrimination, as resulting from the appearances of things, is without controversy an illusion.
>
> "The perceptible evidence of things is perception: if it were aught else,
>
> " There could neither be things, nor evidence of things derived from verbal communication, inference, or sense."

Here some one may say: If discriminative cognition be unauthentic, how is the apprehension of real objects by one energising thereon and the universal consentiency of mankind to be accounted for? Let it be replied: This question does not concern us, for these may be accounted for by the possibility of an indirect apprehension of objects, just as if we suppose the light of a gem to be a gem (we may yet handle the gem, because it underlies the light, while if we were to take nacre for silver, we could not lay hold of any silver). The rest has been fully discussed in describing the Sautrāntikas, and therefore need not here be further detailed.

ननु सविकल्पकस्याप्रामाण्ये कथं ततः प्रवृत्तस्यार्थप्राप्तिः संवादश्चोपपद्येयातामिति चेत्–न तद्भद्रम्। मणिप्रभाविषयमणिविकल्पन्यायेन पारंपर्येणार्थप्रतिलम्भसंभवेन तदुपपत्तेः। अवशिष्टं सौत्रान्तिकप्रस्तावे प्रपञ्चितमिति नेह प्रतन्यते। न च विनेयाशयानुरोधेनापदेशभेदः सांप्रदायिको न भवतीति भणितव्यम्। यतो भणितं बोधिचित्तविवरणे–

देशना लोकनाथानां सत्त्वाशयवशानुगाः।
भिद्यन्ते बहुधा लोक उपायैर्बहुभिः पुनः।।
गम्भीरोत्तानभेदेन क्वचिच्चोभयलक्षणा।
भिन्ना हि देशनाभिन्ना शून्यताद्वयलक्षणा।। इति।।

द्वादशायतनपूजा श्रेयस्करीति बौद्धनये प्रसिद्धम्–

अर्थानुपार्ज्य बहुशो द्वादशायतनानि वै।
परितः पूजनीयानि किमन्यैरिह पूजितैः।।
ज्ञानेन्द्रियाणि पञ्चैव तथा कर्मेन्द्रियाणि च।
मनो बुद्धिरिति प्रोक्तं द्वादशायतनं बुधैः।। इति।

विवेकविलासे बौद्धमतमित्थमभ्यधायि–

बौद्धानां सुगतो देवो विश्वं च क्षणभङ्गुरम्।
आर्यसत्याख्यया तत्त्वचतुष्टयमिदं क्रमात्।।
दुःखमायतनं चैव ततः समुदयो मतः।
मार्गश्चेत्यस्य[1] च व्याख्या क्रमेण श्रूयतामतः।।
दुःखं संसारिणः स्कन्धास्ते च पञ्च प्रकीर्तिताः।
विज्ञानं वेदना संज्ञा संस्कारो रूपमेव च।।
पञ्चेन्द्रियाणि शब्दाद्या विषयाः पञ्च मानसम्।
धर्मायतनमेतानि द्वादशायतनानि तु।।
रागादीनां गणो [2]यस्मात्समुदेति नृणां हृदि।
आत्मात्मीयस्वभावाख्यः स स्यात्समुदयः पुनः।।
क्षणिकाः सर्वसंस्कारा इति या वासना स्थिरा।
स मार्ग इति विज्ञेयः स च मोक्षोभिधीयते।।
प्रत्यक्षमनुमानं च प्रमाणद्वितयं तथा।
चतुष्प्रस्थानिका बौद्धाः ख्याता वैभाषिकादयः।।
अर्थो ज्ञानान्वितो वैभाषिकेण बहु मन्यते।
सौत्रान्तिकेन प्रत्यक्षग्राह्योर्थो न बहिर्मतः।।

---

1. मार्गश्चैतस्य च व्याख्या इति विवेकविलासे पाठो दृश्यते।
2. अयं स्यात् for यस्मात् A.

आकारसहिता बुद्धिर्योगाचवरस्य संमता।
केवलां संविदं स्वस्थां मन्यन्ते मध्यमाः पुनः।।
रागादिज्ञानसंतानवासनोच्छेदसंभवा ।
चतुर्णामपि बौद्धानां मुक्तिरेषा प्रकीर्तिता।।
कृतिः कमण्डलुर्मौण्ड्यं चीरं पूर्वाह्णभोजनम्।
संघो रक्ताम्बरत्वं च शिश्रिये बौद्धभिक्षुभिः।।

(वि. वि. ८।२६५-२७५) इति।

इति श्रीमत्सायणमाधवीये सर्वदर्शनसंग्रहे बौद्धदर्शनम्।

व्या० : अर्थप्राप्तिः संवादश्चेति। यथा शुक्तौ रजतभ्रमेण प्रवृत्तस्य रजतप्राप्तिर्न भवति। तथा सत्यरजतस्थलेपीदं रजतमिति सविकल्पकज्ञानस्याप्रामाण्ये रजतप्राप्तिर्न भाव्या। सा तु दृश्यते। किं च तादृशरजतविषये न कस्यापि विवादः। किं तु सर्वेषां संवाद एव। संवाद ऐकमत्यम्। तथा च तत्र रजतस्य वस्तुत्वं तज्ज्ञानस्य प्रामाण्यं चाङ्गीकार्यमेवेति शङ्काशयः। **मणिप्रभेति।** यथा मणिप्रभायामयं मणिरिति भ्रमेण प्रवृत्तस्य प्रभाद्वारा मणिप्राप्तिर्भवति तथा सत्यरजतस्थले इदं रजमिति सविकल्पकेन भ्रमज्ञानेन प्रवृत्तस्य तादृशरजतद्वारा सत्यवस्तुप्राप्तिर्भविष्यतीति भावः। **न च विनेयेति।** विनेयाः शिष्याः। शिष्याणां बुद्धितारतम्येपि गुरोरुपदेश एकरूप एव युक्त इत्याशयः। **देशना इति।** उपदेशभेदेन हि तत्त्वभेदो न शङ्कनीयः। किं तु मार्गभेदः। तत्त्वं तु शून्यतारूपमेकमेव। हीनमध्यमोत्कृष्टधियो हि शिष्या भवन्ति। तत्र ये हीनमतय एकपदे शून्यतातत्त्वं ज्ञातुमसमर्थास्ते सर्वास्तित्ववादेन तदाशयानुरोधाच्छून्यतायामवतार्यन्ते। ये तु मध्यमास्ते ज्ञानमात्रास्तित्वेन शून्यतायामवतार्यन्ते। ये तु प्रकृष्टमतयस्तेभ्यः साक्षादेव शून्यतातत्त्वं प्रतिपाद्यते। देशना उपदेशाः। सत्त्वानां प्राणिनामाशयाधीनास्तदनुसारिणो लोकनाथानां सन्मार्गप्रदर्शकानामुपदेशा उपायानां मार्गाणां बहुत्वाद्भिद्यन्ते। देशना च क्वचिद्गम्भीरा गूढार्था क्वचिदुत्तानां स्पष्टार्था क्वचिदंशभेदेनोभयरुपेति भिन्ना भवति। अद्वयलक्षणा शून्यता त्वभिन्नैव। एकरूपं शून्यतातत्त्वं तु न भिद्यत एवेत्यर्थः।

ज्ञानेन्द्रियाणीति। इन्द्रियाणां पूजनं चाप्रतिषिद्धतत्तद्योगविषयसेवनद्वारा बोध्यम्। **आर्यसत्याख्ययेति।** आर्यसत्त्वेति पाठान्तरम्।।

इति सर्वदर्शनसंग्रहव्याख्यायां दर्शनाङ्कुराभिधायां बौद्धदर्शनं समाप्तम्।

It should not be contended that a diversity of instruction according to the disciples' modes of thought is not traditional (or orthodox) ; for it is said in the gloss on the Bodha-citta—

"The instructions of the leader of mankind (Buddha) accommodating themselves to the character and disposition (of those who are to taught).

"Are said to be diverse in many ways, according to a plurality of methods.

"For as deep or superficial, and sometimes both deep and superficial,

"Instructions are diverse, and diverse is the doctrine of a universal void which is a negation of duality."

It is well known in Buddhist doctrine that the worship of the twelve inner seats (*āyatana*) is conducive to felicity.

"After acquiring wealth in abundance, the twelve inner seats

"Are to be thoroughly reverenced; what use of reverencing aught else below?

"The five organs of knowledge, the five organs of action,

"The common sensory and the intellect have been described by the wise as the twelve inner seats."

The system of the Buddhists is described as follows in the Viveka-vilāsa :—

"Of the Bauddhas Sugata (Buddha) is the deity, and the universe is momentarily fluxional;

"The following four principles in order are to be known by the name of the noble truths :—

"Pain, the inner seats, and from them an aggregate is held,[1]

"And the path (method); of all this let the explication be heard in order.

"Pain, and the *skandhas* of the embodied one, which are declared to be five,—

"Sensation, consciousness, name, impression, and form.

"The five organs of sense, the five objects of sense, sound and the rest, the common sensory,

1. These are not the usual four 'sublime truths;' cf. p. 30.

"And (the intellect) the abode of merit,—these are the twelve inner seats.

"This should be the complement of desire and so forth, when it arises in the heart of man.

"Under the name of soul's own nature, it should be the aggregate.

"The fixed idea that all impressions are momentary,

"This is to be known as the path, and is also styled emancipation.

"Furthermore, there are two instruments of science, perception and inference.

"The Bauddhas are well known to be divided into four sects, the Vaibhāṣikas and the rest.

"The Vaibhāṣika highly esteems an object concomitant to the cognition;

"The Sautrāntika allows no external object apprehensible by perception;

"The Yogācāra admits only intellect accompanied with forms ;

"The Mādhyamikas hold mere consciousness self-subsistent.

"All the four (sects of) Bauddhas proclaim the same emancipation,

"Arising from the extirpation of desire, etc., the stream of cognitions and impressions.

"The skin garment, the water-pot, the tonsure, the rags, the single meal in the forenoon,

"The congregation, and the red vesture, are adopted by the Bauddha mendicants."[1]

A. E. G.

1. Mādhava probably derived most of his knowledge of Buddhist doctrines from Brahmanical works; consequently some of his explanations (as, *e.g.*, that of *samudāya* or *samudaya*, etc.) seem to be at variance with those given in Buddhist works.

Chapter III
The Ārhata System

अथार्हतदर्शनम्

तदित्थं मुक्तकच्छानां मतमसहमाना विवसनाः कथंचित्स्थायित्वमास्थाय क्षणिकत्वपक्षं प्रतिक्षिपन्ति। यद्यात्मा कश्चिन्नास्थीयेत स्थायी तदैहलौकिक–पारलौकिकफलसाधनसंपादनं विफलं भवेत्। न ह्येतत्संभवत्यन्यः करोत्यन्यो भुङ्क्ते इति। तस्माद्योहं प्राक्कर्माकरवं सोहं संप्रति तत्फलं भुञ्ज इति पूर्वापरकालानुयायिनः स्थायिनस्तस्य स्पष्टप्रमाणावसिततया पूर्वापरभागविकल–कालकलावस्थितिलक्षणक्षणिकता परीक्षकैरर्हद्भिर्न परिग्रहार्हा।

व्या० : मुक्तकच्छनाम्। कच्छरहितानां बौद्धानाम्। **विवसनाः**। वस्त्ररहिता दिगम्बराः जैनाः। **पूर्वापरेति**। यथा दिनस्य पूर्वो भागः पूर्वाह्णोपरो भागोपराह्ण इत्येवं पूर्वापरभागकल्पना भवति तादृशी सर्वतो न्यूने कालांशे न वक्तुं शक्यते। तथा च पूर्वापरभागरहिता या कालकला कालस्य सूक्ष्मोंशस्तन्मात्रे यावस्थितिस्तद्रूपा क्षणिकतार्हद्भिर्जैनैर्न स्वीकर्तुं शक्या। **परीक्षकैः**। सत्यान्वेषिभिः।

The Gymnosophists[1] (Jainas), rejecting these opinions of the Muktakacchas,[2] and maintaining continued existence to a certain extent, overthrow the doctrine of the momentariness of everything. (They say): If no continuing soul is accepted, then even the arrangement of the means for attaining worldly fruit

---

1. *Vivasanas*, "without garments."
2. "The Buddhists are also calld *Muktakachchhas*, alluding to a peculiarity of dress, apparently a habit of wearing the hem of the lower garment untucked."—*Colebrooke.*

in this life will be useless. But surely this can never be imagined as possible—that one should act and another reap the consequences ! Therefore as this conviction, "I who previously did the deed, am the person who now reap its consequences," establishes undoubtedly the existence of a continuing soul, which remains constant through the previous and the subsequent period, the discriminating Jaina Arhats. reject as untenable the doctrine of momentary existence, *i.e.*, an existence which lasts only an instant, and has no previous or subsequent part.

अथ मन्येथाः–

प्रमाणवत्त्वादायातः प्रवाहः केन वार्यते।

इति न्यायेन यत्सत्तक्षणिकमित्यादिना प्रमाणेन क्षणिकतायाः प्रमिततया तदनुसारेण समानसंतानवर्तिनामेव प्राचीनः प्रत्ययः कर्मकर्ता तदुत्तरः प्रत्ययः फलभोक्ता। न चातिप्रसङ्गः। कार्यकारणभावस्य नियामकत्वात्। यथा मधुररसभावितानामाम्रबीजानां परिकर्षितायां भूमावुप्तानामङ्कुरकाण्डस्कन्धशाखापल्लवादिषु तद्द्वारा परंपरया फले माधुर्यनियमः। यथा वा लाक्षारसावसिक्तानां कार्पासबीजादीनामङ्कुरादिपारंपार्येण कार्पासादौ रक्तिमनियमः। यथोक्तम्–

यस्मिन्नेव हि संताने आहिता कर्मवासना।
फलं तत्रैव बध्नाति कार्पासे रक्तता यथा।।
कुसुमे बीजपूरादेर्यल्लाक्षाद्यवसिच्यते।
शक्तिराधीयते तत्र काचित्तां किं न पश्यसि।। इति।

व्या० : शङ्कते–**अथ मन्येथा इत्यादिना किं न पश्यतीसीत्यन्तेन। प्रमाणवत्त्वादिति।** अयोग्यमिति भासमानमपि प्रमाणसिद्धं चेदवश्यं स्वीकार्यमेवेति। न्यायतात्पर्यम्। तथा च यत्सत्तत्क्षणिकमिति प्रागुक्तानुमानसिद्धं क्षणिकत्वमनुभवानारूढमपि न त्यक्तुं य शक्यमित्यर्थः। **प्राचीनः प्रत्ययः।** पूर्वक्षणिक आत्मा। प्रत्ययो ज्ञानम्। ज्ञानरूप एव चात्मा बौद्धदर्शने। क्षणिकानामात्मनां संतानं च प्रतिव्यक्ति भिन्नम्। तथा च देवदत्तीयसंतानघटकेन पूर्वक्षणिकेन केनचिदात्मना कृतस्य कर्मणः फलं तत्संतानवर्तिनैव केनचिदुत्तरक्षणिकेनात्मनोपभुज्यते। नन्वेवमन्येन कृतस्य कर्मणः फलमन्येनोपभुज्यते चेत्संतानान्तरवर्तिनाप्यात्मनोपभुज्येत। तथा च देवदत्तकृतकर्म–

फलोपभोगो यज्ञदत्तस्यापि प्राप्नोति। तदेवाशङ्कते-**न चातिप्रसङ्ग इति**। उत्तरयति-**कार्यकारणभावस्येति**। एकस्मिन्नेव संताने तत्तत्पूर्वक्षणिकार्थस्य स्वस्वोत्तरक्षणिकार्थं प्रति कारणत्वमिति देवदत्तीयसंतानघटकस्यात्मनो यज्ञदत्तीयसंतानघटकेनात्मना सह कार्यकारणभावाभावेन नोक्तदोषइति भावः। **यथा मधुरेति**। हलादिना विभेदनेन शिथिलीकृतायां भूमौ निहिताद्बीजादङ्कुरकाण्डादिद्वारा फलोत्पत्तिर्भवति। तथा च बीजं परंपरया फलस्य कारणम्। तत्राम्रबीजं यदि मधुररसेन संस्कृतं चेत्तस्मात्परंपरयोत्पद्यमानं फलं मधुररसयुक्तमुत्पद्यते तद्वत्।

But the opponent may maintain, "The unbroken stream (of momentary sensations) has been fairly proved by argument, so who can prevent it? In this way since our tenet has been demonstrated by the argument, whatever is, is momentary, etc.,' it follows that in each parallel line of successive experiences the previous consciousness is the agent and the subsequent one reaps the fruit. Nor may you object that, 'if this were. true, effects might extend beyond all bounds'—[*i.e.,* A might act, and B receive the punishment]—because there is an essentially controlling relation in the very nature of cause and effect. Thus we see that when mango seeds, after being steeped in sweet juices, are planted in prepared soil, there is a definite certainty that sweetness will be found in the shoot, the stalk, the stem, the branches, the peduncle, etc., and so on by an unbroken series to the fruit itself; or again, when cotton seeds have been sprinkled with lac juice, there will be a similar certainty of finding, through the same series of shoot, etc., an ultimate redness in the cotton. As it has been said—

> "In whatever series of successive states the original impression of the action was produced,
>
> "'There verily accrues the result, just like the redness produced in cotton.
>
> "' When lac juice, etc., are poured on the flower of the citron, etc.,
>
> "'A certain capacity is produced in it,—do you not see it?'"

तदपि काशकुशावलम्बनकल्पम्। विकल्पासहत्वात्। जलध रादौ दृष्यान्ते

क्षणिकत्वमनेन प्रमाणेन प्रमितं प्रमाणान्तरेण वा। नाद्यः। भवदभिमतस्य क्षणिकत्वस्य क्वचिदप्यदृष्टचरत्वेन दृष्यन्तासिद्धावस्यानुमानस्यानुत्थानात्। न द्वितीयः। तेनैव न्यायेन सर्वत्र क्षणिकत्वसिद्धौ सत्त्वानुमानवैफल्यापत्तेः। अर्थक्रियाकारित्वं सत्त्वमित्यङ्गीकारे मिथ्यासर्पदंशादेरप्यर्थक्रियाकारित्वेन सत्त्वापाताच्च। अत एवोक्तम्–उत्पादव्ययध्रौव्ययुक्तं सदिति। अथोच्यते–सामर्थ्यासामर्थ्यलक्षणविरुद्धधर्माध्यासात्तत्सिद्धिरिति तदसाधु। स्याद्वादिना-मनेकान्ततावादस्येष्टतया विरोधासिद्धेः। यदुक्तं कार्पासादिदृष्यन्त इति तदुक्तिमात्रम्। युक्तेरनुक्तेः। तत्रापि निरन्वयनाशस्यानङ्गीकाराच्च। न च संतानिव्यतिरेकेण संतानः प्रमाणपदवी मुपारोढुमर्हति। तदुक्तम्–

सजातीयाः क्रमोत्पन्नाः प्रत्यासन्नाः परस्परम्।
व्यक्तयस्तासु संतानः स चैक इति गीयते।। इति।।

व्या० : उत्तरयति–**तदपीति। काशकुशेति।** काशः कुशश्च तृणविशेषः। यथा जले निमज्जतः काशाद्यालम्बनेनोद्धारो न संभवति काशादीनामतिलघुत्वात् तथात्मनः क्षणिकत्वे स्वकृतकर्मफलोपभोगासंभव इति दोषसागरे निमज्जतः क्षणिकवादिनो बौद्धस्योद्धारो न संभवतीत्यर्थः। आम्रबीजादिदृष्यन्तश्चाननुरूपः। न हि तत्र बीजादौ कारणे विद्यमानस्य माधुर्यस्य रक्तिम्नो वा परंपरया तत्कार्ये संक्रमः। किं तु मधुराणां रक्तानां च बीजाद्यंशानामेव कार्ये संक्रमः। कारणं हि कार्यान्वयि। तथा चाङ्कुरादिकार्यान्वयिनां बीजाद्यन्तर्गतानामंशानामेवाङ्कुरादिकारणत्वं न समग्रस्य बीजस्य। बीजमङ्कुरादिकारणमिति व्यवहारस्तु भाक्तः। कार्योत्पादनवेलायां कारणीभूतायां बीजांशानां स्थितेर्बीजस्थित्यधीनत्वदर्शनात्। तथा च ये बीजाद्यंशा मधुररसभाविता लाक्षारसावसिक्ता वा त एव कार्यान्वयिनो मधुरा रक्ताश्चानुभूयन्ते। एवं चान्यत्र जातस्य संस्कारस्य फलमन्यत्र दृश्यत इत्येतद्विषये न कोपि दृष्यन्त इति। **अनेन प्रमाणेनेति।** अनुमानप्रमाणेनेत्यर्थः। **प्रमाणान्तरेण।** प्रत्यक्षादिना। **भवदभिमतस्येति।** संसारस्य क्षणभङ्गुरत्वं वदन्ति साधवः। तत्र क्षणशब्दो न्यूनकालोपलक्षकः। नैयायिकाश्च जीवनिष्ठानां ज्ञानादिगुणानां शब्दस्य च क्षणिकत्वमिच्छन्ति। तत्र क्षणिकत्वं क्षणत्रयसंबन्धित्वम्। उत्पत्तिस्थितिलयार्थं नान्तरीयकतया वस्तुनः क्षणत्रयसंबन्धावश्यं-भावात्। बौद्धाभिमतं क्षणिकत्वं त्वेकक्षणमात्रसंबन्धित्वम्। तादृशं तु न क्वापि संदृश्यते। क्षणशब्दार्थस्तु यदपेक्षया न्यूनः कालांशो नास्ति तादृशो न्यूनतायाश्चरमावधिभूतः कालांशः। निमेषपर्यन्त कालांशोनुभूयते। तदपेक्षयाप्ययं न्यूनः क्षणो न

कदाप्यनुभूयते। यत एकस्मिन्निमेषेपि क्षणचतुष्टयं भवति। १ पक्ष्मचलनरूपा क्रिया। २ क्रियातः पूर्वदेशविभागः। ३ पूर्वसंयोगनाशः। ४ उत्तरसंयोगोत्पत्तिश्चेति। क्षणस्याननुभवादेव क्रियादिसंयोगान्तानामुक्तानां चतुर्णां यौगपद्याभिमानो दृश्यत एतच्चतुष्टयं युगपज्जातमिति। एवं च क्षणत्वेन कालपरिच्छेदस्यात्यन्ताशक्यतया बौद्धाभिमतं क्षणिकत्वं न क्वचिदपि दृष्टचरं भवति। पूर्वं दृष्टं दृष्टचरम्। भूतपूर्वे चरट् (पा. सू. ५।३।५३) इति सूत्रेण चरट्प्रत्ययः। जलधरो यद्यपि कदाचित्प्रतिक्षणं नवो नवो दृश्यते तथापि तत्र क्षणशब्दो निमेषादिकालोपलक्षकः। निमेषापेक्षयापि न्यूनस्य मुख्यस्य क्षणशब्दार्थस्य केनाप्यनाकलनात्। **तेनैव न्यायेनेति।** यद्याननुभूयमानमपि जलधरक्षणिकत्वं प्रत्यक्षत एव ज्ञायत इति बौद्धो वैयात्येन ब्रूयात्तर्हि घटादिष्वपि तथैवेति किमर्थं यत्सत्तत्क्षणिकमित्यनुमानपर्यन्तमनुधावनम्। अथ सर्वं क्षणिकमिति बुद्धमुनेरुपदेशाच्चेत्तदपि घटादिषु सममेव। तथा च क्षणिकत्वानुमानं व्यर्थमिति भावः। **सत्त्वानुमानेति।** सत्त्वहेतुकं क्षणिकत्वानुमानमित्यर्थः। अथ वा सत्त्वस्यानुमानमित्येवार्थः। येनार्थक्रियाकारित्वरूपसत्त्वेन क्षणिकत्वं साध्यते तादृशं सत्त्वं घटादिषु प्रतिक्षणं न प्रत्यक्षतोनुभूयत इति तदपि पूर्वमनुमेयम्। तच्च प्रागुपदर्शित (द. २ पं. ५२, ११८) मेव। तथा च क्षणिकत्वानुमानार्थं यद्बौद्धाभिमतस्य सत्त्वस्यानुमानं तत्क्षणिकत्वस्य प्रमाणान्तरसिद्धत्वे व्यर्थं स्यात्। **मिथ्यासर्पेति।** शङ्काविषादिनिमित्तमरणादिकार्योपलब्धेः। यद्यपि शङ्का स्वरूपेण सत्यैव तथापि विषरूपविषयसहितत्वेनासत्यैव। तादृश्या अपि मरणाद्यर्थक्रियाकारित्वेन बौद्धमते सत्त्वापत्तिरित्यर्थः। **उत्पादेति।** उत्पत्तिलयस्थितियुक्तं सदित्यर्थः। **सामर्थ्येति।** कुसूलनिहितं भूमावुप्तं च बीजं यद्येकमेव तर्हि तत्राङ्कुरोत्पादनसामर्थ्यमस्ति न वा। आद्ये कुसूलनिहितादप्यङ्कुरोत्पत्तिः स्यात्। सहकार्यपेक्षा तु प्रागेव (द. २ पं. ७०) निरस्ता। अन्त्ये भूमावुप्तादपि न स्यात्। सामर्थ्यमसामर्थ्यं चेति द्वयमेकत्र विरुद्धम्। अतोऽगत्या क्षणिकत्वं स्वीकार्यमिति क्षणिकत्वसिद्धिरिति बौद्धाशयः। **स्याद्वादिनामिति।** स्याद्वादिनो जैनाः। ते हि घटोस्तीति सांख्यादिभिरुक्ते स्यादस्तीति वदन्ति। तथा माध्यमिकैर्घटोनास्तीत्युक्ते स्यान्नास्तीति वदन्ति। स्यादित्यनेकान्तद्योतकमव्ययम्। अनेकान्तोऽनिश्चयः। यदि घटोस्त्येव तर्हि कथं श्वेतघटसत्त्वे रक्तो घटो नास्ति, अल्पघटसत्त्वे महान्घटो नास्ति एकघटसत्त्वे घटद्वयं नास्तीत्येवं प्रयोगाः। घटे रक्तिमा नास्ति महत्त्वं नास्ति द्वित्वं च नास्तीत्येवमेव प्रयुज्यताम्। अथ यदि नास्त्येव तर्हि कथं घटोस्तीति प्रयोगः। तथा च प्रयोगद्वयनिर्वाहाय घटादावस्तित्वं नास्तित्वं चाविरोधेन युगपदेवास्तीत्यास्थेयम्। तथा च सामर्थ्यासामर्थ्ययोरप्येकत्राविरोध इति बीजादेः क्षणिकत्वं न सिध्यति। **युक्तेरनुक्तेरिति।** न हि दृष्टान्तमात्रेण कश्चिदप्यर्थः सिध्यति।

महानसे धूमाग्न्योः प्रत्यक्षेपि–धूमवति कुतो वाग्नेरावश्यकत्वम् इत्याशङ्कायां धूमाग्न्योः कार्यकारणभावरूपयुक्तिप्रदर्शनेन निःसारितायामेव पर्वते धूमं दृष्ट्वाग्निरनुमातुं शक्यते नान्यथा। तर्हि कार्पासादौ का युक्तिरिति चेत्तत्राह–**तत्रापीति**। बौद्धा निरन्वयनाशमिच्छन्ति। तन्न। नाशस्य सर्वत्र सान्वयत्वात्। घटे नष्टे खर्परादि दृश्यते। तस्मिनष्टे चूर्णं दृश्यते। पटे दग्धे रक्षा दृश्यते। तप्तायसि पतितस्योदबिन्दोर्विनाशे तस्यान्वयोम्बुधावनुमेयः। तदुक्तम्–

उदबिन्दौ च सिन्धौ च तोयभावो न भिद्यते।
निरस्तेपि ततो बिन्दावस्ति तस्यान्वयोम्बुधौ।। इति।

तथा च कार्यान्वययोग्येषु कार्पासबीजावयवेषु लाक्षारसावसेकस्तेष्वेवावयवेषु फलपर्यन्तमन्वितेषु रक्तिमेति। एवं चान्यत्र संस्कारोन्यत्र तत्फलमित्यत्र दृष्यन्ताभाव इति कारणात्मनि कर्म कार्यात्मनि तत्फलोपभोग इति बौद्धाभिमतं न सिध्यति। **न च संतानीति**। यथा पुष्पमालायां पुष्पातिरिक्तः सकलपुष्पानुगतस्तन्तुर्दृश्यते तथा संतानिनः क्रमोत्पन्ना य आत्मानस्तदतिरिक्तः संतानो यदि कश्चिदन्यः स्यात्तर्ह्येक एव स संतानः कर्मकर्ता फलभोक्ता चेति वक्तुं शक्येत। न तु तथास्तीत्याशयः। **प्रत्यासन्नाः**। अव्यवहिताः।

But all this is only a drowning man's catching at a straw, for it is overthrown by the following dilemma:—

In the example of. the "cloud," etc. [*supra*, P. 15], was your favourite "momentariness" proved by this very proof or by some other? It could not be the former, because your alleged momentariness, is not always directly visible in the cloud, and consequently, as your example is not an ascertained fact, your supposed inference falls to the ground. Nor can it be the latter—because you might always prove your doctrine of momentariness by this new proof (if you had it), and consequently your argument regarding all existence [" whatever is, is momentary," etc.] would become needless. (If you take as your definition of "existence" "that which produces an effect," this will not hold, as it would include even the bite of a snake imagined in the rope, since this undoubtedly produces the effect. [of fear]. Hence it has been said that the definition of an existence is "that which possesses an origin, an end, and an [intermediate] duration."

As for what was said that "the momentariness of objects is proved by the fact that the contrary assumption leads to contradictory attributes capacity and want of capacity existing contemporaneously," *that* also is wrong—for the alleged contradiction is not proved, as the holders of the Syādvāda[1] doctrine [*vide infra*] willingly admit the indeterminateness of the action of causes. As for what was said of the example of the cotton, that is only mere words, since no proof is given, and we do not accept even in that instance a separate destruction [at each moment]. And again, your supposed continued series cannot be demonstrated without some subject to give it coherence, as has been said, "In individual things which are of the same class or successively produced or in mutual contact, there may be a continued series; and this series is held to be one [throughout all"].

न च कार्यकारणभावनियमोतिप्रसङ्ग भङ्क्तुमर्हति। तथा ह्युपाध्यायबुद्ध्यनुभूतस्य शिष्यबुद्धिः स्मरेत्तदुपचितकर्मफलमनुभवेद्वा। तथा च कृतप्रणाशाकृताभ्यागमप्रसङ्गः। तदुक्तं सिद्धसेनवाक्यकारणे–

कृतप्रणाशाकृतकर्मभोगभवप्रमोक्षस्मृतिभङ्गदोषान् ।
उपेक्ष्य साक्षात्क्षणभङ्गमिच्छन्नहो महासाहसिकः परोसौ।।

(वी. स्तु. १८) इति।

व्या० : कार्यकारणभावस्य नियामकत्वादित्युक्तं दूषयति–**न चेति। उपाध्यायबुद्धीति।** उपाध्यायबुद्धिसंताने क्रमोत्पन्नाः क्षणिका अनेका बुद्धयः। तासु मध्ये शिष्योपदेशकालिकक्षणिकबुद्धेः सकाशाद्बुद्धिद्वयं समुत्पन्नम्। एका तत्रैव। अपरा शिष्ये। तथा च यथोपदेशात्प्रागुपाध्यायबुद्ध्यनुभूतमुपदेशोत्तरतत्संतानस्थोपाध्यायबुद्धिरनुसंदधाति तथोपदेशोत्तरं शिष्यबुद्धिरपि तदनुसंधीत। शिष्यबुद्ध्युपाध्यायबुद्ध्योः कार्यकारणभावसत्त्वात्। तथोपाध्यायबुद्धिसंपादितस्य कर्मणः फलोपभोगः शिष्यबुद्धेरपि स्यात्। तथा चोपाध्यायकृतकर्मणस्तत्र फलोपभोगं विना प्रणाशः शिष्येण चाकृतस्य कर्मणः शिष्ये फलोपभोग इति दोषद्वयापत्तिः। बौद्धमते बुद्धिक्षणपरंपराया एवात्मत्वात्। **कृतप्रणाशेति।** कृतप्रणाशदोषमकृतकर्मभोगदोषं भवभङ्गदोषं प्रमोक्षभङ्गदोषं स्मृतिभङ्गदोषमित्येतान्साक्षादित्यनुभवसिद्धानुपेक्ष्यानादृत्य साक्षात्कुर्वन्नपि गजनिमीलिकामवलम्बमानः

1. In p. 26, line 3, read *Syād-vādinām.*

सर्ववस्तूनां क्षणभङ्गमुदयानन्तरविनाशरूपक्षणक्षयितामिच्छन्नसौ परो बौद्धो महासाहसिक:। अत्यन्तमविमृश्यकार्यकारी। सहसा अविमर्शात्मकेन बलेन वर्तते साहसिक:। अयं भाव:–बौद्धमते क्षणिकबुद्धिपरंपरामात्रमेवात्मा। न तु मुक्ताफल-निकरानुस्यूतैकसूत्रवत्तदन्वयी कश्चिदन्य:। तथा च येन क्षणिकज्ञानेन कर्म कृतं तस्य निरन्वयविनाशान्न तत्फलोपभोग:। यस्य च क्षणिकज्ञानस्य फलोपभोगस्तेन न तत्कर्म कृतम्। तथा च कर्मकारिण: स्वकृतकर्मफलानुपभोगात्कृतप्रणाशदोष:। उपभुञ्जानस्य च स्वयमकृतस्य परकृतस्य कर्मण: फलोपभोगादकृतकर्मभोगदोष:। तथा भवस्य संसारस्य भङ्ग:। संसारो हि पूर्वजन्मकृतकर्मानुसारेण भवति। आत्मन: क्षणिकत्वे तु तदसंभव:। प्रमोक्षभङ्ग:। प्रकर्षेणापुनर्भावेन कर्मबन्धनान्मुक्ति: प्रमोक्ष:। तस्य भङ्ग: स्यात्। बौद्धमत आत्मन: स्थिरस्याभावात्क: प्रेत्य सुखीभवनार्थं यतिष्यते। आत्मसंतानस्तु न वास्तव: कश्चित्। वास्तवत्वे तु सर्वं क्षणिकमिति सिद्धान्तहानि: स्यात्। स्मृतिभङ्गश्चानुभवितु: सद्यो विनाशात्स्यादिति।

Nor is our objection obviated by your supposed definite relation between causes and effects. For even on your own admission it would follow that something experienced by the teacher's mind might be remembered by that of the pupil whom he had formed, or the latter might experience the fruits of merit which the former had acquired; and thus we should have the twofold fault that the thing done passed away without result, and that the fruit of the thing not done was enjoyed. This has been said by the author of the Siddhasenāvākya—

"The loss of the thing done,—the enjoyment of the fruit of a thing not done,—the dissolution of all existence,— and the abolition of memory,—bold indeed is the Buddhist antagonist, when, in the teeth of these four objections, he seeks to establish his doctrine of momentary destruction!"

किं च क्षणिकत्वपक्षे ज्ञानकाले ज्ञेयस्यासत्त्वेन ज्ञेयकाले ज्ञानस्यासत्त्वेन च ग्राह्यग्राहकभावानुपपत्तौ सकललोकयात्रास्तमियात्। न च समसमयवर्तिता शङ्कनीया। सव्येतरविषाणवत्कार्यकारणभावासंभवेनाग्राह्यस्या[1]लम्बनप्रत्ययत्वा-नुपपते:। अथ भिन्नकाल स्यापि तस्याकारार्पकत्वेन ग्राह्यत्वम्–तदप्यपेशलम्। क्षणिकस्य ज्ञानस्याकारार्पकताश्रयताया दुर्वचत्वेन साकारज्ञानवादप्रत्यादेशात्।

1. ग्राह्यस्य for अग्रह्यस्य, A.

निराकारज्ञानवादेपि योग्यतावशेन प्रतिकर्मव्यवस्थायाः स्थितत्वात्। तथा हि प्रत्यक्षेण विषयाकाररहितमेव ज्ञानं प्रतिपुरुषमहमहमिकया घटादिग्राहकमनुभूयते न तु दर्पणादिवत्प्रतिबिम्बाक्रान्तम्। विषयाकारधारित्वे च ज्ञानस्यार्थे दूरनिकटादिव्यवहाराय जलाञ्जलिर्वितीर्येत। न चेदमिष्यापादानमेष्टव्यम्। दवीयान्महीधरो नेदीयान्दीर्घो बाहुरिति व्यवहारस्य निराबाधं जागरूकत्वात्। न चाकाराधायकस्य तस्य दवीयस्त्वादिशालितया तथा व्यवहार इति कथनीयम्। दर्पणादौ तथानुपलम्भात्। किं चार्थादुपजायमानं ज्ञानं यथा तस्य नीलाकारतामनुकरोति तथा यदि जडतामपि तर्ह्यर्थवत्तदपि जडं स्यात्। तथा च वृद्धिमिष्टवतो मूलमपि ते नष्टं स्यादिति महत्कष्टमापन्नम्। अथैतद्दोषपरिजिहीर्षया ज्ञानं जडतां नानुकरोतीति ब्रूषे हन्त तर्हि तस्या ग्रहणं न स्यादित्येकमनुसंधित्सतोपरं प्रच्यवत इति न्यायापातः। ननु मा भूज्जडताया ग्रहणम्। किं नश्छिन्नम्। तदग्रहणेपि नीलाकारग्रहणे तयोर्भेदोनेकान्तो वा भवेत्। नीलाकारग्रहणे चागृहीता जडता कथं तस्य स्वरूपं स्यात्। अपरथा गृहीतस्य स्तम्भस्यागृहीतं त्रैलोक्यमपि रूपं भवेत्। तदेतत्प्रमेयजातं [1]प्रभाचन्द्रप्रभृतिभिरर्हन्मतानुसारिभिः प्रमेयकमलमार्तण्डादौ (प्र. क. मा. पृ. २७) प्रबन्धे प्रपञ्चितमिति ग्रन्थभूयस्त्वभयान्नोपन्यस्तम्।

व्या० **किं च क्षणिकत्वेति**। विषयो हि ज्ञानस्य कारणीभूतः। कारणं च कार्यात्पूर्वभावीति नियमः। तथा च पूर्वक्षणिको घटादिर्ज्ञेयोर्थ उत्तरक्षणिकेन ज्ञानेन गृह्यत इति वक्तव्यम्। तच्च न संभवति। ज्ञानज्ञेययोर्युगपदसत्त्वेन ग्राह्यग्राहकभावासंभवात्। **आलम्बनप्रत्ययत्वेति**। विषयस्य ज्ञानं प्रत्यालम्बनकारणत्वं सौत्रान्तिकमतप्रस्तावे प्रागुक्तमेव(द. २ पं. २७६)। **आकारार्पकत्वेनेति**। क्षणिकोपि घटादिर्विषयः स्वाकारसदृशाकारं समर्प्य विनष्ट इति ज्ञानकालेऽसन्नपि ज्ञानग्राह्य इत्युच्यते। आकारार्पकत्वमेव हि ग्राह्यत्वमित्याशयः। **दुर्वचत्वेनेति**। यदा चाकारसमर्पको विषयः पूर्वक्षणो न तदानीमाकारग्राहकं ज्ञानम्। यदा चोत्तरक्षण आकारग्राहकं ज्ञानं न तदानीमाकारसमर्पको विषय इत्याकारसमर्पकत्वमेव वक्तुमशक्यमिति साकारज्ञानवाद एव बौद्धमते न संभवतीत्यर्थः। ननु ज्ञानानां निराकारत्वे चाक्षुषं रासनं स्पार्शनमित्यादि षड्विधमपि सर्वं ज्ञानं सममेवेति चाक्षुषस्य रूपमेव विषयो रासनस्य रस एवेत्येवं प्रतिनियतविषयव्यवस्था न स्यादिति चेत्तत्राह–**निराकारेति**। सर्वेषां ज्ञानानां साम्येपि चक्षुरिन्द्रियजं ज्ञानं योग्यतावशाद्रूपस्यैव ग्राहकं रसनेन्द्रियजन्यं ज्ञानं योग्यतावशाद्रसस्यैव

---

1. प्रताप for प्रभा A.

ग्राहकमित्येवं व्यवस्था संभवतीति भावः। साकारज्ञानवादेपि चक्षुरिन्द्रियजं ज्ञानं रूपस्यैवाकारं गृह्णाति न रसस्येत्यत्र योग्यतैव नियामकत्वेन शरीणकरणीया। **प्रतिकर्मव्यवस्थायाः।** प्रतिनियतविषयव्यवस्थायाः। निराकारज्ञानवादे प्रत्यक्षानुभवं प्रमाणयति–**तथा हीति।** ज्ञानेच्छासुखदुःखादयो ह्यान्तरा अर्था आन्तरप्रत्यक्षेणानुभूयन्ते। तथा च यथा दर्पणो बिम्बाकारसदृशाकारं प्रतिबिम्बं स्वस्मिन्प्रतिगृह्य तद्युक्तोनुभूयते तथा ज्ञानं घटाद्यर्थाकारसदृशाकारं विषयत्वेन स्वस्मिन्परिगृह्य तद्युक्तामान्तर-प्रत्यक्षेणानुभूयेत। तथाननुभवान्निराकारमेव ज्ञानमिति भावः। अथ घटज्ञानं भिन्नं पटज्ञानं भिन्नमित्यादिव्यवहारस्य मुख्यत्वेनोपपत्तये ज्ञाने भेद आश्रयणीय इति तत्र ज्ञानेऽदृष्टोप्याकारोनुमीयत इति मत्वा साकारज्ञानवादे दूषणान्तरमाह–**विषयाकारेति।** यथा छायाचित्राश्रये दर्पणे महापर्वतादिरल्पे दर्पणे मातुं योग्येन स्वाकारसदृशेना-न्येनाल्पेनाकारेण प्रविशति तथा साकारज्ञानवादिबौद्धनये पर्वतादिप्रत्यक्षज्ञानकाले महानपि स पर्वतादिर्ज्ञानमये चित्ते परिमातुं योग्येन स्वाकारसदृशेनान्येनाल्पेनाकारेण प्रविशति। स च ज्ञानमये चित्ते प्रविष्टेल्पः पर्वतादिर्ज्ञानस्य विषयीभूतार्थो न तु तादृशाकारसमर्पको बहिष्ठः पर्वतादिः। अतो विषयीभूतोर्थो दूरे निकटे दीर्घ इत्यादिव्यवहारासिद्धिरिति भावः। **तथा व्यवहार इति।** आकारसमर्पकस्य पर्वतादेर्दूरत्वादिविशिष्टतया ज्ञानेन गृहीते तदाकारेपि दूरत्वाद्यनुमानेन व्यवहारोपपत्तिरिति शङ्काशयः। **दर्पणादाविति।** दर्पणो हि दूरस्थस्यापि महतोपि च पर्वतादेः स्वात्मस्थं स्वस्मिन्मातुं योग्यमल्पं च प्रतिबिम्बं गृह्णातीत्युपलभ्यते। तद्वदेव ज्ञनगृहीताकारः कल्पनीयः स्यादित्याकारे दूरत्वाद्यनुमानं न संभवतीति भावः। **जडतामपीति।** अनुकरोतीत्यनुषज्यते। यदि ज्ञानं यथा घटगतमाकारं गृह्णाति तथा घटगतां जडतामपि गृह्णीयात्तर्हि घटवज्ज्ञानमपि जडं स्यात्। तथा च ज्ञानस्य स्वरूपहानिव स्यात्। जडत्वं हि प्रकाशरूपत्वाभावः। तथा च घटाकारग्रहणेन जायमानो घटप्रकाशो दूरे। स्वयमपि ज्ञानं न प्रकाशेत। यथा धनस्वामिनाधिकद्रव्यप्राप्तये कस्मैचिन्मूलधने प्रदत्ते ग्रहीता शठश्चेत्तस्मादधिकद्रव्यलाभो दूर एव मूलधनमपि न प्राप्यते तद्वत् मूलधनापेक्षयाधिकं प्राप्यमाणं द्रव्यं वृद्धिः। **तस्याः।** जडतायाः। घटादिर्जड इति ज्ञानं न स्यादित्याशयः। **मा भूदिति।** न हि घटादिगतमप्रकाशस्वरूपत्वं कस्यापि प्रत्यक्षं भाति। **तयोर्भेद इति।** घटाकारजडतयोर्भेदो व्यभिचारो वा स्यादित्यर्थः। घटो जड इयुक्ते जडो नाम घटापेक्षया कश्चिदन्यः पदार्थ इति न कोपि प्रत्येति। तथा च जडता घटवरूपमेव। परं तु यदि घटे गृहीतेपि जडता न गृह्यते तर्हि तौ भिन्नाविति संशयः स्यात अभेदनिश्चयो न स्यात्। **अपरथा।** अगृहीतमपि गृहीतस्य स्वरूपमेवेत्यङ्गीकारे।

Moreover, (on your supposition of momentary existence),

as at the time of the perception (the second moment) the object (of the first moment) does not exist, and similarly at the time of the object's existence the perception does not exist, there can be no such things as a perceiver and a thing perceived, and consequently the whole course of the world would come to an end. Nor may you suppose that the object and the perception are simultaneous, because this would imply that, like the two horns of an animal, they did not stand in the relation of cause and effect [as this relation necessarily involves succession], and consequently the *Ālambana*, or the object's data [*supra*, p. 29], would be abolished as one of the four con currant causes (*pratyaya*).[1]

If you say that "the object may still be perceived, inasmuch as it will impress its form on the perception, even though the one may have existed in a different moment from the other," this too will not hold. For if you maintain that the knowledge acquired by perception has a certain form impressed upon it, you are met by the impossibility of explaining how a momentary perception can possess the power of impressing a form; and if you say that it has no form impressed upon it, you are equally met by the fact that, if we are to avoid incongruity, there must be some definite condition to determine the perception and knowledge in each several case. Thus by perception the abstract consciousness, which before existed uninfluenced by the external object, becomes modified under the form of a jar, etc., with a definite reference to each man's personality [*i.e.*, I see the jar], and it is not merely the passive recipient of a reflection like a mirror. Moreover, if the perception only reproduced the form of the object, there would be an end of using such words as "far;" "near," etc., of the objects.[2] Nor can you accept this conclusion, "as exactly in accordance with your own views,", because, in spite of all our logic, the stubborn fact remains that we do use such phrases as " the mountain is nearer" or "further," "long" or "large." Nor may you say that "it is the object (which supplies the form) that really possesses these qualities of being 'further,' etc., and they are applied by a

1. I propose to read in p. 26, line 5, *infra*, *grāhyasya* for *agrāhyasya*.
2. As these terms necessarily relate to the perceiver.

fashion of speech to the perception [though not really belonging to it"]—because we do not find that this is the case in a mirror [*i.e.*, it does not become a *far* reflection because it represents a far object.] And again, as the perception produced by an object follows it in assuming the form of blue, so too, if the object be insentient, it ought equally to assume its form and so become itself insentient. And thus, according to the proverb, "wishing to grow, you have destroyed your root," and your cause has fallen into hopeless difficulties.

If, in your wish to escape this difficulty, you assert that "the perception does not follow the object in being insentient," then there would be no perception that the object is insentient,[1] and so it is a case of the proverb, "While he looks for one thing which he has lost, another drops." "But what harm will it be if there is no perception of a thing's being insentient?" [We reply], that if its being insentient is not perceived, while its blue form is perceived, the two may be quite distinct [and as different from each other as a jar and cloth], or it may be a case of "indeterminateness" [so that the two may be only occasionally found together, as smoke with fire]. And again, if insentience is not perceived contemporaneously with the blue form, how could there then be conformity between them [so that both the blue and the insentience should together constitute the character of the thing?] We might just as well maintain that, on perceiving a post, the unperceived universe entered into it as also constituting its character.[2]

All this collection of topics for proof has been discussed at full length by the Jaina authors, Pratāpacandra and others, in the *Prameyakamalamārtaṇḍa*, etc., and is here omitted for fear of swelling the book too much.

तस्मात्पुरुषार्थाभिलाषुकैः पुरुषैः सौगती गतिर्नानुगन्तव्या। अपि त्वार्हत्येवार्हणीया। अर्हत्स्वरूपं च हेमचन्द्रसूरिभिराप्तनिश्चयालङ्कारे निरटङ्किः।

1. I correct the reading *tasyāgrahaṇaṁ* to *tasyā grahaṇaṁ (tasyā* being *jaḍatāyāḥ).*
2. I.e., if you say that the *avayava* may be not seen though the *avayavin* is seen, then I may say that the post is the *avayavin*, and the unperceived three worlds its *avayava*.

सर्वज्ञो जितरागादिदोषस्त्रैलोक्यपूजितः।
यथास्थितार्थवादी च देवोर्हन्परमेश्वरः।। इति।।

ननु न कश्चित्पुरुषविशेषः सर्वज्ञपदवेदनीयः प्रमाणपद्धतिमध्यास्ते। तत्सद्भावग्राहकस्य प्रमाणपञ्चकस्य तत्रानुपलम्भात्। तथा चोक्तं तौतातितैः–

सर्वज्ञो दृश्यते तावन्नेदानीमस्मादादिभिः।
दृष्टो न चैकदेशोस्ति लिङ्गं वा योनुमापयेत्।। १।।
न चागमविधिः कश्चिन्नित्यसर्वज्ञबोधकः।
[1]न च तत्रार्थवादानां तात्पर्यमपि कल्प्यते।। २।।
न चान्यार्थप्रधानैस्तैस्तदस्तित्वं विधीयते।
न चानुवदितुं शक्यः पूर्वमन्यैरबोधितः।। ३।।
[2]अनादेरागमस्यार्थो न च सर्वज्ञ आदिमान्।
कृत्रिमेण त्वसत्येन स कथं प्रतिपाद्यते।। ४।।
अथ तद्वचनेनैव सर्वज्ञोज्ञैः प्रतीयते।
प्रकल्प्येत कथं सिद्धिरन्योन्याश्रययोस्तयोः।। ५।।
सर्वज्ञोक्ततया वाक्यं सत्यं तेन तदस्तिता।
कथं तदुभयं सिध्येत्सिद्धमूलान्तरादृते।। ६।।
असर्वज्ञप्रणीतात्तु वचनान्मूलवर्जितात्।
सर्वज्ञमवगच्छन्तः स्ववाक्यात्किं न जानते।। ७।।
सर्वज्ञसदृशं कंचिद्यदि पश्येम संप्रति।
उपमानेन सर्वज्ञं जानीयाम ततो वयम्।। ८।।
उपदेशोपि बुद्धस्य धर्माधर्मादिगोचरः।
अन्यथा नोपपद्येत सार्वरयं यदि नाभवत्।। ९।।
एवमर्थापत्तिरपि प्रमाणं नात्र युज्यते।
उपदेशस्य सत्यत्वं यतो नाध्यक्षमीक्ष्यते।। १०।। इत्यादि।

---

1. न च मन्त्रार्थवादानां तात्पर्यमवकल्पते इति प्रमेयकमलमार्तण्डे (पृ० ६८) स्याद्वादरत्नाकरे (पृ० १७८) च पाठो दृश्यते।
2. अनादिः for अनादेः D.

व्या० : सौगती। सुगतो बुद्धः। तेन प्रदर्शिता। **आर्हती**। जैनमतप्रवर्तकेनार्हन्मुनिना प्रदर्शिता। बौद्धमतानुसारेण कश्चिच्छङ्कते–**नन्विति**। **प्रमाणपञ्चकस्य**। प्रत्यक्षानुमान-शब्दोपमानार्थापत्तिरूपस्य। **तौतातितैः**। बौद्धैः। **सर्वज्ञ इति**। अनेनार्धश्लोकेन सर्वज्ञविषये प्रत्यक्षं न प्रमाणमित्युक्तम्। **दृष्ट इति**। अनेनार्धश्लोकेनानुमानं तत्र न प्रमाणमित्युक्तम्। लिङ्गं ज्ञापको हेतुः। तादृशहेतुभूतः सर्वज्ञैकभागो यदि दृश्येत तर्ह्यनुमानं संभवेत्। सोपि न दृश्यत इत्यर्थः। शब्दोपि तत्र न प्रमाणमिति श्लोकषट्केनाह–**न चागमविधिरिति**। अज्ञातज्ञापको विधिः। तादृशो नित्यसर्वज्ञबोधक आगमो नोपलभ्यते। नित्यसर्वज्ञतात्पर्यकमर्थवादवाक्यमप्यागमे नोपलभ्यते। **न चान्यार्थप्रधानैरिति**। अन्यतात्पर्यकार्थवादवाक्ये नित्यसर्वज्ञानुवादः क्वचिद्दृश्येत चेदपि तन्मात्रेण न नित्यसर्वज्ञास्तित्वं विधीयते। अर्थवादवाक्येनूदितस्यान्तः प्राप्तिहितस्या-साधकत्वात्। अन्यैरबोधनाच्च न सिद्धानुवादः संभवति। **अनादेरिति**। जैनमते यः सादिरर्हन्मुनिः स सर्वज्ञः। न त्वास्तिकमतवदनादिरीश्वरः। तादृशसाद्यर्हन्मुनिप्रतिपादक आगमः स्याच्चेत्स आगमोनादिः सादिर्वा। आद्ये पूर्वसिद्धेनागमेन पश्चाद्भाव्यर्हन्मुनिरी-दृशोस्तीत्येवं वक्तुमशक्यम्। अन्त्य आगमस्य सादित्वेन कृत्रिमत्वादसत्यत्वमिति तेन कथं प्रमाणीभूतार्थप्रतिपादनं स्यात्। **अथेति**। अर्हन्मुनिवचनेनैव सोर्हन्मुनिः सर्वज्ञ इति लोकैर्ज्ञायत इत्यपि कल्पना न संभवति। अन्योन्याश्रयदोषग्रस्तत्वात्। अन्योन्याश्रय-दोषमेवाह–**सर्वज्ञोक्ततयेति**। तेन। सर्वज्ञोक्तवाक्येन। **तदस्तिता**। सर्वज्ञास्तित्वम्। **उभयम्**। वाक्यसत्यत्वं सर्वज्ञत्वं च। उपमानप्रमाणेन न सर्वज्ञसिद्धिरित्येकेन श्लोकेनाह–**सर्वज्ञसदृशमिति**। अर्थापत्तिरपि तत्र न प्रमाणमिति श्लोकद्वयेनाह–**उपदेशोपीति**। **एवमिति**। उपदेशस्य सत्यत्वे ह्यर्थापत्तेरवसरः। तदेव तु दुर्वचम्। तथा चोक्तम्–

बुद्धादयो ह्यवेदज्ञास्तेषां वेदादसंभवः।
उपदेशः कृतोतस्तैर्व्यामोहादेव केवलात्॥ इति।

Therefore those who wish for the *summum bonum* of man must not accept the doctrine of Buddha, but rather honour only the Ārhata doctrine. The Arhat's nature has been thus described by Arhaccandra-sūri,[1] in his *Aptaniścayālaṅkāra.*

> "The divine Arhat is the supreme lord, the omniscient one, who has overcome all faults desire, etc.,—adored by the three worlds, the declarer of things as they are."

But may it not be objected that no such omniscient soul can

1. I read *arhats-arūpam arhaccandra* in p. 27, line 3, *infra.*

enter the path of proof, since none of the five affirmative proofs can be found to apply, as has been declared by Tautātita [Bhaṭṭa Kumārila[1]]?

1. "No omniscient being is seen by the sense here in this world by ourselves or others; nor is there any part of him seen which might help us as a sign to infer his existence.

2. "Nor is there any injunction (*vidhi*) of scripture which reveals an eternal omniscient one, nor can the meaning of the explanatory passages (*arthavāda*) be applied here.

3. "His existence is not declared by those passages which refer to quite other topics; and it cannot be contained in any emphatic repetitions (*anuvāda*), as it had never been mentioned elsewhere before.

4 "An omniscient being who had a beginning can never be the subject of the eternal Veda; and how can he be established by a made and spurious Veda?

5. "Do you say that this omniscient one is accepted on his own word? How can you establish either when they thus both depend on reciprocal support?

6. " [If you say,] ' The saying is true because it was uttered by one omniscient, and this proves the Arhat's existence;' how can either point be established without some previously established foundation?

7. " But they who accept a [supposed] omniscient on the baseless word of a parviscient know nothing of the meaning of a real omniscient's words.

8. "And again, if we now could see anything like an omniscient being, we might have a chance of recognising him by the [well-known fourth] proof, comparison (*upamāna*).

9. "And the teaching of Buddha [as well as that of Jina],

1. The following passage occurs in some part of Kumarila's writings in an argument against the Jainas. It is curious that in the Sāṅkara-digvijaya, chap. Iv., it is mentioned that Kumārila had a little relenting towards the Jainas at the end of his life. He repented of having so cruelly persecuted them, and acknowledged that there was some truth in their teaching. *Jainagurumukhāt kaścid vidyāleso jātaḥ.*

which embraces virtue, vice, etc., would not be established as authoritative, if there were not in him the attribute of omniscience,[1] and so on."

अत्र प्रतिविधीयते। यदभ्यधायि तत्सद्भावग्राहकस्य प्रमाणपञ्चकस्य तत्रानुपलम्भादिति तदयुक्तम्। तत्सद्भावावेकदस्यानुमानादेः सद्भावात्। तथा हि। कश्चिदात्मा सकलपदार्थसाक्षात्कारी तद्ग्रहणस्वभावत्वे सति प्रक्षीणप्रतिबन्धप्रत्ययत्वात्। यद्यद्ग्रहणस्वभावत्वे सति प्रक्षीणप्रतिबन्धप्रत्ययं तत्तत्साक्षात्कारि यथापगततिमिरादिप्रतिबन्धं लोचनविज्ञानं रूपसाक्षात्कारि। तद्ग्रहणस्वभावत्वे सति प्रक्षीणप्रतिबन्धप्रत्ययश्च कश्चिदात्मा। तस्मात्सकलपदार्थसाक्षात्कारीति। न तावदशेषार्थग्रहणस्वभावत्वमात्मनोसिद्धम्। [2]चोदनाबलान्निखिलार्थज्ञानोत्पत्त्यन्यथानुपपत्त्या सर्वमनेकान्तात्मकं सत्त्वादिति व्याप्तिज्ञानोत्पत्तेश्च। चोदना हि भूतं भवन्तं भविष्यन्तं सूक्ष्मं व्यवहितं विप्रकृष्टमित्येवंजातीकम[3]र्थमवगमयतीत्येवंजातीयकैरध्वरमीमांसागुरुभिर्विधिप्रतिषेधविचारणानिबन्धनं सकलार्थविषयज्ञानं प्रतिपद्यमानैः सकलार्थग्रहणस्वभावकत्वमात्मनोभ्युपगतम्। न चाखिलार्थप्रतिबन्धकावरणप्रक्षयानुपपत्तिः। सम्यग्दर्शनादित्रयलक्षणस्यावरणप्रक्षयहेतुभूतस्य सामग्रीविशेषस्य प्रतीतत्वात्। अनया मुद्रयापि क्षुद्रोपद्रवा विद्राव्याः।

व्या० : तद्ग्रहणेति। सकलपदार्थग्रहणस्वभावकत्वेसति प्रक्षीणप्रतिबन्धप्रत्ययत्वं हेतुः। **कश्चिदात्मा**। अयमेवार्हन्मुनिः। ननु चक्षुरादीन्द्रियाणां रूपरसादिनियतत्तद्विषयग्रहणस्वभावः प्रसिद्ध एव। मनस आत्मनश्च स्वाभाविके ग्रहणे यद्यपि विषयोमुक एवेति न नियतस्तथापि प्रत्यक्षज्ञाने स विषय इन्द्रियसंबद्ध एव, अनुमानादौ

1. Kumārila tries to prove that no such being can exist, as his existence is not established by any one of the five recognised proofs,—the sixth, *abhāva*, being negative, is, of course, not applicable. I understand the last śloka as showing the inapplicability of "presumption" or *arthāpatti*. A Jaina would say, "If the Arhat were not omniscient, his words would not be true and authoritative, but we see that they are, therefore he is omniscient" He answers by retorting that the same argument might be used of Buddha by a Buddhist; and as the Jaina himself would disallow it in that case, is cannot be convincing in his own.
2. इत्यनुमानेन for इति D.
3. जातीयकम् for जातीयकैः D.

त्विन्द्रियसंबद्धसंबद्ध एवेति न क्वचिदखिलार्थग्रहणस्वभाव: प्रसिद्ध:। तथा चोक्तहेतु: स्वरूपासिद्ध इति चेत्तत्राह–**न तावदिति। आत्मन:।** अर्हन्मुने:। **चोदनति।** चोदना प्रवर्तना। विधिरिति यावत्। विधौ तावत्सर्वविधा अर्था निर्दिश्यमाना दृश्यन्ते। मीमांसकैरप्येवमभ्युपगतम्। तत्र भूत: सिद्धा अर्था विध्यङ्गभूतार्थवादेषु बाहुल्येन दृश्यन्ते। भवन्तो वर्तमानकालिका यागाद्यर्था:। तन्निर्देशस्तु विधौ प्रसिद्ध एव यजेत स्वर्गकाम इत्यादौ। भविष्यत्कालिकस्वर्गसुखाप्तिरपि तत्र निर्दिष्टैव। यागादिकर्मकर्ता तत्फलभोक्ता जीवश्चातिसूक्ष्म: शरीरादिना व्यवहितश्च निर्दिष्ट:। विप्रकृष्टोपि दूरश्च स्वर्गादिरर्थो निर्दिष्ट:। एवमेव निखिलार्थविषयकचोदनार्हन्मुनिप्रणीत आगमे संदृश्यते। तथा च तादृशचोदनाबलाच्चोदनाकर्तुरर्हन्मुनेर्निखिलार्थज्ञानमवश्यापेक्षणीयम्। तच्च निखिलार्थ-ग्रहणस्वभावं विना नोपपद्यत इत्यर्हन्मुनेस्तादृशस्वभावोर्थापत्तिप्रमाणसिद्ध:। किं चार्हन्मुनिना सर्वमनेकान्तात्मकं सत्त्वादित्यनुमानमुक्तम्। अनेकान्तात्मकमनिश्चयात्मकम्। अनुमानं च व्याप्तिज्ञानं विना न संभवतीति सर्वार्थविषयकं व्याप्तिज्ञानमर्हन्मुनेर-वश्यापेक्षणीयम्। तदर्थं च निखिलार्थग्रहणस्वभावोपि तस्याङ्गीकार्यं एवेति। हेतौ विशेष्यासिद्धिं शङ्कते–**न चाखिलार्थेति।** अर्हन्मुनेरखिलार्थविषयकज्ञाने न क्वापि किमपि प्रतिबन्धकं भवति। सम्यग्दर्शनसम्यग्ज्ञानसम्यक्चारित्ररूपस्य रत्नत्रयस्य तत्र सत्त्वात्। रत्नत्रयस्वरूपमग्रे (३।१५३) वक्ष्यते। **मुद्रया।** प्रकारेण। **क्षुद्रा:।** जैनमताक्षेपका:।

We reply as follows:—As for the supposed contradiction of an Arhat's existence, derived from the failure of the five affirmative proofs,—this is untenable, because there *are* proofs, as inference, etc., which *do* establish[1] his existence. Thus any soul will become omniscient when, (its natural capacity for grasping all objects remaining the same), the hindrances to such knowledge are done away. Whatever thing has a natural capacity for knowing any object, will, when its hindrances to such knowledge are done away, actually know it, just as the sense of vision cognises form, directly the hindrances of darkness, etc., are removed. Now there is such a soul, which has its hindrances done away, its natural capacity for grasping all things remaining unchanged; therefore there is an omniscient being. Nor is the assertion unestablished that the soul has a natural capacity for grasping all things; for otherwise the

1. In p. 29, line 2, read *tatsadbhāvā-vedakasya* for *tatsadbhāvādekasya*.

Mīmāṁsist could not maintain that a knowledge of all possible cases can be produced by the authoritative injunction of a text,[1]—nor could there otherwise be the knowledge of universal propositions, such as that in our favourite argument, "Ail things are indeterminate from the very fact of their existence" [and, of course, a follower of the Nyāya will grant that universal propositions can be known, though he will dispute the truth of this particular one]. Now it is clear that the teachers of the Pūrva Mīmāṁsā accept the thesis that the soul has a natural capacity for grasping all things; since they allow that a knowledge embracing all things can be produced by the discussion of injunctions and prohibitions;. as is said [by Śabara in his commentary on the Sūtras, i. 1, 2], "A precept makes known the past, the present, the future, the minute, the obstructed, the distant, etc." Nor can you say that "it is impossible to destroy the obstructions which hinder the soul's knowing all things," because we [Jainas] are convinced that there are certain special means to destroy these obstructions, *viz.*, the three ["gems"], right intuition, etc. By this charm also, all inferior assaults of argument can be put to flight.

नन्वावरणप्रक्षयवशादशेषविषयं विज्ञानं विशदं मुख्यप्रत्यक्षं प्रभवतीत्युक्तं तदयुक्तम्। तस्य सर्वज्ञस्यानादिमुक्तत्वेनावरणस्यैवासंभवादिति चेत्-तन्न। अनादिमुक्तस्यैवासिद्धेः। न सर्वज्ञोनादिमुक्तः। मुक्तत्वादितरमुक्तवत्। बद्धापेक्षया च मुक्तव्यपदेशः। तद्रहिते चास्याप्यभावः स्यादाकाशवत्। नन्वनादेः क्षित्यादिकार्यपरंपरायाः कर्तृत्वेन तत्सिद्धिः। तथा हि-क्षित्यादिकं सकर्तृकं कार्यत्वाद्घटवदिति। तदप्यसमीचीनम्। कार्यत्वस्यैवासिद्धेः। न च सावयवत्वेन तत्साधनमित्यभिधातव्यम्। यस्मादिदं विकल्पजालमवतरति। सावयवत्वं किमवयवसंयोगित्वम् अवयवसमवायित्वम् अवयवजन्यत्वं समवेतद्रव्यत्वं सावयवबुद्धिविषयत्वं वा। न प्रथमः आकाशादावनैकान्त्यात्। न द्वितीयः सामान्यादौ व्यभिचारात्। न तृतीयः। साध्याविशिष्टत्वात्। न चतुर्थः विकल्पयुगलार्गलग्रहगलत्वात्। समवायसंबन्धमात्रवद्द्रव्यत्वं समवेतद्रव्यत्व-

1. In p. 29, line 9, for *nikhilārthajñanāt notpatty*, I propose to read *nikhilārthajñānotpatty*.

मन्यत्र समवेतद्रव्यत्वं वा विवक्षितं हेतूक्रियते। आद्ये गगनादौ व्यभिचारः। तस्यापि गुणादिसमवायवत्वद्रव्यत्वयोः संभवात्। द्वितीये साध्याविशिष्टता। अन्यशब्दार्थेषु समवायकारणभूतेष्ववयवेषु समवायस्य साधनीयत्वात्। अभ्युपगम्यैतदभाणि। वस्तुतस्तु समवाय एव न समस्ति। प्रमाणाभावात्। नापि पञ्चमः। आत्मादिनानैकान्त्यात्। तस्य सावयवबुद्धिविषयत्वेपि कार्यत्वाभावात्। न च निरवयवत्वेप्यस्य सावयवार्थसंबन्धेन सावयवबुद्धिविषयत्वमौप-चारिकमित्येष्टव्यम्। निरवयवत्वे व्यापित्वविरोधात्परमाणुवत्। किं च किमेकः कर्ता साध्यते किं वानेके। प्रथमे प्रासादादौ व्यभिचारः। स्थपत्यादीनां बहूनां पुरुषाणं तत्र कर्तृत्वोपलम्भात्। द्वितीये बहूनां विश्वनिर्मातृत्वे तेषु मिथो वैमत्यसंभावनाया अनिवार्यत्वादेकैकस्य वस्तुनोन्यान्यरूपतया निर्माणे सर्वमसमञ्जसमापद्येत। सर्वेषां सामर्थ्यसाम्येनैकेनैव सकलजगदुत्पत्तिसिद्धा-वितरवैयर्थ्यं च। तदुक्तं वीतरागस्तुतौ–

कर्तास्ति कश्चिज्जगतः स चैकः
स सर्वगः स स्ववशः स नित्यः।
इमाः कुहेवाकविडम्बनाः स्यु-
स्तेषां न येषामनुशासकस्त्वम्।। (वी. स्तु. ६) इति।

अन्यत्रापि–

कर्ता न तावदिह कोपि यथेच्छया वा
दृष्टोन्यथा कटकृतावपि तत्प्रसङ्गः।
कार्यं किमत्र भवतापि च तक्षकाद्यै-
राहत्य च त्रिभुवनं पुरुषः करोति।। इति।

तस्मात्प्रागुक्तकारणत्रितयबलादावरणप्रक्षये सार्वज्ञ्यं युक्तम्। न चास्योप-देष्ट्रन्तराभावात्सम्यग्दर्शनादित्रितयानुपपत्तिरिति भणनीयम्। पूर्वसर्वज्ञप्रणीतागम-प्रभवत्वादमुष्याशेषार्थज्ञानस्य। न चान्योन्याश्रयादिदोषः। आगमसर्वज्ञपरंपराया बीजाङ्कुरवदनादित्वाङ्गीकारादित्यलम्।

व्या० : नैयायिकमतानुसारेणानादिमुक्तः सर्वज्ञ ईश्वर इति मन्वानः शङ्कते– **नन्विति। आवरणेति।** आवरणस्य ज्ञानप्रतिबन्धकस्य प्रकर्षेण क्षयादखिलविषयकं विज्ञानमित्यर्थः। **तद्रहिते।** बद्धव्यपदेशरहिते। **अस्यापि।** मुक्त इति व्यवहारस्यापि।

आकाशवदिति। यथाकाशादिष्वचेतनेषु बद्ध इति व्यवहाराभावान्मुक्त इत्यपि व्यवहारो न भवति तद्वदित्यर्थः। **अनादेः**। अविज्ञातादेः। **तत्साधनम्**। कार्यत्वसाधनम्। **आकाशादाविति**। अनैकान्त्यं व्यभिचारः। आकाशस्य येवयवा भागास्तत्संयोग आकाशे वर्तत इत्यवयवसंयोगित्वरूपं सावयवत्वं कार्यत्वस्य साधनीभूतमाकाशे वर्तते। परं तु नैयायिकैस्तत्राकाशे कार्यत्वस्यानभ्युपगमात्साध्याभाववद्वृत्तित्वरूपव्यभिचारग्रस्तः सावयवत्वहेतुः। आकाशस्य भागा एव न सन्तीति तु न भ्रमितव्यम्। भागाभावे तस्य व्यापकत्वासंभवात्। **सामान्यादाविति**। द्रव्यत्वादि सामान्यं यथा घटे समवायि तथा घटावयवेष्वपि। न हि घटावयवा अद्रव्यभूता इति वक्तुं शक्यते। अथ वा घटत्वादिकं सामान्यप्यमवयवसमवायि भवति। घटत्वस्य घटे व्याप्यवृत्तित्वेन घटावयवसमवायस्य घटत्व आवश्यकत्वात्। न ह्यवयवैः सह संबन्धमन्तरेण घटत्वादिजातिर्घटस्य मूलमारभ्याग्रपर्यन्तं कृत्स्नं घटं व्याप्नोति। तथा च द्रव्यत्वघटत्वादिसामान्येवयव-समवायित्वरूपं सावयवत्वं वर्तते। परं तु तत्र कार्यत्वं नेष्यते नैयायिकैः। तो व्यभिचार इत्यर्थः। **साध्याविशिष्टत्वात्**। साध्यसमानत्वात्। यथा साध्यं कार्यत्वं संदिग्धत्वात्साधनीयं भवति तथा तत्साधकं सावयवत्वमप्यवयवजन्यत्वरूपं संदिग्धत्वात्साधनीयमेव भवति। संघीभूतास्तन्तव एव पट इत्येवं पटादौ कार्येवयवजन्यत्वस्याप्रामाणिकत्वात्। **अन्यत्र समवेतद्रव्यत्वमिति**। स्वस्मादन्यत्र समवायसंबन्धेन विद्यमानत्वे सति द्रव्यत्वमित्यर्थः। यथा पटः स्वस्मादन्येषु तन्तुषु समवायसंबन्धेन विद्यमानो द्रव्यभूतश्च भवति। **गुणादिसमवायवत्त्वेति**। आकाश-निष्ठानां शब्दादिगुणानां द्रव्यत्वादिजातीनां चाकाशे समवायात्। **अन्यशब्दार्थेष्विति**। पटादन्ये पटसमवायिकारणभूतास्तन्तवोन्यत्र समवेतद्रव्यत्वमित्यत्रत्यान्यशब्देन ग्राह्याः। परं तु तेषु पटादन्यत्वस्याप्रामाणिकत्वेनान्यत्र समवेतद्रव्यत्वरूपं सावयवत्वं साध्यकार्यत्ववत्साधनीयमेव स्यादिति भावः। **न समस्ति**। न संभवति। वेदान्तिभिरिव जैनैरपि समवायस्यानङ्गीकारात्। **सावयवार्थसंबन्धेनेति**। सावयवा ये शरीरादयोर्थास्तैः साकमात्मनः संबन्धेन गौणी सावयवत्वबुद्धिरात्मनि जायते न तु तात्त्विकीति नात्मनि व्यभिचारः। साध्यकार्यत्वाभाववत्यात्मनि सावयवबुद्धिविषयत्वरूपहेतोर्वस्तुतोऽभावात्। **स्थपत्यादीनामिति**। स्थपतिः शिल्पी। स्थपतिः कारुभेदेपीत्यमरः। **वैमत्यम्**। बुद्धिभेदः। **कर्तास्तीति**। जगतः प्रत्यक्षादिप्रमाणोपलक्ष्यमाणचराचररूपस्य विश्वस्य कश्चिदनिर्वचनीयस्वरूप ईश्वरः कर्तास्ति। स चैकः। स सर्वगः सर्वव्यापी। स स्ववशः स्वतन्त्रः। स नित्यः। इमास्तेषां नैयायिकादीनां कुहेवाकविडम्बनाः कुत्सिता हेवाका आग्रहविशेषाः। त एव विडम्बनाः स्युः। विचारचातुरीबाह्यत्वेन तिरस्काररूपत्वात्। हे जिन त्वं येषां नानुशासको न शिक्षादाता। स चैकः स सर्वग इत्येवं प्रत्येकं

तच्छब्दप्रयोगादसूया ध्वन्यते। निन्दनीयं प्रति हीत्थं वक्तारो वदन्ति स मूर्खः स पापीयान्स दरिद्र इति। तत्रेश्वरस्यैकत्वविषये मूल एवोक्तम्। सर्वगत्वादिविषये तूच्यते। त्वदभिमतस्येश्वरस्य सर्वव्यापित्वं नोपपद्यते। सर्वव्यापित्वे तदीयेनैव देहेन जगतो व्याप्तत्वादितरनिर्मेयपदार्थानामाश्रयानवकाशप्रसङ्गात्। किं चेश्वरस्य सर्वव्यापित्वे नरकादिस्थलेष्वपि तस्य वृत्तिः प्रसज्यते। तथेश्वरस्य स्वातन्त्र्यमपि न क्षोदक्षमम्। तस्य स्वतन्त्रत्वे तस्य कारुणिकत्वासुखितमेव प्राणिजातं घटयेन्न तु क्वापि दुःखितम्। यदि तत्तप्राणिकृतशुभाशुभकर्मप्रेरितः संस्तथा करोतीति चेत्तर्हि स्वातन्त्र्याय दत्तो जलाञ्जलिः। किं चेश्वरस्य कर्मापेक्षत्व ईश्वरस्य सर्वेश्वरत्वं न स्यात्। कर्मणामीश्वर-नियाम्यत्वाभावात्। तथेश्वरस्य जगत्कर्तुर्नित्यत्वमपि नोपपद्यते। जगन्निर्माणमीश्वरस्य स्वभावश्चेत्प्रलयाभावः स्यात्। संहारः स्वभावश्चेज्जगदुत्पत्तिस्थित्योरसंभवः। उभयस्वभावत्वं विरोधादसमञ्जसम्। कालभेदेन स्वभावभेदश्चेदनित्यत्वमेव स्यादिति। **कर्तेति**। वेति तत्पूर्वश्लोकोक्तात्पक्षान्तरे। अथ वेह यथेच्छया जगतः कर्ता कोपि न तावदृष्टः। अदृष्टोपि कल्प्यत इति चेत्प्रत्यक्षोत्पन्नेषु कटादिष्वपि स एव कर्ता कल्प्येत। अपि च तक्षकाद्यैः कटादिकर्तृभिर्भवतः किं कार्यम्। यतः स एवेश्वरः साक्षादेव त्रिभुवनं कुर्यादित्यर्थः। **कारणत्रितयम्**। सम्यग्दर्शनसम्यग्ज्ञानसम्यक्चारित्ररूपम्। **बीजाङ्कुरेति**। न हि योऽङ्कुरो यस्माद्बीजादुत्पद्यते तद्बीजं तस्मादङ्कुरादेवोत्पद्यते। किं त्वन्यस्मादङ्कुरात्। स चाङ्कुरोन्यस्मादेव बीजादित्यन्योन्याश्रयस्य प्रसङ्ग एव नास्ति। किं तु तत्रादौ बीजमथ वादावङ्कुर इति ज्ञातुमशक्यत्वादगत्या अनादित्वं स्त्रीक्रियते तथैवात्र बोध्यम्।

But the Naiyāyika may interpose, "You talk of the pure intelligence, which, after all hindrances are done away, sees all objects, having sense-perception at its height; but this is irrelevant, because there can be no hindrance to the omniscient, as from all eternity he has been always liberated." We reply that there is no proof of your eternally liberated being. There cannot be an omniscient who is eternally "liberated," from the very fact of his being " liberated," like other liberated persons,—since the use of the term "liberated" necessarily implies the having been previously bound; and if the latter is absent, the former must be too, as is seen in the case of the ether. "But is not this being's existence definitely proved by his being the maker of that eternal series of effects, the earth, etc.? according to the well-known argument, 'the earth, etc., must have had a maker, because they have the nature of effects, as a jar.' "This argument, however, will not hold, because you cannot prove that they have the nature of effects. You cannot establish this from the fact of their being composed of parts, because this supposition falls upon the horns of a dilemma. Does this " being composed of parts" mean (i.) the being in contact with the parts; or (ii.) "the being in intimate relation to the parts; or (iii.) the being produced from parts;" or (iv.) the being a substance in intimate relation; or (v.) the being the object of an idea involving the notion of parts ?

Not *the first,* because it would apply too widely, as it would include ether [since this, though not itself composed of parts, is in contact with the parts of other things;] nor *the second,* because it would similarly include genus, etc. [as this resides in a substance by intimate relation, and yet itself is not composed of parts;] nor *the third,* because this involves a term ("produced") just as much disputed as the one directly in question;[1] nor the *fourth,* because its neck is caught in the pillory of the following alternative:—Do you mean by your phrase used above that it is to be a substance, and to have something else in intimate relation to itself,—or do you mean that it must have intimate relation to something else, in order to be valid for your argument? If you say the former, it will equally apply to ether, since this is a substance, and has its qualities resident in it by intimate relation; if you say the latter, your new position involves as much dispute as the original point, since you would have to prove the existence of intimate relation in the parts, or the so-called "intimate causes," which you mean by "something else." We use these terms in compliance with your terminology; but, of course, from our point of view, we do not allow such a thing as "intimate relation," as there is no proof of its existence.

Nor can *the fifth* alternative be allowed, because this would reach too far; as, it would include soul, etc., since soul can be the object of an idea involving the notion of parts, and yet it is acknowledged to be not an effect.[2] Nor can you maintain that

1. *Janya* is included in *Kārya* and equally disputed.
2. Thus "I am possessed of a body" *(aham Śarīri),* "my hand," etc., are all sentences in which a predicate involving the notion of parts is applied to the soul "I."

the soul may still be indiscerptible in itself, but by reason of its connection with something possessing parts may itself become metaphorically the object of an idea involving the notion of parts, because there is a mutual contradiction in the idea of that which has no parts and that which is all-pervading, just as the atom [which is indiscerptible but not all-pervading].

And, moreover, is there only one maker? Or, again, is he independent?

In the former case your position will apply too far, as it will extend erroneously to palaces, etc., where we see for ourselves the work of many different men, as carpenters, etc., and [in the second case] if all the world were produced by this one maker, all other agents would be superfluous. As it has been said in the *Vītarāgastuti*, or "Praise of Jina"—

1. "There is one eternal maker for the world, all-pervading, independent, and true; they have none of these inextricable delusions, whose teacher art *thou*."

And again—

2. "There is here no maker acting by his own free will, else his influence would extend to the making of a mat. What would be the use of yourself or all the artisans, if Iśvara fabricates the three worlds?"

Therefore it is right to hold, as we do, that omniscience is produced when the hindrances are removed by the three means before alluded to.

Nor need the objection be made that "right intuition," etc., are impossible, as there is no other teacher to go to,—because this universal knowledge can be produced by the inspired works of former omniscient Jinas. Nor is our doctrine liable to the imputation of such faults as *Anyonyāśrayatā*,[1] etc., because we accept an eternal succession of revealed doctrines and omniscient teachers, like the endless series of seed springing from shoot and shoot from seed. So much for this preliminary discussion.

---

1. Reasoning in a circle. I suppose the etc. includes the *Anavasthā-doṣa* or reasoning *ad infinitum*. He accepts the supposed fault, and holds that it is actually borne out in a case before everybody's eyes.

रत्नत्रयपदवेदनीयतया प्रसिद्धं सम्यग्दर्शनादित्रितयमर्हत्प्रवचनसंग्रहपरे परमागमसारे प्ररूपितं सम्यग्दर्शनज्ञानचारित्राणि मोक्षमार्ग इति। विवृतं च योगदेवेन। येन रूपेण [1]जीवाद्यर्थो व्यवस्थितस्तेन रूपेणार्हता प्रतिपादिते तत्त्वार्थे विपरीताभिनिवेशरहितत्वाद्यपरपर्यायं श्रद्धानं सम्यग्दर्शनम्। तथा च तत्वार्थसूत्रं–तत्वार्थं श्रद्धानं सम्यग्दर्शनमिति। अन्यदपि–

रुचिर्जिनोक्ततत्त्वेषु सम्यक्श्रद्धानमुच्यते।
जायते तन्निसर्गेण गुरोरधिगमेन वा।। इति।

परोपदेशनिरपेक्षमात्मस्वरूपं निसर्गः। व्याख्यानादिरूपपरोपदेशजनितं ज्ञानमधिगमः।

व्या० : अर्हदिति। अर्हतार्हन्मुनिना कृतानि यानि प्रवचनानि तेषां संग्रहः परमागमसारनामके ग्रन्थे कृतः। तत्रैतन्निरूपितमित्यर्थः। संग्रहो नाम–

विस्तरेणोपदिष्टानामर्थानां तत्त्वसिद्धये।
समासेनाभिधानं यत्संग्रहं तं विदुर्बुधाः।। इति।

सम्यगिति। सम्यग्दर्शनसम्यग्ज्ञानसम्यक्चारित्राणां त्रयाणां मिलितानां कारणत्वं दण्डचक्रादीनामिव घटस्य। न तु तृणारणिमणीनां वह्नेरिव। कारणतावच्छेदकं तु न मिलितत्वम्। किं तु दण्डत्वादिवत्प्रत्येकवृत्ति सम्यग्दर्शनत्वादिकमेव। श्रद्धानं श्रद्धा। भावे ल्युट्। **आत्मस्वरूपम्।** आत्मस्वभावः। **व्याख्यानेति।** व्याख्यानादिरूपो यो गुरूपदेशस्तज्जनितमित्यर्थः।

The well-known triad called the three gems, right intuition, etc., are thus described in the *Paramāgamasāra* (which is devoted to the exposition of the doctrines of the Arhats)—"Right intuition, right knowledge, right conduct are the path of liberation." This has been thus explained by Yogadeva :—

(a.) When the meaning of the predicaments, the soul, etc., has been declared by an Arhat in exact accordance with their reality, absolute faith in the teaching, *i.e.*, the entire absence of any contrary idea, is "right intuition." And to this effect runs the *Tattvārtha-sūtra*, "Faith in the predicaments[2] is right

1. बीज for जीव C.
2. In p. 31, line 5, *infra*, read *tatvārthe* for *tatvārtham*.

'intuition.'" Or, as another definition gives it, "Acquiescence in the predicaments declared by a Jina is called 'right faith;' it is produced either by natural character or by the guru's instruction:'" "Natural character" means the soul's own nature, independent of another's teaching; "instruction" is the knowledge produced by the teaching of another in the form of explanation, etc.

येन स्वभावेन जीवादयः पदार्था व्यवस्थितास्तेन स्वभावेन मोहसंशय-रहितत्वेनावगमः सम्यग्ज्ञानम्। यथोक्तम्-

यथावस्थिततत्त्वानां संक्षेपाद्विस्तरेण वा।
योवबोधस्तमत्राहुः सम्यग्ज्ञानं मनीषिणः।। इति।

तज्ज्ञानं पञ्चविधं मतिश्रुतावधिमनः पर्यायकेवलभेदेन। तदुक्तम्-मतिश्रुतावधिमनः [1]पर्यायकेवलानि ज्ञानमिति। अस्यार्थः-ज्ञानावरणक्षयोपशमे सतीन्द्रियमनसी पुरस्कृत्य व्यापृतः सन्यथार्थं मनुते सा मतिः। [2]ज्ञानावरणक्षयोपशमे सति मतिजनितं स्पष्टं ज्ञानं श्रुतम्। सम्यग्दर्शनादिगुणजनितक्षयोपशम-निमित्तमवच्छिन्नविषयं ज्ञानमवधिः। ईर्ष्यान्तरायज्ञानावरणक्षयोपशमे सति परमनोगतस्यार्थस्य स्फुटं परिच्छेदकं ज्ञानं मनः पर्यायः। तपः क्रियाविशेषान्यदर्थं सेवन्ते तपस्विनस्तज्ज्ञानमन्यज्ञानासंसृष्टं केवलम्। तत्राद्यं परोक्षं प्रत्यक्षमन्यत्। तदुक्तम्।

विज्ञानं स्वपराभासि प्रमाणं बाधवर्जितम्।
प्रत्यक्षं च परोक्षं च द्विधा मेयविनिश्चयात्।। इति।

अन्तर्गणिकभेदस्तु सविस्तरस्तत्रैवागमेवगन्तव्यः।

व्या० : द्वितीयं रत्नं सम्यग्ज्ञानं लक्षयति-**येनेति**। मोहो मिथ्याज्ञानम्। संशयोनेककोटिकं ज्ञानम्। **ज्ञानावरणेति**। यत्र व्याचक्षते-ज्ञानावरणं ज्ञानप्रतिबन्धकम्। तत्त्रिविधं -मनोगतमिन्द्रियगतं विषयगतं च। मात्सर्यादिकमाद्यम्। काचकामलादिकं द्वितीयम्। काचो नेत्ररोगः (काचबिन्दु इति प्र.)। सूक्ष्मत्वान्धकारव्यापृतत्वादिकं तृतीयम्। आवरणस्य सर्वथा नाशः क्षयः। विद्यमानस्यैवावरणस्यानुद्भूतावस्थोपशमः। तत्र

1. पर्यय for पर्याय C.
2. आवरणीय for आवरणक्षय C.

ज्ञानावरणस्य क्षय उपशमे वा घटादिप्रत्यक्षात्पूर्वं यत्प्रथमतो ज्ञानं मननात्मकं भवति सा मतिः। मननान्मतिः। इदं च मननं चक्षुरादीन्द्रियानपेक्षयैव जायमानात्स्मरणात्मक-विषयचिन्तनादन्यदेव। यथा नाटकाद्यवलोकने जवनिकापसारणाव्यवहितपूर्वकाले किं पात्रमागच्छतीत्यौत्सुक्येन प्रेक्षकाणां जवनिकाप्रदेशे मनोव्यापारपूर्विका दृष्टिः संलग्ना भवति तादृशं ज्ञानम्। एतदृष्टान्तेनाचिन्तिताकस्मिकविषयावलोकनस्थलेपि प्रथमक्षणे मतिज्ञानमस्तीत्यनुमेयम्। बालानां तु षण्मासपर्यन्तं प्रायशो न मतिज्ञानम्। तावत्पर्यन्तं दृष्टिस्थैर्याभावात्। दृष्टिस्थैर्यमेव मतिज्ञानानुमापकम्। ततो मतिज्ञानजन्यं यत्स्पष्टं ज्ञानं तच्छ्रुतम्। इदमेव निर्विकल्पकशब्देन नैयायिका व्यपदिशन्ति। इदमिन्द्रिय-जन्त्वात्स्वयं प्रत्यक्षमप्यतीन्द्रियम्। इन्द्रियजन्यज्ञानविषयीभूतं न भवति। अतः श्रुतमिति कथ्यते। ततोवच्छिन्नो मर्यादितो विषयो यस्य तादृशमिदमीदशमित्याकारकं ज्ञानमवधिः। अवधीयते द्रव्यक्षेत्रकालभावैः परिच्छिद्यते विषयोनेनेत्यवधिः। अव समन्ताद्द्रव्यादिभिः परिमितत्वेन धीयते ध्रियते विषयोनेनेति वा। अथ वाधस्ताद्बहुतरविषयग्रहणादवधिः। देवाः खल्ववधिज्ञानेन सप्तमनरकपर्यन्तं पश्यन्ति। उपरि तु स्तोकं निजविमान-दण्डपर्यन्तमेव। अस्यावधिज्ञानस्य नैयायिकादिदर्शने सविकल्पकशब्देन व्यवहारः। ईर्ष्यादयो येन्तराया मनोगता ज्ञानप्रतिबन्धकीभूता विघ्नास्तेषां सम्यग्दर्शनेन क्षय उपशमे वा सर्वेषां मनसां मिथो भेदप्रतिभासाभावेन परमनोगतोप्यर्थो यज्ज्ञायते तज्ज्ञानं मनःपर्यायसंज्ञकम्। मनःशब्देन मनोगतोर्थो लक्ष्यते। तस्य पर्यायः पर्ययणं मनोन्तरेषु परिगमनं भवतीत्यतो मनःपर्याय इत्युच्यते। इदमन्यैरलौकिकप्रत्यक्षमिति गीयते। सम्यक्चारित्रेण सकलानां ज्ञानप्रतिबन्धकानां सर्वथा क्षये सत्यन्यज्ञानासंसृष्टं यज्ज्ञानं तत्केवलम्। इदमेव मोक्षसाधनीभूतं तत्त्वज्ञानम्। अन्यज्ञानासंसृष्टत्वेनासहाय-त्वात्केवलमित्युच्यत इति। **विज्ञानमिति**। विज्ञानं स्वप्रकाशकमन्यप्रकाशकं च दीपवत्। तच्च विज्ञानं यदि बाधवर्जितं भवेत्तर्हि तत्प्रमाणं स्यात्। मेयस्य ज्ञेयस्य वस्तुनो विनिश्चयो यतो द्विधा भवति ततस्तज्ज्ञानमपि प्रत्यक्षं परोक्षं चेति द्विधा भवतीत्यर्थः। **अन्तर्गणिकेति**। अन्तर्गणिकभेदोवान्तरभेदः। यथा व्यावहारिकं प्रत्यक्षं चतुर्विधम्। अवग्रहेहावायधारणाभेदात्। अयं पुरुष इति ज्ञानमवग्रहः। ततः किमयं दाक्षिणात्य उतोदीच्च इति संशये नूनमयं दाक्षिणात्य इति ज्ञानमीहा। इदं चोत्प्रेक्षारूपं न तु निश्चयः। ततो भाषादिविशेषज्ञानादयं दाक्षिणात्य एवेति ज्ञानमवायः। ततस्तस्यैव विषयस्य यत्पुनर्ज्ञानं संस्कारजनकं जायते सा धारणा यया कालान्तरे तद्विषयस्मरणं भवतीत्यादि।

(b.) "Right knowledge" is a knowledge of the predicaments, goal, etc., according to their real nature, undisturbed by any illusion or doubt; as it has been said—

"That knowledge; which embraces concisely or in detail the predicaments as they actually are, is called 'right knowledge' by the wise."

This knowledge is fivefold as divided into *mati, śruta, avadhi, manas paryāya,* and *kevala;* as it has been said, "*Mati, śruta, avadhi, manas-paryāya,* and *kevala,* these are knowledge." The meaning of this is as follows :—

1. *Mati* is that by which one cognises an object through the operation of the senses and the mind, all obstructions of knowledge. being abolished.

2. *Śruta* is the clear knowledge produced by *mati,* all the obstructions of knowledge being abolished.

3. *Avadhi* is the knowledge of special objects caused by the abolition of hindrances, which is effected by "right intuition," etc.[1]

4. *Manas-paryāya* is the clear definite knowledge of another's thoughts, produced by the abolition of all the obstructions of knowledge caused by the veil of envy.

5. *Kevala* is that pure unalloyed knowledge for the sake of which ascetics practise various kinds of penance.

The first of these (*mati*) is not self-cognised, the other four are. Thus it has been said—

"True knowledge is a proof which nothing can overthrow, and which manifests itself as well as its object; it is both supersensuous and itself an object of cognition, as the object is determined in two ways."

संसरणकर्मोच्छित्तावुद्यतस्य श्रद्दधानस्य ज्ञानवतः पापगमनकारणक्रिया-निर्वृत्तिः सम्यक्चारित्रम्। तदेतत्सप्रपञ्चमुक्तमर्हता–

सर्वथावद्ययोगानां त्यागश्चारित्रमुच्यते।
कीर्तितं तदहिंसादिव्रतभेदेन पञ्चधा॥

---

1. I read in p. 32, line 9, *Samyagdarśanādi* for *asamyagdarśanādi;* but the old next may mean "caused by the abolition of hindrances produced by the qualities, wrong intution," etc.

अहिंसासूनृतास्तेयब्रह्मचर्यापरिग्रहाः ।
न यत्प्रमादयोगेन जीवितव्यपरोपणम्।
चराणां स्थावराणां च तदहिंसाव्रतं मतम्।।
प्रियं पथ्यं वचस्तथ्यं सूनृतं व्रतमुच्यते।
तत्तथ्यमपि नो तथ्यमप्रियं चाहितं च यत्।।
अनादानमदत्तस्यास्तेयव्रतमुदीरितम् ।
बाह्याः प्राणा नृणामर्थो हरता तं हता हि ते।।
दिव्यौदरिककामानां कृतानुमतकारितैः।
मनोवाक्कायतस्त्यागो ब्रह्माष्टादशधा मतम्।।
सर्वभावेषु मूर्छायास्त्यागः स्यादपरिग्रहः।
यदसत्स्वपि जायेत् मूर्छया चित्तविप्लवः।।
भावनाभिर्भावितानि पञ्चभिः पञ्चधा क्रमात्।
महाव्रतानि लोकस्य साधयन्त्यव्ययं पदम्।। इति।

भावनापञ्चकप्रपञ्चनं च प्ररूपितम्–

हास्यलोभभयक्रोधप्रत्याख्यानैर्निरन्तरम् ।
आलोच्य भाषणेनापि भावयेत्सूनृतं व्रतम्।।

इत्यदिना। एतानि सम्यग्दर्शनज्ञानचारित्राणि मिलितानि मोक्षकारणं न प्रत्येकम्। यथा रसायनम्। तथा चात्र ज्ञानश्रद्धानाचरणानि संभूय फलं साधयन्ति न प्रत्येकम्।

व्या० : अथ तृतीयं रत्नं सम्यक्चारित्ररूपं लक्षयति–**संसरणेति**। संसारकारणीभूतस्य कर्मणो विनाश उद्युक्तो यः पुरुषः श्रद्धावांस्तत्वज्ञानी चआद्यरत्नद्वयवानित्यर्थः। तस्य यत्पापविनाशकारणीभूतक्रियाचरणं तत्सम्यक्चारित्रम्। **सर्वथेति**। अवद्यं पापम्। तत्संबन्धानां त्यागः पापवियोगकारणीभूतक्रियाचरणमित्यर्थः। अहिंसादिपञ्चस्वहिंसा लक्षयति–**न यदिति**। मनुष्यपशुपक्षियूकालिक्षादयश्चराः। लतावृक्षादः स्थावराः। तेषां जीवितव्यपरोपणं प्राणवियोजनं प्रमादेनापि यत्न भवति तदहिंसाव्रतमुच्यते। प्रमादोनवधानता। यद्वा प्रमादः प्रमत्तता। अस्मिन्नर्थेपिशब्दाध्याहारो न कार्यः। सूनृतव्रतं लक्षयति–**प्रियमिति**। प्रियं श्रवणकाले सुखदम्। पथ्यं परिणामे हितकरम्। तथ्यं सत्यम्। यद्भाषणं सद्यः सुखदं परिणामे हितकरं वा न भवति तत्सत्यमपि न सूनृव्रतमुच्यते। अस्तेयव्रतं लक्षयति–**अनादानमिति**। परकीयं द्रव्यादिकं वस्तु दानक्रयादिद्वारा परेण दत्तं चेत्तर्ह्येव गृह्णाति, न त्वदत्तं कथमपि गृह्णाति तदस्तेयव्रतमुच्यते। यतो द्रव्यं मनुष्याणां

बाह्यप्राणवत्। तथा च तस्य हरणेन प्राणहरणमेव भवति। ब्रह्मचर्यव्रतं लक्षयति-**दिव्येति**। कामा विषयोपभोगाः। ते द्विविधा दिव्या औदरिकाश्च। शरीरान्तरेण सेव्या दिव्याः। एतच्छरीरेण सेव्या औदरिकाः। उदरशब्देनोदरप्रधानकमेतच्छरीरं लक्ष्यते। ते द्विविधा अपि पुनस्त्रिविधाः स्वयंकृताः परेण कारिताः संमतिप्रदानेन केवलमनुमोदिताश्च। संकलनया षड्विधाः। ते पुनर्मनसा वाचा कायेन चेति करणत्रैविध्यात्प्रत्येकं त्रिविधा अष्टादशभेदा भवन्ति। तेषामष्टादशानां त्यागोऽप्यष्टादशधा भवति। स एव विषयभोगत्यागो ब्रह्मशब्देनोच्यते। तदनुसारेण यद्वर्तनं तद्ब्रह्मचर्यव्रतमित्यर्थः। अपरिग्रहव्रतं लक्षयति-**सर्वेति**। मूर्छा इच्छा। 'इच्छा प्रार्थना कामोभिलाषः काङ्क्षा गार्ध्यं मूर्छेत्यनर्थान्तरम्' इति 'मूर्छा परिग्रहः' (त. सू. ७।१२) इति सूत्रे भाष्यम्। सर्वभावेषु चेतनेष्वचेतनेषु बाह्येष्वाभ्यन्तरेषु च सर्वेषु द्रव्येषु या परिच्छिता तदेवापरिग्रहव्रतम्। इच्छा ह्यसत्स्वपि मनोराज्यादौ केवलं कल्पितेष्वपि वस्तुषु चित्तास्थैर्यं करोति। अतस्तत्त्याग आवश्यक इति भावः। **भावनाभिरिति**। पञ्चभिर्भावनाभिः क्रमात्पञ्चधा भावितान्य हिंसादीनि महाव्रतानि लोकस्याव्ययं परं मोक्षं साधयन्ति।

पञ्चानां व्रतानां प्रत्येकं भावनापञ्चकं भिन्नम्। तत्र सूनृतव्रतस्य भावनापञ्चकं प्रदर्शयति-**हास्येति**। हास्यं विनोदः। तेन ह्यसत्यभाषणे प्रवृत्तिर्दृश्यते। तथा लोभेन भयेन क्रोधावेशेन चासत्यभाषणं संभवति। अतो हास्यादीनां चतुर्णां प्रत्याख्यानेना-सत्यभाषणं परिहरेत्। तथाप्यज्ञानेनासत्यभाषणं स्यादतस्तत्परिहारायालोच्यभाषणरूपा पञ्चमी भावना। निरन्तरं विचारपूर्वकं संभाषणं कुर्यात्। एतद्भावनापञ्चकेन सूनृतव्रतं भावयेत्साधयेदित्यर्थः। अहिंसाव्रते भावनापञ्चकं तु वाग्गुप्तिः मनोगुप्तिः ईर्यासमितिः आदानसमितिः आलोकितपानभोजनं चेति। विषयेषु येन्द्रियप्रवृत्तिस्तस्याः सकाशादात्मनो गोपनं गुप्तिः। तत्र वाचा गुप्तिर्वाग्गुप्तिः। मनसा गुप्तिर्मनोगुप्तिः। ईर्यासमितिरादान-समितिश्च मूल एवाग्रे स्फुटीभविष्यति। जलमन्नं च सम्यगालोच्य सप्राणिकं परिहृत्येतरस्य सेवनमालोकितपानभोजनम्। अस्तेयव्रते तु शून्यागारेषु गिरिगुहादिषु निवासः (१) परैस्त्यक्ते स्थले वसतिः (२) परेषामुपरोधाकरणम् (३) आचारशास्त्रमार्गेण भैक्षशुद्धिः (४) परैः सह ममेदं तवेदमित्येवं विवादस्याभाव-(५) श्चेति पञ्च भावनाः। ब्रह्मचर्यव्रते तु स्त्रीरागकथाश्रवणत्यागः (१) तन्मनोहराङ्गनिरीक्षणत्यागः (२) पूर्वरतानुस्मरणत्यागः (३) शक्तिवर्धकरसत्यागः (४) स्वशरीरसंस्कारत्यागश्चेति पञ्च भावनाः। अपरिग्रहव्रतमाकिंचन्यव्रतम्। तत्र श्रोत्रादीनां पञ्चानामिन्द्रियाणां शब्दादिषु पञ्चसु विषयेषु रागद्वेषविवर्जनमित्येवं पञ्च भावना इति।

But the full account of the further minute divisions must be got from the authoritative treatise above-mentioned.

(c.) "Right conduct" is the abstaining from all actions tending to evil courses by one who possesses faith and knowledge; and who is diligent in cutting off the series of actions and their effects which constitutes mundane existence. This has been explained at length by the Arhat—

1. "Right conduct is described as the entire relinquishment of blamable impulses; this has been subjected to a fivefold division, as the 'five vows,' *ahiṁsā, sūnṛta, asteya, brahmacarya,* and *aparigraha.*[1]

2. "The 'vow' of *ahiṁsā* is the avoidance of injuring life by any act of thoughtlessness in any movable or immovable thing.

3. "A kind, salutary, and truthful speech is called the 'vow' of *sūnṛta*. That truthful speech is not truthful, which is unkind to others and prejudicial.

4. "The not taking what is not given is declared to be the 'vow' of *asteya*; the external life is a man's property, and, when it is killed, it is killed by some one who seizes it.

5. "The 'vow' of *brahmacarya* (chastity) is eighteenfold, viz., the abandonment of all desires,[2] heavenly or earthly, in thought, word, and deed, and whether by one's own action or by one's consent, or by one's causing another to act. ,

6. "The 'vow' of *aparigraha* is the renouncing of all delusive interest in everything that exists not; since bewilderment of thought may arise from a delusive interest even in the unreal.

7. "When carried out by the five states of mind in a fivefold order, these great 'vows' of the world produce the eternal abode."

The full account of the five states of mind, (*bhāvanā*) has been given in the following passage [of which we only quote one śloka]—

> "Let him carry out the 'vow' of *sūnṛta* uninterruptedly by the abstinence from laughter; greed, fear, and anger,

---

1. Cf. the five *yamas* in the *Yogasūtras* ii. 30. Hemacandra (*Abhidh* 81) calle them *yamas*.
2. I read *kāmānām* for *kāmāṇām* in p. 33, line (2×3×3=18).

and by the deliberate avoidance of speech,"[1]—and so forth.

These three, right intuition, right knowledge, and right conduct, when united, produce liberation; but not severally; just as, in the case of an elixir, it is the knowledge of what it is, faith in its virtues, and the actual application of the medicine,[2] united, which produce the elixir's effect, but not severally.

अत्र संक्षेपतस्तावज्जीवाजीवाख्ये द्वे तत्त्वे स्तः। तत्र बोधात्मको जीवः। अबोधात्मकस्त्वजीवः। तदुक्तं पद्मनन्दिना–

चिदचिद्द्वे परे तत्त्वे विवेकस्ताद्विवेचनम्।
उपादेयमुपादेयं हेयं हेयं च कुर्वतः।।
हेयं हि कर्तृरागादि तत्कार्यमविवेकिता।
उपादेयं परं ज्योतिरुपयोगैकलक्षणम्।। इति।

व्या० : चिदचिदिति। अयमर्थः–परशब्दो मुख्यपर्यायः। मुख्यं तत्त्वद्वयं चिदचिद्रूपम्। तयोर्मध्य इदं चिदिदमचिदित्येवं यद्विवेचनं पृथक्करणं स विवेकः। यदुपादेयं ग्रहीतुं योग्यं तत्कुर्वतो मोक्षार्थं यतमानस्योपादेयं स्वीकरणीयम्। कुर्वत इति कृत्यानां कर्तरि वा (पा.सू. २।३।७१) इति कर्तरि षष्ठी। तथा यद्धेयं त्यक्तुं योग्यं तद्धेयं त्याज्यम्। हेयोपादेये दर्शयति–हेयं हीति। कर्तुर्मोक्षार्थं यतमानस्य यद्रागद्वेषमोहादिकं तत्त्याज्यम्। यतस्तस्य रागादेः कार्यमविवेकिता जायते। अविवेकिता अविवेकः। उपयोगरूपमेकं लक्षणं चिह्नं यस्य तादृशं परं ज्योतिरात्मरूपमुपादेयम्।

Here we may say concisely that the *tattvas* or predicaments are two, *Jīva* and *ajīva*; the soul, *jīva*, is pure intelligence; the non-soul, *ajīva*, is pure non-intelligence, Padmanandin has thus said—

"The two highest predicaments are 'soul' and 'non-soul;' 'discrimination' is the power of discriminating these two, in one who pursues what is to be pursued, and rejects what is to be rejected. The affection, etc., of the agent are to be rejected;

1. For *abhāṣaṇa*, see Hemach. 16.
2. I propose in p. 33, line 17, *raśayanajñānaśradhāvacāraṇāni* for *rasāyaṇajñanaṁ śraddhānāvaraṇāṇi*. For *avacāraṇa*, see *Suśruta*, vol. ii. p. 157, etc. If *anāvaraṇa* be the true reading, I suppose it must mean "the absence of obstructions."

these are objects for the nondiscriminating; the supreme light [of knowledge] is alone to be pursued, which is defined as *upayoga*."

Upayoga [or "the true employment of the soul's activities"] takes place when the vision of true knowledge recognises the manifestation of the soul's innate nature; but as long as the soul, by the bond of *pradeśa* and the mutual interpenetration of form which it produces [between the soul and the body], considers itself as identified with its actions [and the body which they produce], knowledge should rather be defined as "the cause of its recognising that it is other than these:"[1]

सहजचिद्रूपपरिणतिं स्वीकुर्वाणे ज्ञानदर्शने उपयोगः। स परस्परप्रदेशानां प्रदेशबन्धात्कर्मणैकीभूतस्यात्मनोन्यत्वप्रतिपत्तिकारणं भवति। सकलजीवसाधारणं चैतन्यमुपशमक्षयक्षयोपशमवशादौपशमिकक्षयात्मकक्षायौपशमिकभावेन कर्मोदयवशात्कलुषान्याकारेण च परिणतजीवपर्यायविवक्षायां जीवस्वरूपं भवति। यदवोचद्वाचकाचार्यः–औपशमिकक्षायिकौ भावौ मिश्रश्च जीवस्य स्वतत्त्व-मौदयिकपारिणामिकौ च (त.–सू–२।१) इति। अनुदयप्राप्तिरूपे कर्मण उपशमे सति जीवस्योत्पद्यमानो भाव औपशमिकः। यथा पङ्के कलुषतां कुर्वति कतकादिद्रव्यसंबन्धादधःपतिते जलस्य स्वच्छता। आर्हततत्त्वानुसंधान-वशाद्रागादिपङ्कक्षालनेन निर्मलतापादकः क्षायिको भावः। कर्मणः क्षये सति जायमानो भावः क्षायिकः। यथा पङ्कात्पृथग्भूतस्य निर्मलस्य स्फाटिकादि-भाजनान्तर्गतस्व्य जलस्य स्वच्छता। यथा मोक्षः। उभयात्मा भावो मिश्रः। यथा जलस्यार्धस्वच्छता। कर्मोदये सति भवन्भाव औदयिकः। कर्मोपशमाद्यनपेक्षः सहजो भावश्चेतनत्वादिः पारिणामिकः। तदेतद्यथासंभवं भव्यस्याभव्यस्य वा जीवस्य स्वरूपमिति सूत्रार्थः। तदुक्तं स्वरूपसंबोधने–

ज्ञानाद्भिन्नो [2]न नाभिन्नो भिन्नाभिन्नः कथंचन।
ज्ञानं पूर्वापरीभूतं सोयमात्मेति कीर्तितः।। इति।।

---

1. This is a hard passage, but some light is thrown on it by the scholiast to Hemachandrar, *Abhidh.* 79.
2. न च for न न A.

ननु भेदाभेदयोः परस्परपरिहारेणावस्थानादन्यतरस्यैव वास्तवत्वादुभयात्मकत्वमयुक्तमिति चेत्–तदयुक्तम्। बाधे प्रमाणाभावात्। अनुपलम्भो हि बाधकं प्रमाणम्। न सोस्ति। समस्तेषु वस्तुष्वनेकान्तात्मकत्वस्य स्याद्वादिनो मते सुप्ररिद्धत्वादित्यलम्।

व्या० : सहजेति। उपयोगशब्देन विवक्षितार्थपरिच्छित्तिलक्षणोर्थग्रहणव्यापारोगृह्यत इति बृहद्द्रव्यसंग्रहे (पृ. १ प. ६) उक्तम्। स च व्यापारो द्विविधः–ज्ञानरूपो दर्शनरूपश्च। द्विविधेपि व्यापारे जीवात्मनः स्वाभाविकश्चैतन्यरूपेण परिणामः समान एव। जीवात्मनो यः स्वाभाविकश्चैतन्यरूपेण परिणामस्तदनुविधायित्वाज्ज्ञानदर्शनयोः। तत्र प्रत्यक्षं साकारं ज्ञानम्। परोक्षं निराकारं दर्शनम्। अस्योपयोगस्य जीवात्मलक्षणत्वमुपपादयति–**स इति।** प्रदेशोवयवः। जीवावयवानां मिथो यः संयोगः स कदाचिद्दृढः कदाचिच्छिथिलः। तत्र फलदानोन्मुखस्य कर्मणोवयवा जीवावयवसंयोगं शिथिलीकृत्यान्तः प्रविशन्ति। जीवकर्मणोरवयवानां मिथो यन्मिश्रणं स प्रदेशबन्धः। तेन च प्रदेशबन्धेनायं जीवः कर्मणा सहैकीभूतो भवति। भेदेन ज्ञातुं न शक्यते। यथा दुग्धं जलमिश्रितं जलेन सहैकीभूतं पार्थक्येन ज्ञातुं न शक्यते तद्वत्। उपयोगेन त्वयं जीवात्मा स्वस्मिन्मिश्रितेभ्यः कर्मपरमाणुभ्यः सकाशात्पार्थक्येन ज्ञातुं शक्यते। कर्मपुद्गलानां चैतन्यरूपेण परिणामाभावात्। **सकलेति।** आत्मनि कर्मणः स्वशक्तेः कारणवशादनुद्भूतिरुपशमः। यथा कतकादि (निवळी इति प्र.) द्रव्यसंबन्धाज्जले पङ्कस्योपशमः। क्षय आत्यन्तिकी निवृत्तिः। यथा काचादिपात्रस्थे मेघस्थे वा जले पङ्कस्यात्यन्ताभावः। उभयात्मको मिश्रः क्षयोपशम उच्यते। यथा कूपस्थे जले पङ्कस्य क्षीणाक्षीणवृत्तिः। द्रव्यादिनिमित्तवशात्कर्मणां फलप्राप्तिरुदयः। यथा जले पङ्कस्योद्भूतत्वम्। द्रव्यात्मलाभमात्रहेतुकः परिणामः। उपशमः प्रयोजनमस्य भावस्येत्यौपशमिको भावो जीवस्यावस्थाविशेषः। एवं कर्मणः क्षयः प्रयोजनमस्येति क्षायिको भावः। एवं क्षायोपशमिक औदयिकः पारिणामिकश्च। त एते पञ्च भावा जीवपर्यायविवक्षायां जीवस्य स्वरूपमित्युच्यन्ते। क्रमभाविनोवस्थाविशेषाः पर्यायाः। यथा मृदो घटकपालादयः। द्रव्यविवक्षायां तु मृत्स्वरूप एव भावः। द्रवति गच्छति तांस्तान्पर्यायानिति द्रव्यम्। तत्र पारिणमिको भावश्चैतन्यादिः स्वाभाविकः। कर्मोदयाद्यनपेक्षत्वात्। औपशमिकादयश्चत्वारो जीवस्य भावा नैमित्तिकाः। कर्मोपशमाद्यपेक्षत्वात्। **भव्यस्येति।** सम्यग्दर्शनादिभावेन भविष्यतीति भव्यो जीवविशेषः। तद्विपरीतोऽभव्यः। भव्यत्वमभव्यत्वं चेति जीवस्य भावद्वयं चैतन्यवत्पारिणामिकमेव। ननु चैतन्यं ज्ञानम्। तच्च जीवात्मनिष्ठं जीवात्मगुणभूतम्। न तु जीवात्मनः स्वरूपम्। तथा च कथं चैतन्यस्य जीवभावत्व-

मित्याशङ्कायामाह–**तदुक्तमिति। ज्ञानादिति।** चैतन्यं हि जीवस्य स्वाभाविको भावः। तदनुसारी जीवस्यावस्थाविशेषो ज्ञानम्। अवस्थाविशेषत्वादेवावस्थाभूताज्ज्ञानान्नात्यन्तं भिन्नो जीवः। नाप्यत्यन्तमभिन्नः। अस्येयमवस्थेति व्यवहारानुपपत्तेः। तथा च जीवो ज्ञानाद्भिन्नो न। अभिन्नो न। किं तु कथंचिद्भिन्नाभिन्नः। अथ वा तत्तज्जीवानां स्वापेक्षया ज्ञानवत्त्वमस्त्येवेति ज्ञानादभिन्नत्वम्। परापेक्षया पुनरज्ञानवत्त्वमिति ज्ञानाद्भिन्नत्वम्। कथं च नेत्यव्ययसमुदायोऽनेकान्तद्योतकः। पूर्वापरीभूतं ज्ञानं ज्ञानसंततिः। स आत्मेत्यर्थः। **उभयात्मकत्वम्।** जीवस्य ज्ञानाद्भिन्नाभिन्नत्वम्। **अनुपलम्भः।** एकत्र भेदाभेदयोरनुपलम्भः। **अनेकान्तात्मकत्वस्येति।** एतच्चैतद्दर्शनशेषे "यदि वस्त्वस्त्येकान्ततः" इत्यादिग्रन्थेन मूले एव स्फुटीभविष्यति।

Intelligence (*caitanya*) is common to all souls, and is the read nature of the soul viewed as pariṇata [*i.e.*, as it is in itself]; but by the influence of *upaśamakṣaya* and *kṣayopaśama* it appears in the "mixed" form as possessing both,[1] or again, by the influence of actions as they arise, it assumes the appearance of foulness, etc.[2] As has been said by Vācakācārya [in a sūtra]—

"The *aupaśamika* the *Kṣāyika*, and the 'mixed' states are the nature of the soul, and also the *audayika* and the *Pāriṇāmika*."

1. The *aupaśamika* state of the soul arises when all the effects of past actions have ceased, and no new actions arise [to affect the future], as when water becomes temporarily pure through the defiling mud sinking to the bottom by the influence of the clearing nut-plant,[3] etc.

2. The *Kṣāyika* state arises when there is the absolute abolition of actions and their effects, as in final liberation.

3. The "mixed" (*miśra*) state combines both these, as when water is partly pure.

4. The *audayika* state is when actions arise [exerting an inherent influence on the future]. The *Pāriṇāmika* state is the

---

1. Or this may mean "by the influence of *upaśama-kṣaya* or *kṣayopaśama*, it appears characterised by one or the other."
2. I read in p. 34, line 7, *kaluṣādyākāreṇa* for *kaluṣānyākāreṇa*. The *upāsamakṣaya* and *kṣayopaśama* seem to correspond to the *aupaśamika* and *kṣāyika* states about to be described.
3. *Strychnos potatorum.*

soul's innate condition, as pure intelligence, etc., and disregarding its apparent states, as (1), (2), (3), (4.)[1] This nature, in one of the above-described varieties, is the character of every soul whether happy or unhappy. This is the meaning of the sūtra quoted above.

This has been explained in the *Svarūpa-sambodhana*—

> "Not different from knowledge, and yet not identical with it,—in some way both different and the same—knowledge is its first and last; such is the soul described to be."

If you say that, " As difference and identity are matually exclusive, we must have one or the other in the case of the soul, and its being equally both is absurd," we reply, that there is no evidence to support you when you characterise it as absurd. Only a valid non-perception[2] can thus preclude a suggestion as absurd; but this is not found in the present case, since (in the opinion of us, the advocates of the *Syād-vāda*) it is perfectly notorious that all things present a mingled nature of many contradictory attributes.

अपरे पुनर्जीवाजीवयोरपरं प्रपञ्चमाचक्षते जीवाकाशधर्माधर्मपुद्गलास्तिकायभेदात्। एतेषु पञ्चसु तत्त्वेषु कालत्रयसंबन्धितयास्तीति स्थितिव्यपदेशः। अनेकप्रदेशत्वेन शरीरवत्कायव्यपेदशः। तत्र जीवा द्विविधाः संसारिणो मुक्ताश्च। [3]भवाद्भवान्तरप्राप्तिमन्तः संसारिणः। ते च द्विविधाः समनस्का अमनस्काश्च। तत्र संज्ञिनः समनस्काः। शिक्षाक्रियालापग्रहणरूपा संज्ञा। तद्विधुरास्त्वमनस्काः। ते चामनस्का द्विविधाः, त्रसस्थावरभेदात्। तत्र द्वीन्द्रियादयः शङ्खगण्डोलकप्रभृतयश्चतुर्विधास्त्रसाः। पृथिव्यप्तेजोवायुवनस्पतयः स्थावराः। तत्र मार्गगतधूलिः पृथिवी। इष्टकादिः पृथिवीकायः। पृथिवी कायत्वेन येन गृहीता स पृथिवीकायिकः। पृथिवीं कायत्वेन यो ग्रहीष्यति स पृथिवीजीवः। एवमबादिष्वपि

1. Just as in the Sāṅkhya philosophy, the soul is not really bound though it seems to itself to be so.
2. A valid non-perception is when an object is not seen, and yet all the usual concurrent causes of vision are present, such as the eye, light, etc.
3. भावाद्भाव for भवाद्भव C.

भेदचतुष्टयं योज्यम्। तत्र पृथिव्यादिकायत्वेन गृहीतवन्तो ग्रहीष्यन्तश्च स्थावरा गृह्यन्ते न पृथिव्यादिपृथिवीकायादयः। तेषा[1]मजीवत्वात्। ते च स्थावराः स्पर्शनैकेन्द्रियाः। भवान्तरप्राप्तिविधुरा मुक्ताः। धर्माधर्माकाशास्तिकायास्त एकत्वशालिनो निष्क्रियाश्च द्रव्यस्य देशान्तरप्राप्तिहेतवः। तत्र धर्माधर्मौ प्रसिद्धौ। आलोकेनावच्छिन्ने नभसि लोकाकाशपदवेदनीये तयोः सर्वत्रावस्थितिः। गतिस्थित्युपग्रहो धर्माधर्मयोरुपकारः। अत एव धर्मास्तिकायः प्रवृत्त्यनुमेयः। अधर्मास्तिकायः स्थित्यनुमेयः। अन्यवस्तुप्रदेशमध्येन्यस्य वस्तुनः प्रवेशोवगाहः। तदाकाशकृत्यम्। स्पर्शरसगन्धवर्णवन्तः पुद्गलाः (त. सू. ५।२४)। ते च द्विविधा अणवः स्कन्धाश्च। भोक्तुमशक्या अणवः। द्व्यणुकादयः स्कन्धाः। तत्र द्व्यणुकादिस्कन्धभेदादण्वादिरुत्पद्यते। अण्वादिसंघातद्द्व्यणुकादिरुत्पद्यते। क्वचिद्भेदसंघाताभ्यां स्कन्धोत्पत्तिः (त. सू. ५।२६) अत एव पूरयन्ति गलन्तीति पुद्गलाः। कालस्यानेकप्रदेशत्वाभावेनास्तिकायत्वाभावेपि द्रव्यत्वमस्ति। तल्लक्षणयोगात्। तदुक्तं–गुणपर्यायवद्द्रव्यम् (त. सू. ५।३८) इति। द्रव्याश्रया निर्गुणा गुणाः (त. सू. ५।४९)। यथा जीवस्य ज्ञानत्वादिधर्मरूपाः पुद्गलस्य रूपत्वादिसामान्यस्वभावाः। धर्माधर्माकाशकालानां यथासंभवं गतिस्थित्यवगाह-वर्तनाहेतुत्वादिसामान्यानि गुणाः। तस्य द्रव्यस्योक्त[2] रूपेण भवनं पर्यायः। उत्पादस्तद्भावः परिणामः पर्याय इति पर्यायाः। यथा जीवस्य घटादिज्ञान-सुखक्लेशादयः। पुद्गलस्य मृत्पिण्डघटादयः धर्मादीनां गत्यादिविशेषाः। अत एव षड्द्रव्याणीति प्रसिद्धिः।

व्या० : आहारभयमैथुनादिज्ञानं संज्ञेति लोकप्रसिद्धं संज्ञाशब्दार्थं निराकुर्वन्नाह–**शिक्षेति**। शिक्षा शिक्षणम्। उपदेश इति यावत्। परकृतोपदेशादीन्ये गृह्णन्ति ते जीवाः समनस्काः। अयमीदृश इत्येवं परकीयगुणदोषविचारणे या शक्तिः सा संज्ञा तद्युक्ताः। ते च देवा गन्धर्वा मनुष्याश्च। पशुषु केचिदेव गजाश्वादयः। तथा पक्षिष्वपि केचिदेव शुकादयः। **ते चामनस्का द्विविधा इति**। समनकास्तु केवलं त्रसा एव। तेष्वपि पञ्चेन्द्रिया एव। **त्रसेति**। अत्र "त्रस्यन्ति चलन्ति ते त्रसाः स्थितिशीलाः स्थावरा" इति नार्थः। किं तु त्रसेति स्थावरेति च कर्मविशेषनामधेयम्। शुभमशुभं चेति मिश्रं कर्म त्रसम्। अशुभप्रायं कर्म स्थावरम्। त्रसकर्मोदयवशीकृता जीवास्त्रसाः। स्थावरकर्मोदय-

1. जीवत्वात् for अजीवत्वात् A.
2. उत्तर for उक्त C.

वशीकृता जीवाः स्थावराः। **द्वीन्द्रियादय इति।** आदिपदेन त्रीन्द्रियचतुरिन्द्रिय-पञ्चेन्द्रियग्रहणम्। तत्र द्वीन्द्रियाः शङ्खगण्डोलकशुक्तिकृम्यादयः। त्वग्रसनरूपमिन्द्रिय-द्वयम्। गण्डोलको गण्डकीस्थः पषाणः। त्रीन्द्रियाः पिपीलिकयूकादयः। एषां घ्राणेन्द्रियमधिकम्। चतुरिन्द्रिया दशमशकभ्रमरादयः। एषां चक्षुरिन्द्रियं चतुर्थम्। पञ्चेन्द्रिया मनुष्यपशुपक्ष्यादयः। एषां श्रोत्रेन्द्रियमधिकम्। **इष्टकादिरिति।** आदिशब्देन खनेः सकाशाद्बहिर्निष्काशिताः पृथिवीकायिकेन जीवेन परित्यक्ता मृतमनुष्यादिकाय-वत्स्थिताः पाषाणा गृह्यन्ते। **पृथिवीकायिक इति।** मत्वर्थे ठन्। **अबादिष्वपीति।** आपः अप्कायः अप्कायिकः अब्जीव इति भेदचतुष्टयम्। एवं तेजसि वायौ च बोध्यम्। **एकत्वशालिन इति।** तदुक्तं सूत्रकारैः "आ आकाशादेकद्रव्याणि" (त. सू. ५।६)। यथा जीवाः पुद्गलाश्च बहुविधास्तथा न धर्माधर्माकाशाः प्रत्येकं भिन्नाः। सर्वान्प्रत्येकरूपा एवेत्यर्थः। तेषां निष्क्रियत्वमप्युक्तं सूत्रकारैः-"निष्क्रियाणि च" (त.सू. ५।७) इति। आभ्यन्तरबाह्यनिमित्तवशादुत्पाद्यमानोवस्थाविशेषः स्वाश्रयस्य द्रव्यस्य देशान्तरप्राप्ति हेतुभूतः क्रियेत्युच्यते। तादृशक्रियारहिता धर्माधर्माकाशा इत्यर्थः। तथाप्येते जीवानां पुद्गलानां च देशान्तरप्राप्तिहेतवो भवन्ति। **आलोकेनेति।** आकाशं द्विविधं लोकाकाशमलोकाकाशं चेति। तत्र लोकसंबद्धमाकाशं लोकाकाशम्। तत्रैव धर्माधर्मास्तिकायाः संचरन्ति। भूतानामिव धर्माधर्मयोरपि पुद्गला विद्यते। तिलेषु तैलवल्लोकाकाशे सर्वत्र धर्माधर्मयोरवस्थितिः। न तु तादृशाकाशैकदेशे। तदुक्तं सूत्रकारैः-"धर्माधर्मयोः कृत्स्ने" (त. सू. ५।१३) इति। उपगृह्यत इत्युपग्रहः। जीवेन गृहीता या गतिः स धर्मस्योपकारः। तथा जीवेन गृहीता यावस्थितिः। सोऽधर्मस्योपकारः। सर्वत्रावस्थितिस्तु द्वयोरपि। तत्र यथा मत्स्यानां गतौ जलं साधारणाश्रयो भवति तथा जीवानां गतौ धर्मः। यथा चाश्वादीनां स्थितौ पृथिवी साधारणाश्रयो भवति तथा जीवानां स्थितावधर्मः। गतिः स्थितिश्च जीवपरिणामविशेष एव। **अत एवेति।** धर्माधर्मयोरप्रत्यक्षत्वेपि गतिस्थितिभ्यां तदनुमानं भवतीत्यर्थः। **स्पर्शेति।** वर्णो रूपम्। अत्र स्पर्शरसवर्णवन्त इत्यपपाठः। "स्पर्शरसगन्धवर्णवन्तः पुद्गलाः" (त. सू. ५।२३) इति सूत्रे गन्धशब्ददर्शनात्। तत्र स्पर्शोष्टविधः कठिनो मृदुर्गुरुर्लघुः शीत उष्णः स्निग्धो रूक्ष इति। रसः पञ्चविधस्तिक्तः कटुः कषायोम्लो मधुर इति। गन्धो द्विविधः सुरभिरसुरभिश्च। वर्णः पञ्चविधः कृष्णो नीलो लोहितः पीतः शुक्ल इति। **अणव इति।** अण्यन्ते स्पर्शाद्यवस्थोत्पादनसामर्थ्येन शब्द्यन्त इत्यणवः। ते चात्यन्तसूक्ष्मत्वाद्-ग्रहणनिक्षेपणाद्ययोग्यतया भोक्तुमशक्याः। स्कन्धनात्स्कन्धाः। स्कन्धनं च ग्रहणनिक्षेपणादिव्यापारोपयोगित्वम्। अणुः स्कन्धश्च पुद्गलानां परिणामविशेषः। तत्र द्व्यणुकादिस्कन्धविदारणेन पुद्गलानामणुपरिणामो जायते। अण्वादीनां मिथः संयोगाच्च

पुद्गलानां स्कन्धपरिणामो जायते। भेदो विदारणम्। पृथग्भूतानामेकत्र संहननं संघातः। **क्वचिदिति**। यथा त्र्यणुकादिविदारणादणूनां संघाताच्च द्व्यणुकादिपरिणामो जायते। **तदुक्तमिति**। सूत्रकृद्भिरिति शेषः। **गुणपर्यायेति**। द्रव्यं द्रव्यान्तराद्येन धर्मेण भिद्यते स द्रव्यान्वयी धर्मो गुणः। यथा ज्ञानत्वादिः। तेन हि जीवरूपं द्रव्यं पुद्गलादिद्रव्येभ्यो भिद्यते। पुद्गलाश्च रूपत्वेनेतरद्रव्येभ्यो भिद्यन्ते। क्रमभावी द्रव्यस्यावस्थाविशेषः पर्यायः। यथा जीवस्य घटज्ञानं पटज्ञानं क्रोधो मान इत्यादिः। पुद्गलानां च श्वेतकृष्णादिः। पर्यायाणां द्रव्यस्यैवावस्थाविशेषरूपत्वात्तेषु गुणा वर्तन्त एव। बृहद्द्रव्यसंग्रहे गुणपर्यायलक्षणमुक्तं यथा–सहभावी गुणो धर्मः कमभावी पर्यायः। अयमर्थः–द्रव्यस्य सहभावी यावद्द्रव्यभावी यो धर्मः स गुण उच्यते। यथा जीवद्रव्यस्यो पयोगाख्यो गुणः। पुद्गलस्य ग्रहणं गुणः। धर्मास्तिकायस्य गतिहेतुत्वं गुणः। अधर्मास्तिकायस्य स्थितिहेतुत्वं गुणः। कालस्य वर्तनाहेतुत्वं गुणः। यदैव द्रव्यमुत्पद्यते तदैव ते द्रव्येण सह गुणा उत्पद्यन्ते। पौर्वापर्यभाव एव नास्ति। गुणगुणिनोः समानसामग्री-कत्वात्सव्येतरविषाणवत्। अथ क्रमभावी अयावद्द्रव्यभावी पर्यायः। यथा जीवस्य नरकादिपर्यायाः। पुद्गलस्य रूपरसस्पर्शादिपर्यायाः। धर्मस्य व्यञ्जनार्थपर्यायौ। अधर्मस्य व्यञ्जनार्थपर्यायौ। आकाशस्य व्यञ्जनार्थपर्यायाविति। **द्रव्याश्रया इति**। द्व्याणुकादि-व्यावृत्तये निर्गुणा इत्युक्तम्। तेषां परमाण्वादिद्रव्याश्रितत्वात्। **धर्माधर्मेति**। गतिहेतुत्वं धर्मस्य गुणः। स्थितिहेतुत्वमधर्मस्य गुणः। अवगाहहेतुत्वमाकाशस्य गुणः। वर्तनाहेतुत्वं कालस्य गुणः। वर्तना वर्तनं द्रव्यस्य तत्तदवस्थाविशेषवैशिष्ट्येनावस्थानम्। यथा तण्डुलानामोदनरूपेण पयसो दधिरूपेण च। बीजस्याङ्कुरकाण्डपत्रपुष्पफलरूपेण च। नवीनस्य वस्तुनो जीर्णताकरणं च। एवत्सर्वं कालाधीनमेव। गुणं प्रदर्श्य पर्यायं प्रदर्शयति–**तस्येति**। **उक्तरूपेण**। पूर्वोक्ततत्तदवस्थाविशेषवैशिष्ट्येन। **तद्भाव इति**। धर्मादीनि द्रव्याणि येन स्वरूपेण भवन्ति तेन रूपेण भावोवस्थानमित्यर्थः।

Others lay down a different set of *tattvas* from the two mentioned above, *jīva* and *ajīva*; they hold that there are five *astikāyas* or categories,—*jīva*, *ākāśa*, *dharma*, *adharma*, and *pudgala*. To all these five we can apply the idea of "existence" (*asti*),[1] as connected with the three divisions of time, and we can similarly apply the idea of "body" (*kāya*),[2] from their occupying several parts of space.

The *Jīvas* (souls) are divided into two, the "mundane" and

1. I read in p. 35, line 5, *'stiti* for *sthiti.*
2. Hence the term here used for "category"—*astikāya.*

the " released." The "mundane " pass from birth to birth; and these are also divided into two, as those posessing an internal sense (*samanaska*), and those destitute of it (*amanaska*). The former possesses *saṁjñā, i.e.*, the power of apprehension, talking, acting, and receiving instruction; the latter are those without this power. These latter are also divided into two, as "locomotive" (*trasa*), or, "immovable" (*sthāvara*).

The "locomotive" are those possessing at least two senses [touch and taste], as shell-fish, worms, etc., and are thus of four kinds [as possessing two, three, four, or five senses]; the "immovable" are earth, water, fire, air, and trees.[1] But here a distinction must be made. The dust of the road is properly "earth," but bricks, etc., are aggregated "bodies of earth," and that soul by whom this body is appropriated becomes "earthen-bodied," and that soul which will hereafter appropriate it is the "earth-soul." The same four divisions must also be applied to the others, water, etc, Now the souls which have appropriated or will appropriate the earth, etc., as their bodies, are reckoned as "immovable;" but earth, etc., and the "bodies of earth," etc., are not so reckoned, because they are inanimate.[2] These other immovable things, and such as only possess the one sense of touch, are considered as "released," since they are incapable of passing into any other state of existence.

Dharma, adharma, and *ākāśa* are singular categories [and not generic], and they have not the attribute of "action," but they are the causes of a substance's change of place.

Dharma, "merit," and *adharma,* "demerit," are well known. They assist souls in progressing or remaining stationary in the universally extended[3] sky [or ether] characterised by light, and also called Lakākāśa ; hence the presence of the category "merit"

---

1. These (by Hemach. *Abhidh.* 21), possess only one sense—touch. In p. 35, line IO, I read *śaṅkhagaṇḍola-karprabhṛtayas trasāś caturvidhāḥ pṛthivyaptejo.*
2. In p. 35, line 16, I read *teṣām ajīvatvāt* for *teṣāṁ jīvatvāt*. If we keep the old reading we must translate it, "because the former only are animate."
3. In p. 35, line 3 from bottom, I read *sarvatrāvasthite* for *sarvatrāvasthiti*. In the preceding line I read *ālokenāvacchinne* for *ālokenāvicchinne.*

is to be inferred from progress, that of "demerit" from stationariness. The effect of *ākāśa* is seen when one thing enters into the space previously occupied by another.

Pudgala, "body," possesses touch, taste, and colour. Bodies are of two kinds, atomic and compound. Atoms cannot be enjoyed;[1] the compounds are the binary and other combinations. Atoms are produced by the separation of these binary and other compounds, while these arise from the conjunction of atoms. Compounds sometimes arise from separation and conjunction [combined]; hence they are called *pudgalas,* because they "fill" (pier), and " dissolve " (gal). Although "time" is not properly an *astikāya,* because it does not occupy many separate parts of space [as mentioned in the definition], still it is a *dravya* [or *tattva*], as the definition will hold; "substance" (*dravya*) possesses "qualities and action."[2] Qualities reside in substance but do not themselves possess qualities, as the general qualities, knowledge, etc., of the *jīva,* form, etc:, of the body, and the power of causing progress, stationariness, and motion into a place previously occupied, in the case respectively of " merit," "demerit," and ākāśa. "Action" (*paryāya*) has thus been defined; the actions (*paryāyāḥ*) of a substance are, as has been said, its existence, its production, its being what it is, its development, its course to the end, as, *e.g.*, in the *jīva,* the knowledge of objects, as of a jar, etc., happiness, pain, etc. ; in the *pudgala,* the lump of clay, the jar, etc.; in merit and demerit, the special functions of progress, etc. Thus there are six substances or *tattvas* [*i.e.*, the five above mentioned and "time"].

---

1. Cf. Siddhānta-muktāvali, p. 27. The *viṣaya* is *upabhoga-sādhanam,* but it begins with the *dvyaṇuka.* This category takes up the forms of *sthāvara* which were excluded from *jīva.*
2. It s an interesting illustration how throughly Mādhava for the time throws himself into the Jaina system which he is analysing when we see that he gives the Jaina terminology for this definition of *dravya,* — *cf. Vaiśeṣ. Sūtra,* i. I, 15. *Paryāya* is explained as *karman* in Hemach. *Anek. Paryāya,* in p. 35, line II *(infra,* p. 53, line 9, seems used in a different sense from that which it bears elsewhere. I have taken it doubtingly as in Hemach. *Abhidh.* 1503, *paryāyo nukramaḥ kramaḥ.*

केचन सप्त तत्त्वानीति वर्णयन्ति। तदाह–जीवाजीवास्रवबन्धसंवर-निर्जरमोक्षास्तत्त्वानि (त. सू. १।४) इति। तत्र जीवाजीवौ निरूपितौ। आस्रवो निरूप्यते–औदारिकादिकायादिचलनद्वारेणात्मनश्चलनं योगपदवेदनीयमास्रवः। यथा सलिलावगाहि द्वारं जलाद्यास्रवणकारणत्वादास्रव इति निगद्यते तथा योगप्रणाडिकया कर्मास्रवतीति स योग आस्रवः। यथार्द्रं वस्त्रं समन्ताद्वातानीतं रेणुजातमुपादत्ते तथा कषायजलार्द्र आत्मा योगानीतं कर्म सर्वप्रदेशैर्गृह्णाति। यथा वा निष्टप्तायःपिण्डो जले क्षिप्तोम्भः समन्ताद् गृह्णाति तथा कषायोष्णो जीवो योगानीतं कर्म समन्तादादत्ते। कषति हिनस्त्यात्मानं कुगतिप्रापणादिति कषायः क्रोधो मानो माया लोभश्च। स द्विविधः शुभाशुभभेदात्। अत्राहिंसादिः शुभः काययोगः। सत्यमितहितभाषणादिः शुभो वाग्योगः। अर्हत्सिद्धाचार्योपा-ध्यायसाधुनामधेयपञ्चपरमेष्ठिभक्तितपोरुचिश्रुतविनयादिः शुभो मनोयोगः। एतद्विपरीतस्त्वशुभस्त्रिविधो योगः। तदेतदास्रवभेदप्रभेदजातं कायवाङ्मनः-कर्मयोगः। स आस्रवः। शुभः पुण्यस्य। अशुभः पापस्य (त. सू. ६।१-४) इत्यादिना सूत्रसंदर्भेण ससंरम्भमभाणि। अपरे त्वेवं मेनिरे–आस्रवयति पुरुषं विषयेष्विन्द्रियप्रवृत्तिरास्रवः। इन्द्रियद्वारा हि पौरुषं ज्योतिर्विषयान्स्पृशद्रूपादि-ज्ञानरूपेण परिणमत इति।

व्या० : तदाहेति। सूत्रकार इति शेषः। **जीवाजीवेति**। एषां सामान्यलक्षणान्यु-च्यन्ते। चेतनालक्षणो जीवः। स च ज्ञानादिभेदादनेकधाभिद्यते। तद्विपर्ययलक्षणोऽजीवः। शुभाशुभकर्मागमद्वारमास्रवः। आत्मकर्मणोरन्योन्यावयवानुप्रवेशो बन्धः। आस्रवनिरोधः संवरः। कर्मैकदेशसंक्षयो निर्जरा। कृत्स्नकर्मवियोगो मोक्ष इति। **औदारिकेति**। कायः पञ्चविधः। तदुक्तं सूत्रकारैः–औदारिकवैक्रियिकाहारकतैजसकार्मणानि शरीराणि (त. सू. २।३६)। शीर्यत इति शरीरम्। उदारं स्थूलम्। तत्र भवमौदारं स्थूलशरीरसाध्यं कर्मादिकम्। तत्प्रयोजनमस्येत्यौदारिकं दृश्यमानमेतत्स्थूलं शरीरम्। तदपेक्षया सूक्ष्मं वैक्रियिकम्। सामर्थ्यविशेषेणानणोरणुत्वापादनममहतो महत्त्वापादनं च विक्रिया। सा प्रयोजनमस्येति वैक्रियिकम्। एतच्च न दृश्यम्। तदपेक्षयापि सूक्ष्ममाहारकम्। आह्रियते स्वीक्रियते तदित्याहारकम्। एतच्च सूक्ष्मवस्तुपरिज्ञानार्थं स्वीक्रियते। तदपेक्षयापि सूक्ष्मं तैजसम्। तेजसि भवं तैजसम्। तदपेक्षयापि सूक्ष्मं कार्मणम्। एतदत्यन्तसूक्ष्मम्। अत्र शब्दाद्युपलब्ध्यभावः। पञ्चविधशरीरस्य कर्मनिमित्तत्वेपि रूढिवशात्कार्मणशब्दोत्रैव संकेतितः। अयःपिण्डेग्निपरमाणुप्रवेशवत्तैजसकार्मणयोर्वप्रज्ञादावपि प्रवेशः। एषु

पञ्चविधशरीरेषूत्तरोत्तरं व्यापकत्वमधिकम्। कायादीत्यादिपदेन वाचो मनसश्च ग्रहणम्। आत्मप्रदेशसंचलनं योग इत्युच्यते। स च कायिकवाचिकमानसिककर्मरूपत्रिविध-निमित्तभेदात्त्रिविधः। काययोगो वाग्योगो मनोयोग इति। अयं योग एवास्रवः। शरीरसंचलननिमित्तमात्मप्रदेशसंचलनं काययोगः। वाक्यपरिणामाभिमुखस्यात्मनः प्रदेशसंचलनं वाग्योगः। मनः परिणामाभिमुखस्यात्मनः प्रदेशसंचलनं मनोयोगः। **योगप्रणाडिकया।** आत्मप्रदेशसंचलनरूपयोगद्वारेण। यथा प्रणाल्या जलमास्रवति तथात्मप्रदेशसंचलनेन बहिःस्थाः कर्मपुद्गला आत्मप्रदेशमध्ये प्रविशन्ति। **स द्विविध, इति।** योगो द्विविध इत्यर्थः। **अर्हत्सिद्धेति।** अर्हत् १ सिद्ध २ आचार्य ३ उपाध्याय ४ साधु ५ नामका ये पञ्च परमेष्ठिनस्तेषु भक्तिः तपसि रुचिः श्रुतस्य शास्त्रस्य विनयनं शिक्षणमित्यादिकः शुभो मनोयोग इत्यर्थः। **एतद्विपरीत इति।** प्राणातिपातचौर्यमैथुनादि-रशुभः काययोगः। अनृतपरुषासभ्यवचनादिरशुभो वाग्योगः। वधचिन्तनेर्ष्यासूयादिरशुभो मनोयोगः। **ससंरम्भम्।** संरम्भः प्रयत्नविशेषः।

Others reckon the tattvas as seven, as has been said—

"The *tattvas* are *jīva, ajīva, āsrava, bandha, saṁvara, nirjarā,* and *mokṣa.*" *Jīva* and *ajīva* have been already described. *Āsrava* is described as the movement of the Soul called *yoga,*[1] through its participation in the movement of its various bodies, *audārika,* etc. As a door opening into the water is called *āsrava,* because it causes the stream to descend through it,[2] so this *yoga* is called *āsrava,* because by it as by a pipe actions and their consequences flow in upon the soul. Or, as a wet garment collects the dust brought to it from every side by the wind, so the soul, wet with previous sins, collects, by its manifold points of contact with the body, the actions which are brought to it by *yoga.* Or as, when water is thrown on a heated lump of iron, the iron absorbs the water altogether, so the *jīva,* heated by previous sins, receives from every side the actions which are brought by *yoga.* *Kaṣāya* ("sin," "defilement") is so called because it "hurts" (*kaṣ*) the soul by leading it into evil states; it comprises anger, pride, delusion, and lust. *Āsrava* is twofold, as good or evil. Thus abstaining from doing injury is a good *yoga* of the body;

1. *Yoga* seems to be here the natural impulse of the soul to act.
2. In line 18, read *āśravaṇakāraṇatvād.*

speaking what is true, measured, and: profitable is a good yoga of the speech.

These various subdivisions of *āśrava* have been described at length in several *Sūtras*. "*Āsrava* is the impulse to action with body, speech, or mind, and it is good or evil as it produces merit or demerit," etc. Others, however, explain it thus:—"*Āsrava* is the action of the senses which impels the soul towards external objects; the light of the soul, coming in contact with external objects by means of the senses, becomes developed as the knowledge of form, etc."[1]

मिथ्यादर्शनाविरतिप्रमादकषायवशाद्योगवशाच्चात्मा सूक्ष्मैकक्षेत्रावगाहिनामनन्तप्रदेशानां पुद्गलानां कर्मबन्धयोग्यानामादानमुपश्लेषणं यत्करोति स बन्धः। तदुक्तं सकषायत्वाज्जीवः कर्मभावयोग्यान्पुद्गलानादत्ते स बन्धः (त. सू. ८।२) इति। तत्र कषायग्रहणं सर्वबन्धहेतूपलक्षणार्थम्। बन्धहेतून्पपाठ वाचकाचार्यः- मिथ्यादर्शनाविरतिप्रमादकषाययोगा बन्धहेतवः (त. सू. ८।१) इति। मिथ्यादर्शनं द्विविधं मिथ्याकर्मोदयात्परोपदेशानपेक्षं तत्त्वाश्रद्धानं नैसर्गिकमेकम्। अपरं परोपदेशजम्। पृथिव्यादिषट्कोपादानं षडिन्द्रियासंयमनं चाविरतिः। पञ्चसमितित्रिगुप्तिष्व[2]नुत्साहः प्रमादः। कषायः क्रोधादिः। तत्र कषायान्ताः स्थित्यनुभवबन्धहेतवः प्रकृतिप्रदेशबन्धहेतुर्योग इति विभागः। बन्धश्चतुर्विध इत्युक्तं प्रकृतिस्थित्यनुभवप्रदेशास्तद्विधयः (त. सू. ८।३) इति। यथा निम्बगुडादेस्तिक्तत्वमधुरत्वादिस्वभाव एवमावरणीयस्य ज्ञानदर्शनावरणत्वमादित्यप्रभाच्छादकाम्भोधरत्वप्रदीपप्रभातिरोधायककुम्भवच्च। सदसद्वेदनीयस्य सुखदुःखोत्पादकत्वमसिधारामधुलेहनवत्। दर्शने मोहनीयस्य तत्त्वार्थाश्रद्धानकारित्वं दुर्जनसङ्गवत्। चारित्रे मोहनीयस्यासंयमहेतुत्वं मद्यमदवत्। आयुषो देहबन्धकर्तृत्वं जलवत्। नाम्नो विचित्रनामकारित्वं चित्रिकवत्। गोत्रस्योच्चनीकारित्वं कुम्भकारवत्। दानादीनां विघ्ननिदानत्वमन्तरायस्य स्वभावः कोशाध्यक्षवत्। सोयं प्रकृतिबन्धोष्टविधो द्रव्यकर्मावान्तरभेदमूलप्रकृतिवेदनीयः। तथावोचदुमास्वातिवाचकाचार्यः-आद्यो ज्ञानदर्शनावरणवेदनीयमोहनीयायुर्नामगोत्रान्तरायाः

1. The *jñāna* is one, but it becomes apparently manifold by its connection with the senses and external objects.
2. गुप्तिप्रभृतिषु for गुप्तिषु D.

(त.सू. ८।४) इति। तद्भेदं च समगृह्णात्पञ्चनवद्व्यष्ट्यविंशतिचतुर्द्विचत्वारिंशद्द्विपञ्चभेदा यथाक्रमम् (त. सू. ८।५) इति। एतच्च सर्वं विद्यानन्दादिभिर्विवृतमिति विस्तरभयान्न प्रस्तूयते। यथाजागोमहिष्यादिक्षीराणामेतावन्तमनेहसं माधुर्यस्वभावादप्रच्युतिस्थितिस्तथा ज्ञानावरणादीनां मूलप्रकृतिनामादितस्तिसृणामन्तरायस्य च त्रिंशत्सागरोपमकोटिकोट्यः परा स्थितिः (त. सू. ८।१४) इत्याद्युक्तं कालदुर्दान्तवत्स्वीयस्वभावादप्रच्युतिस्थितिः। यथाजागोमहिष्यादिक्षीराणां तीव्रमन्दादिभावेन स्वकार्यकरणे सामर्थ्यविशेषोनुभावस्तथा कर्मपुद्गलानां स्वकार्यकरणे सामर्थ्यविशेषोनुभावः। कर्मभावपरिणतपुद्गलस्कन्धानामनन्तान्तप्रदेशानामात्मप्रदेशानुप्रवेशः प्रदेशबन्धः।

व्या० : मिथ्यादर्शनेति। मिथ्यादर्शनादयोनुपदमेव वक्ष्यन्ते। मिथ्यादर्शनादिभिर्हेतुभूतैरयं जीवात्मा सूक्ष्माणामेकस्मिञ्छरीरे प्रविशतामनन्तावयवानां पुद्गलानामणुद्व्यणुकादीनां कर्मरूपेण परिणामयोग्यानामुपश्लेषणमविभागेन संबन्धं करोति। अयमेव बन्ध इत्युच्यते। मिथ्यादर्शनाद्यावेशादार्द्रीकृतस्यात्मनः सर्वतो योगविशेषादुक्तरूपैः पुद्गलैः सहाविभागेन संबन्धो भवति। यथा पात्रविशेषे प्रक्षिप्तानां विविधरसबीजपुष्पफलानां मदिरारूपेण परिणामो भवति तथा पुद्गलानामप्यात्मनि स्थितानां योगकषायवशात्कर्मरूपेण परिणामो भवतीति तात्पर्यम्। **तदुक्तमिति।** उमास्वातिवाचकाचार्येण सूत्रकारेणेति शेषः। **सकषायत्वादिति।** कषायेण क्रोधमानादिना सह वर्तत इति सकषायः। तस्य भावः सकषायत्वम्। कषायस्य मन्दमध्यतीव्रत्वतारतम्येन बन्धेपि तारतम्यं भवति। कर्मपदमावर्तते। एकं पञ्चम्यन्तमपरं षष्ठ्यन्तम्। कर्मणो हेतोर्जीवः सकषायो भवति। सकषायत्वाच्च स कर्मभाक्योग्यान्पुद्गलान्गृह्णाति स बन्ध इत्यर्थः। अयं च जीवकर्मणोः संबन्धोनादिरिति नात्र हेतुर्विचारणीयः। एतेनामूर्तस्य जीवस्य मूर्तेन कर्मणा कथं संबन्धो जायत इत्यपास्तम्। **मिथ्याकर्मोदयादिति।** यदा मिथ्याकर्मण उदयो भवति तदा परकृतोपदेशं विना स्वभावत एव जीवाजीवादिषु तत्त्वभूतार्थेष्वश्रद्धोत्पद्यते तदेकं मिथ्यादर्शनम्। परोपदेशेन जायमाना अश्रद्धा द्वितीयं मिथ्यादर्शनम्। **पृथिव्यादीति।** न विरतिरविरतिः। विरतिर्नाम ज्ञात्वाभ्युपेत्याकरणम्। अकरणं निवृत्तिरुपरमो विरतिरित्येते पर्यायाः। सा च विरतिः पृथिव्यप्तेजोवायुस्थावरजङ्गमपषड्विधपुद्गलास्तिकायस्यानुपादानरूपा षडिन्द्रियसंयमनरूपा च। अनुपादानमस्वीकरणम्। संयमनं नियमनम्। तद्विपरीता चाविरतिरर्थाद्द्वादशविधा - पृथिव्यादिषट्कोपादानरूपा षडिन्द्रियासंयमनरूपा चेति। **पञ्चसमितीति।** समितिगुप्तयोनुपदं मूल एव (३।३।१६) वक्ष्यन्ते। **क्रोधादिरिति।** आदिपदेन

मानमायालोभानां ग्रहणम्। **कषायान्ताः।** मिथ्यादर्शनाविरतिप्रमादकषायाः। **प्रकृतिस्थितीति।** अनेन सूत्रेण बन्धश्चतुर्विध इत्युक्तमित्यन्वयः। तस्य बन्धस्य विधः यः प्रकाराः प्रकृत्यादयश्चत्वारः। प्रकृतिबन्धः स्थितिबन्धोनुभवबन्धः प्रदेशबन्धश्चेति बन्धचतुष्टयं बोध्यम्। तत्र प्रकृतिबन्धोष्टविधः। तमाह-**यथेत्यादिना।** प्रकृतिः स्वभावः। निम्बस्य का प्रकृतिः। तिक्तता। गुडस्य का प्रकृतिः। मधुरता। तद्वदष्टविधस्य कर्मणः स्वभाववैचित्र्येण प्रकृतिबन्धस्याष्टविधत्वं भवति। ज्ञानावरण (१) दर्शनावरण (२) वेदनीय (३) मोहनीय (४) आयुः (५) नाम (६) गोत्र (७) अन्तराय (८) भेदेनाष्टविधं कर्मोच्यते। तत्र ज्ञानावरणस्य स्वभावोर्थानवगमः। एतत्कर्मादित्यप्रभा-च्छादकमेघवज्जज्ञातृत्वशक्तिमावृणोति। दर्शनावरणस्य स्वभावोर्थानालोचनम्। एतत्कर्म प्रदीपप्रभातिरोधायककुम्भवद्दर्शनमावृणोति। वेदनीयस्य सदसद्रूपस्य स्वभावः सुखदुःखसंवेदनम्। एतत्कर्म सुखं दुःखं चोत्पादयति। यथासिधारागतस्य मधुनो लेहनं माधुर्यरसास्वादनेन सुखं जिह्वातोदनेन दुःखं चोत्पादयति तद्वत्। मोहनीयं दर्शने चारित्रे च मोहमुत्पादयति। आद्यस्य स्वभावस्तत्त्वर्थाश्रद्धानम्। एतत्कर्म दुर्जनसङ्गवत्तत्त्वार्थे-ऽश्रद्धामुत्पादयति। द्वितीयस्य स्वभावोसंयमः। असंयम इन्द्रियनियमनाभावः। एतत्कर्म त्वाचरण इन्द्रियाणामव्यवस्थामुत्पादयति मद्यमदवत्। आयुर्नामककर्मणः स्वभावो भवधारणम्। एतत्कर्म देहं धारयति। यथा जलं तरितृणां मनुष्यपश्वादीनां देहं धारयति तद्वत्। नामसंज्ञककर्मणः स्वभावो नारकादिनामकरणम्। एतत्कर्मचित्रकारवन्नानाविधाः संज्ञा आधत्ते। गोत्राभिधस्य कर्मणः स्वभाव उच्चनीचसंशब्दनम्। एतत्कर्म कुम्भकारो घटेष्विव शरीर उच्चनीचावस्थां संपादयति। अन्तरायकर्मणः स्वभावो विघ्नोत्पादनम्। एतत्कर्म कृपणवद्दानादिषु विघ्नमुत्पादयति। **द्रव्यकर्मेति।** द्रव्यरूपं यत्कर्म धर्माधर्माख्यं तस्य येवान्तरभेदास्तेषां मूलस्वभावं ज्ञात्वाऽष्टविधेषु प्रकृतिबन्धेष्वीदृशोयमिति वेदनीय इत्यर्थः। **आद्य इति।** आद्यः प्रकृतिबन्धो ज्ञानावरणादिभेदैरष्टविधो ज्ञेयः। आवृणोत्यनेनेत्याव्रियतेनेनेति वा आवरणम्। तच्च ज्ञानदर्शनाभ्यां प्रत्येकमभिसंबध्यते। वेदयति वेद्यत इति वा वेदनीयम्। मोहयति मुह्यतेनेति वा मोहनीयम्। एत्यनेन नारकादिभवमित्यायुः। नमयति नानायोनिषु नारकादिपर्यायैः शब्दयत्यात्मानमिति नाम। णम प्रह्वत्वे शब्दे च। नम्यतेनेनेति वा। गूयत उच्चैर्नीचैश्च शन्द्यत इति गोत्रम्। दातृदेयादीनामन्तरं मध्यमेतीत्यन्तरायः। एकेनात्मपरिणामेनादीयमानाः पुद्गला ज्ञानावरणाद्यनेकभेदं प्रतिपद्यन्ते सकृदुपभुक्तान्नपरिणामरसरुधिरादिवत्। **तद्भेदमिति।** ज्ञानावरणादीनामष्यनां कर्मणां प्रत्येकं ये भेदास्तेषां संग्रहं सूत्रकारः पञ्चनवद्वीत्यादिसूत्रेण कृतवानित्यर्थः। ज्ञानावरणं पञ्चविधम्। दर्शनावरणं नवविधम्। वेदनीयं द्विविधम्। मोहनीयमष्टाविंशतिविधम्। आयुश्चतुर्विधम्। नाम द्विचत्वारिंशद्विधम्। गोत्रं द्विविधम्।

अन्तरायः पञ्चविधः। एतेषां भेदानां प्रत्येकं स्वरूपं सर्वार्थसिद्धौ प्रदर्शितं तत एव द्रष्टव्यम्। स्थितिबन्धमाह-**यथाजेति**। यथाजागोमहिष्यादिक्षीराणां प्रतिनियतकालं माधुर्यस्वभावो न विहन्यते तथाष्यनां कर्मणामपि प्रतिनियतकालं स्वभावो न विहन्यते। तावत्कालपर्यन्तं स्थितिबन्धः। तत्र कर्मचतुष्टयस्य स्वभावाविघातकाल आदितस्तिसृणामित्यनेन सूत्रेणोक्तः। सागरोपमं कालपरिणामविशेषः। कोटीनां कोट्यः कोटिकोट्यः। परोत्कृष्य। आदितस्तिसृणा कर्मणां ज्ञानावरणदर्शनावरणवेदनीयानामन्तरायस्य च त्रिंशत्सागरोपमकोटिकोटिकालपर्यन्तमुत्कृष्य स्थितिर्भवति। तावत्कालपर्यन्तं तेषां स्वभावो न विहन्यते। **इत्यादीति**। यथोक्तं सूत्रकारैः-सप्ततिर्मोहनस्य (त. सू. ८।१५)। मोहनीयस्य कर्मणः सप्ततिसागरोपमकोटिकोट्यः परा स्थितिर्भवति। विंशतिर्नामगोत्रयोः (त. सू. ८।१६)। नामगोत्रयोः कर्मणोर्विंशतिसागरोपमकोटिकोट्यः परा स्थितिर्भवति। त्रयस्त्रिंशत्सागरोपमाण्यायुषः (त. सू. ८।१७) आयुःकर्मणस्त्रस्त्रिंशत्सागरोपमपर्यन्तं परा स्थितिर्भवति। अयं कर्मण उत्कृष्टस्थितेः काल उक्तः। जघन्यस्थितेः कालस्तु अपरा द्वादशमुहूर्ता वेदनीयस्य (त. सू. ८।८८) इत्यादिसूत्रैरुक्तस्तत एव द्रष्टव्यः। यथा दुर्दान्तस्य मत्तस्य गजादेः किंचित्कालपर्यन्तं स्वभावो न प्रच्यवते तथा त्रिंशत्सागरोपमाद्युक्तकालपर्यन्तं स्वीयस्वभावो न प्रच्यवत इत्यर्थः। अनुभवबन्धमाह-**यथाजेति**। प्रदेशबन्धमाह-**कर्मभावेति**। पूर्यन्ते गलन्ति चेति पुद्गलाः। कर्मरूपेण परिणता ये पुद्गलास्तद्रूपा ये स्कन्धा द्व्यणुकादयस्तेषामनन्तावयवानामात्मावयवेषु नीरक्षीरन्यायेनानुप्रवेशः प्रदेशबन्ध उच्यते।

आस्रवनिरोधः संवरः। येनात्मनि प्रविशत्कर्म प्रतिषिध्यते स गुप्तिसमित्यादिः संवरः। संचारकारणाद्योगादात्मनो गोपनं गुप्तिः। सा त्रिविधा कायवाङ्मनोनिग्रहभेदात्। प्राणिपीडापरिहारेण सम्यगयनं समितिः। सेर्याभाषादिभेदात्पञ्चधा। प्रपञ्चितं च हेमचन्द्राचार्यैः -

लोकातिवाहिते मार्गे चुम्बिते भास्वदंशुभिः।
जन्तुरक्षार्थमालोक्य गतिरीर्या मता सताम्।।
अनवद्यमृतं सर्वजनीनं मितभाषणम्।[1]
प्रिया वाचंयमानां सा भाषासमितिरुच्यते।।
द्विचत्वारिंशता भिक्षादोषैर्नित्यमदूषितम्।
मुनिर्यदन्नमादत्ते सैषणासमितिर्मता।।

1. अपद्यतां गता सर्वजनीना मितभाषणा for अनवद्य०णम् D.

आसनादीनि संवीक्ष्य प्रतिलङ्घ्य च यत्नतः।
गृह्णीयान्निक्षिपेद्ध्यायेत्सादानसमितिः स्मृता।।
कफमूत्रमलप्रायैर्निर्जन्तुजगतीतले ।
यत्नाद्यदुत्सृजेत्साधुः सोत्सर्गसमितिर्भवेत्।।

व्या० : संवरं लक्षयति–**आस्रवेति**। आस्रव आत्मनश्चलनम्। इदमेव योगपदेनोच्यते। तस्य निरोधे हि कर्मपुद्‌गलानामात्मनि प्रवेशो न संभवति। **संचारेति**। कर्मपुद्‌गलानां यः संचारः प्रवेशस्तत्कारणीभूताद्योगात्सकाशादात्मनो गोपनं रक्षणं गुप्तिरित्युच्यते। **अयनं** वर्तनम्। **सेर्याभाषेति**। ईर्यासमितिर्भाषासमितिरेषणासमिति-रादानसमितिरुत्सर्गसमितिश्चेति पञ्चविधेत्यर्थः। **लोकेति**। लोकैरतिवाहिते जनपादक्षुण्णे। अनेन जन्तूनां विरलत्वं सूचितम्। सूर्यकिरणैः स्पृष्टे प्रकाशिते मार्गे जन्तूनां रक्षणार्थं मार्गमालोक्य जन्तूनां यथा पीडा न भवेत्तथा पादविन्यासः कर्तव्यः। इयमीर्यासमिति-रुच्यते। **अनवद्यमृतं सर्वेति**। अनवद्यमनिन्द्यमृतं सत्यं सर्वजनहितकारकं मितं च यद्भाषणं क्रियते सा भाषामितिरुच्यते। अनवद्यमृतमित्यस्य स्थानेऽपद्यतां गतमिति पाठः पुस्तकान्तरे दृश्यते। पादवेधकार्थकस्य पद्यशब्दस्य वेधकमात्रार्थकत्वमत्र लक्षणया। अवेधकत्वं प्राप्तमित्यर्थः। वेधाजनकमिति यावत्। अथ वा गद्यात्मकं न तु पद्यात्मकम्। यथा गद्याच्छीघ्रं वैशद्येन चार्थप्रतीतिर्न तथा पद्यादित्याशय इति केचित्। इयं भाषासमितिर्वाचंयमानां मौनव्रतिनां प्रियेत्यर्थः। **द्विचत्वारिंशतेति**। द्विचत्वारिंशत्संख्या-कैर्भिक्षादोषैरदूषितस्यान्नस्य यद्ग्रहणं सेषणासमितिरुच्यते। **आसनादीनीति**। ध्यायन्मुनिरासनादीन्यादाववलोक्य तद्ग्रहणार्थं समुल्लङ्घनावश्यकत्वे यत्नतः प्राणिपीडापरिहारेण गृह्णीयात् गृहीत्वा प्रस्थापयेच्चेत्येवंरूपादानसमितिरुच्यते। **कफेति**। कफादयः शरीरगतास्त्याज्याः पदार्था जन्तुरहिते भूप्रदेशे यत्त्यज्यन्ते सोत्सर्गसमितिरुच्यते। एताः पञ्च समितयो विदितजीवस्थानस्य मुनेः प्राणिपीडापरिहाराभ्युपाया भवन्ति। एवंविधस्य च कर्मास्रवाभावात्संवरो भवति।

Saṁvara is the stopping of *āsrava*—that by which the influence of past actions (*karman*) is stopped from entering into the soul. It is divined into *gupti, samiti,* etc. *Gupti* is the withdrawal of the soul from that "impulse" (*yoga*) which causes mundane existence,—it is threefold, as relating to body, speech, or mind. *Samiti* is the acting so as to avoid injury to all living beings. This is divided into five kinds, as *īryā,*[1] *bhāṣā*, etc., as has been explained by Hemachandra.

1. In p. 39, line 2 and line 5, for *īrṣyā* read *iryā,*—a bad misreading.

अत एव–

आस्रवः स्रोतसो द्वारं संवृणोतीति संवरः।

इति निराहुः। तदुक्तमभियुक्तैः–

आस्रवो भवहेतुः स्यात्संवरो मोक्षकारणम्।
इतीयमार्हती सृष्टिरन्यदस्याः प्रपञ्चनम्।।

अर्जितस्य कर्मणस्तपःप्रभृतिभिर्निर्जरणं निर्जराख्यं तत्त्वम्। चिरकालप्रवृत्त-कषायकलापं पुण्यं सुखदुःखे च देहेन जरयति नाशयति केशोल्लुञ्चनादिकं तप उच्यते। सा निर्जरा द्विविधा यथाकालौपक्रमिकभेदात्। तत्र प्रथमा यस्मिन्काले यत्कर्म फलप्रदत्वेनाभिमतं तस्मिन्नेव काले फलदानाद्भवन्ती निर्जरा कामादिपाकजेति च जेगीयते। यत्कर्म तपोबलात्स्वकामनयोदयावलिं प्रवेश्य प्रपद्यते सौपक्रमिकनिर्जरा। यदाह–

संसारबीजभूतानां कर्मणां जरणादिह।
निर्जरा संमता द्वेधा सकामाकामनिर्जरा।।
स्मृता सकामा यमिनामकामा त्वन्यदेहिनाम्।। इति।

व्या० : निर्जरां लक्षयति–**अर्जितस्येति**। पूर्वसंपादितस्य कर्मणस्तोपाध्यानजपादि-भिर्निर्जरणं क्षपणं निजरेत्युच्यते। **केशोल्लञ्चनादिकं तप इति**। उल्लुञ्चनमुत्पाटनम्। यद्यपि तपोभ्युदयसाधनत्वादभ्युदयाङ्गं भवति तथापि तस्य निर्जराङ्गत्वमपीष्यते। एकस्यानेककार्यकारित्वे बाधकाभावात्। यथाग्निरेकोपि क्लेदनभस्माङ्गारादिप्रयोजनो भवति तद्वत्। **यत्कर्म तपोबलादिति**। अनुदयावस्थस्यापि कर्मण उदयावस्थां हठात्संपादयति तपस्वी तपोबलादेव।

Bandha, "bondage," is when the soul, by the influence of "false intuition," "non-indifference," "carelessness," and "sin" (*kaṣāya*), and also by the force of *yoga*; assumes various bodies occupying many parts of space, which enter into its own subtile body, and which are suited to the bond of its previous actions. As has been said—

> "Through the influence of sin the individual soul assumes bodies suitable to its past actions, this is, 'bondage.'"

In ihis quotation the word "sin" (*kaṣāya*) is used to include the other three causes of bondage as well as that properly so termed. Vācakācārya has thus enumerated the causes of bondage : "The causes of bondage are false intuition, non-indifference, carelessness, and sin."

मिथ्यादर्शनादीनां बन्धहेतूनां निरोधेभिनवकर्माभावान्निर्जराहेतुसंनिधाने-नार्जितस्य कर्मणो निरसनादात्यन्तिककर्ममोक्षणं मोक्षः। तदाह–बन्धहेत्वभाव-निर्जराभ्यां कृत्स्नकर्मविप्रमोक्षणं मोक्षः (त. सू. १०।२) इति। तदनन्तरमूर्ध्वं गच्छत्यालोकान्तात् (त. सू. १०।५)। यथा हस्तदण्डादिभ्रमिप्रेरितं कुलालचक्रमुपरतेपि तस्मिंस्तद्बलादेवासंस्कारक्षयं भ्रमति तथा भवस्थेनात्मनाप-वर्गप्राप्तये बहुशो यत्कृतं प्रणिधानं मुक्तस्य तदभावेपि पूर्वसंस्कारादालोकान्तं गमनमुपपद्यते। यथा वा मृत्तिकालेपकृतगौरवमलाबुद्रव्यं जलेधः पतति पुनरपेतमृत्तिकाबन्धमूर्ध्वं गच्छति तथा कर्मरहित आत्मा असङ्गत्वादूर्ध्वं गच्छति। बन्धच्छेदादेरण्डबीजवच्चोर्ध्वं गतिस्वभावाच्चाग्निशिखावत्। अन्योन्यं प्रदेशानुप्रवेशे सत्यविभागेनावस्थानं बन्धः। परस्परप्राप्तिमात्रं सङ्गः। तदुक्तं पूर्वप्रयोगादसङ्गत्वाद्बन्धच्छेदात्तथा गतिपरिणामाच्च (त. सू. १०।६)। आविद्धकुलालचक्रवद्व्यपगतलेपालाबुवदेरण्डबीजवदग्निशिखावच्च (त. सू. १०।७) इति। अत एव पठन्ति–

गत्वा गत्वा निवर्तन्ते चन्द्रसूर्यादयो ग्रहाः।
अद्यापि न निवर्तन्ते त्वलोकाकाशमागताः।। (प. न.) इति।

अन्ये तु गतसमस्तक्लेशतद्वासनस्यानावरणज्ञानस्य सुखैकतानस्यात्मन उपरिदेशावस्थानं मुक्तिरित्यास्थिषत। एवमुक्तानि सुखदुःखसाधनाभ्यां पुण्यपापाभ्यां सहितानि नव पदार्थान्केचनाङ्गीचक्रुः। तदुक्तं सिद्धान्ते जीवाजीवौ पुण्यपापयुतावास्रवः संवरो निर्जरणं बन्धो मोक्षश्च नव तत्त्वानीति। संग्रहे प्रवृत्ता वयमुपरताः स्मः।

व्या० : मोक्षं लक्षयति–**मिथ्यादर्शनेति**। संवरो निर्जरा चेति मोक्षे हेतुद्वयम्। तत्र संवरेण कर्मपुद्गलानां जीवात्मनि प्रवेशाभावादभिनवकर्माभावः। संचितस्य च निर्जरया क्षपणम्। एवं कृत्स्नकर्मविमोक्षे मोक्षः सिध्यति। **तदनन्तरमिति**। कृत्स्नकर्मक्षयानन्दतरमित्यर्थः। आलोकान्तादित्यत्राङ्भिविध्यर्थकः। ऊर्ध्वगमने हेतुचतुष्टयं दर्शयति–**यथेति**। **तस्मिन्**। हस्तदण्डादिसंयोगे। **प्रणिधानं** योगः।

तदभावेपि। मुक्तावस्थायां प्रणिधानाभावेपि। **अपेतमृत्तिकाबन्धम्।** जलक्लेदविश्लिष्टमृत्तिकासंबन्धम्। तेन ह्यपगतगौरवं स्वाभाविकलघुत्वेनोर्ध्वगच्छति। **एरण्डेति।** बीजकोशबन्धच्छेदादेरण्डबीजस्योर्ध्वं गतिर्दृश्यत इति प्रसिद्धम्। तद्वन्मनुष्यादिभवप्रापकगतिजातिनामादिसकलकर्मबन्धच्छेदान्मुक्तस्योर्ध्वं गतिरवसीयते। **आविद्धेति।** कुलालप्रयोगापादितहस्तदण्डचक्रसंयोगेनोत्पादितभ्रमणमाविद्धम्। **गतसमस्तेति।** गताः समस्ताः क्लेशास्तद्वासना च यस्यात एवानावृतं ज्ञानं यस्यात एव सुखैकतानस्यात्मनो यत्स्वाभाविकमुपरिदेशावस्थानं सा मुक्तिरित्यर्थः। अत्र कृत्स्नकर्मविमोक्षणं मोक्ष इति पूर्वमतमेव युक्तम्। मोक्षशब्दार्थानुगुण्यात्। **उक्तानीति।** जीवाजीवास्रवबन्धसंवरनिर्जरमोक्ष रूपाणि सप्त तत्त्वानीत्यर्थः। **संग्रहे।**

विस्तरेणोपदिष्टानामर्थानां तत्त्वसिद्धये।
समासेनाभिधानं यत्संग्रहं तं विदुर्बुधाः।।

इत्युक्तलक्षणलक्षिते।

(a) " False intuition" is twofold, either innate from one's natural character, as when one disbelieves Jaina doctrines from the influence of former evil actions, irrespectively of another's teaching,—or derived, when learned by another's teaching.

(b) "Non-indifference" is the non-restraint of the five senses, and the internal organ from the set of six, earth, etc.

(c) "Carelessness" (*pramāda*) is a want of effort to practise the five kinds of samiti, gupti, etc.

(d) "Sin" consists of anger, etc. Here we must make the 'distinction that the four things, false intuition, etc., cause those kinds of bondage called *sthiti* and *anubhāva; yoga* [or *āsrava*] causes those kinds called *prakṛti* and *pradeśa.*

"Bondage" is fourfold, as has been said: "*Prakṛti, sthiti, anubhāva,* and *pradeśa* are its four kinds."

I. Prakṛti means "the natural qualities," as bitterness or sweetness in the vimba plant or molasses. This may be subdivided into eight *mūla-prakṛtis.*[1]

Thus obstructions (*āvaraṇa*)[2] cloud the knowledge and

1. These are also called the eight *karmas* in Govindānanda's gloss, *Ved. Sūt.*, ii. 2, 33.
2. The Calcutta MS. reads *ādaraṇīyasya* for *āvaraṇīyasya,* in p. 37, last line. But *āvaraṇiya* may be used for *āvaraṇa* (*Pāṇ.* iii. 4, 68). Cf. *Yoga Sūt.*, ii. 52, where Vyāsa's Comm. has *āvaraṇiya*

intuition, as a cloud obscures the sun or a shade the lamp. This is (a) *jñānāvaraṇa*, or (b) *darśanāvaraṇa*. (c) An object recognised as simultaneously existing or non-existing produces mingled pleasure and pain, as licking honey from a sword's edge,—this is *vedanīya*. (d) A delusion (*mohanīya*) in intuition produces want of faith in the Jaina categories, like association with the wicked; delusion in conduct produces want of self-restraint, like intoxication. (e) *Āyus* produces the bond of body, like a snare.[1] (f) *Nāman*, or "the name," produces various individual appellations, as a painter paints his different pictures. (g) *Gotra* produces the idea of noble and ignoble, as the potter fashions his pots. (h) *Antarāya* produces obstacles to liberality, etc., as the treasurer hinders the king by considerations of economy.

Thus is the *prakṛti-bandha* eightfold, being denominated as the eight *mūla-prakṛtis*, with subdivisions according to the different actions of the various subject-matter.

अत्र सर्वत्र सप्तभङ्गिनयाख्यं न्यायमवतारयन्ति जैनाः। स्यादस्तिस्यान्नास्ति स्यादस्ति च नास्ति च स्यादवक्तव्यः स्यादस्ति चावक्तव्यः स्यान्नास्ति चावक्तव्यः स्यादिति च नास्ति चावक्तव्य इति।

व्या० : सप्तभङ्गिनाख्यमिति। सप्तानामस्तित्वनास्तित्वादीनामेकत्र वस्तुनि मिथो विरोधस्य यो भङ्गो युगपदेकत्र सर्वेषां समुच्चयः सोस्मिन्नस्तीति सप्तभङ्गी। अथ वा सप्तानां सांख्याद्युक्तानामस्तित्वाद्येकान्तानां भङ्गः सप्तभङ्गः। सोस्मिन्नस्ति प्रतिपाद्यतया विद्यत इति सप्तभङ्गी। तादृशो नयो युक्तिः। सप्तभङ्गनय इति पाठे सप्तभङ्गे नय इति सप्तमीसमासः। सप्तभङ्गीनयाख्यमिति पाठे सप्तानां भङ्गानां स्यादस्तीत्यादीनां प्रकारविशेषाणां समाहारः सप्तभङ्गी। तादृशो नय इत्यर्थः। **स्यादस्तीति।** स्याच्छब्दोयमनेकान्तद्योतकः कथंचिदित्यर्थकोनिपातः। यदि हि घटादेरस्तित्वमेव चेत्कुलालव्यापारोनर्थकः प्रसज्यते। एवं घटादेर्नास्तित्वमेव चेत्तथापि कुलालव्यापारस्यानर्थक्यमेव। असत्स्वभावस्य हि व्यापारसहस्रेणाप्यस्तित्वं संपादयितुं न शक्यते शश शृङ्गादेरिव। एवं विद्यमानस्यैव वस्तुनः प्राप्त्यर्थं प्रयत्नो लोके दृश्यते। यथा निदाघे चन्दनस्य घर्षणे लेपने च सोपि विफलः स्यात्। वस्तुनः सत्त्वमेव स्वभावश्चेद्घृष्टत्वलिप्तत्वादिना प्राप्येन रूपेणापि चन्दनस्य पूर्वं सत्त्वात्। असत्त्वमेव स्वभावश्चेत्प्राप्यं घृष्टत्वादिरूपं प्रयत्नेनापि नैव प्राप्येत। एवमातपनिवारणाद्यर्थं छत्रधारणादिः प्रयत्नो दृश्यते सोपि

1. *Jālavat?* The printed text has *jalavat*.

विफलः स्यात्। वस्तुनः सत्त्वमेव स्वभावश्चेदातपस्य यत्संतापातिशयजनकत्वं निवारणीयं रूपं तेन रूपेण सदा सत्त्वात्कृतेपि प्रयत्ने किं स्यात्। असत्त्वमेव स्वभावश्चेत्संतापातिशयजनकत्वेन रूपेणाप्यसत्त्वात्किमर्थं प्रयत्न इति। अतोऽगत्या सदानेकरूपत्वमेव वस्तुन आस्थेयम्। अनेकरूपत्वे तु प्राप्यरूपस्यासत्त्वेपि तत्रासत्त्वैकान्ताभावेन यत्नः सफलः। एवं निवारणीयस्य रूपस्य सत्त्वेपि तत्र सत्त्वैकान्ताभावेन निवारणार्थं प्रयत्नः सफल इति। यद्यप्येकस्मिन्वृक्षेग्रावच्छेदेन कपिसंयोगो न मूलावच्छेदेनेति संयोगस्य सत्त्वमसत्त्वं च युगपदेव नैयायिकादिभिरपि स्वीक्रियते तथाप्यवच्छेदकभेदेन तत्। जैनैस्तु निरवच्छिन्नमप्रतिहतमेव सर्वत्र सत्त्वमसत्त्वं च स्वीक्रियत इति विशेषः। किं च कपिसंयोगस्यावच्छेदकं वृक्षाग्रं किमवच्छेदेन वर्तते। मूलाभावावच्छेदेन चेत्स किमवच्छेदेनेत्यनवस्थायामन्त्यासिद्धौ सर्वासिद्धेराद्यः कपिसंयोग एव निरवच्छिन्नौ नैयायिकैरपि स्वीकार्यः स्यादिति।

अन्ये तु व्याचक्षते–सर्वो हि घयदिः पदार्थः स्वकीयैर्द्रव्यक्षेत्रकालभावैरस्ति परकीयैर्नास्ति च। यथा पुण्यग्रामे वसन्तर्त्तौ विद्यमानः पार्थिवः श्यामो घटो द्रव्यतः पार्थिवत्त्वेनाप्यत्वेन नास्ति। क्षेत्रतः पुण्यग्रामस्थत्वेनास्ति काश्यादिस्थत्वेन नास्ति। कालतो वासन्तिकत्वेनास्ति शैशिरत्वेन नास्ति। भावतः श्यामत्वेनास्ति रक्तत्वेन नास्ति। तथा च स्वकीयैर्द्रव्यादिभिरस्तीति विधिकल्पनया परकीयैर्द्रव्यादिभिर्नास्तीति निषेधकल्पनया च सर्वे पदार्था भावाभावात्मका अनैकान्तिकाः। एकान्तो निश्चयः। सत्त्वस्यासत्त्वस्य वा निश्चयो नास्ति। एतादृशा एव सर्वे पदार्था इत्यर्थ इति।

जैनव्यतिरिक्ताः सर्वे एकान्तवादिनः। ते च सप्तविधाः। तत्र सत्कार्यवादिनः सांख्याः (१) पदार्थानां सर्वदास्तित्वमेवेति वदन्ति। शून्यवादिनो बौद्धविशेषा माध्यमिकाः (२) पदार्थानां नास्तित्वमेवेत्याहुः। असत्कार्यवादिनो नैयायिकादयः (३) पदार्थानामुत्पत्तेः पूर्वमभाव उत्पत्त्यनन्तरं सत्त्वं ततो नाशे पुनरभाव इति कालभेदेन पदार्थानां सत्त्वमसत्त्वं च मन्यन्ते। जगतो मायोपादानकत्वं मन्यमाना मायावेदान्तिनः (४) पदार्थानामनिर्वाच्यत्वमाचक्षते। यतो मायिकं मृगजलादि प्रतीतिकालेपि नास्तीति पश्चाद्बाध्यते। अतः पदार्थानां सत्त्वकालं एव वस्तुतोऽसत्त्वम्। अस्तित्वनास्तित्वनोर्मिथो विरुद्धयोर्युगपद्वाचा वक्तुमशक्यत्वेनानिर्वाच्या एव पदार्था इति तदभिप्रायः। केचिन्मायावेदान्तिन (५) एव सांख्योक्तं पदार्थानां सत्त्वं स्वीकुर्वन्तो मायिकत्वेनानिर्वाच्यत्वं प्रतिपेदिरे। अन्ये च मायावेदान्तिनः (६) शून्यवाद्युक्तं पदार्थानां नास्तित्वं स्वीकुर्वन्तो मायिकत्वेनानिर्वाच्यत्वं ब्रुवते। अपरे च मायावेदान्तिनो (७) नैयायिकाद्युक्तं पदार्थानां कालभेदेन सत्त्वमसत्त्वं च स्वीकुर्वन्तो मायिकत्वेनानिर्वाच्यत्वमङ्गीकुर्वते।

एकान्तवादिनश्चैते सांख्यादय: सप्त घटादिपदार्थानां स्वरूपप्रदर्शनकाले स्वस्वमतानुसारेण घटोऽस्ति घटो नास्तीत्येवं प्रतिपादयन्ति। जैनास्तु तत्तदुक्तमङ्गीकृत्य केवलं तत्र स्यात्पदप्रक्षेपं कुर्वन्ति। यथा सांख्यैर्घटोऽस्तीत्युक्तेऽस्तीति सत्यमेव परं तु न निश्चितं तत्स्वरूपम्। अत: स्यादस्तीति वक्तव्यमिति।

And thus has Umāswāti-vācakācārya[1] declared: "The first kind of bandha consists of obstructions of the knowledge and the intuition, *vedanīya, mohanīya, āyus, nāman, gotra,* and *antarāya;*" and he has also reckoned up the respective subdivisions of each as five, nine, twenty-eight, four, two, forty, two, and fifteen. All this has been explained at full length in the *Vidyānanda* and other works, and here is omitted through fear of prolixity.

2. *Sthiti.* As the milk of the goat, cow, buffalo, etc., have continued unswerving from their sweet nature for so long a period, so the first three *mūla prakṛtis, jñānāvaraṇa,* etc., and the last, *antarāya,* have not swerved from their respective natures even through the period described in the words, "*sthiti* lasts beyonds crores of crores of periods of time measured by thirty *sāgaropamas.*"[2] This continuance is *sthiti.*

3. *Anubhāva.* As in the milk of goats, cows, buffaloes, etc., there exists, by its rich or poor nature, a special capacity for producing[3] its several effects, so in the different material bodies produced by our actions there exists a special capacity (*anubhāva*) for producing their respective effects.

4. *Pradeśa.* The *bandha* called *pradeśa* is the entrance into the different parts of the soul by the masses, made up of an endless number of parts, of the various bodies which are developed by the consequences of actions.

---

1. Umāsvāmi.?
2. For the *sāgaropama,* see Wilson's *Essays,* vol i. p. 309. In p. 38, line 16, I reap *ityādyukta-kālād ūrdhvam api* for the obscure *ityādyuktaṁ kāladurddhānarat.* I also read at the end of the line *pracyutiḥ sthitiḥ* for *pracyutisthitiḥ.*
3. In p. 38, line 18, read *svakāryakaraṇe.*

तत्सर्वमनन्तवीर्यः प्रत्यपीपदत्–

तद्विधानविवक्षायां स्यादस्तीति गतिर्भवेत्।
स्यान्नास्तीति प्रयोगः स्यात्तन्निषेधे विवक्षिते।।
क्रमेणोभयवाञ्छायां प्रयोगः समुदायभाक्।
युगपत्तद्विवक्षायां स्यादवाच्यमशक्तितः।।
आद्यावाच्यविवक्षायां पञ्चमो भङ्ग इष्यते।
अन्त्यावाच्यविवक्षायां षष्ठभङ्गसमुद्भवः।।
समुच्चयेन युक्तश्च सप्तमो भङ्ग उच्यते।। इति।।

स्याच्छब्दः खल्वयं निपातस्तिङन्तप्रतिरूपकोऽनेकान्तद्योतकः।

यथोक्तम्–

वाक्येष्वनेकान्तद्योती गम्यं प्रति विशेषणम्।
स्यान्निपातोर्थयोगित्वात्तिङन्तप्रतिरूपकः ।। इति।।

यदि पुनरेकान्तद्योतकः स्याच्छब्दोयं स्यात्तदा स्यादस्तीति वाक्ये स्यात्पदमनर्थकं स्यात्। अनेकान्द्योतकत्वे तु स्यादस्ति कथंचिदस्तीति स्यात्पदात्कथंचिदित्ययमर्थो लभ्यत इति नानर्थक्यम्।

तदाह–

स्याद्वादः सर्वथैकान्तत्यागात्किंवृत्तचिद्विधेः।
सप्तभङ्गिनयापेक्षो हेयादेय[1]विशेषकृत्।। इति।

यदि वस्त्वस्येकान्ततः सर्वथा सर्वदा सर्वत्र सर्वात्मनास्तीति नोपादित्साजिहासाभ्यां क्वचित्कदाचित्केनचित्प्रवर्तेत निवर्तेत वा। प्राप्ताप्रापणीयत्वादहेयहानानुपपत्तेश्च। अनेकान्तपक्षे तु कथंचित्क्वचित्केनचित्सत्वेन हानोपादाने प्रेक्षावतामुपपद्येते। किं च वस्तुनः सत्त्वं स्वभावः, असत्त्वं वेत्यादि प्रष्टव्यम्। न तावदस्तित्वं वस्तुनः स्वभाव इति समस्ति। घटोस्तीत्यनयोः पर्यायतया युगपत्प्रयोगायोगात्। नास्तीति प्रयोगविरोधाच्च। एवमन्यत्रापि योज्यम्।

यथोक्तम्–

---

1. अहेय for आदेय D.

घटोस्तीति न वक्तव्यं सन्नेव हि यतो घटः।
नास्तीत्यपि न वक्तव्यं विरोधात्सदसत्त्वयोः।। इत्यादि।

तस्मादित्थं वक्तव्यं सदसत्सदसदनिर्वचनीयवादभेदेन प्रतिवादिनश्चतुर्विधाः। पुनरप्यनिर्वचनीयमतेन मिश्रितानि सदसदादिमतानीति त्रिविधाः। तान्प्रति किं वस्त्वस्तीत्यादिपर्यनुयोगे कथंचिदस्तीत्यादिप्रतिवचनसंभवेन ते वादिनः सर्वे निर्विण्णाः सन्तस्तूष्णीमासत इति संपूर्णार्थविनिश्चायिनः स्याद्वादमङ्गीकुर्वतस्तत्र तत्र विजय इति सर्वमुपपन्नम्। यदवोचदाचार्यः स्याद्वादमञ्जर्याम्–

व्या० : तद्विधानेति। घटादिपदार्थानां विधिरूपेण प्रतिपादनेच्छायामस्तीति प्रयोगो भवति। निषेधरूपेण प्रतिपादनेच्छायां नास्तीति प्रयोगो भवति। एवं सर्वत्रोह्यम्। **समुदायः।** अस्ति नास्तीति रूपद्वयसमुदायः। **अशक्तितः।** अस्तित्वनास्तित्वयो-र्विरुद्धयोर्युगपद्वक्तुमशक्यत्वात्। **तिङन्तप्रतिरूपकः।** वर्णानुपूर्व्या क्रियापदसदृशः। **वाक्येष्विति।** अर्थयोगित्वात्सार्थकत्वात्। गम्यं विधेयम्। स्यादस्तीत्यादिवाक्येषु तिङन्तप्रतिरूपकः स्यादित्ययं निपातः सार्थकत्वादनेकान्तद्योतकः सन्विधेयस्यास्ती-त्यादेर्विशेषणं भवति। स्यादित्यस्यैकान्तार्थकत्वे तु तस्य सार्थकत्वं न स्यादित्यर्थः। तदाह–**यदीति। स्याद्वाद इति।** किमा किंशब्देन वृत्तं निष्पन्नं कथमित्यव्ययम्। तस्य चिद्विधेश्चिदित्यनेन योगात्कथंचिदिति भवति। कथंचिदस्तीत्युक्ते सर्वथैकान्तस्या-स्तीत्यादिनिश्चयस्य त्यागादयं स्याद्वादः सिध्यति। अयं च स्याद्वादः पूर्वोक्तसप्त-भङ्गिनयापेक्षया इदं हेयमिदमादेयमिति भेदाय कल्पते। वस्तुनो निश्चितस्वरूपत्वे तु तस्य हेयत्वमादेयत्व च न संभवतीत्यर्थः। तदेवाह–**यदि वस्त्विति।** इदमनुपदमेवोप-पादितम्। **प्राप्ताप्रापणीयत्वादिति।** अप्राप्तं हि वस्तु प्रवृत्त्यादिप्रयत्नेन प्रापणीयं भवति। न तु पूर्वमेव प्राप्तम्। तथा हातुं योगस्य हानं संभवति न त्वहेयस्य समस्ति। संभवति। **विरोधाच्चेति।** घटे नास्तीत्यपि प्रयोगो नोपपद्यत इति शेषः। **सन्नेव।** सत्स्वरूप एव।

1. " In a public highway, kissed by the sun's rays, to walk circumspectly so as to avoid injuring living beings, this the good call *īryā*.

2. "Let him practise[1] a measured utterance in his intercourse with all people; this is called *bhāṣā-samiti*, dear to the restrainers of speech.

3. "The food which the sage takes, ever free from the forty-two faults which may accrue to alms, is called the *eṣanā-samiti.*[2]

1. In p. 39, line 6, I read *āpadyetā* for *āpadyatā*.
2. In p. 39, line 9, for *seṣaṇā* read *saidhaṇā*.

4. "Carefully looking at it and carefully seating himself upon it, let him take a seat, etc., set it down, and meditate,—this is called the *ādāna-samiti.*

5. "That the good man should carefully perform his bodily evacuations in a spot free from all living creatures, —this is the *utsarga-samiti.*[1] Hence *samvara* has been etymologically analysed as that which closes (*sam* + *vṛṇoti*) the door of the stream of *āsrava,*[2] as has been said by the learned, "*Āsrava* is the cause of mundane existence, *saṁvara* is the cause of liberation;[3] this is the Ārhat doctrine in a handful; all else is only the amplification of this."

Nirjarā is the causing the fruit of past actions to decay by self-mortification, etc. ; it destroys by the body the merit and demerit of all the previously performed actions, and the resulting happiness and misery; "self-mortification means the plucking out of the hair, etc. This *nirjarā* is twofold,[4] "temporary" (*yathākāla*) and ancillary (*aupakramaṇika*). It is "temporary" as when a desire is dormant in consequence of the action having produced its fruity and at that particular time, from this completion of the object aimed at, *nirjarā* arises, being caused by the consumption of the desire, etc. But when, by the force of asceticism, the sage turns all actions into means for attaining his end (liberation), this is 'the nirjarā of actions. Thus it has been said: "From the decaying of the actions which are the seeds of mundane existence, nirjarā arises, which is twofold, *sakāmā* and *akāmā*. That called *sakāmā* belongs to ascetics, the *akāmā* to other embodied spirits."[5]

---

1. Mādhava omits the remaining divisions of *saṁvara*. Wilson, *Essays,* vol. i. p. 311, gives them as *pariṣakā,* "endurance", as of a vow; *yatidharma,* "the ten duties of an ascetic, patience, gentleness," etc.,; *bhāvanā,* "conviction," such as that worldly existences are not eternal, etc.; *cāritra,* "virtuous observance."
2. In p. 39. line 14, read *āsravasrotaso.*
3. For *moha,* in line 16, read *mokṣa.*
4. In p. 39, line 2 *infra,* I read *yathākāta,* for *yathā kāla.*
5. This passage is very difficult and not improbably corrupt, and my interpretation of it is only conjectural. The ordinary *nirjarā* is when an action attains its end (like the lulling of a passion by the gratification), this full is temporary. That *nirjarā* is "ancillary" which

Mokṣa. Since at the moment of its attainment there is an entire absence of all future actions, as all the causes of bondage (false perception, etc.) are stopped,[1] and since all past actions are abolished in the presence of the causes of *nirjarā*, there arises the absolute release from all actions,—this is *mokṣa* ; as it has been said: "*Mokṣa* is the absolute release from all actions by the decay (*nirjarā*) of the causes of bondage and of existence:"

अनेकान्तात्मकं वस्तु गोचरः सर्वसंविदाम्।
एकदेशविशिष्टोर्थो नयस्य विषयो मतः।।
न्यायानामेकनिष्ठानां प्रवृत्तौ श्रुतवर्त्मनि।
संपूर्णार्थविनिश्चायि स्याद्वस्तु श्रुतमुच्यते।। इति।

अन्योन्यपक्षप्रतिपक्षभावा-
द्यथा परे मत्सरिणः प्रवादाः।
नयानशेषानविशेषमिच्छन्
न पक्षपाती समयस्तथार्हतः।।
(हेमचन्द्रकृतद्वितीयद्वात्रिंशिका वी. स्तु. श्लो. ३०)

व्या० : अनेकान्तात्मकमिति। यतो घटादिरर्थः सर्वसंविदामस्तिनास्तीत्यादि-सर्वज्ञानानां गोचरो विषयो भवति ततो घटादि वस्त्वेकान्तात्मकं सिध्यति। एकान्तस्वरूपत्वे तु तादृशस्यैकस्यैव ज्ञानस्य विषयः स्यान सर्वविधस्य ज्ञानस्य। घटादिरर्थो ह्यस्तीत्यादीनां पूर्वोक्तानां सप्तविधज्ञानानां विषयो भवति। तत्रानेकान्तात्मकस्य घटाद्यर्थस्य सत्स्वरूपमेकदेशः। असत्स्वरूपमेकदेशान्तरम्। घटोस्तीत्येको नयः। नास्तीत्यपरः। नयो नीतिर्न्याय इति पर्यायाः। नीयते परिच्छिद्यत एकदेशविशिष्टोर्थेनेनेति नयः। **देवसूरिपादैरप्युक्तम्**—नीयते येन श्रुताख्यप्रमाणविषयीकृतस्यार्थस्यांशत-स्तदितरांशौदासीन्यतः स प्रतिपत्तुरभिप्रायविशेषो नय इति। घटोस्त्येवेति दुर्नयः। दुर्नयत्वं चास्य मिथ्यारूपत्वात्। नास्तित्वरूपस्य सतोपि धर्मान्तरस्यैवकारेण निह्नवान्मिथ्यारूप-

is rendered by asceticism a means to the attainment of the highest good. The former is akāmā, "desireless," because at the moment the desire is satisfied and so dormant; the latter is *sakāmā*, because the ascetic conquers the lower desire under the overpowering influence of the higher desire for liberation.

1. I read *nirodhe* for *nirodhah* in p. 40, line 6 ; cf. p. 37, line 13. The causes of bondage produce the assumption of bodies in which future actions are to be performed.

त्वम्। घटोस्तीति नयः। न चास्य दुर्नयत्वम्। नास्तित्वादिधर्मान्तरेषु गजनिमीलिकावलम्बनेनौदासीन्याङ्गीकारात्। नापि प्रमाणत्वम्। स्याच्छब्दाप्रयोगेणधर्मान्तराणामसूचनात्। स्यादस्तीति तु प्रमाणवाक्यम्। एवं स्यान्नास्तीत्याद्यपि। श्रुतवर्त्मनि प्रमाणमार्गे एकनिष्ठानां प्रमाणप्रतिपन्नार्थैकदेशपरामर्शस्वरूपाणामनेकेषां न्यायानां प्रवृत्तौ सत्यां संपूर्णस्य सकलस्वरूपविशिष्टस्यार्थस्य निश्चायकं स्यादस्तीत्याद्युक्तं घटादि वस्तु प्रमाणसिद्धमुच्यते। यथा विशकलितानां मुक्तामणीनामेकसूत्रानुस्यूतानां हारव्यपदेश एवं पृथगभिसंधीनामनेकेषां नयानां स्याद्वालक्षणैकसूत्रप्रोतानां श्रुताख्यप्रमाणव्यपदेश इति बोध्यम्। **अन्योन्येति।** प्रवादा दर्शनानि। यथान्यानि सांख्यादिदर्शनानि मत्सरग्रस्तानि। कुतः। अन्योन्यपक्षप्रतिपक्षभावात्। सांख्यस्य हि सत्कार्यमिति पक्षः। स एवासत्कार्यवादिनो नैयायिकस्य प्रतिपक्षः। मिथो विरोधादित्यर्थः। तथार्हतो जिनस्य समयः सिद्धान्तो न पक्षपाती। मत्सराभावात्। तत्र हेतुगर्भं विशेषणं नयानशेषानविशेषमिच्छन्निति। अनेकान्तवादस्य सर्वनयात्मकत्वात्। यथा समीचीनं मध्यस्थं न्यायनिर्णेतारमासाद्य परस्परं विवदमाना अपि वादिनो विवादाद्विरमन्ते तथा मिथो विरुद्धा अपि नयास्त्वत्सिद्धान्तमुपेत्य स्याच्छब्दप्रयोगोपशमितविरोधाः सन्तः परस्परं सुहृद्भावेनावतिष्ठन्ते। तथा चार्हत्समये न क्वापि पक्षपात इति तात्पर्यम्।

Then the soul rises upward to the end of the world. As a potter's Wheel, whirled by the stick and hands; moves on even after these have stopped, until the impulse is exhausted, so the previous repeated contemplations of the embodied soul for the attainment of *mokṣa* exert their influence even after they have ceased, and bear the soul onward to the end of the world; or, as the gourd; encased with clay, sinks in the water, but rises to the surface when freed from its encumbrance, so the soul, delivered from works, rises upward by its isolation,[1] from the bursting of its bonds like the elastic seed of the castor-oil plant; or by its own native tendency like the flame.

"Bondage" is the condition of being unseparated, with a mutual interpenetration of parts [between the soul and the body]; *saṅga* is merely mutual contact. This has been declared as follows:—

[Liberation] is unhindered, from the continuance of former impulses, from the absence of *saṅga*, from the cutting of all bonds, and from the natural development of the soul's own

1. Literally "absence of *sanga*."

powers of motion, like the potter's wheel, the gourd with its clay removed, the seed of the castor-oil plant, or the flame of fire."

Hence they recite a śloka :—

> "However often they go away, the planets return, the sun, moon, and the rest;
> "But never to this day have returned any who have gone to Ālokākāśa."

Others hold *mokṣa* to be the abiding in the highest regions, the soul being absorbed in bliss, with its knowledge unhindered and itself untainted by any pain or impression thereof.

Others hold nine *tattvas*, adding "merit" and "demerit" to the foregoing seven,—these two being the causes of pleasure and pain. This has been declared in the *Siddhānta "Jiva, ajīva, puṇya, pāpa, āsrava, saṁvara, nirjaraṇa, bandha*, and *mokṣa*, are the nine *tattvas*." As our object is only a summary, we desist here.

Here the Jainas everywhere introduce their favourite logic called the *sapta-bhaṅgī-naya*,[1] or the system of the seven paralogisms, "may be, it is," "may be, it is not," "may be, it is and it is not," "may be, it is not predicable," "may be, it is, and yet not predicable," "may be, it is not, and not' predicable," "may be, it is and it is not, and not predicable." All this Anantavīrya a has thus laid down:—

जिनदत्तसूरिणा जैनं मतमित्थमुक्तम्–

बलभोगोपभोगानामुभयोर्दानलाभयोः ।
अन्तरायस्तथा निद्रा [2]भीरज्ञानं जुगुप्सितम्।। १ ।।
हिंसा रत्यरती रागद्वेषावविरतिः स्मरः।
शोको मिथ्यात्वमेतेष्टादश दोषा न यस्य सः।। २ ।।
जिनो देवो गुरुः सम्यक्तत्वज्ञानोपदेशकः।
ज्ञानदर्शनचारित्र''यपवर्गस्य वर्तनी।। ३ ।।

---

1. In p. 41, line 7, read *saptabhaṅginaya*, see Ved. S. Gloss, ii. 2, 23.
2. तमः for भीः D.

स्याद्वादस्य प्रमाणे द्वे प्रत्यक्षमनुमापि च।
नित्यानित्यात्मकं सर्वं नव तत्त्वानि सप्त वा।।४।।

जीवाजीवौ पुण्यपापे चास्रवः संवरोपि च।
बन्धो निर्जरणं मुक्तिरेषां व्याख्याधुनोच्यते।।५।।

चेतनालक्षणो जीवः स्यादजीवस्तदन्यकः।
सत्कर्मपुद्गलाः पुण्यं पापं तस्य विपर्ययः।।६।।

आस्रवः स्रोतसो द्वारं संवृणोतीति संवरः।
प्रवेशः कर्मणां बन्धो निर्जरस्तद्वियोजनम्।।७।।

अष्टकर्मक्षयान्मोक्षोथान्तर्भावश्च कैश्चन।
पुण्यस्य संवरे पापस्यास्रवे क्रियते पुनः।।८।।

लब्धानन्तचतुष्कस्य लोकागूढस्य चात्मनः।
क्षीणाष्टकर्मणो मुक्तिर्निर्व्यावृत्तिर्जिनोदिता।।९।।

सरजोहरणा भैक्षभुजो लुञ्चितमूर्धजाः।
श्वेताम्बराः क्षमाशीला निःसङ्गा जैनसाधवः।।१०।।

लुञ्चिताः पिच्छिकाहस्ताः पाणिपात्रा दिगम्बराः।
ऊर्ध्वाशिनो गृहे दातुर्द्वितीयाः स्युर्जिनर्षयः।।११।।

भुङ्क्ते न केवली न स्त्री मोक्षमेति दिगम्बरः।
प्राहुरेषामयं भेदो महाञ्श्वेताम्बरैः सह।।१२।। इति।

व्या० : **बलभोगेति।** तदुक्तमन्यत्रापि–

अन्तराया दानलाभवीर्यभोगोपभोगगाः।
हिंसा रत्यरती भीतिर्जुगुप्सा शोक एव च।।
कामो मिथ्यात्वमज्ञानं निद्रा चाविरतिस्तथा।
रागो द्वेषश्च नो दोषास्तेषामष्टादशाप्यमी।। इति।

एतेष्यदश दोषा यस्य न सन्ति स जिनो देवो गुरुः सम्यक्त्वज्ञानोपदेशक इत्यर्थः। **ज्ञानेति।** संमोहरहितं ज्ञानं सम्यग्ज्ञानम्। अर्हदुपदिष्टर्थे विश्वासः सम्यग्दर्शनम्। चारित्रं पापकर्मभ्यो विरतिः। जगति सर्वतत्त्वानां मोहरहितं ज्ञानं जिनोक्तौ विश्वासः पापकर्मभ्यो विरतिश्चेत्येतान्यपवर्गस्य मोक्षस्य वर्तनी मार्ग इत्यर्थः। **स्याद्वादस्येति।** वस्तुनोनेकरूपत्वं पूर्वोक्तप्रकारेण प्रत्यक्षमनुभूयत एव। उपादित्साजिहासोद्देशेन प्रवृत्तिनिवृत्तिदर्शनाल्लिङ्गा-

द्वस्तुनोनेकरूपत्वमनुमानेनापि सिध्यतीत्यर्थः। **नित्यानित्येति**। यथा सत्त्वासत्त्वविषये स्याद्वाद उक्तस्था नित्यत्वानित्यवादिविषयेपि। यथा जीवादयोर्थाः स्यान्नित्याः स्यादनित्याः स्यान्नित्यानित्याः स्यादवाच्याः स्यान्नित्या अवाच्याः स्यादनित्या अवाच्याः स्यान्नित्यानित्या अवाच्या इति। **नवेति**। जीवाजीवपुण्यपापास्रवसंवरबन्धनिर्जरमुक्ति-रूपाणि तत्त्वानि नव। एतेषु पुण्यस्य संवरेन्तर्भावे पापस्य चास्रवेन्तर्भावे सप्त तत्त्वानि भवन्ति। एतेषां तत्त्वानां श्रद्धापूर्वकेन मोहरहितेन सम्यग्ज्ञानेन चारित्रयोग्यता संपद्यते। तदुक्तम्–

व्या० : तस्यां च सत्यां पापकर्मभ्यो विरतौ मोक्षः संपद्यते। **लब्धेति**। ज्ञानं दर्शनं वीर्यं सुखं चेत्यनन्तचतुष्कं पापकर्मविरामाद्येन लब्धमत एव च योनेन लोकसंबद्धेनाकाशेन गूढो दृढसंबद्धो न भवति तादृशस्यात्मनोष्टकर्मक्षयादुपर्यलोकाकाशे गच्छतो या व्यावृत्तिशून्यता जायते सैव मुक्तिः। **सरजोहरणा इति**। रजो ह्रियतेनेनेति रजोहरणं पिच्छिका संमार्जनीविशेषः। तेन सहिताः। लुञ्चिता उत्पाटिता मूर्धजाः केशा यैस्तादृशाः श्वेताम्बराः। एते च न रक्ताम्बरा नापि दिगम्बराः। दिगम्बरानाह–**लुञ्चिता इति**। पाणिपात्राः। पाणौ पात्रं पाणिरेव वा पात्रं येषां तादृशाः। अन्नदातुर्गृह ऊर्ध्वाशिन एते जैनसाधवः। **भुङ्क्ते इति**। केवली पूर्वोक्तकेवलज्ञानवान्भोजनरहितः। किं चास्मिन्दिगम्बरमते स्त्रीणां मोक्षो नास्ति। तासां तु पुंजन्मग्रहणोत्तरं मोक्ष इति।

एतानि तत्र तत्त्वानि यः श्रद्धत्ते स्थिराशयः।
सम्यक्त्वज्ञानयोगेन तस्य चारित्रयोग्यता।। इति।

।। इति सर्वदर्शनसंग्रहव्याख्यायां दर्शनाङ्कुराभिधायां जैनदर्शनं समाप्तम्।।

1. " When you wish to establish a thing, the proper course is to say 'may be, it is;' when you wish to deny it, 'may be, it. is not'

2. "When you desire to establish each in turn, let your procedure likewise embrace both ; when you wish to establish bath at once, let it be declared 'indescribable' from the impossibility to describe it.

3. "The fifth process is enjoined when you wish to establish the first as well as its indescribableness; when the second as well as its indescribableness, the occasion for the sixth process arises.

4. "The seventh is required when all three characters are to be employed simultaneously."

Syāt, "may be," is here an indeclinable particle in the form of a part of a verb, used to convey the idea of indeterminateness; as it has been said—

> "This particle *syāt* is in the form of a verb, but, from its being connected with the sense, it denotes indeterminateness in sentences, and has a qualifying effect on the implied meaning."

If, again, the word *syāt* denoted determinateness, then it would be needless in the phrase, "may be, it is;" but since it really denotes indeterminateness, "may be, it is," means "it is somehow;" *syāt*, "may be," conveys the meaning of "somehow," *kathaṁcit*; and so it is not really useless. As one has said—

"The doctrine of the *syād-vāda* arises from our everywhere rejecting the idea of the absolute;[1] it depends on the *sapta-bhaṅgī-naya*, and it lays down the distinction between what is to be avoided and to be accepted."

If a thing absolutely exists, it exists altogether, always, everywhere, and with everybody, and no one at any time or place would ever make an effort to obtain or avoid it, as it would be absurd to treat what is already present as an object to be obtained or avoided. But if it be relative (or indefinite), the wise will concede that at certain times and in certain places any one may seek or avoid it. Moreover, suppose that the question to be asked is' this: "Is *being* or *non-being* the real nature of the thing?" The real nature of the thing cannot be *being*, for then you could not properly use the phrase, "It is a pot" (*ghaṭo'sti*), as the two words "is" and "pot" would be tautological; nor ought you to say, "It is not a pot," as the words thus used would imply a direct contradiction; and the same argument is to be used in other questions.[2] As it has been declared—

> "It must not be said 'It is a pot,' since the word 'pot' implies 'is ;'

1. I cannot understand the words at the end of the first line, *kim vṛtatadvidheḥ*, and therefore leave them untranslated.
2. Thus Govindānanda applies it *(Ved. Sūt.*, ii. 2, 33) to "may be it is one, "may be it is many," etc.

"Nor may you say it is not a pot,' for existence and non-existence are mutually exclusive," etc.

The whole is thus to be summed up. Four classes of our opponents severally hold the doctrine of existence, non-existence, existence and non-existence successively, and the doctrine that everything is inexplicable (*anirvacanīyatā*);[1] three other classes hold one or other of the three first theories combined with the fourth.[2] Now, when they meet us with the scornful questions, "Does the thing exist? " etc., we have an answer always possible, "It exists in a certain way," etc., and our opponents are all abashed to silence, and victory, accrues to the holder of the *Syādvāda,* which ascertains the entire meaning of all things. Thus said the teacher in the *Syādvāda-mañjarī*—

"A thing of an entirely indeterminate nature is the object only of the omniscient; a thing partly determined is held to be the true object of scientific investigation.[3] When our reasonings based on one point proceed in the revealed way, it is called the revealed *Syād-vāda,* which ascertains the entire meaning of all things."

"All other systems are full of jealousy from their mutual propositions and counter-propositions; it is only the doctrine of the Arhat which with no partiality equally favours all sects."

इति श्रीमत्सायणमाधवीये सर्वदर्शनसंग्रह आर्हतदर्शनम्।

The Jaina doctrine has thus been summed up by Jinadatta-sūri—

"The hindrances belonging to vigour, enjoyment, sensual pleasure, giving and receiving,—sleep, fear, ignorance, aversion laughter, liking, disliking, love, hatred, want of indifference, desire, sorrow, deceit, these are the eighteen 'faults' (*doṣa*) according to our system.[4] The divine Jina is our Guru, who

1. "Αντιοτρξφει. This is Śrīharṣa's tenet in the *Khaṇḍana-khaṇḍa-khādya.*
2. In p. 42, line 17, for *matenāmiśritāni read matena miśritāni.*
3. In p. 43, line 2, for *na yasya* read *nayasya.*
4. This list is badly printed in the Calcutta edition. It is really identical with that given in Hemacandra's *Abhidhāna-cintāmaṇi,* 72, 73; but we

declares the true knowledge of the *tattvas*. The path[1] of emancipation consists of knowledge, intuition, and conduct. There are two means of proof (*pramāṇa)* in the *Syād-vāda* doctrine,—sense-perception and inference. All consists of the eternal and the non-eternal; there are nine or seven *tattvas*. The *jīva*, the *ajīva*, merit and demerit, *āsrava, saṁvara, bandha, nirjarā, mukti*,—we will now explain each. *Jīva* is defined as Intelligence; *ajīva* is all other than it; merit means bodies which arise from good actions, demerit the opposite; *āsrava* is the bondage of actions,[2] *nirjarā* is the unloosing thereof; *mokṣa* arises from the destruction of the eight forms of *karman* or "action." But by some teachers "merit" is included in *saṁvara*,[3] and "demerit" in *āsrava*.

" Of the soul which has attained the four infinite things[4] and is hidden from the world, and whose eight actions are abolished; absolute liberation is declared by Jina. The Śvetāmbaras are the destroyers of all defilement, they live by alms,[5] they pluck out their hair, they practise patience, they avoid all association, and are called the Jaina Sādhus. The Digambaras pluck out their hair, they carry peacocks' tails in their hands, they drink from their hands; and they eat upright in the giver's house,—these are the second class of the Jaina Ṛṣis,

"A woman attains not the highest knowledge, she enters not Mukti, so say the Digambaras ; but there is a great division on this point between them and the Śvetāmbaras.[6]

E.B.C.

---

must correct the reading to *antarāyās, rāgadveṣāv aviratiḥ smaraḥ*, and *hāso* for *hiṁsā*. The order of the eighteen *doṣas* in the Calcutta edition is given by Hemacandra as 4, 5, 1, 2, 3, 10, 11, 12, 7, 9, 17, 16, 18, 8, 6, 5, 13, 14.

1. In p. 43, line 13, for *vartini* read *vartiniḥ*.
2. This seems corrupt,—a line is probably lost.
3. In last line, for *saṁsrave* read *saṁvare*.
4. Does this mean the knowledge of the world, the soul, the liberated and liberation? These are called *ananta*. See Weber's *Bhagavati*, pp. 250, 261-266.
5. *Sarajoharaṇāh* is explained by the *rajoharaṇadhārin (=vratin)* of Halāyudha, ii, 189.
6. Cf. Wilson, *Essays*, i. 340. For *strim* read *stri*.

Chapter IV
The Rāmānuja System

अथ रामानुजदर्शनम्

तदेतदार्हतमतं प्रामाणिकगर्हणमर्हति। न ह्येकस्मिन्वस्तुनि परमार्थे सति परमार्थसतां युगपत्सदसत्वादिधर्माणां समावेशः संभवति। न च सदसत्त्वयोः परस्परविरुद्धयोः समुच्चयासंभवे विकल्पः किं न स्यादिति वदितव्यम्। क्रिया हि विकल्प्यते न वस्त्विति न्यायात्। न च

अनेकान्तं जगत्सर्वं हेरम्बनरसिंहवत्।

इति दृष्यन्तावष्टम्भवशादेष्टव्यम्। एकस्मिन्देशे गजत्वं सिंहत्वं वापरस्मिन्नरत्वमिति देशभेदेन विरोधाभावेन तस्यैकस्मिन्देश एव सत्त्वासत्त्वादिनानेकान्तत्वाभिधाने दृष्यन्तानुपपत्तेः। ननु द्रव्यात्मना सत्त्वं पर्यायात्मना तदभाव इत्युभयमप्युपपन्नमिति चेन्मैवम्। कालभेदेन हि कस्यचित्सत्त्वमसत्त्वं च स्वभाव इति न कश्चिद्दोषः। न चैकस्य ह्रस्वत्वदीर्घत्ववदनेकान्तत्वं जगतः स्यादिति वाच्यम्। प्रतियोगिभेदेन विरोधाभावात्। तस्मात्प्रमाणाभावाद्युगपत्सत्त्वासत्त्वे परस्परविरुद्धे नैकस्मिन्वस्तुनि वस्तुं युक्ते। एवमन्यासामपि भङ्गीनां भङ्गोवगन्तव्यः। किं च सर्वस्यास्य मूलभूतः सप्तभङ्गिनयः स्वयमेकान्तोनेकान्तो वा। आद्ये सर्वमनेकान्तमिति प्रतिज्ञाव्याघातः। द्वितीये विवक्षितार्थासिद्धिः। अनेकान्तत्वेनासाधकत्वात्। तथा चेयमुभयतः पाशा रज्जुः स्याद्वादिनः स्यात्। अपि च नवत्वसप्तत्वादिनिर्धारणस्य फलस्य तन्निर्धारयितुः प्रमातुश्च तत्करणस्य प्रमाणस्य प्रेमयस्य च नवत्वादेरनियमे साधु समर्थितमात्मनस्तीर्थकरत्वं देवानांप्रियेणार्हतमतप्रवर्तकेन। तथा जीवस्य देहानुरूपपरिमाणत्वाङ्गीकारे योगबलादनेकदेहपरिग्राहकयोगिरिशरीरेषु प्रतिशरीरं जीवविच्छेदः प्रसज्येत्। मनुजशरीरपरिमाणो जीवो मतङ्गजदेहं कृत्स्नं प्रवेष्टुं न

प्रभवेत्। किं च गजादिशरीरं परित्यज्य पिपीलिकाशरीरं विशतः प्राचीनशरीरसंनिवेशविनाशोपि प्राप्नुयात्। न च यथा प्रदीपप्रभाविशेषः प्रपाप्रासादाद्युदरवर्तिसंकोचविकाशवांस्तथा जीवोपि मनुजमतङ्गजादिशरीरेषु स्यादित्येषितव्यम्। प्रदीपवदेव सविकारत्वेनानित्यत्वप्राप्तौ कृतप्रणाशाकृताभ्यागमप्रसङ्गात्। एवं प्रधानमल्लनिबर्हणन्यायेन जीवपदार्थदूषणाभिधानदिशान्यत्रापि दूषणमुत्प्रेक्षणीयम्। तस्मान्नित्यनिर्दोषश्रुतिविरुद्धत्वादिदमुपादेयं न भवति। तदुक्तं भगवता व्यासेन–नैकस्मिन्नसंभवात् (ब्र. सू. २।२।३१) इति। रामानुजेन च जैनमतनिराकरणपरत्वेन तदिदं सूत्रं व्याकारि।

व्या० : विकल्प इति। यत्र समुच्चयो न संभवति तत्र विकल्पः क्रियते। यथोदिते जुहोति अनुदिते जुहोतीति। अत्राद्येन वाक्येन सूर्योदयोत्तरं होमो विधीयते। द्वितीयेन तु सूर्योदयात्प्राक्। उदितानुदितहोमयोश्च युगपदसंभवेन समुच्च्यासंभवाद्विकल्पः केनचिदुदिते केनचिदनुदित इति। तद्वदत्र कुतो नेत्यर्थः। **क्रिया हीति।** यत्साध्यं तत्कर्त्रादिभेदेन प्रकारद्वयेन साधयितुं शक्यत इति तत्र विकल्पोस्तु नाम। यत्तु सिद्धं तत्तदन्यतरेणैकेनैव प्रकारेण सिद्धमिति न कथमपि सिद्धवस्तुनि विकल्पः संभवतीत्यर्थः। **द्रव्यात्मनेति।** मृद् द्रव्यम्। मृत्पिण्डः कपालं घट इति पर्यायाः। तत्र मृत्पिण्डावस्थायां मृद्रूपेण द्रव्यात्मना सत्त्वं कपालादिपर्यायरूपेणासत्त्वम्। एवं कपालावस्थायां मृद्रूपेण सत्त्वं मृत्पिण्डघटादिरूपेणासत्त्वं बोध्यम्। **प्रतियोगिभेदेनेति।** यथा त्र्यणुकं द्व्यणुकापेक्षया महत् चतुरणुकापेक्षया चाल्पमिति द्व्यणुकचतुरणुकरूपप्रतियोगिभेद इत्याशयः। एवं च विरुद्धोरेकत्र समावेशः कर्तृभेदेन देशभेदेनावस्थाभेदेन कालभेदेन प्रतियोगिभेदेन वा भवतु। परं तूपाधिराहित्येन स्वभावत एव विरुद्धयोरेकत्र समावेशो जैनाभिमतो न संभवतीति भावः। **सर्वमनेकान्तमिति।** अनेकान्तमनिश्चितस्वरूपम्। सप्तभङ्गिनयो यदि निश्चितस्वरूपस्तदा सर्वमनेकान्तमिति प्रतिज्ञाविरोधः। सप्तभङ्गिनयस्यापि सर्वान्तर्गतत्वात्। यदि सप्तभङ्गिनयोप्यनिश्चितस्वरूपस्वर्हि स्वयमनिश्चितस्वरूपेणात एवाप्रमाणभूतेन सप्तभङ्गिनयेन कथमन्येषां सर्ववस्तूनामनिश्चितस्वरूपत्वं सिध्येत्। सेयमुभयतः पाशा रज्जुः। उभयतः पाशौ यस्यास्तथाभूतेत्यर्थः। क्वचिदुभयतःस्पाशेति पाठः। स्पशधातोर्भावे घञ्। स्पाशो बन्धनम्। **अपि चेति।** जीवाजीवपुण्यपापास्रवसंवरनिर्जरबन्धमोक्षरूपाणि नव तत्त्वानि। एतेषु पुण्यस्य संस्रवे पापस्य चास्रवेन्तर्भावं कुर्वतां मते सप्त तत्त्वानि। एतत्प्रमेयम्। एतन्निर्धारणसाधनं प्रमाणम्। निर्धारयिता प्रमाता। निर्धारणं फलम्। निर्धारणं निश्चयात्मकं ज्ञानम्। एतेषां प्रमेयप्रमाणप्रमातृफलानां निश्चितस्वरूपत्वे सर्वमनेकान्तमिति प्रतिज्ञाविरोधः।

अनिश्चितस्वरूपत्वे तु किमेतैः कृतं स्यात्। निर्धारणस्य चानिश्चितस्वरूपत्वे स्वरूपहानिरेव। **तीर्थकरत्वम्।** शास्त्रप्रवर्तकत्वम्। **योगबलादिति।** योगी हि स्वयोगसामर्थ्येन युगपदनेकानि शरीराणि धारयति। तादृशशरीराणां समूहः कायव्यूह इत्युच्यते। तत्र जीवस्य विभुत्वे मिथो वियुक्तेष्वप्यनेकेषु शरीरेष्वेकस्य जीवस्य संबन्धः संभवति। जीवस्य शरीरपरिमाणत्वे तु शरीराद्बहिः संबन्धाभावेनैकस्मिन्काय एकं जीवशकलमपरमपरत्रेति जीवविच्छेदः स्यात्। दूषणान्तरमाह–**मनुजेति। प्राचीनेति।** पिपीलिकाशरीरे प्रवेशात्प्राग्गजावस्थायां यादृशरीराकारेण संनिवेशोवयवरचनाविशेष-स्तादृशाकारस्य जीवस्य पिपीलिकाशरीरे प्रवेशासंभवेन पूर्वकारस्य विनाशः कल्पनीयः स्यात्। **प्रपेति।** प्रपा पानीयशाला। देवानां राज्ञां च गृहं प्रासाद इत्युच्यते। यथा प्रपाद्याश्रयानुरोधेन दीपप्रभावयवानां संकोचविकासौ भवतस्तथा जीवावयवानामपीति कृत्स्नगजशरीरे जीवस्य व्याप्तिः पिपलीलिकाशरीरे प्रवेशश्च सिद्ध इत्याशयः। **अनित्यत्वप्राप्ताविति।** यद्यपि मनुष्यशरीरगतो जीवस्तद्देहावसाने मतंगजशरीरप्राप्तै विकसितावयवः स एव पिपीलिकाशरीरप्राप्तौ संकुचितावयव इत्येक एव जीवस्तथापि संकोचविकासानामुत्पत्तिविनाशव्याप्तत्वेन कदाचिदुत्पत्तिर्विनाशश्च तस्यावश्यक इति यदोत्पत्तिस्तदा अकृताभ्यागमः स्यात्। उत्पत्त्यव्यवहितानन्तरभाविनोः सुखदुःखयोः कारणस्य पुण्यपापाख्यस्य कर्मणः पूर्वमकृतत्वात्। उत्पत्त्यनन्तरं कर्माचरणात्प्राक् सुखं दुःखं वा नैवोपभुज्यत इति त्वनुभवविरुद्धम्। किं च कर्माचरणमपि मनोवृत्त्यनुरोधेन सुखदं दुःखदं वा भवत्येव। एवं यदा जीवस्य विनाशः स्यात्तदा कृतप्रणाशः स्यात्। विनाशोत्तरं भोक्तुरभावेन विनाशात्प्राक्कृतस्य कर्मण फलोपभोगा भावेपि नाशस्याङ्गीकर्तव्यत्वात्। विनाशकालेनुपभुक्तं कर्म नैवावशिष्यत इत्यत्र तु प्रमाणाभावः। **अन्यत्रापि।** वेदाप्रामाण्येश्वरानङ्गीकारादिविषयेष्वपि। अकृतोऽनादिसिद्धो वेदश्चेन्न प्रमाणं तर्हि त्वदभिमतोर्हन्मुनिप्रणीतः कृतक आगमः कथं प्रमाणं भवेत्। वेदो ह्यपौरुषेय इति पुरुषत्वातन्त्र्याभावेन निरस्तसमस्तदोषाशङ्कः स्वत एव प्रमाणमिति तस्य प्रामाण्यं न केनाप्यपह्नोतुं शक्यम्। तत्प्रामाण्ये च यतो वा इमानि भूतानि जायन्ते। (तै. ३।१।१) द्यावाभूमी जनयन्देव एकः (श्वे. ३।३) इत्यादिश्रुतिसिद्ध ईश्वरोप्यनपलपनीय एवेति। तथा च यथा प्रधाने मल्ले निपतिते तदितरे बाहुयुद्धं कर्तुं संमुखा अपि न भवन्ति तथा जैनाङ्गीकृतं जीवस्वरूपं प्रधानमल्लस्थानीयं दूषितं चेज्जीवानुषष्टिणामितरेषां पदार्थानां स्वरूपमपि जैनकल्पितं दूषितप्रायमेव भवति। **नैकस्मिन्निति।** जैनमतं नोपपद्यते। एकस्मिन्वस्तुन्यस्तित्वनास्तित्वादेर्विरुद्धस्यच्छायातपवद्युगपदसंभवादिति तत्सूत्रार्थः। **रामनुजेनेति।** यद्यपि शंकराचार्यादिभिरप्येतत्सूत्रं जैनमतनिराकरणपरत्वेनैव व्याकृतं तथाप्यत्र रामानुजदर्शनस्य प्रस्तूयमानत्वाद्रामानुजेनेत्युक्तम्।

This doctrine of the Ārhatas deserves a rational condemnation, for whereas there is only one thing really existent, the simultaneous co-existence of existence, non-existence and other modes in a plurality of really existing things is an impossibility. Nor should any one say: Granting the impossibility of the co-existence of existence and non-existence, which are reckrocally contradictory, why should there not be an alternation between existence and non-existence? there being the rule that it is action, not *Ens*, that alternates. Nor let it be supposed that the whole universe is multiform, in reliance upon the examples of the elephant-headed Gaṇeśa and of the incarnation of Viṣṇu as half man, half lion; for the elephantine and the leonine nature existing in one part, and the human in another, and consequently there being no contradiction, those parts being different, these examples are inapplicable to the maintenance of a nature multiform as both existent and non-existent in one and the same part (or place). Again, if any one urge: Let there be existence in one form, and non-existence in another, and thus both will be compatible; we rejoin : Not so, for if you had said that at different times existence and non-existence may be, the nature of anything, then indeed there would have been no vice in your procedure. Nor is it to be contended: Let the multiformity of the universe be like the length and shortness which pertain to the same thing (in different relations); for in these (in this length and shortness) there is no contrariety, inasmuch as they are contrasted with different objects. Therefore, for want of evidence, existence and non-existence as reciprocally contradictory cannot reside at the same time in the same thing. In a like manner may be understood the refutation of the other *bhaṅgas* (Ārhata tenets).

Again, we ask, is this doctrine of the seven bhaṅgas, which lies at the base of all this, itself uniform (as excluding one contradictory), or multiform (as conciliating contradictories). If it is uniform, there will emerge a contradiction to your thesis that all things are multiform; if it is multiform, you have not proved what you wished to prove, a multiform statement (as both existent and non-existent) proving nothing.[1] In either case, there is rope for a noose for the neck of the Syād-Vādin.

एष हि तस्य सिद्धान्त:–चिदचिदीश्वरभेदेन भोक्तृभोग्यनियामकभेदेन च व्यवस्थितास्त्रय: पदार्था इति। तदुक्तम्–

ईश्वरश्चिदचिच्चेति पदार्थत्रितयं हरि:।
ईश्वरश्चिदिति प्रोक्तो जीवो[2] दृश्यमचित्पुन:।। इति।

व्या० : चिदचिदिति। चिज्जीवो भोक्ता। अचिज्जडपदार्थजातं भोग्यम्। ईश्वरश्च तयोरन्तर्यामी भूत्वा नियामको भवति। एतत्तत्त्वत्रयं मिथो भिन्नं मिथ: संबद्धं च पारमार्थिकम्। **हरिरिति।** हरिरीश्वर इति प्रोक्त:। जीवश्चिदिति प्रोक्त:। दृश्यं तु सर्वमेतदचिदिति प्रोक्तम्। पुनरिति त्वर्थे।

An admirable author of institutes has the founder of the Ārhata system, dear to the gods (uninquiring pietist), proved himself to be, when he has not ascertained whether his result is the settling of nine or of seven principles, nor the investigator who settles them, nor his organon, the modes of evidence, nor the matter to be evidenced, whether it be ninefold or not!

अपरे पुनरशेषविशेषप्रत्यनीकं चिन्मात्रं ब्रह्मैव परमार्थ:। तच्च नित्यशुद्धबुद्धमुक्तस्वभावमपि तत्त्वमसि (छा. ६।८।७) इत्यादिसामानाधिकरण्याधिगतजीवैक्यं बध्यते मुच्यते च। तदतिरिक्तनानाविधभोक्तृ–

1. Cf. "The argument in defence of the Maxim of Contradiction is that it is a postulate employed in all the particular statements as to matters of daily experience that a man understands and acts upon when heard from his neighbours; a postulate such that, if you deny it, no speech is either significant or trustworthy to inform and guide those who hear it. You may cite innumerable examples both of spech and action in the detail of life, which the Herakleitean must go through like other persons, and when, if he proceeded upon his own theory, he could neither give nor receive information by speech, nor ground any action upon the beliefs which he declares to co-exist in his own mind. Accordingly the Herakleitean Kratylus (so Aristotle says) renounced the use of affirmative speech, and simply pointed with his finger."—Grote's Aristotle, vol. ii. pp. 297, 298.
2. चित इत्युक्ता जीवा: for चिदिति प्रोक्तो जीव: D.

भोक्तव्यादिभेदप्रपञ्चः सर्वोपि तस्मिन्नविद्यया परिकल्पितः सदेव सोम्येदमग्र आसीदेकमेवाद्वितीयम् (छा. ६।२।१) इत्यादिवचननिचयप्रामाण्यादिति ब्रुवाणास्तरति शोकमात्मवित् (छा. ७।१।३) इत्यादिश्रुतिशिरःशतवशेन निर्विशेषब्रह्मात्मैकत्वविद्ययानाद्यविद्यानिवृत्तिमङ्गीकुर्वाणाः

मृत्योः स मृत्युमाप्नोति इह नानेव पश्यति (का. २।१।)।

इति भेदनिन्दाश्रवणेन पारमार्थिकं भेदं निराचक्षाणा विचक्षणंमन्यास्तमिमं विभागं न सहन्ते।

तत्रायं समाधिरभिधीयते। भवेदेतदेवं यद्यविद्यायां प्रमाणं विद्येत।

व्या० : अपरे। मायावादिनः शंकराचार्यमतानुसारिणः। चिदचिदीश्वररूपं तत्वत्रयविभागं न सहन्ते इत्यत्रान्वयः। मायावादिनो हीषदपि द्वैतं न सहन्ते। अशेषाः कृत्स्ना ये विशेषा ह्रस्वत्वदीर्घत्वादयः शब्दस्पर्शादयो नित्यत्वज्ञातृत्वादयश्चेदमीदृशमिति व्यवहारप्रयोजकाः सर्वे एव तेषां प्रत्यनीकं शत्रुभूतं सकलविशेषरहितं चिन्मात्रं स्वयंप्रकाशज्ञानमात्रस्वरूपं ब्रह्मैकमेव परमार्थः। तच्च ब्रह्म नित्यमविनाशि शुद्धं निर्मलं बुद्धमजडं मुक्तं प्रपञ्चरहितम्। एतादृशस्वरूपमपि जीवरूपेण बध्यते ननु जीवो बद्धो भवतु ब्रह्म तु कथं बध्यते जीवब्रह्मणोर्भेदादित्याशङ्क्य हेतुगर्भ विशेषणमाह– **तत्त्वमसीत्यादीति।** तत्त्वमसीतिश्रुतौ जीवब्रह्मणोः सामानाधिकरण्यनिर्देशाद्ब्रह्मणो जीवेन सहैक्यमवगम्यत इति ब्रह्मैव बध्यत इत्युच्यते। ऐक्यसाक्षात्कारे तु तदेव मुक्तमित्युच्यते। तादृशब्रह्मातिरिक्तः सर्वोप्ययं प्रपञ्चो ब्रह्मण्यविद्यया परिकल्पितः यस्मिन्प्रपञ्चे नानाविधा भोक्तारो जीवास्तथा शब्दस्पर्शादय आकाशवाय्वादयश्च भोग्यार्था मिथो भिन्ना भासन्ते। **सदेवेति।** हे सोम्येदं दृश्यमानं जगदग्रे सृष्टेः पुरा सद्रूपमेवासीत् तथैकमेवाद्वितीयमासीदित्यर्थः। अनेन ब्रह्मणो निर्विशेषत्वं सिध्यति। सविशेषत्वे तेन विशेषेण ब्रह्मणः सद्वितीयत्वापत्तेः। **तरतीति।** शोको मनस्तापः। तरति अतिक्रामति। आत्मविदद्वितीयात्मसाक्षात्कारी कृतार्थो भवतीत्यर्थः। **मृत्योरिति।** य इहाद्वितीये ब्रह्मणि भेदमिव पश्यति स मृत्योर्मरणात्पुनर्मृत्युं मरणं प्राप्नोति। जन्मादिद्वारेणेत्यर्थः। तथा चायमखिलो भेदो मिथ्याभूत एवाज्ञानेन कल्पितः। इदं च जगन्मूलभूतमज्ञानमनादि भावरूपं न तु ज्ञानाभावरूपम्। भावरूपत्वेन प्रतीयमानस्य जगतोस्याभावोपादानकत्वासंभवात्। इदमेव भावरूपमज्ञानमविद्याशब्देनोच्यते।

In like manner if it be admitted that the soul has (as the Ārhatas say), an extension equal to that of the body, it will follow that in the base of the souls of ascetics, who by the efficacy of asceticism assume a plurality of bodies, there is a differentiation of the soul for each of those bodies. A soul of the size of a human body would not (in the course of its transmigrations) be able to occupy the whole body of an elephant; and again, when it laid aside its elephantine body to enter into that of an ant, it would lose its capacity of filling its former frame. And it cannot be supposed that the soul resides successively in the human, elephantine, and other bodies, like the light of a lamp which is capable of contraction and expansion, according as it occupies the interior of a little station on the roadside in which travellers are supplied with water, or the interior of a stately mansion; for it would follow (from such a supposition) that the soul being susceptible of modifications and consequently, non-eternal, there would be a loss of merits and a fruition of good and evil unmerited.

As if then we had thrown their best wrestler, the redargution of the ıest of their categories may be anticipated from this exposition of the manner in which their treatment of the soul has been vitiated.

नन्विदमनादि भावरूपं ज्ञाननिवर्त्यमज्ञानमहमज्ञो मामन्यं च न जानामीति प्रत्यक्षप्रमाणसिद्धम्। तदुक्तम्–

अनादि भावरूपं यद्विज्ञानेन विलीयते।
तदज्ञानमिति प्राज्ञा लक्षणं संप्रचक्षते।। (चित्सुखी १।९) इति।

न चैतज्ज्ञानाभावविषयमित्याशङ्कनीयम्। को ह्येवं ब्रूयात्प्रभाकरकरावलम्बी भट्टदत्तहस्तो वा। नाद्यः–

स्वरूपपररूपाभ्यां नित्यं सदसदात्मके।
वस्तुनि ज्ञायते किंचित्कैश्चिद्रूपं कदाचन।।
भावान्तरमभावो हि कयाचित्तु व्यपेक्षया।
[1]भावान्तरादभावोन्यो न कश्चिदनिरूपणात्।।

इति वदता भावव्यतिरिक्तास्याभावस्यानभ्युपगमात्। न द्वितीयः। अभावस्य पष्ठप्रमाणगोचरत्वेन ज्ञानस्य नित्यानुमेयत्वेन च तदभावस्य प्रत्यक्षविषयत्वानुपपत्तेः। यदि पुनः प्रत्यक्षाभाववादी कश्चिदेवमाचक्षीत तं

1. भावान्तरम् for भावान्तरात् A. B. C.

प्रत्याचक्षीत। अहमज्ञ इत्यस्मिन्ननुभवेहमित्यात्मनोऽभावधर्मितया ज्ञानस्य प्रतियोगितया चावगतिरस्ति न वा। अस्ति चेद्विरोधादेव ज्ञानाभावानुभवसंभवः। न चेद्धर्मिप्रतियोगिज्ञानसापेक्षो ज्ञानाभावानुभवः सुतरां न संभवति। तस्याज्ञानस्य भावरूपत्वे प्रागुक्तदूषणाभावादयमनुभवो भावरूपाज्ञानगोचर एवाभ्युपगन्तव्य इति।

व्या० : न चैतदिति। एतदहमज्ञो मामन्यं च न जानामीति प्रत्यक्षं न मायावाद्यभिमतभावरूपाज्ञानविषयकम्। किं तु ज्ञानाभावविषयकमिति नाशङ्कनीय-मित्यर्थः। **को ह्येवमिति।** प्राभाकारा भट्टाश्च मीमांसकविशेषाः। प्राभाकरमतमेव गुरुमतमित्यभिधीयते। भट्टः कुमारिलभट्टस्तुतातभट्टश्च। प्रभारकस्य गुरुशब्दवाचत्व इत्थमाख्यायिका श्रूयते–कदाचिदयं प्रभाकरो गुरोः सकाशादध्ययनसमये–'अत्र तुनोक्तं तत्रापिनोक्तमतः पौनरुक्त्यम् इति पङ्क्त्यर्थानवबोधव्यग्रमानसे गुरौ स्वयं प्रतिभया तदर्थमवबुध्य गुरोः परोक्षं तादृशपङ्क्तौ–अत्र तुना उक्तम्। तत्र अपिना उक्तम् इत्याकारकपदच्छेदचिह्नं कृतवान्। तुना–तुशब्देन। अपिना–अपिशब्देन। तदालोक्य चकितचेता गुरुः प्रभाकरस्येदं कृत्यमिति–शिष्यान्तरेभ्योवगत्य त्वमेव गुरुः इति प्रभाकरमीरितवानिति। अहमज्ञ इति प्रत्यक्षं ज्ञानाभावविषयकमिति यदुच्यते तत्प्राभाकरमतेन भट्टमतेन वेत्यर्थः। **स्वरूपेति।** घटपटाद्यखिलं वस्तुजातं प्रत्येकं रूपद्वयात्मकम्। स्वकीयेन रूपेण सदात्मकं परकीयेण रूपेणासदात्मकम्। तथा च कदाचित्तत्सद्रूपेण ज्ञायते कदाचिदसद्रूपेण। सद्रूपेण ज्ञानकालेप्यसद्रूपं वर्तत एव। एवमसद्रूपेण ज्ञानकालेपि सद्रूपं वर्तत एव। यथा आम्रादिफले रूपरसगन्धस्पर्शादयः सदा वर्तन्त एव। ज्ञानं तु तस्य कदाचिद्रूपवैशिष्ट्येन कदाचिद्रसवैशिष्ट्येनेत्यादि बोध्यम्। **भावान्तरमिति।** भावो घटादिः पदार्थः। अन्यो भावो भावान्तरम्। तदेव च कयाचिद्व्यपेक्षया तदीयासद्रूपप्रतिपिपादयिषया अभावशब्देन व्यवह्रियते। न त्वभावो नाम भावान्तरादतिरिक्तः कश्चन पदार्थः। तस्य निरूपयितुमशक्यत्वात्। भूतले घटात्यन्ताभावः केवलभूतस्वरूपः। घटप्रागभावो मृदेव। घटध्वंसश्च खर्परमेव। घटभेदश्च पटादिरेव। अत्र च भूतलमृत्खर्परपटादीनां यदसद्रूपं तदेव तत्तदभावशब्देन व्यवह्रियते। भूतलादि परकीयेण रूपेणासदात्मकमित्युक्तम्। तच्च द्विविधम्। पररूपेण परविशिष्टरूपेण च। आद्यं भूतलंन घट इति व्यवह्रियते। एतश्च यावदाश्रयस्थायि। द्वितीयं च भूतले न घट इति व्यवह्रियते। सद्रूपमसद्रूपं चेति द्विविधमपि रूपं प्रत्येकं पुनः किंचिन्नित्यं किंचिदनित्यमिति द्विविधम्। नित्यं चात्र यावदाश्रयस्थायि न तु कदाप्यविनाशि। **अनभ्युपगमादिति।** प्राभाकरा ह्यभावं पदार्थान्तरत्वेन नाङ्गीकुर्वति।

न द्वितीय इति। भट्टमते यद्यप्यभावः पदार्थान्तरं वर्तत तथाप्यहमज्ञ इति प्रत्यक्षं न ज्ञानाभावविषयकम्। ज्ञानं यदि प्रत्यक्षप्रमाणेन गृह्येत तर्हि तदभावः प्रत्यक्षविषयः स्यात्। न चाहं जानामीत्यनुव्यवसायात्कान्तरप्रत्यक्षविषयत्वं ज्ञानस्य संभवतीति नैयायिकमतं युक्तमिति वाच्यम्। तथा सति तादृशानुव्यवसायात्मकं ज्ञानमप्यन्येना- नुव्यवसायान्तरेण ग्राह्यं तदप्यन्येन ग्राह्यमित्यनवस्थापातात्। अतः स्वप्रकाशत्वमेव तस्य युक्तं दीपवत्। न हि दीपो दीपान्तरेण प्रकाश्यते। अतो ज्ञानमतीन्द्रियमेवेति भट्टैः सिद्धान्तितम्। ततश्च प्रत्यक्षयोग्यार्थस्य योऽभावस्तस्य प्रत्यक्षत्वेपि प्रत्यक्षायोग्यस्य ज्ञानादेर्योऽभावस्तस्याप्रत्यक्षत्वमेवेत्यहमज्ञ इति प्रत्यक्षविषयं भावरूपमज्ञानं स्वीकार्यमेव। **षष्ठेति।** अभावस्यानुपलब्धिरूपषष्ठप्रमाणविषयत्वात्। अनुपलब्धि- प्रमाणस्य प्रत्यक्षप्रमाणेन्तर्भाव इति पक्षेप्याह–**ज्ञानस्येति। प्रत्यक्षाभाववादी कश्चित्।** अभावः प्रत्यक्षो भवतीति ब्रुवाणो नैयायिकादिः। नन्वनुव्यवसायस्याप्यनु- व्यवसायान्तरेण ग्राह्यत्वं स्यादिति चेत्प्रथमोनुव्यवसायो द्वितीयेनानुव्यवसायेन गृह्यते द्वितीयस्तृतीयेनेत्येवं यावदनुभवं स्वीकार्यत्वात्। अनवस्था तु न। चरमेणानुव्यवसायेन स्वयमज्ञातेनापि वस्तुसतैव स्वप्राग्वर्त्यनुव्यवसायस्य ग्रहणात्। तथा च परगतस्य ज्ञानमात्रस्य स्वगतस्य च निर्विकल्पकस्यातीन्द्रियत्वेपि स्वगतस्य सविकल्पकस्य ज्ञानस्य प्रत्यक्षविषयत्व मस्त्येवेत्यहमज्ञ इति प्रत्यक्षं ज्ञानाभावविषयकमिति वक्तुं शक्यत इत्याशयः। **अहमज्ञ इति।** अहमज्ञ इत्यस्य हि तव रामानुजस्य मते ज्ञानाभाववानहमित्यर्थः। अस्मिन्ननुभवे ज्ञानाभावाधिकरणत्वेनाहमर्थस्यात्मनो ज्ञानं विद्यते न वा। तथा तत्रैवानुभवे ज्ञानाभावप्रतियोगित्वेन ज्ञानस्य ज्ञानं विद्यते न वा। आद्ये ज्ञानस्य सत्त्वेन तदानीं ज्ञानाभाव एव नास्तीति दूरे तस्यानुभवः। द्वितीये विद्यमानस्यापि ज्ञानाभावस्यानुभवो न संभवति। अभावज्ञानं प्रत्यभावाधिकरणज्ञान- स्याभावप्रतियोगिज्ञानस्य च कारणत्वात्। भावरूपस्याज्ञानस्य तु न ज्ञानेन सह विरोध इति मायावादिनामाशयः।

Their doctrine, therefore, as repugnant to the eternal, infallible revelation, cannot be adopted. The venerated Vyāsa accordingly propounded the aphorism (ii. 2, 33), " Nay, because it is impossible in one ; "and this same aphorism has been analysed by Rāmānuja with the express purpose of shutting out the doctrine of the Jainas. The tenets of Rāmānuja are as follows:—Three categories are established, as soul, not-soul, and Lord; or as subject, object, and supreme disposer. Thus it has been said—

"Lord, soul, and not-soul are the triad of principles: Hari (Viṣṇu)

" Is Lord; individual spirits are souls; and the visible world is not-soul."

Others, again (the followers of Śaṅkarācārya), maintain that pure intelligence, exempt from all differences; the absolute, alone is really existent; and that this absolute whose essence is eternal, pure, intelligent, and free, the identity of which with the individuated spirit is learnt from the "reference to the same object" (predication), "That art thou," undergoes bondage and emancipation. The universe of differences (or conditions) such as that of subject and object, is all illusorily imagined by illusion as in that (one reality), as is attested by a number of texts : Existent only, fair sir, was this in the beginning, One only without a second, and so forth. Maintaining this, and acknowledging a suppression of this beginningless illusion by knowledge of the unity (and identity) of individuated spirits and the undifferenced absolute, in conformity with hundreds of texts from the Upaniṣads, such as He that knows spirit passes beyond sorrow; rejecting also any real plurality of things, in conformity with the text condemnatory of duality, *viz.*, Death after death he undergoes who looks upon this as manifold; and thinking themselves very wise, the Śāṅkaras will not tolerate this division (viz., the distribution of things into soul, not-soul, and Lord). To all this the following counterposition is laid down:—This might be all well enough if there were any proof of such illusion. But there is no such ignorance (or illusion), an unbeginning entity, suppressible by knowledge, testified in the perceptions, I am ignorant, I know not myself and other things. Thus it has been said (to explain the views of the Śāṅkara)—

"Entitative from everlasting, which is dissolved by knowledge,

"Such is illusion. This definition the wise enunciate."

तदेतद्गगनरोमन्थायितम्। भावरूपस्याज्ञानस्य ज्ञानाभावेन समानयोग-क्षेमत्वात्। तथा हि-विषयत्वेनाश्रयत्वेन चाज्ञानस्य [1]व्यावर्तकतया प्रत्यगर्थः

1. अव्यावर्तकतया for व्यावर्तकतया D.

प्रतिपन्नो न वा। प्रतिपन्नश्चेत्स्वरूपज्ञाननिवर्त्यं तदज्ञानमिति तस्मिन्प्रतिपन्ने कथंकारमवतिष्ठते। अप्रतिपन्नश्चेद्व्यावर्तकाश्रयविषयशून्यमज्ञानं कथमनुभूयेत। अथ विशदः स्वरूपावभास एवाज्ञानविरोधी नाज्ञनेन सह भासत इत्याश्रय-विषयज्ञाने सत्यपि नाज्ञानानुभवविरोध इति हन्त तर्हि ज्ञानाभावेपि समानमेतदन्यत्राभिनिवेशात्। तस्मादुभयाभ्युपगतज्ञानाभाव एवाहमज्ञो मामन्यं च न जानामीत्यनुभवगोचर इत्यभ्युपगन्तव्यम्।

व्या० : गगनरोमन्थेति। चर्वितस्यापकृष्य पुनर्यच्चर्वणं पश्वादिभिः क्रियते स रोमन्थः। स तु तृणादेरेव संभवति न तु गगनस्य। अमूर्तत्वात्। मायावाद्युक्तं गगनरोमन्थदत्यन्तासंभवीत्यर्थः। **समानयोगक्षेमत्वादिति**। तुल्यत्वादित्यर्थः। **विषयत्वेनेति**। मायावादिनो मते ह्यात्मस्वरूपं यज्ज्ञानं स एवाज्ञानस्य विषयः। अज्ञानाश्रयश्चात्मैव। स एव चाज्ञानस्य व्यावर्तकः। अहमज्ञ इत्येवमज्ञानप्रीतीकाले तस्य ज्ञानस्वरूपस्यात्मनः प्रतीतिरस्ति न वा। आद्येऽज्ञानव्यावर्तकस्यात्मस्वरूपज्ञानस्य सत्त्वेन तदानीमज्ञानस्य नैव स्थितिः संभवति। आत्मस्वरूपज्ञाननिवर्त्यत्वादज्ञानस्य। द्वितीयेऽज्ञानविषयत्वादज्ञानाश्रयस्य च ज्ञानाभावेनाज्ञानस्य प्रतीतिर्न स्यात्। व्यावर्तकस्यैवात्राज्ञानविषयत्वादज्ञानाश्रयत्वाच्च। **अथेति**। आत्मप्रतीतिर्हि द्विधा स्फुटा अस्फुटा च। तत्र स्फुटया एवाज्ञानव्यावर्तकत्वम्। अहमज्ञ इत्याद्यज्ञानप्रतीतिकाले त्वज्ञानस्य विषयतयाश्रयतया च यात्मप्रतीतिरस्ति सा न स्फुटेति नाज्ञानं व्यावर्तयतीति शङ्काशयः। **ज्ञानाभावेपीति**। ज्ञानाभावेप्यधिकरणप्रतियोगिनोर्विशदस्वरूपावभास एव विरोधी नाविशदस्वरूपावभास इति तुल्यमेव सर्वं केवलमभिनिवेशं वर्जयित्वा। अभिनिवेश आग्रहः। पक्षपात इति यावत्। मायावादिनां यो भावरूपाज्ञाने पक्षपातः सोस्माकं नास्ति। अत इतरांशतौल्येपि न वादविच्छित्तिः।

This perception (they would further contend) is not conversant about the absence of knowledge. For who can maintain this, and to whom? One who leans on the arm of Prabhākara, or one to whom Kumārila-bhaṭṭa gives his hand? Not the former, for in the words—

> "By means of its own and of another's form, eternal in the existent and non-existent,
>
> "Thing is recognised something by some at certain times,
>
> "Non-entity is but another entity by some kind of relation.

> Non-entity is but another entity, naught else, for naught else is observed."

They deny any non-entity ulterior to entity. Non-entity being cognisable by the sixth instrument of knowledge (*anupalabdhi*), and knowledge being always an object of inference, the absence of knowledge cannot be an object of perception. If, again, any one who maintains non-entity to be perceptible should employ the above argument (from the perceptions, I am ignorant, I know not myself, and other things); it may be replied: "Is there, or is there not, in the consciousness, I am ignorant, an apprehension of self as characterised by an absence and of knowledge as the thing absent or non-existent? If there is such apprehension, consciousness of the absence of knowledge will be impossible, as involving a contradiction. If there is not, consciousness of the absence of knowledge, which consciousness presupposes a knowledge of the subject and of the thing absent, will not readily become possible. Inasmuch (the Śāṅkaras continue) as the foregoing difficulties do not occur if ignorance (or illusion) be entitative, this consciousness (I am ignorant, I know not myself, and other things) must be admitted to be conversant about an entitative ignorance.

अस्तु तर्ह्यनुमानं मानं–विवादास्पदं प्रमाणज्ञानं स्वप्रागभावव्यतिरिक्त-स्वविषयावरणस्वनिवर्त्यस्वदेशगतवस्त्वन्तरपूर्वकमप्रकाशितार्थप्रकाशकत्वादन्धकारे प्रथमोत्पन्नप्रदीपप्रभावदिति।

व्या० : विवादास्पदमिति। साध्यवत्त्वेन वादग्रस्तमित्यर्थः। प्रमाणज्ञानमिति पक्षनिर्देशः। ज्ञानमित्युक्ते ब्रह्मस्वरूपज्ञानस्य वस्त्वन्तरपूर्वकत्वाभावात्तद्व्यावृत्त्यर्थं प्रमाणज्ञानमित्युक्तम्। स्वप्रागभावेत्यादिः साध्यनिर्देशः। स्वप्रागभावव्यतिरिक्तं स्वविषयावरणभूतं स्वनिवर्त्यं स्वदेशगतं च यद्वस्त्वन्तरं तत्पूर्वकमित्यर्थः। स्वविषयावरणभूतम्। स्वस्य प्रमाणज्ञानस्य विषयभूतं यद्ब्रह्मादि तत्स्वरूपतिरस्कारकम्। स्वदेशगतम्। स्वस्य प्रमाणज्ञानस्य यो देश आश्रय आत्मा तन्निष्ठम्। स्वस्य प्रमाणज्ञानस्य यः प्रागभावस्तद्व्यावृत्त्यर्थं स्वप्रागभावव्यतिरिक्तेति। भयादिव्यावृत्त्यर्थं स्वविषयावरणेति। धर्माधर्मव्यावृत्त्यर्थं स्वनिवर्त्येति। तयोर्ज्ञानविषयावरणत्वं तु कुत्रचिद्योजनीयम्। वेद्यगतो यो वित्त्यभिव्यक्तिप्रागभावस्तद्व्यावृत्त्यर्थं स्वदेशगतेति। व्यवधानभूतभित्त्यादि तु न स्वनिवर्त्यं नापि स्वदेशगतम्। एतादृशं च भावरूपज्ञानमेव

सिध्यति। अप्रकाशितेति हेतुनिर्देशः। प्रकाशकत्वादित्येतान्मात्रोक्तौ धारावाहिकज्ञानस्थल उत्तरोत्तरज्ञानानां प्रकाशकत्वेपि साध्यधर्माभावाद्व्यभिचारः स्यात्। अतोऽप्रकाशितार्थेति। द्वितीयदीपप्रभाया अप्रकाशितार्थप्रकाशकत्वाभावात्प्रथमोत्पन्नेत्युक्तम्। प्रथमोत्पन्नाया अपि दीपप्रभाया दिवा अप्रकाशितार्थप्रकाशकत्वाभावादन्धकार इत्युक्तम्। अन्धकार एव तथाविधं वस्त्वन्तरमिति न दृष्यन्ते साध्यविकलता।

All this (the Rāmānuja replies) is about as profitable as it would be for a ruminant animal to ruminate upon ether; for an entitative ignorance is not more supposable than an absence of knowledge. For (we would ask), is any self-conscious principle presented as an object and as a subject (of ignorance) as distinct from cognition? If it is presented, how, since ignorance of a thing is terminable by knowledge of its essence, can the ignorance continue? If none such is presented, how can we be conscious of an ignorance which has no subject and no object? If you say: A pure manifestation of the spiritual essence is revealed only by the cognition opposed to ignorance (or illusion), and thus there is no, absurdity in the consciousness of ignorance accompanied with a consciousness of its subject and object; then we rejoin :—Unfortunately for you, this (consciousness of subject) must arise equally in the absence of knowledge (for such we define illusion to be), notwithstanding your assertion to the contrary. It must, therefore, be acknowledged that the cognition, I am ignorant, I know not myself and other things, is conversant about an absence of cognition allowed by us both.

तदपि न क्षोदक्षमम्। अज्ञानेप्यनभिमताज्ञानान्तरसाधनेपसिद्धान्तापातात्। तदसाधनेनैकान्तिकत्वात्। दृष्यन्तस्य साधनविकलत्वाच्च। न हि प्रदीपप्रभाया अप्रकाशितार्थप्रकाशकत्वं संभवति। ज्ञानस्यैव प्रकाशकत्वात्। सत्यपि प्रदीपे ज्ञानेन विषयप्रकाशसंभवात्। प्रदीपप्रभायास्तु चक्षुरिन्द्रियस्य ज्ञानं समुत्पादयतो विरोधिसंतमसनिरसनद्वारेणोपकारत्वमात्रमेवेत्यलमतिविस्तरेण।

व्या० : अज्ञानेपीति। यथा अप्रकाशितार्थप्रकाशकत्वेन हेतुना प्रमाणज्ञानस्य निरुक्तवस्त्वन्तरपूर्वकत्वं साध्यते तथा तादृशवस्त्वन्तरस्याज्ञानस्याप्यप्रकाशितप्रपञ्च-रूपार्थप्रकाशकत्वेन निरुक्तवस्त्वन्तरपूर्वकत्वापत्तावज्ञानान्तरं सिध्येत्। तथा सति

तेनाज्ञानान्तरेण प्रपञ्चस्यावरणे संसार एव न संभवतीत्यपसिद्धान्तः स्यात्। अथ वा अज्ञानसाधकस्योक्तानुमानस्य प्रमाणज्ञानत्वात्तस्य निरुक्तवस्त्वन्तरपूर्वकत्वसाधनेऽज्ञानान्तरं सिध्येत्। तेन चाज्ञानान्तरेणानुमानविषयस्य भावरूपाज्ञानस्यावरणात्संसार एव न संभवतीत्यपसिद्धान्तः स्यादित्यर्थः। **तदसाधन इति।** भावरूपाज्ञानस्य तत्साधकानुमानस्य वा निरुक्तवस्त्वन्तरपूर्वकत्वासाधने तु तद्गतस्याप्रकाशितार्थप्रकाशकत्वस्य तत्रैव साध्याभाववद्वृत्तित्वेन हेतोर्व्यभिचरितत्वं स्यात्। दूषणान्तरमाह–**दृष्टान्तस्येति।**

Well, then (the Śāṅkaras may contend), let the form of cognition evidentiary of illusion, which is under disputation, be inference, as follows :—Right knowledge must have had for its antecedent another entity (*sc.* illusion), an entity different from mere prior non-existence of knowledge which envelops the objects of knowledge, which is terminable by knowledge, which occupies the place of knowledge, inasmuch as it (the right knowledge) illuminates an object not before illuminated, like the light of a lamp springing up for the first time in the darkness. This argument (we reply) will not stand grinding (in the dialectic mill) ; for to prove the (antecedent) illusion,' you will require an ulterior illusion which you do not admit, and a violation of your own tenets will ensue, while if yon do not so prove it, it may or may not exist; and, moreover, the example is incompatible with the argument, for it cannot be the lamp that illumines the hitherto unillumined object, since it is knowledge only that illumines; and an illumination of objects may be effected by knowledge even without the lamp, while the light of the lamp is only ancillary to the visual organ which effectuates the cognition; ancillary mediately through the dispulsion of the obstruent darkness. We dismiss further prolixity.

प्रतिप्रयोगश्च विवादाध्यासितमज्ञानं न ज्ञानमात्रब्रह्माश्रितम्[1]। अज्ञानत्वाच्छुक्तिकाद्यज्ञानवदिति। ननु शुक्तिकाद्यज्ञानस्याश्रयस्य प्रत्यगर्थस्य ज्ञानमात्रस्वभावत्वमेवेति चेन्मैवं शङ्किष्ठाः। अनुभूतिर्हि स्वसद्भावेनैव कस्यचिद्वस्तुनो

---

1. आश्रयम् for आश्रितम् D.

व्यवहारानुगुणत्वापादनस्वभावो ज्ञानावगतिसंविदाद्यपरनामा सकर्मकोनुभवितुरात्मनो धर्मविशेषः। अनुभवितुरात्मत्वमात्मवृत्तिगुणविशेषस्य ज्ञानत्वमित्याश्रयणात्। ननु ज्ञानरूपस्यात्मनः कथं ज्ञानगणकत्वमिति चेत्तदसारम्। यथा हि मणिद्युमणिप्रभृति तेजोद्रव्यं प्रभावद्रूपेणावतिष्ठमानं प्रभारूपगुणाश्रयः। स्वाश्रयादन्यत्रापि वर्तमानत्वेन रूपवत्त्वेन च प्रभा द्रव्यरूपापि तच्छेषत्वनिबन्धनगुणव्यवहारा। एवमयमात्मा स्वप्रकाशचिद्रूप एव चैतन्यगुणः। तथा च श्रुतिः–स यथा सैन्धवघनोनन्तरोऽबाह्यः कृत्स्नो रसघन एवैवं वा अरेयमात्मानन्तरोऽबाह्यः कृत्स्नः प्रज्ञानघन एव (बृ. ४।५।१३)। अत्रायं पुरुषः स्वयंज्योतिर्भवति (बृ० ४।३।९)। न हि विज्ञातुर्विज्ञातेर्विपरिलोपो विद्यते (बृ. ४।३।३०)। अथ यो वेदेदं जिघ्राणीति स आत्मा (छा. ८।१२।४)। योयं विज्ञानमयं प्राणेषु हृद्यन्तर्ज्योतिः पुरुषः (बृ. ४।३।७)। एष हि द्रष्टा स्प्रष्टा श्रोता घ्राता रसयिता मन्ता बोद्धा कर्ता विज्ञानात्मा पुरुषः (प्र. ४।९) इत्यादिका।

व्या० : प्रतिप्रयोगः। प्रत्यनुमानम्। अज्ञानं पक्षः। ज्ञानमात्रं यद्ब्रह्म तदाश्रितत्वाभावः साध्यम्। मात्रपदेन ज्ञानगुणकत्वव्यवच्छेदः। यथा जीवस्य जायमानं शुक्तिकाद्यज्ञानं ज्ञातृनिष्ठं न तु ज्ञाननिष्ठं जीवस्य ज्ञातृत्वात्तथैवेदं मायावाद्यभिमतं भावरूपाज्ञानं ज्ञात्राश्रितं स्यान्न तु ज्ञानाश्रितमित्यर्थः। मायावादिभिस्तु तदज्ञानं ज्ञानरूपब्रह्माश्रितमभ्युपेयते। **नन्विति**। मायावादिमते जीवस्य वस्तुतो नैव ज्ञातृत्वं किं तु ज्ञानमात्रस्वरूपत्वमिति शुक्तिकाद्यज्ञानं ज्ञानमात्राश्रितमेवेति दृष्यन्तो न संभवतीति शङ्काशयः। जीवस्य ज्ञातृत्वं ज्ञानस्य च जीवगुणत्वं प्रसिद्ध्यनुरोधेन साधयति–**अनुभूतिर्हीति**। **कस्यचिद्वस्तुन इति**। स्वविषयस्येत्यर्थः। घटज्ञानमेव हि घटस्य जलाहरणादिव्यवहारानगुण्यं संपादयति। ज्ञानमवगतिः संविदित्यादीन्यनुभूतेर्नामानि। आदिपदेन बोधनामपरिग्रहः। **ननु ज्ञानेति**। रामानुजीयैर्जीवात्मनः परमात्मनश्च ज्ञानस्वरूपत्वमङ्गीक्रियत एव। तथा च कथं तयोर्ज्ञानगुणकत्वम्। न हि स्वरूपमेव स्वरूप गुणो भवतीति शङ्काशयः। **तदसारमिति**। अप्रत्यक्षस्यात्मनो यथा ज्ञानस्वरूपत्वं श्रुतिप्रमाणेन स्वीक्रियते तथा तेनैव प्रमाणेन तस्य ज्ञानगुणकत्वमपि स्वीक्रियते। स्वरूपस्य गुणत्वं कथमिति तु नाशङ्कनीयम्। स्वरूपभूतज्ञानात्पार्थक्येन गुणभूतज्ञानस्य स्वीकारात्। तत्र दृष्यन्तमाह–**यथा हीति**। मणिर्हीरकादिः। द्युमणिः सूर्यः। स च स्वयं तेजःस्वरूपोपि तेजोरूपायाः प्रभाया आश्रयो भवति। तस्य प्रभाविशिष्टरूपेणावस्थितत्वात्। ननु प्रभाया द्रव्यत्वमेव नास्ति कुतस्तद्व्याप्यं तेजस्त्वमिति चेत्तत्राह–**स्वाश्रयादिति**। गुणाः केचिदव्याप्यवृत्तयः। यथाकाशे शब्दः।

स ह्याकाशैकदेशे वर्तते न कृत्स्ने। केचिद्व्याप्यवृत्तय:। यथा घटे रूपम्। तद्धि अन्तर्बहिश्च वर्तते न कृत्स्नं घटं व्याप्य वर्तते। प्रभा तु नित्यं सूर्यसंबद्धापि सूर्यादन्यत्र समुद्रपर्वतभूम्यादौ दृश्यते। अतो न तस्या गुणत्वम्। किं च प्रभाया: शुक्लरूपाश्रयत्वाद्द्रव्यत्वमेव स्वीकार्यम्। गुणेषु गुणासंभवात्। प्रभाया गुणत्वव्यवहारस्तु तस्या: सूर्यादितेजोन्तरावलम्बित्वेन गुणसादृश्याद्गौण:। एवं प्रभाया द्रव्यत्वे सिद्धे तस्यास्तेजस्त्वं प्रत्यक्षसिद्धमेव। तथात्मनो गुणभूतं ज्ञानमपि वस्तुतो द्रव्यमेव। तस्य गुणत्वव्यवहारास्तु गौण:। नित्यमात्मरूपद्रव्यान्तरसंबद्धत्वेन गुणसादृश्यात्। **स्वप्रकाशेति।** स्वप्रकाशा या चिद् ज्ञानं तत्स्वरूप एव सन् ज्ञानान्तरगुणक:। आत्मनो ज्ञानस्वरूपत्वे ज्ञानगुणकत्वे च प्रमाणभूता द्विविधा अपि श्रुतीर्दर्शयति–**तथा चेति। स यथेति।** यथा सैन्धवघनो लवणखण्डोनन्तरोन्तरावयवव्यतिरिक्तोऽबाह्यो बाह्यावयवव्यतिरिक्तश्च सर्वोपि रसघनो भवति। अत्रान्तरो बाह्यश्च रसघन इत्युक्ते मध्यावयवानां रसघनत्वं न स्यात्। अतस्तत्संग्रहायानन्तरोऽबाह्य इति व्यतिरेकेणोक्तम्। किं चात्मनो निरवयवत्वात्तदृष्टान्तभूतस्य सैन्धवघनस्य तत्साधारण्यसंपादनायेत्थमुक्ति:। एवमयमात्मा प्रज्ञानघन इत्यर्थ:। अत्रात्मनो ज्ञानस्वरूपत्वमुक्तम्। **अत्रायमिति।** अत्रास्यां स्वप्नावस्थायामयमात्मा स्व यज्योतिर्भवति। ज्ञानस्वरूपत्वात्स्वप्रकाशो भवति। स्वाप्नहस्त्यादिपदार्थभानं तु धर्मभूतज्ञानेनैवेत्यन्यत्। **न हि विज्ञातुरिति।** विज्ञातुर्विज्ञानाश्रयस्यात्मनो या विज्ञातिर्गुणभूतज्ञानं तस्या विनाशो नास्ति नित्यत्वादित्यर्थ:। **अथ य इति।** अत्रात्मनोवघ्रातृत्वोक्त्या ज्ञातृत्वं सिध्यति। अवघ्राणस्य ज्ञानविशेषत्वात्। तेन चात्मनो ज्ञानगुणकत्वं सिध्यति। **योयमिति।** विज्ञानमय इति प्राचुर्यार्थे मयट्प्रत्यय:। तेनात्मनो ज्ञानव्यतिरेक उक्त इति तस्य ज्ञानगुणकत्वं सिध्यति। प्राणेषु इन्द्रियेषु मध्ये। आत्मनो ज्योतीरूपत्वोक्त्या ज्ञानस्वरूपत्वं च सिध्यति। आत्मा स्वयं ज्ञानरूपोपि गुणभूतज्ञानद्वारेन्द्रियादिसाधनैश्च विषयावभावको भवति। प्रभाद्वारा सूर्य इवेत्यर्थ:। **एष हीति।** अत्र द्रष्ट्य स्प्रष्टेत्यादिनिर्देशात्मनो ज्ञानगुणकत्वं सिध्यति। विज्ञानात्मेत्यनेन ज्ञानस्वरूपत्वं च सिध्यति। एतेनात्मनो ज्ञातृत्वमेव न ज्ञानस्वरूपत्वमिति वदन्तस्तार्किकास्तथात्मनो ज्ञानस्वरूपत्वमेव न ज्ञातृत्वमिति वदन्तो मायावादिनश्च निरस्ता भवन्ति।

The counterposition (of the Rāmānujas) is as follows:—The illusion under dispute does not reside in Brahman, who is pure knowledge, because it is an illusion, like the illusion about nacre, etc. If any one ask: Has not the self-conscious entity that underlies the illusion about nacre, etc., knowledge only for its nature? they reply : Do not start such difficulties; for we suppose that. consciousness by its bare existence has the nature of creating conformity to the usage about (*i.e*, the name and notion of) some object; and such consciousness, also called knowledge, apprehension, comprehension, intelligence, etc., constitutes the soul, or knowledge, of that which acts and knows. If any one ask: How can the soul, if it consists of cognition, have cognition as a quality? they reply: This question is futile; for as a gem, the sun, and other luminous things, existing in the form of light, are substances in which light as a quality inheres—for light, as existing elsewhere than in its usual receptacle, and as being a mode of thing though a substance, is still styled and accounted a quality derived from determination by that substance,—so this soul, while it exists as a self-luminous intelligence, has also intelligence as its quality. Accordingly the vedic texts: A lump of salt is always within and without one entire mass of taste, so also this soul is within and without an entire mass of knowledge; Herein this person is itself, a light; Of the knowledge of that which knows there is no suspension; He who knows, smells this; and so also, This is the soul which, consisting of knowledge, is the light within the heart; For this person is the seer, the hearer, the taster, the smeller, the thinker, the understander, the doer; The, person is knowledge, and the like texts.

न च अमृतेन हि प्रत्यूढाः (छा. ८।३।२) इति श्रुतिरविद्यायां प्रमाणमित्याश्रयितुं शक्यम्। ऋतेतरविषयो ह्यनृतशब्दः। ऋतशब्दश्च कर्मवचनः। ऋतं पिबन्तौ (का. ३।१) इति वचनात्। ऋतुं कर्म फलाभिसंधिरहितं परमपुरुषाराधनवेषं तत्प्राप्तिफलम्। अत्र तद्व्यतिरिक्तं सांसारिकाल्पफलं कर्मानृतं ब्रह्मप्राप्तिविरोधि। य एतं ब्रह्मलोकं न विन्दन्ति अनृतेन हि प्रत्यूढाः (छा. ८।३।२) इति वचनात्। मायां त प्रकृतिं विद्यात् (श्वे. ४।१०) इत्यादौ मायाशब्दो विचित्रार्थसर्गकरत्रिगुणात्मकप्रकृत्यभिधायको नानिर्वचीयाज्ञानवचनः।

तेन मायासहस्रं तच्छम्बरस्याशुगामिना।
बालस्य रक्षता देहमेकैकांशेन सूदितम्।। (वि. पु. १।१९।२०)

इत्यादौ विचित्रार्थसर्गसमर्थस्य पारमार्थिकस्यैवासुराद्यस्त्रविशेषस्यैव मायाशब्दाभिधेयत्वोपलम्भात्। अतो न कदाचिदपि श्रुत्या अनिर्वचनीयाज्ञानप्रतिपादनम्।

व्या० : **अनृतेनेति।** ऋतं सत्यम्। तदितरदनृतमसत्यं जगन्मूलकारणं मायाख्यं

भावरूपमज्ञानम्। तेन स्वकार्यभूतशब्दादिविषयद्वारा कामादीनुत्पाद्य प्रजा हृताः स्वरूपाद्बहिरपकृष्य इत्यर्थः। **कर्मवचनः।** पुण्यकर्मवाची। ऋतं पिबन्ताविति श्रुतौ सुकृतस्य लोक इत्युक्तत्वात्। ऋतं पिबन्तावित्यस्यावश्यभाविकर्मफलमनुभवन्तावित्यर्थः। **परमेति।** परमपुरुषस्य ब्रह्मण आराधनमेव वेषः स्वरूपं यस्य तादृशम्। ननु मायां तु प्रकृतिमिति श्रुतौ मायाशब्देन जगत्प्रकृतिभूतं भावरूपमज्ञानमुच्यत इति चेत्तत्राह–**मायां त्विति। तेनेति।** बालस्य प्रह्लादस्य देहं रक्षताशुगामिना तेन विष्णुचक्रेण शम्बरस्य प्रह्लादनाशार्थं हिरण्यकशिपुप्रेषितस्य शम्बरनामकदैत्यस्य तन्मायासहस्रमस्त्रजालमेकैकांशेन सूदितं नाशितम्। अत्र न मायाशब्दस्यानिर्वचनीयार्थकत्वम्। तस्य ज्ञानबाध्यस्य शस्त्रच्छेद्यत्वासंभवात्। न हि रज्जुसर्पः शस्त्रच्छेद्यो भवति।

It is not to be supposed that the Veda also affords evidence of the existence of the cosmic illusion, in the text, Enveloped in untruth (*anṛta*); for the word untruth (*anṛta*) denotes that which is other than truth (*ṛta*). The word *ṛta* has a passive sense, as appears from the words, Drinking *ṛta*. *Ṛta* means works done without desire of fruit; having as its reward the attainment of the bliss of the Supreme Spirit through his propitiation. In the text in question, untruth (*anṛta*) designates the scanty fruit enjoyed during transmigratory existence as posed to that (which results from propitiation of the Supreme Spirit), which temporal fruit is obstructive to the attainment of supreme existence (*brahman*); the entire text (when the context is supplied) being: They who find not this supreme sphere (*brahma-loka*) are enveloped in untruth. In such texts, again, as Let him know illusion' (*māyā*) to be the primary emanative cause (*prakṛti*), the term (*māyā*) designates the emanative cause, consisting of the three "cords" (*guṇa*), and creative of the diversified universe. It does not designate the inexplicable illusion (for which the Śāṅkaras contend).

नाप्यैक्योपदेशान्यथानुपपत्त्या। तत्त्वंपदयोः सविशेषब्रह्माभिधायित्वेन विरुद्धयोर्जीवपरयोः स्वरूपैक्यस्य प्रतिपत्तुमशक्यतयार्थापत्तेरनुदयदोषदूषितत्वात्। तथा हि–तत्पदं निरस्तसमस्तदोषमनवधिकातिशयासंख्येयकल्याणगुणास्पदं जगदुदयविभवलयलीलं ब्रह्म प्रतिपादियति। तदैक्षत बहु स्यां प्रजायेय (छा. ६।२।३) इत्यादिषु तस्यैव प्रकृतत्वात्। तत्समानाधिकरणं त्वंपदं

चाचिद्विशिष्टजीवशरीरकं ब्रह्माचष्टे। प्रकारद्वयविशिष्टैकवस्तुपरत्वात्सामानाधिकरण्यस्य।

ननु सोयं देवदत्त इतिवत्तत्त्वमिति पदयोर्विरुद्धभागत्यागलक्षणया निर्विशेषस्वरूपमात्मैक्यं सामानाधिकरण्यार्थः किं न स्यात्। यथा सोयमित्यत्र तच्छब्देन देशान्तरकालान्तरसंबन्धी पुरुष प्रतीयते। इदंशब्देन च संनिहितदेशवर्तमानकालसंबन्धी। तयोः सामानाधिकरण्येनैक्यमवगम्यते। तत्रैकस्य युगपद्विरुद्धदेशकालप्रतीतिर्न संभवतीति द्वयोरपि पदयोः स्वरूपपरत्वे स्वरूपस्य चैक्यं प्रतिपत्तुं शक्यम्। एवमत्रापि किंचिज्ज्ञत्वसर्वज्ञत्वादिविरुद्धांशप्रहाणेनाखण्डस्वरूपं लक्ष्यत इति चेत्–

व्या० : ननु तत्त्वमसीति श्रुतौ जीवपरयैरैक्यमुपदिश्यते। तच्च तयोर्वस्तुतो भेदे न संभवति। अतो भेदस्य काल्पनिकत्वमेव स्वीकार्यम्। तदन्यथानुपपत्त्या तादृशभेदज्ञानजनकत्वेनानिर्वचनीयाज्ञानं सिध्यतीत्यर्थापत्तिप्रमाणेन भावरूपमज्ञानं साधयन्तं मायावादिनं प्रत्याह–**नापीति। तत्त्वंपदयोरिति**। विरुद्धायोर्जीवपरयोः स्वरूपैक्यमस्माद्वाक्यात्प्रतिपत्तुमशक्यम्। तत्वंपदयोरुभयोरपि सविशेषब्रह्मप्रतिपादकत्वात्। तथा च नीलो घट इत्यत्रेव सामानाधिकरण्येन वाक्यार्थोपपत्तावर्थापत्तिरत्र नोदयमासादयति। **अनवधिकेति**। न अवधिर्मर्यादा यस्य तादृशोतिशयो येषां तथाभूता असंख्येयाश्च ये कल्याणकारका गुणास्तदास्पदम्। विभवो विशिष्टवस्थितिः। **तदैक्षतेति**। तत्परं ब्रह्म विचित्रानन्तचिदचिन्मिश्रव्यष्टिजगद्रूपेणाहमेव बहु स्यां तदर्थं चादौ प्रजायेय प्रकर्षेण तेजोबन्नादिसमष्टिरूपेण जायेयेत्यर्थः। अयं च जगदुत्पत्तिप्राक्कालिको ब्रह्मणः संकल्पः। एतादृशो जगदुत्पत्तिविषयकः संकल्पश्च ब्रह्मणोखिलदोषराहित्येनन्तकल्याणगुणाश्रयत्वे सत्येव संभवति नान्यथेति तादृशधर्मवैशिष्ट्यं ब्रह्मणः सिध्यति। अतस्तथाविधमेव ब्रह्माग्रे तत्त्वमसीत्यत्र तत्पदेन परामृश्यते। **अचिद्विशिष्टेति**। अचिता जडेन देहेन विशिष्टे यो जीवस्तच्छरीरकं ब्रह्मेति विशिष्टं ब्रह्मैव त्वंपदार्थो न तु जीवमात्रम्। **प्रकारद्वयेति**। यथा नीलो घट इत्यत्र नीलगुणरूपप्रकारविशिष्टं वस्तु नीलपदवाच्यम्। घटत्वजातिरूपप्रकारविशिष्टं वस्तु घटपदवाच्यम्। वस्तुनश्चैकत्वान्नीलघटपदयोः सामानाधिकरण्यमित्यर्थः।

मायावादी शङ्कते–**नन्विति। विरुद्धेति**। विरुद्धो यो भागोंशस्तस्य त्यागो यस्यां तादृशी या लक्षणा तयेत्यर्थः। **वर्तमानकालसंबन्धीति**। पुरुषः प्रतीयत इति परामृश्यते। **तयोरिति**। तद्बोधकपदसामानाधिकरण्येन तयोः पुरुषयोरैक्यमवगम्यत इत्यर्थः।

युगपद्विरुद्धेति। मिथो विरुद्धं यद्भिन्नं दूरसंनिहितरूपं देशद्वयं तत्रैकस्य पुरुषस्य युगपत्थितिर्न संभवति। तथा मिथो विरुद्धं यद्भूतवर्तमानरूपं कालद्वयं तत्रैकस्य युगपत्स्थितिर्न संभवति। **स्वरूपपरत्वे**। स्वरूपं व्यक्तिः। देशकालवैशिष्ट्य-रहितव्यक्तिमात्रपरत्वे इत्यर्थः।

In such passages as, By him the defender of the body of the child, moving rapidly, the thousand illusions (*māyā*) of the barbarian were swooped upon as by a hawk, we observe that the word "illusion" (*māyā*) designates the really existent weapon of a Titan, capable of projective diversified creation. The Veda, then, never sets out an inexplicable illusion. Nor (is the cosmical illusion to be inferred from the "grand text," That art thou), inasmuch as the words, That art thou, being incompetent to teach unity, and indicating a conditionate Supreme Spirit, we cannot understand by them the essential unity of the mutually exclusive supreme and individual spirits; for such a supposition (as that they are identical) would violate the law of excluded middle. To explain this. The term That denotes the Supreme Spirit exempt from all imperfections, of illimitable excellence, a repository of innumerable auspicious attributes, to whom the emanation, sustentation, retractation of the universe is a pastime;[1] such being the Supreme Spirit, spoken of in such texts as, That desired, let me be many, let me bring forth. Perhaps the word Thou, referring to the same object (as the word That), denotes the Supreme Spirit characterised by consciousness, having all individual spirits as his body; for a "reference to the same object" designates one thing, determined by two modes. Here, perhaps, an Advaita-vādin may reply: Why may, not the purport of the reference to the same object in the words, That art thou, be undifferenced essence, the unity of souls, these words (That and thou) having a (reciprocally) implicate power by abandonment of opposite portions of their meaning; as is the case in the phrase, This is that Devadatta. In the words, This is that Devadatta, we understand by the word That, a person in relation to a different time and place, and by the word

1. Cf. the dictum of Herakleitus : Making worlds is Zeus's pastime; and that of Plato (Laws, Book vii. p. 803) : Man is made to be the plaything of God.

This, a person in relation to the present time and place. That both are one and the same is understood by the form of predication ("reference to the same object"). Now as one and the same thing cannot at the same time be known as in different times and places, the two words (This and That) must refer to the essence (and not to the accidents of time and place), and unity of essence can be understood. Similarly in the text, That art thou, there is implicated an indivisible essence by abandonment of the contradictory portions (of the denotation), viz., finite cognition (which belongs to the individual soul or Thou), and infinite cognition (which belongs to the real or unindividual soul). This suggestion (the Rāmānujas reply) is unsatisfactory, for there is no opposition (between This and That) in the example (This is that Deva-datta), and consequently not the smallest particle of "implication" (*lakṣaṇā*, both This and That being used in their denotative, capacity). The connection of one object with two times past and present involves no contradiction. And any contradiction supposed to arise from relation to different places maybe avoided by a supposed difference of time, the existence in the distant place being past, and the existence in the dear being present. Even if we concede to you the "implication," the (supposed) contradiction being avoidable by supposing one term (either That or Thou) to be implicative, it is unnecessary to admit that both words are implicative. Otherwise (if we admit that both words are implicative), if it be granted that the one thing may be recognised, with the concomitant assurance that it differs as this and as that, permanence in things will be inadmissible, and the Buddhist assertor of a momentary flux of things will be triumphant.

विषमोयमुपन्यासः। दृष्यन्तेपि विरोधवैधुर्येण लक्षणागन्धासंभवात्। एकस्य तावद्भूतवर्तमानकालद्वयसंबन्धो न विरुद्धः। देशान्तरस्थितिर्भूता संनिहितदेश-स्थितिर्वर्तत इति देशभेदसंबन्धविरोधश्च कालभेदेन परिहरणीयः। लक्षणापक्षेप्येक-स्यैव पदस्य लक्षकत्वाश्रयणेन विरोधपरिहारे पदद्वयस्य लाक्षणिकत्वस्वीकारो न संगच्छते। इतरथैकस्य वस्तुनस्तत्तेदंताविशिष्टत्वावगाहनेन प्रत्यभिज्ञायाः

प्रामाण्यानङ्गीकारे स्थायित्वासिद्धौ क्षणभङ्गवादी बौद्धो विजयेत। एवमत्रापि जीवपरमात्मनोः शरीरात्मभावेन तादात्म्यं न विरुद्धमिति प्रतिपादितम्। जीवात्मा हि ब्रह्मणः शरीरतया प्रकारत्वाद्ब्रह्मात्मकः। य आत्मनि तिष्ठन्नात्मनोन्तरो यमात्मा न वेद यस्यात्मा शरीरम् (वृ. मा. ३।७।२२) इति श्रुत्यन्तरात्।

व्या० : समाधत्ते-**विषम इति**। अयुक्त इत्यर्थः। **दृष्टान्तेपि**। सोयं देवदत्त इति वाक्येपि। अपिना तत्त्वमसीत्यस्य समुच्चयः। **विरोधवैधुर्येण**। विरोधराहित्येन। विरोधराहित्यमेवोपपादयति-**एकस्येति**। य एव देवदत्तः पूर्वमासीत्स एवेदानीमस्तीत्येकस्य भिन्नकालसंबन्धः संभवति प्रतीयते च। युगपन्न संभवतीति चेत्किं ततः। न हि सोयं देवदत्त इत्यत्र यौगपद्यं कस्मादपि शब्दात्प्रतीयते। एककालविशिष्टेपरकालवैशिष्ट्यस्यासंभवेप्येकत्र द्वयमिति पक्षस्याङ्गीकारे बाधकाभावात्। तथा च कालयोर्मिथो विरोधेप्येकत्र तयोः संबन्धो न विरुद्धः। एवं भिन्नदेशयोर्मिथो विरोधेप्येकत्र तयोः संबन्धः कालभेदेन संभवत्येवेति सोपि न विरुद्धः। तदेवाह-**देशान्तरेति**। लक्षणामभ्युपेत्य दोषान्तरमाह-**लक्षणापक्षेपीति**। लक्षणा हि जघन्या वृत्तिर्नमुख्या। सा च मुख्यार्थबाधे सत्यगत्या स्वीक्रियते। तथा चैकपदे तत्कल्पनयैवोपपत्तौ पदद्वये तत्कल्पनमन्याय्यम्। न हि गंगायां घोष इत्यत्र गंगाघोषपदयोर्द्वयोरपि लक्षणा स्वीक्रियते। वस्तुत इदं चिन्त्यम्। लक्षणायां हि नान्वयानुपपत्तिमात्रं तन्त्रम्। किं तु तात्पर्यानुपपत्तिः। तथा च तात्पर्यार्थाविरोधायैकस्येव द्वयोस्त्रयाणां सर्वेषां वा पदानां लक्षणा न दोषाय। विषं भुङ्क्ष्वेत्यादौ मा चास्य गृहे भुक्थाः इत्यर्थे सर्वपदलक्षणाया दृष्टवात्। किं चात्र पदद्वये लक्षणायामपि न तादृशं गौरवम्। उभयत्र लक्ष्यतावच्छेदकस्यैकत्वादिति। **इतरथा**। लक्षणां विनापि वाक्यार्थोपपत्तेः प्राग्दर्शिताया अनभ्युपगमे। अयं भावः-कालभेदेन वस्तु भिद्यते न वा। न भिद्यते चेत्किमर्थं लक्षणाश्रयणम्। भिद्यते चेत्क्षणिकवादिनो बौद्धस्य मतं स्वीकृतं स्यादिति बौद्धो विजयेतेति। वस्तुत इदं चिन्त्यम्। उपाधिगतेन भेदेनोपधेये भेदाङ्गीकारे हि बौद्धमताङ्गीकारः स्यात्। न तु तथा। औपाधिको भेद इत्यस्य ह्युपाधिर्भिन्न इत्यर्थः। उपधेयं तु वस्तुत एकरूपमेव। केवलमुपाधिगतो भेद उपधेये भेदव्यवहारप्रयोजको भवति। उपधेयेऽविद्यमानोपि भेद आलक्ष्यत इति यावत्। सोयं देवदत्तं इति वाक्यं तु नाभेदोत्पत्त्यर्थम्। तस्य वस्तुत एव सत्त्वात्। किं त्वभेदज्ञापनार्थम्। तथा च वस्तुसत एवाभेदस्य ज्ञापनार्थेस्मिन्वाक्ये लक्षणाश्रयणमावश्यकमिति। **अत्रापि**। तत्त्वमसीत्यत्रापि। जीवः शरीरम्। परमात्मा हि तस्यात्मा। आत्मशरीरशब्दौ हि प्रतिद्वन्द्विभूतौ। तथा च जीवपरमात्मनोर्मध्ये शरीरात्मभावसंबन्धस्य सत्त्वात्त्वंशब्दस्य च जीवशरीरकपरमात्मवाचकत्वात्तत्त्वमितिपदद्वयप्रतिपादितं तादात्म्यं न विरुध्यते। **जीवात्मा हीति**। जीवात्मा हि ब्रह्मशरीररूपेण सदा ब्रह्मप्रकारभूतः।

ब्रह्मप्रकारत्वेनैव हि जीवस्य वस्तुत्वम्। अतो जीवप्रतिपादकस्त्वंशब्दो ब्रह्मपर्यन्तमेव स्वार्थमभिदधाति। **ब्रह्मात्मकः।** ब्रह्म आत्मा यस्य तादृशः। तत्र प्रमाणमाह–**य आत्मनीति।**

We have, therefore (the Rāmānujas continue), laid it down in this question that there is no contradiction in the identity of the individual and the Supreme Spirit, the individual spirits being the body and the Supreme Spirit the soul. For the individual spirit as the body, and therefore a form, of the Supreme Spirit, is identical with the Supreme Spirit, according to another text, Who abiding in the soul, is the controller of the soul, who knows the soul, of whom soul is the body.

अत्यल्पमिदमुच्यते। सर्वे शब्दाः परमात्मन एव वाचकाः। न च पर्यायत्वम्। द्वारभेदसंभवात्। तथा हि। जीवस्य शरीरतया प्रकारभूतानि देवमनुष्यादि-संस्थानानीव सर्वाणि वस्तूनीति ब्रह्मात्मकानि तानि सर्वाणि। अतः–

देवो मनुष्यो यक्षो वा पिशाचोरगराक्षसाः।
पक्षी वृक्षो लता काष्ठं शिला तृणं घटः पटः।।

इत्यादयः सर्वे शब्दाः प्रकृतिप्रत्यययोगेनाभिधायकतया प्रसिद्धा लोके तद्वाच्यतया प्रतीयमानतत्तत्संस्थानवस्तुमुखेन तदभिमानिजीवतदन्तर्यामिपरमात्मपर्यन्तसंघातस्य वाचकाः। देवादिशब्दानां परमात्मपर्यन्तत्वमुक्तं तत्त्वमुक्तावल्यां चतुर्थसरे–

जीवं देवादिशब्दो वदति तदपृथक्सिद्धभावाभिधाना-
न्निष्कर्षाभावयुक्तद्बहुरिह च दृढो लोकवेदप्रयोगः।
आत्मासंबन्धकाले स्थितिरनवगता देवमर्त्यादिमूर्ते-
र्जीवात्मानुप्रवेशाज्जगति विभुरपि व्याकरोन्नामरूपे।।

(तत्त्वमु. ४।८२) इति।

अनेन देवादिशब्दानां शरीरविशिष्टजीवपर्यन्तत्वं प्रतिपाद्य संस्थानैक्याद्यभावे (तत्त्वमु. ४।८३) इत्यादिना शरीरलक्षणं दर्शयित्वाशब्दैस्तन्वंशरूपप्रभृतिभिः (तत्त्वमु. ४।८४) इत्यादिना विश्वस्येश्वरादपृथक्सिद्धत्वमुपपाद्य निष्कर्षाकूत (तत्त्वमु. ४।८५) इत्यादिना पद्येन सर्वेषां शब्दानां परमात्मपर्यन्तत्वं प्रतिपादितं तत्सर्वं तत एवावधार्यम्। अयमेवार्थः समर्थितो वेदार्थसंग्रहे नामरूपश्रुति-व्याकरणसमये रामानुजेन।

व्या० : अत्यल्पमिति। त्वंशब्दो जीवान्तर्यामिपरमात्मवाचक इति यदुच्यते तदत्यल्पम्। किं तु सर्वे एव शब्दा घटपटादयस्तत्तदन्यतर्यामिपरमात्मपर्यन्तार्थका:। घटपटादीनां सर्वेषां वस्तूनां ब्रह्मशरीरत्वेनैव वस्तुत्वात्। न च घटपटादिशब्दानां सर्वेषां परमात्मार्थकत्वेन पर्यायत्वमिति वाच्यम्। घटशब्दो हि घटव्यक्तिद्वारा तदन्तर्यामिपरमात्मवाचक:। पटशब्दस्तु पटव्यक्तिद्वारेति प्रकारीभूतद्वारभेदात्। **जीवस्येति।** संस्थानं हस्तपादाद्यवयवरचनाविशेष:। यथा देवमनुष्यादिशरीराणि तत्तदभिमानिजीवस्य शरीरतया तत्प्रकारभूतानि तथा सर्वाणि वस्तूनि ब्रह्मात्मकानि। ब्रह्म आत्मा येषां तादृशानि सन्त्येव वस्तुत्वमापन्नानि। **देवो मनुष्य इति।** काष्ठशिलादिष्वप्यनद्भूतं चैतन्यमस्त्येवेति देवादिशब्दवत्काष्ठादिशब्दा अपि तत्तदर्थाभिमानिजीवान्तर्यामिपरमात्मपर्यन्तमेवार्थमभिदधति। जीवस्य तदन्तर्यामिणश्चाप्रत्यक्षत्वेन लोका: केवलं बाह्यमेवार्थं तत्तच्छब्दवाच्यं मन्यन्ते। **तद्वाच्यतयेति।** तत्तच्छब्दवाच्यतया प्रतीयमानं यत्तत्तदाकारविशिष्टं वस्तु तस्य तद्वारा तादृशवस्त्वभिमानिनो जीवस्य तादृशजीवद्वारा जीवान्तर्यामिपरमात्मनश्चेति वस्तुजीवपरमात्मरूपसंघातस्य वाचका:। **तत्वमुक्तावल्या मिति।** तत्वमुक्ताकलाप: श्रीवेङ्कटनाथदेशिकविरचितो विशिष्टाद्वैतमतानुसारी पञ्चसरात्मक: प्रकरणग्रन्थ:। मौक्तिकानां यथा सरास्तथात्र ग्रन्थे सरान्परिकल्प्य तेषु पञ्चसु सरेषु क्रमेण जडद्रव्यं जीवो नायको बुद्धिरद्रव्यं चेति पञ्च विषया निरूपिता:। अस्यैव तत्वमुक्ताबलीत्यपरं नाम स्यादिति भाति। **जीवमिति।** देवादिशब्दो जीवं वदति। जीवापृथक्सिद्धस्य देवादिशरीररूपस्य भावस्याभिधानात्। जीवसंबन्धं बिना शरीरस्वरूपमेव न सिध्यतीति शरीरस्य जीवापृथक्सिद्धत्वम्। किं चेह विशिष्टेर्थे लोके वेदे च देवादिशब्दप्रयोगो निष्कर्षाभावयुक्तो भूयान्दृश्यते। निष्कर्ष: पार्थक्यम्। तदेव यत्र प्रतिपाद्यं तत्र केवलार्थे प्रयोगोस्तु नाम। लोके हि देवमनुष्यपशुपक्ष्यादय: शब्दा न केवलं जीवे नापि केवलं शरीरे प्रयुज्यन्ते। वेदेपि चत्वार: पञ्चदशरात्रा देवत्वं गच्छन्तीति। अत्र देवत्वमित्यस्य देवशरीरविशिष्टत्वमित्यर्थ:। एवं लोके वेदे च विशिष्टार्थे एव प्रयोग इत्येवं यो नियमो दृश्यते तत्रापृथक्सिद्धविशेषणत्वमेव तन्त्रम्। अस्ति चापृथक्सिद्धत्वं शरीरिणा शरीरस्य। यत आत्मनोऽसंबन्धकाले मरणोत्तरं देवमनुष्यादि मूर्ते: स्थिति: पूर्ववन्नावगम्यते। न हि मृतस्य शरीरं क्षणमपि पूर्ववदवतिष्ठते। विभु: परमात्मापि सर्वत्र जीवात्मनोनुप्रवेशादेव जगति नामरूपे व्याकरोत्। अतोऽचिच्छरीरको जीव: अचिज्जीवशरीरकं ईश्वर इति चेतनाचेतनशब्दानां परमात्मपर्यन्तार्थाभिधानं युक्तमिति। **संस्थानेति।**

संस्थानैक्याद्यभावे बहुषु निरुपधिर्देहशब्दस्य रूढि-
र्लोकाम्नायप्रयोगानुगतमिह ततो लक्ष्म निष्कर्षणीयम्।

अव्याप्तत्वादिदु:स्थं परमतपठितं लक्षणं तत्र तस्मा-
द्यद्धीतुल्याश्रयं यद्वपुरिदमपृथक्सिद्धिमद् द्रव्यमस्य।।

संस्थानं हस्तपादाद्यवयवसंनिवेशविशेषः। स च देवमनुष्यपशुपक्षिलताद्यनेकविध-शरीरेष्वेको नास्ति। तेषु सर्वेषु देहशब्दस्य रूढिश्च निरुपधिरेव लोके वेदे च दृश्यते। अतस्तदनुसारेण शरीरस्य लक्षणं वक्तव्यम्। नैयायिकादिपरमते पठितं यच्चेष्टाश्रयत्वादि लक्षणं तदव्याप्त्यादिदोषदुष्टम्। ईश्वरशरीरत्वेनाभिमतेषु कालादिषु चेष्टायां अभावात्। तस्माद् धिया ज्ञानेन सह तुल्याश्रयं समानाधिकरणं यद् द्रव्यं यस्यापृथक्सिद्धिमद् भवति तत्तस्य वपुरित्युच्यते।

शब्दैरिति।

शब्दैस्तन्वंशरूपप्रभृतिभिरखिलः स्थाप्यते विश्वमूर्ते-
रित्थंभावः प्रपञ्चस्तदनवगमतस्तत्पृथक्सिद्धमोहः।
श्रोत्राद्यैराश्रयेभ्यः स्फुरति खलु पृथक् शब्दगन्धादिधर्मो
जीवात्मन्यप्यदृश्ये वपुरपि हि दृशा गृह्यतेनन्यनिष्ठम्।।

तत्सर्वं वै हरेस्त्वनुः (वि. पु. १।२२।३७) ममैवांशो जीवलोके (गी. १५।७) द्वे रूपे ब्रह्मणस्तस्य (वि. पु. १।२२।५३) विष्णुशक्तिः परा प्रोक्ता (वि. पु. ६।७।६१) यदम्बु वैष्णवः कायः (वि. पु. २।१२।३७) यस्यात्मा शरीरम्। (वृ. ३।७।२२) इत्यादिषु तन्वादिशब्दैरयमखिलः प्रपञ्चो विश्वमूर्तेर्विष्णोरित्थंभावोऽपृथक्सिद्ध-विशेषणीभूत इति स्थाप्यते। लोके तु तस्य विशेष्यभूतस्येश्वरस्यानवग-मादेतत्पृथक्सिद्धमिति मोहः पामराणाम्। ज्ञानिनां तु सर्वदा प्रपञ्चस्येश्वरादपृथक्सिद्धत्वेनैव प्रतीतिर्व्यवहारश्च। यथा श्रोत्रघ्राणाद्यैरिन्द्रियैः शब्दगन्धादिगुणा आकाशपृथिव्याद्या-श्रयसापेक्षया पृथक्केवला एव ज्ञायन्ते। श्रोत्रादीनामाश्रयग्रहणसामर्थ्यात्। तथेश्वरग्रहणानर्हैरल्पज्ञानां प्रमाणैरीश्वरात्पार्थक्येन केवलस्य प्रपञ्चस्य ग्रहणं भवति। जीवात्मन्यपि चक्षुरादिभिरदृश्ये मनोग्राह्ये सति चक्षुषा गृह्यमाणं शरीरं न जीवविशेषणत्वेन गृह्यते। किं त्वनन्यनिष्ठं पृथक्सिद्धमिति गृह्यते। जीवस्य चक्षुर्ग्राह्यत्वाभावात्। जगतः परमात्मापृथक्सिद्धिमुक्त्वा तद्वाचिनां पदानां निष्कर्षाभिप्रायाभावे सति परमात्मपर्यन्तार्थकत्वमित्याह–**निष्कर्षेति।**

निष्कर्षाकूतहानौ विमतिपदपदान्यन्तरात्मानमेकं
तन्मूर्तेर्वाचकत्वादभिदधति यथा रामकृणादिशब्दाः।
सर्वेषामाप्तमुख्यैरगणि च वचसां शाश्वतेस्मिन्प्रतिष्ठा
पाकैस्तस्याप्रतीतेर्जगति तदितरैः स्याच्च भङ्क्त्वा प्रयोगः।।

निष्कर्षः पार्थक्यम्। आकूतमभिप्रायः। अपृथक्सिद्धस्यसापि वस्तुनो यत्र पार्थक्येन

प्रतिपादनमभिप्रेतं तत्र केवलशरीरार्थकत्वं शब्दस्यास्तु नाम। यथा जीवात्मन इदं भौतिकं शरीरम्–इत्यत्र शरीरशब्दो न शरीरान्तर्गतजीवपर्यन्तार्थकः। यस्य पृथिवी शरीरमित्यादौ पृथिव्यादयः शब्दा अप्वेयम्। परं तु यत्र विवक्षा नास्ति तत्र सर्वत्रान्तर्यामिपर्यन्तार्थकत्वम्। तदेवात्र पूर्वार्धेनुमानेन साधितम्। विमतिपदानि विवादास्पदानि पदानि सर्वाण्येकान्त-रात्मपर्यन्तार्थमभिदधति। निष्कर्षाभिप्रायरहितत्वे सति तदपृथक्सिद्धतन्मूर्तिवाचकत्वात्। यथा रामकृष्णादिशब्दाः। आप्तमुख्यैर्महर्षिभिः सर्वेषां वचसां शब्दानां शाश्वतेस्मिन्परमात्मनि प्रतिष्ठा वाचकत्वेनावस्थितिरगणि कल्पिता। यथा वचसां वाच्यमुत्तमम्। नताः सम सर्ववचसां प्रतिष्ठा यत्र शाश्वतीति। पाका डिम्भा अज्ञानिनः। तैस्तादृशार्थस्याप्रतीतेर्विशेषणीभूतशरीरमात्रार्थकत्वेन प्रयोगः क्रियते। तादृशाज्ञानिभिः सह जगति व्यवहरद्भिस्तदितरैर्विद्वद्भिरपि भङ्क्त्वा लक्षणया केवलार्थे शब्दानां प्रयोगः क्रियत इत्यर्थः।

Your statement of the matter, therefore, is too narrow. ALL words are designatory of the Supreme Spirit. They are not all synonymous, a variety of media being possible; thus as all organised bodies, divine, human, etc., are forms of individual spirits, so all things (are the body of Supreme Spirit), all things are identical with Supreme Spirit. Hence—

God, Man, Yakṣa, Piśāca, serpent, Rākṣasa, bird, tree, creeper, wood, stone, grass, jar, cloth,—these and all other words, be they what they may, which are current among mankind as denotative by means of their base and its suffixes, as denoting those things, in denoting things of this or that apparent constitution, really denote the individual souls which assumed to them such body, and the whole complexus of things terminating in the Supreme Spirit ruling within. That God and all other words whatsoever ultimately denote the Supreme Spirit is stated in the Tattvamuktāvalī and in the Caturantara—

> "God, and all other words, designate the soul, none else than That, called the established entity,
>
> "Of this there is much significant and undoubted exemplification in common speech and in the Veda;
>
> "Existence when dissociated from spirit is unknown; in the form of gods, mortals, and the rest
>
> " When pervading the individual spirit, the infinite has made a diversity of names and forms in the world."

In these words the author, setting forth that all words, God, and the rest, designate the body, and showing in the words, "No unity in systems," etc:, the characteristic of body, and showing in the words, " By words which are substitutes for the essence of things," etc., that it is established that nothing is different from the universal Lord, lays down in the verses, Significant of the essence; etc., that all words ultimately designate the Supreme Spirit. All this may be ascertained from that work. The same matter has been enforced by Rāmānuja in the Vedārtha-saṁgraha, when analysing the Vedic text about names and forms.

किं च सर्वप्रमाणस्य सविशेषविषयतया निर्विशेषवस्तुनि न किमपि प्रमाणं समस्ति। निर्विकल्पकप्रत्यक्षेपि सविशेषमेव वस्तु प्रतीयते। अन्यथा सविकल्पके सोयमिति पूर्वप्रतिपन्नप्रकारविशिष्टप्रतीत्यनुपपत्तेः।

व्या० : सर्वप्रमाणस्येति। विशेषरहितस्य वस्तुनो रूपाद्यभावान्नं तत्र प्रत्यक्षप्रमाणप्रवृत्तिः। नापीतरप्रमाणानि। प्रत्यक्षमूलकत्वात्तेषामिति भावः। **निर्विकल्पकेति।** निष्प्रकारज्ञानं निर्विकल्पकमित्येवं नैयायिकोक्तं निर्विकल्पकमात्र न गृह्यते। तादृशस्य निष्प्रकारकज्ञानस्य रामानुजीयैः क्वाप्यनङ्गीकारात्। किं त्वेकजातीयद्रव्येषु प्रथमपिण्डग्रहणम्। यथा पूर्वमदृष्टघटस्य देवदत्तादेः प्रथमतो जायमानमयं घट इति ज्ञानम्। अत्र यद्यपि घटत्वरूपः प्रकारा भासत एव तथापीदं घटत्वमेतादृशेषु घटान्तरेष्वनुवृत्तमित्येवमनुवृत्ताकारता न प्रतीयत इत्याशयेनैतद्रामानुजीयैर्निर्विकल्पकमुच्यते। द्वितीयादिघटज्ञानेषु तु पूर्व दृष्टे यो घटस्तज्जातीयोयमित्येवमनुवृत्तिर्घटत्वस्य प्रतीयत इति तस्य सविकल्पकत्वम्। एवं च रामानुजाभिमते निर्विकल्पके सविशेषमेव वस्तु प्रतीयत इति सिद्धम्। **अन्यथेति।** प्रथमज्ञाने यदि प्रकारो न भासते तर्हि सोयमिति तच्छब्देन पूर्वज्ञातघटत्वादिप्रकारविशिष्टप्रतीतिर्या जायते सा नोपपद्यते। नैयायिकादयस्तु प्राथमिकसविकल्पकज्ञाने सोयमित्येवं प्रतीतिरेव न भवतीति मन्यन्ते।

Moreover, every form of evidence having some determinate object, there can be no evidence of an undetermined (unconditionate) reality. Even in non-discriminative perception it is a determinate (or conditioned) thing that is cognised. Else in discriminative perception there could not be shown to be a cognition characterised by an already presented form. Again, that text, That art thou, is not sublative of the universe as rooted in illusion, like a sentence declaratory that what was illusorily presented, as a snake is a piece of rope; nor does knowledge of the unity of the absolute and the soul bring (this illusory universe) to an end ; for we have already demonstrated that there is no proof of these positions.

किं च तत्त्वमस्यादिवाक्यं न प्रपञ्चस्य बाधकम्। भ्रान्तिमूलकत्वात्। भ्रान्तिप्रयुक्तरज्जुसर्पवाक्यवत्। नापि ब्रह्मात्मैक्यज्ञानं निवर्तकम्। तत्र प्रमाणाभावस्य प्रागेवोपपादनात्। न च प्रपञ्चस्य सत्यत्वप्रतिष्ठापनपक्ष एकविज्ञानेन सर्वविज्ञानप्रतिज्ञाव्याकोपः। प्रकृतिपुरुषमहदहंकारतन्मात्र-भूतेन्द्रियचतुर्दश भुवनात्मकब्रह्माण्डतदन्तर्वर्तिदेवतिर्यङ्मनुष्यस्थावरादिसर्व-प्रकारसंस्थानसंस्थितं कार्यमपि सर्वं ब्रह्मैवेति कारणभूतब्रह्मात्मज्ञानादेव सर्वविज्ञानं भवतीत्येकविज्ञानेन सर्वविज्ञानस्योपपन्नतरत्वात्। अपि च ब्रह्मव्यतिरिक्तस्य सर्वस्य मिथ्यात्वे सर्वस्यासत्त्वादेवैकविज्ञानेन सर्वविज्ञानप्रतिज्ञा बाध्येत। नामरूपविभागानर्हसूक्ष्मदशावत्प्रकृतिपुरुषशरीरं ब्रह्म कारणावस्थम्। जगतस्तदापत्तिरेव प्रलयः। नामरूपविभागविभक्तस्थूलचिदचिद्वस्तुशरीरं ब्रह्म कार्यावस्थम्। ब्रह्मणस्तथाविधस्थूलभावश्च सृष्टिरित्यभिधीयते। एवं च कार्यकारणयोरनन्यत्वमप्यारम्भणाधिकरणे प्रतिपादितमुपपन्नतरं भवति।

व्या० : इत एव वारुचेराह–किं **चेति**। सर्वः प्रपञ्चो भ्रान्त्यावभासत इत्येवंवादिना मायावेदान्तिनां मते प्रपञ्चान्तर्गतो वेदोपि भ्रान्तिमूलक एवेति तेन प्रपञ्चस्य बाधो न स्यात्। वस्तुतो रज्ज्वां भ्रान्तेन केनचिदयं सर्प इत्युक्ते यथा तत्र न विश्वासो जायते तद्वत्। **निवर्तकमिति**। प्रपञ्चस्येति संबध्यते। **तत्र**। ब्रह्मात्मैक्ये। अविद्यायां प्रमाणाभावस्य प्रागुपपादितत्वेन प्रत्यक्षसिद्धस्य भेदस्यानपलपनीयतया ब्रह्मात्मैक्यस्य प्रमाणसिद्धत्वं न भवति। किं च सर्वप्रमाणानि सविशेषवस्तुविषयाण्येवेत्यनुपदमेवोक्तम्। विशेषेण च वस्तुनः सद्वितीयत्वं भवतीति नात्मैक्यं प्रमाणसिद्धं भवतीत्यर्थः। **न चेति**। परमात्मव्यतिरिक्तस्य प्रपञ्चस्य सत्यत्वे परमात्मन एकस्य ज्ञानेन प्रपञ्चस्य ज्ञानं न संभवति। न हि घटज्ञानेन पटज्ञानं भवितुमर्हति। तथा चैकविज्ञानेन सर्वविज्ञानप्रतिज्ञा छान्दोग्यश्रुत्युक्ता रामानुजमते विरुद्धा स्यात्। मायावादिमते तु सर्वस्य प्रपञ्चस्यात्मन्या-रोपितत्वेन प्रपञ्चाधिष्ठानभूतस्यैकस्यात्मनो ज्ञानेनारोपितस्य ज्ञानं सुलभम्। यथा रज्जौ ज्ञातायां तत्र कल्पितस्य सर्पस्य किं तत्त्वं तज्ज्ञायते तद्वत्। सर्ववस्तुज्ञानं च सर्ववस्तुगततत्त्वांशज्ञानमेवेति। अत्र चैकेन मृत्पिण्डेन विज्ञातेन सर्वं मृण्मयं विज्ञातं भवतीति श्रुतौ दृष्यन्त आम्नातः। यद्यपि दृष्यन्ते मृत्पिण्डघटादीनां मृण्मयानां

मृत्परिणाम्युपादानकारणं दार्ष्टान्तिके तु परमात्मा सर्वस्यास्य जगतो विवर्तोपादानकारणमिति वैषम्यं तथापि न तद्बाधकम्। यतो विवक्षितेनांशेन दृष्टान्तदार्ष्टान्तिकयोः साम्यमावश्यकम्। अंशान्तरेण साम्यं तु यथासंभवमुपपादनीयं न त्वावश्यकम्। अत्र त्वेकविज्ञानेन सर्वविज्ञानमित्ययमंशो विवक्षितः। तेन साम्यमत्स्येवेति। रामानुजमतेनोत्तरयति–**प्रकृतीति**। प्रकृतिः सर्वस्य जडजातस्य मूलकारणं त्रिगुणात्मकं प्रधानम्। पुरुषा जीवाः। महत्तत्वं बुद्धिसामान्यम्। अहंकारोहमित्याकारो बुद्धिविशेषः। तन्मात्रं चेदमित्याकारो बुद्धिविशेषः। इदमेव पञ्चमहाभूतानां सूक्ष्मं रूपम्। प्रकृत्याद्यात्मकं यद्ब्रह्माण्डं तदन्तर्वर्तिनश्च ये देवतिर्यगादयः सर्वप्रकारास्तद्रूपेण रचनाविशेषेणावस्थितमेतत्कार्यं ब्रह्मशरीरत्वाद्ब्रह्मैव। मूलकारणं प्रधानमपि ब्रह्मशरीरत्वाद्ब्रह्मैव। प्रधानं सूक्ष्मं शरीरम्। तद्विकारभूतं ब्रह्माण्डं तु स्थूलशरीरम्। सूक्ष्मशरीरविशिष्यत्मज्ञानेन च स्थूलशरीरविशिष्यत्मज्ञानं सुलभमेव। यथा कश्चिद्देवदत्तादिः पूर्वं बाल्यावस्थायां दृष्टः स एव पुनस्तारुण्ये स्थूलशरीरको दृष्टश्चेत्सोयमित्येवं ज्ञायते तद्वत्। सूक्ष्मशरीरज्ञानेन तद्विकारभूतस्य स्थूलस्य ज्ञानमिति तात्पर्यम्। सूक्ष्मशरीरं च स्थूलस्य परिणाम्युपादानकारणं मृदादिर्घटादेरिवेति दृष्टान्तदार्ष्टान्तिकयोः परिणामित्वांशेनापि साम्यादुपपन्नतरत्वमित्युक्तम्। वस्तुतस्तु नायं श्रुतेरभिप्रायो युक्तः। श्रुत्यक्षरास्वारस्यात्। एकविज्ञानेन सर्वविज्ञानमित्यत्र कारणीभूतं यद्विज्ञानं तद्विषयीभूतः सूक्ष्मशरीरविशिष्ट आत्मा रामानुजैरुक्तः। कार्यभूतज्ञानविषयीभूतश्च स्थूलशरीरविशिष्ट आत्मा तैरुक्तः। उभयत्रापि चात्मशब्दोक्तेर्न विशिष्टं किंचित्प्रयोजनम्। सूक्ष्मशरीरज्ञानेन तत्कार्यस्य स्थूलशरीरस्य ज्ञानमित्यत्रैव तात्पर्यम्। कार्यकारणयोरैक्यात्। परं तु न तथा श्रुतौ निर्देशो दृश्यते। तत्र हि कारणीभूतज्ञानविषयत्वेनात्मा निर्दिष्टः। कार्यभूतज्ञानविषयत्वेन च जगन्निर्दिष्टमिति। इत एव वारुचेराह–**अपि चेति। बाध्येतेति।** सतो हि विज्ञानं न त्वसतः। न हि शशशृङ्गस्य विज्ञानं संभवति। ननु जगतः सत्यत्वे तद्विनाशासंभवात्प्रलयानुपपत्तिरिति चेत्तत्राह–**नामरूपेति।** एतन्नामक ईदृशश्चायमित्येवं यो नामरूपविभागस्तदनर्हा या सूक्ष्मावस्था तद्युक्ता प्रकृतिर्महत्तत्त्वादिरूपेणापरिणतेति यावत्। तथाविधाश्च ये पुरुषा जीवा अयं देवोयं मनुष्य इत्यादिरूपेण निर्देष्टुमशक्यास्तच्छरीरकं ब्रह्म कारणावस्थम्। इयमवस्थैव प्रलय इत्युच्यते।

Nor is there an absurdity (as the Śaṅkaras would say), on the hypothesis enunciatory of the reality of the universe, in affirming that by a cognition of one there is a cognition of all things: for it is easily evinced that the mundane egg, consisting of the primary cause (*prakṛti*), intellect, self-position, the rudimentary elements, the gross elements, the organs (of sense and of action), and the fourteen worlds, and the gods, animals, men, immovable things, and so forth, that exist within it, constituting a complex of all forms, is all an effect, and that from the single cognition of absolute spirit as its (emanative) cause, when we recognise that all this is absolute spirit (there being a tautology between cause and effect), there arises cognition of all things, and thus by cognition of one cognition of all. Besides, if all else than absolute spirit were unreal, then all being non-existent, it would follow that by one cognition all cognition would be sublated.

It is laid down (by the Rāmānujas) that retractation into the universe (*pralaya*) is when the universe, the body whereof consists of souls and the originant (*prakṛti*), returns to its imperceptible state, unsusceptible of division by names and forms, existing as absolute spirit the emanative cause; and that creation (or emanation) is the gross or perceptible condition of absolute spirit, the body whereof is soul and not soul divided by diversity of names and forms, in the condition of the (emanative) effect of absolute spirit. In this way the identity of cause and effect laid down in the aphorism (of Vyāsa) treating of origination, is easily explicable. The statements that the Supreme Spirit is void of attributes, are intended (it is shown) to deny thereof phenomenal qualities which are to be escaped from by those that desire emancipation. The texts which deny plurality are explained as allowed to be employed for the denial of the real existence of things apart from the Supreme Spirit, which is identical with all things, it being Supreme Spirit which subsists under all forms as the soul of all, all things sentient and unsentient being forms as being the body of absolute Spirit.[1]

निर्गुणवादाश्च प्राकृतहेयगुणानिषेधविषयतया व्यवस्थिताः। नानात्वनिषेधवादाश्चैकस्यैव ब्रह्मणः शरीरतया प्रकारभूतं सर्वं चेतनाचेतनात्मकं वस्त्विति सर्वस्यात्मतया सर्वप्रकारं ब्रह्मैवावस्थितमिति सर्वात्मकब्रह्मपृथग्भूतवस्तुसद्भावनिषेधपरत्वाभ्युपगमेन प्रतिपादिताः।

व्या० : नन्वेवं ब्रह्मणः सविशेषत्वे निर्गुणम् (चू. ७) इत्यादिश्रुतिविरोध इत्यत्राह- **निर्गुणवादा इति।** हातुं योग्या हेयास्त्याज्याः। प्रकृतिसंबन्धमूलका ये

1. "Whose body nature, is and God the soul."—*Pope.*

जरामरणादयस्त्याज्या गुणास्ते परमात्मनि न सन्तीति निर्गुणश्रुतेस्तात्पर्यमिति भाव:। नन्वेवमपि परमात्मन: सकाशाज्जीवानां जडवस्तूनां च भेदेनावस्थितौ नेह नानास्ति (बृ. ४।४।१९) एकमेवाद्वितीयम् (छा. ६।२।१) इत्यादिश्रुतिविरोधोत आह– **नानात्वेति। चेतनाचेतनात्मकम्।** जीवजडस्वरूपम्। जीवानां जडानां च ब्रह्मप्रकारत्वेनैव वस्तुत्वम्। **सर्वप्रकारमिति।** बहुव्रीहि:। जीवजडप्रकारकमित्यर्थ:। **सर्वात्मकेति।** सर्वमात्मा स्वरूपं यस्य। सर्वं हि जगत्परमात्मशरीरतया परमात्म-स्वरूपमेव। तथा च जीवजडरूपशरीरविशिष्टं यद्ब्रह्म तादृशविशिष्टब्रह्मण: सकाशात्पृथग्भूतं किंचिदपि नास्ति। यद्ब्रह्मशरीरभूतं न भवति तादृशं किंचिदपि नास्तीति नानात्वनिषेधप्रतिपादकश्रुतेस्तात्पर्यमित्यर्थ:।

What is the principle here involved, pluralism or monism, or a universe both one and more than one? Of these alternatives monism is admitted in saying that Supreme Spirit alone subsists in all forms as all is its body; both unity and plurality are admitted in saying that one only Supreme Spirit subsists under a plurality of forms diverse as soul and not-soul; and plurality is admitted in saying that the essential natures of soul, not-soul, and the Lord, are different, and not to be confounded.

किमत्र तत्त्वं भेदोऽभेद उभयात्मकं वा। सर्वं तत्त्वम्। तत्र सर्वशरीरतया सर्वप्रकारं ब्रह्मैवावस्थितमित्यभेदोऽभ्युपेयते। एकमेव ब्रह्म नानाभूतचिद-चित्प्रकारान्नानात्वेनावस्थितमिति भेदाभेदौ। चिदचिदीश्वराणां स्वरूपस्वभाव-वैलक्षण्यादसंकराच्च भेद:। तत्र चिद्रूपाणां जीवात्मनामसंकुचितापरिच्छिन्न-निर्मलज्ञानरूपाणामनादिकर्मरूपाविद्यावेष्टितानां तत्तत्कर्मानुरूपज्ञानसंकोच-विकासौ भोग्यभूताचित्संसर्गस्तदनुगुणसुखदु:खोपभोगद्वयरूपा भोक्तृता भगवत्प्रतिपत्तिर्भगवत्पदप्राप्तिरित्यादय: स्वभावा:। अचिद्वस्तूनां तु भोग्यभूतानाम-चेतनत्वमुपुरुषार्थत्वं विकारास्पदत्वमित्यादय:। परस्येश्वरस्य भोक्तृभोग्ययो-रन्तर्यामिरूपेणावस्थानमपरिच्छेद्यज्ञानैश्वर्यवीर्यशक्तितेज:प्रभृत्यनवधिकातिशया-संख्येयकल्याणगुणगणता स्वसंकल्पप्रवृत्तस्वेतरसमस्तचिदचिद्वस्तुजातता स्वाभिमतस्वानुरूपैकरूपदिव्यरूपरितिशयविविधानन्तभूषणतेत्यादय:।

व्या० : किमत्रेति। रामानुजीया: किं भेदवादिन उताभेदावादिनोथ वा भेदाभेदवादिन इति प्रश्नार्थ:। उत्तरयति–**सर्वं तत्त्वमिति।** रामानुजीया

भेदवादिनोऽभेदवादिन उभयवादिनश्चेत्यर्थः। तदुपपादयति–**तत्र सर्वेति।** सर्वशरीरतयेति सर्वप्रकारमिति च बहुव्रीहिः। **स्वरूपस्वभावेति।** चितां जीवानां स्वरूपं ज्ञानात्मकमित्यचित्स्वरूपापेक्षया चितां स्वरूपवैलक्षण्यम्। चिदीश्वरयोस्तु यद्यपि ज्ञानात्मकं स्वरूपं सममेव तथापीश्वरस्वरूपं विभु जीवानां त्वण्विति चिदीश्वरयोः स्वरूपवैलक्षण्यं बोध्यम्। **असंकुचितेति।** असंकुचितं परिच्छेदरहितं निर्मलं च यज्ज्ञानं तत्स्वरूपाणां जीवात्मनामित्यर्थः। अनेन जीवानां जडापेक्षया स्वरूपवैलक्षण्यमुक्तम्। जीवानां स्वरूपभूतज्ञानस्य न कदापि संकोचः। कर्मणा संकोचस्तु गुणभूतज्ञानस्यैव। अनादि यत्कर्म तद्रूपया अविद्यया वेष्टितानाम्। रामानुजमते कर्मैवाविद्या। जगन्मूलभूतायाः श्रीशंकराचार्यैरुक्ताया अविद्याया रामानुजीयैरस्वीकारात्। **ज्ञानसंकोचेति।** गुणभूतज्ञानस्य संकोचो विकाशश्च जीवानां स्वभावः। तथा भोग्यभूतं यदचिद्वस्तु तत्संसर्गः सुखदुःखोपभोगौ भगवत्स्वरूपज्ञानं भगवत्पदप्राप्तिश्च तेषां स्वभाव इत्यर्थः। **अपुरुषार्थत्वमिति।** असुरादिशब्देष्विव विरोधार्थकोत्र नञ्। जडवस्तुनो मोक्षरूपपुरुषार्थविरोधित्वं स्वाभाविकमित्यर्थः। पुरुषार्थत्वमिति पाठे पुरुषायेदं पुरुषार्थम्। तस्य भावः पुरुषार्थत्वम्। पारार्थ्यमिति यावत्। **विकारेति।** रूपान्तरेण परिणामो विकारः। **ज्ञानैश्वर्येति।** ज्ञानं नाम सर्वदा सर्वविषयप्रकाशकः स्वप्रकाशो गुणविशेषः। ऐश्वर्यं च स्वातन्त्र्येण कर्तृत्वं सकलजीवजडनियमनसामर्थ्यं वा। वीर्यं जगदुपादानकारणत्वेपि स्वरूपविकाराभावः। शक्तिर्जगत्प्रकृतिभावोऽघटितघटनासामर्थ्यं वा। तेजः सहकारिनैरपेक्ष्यं पराभिभवनसामर्थ्यं वा। न अवधिर्यस्य तादृशोतिशयो येषां तादृशा असंख्येयाः संख्यातुमशक्याः कल्याणकारका ये ज्ञानादयो गुणास्तेषां गणः। अपरिच्छेद्यस्तादृग्गुणगणो यस्येश्वरस्य तस्य भाव इत्यर्थः। गुणगणशब्दान्त बहुव्रीहेस्तल्प्रत्ययः।

Of these (soul, not-soul, and the Lord), individual spirits, or souls, consisting of uncontracted and unlimited pure knowledge, but enveloped in illusion, that is, in works from all eternity, undergo contraction and expansion of knowledge according to the degrees of their merits. Soul experiences fruition, and after reaping pleasures and pains proportionate to merits and demerits, there ensues knowledge of the Lord, or attainment of the sphere of the Lord. Of things which are not-soul, and which are objects of fruition (or experience of pleasure and pain), unconsciousness, unconduciveness to the end of man, susceptibility of modification, and the like, are the properties. Of the Supreme Lord the attributes are subsistence, as the internal controller (or animator) of both the subjects and the objects of fruition; the boundless glory of illimitable knowledge, dominion, majesty, power, brightness, and the like, the countless multitude of auspicious qualities; the generation at will of all things other than himself, whether spiritual or non-spiritual; various and infinite adornment with unsurpassable excellence, singular, uniform, and divine.

वेङ्कटनाथेन त्वित्थं [1]निरटङ्कि पदार्थविभागः–

द्रव्याद्रव्यप्रभेदान्मितमुभयविधं तद्विदस्तत्त्वमाहुः
द्रव्यं द्वेधा विभक्तं जडमजडमिति प्राच्यमव्यक्तकालौ।
अन्त्यं प्रत्यक्पराक्च प्रथममुभयथा तत्र जीवेशभेदात्
नित्या भूतिर्मतिश्चेत्यपरमिह जडामादिमां केचिदाहुः।।

(तत्त्वमु. १।६)

तत्र द्रव्यं दशावत्प्रकृतिरिह गुणैः सत्त्वपूर्वैरुपेता
कालोब्दाद्याकृतिः स्यादणुरवगतिमाञ्जीव ईशोन्य आत्मा।
संप्रोक्ता नित्यभूतिस्त्रिगुणसमधिका सत्त्वयुक्ता तथैव
ज्ञातुर्ज्ञेयावभावो मतिरिति कथितं संग्रहाद्द्रव्यलक्ष्म।।

(तत्त्वमु. १।७) इत्यादिना।

व्या० : वेङ्कटनाथेनेति। वेङ्कटनाथेन स्वकृते तत्त्वमुक्ताकलापनामके ग्रन्थ इत्थं पदार्थविभागः सिद्धान्तित इत्यर्थः। अयं च वेङ्कटनाथो द्राविडब्राह्मणो विश्वामित्रगोत्रः श्री ६ पुण्डरीकाक्षाचार्यस्य पौत्रः श्री ६ मदनन्ताचार्यस्य पुत्रो वादिहंसाम्बुदाचार्यस्य शिष्यः। श्री ६ तोतारम्मास्य माता। अयमेव वेदान्ताचार्य इत्याख्यायते। अयं च श्रीमद्विद्यारण्यसमकालीनः। यतः श्रीमद्विद्यारण्यमुनीनां मध्वसंप्रदायानुवर्तिभि-रक्षोभ्यमुनिभिः साकं विवादे जायमान एभिर्वेदान्ताचार्यैर्माध्यस्थ्य स्वीकृतमित्यैतिह्यं श्रूयते। **द्रव्याद्रव्येति**। अत्र श्लोके पदार्थजातं साधर्म्यवैधर्म्यभेदैः संगृह्य विभज्य च निर्दिष्टम्। मितं प्रमाणसिद्धं तत्त्वं पदार्थजातं द्रव्याद्रव्यभेदाद्द्विविधिमाहुः। तद्विदो बाह्यकुदृष्टिरहिताः। द्रव्यं द्विविधम्। जडमजडं च। स्वविषयकज्ञानेनैव प्रकाशमानत्वं जडत्वम्। प्राच्यं पूर्वं जडमव्यक्तकालभेदेन द्विविधम्। अव्यक्तं त्रिगुणात्मिका मूलप्रकृतिः। तत्परिणामभूतं व्यक्तं जगदप्यव्यक्तशब्देन लक्ष्यते। अन्त्यमजडं द्विविधम्।

1. निराटङ्कि for निरटङ्कि A. B.

प्रत्यक् पराक् चेति। स्वस्मै भासमानं प्रत्यक्। परस्मा एव भासमानं पराक्। प्रथमं प्रत्यक् जीवेश्वरभेदेन द्विविधम्। अपरं पराक् नित्यविभूतिर्मतिश्चेति द्विविधम्। नित्यविभूतिर्वैकुण्ठलोकः। मतिर्ज्ञानमात्मगुणत्वेन प्रसिद्धम्। केचिद्रामानुजीयैकदेशिनो नित्यविभूतिर्जडेत्याहुः। अथ द्रव्यं तदवान्तरभेदांश्च लक्षयति–**तत्र द्रव्यमिति।** दशावस्था। अवस्थाश्रयीभूतं द्रव्यमिति द्रव्यसामान्यलक्षणम्। सत्त्वपूर्वैः सत्त्वादिभिः सत्त्वरजस्तमोगुणैरुपेता प्रकृतिः। कालो वर्षर्तुमासाद्याकारः। उपाधिकृतभेदैर्वर्षादि-व्यवहारविषयः। अणुर्ज्ञानाश्रयो जीवः। अन्य आत्मा अणुव्यतिरिक्तश्चेतन ईशः। त्रिगुणादन्या सत्त्वाख्यगुणविशेषयुक्ता नित्यविभूतिरुच्यते। ज्ञातुर्जीवस्येश्वरस्य च यो ज्ञेयावभासो विषयप्रकाशः स मतिः। एतत्संक्षेपाद् द्रव्यलक्षणं बोध्यमित्यर्थः।

Veṅkaṭanātha has given the following distribution of things :

> "Those who know it have declared the principle to be twofold, substance and non-substance;
>
> "Substance is dichotomised as unsentient and sentient; the former being the unevolved (*avyakta*), and time.
>
> "The latter is the 'near' (*pratyak*) and the 'distant' (*parāk*) ; the 'near' being twofold, as either soul or the Lord;
>
> " The 'distant' is eternal glory and intelligence; the other principle some have called the unsentient primary."

Of these—

> "Substance undergoes a plurality of conditions; the originant is possessed of goodness and the other cords;
>
> "Time has the form of years, etc.; soul is atomic and cognisant ; the other spirit is the Lord;
>
> "Eternal bliss has been declared as transcending the three cords (or modes of phenomenal existence), and also as characterised by goodness;
>
> "The cognisable manifestation of the cognisant is intelligence; thus are the characteristics of substance summarily recounted:"

तत्र चिच्छब्दवाच्या जीवात्मानः परमात्मनः सकाशाद्भिन्ननित्याश्च। तथा च श्रुतिः–द्वा सुपर्णा सयुजा सखाया (मु. ३।१।१, श्वे. ४।६) इत्यादिका। अत एवोक्तं नानात्मानो व्यवस्थातः (वै. सू. ३।२।२०) इति। तन्नित्यत्वमपि श्रुतिप्रसिद्धम्–

व्या० : द्वा सुपर्णेति।

द्वा सुपर्णा सयुजा सखाया समानं वृक्षं परिषस्वजाते।
तयोरन्यः पिप्पलं स्वाद्वत्ति अनश्नन्नन्योभिचाकशीति।।

इति श्रुतिः। द्वेत्यादिपदचतुष्टये औप्रत्ययस्य सुपां सुलुक् (पा. सू. ७।१।३९) इति सूत्रेण डादेशः। द्वौ सुपर्णौ जीवेश्वरो। सुवर्णौ इति पक्षिसादृश्याद्रूपकातिशयोक्तिः। युज्यत इति युक्। युक्शब्दो गुणपरः। सयुजा सयुजौ समानगुणकौ। सखाया सखायौ अपहतपाप्मत्वादिगुणैर्मिथः समानौ। द्वौ सुपर्णौ पक्षिकत्वेन रूपितौ जीवेश्वरौ समानमेकं वृक्षं वृक्षवच्छेदनार्हत्वाद्वृक्षत्वेन रूपितं शरीरं समाश्रितौ। तयोर्मध्ये अन्यतरो जीवः स्वादु परिपक्वं पिप्पलं कर्मफलं भुङ्क्ते। अन्यस्तु परमात्मा अभुञ्जान एव प्रकाशते। अत्र शरीरतदाश्रयजीवपरादिविषयवाचकशब्दनिगरणेन विषयिवाचकवृक्षसुपर्णादिशब्दैर्वृक्षत्वाद्यध्यवसानलक्षणरूपकातिशयोक्तिर्विच्छित्तिविशेषाय। अत्रोपबृंहणं च श्रीमद्भागवत एकादशस्कन्धे दृश्यते–

सुपर्णावेतौ सदृशौ सखायौ यदृच्छयैतौ कृतनीडौ च वृक्षे।
एकस्तयोः खादति पिप्पलान्नं स पिप्पलादो न तु पिप्पलादः।।

(भाग ११।११।६) इति।

नानात्मान इति। कस्यचित्सुखं कस्यचिद्दुःखं कश्चित्संसरति कश्चिन्मुच्यत इति व्यवस्था यतो दृश्यतेतो जीवात्मानो नानाभूताः। न तु जीवैक्यमित्यर्थः। तदुक्तं तत्त्वावल्याम्–

कश्चिद्रङ्कः कश्चिदाढ्यः कश्चिदन्यविधः पुनः।
अनयैवात्मनानात्वं सिध्यत्यत्र व्यवस्था।। (तत्त्वा. ९०) इति।

Of these (soul, not-soul, and the Lord), individual spirits, called souls, are different from the Supreme Spirit and eternal. Thus the text: Two birds, companions, friends, etc. (Ṛg-Veda, i. 164, 20). Accordingly it is stated (in the aphorisms of Kaṇāda, iii. 2, 20), Souls are diverse by reason of diversity of conditions. The eternity of souls is often spoken of in revelation—

न जायते म्रियते वा विपश्चिन्नायं भूत्वा भविता वा न भूयः।
अजो नित्यः शाश्वतोयं पुराणो न हन्यते हन्यमाने शरीरे।।

(का. २।१८) इति।

अपरथा कृतप्रणाशकृताभ्यागमप्रसङ्गः। अत एवोक्तं वीतरागजन्मादर्शनात् (न्या. सू. ३।१।२५) इति। तदणुत्वमपि श्रुतिप्रसिद्धम्-

बालाग्रशतभागस्य शतधा कल्पितस्य च।
भागो जीवः स विज्ञेयः स चानन्त्याय कल्पते।। (श्वे. ५।९)

इति। आराग्रमात्रः पुरुषः (श्वे. ५।८) अणुरात्मा चेतसा वेदितव्यः (मु. ३।१।९) इति च।

अचिच्छब्दवाच्यं दृश्यं जडं जगत्त्रिविधं भोग्यभोगोपकरणभोगायतनभेदात्।

व्या० : न जायत इति। विपश्चित् ज्ञानी। विपश्चित्त्वार्होयं जीव इदानीमपि न जायते म्रियते वा। इदानीमपि जननमरणशून्य इत्यर्थः। नायं कुतश्चित्। उत्पादकशून्य इत्यर्थः। न बभूव कश्चित्। पूर्वमपि जननशून्यः। न जायत इत्यत्र हेतुरज इति। न म्रियत इत्यत्र हेतुर्नित्य इति। न कुतश्चिदित्यत्र हेतुः शाश्वत इति। शश्वद्भवः शाश्वतः। पूर्वं न बभूवेत्यत्र हेतुः पुराण इति। ननु कथमस्य नित्यत्वम्। शरीरान्तर्वर्तिनः शरीरविनाशानुविनाशित्वावश्यंभावादित्याह-न हन्यत इत्यादि। **अपरथा।** जीवात्मनो नित्यत्वाभावे। शरीरेण सह जीवस्योत्पत्तिविनाशाङ्गीकारेण जीवस्यानित्यत्वाश्रयणे तु कर्म कृत्वा मृतस्य फलोपभोगाभावेन कृतस्य कर्मणः प्रणाशः। अयं कृतप्रणाशदोषः। तथा जन्मान्तराभावेन पूर्वमकृतस्यापि कर्मणः फलीभूतः सुखाद्युपभोग उत्पन्नमात्रस्य जीवस्य दृश्यते। अयमकृताभ्यागमदोषः। **वीतरागेति।** वीतरागस्य विषयासक्तिरहितस्य जन्म उत्पत्तिर्न दृश्यते। अर्थात्प्राणी सराग एव जायते। प्राणी रागानुबद्ध एव जन्म प्राप्नोति। रागस्य च पूर्वानुभूतविषयानुचिन्तनं कारणम्। पूर्वानुभवश्च विषयाणा-मन्यस्मिञ्जन्मनि शरीरमन्तरेण नोपपद्यते। सोयं जीवः पूर्वशरीरेनुभूतान्विषयाननुस्मरंस्तत्र रज्यते। तथा चायं द्वयोर्जन्मनोः प्रतिसंधिः। एवं पूर्वशरीस्य पूर्वतरेण पूर्वतरस्य पूर्वतमेनेत्यादिनानादिश्चेतनस्य शरीरयोगोनादिश्च रागानुबन्ध इति सिद्धं नित्यत्वमिति। **बालाग्रेति।** बालः केशः। तस्याग्राद्युद्धृतः शततमो भागस्तस्मादप्युद्धृतो यः शततमो भागस्तत्तुल्यो जीवो विज्ञेयः। स चेदृश एवानप्रत्याय मोक्षाय प्रभवतीत्यर्थः। **आरेति।** तोत्रप्रोताय:शलाकाग्रमाराग्रम्। तस्मादुद्धृता मात्रा मानं यस्य तादृशः पुरुषो जीव इत्यर्थः। **अणुरिति।** जीवात्माणुरत एव दुर्विज्ञेयः शुद्धेन चेतसा ग्राह्य इत्यर्थः।

भोग्येति। भोग्यं विषयः शब्दादिः। भोगस्योपकरणं साधनमिन्द्रियम्। भोगस्यायतनं स्थानं शरीरम्।

"The soul is neither born, nor dies, nor having been shall it again cease to be ;

"Unborn, unchanging, eternal, this ancient of days is not killed when the body is killed" (Bhagavadgītā ii. 20).

Otherwise (were the soul not eternal) there would follow a failure of requital and a fruition (of pleasures and pains) unmerited. It has accordingly been said (in the aphorisms of Gautama, iii. 25) : Because no birth is seen of one who is devoid of desire. That the soul is atomic is well known from revelation—

"If the hundredth part of a hair be imagined to be divided a hundred times,

"The soul maybe supposed a part of that, and yet it is capable of infinity."

And again—

"Soul is of the size of the extremity of the spoke of a wheel. Spirit is to be recognised by the intelligence as atomic."

तस्य जगतः कर्तोपादानं चेश्वरपदार्थः पुरुषोत्तमो वासुदेवादिपदवेदनीयः। तदप्युक्तम्–

वासुदेवः परं ब्रह्म कल्याणगुणसंयुतः।
भुवनानामुपादानं कर्ता जीवनियामकः ।। इति ।।

स एव वासुदेवः परमकारुणिको भक्तवत्सलः परमपुरुषस्तदुपासकानुगुणतत्तत्फलप्रदानाय स्वलीलावशादर्चाविभवव्यूहसूक्ष्मान्तर्यामिभेदेन पञ्चधावतिष्ठते। तत्रार्चा नाम प्रतिमादयः। रामाद्यवतारो विभवः। व्यूहश्चतुर्विधो वासुदेवसंकर्षणाप्रद्युम्नानिरुद्धसंज्ञकः। सूक्ष्मं संपूर्णषड्गुणं वासुदेवाख्यं परं ब्रह्म। गुणा अपहतपाप्मत्वादयः। सोपहतपाप्मा विजरो विमृत्युर्विशोको विजिघत्सोऽपिपासः सत्यकामः सत्यसंकल्पः (छा. ८।७।३) इति श्रुतेः। अन्तर्यामी सकलजीवनियामकः। य आत्मनि तिष्ठन्नात्मानमन्तरो यमयति (बृ. मा. ३।७।२२) इति श्रुतेः।

व्या० : उपादानमिति। प्रकृतिरूपं यत्परमात्मनः सूक्ष्मं शरीरं तद्द्वारा स्थूलस्य जगत उपादानकारणं परमात्मेश्वरशब्दार्थ इत्यर्थः। **अर्चा नामेति।** गृहे देवालयादिषु वा देवतात्वेन कल्पिता याः पाषाणादिप्रतिमास्ताः शरीरत्वेन स्वीकृत्य तत्र सूक्ष्मदिव्यशरीरविशिष्टः परमात्मा वर्तते। अय चार्चकपराधीनस्नानभोजनासन–

शयनस्थितिः सर्वसहिष्णुः। अयं च क्वचित्स्वयमेव व्यक्तो भवति। क्वचिद्देवैः सिद्धैर्मनुष्यैर्वा स्थापितो भवति। **विभव इति।** विभवश्च मुख्यगौणभेदेन द्विविधः। तत्र मुख्यः साक्षात्स्वेच्छयावतारः। अयं चोपासकविशेषानुग्रहार्थं क्वचित्प्रकटो भवति। गौणस्त्वावेशावतारः। जीवेनाधिष्ठिते शरीरे कार्यविशेषं साधयितुं परमात्मा स्वरूपेण शक्त्या वा प्रविष्टो भवति। तत्र स्वरूपेणावेशः परशुरामादिषु। शक्त्यावेशः कार्यकाले विधिशिवादिषु चेतनेषु शक्तिमात्रेण स्फुरणम्। मत्स्यकूर्मादयो दशावताराः पद्मनाभादयश्च विभवविशेषा एव। तत्र मुख्यविभवाः सर्वे दीपादुत्पन्नदीपवत्स्थिता मुमुक्षूणामुपास्याः। गौणविभवास्तु विधिशिवपावकव्यासजामदग्न्यादयो बुभुक्षूणामेवोपास्या भवन्ति। **व्यूह इति।** व्यूहो नाम परमात्मैवोपासनार्थं जगत्सृष्ट्याद्यर्थं च वासुदेवसंकर्षणप्रद्युम्ननिरुद्ध-भेदेन चतुर्धावस्थितः। तत्र ज्ञानैश्वर्यादिभिः षड्भिर्गुणैः पूर्णः श्रीवासुदेवः। ज्ञानबलाभ्यां युक्तः संकर्षणः। ऐश्वर्यवीर्याभ्यां युक्तः प्रद्युम्नः। शक्तितेजोभ्यां युक्तोनिरुद्ध इति त्रिषु गुणविभागः। संकर्षण ऐश्वर्यादिगुणचतुष्टयसद्भावेपि तत्राधिकृतकार्यानुगुण्येन ज्ञानबलरूपं गुणद्वयमेव प्रकाशते। एवमेव प्रद्युम्ननिरुद्धे चोक्तगुणद्वयादन्यद्गुण-चतुष्टयावस्थितिरप्रकाशिता द्रष्टव्या। तत्र संकर्षणस्य कार्य शास्त्रप्रवर्तनं संहारश्च। प्रद्युम्नस्य धर्मनयनं सृष्टिश्च। अनिरुद्धस्य तत्त्वगमनं रक्षणं च। अत्राद्यव्यूहस्य वासुदेवस्य षड्गुणतयानुसंधेयत्वात्तस्य परस्मादभेदविवक्षया क्वचिद्व्यूहत्रयमुक्तम्। **सूक्ष्ममिति।** अयं च सूक्ष्ममित्यादिनोच्यमानो नारायणः श्रीवैकुण्ठाख्ये पुरं श्रीमद्दिव्यालये श्रीमहामणिमण्डपे सिंहासने शेषपर्यङ्के निषण्णो दिव्यमङ्गलविग्रहधारी श्रीभूनीला-सहितश्चतुर्भुजः शङ्खचक्रादिदिव्यायुधोपेतोनन्तगरुडादिभिरुपास्यमानो भगवान्। अयमेव मुक्तप्राप्यः। **सोपहतेति।** पाप्मा पातकम्। पातकराहित्यजराराहित्यादयो गुणाः। कामो विषयाभिलाषः संकल्पोध्यवसायः। **अन्तर्यामीति।** अन्तर्यामित्वं नाम जीवात्मनां स्वर्गनरकाद्यनुभवदशायामपि सुहृत्त्वेन योगिभिर्द्रष्टव्यतया हृदयप्रदेशावस्थितं रूपम्। अयं च जीवेन साकं विद्यमानोपि तद्गतदोषैर्न स्पृश्यते।

The visible, unsentient world, designated by the term not-soul, is divided into three, as the object, the instrument, or the site of fruition. Of this world the efficient and substantial cause is the Deity, known under the names Puruṣottama (best of spirits), Vāsudeva (a patronymic of Kṛṣṇa), and the like.

" Vāsudeva is the supreme absolute spirit, endowed with auspicious attributes,

" The substantial cause, the efficient of the worlds, the animator of spirits."

This same Vāsudeva, infinitely compassionate, tender to those devoted to him, the Supreme Spirit, with the purpose of bestowing various rewards apportioned to the deserts of his votaries in consequence of pastime, exists under five modes, distinguished as "adoration" (*arcā*), "emanation" (*vibhava*), "manifestation" (*vyūha*), "the subtile" (*sūkṣma*), and the "internal controller." (1.) "Adoration" is images, and so forth. (2.) "Emanation" is his incarnation, as Rāma, and so forth. (3.) His "manifestation" is, fourfold, as Vāsudeva, Saṅkarṣaṇa, Pradyumna, and Aniruddha. (4.) "The subtile" is the entire Supreme Spirit, with six attributes, called Vāsudeva. His attributes are exemption from sin, and the rest. That he is exempt from sin is attested in the Vedic text: Passionless, deathless, without sorrow, without hunger, desiring truth, true in purpose. (5.) The "internal controller," the actuator of all spirits, according to the text: Who abiding in the soul, rules the soul within.

तत्र पूर्वपूर्वमूर्त्यपासनया पुरुषार्थपरिपन्थिदुरितनिचयक्षये सत्युत्तरोत्तरमूर्त्युपास्त्यधिकारः। तदुक्तम्–

वासुदेवः स्वभक्तेषु वात्सल्यात्तत्तदीहितम्।
अधिकार्यानुगुण्येन प्रयच्छति फलं बहु।।
तदर्थं लीलया स्वीयाः पञ्च मूर्तीः करोति वै।
प्रतिमादिकमर्चा स्यादवतारास्तु वैभवाः।।
संकर्षणो वासुदेवः प्रद्युम्नश्चानिरुद्धकः।
व्यूहश्चतुर्विधो ज्ञेयः सूक्ष्मं संपूर्णषड्गुणम्।।
तदेव वासुदेवाख्यं परं ब्रह्म निगद्यते।
अन्तर्यामी जीवसंस्थो जीवप्रेरक ईरितः।।
य आत्मनीति वेदान्तवाक्यजालैर्निरूपितः।
अर्चोपासनया क्षिप्ते कल्मषेधिकृतो भवेत्।।
विभवोपासने पश्चाद्व्यूहोपास्तौ ततः परम्।
सूक्ष्मे तदनु शक्तः स्यादन्तर्यामिणमीक्षितुम्।। इति।

व्या० : **पुरुषार्थेति।** पुरुषार्थो मोक्षः। तत्परिपन्थिभूतस्तत्प्राप्तौ प्रतिबन्धको यो दुरितनिचयः पातकसमूहस्तस्य क्षये सतीत्यर्थः। **तदनु।** तदनन्तरम्।

When by worshipping each former embodiment a mass of sins inimical to the end of the soul (*i.e.*, emancipation) have been destroyed, the votary becomes entitled to practise the worship of each latter embodiment. It has, therefore, been said—

> "Vāsudeva, in his tenderness to his votaries, gives, as desired by each,
>
> "According to the merits of his qualified worshippers, large recompense.,
>
> "For that end, in pastime he makes to himself his five embodiments;
>
> "Images and the like are 'adoration;' his incarnations are 'emanations;'
>
> "As Saṅkarṣaṇa, Vāsudeva, Pradyumna, Aniruddha, his manifestation is to be known to be fourfold ; 'the subtile' is the entire six attributes;
>
> "That self-same called Vāsudeva is styled the Supreme Spirit;
>
> "The internal controller is declared as residing in the soul, the actuator of the soul,
>
> "Described in a multitude of texts of the Upaniṣads, such as 'Who abiding in the soul'.
>
> "By the worship of 'adoration,' a man casting off his defilement becomes a qualified votary;
>
> "By the subsequent worship of 'emanation,' he becomes qualified for the worship of 'manifestation;' next,
>
> "By the worship thereafter of 'the subtile,' he becomes able to behold the internal controller."

तदुपासनं च पञ्चविधमभिगमनमुपादानमिज्या स्वाध्यायो योग इति श्रीपञ्चरात्रेभिहितम्। तत्राभिगमनं नाम देवतास्थानमार्गस्य संमार्जनोपलेपनादि। उपादानं गन्धपुष्पादिपूजासाधनसंपादनम्। इज्या नाम देवतापूजनम्। स्वाध्यायो नाम अर्थानुसंधानपूर्वको मन्त्रजपो वैष्णवसूक्तस्तोत्रपाठो नामसंकीर्तनं तत्वप्रतिपादकशास्त्राभ्यासश्च। योगो नाम देवतानुसंधानम्।

एवमुपासनाकर्मसमुच्चितेन विज्ञानेन द्रष्टृदर्शने[1] नष्टे भगवद्भक्तस्य तन्निष्ठस्य भक्तवत्सल: परमकारुणिक: पुरुषोत्तम: स्वयाथात्म्यानुभवानुगुणनिरवधिकानन्दरूपं पुनरावृत्तिरहितं स्वपदं प्रयच्छति। तथा च स्मृति:-

मामुपेत्य पुनर्जन्म दुःखालयमशाश्वतम्।
नाप्नुवन्ति महात्मानः संसिद्धिं परमां गताः।।(भा. गी. ८।१५) इति।

स्वभक्तं वासुदेवोपि संप्राप्यानन्दमक्षयम्।
पुनरावृत्तिरहितं स्वीयं धाम प्रयच्छति।। इति च।

व्या० : एवमुपासनेति। उक्तोपासनारूपं यत्कर्म तद्युक्तेर्नान्तर्यामिविज्ञानेन द्रष्टुर्जीवस्य दर्शनं तत्कर्मकावलोकन नष्टं भवति। जीवस्य स्वाभाविकं यत्स्वमात्रावलोकनं तद्विनष्टं भवति। तद्धि मोक्षप्रतिबन्धकम्। तदुक्तम्-न दृष्टेर्द्रष्यारं पश्ये: (बृ. ३।४।२) इत्यादि। अत्र दृष्टेर्द्रष्यरमिति पाकं पचतीतिवन्निर्देश:। दृष्टेर्द्रष्यरं दर्शनकर्तारमित्यर्थ:। दर्शनश्रवणमनननिदिध्यासनानां य: कर्ता जीव: स न द्रष्टव्य: श्रोतव्यो मन्तव्यो निदिध्यासितव्य:। किं तु दर्शनादिकर्तुर्जीवादन्य एव स्वान्तर आत्मा द्रष्टव्य:। इन्द्रियाधीनदर्शनकर्तारं जीवं प्राणकर्तृत्वेन न पश्येरिति श्रुतितात्पर्यम्। **स्वभक्तमिति।** वासुदेवोपि स्वभक्तं संप्राप्य तस्मा आनन्दरूपमविनाशि पुनरावृत्तिरहितं स्वपदं ददातीत्यर्थ:।

The worship of the Deity is described in the Pañcaratra as consisting of five elements, viz., (1.) the access, (2.) the preparation, (3.) oblation, (4.) recitation, (5.) devotion. Of these, access is the sweeping, smearing, and so forth, of the way to the temple. The preparation is the provision of perfumes, flowers, and the like appliances of worship. Oblation is worship of the deities. Recitation is the muttered ejaculation of sacred texts, with attention to what they mean, the rehearsal of hymns and lauds of Viṣṇu, the commemoration of his names, and study of institutes which set forth the truth. Devotion is meditation on the Deity. When the vision of the visible world has been brought to a close by knowledge accumulated by the merit of such worship, the infinitely compassionate Supreme Spirit, tender to his votaries, bestows upon the votary devoted to his lord and absorbed in his lord, his, own sphere infinite and

1. अदर्शने for दर्शने D.

endless, marked by consciousness of being like him, from which there is no future return (to the sorrows of transmigratory existence). So the traditionary text—

> "When they have come to me, the high-souled no longer undergo future birth, a receptacle of pain, transitory, having attained to the supreme consummation.
>
> "Vāsudeva, having found his votary, bestows upon him his own mansion, blissful, undecaying, from whence there is no more return:"

तदेतत्सर्वं हृदि निधाय महोपनिषन्मतावलम्बनेन भगवद्बोधायनाचार्यकृतां ब्रह्मसूत्रवृत्तिं विस्तीर्णामालक्ष्य रामानुजः शारीरकमीमांसाभाष्यमकार्षीत्। तत्राथातो ब्रह्मजिज्ञासा (ब्रह्मसूत्र १।१।१) इति प्रथमसूत्रस्यायमर्थः–अत्राथशब्दः पूर्ववृत्तकर्माधिगमनानन्तर्यार्थः। तदुक्तं वृत्तिकारेण–वृत्तात्कर्माधिगमादनन्तरं ब्रह्म विविदिषतीति। अतःशब्दो हेत्वर्थः। अधीतसाङ्गवेदस्याधिगततदर्थस्य विनश्वरफलात्कर्मणो विरक्तत्वाद्धेतोः स्थिरमोक्षाभिलाषुकस्य तदुपायभूत-ब्रह्मजिज्ञासा भवति। ब्रह्मशब्देन स्वभावतो निरस्तसमस्तदोषान-वधिकातिशयासंख्येयकल्याणगुणः पुरुषोत्तमोभिधीयते। एवं च कर्मज्ञानस्य तदनुष्ठानस्य च वैराग्योत्पादनद्वारा चित्तकल्मषापनयद्वारा च ब्रह्मज्ञानं प्रति साधनत्वेन तयोः कार्यकारणत्वेन पूर्वोत्तरमीमांसयोरेकशास्त्रत्वम्। अत एव वृत्तिकारा एकमेवेदं शास्त्रं जैमिनीयेन षोडश[1]लक्षणेनेत्याहुः।

व्या० : शारीरकमीमांसाभाष्यमिति। इदमेव श्रीभाष्यमिति प्रसिद्धम्। **पूर्ववृत्तेति**। अनारभ्याधीतस्य शास्त्रारम्भे संप्रयुक्तस्याथशब्दस्यानन्तर्यार्थकत्वे तदानन्तर्यं कस्येत्यकाङ्क्षायां योग्यताबलान्निर्णेतव्यं भवति। यत्र तु मध्येथशब्दस्तत्र तदानन्तर्यं कस्येत्याकाङ्क्षायां पूर्वप्रकरणप्रतिपादितविषयस्यैवानन्तर्यं ग्राह्यं भवति। तद्वदेवात्र मीमांसाशास्त्रमध्यस्थोयमथशब्दः। तथा चास्मात्पूर्वं यत्पूर्वमीमांसारूपं जैमिनिनोक्तं प्रकरणं तत्र कर्मरूपो विषयः प्रतिपादित इति कर्मज्ञानमेवात्र पूर्ववृत्तम्। **हेत्वर्थ इति**। हेतुश्च बुद्धिस्थः कर्मफलविनाशित्वज्ञानादिः। **कार्यकारणत्वेनेति**। पूर्वोत्तरमीमांसयोः संभूय यदेकशास्त्रत्वं तत्सयुक्तिकमेव। पूर्वमीमांसाप्रतिपादितकर्मज्ञानस्योत्तरमीमांसा-प्रतिपादितब्रह्मज्ञानस्य च कार्यकारणभावेन संगतिविशेषदर्शनादिति भावः। मीमांसेति

1. लक्षणम् for लक्षणेन D.

समाख्याबलादप्येकशास्त्रत्वं सिध्यति। **षोडशलक्षणेनेति**। लक्षणशब्दोध्यायवाची। जैमिनिप्रोक्ताया द्वादशलक्षण्याः संकर्षकाण्डेनाध्यायचतुष्टयात्मकेन सह षोडशलक्षणत्वं बोध्यम्।

After laying up all this in his heart; leaning upon the teaching of the great Upaniṣad, and finding the gloss on the Vedānta aphorisms by the venerated Bodhāyanacārya too prolix, Rāmānuja composed a commentary on the Śārīrakamīmānsā (or Vedānta theosophy), in this the sense of the first aphorism, "Then hence the absolute must be desired to be known," is given as follows :—The word *then* in this aphorism means, after understanding the hitherto-current sacred rites. Thus the glossator writes: "After learning the sacred rites," he desires to know the absolute. The word *hence* states the reason, *viz.*, because one who has read the Veda and its appendages and understands its meaning is averse from sacred rites, their recompens being perishable. The wish to know the absolute springs up in one who longs for permanent liberation, as being the means of such liberation. By the word *absolute* is designated the Supreme Spirit, from whom are essentially excluded all imperfections, who is of illimitable excellence, and of innumerable auspicious attributes. Since then the knowledge of sacred rites and the performance of those rites is mediately through engendering dispassionateness, and through putting away the defilement of the understanding, an instrument of the knowledge of the absolute; and knowledge of sacred rites and knowledge of the absolute being consequently cause and effect, the former and the latter Mīmāṁsā constitute one system of institutes. On this account the glossator has described the system as one with the sixteenfold system of Jaimini. That the fruit of sacred rites is perishable, and. that of the knowledge of the absolute imperishable, has been laid down in virtue of Vedic texts, such as: Scanning the spheres gained by rites, let him become passionless; Not wrought by the rite performed, accompanied with inference and disjunctive reasoning.

कर्मफलस्य क्षयित्वं ब्रह्मज्ञानफलस्य चाक्षयित्वं परीक्ष्य लोकान्कर्मचितान्ब्राह्मणो निर्वेदमायान्नास्त्यकृतः कृतेन (मु. १।२।१२) इत्यादिश्रुतिभिर-

नुमानार्थापत्त्युपबृंहिताभिः प्रत्यपादि। एकैकनिन्दया कर्मविशिष्टस्य ज्ञानस्य मोक्षसाधनत्वं दर्शयति श्रुतिः–

अन्धं तमः प्रविशन्ति येऽविद्यामुपासते।
ततो भू इव ते तमो य उ विद्यायां रताः।। (बृ. ४।४।१०, ई. ९)

विद्यां चाविद्यां च यस्तद्वेदोभयं सह।
अविद्यया मृत्युं तीर्त्वा विद्ययामृतमश्नुते।। (ई. ११)

इत्यादि। तदुक्तं पाञ्चरात्ररहस्ये–

स एव करुणासिन्धुर्भगवान्भक्तवत्सलः।
उपासकानुरोधेन भजते मूर्तिपञ्चकम्।।
तदर्चाविभवव्यूहसूक्ष्मान्तर्यामिसंज्ञकम्।
यदाश्रित्यैव चिद्वर्गस्तत्तज्ज्ञेयं प्रपद्यते।।
पूर्वपूर्वोदितोपास्तिविशेषक्षीणकल्मषः।
उत्तरोत्तरमूर्तीनामुपास्त्यधिकृतो भवेत्।।
एवं ह्यहरहः श्रौतस्मार्तधर्मानुसारतः।
उक्तोपासनया पुंसां वासुदेवः प्रसीदति।।
प्रसन्नात्मा हरिर्भक्त्या निदिध्यासनरूपया।
अविद्यां कर्मसंघातरूपां सद्यो निवर्तयेत्।।
ततः स्वाभाविकाः पुंसां ते संसारतिरोहिताः।
आविर्भवन्ति कल्याणाः सर्वज्ञत्वादयो गुणाः।।
एवं गुणाः समानाः स्युर्मुक्तानामी[1]श्वरस्य च।
सर्वकर्तृत्वमेवैकं तेभ्यो देवे विशिष्यते।।
मुक्तास्तु शेषिणि ब्रह्मण्यशेषे शेषरूपिणः।
सर्वानश्नुवते कामान्सह तेन विपश्चिता।। इति।

व्या० : परीक्ष्येति। कर्मसंपाद्यान्स्वर्गादिलोकान्परीक्ष्य मीमांसान्यायैर्निरूप्य कर्मफलस्य क्षयित्वं निश्चित्य अकृतो नित्यः परमात्मा कृतेन कर्मणा नास्ति न लभ्यते इति यो ब्राह्मणोधीतसाङ्गवेदो निर्वेदमायान्निर्विण्णो भवेत्स गुरुमभिगच्छेदित्युत्तरत्र

1. भक्तानाम् for मुक्तानाम्. C.

संबन्धः। **इत्यादीति।** आदिशब्देन तद्यथेह कर्मचितो लोकः क्षीयत एवमेवामुत्र पुण्यचितो लोकः क्षीयते (छा. ८।१।६) अन्तवदेवास्य तद्भवति (बृ. ३।८।१०) न ह्यध्रुवैः प्राप्यते ध्रुवं कर्मभिः (का. २।१०) इति श्रुतिसंग्रहः। अन्तवत् विनाशि। तत् ब्रह्मज्ञानमन्तरेण क्रियमाणं कर्म। अध्रुवैः अनित्यफलसाधनभूतैरनित्यद्रव्यसाध्यैर्वा कर्मभिः। ध्रुवं नित्यं तदात्मतत्त्वम्। **अनुमानेति।** कर्मफलं विनाशि भावत्वे सति कृतकत्वाद्घटादिवत्। ब्रह्मज्ञानफलमविनाशि अकृतकत्वादात्मवत्—इत्याद्यनुमानं द्रष्टव्यम्। अर्थापत्त्याप्येतत्सिध्यति। शुकवामदेवादिकृतकर्मत्यागस्यान्यथानुपपत्तेः। **एकैकनिन्दयेति।** केवलकर्मणः केवलज्ञानस्य च निन्दयेत्यर्थः। **कर्मविशिष्टस्येति।** ज्ञानमेव मुख्य मोक्षसाधनम्। कर्म तु ज्ञानस्याङ्गभूतमिति गौणं साधनम्। एतेन कर्मज्ञानयोरुभयोरपि मोक्षं प्रति मुख्यमेव हेतुत्वमिति समुच्चयवादो निरस्तः। **अन्धं तम इति।** ये भोगैश्वर्यप्रसक्ता अविद्यां विद्यायाः सकाशादन्यां क्रियाम्। विद्याविधुरं केवलं कर्मेत्यर्थः। अविद्या कर्मसंज्ञान्या (वि.पु. ६।७।६१) इति स्मृतेः। उपासतेनुतिष्ठन्ति तेन्धमतिगाढं तमोऽज्ञानं नरकविशेषं वा प्रविशन्ति। उ इति निपातोवधारणे विद्यायामित्युत्तरं योज्यः। ये स्वाधिकारोचितकर्मपरित्यागेन विद्यायामेव रतास्तेन्धतमसाद्भूय इव तमस्तदधिकमज्ञानं प्रविशन्ति। यो विद्यां ब्रह्मोपासनरूपां तदङ्गभूतकर्मरूपामविद्यां चैतदुभयं सह वेद अङ्गाङ्गिभावेन सहानुष्ठेयं वेद सोऽविद्यया विद्याङ्गतया चोदितेन कर्मणा मृत्युं विद्योत्पत्तिप्रतिबन्धकीभूतं पुण्यपापरूपं प्राक्तनकर्म तीर्त्वा निर्विशेषमुल्लङ्घ्य विद्यया परमात्मोपासनरूपया अमृत्मश्नुते मोक्षं प्राप्नोति। तीर्त्वेत्यत्रोपायन्निरोधितरणमुच्यते। अमृतमश्नुत इत्युपेयब्रह्मप्राप्तिविरोधिभूतेभ्यः सर्वपापेभ्यो मोक्ष इति भेदः। **सर्वकर्तृत्वमिति।** जगदुत्पादकत्वं परमात्मन एव न मुक्तानाम्। चिदचिन्नियमनस्याप्युपलक्षणमिदम्। तदुक्तं सूत्रकारैः–जगद्व्यापारवर्जं प्रकरणादसंनिहितत्वाच्च। (ब्र०सू. ४।४।१७) इति। जडानामुत्पत्त्यादिकं चिदचितोर्नियमनं च जगद्व्यापारः। तद्रहितं मुक्तस्यैश्वर्यम्। यतो वा इमानि भूतानि जायन्ते (तै. ३।१) इत्याद्युत्पत्त्यादिप्रतिपादकश्रुतिषु यः पृथिवीमन्तरो यमयति (बृ. ३।७।३) इत्यादिषु नियमनप्रतिपादकश्रुतिषु परमात्मन एव प्रकरणात्। किं चोक्तव्यापारप्रसङ्गे मुक्तस्य संनिधानमपि नास्तीति सूत्रार्थः। **मुक्तास्त्विवति।** ब्रह्म कस्याप्यङ्गभूतं न भवति। अतोऽशेषेनङ्गभूते शेषिणि अङ्गिभूते मुख्ये ब्रह्मणि शेषरूपिणोङ्गभूता मुक्ता विपश्चिता निरुपाधिकानन्याधीनासंकुचितसर्वविषयकज्ञानवता तेन ब्रह्मणा सह सर्वान्कामान्कल्याणकारकान्ब्रह्मगुणानश्नुवते प्राप्नुवन्ति। प्राप्तिकर्मत्वेन भोग्यभूतकामानां ब्रह्मसाहित्यं न तु प्राप्तिकर्तृत्वेन मुक्तानाम्। यतो ब्रह्मणेति सहयुक्तेऽप्रधाने (पा. सू. २।३।१९) इति सूत्रेणाप्रधाने तृतीया। कर्तृत्वेन साहित्याश्रयणे

तु मुक्तापेक्षया ब्रह्मणोऽप्राधान्यं तृतीयासूचितं दोषाय स्यात्। कर्मत्वेन साहित्याश्रयणे तु ब्रह्मगुणापेक्षया अप्राधान्यं ब्रह्मणि न दोषाय। प्रत्युत ब्रह्मापेक्षयपि ब्रह्मगुणेष्वादरातिशयः सूचितो भवति।

Revelation, by censuring each when unaccompanied by the other, shows that it is knowledge together with works that is efficacious of emancipation, in the words: Blind darkness they enter who prefer illusion, and a greater darkness still do they enter who delight in knowledge only; knowledge and illusion, he who knows these both, he passing beyond death together with illusion, tastes immortality by knowledge. Conformably it is said in the Pañcarātra-rahasya—

"That ocean of compassion, the Lord, tender to his votaries,

"For his worshipper's sake takes five embodiments upon him.

"These are styled Adoration, Emanation, Manifestation, the Subtile, the Internal Controller,

"Resorting whereto souls attain to successive stages of knowledge.

"As a man's sins are worn away by each successive worship,

"He becomes qualified for the worship of each next embodiment.

"Thus day by day, according to religion, revealed and traditional,

"By the aforesaid worship Vāsudeva becomes propitious to mankind.

"Hari, when, propitiated by devotion in the form of meditation,

"At once brings to a close that illusion which is the aggregate of works.

"Then in souls the essential attributes, from which transmigration has vanished

Are manifested, auspicious, omniscience, and the rest.

"These qualities are common to the emancipated spirits and the Lord,

"Universal efficiency alone among them is peculiar to the Deity.

"Emancipated spirits are ulterior to the infinite absolute, which is unsusceptible of aught ulterior;

"They enjoy all beatitudes together with that Spirit"

तस्मात्तापत्रयातुरैरमृतत्वाय पुरुषोत्तमादिपदवेदनीयं ब्रह्म जिज्ञासितव्यमित्युक्तं भवति। प्रकृतिप्रत्ययौ प्रत्ययार्थप्राधान्येन स ब्रूत इतः सनोन्यत्रेति वचनबलादिच्छाया इष्यमाणप्रधानत्वादिष्यमाणं ज्ञानमिह विधेयम्। तच्च ध्यानोपासनादिशब्दवाच्यं वेदनं न तु वाक्यजन्यमापातज्ञानम्। पदसंदर्भश्राविणो व्युत्पन्नस्य विधानमन्तरेणापि प्राप्तत्वात्। आत्मा वा अरे द्रष्टव्यः श्रोतव्यो मन्तव्यो निदिध्यासितव्यः (बृ० २।४।५) आत्मेत्येवोपासीत (बृ० १।४।७) विज्ञाय प्रज्ञां कुर्वीत (बृ० ४।४।२१) अनुविद्य विजानाति (छा० ८।७।१) इत्यादिश्रुतिभ्यः। अत्र श्रोतव्य इत्यनुवादः। अध्ययनविधिना साङ्गस्य स्वाध्यायस्य ग्रहणेधीतवेदस्य पुरुषस्य प्रयोजनवदर्थदर्शनात्तन्निर्णयाय स्वरसत एव श्रवणे प्रवर्तमानतया तस्य प्राप्तत्वात्। मन्तव्य इति चानुवादः। श्रवणप्रतिष्ठार्थत्वेन मननस्यापि प्राप्तत्वात्। अप्राप्ते शास्त्रमर्थवदिति न्यायात्। ध्यानं च तैलधारावदविच्छिन्नस्मृतिसंतानरूपम्। ध्रुवा स्मृतिः स्मृतिप्रतिलम्भे सर्वग्रन्थीनां विप्रमोक्ष इति ध्रुवायाः स्मृतेरेव मोक्षोपायत्वश्रवणात्। सा च स्मृतिर्दर्शन-समानाकारा।

भिद्यते हृदयग्रन्थिश्छिद्यन्ते सर्वसंशयाः।
क्षीयन्ते चास्य कर्माणि तस्मिन्दृष्टे परावरे।। (मु० २।२।८)

इत्यनेनैकवाक्यत्वात्। तथा च आत्मा वा अरे द्रष्टव्यः (बृ० २।४।५) इत्यनेनास्या दर्शनरूपता विधीयते। भवति च भावनाप्रकर्षात्स्मृतेर्दर्शनरूपत्वम्। वाक्यकारेणै-तत्सर्वं प्रपञ्चितं वेदनमुपासनं स्यादित्यादिना। तदेव ध्यानं विशिनष्टि श्रुतिः–

नायमात्मा प्रवचनेन लभ्यो न मेधया न बहुना श्रुतेन।
यमेवैष वृणुते तेन लभ्यस्तस्यैष आत्मा विवृणुते तनूं स्वाम्।।

(कठ० २।२३) इति।

प्रियतम एव हि वरणीयो भवति। यथायं प्रियतम आत्मानं प्राप्नोति तथा स्वयमेव भगवान्प्रयतत इति भगवतैवाभिहितम्–

तेषां सततयुक्तानां भजतां प्रीतिपूर्वकम्।
ददामि बुद्धियोगं तं येन मामुपयान्ति ते।। (भ०गी०१०।१०) इति।

पुरुषः स परः पार्थ भक्त्या लभ्यस्त्वनन्यया।
(भ० गी० ८।२२) इति च।

व्या० : तापत्रयेति। तापस्त्रिविधः। आध्यात्मिकाधिभौतिकाधिदैविकभेदात्। आत्मानं देहमधिकृत्य जायमानो नैसर्गिकोशनायापिपासारूपो धातुप्रकोपजन्यो ज्वरातीसारादिश्चाध्यात्मिकः। तथात्मानमन्तःकरणमधिकृत्य जायमानः कामक्रोधलोभ-मोहभयेर्ष्याविषादसंशयमूलकस्ताप आध्यात्मिकः। भूतानि जरायुजाण्डजस्वेद-जोद्भिज्जरूपाणि चौरवैरिसिंहव्याघ्रपक्षिसर्पयूकावृक्षलतादीन्यधिकृत्य जायमानस्ताप आधिभौतिकः। देवान्यक्षादीन्दिवः प्रभवान्वातवर्षातपशीतोष्णादीन्वा निमित्तीकृत्य जायमानस्ताप आधिदैविकः। **प्रकृतीति।** यस्माच्छब्दस्वरूपात्परः प्रत्ययः क्रियते सा प्रकृतिः। प्रकृतिः प्रत्ययश्चेत्येतावुभौ सह संभूयार्थं प्रतिपादयतः। एकार्थीभावेन द्वयोर्मिलित एवार्थ इति यावत्। तत्र च प्रत्ययार्थस्य प्राधान्यम्। यथोपगोरपत्यमौपगव इत्यत्रोपगुशब्दः प्रकृतिः। अण् प्रत्ययः। तयोश्च मिलितयोः संभूयैक एवार्थ उपगुसंबन्ध्यपत्यमित्येवंरूपः। परं त्वयं नियमोस्मात्सन्प्रत्ययादन्यत्र ज्ञेयः। सन्प्रत्ययप्रकरणे चैतद्वचनं पठितमितीत इति निर्देशः। सन्प्रत्ययस्थले तु सन्प्रत्ययवाच्याया इच्छायाः प्रकृत्यर्थं प्रत्यप्राधान्यमेव। अत एव देवदत्तेन ग्रामो जिगंस्यत इत्यत्र गमनक्रियायाः प्राधान्येन ग्रामरूपे तत्कर्मणि लकारः सिध्यति। तथा च जिज्ञासाशब्दस्य ज्ञानविषयिणीच्छेति नार्थः। किं त्विच्छाविषयीभूतं ज्ञानमिति। अतश्च जिज्ञासापदोत्तरं कृतया विधेयसमर्पिकया प्रथमाविभक्त्या बोधितो विध्यंशो ज्ञानेनैव संबध्यते न त्विच्छया। अथ वा स्नात्वा भुङ्क्ते इत्युक्ते भोजनस्य पूर्वं ज्ञातत्वे अप्रधानेपि स्नानांशे विधेर्विवक्षा दृश्यते। विधिश्चात्राज्ञातार्थज्ञापनं न त्वप्रवृत्तप्रवर्तनमित्यन्यत्। तद्वदत्र बोध्यम्। **आपातज्ञानमिति।** वाक्यश्रवणसमनन्तरं सद्य एव व्युत्पन्नस्य पुरुषस्य जायमानं वाक्यार्थज्ञानमित्यर्थः। **विधानमन्तरेणापीति।** न हि गौरस्तीत्युक्ते तदर्थज्ञाने एतद्वाक्यार्थो ज्ञातव्य इति विध्यपेक्षा दृश्यते। तथा चाथातो ब्रह्मजिज्ञासेति सूत्रेण प्रतिपादितो ज्ञानविधिर्व्यर्थः स्यात्। अत उपासनात्मकज्ञानस्यायं विधिः। स च निदिध्यासितव्य उपासीतेत्यादिश्रौतविधिमभिलक्ष्य तदनुसारेण सूत्रकारैरुक्त इति बोध्यम्।

ध्यानोपासनादिशब्दवाच्यत्वं प्रदर्शयति। **–आत्मा वेति।** न च न चक्षुषा गृह्यते (मु. ३।१।८) इत्यनेन द्रष्टव्य इति विरुध्यत इति वाच्यम्। द्रष्टव्य इत्यत्र दृशधातुनोपचाराद्दर्शनसमानाकारमतिविशदं ज्ञानमुच्यते। तादृशं ज्ञानं च निदिध्यासनस्य पार्यन्तिकः परिणामः। ततश्च द्रष्टव्यो निदिध्यासितव्य इति पदद्वयेन संभूय दर्शनसमानाकारं ज्ञानं विधीयते। **विज्ञायेति।** विज्ञाय श्रवणमननाभ्यां ज्ञात्वा प्रज्ञां निदिध्यासनं कुर्वीतेत्यर्थः। **अनुविद्येति।** अनुविद्य श्रवणमननाभ्यां ज्ञात्वा विजानाति विजानीयात्। ध्येयादित्यर्थः। **अत्र।** आत्मा वेति श्रुतौ। **अध्ययनविधिना।** स्वाध्यायोध्येतव्य इत्यनेन। **श्रवणे।** गुरुमुखान्न्याययुक्तार्थग्रहणलक्षणे। **मननस्य।** स्वात्मन्येवमेवेति युक्तितः प्रतिष्ठापनरूपस्य। **अविच्छिन्नेति।** अविच्छिन्नत्वं विजातीयप्रत्ययान्तराव्यवहितत्वम्। **ध्रुवा स्मृतिः।** अनवरतं परमात्मध्यानम्। **श्रवणादिति।** तथा चैतदेकवाक्यतया निदिध्यासितव्य इत्यादौ न सामान्यध्यानं विधीयते। किं त्वनवरतमिति सिद्ध्यति। **सा च स्मृतिः।** ध्रुवा स्मृतिः। **भिद्यत इति।** हृदयस्यान्तःकरणस्य ग्रन्थिर्ग्रन्थिवद्दुर्मोचो रागद्वेषादिः। हृदमयते प्राप्नोतीति हृदयशब्देन जीवो वोच्यते। तथा सर्वसंशयानश्यन्ति। ब्रह्मज्ञानेन सर्वज्ञत्वात्। तथा प्रारब्धव्यतिरिक्तानि कर्माणि च नश्यन्ति। नाशो नाम फलोत्पादनशक्तिविनाशः। परे ब्रह्मदेवादयोवरे निकृष्य यस्मात्स परावरः परमात्मा। यतश्चात्र ग्रन्थिविमोक्षकारणं परमात्मदर्शनमुक्तं ततस्तदेकवाक्यतायै ध्रुवा स्मृतिरित्यत्रापि ग्रन्थिविमोक्षकारणत्वेनोक्ता ध्रुवा स्मृतिर्दर्शनसमानाकारैव ग्राह्येति सिध्यति। **वेदनमिति।** वेदनं नामोपासनमेव यतो ब्रह्मेत्युपासीत (छा. ३।१८।१) इति प्रक्रम्य तादृशोपासनाविषय एव य एवं वेद (छा. ३।१८।३) इति वेदनं श्रूयत इति वाक्यकारवचनार्थः। **नायमात्मेति।** प्रवचनं मननम्। मेधा ध्यानम्। एष उपासककृतानवरतनिदिध्यासनेन प्रीतः परमात्मा यमेवोपासकविशेषं वृणुते स्वीयत्वेन स्वीकरोति तेन परमात्मा लभ्यः। तस्योपासकविशेषस्यैष परमात्मा स्वां तनूं प्रकाशयति। ततश्च स मुक्तो भवति। एतच्छ्रुत्यनुरोधादीश्वरतनुप्रदर्शनपरिणतं विशेषध्यानमेव विधेयमिति भावः। **तेषामिति।** सततयुक्तानाम्। परमात्मनः सततयोगं काङ्क्षताम्। आशंसायां भूतवच्च (पा. सू. ३।३।१३२) इति पाणिनिसूत्रेण कर्तरि क्तप्रत्ययः। प्रीतिपूर्वकमिति मध्यमणिन्यायेनोभयान्वयि।

It is therefore stated that those who suffer the three kinds of pain must, for the attainment of immortality, investigate the absolute spirit known under such appellations as the Highest Being. According to the maxim: The base and the suffix convey the meaning conjointly, and of these the meaning of the suffix takes the lead, the notion of desire is predominant (in the word *Jijñāsitavya*), and desired knowledge is the predicate (in the aphorism, Then hence the absolute must be desired to be known). Knowledge is cognition designated by such terms as meditation, devotion; not the merely superficial knowledge derived from verbal communication, such being competent to any one who hears a number of words and understands the force of each, even without any predication; in conformity with such Vedic texts as : Self indeed it is that is to be seen, to be heard, to be thought, to be pondered; He should meditate that it is self alone; Having known, let him acquire excellent wisdom; He should know that which is beyond knowledge. In these texts "to be heard" is explanatory, hearing being understood (but not enounced) in the text about sacred study (viz., *ṣaḍaṅgena vedo' dhyeyo jñeyaśca*, the Veda, with its six appendages, is to be studied and known); so that a man who has studied the Veda must of his own accord, in acquiring the Veda and its appendages, engage in "hearing," in order to ascertain the sense by examining it and the occasion of its enouncement. The term "to be thought" (or "to be inferred") is also explanatory, cogitation (or inference) being understood as the complementary meaning of hearing, according to the aphorism: Before its signification is attained the system is significant. Meditation is a reminiscence consisting of an unbroken succession of reminiscences like a stream of oil, it being revealed in the text, in continuity of reminiscence there is a solution of all knots,— that it is unintermittent reminiscence that is the means of emancipation. And this reminiscence is tantamount to intuition.

"Cut is his heart's knot, solved are all his doubts,

"And exhausted are all his works, when he has seen the Highest and Lowest,"

Because he becomes one with that Supreme. So also in the words, Self indeed is to be seen, it is predicated of this reminiscence that it is an intuition. Reminiscence becomes intuitional through the vivacity of the representations. The author of the Vākya has treated of all this in detail in the passage beginning Cognition is meditation. The characters of this meditation are laid out in the text : This soul is not attainable by exposition, nor by wisdom, nor by much learning; Whom God chooses by him God may be attained. To him this self unfolds its own nature. For it is that which is dearest which is choiceworthy, and as the soul finds itself most dear, so the Lord is of Himself most dear, as was declared by the Lord Himself—

> "To them always devoted, who worship me with love,
>
> "I give the devotion of understanding whereby they come to me."

And again—

> "That Supreme Spirit, Arjuna, is attainable by faith unwavering."

भक्तिस्तु निरतिशयानन्दप्रियानन्यप्रयोजनसकलेतरवैतृष्ण्यवज्ज्ञानविशेष एव। तत्सिद्धिश्च विवेकादिभ्यो भवतीते वाक्यकारेणोक्तं तल्लब्धिर्विवेकविमोकाभ्याससक्रियाकल्याणानवसादानुद्धर्षेभ्यः संभवान्निर्वचनाच्चेति। तत्र विवेको नामादुष्यदनात्सत्त्वशुद्धिः। अत्र निर्वचनम्–आहारशुद्धेः सत्त्वशुद्धिः सत्त्वशुद्ध्या ध्रुवा स्मृतिरिति। विमोकः कामानभिष्वङ्गः। शान्त उपासीतेति निर्वचनम्। पुनः पुनः संशीलनमभ्यासः। निर्वचनं च स्मार्तमुदाहृतं भाष्यकारेण सदा तंद्भावभावितः (गी. ८।६) इति। श्रौतस्मार्तकर्मानुष्ठानं शक्तितः क्रिया। क्रियावानेष ब्रह्मविदां वरिष्ठ इति निर्वचनम्। सत्यार्जवदयादानादीनि कल्याणानि। सत्येन लभ्यत इत्यादिनिर्वचनम्। दैन्यविपर्ययोनवसादः। नायमात्मा बलहीनेन लभ्यः (मु. ३।२।४) इति निर्वचनम्। तद्विपर्ययजा तुष्टिरुद्धर्षः। तद्विपर्ययोनुद्धर्षः। शान्तो दान्त इति निर्वचनम्।

तदेवमेवंविधनियमविशेषसमासादितपुरुषोत्तमप्रसादविध्वस्ततमःस्वान्तस्याशनन्यप्रयोजनानवरतनिरतिशयप्रियविशदात्मप्रत्ययावभासतापन्नध्यानरूपया भक्त्या पुरुषोत्तमपदं लभ्यत इति सिद्धम् तदुक्तं यामुनेन–उभयपरिकर्मितस्वान्तस्यैकान्तिकात्यन्तिकभक्तियोगो लभ्य इति। ज्ञानकर्मयोगसंस्कृतान्तःकरणस्येत्यर्थः।

व्या० : भजतामित्यत्र भक्त्या लभ्य इत्यत्र चोक्ता भक्तिः पूर्वोक्ता ध्रुवा स्मृतिरेवेत्याह–**भक्तिस्त्विति**। निरतिशय आनन्दो यस्मादेतादृशः प्रियो यः परमात्मा

तस्मादनन्यत्तदेव प्रयोजनं यस्य तादृशः सकलेतरविषयवैराग्ययुक्तोज्ञान विशेष इत्यर्थः। **संभवादिति।** संभवो युक्तिः। निर्वचनमप्रमाणेभ्यो निष्कृष्टं वचनमागमरूपम्। **अदुष्टादिति।** जातिदुष्टं कलञ्जगृञ्जनादिकम्। आश्रयदुष्टं पतितादिस्वामिकम्। निमित्तदुष्टमुच्छिष्ट्यादिकम्। त्रिविधदोषरहितान्नसेवनेन कायशुद्धिद्वारा चित्तशुद्धिर्भवती-त्यर्थः। **कामाभिष्वङ्ग इति।** अभिष्वङ्गो मनोविकारविशेषः। येन विषयानभुक्त्वा स्थातुं न शक्यते। **संशीलनम्।** उपास्यदेवतानुचिन्तनम्। **सत्येति।** सत्यं भूतहितम्। आर्जवं वाक्कायमनसामैकरूप्यम्। दया स्वार्थरिपेक्षपरदुःखासहिष्णुत्वम्। दानं लोभराहित्येन द्रव्यादिदानम्। आदिपदेनाहिंसानभिध्यासंग्रहः। अहिंसा कायेन वाचा मनसा च परपीडानिवृत्तिः। परकीये स्वबुद्धिरभिध्या। निष्फलचिन्ता वा। परकृतापराधचिन्ता वा। तद्राहित्यमनभिध्या। **दैन्येति।** देशकालवैगुण्येन शोकवस्तु-स्मरणेन वा जायमानं मनःशैथिल्यं दैन्यम्। **तद्विपर्ययजेति।** देशकालानुकूल्येन प्रियवस्तुस्मरणेन वा जायमानं मनःशैथिल्यं तुष्टिः। अयमेवोद्धर्षः। तदभावोनुद्धर्षः। शोकस्येवातिसंतोषस्यापि मनःशैथिल्यहेतुत्वात्तदभाव आवश्यक इत्याशयः।

अनन्यप्रयोजनेति। न परमात्मनः सकाशादन्यत्प्रयोजनं यस्य तादृशमनवरतं निरतिशयप्रियो य आत्मा तस्य यो विशदः प्रत्ययः स्पष्टोवभासस्तद्रूपं च यद्ध्यानं तद्रूपया भक्त्येत्यर्थः। **उभयेति।** ज्ञानेन कर्मणा च संस्कृतमन्तःकरणं यस्य तादृशस्योपासकस्यैकान्तिकोवश्यंभाव्यात्यन्तिकोऽविनाशी च भक्तियोगो लभ्य इत्यर्थः।

But devotion (or faith) is a kind of cognition which admits no other motive than the illimitable beatitude, and is free from all other desires; and the attainment of this devotion is by discrimination and other means. As is laid by the author of the Vākya : Attainment thereof results from discrimination (*viveka*), exemption (*vimoka*); practice (*abhyāsa*), observance (*kriyā*), excellence (*kalyāṇa*), freedom from despondency (*anavasāda*), satisfaction (*anuddharṣa*), according to the equivalence (of the definition), and the explication (of these terms). Of these means, discrimination is purity of nature, resultant from eating undefiled food, and the explication (of discrimination) is From purity of diet, purity of understanding, and by purity of understanding the unintermittent reminiscence. Exemption is non-attachment to sensuous desires; the explication being, Let the quietist meditate. Practice is reiteration; and of this a traditionary explication is quoted (from the Bhagavad-gītā) by

(Rāmānuja) the author of the commentary: For ever modified by the modes thereof. Observance is the performance of rites enjoined in revelation and tradition according to one's ability; the explication being (the Vedic text), He who has performed rites is the best of those that know the supreme. The excellences are veracity, integrity, clemency, charity (almsgiving), and the like; the explication being, It is attained, by veracity. Freedom from despondency is the contrary of dejection; the explication being, This soul is not attained by the faint-hearted. Satisfaction is the contentment which arises from the contrary of dejection; the explication being, Quiescent, self-subdued. It has thus been shown that by the devotion of one in whom the darkness has been dispelled by the grace of the Supreme Spirit, propitiated by certain rites and observances, which devotion is meditation transformed into a presentative manifestation of soul, without ulterior motive, as incessantly and inimitably desired, the sphere of the Supreme Spirit (Vaikuṇṭha) is attained. Thus Yāmuna says: Attainable by the final and absolute devotion of faith in one internally purified by both (works and knowledge); that is, in one whose internal organ is rectified by the devotion of, works and knowledge.

किं पुनर्ब्रह्म जिज्ञासितव्यमित्यपेक्षायां लक्षणमुक्तं जन्माद्यस्य यतः (ब्र. सू. १।१।२) इति। जन्मादीति सृष्टिस्थितिप्रलयम्। तद्‌गुणसंविज्ञानो बहुव्रीहिः। अस्याचिन्त्यविविधविचित्ररचनस्य नियतदेशकालभोगब्रह्मादिस्तम्बपर्यन्त-क्षेत्रज्ञमिश्रस्य जगतो यतो यस्मात्सर्वेश्वरान्निखिलहेयप्रयत्नीकस्वरूपात्सत्य-संकल्पाद्यनवधिकातिशयासंख्येयकल्याणगुणात्सर्वज्ञात्सर्वशक्तेः पुंसः सृष्टि-स्थितिप्रलयाः प्रवर्तन्त इति सूत्रार्थः।

व्या० : जन्मादीति। जन्म सृष्टिः। आदिपदेन स्थितिप्रलयसंग्रहः। सृष्टिस्थितिप्रलयमिति समाहारद्वंद्वः। जन्मादीति बहुव्रीहिस्तद्‌गुणसंविज्ञानः। तेषां गुणानां बहुव्रीहिघटकपदार्थानां कार्यान्वयितया संविज्ञानं यत्र स तद्‌गुणसंविज्ञानः। यथा लम्बकर्णमानयेति। अत्र लम्बकर्णयोरप्यानयनक्रियासंबधः। अथ वा तच्छब्देन विशेष्यमुच्यते। गुणशब्देन च विशेषणम्। समित्यस्यैकीकरणमर्थः। विशेष्यं विशेषणं चैककार्यन्वितत्वेन यो बहुव्रीहिर्ज्ञापयति स तद्‌गुणसंविज्ञानः। लम्बकर्णौ विशेषणीभूतौ।

पशुर्विशेष्यः। चित्रगुमानयेत्यत्र तु न तद्गुणसंविज्ञानो बहुव्रीहिः। चित्राणां गवामानयनक्रियया सहासंबन्धात्। **अचिन्त्येति**। जीवकर्तृकत्वाभावेन चिन्तयितुमशक्या आकाशवाय्वादिभेदेन विविधा च या रचना संस्थानं तदाकारेण रचनीयस्य। अनेनाचिंदशवैचित्र्यमुक्तम्। चिदंशवैचित्र्यमाह–**नियतेति**। अस्मिन्देशेस्मिन्काल इदं फलमनेन भोक्तव्यमिति नियमो ब्रह्मदेवमारभ्य स्तम्बपर्यन्तं सर्वजीवेषु साधारण एवेत्यर्थः। **निखिलेति**। निखिला अशेषा ये हेयास्त्याज्या जडगता जन्मादयो विकाराश्चिद्गताः क्लेशादयश्च तत्प्रत्यनीकं स्वभावत एव तद्विरुद्धं स्वरूपं यस्य तस्मादित्यर्थः। **प्रवर्तन्त इति**। तद्ब्रह्मेति शेषः।

In anticipation of the inquiry, But what absolute is to be desired to be known? the definition is given (in the second aphorism). From which the genesis, and, so forth, of this. The genesis, and so forth, the creation (emanation), sustentation, and retractation (of the universe). The purport of the aphorism is that the emanation, sustentation, and retractation of this universe, inconceivably multiform in its structure, and interspersed with souls, from Brahma to a tuft of grass, of determinate place, time, and fruition, is from this same universal Lord, whose essence is contrary to all qualities which should be escaped from, of illimitable excellences, such as indefeasible volition, and of innumerable auspicious attributes, omniscient, and omnipotent.

इत्थंभूते ब्रह्मणि किं प्रमाणमिति जिज्ञासायां शास्त्रमेव प्रमाणनित्युक्तं शास्त्रयोनित्वात् (ब्र. सू. १।१।३) इति। शास्त्रं योनिः कारणं प्रमाणं यस्य तच्छास्त्रयोनि। तस्य भावस्तत्त्वं तस्मात्। ब्रह्मज्ञानकारणत्वाच्छास्त्रस्य तद्योनित्वं ब्रह्मण इत्यर्थः। न च ब्रह्मणः प्रमाणान्तरगम्यत्वं शङ्कितुं शक्यम्। अतीन्द्रियत्वेन प्रत्यक्षस्य तत्र प्रवृत्त्यनुपपत्तेः। नापि महार्णवादिकं सकर्तृकं कार्यत्वादूधटव-दित्यनुमानम्। तस्य पूतिकूष्माण्डायमानत्वात्। तल्लक्षणं ब्रह्म यतो वा इमानि भूतानि (तै. २।१।१) इत्यादिवाक्यं प्रतिपादयतीति स्थितम्।

व्या० : कारणमिति। कारणस्योत्पत्तिज्ञप्तिसाधारणत्वादुत्पत्तिकारणनिरासायाह–**प्रमाणमिति**। **तद्योनित्वम्**। शास्त्रप्रमाणकत्वम्। **पूतिकूष्माण्डेति**। पूति अत्यन्तपर्युषितत्वेन कृम्यादिदुष्टत्वेन च दुर्गन्धातिशययुक्तं यत्कूष्माण्डफलं तद्यथा दूरत एव परित्यज्यते तद्वदेतदनुमानमित्यर्थः। अथ वा यथा पूतिसंज्ञकाद्वल्लीविशेषा-

त्कूष्माण्डोत्पत्तिर्न भवति तद्वदित्यर्थः। तथा हि–उक्तानुमाने कार्यत्वहेतुस्तावदसिद्धः। न हि समुद्रपर्वतादीनां केनापि क्रियमाणत्वमुपलभ्यते। सावयवत्वेन कार्यत्वानुमानं तु न। हेतोः सोपाधिकत्वात्। शक्यक्रियत्वमुपाधिः। यत्र कार्यत्वं तत्र शक्यक्रियत्वमिति घटादौ साध्यव्यापकत्वम्। यत्र सावयवत्वं तत्र शक्यक्रियत्वं नियमेन नास्ति। पर्वतादौ व्यभिचारादिति साधनाव्यापकत्वम्। किं च पर्वतमहार्णवादीनां कार्यत्वाङ्गीकारेप्येकेनैव ते निर्मिता इत्यत्र न किंचित्प्रमाणम्। येनैक ईश्वरस्तकर्ता सिध्येत्। न च जीवानां पर्वताद्युत्पादने न सामर्थ्यमिति वाच्यम्। उपचितपुण्यविशेषाणां देवतानां शक्तिवैचित्र्यदर्शनात्। किं च जगत्कतृत्वेनाभिमत ईश्वरः सशरीरोऽशरीरो वा। अशरीरत्वे कर्तृत्वं न संभवति। अनुपलब्धेः। सशरीरत्वे तु तच्छरीरं नित्यमनित्यं वा। नित्यत्वे सावयवस्य तस्य नित्यत्वेन जगतोपिनित्यत्वाङ्गीकारे बाधकाभावेन कार्यत्वं न सिध्यतीति नेश्वरः सिध्येत्। अनित्यत्वे तु केनोत्पादितं तत्। स्वयमेवेति चेन्न। अशरीरस्य तदयोगात्। शरीरान्तरेण चेदनवस्थापातः। किं च तस्य शरीराभावान्न कश्चिज्जगदुत्पादनक्षमो व्यापारः संभवति। निर्व्यापारस्य कर्तृत्वं तु न क्वापि दृश्यते।

In anticipation of the further inquiry, What proof is there of an absolute of this nature? It is stated that the system of institutes itself is the evidence (in the third aphorism) : Because it has its source from the system. To have its source from the system is to be that whereof the cause or evidence is the system. The system, then, is the source (or evidence) of the absolute, as being the cause of knowing the self, which is the cause of knowing the absolute. Nor is the suspicion possible that the absolute may be reached by some other form of evidence. For perception can have no conversancy about the absolute since it is supersensible. Nor can inference, for the illation, the ocean, and the rest, must have a maker, because it is an effect like a water-pot, is worth about as mach as a rotten pumpkin. It is evinced that it is such texts as, Whence also these elements, that prove the existence of the absolute thus described.

यद्यपि ब्रह्म प्रमाणान्तरगोचरतां नावतरति तथापि प्रवृत्तिनिवृत्तिपरत्वाभावे सिद्धरूपं ब्रह्म न शास्त्रं प्रतिपादयितुं प्रभवतीत्येतत्पर्यनुयोगपरिहारायोक्तं–तत्तु समन्वयात् (ब्र.सू. १।१।४) इति। तुशब्दः प्रसक्ताशङ्काव्यावृत्त्यर्थः। तच्छास्त्रप्रमाणकत्वं ब्रह्मणः संभवत्येव। कुतः। समन्वयात्। परमपुरुषार्थभूतस्यैव

ब्रह्मणोभिधेयतयान्वयादित्यर्थः। न च प्रवृत्तिनिवृत्त्योरन्यतरविरहिणः प्रयोजन-शून्यत्वम्। स्वरूपपरेष्वपि पुत्रस्ते जातो नायं सर्प इत्यादिषु हर्षप्राप्तिभयनिवृत्ति-रूपप्रयोजनवत्त्वं दृष्टमेवेति न किंचिदनुपपन्नम्। दिङ्मात्रमत्र प्रदर्शितम्। विस्तरस्त्वाकरादेवावगन्तव्य इति विस्तरभीरुणोदास्यत इति सर्वमनाकुलम्।।

इति श्रीमत्सायणमाधवीये सर्वदर्शनसंग्रहे रामानुजदर्शनम्।।

व्या० : सिद्धरूपं ब्रह्मेति। प्रतिपादयितुमित्यस्य कर्मैतत्। शास्त्रं कर्तृ। सिद्धब्रह्मप्रतिपादकत्वे स्वीकृते तु शास्त्रं न कस्यचित्प्रवर्तकं निवर्तकं वा स्यात्। तथा च तस्य सुखपर्यवसायित्वं दुःखनिवृत्तिपर्यवसायित्वं वा नास्तीत्यप्रयोजनकत्वेन तस्याप्रामाण्यापत्तिः। अतो न तस्य सिद्धब्रह्मप्रतिपादकत्वं स्वीकार्यमिति शङ्काशयः। **पर्यनुयोगः।** प्रश्नः। **परमपुरुषार्थभूतस्येति।** आनन्दस्वरूपस्य ब्रह्मणः पुरुषैरर्थ्यमान-त्वात्पुरुषार्थत्वम्। अनवधिकातिशयत्वाच्च तस्य परमत्वम्। एतेन सिद्धब्रह्मप्रतिपादक-स्यापि शास्त्रस्य सप्रयोजनकत्वं सिध्यति। किं च यत्र यत्र प्रवृत्तिनिवृत्त्यन्यतर-परत्वाभावस्तत्र तत्र प्रयोजनशून्यत्वमिति न नियमः। लोके तस्य व्यभिचारदर्शनादित्याह-न चेति। **पुत्रस्त इति।** पुत्रस्ते जात इति वाक्याद्धर्षप्राप्तिर्नायं सर्प इति वाक्याद्भयनिवृत्तिश्चेति प्रयोजनं सिद्धवाक्यादपि जायमानं लोके दृश्यत इति भावः।।

।। इति सर्वदर्शनसंग्रहव्याख्यायां दर्शनाङ्कुराभिधायां रामानुजदर्शनं समाप्तम्।।

Though the absolute (it may be objected) be unsusceptible of any other kind of proof, the system, did it not refer to activity and cessation of activity, could not posit the absolute aforesaid. To avoid by anticipation any queries on this point, it is stated (in the fourth aphorism) : But that is from the construction. This is intended to exclude the doubt anticipated. The evidence, then, of the system is the only evidence that can be given of the absolute. Why? Because of the construction, that is, because the absolute, that is, the highest end for man, is construed as the subject (of the first aphorism, viz., Then thence the absolute is to be desired to be known). Moreover, a sentence which has nothing to do either with activity or with cessation of activity is not therefore void of purpose, for we observe that sentences merely declaratory of the nature of things, such as, A son is born to you, This is not a snake, convey a purpose, *viz.*, the cessation of joy or of fear. Thus there is nothing unaccounted for. We have here given only a general indication. The details may be learnt from the original (*viz.*, Rāmānuja's Bhāṣya on the Vedānta aphorisms); we therefore decline a further treatment, apprehensive of prolixity; and thus all is clear.[1]

A.E.G.

1. For further details respecting Rāmānuja and his system, see Wilson's Works, vol. i. pp. 34-36; and Banerjea's Dialogues, ix. The *Tattva-muktāvali* was printed in the *pandit* for September 1871; but the lines quoted in p. 73 are not found there.

Chapter V
The System of Pūrṇa-Prajña

अथ पूर्णप्रज्ञदर्शनम्

तदेतद्रामानुजमतं जीवाणुत्वदासत्ववेदापौरुषेयत्वसिद्धार्थबोधकत्वस्वतः प्रमाणत्वप्रमाणत्रित्वपञ्चरात्रोपजीव्यत्वप्रपञ्चभेदसत्यत्वादिसाम्येपि परस्परविरुद्ध-भेदादिपक्षत्रयकक्षीकारेण क्षपणकपक्षनिक्षिप्तमित्युपेक्षमाणः स आत्मा तत्त्वमसि (छा. ६।८।७) इत्यादिवेदान्तवाक्यजातस्य भङ्ग्यन्तरेणार्थान्तरपरत्वमुपपाद्य ब्रह्ममीमांसाविवरणव्याजेनानन्दतीर्थः प्रस्थानान्तरमास्थिषत।

तन्मते हि द्विविधं तत्त्वं स्वतन्त्रपरतन्त्रभेदात्। तदुक्तं तत्त्वविवेके-

स्वतन्त्रं परतन्त्रं च द्विविधं तत्त्वमिष्यते।
स्वतन्त्रो भगवान्विष्णुर्निर्दोषोऽशेषसद्गुणः।। इति।

व्या० : **जीवाणुत्वेति।** जीवोणुः। न मध्यमपरिमाणो नापि विभुः। स च मोक्षेपि परमात्मनो दास एव। अपौरुषेया नित्या वेदाः। ते च सिद्धब्रह्मार्थबोधका अपि प्रमाणभूता एव। तेषां च न परतः प्रामाण्यम्। प्रत्यक्षानुमानशब्दरूपं प्रमाणत्रयम्। पञ्चरात्रग्रन्था-नुसरणम्। आकाशादिप्रपञ्चश्चायमात्मनः सकाशाद्भिन्नः सत्यश्च। एतत्सर्वं रामानुजाचार्याणां पूर्णप्रज्ञाचार्याणां च मते समानमेव। **परस्परविरुद्धेति।** एतच्च किमत्र तत्त्वम् (द. ४ प. १९१) इत्याशङ्क्य सर्वं तत्त्वम्-इत्यादिग्रन्थेन प्रागुक्तमेव। **क्षपणकेति।** क्षपणका जैनाः। तैश्च परस्परविरुद्धास्तित्वनास्तित्वादिधर्मजातमेकत्र स्वीकृत्य स्याद्वादः प्रतिपादितः। स च प्रागुक्त (द. ३ प. ३६८) एव। **भङ्ग्यन्तरेणेति।** इदमनुपदमेव स्फुटीभविष्यति।

अशेषसद्गुण इति। स्वातन्त्र्यशक्तिविज्ञानसुखादिभिरशेषैर्गुणैर्युक्त इत्यर्थः।

Ānanda-Tīrtha (Pūrṇa-prajña, or Madhva) rejected this same Rāmānuja system, because, though like his own views, it teaches the atomic size of the soul, the servitude of the soul; the existence of the Veda without any personal author, the authenticity of the Veda, the self-evidence of the instruments of knowledge, the triad of evidences, dependency upon the Pañca-rātra, the reality of plurality in the universe, and so forth,—yet, in accepting three hypotheses as to reciprocally contradictory divisions, etc., it coincides with the tenets of the Jainas. Showing that He is soul, That art thou, and a number of other texts of the Upaniṣads bear a different import under a different explanation, he set up a new system under the guise of a new explication of the Brahma-Mīmāṁsā (or Vedānta).

For in his doctrine ultimate principles are dichotomised into independent and dependent; as it is stated in the Tattva-viveka :—

> "Independent and dependent, two principles are received ;
>
> "The independent is Viṣṇu the Lord, exempt from imperfections, and of inexhaustible excellences."

ननु सजातीयविजातीयस्वगतनानात्वशून्यं ब्रह्मतत्त्वमिति प्रतिपादकेषु वेदान्तेषु जागरूकेषु कथमशेषसद्गुणत्वं तस्य कथ्यत इति चेन्मैवम्। भेदप्रमापक-बहुप्रमाणाविरोधेन तेषां तत्र प्रामाण्यानुपपत्तेः। तथा हि–प्रत्यक्षं तावदिदमस्माद्भिन्न-मिति नीलपीतादेर्भेदमध्यक्षयति।

व्या० : ननु सजातीयेति। नानेति पृथग्भूतं वस्तूच्यते। तस्य भावो नानात्वं भेदः। स च प्रतियोगिभेदेन त्रिविधः–सजातीयप्रतियोगिको विजातीयप्रतियोगिकः स्वगतप्रतियोगिकश्च। परमात्मनि जीवात्मनः सकाशाद्विद्यमानो भेद आद्यः। आकाशादिभ्यः सकाशाद्विद्यमानो भेदो द्वितीयः। स्वगतेभ्यः कारुण्यादिगुणेभ्यः सकाशाद्विद्यमानो भेदस्तृतीयः। एवं प्राप्तं भेदत्रयं सदेव सोम्येदमग्र आसीत्। एकेमवाद्वितीयम् (छा. ६।१।१) इत्यादिश्रुतिभिर्निषिध्यते। एकमेव तत्त्वम् भेदः क्वापि नास्त्येवेति तच्छ्रुतितात्पर्यम्। परमात्मनः सगुणत्वे स्वगता ये गुणास्तत्प्रतियोगिकभेदस्य तत्रावश्यंभावादुक्तश्रुतिविरोध इत्याशयः। **भेदप्रमापकेति**। भेदसत्यत्वबोधकेत्यर्थः।

प्रत्यक्षमिति। इदं कर्तृपदम्। प्रत्यक्षप्रमासाधनभूतं प्रत्यक्षप्रमाणमिन्द्रियमित्यर्थः। **अध्यक्षयति।** सत्यत्वेन बोधयति।

Here it will be urged (by the Advaita-vādins) : Why predicate of the absolute these inexhaustible excellences in the teeth of the Upaniṣads, which lay down that the absolute principle is void of homogeneity and heterogeneity and of all plurality in itself? To this be it replied: Not so, for these texts of the Upaniṣads, as contradictory of many proofs positive of duality, cannot afford proof of universal unity; perception, for example, in the consciousness, This is different from that, pronounces a difference between things, blue and yellow, and so forth. The opponent will rejoin: Do you hold that perception is cognisant of a perceptional difference, or of a difference constituted by the thing and its opposite? The former alternative will not hold : for without a cognition of the thing and its opposite, the recognition of the difference, which presupposes such a cognition, will be impossible.

अथ मन्येथाः–किं प्रत्यक्षं भेदमेवावगाहते किं वा धर्मिप्रतियोगिघटितम्। न प्रथमः। धर्मिप्रतियोगिप्रतिपत्तिमन्तरेण तत्सापेक्षस्य भेदस्याशक्याध्यवसायत्वात्। द्वितीयेपि धर्मिप्रतियोगिग्रहणपुरःसरं भेदग्रहणमथ वा युगपत्तत्सर्वग्रहणम्। न पूर्वः। बुद्धेर्विरम्य व्यापाराभावात्। अन्योन्याश्रयप्रसङ्गाच्च। नापि चरमः। कार्यकारणबुद्ध्योर्यौगपद्याभावात्। धर्मिप्रतीतिर्हि भेदप्रत्ययस्य कारणम्। एवं प्रतियोगिप्रतीतिरपि। संनिहितेपि धर्मिणि व्यवहितप्रतियोगिज्ञानमन्तरेण भेदस्याज्ञातत्वेनान्वयव्यतिरेकाभ्यां कार्यकारणभावावगमात्। तस्मान्न भेदप्रत्यक्षं सुप्रसरमिति चेत्–

किं वस्तुस्वरूपभेदवादिनं प्रतीमानि दूषणान्युद्घुष्यन्ते किं वा धर्मभेदवादिनं प्रति। प्रथमे चोरापराधान्माण्डव्यनिग्रहन्यायापातः। भवदभिधीयमानदूषणानां तदविषयत्वात्। ननु वस्तुस्वरूपस्यैव भेदत्वे प्रतियोगिसापेक्षत्वं न घटते घटवत्। प्रतियोगिसापेक्ष एव सर्वत्र भेदः प्रथत इति चेन्न। प्रथमं सर्वतो विलक्षणतया वस्तुस्वरूपे ज्ञायमाने प्रतियोग्यपेक्षया विशिष्टव्यवहारोपपत्तेः। तथा हि। परिमाणघटितं वस्तुस्वरूपं प्रथममवगम्यते। पश्चात्प्रतियोगिविशेषापेक्षया ह्रस्वं दीर्घमिति तदेव विशिष्य व्यवहारभाजनं भवति। तदुक्तं विष्णुतत्त्वनिर्णये–न च

विशेषणविशेष्यतया भेदसिद्धिः। विशेषणविशेष्यभावश्च भेदापेक्षः। धर्मिप्रतियोग्यपेक्षया भेदसिद्धिः। भेदापेक्षं च धर्मिप्रतियोगित्वमित्यन्योन्याश्रयतया भेदस्यायुक्तिः। पदार्थस्वरूपत्वाद्भेदस्य–इत्यादिना। अत एव गवार्थिनो गवयदर्शनान्न प्रवर्तन्ते गोशब्दं च न स्मरन्ति। न च नीरक्षीरादौ स्वरूपे गृह्यमाणे भेदप्रतिभासोपि स्यादिति भणनीयम्। समानाभिहारादिप्रतिबन्धकबलाद्भेदभानव्यवहाराभावोपपत्तेः। तदुक्तम्–

व्या० : भेदमनङ्गीकुर्वतां मायावेदान्त्यनुसारिणामाशङ्कामनुवदति–**अथ मन्येथा इत्यादिना सुप्रसरमित्यन्तेन। धर्मिप्रतियोगिप्रतिपत्तिमिति।** नीलं पीताद्भिन्नमित्यत्र नीलं भेदस्य धर्मि। पीतं भेदस्य प्रतियोगि। तत्र च नीलस्य भेदधर्मित्वेन ज्ञानं तथा पीतस्य भेदप्रतियोगित्वेन ज्ञानं यदि न स्याच्चेद्भेदज्ञानं सुतरां न संभवति। भेदज्ञानस्य धर्मिप्रतियोगिज्ञानसापेक्षत्वात्। **द्वितीयेपीति।** भेदविषयकप्रत्यक्षे धर्मिप्रतियोगिनावपि धर्मित्वेन प्रतियोगित्वेन च विषयौ भवति इति पक्षेपि किं धर्मिप्रतियोगिनोः पूर्वं प्रत्यक्षज्ञानं पश्चाद्भेदस्याथ वा धर्मिप्रतियोगिभेदानां युगपदेव प्रत्यक्षज्ञानमिति विकल्पः। **बुद्धेर्विरम्येति।** यथा गङ्गायां घोष इत्यत्र गङ्गाशब्दो नीरविशेषरूपमर्थमुपस्थापयति। तादृशार्थोपस्थापनरूपं व्यापारं कृत्वा विरतो घोषेन्वयार्थं तीरार्थोपस्थापनरूपं व्यापारं कर्तुं न प्रभवति। अतस्तीरार्थोपस्थापनं नीरेणैव सामीप्यसंबन्धेन लक्षणया कर्तव्यं न तु गङ्गाशब्देन। तथा चार्थस्यैव लक्षणा न तु शब्दस्य। गङ्गाशब्दस्तीरार्थोपलक्षक इति प्रवादस्तु परंपरया गौण एव। यथा वा धानुष्केण प्रेरित इषुः क्रोशपरिमितं देशं गन्तुं समर्थोपि मध्ये केनचित्प्रतिहतो विरतव्यापारश्चेत्तदुत्तरक्षणेङ्गुलिपरिमितमपि गन्तुं न प्रभवति तथा धर्मिप्रतियोगिनौ विषयीकृत्य विरता बुद्धिर्भेदं विषयीकर्तुं न प्रभवति। एतदभिप्रायेणैव शब्दबुद्धिकर्मणां विरम्य व्यापाराभाव इति च सर्वसिद्धम्–इति काव्यप्रदीपे पञ्चमोल्लास उक्तम्। **अन्योन्याश्रयेति।** भेदग्रहणार्थं धर्मिप्रतियोगिग्रहणं धर्मिप्रतियोगिग्रहणार्थं च भेदग्रहणमित्यन्योन्याश्रयः। यतो भेदग्रहणात्पूर्वं धर्मिप्रतियोगिनोर्धर्मित्वेन प्रतियोगित्वेन च ग्रहणं न संभवति। **कार्यकारणेति।** भेदप्रत्ययः कार्यम्। धर्मिप्रत्ययः प्रतियोगिपत्ययश्च कारणम्। तयोः कार्यकारणभूतयोर्द्वयोः प्रत्यययोरेकदा न संभव इत्यर्थः। **प्रतियोगिप्रतीतिरपीति।** भेदप्रत्ययस्य कारणमित्यनुषङ्गः।

वस्तुस्वरूपेति। घटादिवस्तुनः स्वरूपं यत्कम्बुग्रीवादिकं स एव भेदो नान्य इति माध्वाः। घटादिवस्तुनः सकाशादन्यो घटादिवस्तुधर्मो भेद इति वैशेषिकादयः। **चोरेति।** माण्डव्यनामा कश्चन ऋषिश्चोरबुद्धया राज्ञा प्रधर्षितः। राजा च शासनं कर्तुकामो यावत्तं शूले समारोपयति तावदन्यं सत्यं चोरं बुबुधे। सद्य एव स मुनिः शूलादवतार्य राज्ञा

मोचितः क्षमस्वेति प्रार्थितश्च। कस्य कर्मणोयं विपाक इति सुविचार्याप्यात्म-नोपराधमजानानः स ऋषिस्तज्ज्ञानार्थं यमसदनं गतो बाल्ये कश्चित्कीटस्त्वया बद्धः–इति यमेन बोधितः। अज्ञानकृतापराधस्य च नानुगुणमीदृशं शासनमिति क्रुद्धेन माण्डव्येन मर्त्यलोके शूद्रयोनौ जनिं लभस्वेत्यभिशप्तो यमो विचित्रवीर्यस्य दास्यां व्यासाज्जनिं लेभे। अयमेव विदुर इति प्रसिद्धः। ततः प्रभृत्यज्ञानकृतोपराधः क्षम्य इति समयं चक्र यमः। इयं कथा भारत आदिपर्वाणि (अध्याय १०७, १०८) द्रष्टव्या। एवं चैकस्यापराधस्तन्निमित्तं शासनं चान्यस्येति यत्र विषयस्तत्रैतन्न्यायावतारः। प्रकृते च धर्मिप्रतियोगिसहितस्य भेदस्य प्रत्यक्षज्ञानं भवतीत्यत्यासंभवित्वेन त्वत्संमतस्यार्थस्य यःस्वीकारस्तूद्रपोपराधो धर्मभेदवादिनः। तन्निमित्तानि दूषणानि च स्वरूपभेदवादिनं प्रत्युच्यन्त इति सोयं चोरापराधान्माण्डव्यनिग्रहन्यायः। **तदविषयत्वादिति।** वस्तुस्वरूपभेदाविषयत्वादित्यर्थः। यदि हि वस्तुनः सकाशादन्यस्तद्धर्मभूतो भेदः स्यात्तर्हि प्रत्यक्षेण केवलभेदस्य ग्रहणमथ वा धर्मिप्रतियोगिसहितस्य। तत्रापि धर्मिप्रतियोगिभेदानां ग्रहणं क्रमेणोत युगपदित्येवं त्वदुक्ता विकल्पाः संभवेयुर्न तु भेदस्य वस्तुस्वरूपत्व इति भावः। अथ धर्मभेदवादी शङ्कते–**नन्विति। घटवदिति।** यथा घटप्रतीतिर्न प्रतियोगिसापेक्षा अमुकाद्घट इति तथामुकाद्भेद इत्येवं सापेक्षा भेदप्रतीतिर्न स्यात्। लोके तु नियमेन सापेक्षैव भेदप्रतीतिर्दृश्यते। तथा च भेदप्रतीतेर्धर्मिप्रतियोगि-प्रतीतिसापेक्षत्वेन परप्रतीतिनिरपेक्षप्रतीतिकघटादिस्वरूपत्वं भेदस्य नोपपद्यते। **प्रथमतिति।** अद्वैतिनां नये यथानपेक्षप्रतीतिकप्रत्यक्चैतन्यस्वरूपस्यापि जीवब्रह्मैक्यस्य जीवस्य ब्रह्मणैक्यम्– इति धर्मिप्रतियोगिप्रतीत्यपेक्षया प्रतीयमानत्वं स्वीक्रियते तथा निरपेक्षप्रतीतिकधर्मि स्वरूपस्यैव भेदस्य धर्मिप्रतियोगिप्रतीत्यपेक्षया प्रतीयमानत्वं संभवति। स्वरूपस्यैव तथात्वात्। अयं भावः–धर्मभेदवादिना नये प्रथमं धर्मिणो घटस्य घटत्वेन ज्ञानम्। ततः प्रतियोगिनः पटादेः पटत्वादिना ज्ञानम्। ततस्तयोर्धर्मित्वप्रतियोगि-त्वानुसंधानसहकृतं भेदज्ञानम्। ततो घटः पटाद्भिन्न इति व्यवहार इति क्रमः। स्वरूपभेदवादिनां नये तु प्रथमं घटस्य सर्वतो विलक्षणेन घटत्वेन स्वरूपेण ज्ञानम्। इदमेव च भेदज्ञानम्। सर्वतो विलक्षणस्य कम्बुग्रीवादिसंस्थानविशेषस्वरूपस्यैव भेदत्वात्। ततः प्रतियोगिनः पटादेः पटत्वादिना ज्ञानम्। ततः प्रतियोगित्वानुसंधानपूर्वको घटः पटाद्भिन्न इति व्यवहार इति क्रमः। न हि व्यवहारादव्यवहितपूर्वक्षण एव भेदज्ञानमिति नियमः। पटाद्घटस्य भेद इति वैयधिकरण्येन व्यवहारस्तु घटस्य स्वरूपमिति व्यवहारवद्गौण एवेति न धर्मभेदसाधकः। किं च यदि न स्वरूपं भेदस्तदा पदार्थे दृष्टे प्रायः सर्वतो वैलक्षण्यं तस्य न ज्ञायेत। तथा न गवये दृष्टेपि गवार्थिनः प्रवृत्तिः स्याद्गोशब्दस्मरणं च स्यात्। **न चेति।** न हीत्यर्थः। किंचित्प्रतियोगिकभेदवान्पट

इत्यत्र भेदो विशेषणम्। पटो विशेष्यः। पटे किंचित्प्रतियोगिको भेद इत्यत्र भेदो विशेष्यः पटो विशेषणम्। विशेषणविशेष्ययोश्च भेदो राज्ञः पुरुष इत्यादौ प्रसिद्ध एव। एवं विशेषणविशेष्यतया भेदसिद्धिः क्रियते चेत्पूर्वोक्ता दोषाः स्युः। न तु तथा तस्य सिद्धिरस्माभिः प्रतिपाद्यते। अन्योन्याश्रयदोषप्रसङ्गात्। तमेवान्योन्याश्रयमुपपादयति– **विशेषणविशेष्य भावश्चेति**। विशेषणविशेष्यभावग्रहश्च भेदग्रहापेक्ष इत्यर्थः। अस्त्वेवं तथापि कथमन्योन्याश्रय इति चेत्तत्राह–**धर्मीति**। घटात्पटस्य भेद इति पटस्य भेदं प्रति धर्मित्वं घटस्य चावधित्वेन प्रतियोगित्वं प्रतीत्यैव हि भेदः प्रत्येतुं शक्यते। भेदप्रतीत्यपेक्षा च धर्मित्वप्रतियोगित्वप्रतीतिरिति। एवं च भेदवान्पटः पटे भेद इत्येवं या विशेषणविशेष्यतया प्रतीतिः सा भेदस्य साधने युक्तिर्न भवति। तर्हि भेदः किंरूप इति चेत्पदार्थस्वरूप एव भेद इति विष्णुतत्त्वनिर्णयग्रन्थार्थः। **अत एवेति**। यतः सर्वतो विलक्षणतत्तद्वस्तु स्वरूपज्ञानं तत्तद्वस्तूनो विशिष्टव्यवहारे कारणमत एवेत्यर्थः। सर्वतो विलक्षणं यद्गोः स्वरूपं तस्य गवये दृष्टेप्यज्ञानान्न तन्मूलको गवार्थिप्रवृत्तिरूपो गोशब्दस्मरणरूपश्च व्यवहार इति भावः। **न च नीरेति**। नीरमिश्रिते क्षीरे चक्षुषा गृह्यमाणे वस्तुस्वरूपं न गृह्यत इति वक्तुं न शक्यते। चक्षुःसंनिकर्षस्य सत्त्वात्। तथा च स्वरूपस्यैव भेदत्वे भेदोपि गृहीत एव भवेदितीदं क्षीरमिदं नीरमित्येवं भेदप्रतिभासोवश्यं भाव्य इत्याशयः। **समानाभिहारेति**। समानेन वस्तुना सहैकीभावः समानाभिहारः। यथा दूरतो दृश्यमानः पुरुषः प्रथममयं कश्चन पदार्थ इति ज्ञायते। तत उन्नत इति। ततः प्राणीति। ततः पुरुष इति। ततो युवेति। एवं चैकस्यैव वस्तुनः स्वरूपं तारतम्येन नानाविधं तथातथा साधनवशाद्गृह्यते। तथा च माघे–

On the latter alternative it must be asked, Is the apprehension of the difference preceded by an apprehension of the thing and its contrary, or are all the three (the thing, its contrary, and the contrariety) simultaneously apprehended? It cannot be thus preceded, for the operation of the intellect is without delay (or without successive steps), and there would also result a logical seesaw (apprehension of the difference presupposing apprehension of the thing and its contrary, and apprehension of the thing and its contrary presupposing apprehension of the difference). Nor can there be a simultaneous apprehension (of the thing, its contrary, and the difference); for cognitions related as cause and effect cannot be simultaneous, and the cognition of the thing is the cause of the recognition of the difference; the causal relation between the two being recognised by a concomitance and non-concomitance (mutual exclusion), the difference not being cognised even when the thing is present, without a cognition of its absent contrary. The perception of difference, therefore (the opponent concludes), is not easily admissible. To this let the reply be as follows.—Are these objections proclaimed against one who maintains a difference identical with the things themselves, or against one who maintains a difference between things as the subjects of attributes? In the former case, you will be, as the saying runs, punishing a respectable Brahman for the offence of a thief, the objections you adduce being irrelevant. If it be urged that if it is the essence of the thing that is the difference, then it will no longer require a contrary counterpart; but if difference presuppose a contrary counterpart, it will exist everywhere; this statement must be disallowed, for while the essence of a thing is first known as different from everything else, the determinate usage (name and notion) may be shown to depend upon a contrary counterpart; for example, the essence of a thing so far as constituted by its dimensions is first cognised, and afterwards it becomes the object of some determinate judgment, as long or short in relation to some particular counterpart (or contrasted object). Accordingly, it is said in the Viṣṇu-tattva-nirṇaya : "Difference is not proved to exist by the relation of determinant and determinate; for this relation of determinant and determinate (or predicate and subject) presupposes difference; and if difference were proved to depend upon the thing and its counterpart, and the thing and its counterpart to presuppose difference, difference as involving a logical circle could not be accounted for; but difference is itself a real predicament (or ultimate entity). For this reason (viz., because difference is a *thing*) it is that men in quest of a cow do not act (as if they had found her) when they see a gayal, and do not recall the word *cow*. Nor let it be objected that (if difference be a real entity and as such perceived) on seeing a mixture of milk and water, there would be a presentation of difference; for the absence of any manifestation of, and judgment about, the difference, may be accounted for by the force of (the same) obstructives (as hinder the perception of other things), viz., aggregation of similars and the rest. Thus it has been said (in the Sāṅkhya-kārikā, v. vii.)—

अतिदूरात्सामीप्यादिन्द्रियघातान्मनोनवस्थानात्।
सौक्ष्म्याद्व्यवधानादभिभवात्समानाभिहाराच्च ॥

(सांख्यका. ७) इति।

अतिदूराद्गिरिशिखरवर्तितर्वादौ अतिसामीप्याल्लोचनाञ्जनादौ इन्द्रियघाताद्विद्युदादौ मनोनवस्थानात्कामाद्युपप्लुतमनस्कस्य स्फीतालोकवर्तिनि घयदौ सौक्ष्म्यात्परमाण्वादौ व्यवधानात्कुड्याद्यन्तर्हिते अभिभावाद्दिवा प्रदीपप्रभादौ समानाभिहारान्नीरक्षीराद्रौ यथावद्ग्रहणं नास्तीत्यर्थः।

व्या० : चयस्त्विषामित्यवधारितं पुरा ततः शरीरीति विभाविताकृतिम्।
विभुर्विभक्तावयवं पुमानिति क्रमादमुं नारद इत्यबोधि सः॥

(माघ १।२)

इति। एतच्च स्वरूपतारतम्यं धर्मभेदवादिनापि स्वीकार्यमेव। तथा च स्वरूपभेदवादिनये स्वरूपस्यानेकत्वे भेदस्याप्यनेकत्वमावश्यकमिति नीरमिश्रिते क्षीरे घयद्भेदो गृह्यते न नीरात्। तादृशस्वरूपज्ञानेस्मादादिचक्षुषोऽसामर्थ्यात्। एवं च नीरक्षीरयोरेकीभावान्न मिथो विलक्षणस्वरूपस्य ज्ञानमिति न तादृशभेदज्ञानं नापि नीराद्भिन्नं क्षीरमिति तत्र व्यवहार इति भावः।

> "From too great remoteness, from too great nearness, from defect in the organs, from instability of the common sensory,
>
> "From subtilty, from interposition, from being overpowered, and from aggregation of similars."

There is no perception respectively of a tree and the like on the peak of a mountain, because of its too great remoteness; of collyrium applied to the eyes, and so forth, because of too great proximity; of lightning and the like, because of a defect in the organs; of a jar or the like in broad daylight, by one whose common sensory is bewildered by lust and other passions, because of instability of the common sensory; of an atom and the like, because of their subtility; of things behind a wall, and so forth, because of interposition; of the light of a lamp and the like, in the day-time, because of its being overpowered; of milk and water, because of the aggregation of similars.

भवतु वा धर्मभेदवादस्तथापि न कश्चिद्दोषः। धर्मिप्रतियोगिग्रहणे सति पश्चात्तद्घटितभेदग्रहणोपपत्तेः। न च परस्पराश्रयप्रसङ्गः। परानानपेक्ष्य प्रभेदशालिनो वस्तुनो ग्रहणे सति धर्मभेदभानसंभवात्। न च धर्मभेदवादे तस्य तस्य भेदस्य भेदान्तरभेद्यत्वेनानवस्था दुरवस्था स्यादित्यास्थेयम्। भेदान्तरप्रसक्तौ मूलाभावात्। भेदभेदिनौ भिन्नाविति व्यवहारादर्शनात्। न चैकभेदबलेनान्यभेदानुमानम्। दृष्यन्तभेदाविघातेनोत्थाने दोषाभावात्। सोयं पिण्याकयाचनार्थं गतस्य[1] खारिकातैलदातृत्वाभ्युपगम इव। दृष्यन्तभेदविमर्दे त्वनुत्थानमेव। न हि वरविघाताय कन्योद्वाहः। तस्मान्मूलक्षयाभावादनवस्था न दोषाय।

व्या० : एवं स्वरूपभेदपक्षं प्रतिपाद्य भेदाङ्गीकर्तृत्वेन स्वयूथ्यानां धर्मभेदवादिनां मतं समर्थयति–**भवतु वेति। धर्मिप्रतियोगीति।** प्रथमं धर्मिप्रतियोगिनोर्घटपटयोर्घटत्वेन पटत्वेन च ग्रहणम्। ततस्तयोर्घटपटयोर्धर्मित्वप्रतियोगित्वानुसंधानसहकृतस्य भेदस्य समूहालम्बनात्मकज्ञान इवैकेनैव व्यापारेण ग्रहणम्। इदमेव तद्घटितभेदग्रहणम्। अत्र कार्यकारणबुद्ध्योर्यौगपद्याभावात् (द. ५ पं. २१) इति प्रागुक्तो दोषस्तु नापादनीयः। घटपटयोर्यद्धर्मित्वेन प्रतियोगित्वेन च ज्ञानं तस्य भेदज्ञानकारणत्वाभावात्। घटपटयोर्यद्घटत्वेन पटत्वेन च ज्ञानं पूर्ववृत्तं तस्य भेदज्ञानकारणत्वात्। घटे भेदधर्मित्वं पटे भेदप्रतियोगित्वं च वस्तुसदेव भेदज्ञाने कारणं न तु ज्ञातमिति न कश्चिद्दोषः। **परस्पराश्रयेति।** घटपटयोर्घटत्वेन पटत्वेन च यज्ज्ञानं तद्भेदज्ञानसापेक्षम्। भेदज्ञानं च तादृशज्ञानसापेक्षमित्यन्योन्याश्रय इत्याशयः। **प्रभेदशालिनः।** वस्तुतः सर्वतो विलक्षणस्वरूपस्य। घटपटयोर्यदितरविलक्षणेन स्वस्वरूपेण ज्ञानं तत्परानपेक्षयैव जायमानं दृश्यत इति न घटपटयोर्घटत्वेन पटत्वेन च ज्ञानं भेदज्ञानसापेक्षमिति भावः। **भेदान्तरभेद्यत्वेनेति।** भेद्यः–भिन्न इति व्यवहारार्हः। यथा घटनिष्ठेन पटप्रतियोगिकेन प्रथमभेदेन घटो भेद्यो भवति तथा तादृशप्रथमभेदनिष्ठेन घटप्रतियोगिकेन द्वितीयभेदेन प्रथमभेदो भेद्यो भवति। द्वितीय भेदोपि तन्निष्ठेन प्रथमभेदप्रतियोगिकेन तृतीयभेदेन भेद्य इत्येवमनवस्था स्यात्। किं च यथा प्रथमभेदेन घटः पटाद्भिन्नो भवति तथा स एव घटः प्रथमभेदाद्भिन्नो द्वितीयभेदेन स्यात्। पुनश्च स घटस्तृतीयभेदेन द्वितीयभेदाद्भिन्नः स्यादित्यपरानवस्थेति भावः। **मूलाभावादिति।** यथा घटपटौ भिन्नाविति व्यवहारो घटनिष्ठपटप्रतियोगिकभेदस्वीकारे प्रमाणं तथा भेदभेदिनौ भिन्नाविति व्यवहारो दृश्येत चेत्तेन प्रमाणेन भेदनिष्ठो द्वितीयो भेदः सिध्येत्। किं तु तथा व्यवहारो लोके नैव

1. पाचनार्थ गतस्य भौतिकस्य for याचनार्थ गतस्य. D.

दृश्यत इति नानवस्था। एतेन प्रागुक्ता द्वितीयाप्यनवस्था प्रत्युक्ता। भेदिप्रतियोगिके भेदनिष्ठे द्वितीयभेदे भेदप्रतियोगिके भेदिनिष्ठे द्वितीयभेद च प्रमाणभूतो भेदभेदिनौ भिन्नौ–इत्येक एव व्यवहारः। तस्य व्यवहारस्यैवादर्शनेन द्विविधस्यापि द्वितीयभेदस्यासिद्धौ नानवस्थेति भावः। किं चैक एव भेदः पटाद्घटो भिन्न इति व्यवहारे स्वयं च भेदो घटाद्भिन्न इति व्यवहारे च हेतुर्भवेदिति तादृशव्यवहारसत्त्वेपि न क्षतिः। अथ भेदपरंपरानुमानेनानवस्था स्यादित्यभिप्रायेणाशङ्कते–**न चैकभेदेति।** पटप्रतियोगिको घटनिष्ठोः प्रथमभेदः स न घटस्वरूपं किं तु घटस्य धर्म इति मते धर्मिभूतघटप्रतियोगिको धर्मभूतभेदनिष्ठो द्वितीयो भेदोवश्यं स्वीकार्य एव। धर्मधर्मिणोर्भेदस्य घटतद्रूपादौ प्रसिद्धत्वात्। अत्र च घटः प्रथमभेदेन भेद्यो भवति। प्रथमो भेदश्च द्वितीयभेदेन भेद्यो भवति। ईदृशं च भेदान्तरभेद्यत्वं प्रथमभेदस्य दृष्ट्वा तद्दृष्टान्तेन द्वितीयभेदस्यापि भेदान्तरभेद्यत्वमनुमीयते। यथा विमतो द्वितीयभेदो भेदान्तरभेद्यो भेदत्वात्प्रथमभेदवदिति। एवं तृतीयभेदसिद्धौ तस्यापि पुनर्भेदान्तरभेद्यत्वानुमानेन चतुर्थः सिध्येदित्यनवस्था स्यात्। **दृष्टान्तभेदाविघातेनेति।** यत्रानवस्था तत्रागत्या क्वचिद्विश्रमोवश्यं सिद्धवद्ग्रहीतव्यः। यथा घटत्वपटत्वादिसामान्येषु सामान्यत्वं जातिश्चेत्तत्सामान्यत्वं जातिरेवेति तत्रापि पुनस्तत्सामान्यत्वमवश्यं स्वीकार्यं स्यादित्यनवस्थायां सामान्येषु सामान्यत्वं जातिर्न स्वीक्रियते। घटत्वपटत्वाद्या एव जातयो न स्वीकार्या इति तु न युक्तम्। तासां प्रत्यक्षसिद्धत्वेनानवस्थया बाधायोगात्। केषुचिदुदाहरणेषु स्वभावत एव विश्रमो भवति। यथा नैयायिकमतेयं घट इति व्यवसायात्मकज्ञानेन घटो गृह्यते। व्यवसायस्त्वनुव्यवसायेन घटमहं जानामीत्याद्याकारेण गृह्यते। स चानुव्यवसायः पुनरनुव्यवसायान्तरेण गृह्यत इति यावद्बुद्धिबलं त्रिचतुरकक्ष्याविश्रान्तं भवति ग्रहणम्। बुद्धेः सामर्थ्योपक्षये तु चरमोनुव्यवसायः स्वयमगृहीत एव पूर्वानुव्यवसायग्राहक इति नानवस्था। प्रकृते त्वेकेन भेदेनान्यस्य भेदस्यानुमाने तेनोप्यपरस्य भेदस्यानुमानमित्यनवस्था क्वचिदुमानविश्रान्तिं गृहीत्वा निवार्यतेथ वा जगति भेद एव नास्तीति सिद्धवद्गृहीत्वा निवार्यते। आद्ये कानिचिदनुमानानि प्रकल्प्याविकलेष्वपि कृत्स्नेष्वनुमानसाधनेषु मनसः सामर्थ्यो-पक्षयेणाग्रेनुमानाभाव इति दृष्टान्तभूतस्य प्रथमभेदस्याविघातेनैवेतदनवस्थोद्भावनम्। तत्र च केचिद्भेदाः स्वीकृता एव त्वयेति सिद्धं नः समीहितरं धर्मभेदमेकं साधयताम्। यथा तैलसाध्यमङ्गमार्दवादिकं कार्यं तैलाभावात्कथंचित्पिण्याकेनापि साधनोयमिति मत्वा पिण्याकयाचनार्थं गतः केनचिदुदात्ताशयेन खारिकापरिमितं तैलमेव ददामीति प्रतिश्रावितस्तद्वत्। पिण्याकस्तिलकल्कः। तिलनिष्पीडनेन तैले निष्काशितेवशिष्टो भागः। खारिका परिमाणविशेषः। भेद एव नास्तीति सिद्धवद्गृह्यत इति द्वितीये पक्षे त्वदुक्तानुमाने दृष्टान्तभूतः प्रथमोपि भेदो नास्तीत्यनुमानमेव दुर्वचम्।

कुतस्तन्मूलकमनवस्थोद्भावनम्। यथा क्वचिद्वरविघाताय कन्योद्वाहश्चेत्स नैव क्रियते तथात्रानुमानमुपजीव्य प्रवृत्तानवस्थानुमानविघातायैव भवतीति नापादनीया सात्रेति भावः।

एतदुक्तं भवति-एकस्यान्येन संबन्धस्तस्यापरेण तस्यापि पुनरपरेणेत्येवं यत्र संबन्धपरंपरा प्राप्नोति तत्रानवस्थादोष आपादनीयो भवति। संबन्धश्च कार्यकारणभावाधाराधेयभावविषयविषयिभावादिर्यथासंभवमनेकविधः। स च संबन्धः पुनः केषुचिदुदाहरणेष्वावश्यकः केषुचिदनितत्वेनानावश्यकः। तत्रानावश्यकत्वे यावत्प्रतीतिर्भवेत्तावत्पर्यन्त संबंधं कल्पयित्वाग्रे संबन्धास्याकल्पनेनानवस्थायाः परिहारो भवति। यथानुव्यवसायपरंपरायाम्। यथा वा पृथिव्या जलं कारणं तस्य तेजस्तस्य वायुरित्येवं मूलकारणमीश्वरः। तस्य च न किंचित्कारणम्। अतस्तदुत्तरं कार्यकारणभावसंबन्धो नावश्यकः। न हि यत्कारणं तत्कस्यापि कार्यं भवत्येवेति नियमः। प्रमाणाभावात्। क्वचित्तु संबन्धस्यावश्यकत्वं यत्रैकेनान्यस्य प्रथमतः संबन्धे स्वीकृते तस्यापरेण तस्यापरेणेत्येवं संबन्धापरंपरावश्यं स्वीकार्या भवति। यथा घटत्वपटत्वादिजातीनामाधारभूतानामाधेयभूतया जातित्वाभिधया जात्या सहाधाराधेयभावरूपः संबन्धः कल्पितश्चेज्जातित्वमपि जातिरेवेति पुनस्तन्निष्ठं जातित्वमवश्यं स्वीकार्यम्। तत्रापि पुनर्जातित्वमिति। एतादृशी यत्रानवस्था तत्रानवस्थादोषपरिहारायागत्या क्वचिद्विश्रान्तिरवश्यं सिद्धवद्ग्रहीतव्या भवति। तथा च घटत्वादिषु जातिषु जातित्वं नाम जातिर्नास्तीति गृह्यते। एवंस्थितेत्रानवस्थावादीत्थं प्रष्टव्यः-अत्रानवस्थापरिहाराय यदयं भेदस्य भेदान्तरेण सह भेद्यभेदकभावः संबन्धस्तादृशान्कांश्चित्परिकल्प्याग्रे तस्य संबन्धस्य विरतिः स्वीक्रियते चरमभेदस्य भेदान्तरभेद्यत्वं नास्तीति तर्हि केचिद्भेदाः स्वीकृता एवानवस्था च नास्तीति किं साधितं भेदं खण्डयता। सोयं पिण्याकयाचनार्थं प्रवृत्तस्य खारिकातैलदातृत्वाभ्युपगमः। किं च तथासति भेदत्वं भेदान्तर भेद्यत्वव्याप्तं न भवति चरमभेदे व्यभिचारदर्शनादित्यनुमानमपि दुर्वचनम्। अथाद्योपि भेदो भेदान्तरभेद्यो न भवतीति ब्रूषे तर्हि दृष्यन्ताभावेनानुमानं दुर्वचमेव। सोयं वरविघाताय कन्योद्वाह इति।

Or let the hypothesis of difference in qualities be granted, and no harm is done; for given the apprehension of a subject of attributes and of its contrary, the presentation of difference in their modes is possible. Nor let it be supposed that on the hypothesis of difference in the modes of things, as each difference must be different from some ulterior difference, there will result an embarassing progression to infinity, there being no occasion for the occurrence of the said ulterior difference, inasmuch as we do not observe that men think and say that two things are different as differenced from the different. Nor can an ulterior difference be inferred from the first difference, for there being no difference to serve as the example in such inference, there cannot but be a non-occurrence of inference. And thus it must be allowed that in raising the objection you have begged for a little oil-cake, and have had to give us gallons of oil. If there be no difference for the example the inference cannot emerge. The bride is not married for the destruction of the bridegroom. There being, then, no fundamental difficulty, this infinite progression presents no trouble.

अनुमानेनापि भेदोवसीयते। परमेश्वरो जीवाद्भिन्नः। तं प्रतिसेव्यत्वात्। यो यं प्रति सेव्यः स तस्माद्भिन्नः। यथा भृत्याद्राजा न हि सुखं मे स्याद्दुःखं मे न मनागपि–इति पुरुषार्थमर्थमानाः पुरुषाः स्थपतिपदं कामयमानाः सत्कारभाजो भवेयुः। प्रत्युतसर्वानर्थभाजनं भवन्ति। यः स्वस्यात्मनो हीनत्वं परस्य गुणोत्कर्षं च कथयति स स्तुत्यः प्रीतः स्तावकस्य तस्याभीष्टं प्रयच्छति।

तदाह–

घातयन्ति हि राजानो राजाहमितिवादिनः।
ददत्यखिलमिष्टं च स्वगुणोत्कर्षवादिनाम्।। इति।

एवं च परमेश्वराभेदतृष्णया विष्णोर्गुणोत्कर्षस्य मृगतृष्णिकासमत्वाभिधानं [1]विपुलकदलीफललिप्सया जिह्वाच्छेदनमनुहरति। एतादृशविष्णुविद्वेषणा-दन्धतमसप्रवेशप्रसङ्गात्। तदेतत्प्रतिपादितं मध्यमन्दिरेण महाभारततात्पर्यनिर्णये–

व्या० : न हीति। सुखं भवतु दुःखं तु लेशतोपि माभूदिति बुद्ध्या मुमुक्षवः परमेश्वरं प्रति स्वाभीष्टमर्थयमाना यदि परमेश्वरप्रीतिसंपादनाय तद्गुणोत्कर्ष कथयन्ति तर्हि प्रीतात्परमेश्वरात्तेषां स्वाभीष्टलाभो भवेत्। यदि तु ते परमेश्वरपदमेव काङ्क्षेयुस्तर्हि न केवलं तेषामभीष्टलाभः प्रत्युत परमेश्वरक्रोधोत्पादनेनानिष्टावाप्तिः स्यात्। यतोऽभेदज्ञानानाप्रीतिरेवोत्तमानां भवति। **घातयन्तीति।** यथाङ्गादिदेशाधिपतयोङ्ग-देशाधिपतिरहमेवेति वदन्तं प्रसह्य घातयन्तो दृश्यन्ते। तेन तेषां भूपतीनां तादृशे वक्तर्यप्रीतिरनुमीयते। स्वगुणोत्कर्षवादिनं तु ते राजानः प्रीत्यतिशयाविष्टाः स्वकर्मकरेभ्योप्यधिकमखिलमिष्टं ददतीत्यर्थः। स्वगुणोत्कर्षवादिनामिति शेषे षष्ठी। तेन चतुर्थी नापादनीया। स्वगुणोत्कर्षवादिनमिति द्वितीयान्तो वा पाठः। तदानीं प्रतीत्युद्दिश्येति वाध्याहृत्य तद्योगे द्वितीया बोध्या। **एवं चेति।** परमात्मा निर्गुण एव। गुणास्तु तत्र मृगजलसमा भासमाना मिथ्याभूता एवेति यत्परमेश्वरस्वरूपप्राप्तये मुमुक्षवो

1. विफल for विपुल. D.

वदन्ति सोत्यन्तविपरीतः प्रयत्नस्तेषाम्। यथा कदलीफललाभाय जिह्वाच्छेदः। न हि तत्र कार्यकारणभावः। नापि लब्धानां कदलीफलानां जिह्वाच्छेदोत्तरं कश्चनोपयोगः। **मध्यमन्दिरेणेति**। मध्यगेहनाम्नः पुत्रो मध्यमन्दिरनामा। अयमेव पूर्णप्रज्ञाचार्य इत्यानन्दतीर्थ इति च गीयते। अनेनैव च महाभारततात्पर्यनिर्णयनामको ग्रन्थो व्यरचि। तदुक्तं तत्रैव–

आनन्दतीर्थाख्यमुनिः सुपूर्णप्रज्ञाभिधौ ग्रन्थमिमं चकार।
नारायणेनाभिहितो बदर्यां तस्यैव शिष्यो जगदेकभर्तुः।।

(म. भा. ता. ३२।१७०) इति।

Difference (duality) is also ascertained by inference. Thus the Supreme Lord differs from the individual soul as the object of its obedience; and he who is to be obeyed by any person differs from that person, a king, for instance, from his attendant. For men, desiring as they do the end of man, Let me have pleasure, let me not have the slightest pain, if they covet the position of their lord, do not become objects of his favour, nay, rather, they become recipients of all kinds of evil. He who asserts his own inferiority and the excellence of his superior, he it is who is to be commended; and the gratified superior grants his eulogist his desire. Therefore it has been said :—

"Kings destroy those who assert themselves to be kings,
"And grant to those who proclaim their kingly preeminence all that they desire:"

Thus the statement of those (Advaita-vādins) in their thirst to be one with the Supreme Lord, that the supreme excellence of Viṣṇu is, like a mirage, is as if they were to cut off their tongues in trying to get a fine plantain, since it results that through offending this supreme Viṣṇu they must enter into the hell of blind darkness (*andha-tamasa*). The same thing is laid down by Madhya-mandira in the Mahābhārata-tātparya-nirṇaya :—

अनादिद्वेषिणो दैत्या विष्णौ द्वेषो विवर्धितः।
तमस्यन्धे पातयति दैत्यानन्ते विनिश्चयात्।।

(म. भा. ता. १।११२) इति।

सा च सेवा–अङ्कननामकरणभजनभेदात्त्रिविधा। तत्राङ्कनं नारायणायुधादीनां तद्रूपस्मरणार्थमपेक्षितार्थसिद्ध्यर्थं च। तथा च शाकल्यसंहितापरिशिष्टम्–

व्या० : अनादीति। दैत्या अनादिद्वेषिणः स्वभावत एव विष्णुद्वेषिणः सन्तीति स्वरूपकथनम्। तैश्च विष्णौ विवर्धितो विशेषेण वर्धित एधितो द्वेषस्तान्दैत्याननन्ते ब्रह्मदिनप्रलयान्ते विनिश्चयान्निश्चयेनान्धे तमसि नरके पातयतीत्यर्थः।

पूर्वोक्तानुमाने सेव्यत्वहेतुरुक्तः। तत्प्रसङ्गात्सेवापदार्थमाह–**सा च सवेति।** अङ्कनमिति। तदुक्तं ब्रह्माण्डे–

कृत्वा धातुमयीं मुद्रां तापयित्वा स्वकां तनुम्।
चक्रादिचिह्नितां भूप धारयेद्वैष्णवो नरः।। इति।

"O Daityas, enemies of the eternal, Viṣṇu's anger is waxed great;

"He hurls the Daityas into the blind darkness, because they decide blindly."

This service (or obedience of which we have spoken) is trichotomised into (1.) stigmatisation, (2.) imposition of names, (3.) worship.

Of these, (1.) stigmatisation is (the branding upon oneself) of the weapons of Nārāyaṇa (or Viṣṇu) as a memorial of him, and as a means of attaining the end which is needful (emancipation). Thus the sequel of the Sākalya :—

चक्रं बिभर्ति पुरुषोभितप्तं
बलं देवानाममृतस्य विष्णोः।
स याति नाकं दुरितावधूय
विशन्ति यद्यतयो वीतरागाः।।
देवासो येन विधृतेन बाहुना
सुदर्शनेन प्रयातास्तमायन्।
येनाङ्किता मनवो लोकसृष्टिं
वितन्वन्ति ब्राह्मणास्तद्वहन्ति।।
तद्विष्णोः परमं पदं येन गच्छन्ति लाञ्छिताः।
उरुक्रमस्य चिह्नैरङ्किता लोके सुभगा भवामः।। इति।

अतप्ततनूर्न तदामो अश्नुते श्रितास इद्वहन्तस्तत्समासत। (तै. आ. १।११) इति तैत्तिरीयकोपनिषच्च। स्थानविशेषश्चाग्नेयपुराणे दर्शितः–

दक्षिणे तु करे विप्रो बिभृयाच्च सुदर्शनम्।
सव्येन शङ्खं बिभृयादिति ब्रह्मविदो विदुः।। इति।

अन्यत्र चक्रधारणे मन्त्रविशेषश्च दर्शितः –

सुदर्शन महाज्वाल कोटिसूर्यसमप्रभ।
अज्ञानान्धस्य मे नित्यं विष्णोर्मार्गं प्रदर्शय।।
त्वं पुरा सागरोत्पन्नो विष्णुना विधृतः करे।
नमितः सर्वदेवैश्च पाञ्चजन्य नमोस्तु ते।। इति।

नामकरणं पुत्रादीनां केशवादिनाम्ना व्यवहारः सर्वदा तन्नामानुस्मरणार्थम्।

भजनं दशविधं वाचा सत्यं हितं प्रियं स्वाध्यायः कायेन दानं परित्राणं परिरक्षणं मनसा दया स्पृहा श्रद्धा चेति। अत्रैकैकं निष्पाद्य नारायणे समर्पणं भजनम्। तदुक्तम्–

अङ्कनं नामकरणं भजनं दशधा च तत्। इति।

एवं ज्ञेयत्वादिनापि भेदोनुमातव्यः।

व्या० : चक्रमिति। देवानां बलं सामर्थ्यप्रदमिति चक्रविशेषणम्। **दुरिता।** दुरितम्। द्वितीयाया डादेशश्छान्दसः। **सुदर्शनेनेति।**

द्वादशारं तु षट्कोणं वलयत्रयसंयुतम्।
हरेः सुदर्शनं तप्तं धारयेत्तद्विचक्षणः।।

इति नारदीये।

सेव्यत्वेन हेतुना भेदमनुमाय हेत्वन्तर प्रदर्शयति–**एवं ज्ञेयत्वेति।** परमात्मा जीवाद्भिन्नो जीवेन ज्ञेयत्वात्। यो येन ज्ञेयो भवति स तस्माद्भिन्न एव यथा जीवाद्घटादिरित्यनुमानं बोध्यम्।

"The man who bears branded in him the discus of the immortal Viṣṇu, which is the might of the gods,

"He, shaking off his guilt, goes to the heaven (Vaikuṇṭha) which ascetics, whose desires are passed away, enter into :

"The discus Sudarśana by which, uplifted in his arm, the gods entered that heaven;

"Marked wherewith the Manus projected the emanation

of the world, that weapon Brāhmans wear (stamped upon them);

"Stigmatised wherewith they go to the supreme sphere of Viṣṇu;

"Marked with the stigmas of the wide-striding (Viṣṇu), let us become beatified."

Again, the Taittirīyaka Upaniṣad says: " He whose body is not branded, is raw, and tastes it not: votaries bearing it attain thereto." The particular parts to be branded are specified in the Āgneya-purāṇa :—

"On his right hand let the Brāhman wear Sudarśana,

"On his left the conch-shell: thus have those who know the Veda declared."

In another passage is given the invocation to be recited on being branded with the discus :—

"Sudarśana, brightly blazing, effulgent as ten million suns,

"Show unto me, blind with ignorance, the everlasting way of Viṣṇu.

"Thou aforetime sprangest from the sea, brandished in the hand of Viṣṇu,

"Adored by all the gods; O Pāñcajanya, to thee be adoration."

(2.) Imposition of names is the appellation of sons and others by such names as Keśava, as a continual memorial of the name of the Supreme Lord.

(3.) Worship is of ten kinds, viz., with the voice, (1.) veracity, (2.) usefulness, (3.) kindliness, (4.) sacred study; with the body, (5.) almsgiving, (6.) defence, (7.) protection; with the common sensory, (8.) mercy, (9.) longing, and (10). faith. Worship is the dedication to Nārāyaṇa of each of these as it is realised. Thus it has been said :—

"Stigmatisation, imposition of names, worship; the last is of ten kinds."

तथा श्रुत्यापि भेदोवगन्तव्यः। सत्यमेनमनु विश्वे मदन्ति रातिं देवस्य गृणतो

मघोनः। सत्यः सो अस्य महिमा गृणे शवो यज्ञेषु विप्रराज्ये। सत्य आत्मा सत्यो जीवः सत्यं भिदा सत्यं भिदा सत्यं भिदा मैवारुवण्यो मैवारुवण्यो मैवारुवण्य इति मोक्षानन्दभेदप्रतिपादकश्रुतिभ्यः।

इदं ज्ञानमुपाश्रित्य मम साधर्म्यमागताः।
सर्गेपि नोपजायन्ते प्रलये न व्यथन्ति च।। (गी. १४।२)

जगद्व्यापारवर्जम्। प्रकरणादसंनिहितत्वाच्च (ब्र. सू. ४।४।१७, १८) इत्यादिभ्यश्च। न च ब्रह्म वेद ब्रह्मैव भवति (मु. ३।२।९) इति श्रतिबलाज्जीवस्य पारमैश्वर्यं शक्यशङ्कम्।

व्या० : सत्यमेनमिति। अनुशब्दो लक्षणार्थे अनुर्लक्षणे (पा.सू. १।१४।८४) इति पाणिनिसूत्रेण कर्मप्रवचनीयसंज्ञकः। तद्योग एनमिति द्वितीया। गृणतः स्तुवतो देवस्य मघोन इन्द्रस्य रातिं मित्रमेनं विष्णुमनु विष्णुना हेतुभूतेन विश्वे सर्वे प्राणिनो मदन्ति हृष्यन्ति। एतत्सत्यम्। स पूर्वोक्तोस्य विष्णोर्महिमा सर्वोत्तमस्वरूपः सत्यः। एतादृशं विष्णुं विप्रराज्यरूपेषु यज्ञेषु शवः सुखमुद्दिश्याहं गृणे स्तौमि। सो अस्येत्यत्रासंधिरार्षः। शव इति सुखवाचिनः शवश्शब्दस्य सान्तस्य द्वितीयैकवचनम्। विप्रराज्य इत्येकवचनं बहुत्वार्थकम्। यज्ञश्च ब्राह्मणानां राज्यम्। ब्राह्मणै रञ्जनीयः शोभनीयो यज्ञः। ब्राह्मणैर्हि यज्ञः शोभते। रञ्ज रागे। अस्यां श्रुतौ मोक्षानन्दः प्रतिपादितः। **सत्य इति।** आत्मा परमात्मा सत्यः। जीवः सत्यः। तयोर्भिदा भेदश्च सत्यः। सत्या भिदेति वक्तव्ये छान्दसं क्लीबत्वम्। मा एव आरुवण्यः इति पदच्छेदः। मा इति निषेधार्थे। अरशब्दाद्दोषवाचकान्मत्वर्थीय उणप्रत्ययः। तद्धित इति महासंज्ञाकरणात्। तेभ्यः प्रयोगेभ्यो हितस्तद्धितः। प्रयोगानुसारेण तद्धितप्रत्ययकल्पनं भवतीत्यर्थः। आरुभिर्दुष्टैर्वन्यो भजनीय आरुवण्यः। परमात्मा दुष्टजनसेव्यो नैव भवतीत्यर्थः। सत्यं भिदेति मैवारुवण्य इति च शपथत्वेन त्रिरुक्तिर्विश्वासातिशयोत्पादनाय। अस्यां श्रुतौ भेदः प्रतिपाद्यते। **इदमिति।** इदं सर्वोत्तमत्वेन सेव्यत्वेन च रूपेण जायमानं परमात्मज्ञानमुपाश्रित्य मत्सादृश्यं प्राप्ता मुक्ताः सर्गेपि ब्रह्मदेवादिषूत्पद्यमानेष्वपि नोपजायन्ते नोत्पद्यन्ते। तथा प्रलये न व्यथन्ति दुःखानि नानुभवन्ति। पुनर्नावर्तन्त इत्यर्थः। व्यथन्तीत्यात्मनेपदाभावश्छान्दसः। इयं भगवदुक्तिर्मोक्षानन्तरमपि भेद वक्ति। **जगदिति।** जगन्नियमनादिव्यापारवर्जमुक्तः सर्वान्कामानवाप्नोतीत्यैश्वर्यमर्यादोक्त्या जगद्व्यापारवतो विष्णोः सकाशान्मुक्तानां भेदोवगम्यते। **प्रकरणादिति।** सर्वान्कामान-वाप्नोतीति श्रुतिर्मुक्तपरैव। शरीरभेदादूर्ध्वमुत्क्रम्येति जीवप्रकरणात्। मुक्तानामपि जीवानां

जगद्व्यापारसामर्थ्येऽसंनिहितत्वाद्विदूरत्वात्। तादृशसामर्थ्यहीनत्वादित्यर्थः। बृंहित इति। प्रशंसनीय इत्यर्थः।

Difference (or duality between the Supreme Being and the universe) may also be inferred from cognisability and other marks. So also difference (or duality) may be understood from revelation, from texts setting out duality in emancipation and beatitude, such as: "All rejoice over truth attained; truthful, and celebrating the gift of the divine Indra, they recount his glory; " "Sarva, among those that know the truth, O Brāhman, is in the universe, true spirit; true is individual spirit; truth is duality, truth is duality, in me is illusion, in me illusion, in me illusion:"

Again :—

"After attaining this knowledge, becoming like unto me,

"In creation they are not born again, in retractation they perish not" (Bhagavad-gītā, xiv. 2).

According also to such aphorisms as, "Excepting cosmical operation because of occasion, and because of non-proximity."

संपूज्य ब्राह्मणं भक्त्या शूद्रोपि ब्राह्मणो भवेत्।

इतिबद्बृंहितो भवतीत्यर्थपरत्वात्।

ननु–

प्रपञ्चो यदि विद्येत निवर्तेत न संशयः।
मायामात्रमिदं द्वैतमद्वैतं परमार्थतः।। (मा. का. १।१७)

इति वचनाद्द्वैतस्य कल्पितत्वमवगम्यत इति चेत्–सत्यम्। भावमनभिसंधाया-भिधानात्। तथा हि। यद्ययमुत्पद्येत तर्हि निवर्तेत न संशयः। तस्मादनादिरेवायं प्रकृष्टः पञ्चविधो भेदप्रपञ्चः। न चायमविद्यमानः। मायामात्रत्वात्। मायेति भगवदिच्छोच्यते।

व्या० : माण्डूक्यश्रुतिविरोधमाशङ्कते–नन्विति। कल्पितत्वमगम्यत इति।

अनादिमायया सुप्तो यदा जीवः प्रबुध्यते।
अजमनिद्रमस्वप्नमद्वैतं बुध्यते तदा।।

इति पूर्ववाक्यानुगुण्यमप्यस्मिन्नर्थे इति बोध्यम्। उत्पद्येतेति। विद्येतेत्यत्र विदधातुः

सत्तार्थकः। सत्ता चात्र कादाचित्की विवक्षिता। कादाचित्की सत्ता चोत्पत्तिरेव। यद्युत्पद्येत तर्हि निवर्तेत। यतश्च न निवर्ततेतो नैवोत्पद्यते। तथा चानादिरेव प्रपञ्चः। नात्र प्रपञ्चो विश्वविस्तारः। किं तु प्रकृष्टं भेदपञ्चकम्। पञ्चविधो भेदः पञ्चः। पञ्चन्-शब्दात्प्रकारवचने डप्रत्ययः। तस्य पञ्चविधभेदस्य प्रकृष्टत्वं च मोक्षसाधनीभूतज्ञानविषयत्वाद्बोध्यम्। तदुक्तं महाभारततात्पर्यनिर्णये–

पञ्चभेदांश्च विज्ञाय विष्णोः स्वाभेदमेव च।
निर्दोषत्वं गुणोद्रेकं ज्ञात्वा मुक्तिर्न चान्यथा।।(म. भा. ता. १।८२) इति।

Nor should suggestion be made that individual spirit is God in virtue of the text, He that knows the absolute becomes the absolute; for this text is hyperbolically eulogistic, like the text, Worshipping a Brāhman devoutly a Śūdra becomes a Brāhman, *i.e.*, becomes exalted.

If any one urge that according to the text :—

"If the universe existed it would doubtless come to an end,"

This duality is merely illusory, and in reality a unity, and that duality is learnt to be illusorily imagined; it may be replied: What you say is true, but you do not understand its meaning; for the real meaning is, If this world had been produced, it would, without doubt, come to an end; therefore this universe is from everlasting, a fivefold dual universe; and it is not non-existent, because it is mere illusion. Illusion is defined to be the will of the Lord, in virtue of the testimony of many such passages as:—

महामायेत्यविद्येति नियतिर्मोहिनीति च।
प्रकृतिर्वासनेत्येव तवेच्छानन्त कथ्यते।।
प्रकृतिः प्रकृष्टकरणाद्वासना वासयेद्यतः।
अ इत्युक्तो हरिस्तस्य मायाविद्येति संज्ञिता।।
मायेत्युक्ता प्रकृष्टत्वात्प्रकृष्टे हि मयाभिधा।
विष्णोः प्रज्ञप्तिरेवैका शब्दैरेतैरुदीर्यते।।
प्रज्ञप्तिरूपो हि हरिः सा च स्वानन्दलक्षणा।।

इत्यादिनावचननिचयप्रामाण्यबलात्। सैव प्रज्ञा मानत्राणकर्त्री च यस्य

तन्मायामात्रम्। ततश्च परमेश्वरेण ज्ञातत्वाद्रक्षितत्वाच्च न द्वैतं भ्रान्तिकल्पितम्। न हीश्वरे सर्वस्य भ्रान्तिः संभवति। विशेषादर्शननिबन्धनत्वाद्भ्रान्तेः। तर्हि तद्व्यपदेशः कथमित्यत्रोत्तरमद्वैतं परमार्थत इति। परमार्थत इति परमार्थापेक्षया। तेन सर्वस्मादुत्तमस्य विष्णुतत्त्वस्य समाभ्यधिकशून्यत्वमुक्तं भवति। तथा च परमा श्रुतिः–

व्या० : मायामात्रमिदं द्वैतमित्यस्यार्थमाह–**न चायमिति**। अयं पञ्चविधो भेदो नैव विद्यत इति न मन्तव्यम्। मायामात्रत्वात्। इदं भेदपञ्चकरूपं द्वैतं मायामात्रम्। माया भगवदिच्छा मात्रा मानकर्त्री त्राणकर्त्री च यस्य तादृशम्। माङ् माने। त्रैङ् पालने। आभ्यां मूलविभुजादेराकृतिगणत्वात्कर्तरि कप्रत्ययः। परमेश्वरेण ज्ञातत्वाद्रक्षितत्वाच्च न द्वैतं भ्रान्तिकल्पितमिति भावः। **भगवदिच्छेति**। भगवत्प्रज्ञेत्यपि पाठः। इच्छा च प्रज्ञाविशेष एव। **महामायेति**। पुराणवाक्यमिदम्। हे अनन्त महामाया अविद्या नियतिर्मोहिनी प्रकृतिर्वासनेति षड्भिः शब्दैस्त्वदिच्छैवोच्यत इत्यर्थः। नियतिर्जीवानां नियमनकरणात्। मोहिनी मोहकरणात्। अवशिष्टं शब्दचतुष्टयं निर्वक्तुमागमवाक्यं दर्शयति–**प्रकृतिरिति**। प्रकृष्य कृतिरस्या इति प्रकृतिः। **वासयेत्**। उत्पादयेत्। वास्यत उत्पाद्यते जगदनयेति वासना। **अ इत्युक्त इति**। अकारो विष्णुरित्युक्तः। अस्य विष्णोर्विद्या मायापदवाच्या प्रज्ञा सैवाविद्या भगवत्प्रज्ञा। अस्याः सर्वोत्तमत्वेन प्रकृष्टत्वान्मायापदवाच्यत्वम्। मयशब्दः प्रकृष्यर्थे वर्तते। मयैव माया। स्वार्थेणप्रत्यये टाप्। **तद्व्यपदेशः**। अद्वैतः सर्वभावानामित्यादावद्वैतशब्देन विष्णोर्व्यपदेशः। **परमार्थापेक्षयति**। परमश्चासावर्थश्च परमार्थः सर्वेभ्य उत्कृष्टः। तादृशश्चैको विष्णुरेव न तु तत्समस्तदधिको वा कश्चिदन्य इत्यद्वैतोक्तेरभिप्रायः। अनादिमायया सुप्त इति माण्डूक्यस्थपूर्ववाक्येपि मायाशब्देन भगवदिच्छैवोच्यते। तथा च भाष्यम्–

अनादिमायया विष्णोरिच्छया स्वापितो यदा।
तया प्रबोधमायाति तदा विष्णुं प्रपश्यति। इति।

"The great illusion, ignorance, necessity, the bewilderment,

"The originant, ideation,—thus is thy will called, O Infinite.

"The originant, because it originates greatly; ideation, because it produces ideas;

"The illusion of Hari, who is called *a*, is termed (*a-vidyā*) ignorance :

"Styled (*māyā*) illusion, because it is pre-eminent, for the name *māyā* is used of the pre-eminent;

"The excellent knowledge of Viṣṇu is called, though one only, by these names;

"For Hari is excellent knowledge, and this is characterised by spontaneous beatitude."

That in which this excellent knowledge produces knowledge and effects sustentation thereof, that is pure illusion, as known and sustained, therefore by the Supreme Lord duality is not illusorily imagined. For in the Lord illusory imagination of the universe is not possible, illusory imagination arising from non-perception of differences (which as an imperfection is inconsistent with the divine nature).

जीवेश्वरभिदा चैव जडेश्वरभिदा तथा।
जीवभेदो मिथश्चैव जडजीवभिदा तथा।।
मिथश्च जडभेदो यः प्रपञ्चो भेदपञ्चकः।
सोयं सत्योप्यनादिश्च सादिश्चेन्नाशमाप्नुयात्।।
न च नाशं प्रयात्येष न चासौ भ्रान्तिकल्पितः।
कल्पितश्चेन्निवर्तेत न चासौ विनिवर्तते।।
द्वैतं न विद्यत इति तस्मादज्ञानिनां मतम्।
मतं हि ज्ञानिनामेतन्मितं त्रातं हि विष्णुना।।
तस्मान्मात्रमिति प्रोक्तं परमो हरिरेव तु। इत्यादि।

तस्माद्विष्णोः सर्वोत्कर्ष एव तात्पर्यं सर्वागमानाम्।

व्या० : जीवेश्वरभिदेति। चशब्दत्रयं तथाशब्दद्वयं चेति शब्दपञ्चकं पञ्चानां भेदानां मिथः समुच्चये वर्तते। **सोयमिति।** सोयं पञ्चविधो भेदः सत्योनादिश्चेति प्रतिज्ञाद्वयम्। तत्रानादित्वमुपपादयति–**सादिश्चेदिति।** सत्यत्वमुपपादयति–**न चासाविति।** एतत्। द्वैतम्। **मितम्।** भगवत्प्रज्ञाविषयीभूतम्। **तस्मात्।** उक्तपरमश्रुत्यनुरोधात्।

If it be asked how then that (illusory duality) is predicated, the answer is that in reality there is a non-duality, that is in reality, Viṣṇu being better than all else, has no equal and no superior. Accordingly, the grand revelation :—

"A difference between soul and the Lord, a difference between the unsentient and the Lord,

" A difference among souls, and a difference of the unsentient and the soul each from the other.

"Also the difference of unsentient things from one another, the world with its five divisions.

"This same is real and from all eternity; if it had had a beginning it would have an end :

"Whereas it does not come to an end; and it is not illusorily imagined :

"For if it were imagined it would cease, but it never ceases.

"That there is no duality is therefore the doctrine of those that lack knowledge ;

"For this the doctrine of those that have knowledge is known and sustained by Viṣṇu."

एतदेवाभिसंधायाभिहितं भगवता–

द्वाविमौ पुरुषौ लोके क्षरश्चाक्षर एव च।
क्षरः सर्वाणि भूतानि कूटस्थोक्षर उच्यते।।
उत्तमः पुरुषस्त्वन्यः परमात्मेत्युदाहृतः।
यो लोकत्रयमाविश्य बिभर्त्यव्यय ईश्वरः।।
यस्मात्क्षरमतीतोहमक्षरादपि चोत्तमः।
अतोस्मि लोके वेदे च प्रथितः पुरुषोत्तमः।।
यो मामेवमसंमूढो जानाति पुरुषोत्तमम्।
स सर्वविद्भजति मां सर्वभावेन भारत।।
इति गुह्यतमं शास्त्रमिदमुक्तं मयानघ।
एतद्बुद्ध्वा बुद्धिमान्स्यासात्कृतकृत्यश्च भारत।।

(गी. १५।१६।२०) इति।

महावराहेपि–

मुख्यं च सर्ववेदानां तात्पर्यं श्रीपतौ परे।
उत्कर्षे तु तदन्यत्र तात्पर्यं स्यादवान्तरम्।। इति।

युक्तं च विष्णोः सर्वोत्कर्षे महातात्पर्यम्। मोक्षो हि सर्वपुरुषार्थोत्तमः।

धर्मार्थकामाः सर्वेपि न नित्या मोक्ष एव हि।
नित्यस्तस्मात्तदर्थाय यतेत मतिमान्नरः।।

इति भाल्लवेयश्रुतेः।

व्या० : द्वाविमाविति। क्षरश्चाक्षर एव चेत्यत्रैवशब्दद्योतितान्यव्यावृत्तिश्चशब्दद्योतितोन्यसमुच्चयश्चैकत्र युगपन्नं संभवति। अत एवकारो भिन्नक्रमो द्वावित्यनेन संबध्यते। पुरुषपदेन चेतनो लक्ष्यते। तेन स्त्रीणामपि संग्रहः। लोकनं लोकः। पर्यालोचनायां कृतायामित्यर्थः। अथ वा लोकेस्मिन्नीशितव्यवर्ग इत्यर्थः। सर्वाणि भूतानि। ब्रह्मादयो जीवाः। कूटस्थो महालक्ष्मीः। तदुक्तम्–

ब्रह्मा शिवः सुरेशाद्याः शरीरक्षराणात्क्षराः।
लक्ष्मीरक्षरदेहत्वादक्षरा तत्परो हरिः।। इति।

ब्रह्मादयो जीवा महालक्ष्मीश्चैतच्चेतनद्वयमेव प्रमाणसिद्धम्। उत्तमः पुरुषस्तु न क्षराक्षरमध्यगतः कश्चित्। किं तु ताभ्यामन्यः परमात्मा। लोकत्रयमिति महरादिसर्वलोकोपलक्षणम्। **अव्यय ईश्वर इति।** अघटितघटनासामर्थ्यशालित्वस्वरूपैश्वर्येण युक्तत्वादेवाखिललोकप्रवेशेपि स्वयमव्यय एव। यथाग्निस्तम्भनविद्यावतोग्निप्रवेशेपि न दाहो भवति तद्वत्। **यो मामिति।** एवम्। अवयवार्थसहकारेण पुरुषोत्तमपदशक्यम्। न तु रथंतरशब्दवत्पुरुषोत्तमशब्दस्य मयि केवला रूढिरित्याशयः। असंमूढः। पुरुषोत्तमत्वमपारमार्थिकमिति संमोहवर्जितः। सर्वभावेन। सर्वप्रकारेण। **एतदिति।** न च बुद्ध्वा बुद्धिमानिति क्त्वाप्रत्ययानुपपत्तिः। एकस्या एव ज्ञानक्रियायाः पौर्वापर्यासंभवादिति वाच्यम्। बुद्धिमानित्यस्यापरोक्षज्ञानीत्यर्थेनादोषात्। **मुख्यं चेति।** सर्ववेदानां श्रीपतेरुत्कर्ष एव परं मुख्यं तात्पर्यम्। तुशब्दो भिन्नक्रमोन्यत्रेत्यन्तरं योज्यः। तस्माच्छ्रीपतेरुत्कर्षादन्यत्र त्ववान्तरं तात्पर्यं न तु मुख्यमित्यर्थः। **युक्तं चेति।** युक्तिसिद्धमित्यर्थः। तामेव युक्तिमुपपादयति–**मोक्षो हीति।** प्रमाणशिरोमणिभूताः सर्वे वेदा अनित्यपुरुषार्थसाधनं न प्रतिपादयेयुः। किं तु मोक्षरूपनित्यपुरुषार्थसाधनमेव। तच्च साधनं विष्णुप्रसादः। स च तद्गुणोत्कर्षज्ञानादेवेति।

The purpose, then, of all revelations is to set out the supreme excellence of Viṣṇu. With this in view the Lord declared :

> "Two are these persons in the universe, the perishable and the imperishable;

"The perishable is all the elements, the imperishable is the unmodified.

"The other, the most excellent person, called the Supreme Spirit,

"Is the undecaying Lord, who pervading sustains the three worlds.

"Since transcending the perishable, I am more excellent than the imperishable (soul),

" Hence I am celebrated among men and in the Veda as the best of persons (*Puruṣottama*) ;

"He, who uninfatuated knows me thus the best of persons, he all-knowing worships me in every wise.

"Thus this most mysterious institute is declared, blameless (Arjuna)

"Knowing this a man may be wise, and may have done what he has to do, O Bhārata." (Bhagavad-gītā, xv. 16-20).

So in the Mahā-varāha—

"The primary purport of all the Vedas relates to the supreme spouse of Śrī;

"Its purport regarding the excellence of any other deity must be subordinate."

मोक्षश्च विष्णुप्रसादमन्तरेण न लभ्यते।

यस्य प्रसादात्परमार्तिरूपादस्मात्संसारान्मुच्यते नापरेण।
नारायणोसौ परमो विचिन्त्यो मुमुक्षुभिः कर्मपाशादमुष्मात्।।

इति नारायणश्रुतेः।

तस्मिन्प्रसन्ने किमिहास्त्यलभ्यं
धर्मार्थकामैरलमल्पकास्ते।
समाश्रितादब्रह्मतरोरनन्तात्
निःसंशयं मुक्तिफलं प्रयान्ति।।

(वि. पु. १।१७।९१)

इति विष्णुपुराणोक्तेश्च। प्रसादश्च गुणोत्कर्षज्ञानादेव नाभेदज्ञानादित्युक्तम्।

व्या० : परमो विचिन्त्यः। प्रीत्यर्थं सर्वोत्कृष्टतया ज्ञातव्यः। **कर्मपाशादिति।** मुमुक्षुभिरित्यनेन संबध्यते। **तस्मिन्निति।** तस्मिन्विष्णौ प्रसन्ने प्रीते सति न किमपि दुर्लभम्। तत्रापि धर्मार्थकामैरलम्। अलमिति प्रतिषेधार्थे। धर्मार्थकामा न प्रार्थनीयाः। यतस्ते धर्मार्थकामा अल्पकाः क्षुद्राः। पुरुषार्थानामपि तेषामनित्यत्वेनामुख्यत्वात्। मोक्षस्त्वप्रार्थितोपि परमात्मप्रसादेन लभ्यत एव। यतो मुमुक्षुभिः समाश्रितादनन्ताद्-ब्रह्मतरोः सकाशान्मुक्तिरूपं फलं निश्चयेन मुमुक्षवः प्राप्नुवन्त्येवेत्यर्थः।

It is reasonable that the primary purport should regard the supreme excellence of Viṣṇu. For emancipation is the highest end of all men, according to the text of the Bhāllaveya Upaniṣad : While merit, wealth, and enjoyment are transitory, emancipation is eternal; therefore a wise man should strive unceasingly to attain thereto. And emancipation is not won without the grace of Viṣṇu, according to the text of the Nārāyaṇa Upaniṣad: Through whose grace is the highest state, through whose essence he is liberated from transmigration, while inferior men propitiating the divinities are not emancipated; the supreme object of discernment to those who desire to be liberated from this snare of works. According also to the words of the Viṣṇu-purāṇa—

" If he be propitiated, what may not here be won? Enough of all wealth and enjoyments. These are scanty enough. On climbing the tree of the supreme essence, without doubt a man attains to the fruit of emancipation."

न च तत्त्वमस्यादितादात्म्यव्याकोपः। श्रुतितात्पर्यापरिज्ञानविजृम्भणात्।

आह नित्यपरोक्षं तु तच्छब्दो ह्यविशेषतः।
त्वंशब्दश्चापरोक्षार्थं तयोरैक्यं कथं भवेत्।।
आदित्यो यूप इतिवत्सादृश्यार्था तु सा श्रुतिः। इति।

तथा च परमा श्रुति :-

जीवस्य परमैक्यं तु बुद्धिसारूप्यमेव तु।
एकस्थाननिवेशो वा व्यक्तिस्थानमपेक्ष्य सः।।

न स्वरूपैकता तस्य मुक्तस्यापि विरूपतः।
स्वातन्त्र्यपूर्णतेल्पत्वपारतन्त्र्ये विरूपते।। इति।

व्या० : व्याकोप इति। तत्वमसीति श्रुतौ तत्पदेन ब्रह्माभिधीयते। त्वंशब्देन च जीवः। हे सोम्य त्वं तदसीत्यर्थः। अत्र जीवब्रह्मणोस्तादात्म्यमभिधीयते। तत्तयोर्भेदाङ्गीकारे विरुध्येतेति शङ्काभिप्रायः। **आहेति।** अविशेषतः सामान्येन तच्छब्दो नित्यपरोक्षमर्थं ब्रूते। अविशेषित इति पाठे शब्दान्तरसंनिधानेन विशेषार्थको न चेदित्यर्थः। त्वंशब्दश्चापरोक्षं प्रत्यक्षमर्थं ब्रूते। तथा च तत्त्वंशब्दार्थयोर्विरुद्धोरैक्यं न संभवति। अतो जीवस्य ब्रह्मसारूप्यप्रदर्शनतात्पर्यिकेयं श्रुतिरिति मन्तव्यम्। परत्र परशब्दः प्रयुज्यमानो विनापि वतिं वत्यर्थं गमयतीति न्यायात्। यथादित्यो यूप इत्युक्ते यूपादित्ययो-रैक्यासंभवादादित्सदृशो यूप इत्यर्थः कल्प्यते तद्वत्। यूपो यज्ञस्तम्भः। **जीवस्येति।** ननु मुक्तस्य परमात्मना सह बुद्धिसारूप्ये परमात्मना ज्ञातानां कृत्स्नविषयाणां ज्ञानं मुक्तस्य स्यादिति चेन्न। मुक्तेन यद्बुध्यते तत्परमात्मबुद्ध्यनुसारेणैवतीदृशस्य बुद्धिसारूप्यस्यात्र विवक्षितत्वात्। जीवपरमात्मनोस्तादात्म्यव्यवच्छेदार्थः प्रथमस्तुशब्दः। परमात्मना ज्ञातं सर्वं तु मुक्तेनापि न ज्ञायत इति विशेषद्योतनार्थो द्वितीयस्तुशब्दः। बुद्धिसारूप्यमेवेत्येवकारोनभिमतव्यावृत्त्यर्थोनभिमतां जीवपरमात्मनोः स्वरूपैकतां व्यावर्तयति न त्वेकस्थाननिवासम्। तस्याभिमतत्वात्। **एकेति।** अथ वैकस्मिन्वैकुण्ठ-लोके यो मुक्तपरमात्मनोर्निवासो भवति तदेव जीवस्य परमैक्यमित्युच्यते। ननु परमात्मनो व्यापकत्वेन बद्धजीवस्यापि परमात्मना सहास्मिन्भूलोकादावेकस्थाननिवासोस्त्येवेत्यत आह-**व्यक्तिस्थानमपेक्ष्येति।** जीवस्य मोक्षे मूलस्वरूपव्यञ्जकं वैकुण्ठस्थानं व्यक्तिस्थानमित्युच्यते। तदपेक्षयायमेकस्थाननिवेश उच्यत इति भावः। स प्रसिद्ध एकस्थाननिवेश इति संबन्धः। **नेति।** विरूपतो विरुद्धधर्मत्वान्न मुक्तस्यापि परमात्मना सह स्वरूपैकता। यतः परमात्मनः स्वातन्त्र्यं पूर्णत्वं च मुक्तस्य तु पारतन्त्र्यमल्पत्वं चेति वैरूप्यं दृश्यते। पूर्णते इत्यत्रार्षत्वात्प्रगृह्याश्रयः प्रकृतिभावो न कृतः।

And it is declared that the grace of Viṣṇu is won only through the knowledge of his excellence, not through the knowledge of non-duality. Nor is there in this doctrine any confliction with texts declaratory of the identity (of personal and impersonal spirit) such as,. That art thou (for this pretended identity) is mere babbling from ignorance of the real purport.

"The word That, when undetermined, designates the eternally unknown,

"The word Thou designates a knowable entity; how can these be one? "

And this text (That art thou) indicates similarity (not identity) like the text, The sun is the sacrificial post. Thus the grand revelation :—

"The ultimate unity of the individual soul is either, similarity of cognition,

"Or entrance into the same place, or in relation to the place of the individual;

"Not essential unity for even when it is emancipated it is different,

"The difference being independence and completeness (in the Supreme Spirit), and smallness and dependence (in the individual spirit):"

अथ वा तत्त्वमसीत्यत्र स एवात्मा स्वातन्त्र्यादिगुणोपेतत्वात्। अतत्त्वमसि त्वं तन्न भवसि तद्रहितत्वादित्यैकत्वमतिशयेन निराकृतम्। तदाह–

अतत्त्वमिति वा छेदस्तेनैक्यं सुनिराकृतम्। इति।

व्या० : अथ स आत्मातत्त्वमसीत्यत्र आत्मा अतत् त्वम्–इति पदच्छेद इत्यभिप्रायेण पक्षान्तरमाह–**अथ वेति। न भवसीति।** अतदिति प्रसज्यप्रतिषेधः। जीवेशयोर्वस्तुतः सारूप्यमेव नैक्यम्। परं तु सारूप्यमूलक ऐक्यभ्रमः कदाचित्स्यादतः श्रुतिस्तयोरैक्यमारोप्य हठान्निषेधति। अथ वा नञत्रासुरशब्दादाविवान्यार्थे। स्वातन्त्र्यादिगुणोपेत एव परमात्मा। त्वं तु तस्मादन्यद्वस्त्वसीत्यर्थः। उद्दालकेन स्वपुत्रं स्वपुत्रं श्वेतकेतुं प्रत्यमुपदेशः क्रियते।

Or to propose another explanation of the text, *Ātmā tat tvam asi*, That art thou, it may be divided, *ātmā atat tvam asi.* He alone is soul as possessing independence and other attributes, and thou art not-that (*atat*) as wanting those attributes; and thus the doctrine of unity is utterly expelled. Thus it has been said :—

"Or the division may be *Atat tvam,* and thus unity will be well got rid of." '

तस्माद्दृष्टान्तनवकेपि स यथा शकुनिः सूत्रेण प्रबद्धः (छा. ६।८।२)।

इत्यादिना भेद एव दृष्टान्ताभिधानान्नमभेदोपदेश इति तत्त्ववादरहस्यम्।

तथा च महोपनिषत्–

यथा पक्षी च सूत्रं च नानावृक्षरसा यथा।
यथा नद्यः समुद्राश्च यथा जीवमहीरुहौ।।

व्या० : ननु तदिति पदच्छेदेनायं जीवेश्वराभेदोपदेशः प्रसिद्धः। तत्कथमकार-प्रश्लेषेण पदं विच्छिद्य भेदोपदेशः कथ्यत इत्यत आह–**तस्मादिति**। छान्दोग्योपनिषदि षष्ठेध्याये सद्विद्याप्रकरणेष्टमं खण्डमारभ्य षोडशखण्डपर्यन्तं खण्डनवके स आत्मातत्वमसीत्युच्यते। तत्र सच्छब्दवाच्यं ब्रह्मैवास्माज्जीवादन्यज्जीवस्याश्रयभूतमिति पुत्रं प्रदिदर्शयिषुरुद्दालकः (१) प्रथमे खण्डे सर्वैः प्राणिभिरनपुभूतां सुषुप्त्यवस्थां पुरस्कृत्य तस्यामवस्थायामयं जीवः सद्रूपेण ब्रह्मणा संपन्नो भवतीत्युक्तवान्। तत्र दृष्यन्तः–यथा पक्षिघातकस्य हस्तगतेन सूत्रेण प्रबद्धः पक्षी बन्धनमोक्षार्थी सन्नितस्ततः पतित्वान्यत्राश्रयमलब्ध्वा बन्धनमेवोपश्रयते तद्वदयं जीवः स्वप्ने जागरे चेतस्ततः पतित्वान्यत्र विश्रान्तिस्थानमलब्ध्वा सुषुप्तौ सद्रूपं ब्रह्मैवोपश्रयते। अत्र मिथो भिन्नयोराश्रिताश्रययोः शकुनिसूत्रयोर्दृष्यन्ताभिधानेन जीवाद्भिन्नं जीवाश्रयभूतं सद्ब्रह्मेति सूचितं भवति। ततः स य एष मूलभूतोत्यन्तसूक्ष्म आत्मैतदात्म्यमिदं सर्वं तत्सत्यं स आत्मातत्त्वमसि श्वेतकेतो इत्युक्तम्। ततो (२) द्वितीये खण्डे नास्मिन्देहे जीवस्याश्रयभूतो जीवादन्यः कश्चनास्ति भेदेनानुपलभ्यमानत्वात्–इत्याशङ्कापनोदाय यथा भ्रमरैर्नानाविधानां वृक्षाणां पुष्परसमानीयैकत्र कृत्वा मधुनि निष्पादिते तत्रत्या रसा मिथो भिन्ना अप्यमुष्य पुष्पस्याहं रसोस्म्ययं त्वन्यस्येत्येवं मिथो भेदं न जानन्ति तथा जीवाः स्वाश्रयं न जानन्तीत्युक्तम्। तथा च यत्र भेदेनानुपलभ्यमानत्वं तत्र न भिन्नस्यास्त्विम्–इति नियमस्य व्यभिचारो दर्शितः। ततश्चेतनविषयेयं नियमोस्त्येवेत्याशङ्क्य (३) तृतीये काण्डे यथा चेतनाभिर्गङ्गायमुनादिनदीदेवताभिः समुद्रं प्रविष्टाभिरियमहं गङ्गास्मीयमहं यमुनास्मीत्येवं भेदो न ज्ञायते तथा मेघद्वारेण समुद्रान्निर्गताभिरपीयमहं समुद्रादागच्छामीति न ज्ञायते तथा पर्जन्यद्वारेण पृथिव्यां पतिताभिः स्रवन्तीभिरपीयमहं समुद्रादागतेति न ज्ञायते तद्वच्चेतनस्यापि जीवस्य सुषुप्तौ जागृतौ च न स्वाश्रयज्ञानमित्युक्तम्। अनेन चेतनविषयेपि प्रागुक्तनियमस्य व्यभिचारो दर्शितः। ततोस्तु नामेश्वरो जीवाद्भिन्न-स्तथापि तदधीनत्वं जीवस्य कुत इत्याशङ्कापनोदाय (४) चतुर्थे खण्ड वृक्षस्य मूले मध्येग्रे वा क्वचिदभ्याघाते स्राव एव केवलं भवति न तु वृक्षः शुष्यति। कदाचितु बाह्यकारणाभावेपि शुष्यति। न ह्येतज्जीवस्याधीनम्। जीवो हि सदा सखमेवेच्छति। तथा च यथा वृक्षशरीरे जीवस्येश्वराधीनत्वं तथा मनुष्यादिशरीरेपीति दर्शितम्। ततोस्तु जीवादन्योजीवाश्रयभूत ईश्वरः। अस्तु च तदधीनत्वं जीवस्य। परं तु केन कारणनेश्वरज्ञानं जीवस्य न भवतीत्याशङ्कापनोदाय (५) पञ्चमे खण्डे यथा न्यग्रोधफले भिन्ने सूक्ष्मं

बीजं दृश्यते। तस्मिंश्च बीजे भिन्ने किंचिदपि दृश्यते। सूक्ष्मतरत्वात्। परं तु तस्मात्सूक्ष्मतराद्बीजावयवान्महान्वटो जायते स यत्प्रभावात्स परमसूक्ष्म ईश्वरो न दृश्यते तद्वज्जीवापेक्षयापि परमसूक्ष्मत्वादीश्वरो जीवने न ज्ञायत इत्युक्तम्। ततः सूक्ष्मान्महतो वटवृक्षस्योत्पादनं जीवस्य चानभिमतोपि दुःखित्वाद्यनुभव इत्येवमीश्वरस्य कार्यं प्रत्यक्षमनुभूयते कारणभूत ईश्वरस्तु नानुभूयत इति कथं प्रत्येतव्यमित्याशङ्कापनोदाय (६) षष्ठे खण्डे लवणमुदके प्रक्षिप्तं विलीनं सत्क्वापि न दृश्यते त्वचापि न ज्ञायते परं तु जिह्वया तद्रसो ज्ञायते। तथा च यथा लवणगुणे रसेनुभूयमानेपि लवणं न दृश्यते तथेश्वरसामर्थ्ये दृश्यमानेपि नेश्वरो दृश्यत इत्युक्तम्। तत एतादृशोतिसूक्ष्म ईश्वरः कथं ज्ञायते प्राप्यते चेत्याशङ्कापनोदाय (७) सप्तमे खण्डे यथा गन्धारदेशस्थः कश्चिद्धनिकश्चोरैर्बद्धहस्ताद्यवयवः पिनद्धाक्षोपहृतसर्वस्वो वने विसृष्ट आक्रोशन्केचित्कृपालुना पुरुषेण मोचितोस्यां दिशि गन्धारदेशोस्ति गच्छेत्युक्तो ग्रामाद्ग्रामान्तरं गच्छन्गन्धारान्प्राप्नोति तथा कर्मचोरेणापहृतज्ञानसर्वस्वो जीवः शरीरवने विसृष्टः कृपालुना सद्गुरुणोपदिष्टः श्रवणादिसाधनैः स्वजन्मभूमिं भगवन्तं परयति प्राप्नोति चेत्युक्तम्। वृक्षशरीरे जीवस्य भगवदधीनत्वं प्रदर्श्य मानुषशरीरेपि तथैवानुमेयमिति चतुर्थखण्डतात्पर्यमुक्तम्। संप्रति तु मनुष्यशरीर एव जीवस्येश्वराधीनत्वमनुभावयितु (८) मष्टमे खण्डे आसन्नमरणो वागादिलये न किमपि वक्तुं शक्नोति न चासन्नानपि बान्धवान्प्रत्यभिजानाति सैषा दशानभिमतापि जीवनोनुभूयते भगवदधीनत्वादित्युक्तम्। ततो (९) नवमे खण्डे यथा शङ्कितस्य चोरस्य न मया चौर्यं कृतमिति वदतो हस्ते राजाधिकारिभिः परीक्षार्थं तप्तपरशुः स्थाप्यते। चोरोनृतवादी चेद्दह्यते सत्यवादी चेत्सत्येन व्यवधानान्न दह्यते तथा तत्त्वज्ञानी मुच्यते इतरस्तु बध्यत इत्युक्तम्। परमात्मानं भेदेन यो जानाति स तत्त्वज्ञानी। एवं स्थानननवकेपि भेद एव दृष्यन्ता अभिहिताः। न त्वेकोपि दृष्यन्तोऽभेदविषयोभिहितः। शकुनिसूत्रयोर्नानावृक्षरसानां नदीसमुद्रयोर्जीववृक्षयोरणिमधानयोर्लवणोदकयोर्गन्धारपुरुषयोरज्ञप्राणादिनियामकयोः स्तेनापहार्ययोश्चैक्याभावात्। तस्मान्नायमभेदोपदेश इति सिद्धम्।

According, therefore, to the Tattva-vāda-rahasya, the words in the nine examples (in the Chāndogya Upaniṣad), He like a bird tied with a string, etc., teach unity with the view of giving an example of non-duality. Accordingly the Mahopaniṣad :—

"Like a bird and the string; like the juices of various trees;

यथाणिमा च धाना च शुद्धोदलवणे यथा।
चोरापहार्यौ च यथा यथा पुंविषयावपि।।

यथाज्ञो जीवसंघश्च प्राणादेश्च नियामकः।
तथा जीवेश्वरौ भिन्नै सर्वदैव विलक्षणौ।
तथापि सूक्ष्मरूपत्वान्न जीवात्परमो हरिः।
भेदेन मन्ददृष्टीनां दृश्यते प्रेरकोपि सन्।।
वैलक्षण्यं तयोर्ज्ञात्वा मुच्यते बध्यतेन्यथा।। इति।
ब्रह्मा शिवः सुराद्याश्च शरीरक्षरणात्क्षराः।
लक्ष्मीरक्षरदेहत्वादक्षरा तत्परो हरिः।।
स्वातन्त्र्यशक्तिविज्ञानसुखाद्यैरखिलैर्गुणैः।
निःसीमत्वेन ते सर्वे तद्वशाः सर्वदैव च।। इति।
विष्णुं सर्वगुणैः पूर्णं ज्ञात्वा संसारवर्जितः।
निर्दुःखानन्दभुङ्नित्यं तत्समीपे स मोदते।।
मुक्तानां चाश्रयो विष्णुरधिकोधिपतिस्तथा।
तद्वशा एव ते सर्वे सर्वदैव स ईश्वरः।। इति च।

व्या० : अन्यथा। वैलक्षण्याज्ञाने। **शरीरक्षरणात्।** शरीरविनाशात्। **तत्परः।** ताभ्यां परस्तत्परः। कथं तत्परत्वमित्यत आह–**स्वातन्त्र्येति।** सत्ताप्रतीतिप्रवृत्तिषु स्वाधीनत्वं स्वातन्त्र्यम्। कार्योत्पत्त्याद्यनुकूलोतीन्द्रियः कारणधर्मविशेषः शक्तिः। अखिलपदार्थानां तत्तद्विशेषस्वरूपेण ज्ञानं विज्ञानम्। सुखं प्रसिद्धम्। आद्यग्रहणेन वीर्यशौर्यौदार्यकारुण्यादिसंग्रहः। गुणैरिति प्रकृत्यादित्वात्तृतीया। गुणैर्निःसीमत्वेनेत्यस्य निरवधिकैतद्गुणकत्वादिति तात्पर्यम्। लक्ष्म्यादीनां गुणास्तु न निरवधिकाः। **विष्णुमिति।** अत्र तदीयसर्वगुणपूर्वत्वज्ञानस्य मोक्षसाधनत्वं कथ्यते। एतेन ब्रह्मणि गुणा मायया कल्पिता न तु वस्तुभूता इत्यपास्तम्। न हि मायिकार्थस्य ज्ञानं मोक्षसाधनम्। किं तु तत्त्वज्ञानमेव। **मुक्तानां चाश्रय इति।** निर्दोषाशेषसद्गुणत्वं विष्णोरेव न तु मुक्तस्येत्याश्रयाश्रयिभावोपपत्तिः। निरञ्जनः परमं साम्यमुपैति (मु. ३।१।३) इति साम्यवाक्यं तु दुःखराहित्यादिधर्मेण साम्यपरमिति बोध्यम्।

"Like rivers and the sea; like fresh and salt water;
"Like a robber and the robbed; like a man and his energy;
"So are soul and the Lord diverse, for ever different.
"Nevertheless from subtilty (or imperceptibility) of form, the supreme Hari

"Is not seen by the dim-sighted to be other than the individual spirit, though he is its actuator;.

"On knowing their diversity a man is emancipated; otherwise he is bound:"

And again—

"Brahmā, Śiva, and the greatest of the gods decay with the decay of their bodies;

"Greater than these is Hari, undecaying, because his body is for the sustentation of Lakṣmī.

"By reason of all his attributes, independence, power, knowledge, pleasure, and the rest,

"All they, all the deities, are in unlimited obedience to him."

And again

"Knowing Viṣṇu, full of all excellences, the soul, exempted from transmigration,

"Rejoices in his presence for ever, enjoying painless bliss.

"Viṣṇu is the refuge of liberated souls, and their supreme ruler.

"Obedient to him are they for ever; he is the Lord."

एकविज्ञानेन सर्वविज्ञानं च प्रधानत्वकारणत्वादिना युज्यते न तु सर्वमिथ्यात्वेन। न हि सत्यज्ञानेन मिथ्याज्ञानं संभवति। यथा प्रधानपुरुषाणां ज्ञानाज्ञानाभ्यां ग्रामो ज्ञातोऽज्ञात इत्येवमादिव्यपदेशो दृष्ट एव। यथा च कारणे पितरि ज्ञाते जानात्यस्य पुत्रमिति। यथा वा सादृश्यादेकस्त्रीज्ञानादन्यस्त्रीज्ञानमिति। तदेव सादृश्यमत्रापि विवक्षितं यथा सोम्यैकेन मृत्पिण्डेन सर्वं मृण्मयं विज्ञातं स्यादित्यादिना। अन्यथा सोम्यैकेन मृत्पिण्डेन सर्वं मृण्मयं विज्ञातमित्यत्रैक-पिण्डशब्दौ वृथा प्रसज्येयाताम्। मृदा विज्ञातयेत्येतावतैव वाक्यस्य पूर्णत्वात्। न च वाचारम्भणं विकारो नामधेयं मृत्तिकेत्येव सत्यमित्येतत्कार्यस्य मिथ्यात्वमाचष्ट इत्येष्टव्यम्। वाचारम्भणं विकारो यस्य तदविकृतं नित्यं नामधेयं मृत्तिकेत्यादिकमित्येतद्वचनं सत्यमित्यर्थस्य स्वीकारात्। अपरथा नामधेयमिति-शब्दयोर्वैयर्थ्यं प्रसज्येत। अतो न कुत्रापि जगतो मिथ्यात्वसिद्धिः।

व्या० : प्रधानत्वकारणत्वादिनेति। आदिपदेन सादृश्यग्रहणम्। न हि **सत्यज्ञाने-नेति।** यो हि शुक्तिकेयमिति ज्ञानवान् स रजतज्ञो न भवति। तयोर्ज्ञानयोर्विरोधात्। शुक्तिज्ञो हि तत्रारोपितं रजतं नैव पश्यति। प्रत्युत नेदं रजतमित्येव पश्यति। प्रधानत्वहेतुकमेकविज्ञानेन सर्वविज्ञानमुपपादयति–**यथा प्रधानेति। इत्येवमादि-व्यपदेश इति।** यद्यपि प्रधानभूतस्य **राज्ञो** विज्ञान सत्यपि भृत्या न वस्तुतो ज्ञाता भवन्ति तथापि तत्र ज्ञातवद् व्यवहारो भवति। भृत्यज्ञानफलस्य प्रधानज्ञानेनैव संपादनात्। तथा चैकविज्ञानेन सर्वविज्ञानं फलापेक्षयोक्तं न स्वरूपापेक्षया। एवं चाविज्ञातं विज्ञातं भवति (छा. ६।१।३) इति श्रुतौ विज्ञातशब्दस्य लक्षणया संपादितविज्ञानफलक-मित्यर्थः। लक्षणा चेयं निरूढा। अतो न लाक्षणिकशब्दप्रयोगे प्रयोजनापेक्षा। एतच्च व्यपदेशो दृष्ट एवेत्यनेन सूचितम्। कारणत्वहेतुकमेकविज्ञानेन सर्वविज्ञानमुपपादयति– **यथा च कारण** इति। देवदत्तकारणत्वेन यज्ञदत्ते विज्ञाते सति देवदत्तो देवदत्तत्वेन ज्ञातश्चेदुपदेशं विनैव अयं यज्ञदत्तपुत्रः–इति ज्ञायते तथा परमात्मनि जगत्कारणत्वेन रूपेण ज्ञाते सर्वं जगत्तत्कार्यत्वेन रूपेण ज्ञायत एव। आदिपदग्राह्यसादृश्यहेतुकमेक-विज्ञानेन सर्वविज्ञानमुपपादयति–**यथा वा सादृश्यादिति।** यथा।

स्तनकेशवती स्त्री स्याल्लोमशः पुरुषः स्मृतः।

इत्येवं काचिदेका स्त्रीयं स्त्रीत्येवं स्त्रीत्वेन रूपेण ज्ञाता चेत्स्तनकेशादि-मत्त्वसादृश्येनान्यापि स्त्रीयं स्त्रीत्येव रूपेणोपदेशं विनैव ज्ञायते तथा प्रामाणिकं वस्तु सत्यमित्येवं भगवानयं सत्य इत्येवं सत्यत्वेन रूपेण ज्ञातश्चेत्प्रामाणिकत्वसादृश्याज्जगदपि सत्यत्वेन रूपेण ज्ञायते। तथा च प्रयोगः–जगत्सत्यं प्रामाणिकत्वाद्ब्रह्मवदिति। तथा चेतनः परमात्मा ज्ञानानन्दादिरूपेण ज्ञातश्चेच्चेतनत्वसादृश्याज्जीवा अपि ज्ञानानन्दादि-रूपेण ज्ञायन्ते। तथा च प्रयोगः–जीवा ज्ञानानन्दरूपाः सच्चेतनत्वाद्ब्रह्मवदिति। न च जीवाः स्वतन्त्राः प्रामाणिकत्वाच्चेतनत्वाद्ब्रह्मवदित्यनुमानेन जीवेषु स्वातन्त्र्यमपि सिध्येदिति वाच्यम्। तेषु स्वातन्त्र्यस्य श्रुत्या बाधितत्वात्रानुमानस्याप्रवृत्तेः। **तदेव सादृश्यमिति।** एकविज्ञानेन सर्वविज्ञाने हेतुत्वेन यत्सादृश्यमुक्तं तदेवात्र श्रुतावपि यथा सोम्येत्यादिना दृष्यन्तवाक्येन तत्र कारणतया विवक्षितं न तूपादानोपादेयभावस्तत्र कारणम्। **अन्यथा।** एकविज्ञानेन सर्वविज्ञाने सादृश्यं न कारणं किं तूपादानोपादेयभाव इत्यङ्गीकारे। यत्रैकविज्ञानेन सर्वविज्ञानं सादृश्येन चिकीर्षितं तत्र लाघवात्कांचिदेकां व्यक्तिं प्रदर्श्यैवमितरा इत्येवमन्या ज्ञाप्यन्ते। तथा च तदनुसारेणात्रैकशब्दः सार्थकः। तथा मृण्मयघटादिनिष्ठसादृश्यप्रतियोगित्वं मृदन्वितत्वेन रूपेण मृत्पिण्डस्येत पिण्डशब्दश्च सार्थकः। उपादानोपादेयभावस्य कारणत्वे त्वेकशब्दं पिण्डशब्दं न विनापि

विवक्षितार्थप्रतिपादनस्य पूर्णत्वात्तयोर्वैयर्थ्यं स्पष्टमेव। येन विना विवक्षितवाक्यार्थप्रतिपत्तिर्भवति तद्ध्यनाकाङ्क्षितत्वान्निष्प्रयोजनमेव भवति। किं चोपादानोपादेयभावस्य कारणत्व एकशब्दः पिण्डशब्दश्च विरुद्ध एव। न ह्येकस्यैव मृत्पिण्डस्य सर्वमृण्मयोपादानत्वम्। तथा मृत्तिकाया एव मृण्मयघटाद्युपादानत्वं न मृत्पिण्डस्य। पिण्डोपमर्देन घटादिनिर्माणदर्शनात्। **न च वाचेति**। अहं हि शङ्काभिप्रायः–यथा सौम्यैके मृत्पिण्डेन सर्वं मृण्मयं विज्ञातं स्यात् (छा ६।१।४) इति दृष्टान्तोत्तरं पठ्यमानं वाचारम्भणमित्यादिवाक्यं दृष्टान्तोपपादकतयैव योजनीयम्। घटशरावादिकारणभूतेनैकेन मृत्पिण्डेन विज्ञातेन तद्विकारभूतं घटशरावादिकं सर्वं मृण्मयं विज्ञातं भवति। न च कारणज्ञानेन तद्विकारभूतस्य कार्यस्य कथं ज्ञानमिति वाच्यम्। कार्यस्य कारणानन्यत्वात्। न हि कारणव्यतिरेकेण कार्यसत्त्वं दृश्यते। यदि कारणव्यतिरेकेण कार्यस्यासत्त्वं तर्हि लोक इदं कारणमिदं तद्विकारभूतं कार्यमिति या प्रतीतिर्दृश्यते तत्र विकारशब्देन किमुच्यत इति चेत्तत्राह–वाचारम्भणमिति। वाचारम्भणं वागारब्धं केवलं शाब्दिकमिति यावत्। नामैव नामधेयम्। विकारो विकार इति यल्लोक उच्यते तत्केवलं शाब्दिकं नाममात्रम्। मृषेति यावत्। वाचैव केवलमस्तीत्यारभ्यते विकारः। न तु वस्तुगत्या विकार नाम कश्चिदस्ति। अनुपलब्धेः। कारणभूता मृत्तिकैव तु सत्येति। एवं च घटादिविकारेष्वपि कारणांशस्यैव सत्यत्वात्कारणेन विज्ञातेन कार्यम्। इदमत्र सत्यम्–इत्येवंरूपेण विज्ञातं भवतीति दृष्टान्तोपपत्तिः। तथा चोपादानोपादेयभावहेतुकमेवैकविज्ञानेन सर्वविज्ञानं न सादृश्यादिहेतुकमित्यङ्गीकरणीयमिति। इमामाशङ्कामपनुदन्वाचारम्भणश्रुतिमर्थान्तरेण योजयति–**वाचारम्भणमिति**। असंस्कृतानां भाषाशब्दानां यद्वाचारणम्भणं वागिन्द्रियेणोच्चारणं तद्विकार उत्पादनं न तु संस्कृतस्य नित्यशब्दस्येव व्यञ्जनम्। मृत्तिकेत्यादिकः संस्कृतो नित्यः शब्दस्तु न वागिन्द्रियेणोत्पाद्यते किं त्वभिव्यज्यते। अतोऽसंस्कृता भाषाशब्दा विकृता एवानित्याश्च। वस्तुतो नामधेयं तु मृत्तिकेत्येव। मृत्तिकेत्याकारकं यत्संस्कृतं शब्दस्वरूपं तदेव वस्तुतो योग्यं नामधेयम्। अर्थादविकृतं नित्यं चेति लभ्यते। यथास्मिन्ग्रामेन्ये दुराचारा अयमेव तु ब्राह्मण इत्युक्ते ब्राह्मणशब्दस्य योग्यो ब्राह्मण इत्यर्थात्सदाचारसम्पन्नं इति लभ्यते। यद्यप्यन्येपि ब्राह्मणा एव तथापि न ते योग्या ब्राह्मणा दुराचारत्वात्। तथा मृत्तिकेत्याकारकं यत्संस्कृतं शब्दस्वरूपं तदेव योग्यं नामधेयम्। यद्यप्यसंस्कृतान्यपि शब्दस्वरूपाणि नामधेयान्येव तथापि न तानि योग्यानि नामधेयानि। विकृतत्वादनित्यत्वाच्च। वाचारम्भणं विकारः नामधेयं तु मृत्तिकेत्येव–इत्येतद्वचनं यन्मया (उद्दालकेन) त्वां (श्वेतकेतुं) प्रत्युपदिष्टं तत्सत्यं यथार्थं न तु प्रतारकमिति श्रुत्यर्थः। अस्याः श्रुतेः शङ्काकृत्प्रदर्शितार्थकत्वे तु वाचारम्भणं विकारो मृतिकैव सत्यम्–इत्येवाभीप्सितार्थलाभे नामधेयशब्द इतिशब्दश्च

व्यर्थः स्यात्। अस्माकं तु मते मृत्तिकेत्येतदेव नामधेयम्–इति वाक्यार्थो विधेयपरत्वादावश्यकः। इतिशब्दश्च मृत्तिकाशब्दस्य शब्दपरत्वप्रदर्शनेन सार्थकः। गवित्यमाहेत्यादिवत्। इतिशब्दो हि पदार्थविपर्यासकृदर्थपरस्य शब्दपरत्वं शब्दपरस्य चार्थपरत्वं करोति। शब्दशास्त्रे हि शब्दप्रकरणादग्नेर्ढक् (पा. स. ४।२।३३) इत्यादौ यथाग्न्यादिशब्दानां शब्दपरत्वं तथा न वेति विभाषा (पा. सू. १।१।४४) इत्यत्र नवाशब्दयोः शब्दपरत्वे प्राप्तवेर्थपरत्वं करोति। अन्यत्र तु गवित्ययमाहेत्यादावर्थपरत्वे प्राप्ते शब्दपरत्वं करोति। ननु वाचारम्भणश्रुतेः संस्कृतासंस्कृतशब्दयोर्नित्यत्वानित्यत्वप्रतिपादनपरत्वे कथमनया प्रागुक्तस्य यथा सोम्यैकेन मृत्पिण्डेनेति दृष्यन्तस्योपादनमिति चेन्न। नेयं वाचारम्भणश्रुतिः प्रागुक्तदृष्यन्तोपपादिका। किं तु प्राधान्यहेतुकमेकविज्ञानेन सर्वविज्ञानं यदुक्तं तत्र स्वतन्त्रो दृष्यन्तोनयोच्यते। अत्र च यथा सोम्येत्यनुवर्तते। हे सोम्य यथा अविकृतत्वान्नित्यत्वाच्च मृत्तिकेत्यादिकं संस्कृतं नामधेयं प्रधानं न त्वसंस्कृतम्। तत्र चासंस्कृतज्ञाने यत्फलं तत्संस्कृतनामधेयज्ञानात्संपद्यते तथा जगज्ज्ञाने यत्फलं तत्परमात्मज्ञानेन लभ्यत इति।

That by knowledge of one thing there is knowledge of all things maybe evinced from its supremacy and causality, not from the falsity of all things. For knowledge of the false cannot be brought about by knowledge of real existence. As we see the current assurance and expression that by knowing or not knowing its chief men a village is known or not known; and as when the father the cause is known, a man knows the son; (so by knowing the supreme and the cause, the inferior and the effect is known). Otherwise (on the doctrine of the Advaitavādins that the world is false and illusory) the words *one* and *lump* in the text, By one lump of clay, fair sir, all that is made of clay is recognised, would be used to no purpose, for the text must be completed by supplying the words, By reason of clay recognised. For the text, Utterance with the voice, modification, name, clay (or other determinate object),—these alone are real, cannot be assumed to impart the falsity of things made; the reality of these being admitted, for what is meant is, that of which utterance with the voice is a modification, is unmodified, eternal; and a name such as clay, such speech is true. Otherwise it would result that the words *name* and *alone* would be otiose. There is no proof anywhere, then, that the world is unreal. Besides (we would ask) is the statement that the world is false itself true or false. If the statement is true, there is a violation of a real non-duality. If the statement is untrue, it follows that the world is true.

किं च प्रपञ्चो मिथ्येत्यत्र मिथ्यात्वं तथ्यमतथ्यं वा। प्रथमे सत्याद्वैतभङ्ग-प्रसङ्गः। चरमे प्रपञ्चसत्यत्वापातः। नन्वनित्यत्वं नित्यमनित्यं वा। उभयथाप्यनुपपत्तिरित्याक्षेपवदयमपि नित्यसमजातिभेदः स्यात्। तदुक्तं न्यायनिर्माणवेधसा–नित्यमनित्यभावादनित्ये नित्यत्वोपपत्तेर्नित्यसमः (गौ. सू. ५।१।३५) इति। तार्किकरक्षायां च–

धर्मस्य तदतद्रूपविकल्पानुपपत्तितः।
धर्मिणस्तद्विशिष्टत्वभङ्गो नित्यसमो भवेत्।। इति।

अस्याः संज्ञाया उपलक्षणत्वमभिप्रेत्याभिहितं प्रबोधसिद्धावन्वर्थित्वात्तू-परञ्जकधर्मसमेति। तस्मादसदुत्तरमेतदिति चेत्–अशिक्षितत्रासनमेतत्। दुष्टत्वमूलानिरूपणात्। तद्द्विविधं साधारणमसाधारणं च। तत्राद्यं स्वव्याघातकम्। द्वितीयं त्रिविधं युक्ताङ्गहीनत्वमयुक्ताङ्गाधिकत्वमविषयवृत्तित्वं चेति। तत्र साधारणमसंभावितमेव। उक्तस्याक्षेपस्य स्वात्मव्यापनानुपलम्भात्। एवम-साधारणमपि। घटस्य नास्तितायां नास्तितोक्तावस्तित्वत्प्रकृतेप्युपपत्तेः। ननु प्रपञ्चस्य मिथ्यात्वमभ्युपेयते नासत्त्वमिति चेत्तदेतत्सोयं शिरश्छेदपि शतं न ददाति विंशतिपञ्चकं तु प्रयच्छतीति शाककिवृत्तान्तमनुहरेत्। मिथ्यात्वासत्त्वयोः पर्यायत्वादित्यलमतिप्रपञ्चेन।

व्या० : प्रथम इति। सत्यस्य वस्तुनोऽद्वैतमैक्यम्। ब्रह्मैकमेव सत्यमित्येवंरूपस्य सत्याद्वैतस्य प्रपञ्चगतमिथ्यात्वस्य सत्यत्वे भङ्गः स्यात्। ब्रह्म सत्यं प्रपञ्चगतमिथ्यात्वं च सत्यमिति सत्यद्वयप्रसङ्गात्। **चरम इति।** प्रपञ्चगतमिथ्यात्वस्यैव मिथ्यात्वं चेदर्थादेव प्रपञ्चस्य सत्यत्वं स्यात्। **नन्वनित्यत्वमिति।** अनित्यः शब्द इत्युच्यमाने तच्छब्दगतम-नित्यत्वं नित्यमनित्यं वा। यदि नित्यं तर्हि धर्मस्य सदा सत्त्वाद्धर्मिणोपि सदा सत्त्वमेवेति नित्यः शब्दः स्यात्। अनित्यत्वस्यानित्यत्वे त्वनित्यत्वस्याभावान्नित्यः शब्दः स्यात्। तथा चोभयथाप्यनुपपत्तिः। **नित्यसमेति।** परकृतप्रश्नस्य यदसमीचीनमुत्तरं दीयते तज्जातिरित्युच्यते। असमीचीनत्वं च दूषणासमर्थत्वेन। तस्य च चतुर्विंशतिप्रभेदा न्यायदर्शने गौतमेन साधर्म्यवैधर्म्य (५।१।१) इत्यादिसूत्रेण प्रतिपादिताः। तत्र नित्यसमनामको जातिभेदोयम्। **न्यायेति।** न्यायशास्त्रस्य निर्माणे वेधा ब्रह्मदेवः।

न्यायशास्त्रोत्पादक इति यावत्। स चात्र गौतमः। गौतमो हि न्यायशास्त्रे सूत्रं चकार। **नित्यमिति।** अनित्यभावात्–अनित्यत्वात्। उपपत्तेः–आपादनात्। (शब्दनिष्ठधर्मस्य) अनित्यत्वस्य नित्यत्वात् (तादृशनित्यधर्माश्रयीभूते वस्तुतः) अनित्ये (अपि शब्दे) नित्यत्वापादनान्नित्यम् (इत्युच्यते) इति सूत्रार्थः। अनित्यत्वस्यानित्यत्वेप्यनित्यत्वा-भावदशायां न शब्दस्यानित्यत्वमिति नित्यत्वापादनं संभवत्येवेति भावः। **तार्किक-रक्षायामिति।** अयं वरदराजप्रणीतो न्यायशास्त्रे ग्रन्थः। **धर्मस्येति।** शब्दगतस्यानित्य-त्वरूपधर्मस्य तद्रूपमनित्यत्वम्। अतद्रूपं नित्यत्वम्। अनित्यत्वमनित्यं नित्यं वेत्ययं विकल्पो नोपपद्यते। उभयथापि धर्मिणः शब्दस्यानित्यत्वधर्मविशिष्टत्वं भज्यते।

अनित्यत्वस्यानित्यत्वे कथं शब्दस्यानित्यत्वधर्मविशिष्टतम्। अनित्यत्वस्य नित्यत्वेप्यनित्यत्वधर्मस्य धर्मिणं शब्दमन्तरेण स्थितेरभावाद्धर्मिणः शब्दस्य सदा सत्त्वेन कथं शब्दस्यानित्यत्वधर्मविशिष्टत्वम्। तथा चोभयथापि नित्यत्वप्रसङ्गान्नित्यसमनामा जातिभेदोमित्यर्थः। **अस्या इति।** नित्यसम इति या संज्ञा सोपलक्षणम्। अस्य जातिभेदस्य यथायोग्यमन्वर्थं नाम तूपरञ्जकधर्मसम इति। धर्मस्योपरञ्जकत्वापादकमुत्तरमुपरञ्जक-धर्मसमशब्देनोच्यते। उपरञ्जकत्वमविचारितरमणीयत्वम्। शब्देऽनित्यत्वधर्म उच्यमानस्तावत्कालं मनसि प्रतिष्ठां लभते यावन्नोक्तविकल्पोद्भावनम्। तदनन्तरं तु न स धर्मो मनसि सामीचीन्येन स्थितिमासादयति। तथा चानित्यत्वधर्मस्याविचारित-रमणीयत्वं प्रसज्यते। **तस्मादिति।** तथा च प्रपञ्चो मिथ्येत्युक्ते तत्र मिथ्यात्वं तथ्यमतथ्यं वेति विकल्पोद्भावनासदुत्तरमेवेत्यतो वक्तुमयोग्यमिति प्रपञ्चमिथ्यात्वं सिध्यत्येवेति शङ्काशयः। उत्तरयति–**अशिक्षितेति।** त्रासनं बिभीषिका। येषा जात्युत्तरत्वोक्तः सा केवलमशिक्षितस्य चक्षुषि धूलिप्रक्षेपः। अनया जात्युत्तरत्वोक्त्या ह्यशिक्षित एव त्रस्येन्न तु शिक्षितः। शिक्षितो विद्वान्पुरुषस्तु नैतज्जात्युत्तरं मन्यते। यतोऽसदुत्तरं जातिः। सति हि दोषबीज उत्तरस्यासत्त्वं नासति। **दुष्टत्वेति।** दुष्टत्वस्य दोषस्य मूलं बीजम्। तद्दोषबीजं द्विविधम्। तत्राद्यं साधारणं यत्परं प्रत्युक्तं परमिव स्वात्मानमपि व्याप्नोति। अत एवास्योत्तरस्य स्वव्याघातकत्वादसत्त्वम्। यथा परेण स्वाभ्युपगतार्थसाधकत्वेन कस्मिंश्चित्तर्क उद्भाविते तर्काप्रामाण्यस्य तर्केणैव साधनम्। एतच्च साधितमप्रामाण्यं न केवलं परोक्तमेव तर्क व्याप्नोति किं तु तर्काप्रामाण्यसाधकं स्वाभ्युपगतं तर्कमपि व्याप्नोति। प्रकृते तु प्रपञ्चगतमिथ्यात्वं तथ्यमतथ्यं वा–इत्येतादृशविकल्पोद्भावनेन प्रपञ्चगतं मिथ्यात्वमेव दूषितं भवति न तु स्वाभ्युपगतं प्रपञ्चसत्यत्वमिति नैतत्साधारणम्। द्वितीयमसाधारणं च यद्यपि स्वाभ्युपगतमर्थं न दूषयति तथापि परोक्तमपि न दूषयति। युक्तेनावश्यकेनाङ्गेन रहितत्वादयुक्तेनानावश्यकेनाङ्गेनाधिकत्वाद्विषयावृत्तित्वाच्च। यथा

परेण पर्वते वह्न्यभावे साधिते तत्र वह्निं साधयत उत्तरं पर्वतो वह्निमान्महानसवदिति। अत्रावश्यकस्य धूमवत्त्वादिति हेतुवाक्यस्याभावान्नैतदुत्तरं स्वाभ्युपगतं वह्निं साधयति नापि परभ्युपगतं बह्न्यभावं दूषयति। यथा च तत्रैव पर्वतो वह्निमान्धूमवत्त्वात्प्रकाशवत्त्वात्पार्थिवत्वाच्च महानसवदित्युत्तरम्। एतद्ध्युत्तरं प्रकाशवत्त्वादित्याद्यधिकोक्त्या योग्यतामलभमानं न स्वाभ्युपगतं वह्निं साधयति नापि पराभ्युपगतं वह्न्यभावं दूषयति। अधिकोक्तिर्हि वक्तुः स्वोक्तेरिष्यर्थसाधनतायामविश्वासं सूचयति। अतोधिकोक्तिगर्भोत्तरस्यायोग्यत्वम्। यथा च तत्रैव पर्वतः पार्थिवो गन्धवत्त्वाद्घटवदित्युत्तरम्। एतच्च स्वाभ्युपगतेन वह्निरूपविषयेण पराभ्युपगतेन वह्न्यभावरूपविषयेण चासंबद्धमिति न वह्निं साधयति नापि वह्न्यभावं दूषयति। प्रकृते तु प्रपञ्चगतमिथ्यात्वं तथ्यमतथ्यं वेति विकल्पोद्भावनरूपमुत्तरं न केनाप्यावश्यकेनाङ्गेन रहितं न वा अनावश्यकेन केनाप्यङ्गेन युक्तम्। नापि प्रपञ्चसत्यत्वरूपेण विषयेणासंबद्धम्। विकल्पोद्भावनेन प्रपञ्चमिथ्यात्वे दूषिते स्वाभ्युपगतस्य प्रपञ्चसत्त्वस्य सिद्धेः। ननु कथं मिथ्यात्वे दूषिते प्रपञ्चसत्त्वसिद्धिः। यदि मिथ्यात्वमसत्त्वं स्यात्तर्हि तस्याभावः सत्त्वरूपः स्यान्न त्वन्यथेति चेन्न। मिथ्यात्वासत्त्वयोः पर्यायत्वात्। अतश्चास्योत्तरस्यासत्त्वाभावान्न जात्युत्तरत्वमिति। **शाकटिकेति**। शकटेन चरति शाकटिकः। यो वेतनं गृहीत्वा शकटेन परान्परकीयं धान्यादि वा ग्रामान्तरं नयति सः। अयं चाशिक्षितः पांशुलपादो विंशतिपञ्चकं शतं च समानमेवेत्यजानानो लोकोपहास्यतां गच्छति।

Perhaps it may be objected that this dilemma is a kind of fallacious reasoning like the dilemma: Is transitoriness permanent or transitory?. There is a difficulty in either case. As it is said by the author of the Nyāya-nirvāṇa : The proof of the permanence of the transitory, as being both permanent and transitory, is a paralogism. And in the Tārkika-rakṣā—

> "When a mode cannot be evinced to be either such and such, or not such and such,
>
> "The denial of a subject characterised by such a mode is called Nitya-sama.

With the implied mention of this same technical expression it is stated in the Prabodha-siddhi : Equality of characteristic modes results from significancy. If it be said, This then is a valid rejoinder, we reply, This is a mere scaring of the uninstructed, for the source of fallacy has not been pointed out. This is twofold, general and particular: of these, the former is self-destructive, and the latter is of three kinds, defect of a requisite element, excess of an element not requisite, and residence in that which is not the subjicible subject. Of these (two forms of the fallacy), the general form is not suspected, no selfpervasion being observed in the dilemma in question (*viz.*, Is the statement that the world is unreal itself true or false? etc.) So likewise the particular; for if a water-jar be said to be 'non-existent, the affirmation of its non-existence is equally applicable to the water-jar as that of its existence.

If you reply: We accept the unreality (or falsity) of the world, not its non-existence ; this reply is about as wise as the procedure of the carter who will lose his head rather than pay a hundred pieces of money, but will at once give five score; for falsity and non-existence are synonymous. We dismiss further prolixity.

तत्राथातो ब्रह्मजिज्ञासा (ब्र. सू. १।१।१) इति प्रथमसूत्रस्यायमर्थः। तत्राथशब्दो मङ्गलार्थोधिकारानन्तर्यार्थश्च स्वीक्रियते। अतः शब्दो हेत्वर्थः। तदुक्तं गारुडे–

अथातःशब्दपूर्वाणि सूत्राणि निखिलान्यपि।
प्रारभ्यन्ते नियत्यैव तत्किमत्र नियामकम्।।
कश्चार्थस्तु तयोर्विद्वन्कथमुत्तमताः तयोः।
एतदाख्याहि मे ब्रह्मन्यथा ज्ञास्यामि तत्त्वतः।।
एवमुक्तो नारदेन ब्रह्मा प्रोवाच सत्तमः।
आनन्तर्याधिकारे च मङ्गलार्थे तथैव च।।
अथशब्दास्त्वतः शब्दो हेत्वर्थे समुदीरितः। इति।

यतो नारायणप्रसादमन्तरेण न मोक्षो लभ्यते प्रसादश्च ज्ञानमन्तरेण अतो ब्रह्मजिज्ञासा कर्तव्येति सिद्धम्।

व्या० : मङ्गलार्थ इति। तदुक्तं गारुडे–

सिसृक्षोः परमाद्विष्णोः प्रथमं द्वौ विनिःसृतौ।
ओंकारश्चाथशब्दश्च तस्मात्प्राथमिकौ क्रमात्।। इति।

विष्णो सकाशाद्यत्प्रथमं समुत्पन्नं तत्तजातीयेषूत्तममित्यखिलशब्दमध्येनयोः स्वरूपेणोत्त-मत्वात्प्राथमिकत्वम्। तत एव च मङ्गलार्थत्वम्। मङ्गलं च नाथशब्दस्य वाच्योर्थः।

किं त्वथशब्दश्रवणमथशब्दोच्चारणं च मृदङ्गध्वनिवन्मङ्गलकृत्यं करोति। अथशब्दस्य वाच्यार्थस्त्वानन्तर्यमेव। आनन्तर्यस्य चावधिसापेक्षत्वात्कस्य पूर्ववृत्तस्यानन्तर्यमित्यपेक्षायां योग्यताबलादधिकारस्यानन्तर्यं गृह्यते। ब्रह्मज्ञानाधिकारप्राप्त्यनन्तरं ब्रह्मजिज्ञासेत्यर्थः। एतत्सूत्रप्रणयने सूत्रकृदभिमतः पूर्वपक्षस्तु न ब्रह्मजिज्ञासा कर्तव्या। जिज्ञासाया विषयभूतं हि ब्रह्म। ब्रह्मशब्दस्य चात्मार्थः। स चात्मा जीवः सर्वैः प्राणिभिरहमित्येवं मानसप्रत्यक्षेण ज्ञायत एव। तद्व्यतिरिक्तश्च न कश्चनात्मास्ति। प्रमाणाभावात्। तथा चात्र जिज्ञासाया विषयाभावः। नापि जिज्ञासायाः किंचित्प्रयोजनम्। ज्ञायमानेपि ब्रह्मणि प्रयोजनानुपलम्भात्। विषयप्रयोजनयोरभावान्न तस्या कश्चनाधिकारी संभवति। तदभावे च दूर एव संबन्धः। तथा च विषयप्रयोजनाधिकारिसंबन्धानामभावान्न ब्रह्मजिज्ञासा कर्तव्येति नैतच्छास्त्रमारम्भणीयमिति। सिद्धान्तस्तु ब्रह्मजिज्ञासा कर्तव्या। ब्रह्मणो विषयस्य सत्त्वात्। ब्रह्म च जीवव्यतिरिक्तं सर्वगुणपूर्णं तद्विजिज्ञासस्व तद् ब्रह्म (तै. ३।१।१) इतिश्रुतिप्रतिपादितमिति न तस्यासत्त्वम्। सूत्रे जिज्ञासाविषयस्य ब्रह्मशब्देन निर्देशादुक्तश्रुतिप्रतिपादितो विषयः सूत्रकारैर्ब्रह्मशब्देन सूचितः। नापि प्रयोजनानुपलम्भः। मोक्षरूपस्य प्रयोजनस्योपलम्भात्। तमेवं विद्वानमृत इह भवति (नृ. पू. १।६) इति श्रुतौ ब्रह्मज्ञानान्मोक्षप्राप्तेरुक्तत्वात्। ब्रह्मज्ञाने सति ज्ञानिनो मोक्षश्चार्थाब्रह्मप्रसादादेव। श्रुतिश्च भवति–यमेवैष वृणुते तेन लभ्यः (का. २।२३) इति। यं भक्तमयं परमात्मा प्रसन्नः सन्स्वीयत्वेन स्वीकरोति तेनैव भक्तेनायं परमात्मा प्राप्यो भवतीत्यर्थः। प्रसादश्च प्रीतिसंपादनेन भवति। प्रीतिश्च ब्रह्मज्ञाने सति भवत्येव।

प्रियो हि ज्ञानिनोत्यर्थमहं स च मम प्रियः। (भ.गी. ७।१७)

इत्युक्तेः। एतच्च प्रयोजनं सूत्रकारैर्हेत्वर्थकातःशब्देन सूचितम्। यतो ब्रह्मप्रसादान्मोक्षः ज्ञानं विना च न प्रसादः अतो ब्रह्मजिज्ञासा कर्तव्येति। विषयप्रयोजनयोः सद्भावादधिकारी संभवत्येव। तत्सत्त्वे संबन्धश्च प्रसिद्ध एवेति विषयप्रयोजनाधिकारिसंबन्धानां सत्त्वाद्ब्रह्मजिज्ञासा कर्तव्येति शास्त्रारम्भः सिद्धो भवति। **अथातःशब्देति।** नियतिर्नियमः। प्रायः सर्वत्र शास्त्रेषु सूत्रकारैः प्रथमसूत्रेथात एतौ शब्दौ यन्नियमेन प्रयुज्येते तत्र को हेतुरित्यर्थः। उक्त नियमे हेतुश्च तयोः शब्दयोरुत्तमत्वम्। तच्चार्थद्वारा स्वरूपेण चेति विधाद्वयेन संभवतीत्याशयेन पृच्छति–**कश्चार्थ इति।** अथातःशब्दयोरवश्यवक्तव्यार्थकत्वेनोत्तमत्वमथशब्दस्य माङ्गलिकत्वात्स्वरूपेणाप्युत्तमत्वमित्यभिप्रायेणोत्तरमाह–**आनन्तर्येति।** आनन्तर्याधिकारे। ब्रह्मविद्याधिकारप्राप्त्यनन्तरमित्यर्थे।

प्रतिपाद्यविषयस्य किंचिन्निरूपितानन्तर्यं प्रयोजनं चावश्यं वक्तव्यमेव। तथा चातत्प्रतिपादकयोरथातःशब्दयोरुत्तमत्वात्तयोः प्रथमसूत्रे निर्देशः। तदप्युक्तं गारुडे–

अथातःशब्दयोरेवं वीर्यमाज्ञाय तत्त्वतः।
सूत्रेषु तु महाप्राज्ञास्तावेवादौ प्रयुञ्जते।। इति।

ब्रह्मविद्याधिकारिषु मध्ये देवा उत्तमाधिकारिणः। ऋषिगन्धर्वा मध्यमाधिकारिणः। मनुष्या मन्दाधिकारिणः। अधिकारिषु च विष्णुभक्तिः (१) अध्ययनम् (२) शमदमादियोगः (३) संसारासारताज्ञानपूर्वकं वैराग्यम् (४) विष्णुपादैकसंश्रयः (५) इत्येते गुणा आवश्यकाः। तत्राद्ययोः प्राधान्येधिकारिणोधमत्वम्। तृतीयस्य प्राधान्येधिकारिणो मध्यमत्वम्। चतुर्थपञ्चमयोः प्राधान्येधिकारिण उत्तमत्वमिति विवेकः।

The meaning of the first aphorism, *viz.*, Then hence the absolute is to be desired to be known, is as follows:—The word *then* is allowed to purport auspiciousness, and to designate subsequency to the qualification (of the aspirant). The word *hence* indicates a reason.

Accordingly it is stated in the Gāruḍa-purāṇa :—

"All the aphorisms begin with the words Then and Hence regularly; what then is the reason of this?

"And what is the sense of those words, O sage? Why are those the most excellent?

"Tell me this, Brahmā, that I may know it truly."

Thus addressed by Nārada, the most excellent Brahmā replied :—

"The word Then is used of subsequency and of competency, and in an auspicious sense,

"And the word Thence is employed to indicate the reason."

जिज्ञास्यब्रह्मणो लक्षणमुक्तं जन्माद्यस्य यतः (ब्र. सू. १।१।२) इति। सृष्टिस्थित्यादि यतो भवति तद्ब्रह्मेति वाक्यार्थः। तथा च स्कान्दं वचः–

उत्पत्तिस्थितिसंहारा नियतिर्ज्ञानमावृतिः।
बन्धमोक्षौ च पुरुषाद्यस्मात्स हरिरेकराट्।। इति।

यतो वा इमानीत्यादिश्रुतिभ्यश्च।

तत्र प्रमाणमप्युक्तं शास्त्रयोनित्वात् (ब्र. सू. १।१।३) इति। नावेदविन्मनुते तं बृहन्तम् (तै. सू. ३।१२।९।७) तं त्वौपनिषदम् (बृ. ३।९।२६) इत्यादिश्रुतिभ्यस्तस्यानुमानिकत्वं निराक्रियते। न चानुमानस्य स्वातन्त्र्येण प्रामाण्यमस्ति। तदुक्तं कौर्मे–

श्रुतिसाहाय्यरहितमनुमानं न कुत्रचित्।
निश्चयात्साधयेदर्थं प्रमाणान्तरमेव च।।
श्रुतिस्मृतिसहायं यत्प्रामाणान्तरमत्तमम्।
प्रमाणपदवीं गच्छेन्नात्र कार्या विचारणा।। इति।

व्या० : सृष्टिस्थित्यादीति। आदिशब्देन संहारनियमनज्ञानाज्ञानबन्धमोक्षाणां संग्रहः। **उत्पत्तीति।** नियतिः सर्वजगन्नियमनम्। आवृत्तिरज्ञानम्। एकराट् स्वतन्त्रः। **यतो वेति।** यतो वा इमानि भूतानि जायन्ते। येन जातानि जीवन्ति। यत्प्रयन्त्यभिसंविशन्ति (तै. ३।१।१) इति श्रुतिः। प्रयन्तिप्रकर्षेण लीयमानानि भूतानि यद्ब्रह्मभिसंविशन्ति स्वेच्छया सम्यक् प्रविशन्तीत्यर्थः। आदिशब्देन य आदित्यमन्तरो यमयति (बृ. ३।७।९) इत्यादीनां नियमनादिप्रतिपादकश्रुतीनां संग्रहः।

It is laid down that we must institute inquiries about the absolute, because emancipation is not attained without the grace of Nārāyaṇa, and his grace is not attained without knowledge. The absolute, about which the inquiry is to be instituted, is described in the words (of the second aphorism): From which the genesis, and so forth, of this. The meaning of the sentence is that the absolute is that from which result emanation, sustentation, and retractation ; according to the words of the Skanda-purāṇa—

> "He is Hari the sole ruler, the spirit from whom are emanation, sustentation, retractation, necessity, knowledge, involution (in illusion), and bondage and liberation;

and according to such Vedic texts, From which are these. The evidence adducible for this is described (in the third aphorism): Because it has its source from the system. That the absolute should be reached by way of inference is rejected by such texts as, He that knows not the Veda cogitates not that mighty one; Him described in the Upaniṣads. Inference, moreover, is not by itself authoritative, as is said in the Kaurma-purāṇa—

"Inference, unaccompanied by revelation, in no case
"Can definitely prove a matter, nor can any other form of evidence;
"Whatsoever other form of evidence, companioned by revelation and tradition,
"Acquires the rank of probation, about this there can be no hesitation."

शास्त्रस्वरूपमुक्तं स्कान्दे–

ऋग्यजुः सामाथर्वा च भारतं पाञ्चरात्रकम्।
मूलरामायणं चैव शास्त्रमित्यभिधीयते।।
यच्चानुकूलमेतस्य तच्च शास्त्रं प्रकीर्तितम्।
अतोन्यो ग्रन्थविस्तारो नैव शास्त्रं कुवर्त्म तत्।। इति।

तदनेन अनन्यलभ्यः शास्त्रार्थ इति न्यायेन भेदस्य प्राप्तत्वेन तत्र न तात्पर्यं किं त्वद्वैत एव वेदवाक्यानां तात्पर्यम्–इत्यद्वैतवादिनां प्रत्याशा प्रतिक्षिप्ता। अनुमानादीश्वरस्य सिद्ध्यभावेन तद्भेदस्यापि ततः सिद्ध्यभावात्। तस्मान्न भेदानुवादकत्वमिति तत्परत्वमवगम्यते। अत एवोक्तम्–

सदागमैकविज्ञेयं समतीतक्षराक्षरम्।
नारायणं सदा वन्दे निर्दोषाशेषसद्गुणम्।। (वि. त. १) इति।

व्या० : शास्त्रयोनित्वादिति। जगत्कारणस्य ब्रह्मणः शास्त्रैकसमधिगम्यत्वादित्यर्थः। **नावेदविदिति।** अवेदविदशास्त्रज्ञस्तं बृहन्तं पूर्ण सर्वज्ञं सर्वकर्तारं सर्वस्वामिनं न मनुते न जानाति। **तं त्वेति।** उपनिषदेकसमधिगम्यं तं परमात्मानं त्वा त्वां पृच्छामीत्यर्थः। अत्रावेदविन्न जानातीत्युक्त्यौपनिषदमिति विशेषणेन च जगत्कारणस्य परमात्मनः प्राधान्येनानुमानगम्यत्वं नास्तीति सूच्यते। **श्रुतिसाहाय्येति।** प्रमाणान्तरं प्रत्यक्षम्। अनुमानं प्रत्यक्षं च प्रमाणं श्रुतिसाहाय्यरहितं चेन्न कुत्राप्यदृष्टविषये निश्चयेनार्थं साधयतीत्यर्थः। **श्रुतिस्मृति।** प्रमाणान्तरं प्रत्यक्षादिकम्। **अन्यः।** पाशुपतादिशास्त्ररूपः। **तदनेनति।** अनेन पूर्वोक्तेन प्रदर्शितेन भेदग्राहिणा श्रुत्यादिप्रमाणेनाद्वैतमताशा निरस्ता भवतीत्यन्वयः। तच्चाद्वैतमतमत्रानन्यलभ्य इत्यादिना तात्पर्यमित्यन्तेन ग्रन्थेनानूदितम्। अद्वैतवादिनो हीत्थं वदन्ति–शास्त्रादन्येन प्रमाणेन यन्न लभ्यते तत्रैव शास्त्रस्य तात्पर्यम्। भेदस्तु प्रत्यक्षादिभिरवगम्यते। अतस्तत्र न शास्त्रस्य तात्पर्यम्। किं त्वद्वैत एव। अद्वैतस्य प्रत्यक्षादिभिरनवगम्यमानत्वादिति। **अनुमानादिति।** यद्यनुमानप्रमाणेनेश्वरो ज्ञायेत तर्हि

तद्गतो भेदोप्यनुमानेन ज्ञायत इति वक्तुं शक्येत। परं तु वस्तुतो नानुमानेनेश्वरो ज्ञायत इति तद्गतभेदस्यापि शास्त्रादन्येन प्रमाणेनाज्ञातत्वान्न शास्त्रस्येश्वरगतभेदानुवादकत्वम्। किं तु प्रमाणान्तरेणालभ्य ईश्वरगतो जीवादिप्रतियोगिको भेद एव शास्त्रेण प्रतिपाद्यत इति शास्त्रस्य भेदपरत्वमवगम्यत इत्यर्थः। **अत एवोक्तमिति**। विष्णुतत्त्वविनिवर्णय इति शेषः। **सदागमेति**। सन्तः समीचीनाः पाशुपतादिभिन्ना य आगमास्तैर्हेतुभूतैविज्ञेयं विशिष्टस्वरूपेणेतरविलक्षणत्वेन च ज्ञेयम्। अनुमानादिप्रमाणान्तरैस्तु न नारायणस्य तादृशं ज्ञानं भवतीति द्योतयितुमेकशब्द उपात्तः। सम्यगतीते अतिक्रान्ते क्षराक्षरे प्रकृतिजीवौ येन तादृशं नारायणं सदा वन्दे। एतद्वन्दनं च न निर्विघ्नग्रन्थसमाप्तिमात्रोद्देशेन कृतमिति सदेत्यनेन सूचितम्। निर्दोषश्चासावशेषसद्गुणश्चेति कर्मधारयः। पारतन्त्र्यादि-दोषरहितः परिपूर्णानन्दत्वादिसकलसद्गुणयुक्तश्च नारायणः। सच्छब्देन गुणानां शोभनत्वं नित्यत्वं वा सूच्यते।

What a Śāstra (or system of sacred institutes) is, has been stated in the Skanda-purāṇa :—

> "The Ṛg-veda, the Yajur-veda, the Sāma-veda, the Atharva-veda, the Mahābhārata, the Pañca-rātra, and the original Rāmāyaṇa, are called Śāstras.
>
> "That also which is conformable to these is called Śāstra.
>
> "Any aggregate of composition other than this is a heterodoxy."

According, then, to the rule that the sense of the sacred institutes is not to be taken from other sources than these, the Monist view, *viz.*, that the purport of the texts of the Veda relates not to the duality learnt from those but to non-duality, is rejected: for as there is no proof of a God from inference, so there is no proof of the duality between God and other things from inference. Therefore there can be in these texts no mere explanation of such duality, and the texts must be understood to indicate the duality. Hence it is that it has said :—

> "I ever laud Nārāyaṇa the one being to be known from genuine, revelation, who transcends the perishable and the imperishable, without imperfections, and of inexhaustible excellences."

शास्त्रस्य तत्र प्रामाण्यमुपपादितं तत्तु समन्वयात्। (ब्र. सू. १।१।४) इति। समन्वय उपक्रमादिलिङ्गम्। उक्तं बृहत्संहितायाम्–

उपक्रमोपसंहारावभ्यासोऽपूर्वता फलम्।
अर्थवादोपपत्ती च लिङ्गं तात्पर्यनिर्णये।। इति।

एवं वेदान्ततात्पर्यवशात्तदेव ब्रह्म शास्त्रगम्यमित्युक्तं भवति। दिङ्मात्रमत्र प्रादर्शि। शिष्टमानन्दतीर्थभाष्यव्याख्यानादौ द्रष्टव्यम्। ग्रन्थबहुत्वभियोपरम्यत इति।

व्या० : शास्त्रस्येत। जगत्कारणस्य विष्णोः शास्त्रप्रमाणकत्वं शास्त्रयोनित्वादिति सूत्रेणोपपादितम्। तच्च शास्त्रस्य प्रामाण्यं विष्णुरूपेर्थे एव नान्यत्र। कुतः। तत्रैवार्थे श्रुतेः समन्वयात्। एतदेव तत्तु समन्वयादिति सूत्रेणोच्यते। सम्यगन्वयः समन्वयः। **उपक्रमेति।** उपक्रम आरम्भः। विस्तरेण निरूपितस्यार्थस्य सारांशकथनेन समापनमुपसंहारः। एकप्रकारा असकृदुक्तिरभ्यासः। प्राचुर्येण प्रमाणान्तरेणासिद्धत्वमपूर्वता। प्रयोजनवत्त्वं फलम्। स्तुतिनिन्दाफलकमधिकार्थवचनमर्थवादः। उपपत्तिर्युक्तिः। श्रुत्यर्थसंशये श्रुतेस्तात्पर्यमुपक्रमादिभिर्लिङ्गैर्निर्णेतव्यं भवति। उपक्रमादिषु चैकत्र मिथोविरोधिलिङ्गद्वयसंनिपाते पूर्वापेक्षयोत्तरं प्रबलम्।

उपक्रमादिलिङ्गानां बलीयो ह्युत्तरोत्तरम्।

इत्युक्ते। तथा हि–उपसंहारस्य व्याख्यानरूपत्वेनोपक्रमापेक्षया प्राबल्यम्। एकत्रोक्तादपि बहुलोक्तेः प्राबल्यादभ्यासस्य ततोपि प्राबल्यम्। बहुवारोक्तादपि मुख्यस्य प्राबल्यादपूर्वतायास्तेभ्यः प्राबल्यम्। फलस्य मुख्योद्देश्यत्वादुपक्रमादिभ्यः प्राबल्यम्। करणाकरणयोरिष्यनिष्टकथनादिरूपार्थवादस्य फलमात्रापेक्षयाधिक्यादुपक्रमादिभ्यः प्राबल्यम्। उपपत्तेः सर्वमूलत्वेन सर्वतः प्राबल्यमिति।

It has thus been evinced that the sacred institutes are the evidence of (the existence of) this (ultimate reality, *Brahman*). (The fourth aphorism is): But that is from the construction. In regard to this, the commencement and other elements are stated to be the marks of the construction, in the Bṛhat-saṁhitā :—

> "Commencement, conclusion, reiteration, novelty, profit, eulogy, and demonstration, are the marks by which the purport is ascertained."

It is thus stated that in accordance with the purport of the Upaniṣads the absolute is to be apprehended only from the sacred institutes. We have here given merely a general indication. What remains may be sought from the Anandatīrtha-bhāṣya-vyākhyāna (or exposition of the Commentary of Ānanda-tīrtha).

एतच्च रहस्यं पूर्णप्रज्ञेन मध्यमन्दिरेण वायोस्तृतीयावतारंमन्येन निरूपितम्।

प्रथमस्तु हनूमान्स्यादिद्वतीयो भीम एव च।
पूर्णप्रज्ञस्तृतीयश्च भगवत्कार्यसाधकः।। इति।

एतदेवाभिप्रेत्य तत्र तत्र ग्रन्थसमाप्ताविदं पद्यं लिख्यते–

यस्य त्रीण्युदितानि वेदवचने दिव्यानि रूपाण्यलं
बट् तद्दर्शतमित्थमेव निहितं देवस्य भर्गो महत्।
वायो रामवचोनयं प्रथमकं पृक्षो द्वितीयं वपु-
र्मध्वो यत्तु तृतीयमेतदमुना ग्रन्थः कृतः केशवे।।

(म. भा. ता. ३२।१८१)

एतत्पद्यार्थस्तु बळित्था तद्वपुषे धायि दर्शतं देवस्य भर्गः सहसो यतोजनि (ऋ. सं. म. १ सू. १४१) इत्यादिश्रुतिपर्यालोचनयावगम्यत इति तस्मात्सर्वस्य शास्त्रस्य विष्णुतत्त्वं सर्वोत्तममित्यत्र तात्पर्यमिति सर्वं निरवद्यम्।।

इति श्रीमत्सायणमाधवीये सर्वदर्शनसंग्रहे पूर्णप्रज्ञदर्शनम्।।

बलित्थेति। बट् इत्था इति पदच्छेदः। देवस्य द्योतनशीलस्य वायोर्दर्शतं सर्वैर्दर्शनीयं तत्प्रसिद्धं भर्गस्तेज इत्थेत्थं सर्वैर्दृश्यमानप्रकारेण वपुषे शरीरव्यवहाराय दार्ढ्याय धायि धार्यते सर्वैः। प्राणवायूपस्कृतेन जाठराग्निना भुक्तानामन्नानां जरणेन शरीरधारणं प्रसिद्धम्। तत्रोपपत्तिमाह–यतः कारणात्सहसो बलादुत्पन्नो वायुरतो बलाय धार्यत इत्यर्थः। अयं मन्त्रः (ऋ. सं. अ. २ अ. २ व. ८ ऋ. १) सायणाचार्यैर्ऋग्भाष्य आदित्यपरतया व्याख्यातः।।

।। इति श्रीसर्वदर्शनसंग्रहव्याख्यायां दर्शनाङ्कुराभिधायां पूर्णप्रज्ञदर्शनं समाप्तम्।।

व्या० : मध्यमन्दिरेणेति। पूर्णप्रज्ञाचार्याणामेव मध्यमन्दिर इति संज्ञा। क्वचिन्मध्यमन्दिरभट्टपुत्रेणेति पाठो दृश्यते। पूर्णप्रज्ञाचार्यश्च वायोस्तृतीयोवतारः। **प्रथम इति।** हनुशब्दश्चिबुकाधोभागरूपशरीरावयववाची ह्रस्वोकारान्तो दीर्घोकारान्तश्च। अत्र तु हनुशब्देन ज्ञानमप्युच्यते। प्रशंसायां मतुप्प्रत्ययः। **तत्र तत्रेति।** पूर्णप्रज्ञाचार्यप्रणीतेषु ब्रह्मसूत्रभाष्यविष्णुतत्त्वविनिर्णयमहाभारततात्पर्यनिर्णयादिग्रन्थेषु ग्रन्थसमाप्तावायं श्लोकः पठ्यते। **यस्य त्रीणीति।** यस्य वायोरलं दिव्यान्यनुत्तमानि क्रीडादिगुणयुक्तानि त्रीणि रूपाणि वेदवचने उदितानि बलित्था (ऋ.सं. म. १ सू. १४३) इत्यादिश्रुतो त्रयोवतारा उक्तास्तस्य वायोर्देवस्य तदलं सम्यक् मूलरूप बट् बलात्मकं दर्शतं ज्ञानपूर्णं भर्गो भरणगमनगुणं महदुत्तमं भविष्यन्महत्तत्त्वस्वरूपं वा इत्थमेव वक्ष्यमाणप्रकारेण

रूपत्रयावताराय भगवता निहितं प्रेरितमवतीर्णं च। अवतारत्रयस्य व्यापारभेदं दर्शयति–रामेति। वायोः प्रथमकं हनूमदाख्यं प्रथमं रूपं रामवचांसि सीतां प्रति नयतीति तथा। अथ वा रामवचसि यो नयो न्याय आज्ञारूपतस्तद्युक्तम्। वायोर्द्वितीयं वपुर्भीमाख्यं रूपं पृक्षः। पृतं सेनां क्षिणोतीति पृक्षः। पूर्वपदान्त्यकारलोप आर्षः। कौरवसेनाक्षयकरम्। यदेतन्मध्वो मध्वाख्यं शास्त्रनिर्मातृ तृतीयं रूपममुना मध्वनाम्ना केशवे समर्पणबुद्ध्या ग्रन्थः कृतः। मधुशब्द आनन्दवाची। वशब्देन शास्त्रापरपर्यायं तीर्थमुच्यते। आनन्दकरं तीर्थं शास्त्रं यस्यासौ मध्व आनन्दतीर्थः। पूर्वपदान्त्योकारलोप आर्षः।

मध्वित्यानन्द उद्दिष्टो वेति तीर्थमुदाहृतम्।
मध्व आनन्दतीर्थः स्यात्तृतीया मारुती तनुः॥

We desist for fear of giving an undue prolixity to our treatise. This mystery was promulgated by Pūrṇa-prajña Madhya-mandira, who esteemed himself the third incarnation of Vāyu:—

"The first was Hanumat, the second Bhīma,

"The third Pūrṇa-prajña, the worker of the work of the Lord."

After expressing the same idea in various passages, he has written the following stanza at the conclusion of his work :—

"That whereof the three divine forms are declared in the text of the Veda, sufficiently
"Has that been set forth; this is the whole majesty in the splendour of the Veda;
"The first incarnation of the Wind-god was he that bowed to the words of Rāma (Hanumat) ; the second was Bhīma ;
"By this Madhva, who is the third, this book had been composed in regard to Keśava."

The import of this stanza may be learnt by considering various Vedic texts.

The purport of this is that Viṣṇu is the principle above all others in every system of sacred institutes. Thus all is clear.[1]

A.E.G.

---

1. For a further account of Ānandatīrtha or Madhva see Wilson, Works, vol. i. pp. 138-150. His Commentary on the Brahma-sūtras has been printed in Calcutta.

Chapter VI
The Pāśupata System of Nakulīśa

अथ नकुलीशपाशुपतदर्शनम्

तदेतद्वैष्णवमतं दासत्वादिपदवेदनीयं परतन्त्रत्वं दुःखावहत्वान्न दुःखान्ता-दीप्सितास्पदमित्यरोचयमानाः पारमैश्वर्यं कामयमानाः पराभिमता मुक्ता न भवन्ति परतन्त्रत्वात् पारमैश्वर्यरहितत्वादस्मदादिवत् मुक्तात्मानश्च परमेश्वरगुणसंबन्धिनः पुरुषत्वे सति समस्तदुःखबीजविधुरत्वात्परमेश्वरवत्— इत्याद्यनुमानं प्रमाणं प्रतिपद्यमानाः केचन माहेश्वराः परमपुरुषार्थसाधनं पञ्चार्थप्रपञ्चनपरं पाशुपतशास्त्र-माश्रयन्ते।

व्या० : तदेतदिति। वैष्णवमतरोचयमाना माहेश्वराः पाशुपतशास्त्रमाश्रयन्त इत्यन्वयः। वैष्णवमते परतन्त्रत्वं दुःखान्तादिकस्येप्सितस्यास्पदं न भवति। मोक्षेपि पारतन्त्र्यनिमित्तकदुःखसत्त्वात्। मुक्ता अपि विष्णोर्नित्यं सेवका एव। तथा च सर्वविधदुःखस्यान्तो मोक्षे न भवतीत्यतो वैष्णवमतं माहेश्वराणां न रोचते। माहेश्वरास्तु मोक्षे पारमैश्वर्यं कामयन्ते। पारमैश्वर्यं निरतिशयैश्वर्यम्। किं च वैष्णवाभिमतो मोक्षो युक्त्यापि न सिध्यति। यतो मोक्षावस्थायां दास्यं युक्तिविरुद्धम्। तथा चानुमानम्–सेवका मुक्ता न भवन्ति परतन्त्रत्वात्पारमैश्वर्यरहितत्वाद्वा बद्धजीववदिति। प्रत्युत युक्त्या मोक्षावस्थायां मुक्तानां पूर्ण स्वातन्त्र्यं सिध्यति। तथा चानुमानम्–मुक्ताः परमेश्वरगुण-सदृशगुणयुक्ताः पुरुषत्वे सति सर्वदुःखबीजरहितत्वात्परमेश्वरवदिति। ईदृशो मोक्षश्च पाशुपतशास्त्राश्रयेण लभ्यते। तत्र हि कार्यकारणयोगविधिदुःखान्तरूपं पदार्थपञ्चकं तत्त्वज्ञानोपयोगितया प्रपञ्चितम्। पशूनां जीवानां पतिर्महेश्वरः। तेन प्रोक्तं शास्त्रं पाशुपतम्। जीवानां पशुशब्दवाच्यत्वं लिङ्गपुराणे दर्शितम्–

ब्रह्माद्याः स्थावरान्ताश्च देवदेवस्य शूलिनः।
पशवः परिकीर्त्यन्ते समस्ताः पशुवर्तिनः।। इति।

यथास्माकं गवाश्वादयः पशवस्तथा सर्वे प्राणिनो महेश्वरस्य पशवः। यतः सर्वे पशुवर्तिनः। पशुवद्वर्तन्त इति पशुवर्तिनः। ज्ञानापकर्षेण पशुतुल्यत्वात्पशव उच्यन्ते। चिन्तामणिधृतवचनेपि–

ब्रह्माद्याः स्थावरान्ताश्च पशवः परिकीर्तिताः।
तेषां पतिर्महादेवः स्मृतः पशुपतिः श्रुतौ।। इति।

Certain Māheśvaras disapprove of this doctrine of the Vaiṣṇavas known by its technicalities of the servitude of souls and the like, inasmuch as bringing with it the pains of dependence upon another, it cannot be a means of cessation of pain and other desired ends. They recognise as stringent such arguments as, Those depending on mother and longing for independence do not become emancipated, because they still depend upon another, being destitute of independence like ourselves and others; and, Liberated spirits possess the attributes of the Supreme Deity, because at the same time, that they are spirits they are free from the germ of every pain as the Supreme Deity is. Recognising these arguments, these Māheśvaras adopt the Pāśupata system, which is conversant about the exposition of five categories, as the means to the highest end of man. In this system the first aphorism is: Now then we shall expound the Pāśupata union and rites of Paśupati. The meaning is as follows:—The word *now* refers to something antecedent, and this something antecedent is the disciple's interrogation of the spiritual teacher. The nature of a spiritual teacher is explicated in the Gaṇa-kārikā :—

तत्रेदमादिसूत्रम्–अथातः पशुपतेः पाशुपतयोगविधिं व्याख्यास्याम् इति। अस्यार्थः–अत्राथशब्दः पूर्वप्रकृतापेक्षः। पूर्वप्रकृतश्च गुरुं प्रति शिष्यस्य प्रश्नः। गुरुस्वरूपं गणकारिकायां निरूपितम्–

पञ्चकास्त्वष्ट विज्ञेया गणश्चैकस्त्रिकात्मकः।
वेत्ता नवगणस्यास्य संस्कर्ता गुरुरुच्यते।। इति।

लाभा मला उपायाश्च देशावस्थाविशुद्धयः।
दीक्षाकारिबलान्यष्टौ पञ्चकास्त्रीणि वृत्तयः।। इति।

तिस्रो वृत्तय इति प्रयोक्तव्ये त्रीणि वृत्तय इति च्छान्दसः प्रयोगः। तत्र विधीयमानमुपायफलं लाभः। ज्ञानतपोनित्यत्वस्थितिशुद्धिभेदात्पञ्चविधः। तदाह हरदत्ताचार्यः-

व्या० : अथात इति। अस्मिन्सूत्रे सूत्रकारैः पाशुपतशास्त्रारम्भः प्रतिज्ञायते। **प्रश्न इति।** आध्यात्मिकाधिभौतिकाधिदैविकरूपदुःखत्रयस्य सर्वथा विनाशः कथं भवतीत्याकारको दुःखान्तविषयकः प्रश्नः। **पञ्चका इति।** अवान्तरभेदेन प्रत्येकं पञ्चविधा लाभमलादयोष्टौ गणाः। वृत्तयश्चावान्तरभेदेन त्रिविधा इत्ययं नवमो गणः। अस्य नवविधगणस्य वेत्ता तथा शिष्यस्य संस्कर्ता च गुरुरुच्यत इत्यर्थः। पञ्चका इत्यत्र पञ्चन्-शब्दात्तदस्य परिमाणमित्यर्थे संख्याया अतिशदन्तायाः कन् (पा. सू. ५।१।२२) इति सूत्रेण कन्प्रत्ययः। नवानां गणानां समाहारो नवगणम्। पात्रादेराकृतिगणत्वास्त्रीत्वाभावः। नवविधो गणो नव गण इति मध्यमपदलोपी समासो वा। **लाभा इति।** अत्र लाभादिगणनवकमध्ये लाभगणो मुख्यः। तत्प्राप्तिप्रकारश्चेत्थम्- भैक्ष्यादिवृत्तिमतः साधकस्य वासचर्यादिभिरुपायैर्मिथ्याज्ञानादिमलेभ्यः सकाशाद्विशुद्धौ जायमानायां व्यक्ताव्यक्ताद्यवस्थावतस्तस्य द्रव्यकालादिभिर्दीक्षाकारिभिर्गुरभक्त्यादि-भिर्बलैश्च सहायभूतैर्गुरुजनप्रभृतियोग्यदेशे ज्ञानादिलाभो भवति। अत्र लाभगण उपादेयः। मलगणो हेयः। साक्षात्परंपरया च तत्साधनीभूता अन्ये सप्त गणा इति नवानां गणानामवश्यज्ञेयत्वं सिद्धम्। **छान्दस इति।** गणकारिकायाश्छन्दोतिदेशाच्छन्दसि च दृष्यनुविधित्वाद्व्यत्ययो बहुलम्। (पा. सू. ३।१।८५) इति। सूत्रानुसारेणात्र लिङ्गव्यत्ययः। यद्यपि तत्सूत्रं प्रकरणाद्विकरणव्यभिचारार्थकं तथापि बहुलग्रहणात्सर्व-विधिव्यभिचारो भवति। तथा च मधोस्तृप्ता इवासते इति श्रुतावमृतत्ववाचिमधुशब्दस्य नित्यनपुंसकत्वेपि लिङ्गव्यत्ययेन मधोरिति पुल्लिङ्गनिर्देशः। अधरमधुं मधुपस्तवाजिहीते (माघ का. ७।४२) इति माघकाव्ये मधुमिति पुल्लिँङ्गप्रयोगस्तु चिन्त्य एवेति कौस्तुभकाराः।

"But there are eight pentads to be known, and a group, one with three factors;
"He that knows this ninefold aggregate is a self-purifier, a spiritual guide.

"The acquisitions, the impurities, the expedients, the localities, the perseverance, the purifications,

"The initiations, and the powers, are the eight pentads; and there are three functions."

The employment in the above line of the neuter numeral three (*triṇī*), instead of the feminine three (*tisraḥ*), is a Vedic construction.

ज्ञानं [1]तपोथ नित्यत्वं स्थितिः शुद्धिश्च पञ्चमम्। इति।

आत्माश्रितो दुष्टभावो मलः। स मिथ्याज्ञानादिभेदात्पञ्चविधः।

तदप्याह–

मिथ्याज्ञानमधर्मश्च सक्तिहेतुश्च्युतिस्तथा।
पशुत्वमूलं पञ्चैते तन्त्रे हेया विविक्तितः।। इति।

[2]साधकस्य शुद्धिहेतुरुपायो वासचर्यादिभेदात्पञ्चविधः। तदप्याह–

वासचर्या जपो ध्यानं सदा रुद्रस्मृतिस्तथा।
प्रपत्तिश्चेति लाभानामुपायाः पञ्च निश्चिताः।। इति।

येनार्थानुसंधानपूर्वकं ज्ञानतपोवृद्धी प्राप्नोति स देशो गुरुजनादिः। यदाह–

गुरुर्जनो गुहादेशः श्मशानं रुद्र एव च। इति।

आ लाभप्राप्तेरेकमर्यादावस्थितस्य यदवस्थानं सावस्था व्यक्तादिविशेषण-विशिष्य। तदुक्तम्–

व्यक्ताव्यक्ता जया दानं निष्ठा चैव हि पञ्चमम्। इति।

मिथ्ज्ञानादीनामत्यन्तव्यपोहो विशुद्धिः। सा प्रतियोगिभेदात्पञ्चविधा। तदुक्तम्।–

अज्ञानस्याप्यधर्मस्य हानिः सङ्गकरस्य च।
च्युतेर्हानिः पशुत्वस्य शुद्धिः पञ्चविधा स्मृता।। इति।

दीक्षाकारिपञ्चकं चोक्तम्–

---

1. धर्मश्च नित्यत्वं स्थितिः सिद्धिः for तपोथ नित्यत्वं स्थितिः शुद्धिः. D.
2. साधनस्य शुद्धिवृद्धि for साधकस्य शुद्धि. D.

द्रव्यं कालः क्रिया मूर्तिर्गुरुश्चैव हि पञ्चमः। इति।

बलपञ्चकं च–

गुरुभक्तिः प्रसादश्च मतेर्द्वन्द्वजयस्तथा।
धर्मश्चैवाप्रमादश्च बलं पञ्चविधं स्मृतम्।। इति।

पञ्चमललघूकरणार्थमागमाविरोधिनोन्नार्जनोपाया वृत्तयो भैक्ष्योत्सृष्टयथा-लब्धाभिधा इति। शेषमशेषमाकर एवावगन्तव्यम्।

व्या० : ज्ञानं तप इति। एषु ज्ञानादिषु पञ्चसु लाभेषु पूर्वपूर्वस्योत्तरोत्तरो लाभः साधनभूतो दृश्यते। **मिथ्याज्ञानमिति।** सक्तिहेतुर्विषयासक्तिहेतुर्विषयसंनिधानादिः। च्युतिः सदाचरणाद्भ्रंशः। पशुत्वस्य जीवत्वस्य मूलम्। जीवत्वप्रापकोनादिसंस्कारः। विविक्तितो विवेकेनैते पञ्च मला हेयास्त्याज्या इत्यर्थः। **वासचर्येति।** वासचर्या सम्यङ्निवासपद्धतिः। प्रपत्तिः शरणागतिस्त्वमेव शरणं ममेत्याकारिका महेश्वरप्रार्थना। वासचर्यादयः पञ्च शुद्धिद्वारा ज्ञानादीनां लाभानामुपाया निश्चिता इत्यर्थः। **येनेति।** येन गुर्वादिना संनिहितेन कार्यकारणादिपदार्थपञ्चकानुसंधानपूर्वकं ज्ञानस्य तपसश्चवृद्धिर्भवति स गुर्वादिर्देश इत्युच्यते। **गुरुरिति।** जनशब्देन ज्ञानिनां परिषदुच्यते। **आ लाभेति।** वासचर्याद्युपायानुष्ठानमारभ्य ज्ञानादिलाभप्राप्तिपर्यन्तंयत्साधकस्यैक प्रकारेणावस्थानं सावस्था। उपायानुष्ठानं च रुचिभेदेन कस्यचित्प्रकाशितम्। अज्ञा जना निन्दन्तु वा स्तुवन्तु तत्रौदासीन्यमेव तस्य। इयं व्यक्तावस्था। कस्यचिदप्रकाशितम्। इयमव्यक्तावस्था। एकस्यैव वा साधकस्य विषयभेदेन क्वचित्प्रकाशितं क्वचिदप्रकाशितमवस्थानं भवति। मनस इन्द्रियाणां च जयेन यदवस्थानं सा जयावस्था। सर्वस्वत्यागो दानावस्था। महेश्वरे सततमविच्छिन्ना भक्तिर्निष्ठावस्था। **अत्यन्तव्यपोहः।** सर्वथा हानिः। मिथ्याज्ञानादीनां पञ्चानां मलानां पुनरुदयो यथा न भवति तथा तेषां योऽभवः सा विशुद्धिः। अस्या अभावरूपाया विशुद्धेः प्रतियोगिभूताः पञ्च मला मिथ्याज्ञानादयः। तद्भेदेनेयं पञ्चविधा भवति। मिथ्याज्ञानस्य हानिरधर्मस्य हानिः सक्तिहेतोर्हानिःश्च्युतेर्हानिः पशुत्वमूलस्य हानिरिति। **अज्ञानस्येति।** सङ्करशब्देन सक्तिहेतुरुच्यते। पशुत्वं जीवत्वप्रापकः संस्कारः। **द्रव्यमिति।** द्रव्यं दीक्षासाधनीभूतं पदार्थजातम्। कालः शुभयोगादिर्योग्यः कालः। क्रिया गुरुसेवनादिः। मूर्तिरुपास्यदेवताप्रतिमा। गुरुः परंपरया प्राप्तोपदेशः। **गुरुभक्तिरिति।** गुरावव्यभिचारिणा भक्तिर्बुद्धे प्रसादः शीतोष्णसुखदुःखादिद्वन्द्वस्य जयो धर्मः सावधानत्वं चेति बलपञ्चकम्। प्रमादोनवधानता। तदभावोऽप्रमादः सावधानत्वम्। **पञ्चमलेति।** मिथ्याज्ञानादः पञ्चमला

हि वासचर्यादिभिरुपायैर्निरसनीयाः। निरसनं च तेषामेकपदे न संभवतीति प्रथमतस्ते तथा लघवः करणीया यथा तेषां निरासः सुकरो भवेत्। लघूकरणसाधनीभूताश्च तिस्रो वृत्तयः। भैक्ष्यमुत्सृष्टं यथालब्धं चान्नं ग्राह्यम्। भैक्ष्यं भिक्षालब्धम्। उत्कृष्टं लोकैस्त्यक्तम्। यथालब्धमयाचितम्। तच्चागमाविरोधेन संपादनीयम्। इतरथा कृम्यादिदोषदूषितं पतितादिस्वामिकमपि ग्राह्यं स्यात्। क्वचिदागमाविरोधिन इत्यस्य स्थाने मानापमानविरोधिन इति पाठो दृश्यते। अन्नार्जनकाले क्वचिन्माने जातेपि न सुखं तथापमानेपि न दुःखं भावनीयम्। साधारणी वृत्तिः संपादनीयेति तदर्थः।

(a.) Acquisition is the fruit of an expedient while realising, and is divided into five members, viz., knowledge, penance, permanence of the body, constancy, and purity. Thus Haradattācārya says: Knowledge, penance, pemanence, constancy, and purity as the fifth.

(b.) Impurity is an evil condition pertaining to the soul. This is of five kinds, false conception and the rest. Thus Haradatta also says :—

> "False conception, demerit, attachment, interestedness, and falling,
>
> "These five, the root of bondage, are in this system especially to be shunned."

(c.) An expedient is a means of purifying the aspirant to liberation.

These expedients are of five kinds, use of habitation, and the rest. Thus he also says :—

> "Use of habitation, pious muttering, meditation, constant recollection of Rudra,
>
> "And apprehension, are determined to be the five expedients of acquirements."

(d.) Locality is that by which, after studying the categories, the aspirant attains increase of knowledge and austerity, viz., spiritual teachers and the rest. Thus he says :—

> "The spiritual teachers, a cavern, a special place, the burning-ground, and Rudra only."

(e.) Perseverance is the endurance in one or other of these

pentads until the attainment of the desired end, and is distributed into the differenced and the rest. Thus it is said :—

"The differenced, the undifferenced, muttering, acceptance, and devotion as the fifth."

(f.) Purification is the putting away, once for all, of false conception and the other four impurities. It is distributed into five species according to the five things to be put away. Thus it is said—

"The loss of ignorance, of demerit, of attachment, of interestedness,

"And of falling, is declared to be the fivefold purification of the state of bondage."

(g.) The five initiations are thus enumerated :—

"The material, the proper time, the rite, the image, and the spiritual guide as the fifth."

(h.) The five powers are as follow :—

"Devotion to the spiritual guide, clearness of intellect, conquest of pleasure and pain,

"Merit and carefulness, are declared the five heads of power."

अत:शब्देन दु:खान्तस्य प्रतिपादनम्। आध्यात्मिकादिदु:खत्रयव्यपोह-प्रश्नार्थत्वात्तस्य। पशुशब्देन कार्यस्य। परतन्त्रवचनत्वात्तस्य। पतिशब्देन कारणस्य। ईश्वर: पतिरीशितेति जगत्कारणीभूतेश्वरवचनत्वात्तस्य। योगविधी तु प्रसिद्धौ।

व्या० : आध्यात्मिकादीति। प्रश्नस्य दु:खान्तविषयकत्वात्तद्विषयकमुत्तरं दातुं प्रवृत्तस्य गुरोर्बुद्ध्यारूढो दु:खान्त इति बुद्धिस्थपरामर्शिनात इतीदंशब्देन सर्वनाम्ना दु:खान्त: परामृश्यत इति भाव:। एवमथशब्दस्यात:शब्दस्य चार्थोनिरूपित:। पशुपतिर्महेश्वर:। शिष्यकृतदु:खान्तविषयकप्रश्नान्तरं दु:खान्तसाधनाय महेश्वरेण प्रोक्तो महेश्वरप्राप्त्यर्थो यो योगस्तद्विधि: कथ्यत इति सूत्रार्थ:। पाशुपतशास्त्रारम्भप्रतिज्ञेयम्। एतच्छास्त्रतत्त्वभूता: कार्यकारणयोगविधिदु:खान्ता: पञ्च पदार्था: पशुपतिना महेश्वरेण जीवपाशविमोक्षणायोपदिष्या:। ते चात्र प्रथमसूत्रे सूत्रकारेण सूचिता:। पशुशब्देन कार्यं पतिशब्देन कारणं प्रतिपाद्यते। योगो विधिश्च तत्तच्छब्देनैव निर्दिष्ट:। दु:खान्तश्चात:शब्देन

प्रतिपाद्यत इति। तदाह–**पशुशब्देन कार्यस्येति**। प्रतिपादनमित्यनुषज्यते। पशुर्हि प्रायेण मनुष्यादि परतन्त्रो दृश्यते। कार्यं च कारणपरतन्त्रम्। अतः परतन्त्रसाधर्म्यात्पशुशब्देन कार्यं प्रतिपाद्यते। **कारणस्येति**। अत्रापि प्रतिपादनमित्यनुषज्यते। अत्र हेतुमाह–**ईश्वर इति**। पतिशब्दस्येश्वरवाचित्वादीश्वरस्य च जगत्कारणत्वात्पतिशब्देन कारणं प्रतिपाद्यत इति भावः। अत्रेदं बोध्यम्–चिदचिदात्मकसकलपदार्थजातस्यास्वतन्त्रस्यात्र शास्त्रे कार्यमिति पारिभाषिकी संज्ञा। तथा स्वतन्त्रस्य परमेश्वरस्य कारणमिति पारिभाषिकी संज्ञा स्थितिकारणत्वात्। अस्वतंत्रस्य ह्यवस्थानं स्वतन्त्राधीनमेव। योगो जपध्यानादिः। व्रतं भस्मस्नानादिकं विधिः। दुःखनिवृत्तिपूर्वकमैश्वर्य दुःखान्तशब्देनोच्यते। एतानि पञ्च तत्त्वशब्दवाच्यानि। एतज्ज्ञानस्य परमपुरुषार्थसाधनत्वात्। यस्य ज्ञानं परमपुरुषार्थसाधनं भवति तदेव हि तत्त्वम्। उक्ताः पञ्च पदार्थाश्च परमपुरुषार्थप्राप्तयेवश्यं ज्ञेयाः। तथा हि–पञ्चमो दुःखान्तश्च परमपुरुषार्थरूप एवेति ज्ञेय एव। दुःखस्य मुख्यं बीजं चास्वातन्त्र्यमेवेति तन्निवृत्तय ऐश्वर्यप्राप्तये चास्वतन्त्रेण जीवेन स्वस्वरूपमन्ये चास्वतन्त्राः स्वतन्त्र ईश्वरश्चेत्येते याथार्थ्येन ज्ञेयाः। तत्साधनीभूतश्च भस्मस्नानादिविधि-सहकृतो जपध्यानादिर्योग इति तावप्यवश्यं ज्ञेयौ। तथा च पञ्चानां तत्त्वशब्दवाच्यत्वं सिद्धमिति।

The three functions are the modes of earning daily food consistent with propriety, for the diminution of the five impurities, viz., mendicancy, living upon alms, and living upon what chance supplies. All the rest is to be found in the standard words of this sect.

तत्र दुःखान्तो द्विविधः–अनात्मकः सात्मकश्चेति। तत्रानात्मकः सर्वदुःखानामत्यन्तोच्छेदरूपः। सात्मकस्तु दृक्क्रियाशक्तिलक्षणमैश्वर्यम्। तत्र दृक्शक्तिरेकापि विषयभेदात्पञ्चविधोपचर्यते दर्शनं श्रवणं मननं विज्ञानं सर्वज्ञत्वं चेति। तत्र सूक्ष्मव्यवहिताविप्रकृष्याशेषचाक्षुषस्पर्शादिविषयं ज्ञानं दर्शनम्। अशेषशब्दविषयं सिद्धिज्ञानं श्रवणम्। समस्तचिन्ताविषयं सिद्धिज्ञानं मननम्। निरवशेषशास्त्रविषयं ग्रन्थतोर्थतश्च सिद्धिज्ञानं विज्ञानम्। स्वशास्त्रं येनोच्यते। उक्तानुक्ताशेषार्थेषु समासविस्तरविभागविशेषतश्च तत्त्वव्याप्तसदोदितसिद्धिज्ञानं सर्वज्ञत्वमिति। एषा धीशक्तिः। क्रियाशक्तिरेकापि त्रिविधोपर्यते मनोजवित्वं कामरूपित्वं विकरणधर्मित्वं चेति। तत्र निरतिशयशीघ्रकारित्वं मनोजवित्वम्। कर्मादिनिरपेक्षस्य स्वेच्छयैवानन्तसलक्षणविलक्षणसरूपकरणाधिष्ठातृत्वं

कामरूपित्वम्। उपसंहृतकरणस्यापि निरतिशयैश्वर्यसंबन्धित्वं विकरणधर्मित्वमिति। एषा क्रियाशक्तिः।

व्या० : अथैतान्पञ्च पदार्थाल्लिलक्षयिषुरादौ मुख्यं दुःखान्तं विभजते–**तत्र दुःखान्त इति। तत्रानात्मक इति।** अत्रात्मसत्त्वेप्यैश्वर्यराहित्येन निरात्मकत्वव्यपदेशः।

अविशिष्टं वस्तु तावदसत्कल्पं निगद्यते।।

इति न्यायात्। अयमपरो मोक्षः। सात्मकस्तु परः। केवलदुःखनिवृत्तेः पाषाणस्येवाकिंचित्करत्वात्। **सात्मक इति।** दृक्शक्तिः क्रियाशक्तिश्चेति शक्तिद्वयरूपमैश्वर्यम्। दृक्शक्तिरेव धीशक्तिर्ज्ञानशक्तिश्चोच्यते। **तत्र सूक्ष्मेति।** चाक्षुषं रूपं तदाश्रयद्रव्यं च। स्पर्शादीत्यादिपदेन रसगन्धग्रहणम्। तत्र सूक्ष्माः परमाण्वादयस्तद्गतरूपादयश्च बद्धजीवैर्न ज्ञायन्ते। स्थूला अपि भित्त्यादिव्यवहिता विषया न ज्ञायन्ते। स्थूला अप्यव्यवहिता अपि च दूरे वर्तमानाः पर्वतादिस्था विषया न ज्ञायन्ते। मुक्तस्य तूक्तसर्वविषयकं ज्ञानं भवतीत्यर्थः। **अशेषशब्देति।** श्रवणस्य दर्शनेन्तभावसंभवेपि तस्य तत्वज्ञाने विशेषत उपयोगात्पृथग्गणनम्। अशेषेत्युक्तेः सूक्ष्मस्य दूरस्थस्य पशुपक्ष्यादिकृतस्य च शब्दस्य ग्रहणम्। सिद्धिज्ञानमित्यस्य सिद्धिरूपं ज्ञानमित्यर्थः। योगादिसाधनजन्यशक्तिविशेषरूपसिद्धा जायमानं ज्ञानमिति वा। क्वचित्सिद्धिशब्दरहितः पाठः। **समस्तेति।** चिन्तितस्य सर्वविधविषयस्य चिन्तामात्रेण शास्त्रादिसाधनानपेक्षयैव जायमानं ज्ञानं मननमित्यर्थः। **ग्रन्थत इति।** ईदृशी तत्र पङ्क्तिरीदृशश्च तदर्थ इत्यसंदिग्धं ज्ञानं विज्ञानमित्यर्थः। एतद्विज्ञानमेव शास्त्रप्रवचनोप्रयोगीत्याह–**स्वशास्त्रमिति। उक्तानुक्तेति।** समासादीनां चतुर्णां स्वरूपमनुपदमेव (द० 6 पं० 106) वक्ष्यते। तत्त्वव्याप्तं तत्त्वरूपेण संबद्धम्। सदा निरन्तरमुदितम्। न कदापि तिरोभूतम्। सर्वं जानाति सर्वज्ञः। तस्य भावः सर्वज्ञत्वम्। गुर्वादिना कथितस्याकथितस्य च सर्वस्य पदार्थजातस्य समासेन विस्तरेण विभागेन विशेषेण च कार्यकारणादितत्त्वरूपेण निरन्तरं ज्ञानमिति भावः। **शीघ्रकारित्वमिति।** शीघ्रगामित्वमिति क्वचित्पाठः। **अनन्तेति।** अनन्तानि सलक्षणानि विलक्षणानि सरूपाणि च यानि शरीरेन्द्रियरूपाणि करणानि तदधिष्ठातृत्वम्। सलक्षणानि लक्षणयुक्तानि लोके यथा दृश्यन्ते तथा मनुष्यपशुपक्ष्यादिसंस्थानानि। विलक्षणानि एकोवयवः पशोरपरः पक्षिणोन्यो मनुष्यस्येत्येवंरूपाणि। सरूपाणि मिथःसमानान्यनेकरूपाणि। अन्यैर्देवदत्तादिभिस्तुल्यरूपाणीति वा।

In the first aphorism above recited, the word *now* serves to introduce the exposition of the termination of pain (or emancipation), that being the object of the interrogation about the putting away of pain personal, physical, and hyperphysical. By the word *paśu* we are to understand the effect (or created world), the word designating that which is dependent on something ulterior. By the word *pati* we are to understand the cause (or *principium*), the word designating the Lord, who is the cause of the universe, the *pati*, or ruler. The meaning of the words sacrifices and rites every one knows.

In this system the cessation of pain is of two kinds, impersonal and personal. Of these, the impersonal consists in the absolute extirpation of all pains; the personal in supremacy consisting of the visual and active powers. Of these two powers the visual, while only one power, is, according to its diversity of objects, indirectly describable as of five kinds, vision, audition, cogitation, discrimination, and omniscience. Of these five, vision is cognition of every kind of visual, tactual, and other sensible objects, though imperceptible, intercepted, or remote. Audition is cognition of principles, conversant about all articulate sounds. Cogitation is cognition of principles, conversant about all kinds of thoughts. Discrimination is cognition of principles conversant about the whole system of institutes, according to the text and according to its significance. Omniscience is cognition of principles ever arising and pervaded by truth, relative to all matters declared or not declared, summary or in detail, classified and specialised. Such is this intellectual power.

अस्वतन्त्रं सर्वं कार्यम्। तत्त्रिविधं विद्या कला पशुश्चेति। एतेषां ज्ञानात्संशयादिनिवृत्तिः। तत्र पशुगुणो विद्या। सापि द्विविधाबोधाबोधस्वभावभेदात्। बोधस्वभावा विवेकाविवेकप्रवृत्तिभेदाद्द्विविधा। सा चित्तमित्युच्यते। चित्तेन हि सर्वः प्राणी बोधात्मकप्रकाशानुगृहीतं सामान्येन विवेचितमविवेचितं चार्थं चेतयत इति। तत्र विवेकप्रवृत्तिः प्रमाणमात्रव्यङ्ग्या। पश्वर्थधर्माधर्मिका पुनरबोधात्मिका विद्या। चेतनपरतन्त्रत्वे सत्यचेतना कला। सापि द्विविधा–कार्याख्या कारणाख्या चेति। तत्र कार्याख्या दशविधा पृथिव्यादीनि पञ्च तत्त्वानि रूपादयः पञ्च गुणाश्चेति। कारणाख्या त्रयोदशविधा–ज्ञानेन्द्रियपञ्चकं कर्मेन्द्रियपञ्चकम् अध्यवसायाभिमानसंकल्पाभिधवृत्तिभेदाद्बुद्ध्यहंकारमनो–

लक्षणमन्तःकरणत्रयं चेति। पशुत्वसंबन्धी पशुः। सोपि द्विविधः-साञ्जनो निरञ्जनश्चेति। तत्र साञ्जनः शरीरेन्द्रियसंबन्धी। निरञ्जनस्तु तद्रहितः। तत्प्रपञ्चस्तु पञ्चार्थभाष्यदीपिकादौ द्रष्टव्यः।

व्या० : एवं दुःखान्तं लक्षयित्वा कार्यं लक्षयति-**अस्वतन्त्रमिति**। जीववर्गो जडवर्गः स्वस्वगुणसहितः सर्वोपि न स्वतन्त्रः। तत्र गुणानामाश्रयाधीनत्वं जडवर्गस्य जीवाधीनत्वं च प्रसिद्धमेव। जीवेष्वपि स्त्रीणां पत्यादिपारतन्त्र्यं भृत्यानां स्वामिपारतन्त्र्यं च प्रसिद्धमेव। परमेश्वराधीनत्वं तु सर्वत्राविशिष्टमेव। तत्र जीवा अस्मिञ्छास्त्रे पशुशब्देन व्यवह्रियन्ते। तथा जीवगुणा विद्याशब्देन जडाः पृथिव्यादयो गुणसहिताः कलाशब्देन च व्यवह्रियन्ते। अस्वतन्त्ररूपस्य कार्यस्यावान्तरभेदेष्वेतेषु पार्थक्येन ज्ञातेषु संशयनिवृत्त्या कार्यरूपस्य तत्त्वस्य याथार्थ्येन निश्चयो भवतीत्याशयेनाह-**एतेषामिति। बोधाबोधेति।** बोधस्वभावा बोधात्मिका। अबोधस्वभावा चाबोधात्मिका। अयं भावः-जीवो हि घटादीन्पदार्थांश्चित्तेन जानाति। चेतयते जानाति येन तच्चित्तम्। चित्तं चात्र दर्शने नान्तःकरणस्यावान्तरभेदः। किं तु जीवस्य विषयज्ञानार्थं या प्रवृत्तिस्तद्रूपो जीवनिष्ठो गुणविशेषः। स च गुणः स्वयं बोधात्मकत्वाद्घटादीन्पदार्थान्बोधयति। यथादित्यः स्वयं प्रकाशरूपत्वाद्घटादीन्पदार्थान्प्रकाशयति तद्वत्। चित्ताख्या प्रवृत्तिश्चेयं क्वचिद्विवेकयुक्ता क्वचित्तद्रहिता। तत्र विवेकप्रवृत्तिः प्रमाणज्ञानेन व्यज्यते। सामान्यप्रवृत्तिरपि चित्ताख्यातीन्द्रियैव। सा च तत्साध्येन सामान्यज्ञानात्मकेन फलेन व्यज्यते। यतश्चित्तं बोधात्मकं बोधरूपेण निजस्वभावेन घटादीन्पदार्थाननुगृह्णाति। तेन चानुग्रहेण जडा अपि घटादयः पदार्थाः प्रकाशन्ते। अयं च चित्ताख्यो गुणो बोधात्मकत्वाज्ज्ञानसाधनीभूतो भवति। अन्यश्चाबोधात्मको जीवगुणो बोधस्वभाव-राहित्येन न ज्ञान उपयुज्यते। धर्माधर्मयोः संस्कारस्य चात्रान्तर्भावः। तदाह-**पश्वर्थेति।** पशुत्वप्राप्तिफलकौ धर्माधर्मौ यस्यामन्तर्भूतौ तादृशी विद्या जीवगुणविशेषस्त्वबोधात्मक इत्यर्थः। एवं विद्यारूपं कार्यं व्याख्याय कलारूपं कार्यं लक्षयति-**चेतनेति। कार्याख्येति।** कार्याख्या विषयरूपा। कारणाख्येन्द्रियरूपा। इन्द्रियाणां च विषयज्ञप्ति-कारणत्वाकारणशब्देन व्यवहारः। तत्र विषयाणां ज्ञानमिन्द्रियाधीनम्। इन्द्रियाणां च प्रवृत्तिर्विषयाधीनेत्यनयोर्मिथः पारतन्त्र्यम्। चेतनपारतन्त्र्यं चोभयेषामप्यविशिष्टमेव। **अध्यवसायेति।** अध्यवसायो निश्चयः। यद्यपि वेदान्तिभिश्चित्तेन सहान्तःकरण-चतुष्टयमुक्तं तथाप्यत्र पाशुपतशास्त्रे चित्तस्य जीवगुर्णन्तर्भावादन्तःकरणत्रयमत्रोक्तम्। **साञ्जन इति।** येन संबन्धेनैकस्य संबन्धिनो धर्मा अपरसंबन्धिनि व्यपदिश्यन्ते तादृशः संबन्धविशेषोञ्जनशब्देनोच्यते। जीवस्य तु शरीरेन्द्रियसंबन्धाच्छरीरेन्द्रियगताः स्थूलत्वकाणत्वादयो धर्मा व्यपदिश्यन्त एव।

The active power, though one only, is indirectly describable as of three kinds, the possession of the swiftness of thought, the power of assuming forms at will, and the faculty of expatiation. Of these, the possession of the swiftness of thought is ability to act with unsurpassable celerity. The power of assuming forms at will is the faculty of employing at pleasure, and irrespective of the efficacy of works, the organs similar and dissimilar of an infinity of organisms. The faculty of expatiation is the possession of transcendent supremacy even when such organs are not employed. Such is this active power.

All that is effected or educed, depending on something ulterior, it is threefold, sentiency, the insentient, and the sentient. Of these, sentiency is the attribute of the sentients. It is of two degrees according to its nature as cognitive or incognitive. Cognitive sentiency is dichotomised as proceeding discriminately and as proceeding indiscriminately. The discriminate procedure, manifestable by the instruments of knowledge, is called the cogitative. For by the cogitant organ every sentient being is cognisant of objects in general, discriminated or not discriminated, when irradiated by the light which is identical with the external things. The incognitive sentiency, again, is either characterised or not characterised by the objects of the sentient soul.

समस्तसृष्टिसंहारानुग्रहकारि कारणम्। तस्यैकस्यापि गुणकर्मभेदापेक्षया विभाग उक्तः पतिः साद्य इत्यादिना। तत्र पतित्वं निरतिशयदृक्क्रियाशक्तिमत्त्वं तेनैश्वर्येण नित्यसंबन्धित्वम्। आद्यत्वमनागन्तुकैश्वर्यसंबन्धित्वम्। इत्यादर्शकारादिभिस्तीर्थकरैर्निरूपितम्।

व्या० : कारणरूपं तत्त्वं लक्षयति—**समस्तेति**। इदं च तत्त्वं महेश्वररूपम्। महेश्वरश्च यद्यप्येक एव तथापि सत्त्वादिगुणभेदेन सृष्ट्यादिक्रियाभेदेन विभक्त इव भवति।

The insentient, which while unconscious is dependent on the conscious, is of two kinds, as styled the effect and as styled the cause. The insentient, styled the effect, is of ten kinds, *viz.*, the earth and the other four elements, and their qualities, colour, and the rest. The insentient, called the causal insentient, is of thirteen kinds, *viz.*, the five organs of cognition, the five organs of action, and the three internal organs, intellect, the egoising principle, and the cogitant principle, which have for their respective functions ascertainment, the illusive identification of self with not-self, and determination.

The sentient spirit, that to which transmigratory conditions pertain, is also of two kinds, the appetent and non-appetent. The appetent is the spirit associated with an organism and organs; the non-appetent is the spirit apart from organism and organs. The details of all this are to be found in the Pañcārtha-bhāṣyadīpikā and other works. The cause is that which retracts into itself and evolves the whole creation. This though one is said to be divided according to a difference of attributes and actions (into Maheśvara, Viṣṇu, etc.) The Lord is the possessor of infinite, visual and active power. He is absolutely first as connected eternally with this lordship or supremacy, as possessing a supremacy not adventitious or contingent. This is expounded by the author of the Ādarśa, and other institutional authorities.

चित्तद्वारेणात्मेश्वरसंबन्धहेतुर्योगः। स च द्विविधः क्रियालक्षणः क्रियोपरम-लक्षणश्चेति। तत्र जपध्यानादिरूपः क्रियालक्षणः। क्रियोपरमलक्षणस्तु निष्ठासंविद्गत्यादिसंज्ञितः।

व्या० : योगरूपं तत्वं लक्षयति–**चित्तद्वारेणेति**। आत्मा जीवः। चित्तं च जीवगतो बोधात्मको गुणविशेषः। तद्द्वारेश्वरेण सह जीवस्य यः संबन्धस्तद्धेतुर्योग इत्युच्यते। युजिर्योगे इति धातोः करणे घनञ्प्रत्ययः। **क्रियापरमेति**। उपरमो निवृत्तिः। **निष्ठेति**। अव्यभिचारिणी महेश्वरे भक्तिर्निष्ठा। तत्त्वज्ञानं संवित्। शरणगमनं गतिः।

Union is a conjunction of the soul with God through the intellect, and is of two degrees, that characterised by action, and that characterised by cessation of action. Of these, union characterised by action consists of pious muttering, meditation, and so forth; union characterised by cessation of action is called consciousness, etc.

धर्मार्थसाधकव्यापारो विधिः। स च द्विविधः–प्रधानभूतो गुणभूतश्च। तत्र प्रधानभूतः साक्षाद्धर्महेतुश्चर्या। सा द्विविधा व्रतं द्वाराणि चेति। तत्र

भस्मस्नानशयनोपहारजपप्रदक्षिणानि व्रतम्। तदुक्तं भगवता नकुलीशेन–भस्मना त्रिषवणं स्नायीत भस्मनि शयीतेति। अत्रोपहारो नियमः। स च षडङ्गः। तदुक्तं सूत्रकारेण–हसितगीतनृत्यहुडुक्कारनमस्कारजप्यषडङ्गोपहारेणोपतिष्ठेतेति। तत्र हसितं नाम कण्ठोष्ठपुटविस्फूर्जनपुरःसरमहहहेत्यट्टहासः। गीतं गान्धर्वशास्त्र-समयानुसारेण महेश्वरसंबन्धिगुणधर्मादिनिमित्तानां चिन्तनम्। नृत्यमपि नाट्यशास्त्रानुसारेण हस्तपादादीनामुत्क्षेपणादिकमङ्गप्रत्यङ्गोपाङ्गसहितं भावाभाव-समेतं च प्रयोक्तव्यम्। हुडुक्कारो नाम जिह्वातालुसंयोगान्निष्पाद्यमानः पुण्यो वृषनादसदृशो नादः। हुडुगिति शब्दानुकारो वषडितिवत्। यत्र लौकिका भवन्ति तत्रैतत्सर्वं गूढं प्रयोक्तव्यम्। शिष्टं प्रसिद्धम्। द्वाराणि तु क्राथनस्पन्दनमन्दन-शृङ्गारणावितत्करणावितद्भाषणानि। तत्रासुप्तस्यैव सुप्तलिङ्गप्रदर्शनं क्राथनम्। वाय्वभिभूतस्येव शरीरावयवानां कम्पनं स्पन्दनम्। उपहतपादेन्द्रियस्येव गमनं मन्दनम्। रूपयौवनसंपन्ना कामिनीमवलोक्यात्मानं कामुकमिव यैर्विलासैः प्रदर्शयति तच्छृङ्गारणम्। कार्याकार्यविवेकविकलस्येव लोकनिन्दितकर्मकरणम-वितत्करणम्। व्याहतापार्थकादिशब्दोच्चारणमवितद्भाषणमिति। गुणभूतस्तु विधिश्चर्यानुग्राहकोनुस्नानादिर्भैक्ष्योच्छिष्टादिनिर्मितायोग्यताप्रत्ययनिवृत्त्यर्थः। तदप्युक्तं सूत्रकारेण—अनुस्नाननिर्माल्यलिङ्गधारीति।

व्या० : विधिरूपं तत्त्वं लक्षयति–**धर्मार्थेति**। धर्मो महेश्वरः। तद्रूपो योर्थस्तत्साधकस्तत्सामीप्यादिफलको व्यापार इत्यर्थः। अयं च व्यापारो विधेयत्वाद्विधिशब्देनोच्यते। विधीयतेसौ विधिः। कर्मणि किप्रत्ययः। **तत्र प्रधानेति**। साक्षाद्धर्मसाधको व्यापारः प्रधानभूतः। अयमेव चर्याशब्देनोच्यते। **तत्र भस्मेति**। भस्मशब्दः स्नानशयनाभ्यां संबध्यते। भस्मस्नानं भस्मशयनं चेत्यर्थः। **भस्मनेति**। त्रिषवणं त्रिकालम्। भस्मशयनं च गृहस्थेभ्यो भिक्षित्वान्नवदानीतेन भस्माना कार्यमिति ब्रह्मविद्याभरण उक्तम्। **यत्रेति**। लौकिका इत्यसंस्कृतमनसः प्राकृता जना उच्यन्ते। ते हि स्वयमनभिज्ञा उपासककृतं हसितादिकं दृष्ट्वा मूर्खोयमिति निन्देयुः। अदृढमना उपासकश्च परकृतया स्वात्मनिन्दया कदाचिद्विक्षिप्तचित्तो व्रताद्भ्रश्येत। अतोस्या व्रतचर्याया गूढत्वमावश्यकम्। अथ वैकान्तप्रदेशे व्रतचर्या संपादनीया। तत्र हि चर्याया गूढत्वमर्थादेव सिध्यति। एकान्ततासंपादनार्थमेव क्राथनादिद्वारचर्यापेक्ष्यते। यतः क्राथनादिकर्तर्युपासके दोषभ्रमेण प्राकृता जनास्तमुपासकं नानुसरन्ति। **शिष्टमिति**। जपनमस्काररूपमुपहारद्वयं लोके प्रसिद्धमेवेत्यर्थः। **क्राथेति**। क्राथशब्दस्थाने कायनेति

पाठान्तरम्। तथा मन्दनेत्यत्र मादनेति मन्दयानेति च। अवितत्करणेत्यत्रापितत्करणेति। अविद्धाषणेत्यत्रापितद्धाषणेति। **सुप्तलिङ्गेति**। सुप्तस्य निद्रितस्य लिङ्गं नेत्रनिमीलनादिकम्। अत्र बोधाभावो दोषः। **वाय्वभिभूतस्येति**। वायुर्वातव्याधिः। तेनाभिभूतस्य ग्रस्तस्य। वस्तुतस्तु व्याध्यनभिभूत एव सः। अत्र व्याधिः शरीरदोषः। **उपहतेति**। वस्तुतस्त्वनुपहतपाद एव सः। अत्र कुब्जत्वमिन्द्रियदोषः। **रूपेति**। वस्तुतस्त्वकामुक एव सः। अत्रोन्मत्तता मनोदोषः। **कार्याकार्येति**। अत्रानवधानता मनोदोषः। **व्याहतेति**। अत्र शब्ददोषः।

उत्कर्षो वापकर्षो वा प्राग्यस्यैव निगद्यते।
तस्यैवाथ तदन्यश्चेद्व्याहतोर्थस्तदा भवेत्।।

अपगतोर्थो यस्येत्यपार्थको निरर्थकः शब्दः। **गुणभूतस्तु विधिरिति**। व्रतरूपा द्वाररूपा च चर्या नाशुच्यवस्थायामनुष्ठेया। भक्षणोत्तरं प्रक्षालनात्प्रागुच्छिष्टदोषेणाशुचित्वादयोग्यतया न चर्याधिकारः। तथा मलमूत्रोत्सर्जनादावपि। तत्र चानुस्नानेन योग्यता संपादनीया। अनुस्नानं च स्नानप्रतिनिधिभूतमुदकोपस्पर्शनाचमनभस्मस्नानादिकम्। व्रतमध्ये पठितं भस्मस्नानं कालत्रये विहितं नित्यम्। इदं भस्मज्ञानं तु नैमित्तिकमिति विशेषः। **अनुस्नानेति**। निर्माल्यधारणं लिङ्गधारणं च शुचिनैव कार्यम्। तस्य चायं महिमा यावन्महेश्वरस्य निर्माल्यं लिङ्गं वा धत्ते तावन्नाशुचिरिति।

निर्माल्यं शिरसा धार्यं सर्वाङ्गे चानुलेपनम्।

इति तन्त्रसार उक्तम्।

Rite or ritual is activity efficacious of merit as its end. It is of two orders, the principal and the subsidiary. Of these, the principal is the direct means of merit, religious exercise. Religious exercise is of two kinds, acts of piety and postures. The acts of piety are bathing with sand, lying upon sand, oblations, muttering and devotional perambulation. Thus the revered Nakulīśa says :—

> "He should bathe thrice a day, he should lie upon the dust. Oblation is an observance divided into six members."

Thus the author of the aphorisms says :—

"He should worship with the six kinds of oblations, *viz.*, laughter, song, dance, muttering *hum*, adoration, and pious ejaculation."

तत्र समासो नाम धर्मिमात्राभिधानम्। तच्च प्रथमसूत्र एव कृतम्। पञ्चानां पदार्थानां प्रमाणतः पञ्चाभिधानं विस्तरः। स खलु राशीकरभाष्ये द्रष्टव्यः। एतेषां यथासंभवं लक्षणतोऽसंकरेणाभिधानं विभागः। स तु विहित एव। शास्त्रान्तरेभ्योमीषां गुणातिशयेन कथनं विशेषः। तथा हि–अन्यत्र दुःखनिवृत्तिरेव दुःखान्तः। इह तु पारमैश्वर्यप्राप्तिश्च। अन्यत्राभूत्वा भावि कार्यम्। इह तु नित्यं पश्वादि। अन्यत्र सापेक्षं कारणम्। इह तु निरपेक्षो भगवानेव। अन्यत्र कैवल्यादिफलको योगः। इह तु पारमैश्वर्यदुःखान्तफलकः। अन्यत्र पुनरावृत्तिरूप-स्वर्गादिफलको विधिः। इह पुनरपुनरावृत्तिरूपसामीप्यादिफलकः।

व्या० : अथ प्रागुक्त (द. ६ पं. ५५) सर्वज्ञत्वलक्षणघटकसमासविस्तरादि-पदार्थाल्लँक्षयति–**तत्र समास इति। कृतमिति।** अथातः पशुपतेः पाशुपतयोगविधिं व्याख्यास्याम इति प्रथमं सूत्रम्। तच्च यद्यपि शास्त्रारम्भप्रतिज्ञार्थकं तथाप्यानुषङ्गिकतया पञ्चानां पदार्थानामुद्देशस्तत्र सूत्रकारैः संपादितः। स च पूर्वं (द. ६ पं. ४४) प्रदर्शित एव। **पञ्चाभिधानमिति।** विस्तरेणाभिधानमित्यर्थः। पञ्चो विस्तरः। पचि विस्तारवचन इति धातोर्भावे घञ् प्रत्ययः। **असंकरेण।** पार्थक्येन। **अन्यत्र।** न्यायादिशास्त्रेषु। इह। पाशुपतशास्त्रे। **पारमैश्वर्यप्राप्तिश्चेति।** चकारेण दुःखनिवृत्तिः समुच्चीयते। **अभूत्वेति।** पूर्वमविद्यमानं पश्चात्कारकव्यापारेण यदुत्पद्यते तत्कार्यम्। अर्थादनित्यमित्यर्थः। **पश्वादीति।** पशुर्जीवः। आदिशब्देन परमाण्वाकाशादिसकला चेतनपदार्थजातसंग्रहः। **सापेक्षमिति।** तदुक्तं शारीरभाष्ये वैषम्यनैर्घृण्ये. (ब्र. सू. २।१।३४) इति सूत्रे सापेक्षो हीश्वरो विषमां सृष्टिं निर्मिमीते। किमपेक्षत इति चेत्–धर्माधर्मावपेक्षत इति। नैयायिकादयोप्येवमेव मन्यन्ते। **कैवल्यादीति।** केवलस्यैकाकिनो भावः कैवल्यम्। यथा जपाकुसुमादिसंबन्धाभावे स्फटिकस्य स्वीयेन शुभ्ररूपेणावस्थानं तथा चेतनस्य बुद्ध्याद्युपाधिवियोगे यत्स्वरूपेणावस्थानं तत्पुरुषस्य कैवल्यम्। तद्योगेन प्राप्यत इति योगशास्त्र उक्तम्।

Laughter is a loud laugh, Aha, Aha, by dilatation of the throat and lips. Song is a celebration of the qualities, glories, etc., of Maheśvara, according to the conventions of the Gandharva-śāstra, or art of music. The dance also is to be employed according to *the ars saltatoria*, accompanied with gesticulations with hands and feet, and with motions of the limbs, and with outward indications of internal sentiment. The ejaculation *hum* is a sacred utterance, like the bellowing of a bull, accomplished by a contact of the tongue with the palate, an imitation of the sound *hudung*, ascribed to a bull, like the exclamation Vaṣaṭ. Where the uninitiated are, all this should be gone through in secret. Other details are too familiar to require exposition.

ननु महदेतदिन्द्रजालं यन्निरपेक्षः परमेश्वरः कारणमिति। तथात्वे कर्मवैफल्यं सर्वकार्याणां समसमयसमुत्पादश्चेति दोषद्वयं प्रादुःष्यात्। मैवं मन्येथाः। व्यधिकरणत्वात्। यदि निरपेक्षस्य भगवतः कारणत्वं स्यात्तर्हि कर्मणो वैफल्ये किमायातम्। प्रयोजनाभाव इति चेत्–कस्य प्रयोजनाभावः कर्मवैफल्ये कारणम्। किं कर्मिणः किं वा भगवतः। नाद्यः। ईश्वरेच्छानुगृहीतस्य कर्मणः सफलत्वोपपत्तेः। तदननुगृहीतस्य ययातिप्रभृतिकर्मवत्कदाचिन्निष्फलत्व-संभवाच्च। न चैतावता कर्मस्वप्रवृत्तिः। कर्षकादिवदुपपत्तेः। ईश्वरेच्छायत्तत्वाच्च पशूनां प्रवृत्तेः। नापि द्वितीयः। परमेश्वरस्य पर्याप्तकामत्वेन कर्मसाध्यप्रयोजना-पेक्षाया अभावात्। यदुक्त समसमयसमुत्पाद इति तदप्ययुक्तम्। अचिन्त्य-शक्तिकस्य परमेश्वरस्येच्छानुविधायिन्या अव्याहतक्रियाशक्त्या कार्यकारित्वाभ्युप-गमात्। तदुक्तं संप्रदायविद्भिः–

कर्मादिनिरपेक्षस्तु स्वेच्छाचारी यतो ह्ययम्।
ततः कारणतः शास्त्रे सर्वकारणकारणम्[1]।। इति।

व्या० : इन्द्रजालमिति। इन्द्राणामिन्द्रियाणां जालमावरकम्। यद्वेन्द्रस्य महेश्वरस्य जालं माया। मृषेति यावत्। **निरपेक्ष इति।** ईश्वरो हि निरतिशयस्वातन्त्र्यशालितया प्राणिकृतधर्माधर्मावनपेक्ष्य फलं प्रयच्छतीत्येवमङ्गीकारे प्राणिकृतं पुण्यपापात्मकं कर्म व्यर्थमेव स्यात्। सर्वकार्याणां युगपदुत्पत्तिश्च प्राप्नोति। ईश्वरस्य सापेक्षत्वे तु सुखदुःखवैचित्र्यसंपादनेन कर्मणः साफल्यं भवति। सर्वेषां कर्मणां तुल्यकालत्वाभावेन न सर्वकार्याणां युगपदुत्पत्तिरिति। **व्यधिकरणत्वादिति।** प्राणिकृतकर्मजन्यमदृष्टं प्राणिनिष्ठम्। जगदुत्पत्त्यनुकूलो व्यापारश्चेश्वरनिष्ठः। तथा चान्यत्र वर्तमानमदृष्टं कथमन्यत्र व्यापारं संपादयेत्। अतोऽगत्या निरपेक्षस्यैव कारणत्वमास्थेयमिति भावः। **ईश्वरेच्छनुगृहीतस्येति।** यथेश्वरः कर्मनिरपेक्षः कारणं न तथा कर्मेश्वरनिरपेक्षं कारणम्। किं त्वीश्वरसापेक्षमेव। यथा कृषिकर्मणाङ्कुरोत्पादसामर्थ्यं पर्जन्यापेक्षं तद्वत्। तथा जीवकृतं पुण्यपापाख्य कर्मेश्वरेच्छासहायेन स्वानुगुंणं सुखं दुःखं वा ददाति। ईश्वरस्तु प्राणिकृतकर्मानपेक्षयैव फलं दातुं समर्थ इत्यन्यत्। जीवकृतं कर्म त्रिविधम्।

1. कारणता मता for कारणकारणम् C.

केनचित्कर्मणेश्वरस्तुष्यति केनचित्क्रुध्यति केनचित्तु न तुष्यति नापि क्रुध्यति किं तूदास्ते। तत्राद्यं द्वयं सफलमेव। तृतीयं तु निष्फलं भवतु नाम न काचित्क्षतिः। न चैतावता तत्राप्रवृत्तिः। ईश्वरौदासीन्यनिश्चयस्य पूर्वमभावात्। क्वचित्कृषिकर्मणः फलाभावेपि पूर्वं तादृशनिश्चयस्याभावात्कर्षकस्य प्रवृत्तिर्भवति तद्वत्। अत्रायं निष्कर्षः–ईश्वरः कर्म चेति द्वयं जीवस्य सुख दुःखरूपं फलं ददाति। तत्रेश्वरस्य फलदाने न कर्मापेक्षा। कर्मणस्तु फलदान ईश्वरापेक्षास्त्येव। तथा च कर्मणो न वैयर्थ्यमिति न तत्राप्रवृत्तिर्जीवानाम्। नापीश्वरस्य पूर्णस्वातन्त्र्यहानिरिति। **ततः कारणतः**। तस्मात्कारणात्। स्वेच्छाचारित्वाद्धेतोरिति यावत्।

The postures are snoring, trembling, limping, wooing, acting absurdly, talking nonsensically. Snoring is showing all the signs of being asleep while really awake. Trembling is a convulsive movement of the joints as if under an attack of rheumatism. Limping is walking as if the legs were disabled. Wooing is simulating the gestures of an *innamorato on* seeing a young and pretty woman. Acting absurdly is doing acts which every one dislikes, as if bereft of all sense of what should and what should not be done. Talking nonsensically is the utterance of words which contradict each other, or which have no meaning, and the like.

The subsidiary religious exercise is purificatory subsequent ablution for putting an end to the sense of unfitness from begging, living on broken food, etc. Thus it is said by the author of the aphorisms : Bearing the marks of purity by after-bathing.

(It has been stated above that omniscience, a form of the cognitive power, is cognition of principles ever arising and pervaded by truth, relative to all matters declared or not declared, summary, or in detail). The summary is the enouncement of the subjects of attributes generally. This is accomplished in the first aphorism : (Now then we shall expound the Pāśupata union and rites of Paśupati). Detail is the fivefold enouncement of the five categories, according to the instruments of true knowledge. This is to be found in the Rāśīkara-bhāṣya. Distribution is the distinct enouncement of these categories, as far as possible according to definitions. It is an enumeration of these according to their prevailing characters, different from that of other recognised systems. For example, the cessation of pain (or emancipation) is in other systems (as in the Sāṅkhya) the mere termination of miseries, but in this system it is the attainment of supremacy or of the divine perfections. In other systems the create is that which has become, and that which shall become, but in this system it is eternal, the hits, and so forth, the sentient and insentient. In other systems the *principium* is determined in its evolution or creative activity by the efficacy of works, whereas in this system the *principium* is the Lord not thus determined. In other institutes union results in isolation, etc., while in these institutes it results in cessation of pains by attainment of the divine perfections. In other systems paradise and similar spheres involve a return to metempsychosis, but in this system they result in nearness to the Supreme Being, either followed or not followed by such return to transmigratory experiences.

Great, indeed, an opponent may say, is this aggregate of illusions, since if God's causality be irrespective of the efficacy of works, then merits will be fruitless, and all created things will be simultaneously evolved (there being no reason why this should be created at one time, and that at another), and thus there will emerge two difficulties. Think not so, replies the Pāśupata, for your supposition is baseless. If the Lord, irrespective of the efficacy of works, be the cause of all, and thus the efficacy of works be without results, what follows ? If you rejoin that an absence of motives will follow, in whom, we ask, will this absence of motives follows? If the efficacy of works be without result, will causality belong to the doer of the works as to the Lord? It cannot belong to the doer of the works, for it is allowed that the efficacy of works is fruitful only when furthered by the will of the creator, and the efficacy so furthered may sometimes be fruitless, as in the case of the works of Yayāti, and others. From this it will by no means follow that no one will engage in works, for they will engage in them as the husbandman engages in husbandry, though the crop be uncertain. Again, sentient creatures engage in works because they depend on the will of the creator. Nor does the causality pertain to the Lord alone, for as all his desires are already satisfied, he cannot be actuated by motives to be realised by works. As for your statement, continues the Pāśupata, that all things will be simultaneously evolved, this is unreasonable, inasmuch as we hold that causal efficiency resides in the unobstructed active power which conforms itself to the will of the Lord, whose power is inconceivable. It has accordingly been said by those versed in sacred tradition :—

> "Since he, acting according to his will, is not actuated by the efficacy of works,
>
> "For this reason is he in this system the cause of all causes."

ननु दर्शनान्तरेपीश्वरज्ञानान्मोक्षो लभ्यत एवेति कुतोस्य विशेष इति चेत्–मैवं वादीः। विकल्पानुपपत्तेः। किमीश्वरविषयज्ञानमात्रं निर्वाणकारणं किं वा साक्षात्कारः अथ वा यथावत्तत्वनिश्चयः। नाद्यः। शास्त्रमन्तरेणापि प्राकृतजनवद्देवानामधिपो महादेव इति ज्ञानोत्पत्तिमात्रेण मोक्षसिद्धौ शास्त्राभ्यास-वैफल्यप्रसङ्गात्। नापि द्वितीयः। अनेकमलप्रचयोपचितानां पिशितलोचनानां पशूनां परमेश्वरसाक्षात्कारानुपपत्तेः। तृतीयेस्मन्मतापातः। पाशुपतशास्त्रमन्तरेण यथावत्तत्त्वनिश्चयानुपपत्तेः। तदुक्तमाचार्यैः–

ज्ञानमात्रे वृथा शास्त्रं साक्षाद्दृष्टिस्तु दुर्लभा।
पञ्चार्थादन्यतो नास्ति यथावत्तत्त्वनिश्चयः।। इति।।

तस्मात्पुरुषार्थकामैः पुरुषधौरेयैः पञ्चार्थप्रतिपादनपरं पाशुपतशास्त्रमाश्रयणीयमिति रमणीयम्।

इति श्रीमत्सायणमाधवीये सर्वदर्शनसंग्रहे नकुलीशपाशुपतदर्शनम्।।

व्या० : ज्ञानमात्रमिति। प्रत्यक्षं परोक्षं वा विशेषरूपेण सामान्यरूपेण वा कथमप्यस्तु तस्मान्निर्वाणं भवतीत्यर्थः। निर्वाणं मोक्षः। **देवानामधिपो महादेव इति।** इदं सामान्यरूपेण जायमानं शाब्दं ज्ञानं कोशमात्रादुत्पद्यते न तत्र शास्त्रापेक्षेति शास्त्राभ्यासो निष्फलः स्यात्। **अनेकमलेति।** मला मिथ्याज्ञानादयः प्रागुक्ताः (द. ६ पं. २१)। पिशितं मांसम्। पशवो जीवाः। तेषां मलाधिक्येन संभृतत्वान्महेश्वरसाक्षात्कारो न संभवति। किं च जीवनेत्राणां मांसयुक्तत्वान्महेश्वरसाक्षात्कारयोग्यतापि नास्ति। **पाशुपतशास्त्रमिति।** यद्यपि सांख्यन्यायादिशास्त्रेषु तत्त्वान्युक्तानि तेषां लक्षणानि

विभागश्च तत्रोक्तस्तथापि न ततस्तत्त्वानां याथार्थ्येन निश्चयो भवति। दुःखान्ताय दुःखमूलं पारतन्त्र्यमवश्यं ज्ञेयम्। तथा च स्वतन्त्रास्वतन्त्रभेदेन तत्त्वज्ञानमावश्यकम्। तच्च पाशुपतशास्त्रादेव जायत इत्याशयः। **ज्ञानमात्र इति।** मोक्षसाधनत्वेनाङ्गीकृते सतीति शेषः।।

इति सर्वदर्शनसंग्रहव्याख्यायां दर्शनाङ्कुराभिधायां नकुलीशपाशुपतदर्शनं समाप्तम्।।

Some one may urge: In another system emancipation is attained through a knowledge of God, where does the difference lie? Say not so, replies the Pāśupata, for you will be caught in a trilemma. Is the mere knowledge of God the cause of emancipation, or the presentation, or the accurate characterisation, of God? Not the mere knowledge, for then it would follow that the study of any system would be superfluous, inasmuch as without any institutional system one might, like the uninstructed, attain emancipation by the bare cognition that Mahādeva is the lord of the gods. Nor is presentation or intuition of the deity the cause of emancipation, for no intuition of the deity is competent to sentient creatures burdened with an accumulation of various impurities, and able to see only with the eyes of the flesh. On the third alternative, *viz.*, that the cause of emancipation is an accurate characterisation of the deity, you will be obliged to consent to our doctrine, inasmuch as such accurate characterisation cannot be realised apart from the system of the Pāśupatas. Therefore it is that our great teacher has said :—

> "If by mere knowledge, it is not according to any system, but intuition is unattainable;
>
> "There is no accurate characterisation of principles otherwise than by the five categories:"

Therefore those excellent persons who aspire to the highest end of man must adopt the system of the Pāśupatas, which undertakes the exposition of the five categories.

A.E.G.

Chapter VII
The Śaiva System

अथ शैवदर्शनम्

तमिमं परमेश्वरः कर्मादिनिरपेक्षः कारणमिति पक्षं वैषम्यनैर्घृण्यदोषदूषितत्वात्प्रतिक्षिपन्तः केचन माहेश्वराः शैवागमसिद्धान्ततत्त्वं यथावदीक्षमाणाः कर्मादिसापेक्षः परमेश्वरः कारणमिति पक्षं कक्षीकुर्वाणाः पक्षान्तरमुपक्षिपन्ति पतिपशुपाशभेदात्त्रयः पदार्था इति। तदुक्तं तन्त्रतत्त्वज्ञैः–

त्रिपदार्थं चतुष्पादं महातन्त्रं जगद्गुरुः।
सूत्रेणैकेन संक्षिप्य प्राह विस्तरतः पुनः।। इति।

अस्यार्थः। उक्तास्त्रयः पदार्था यस्मिन्सन्ति तत्त्रिपदार्थं विद्याक्रियायोगर्याख्याश्चत्वारः पादा यस्मिंस्तच्चतुश्चरणं महातन्त्रमिति। तत्र पशूनामस्वतन्त्रत्वात्पाशानामचैतन्यात्तद्विलक्षणस्य पत्युः प्रथममुद्देशः। चेतनत्वसाधर्म्यात्पशूनां तदानन्तर्यम्। अवशिष्यनां पाशानामन्ते विनिवेश इति क्रमनियमः। दीक्षायाः परमपुरुषार्थहेतुत्वात्तस्याश्च पशुपाशेश्वरस्वरूपनिर्णयसोपायभूतेन मन्त्रमन्त्रेश्वरादिमाहात्म्यनिश्चायकेन ज्ञानेन विना निष्पादयितुमशक्यत्वात्तदवबोधकस्य विद्यापादस्य प्राथम्यम्। अनेकविधसाङ्गदीक्षाविधिप्रदर्शकस्य क्रियापादस्य तदानन्तर्यम्। योगेन विना नाभिमतप्राप्तिरिति साङ्गयोगज्ञापकस्य योगपादस्य तदुत्तरत्वम्। विहिताचरणनिषिद्धवर्जनरूपां चर्यां विना योगोपि न निर्वहतीति तत्प्रतिपादकस्य चर्यापादस्य चरमत्वमिति विवेकः।

व्या० : वैषम्यनैर्घृण्येति। विषमोऽसमदृष्टिः। तस्य भावो वैषम्यम्। जीवानां

सुखदुःखतारतम्यदर्शनात्तत्कारणीभूतस्येश्वरस्य विषमदृष्टित्वम्। निर्घृणस्य निर्दयस्य भावो नैर्घृण्यम्। जगतः संहर्तृत्वम्। प्राणिकर्मानपेक्षत्वे हीश्वर एतद्दोषद्वयं प्रसज्यते। ईश्वरस्य कर्मसापेक्षत्वाङ्गीकारे तु न दोषः। सुखाद्युपभोगे प्राणिकर्मणोऽसाधारण-कारणत्वात्। ईश्वरस्तु पर्जन्यवद्द्रव्यः। यथा तत्तद्बीजे सत्यपि पर्जन्य विना नाङ्कुरोत्पत्तिस्तद्वत्। न चेश्वरस्य प्राणिकर्मसापेक्षत्वेनीश्वरत्वं स्यादिति वाच्यम्। भृत्यादिसेवानुसारेण फलप्रदस्य राज्ञोऽराजत्वादर्शनात्। **पतीति**। पतिरीश्वरः। पशुर्जीवः। पाशः संसारबन्धनम्। एवमेतेषां सामान्यतः स्वरूपमगन्तव्यम्। पतिपशुपाशेति क्रमे हेतुं प्रदर्शयति–**तत्र पशूनामिति**। विद्यापादादिषु चतुर्षु पादेषु क्रमहेतुं प्रदर्शयति–**दीक्षाया इति**। गुरोः सकाशान्नियम पूर्वकमन्त्रोपदेशो दीक्षा।

दिव्यज्ञानं यतो दद्यात्कुर्यात्पापस्य संक्षयम्।
तस्माद्दीक्षेति सा प्रोक्ता मुनिभिस्तत्त्ववेदिभिः।।

इति दीक्षाशब्दनिरुक्तिः। मन्त्रग्रहणं च दीक्षाविधिनैव नान्यथा।

ग्रन्थे दृष्ट्वा तु मन्त्रं यो गृह्णाति नराधमः।
मन्वन्तरसहस्रेषु निष्कृतिर्नैव जायते।।

इत्युक्तत्वात्। **मन्त्रेति**। मन्त्रा मन्त्रेश्वरा आदिपदग्राह्या विद्येश्वराश्च पशुविशेषा इत्यग्रे वक्ष्यन्ते। तेषां सामर्थ्यं च पाशोत्सारणाधीनम्। पाशविशेषाश्च सामर्थ्यविशेषप्रतिबन्धकाः। भक्तानामधिकारतारतम्येन पतिः पाशान्दूरीकरोति। एतत्सर्वज्ञाने सति पतिपशुपाशानां विविक्तं स्वरूपं ज्ञातुं शक्यते नान्यथा। ततश्चादौ दीक्षोपपादकं ज्ञानम्। ततो दीक्षाविधिः। इतिकर्तव्यतेति यावत्। ततो दीक्षाग्रहणाधिकारसिद्ध्यर्थो जपध्यानादिर्योगः। ततो योगसहायभूता चर्या। यथौषधसेवने सहायभूतं पथ्यं तद्वत्।

[The seventh system in Mādhava's Sarva-darśana-saṅgraha is the Śaiva-darśana. This sect is very prevalent in the South of India, especially in the Tamil country; it is said to have arisen there about the eleventh century A.D. Several valuable contributions have been lately made to our knowledge of its tenets in the publications of the Rev. H. R. Hoisington and the Rev. T. Foulkes. The former especially, by his excellent articles in the American Oriental Society's Journal, has performed a great service to the students of Hindu philosophy. He has there translated the Tattuva-Kaṭṭalei, or law of the Tattwas, the Śiva-Gnānapotham, or instruction in the knowledge of God, and the Śiva-Pirakāsam, or light of Śiva, and the three work's shed immense light on the outline as given by Mādhava. One great use of the latter is to enable us to recognise the original Sanskrit names in their Tamil disguise, no easy matter occasionally, as *aṛul* for *anugraha* and *tīḍchei* for *dīkṣā* may testify.

The Śaivas have considerable resemblance to the Theistic Sāṅkhya; they hold that God, souls, and matter are from eternity distinct entities, and the object of philosophy is to disunite the soul from matter and gradually to unite it to God. Śiva is the chief deity of the system, and the relation between the three is quaintly expressed by the allegory of a beast, its fetters, and its owner. Paśupati is a wellknown name of Śiva, as the master or creator of all things.

There seem to be three different sets of so-called Śaiva sūtras. One is in five books, called by Colebrooke the Paśupati-śāstras, which is probably the work quoted by Mādhava in his account of the Nakulīśa Pāśupatas; another is in three books, with a commentary by Kṣemaraja, with its first sūtra, *caītanyam ātmā*. The third was commented on by Abhinava-gupta, and opens with the śloka given in the Sarva-Darśana-Saṅgraha, p. 91, lines 1-4. The MS. which I consulted in Calcutta read the first words—

Kathañcid āsādya Maheśvarasya dāsyam.

None of these works, however, appear to be the authority of the present sect. They seem chiefly to have relied on the twenty-eight Āgamas and some of the Purāṇas. A list of the Āgamas is given in Mr. Foulkes' "Catechism of the Śaiva Religion;" and of these the Kiraṇa and Karaṇa are quoted in the following treatise.]

The Śaiva-Darśana

Certain, however, of the Māheśvara sect receiving the system of truth authoritatively laid down in the Śaiva Āgama,[1] reject the foregoing opinion that "the Supreme Being is a cause

1. Colebrooke speaks of the *Paśupati-sāstra (Maheśvara-siddhānta* or *Sivāgama)*, as the text-book of the Pāśupata sect. The Āgamas are said to be twenty-eight (see their names in the Rev. T. Foulkes' "catechism of the Śaiva Religion").

as independent of our actions, etc.," on the ground of its being liable to the imputation of partiality and cruelty. They, on the contrary, hold the opinion that "the Supreme Being is a cause in dependence on our actions, etc.;" and they maintain that there are three categories distinguished as the Lord, the soul, and the world (or literally "the master," "the cattle," and "the fetter"). As has been said by those well versed in the Tantra doctrines—

> "The Guru of the world, having first condensed in one sūtra the great tantra, possessed of three categories and four feet, has again declared the same at full length."

The meaning of this is as follows:—Its three categories are the three before mentioned; its four feet are learning, ceremonial action, meditation, and morality, hence it is called the great Tantra, possessed of three categories and four feet. Now the "souls" are not independent, and the "fetters" are unintelligent, hence the Lord, as being different from these, is first declared; next. follows the account of the souls as they agree with him in possessing intelligence; lastly follow the "fetters" or matter, such is the order of the arrangement.[1] Since the ceremony of initiation is the means to the highest. human end, and this cannot be accomplished without knowledge which establishes the undoubted greatness of the hymns; the Lords of the hymns, etc., and is a means for the ascertainment of the real nature of the "cattle," the "fetter," and the " master," we place as first the " foot" of *knowledge* (*jñāna*) which makes known all this unto us.[2] Next follows the "foot" of *ceremonial action* (*kriyā*)

---

1. "There must be three eternal entities, Deity, soul, matter;" "as the water is co-eternal with the sea and the salt with the water, so soul is co-eternal with the Deity, and *pāśa* is eternally co-existant with soul." (J. A. O. S. iv. pp. 67, 85). In p. 58 we find the *advaita* of the Vedānta attacked. In p. 62 it is said that the soul is eternally entangled in matter, and God carries on his five operations (see *infra*) to disentangle it, bringing out all that is required for previous desert.
2. These four feet are the four stages of religious life (see J. A. O. S. iv. pp. 135, 180), called in Tamil *sarithei, kirikei, yokam,* and *gnānam.* The first is the stage of practical piety and performance of the prescribed duties and rites; the second is that of the "confirmatory sacrament"

which declares the various rules of initiation with the divers component parts thereof. Without meditation the end cannot be attained, hence the "foot" of *meditation* (*yoga*) follows next, which declares the various kinds of *yoga* with their several parts. And as meditation is worthless without practice, *i.e.*, the fulfilling what is enjoined and the abstaining from what is forbidden, lastly follows the fourth "foot" of practical (*caryā*), which includes all this.

तत्र पतिपदार्थः शिवोभिमतः। मुक्तात्मनां विद्येश्वरादीनां च यद्यपि शिवत्वमस्ति तथापि परमेश्वरपारतन्त्र्यात्स्वातन्त्र्यं नास्ति। ततश्च तनुकरणभुवनादीनां भावानां संनिवेशविशिष्टत्वेन कार्यत्वमवगम्यते। तेन च कार्यत्वेनैषां बुद्धिमत्पूर्वकत्वमनुमीयत इत्यनुमानवशात्परमेश्वरप्रसिद्धिरुपपद्यते।

व्या० : अथैतद्दर्शने मोक्षसाधनीभूतज्ञानविषयत्वेन तत्वभूताः पतिपशुपाशरूपास्त्रयः पदार्था निरूपणीयाः। तत्र प्रथमं पतिपदार्थं निरूपयति–**तत्र पतीति**। विद्येश्वरादीनां पतिः। ते चानन्तादयोष्टौ मूल एवाग्रे (द. ८ पं. ११५) प्रदर्शिताः। ते च न मुक्ताः। किं तु परमेश्वरानुग्रहीता अधिकारिणः। अतस्तेषां परमेश्वरपारतन्त्रयम्। **स्वातन्त्र्यं नास्तीति**। नकुलीशपाशुपतदर्शने मुक्तानां न कथमपि पारतन्त्र्यमित्युक्तम् (द. ६ पं. ३)। अस्मिञ्शैवदर्शने तु पारतन्त्र्यं स्वीक्रयते। यथा परमेश्वरस्य जगदुत्पादने प्राणिकर्मानिपेक्षत्वं तत्सापेक्षत्वं वेत्येतद्विषये मतभेदस्तद्वन्मुक्तस्य स्वातन्त्र्यं पारतन्त्र्यं वेत्येतद्विषयेप्यस्तु। अथ वा मुक्तात्मनामिति विद्येश्वरादीनामित्यस्य विशेषणम्। तेषां परमुक्त्यभावेप्यपरमुक्तिरस्त्येव। विद्येश्वरादीनां चेति चस्त्यर्थे। तथा च परमुक्तिभाजां पूर्णं स्वातन्त्र्यमेवेति। ननु परमेश्वरास्तित्वे तत्पारतन्त्र्यमन्येषां स्यान्नाम। तदेव तु कुत इत्याशङ्क्यानुमानेन तत्साधयति–**ततश्चेति**। तनुः शरीरम्। भुवनं प्रसिद्धम्। भावाः पदार्थाः। संनिवेशोवयवरचनाविशेषः। मनुष्यपशुपक्षिलतावृक्षादिषु शरीरादीनां हस्तपादाद्यवयवरचनाविशेषो नियमितो दृश्यते। ततः स केनापि कृत इत्यवगम्यत इत्यर्थः।

Now Śiva is held to be the Lord (or master): Although participation in the divine nature of Śiva belongs to liberated souls and to such beings as Vidyeśvara, etc, yet these are not independent, since they depend on the Supreme Being; and the nature of an effect is recognised to belong to the worlds, etc., which resemble him, from the very fact of the orderly arrangement of their parts. And from their thus being effects we infer that they must have been caused by an intelligent being. By the strength of this inference is the universal acknowledgment of a Supreme Being confirmed.

"But may we not object that it is not proved that the body is thus an effect? for certainly none has ever, at any time or place, seen a body being made by any one." We grant it : yet it is not proper to deny that a body has some maker on the ground that its being made has not been seen by any one, since this can be established from inference [if not from actual perception]. Bodies, etc., must be effects, because they possess an orderly arrangement of parts, or because they are destructible, as jars, etc ; and from their being effects it is easy to infer that they must have been caused by an intelligent being: Thus the subject in the argument [sc. bodies; etc.] must have had a maker, from the fact that it is an effect, like jars, etc.; that which has the aforementioned middle term (*sādhana*) must have the aforementioned major (*sādhya*); and that which has not the former will not have the latter, as the soul, etc.[1] The argument which establishes the authority of the original inference to prove a Supreme Being has been given elsewhere, so we refrain from giving it at length here. In fact, that God is the universal agent, but not irrespective of the actions done by living beings, is proved by the current verse[2]—

> "This ignorant *Jīvātman,* incapable of its own true pleasures or pains, if it were only under God's direction [and its own merits not taken into account], would always go to heaven or always to hell."[3]

---

and the five purifications involved in true *pūjā;* the third is that of the eight observances of the yogin; the fourth is that of knowledge which prepared the soul for intimate union with God.

1. Cf. Colebrooke, *Essays* 2d ed.)., vol. i. p. 315.
2. *Nyāyena* may here mean "argument."
3. *Scil.* if there were only one cause there would by only one invariable effect. The very existence of various effects proves that there must be other concurrent causes (as human actions) necessary. The argument seems to me to require here this unnatural stress to be laid on *eva,* but this is certainly not the original meaning of the passage; it occurs Mahābhārata, iii. 1144 (cf. Gauḍapāda, S. Kār. 61)

ननु देहस्यैव तावत्कार्यत्वमसिद्धम्। न हि क्वचित्केनचित्कदाचिद्देहः क्रियमाणो दृष्टचरः। सत्यम्। तथापि न केनचित्क्रियमाणत्वं देहस्य दृष्टमिति कर्तृदर्शनापह्नवो न युज्यते। तस्यानुमेयत्वेनाप्युपपत्तेः। तथा हि देहादिकं कार्यं भवितुमर्हति संनिवेशविशिष्टत्वाद्विनश्वरत्वाद्वा घटादिवत्। तेन च कार्यत्वेन बुद्धिमत्पूर्वकत्वमनुमातुं सुकरमेव। विमतं सकर्तुकं कार्यत्वाद्घटवत्। यदुक्तसाधनं तदुक्तसाध्यं यथार्थादि। न यदेवं न तदेवं यथात्मादि। परमेश्वरानुमानप्रामाण्य-साधनमन्यत्राकारीत्युपरम्यते।

अज्ञो जन्तुरनीशोयमात्मनः सुखदुःखयोः।
ईश्वरप्रेरितो गच्छेत्स्वर्गं वा श्वभ्रमेव वा।।

इति न्यायेन प्राणिकृतकर्मापेक्षया परमेश्वरस्य कर्तृत्वोपपत्तेः। न च स्वातन्त्र्यविहतिरिति वाच्यम्। करणापेक्षया कर्तुः स्वातन्त्र्यविहतेरनुपलम्भात्। कोषाध्यक्षापेक्षस्य राज्ञः प्रसादादिना दानवत्।

व्या० : कर्तृदर्शनेति। दर्शनमिह ज्ञानमात्रम्। कर्ता कश्चिन्न ज्ञायत इत्येवं कर्तुरपलापः कर्तृदर्शनापह्नवः। स न युज्यते। अपह्नवे हेतुस्तु देहादेः क्रियमाणस्य प्रत्यक्षदर्शनाभावः। **तस्य।** कार्यत्वस्य। **विमतमिति।** विमतं वादग्रस्तम्। सकर्तृकम-कर्तृकं वेत्येवं वादग्रस्तं तनुभुवनादिकं पक्षीकृत्य सकर्तृकत्व साध्यते कार्यत्वात्। यद्यत्कार्यं तत्तत्सकर्तृकं यथा घट इत्यन्वयव्याप्तिः। यत्सकर्तृकं न भवति न तत्कार्यं यथात्मेति व्यतिरेकव्याप्तिः। अन्वयव्याप्तौ साधनं व्याप्यम्। साध्यं व्यापकम्। व्यतिरेकव्याप्तौ तु साध्याभावो व्याप्यः। साधानाभावो व्यापकः। **परमेश्वरेति।** परमेश्वरो विषमस्य दुःखजनकस्य च जगतः कर्ता न भवति वैषम्यनैर्घृण्यानाश्रयत्वादित्यनुमानेन विरोधान्न परमेश्वरानुमानं प्रमाणं भवतीत्याद्याशङ्का अन्यत्र निराकृताः। यतः शरीरेन्द्रिय यादीनां कर्तुरभावे यदृच्छयैव तदुत्पत्तिः स्वीकार्या स्यात्। तथा सति तत्र सुखसाधनमेव जीव उपाददीत नान्यत्। परं तु तत्र जीवस्यासामर्थ्यं दृश्यते। अतस्तस्यान्येन केनचिन्नियन्त्रा भवितव्यम्। वैषम्यनैर्घृण्याभावेपि प्राणिकृतकर्मापेक्षयेश्वरस्य कर्तृत्वमुप-पद्यते। **अनीशः।** असमर्थः। **श्वभ्रम्।** नरकम्। **स्वातन्त्र्यविहतिरिति।** सापेक्षत्वे पारतन्त्र्यावश्यंभावादित्याशयः।

Nor can you object that this opinion violates God's independence, since it does not really violate an agent's independence to allow that he does not act irrespectively of means; just as we say that the king's bounty shows itself in gifts, but these are not irrespective of his treasurer.

यथोक्तं सिद्धगुरुभिः–

स्वतन्त्रस्याप्रयोज्यत्वं करणादिप्रयोक्तृता।
कर्तुः स्वातन्त्र्यमेतद्धि न कर्माद्यनपेक्षता।। इति।

तथा च तत्तत्कर्माशयवशाद्भोगतत्साधनतदुपादानादिविशेषज्ञः कर्तानुमानादि-सिद्धि इति सिद्धम्। तदिदमुक्तं तत्रभवद्भिर्बृहस्पतिभिः–

इह भोग्यभोगसाधनतदुपादानादि यो विजानाति।
तमृते भवेन्न हीदं पुंस्कर्माशयविपाकज्ञम्।। इति।

अन्यत्रापि–

विवादाध्यासितं सर्वं बुद्धिमत्कर्तृपूर्वकम्।
कार्यत्वादावयोः सिद्धं कार्यं कुम्भादिकं यथा।। इति।

[1]सर्वकर्तृत्वादेवास्य सर्वज्ञत्वं सिद्धम्। अज्ञस्य करणासंभवात्।

उक्तं च श्रीमन्मृगेन्द्रैः–

सर्वज्ञः सर्वकर्तृत्वात्साधनाङ्गफलैः सह।
यो यज्जानाति कुरुते स तदेवेति सुस्थितम्।। इति।

व्या० : स्वतन्त्रस्येति। अप्रयोज्यत्वं प्रयोजकशून्यत्वम्। प्रयोजकश्च स्वानभीप्सितकार्यप्रवर्तकः स्वाभीप्सितकार्यविघातकश्चेति द्विविधश्चेतन एवात्र गृह्यते। तेन कर्मणः प्रयोजकत्वविवक्षायामपि नेश्वरस्य स्वातन्त्र्यहानिः। तथा चोक्तप्रयोजक-शून्यत्वे सति करणादिकारकचक्रप्रयोक्तृत्वं स्वातन्त्र्यं न तु कर्माद्यनपेक्षत्वंरूपम्। **तत्तत्कर्माशयेति।** आशेरते सांसारिकः पुरुषा अस्मिन्नित्याशयः। कर्मणामाशयः कर्माशयः। पुण्यपापरूपः कर्मसंघात इति यावत्। तदनुसारेणास्य पुरुषस्येदृशो भोग इदं चास्य भोग्यं वस्तु भोगसाधनं चेदमेतेषामुपादानं चेदमित्यादिकं सर्वं यो विजानाति तादृशः कर्तानुमानेन सिध्यति। भोगः सुखदुःखसाक्षत्कारः। उपादानं समवायिकारणम्। आदिशब्देन कारणान्तरपरिग्रहः। **इहेति।** भोग्यादिकं सर्वं यो विशेषेग जानाति किं च पुंसां यः कर्माशयस्तस्य परिणामं च यो विजानाति तादृशं तं परमेश्वरं विनेदं नियतसंस्थानं

1. सर्वात्मकत्वात् for सर्वकर्तृत्वात् A.

देशकालानुरोधेन नियतपरिणामं च जगन्न भवेदित्यर्थः। ऋते विना। विपाकः परिणामः। **विवादेति**। विवादेनाध्यासितं युक्तं वादग्रस्तमिदं सर्वं जगत्पक्षः। बुद्धिमत्कर्तृपूर्वकत्वं साध्यम्। कार्यत्वं हेतुः। उभयवादिसंमतं कुलालादिकृतं घटादिकार्यं दृष्यन्तः। पक्षान्तर्गतस्यापि निश्चितसाध्यवत्त्वे दृष्यन्तत्वं भवत्येव। **अज्ञस्येति**। कर्तरि षष्ठी। सर्वज्ञत्वं विना सर्वकर्तृत्वा संभवादित्यर्थः। **मृगेन्द्रैरिति**। मृगेन्द्रे इत्यपि पाठो दृश्यते। मृगेन्द्र इति ग्रन्थकारस्य तत्कृतग्रन्थस्य च नाम कैयटवत्। **साधनेति**। यथा दर्शपूर्णमासयागस्य साधनं समित्पुराडाशादिकम्। अङ्गं प्रयाजादिकम्। फलं स्वर्गादिकम्।

As has been said by the Siddha Guru—

"It belongs to independence to be uncontrolled and itself to employ means, etc.;

"This is an agent's true independence, and not the acting irrespectively of works, etc."

And thus we conclude that inference (as well as Śruti) establishes the existence of an agent who knows the various fruits [of action], their means, material causes, etc., according to the laws of the various individual merits. This has been thus declared by the venerable Bṛhaspati—

"He who knows the fruits to be enjoyed, their means and material causes,—

"Apart from him this world knows not how the desert that resides in accumulated actions should ripen."—

"The universe is the subject of our argument, and it must have had an intelligent maker,

"This we maintain from its being an effect, just as we see in any other effect, as jars, etc."

God's omniscience also is proved from his being identical with everything, and also from the fact that an ignorant being cannot produce a thing.[1] This has been said by the illustrious Mṛgendra[2]—

---

1. In p. 82, line 3, *infra*, I read *Karaṇāsambhavācca*.
2. This may be the same with the Meykāṇḍa of the Tamil work in J. A. O. S. His poem was called the *mṛgendra*(?).

"He is omniscient from his being the maker of all things: for it is an established principle

"That he only can make a thing who knows it with its means, parts, and end:"

अस्तु तर्हि स्वतन्त्र ईश्वरः कर्ता। स तु नाशरीरः। घटादिकार्यस्य शरीरवता कुलालादिना क्रियमाणत्वदर्शनात्। शरीरवत्त्वेचास्मदादिवदीश्वरः क्लेशयुक्तोऽसर्वज्ञः परिमितशक्तिं प्राप्नुयादिति चेत्-मैवं मंस्थाः। अशरीरस्याप्यात्मनः स्वशरीरस्पन्दादौ कर्तृत्वदर्शनात्। अभ्युपगम्यापि ब्रूमहे। शरीरवत्त्वेपि भगवतो न प्रागुक्तदोषानुषङ्गः। परमेश्वरस्य हि मलकर्मादिपाशजालासंभवेन प्राकृतं शरीरं न भवति। किं तु शाक्तम्। शक्तिरूपैरीशानादिभिः पञ्चभिर्मन्त्रैर्मस्तकादिकल्पनायामीशानमस्तकस्तत्पुरुषवक्त्रोघोरहृयो वामदेवगुह्यः सद्योजातपाद ईश्वर इति प्रसिद्ध्या यथाक्रमानुग्रहतिरोभावादानलक्षणस्थितिलक्षणोद्भवलक्षणकृत्यपञ्चककारणं स्वेच्छानिर्मितं तच्छरीरं न चास्मच्छरीरसदृशम्। तदुक्तं श्रीमन्मृगेन्द्रैः-

व्या० : नाशरीर इति। परमेश्वरस्य हस्तपादाद्यवयवराहित्ये स कथं जगदुत्पत्तिं कर्तुं शक्नुयादित्याशयः। तथा च प्रयोगः-परमेश्वरः सशरीरः कर्तृत्वात्कुलालादिवदिति। अस्तु शरीरं का हानिरिति चेत्तत्राह-**शरीरवत्त्वे चेति। अस्मदादिवदिति।** तथा च प्रयोगः-ईश्वरः क्लेशयुक्तोऽसर्वज्ञः परिमितशक्तिश्च भवितुमर्हति सशरीरत्वादस्मदादिवदिति। **अशरीरस्यापीति।** शरीरसहायरहितस्यापीत्यर्थः। यदायं जीवात्मा स्वशरीरं चालयति तदा तादृशशरीरचालनरूपक्रियाकर्तृत्वं शरीरसहायरहितस्यैव शरीरान्तर्गतस्य केवलस्य दृश्यते। तथा च यत्र कर्तृत्वं तत्र शरीरसहायत्वमिति व्याप्त्यभावेनेश्वरस्य सशरीरत्वमनुमानेन न सिध्यतीत्यशरीर एवेश्वरः। **अभ्युपगम्यापीति** सशरीरत्वं स्वीकृत्यापीत्यर्थः। **परमेश्वरस्येति।** मलादिपाशस्वरूपमग्रे मूल एव वक्ष्यते (द. ७ पं. १७६)। आदिशब्देन मायाया रोधशक्तेश्च ग्रहणम्। अयं भावः-परमेश्वरो ह्यनादिमुक्तः। अन्यथा तस्य यो मुक्तिप्रदस्तस्याप्यन्यो मुक्तिप्रद इत्यनवस्था स्यात्। अतश्चावश्यं कस्यचिदनादिमुक्तत्वमास्थेयम्। यश्चानादिमुक्तः स एव परमेश्वर इत्युच्यते। अनादिमुक्तस्य च मलादयः पाशा नैव संभवन्ति। पाशसत्त्वेनादिमुक्तत्वासंभवात्। पाशरहितस्य च न प्राकृतं शरीरं संभवति। प्रकृतेः पाशान्तर्गतत्वात्। अखिलजगदुपादानकारणीभूता हि सा। तद्विकारभूतमेव चेदं भौतिकं शरीरम्। एतदेव प्रकृतिविकारभूतत्वात्प्राकृतमित्युच्यते। **शक्तिरूपैति।** तदुक्तम्-

शक्तिस्तु मातृका ज्ञेया सा च ज्ञेया शिवात्मिका। इति।

मातृका वर्णमाला। तस्यां सर्वे मन्त्राः प्रतिष्ठिताः। तदुक्तं कालिकापुराणे–

ये ये मन्त्रा देवतानामृषीणामथ रक्षसाम्।
ते मन्त्रा मातृकायन्त्रे नित्यमेव प्रतिष्ठितः ।। इति।

"Well," our opponents may say, "we concede that God is an independent maker, but then he has no body.[1] Now experience shows that all effects, as jars, etc., are produced by beings possessed of bodies, as potters, etc,. ; but if God were possessed of a body, then he would be like us subject to trouble, and no longer be omniscient or omnipotent." We, however, deny this, for we see that the incorporeal soul does still produce motion, etc., in its associated body; moreover, even though we conceded that God *did* possess a body, we should still maintain that the alleged defects would not necessarily ensue. The Supreme Being, as he has no possible connection with the fetters of matter, such as *mala,*[2] action, etc., cannot have a material body, but only a body of pure energy (Sākta),[3] since we know that his body is composed of the five hymns which are forms of Śakti, according to the well-known text: "The Supreme has the *Iśāna* as his head, the *Tatpuruṣa* as his mouth, the *Aghora* as his heart, the *Vāmedeva* as his secret parts, and the *Sadyojāta* as his feet."[4] And this body, created according to his own will, is not like our bodies, but is the cause of the five operations of the Supreme, which are respectively grace, obscuration, destruction, preservation, and productions.[5] This has been said in the Śrīmat Mṛgendra—

1. Should we read *tāvad anaśarīraḥ* in p. 83, line 2?
2. I retain this word, see *infra.*
3. "*Māyā* (or Prakṛti) is the material, Śakti and instrumental, and Deity the efficient cause" (J. A. O. S. iv. p. 55).
4. These are the five first names of the eleven mantras which are included in the five *kalās* (j. A. O. S. iv. pp.238-243). The Śivaliṅga (the visible object of worship for the enlightened) is composed of mantras, and is to be regarded as the body of Śiva (see J. A. O. S. iv. p. 101). These five mantras are given in the inverse order in Taitt. Āraṇyaka, x. 43-47 (cf. *Nyāya-mālāvist*. p. 3)
5. These are the operations of the five manifestations of Śiva (see J. A.

मलाद्यसंभवाच्छक्तां वपुर्नैतादृशं प्रभोः। इति।

अन्यत्रापि–

तद्वपुः पञ्चभिर्मन्त्रैः पञ्चकृत्योपयोगिभिः।
ईशतत्पुरुषाघोरवामाद्यैर्मस्तकादिमत् ।। इति।

ननु पञ्चवक्त्रस्त्रिपञ्चदृगित्यादिनागमेषु परमेश्वरस्य मुख्यत एव शरीरेन्द्रियादियोगः श्रूयत इति चेत्–सत्यम्। निराकारे ध्यानपूजाद्यसंभवेन भक्तानुग्रहकरणाय तत्तदाकारग्रहणाविरोधात्। तदुक्तं श्रीमत्पौष्करे–

साधकस्य तु रक्षार्थं तस्य रूपमिदं स्मृतम्। इति।

अन्यत्रापि–

आकारवांस्त्वं नियमादुपास्यो
न वस्त्वनाकारमुपैति बुद्धिः। इति।

कृत्यपञ्चकं च प्रपञ्चितं भोजराजेन–

पञ्चविधं तत्कृत्यं सृष्टिस्थितिसंहारतिरोभावः।
तद्वदनुग्रहकरणं प्रोक्तं सततोदितस्यास्य।। इति।

एतच्च कृत्यपञ्चकं शुद्धाध्वविषये साक्षाच्छिवकर्तृकं कृच्छ्राध्वविषये त्वनन्तादिद्वारेणेति विवेकः। तदुक्तं श्रीमत्करणे–

शुद्धेऽध्वनि शिवः कर्ता प्रोक्तोऽनन्तोऽहिते प्रभोः।। इति।

एवं च शिवशब्देन शिवत्वयोगिनां मन्त्रमन्त्रेश्वरमहेश्वरमुक्तात्मशिवानां सवाचकानां शिवत्वप्राप्तिसाधनेन दीक्षादिनोपायकलापेन सह पतिपदार्थे संग्रहः कृत इति बोद्धव्यम्। तदित्थं पतिपदार्थो निरूपितः।

व्या० : तथा च मन्त्राणां शक्तिरूपत्वं सिद्धम्। मन्त्रमये च शरीरे शरीरावयवा मन्त्ररूपा एव वक्तव्याः। तत्रेशानः (म. ना. २१) इति मन्त्रो मस्तकस्थानीयः। तत्पुरुषाय

O. S. iv. 8, 18) which in their descending order are *Sāthākkiyam (i.e., Sadākṣaya?)* or *Sadā-Śiva,* who is Śiva and Śakti combined, and the source of grace to all souls,; *Ichchuran* or *Mayesuran,* the obscure; *Suttavittei (Śuddhavidyā)* which is properly the Hindu triad, *Rudra, Viṣṇu,* and *Brahmā.* They are respectively symbolised by the *nāda, vindu, m, u, and a* of Om.

(म. ना. २०) इति मन्त्रो मुखस्थानीयः। अघोरेभ्यो (म. ना. १९) इति मन्त्रो हृदयस्थानीयः। वामदेवाय (म. ना. १८) इति मन्त्रो गुह्यस्थानीयः। सद्योजातं (म. ना. १७) इति मन्त्रो पादस्थानीयः। संहाररूपं कृत्यमादानलक्षणम्। सृष्टिरूपं कृत्यमुद्भवलक्षणम्। **मलादीति**। प्रभोर्वपुः शाक्तं न त्वेतादृशं मलाद्यसंभवादित्यन्वयः। एतादृशमस्मदादिशरीरसदृशम्। **आकारवानिति**। साकारस्त्वं नियमेनोपासितुं योग्यो भवसि। उपासना हि सेवाविशेषः। सेवा च कायिकवाचिकमानसिकभेदेन त्रिविधा। तत्र मानसिकी तावन्नात्र संभवति। यतो बुद्धिर्निराकारं वस्तु नोपैति न विषयीकरोति। बुद्ध्या वस्तुनो विषयीकरणं च वस्त्वाकारसदृशाकारग्रहणम्। तथा च निराकारस्य ध्यानादिरूपा मानसिकी सेवा न संभवति। बुद्ध्या विषयीकरणाभावादेव च तत्स्तोत्रपठनादिरूपा वाचिक्यपि सेवा न संभवति। कायिकी पाद्यार्घ्यादिरूपा सेवा च निराकारस्य न संभवतीति स्पष्टमेव। **कृच्छ्रध्वेति**। अयमेवाध्वा कृष्ण इत्यशुद्ध इत्यहित इति चोच्यते। अनन्तादयो विद्येश्वरा अग्रे वक्ष्यन्ते (द. ७. पं. ११५) **अनन्तोऽहित इति**। अहितेध्वनि प्रभोः शिवस्य प्रयोज्यत्वेनाभिमतनोनन्तः कर्ता प्रोक्त इत्यर्थः। **एवं चेति**। पतिपदार्थाः शिवोभिमत इति प्रागुक्तम्। (द. ७ पं. २०)। शिवशब्देन यो गृह्यते स पतिशब्दस्यार्थ इति तदर्थः। शिवशब्दस्य शिवत्वं प्रवृत्तिनिमित्तमिति शिवशब्देन शिवत्वयोगिनो गृह्यन्ते। शिवत्वधर्मेण सह यो योगः संबन्धः स विद्यते येषां ते शिवत्वयोगिनः। मन्त्रादयो जीवविशेषा अनुपदमेव पशुनिरूपणे निरूपयिष्यन्ते (द. ७ पं. ११८)। अथ वा मन्त्रा ईशानादयः पञ्च। मन्त्रेश्वरा मण्डल्यादयः। महेश्वरा विद्येश्वराः। मन्त्रादयो जीवविशेषा अप्यस्मदादिदृष्ट्या शिवकल्पा एव। यतस्ते परशिवानुग्रहणे लब्धाधिकाराः शिवत्वं प्राप्ताः। अतः शिवत्वयोगिनः। मुक्तात्मानोपि शिवत्वयोगिनः। तद्वाचकाः शब्दाश्च स्ववाच्यार्थद्वारा शिवत्वयोगिनः। शिवत्वप्राप्ति-साधनीभूता दीक्षादय उपायाश्च कार्यकारणभावसंबन्धेन शिवत्वयोगिनः।

> "From the impossibility of its possessing *mala*, etc., the body of the Supreme is of pure energy, and not like ours."

And it has also been said elsewhere—

> "His body is composed of the five mantras which are subservient to the five operations,
>
> "And his head, etc., are formed out of the Iśa, Tatpuruṣa, Aghora; Vāma, and other hymns."

If you object to this view that "such passages in the Āgamas as 'He is five-faced and fifteen-eyed,' assert prominently the fact that the Supreme Being is endowed with a body, organs, etc.," we concede what you say, but we maintain that there is no contradiction in his assuming such forms to show his mercy to his devoted servants, since meditation, worship, etc.; are impossible towards a Being entirely destitute of form. This has been said in the Pauṣkara—

> "This form of his is mentioned for the preservation of the devotee."

And similarly elsewhere—

> "Thou art to be worshipped according to rule as possessed of form ;
>
> "For the understanding cannot reach to a formless object"—

Bhojaraja[1] has thus detailed the five operations—

> "Fivefold are his operations, creation, preservation, destruction, and obscuration,
>
> "And to these must be added the active grace of him who is eternally exalted"

Now these five operations, in the view of the pure Path, are held to be performed directly by Śiva, but in that of the toilsome Path they are ascribed to Ananta,[2] as is declared in the Śrīmat Karaṇa[3]—

> "In the pure Path Śiva is declared, to be the only agent, but Ananta in that which is opposed to the One Supreme."

It must here be understood that the word Śiva includes in its proper meaning "the Lord," all those who have attained to the state of Śiva, as the Lords of the Mantras, Maheśvara. the emancipated souls who have become Śivas, and the inspired teachers (*vācakas*), together with all the various means, as initiation, etc., for obtaining the state of Śiva. Thus has been explained the first category, the Lord (*pati*).

---

1. In Wilson's Mackenzie Cat. i. p. 138, we find a Tāntrik work, the *Narapati-jaya-caryā*, ascribed to Bhoja the king of Dhār.
2. Ananta is a name of Śiva in the Atharva-śiras Upaniṣad (see Indische Stud. i. 385).
3. This is the fourth of the twenty-eight Āgamas (see Foulkes' Catechism).

संप्रति पशुपदार्थो निरूप्यते–अनणुः[1] क्षेत्रज्ञादिपदवेदनीयो जीवात्मा पशुः। न तु चार्वाकादिवद्देहादिरूपः। नान्यदृष्टं स्मरत्यन्य इति न्यायेन प्रतिसंधानानुपत्तेः। नापि नैयायिकादिवत्प्रकाश्यः। अनवस्थाप्रसङ्गात्। तदुक्तम्–

आत्मा यदि भवेन्मेयस्तस्य माता भवेत्परः।
पर आत्मा तदानीं स्यात्स परो यदि दृश्यते।। इति।

न च जैनवदव्यापकः। नापि बौद्धवत्क्षणिकः। देशकालाभ्यामनवच्छिन्नत्वात्। तदप्युक्तम्–

अनवच्छिन्नसद्भावं वस्तु यद्देशकालतः।
तन्नित्यं विभु चेच्छन्तीत्यात्मनो विभुनित्यता।। इति।

नाप्यद्वैतवादिनामिवैकः। भोगप्रतिनियमस्य पुरुषबहुत्वज्ञापकस्य संभवात्। नापि सांख्यानामिवाकर्ता। पाशजालापोहने नित्यनिरतिशयदृक्क्रियारूपचैतन्यात्मकशिवत्वश्रवणात्। तदुक्तं श्रीमन्मृगेन्द्रैः–पाशान्ते शिवताश्रुते :–इति।

चैतन्यं दृक्क्रियारूपं तदस्यात्मनि सर्वदा।
सर्वतश्च यतो मुक्तौ श्रूयते सर्वतोमुखम्।। इति।

तत्त्वप्रकाशेपि–

मुक्तात्मानोपि शिवाः किं त्वेते यत्प्रसादतो मुक्ताः।
सोनादिमुक्त एको विज्ञेयः पञ्चमन्त्रतनुः।। इति।

व्या० : अनणुरिति। व्यापक इत्यर्थः। अण्वितिपाठे सूक्ष्मत्वादणुशब्दवाच्यत्वं न त्वणुपरिमाणवशात्। जीवो व्यापक इत्यग्रे वक्ष्माणत्वात्। क्षेत्रं शरीरं स्वभोगायतनत्वेन जानातीति क्षेत्रज्ञः। **नान्यदृष्टमिति।** बाल्यतारुण्याद्यवस्थाभेदेन देहभेदस्य दर्शनाद्बाल्यावस्थायां दृष्टस्य तारुण्यावस्थायां स्मरणं न स्यात्। देहस्यैवात्मत्वेनात्मभेदसत्त्वात्। **प्रकाश्यः।** बोधनीयः। **अनवस्थेति।** आत्मा यदि ज्ञेयस्तर्हि तस्य ज्ञाता तस्मादन्यः स्वीकार्यः स्यात्। एकस्यां ज्ञानक्रियायामेकस्यैव कर्तृत्वकर्मत्वयोरसंभवात्। यश्चान्यो ज्ञातात्मा सोपि ज्ञेय इति पुनस्तस्यापि ज्ञाता तदपेक्षयान्य आस्थेयः। मानाधीना मेयसिद्धिरित्युक्तेः। एवं तस्याप्यन्य इत्यनवस्था भवति। **आत्मा यदीति।** मातुं योग्यो मेयः। ज्ञेय इत्यर्थः। यद्यात्मा ज्ञेयो भवेत्तर्हि तस्य ज्ञातान्यो भवेत्। अथास्तु नाम तदपेक्षयान्यस्तस्य ज्ञाता का हानिरिति वैयात्याद्यदि कश्चिद्ब्रूयाच्चेत्तत्राह–**पर इति।**

---

1. अणु for अनणुः C.

एकस्मिन्देह एकस्य जीवनस्य ज्ञाता परो जीवोननुभूतोपि तदानीं स्वीकर्तुं योग्यो भवेद्यदि तस्यापि ज्ञाता परो विद्येत। तथा चानवस्था। अथ वा यदि सोन्यो दृश्येत तर्हि स स्वीकार्यः स्यान्नान्यथेत्यर्थः। तथात्वे चानुभवविरोधः। **देशेति।** अवच्छिन्नत्वमवच्छेदः संकोचः। इयत्तेति यावत्। तदभावोनवच्छिन्नत्वम्। देशत इयत्ताया अभावान्नाव्यापकः। तथा कालत इयत्ताया अभावान्न क्षणिकः। किं तु व्यापको नित्यश्च। **अनवच्छिन्नेति।** देशतः कालतश्चानवच्छिन्न इयत्तारहितः सद्भावोस्तित्वं यस्य तादृशमित्यर्थः। **भोगेति।** भोगः सुखदुःखसाक्षात्कारः। स चैकस्य देवदत्तस्य यथा भवति न तथान्यस्य यज्ञदत्तादेरित्येवं यो भोगनियमस्तेन जीवबहुत्वमनुमीयते। कर्म तु न तन्नियामकम् जीवैक्यपक्षेमुकेनेदं कर्म कृतममुकेन नेति वक्तुमशक्यत्वात्। **नित्येति।** चैतन्यस्य नित्यत्वेन तस्य च चैतन्यस्य दृक्क्रियारूपत्वेन नित्यं कर्तृत्वं सिद्धं भवति। तथा हि–बद्धानां जीवात्मनामिन्द्रियद्वारा तत्तत्क्रियाकर्तृत्वं सांप्रतं सर्वत्रानुभूयत एव। मुमुक्षूणां जीवात्मनां मलकर्मादिपाशजालोत्सारणार्थं व्रतचर्यादिषु प्रवृत्तिदर्शनात्तत्र कर्तृत्वमस्त्येव। मुक्तानामपि शिवत्वप्राप्तिरिति कर्तृत्वमस्त्येव। शिवत्वं हि निरतिशयं दृक्क्रियारूपं चैतन्यम्। क्रिया च कर्तृत्वं विना नोपपद्यते। **चैतन्यमिति।** सर्वतश्चेति पूर्वान्वयि। चैतन्य दृग्रूपं क्रियारूपं च। तद्द्विविधमप्यात्मनि सर्वदा सर्वप्रकारेण च वर्तते। यतो मुक्तौ चैतन्यं सर्वतोमुखं श्रूयते। सर्वतः सर्वप्रकारेण मुखानि द्वाराणि यस्य तादृशम्। केनापि प्रकारेणाप्रतिहतमित्यर्थः। मुक्तस्य ज्ञानशक्तेः क्रियाशक्तेश्च न कथमपि प्रतिबन्धो भवतीति तात्पर्यम्।

We, now proceed to explain the second category, the soul (*paśu*). The individual soul which is also known by such synonyms as the non-atomic,[1] the *Kṣetrajña*, or knower of the body,[2] etc., is the *Paśu*. For we must not say with the Cārvākas that it is the same as the body, since on this view we could not account for memory, as there is a proverb that one man cannot remember what another has seen. Nor may we say with the Naiyāyikas that it is cognisable by perception,[3] as this would involve an *ad infinitum* regressus. As has been said—

1. *Aṇu?* "The soul, when clothed with these primary things (desire, knowledge, action, etc.), is an exceedingly small body" (Foulkes). Ananu is used as an epithet of Brahman in Bṛhad Ar. Up. iii. 8. 8.
2. See Ind. Studien, i. 301.
3. The mind or internal sense perceives souls (see Bhāṣā Pariccheds, śloka 49).

"If the soul were cognisable, there would need to be again a second knower;[1]

"And this would require another still, if the second were itself to be known."

Nor must we hold it non-pervading with the Jainas, nor momentary with the Bauddhas, since it is not limited by space or time. As has been said—

"That object which is unlimited in its nature by space or time,

"They hold to be eternal and pervading,—hence the soul's all-pervadingness and eternity."

Nor may we say with the Vedāntin that it is only one, since the apportionment of different fruits proves that there are many individual souls; nor with the Sāṅkhyas that it is devoid of action, since, when all the various "fetters" are removed, Śruti informs us of 'a state of identity with Śiva which consists in intelligence in the form of an eternal and infinity vision and action.[2] This has been declared in the Śrīmat Mṛgendra—

"It is revealed that identity with Śiva results when all fetters are removed."

And again—

"Intelligence consists in vision and action, and since in his soul

"This exists always and on every side, therefore, after liberation, Śruti calls it that which faces every way."

It is also said in the Tattva-prakāśa—

"The liberated souls are themselves Śivas, but these are liberated by his favour ;

"He is to be known as the one eternally liberated, whose body is the five Mantras."

पशुस्त्रिविधः। विज्ञानाकलप्रलयाकलसकलभेदात्। तत्र प्रथमो विज्ञानयोगसंन्यासैर्भोगेन वा कर्मक्षये सति कर्मक्षयार्थस्य कलादिभोगबन्ध-

1. Dele the *iti* in p. 84, line 5, *infra*.
2. Cf. the Nakuliśa Pāśupatas, p. 76, 4 (*supra* p. 103).

स्याभावात्केवलमलमात्रयुक्तो विज्ञानाकल इति व्यपदिश्यते। द्वितीयस्तु प्रलयेन कलादेरुपसंहारान्मलकर्मयुक्तः प्रलयाकल इति व्यवह्रियते। तृतीयस्तु मलमायाकर्मात्मकबन्धत्रयसहितः सकल इति संलप्यते।

व्या० : विज्ञानाकलेति। न कला यस्य सोऽकलः। विज्ञानेनाकलो विज्ञानाकलः। एवं प्रलयेनाकलः प्रलयाकलः। कलया सहितः सकलः। **विज्ञानयोगेति।** विज्ञानं परमेश्वरस्वरूपविज्ञानम्। योगो जपध्यानादिः प्रागुक्तः (द. ६ पं. ८२)। संन्यासः कर्मत्यागः। कलादयोग्रे वक्ष्यन्ते (द. ७ पं. १३०)। भोगः सुखदुःखसाक्षात्कारः। स बध्यते नियम्यतेनेनेति भोगबन्धः शरीरम्। तत्प्रयोजकाश्च कलादयः। कर्मण एव क्षये तत्फलभोगस्याभावेन शरीरस्यानपेक्षितत्वाच्छरीरप्रयोजकैः कलादिभिरिन्द्रियैर्भूतैश्चात्यन्तं वियोगात्केवलेन मलेन युक्तो विज्ञानाकलः। मलादिपाशचतुष्टयमग्रे वक्ष्यते (द. ७ पं. १७६)। तेष्वाद्यास्त्रयो मलः कर्म मायाकार्यं चेति। तेषु केवलेन मलेन युक्तो न तु कर्मणा मायाकार्येण वा। रोधशक्तिरूपचतुर्थपाशसंबन्धस्त्वकिंचित्करः। **उपसंहारादिति।** प्रलयेन कलादेर्विनाशेपि बीजरूपेण तेषामवस्थानमत्स्येवेत्यन्यत्।

Now the souls are threefold, as denominated *vijñānākalāḥ pralayākalāḥ*, and *sakalāḥ*.[1] (a.)The first are those who are under the influence of *mala* only, since their actions are cancelled by receiving their proper fruits, or by abstraction, contemplation, and knowledge, and since they have no "fetters" in the form of

1. For these three classes see J.A.O.S. iv. pp. 87, 137. They are there described as being respectively under the influence of *āṇavaṁ malam* only, or this with *kanmam malam*, or these with *mayei malam*. The *āṇavam* is described as original sin, or that source of evil which was always attached to the soul; *kanmam* is that fate which inheres in the soul's organism and metes out its deserts; *mayei* is matter in its obscuring or entangling power, the source of the senses. Mādhava uses "*kalā*," etc., for *māyā*. The reason is to be found in J. A. O. S. p. 70, where it is said that the five *vidyātattvas* (*kalā*, *vidyā*, *rāga*, *niyati*, and *kalā*) and the twenty-four *ātmatattvas* (*sc.* the gross and subtile elements, and organs of sense and action, with the intellecutal faculties *manas, buddhi, ahaṁkāra* and *citta*), are all developed from *māyā*. This exactly agrees with the quotation from Soma Śambhu, *infra*. We may compare with it what Mādhava says, p. 77, in his account of the Nakulīśa Pāśupatas, where he describes *kalā* as unintelligent, and composed of the five elements, the five *tanmātras*, and the ten organs, with *buddhi, ahaṁkāra* and *manas*.

enjoyments, such as *kalā*, etc. (which fetters would, however, be the cause of cancelling actions by bringing about their proper fruit). (b.) The second are those who are under the influence of *mala* and *karman*, since in their case *kalā*, etc., are destroyed by mundane destructions, hence their name *pralayākala.* (c.) The third are those who are bound in the three fetters of *mala, māyā,* and *karman*, hence their name *sakala.*

तत्र प्रथमो द्विप्रकारो भवति समाप्तकलुषासमाप्तकलुषभेदात्। तत्राद्यान्कालुष्यपरिपाकवतः पुरुषधौरेयानधिकारयोग्याननुगृह्यान्तादिविद्येश्वराष्टपदं प्रापयति। तद्विद्येश्वराष्टकं निर्दिष्टं बहुदैवत्ये–

अनन्तश्चैव सूक्ष्मश्च तथैव च शिवोत्तमः।
एकनेत्रस्तथैवैकरुद्रश्चापि त्रिमूर्तिकः।।
श्रीकण्ठश्च शिखण्डी च प्रोक्ता विद्येश्वरा इमे। इति।

अन्त्यान्सप्तकोटिसंख्यातान्मन्त्राननुग्रहकरणान्विधत्ते। तदक्तं तत्त्वप्रकाशे–

पशवस्त्रिविधाः प्रोक्ता विज्ञानप्रलयकेवलौ सकलः।
मलयुक्तस्तत्राद्यो मलकर्मयुतो द्वितीयः स्यात्।।
मलमायाकर्मयुतः सकलस्तेषु द्विधा भवेदाद्यः।
आद्यः समाप्तकलुषोऽसमाप्तकलुषो द्वितीयः स्यात्।।
आद्याननुगृह्य शिवो विद्येशत्वे नियोजयत्यष्टौ।
मन्त्रांश्च करोत्यपरांस्ते चोक्ताः कोटयः सप्त।। इति।

सोमशंभुनाप्यभिहितम्–

विज्ञानाकलनामैको द्वितीयः प्रलयाकलः।
तृतीयः सकलः शास्त्रेनुग्राह्यस्त्रिविधो मतः।।
तत्राद्यो मलमात्रेण युक्तोन्यो मलकर्मभिः।
कलादिभूमिपर्यन्ततत्त्वैस्तु सकलो युतः।। इति।

व्या० : कालुष्येति। कालुष्यं मलः। तत्परिपाको नाम तत्र विद्यमानाया रोधशक्तेरुपसंहारः। पुनः पुनः क्रियमाणेन कर्मणा मले पुटानि संपद्यन्ते। तेन च मलः परिपक्वो न भवति। कर्माभावे तु पुनः पुटाभावेन पूर्वस्य मलस्योत्तरोत्तरं परिपाको भवत्यहिनिर्ल्वयनीवत। यथा यथा परिपाकस्तथा तथा तद्गताया जीवस्वरूपावरण–

शक्तेर्विनाशो भवति। **अन्त्यानिति।** असमाप्तकलुषा विज्ञानाकला ये जीवात्मानस्तान्परमेश्वरो मन्त्ररूपान्करोति। मन्त्राश्च कर्मणा शरीरेण च विमुक्ताः केवलेन मलेन युक्ता जीवविशेषा एव। ते च सप्तकोटिसंख्याका इतरजीवानुग्राहकाश्च भवन्ति। **पशव इति।** विज्ञानकेवलो विज्ञानाकलः। प्रलयकेवलः प्रलयाकलः। **कलादीति।** कलादिसप्तकमन्तः करणत्रयमिन्द्रियदशकं शब्दतन्मात्रादिगन्धतन्मात्रपर्यन्तं तन्मात्रपञ्चकमाकाशादिभूमिपर्यन्तं भूतपञ्चकं चेति त्रिंशत्संख्याकैस्तत्त्वैर्युतः सकल इत्यर्थः।

The first class are again subdivided into *samāpta-kaluṣāḥ* and *asamāpta-kaluṣāḥ*, according as their inherent corruption is perfectly exhausted or not. The former, having received the mature penalties of their corruptions;— are now, as foremost of men and worthy of the privilege, raised by Śiva's favour to the rank of the Lords of Knowledge (the Vidyeśvaras), Ananta, and the rest. This ogdoad of the Lords of Knowledge is described in the Bahudaivatya—

"Ananta, and Sūkṣma, and Śivottama,
"Ekanetra, and again Ekarudra and Trimūrttika,
"Śrīkaṇṭha and Śikhaṇḍin,—these are declared to be the Vidyeśvaras."

The latter Śiva, in his mercy, raises to the rank of the seventy million Mantras.[1] All this is explained in the Tattva-prakāśa.[2] Similarly Soma-Śambhu has said—

"One class is named *vijñānākala*, the second *pralayākala*,
"The third *sakala*,—these are the three whom the Śāstra regards as objects of mercy.
"The first is united to *mala* alone, the second to *mala* and *karma*,
"The third are united to all the tattvas beginning with *kalā* and ending with "earth."[3]

प्रलयाकलोपि द्विविधः–पक्वपाशद्वयस्तद्विलक्षणश्च। तत्र प्रथमो मोक्षं

1. See J. A. O. S. iv. p. 137. I read *anugrahakaraṇāt* in p. 86, line 3.
2. I omit the quotation, as it only repeats the preceding. It, however, names the three classes as *vijñāna-kevala*, *pralaya-kevala*, and *sakala*.
3. *I.e.*, thus including five of the *vidyātattvas* all the twenty-four *ātmatattvas*.

प्राप्नोति। द्वितीयस्तु पुर्यष्टकयुतः कर्मवशान्नानाविधजन्मभाग्भवति। तदप्युक्तं तत्त्वप्रकाशे–

प्रलयाकलेषु येषामपक्वमलकर्मणी व्रजन्त्येते।
पुर्यष्टकदेहयुता योनिषु निखिलासु कर्मवशात्॥ इति।

पुर्यष्टकमपि तत्रैव निर्दिष्टम्–

स्यात्पुर्यष्टकमन्तःकरणं धीकर्म करणानि। इति।

विवृतं चाघोरशिवाचार्येण–पुर्यष्टकं नाम प्रतिपुरुषं नियतः सर्गादारभ्य कल्पान्तं मोक्षान्तं वा स्थितः पृथिव्यादिकलापर्यन्तस्त्रिंशत्तत्त्वात्मकः सूक्ष्मो देहः। तथा चोक्तं तत्त्वसंग्रहे–

व्या० : पक्वपाशद्वय इति। पक्वं जीर्णं स्वकार्यकरणासमर्थं पाशद्वयं मलकर्मरूपं यस्य तादृशः। विद्यमानपि पाशद्वयमविद्यमानवदेवेति तत्कार्यस्यावरणस्य भोगस्य चाभावादयं मुक्ता भवति। **द्वितीयस्त्विति।** पुनः सृष्ट्यारम्भकाल इति शेषः। **स्यात्पुर्यष्टकमिति।** अन्तःकरणं मनोबुद्ध्यहंकाररूपं त्रयम्। उपलक्षणमेतत्कलादि-सप्तकस्य। धियो ज्ञानस्य कर्म धीकर्म। ज्ञेयमित्यर्थः। तच्च पञ्च भूतानि पञ्च तन्मात्राश्चेति दशकम्। करणानि साधनानि। ज्ञानस्य साधनानि पञ्च ज्ञानेन्द्रियाणि। कर्मणः साधनानि पञ्च कर्मेन्द्रियाणि च। एतानि त्रिंशत्तत्त्वानि पुर्यष्टकमित्युच्यत इत्यर्थः। **कल्पान्तमिति।** प्रलयपर्यन्तमित्यर्थः। प्रलये पुर्यष्टकस्य विलयात्। **मोक्षान्तमिति।** सृष्ट्यवस्थायामपि मोक्षप्राप्तिकाले पुर्यष्टकस्य लयसद्भावात्। **पृथिव्यादीति।** कलादिभूमिपर्यन्तानि यानि त्रिंशत्तत्त्वान्युक्तानि तान्येव विपर्ययेण पृथिव्यादिकलापर्यन्तानि त्रिंशत्तत्त्वानि बोध्यानि। **प्रतिपुंनियतः।** प्रतिजीवनियतः।

The *Pralayākalāḥ* are also twofold, as being *pakvapāśadvaya* or not, i.e., those in whom the two remaining fetters are matured, and, those in whom they are not. The former attain liberation, but the latter, by the power of *karman*, are endowed with the *puryaṣṭaka*[1] body, and pass through various births. As has bean said in the Tattva-prakāśa—

1. This term seems to be derived from *puri*, "body" (cf. *puriśaya* for *puruṣa*, Bṛhad Ār. Up. ii. 5, 18), and *aṣṭaka* (cf. also the Sāṅkhya Pravacana Bhāṣya. p. 135).

"Those among the Pralayākalas whose *karman* and *mala* are immature,

"Go, united with the *puryaṣṭaka* body, into many births by the power of *karman*."

The *puryaṣṭaka* is also thus described in the same work—

"The *puryaṣṭaka* is composed of the internal organ, thought (*dhi*), *karman*, and the instruments."

This is thus explained by Aghora Śiva Ācārya, "the *puryaṣṭaka* is a subtile body apportioned to each individual soul, which continues from the creation until the close of the kalpa, or until liberation: it is composed of the thirty[1] tattvas beginning, with 'earth' and, ending with *kalā*." As has been said in the Tattva-saṁgraha—

वसुधाद्यस्तत्त्वगणः प्रतिपुंनियतः कलान्तोयम्।
पर्यटति कर्मवशाद्भुवनजदेहेष्वयं च सर्वेषु।। इति।

तथा चायमर्थः समपद्यत–अन्तःकरणशब्देन मनोबुद्ध्यहंकारवाचिनान्यान्यपि पुंसो भोगक्रियायामन्तरङ्गाणि कलाकालनियतिविद्यारागप्रकृतिगुणाख्यानि सप्त तत्त्वान्युपलक्ष्यन्ते। धीकर्मशब्देन ज्ञेयानि पञ्च भूतानि तत्कारणानि च तन्मात्राणि विवक्ष्यन्ते। करणशब्देन ज्ञानकर्मेन्द्रियदशकं संगृह्यते। ननु श्रीमत्कालोत्तरे–

शब्दः स्पर्शस्तथा रूपं रसो गन्धश्च पञ्चकम्।
बुद्धिर्मनस्त्वहंकारः पुर्यष्टकमुदाहृतम्।।

इति श्रूयते। तत्कथमन्यथा कथ्यते। अद्धा। अत एव च तत्रभवता [2]रामकाण्डेन तत्सूत्रं त्रिंशत्तत्त्वपरतया व्याख्यायीत्यलमतिप्रपञ्चेन।

व्या० : भुवनजदेहेषु। मनुष्यपशुपक्ष्यादिसकलस्थूलदेहेषु। **कलाकालेति।** अत्रायं सृष्टिक्रमः—मायारूपं तत्त्वं सर्वस्यास्य जगतो मूलभूतं सूक्ष्मतमं प्रलयेप्यविनाशि। सृष्ट्यारम्भे परमेश्वरसंनिधानेन तस्याः परिणामो भवति। तत्राद्यः परिणामः कला। इदं तत्त्वं सूक्ष्मतरं प्रलये विनाशि गुणत्रयातीतं च। गुणत्रयस्याद्याप्युत्पत्त्यभावात्। ततस्तस्मात्काल उत्पद्यते। अयं चैकः। अग्रिमं सर्वं कालाधीनम्। ततो नियतिरुत्पद्यते।

1. Or rather thirty-one?
2. रामकण्ठेन C, रामकर्णेन D, for रामकाण्डेन.

नियतिरदृष्टम्। तच्च नानाविधं जीवकृतपूर्वकर्मानुसारेण तत्तत्कालानुसारेण च जीवैः संबध्ते। तस्माद्विद्योत्पद्यते। विद्यैव चित्ताख्यो जीवगुणः। तस्माद्राग उत्पद्यते। रागश्च द्वेषप्रतिद्वन्द्विभूतो विषयासक्तिजनको जीवगुणः। विद्या रागश्च प्रतिजीवं भिन्नः। ततो विषयोत्पत्तौ जायमानायामादौ प्रकृतिरूपं तत्त्वमुत्पद्यते। ततस्तत्र गुणत्रयमुत्पद्यते। ततोन्तःकरणत्रयं शब्दादयः पञ्च तन्मात्राः सूक्ष्मं भूतपञ्चकमिन्द्रियदशकं चोत्पद्यते ततस्तस्मात्स्थूलदेहोत्पत्तिरिति। **अन्यथा**। त्रिंशत्तत्त्वात्मकं पुर्यष्टकमित्येवम्। **अद्धेति**। सत्यमित्यर्थः। **तत्सूत्रमिति**। शब्दादिभिर्लक्षणया स्वाश्रयीभूतानि पञ्च भूतान्यपि ग्राह्याणि। बुद्ध्यादिष्वन्यतमेन भोगसाधनत्वरूपसाधर्म्यात्कलादिसप्तकमिन्द्रियदशकं च ग्राह्यम्। एवं व्याख्यानेन शब्दः स्पर्श इति सूत्रस्य त्रिंशत्तत्त्वपरत्वमुपपद्यते। रामकाण्डकृतं व्याख्यानं तु न दृष्टमस्माभिः। शङ्कते–

> "This set of tattvas, commencing with 'earth' and ending with *kalā* is assigned to each soul,
>
> "And wanders by the law of *karman* through all the bodies produced by the world."

The following is the full meaning of this passage :— The word "*internal organ*," which properly includes "mind," "intelligence," "egoism," and "reason,"[1] includes also the seven tattvas which enter into the production of enjoyment [or experience, *viz*., those called *kalā*, time, fate, knowledge, concupiscence, nature, and quality;[2] the word. "*thought*" (*dhī*) and *karman* signify the five cognisable gross elements, and their originators, the subtile rudiments. By the word "*instruments*" are comprehended the ten organs of sense and action.

> "But is it not declared in the. Śrīmat Kālottara that 'The set of five, sound, touch, form, taste and smell, intelligence, mind and egoism, these constitute the *puryaṣṭaka*?'"

How, then, can any different account be maintained? We

---

1. *Manas, buddhi, ahaṁkāra, citta.*
2. These are the seven *vidyā tattvas, kalā, kāla, niyati* (fate), *vidyā, rāga, prakṛti, and guṇa.* Hoisington, however, puts *puruṣan* "the principle of life," instead of *guṇa*, which seems better, as the three *guṇas* are included in *prakṛti*. He translated *kalā* by "continency," and described it as "the power by which the senses are subdued and the carnal self brought into subjection."

grant this, and hence the venerable Rāma Kaṇṭha has explained that sūtra in its literal meaning [*i.e.*, as *puryaṣṭaka* is derived from *aṣṭa*, "eight"], so why should we be prolix in the discussion? Still, if you ask how we can reconcile our account with the strict nominal definition of *puryaṣṭaka*, we reply that there is really no contradiction, as we maintain that it is composed of a set of eight in the following manner :— (1.) The five elements; (2.) the five rudiments; (3.) the five organs of knowledge; (4.) those of action; (5.) the fourfold internal organ; (6.) their instrument;[1] (7.) nature [prakṛti] ; and (8.) the class composed of the five, beginning with *kalā*, which form a kind of case.[2]

तथापि कथं पुनरस्य पुर्यष्टकत्वम्। भूततन्मात्रबुद्धीन्द्रियकर्मेन्द्रियान्तः-करणसंज्ञैः पञ्चभिर्वर्गैस्तत्कारणेन प्रधानेन कलादिपञ्चकात्मना वर्गेण चारब्धत्वादित्यविरोधः। तत्र पुर्यष्टकयुतान्विशिष्टपुण्यसंपन्नन्कांश्चिदनुगृह्य भुवनपतित्वमत्र महेश्वरोनन्तः प्रयच्छति। तदुक्तम्-

कांश्चिदनुगृह्य वितरति भुवनपतित्वं महेश्वरस्तेषाम्। इति।

व्या० : तथापीति। पुर्यां शरीररूपायामष्टकं पुर्यष्टकम्। संख्याकृतव्यवहारस्य परस्परपरिहारेणैव दृष्टत्वात्त्रिंशत्तत्त्वात्मके पुर्यष्टकेष्टसंख्या कथमुत्पद्यते इत्याशयः। उत्तरयति-**भूतेति।** त्रिंशत्तत्त्वेष्ववान्तरवर्गानुसारेणाष्टसंख्योपपत्तिरिति भावः। **तत्कारणेनेति।** तस्य भूतादिवर्गपञ्चकस्य कारणेन सत्त्वरजस्तमोरूपगुणत्रयेणेत्यर्थः। प्रधानं च गुणत्रयाश्रयमखिलजगन्मूलकारणम्। इदमेव प्रकृतिशब्देन व्यपदिश्यते। कलादिपञ्चकं च कलाकालनियतिविद्यारागरूपम्। **महेश्वरः।** विद्येश्वरः।

Now in the case of some of those souls who are joined to the *puryaṣṭaka* body, Maheśvara Ananta having compassionated them as possessed of peculiar merit, constitutes them here as lords of the world; as has been said—

---

1. This "Instrument" (*karaṇa*) seems to mean what Hoisington calls *puruṣan* or 'the principle of life which establishes or supports the whole system in its operation ;" he makes it one of the seven *vidyātattvas*. According to Mādhava, it should be what he calls *guṇa*.
2. The thiry-one *tattvas* are as follows :—Twenty-four *ātma-tattvas*, five elements, five *tanmātras*, ten organs of sense and action, four organs of the *antaḥkaraṇa*, and seven *vidyāttvas* as enumerated above. (See J. A. O. S. iv. pp. 16-17).

"Maheśvara pities some and grants them to be lords of the world."

सकलोपि द्विविधः। पक्वकलुषापक्ककलुषभेदात्। तत्राद्यान्परमेश्वरस्तत्परिपाकपरिपाट्या तदनुगुणशक्तिपातेन मण्डल्याद्यष्टादशोत्तरशतं मन्त्रेश्वरपदं प्रापयति। तदुक्तम्–

शेषा भवन्ति सकलाः कलादियोगादहर्मुखे काले।
शतमष्टादश तेषां कुरुते स्वयमेव मन्त्रेशान्।।
तत्राष्टौ मण्डलिनः क्रोधाद्यास्तत्समाश्च वीरेशः।
श्रीकण्ठः शतरुद्राः शतमित्यष्टादशाभ्यधिकम्।। इति।

तत्परिपाकाधिक्यानुरोधेन शक्त्युपसंहारेण दीक्षाकरणेन मोक्षप्रदो भवत्याचार्यमूर्तिमास्थाय परमेश्वरः। तदप्युक्तम्–

परिपक्वमलानेतानुत्सादनहेतुशक्तिपातेन।
योजयति परे तत्त्वे स दीक्षयाचार्यमूर्तिस्थः।। इति।

श्रीमन्मृगेन्द्रेपि–

पूर्वं व्यत्यासितस्याणोः पाशजालमपोहति। इति।

व्याकृतं च नारायणकण्ठेन। तत्सर्वं तत एवावधार्यम्। अस्माभिस्तु विस्तरभिया न प्रस्तूयते। अपक्ककलुषान्बद्धानणून्भोगभाजो विधत्ते परमेश्वरः कर्मवशात्। तदप्युक्तम्–

बद्धाञ्शेषानपरान्विनियुङ्क्ते भोगभुक्तये पुंसः।
तत्कर्मणामनुगमादित्येवं कीर्तिताः पशवः।। इति।।

व्या० : तत्राद्यानिति। यथा यथा मलादीनां पाशानां परिपाकोधिको भवति तथा तथा तेषु पाशेषु विद्यमाना दृक्क्रियाच्छादनशक्तिरपि हीना भवति। शक्तौ हीनायां च विद्यमानां अपि पाशा अविद्यमानकल्पा एव भवन्ति। ततस्तेषां मन्त्रेश्वरपद ददाति परमेश्वरः। पूर्वं सप्तकोटिसंख्याका जीवविशेषा मन्त्रा उक्ताः। तेषामधिकारिण एते मण्डल्यादयोष्यदशाधिकशतसंख्याका मन्त्रेश्वरा जीवविशेषाः। **अहर्मुख इति।** सृष्टिकालो दिवसः। प्रलयकालो रात्रिः। सृष्ट्यारम्भकाल इत्यर्थः। **तत्समा इति।** तैर्मण्डलिभिः संख्यया समाः। क्रोधाद्या अष्टावित्यर्थः। **तत्परिपाकेति।** मलादीनां पाशानां पूर्णे परिपाके दृक्क्रियाच्छादिकायाः पाशगताया रोधशक्तेः सर्वथा विनाशात्तं

मोक्षाधिकरणं संभाव्य परमेश्वरस्तद्गुरुमूर्तिमधिष्ठाय तस्य शिष्यस्य दीक्षां संपाद्य मोक्षं ददातीत्यर्थः। **पूर्वमिति।** व्यत्यासितस्य जीवत्वप्रापकादनादिसंस्कारान्मोचितस्याणोर्जीवस्य पाशजालं दूरीकरोति। मोक्षं ददातीति यावत्।

The class called *sakala* is also divided into two, as pakvakaluṣa and *apakvakaluṣa*. As for the former, the Supreme Being, in conformity with their maturity (*paripāka*), puts forth a power agreeable thereto, and transfers them to the position of the hundred and eighteen Lords of the Mantras, signified by the words Maṇḍalī, etc., as has been said—

"The rest are denominated *sakala,* from their connection with *Kalā* etc., seized by time whose mouths are days;

"The Supreme of his own will makes one hundred and eighteen of these the Lords of the Mantras.

"Eight of these are called *Maṇḍalins* ; eight again are Krodha, etc. ;

"Vīreśa, Śrīkaṇṭha, and the hundred Rudras,—these together are the hundred and eighteen."

In their case again, the Supreme, having assumed the form of a teacher, stops the continued accession of maturity and contracts his manifested power, and ultimately grants to them liberation by the process of initiation; as has been said—

"These creatures whose *mala* is matured, by putting forth a healing power,

"He, assuming the form of a teacher, unites by initiation to the highest principle."

It is also said in the Śrīmad Mṛgendra—

"He removes from that infinitesimal soul all the bonds which previously exerted a contrary influence over it."[1]

All this has been explained at great length by Nārāyaṇa-Kaṇṭha and there it is to be studied; but we are obliged to pass on through fear of prolixity.

---

1. I take *aṇu* in this verse as the soul, but it may mean the second kind of *mala* mentioned by Hoisington. The first kind of *mala* is the *māyā-mala,* the second *āṇava-mala,* the third *kanma-mala (karman).*

But as for the second class, or those called *apakvakaluṣa* the Supreme Being, as impelled by the desert of their respective actions, appoints them, as bound and endued with infinitesimal bodies, to enjoy the rewards of their previous actions.[1] As has been said—

> "The other souls, bound [in their material bonds] he appoints to enjoy their various deserts,
>
> "According to their respective actions: such are the various kinds of souls."

अथ पाशपदार्थः कथ्यते। पाशश्चतुर्विधः। मलकर्ममायारोधशक्तिभेदात्। ननु

शैवागमेषु मुख्यं पतिपशुपाशा इति क्रमात्त्रितयम्।
तत्र पतिः शिव उक्तः पशवो ह्यणवोर्थपञ्चकं पाशाः।।

इति पाशः पञ्चविधः कथ्यते। तत्कथं चतुर्विध इति गण्यते। उच्यते–बिन्दोर्मायात्मनःशिवतत्त्वपदवेदनीयस्य शिवपदप्राप्तिलक्षणपरममुक्त्यपेक्षया पाशत्वेपि तद्योगस्य विद्येश्वरादिपद प्राप्तिहेतुत्वेनापरमुक्तित्वात्पाशत्वेनानुपादानमित्यविरोधः। अत एवोक्तं तत्त्वप्रकाशे--पाशाश्चतुर्विधाः स्युरिति। श्रीमन्मृगेन्द्रेपि–

प्रावृतीशो बलं कर्म मायाकार्यं चतुर्विधम्।
पाशजालं समासेन धर्मा नाम्नैव कीर्तिताः।। इति।

अस्यार्थः–प्रावृणोति प्रकर्षेणाच्छादयत्यात्मनः स्वाभाविक्यौ दृक्क्रिये इति प्रावृत्तिरशुचिर्मलः। स च ईष्टे स्वातन्त्र्येणेति ईशः। तदुक्तम्–

एको ह्यनेकशक्तिर्दृक्क्रिययोश्छादको मलः पुंसः।
तुषतण्डुलवज्ज्ञेयस्ताम्राश्रितकालिकावद्वा ।। इति।

बलं रोधशक्तिः। अस्याः शिवशक्तेः पाशाधिष्ठानेन पुरुषतिरोधायकत्वादुपचारेण पाशत्वम्। तदुक्तम्–

---

1. "The sould, when clothed with these primary things (desire, knowledge, action, the *kalādipañcaka,* etc.,) is an exceedingly small body" (Foulkes). One of the three *malas* is called *āṇava,* and is described as the source of sin and suffering to souls.

[1]तासामहं वरा शक्तिः सर्वानुग्राहिका शिवा।
धर्मानुवर्तनादेव पाश इत्युपचर्यते।। इति।

क्रियते फलार्थिभिरिति कर्म धर्माधर्मात्मकं बीजाङ्कुरवत्प्रवाहरूपेणानादि। यथोक्तं श्रीमत्किरणे–

यथानादिर्मलस्तस्य कर्माल्पकमनादिकम्।
यद्यनादि न संसिद्धं वैचित्र्यं केन हेतुना।। इति।

मात्यस्यां शक्त्यात्मना प्रलये सर्वं जगत्सृष्टौ व्यक्तिमायातीति माया। यथोक्तं श्रीमत्सौरभेये–

शक्तिरूपेण कार्याणि तल्लीनानि महाक्षये।
विकृतौ व्यक्तिमायाति सा कार्येण कलादिना।। इति।

व्या० : मलकर्मेति। आत्माश्रितो दुष्टभावो मलः। स मिथ्याज्ञानादिभेदेन पञ्चविधः प्रागुक्तः (द. ६ पं. २१)। कर्म धर्माधर्मरूपं प्रसिद्धम्। माया सर्वस्य मूलकारणम्। इयमेवाविद्या प्रधानं प्रकृरिति चोच्यते। रोधशक्तिर्मलगतं दृक्क्रियाशक्त्यावरणसामर्थ्यम्। **बिन्दोरिति।** पञ्चमः पाशो हि शिवतत्त्वपदवाच्यो मायात्मा बिन्दः। इतरपाशानामभावे केवलेनानेन पाशेन बद्धस्य यद्यपि न शिवपदप्राप्तिरूपो मुख्यः परो मोक्षस्तथापि गौणोऽपरो मोक्षोस्त्येव। यतोयं केवलः पाशो विद्येश्वरादिपदं प्रापयति। विद्येश्वरादिपदप्राप्तिरेव चापरो मोक्षः। तथा चास्य मलादिवत्पाशत्वाभावेन नास्माभिरत्र पाशमध्ये गणित इति भावः। **प्रावृतीश इति।** पृथिव्यादिकलापर्यन्तः पुर्यष्टकपद-वाच्यत्वेन प्रागुक्तः (द. ७ पं. १३७) त्रिंशत्तत्त्वसंघातोत्र मायाकार्यशब्देनोच्यते। एतत्प्रावृतीशादिचतुष्टयं पाशजालमुच्यते। प्रावृतीशादिपाशानां धर्मास्तु तत्तन्नाम-निर्वचनेनैव संक्षेपतः कीर्तिता भवन्तीत्यर्थः। **दृक्क्रिये इति।** ज्ञानशक्तिः क्रियाशक्तिश्चेत्यर्थः। अनयोः स्वरूपं प्रागुक्तम् (द. ६ पं. ५०)। **स चेति।** न केवलमयमात्माश्रितो मलः स्वोपजीव्यस्यात्मनः स्वरूपमाच्छादयति प्रत्युतस्वानुरोधेन स्वतन्त्र इव तमकार्येपि प्रवर्तयंस्तं नियच्छतीवेति भावः। **एक इति।** आच्छादन-शक्तिर्नियमनशक्तिश्चेत्यनेकविधा शक्तिर्यस्य सोनेकशक्तिः। अयं च मलस्तण्डुल-स्वरूपाच्छादकतुषवज्ज्ञेयः। अथ वा ताम्रधातुगतकालिका (ताम्रा इति प्र.) वज्ज्ञेयः। **अस्या इति।** वस्तुमात्रे यत्सामर्थ्यं सा शिवशक्तिरुच्यते। यथाग्नेर्दाहजननसामर्थ्यं जले शैत्योत्पादनसामर्थ्यं तेजसि वस्तुप्रकाशनसामर्थ्यमन्धकारे वस्तुस्वरूपाच्छादन-

1. तस्मान्माहेश्वरी for तासामहं वर C.

सामर्थ्यमिथ्यादि। सा च शक्तिराश्रयानुरोधेन क्वचिद्दोषाय च भवति। तथा चात्र पाशगता रोधशक्तिः पाशमधिष्ठायात्मस्वरूपमाच्छादयतीत्यस्या औपचारिकं पाशत्वमिति भावः। **धर्मानुवर्तनादिति।** आश्रयभूततत्तद्वस्तुधर्मानुसारेणेयं क्वचित्पाश इत्युपचर्यत इत्यर्थः। **यथानादिरिति।** अल्पकमित्यत्रानादिकमित्यत्र च स्वार्थे कप्रत्ययः। कर्मणोल्पत्वं चाल्पफलजनकत्वात्। यथा तस्य जीवात्मनो मलोनादिस्तथा तस्याल्पं कर्माप्यनाद्येव। यद्यनादि संसिद्धं न स्यात्तर्हि केन हेतुना कर्मवैचित्र्यं स्यात्। सांप्रतं यथा विचित्रं कर्म दृश्यते तथैव तदनादि सिद्धम्। कर्मणः सादित्वाङ्गीकारे तु प्रारम्भे तद्वैचित्र्यहेतुः कश्चित्प्रदर्शनीयः स्यात्। स च न कश्चिद्दर्शयितुं शक्यत इति भावः। **मात्यस्यामिति।** माधातोराङ्पूर्वकाद्याधातोश्च घञर्थे कविधानमित्यनेनाधिकरणे कप्रत्ययः। ततष्टाप्। मा चासावाया च माया जगन्मूलप्रकृतिः।

We now proceed to describe the third category, matter (or *pāśa*), This is fourfold, *malc.*, *karman*, *māyā*, and *rodha-śakti.*[1] But it may be objected, "Is it not said in the Śaiva Āgamas that the chief things are the Lord, souls, and matter? Now the Lord has been shown to mean Śiva, 'souls' mean atoms (or beings endowed with atomic bodies), and matter (or 'bond') is said to be the pentad,[2] hence matter will be fivefold. How then is it

1. The first three are the three kinds of *mala* in the J. A. O. S., viz., *āṇavam, kanmama, and māyei,* the last is the "obscuring" power of Māyesuran (cf. vol. iv. pp. 13, 14. The Śaivas hold that Pāśa, like the Sāṅkhya Prakṛti, is in itself eternal, although its connection with any particular soul is temporary (see J. A. O. S. iv. p. 228).
2. These are the five, *vindu, mala, karman, māyā,* and *rodhaśakti. Vindu* is described in Foulkes' translation of the Śiva-prakāśa-patalai : "A sound proceeds out of the mystical syllable *om;* ... and in that sound a rudimentary atom of matter is developed. From this atom are developed the four sounds, the fifty-one Sanskrit letters, the Vedas, Mantras, etc., the bodily, intellectual, and external enjoyments of the sould that have not attained to spiritual knowledge at the end of each period of the world's existence, and have been swept away by the waters of the world-destroying deluge : after these the three stages of heavenly happiness are developed, to be enjoyed by the souls that have a favourable balance of meritorious deeds, or have devoted themselves to the service of God or the abstract contemplation of the Deity, viz., (1.) the enjoyment of the abode of Śiva ; (2.) that of near approach to him; (3.) that of union with him." *Vindu* is similarly described, J. A. O. S. iv. pp. 152, 153 (cf. also Weber, *Rāmatāpanyīa Up.* pp. 312-315).

now reckoned to be only fourfold?" To this we reply as follows: Although the *vindu* or nasal dot, which is the germinal atom of *māyā*, and is called a Śiva-tattva, may be well regarded as material in comparison with the highest liberation as defined by the attainment of the state of Śiva, still it cannot really be considered as matter when we remember that it is a secondary kind of liberation as causing the attainment of the state of such deities as Vidyeśvara, etc. Thus we see there is no contradiction. Hence it has been said in the Tattva-prakāśa—

"The bonds of matter' will be fourfold:"

And again in the Śrīmad Mṛgendra—

"The envelopes-controller (*mala*), the overpower (*rodha*), action, and the work of Māyā,

"These are the four 'bonds,' and they are collectively called by the name of 'merit.'"

The following is the meaning of this couplet :—

(1.) "Enveloping," because *mala* exceedingly obscures and veils the soul's powers of vision and action;. "controlling," because *mala*, a natural impurity, controls the soul by its independent influence. As has been said—

"*Mala*, though itself one, by manifold influence interrupts the soul's vision and action;

"It is to be regarded as the husk in rice or rust on copper."[1]

(2.) The "overpowerer" is the obscuring power; this is called a "bond" [or matter] in a metaphorical sense, since this energy of Śiva obscures the soul by superintending matter [rather than by itself partaking of the nature of matter].

Thus it has been said—

"Of these I am the chief energy, and the gracious friend of all,

"I am metaphorically called *pāśa*,[2] because I follow desert."

(3.) Action [or rather its consequences, *karman*] as being

1. See the same illustrations, in J.A.O.S. iv. p. 150.
2. Some forced derivation seems here intended as of *pāśa* from *paścāt*.

performed by those who desire the fruit. It is in the form of merit or demerit, like the seed and shoot, and it is eternal in a never-beginning series. As has been said in the Śrīmat Kiraṇa—

> "As *Mala* has no beginning, its least actions are beginningless :
>
> "If an eternal character is thus established, then what cause could produce any change therein?"

(4) "*Māyā*," because herein as an energy of the Divine Being all the world is potentially contained (*māti*) at a mundane. destruction, and again at a creation it all comes (*yāti*) into manifestation, hence the derivation of the name. This has been said in the Śrīmat Saurabheya—

> "The effects, as a form of the Divine energy, are absorbed therein at a mundane destruction,
>
> "And again at a renovation it is manifested anew in the form of effects as *kalā*, etc."[1]

यद्यप्यत्र बहु वक्तव्यमस्ति तथापि ग्रन्थभूयस्त्वभयादुपरम्यते। तदित्थं पतिपशुपाशपदार्थास्त्रयः प्रदर्शिताः।

पतिविद्ये तथाविद्या पशुः पाशश्च कारणम्।
तन्निवृत्ताविति प्रोक्ताः पदार्थाः षट् समासतः।।

इत्यादिना प्रकारान्तरं ज्ञानरत्नावल्यादौ प्रसिद्धम्। सर्वं तत एवावगन्तव्यमिति सर्वं समञ्जसम्।।

इति श्रीमत्सायणमाधवीयं सर्वदर्शनसंग्रहे शैवदर्शनम्।।

व्या० : पतिविद्ये इति। पतिः परमेश्वरः। विद्या तत्त्वज्ञानं जीवगुणः। अविद्या मिथ्याज्ञानम्। पशुर्जीवः। पाशो मलादिः। तस्य पाशस्य निवृत्तौ कारणमुपाया जपचर्यादयः प्रागुक्ताः (द. ६ पं. ८२)। यद्यपि मुख्यानि तत्त्वानि पतिपशुपाशरूपाणि त्रीण्यैव तथापि पाशमूलस्य पाशनिवृत्तिसाधनस्य च ज्ञानं तत्वज्ञानं चेत्येतत्त्रयमप्यावश्यकमिति षट्तत्त्वान्यत्रोक्तानीति बोध्यम्।

इति सर्वदर्शनसंग्रहव्याख्यायां दर्शनाङ्कुराभिधायां शैवदर्शनं समाप्तम्।।

Although much more might be added on this topic, yet we stop here through fear of extending this treatise too far. Thus have the three categories been declared,—the Lord, the soul, and matter.

A different mode of treating the subject is found in the Jñānaratnāvali, etc., in such lines as—

> "The Lord, knowledge, ignorance; the soul, matter, and the cause
>
> "Of the cessation thereof;—these are collectively the six categories:"

But our readers must seek for full information from the work itself. Thus our account of the system is complete.

E.B.C.

---

1. In p. 90 line, 2, read *sā kāryeṇa*.

Chapter VIII
The Pratyabhijñā Or Recognitive System

अथ प्रत्यभिज्ञादर्शनम्

अत्रापेक्षाविहीनानां जडानां कारणत्वं दुष्यतीत्यपरितुष्यन्तो मतान्तरमन्विष्यन्तः परमेश्वरेच्छावशादेव जगन्निर्माणं परिघुष्यन्तः स्वसंवेदनोपपत्त्यागमसिद्धप्रत्यगात्मतादात्म्ये नानाविधमानमेयादिभेदाभेदशालिपरमेश्वरोनन्यमुख प्रेक्षित्वलक्षणस्वातन्त्र्यभाक्स्वात्मदर्पणे भावान्प्रतिबिम्बवदवभासयतीति भणन्तो बाह्याभ्यन्तरचर्याप्राणायामादिक्लेशप्रयासकलापवैधुर्येण सर्वसुलभमभिनवं प्रत्यभिज्ञामात्रपरापरसिद्ध्युपायमभ्युपगच्छन्तः परे माहेश्वराः प्रत्यभिज्ञाशास्त्रमभ्यस्यन्ति।

व्या० : प्रत्यभिज्ञेति। एतदद्दर्शनानुसारिणो जनाः सांप्रतं काश्मीरदेशे वर्तन्त इति श्रूयते।

अत्रापेक्षेति। लोके मृद्दण्डचक्रादीनां घटं प्रति कारणत्वं यदुच्यते तन्न संभवति। न हि मृत्तिका घटं निर्मिमीते नापि दण्डश्चकं वा। मृदादीनां मिथः सापेक्षत्वेन घटनिर्मातृत्वमिति चेत्कस्यापेक्षा। न मृत्तिकायाः। अपेक्षायाश्चेतनधर्मत्वात्। नापि दण्डस्य चक्रस्य वा। तुल्यन्यायात्। अथ कुलालस्य मृदाद्यपेक्षेति चेदास्तां नाम कुलालस्य सापेक्षस्य घटं प्रति कारणत्वम्। एवं स्थिते जगत्कारणत्वं न कर्मणः। अचेतनत्वात्। नापि कर्मसापेक्षस्येश्वरस्य जगत्कारणत्वम्। ईश्वरस्य जगदुत्पादने कर्मावलम्बित्वे पूर्णस्वातन्त्र्यभङ्गापत्तेः। पूर्णस्वातन्त्र्यं चान्यमुखप्रेक्षित्वाभावः। कथमपि परावलम्बित्वाभावः। अतो निरपेक्ष ईश्वरः स्वेच्छयैव केवलमाकाशादिभावान्वितं जगन्निर्मिमीत इति सिद्धम्। आकाशादीन्भावांश्च परमेश्वरः स्वात्मन्येवावभासयति दर्पणे प्रतिबिम्बवत्। यतश्चेतनाचेतनात्मकं सर्वमिदं जगन्न परमेश्वरापेक्षया पृथग्भूतं किं तु तदन्तर्गतमेव।

यद्यपि जीवा मिथो भिन्ना एवं नानाविधमानमेयादिभिन्नं जगदपि तथापि परमेश्वरापेक्षया न किंचिद्भिन्नम्। यथा वृक्ष इत्येकत्वं शाखा इति नानात्वमेवं भेदाभेदशाली परमेश्वरः। परमेश्वरस्य जीवतादात्म्यं स्वसंवेदनेनोपपत्त्यागमेन च सिध्यति। स्वसंवेदनं स्वानुभवः। उपपत्तिरनुमानम्। आगमः शैवागमः। अहमीश्वर एव नान्य इत्येवं यः साक्षात्कारः स प्रत्यभिज्ञेत्युच्यते। तेन प्रत्यभिज्ञामात्रेणैव च परापरसिद्धिर्भवति। न तदर्थं चर्याप्राणायामादिक्लेशप्रयासः। भस्मस्नानादिका बाह्यचर्या क्राथनादिकाभ्यन्तरचर्या च प्रागुक्ता (द. ६ पं. ८६)। **परसिद्धिर्मुक्तिः**। अपसिद्धिरभ्युदयो देवलोकप्राप्त्यादिः। यथा यथा साक्षात्कारस्तथा सिद्धिरिति साक्षात्कारानुरोधेन सिद्धितारतम्यम्।

Other Māheśvaras are dissatisfied with the views set out in the Śaiva system as erroneous in attributing to motiveless and insentient things causality (in regard to the bondage and liberation of transmigrating spirits). They therefore seek another system, and proclaim that the construction of the world (or series of environments of those spirits) is by the mere will of the Supreme Lord. They pronounce that this Supreme Lord, who is at once other than and the same with the several cognitions and *cognita*, who is identical with the transcendent self posited by one's own consciousness, by rational proof, and by revelation, and who possesses independence, that is, the power of witnessing all things without reference to aught ulterior, gives manifestation, in the mirror of one's own soul, to all entities[1] as if they were images reflected upon it. Thus looking upon recognition as a new method for the attainment of ends and of the highest end, available to all men alike, without any the slightest trouble and exertion, such as external and internal worship, suppression of the breath, and the like, these Māheśvaras set forth the system of recognition (*Pratyabhijñā*).

तस्येयत्तापि न्यरूपि परीक्षकैः–

सूत्रं वृत्तिर्विवृतिर्लघ्वी बृहतीत्युभे विमर्शिन्यौ।
प्रकरणविवरणपञ्चकमिति शास्त्रं प्रत्यभिज्ञायाः।।

1. Read *bhāvān* for *bhāvāt*.

व्या० : सूत्रमिति। सूत्रे संक्षेपेणार्थबोधनम्। वृत्तौ तदन्वयार्थकथनम्। विवृतौ पदान्तरेणार्थबोधनम्। विमर्शिनीद्वयेधिको विचारः। प्रकरणविवरणपञ्चके च क्रमेण सकलः शास्त्रार्थ उक्तः।

The extent of this system is thus described by one of their authorities—

> "The aphorisms, the commentary, the loss, the two explications, the greater and the less,
>
> "The five topics, and the expositions,—such is the system of recognition: "

तत्रेदं प्रथमं सूत्रम्–

> **कथंचिदासाद्य महेश्वरस्य**
> **दास्यं जनस्याप्युपकारमिच्छन्।**
> **समस्तसंपत्समवाप्तिहेतुं**
> **तत्प्रत्यभिज्ञामुपपादयामि** ।। इति।

कथंचिदिति। परमेश्वराभिन्नगुरुचरणारविन्दयुगलसमाराधनेन परमेश्वर-घटितेनैवेत्यर्थः। आसाद्येति। आ समन्तात्परिपूर्णतया सादयित्वा स्वात्मोपभोग्यतां निरर्गलां गमयित्वा। तदनेन विदितवेद्यत्वेन परार्थशास्त्रकरणेधिकारो दर्शितः। अन्यथा प्रतारणमेव प्रसज्येत। मायोत्तीर्णा अपि महामायाधिकृता विष्णुविरिञ्च्याद्या यदीयैश्वर्यलेशेनेश्वरीभूताः स भगवाननवच्छिन्नप्रकाशानन्दस्वातन्त्र्यपरमार्थो महेश्वरः। तस्य दास्यम्। दीयतेस्मै स्वामिना सर्वं यथाभिलषितमिति दासः। परमेश्वरस्वरूपस्वातन्त्र्यपात्रमित्यर्थः। जनशब्देनाधिकारिविषयनियमाभावः प्रादर्शि। यस्य यस्य हीदं स्वरूपकथनं तस्य तस्य महाफलं भवति। प्रज्ञानस्यैव परमार्थफलत्वात्। तथोपदिष्टं शिवदृष्टौ परमगुरुभिर्भगवत्सोमानन्दनाथपादैः–

> **एकवारं प्रमाणेन शास्त्राद्वा गुरुवाक्यतः।**
> **ज्ञाते शिवत्वे सर्वस्थे प्रतिपत्त्या दृढात्मना।।**
> **करणेन नास्ति कृत्यं क्वापि भावनयापि वा।**
> **ज्ञाते सुवर्णे करणं भावनां वा परित्यजेत्।।** इति।।

अपिशब्देन स्वात्मनस्तदभिन्नतामाविष्कुर्वता पूर्णत्वेन स्वात्मनि परार्थसंपत्त्यतिरिक्तप्रयोजनान्तरावकाशश्च पराकृतः। परार्थश्च प्रयोजनं भवत्येव। तल्लक्षणयोगात्। न ह्ययं देवशापः स्वार्थ एव प्रयोजनं न परार्थ इति। अत एवोक्तमक्षपादेन–

यमर्थमधिकृत्य प्रवर्तते तत्प्रयोजनम् (गौ. सू. १।१।२४) इति। उपशब्दः सामीप्यार्थः। तेन जनस्य परमेश्वरसमीपताकरणमात्रं फलम्। अत एवाह समस्तेति। परमेश्वरतालाभे हि सर्वाः संपदस्तन्निष्यन्दमय्यः संपन्ना एव रोहणाचललाभे रत्नसंपद इव। एवं परमेश्वरतालाभे किमन्यत्प्रार्थनीयम्। तदुक्तमुत्पलाचार्यैः-

भक्तिलक्ष्मीसमृद्धानां किमन्यदुपयाचितम्।
एतया वा दरिद्राणां किमन्यदपयाचितम्।। इति।

इत्थं षष्ठीसमासपक्षे प्रयोजनं निर्दिष्टम्। बहुव्रीहिपक्षे तूपपादयामः। समस्तस्य बाह्याभ्यन्तरस्य [1]नित्यसुखादेर्या संपत्सिद्धिस्तथात्वप्रकाशस्तस्याः सम्यग-वाप्तिर्यस्याः प्रत्यभिज्ञाया हेतुः सा तथोक्ता। तस्य महेश्वरस्य प्रत्यभिज्ञा प्रति आभिमुख्येन ज्ञानम्। लोके हि स एवायं चैत्र इति प्रतिसंधानेनाभिमुखीभूते वस्तुनि ज्ञानं प्रत्यभिज्ञेति व्यवह्रियते। इहापि प्रसिद्धपुराणसिद्धागमानुमानादि-ज्ञातपरिपूर्णशक्तिके परमेश्वरे सति स्वात्मन्यभिमुखीभूते तच्छक्तिप्रतिसंधानेन ज्ञानमुदेति नूनं स एवेश्वरोहमिति। तामेतां प्रत्यभिज्ञामुपपादयामि। उपपत्तिः संभवः। संभवतीति तत्समर्थाचरणेन प्रयोजनव्यापारेण संपादयामीत्यर्थः।

व्या० : परमेश्वरघटितेनेति। गुरुचरणसेवापि परमेश्वरेच्छयैव संपादिता भवति। **स्वात्मेति।** यथा राज्ञा दत्ताधिकारः कश्चन राजदासो दास्यरूपं स्वाधिकारं यथेच्छमुपभुङ्क्ते तथानेन सूत्रकारेण प्रतिबन्धरहितं यथेष्टमुपभोगयोग्यमीश्वरदास्यं कात्स्न्येंन संपादितम्। उपभोगश्चात्र विदितवेद्यत्वेन प्रत्यभिज्ञाशास्त्रप्रकाशनद्वारा परोपकारेण च मानसः संतोषः। **अन्यथेति।** अधिकाराभावेपि शास्त्रविरचने तत्र मिथ्यार्थस्यापि प्रतिपादनसंभव इति तच्छास्त्रानुसारिणां वञ्चनं स्यात्। **अनवच्छिन्नेति।** प्रकाश आनन्दः स्वातन्त्र्यं चेत्येतत्त्रयं परमार्थभूतं परमेश्वरस्वरूपम्। तदनवच्छिन्नम-मर्यादितं यस्य तादृशः। **अधिकारीति।** मुमुक्षूणां जनानां सर्वसाधारण एव प्रत्यभिज्ञाशास्त्रावलोकनेधिकारो न तु भस्मस्नानादिव्रतकर्तुर्विशेषजनस्यैवेति भावः। **यस्येति।** इदं सर्वं महेश्वर एवेत्येवं महेश्वरस्वरूपं यस्य कथ्यते तस्य तत्स्वरूपकथनं स एवेश्वरोहम्-इत्येवं साक्षात्काररूपमहाफलदं भवति। **प्रज्ञानस्येति।** प्रकृष्टं ज्ञानं प्रज्ञानं प्रत्यभिज्ञा। ईश्वरोहमित्येवं साक्षात्कारः। **एकवारमिति।** प्रमाणं प्रत्यक्षादिकम्। शास्त्रं प्रत्यभिज्ञाशास्त्रम्। प्रमाणादिना दृढस्वरूपया प्रतिपत्त्या साक्षात्कारेण सर्वगते शिवत्व एकवारं विज्ञाते सति पश्चात्करणस्य प्रमाणादेर्न किंचित्कार्यं नापि भावनायाः।

1. नीति for नित्य D.

न हि रोगमुक्तौ सत्यां भिषजमपेक्षते कश्चित्। शिवोहमित्यनवरतं चिन्तनं भावना। प्रस्तुतः सुवर्णमपि इदं सुवर्णम्–इत्येवं सुवर्णत्वेन यावन्न ज्ञातं तावत्तज्ज्ञानसाधनीभूतं निकषोपलाद्यानीयते। असुवर्णबुद्ध्या प्राप्तस्य परित्यागस्य निवृत्तय इदं सुवर्णं भावनीयमिति भावना चोपदिश्यते। सुवर्णज्ञानोत्तरं तु न कथमपि तदपेक्षेत्यर्थः। **अपिशब्देनेति।** सूत्रस्थोपकारशब्दस्योप महेश्वरसमीपे करणमुपकार इत्यर्थः। दास्यमिति यावत्। स्वयं दास्यं प्राप्येत्युक्त्वानन्तरमुक्तेन परस्यापि तदिच्छन्नित्यपिशब्देन स्वस्य दास्यप्राप्तिसमुच्चीयते। तथा च परमेश्वरस्वरूपभूतं यत्स्वातन्त्र्यं तत्प्राप्तिरूप-दास्यप्राप्त्या यः सूत्रकारैः स्वस्य परमेश्वराभेदः साक्षात्कृतः सोत्रापिशब्देन तैराविष्कृतः। तथा च परिपूर्णत्वेनाप्तकामानां सूत्रकाराणां प्रत्यभिज्ञाशास्त्रविरचने केवलं परेषामिष्यर्थसंपादनमेव प्रयोजनं न तु स्वस्यान्यत्किंचिदिति सूचितम्। **यमर्थमिति।** उपादेयं त्याज्यं वा यमर्थमध्यवसाय तदुपादानार्थं हानार्थं वोपाः यमनुतिष्ठति तत्प्रयोजनमिति गौतमसूत्रार्थः। **रोहणाचलो** मेरुपर्वतः। स च सुवर्णमयो रत्नसानुश्च। **भक्तीति।** भक्तिः परमेश्वरस्य दास्यम्। तदूपलक्ष्म्या युक्तानामनुकूलवेदनीयत्वेन प्रार्थनीयं नान्यत्किमपि भवति। तथा तया रहितानामप्राप्तपरमेश्वरदास्यानां प्रतिकूलवेदनीयत्वेन त्याज्य नान्यत्किमपि भवति। परमेश्वरदास्यं हि संपत्तेः परा काष्ठा। तादृशदास्या-भावश्चापत्तेः परा काष्ठेति तात्पर्यम्। **षष्ठीसमासपक्षे।** समस्तसंपत्समवाप्तेर्हेतुरिति षष्ठीतत्पुरुषपक्षे। **बहुव्रीहिपक्षे।** समस्तसंपत्समवाप्तिर्हेतुर्यस्या इति समासे। **समस्तस्येति।** यावन्न स्वस्य नित्यसुखादिविज्ञानं संप्राप्तं तावन्न प्रत्यभिज्ञोदेति। तदभिव्यञ्जकचिह्नाज्ञानात्। तथा च समस्तसंपत्समवाप्तेः प्रत्यभिज्ञाहेतुत्वं सिद्धम्। **प्रतिसंधानेनेति।** अभिमुखीभूते वस्तुनि स एवायं चैत्र इत्याकारकप्रतिसंधानरूपं यज्ज्ञानं तत्प्रत्यभिज्ञेति व्यवह्रियत इत्यर्थः। **प्रसिद्धेति।** प्रसिद्धः पुराणसिद्धः आगमानुमानादि-प्रमाणैर्ज्ञातः परिपूर्णशक्तिश्च यः परमेश्वरस्तद्विषये स्वामन्यभिमुखीभूते सतीत्यर्थः। जीवात्मनि परमेश्वरस्वरूपावलोकनासक्ते सतीति यावत्। **तच्छक्तिप्रतिसंधानेन।** दृक्शक्त्याविष्करणेन। **तत्समर्थेति।** यथा हेमन्ततौं शैत्याधिक्यादध्ययनासमर्थेषु बटुषु पश्चादग्निसंनिधानेनाध्ययनं कर्तुं प्रवृत्तेष्वग्निध्यापयतीति प्रयुज्यते। तत्राग्नेः प्रयोजकस्य व्यापारोध्ययनसमर्थाचरणमेव। तच्चाध्ययनप्रतिबन्धकशैत्यनिवारणरूपम्। तथा च सूत्रकारस्य प्रयोजकस्य व्यापारः प्रत्यभिज्ञासंभवसमर्थाचरणमेव। तच्च ईश्वरोहमिति प्रत्यभिज्ञा न संभवति—इत्याकारिका प्रत्यभिज्ञाप्रतिबन्धकीभूता या विपरीतभावना तन्निरासफलकं प्रत्यभिज्ञा संभवतीत्येव मुपपादनम्।

The first aphorism in their text-book is as follows[1]:—

1. Cf. *supra* p. 113. Mādhava here condenses Abhinava Gupta's commentary. Abhinava Gupta lived in the beginning of the eleventh century (see Buhler's Tour in Cashmere, pp. 66, 80).

> "Having reached somehow or other the condition of a slave of Maheśvara, and wishing also to help mankind,
>
> "I set forth the recognition of Maheśvara, as the method of attaining all felicity."

[This aphorism may be developed as follows] :—

"Somehow or other," by a propitiation, effected by God, of the lotus feet of a spiritual director identical with God, "having reached," having fully attained, this condition, having made it the unintercepted object of fruition to myself. Thus knowing that which has to be known, he is qualified to construct a system for others: otherwise the system would be a mere imposture.

Maheśvara is the reality of unintermitted self-luminousness beatitude, and independence, by portions of whose divine essence Viṣṇu, Viriñci, and other deities are deities, who, though they transcend the fictitious world, are yet implicated in the infinite illusion.

The condition of being a slave to Maheśvara is the being a recipient of that independence or absoluteness which is the essence of the divine nature, a slave being one to whom his lord grants all things according to his will and pleasure (i.e., *dāsya,* from *dā*).

The word *mankind* imports that there is no restriction of the doctrine to previously qualified students. Whoever he may be to whom this exposition of the divine nature is made, he reaps its highest reward, the emanatory *principium* itself operating to the highest end of the transmigrating souls. It has been accordingly laid down in the Śiva-dṛṣṭi by that supreme guide the revered Somānanda-nātha—

> "When once the nature of Śiva that resides in all things has been known with tenacious recognition, whether by proof or by instruction in the words of a spiritual director,
>
> "There is no further need of doing aught, or of any further reflection. When he knows Suvarṇa (or Śiva) a man may cease to act and to reflect."

The word *also* excludes the supposition that there is room in self which has recognised the nature of Maheśvara, and which manifests to itself its own identity with him, and is therefore fully satisfied, for any other motive than felicity for others. The well-being of others is a motive, whatever may be said, for the definition of a motive applies to it: for there is no such divine curse laid upon man that self-regard should be his sole motive to the exclusion of a regard for others. Thus Akṣapāda (i. 24) defines a motive : A motive is that object towards which a man energises.

The preposition *upa* in *upapādayami* (I set forth) indicates proximity: the result is the bringing of mankind near unto God.

Hence the word *all* in the phrase *the method of attaining all felicities.* For when the nature of the Supreme Being is attained, all felicities, which are but the efflux thereof, are overtaken, as if a man acquired the mountain Rohaṇa (Adam's Peak), he would acquire all the treasures it contains. If a man acquire the divine nature, what else is there that he can ask for? Accordingly Utpalācārya says—

> "What more can they ask who are rich in the wealth of devotion? What else can they ask who are poor in this ?"

We have thus explained the motive expressed in the words *the method of attaining all felicities,* on the supposition that the compound term is a Tat-puruṣa genitively constructed. Let it be taken as a Bahuvrīhi or relative compound. Then the recognition of Maheśvara, the knowing him through vicarious idols, has for its motive the full attainment the manifestation, of all felicities, of every external and internal permanent happiness in their proper nature. In the language of everyday life, recognition is a cognition relative to an object represented in memory : for example, This (perceived) is the same (as the remembered) Caitra. In the recognition propounded in this system,—there being a God whose omnipotence is learnt from the accredited legendaries, from accepted revelation, and from argumentation,—there arises in relation to my presented personal self the cognition that I am that very God,—in virtue of my recollection of the powers of that God.

This same recognition I set forth. To set forth is to enforce. I establish this recognition by a stringent process which renders it convincing. [Such is the articulate development of the first aphorism of the Recognitive Institutes.]

यदीश्वरस्वभाव एवात्मा प्रकाशते तर्हि किमनेन प्रत्यभिज्ञाप्रदर्शनप्रयासेनेति चेत्–तत्रायं समाधिः। स्वप्रकाशतया सततमवभासमानेप्यात्मनि मायावशाद्भागेन प्रकाशमाने पूर्णतावभाससिद्धये दृक्क्रियात्मकशक्त्याविष्करणेन प्रत्यभिज्ञा प्रदर्श्यते। तथा च प्रयोगः–अयमात्मा परमेश्वरो भवितुमर्हति। ज्ञानक्रियाशक्तिमत्त्वात्। यो यावति ज्ञाता कर्ता च स तावतीश्वरः प्रसिद्धेश्वरवद्राजवद्वा। आत्मा च विश्वज्ञाता कर्ता च। तस्मादीश्वरोयमिति। अवयवपञ्चकस्याश्रयणं मायावदेव नैयायिकमतस्य कक्षीकारात्। तदुक्तमुदयाकरसूनुना–

कर्तरि ज्ञातरि स्वात्मन्यादिसिद्धे महेश्वरे।
अजडात्मा निषेधं वा सिद्धिं वा विदधीत कः।।
किं तु मोहवशादस्मिन्दृष्टेप्यनुपलक्षिते।
शक्त्याविष्करणेनेयं प्रत्यभिज्ञोपदर्श्यते।।

तथा हि–

सर्वेषामिह भूतानां प्रतिष्ठा जीवदाश्रया।
ज्ञानं क्रिया च भूतानां जीवतां जीवनं मतम्।।
तत्र ज्ञानं स्वतःसिद्धं क्रिया कार्याश्रिता सती।
परैरप्युपलक्ष्येत तथान्यज्ञानमुच्यते।। इति।
या चैषां प्रतिभा तत्तत्पदार्थक्रमरूपिता।
अक्रमानन्दचिद्रूपः प्रमाता स महेश्वरः।। इति च।

सोमानन्दनाथपादैरपि–

सदा शिवात्मना वेत्ति सदा वेत्ति मदात्मना। इत्यादिना। ज्ञानाधिकारपरिसमाप्तावपि–

तदैक्येन विना नास्ति संविदां लोकपद्धतिः।
प्रकाशैक्यात्तदेकत्वं मातैकः स इति स्थितिः।।
स एव विमृशत्वेन नियतेन महेश्वरः।
विमर्श एव देवस्य शुद्धे ज्ञानक्रिये यतः।। इति।

विवृतं चाभिनवगुप्ताचार्यैः। तमेव भान्तमनुभाति सर्वं तस्य भासा सर्वमिदं विभाति (का. २।२) इति श्रुत्या प्रकाशचिद्रूपमहिम्ना सर्वस्य भावजातस्य भासकत्वमभ्युपेयते। ततश्च विषयप्रकाशस्य नीलप्रकाशः पीतप्रकाश इति विषयोपरागभेदाद्भेदः। वस्तुतस्तु देशकालाकारसंकोचवैकल्यादभेद एव। स एव चैतन्यरूपः प्रकाशः प्रमातेत्युच्यते। तथा च पठितं शिवसूत्रेषु–चैतन्यमात्मेति।[1] तस्य चिद्रूपत्वमनवच्छिन्नविमर्शत्वमनन्योन्मुखत्वमानन्दैकघनत्वं माहेश्वर्यमिति पर्यायः। स एव ह्ययं भावात्मा विमर्शः शुद्धे पारमार्थिक्यौ ज्ञानक्रिये। तत्र प्रकाशरूपता ज्ञानम्। स्वतो जगन्निर्मातृत्वं क्रिया। तच्च निरूपितं क्रियाधिकारे–

एष चानन्तशक्तित्वादेवभासयत्यमून्।
भावानिच्छावशादेषां क्रिया निर्मातृतास्य सा।। इति।

उपसंहारेपि–

इत्थं तथा घटपटाद्याकारजगदात्मना।
तिष्ठासोरेवमिच्छैव हेतुकर्तृकृता क्रिया।। इति।
तस्मिन्सतीदमस्तीति कार्यकारणतापि या।
साप्यपेक्षाविहीनानां जडानां नोपपद्यते।।

इति न्यायेन यतो जडस्य न कारणता न वानीश्वरस्य चेतनस्यापि तस्मात्तेन तेन जगद्गतजन्मस्थित्यादिभावविकारतत्तद्भेदक्रियासहस्ररूपेण स्थातुमिच्छोः स्वतन्त्रस्य भगवतो महेश्वरस्येच्छैवोत्तरोत्तरमुच्छूनस्वभावा क्रिया विश्वकर्तृत्वं वोच्यत इति। इच्छामात्रेण जगन्निर्माणमित्यत्र दृष्यन्तोपि स्पष्टं निर्दिष्टः–

योगिनामपि मृद्बीजे विनैवेच्छवशेन यत्।
घटादि जायते तत्तत्स्थिरभावक्रियाकरम्।। इति।

यदि घटादिकं प्रति मृदाद्येव परमार्थतः कारणं स्यात्तर्हि कथं योगीच्छामात्रेण घटादिजन्म स्यात्। अथोच्येतान्य एव मृद्बीजादिजन्या घटङ्कुरादयो योगीच्छा-जन्यास्त्वन्य एवेति तत्रापि बोध्यसे–सामग्रीभेदात्तावत्कार्यभेद इति सर्वजनप्रसिद्धम्।

व्या० : यदीति। स्वभावः स्वरूपम्। ईश्वरस्य हि चैतन्यं स्वरूपम्। जीवात्मनोपि

1. अहम् for ह्ययम् D.

तदेव न तु तद्भिन्नं तत्सदृशम्। जीवात्मनो वस्तुत ईश्वरादभिन्नत्वात्। स्वस्य सदा प्रकाशमानत्वाच्चेति। **मायावशादिति।** यद्यपि चैतन्यरूपेण जीवात्मा सदा प्रकाशते तथापि पूर्णचैतन्यरूपेण न प्रकाशते। ईश्वरस्वरूपस्य चैतन्यस्य पूर्णतयावभासे हि सति तदपृथक्त्वेन जीवात्मनः स्वस्य प्रकाशनं स्यात्। अतः प्रत्यभिज्ञाया आवश्यकत्वम्। दृक्क्रियात्मकशक्त्याविष्करणेन स एवेश्वरोहमिति प्रत्यभिज्ञायां जातीयामीश्वरस्य कात्स्न्र्येन प्रतीतिः सिद्धा भवति। अद्वैतवेदान्तिमतस्य कक्षीकारेण मायावशादित्युक्तम्। **अयमात्मा।** जीवात्मा। अयमात्मेत्यादि प्रतिज्ञावाक्यम्। ज्ञानक्रियाशक्तिमत्त्वादिति हेतुवाक्यम्। यो यावतीत्याद्युदाहरणवाक्यम्। आत्मा चेत्याद्युपनयवाक्यम्। आत्मा जीवात्मा। तस्य ज्ञानक्रियाशक्त्याविष्करणेन विश्वज्ञानत्वं कर्तृत्वं च। अथ वांशतो ज्ञातृत्वेन विश्वज्ञातृत्वमस्त्येव। तस्मादित्याद्युपसंहारवाक्यम्। प्रतिज्ञादिवाक्य-पञ्चकमवयवपञ्चकमिति। नैयायिकैर्व्यवह्रियते। **कर्तरीति।** कर्ता ज्ञाता चायं जीवात्मा आदिसिद्धो महेश्वर एव न कदाप्यन्यः। एवं वस्तुस्थितौ सत्यां को विचारशीलो जीवात्मा नेश्वर इति निषेधं प्रतिपादयेत्। तथाा स ईश्वर इति सिद्धिं वा कः कुर्यात्। असिद्धस्यातद्रूपस्य हि तद्भावसिद्ध्यपेक्षा न सिद्धस्य। किं तु मायावशादस्मिन्नीश्वरस्वरूपे जीवात्मनि सदा प्रकाशितेपीश्वरस्वरूपत्वेनानुपलक्षिते सति तदर्थं स्वगतदृक्क्रियाशक्ति-प्रतिसंधानेन प्रत्यभिज्ञा प्रदर्श्यत इत्यर्थः। **सर्वेषामिति।** जीवच्छब्दः शत्रन्तो जीववाची। सर्वेषां प्राणिनां स्थितिर्जीवाश्रयैव। जीवतां प्राणिनां जीवनं चैतन्यं च ज्ञानं क्रिया चेति शक्तिद्वयम्। तत्र जीवानां स्वगता ज्ञानशक्तिः स्वतःसिद्धा स्वस्य स्वं प्रकाशते। क्रियाशक्तिस्तु क्रियया निर्वर्त्य यत्कार्यं तदाश्रिता सती परेण स्वेन चानुसंधीयते। तथान्यनिष्ठा ज्ञानशक्तिरप्यनुसंधीयत इत्युच्यते। या चैषां जीवानां ज्ञानशक्तिर्देशकाल-वस्तुरूपोपाध्यनुरोधेन संकुचिता तत्तज्ज्ञेयपदार्थानुसंधानक्रमेण निरूप्यते स एव प्रमाता महेश्वरः। स च क्रमरहितानन्दापरपर्यायचैतन्यरूपः। निरुपाधिकक्रमरहितशुद्धज्ञान-शक्तेर्महेश्वरस्वरूपत्वादित्यर्थः। **सदेति।** महेश्वरस्य दासः सदा स्वात्मानं शिवस्वरूपेण जानाति तथा मदात्मना शिवशक्तिरूपेण च सदा जानातीत्यर्थः। **तदैक्येनेति।** संविज्ज्ञानं प्रकाश इति यावत्। विमृशत्वं विमर्शो ज्ञानक्रियाशक्तिः। अर्थावभास कत्वमिति यावत्। सूर्यादिप्रकाशैर्विषयाः प्रकाश्यन्त इत्येवं यो लोके प्रकाशस्य मार्गः स तस्य प्रकाशस्य महेश्वरस्वरूपभूतप्रकाशेन सहैक्यादेव नान्यथा। तादृशमैक्यं च निरुपाधिकप्रकाशस्य भेदाभावात्सिध्यति। स एकः प्रकाश एवैकः प्रमातेत्युच्यते। स एव च नित्येन विमर्शेन महेश्वर इत्युच्यते। यतो देवस्य महेश्वरस्य विमर्श एव शुद्धं निरुपाधिके ज्ञानक्रिये इत्यर्थः। **तमेवेति।** तमेव महेश्वरमेव भान्तं दीप्यमानं सन्तं सर्वं सूर्यादिकमनुभाति। तत्प्रकाशानन्तरमेव प्रकाशवद्भवति। यथा गच्छन्तमनुगच्छतः पुरुषस्य स्वतन्त्रा गतिस्तथा

सूर्यादीनां स्वतन्त्रः प्रकाशो न भवति। किं तु तस्य स्वप्रकाशस्य महेश्वरस्य भासा दीप्त्या सर्वमिदं सूर्यादिकं विभाति प्रकाशवद्भवतीति श्रुत्यर्थः। **भावजातस्य।** सूर्यचन्द्रादेः। **विषयप्रकाशस्येति।** एक एव प्रकाशो विषयभेदाद्भिद्यत इति भाव :। **प्रकाशः प्रमातेति।** शक्तिशक्तिमतोरेभेदात्। **अनवच्छिन्नविमर्शत्वम्।** निरुपाधिक-ज्ञानक्रियाशक्तिमत्त्वम्। **अनन्योन्मुखत्वम्।** अपरावलम्बित्वं स्वातन्त्र्यम्। **भावात्मेति।** भावो धर्मः शक्तिः। **एष चेति।** एष महेश्वरोनन्तशक्तित्वादपरिमितशक्तित्वादेवं जगति पुरो दृश्यमानानमून्भूतभौतिकान्भावान्पदार्थन्प्रकाशयति। इयं ज्ञानशक्तिः। तथा स्वेच्छावशादेषां भावानां यास्य महेश्वरस्य निर्मातृता सा क्रियाशक्तिः। एषामिति कर्मणि षष्ठी। अस्येति शेषे षष्ठी। **इत्थमिति।** हेतुकर्ता प्रयोजककर्ता। तत्प्रयोजको हेतुश्च (पा. सू. १।४।५५) इति पाणिनिसूत्रेण प्रयोजककर्तुर्हेतुसंज्ञाविधानात्। भावा आभासन्ते। महेश्वरो भावानाभासयति। अत्र प्रयोजककर्तुर्महेश्वरस्य अहं बहु स्याम्-इत्येवंविधा येच्छा सैव तस्य क्रियेति भावः। **तस्मिन्निति।** बीजसत्व एवाङ्कुरसत्त्वमित्येवंविधान्वयेन यः कार्यकारणभावो निश्चीयते सोपि जडानां न संभवति। तेषामपेक्षारहितत्वात्। एतच्चै। तद्दर्शनारम्भ एवोपपादितम् (द. ८ पं. १)। तथा च प्रधानपरमाण्वादीनां न जगत्कारणत्वम्। नापि चेतनस्यापि जीवस्य। असामर्थ्यात्। अतो जीवस्य घटादिकारणत्वेपि न जगत्कारणत्वम्। किं तु महेश्वरस्यैव तथा चोत्तरोत्तरमुपचीयमाना या महेश्वरस्येच्छा सैव तस्य क्रिया। जगन्निर्मातृत्वं तस्य सैव। जायतेस्ति वर्धते। विपरिणमतेपक्षीयते विनश्यति चेति षड्भावविकाराः। अङ्कुरनालाकाण्डपत्र-पुष्पफलादिरूपेण परःसहस्रं तत्तद्भेदप्रदर्शनम्। **उच्छूनस्वभावा।** पुष्यमाणा **योगिनामपीति।** मृत्तिकां विनैव योगिनामिच्छामात्रेण घटो जायते। एवं बीजं विनैव तेषामिच्छामात्रेणाङ्कुरो जायते इति पुराणेषु प्रसिद्धम्। एतद्घटादिकं न केवलमाभासमात्रम्। किं तु लोकप्रसिद्धघटादिवत्स्थिरं स्वप्रयोजनीभूतजलाहरणादि-क्रियाकरणसमर्थं चेति भावः। **यदीति।** तथा च जडानां कारणत्वाभावो न केवलमपेक्षाविहीनत्वादेव किं तु व्यभिचारदर्शनादपीति सिद्धम्। **अन्य एवेति।** तथा च योगीच्छादिजन्यव्यतिरिक्तानां घटाङ्कुरादीनां मृद्बीजादिसंबन्धो न व्यभिचरित इति मृद्बीजादीनां कारणत्वाङ्गीकारे बाधकाभाव इति शङ्काशयः। **सामग्रीभेदादिति।** अयं भावः-येषां घटानां कारणत्वेन तव मृत्संमता तेष्वपि मिथः सामग्रीभेदाद्भेद एव। तथा च धटविशेषं प्रति मृद्विशेषो न व्यभिरित इति चेदस्तु नाम। घटसामान्यं प्रति मृत्सामान्यस्य व्यभिचारस्तु दुरुद्धर एव। घटसामान्ये योगीच्छाजन्यानामप्यन्तर्भावात्।

Here it may be asked: If soul is manifested only as consubstantial with God, why this laboured effort to exhibit the recognition? The answer is this :—The recognition is thus exhibited, because though the soul is, as you contend, continually manifested as self-luminous (and therefore identical with God), it is nevertheless under the influence of the cosmothetic illusion manifested as partial, and therefore the recognition must be exhibited by an expansion of the cognitive and active powers in order to achieve the manifestation of the soul as total (the self being to the natural man a part, to the man of insight the whole, of the divine pleroma). Thus, then, the syllogism: This self must be God, because it possesses cognitive and active powers; for so far forth as any one is cognitive and active, to that extent he is a lord, like a lord in the world of every day life, or like a king, therefore the soul is God. The five-membered syllogism is here employed, because so long, as we deal with the illusory order of things, the teaching of the Naiyāyikas may be accepted. It has thus been said by the son of Udayākara—

> "What self-luminous self can affirm or deny that self active and cognitive is Maheśvara the primal being?
>
> "Such recognition must be effected by an expansion of the powers, the self being cognised under illusions and imperfectly discerned."

And again—

> "The continuance of all living creatures in this transmigratory world lasts as long as their respiratory *involucrum*; knowledge and action are accounted the life of living creatures.
>
> "Of these, knowledge is spontaneously developed, and action (or ritual), which is best at Kāśi,
>
> "Is indicated by others also: different from these is real knowledge."

And also—

> "The knowledge of these things follows the sequence of those things :
>
> "The knower, whose essence is beatitude and knowledge without succession, is Maheśvara."

Somānanda-nātha also says—

"He always knows by identity with Śiva: he always knows by identity with the real."

Again at the end of the section on knowledge—

"Unless there were this unity with Śiva, cognitions could not exist as facts of daily life :

"Unity with God is proved by the unity of light. He is the one knower (or illuminator of cognitions).

"He is Maheśvara, the great Lord, by reason of the unbroken continuity of objects :

"Pure knowledge and action are the playful activity of the deity."

The following is an explanation of Abhinava-gupta :—The text, "After that as it shines shines the all of things, by the light of that shines diversely this ALL," teaches that God illumines the whole round of things by the glory of His luminous intelligence, and that the diversity or plurality of the object world, whereby the light which irradiates objects is a blue, yellow light, and the like, arises from diversity of tint cast upon the light by the object. In reality, God is without plurality, or difference, as transcending all limitations of space, time, and figure. He is pure intelligence, self-luminousness, the manifester; and thus we may read in the Śaiva aphorisms, "Self is intelligence." His synonymous titles are Intelligential Essence, Unintermitted Cognition, Irrespective Intuition, Existence as a mass of Beatitude, Supreme Domination. This self-same existing self is knowledge.

By pure knowledge and action (in the passage of Somānandanātha cited above) are meant real or transcendent cognition and activity. Of these, the cognition is self-luminousness, the activity is energy constructive of the world or series of spheres of transmigratory experience. This is described in the section on activity—

"He by his power of bliss gives light unto these objects, through the efficacy of his will: this activity is creativeness."

And at the close of the same section—

"The mere will of God, when he wills to become the world under its forms of jar, of cloth, and other objects, is his activity worked out by motive and agent.

"This process of essence into emanation, whereby if this be that comes to be, cannot be attributed to motiveless, insentient things."

According to these principles, causality not pertaining either to the insentient or to the non-divine intelligence, the mere will of Maheśvara, the absolute Lord, when he wills to emanate into thousands of forms, as this or that difference, this or that action, this or that modification of entity, of birth, continuance, and the like, in the series of transmigratory environments,—his mere will is his progressively higher and higher activity, that is to say, his universal creativeness.

How he creates the world by his will alone is clearly exhibited in the following illustration—

"The tree or jar produced by the mere will of thaumaturgists, without clay, without seed, continues to serve its proper purpose as tree or jar."

If clay and similar materials were really the substantial cause of the jar and the rest, how could they be produced by the mere volition of the thaumaturgist? If you say : Some jars and some plants are made of clay, and spring from seeds, while others arise from the bare volition of the thaumaturgist; then we should inform you that it is a fact notorious to all the world that *different* things must emanate from different materials.

ये तु वर्णयन्ति नोपादानं विना घटाद्युत्पत्तिरिति योगी त्विच्छया परमाणून्व्यापारयन्संघटयतीति तेपि बोधनीयाः। यदि परिदृष्टकार्य-कारणभावविपर्ययो न लभ्येत तर्हि घटे मृद्दण्डचक्रादि देहे स्त्रीपुरुषसंयोगादि सर्वमपेक्ष्येत। तथा च योगीच्छासमनन्तरसंजातघटदेहादिसंभवो दुःसमर्थ एव स्यात्। चेतन एव तु तथा भाति भगवान्भूरिभगो महादेवो नियत्यनुवर्तनोल्लङ्घन-घनतरस्वातन्त्र्य इति पक्षे न काचिदनुपपत्तिः। अत एवोक्तं वसुगुप्ताचार्यैः–

निरुपादानसंभारमभित्तावेव तन्वते।
जगच्चित्रं नमस्तस्मै कलानाथाय[1] शूलिने।। इति।

व्या० : व्यापारयन्निति। यथा दारिद्र्यपीडितः कश्चिदरण्ये क्वचिदेकान्ते स्थितं योगिनं समाराध्य लब्धाशीर्ग्राम आगत्य यावत्स्वगृहं पश्यति तावद्धनधान्यादिसमृद्धं मन्दिरं परिदृष्टवान्। तत्राशीःप्रदानोत्तरमस्य गृहागमनात्प्राग्योगिना स्वसामर्थ्येन तत्तत्परमाणुसंघटनपूर्वकं सर्वं संघटितमिति कल्प्यते। यद्यप्येतद्योगिकृतं परमाणु-संघटनादिकं लोके नालक्ष्यते तथापि कार्यकारणभावसंरक्षणाय तथा कल्पनीयमिति शङ्काशयः। **यदि परिदृष्टेति।** यत्र योगिना विलम्बेन कार्यं संपादितं तत्र तथा कल्पनाया अवकाशः स्यात्। यत्र तु योगीच्छासमनन्तरं सद्य एव घटदेहादि जायते तत्र तथा कल्पनापि न संभवति। अवकाशाभावात्। तथा च तत्र कार्यकारणभाव-व्यभिचारोऽवर्जनीय एवेति कार्यकारणभावसंरक्षणं नैव संपादितं भवति। तस्माद्विलम्बेन योगिकृतकार्यकरणस्थलेनालक्षितस्यापि परमाणुव्यापारस्य कल्पना व्यर्थैवेति भावः। अथ स्वमतेनुपपत्तिं परिहरति–**चेतन एवेति।** भूरिभगो महैश्वर्यशाली। भगमैश्वर्यम्। नियम्यन्ते सौरभादयो धर्मा अनयेति नियतिः पद्मत्वादिरूपो धर्मः। पद्मत्वधर्मस्य हि सौरभविशेषेण सह सामानाधिकरण्यं नियतं दृश्यते। अदृष्टं वा नियतिः। ब्रह्मदेवोपि नियतिमनुवर्तत एव न तु तदुल्लङ्घने तस्य सामर्थ्यम्। महेश्वरपारतन्त्र्यात्। महेश्वरस्तु पूर्ण स्वातन्त्र्ययुक्तो लीलयैव तदुल्लङ्घनं कर्तुं प्रभवतीति न काप्यनुपपत्तिः। **निरुपादानेति।** उपादानसंभार उपकरणसमूहः। तद्रहितं यथा स्यात्तथा भित्तिरहिते शून्यप्रदेश एव जगद्रूपं चित्रं तन्वते कुर्वते। कला चन्द्रस्य षोडशो भागः कौशलं च। तासां नाथाय स्वामिने तस्मै प्रसिद्धमहैश्वर्युक्ताय शूलिने महादेवाय नम इत्यर्थः।

As for those who say that a jar or the like cannot be made without materials to make it of, and that when a thaumaturgist makes one he does so by putting atoms in motion by his will, and so composing it: they may be informed that unless there is to be a palpable violation of the causal relation, *all* the co-efficients, without exception, must be desiderated; to make the jar there must be the clay, the potter's staff, the potter's wheel, and all the rest of it; to make a body there must be the congress of the male and female, and the successive results of that congress. Now, if that be the case, the genesis of a jar, a body, or the like, upon the mere volition of the thau maturgist, would be hardly possible.

---

1. श्लाघ्याय for नाथाय A.

On the other hand, there is no difficulty in supposing that Mahādeva, amply free to remain within or to over-step any limit whatever, the Lord, manifold in his operancy the intelligent principle, thus operate. Thus it is that Vasuguptāchārya says—

"To him that painted this world-picture without materials, without appliances, without a wall to paint it on,—to him be glory, to him resplendent with the lunar digit, to him that bears the trident;"

ननु प्रत्यगात्मनः परमेश्वराभिन्नत्वे संसारसंबन्धः कथं भवेदिति चेत्–तत्रोक्तमागमाधिकारे–

एष प्रमाता मायान्धः संसारी कर्मबन्धनः।
विद्यादिज्ञापितैश्वर्यश्चिद्घनो मुक्त उच्यते।। इति।

ननु प्रमेयस्य प्रमात्रभिन्नत्वे बद्धमुक्तयोः प्रमेयं प्रति को विशेषः। अत्राप्युत्तरमुक्तं तत्त्वार्थसंग्रहाधिकारे–

मेयं साधारणं मुक्तः स्वात्माभेदेन मन्यते।
महेश्वरो यथा बद्धः पुनरत्यन्तभेदवत्।। इति।

व्या० : एष इति। माययान्धः सन्नीश्वरस्वरूपाज्ञानात्कर्मणा बध्यते संसरति च। नूनमीश्वरोहमित्याकारकप्रत्यभिज्ञया साक्षात्कृतेश्वरस्वरूपस्तु दृक्क्रियाशक्तिपरिपूर्णो मुक्त इत्युच्यत इत्यर्थः। **नन्विति।** अहं बहु स्वामितीच्छया परमेश्वरः सकल-जगद्रूपेणाविर्भूतः। तथा च प्रमाता जीवोपीश्वराभिन्नः प्रमेयं पृथिव्याद्यपि चेश्वराभिन्न-मित्येतावता प्रमेयस्य पृथिव्यादेः प्रमातुर्जीवात्पार्थक्याभावेन जीवविशेषयोर्बद्धमुक्त-योरुभयोरपि साधारणमेव पृथिव्यादिप्रमेयस्यानुसंधान स्यादित्याशयः। यद्यप्युक्तरीत्या प्रमेयं जीवाभिन्नं तथापि तादृशाभेदसाक्षात्कारतदभावाभ्यामनुसंधाने विशेष इत्याह–**मेयमिति।** अमृतं विषं वा सुवर्णं लोष्ठं वा साधारणं सर्व प्रमेयं स्वात्मनः सकाशादभिन्नमिति मुक्तो मन्यते। अत एव महेश्वरवत्तस्यामृते विषे वा सर्वत्र समैव दृष्टिः। बद्धस्तु पुनः सर्वं प्रमेयं स्वात्मनः सकाशाद्वस्तुतोऽभिन्नमप्यभेद-साक्षात्काराभावेनात्यन्तं भिन्नमिति मन्यते। तथा च तस्य नामृते विषे च समा दृष्टिरित्यर्थः।

It may be asked: If the supersensible self be no other than

God, how comes this implication in successive transmigratory conditions? The answer is given in the section treating of accredited institution—

> "This agent of cognition, blinded by illusion, transmigrates through the fatality of works :
>
> "Taught his divine nature by science, as pure intelligence, he is enfranchised."

It may be asked: If the subject and the object are identical, what difference can there be between the self bound and the self liberated in regard to the objects cognisable by each? The answer to this question is given in a section of the Tattvārtha-Saṅgraha—

> "Self liberated cognises all that is cognisable as identical with itself, like Maheśvara free from bondage the other (or unliberated) self has in it infinite plurality."

नन्वात्मनः परमेश्वरत्वं स्वाभाविकं चेन्नार्थः प्रत्यभिज्ञाप्रार्थनया। न हि बीजमप्रत्यभिज्ञातं सति सहकारिसाकल्येङ्कुरं नोत्पादयति। तस्मात्कस्माद्वात्म-प्रत्यभिज्ञाने निर्बन्ध इति चेत्–उच्यते। शृणु तावदिदं रहस्यम्। द्विविधा ह्यर्थक्रिया बाह्याङ्कुरादिका प्रमातृविश्रान्तिचमत्कारसारा प्रीत्यादिरूपा च। तत्राद्या प्रत्यभिज्ञानं नापेक्षते। द्वितीया तु तदपेक्षत एव। इहाप्यहमीश्वरं इत्येवंभूतचमत्कारसारा परापरसिद्धिलक्षणजीवात्मैकत्वशक्तिविभूतिरूपार्थक्रियेति स्वरूपप्रत्यभिज्ञान-मेपक्षणीयम्। ननु प्रमातृविश्रान्तिसारार्थक्रिया प्रत्यभिज्ञानेन विना अदृष्य सती तस्मिन्दृष्टेति क्व दृष्टम्। अत्रोच्यते। नायकगुणगणसंश्रवणप्रवृद्धानुरागा काचन कामिनी मदनविह्वला विरहक्लेशमसहमाना मदनलेखावलम्बनेन स्वावस्था-निवेदनानि विधत्ते। तथा वेगात्तन्निकटमटन्त्यपि तस्मिन्नवलोकितेपि तदवलोकनं तदीयगुणपरामर्शाभावे जनसाधारणत्वं प्राप्ते हृदयंगमभावं न लभते। यदा तु दूतीवचनात्तदीयगुणपरामर्शं करोति तदा तत्क्षणमेव पूर्णभावमभ्येति। एवं स्वात्मनि विश्वेश्वरात्मना भासमानेपि तन्निर्भासनं तदीयगुणपरामर्शविरहसमये पूर्णभावं न संपादयति। यदा तु गुरुवचनादिना सर्वज्ञत्वसर्वकर्तृत्वादिलक्षणपरमेश्वरोत्कर्ष-परामर्शो जायते तदा तत्क्षणमेव पूर्णात्मतालाभः। तदुक्तं चतुर्थे विमर्शे–

तैस्तैरप्युपयाचितैरुपनतस्तस्याः स्थितोप्यन्तिके
कान्तो लोकसमान एवमपरिज्ञातो न रन्तुं यथा।
लोकस्यैष तथानवेक्षितगुणः स्वात्मापि विश्वेश्वरो
नैवायं निजवैभवाय तदियं तत्प्रत्यभिज्ञोदिता।। इति।

अभिनवगुप्तादिभिराचार्यैर्विहितप्रतानोप्ययमर्थः संग्रहमुपक्रममाणैरस्माभि- र्विस्तरभिया न प्रतानित इति सर्वं शिवम्।।

इति श्रीमत्सायणमाधवीये सर्वदर्शनसंग्रहे प्रत्यभिज्ञादर्शनम्।।

व्या० : न हीति। यथा मृत्सलिलादिसकलसहकारियुक्तत्वे सत्यज्ञातमपि बीजमङ्कुरमुत्पादयत्येव तथा स्वयमीश्वरस्वरूप इत्येवंरूपेणाज्ञानेपि जीवस्य वस्तुत ईश्वरस्वरूपत्वात्तेन सदा मुक्तेनैव भवितव्यमिति शङ्काशयः। **निर्बन्धः।** आग्रहः। **अर्थक्रियेति।** अर्थः प्रयोजनं फलमिति पर्यायाः। प्रयोजनभूता क्रियेत्यर्थः। सा बाह्यान्तरभेदेन द्विविधा। बीजस्यार्थक्रियाङ्कुरोत्पादनरूपा बाह्या। पुत्रजन्मादेरर्थक्रिया चानन्दोत्पादनरूपान्तरा। प्रमाता ज्ञाता जीवः। तस्य या विश्रान्तिर्बाह्याभ्यन्तर- प्रयत्नविशेषराहित्यं तज्जनितो यश्चमत्कार आनन्दः स तस्यामान्तरक्रियायां प्रधानम्। पुत्रजन्मादि हि श्रुतं सत्सद्य एव प्रयत्नासक्तमपि मनः प्रयत्नानभिमुखं कृत्वा तद्द्वारा क्षणं तदधिकं वा स्वानुगुणमानन्दं विधत्ते। अज्ञातं तु पुत्रजन्मादिकं वस्तुतः सदप्यर्थक्रियां न करोति। तथा चान्तरार्थक्रिया तदुत्पादकस्य प्रत्यभिज्ञाने सत्येव जायत इति सिद्धम्। **इहापीति।** परसिद्धिर्मोक्षः। अपरसिद्धिरभ्युदयः। तन्निमित्तभूतं यज्जीवात्मैक्यं तस्य या प्रयोजनभूता क्रिया सा च दृक्क्रियाशक्तिपूर्णतासंपादनरूपा। तस्यां चाहमीश्वर इत्येवं ज्ञानमूलको य आनन्दः स प्रधानम्। तथा च जीवात्मैकत्वं ज्ञातमेव दृक्क्रियाशक्तिरूपचैतन्यस्य पूर्णतां संपादत्सदानन्दायकं भवतीति भावः। **तस्मिन्निति।** प्रत्यभिज्ञाने जाते सतीत्यर्थः। **तदीयेति।** नायकस्य पूर्वं श्रुता ये रूपवत्त्वादयो गुणास्त एवेमे येस्मिन्पुरः स्थिते मनुष्ये दृश्यन्त इत्येवं ज्ञानं यावन्न जायते तावन्नायिकाकर्तृकं तादृशमनुष्यावलोकनमितरजनावलोकनतुल्यमेवेति न तस्या हृद्यं तद्भवति। **तैस्तैरिति।** उपयाचितैरित्यत्र नपुसंके भावे क्तः (पा. सू. ३।३।११४) इति सूत्रेण भावे क्तप्रत्ययः। मम पुत्रद्रव्यादिलाभो विधेयः अहं त्वत्पूजनं करिष्यामि-इत्येवंविधा प्रार्थना (नवस इति प्र.) इत्यर्थः। **उपनतः।** समागतः। **एवम्। मया** यः प्रार्थितः सोयम्-इत्येवंरूपेण। रन्तुमित्यन्तर्भावितण्यर्थम्। रमयितुं नायिकामानन्दयितुमित्यर्थः। प्रभवतीति शेषः। **विहितप्रतानः।** कृतविस्तारः।।

इति श्रीसर्वदर्शनसंग्रहव्याख्यायां दर्शनाङ्कुराभिधायां प्रत्यभिज्ञादर्शनं समाप्तम्।।

An objection may be raised: If the divine nature is essential to the soul, there can be no occasion to seek for this recognition; for if all requisites be supplied, the seed does not fail to germinate because it is unrecognised. Why, then, this toilsome effort for the recognition of the soul? To such an objection we reply: Only listen to the secret we shall tell you. All activity about objects is of two degrees, being either external, as the activity of the seed in developing the plant, or internal, as the activity which determines felicity, which consists in an intuition which terminates in the conscious self. The first degree of activity presupposes no such recognition as the system proposes, the second does presuppose it. In the Recognitive System the peculiar activity is the exertion of the power of unifying personal and impersonal spirit, a power which is the attainment of the highest and of mediate ends, the activity consisting in the intuition I am God. To this activity a recognition of the essential nature of the soul is a pre-requisite.

It may be urged that peculiar activity terminating in the conscious self is observed independent of recognition. To this it is replied: A certain damsel; hearing of the many good qualities of a particular gallant, fell in love with him before she had seen him, and agitated by her passion and unable to suffer the pain of not seeing him, wrote to him a love-letter descriptive of her condition. He at once came to her, but when she saw him she did not recognise in him the qualities she had heard about; he appeared much the same as any other man, and she found no gratification in his society. So soon, however, as she recognised those qualities in him as her companions now pointed them out, she was fully gratified. In like manner, though the personal self be manifested as identical with the universal soul, its manifestation effects no complete satisfaction so long as there is no recognition of those attributes; but as soon as it is taught by a spiritual director to recognise in itself the perfections of Maheśvara, his omniscience, omnipotence, and other attributes, it attains the whole pleroma of being.

It is therefore said in the fourth section—

"As the gallant standing before the damsel is disdained

as like all other men, so long as he is unrecognised, though he humble himself before her with all manner of importunities: In like manner the personal self of mankind, though it be the universal soul, in which there is no perfection unrealised, attains not its own glorious nature; and therefore this recognition thereof must come into play."

This system has been treated in detail by Abhinavagupta and other teachers, but as we have in hand a summary exposition of systems, we cannot extend the discussion of it any further lest our work become too prolix. This then may suffice.[1]

A.E.G.

---

1. I have seen in Calcutta a short Comm. on the Śiva sūtras by Utpala, the son of Udayākara (cf. pp. 130, 131).—E.B.C.

Chapter IX
The Raseśvara-Darśana Or Mercurial System[1]

अथ रसेश्वरदर्शनम्

अपरे माहेश्वराः परमेश्वरतादात्म्यवादिनोपि पिण्डस्थैर्ये सर्वाभिमता जीवन्मुक्तिः सेत्स्यतीत्यास्थाय पिण्डस्थैर्योपायं पारदादिपदवेदनीयं रसमेव संगिरन्ते।

रसस्य पारदत्वं संसारपरपारप्रापणहेतुत्वेन। तदुक्तम्–

संसारस्य परं पारं दत्तेसौ पारदः स्मृतः। इति।

रसार्णवेपि–

पारदो गदितो यस्मात्परार्थं साधकोत्तमैः।
सुप्तोयं मत्समो देवि मम प्रत्यङ्गसंभवः।।
मम देहरसो यस्माद्रसस्तेनायमुच्यते। इति।

व्या० : परमेश्वरेति। जीवात्मनामीश्वरस्वरूपादपृथग्भावः पूर्वेषामिवैषामपि संमत एवेत्यर्थः। **पिण्डेति।** पिण्डः शरीरम्। **अवधारितात्मतत्त्वस्याभ्यासातिशयेनापहत-मिथ्याज्ञानस्य प्रारब्धं कर्मोपभुञ्जानस्य जीवतः सत एव या मुक्तिः सा जीवन्मुक्तिः।** इयमेवापरमुक्तिरुच्यते। सा प्रायः सर्वसंमतैव। रामानुजप्रभृतयः केचिन्नाङ्गी-

---

1. Cf. Marco Polo's account of the Indian yogis in Colonel Yule's edit. vol. ii. p. 300. *Pārada-pāna* is one of the practises of the Siddhopāsakas in the Śaṅkara-digvijaya. § 49, to obviate *apamṛtyu, akālamṛtyu,* etc.

कुर्वन्तीत्यन्यत्। **पारदादीति**। चपलो रसः सूतश्च पारदे (अमरसिं. २।९।९९) इत्यमरः। पारत इत्यपि।

पारतस्तु मनाक् पाण्डुः सूतस्तु रहितो मलात्।
पारदस्तु मनाक् शीतः सर्वे तुल्यगुणाः स्मृताः।।

इति शब्दार्णवः। **पारदो गदित इति**। शिवगौरीसंवादोयम्। परो मोक्षः। तदर्थमयं यस्मात्साधकोत्तमैर्गदितस्तस्मादयं पारद इत्युच्यते। तादृशं तस्य सामर्थ्यविशेषं दर्शयितुमाह–**सुप्त इति**। प्रत्यङ्गमन्तरङ्गम्। ममान्तरङ्गाज्जातोयं पारदः सुप्तश्चेन्मत्सम एव। प्रत्यङ्गसंभवत्वं रसशब्दवाच्यत्वेन दर्शयति–**ममेति**। **प्रकारान्तरेणेति**। श्रवण-मनननिदिध्यासनादिजन्यं तत्त्वज्ञानं प्रकारान्तरम्। तन्त्रोक्तकुलाचारा अपि जीवन्मुक्त्युपायत्वेन तान्त्रिकैरुक्ताः।

जीवन्मुक्तावुपायस्तु कुलमार्गो हि नापरः। इति।

Other Māheśvaras there are who, while they hold the identity of self with God, insist upon the tenet that the liberation in this life taught in all the systems depends upon the stability of the bodily frame, and therefore celebrate the virtues of mercury or quicksilver as a means of strengthening the system. Mercury is called *pārada*, because it is a means of conveyance beyond the series of transmigratory states. Thus it has been said—

> "It gives the farther shore of metempsychosis : it is called *pārada.*"

And again in the Rasārṇava—

> "It is styled *pārada* because it is employed for the highest end by the best votaries.
>
> "Since this in sleep identical with me, goddess, arises from my members, and is the exudation of my body, it is called *rasa.*"

ननु प्रकारान्तरेणापि जीवन्मुक्तियुक्तौ नेयं वाचोयुक्तिर्युक्तिमवीति चेन्न। षट्स्वपि दर्शनेषु देहपातानन्तरं मुक्तेरुक्ततया तत्र विश्वासानुपपत्त्या निर्विचिकित्स-प्रवृत्तेरनुपपत्तेः। तदप्युक्तं तत्रैव–

षड्दर्शनेपि [1]मुक्तिस्तु दर्शिता पिण्डपातने।
करामलकवत्सापि प्रत्यक्षा नोपलभ्यते।
तस्मात्तं रक्षयेत्पिण्डं रसैश्चैव रसायनैः। इति।

गोविन्दभगवत्पादाचार्यैरपि–

इति धनशरीरभोगान्मत्वानित्यान्सदैव यतनीयम्।
मुक्तौ सा च ज्ञानात्तच्चाभ्यासात्स च स्थिरे देहे।। इति।

ननु विनश्वरतया दृश्यमानस्य देहस्य कथं नित्यत्वमवसीयत इति चेत्–मैवं मंस्थाः। षाट्कौशिकस्य शरीरस्यानित्यत्वेपि रसाभ्रकपदाभिलप्यहरगौरी-सृष्टिजातस्य नित्यत्वोपपत्तेः।

तथा च रसहृदये–

ये चात्यक्तशरीरा हरगौरीसृष्टिजां तनुं प्राप्ताः।
मुक्तास्ते रससिद्धा मन्त्रगणः किंकरो येषाम्।। (र. हृ. १।७) इति।

तस्माज्जीवन्मुक्तिं समीहमानेन योगिना प्रथमं दिव्यतनुर्विधेया। हरगौरीसृष्टिसंयोगजनितत्वं च रसस्य हरजत्वेनाभ्रकस्य गौरीसंभवत्वेन तत्तदात्मकत्वमुक्तम्–

अभ्रकस्तव बीजं तु मम बीजं तु पारदः।
अनयोर्मेलनं देवि मृत्युदारिद्र्यनाशनम्।। इति।

व्या० : तथा च पारदसेवनेन शरीरस्थैर्यसंपादनद्वारा जीवन्मुक्तिरित्येषा वाचोयुक्तिर्न युक्ता। वाचो वचसो युक्तिर्वाचोयुक्तिः। सयुक्तिकत्वेन भासमानो वचोविशेषः। षष्ठ्या आक्रोशे (पा. सू. ६।३।२१) इतिसूत्रस्थेन वाग्दिक्पश्यद्भ्यो युक्तिदण्डहरेषु-इति वचनेन षष्ठ्या अलुक्। **षट्स्वपीति**। अखिलेषु दर्शनेषु षड्दर्शनानि मुख्यानि। तेषु यद्यपि प्रायो जीवन्मुक्तिरुक्ता तथापि शरीरत्यागानन्तरं मुक्तिस्तैः सर्वैरेवोक्ता। अतो दर्शनकाराणां जीवन्मुक्तावरुचिरिति संभावनया लोकानां जीवन्मुक्तावविश्वासेन निःसंशयप्रवृत्तिर्न स्यादिति भावः। **इति धनेति**। अनित्यानिति पदच्छेदः। मुक्ताविति पूर्वान्वयि। **षाट्कौशिकस्येति**। शरीरं हि त्वगसृङ्मांसमेदोस्थिमज्जारूपैः षड्भिः कोशैर्विनिर्मितम्। तत्राद्यास्त्रयो मातृतः परे त्रयः पितृतः प्राप्यन्ते। एतच्चानित्यमस्तु

1. वन्द्याः for मुक्ताः A.

नाम। रसाभ्रकपदवाच्या या हरगौरीसृष्टिस्तज्जन्यस्य शरीरस्य नित्यत्वमेव। रसो हरसृष्टिः। अभ्रकं गौरीसृष्टिः। तत्संयोगजनितस्य नित्यशरीरस्य प्राप्तौ न षाट्कौशिकस्य पूर्वशरीरस्य त्यागः। प्रत्युत हरगौरीसृष्टिजशरीरसंबन्धेन तत्र दिव्यत्वं दार्ढ्यं च संपाद्यते। तेन च तस्य मृत्युभयं नास्तीति सिद्धं भवति। **तत्तदात्मकत्वमिति**। शरीरस्य तद्धगौरी-सृष्टिरूपत्वमग्रिमश्लोक उक्तमित्यर्थः। **अभ्रक इति**। पारदः सिद्धश्चेत्तेन विद्धं लोहमपि सुवर्णं भवतीत्यतस्तस्य दारिद्र्यनाशकत्वम्।

It may be urged that the literal interpretation of these words is incorrect, the liberation in this life being explicable in another manner. This objection is not allowable, liberation being set out in the six systems as subsequent to the death of the body, and upon this there can be no reliance, and consequently no activity to attain to it free from misgivings. This is also laid down in the same treatise—

> "Liberation is declared in the six systems to follow the death of the body.
>
> "Such liberation is not cognised in perception like an emblic myrobalan fruit in the hand.
>
> "Therefore a man should preserve that body by means of mercury and of medicaments."

Govinda-bhagavat also says—

> " Holding that the enjoyments of wealth and of the body are not permanent, one should strive
>
> "After emancipation; but emancipation results from knowledge, knowledge from study, and study is only possible in a healthy body."

The body, some one may say, is seen to be perishable, how can its permanency be effected? Think not so, it is replied, for though the body, as a complexus of six sheath or wrappers of the soul, is dissoluble, yet the body, as created by Hara and Gaurī under the names of mercury and mica, may be perdurable. Thus it is said in the Rasahṛdaya—

> "They who, without quitting the body, have attained to a new body, the creation of Hara and Gaurī,
>
> "They are to be lauded, perfected by mercury, at whose service is the aggregate of magic texts."

The ascetic, therefore, who aspires to liberation in this life should first make to himself a glorified body. And inasmuch as mercury is produced by the creative conjunction of Hara and Gaurī, and mica is produced from Gaurī, mercury and mica are severally identified with Hara and Gaurī in the verse—

"Mica is thy seed, and mercury is my seed;

"The combination of the two, O goddess, is destructive of death and poverty."

अत्यल्पमिदमुच्यते देवदैत्यमुनिमानवादिषु बहवो रससामर्थ्याद्दिव्यं देहमाश्रित्य जीवन्मुक्तिमाश्रिताः श्रूयन्ते रसेश्वरसिद्धान्ते–

देवाः केचिन्महेशाद्या दैत्याः काव्यपुरःसराः।
मुनयो वालखिल्याद्या नृपाः सोमेश्वरादयः।।
गोविन्दभगवत्पादाचार्यो गोविन्दनायकः।
चर्वटिः कपिलो व्यालिः कापालिः कन्दलायनः।।
एतेन्ये बहवः सिद्धा जीवन्मुक्ताश्चरन्ति हि।
तनुं रसमयीं प्राप्य तदात्मककथाचणाः।। इति।

अयमेवार्थः परमेश्वरेण परमेश्वरीं प्रति प्रपञ्चितः–

कर्मयोगेण देवेशि प्राप्यते पिण्डधारणम्।
रसश्च पवनश्चेति कर्मयोगो द्विधा स्मृतः।।
मूर्छितो हरति व्याधीन्मृतो जीवयति स्वयम्।
बद्धः खेचरतां कुर्याद्रसो वायुश्च भैरवि।। इति।

मूर्छितस्वरूपमुक्तम्–

नानावर्णो भवेत्सूतो विहाय घनचापलम्।
लक्षणं दृश्यते यस्य मूर्छितं तं वदन्ति हि।।
आर्द्रत्वं च घनत्वं च तेजो गौरवचापलम्।
यस्यैतानि न दृश्यन्ते तं विद्यान्मृतसूतकम्।। इति।

अन्यत्र बद्धस्वरूपमप्यभ्यधायि–

अक्षतश्च लघुद्रावी तेजस्वी निर्मलो गुरुः।
स्फोटनं पुनरावृत्तौ बद्धसूतस्य लक्षणम्।। इति।

व्या० : देवा इति। महेशा अनन्तादयो विद्येश्वराः। ते च प्रागदर्शिताः। (द. ७ प.

११५)। काव्यो दैत्यानां गुरुः शुक्राचार्यः। **तदात्मकेति**। तदात्मिका रसप्रशंसात्मिका या कथा नानावक्तृको वाक्यविशेषसंदर्भस्तेन वित्ताः प्रसिद्धाः। तेन वित्तुश्चुञ्चुप्चणपौ (पा. सू. ५।२।२६) इति सूत्रेण चणप्प्रत्ययः। सदा रसकथां कुर्वन्त इत्यर्थः। **कर्मयोगेणेति**। रसः पारदः। पवनः शरीरान्तरसंचारी प्राणवायुः। स च प्राणायामेन निरुद्धो गतिविशेषं प्रापितः स्वयं मूर्छित इव सन्नपि योगिनो व्याधिं हरति। निरोधातिशये तु स्वयं मृत इव सन्नप्ययं प्राणवायुर्योगिनं न स्वस्माद्वियोजयति। स्तम्भितश्चेदाकाशगतिं संपादयति। **नानावर्ण इति**। यत्रानेके वर्णा विद्यन्ते घनत्वं चाञ्चल्यं च विहायार्द्रत्वादिलक्षणं यत्र दृश्यते तं मूर्च्छितं वदन्तीत्यर्थः। **अक्षतश्चेति**। अक्षतः क्षयरहितः। लघुद्रावी ईषद्द्रवयक्तः। पुनः संस्कारकाले च यस्य स्फोटनं विकासो भवति तदेतद्बद्धसूतस्य लक्षणं भवतीत्यर्थः।

This is very little to say about the matter. In the Raseśvarasiddhānta many among the gods, the Daityas, the Munis, and mankind, are declared to have attained to liberation in this life by acquiring a divine body through the efficacy of quicksilver.

> "Certain of the gods, Maheśa and others; Certain Daityas, Śukra and others;
>
> "Certain Munis, the Bālakhilyas and others.; certain kings, Someśvara and others;
>
> "Govinda-bhagavat, Govinda-nāyaka,
>
> "Carvaṭi, Kapila, Vyāli, Kāpāli, Kandalāyana,
>
> "These and many others proceed perfected, liberated while alive,
>
> "Having attained to a mercurial body, and therewith identified:"

The meaning of this, as explicated by Parameśvara to Parameśvarī, is as follows:

> "By the method of works is attained, O supreme of goddesses, the preservation of the body;
>
> "And the method of works is said to be twofold, mercury and air,
>
> "Mercury and air swooning carry off diseases, dead they restore to life,

"Bound they give the power of flying about."

The swooning state of mercury is thus described—

"They say quicksilver to be swooning when it is perceived, as characterised thus—

"Of various colours, and free from excessive volatility.

"A man should regard that quicksilver as dead, in which the following marks are seen—

"Wetness, thickness, brightness, heaviness, mobility."

The bound condition is described in another place as follows:—

"The character of bound quicksilver is that it is—

"Continuous, fluent, luminous, pure, heavy, and that it 'parts asunder under friction:'

ननु हरगौरीसृष्टिसिद्धौ पिण्डस्थैर्यमास्थातुं पार्यते। तत्सिद्धिरेव कथमिति चेत्–न। अष्टादशसंस्कारवशात्तदुपपत्तेः। तदुक्तमाचार्यैः–

तस्य प्रसाधनविधौ सुधिया प्रतिकर्मनिर्मलाः प्रथमम्।
अष्टादश संस्कारा विज्ञातव्याः प्रयत्नेन॥ इति।

ते च संस्कारा निरूपिताः–

स्वेदनमर्दनमूर्छनस्थापनपातननिरोधनियमाश्च।
दीपनगगनग्रासप्रमाणमथ जारणपिधानम्॥
गर्भद्रुतिबाह्यद्रुतिक्षारणसंरागसारणाश्चैव।
क्रामणवेधौ भक्षणमष्टादशधेति रसकर्म॥ इति।

तत्प्रपञ्चस्तु गोविन्दभगवत्पादाचार्यसर्वज्ञरामेश्वरभट्टारकप्रभृतिभिः प्राचीनैराचार्यैर्निरूपित इति ग्रन्थभूयस्त्वभयादुदास्यते। न च रसशास्त्रं धातुवादार्थमेवेति मन्तव्यम्। देहवेधद्वारा मुक्तेरेव परमप्रयोजनत्वात्। तदुक्तं रसार्णवे–

लोहवेधस्त्वया देव यदर्थमुपवर्णितः।
तं देहवेधमाचक्ष्व येन स्यात्खेचरी गतिः॥
यथा लोहे तथा देहे कर्तव्यः सूतकः सता।
समानं कुरुते देवि प्रत्ययं देहलोहयोः।
पूर्वं लोहे परीक्षेत पश्चाद्देहे प्रयोजयेत्॥ इति।

व्या० : नन्विति। हरगौरीसृष्टी रसाभ्रके। तयोः साधने सत्येव तत्सेवनेन शरीरदार्ढ्यं संपद्यते। प्रसाधितयोस्तयोः सेवने तु तत्तीव्रतां सोढुं नार्हति भौतिकं शरीरमिति शरीरस्यापकर्ष एव स्यादित्याशयः। **न च रसेति।** वादार्थमर्थवादः। रसशास्त्रस्य हि पारदप्रशंसातिशये तात्पर्यं न तु वाच्यमर्यादया प्रतीयमानार्थानुसारेण वस्तुस्थितिः। यथा–अपि गिरिं शिरसा भिन्द्यादिति वाक्यस्य शक्त्यतिशयप्रतिपादने तात्पर्यं तद्वत्। एवं च रसशास्त्रं पारदधातुस्तावकोर्थवाद इत्याशयः। अर्थवादत्वाङ्गीकारे हि रसशास्त्रस्य गौणी वृत्तिः स्वीकार्या स्यात्। सा चागतिकगतिः। तथा च मुख्यवृत्त्यार्थप्रतिपादने संभवति सति गौण्या वृत्ते कल्पनमन्याय्यमित्यभिप्रायेणाह–**देहवेधेति। खेचरी गतिः।** अन्तरिक्षमार्गेण गमनम्। **यथा लोह इति।** कर्तव्यः सेवनीयः। सूतकः पारदः। स च यथा लोहे प्रविष्टो लोहं दिव्यरूपतामापादयति सुवर्णत्वं प्रापयति तथा देहे प्रविष्टो देहं दिव्यरूपतां प्रापयति।

Some one may urge: If the creation of mercury by Hara and Gaurī were proved, it might be allowed that the body could be made permanent; but how can that be proved? The objection is not allowable, inasmuch as that can be proved by the eighteen modes of elaboration. Thus it is stated by the authorities—

"Eighteen modes of elaboration are to be carefully discriminated,

"In the first place, as pure in every process, for perfecting the adepts."

And these modes of elaboration are enumerated thus—

"Sweating, rubbing, swooning, fixing, dropping, coercion, restraining,

"Kindling, going, falling into globules, pulverising, covering,

"Internal flux, external flux, burning, colouring, and pouring,

" And eating it by parting and piercing it,—are the eighteen modes of treating quicksilver."

These treatments have been described at length by Govinda-bhagavat, Sarvajña-rāmeśvara and the other ancient authorities, and are here omitted to avoid prolixity.

The mercurial system is not to be looked upon as merely

eulogistic of the metal, it being immediately, through the conservation of the body, a means to the highest end, liberation. Thus it is said in the Rasārṇava—

"Declare to me, O god, that supremely efficacious destruction of the blood, that destruction of the body, imparted by thee, whereby it attained the power of flying about in the sky. Goddess (he replied), quicksilver is to be applied both to the blood and to the body. This makes the appearance of body and blood alike. A man should first try it upon the blood, and then apply it to the body."

ननु सच्चिदानन्दात्मकपरतत्त्वस्फुरणादेव मुक्तिसिद्धौ किमनेन दिव्यदेह-संपादनप्रयासेनेति चेत्–तदेतद्वार्तम्। अवार्तशरीरालाभे तद्वार्ताया अयोगात्। तदुक्तं रसहृदये–

गलितानल्पविकल्पः सर्वाध्वविवक्षितश्चिदानन्दः।
स्फुरितोप्यस्फुरिततनोः करोति किं जन्तुवर्गस्य।।

(र. हृ. १।२०) इति।

यज्जरया जर्जरितं कासश्वासादिदुःखविशदं च।
योग्यं तन्न समाधौ प्रतिहतबुद्धीन्द्रियप्रसरम्।। (र. हृ. १।२९)

बालः षोडशवर्षो विषयरसास्वादलम्पटः परतः।
यातविवेको वृद्धो मर्त्यः कथमाप्नुयान्मुक्तिम्।। इति।

व्या० : वार्तम्। फल्गु। तुच्छमित्यर्थः। **अवार्तम्।** सत्यम्। अविनाशीति यावत्। **गलितेति।** सर्वाध्वविवक्षितः। सर्वेषु अध्वसु प्रस्थानेषु विवक्षितः। सर्वदर्शनसंमत इत्यर्थः। **यदिति।** कासश्वासौ रोगविशेषौ। खोकला—इति दमा—इति च प्राकृतभाषायां प्रसिद्धौ। यच्छरीरं जरया जर्जरितं कासादिजन्यपीडया समाक्रान्तं च अत एव यत्र विद्यमानानामपि ज्ञानेन्द्रियाणां गतिः कुण्ठिता भवति तादृशं शरीरं समाधौ योग्यं न भवतीत्यर्थः। **परतः।** षोडशवर्षानन्तरम्। तारुण्ये विषयासक्तो भवतीत्यर्थः।

It will be asked: Why should we make this effort to acquire a celestial body, seeing that liberation is effected by the self-manifestation of the supreme principle, existence, intelligence, and beatitude? We reply: This is no objection, such liberation being inaccessible unless we acquire a healthy body. Thus it is said in the Rasahṛdaya—

"That intelligence and bliss set forth in all the systems in which a multitude of uncertainties are melted away,

"Though it manifest itself, what can it effect for beings whose bodies are unglorified?

"He who is worn out with decrepitude, though he be free from cough, from asthma, and similar infirmities,

"He is not qualified for meditation in whom the activities of the cognitive organs are obstructed.

"A youth of sixteen addicted to the last degree to the enjoyment of sensual pleasures,

"An old man in his dotage, how should either of these attain to emancipation?"

ननु जीवत्वं नाम संसारित्वम्। तद्विपरीतत्वं मुक्तत्वम्। तथा च परस्परविरुद्धयोः कथमेकायतनत्वमुपपन्नं स्यादिति चेत्–तदनुपपन्नम्। विकल्पानुपपत्तेः। मुक्तिस्तावत्सर्वतीर्थकरसंमता। सा किं ज्ञेयपदे निविशते न वा। चरमे शशविषाणकल्पा स्यात्। प्रथमे न जीवनं वर्जनीयम्। अजीवतो ज्ञातृत्वानुपपत्तेः। तदुक्तं रसेश्वरसिद्धान्ते–

रसाङ्कमेयमार्गोक्तो जीवमोक्षोन्यथा तु न।
प्रमाणान्तरवादेषु युक्ति[1]भेदावलम्बिषु।।
ज्ञातृज्ञेयमिदं विद्धि सर्वतन्त्रेषु संमतम्।
नाजीवञ्ज्ञास्यति ज्ञेयं यदतोस्त्येव जीवनम्।। इति।

न चेदमदृष्टचरमिति मन्तव्यम्। विष्णुस्वामिमतानुसारिभिर्नृपञ्चास्यशरीरस्य नित्यत्वोपपादनात्। तदुक्तं साकारसिद्धौ–

सच्चिनित्यनिजाचिन्त्यपूर्णानन्दैकविग्रहम्।
नृपञ्चास्यमहं वन्दे श्रीविष्णुस्वामिसंमतम्।। इति।।

नन्वेतत्सावयवं रूपवदवभासमानं नृकण्ठीरवाङ्गं सदिति न संगच्छत इत्यादिनाक्षेपपुरःसरं सनकादिप्रत्यक्षं–सहस्रशीर्षा पुरुषः (श्वे. ३।१४) इत्यादिश्रुति–

1. मुक्ति for युक्ति D.

तमद्भुतं बालकमम्बुजेक्षणं चतुर्भुजं शङ्खगदाद्युदायुधम्।

(भाग. १० पू. ३।९)

इत्यादिपुराणलक्षणेन प्रमाणत्रयेण सिद्धं नृपञ्चाननाङ्गं कथमसत्स्यादिति सदादीनि विशेषणानि गर्भश्रीकान्तमिश्रैर्विष्णुस्वामिचरणपरिणतान्तःकरणैः प्रतिपादितानि। तस्मादस्मदिष्टदेहनित्यत्वमत्यन्तादृष्टं न भवतीति पुरुषार्थकामुकैः पुरुषैरेष्टव्यम्। अत एवोक्तम्–

आयतनं विद्यानां मूलं धर्मार्थकाममोक्षाणाम्।
श्रेयः परं किमन्यच्छरीरमजरामरं विहायैकम्।। इति।

अजरामरीकरणसमर्थश्च रसेन्द्र एव। तदाह–

एकोसौ रसराजः शरीरमजरामरं कुरुते। इति।

किं वर्ण्यते रसस्य माहात्म्यम्। दर्शनस्पर्शनादिनापि महत्फलं भवति तदुक्तं रसार्णवे–

दर्शनात्स्पर्शनात्तस्य भक्षणात्स्मरणादपि।
पूजनाद्रसदानाच्च दृश्यते षड्विधं फलम्।।
केदारादीनि लिङ्गानि पृथिव्यां यानि कानिचित्।
तानि दृष्ट्वा तु यत्पुण्यं रसदर्शनात्। इत्यादिना।

व्या० : कथमेकायतनत्वमिति। एवं च जीवन्मुक्तशब्दः शशशृङ्गादिशब्दवदसंभवदर्थप्रतिपादकः स्यादित्याशयः। **सा किमिति।** पदं वस्तु। मुक्तिर्ज्ञेयवस्तुनि निविशते न वा। मुक्तिर्ज्ञानविषया स्वीक्रियते न वेति यावत्। **अजीवत इति।** मुक्तेर्ज्ञेयत्वे ज्ञेयत्वस्य ज्ञातृसापेक्षत्वान्मुक्तस्य ज्ञातृत्वमवर्जनीयम्। तच्च जीवत एव संभवतीति जीवन्मुक्तशब्दवाच्यार्थोपपत्तिः। न केवलमुपपत्तिमात्रम्। किं तु जीवन्मुक्तिरेव मुक्तिर्न तु विदेहमुक्तिः। उक्तविकल्पासहत्वादिति भावः। तदाह–**रसाङ्केति।** रसशास्त्रोक्तमार्गानुसारेणैव जीवन्मुक्तित्वं संभवति नान्यथा। यद्यपि भिन्नभिन्नयुक्तिसमाश्रयेण तत्र तत्र दर्शनान्तरेषु जीवन्मुक्तत्वे प्रमाणान्तराणि प्रदर्शितानि तथापि तेष्विदं जीवन्मुक्तत्वं ज्ञातृज्ञेयमिति सर्वतन्त्रेषु संमतं विद्धि। यच्चाजीवतो ज्ञानं न संभवत्यो ज्ञातुर्जीवनमस्त्येव। तस्माद्देहनित्यत्वं न शशविषाणायमानं भवतीति भावः। **इदम्।** देहनित्यत्वम्। शरीरं हि विशरणस्वभावम्। तच्च नित्यं कथं भवेत्। क्वचिच्छरीरस्य नित्यत्वं दृष्टं चेन्न हि दृष्टेनुपपन्नं नामेति न्यायेन कथंचित्स्वीकार्यं स्यादित्याशयः। **नृपञ्चास्यो** नरसिंहः।

सच्चिदिति। यदस्त्येवेति सदा प्रकाशते तत्सदित्युच्यते। अत एव तस्य चिद्रूपत्वं नित्यत्वं च। अत्र नरसिंहशरीरस्य नित्यत्वं स्पष्टमेवोक्तं भवति। तत्रत्यटीकाकृदुक्तिं प्रदर्शयति–**नन्वेतादिति।** टीकायां नन्वेतदित्यादिर्न संगच्छत इत्येतत्पर्यन्त आक्षेपग्रन्थः। शरीरस्य सत्त्वं न संभवतीति तदाशयः। सनकादीत्यादिः कथमसत्स्यादित्येतत्पर्यन्तस्तत्समाधान ग्रन्थः। प्रत्यक्षश्रुतिपुराणरूपप्रमाणत्रयेण शरीरस्य सत्त्वं सिद्धं भवतीति तद्भावः।

Some one will object: It is the nature of the personal soul to pass through a series of embodiments, and to be liberated is to be extricated from that series of embodiments; how, then, can these two mutually exclusive-conditions pertain to the same bodily tenement? The objection is invalid, as unable to stand before the following dilemmatic argument:—Is this extrication, as to the nature of which all the founders of institutes are at one, to be held as cognisable or as incognisable? If it is incognisable, it is a pure chimera ; if it is cognisable, we cannot dispense with life, for that which is not alive cannot be cognisant of it. Thus it is said in the Rasasiddhānta—

> "The liberation of the personal soul is declared in the mercurial system, O subtile thinker.
>
> "In the tenets of other schools which repose on a diversity of argument,
>
> "Know that this knowledge and knowable is allowed in all sacred texts;
>
> "One not living cannot know the knowable, and therefore there is and must be life."

And this is not to be supposed to be unprecedented, for the adherents of the doctrine of Viṣṇu-svāmin maintain the eternity of the body of Viṣṇu half-man and half-lion. Thus it is said in the Sākāra-siddhi—

> "I glorify the man-lion set forth by Viṣṇu-svāmin,
>
> "Whose only body is existence, intelligence, and eternal and inconceivably perfect beatitude."

If the objection be raised that the body of the man-lion, which appears as composite and as coloured, is incompatible with real existence, it may be replied : How can the body of the man-lion be otherwise than really existent, proved as it is by three kinds of proof: (1.) by the intuition of Śaṅkara and others; (2.) by Vedic texts such as, A thousand heads has Puruṣa; and (3.) by Purāṇic texts such as, That wondrous child, lotus-eyed, four-armed, armed with the conch-shell, the club, and other weapons? Real existence and other like predicates are affirmed also by Śrīkānta miśra, the devoted adherent of Viṣṇu-svāmin. Let, then, those who aspire to the highest end of personal souls be assured that the eternity of the body which we are setting forth is by no means a mere innovation. It has thus been said—

> "What higher beatitude is there than a body undecaying immortal,
>
> "The repository of sciences, the root of merit, riches, pleasure, liberation?"

It is mercury alone that can make the body undecaying and immortal, as it is said—

> "Only this supreme medicament can make the body undecaying and imperishable."

Why describe the efficacy of this metal? Its value is proved even by seeing it, and by touching it, as it is said in the Rasārṇava—

> "From seeing it, from touching it, from eating it, from merely remembering it,
>
> "From worshipping it; from tasting it, from imparting it, appear its six virtues.
>
> "Equal merit accrues from seeing mercury as accrues from seeing all the phallic emblems
>
> "On earth, those at Kedāra, and all others whatsoever."

अन्यत्रापि–

काश्यादिसर्वलिङ्गेभ्यो रसलिङ्गार्चनाच्छिवः।
प्राप्यते येन तल्लिङ्गं भोगारोग्यामृतप्रदम्।। इति।

व्या० : काश्यादीति। तथा चोक्तम्–

ज्योतिर्मयं महालिङ्गं कैलासनगरे प्रिये।
तस्यैव षोडशांशैकः काश्यां विश्वेश्वरः स्थितः।।

पूर्णलिङ्गं महेशानि शिवबीज न चान्यथा। इति।

तथा

पारदं परमेशानि ब्रह्मविष्णुशिवात्मकम्।
यो यजेत्पारदं लिङ्गं स एष शम्भुरव्ययः।। इति च।

सूतसंहितायामपि–

संस्थाप्य श्रीबाणलिङ्गं रत्नकोटिगुणं भवेत्।
रसलिङ्गे ततो बाणात्फलं कोटिगुणं स्मृतम्।।
गुणांस्तु रसलिङ्गस्य वक्तुं शक्नोति शंकरी।
सिद्धयो रसलिङ्गे स्युरणिमाद्याः सुसंस्थिताः।। इति।

In another place we read—

"The adoration of the sacred quicksilver is more beatific than the worship of all the phallic emblems at Kāśi and elsewhere,

"Inasmuch as there is attained thereby enjoyment, health, exemption from decay, and immortality,"

रसनिन्दायाः प्रत्यवायोपि दर्शित :–

प्रमादाद्रसनिन्दायाः श्रुतावेनं स्मरेत्सुधीः।
द्राक्त्यजेन्निन्दकं नित्यं निन्दया पूरिताशुभम्।। इति।

तस्मादस्मदुक्तया रीत्या दिव्यं देहं संपाद्य योगाभ्यासवशात्परतत्त्वे दृष्टे पुरुषार्थप्राप्तिर्भवति। तदा–

भ्रूयुगमध्यगतं यच्छिखिविद्युत्सूर्यवज्जगद्भासि।
केषांचित्पुण्यदृशामुन्मीलति चिन्मयं ज्योतिः।।
परमानन्दैकरसं परमं ज्योतिःस्वभावमविकल्पम्।
विगलितसकलक्लेशं ज्ञेयं शान्तं स्वसंवेद्यम्।।
तस्मिन्नाधाय मनः स्फुरदखिलं चिन्मं जगत्पश्यन्।
उत्सन्नकर्मबन्धो ब्रह्मत्वमिहैव चाप्नोति। (र. हृ. १।२१–१।२३)

श्रुतिश्च–रसो वै सः। रसं ह्येवायं लब्ध्वानन्दी भवति (तै. २।७।१) इति। तदित्थं भवदैन्यदुःखभरतरणोपायो रस एवेति सिद्धम्। तथा च रसस्य परब्रह्मणा साम्यमिति प्रतिपादकः श्लोकः –

यः स्यात्प्रावरणाविमोचनधियां साध्यः प्रकृत्या पुनः
संपन्नः सह तेन दीव्यति परं वैश्वानरे जाग्रति।
ज्ञातो यद्यपरं न वेदयति च स्वस्मात्स्वयं द्योतते
यो ब्रह्मेव स दैन्यसंसृतिभयात्पायादसौ पारदः।। इति।।

इति श्रीमत्सायणमाधवीये सर्वदर्शनसंग्रहे रसेश्वरदर्शनम्।।

व्या० : **प्रमादादिति।** यत्र रसनिन्दाश्रवणसंभवस्तत्र न गन्तव्यम्। कदाचिदनवधानेन रसनिन्दा कर्णपथं गता चेच्छिवं स्मरेदित्यर्थः।।

।। इति सर्वदर्शनसंग्रहव्याख्यां दर्शनाङ्कुराभिधायां रसेश्वरदर्शनं समाप्तम्।।

The sin of disparaging mercury is also set out—

"The adept on hearing quicksilver heedlessly disparaged should recall quicksilver to mind.

"He should at once shun the blasphemer, who is by his blasphemy for ever filled with sin."

The attainment, then, of the highest end of the personal soul takes place by an intuition of the highest principle by means of the practice of union after the acquisition of a divine body in the manner we have described. Thereafter—

"The light of pure intelligence shines forth unto certain men of holy vision,

"Which, seated between the two eyebrows, illumines the universe, like fire, or lightning, or the sun :

"Perfect beatitude, unalloyed, absolute, the essence whereof is luminousness, undifferenced,

"From which all troubles are fallen away, knowable, tranquil, self-recognised :

"Fixing the internal organ upon that, seeing the whole universe manifested, made of pure intelligence,

"The aspirant even in this life attains to the absolute, his bondage to works annulled."

A Vedic text also declares : That is Rasa (mercury), having obtained this he becomes beatitude.

Thus, then, it has been shown that mercury alone is the means of passing beyond the burden of transmigratory pains. And conformably we have a verse which sets forth the identity between mercury and the supreme self—

"May that mercury, which is the very self, preserve us from dejection and from the terrors of metempsychosis,

"Which is naturally to be applied again and again by those that aspire to liberation from the enveloping illusion,

"Which perfected endures, which plays not again when the soul awakes,

"Which, when it arises, pains no other soul, which shines forth by itself from itself."

A.E.G.

Chapter X
The Vaiśeṣika or Aulūkya System[1]

अथौलूक्यदर्शनम्

इह खलु निखिलप्रेक्षावान्निसर्गप्रतिकूलवेदनीयतया निखिलात्मसंवेदनसिद्धं दुःखं जिहासुस्तद्धानोपायं ज़िज्ञासुः परमेश्वरसाक्षात्कारमुपायमाकलयति।

यदा चर्मवदाकाशं वेष्टयिष्यन्ति मानवाः।
तदा शिवमविज्ञाय दुःखस्यान्तो भविष्यति।।

इत्यादिवचननिचयप्रामाण्यात्। परमेश्वरसाक्षात्कारश्च श्रवणमननभावनाभिर्भावनीयः। यदाह–

व्या० : औलूक्यदर्शनमिति। इदमेव कणाददर्शनमिति वैशेषिकदर्शनमिति च व्यपदिश्यते। कणादो ह्यत्र सूत्रं चकार। कणादऋषिर्हि कापोतीं वृत्तिमनुतिष्ठन्रथ्यानिपतितांस्तण्डुलकणानादाय प्रत्यहमाहारं चकार। अतः स कणाद इति कणभक्ष इति वा नाम्ना प्रसिद्धिमवाप। अयमेवौलूक्यः। उलूकस्यर्षेरपत्यमौलूक्यः। कश्यपगोत्रोत्पन्नोयमित्याहुः। तपस्विने कणादमुनये स्वयमीश्वर उलूकरूपधारी प्रत्यक्षीभूय पदार्थषट्कमुपदिदेशेत्यप्यैतिह्यं श्रूयते। ततोप्यस्य दर्शनस्यौलूक्यदर्शनमिति प्रसिद्धिः। गौतमेन हि प्रमाणादिषोडशपदार्थानां तत्वज्ञानान्मोक्षंप्राप्तिरित्युक्तं न्यायशास्त्रे। तत्तु कणादस्य संमतमेव। परं त्वस्मिञ्जगति विद्यमानानां पदार्थानां मध्ये के धर्मिणः कतिविधाश्च ते तथा के धर्माः कियन्तश्च ते इत्येवं मिथोऽसंकीर्णरूपेण यावन्न पदार्थज्ञानं

---

1. The Vaiśeṣikas are called Aulukyāḥ in Hemacandra's *Abhidhāna-cintāmaṇi;* in the Vāyu-purāṇa (quoted in Aufrecht's *Catal.* p. 53 b I. 23), Akṣapāda, Kapāda, Ulūka, and Vatsa are called the sons of Śiva.

तावत्साधर्म्यवैधर्म्यज्ञानाभावेन साहचर्यनियमरूपव्याप्तिज्ञानं न सुलभमित्यतो द्रव्यगुणादिभिदेन सप्तैव पदार्था इति निश्चित्यास्य द्रव्यस्येदं स्वरूपमेत एव च तस्य गुणा इत्यादि सर्वं सुव्यवस्थितं कणादः प्रत्यपादयत्। अत ईदृशं विशेषमुद्दिश्य प्रवृत्तत्वादिदं वैशेषिकशास्त्रमिति गीयते। अस्मिञ्छास्त्रे प्रत्यक्षमनुमानं चेति प्रमाणद्वयमेवेति श्रीधरमतानुसारिणः। प्रत्यक्षमनुमानं शब्दश्चेति प्रमाणत्रयमिति व्योमशिवाचार्याः। इतरेषां प्रमाणानामनुमानेन्तर्भावः। अनुपलब्धेस्तु प्रत्यक्षेन्तर्भाव इति बोध्यम्।

इह खल्विति। अखिलोहि विचारशीलो जन्तुर्दुःखं हातुमिच्छति। दुःखस्य स्वभावतः प्रतिकूलवेदनीयत्वेन सर्वानुभवसिद्धतया हातव्यत्वात्। दुःखहानोपायश्च परमेश्वरसाक्षात्कार एव नान्यः।

तमेवं विदित्वाति मृत्युमेति नान्यः पन्था विद्यतेयनाय (श्वे. ३।८)

इति श्रुतेरिति भावः। **यदेति**। यथा चर्मवेष्टनवदाकाशवेष्टनं न कदापि संभवति तथा परमेश्वरज्ञानं विनान्येनोपायेन दुःखविनाशः कदापि न संभवतीति तात्पर्यम्।

Whose wishes to escape the reality of pain, which is established by the consciousness of every soul through its being felt to be essentially contrary to every rational being, and wishes therefore to know the means of such escape, learns that the knowledge of the Supreme Being is the true means thereof, from the authority of such passages as these (*Śvetāśvatara Upan*. Vi. 20)—

"When men shall roll up the sky as a piece of leather,
"Then shall there be an end of pain without the knowledge of Śiva."

Now the knowledge of the Supreme is to be gained by hearing (*śravaṇa*), thought (*manana*), and reflection (*bhāvanā*), as it has been said—

आगमेनानुमानेन ध्यानाभ्यासबलेन च।
त्रिधा प्रकल्पयन्प्रज्ञां लभते योगमुत्तमम्।। इति।

तत्र मननमनुमानाधीनम्। अनुमानं च व्याप्तिज्ञानाधीनम्। व्याप्तिज्ञानं च पदार्थविवेकसापेक्षम्। अतः पदार्थषट्कम् अथातो धर्मं व्याख्यास्यामः (क. सू० १।१।१) इत्यादिकायां दशलक्षण्यां कणभक्षेण भगवता व्यवस्थापितम्।

व्या० : आगमेनेति। गुरोः सकाशात्परमेश्वरस्वरूपस्य तद्गुणानां चागमेन श्रवणम्। श्रुतस्यार्थस्य दृढप्रतिपत्तयेनुमानानुसारेण युक्तिपूर्वकं स्वमनसि चिन्तनम्। श्रुतस्य मतस्य चार्थस्य ध्यानाभ्यासवशेन पुनः पुनः स्वान्ते भावना। एवं प्रकारत्रयेण स्वबुद्धिं परमेश्वरीविषयिणीं कल्पयन्नुत्तमं योगं लभत इत्यर्थः। **तत्र मननमिति।** तदुक्तमुदयनाचार्यैः-

न्यायचर्चेयमीशस्य मननव्यपदेशभाक्।
उपासनैव क्रियते श्रवणानन्तरागता।। (कुसु. १।१३) इति।

न्यायेन चर्चानुमितिरूपा। सा च श्रवणोत्तरकालभवमननरूपा ईशस्योपासनैवेति तदर्थः। **व्याप्तिज्ञानेति।** व्याप्तिस्वरूपं प्राङ्निरूपितम्। (द. १ पं. ७१)। **पदार्थषट्कम्।** द्रव्यगुणकर्मसामान्यविशेषसमवायरूपम्। **अथात इति।** अथशब्द आनन्तर्यार्थः श्रुत्या च मङ्गलप्रयोजनोपि भवति। शिष्यजिज्ञासानन्तरं यतः श्रवणादिपटवोसूयारहिताश्च शिष्या उपसन्ना अतः कारणाज्ज्ञानिदानं धर्मं निरूपयिष्याम इति सूत्रार्थः। धर्मस्वरूपं तु यतोभ्युदयिनःश्रेयससिद्धिः स धर्मः (क. सू. १।१।२) इति सूत्रे प्रतिपादितम्। अभ्युदयः स्वर्गस्तत्त्वज्ञानं वा। निःश्रेयसं मोक्षः। **दशलक्षण्यामिति।** दशानां लक्षणानां समाहारो दशलक्षणी। लक्षणशब्दोध्यायवाची। केचिदन्तेवासिनो विधिवदधीतवेदवेदाङ्गा अनसूयकाः संपन्नश्रवणा मननार्थं परमकारुणिकं भगवन्तं कणादमहर्षिं विधिवदुपसेदुः। ततः स मुनिः सूत्राणां दशाध्यायीं विरच्य तानुपदिदेश। तत्र प्रत्यध्यायमाह्निकद्वयम्।

"By scripture, by inference, and by the force of repeated meditation,—

"By these three methods producing knowledge, he gains the highest union (*yoga*)."

Here thought depends on inference, and inference depends on the knowledge of the *vyāpti* (or universal proposition), and the knowledge of the *vyāpti* follows the right understanding of the categories,—hence the saint Kaṇāda[1] establishes the six categories in his tenfold treatise, commencing with the words, "Now, therefore; we shall explain duty."

तत्राह्निकद्वयात्मके प्रथमेध्याये समवेताशेषपदार्थकथनमकारि। तत्रापि प्रथमाह्निके जातिमन्निरूपणम्। द्वितीयाह्निके जातिविशेषयोर्निरूपणम्। आह्निक-द्वययुक्ते द्वितीयेध्याये द्रव्यनिरूपणम्। तत्रापि प्रथमाह्निके भूतविशेषलक्षणम्।

1. He is hero called by his synonym Kaṇabhakṣa.

द्वितीये दिक्कालप्रतिपादनम्। आह्निकद्वययुक्ते तृतीय आत्मान्तःकरणलक्षणम्। तत्राप्यात्मलक्षणं प्रथमे। द्वितीयेन्तःकरणलक्षणम्। आह्निकद्वययुक्ते चतुर्थे शरीरतदुपयोगिविवेचनम्। तत्रापि प्रथमे तदुपयोगिविवेचनम्। द्वितीये शरीरविवेचनम्। आह्निकद्वयवति पञ्चमे कर्मप्रतिपादनम्। तत्रापि प्रथमे शरीरसंबन्धिकर्मचिन्तनम्। द्वितीये [1]मानसकर्मचिन्तनम्। आह्निकद्वयशालिनि षष्ठे श्रौतधर्मनिरूपणम्। तत्रापि प्रथमे दानप्रतिग्रहधर्मविवेकः। द्वितीये चातुराश्रम्योचितधर्मनिरूपणम्। तथाविधे सप्तमे गुणसमवायप्रतिपादनम्। तत्रापि प्रथमे बुद्धिनिरपेक्षगुणप्रतिपादनम्। द्वितीये तत्सापेक्षगुणप्रतिपादनं समवायप्रतिपादनं च। अष्टमे निर्विकल्पकसविकल्पकप्रत्यक्षप्रमाणचिन्तनम्। नवमे बुद्धिविशेषप्रतिपादनम्। दशमनुमानभेदप्रतिपादनम्।

व्या० : समवेति। समवेताः समवायसंबन्धेन विद्यमाना ये सकलाः पदार्थाः पदार्थषट्कमध्ये समवायभिन्ना द्रव्यादयः पञ्च तेषां कथनमित्यर्थः। समवायस्य समवायान्तराङ्गीकारेनवस्था स्यादतः समवायो न समवेतः। तत्र द्रव्यं स्वावयवेषु समवेतम्। गुणाः कर्माणि च द्रव्येषु समवेतानि। सामान्यं जातिः। सा च द्रव्यगुणकर्मसु त्रिषु समवेता। विशेषाश्च नित्यद्रव्येषु समवेताः। यद्यपि निरवयवाः परमाणवो न क्वापि समवेता एवमाकाशादयोपि तथापि समवेतत्वमित्यस्य समवायसंबन्धवत्त्वमित्यर्थे तात्पर्यं बोध्यम्। **जातिमदिति।** जातिमतां द्रव्यगुणकर्मणां निरूपणमित्यर्थ। **तदुपयोगीति।** शरीरविवचेनोपयोगिभूतं परमाणुकारणत्वादिकम्। **श्रौतेति।** श्रुतिप्रतिपादितेत्यर्थः। **चातुराश्रम्येति।** चत्वार आश्रमाश्चातुराश्रम्यम्। गुणवचन (पा. सू. ५।१।१२४) इति सूत्रे चतुर्वर्णादीनां स्वार्थ उपसंख्यानम्–इति वार्तिकेन चतुराश्रमशब्दात्स्वार्थे ष्यञ्प्रत्ययः। **तथाविधे।** आह्निकद्वययुक्ते। **बुद्धिनिर- पेक्षेति।** रूपरसादयो गुणा बुद्धिनिरपेक्षाः। द्वित्वपरत्वापरत्वपृथक्त्वादयो बुद्धिसापेक्षाः।

In the first book, consisting of two daily lessons, he describes all the categories which are capable of intimate relation. In the first *āhnika* he defines those which possess "genus" (*jāti*), in the second "genus" (or "generality") itself and "particularity." In the similarly divided second book he discusses "substance," giving in the first *āhnika* the characteristics of the five elements, and in the second he establishes the existence of space and time. In the third book he defines the soul and the internal sense, the

1. साधारण for मानस. D.

former in the first *āhnika,* the latter in the second. In the fourth book he discusses the body and its adjuncts, the latter in the first *āhnika,* and the former in the second. In the fifth book he investigates action; in the first *āhnika* he considers action as connected with the body in the second as belonging to the mind. In the sixth book he examines merit and demerit as revealed in Śruti; in the first *āhnika* he discusses the merit of giving, receiving gifts, etc., in the second the duties of the four periods of religious life. In the seventh book he discusses quality and intimate relation; in the first *āhnika* he considers the qualities independent of thought, in the second those qualities which are related to it, and also intimate relation. In the eighth book he examines "indeterminate" and "determinate" perception, and means of proof. In the ninth book he discusses the characteristics of intellect. In the tenth book he establishes the different kinds of inference.[1]

तत्रोद्देशो लक्षणं परीक्षा चेति त्रिविधास्य शास्त्रस्य प्रवृत्तिः। ननु विभागापेक्षया चातुर्विध्ये वक्तव्ये कथं त्रैविध्यमुक्तमिति चैत्-मैवं मंस्थाः। विभागस्य विशेषोद्देशरूपत्वादुद्देश एवान्तर्भावात्। तत्र द्रव्यगुणकर्मसामान्यविशेषसमवाया इति षडेव ते पदार्था इत्युद्देशः। किमत्र क्रमनियमे कारणम्। उच्यते। समस्तपदार्थायतनत्वेन प्रधानस्य द्रव्यस्य प्रथममुद्देशः। अनन्तरं गुणत्वोपाधिना सकलद्रव्यवृत्तेर्गुणस्य। तदनु सामान्यवत्त्वसाम्यात्कर्मणः। पश्चात्तत्त्रितयाश्रितस्य सामान्यस्य। तदनन्तरं समवायाधिकरणस्य विशेषस्य। अन्तेवशिष्टस्य समवायस्येति।

व्या० : तत्रोद्देश इति। नाममात्रेण वस्तुसंकीर्तनमुद्देशः। यथा द्रव्यगुणकर्म-सामान्यविशेषसमवायाः पदार्था इति। लक्षणं तु तत्तदसाधारणधर्मवचनम्। यथा गुणवत्त्वं द्रव्यत्वमित्यादि। यथालक्षितस्यैतल्लक्षणमुपपद्यते न वेति विचारः परीक्षा। **विभागापेक्षयेति।** उद्दिष्यनां द्रव्यादीनामवान्तरभेदकथनं विभागः। यथा पृथिव्यादिभेदेन द्रव्यं नवविधमित्यादि। तथा चोद्देशो विभागो लक्षणं परीक्षा चेति चतुर्विधास्य शास्त्रस्य

1. It is singular that this is in accurate. The ninty book treats of that perception which arises from supersensible contact, etc, and inference. The tenth treats of the mutual difference of the qualities of the soul, and the three causes.

प्रवृत्तिरिति वक्तव्यं न तु त्रिविधेतीति शङ्काशयः। **विशेषोद्देशरूपत्वेति**। तथा चोद्देशो द्विविधः सामान्योद्देशो विशेषोद्देशश्च। द्रव्यगुणादयः षट्पदार्था इति सामान्योद्देशः। पृथिव्यादीनि नवद्रव्याणि रूपादयश्चतुर्विंशतिगुणा इत्यादिर्विशेषोद्देशः। **किमत्रेति**। प्रथमं द्रव्यस्योद्देशस्ततो गुणस्येत्यादिक्रमे किं कारणमित्यर्थः। **समस्तेति**। आदौ धर्मिणि विज्ञाते ततो धर्मा विज्ञातुं शक्यन्ते। यथा विज्ञाते मनुष्ये तद्गताः स्थौल्यकार्श्यादयः। अत एव धर्मापेक्षया तदाधारभूतस्य धर्मिणः प्राधान्यम्। द्रव्यादिपदार्थषट्कमध्ये गुणादीनां पञ्चानां साक्षात्परंपरया वा द्रव्यमाधारः। तत्र गुणकर्मणोः साक्षादाधारः। जातेस्तु द्रव्यत्वपृथिवीत्वघटत्वादिकायाः साक्षात्। गुणकर्मगताया गुणत्वकर्मत्वादिजातेस्तु गुणकर्मद्वारा परंपरया। विशेषाणां साक्षात्। समवायस्य तु क्वचित्साक्षात्क्वचिद्-गुणादिद्वारा। तथा च सर्वाधारत्वेन प्राधान्याद्द्रव्यस्य प्रथममुद्देशः। रूपादीनां द्रव्यधर्माणां द्रव्यापेक्षया अप्राधान्याद्गुणत्वम्। गुणशब्दस्याप्रधानवाचित्वात्। यद्यपि गुणकर्मादीनां पञ्चानामप्यप्राधान्यं समं तथापि वैशेषिकाणां रूपरसादिष्वेव सांकेतिकी गुणसंज्ञा। गुणादिपञ्चकमध्ये विशेषसमवाययोर्न क्वापि प्रत्यक्षमिति तयोश्चरमं निर्देशः। गुणकर्मजातीनां मध्ये गुणकर्मणोर्जात्याश्रयत्वेन जात्यपेक्षया प्राधान्यात्ततः पूर्वं निर्देशः। गुणकर्मणोर्मध्ये गुणस्य सकलद्रव्यवृत्तित्वात्पूर्वपमस्थितिः। कर्मणस्तु कतिपयद्रव्य-वृत्तित्वेन पश्चादुपस्थितिः। अतो गुणस्य पूर्वं निर्देशः पश्चात्कर्मणः। कर्म हि नाकाशादिषु चतुर्षु विभुद्रव्येषु संभवति। चलनात्मकस्य कर्मणस्तेष्वङ्गीकारे विभुत्वस्यैव भङ्गापत्तेः। यद्यपि गुणा अपि न सर्वे सर्वद्रव्येषु विद्यन्ते। पृथिव्यादिषु बुद्ध्यादीनामसंभवात्। आकाशादिषु च रूपरसादीनामसंभवात्। तथापि गुणत्वेन रूपेण गुणानां सकलद्रव्यवृत्ति-त्वमव्याहतमेवेति भावः।

The method of this system is said to be threefold, "enunciation," "definition," and "investigation."[1] "But," it may be objected, "ought we not to include 'division,' and so make the method fourfold, not threefold?" We demur to this, because "division" is really included in a particular kind of enunciation. Thus when we declare that substance, quality, action, generality, particularity, and intimate relation are the only six positive categories,—this is an example of enunciation. If you ask "What is the reason for this definite order of the categories?" we answer as follows:—Since "substance"is the chief, as being

1. For this extract from the old *bhāṣya* of Vātsyāyana, see Colebrooke's *Essays* (new edition), vol. i. p. 285.

the substratum of all the categories, we enounce this first; next "quality," since it resides in its generic character in all substances [though different substances have different qualities]; then "action," as it agrees with "substance" and "quality" in possessing "generality;"[1] then "generality," as residing in these three; then "particularity," inasmuch as it possesses "intimate relation ;"[2] lastly, "intimate relation" itself; such is the principle of arrangement.

ननु षडेव पदार्था इति कथं कथ्यते। अभावस्यापि सद्भावादिति चेत् मैवं वोचः। नञर्थानुल्लिखितधीविषयतया भावरूपतया षडेवेति विवक्षितत्वात्। तथापि कथं षडेवेति नियम उपपद्यते। विकल्पानुपपत्तेः। तथा हि। नियमव्यवच्छेद्यं प्रमितं न वा। प्रमितत्वे कथं निषेधः। अप्रमितत्वे कथंतराम्। न हि कश्चित्प्रेक्षावान्मूषिकविषाणं प्रतिषेद्धुं यतते। ततश्चानुपपत्तेर्न नियम इति चेत्–मैवं भाषिष्ठः। सप्तमतया प्रमितेन्धकारादौ भावत्वस्य भावतया प्रमिते शक्तिसादृश्यादौ सप्तमत्वस्य च निषेधादिति कृतं विस्तरेण।

व्या० : नञर्थेति। नञर्थो निषेधः। तदुल्लिखिता धीर्नास्तीत्येवमभावरूपेण जायमानः प्रत्ययः। तादृशप्रत्ययविषयीभूतः सप्तमः पदार्थोऽभावरूपोस्तु नाम। अस्तीत्येवं भावरूपेण प्रतीयमानास्तु द्रव्यादयः षडेवेति। **नियमव्यवच्छेद्यमिति**। षडेवेत्येवकारेण यः सप्तमः पदार्थो व्यावर्त्यते स प्रमाणसिद्धोस्ति वा न वेति विकल्पः। **प्रमितत्वे**। प्रमाणसिद्धत्वे। **कथंतरामिति**। सुतरां निषेधासंभव इत्यर्थः। प्रतियोगिप्रमितिं विना निषेधानुपपत्तेः। **न हीति**। प्रेक्षावान्विचारशीलः। मूषिकस्य विषाणं शृङ्गं बन्ध्याया अपत्यमिव लोकेत्यन्तासंभवि। तथा च चेदं मूषिकविषाणं नायं वन्ध्यापुत्र इत्येवं कदाचिदुन्मत्तो ब्रूयान्न तु विचारशीलः कश्चित्। मूषिकशब्दो मूषकपर्यायः। मुषेर्दीर्घश्च (उणा. सू. २।४२) इतिसूत्रेण किकन्प्रत्ययः। **सप्तमतयेति**। न केवलस्य सप्तमस्य निषेधः। नापि केवलस्य भावस्य। किं तु सप्तमत्वविशिष्टस्य भावस्य। केवल सप्तमोन्धकारादि प्रतीयते। केवलो भावश्च शक्तिसादृश्यादिः प्रतीयते। एवं भागशः प्रतियोगिप्रमितिः। निषेधस्तु विशिष्टेन रूपेण। न हि येनैव रूपेण निषेधस्तेनैव रूपेण प्रतियोगिप्रमितिरपेक्ष्यत इति राजाज्ञास्ति। तथा च यद्यप्यन्धकारः सप्तमोस्ति तथापि

1. Cf. *Bhāṣā-pariccheda*, śloka 14.
2. "Particularity" *(viśesha)* resides by "intimate relation" in the eternal atoms, etc.

न स भावः। तस्य तेजोऽभावरूपत्वात्। तथा यद्यपि शक्तिसादृश्यादिर्भावः पदार्थोऽस्ति तथापि न स सप्तमः। षट्स्वन्तर्भावात्। तथा हि–दाहशक्तिप्रतिबन्धकेन मण्यादिना युक्तस्य करतलस्याग्निसंयोगे सत्यपि दाहो न जायते। केवलस्य तु जायते। तथा च शक्तिरतिरिक्तः पदार्थः स्वीकार्य इति चेत्–नैतद्युक्तम्। अग्नेर्या दाहं प्रति कारणता सैव शक्तिः। प्रतिबन्धकाभावो हि कार्यमात्रो कारणमस्त्येव। तथा च किमतिरिक्तशक्तिकल्पनया। एवं सादृश्यमपि न पदार्थान्तरम्। किं तु तद्भिन्नत्वे सति तद्गतधर्मवत्त्वमेव। **कृतम्**। अलम्।

If you ask; "Why do you say that there are only six categories since 'non-existence' is also one?" we answer : Because we wish to speak of the six as positive categories, *i.e.*, as being the objects of conceptions which do not involve a negative idea. "Still," the objector may retort, "how do you establish this definite number 'only six'? for either horn of the alternative fails. For, we ask, is the thing to be thus excluded already thoroughly ascertained or not? If it is thoroughly ascertained, why do you exclude it? and still more so, if it is not thoroughly ascertained? What sensible man, pray, spends his strength in denying that a mouse has horns? Thus your definite number 'only six' fails as being in applicable." This, however, we cannot admit; if darkness, etc., are allowed to form certainly a seventh category (as "non-existence"), we thus (by our definite number) deny it to be one of the six positive categories—and if others attempt to include "capacity," "number," etc., which we allow to be certainly positive existences, we thus deny that they make a *seventh* category. But enough of this long discussion.

तत्र द्रव्यादित्रितयस्य द्रव्यत्वादिजातिर्लक्षणम्। द्रव्यत्वं नाम गगनारविन्द-समवेतत्वे सति नित्यत्वे सति गन्धासमवेतत्वम्। गुणत्वं नाम समवायि-कारणासमवेतासमवायिकारणाभिन्नसमवेतसत्तासाक्षाद्व्याप्यजातिः। कर्मत्वं नाम नित्यासमवेतत्वसहितसत्तासाक्षाद्व्याप्यजातिः। सामान्यं तु प्रध्वंसप्रतियोगित्व-रहितमनेकसमवेतम्। विशेषो नामान्योन्याभावविरोधिसामान्यरहितः समवेतः। समवायस्तु समवायरहितः संबन्ध इति षण्णां लक्षणानि व्यवस्थितानि।

व्या० : द्रव्यत्वं नामेति। गगनं चारविन्दं चेति द्वन्द्वः। द्वन्द्वान्ते श्रूयमाणस्य समवेतपदस्य प्रत्येकं संबन्धः। गगनसमवेतत्वे सत्यरविन्दसमवेतत्वे च सतीत्यर्थः। द्रव्यत्वं हि पृथिव्यादिषु नवद्रव्येषु वर्तमानं गगनेपि वर्ततेरविन्देपि च वर्तते। अरविन्दस्य पृथिव्यन्तर्गतत्वात्। अरविन्दं कमलम्। नित्यं च द्रव्यत्वम्। जातेर्नित्यत्वात्। तथा गन्धासमवेतं च। गन्धो हि गुणः। द्रव्यत्वं च द्रव्येष्वेव वर्तते न गुणेषु। अत्र गगनसमवेतत्वे सतीत्यस्याभावे पृथिवीत्वेतिव्याप्तिः। पृथिवीत्वं ह्यरविन्दसमवेतं नित्यं च। तथा गन्धसमानाधिकरणमपि गन्धे न विद्यत इति गन्धासमवेतं च भवति। किं तु गगनसमवेतं न भवति। पृथिवीत्वस्य पृथिवीमात्रनिष्ठत्वात्। अरविन्दसमवेतत्वे सतीत्यस्याभावे गगनगतैकत्वसंख्यायामतिव्याप्तिः। सा हि गगनसमवेता। नित्या च। नित्यगतस्यैकत्वस्य नित्यत्वात्। गन्धे च न विद्यते। गुणे गुणानङ्गीकारात्। किं त्वरविन्दसमवेता न भवति। यद्यप्यरविन्देप्यकत्वं वर्तते तथापि तद्गगनगतैकत्वापेक्षया भिन्नमेव। नित्यत्वे सतीत्यस्याभावे गगनारविन्देत्येतेदुभयगतद्वित्वसंख्यायामतिव्याप्तिः। सा हि गगन-समवेतारविन्दसमवेता गन्धासमवेता च भवति किं तु न नित्या। द्वित्वादिसंख्यायाः सर्वत्रापेक्षाबुद्धिजन्यत्वेनानित्यत्वात्। गन्धासमवेतत्वमित्यस्याभावे द्रव्यगुणकर्मेत्ये-तत्त्रितयनिष्ठायां सत्तायामतिव्याप्तिः। सा हि गगनेरविन्दे च वर्तते नित्या च। किं तु गुणेष्वपि वर्तते। अतो गन्धासमवेता न भवति। **गुणत्वं नामेति**। समवायिकारणासमवेता तथा असमवायिकारणभिन्नसमवेता सत्तायाः साक्षाद्व्याप्या च या जातिस्तदेव गुणत्वमित्यर्थः। द्रव्यगुणकर्मेत्येतत्त्रितयनिष्ठायाः सत्तायाः साक्षाद्व्याप्यं द्रव्यत्वं गुणत्वं कर्मत्वं चेति जातित्रयमेव। पृथिवीत्वादिकं तु द्रव्यत्वस्य साक्षाद्व्याप्यं भवति सत्तायास्तु परंपरया। भवति च गुणत्वं समवायिकारणासमवेतम्। समवायिकारणं हि द्रव्यमेव। तत्र गुणत्वस्याविद्यमानत्वात्। गुणत्वं गुण एव वर्तते न तु द्रव्ये। तथा गुणत्वमसमवायि-कारणभिन्नसमवेतमपि भवति। असमवायिकारणभिन्ना आत्मविशेषगुणाः। तेषां कुत्राप्यसमवायिकारणत्वाभावात्। तन्निष्ठं च गुणत्वम्। अत्र समवायिकारणसमवेतेति पदाभावे द्रव्यत्वेतिव्याप्तिः। भवति च द्रव्यत्वं सत्तायाः साक्षाद्व्याप्यसमवायिकारणभिन्ने द्रव्ये समवेतं च। द्रव्यस्य कुत्राप्यसमवायिकारणत्वाभावात्। किं तु समवायि-कारणासमवेतं न भवति। समवायिकारणे द्रव्ये विद्यमानत्वात्। असमवायिकारण-भिन्नसमवेतेति पदाभावे कर्मत्वेतिव्याप्तिः। कर्मत्वं हि समवायिकारणे द्रव्ये न वर्तत इति समवायिकारणासमवेतं सत्तायाः साक्षाद्व्याप्यं च। किं त्वसमवायिकारणभिन्नसमवेतं न भवति। सर्वेषां कर्मणां संयोगं प्रति विभागं प्रति वा असमवायिकारणत्व-स्यावर्जनीयत्वेनासमवायिकारणभिन्नस्य कर्मणोऽभावात्। सत्ताक्षाद्व्याप्येति पदानुक्तौ

ज्ञानत्वादावति व्याप्तिः। ज्ञानत्वं हि ज्ञान एव न समवायिकारणे द्रव्ये इति भवति समवायिकारणसमवेतम्। आत्मविशेषगुणानां ज्ञानादीनां कुत्राप्यसमवायिकारणत्वाभावेनासमवायिकारणभिन्ने ज्ञाने समवेतं च। किं तु तज्ज्ञानत्वं गुणत्वस्य साक्षाद्व्याप्यं न तु सत्तायाः। समवायिकारणसमवायिकारणभिन्नसमवेतेति पाठे यत्समवायिकारणं न भवति नाप्यसमवायिकारणं भवति तत्समवेतेत्यर्थो बोध्यः। द्रव्यत्वं तु समवायिकारणभिन्नसमवेतं क्वापि न भवति। द्रव्यमात्रस्य नियमेन समवायिकारणत्वदर्शनात्। ईश्वरोप्यस्मदपेक्षाबुद्धिजन्ये जीवेश्वरगतद्वित्वे समवायिकारणं भवत्येव। **कर्मत्वं नामेति।** नित्येषु पदार्थेषु यदसमवेतत्वं समवायसंबन्धेनाविद्यमानत्वं तेन सहिता युक्ता। नित्यपदार्थेष्वविद्यमानेति यावत्। तादृशी सत्तायाः साक्षाद्व्याप्या च या जातिस्तदेव कर्मत्वमित्यर्थः। द्रव्यत्वजातिर्नित्येषु परमाण्वाकाशादिषु समवेता। तथा गुणत्वजातिरपि नित्येषु जलादिपरमाणुनिष्ठेषु रूपादिगुणेषु परमात्मनिष्ठज्ञानादिगुणेषु च समवेता। अतो नित्यासमवेता न भवतीति तयोर्व्युदासः। कर्म तु न किंचिदपि नित्यम्। किं तु सर्वं कर्मानित्यमेव। तथा च कर्मत्वजातिर्नित्यासमवेता भवति। नित्यसमवेतत्वरहितेति वा पाठः। **सामान्यमिति।** प्रध्वंसस्य विनाशस्य यः प्रतियोगी विनाशी पदार्थस्तस्य भावः प्रध्वंसप्रतियोगित्वं विनाशित्वम्। तेन रहितमविनाशि। तथा अनेकेषु समवेतं च यत्तत्सामान्यं जातिरित्यर्थः। **विशेष इति।** अन्योन्याभावः परमाण्वादीनां मिथो भेदस्तद्विरोधिना सामान्येन जात्या रहितः समवायसंबन्धेन विद्यमानश्च यः स विशेषः। सामान्यरहित इत्युक्त्या सामान्यवतां द्रव्यगुणकर्मणां व्यावृत्तिः। समवेत इत्युक्त्या समवायस्य व्यावृत्तिः। समवायस्य समवायान्तराभावेन तस्य समवेतत्वाभावात्। अन्योन्याभावविरोधीत्यनेन सामान्यव्यावृत्तिः। यद्यपि सामान्यं स्वतः सामान्यरहितमेव तथापि न तस्य सामान्यराहित्यमन्योन्याभावविरोधित्वेन। किं त्वनवस्थादोषेण। विशेषेषु तु यदि विशेषत्वरूपं सामान्यं स्वीक्रियेत तर्हि विशेषाणां विशेषत्वमेव न स्यादिति रूपहानिरेव स्यात्। सर्वेषां साम्यापातात्। ततश्च स्वाश्रयेष्वन्योन्याभावप्रतीतिजनकत्वं तेषां व्याहन्येत। अतस्तेषां सामान्यराहित्यमन्योन्याभावविरोधित्वेनैवेति। **समवायस्त्विति।** यस्य संबन्धस्य समवायो नास्ति तादृशो यः संबन्धः स समवाय इत्यर्थः। संयोगसंबन्धस्य पारिभाषिकगुणत्वेन तस्य संयोगिषु समवायसंबन्धेन विद्यमानत्वात्तद्व्युदासः।

Substantiality, etc. (*dravyatvādi*), *i.e.*, the genera of substance, quality, and action, are the definition of the triad substance, quality, and action respectively. The genus of substance (*dravyatva*) is that which, while it alike exists with intimate relation in the (eternal) sky and the (transitory) lotus, is itself eternal.[1] and does not exist with intimate relation in smell.[2]

The genus of quality (*guṇatva*) is that which is immediately subordinate to the genus existence, and exists with intimate relation in whatever is not an intimate or mediate causes.[3] The genus of action (*karmatva*) is that which is immediately subordinate to the genus existence, and is not found with intimate relation in anything eternal.[4] Generality (or genus, *sāmānya*) is that which is found in many things with intimate relation, and can never be the counter-entity to emergent non-existence.[5] Particularity[6] (*viśeṣa*) exists with intimate relation, but it is destitute of generality, which stops mutual non-existence.[7] Intimate relation (samavāya) is that connection

---

1. This clause is added, as otherwise the definition would apply to "duality" and "conjunction."
2. This is added, as otherwise the definition would apply to "existence" *(sattā)* which is the *summum genus,* to which substance, quality, and action are immediately subordinate.
3. Existence *(sattā)* is the genus of *dravya, guṇa* and *kriyā. Dravya* alone can be the intimate cause of anything; and all actions are the mediate (or non-intimate) cause of conjunction and disjunction. *Some* qualities (as *saṁyoga, rūpa,* etc.) may be mediate causes, but this is accidental and does not belong to the essence of *guṇa* as many guṇas can never be mediated causes.
4. As all karmas are transitory, *karmatva* is only found in the *anitya.* I correct in p. 105, line 20, *nityāsamavetatva;* this is the reading of the MS. in the Calcutta Sanskrit College Library.
5. I.e., it can never be destroyed. Indestructibility, however, is found in time, space, etc.; to exlude these, therefore, the former clause of the definition is added.
6. "Particularity" (whence the name Vaiśeṣika) is not "individuality, as of this particular flash of lightning,"—but it is the individuality either of those eternal substances which, being single, have no genus, as ether, time, and space; or of the different atomic minds; or of the atoms of the four remaining substances, earth, water, fire, and air, these atoms being supposed to be the *ne plus ultra,* and as they have no parts they are what they are by their own indivisible nature. Ballantyne translated *viśeṣa* as "ultimate difference." I am not sure whether the individual soul has *viśeṣa.*
7. Mutual non-existence *(anyonyābhāva)* exists between two notions

which itself has not intimate relation.[1] Such are the definitions of the six categories.

द्रव्यं नवविधं पृथिव्यप्तेजोवाय्वाकाशकालदिगात्ममनांसीति। तत्र पृथिव्यादिचतुष्टयस्य पृथिवीत्वादिजातिर्लक्षणम्। पृथिवीत्वं नाम पाकजरूप-मसमानाधिकरणद्रव्यत्वसाक्षाद्व्याप्यजातिः। अप्त्वं नाम सरित्सागरसमवेतत्वे सति ज्वलनासमवेतं सामान्यम्। तेजस्त्वं नाम चन्द्रचामीकरसमवेतत्वे सति सलिलासमवेतं सामान्यम्। वायुत्वं नाम त्वगिन्द्रियसमवेतद्रव्यत्व-साक्षाद्व्याप्यजातिः। आकाशकालदिशामेकैकत्वादपरजात्यभावे पारिभाषिक्य-स्तिस्रः संज्ञा भवन्ति आकाशः कालो दिगिति। संयोगाजन्यजन्यविशेषगुण-समानाधिकरणविशेषाधिकरणमाकाशम्। विभुत्वे सति दिगसमवेतपरत्वा-समवायिकारणाधिकरणः कालः। अकालत्वे सत्यविशेषगुणा महती दिक्। आत्ममनसोरात्मत्वमनस्त्वे। आत्मत्वं नामामूर्तसमवेतद्रव्यत्वापरजातिः। मनस्त्वं नाम द्रव्यसमवायिकारणत्वरहिताणुसमवेतद्रव्यत्वापरजातिः।

व्या० : पृथिवीत्वं नामेति। पाकजं यद्रूपं तत्समानाधिकारणीभूता द्रव्यत्वस्य साक्षाद्व्याप्या या जातिस्तदेव पृथिवीत्वमित्यर्थः। पाकस्तेजःसंयोगः। तेन हि पृथिव्यां रूपादिगुणानां परावृत्तिर्दृश्यते। यथा तेजःसंयोगेन पक्व आम्रफले पीतरूपादिकम्। नैवं जलादौ। जलेग्निसंयोगेनोष्णस्पर्शभानेपि न तत्रत्यस्य शीतस्पर्शस्य परावृत्तिः। उष्णता त्वौपाधिकी जले प्रविष्यनामग्निकणानामेव। उष्णताप्रतीतिकालेपि जलं वस्तुतः शीतमेव। तदानीं शीतस्पर्शो न भासत इत्यन्यत्। जलत्वादावतिव्याप्तिवारणाय पाकजरूपसमानाधिकरणेत्युक्तिः। अत्रेदं बोध्यम्–यस्या जातेर्लक्षणं विधेयं तद्भिन्नाः सर्वा जातयो लक्षणघटकैः पदैर्व्यावर्तनीयाः। ताश्च द्विविधाः। लक्ष्यभूतजात्या समानाधिकारणस्तद्व्यधिकरणाश्च। आद्या अपि द्विविधाः। लक्ष्यभूतजातेर्व्याप्यास्त-द्व्यापिकाश्च। तत्र पाकजरूपसमानाधिकरणेत्यनेन पृथिवीत्वव्यधिकरणानां जलत्वादीनां व्यावृत्तिः। व्याप्यानां व्यापिकानां च द्विविधानामपि समानाधिकरणजातीनां द्रव्यत्वसाक्षाद्व्याप्येति पदेन व्यावृत्तिः। पृथिवीत्वव्यापकजातेर्द्रव्यत्वस्य सत्तायाश्च द्रव्यत्वव्यप्यत्वाभावात्। पृथिवीत्वव्याप्यानां घटत्वादिजातीनां द्रव्यत्वव्याप्यत्वेपि

---

which have no property in common, as a "pot is not cloth;" but the genus is the same in two pots, both like being pots.

1. *"Samavāyasambandābhāvāt samavāyo na jātiḥ,"* Siddh. Mukt. *(Saṁyoga* being a *guṇa* has *guṇatva* existing in it with intimate relation).

साक्षाद्व्याप्यत्वं नास्तीति। **अप्त्वमिति।** अप्त्वव्यधिकरणानां पृथिवीत्वादीनां जातीनां सरित्सागरसमवेतत्वे सतीत्यनेन निरासः। तथापृत्वव्याप्यानां सरित्त्वसागरत्वसरस्त्वादीनां च तेनैव निरासः। सरित्त्वस्य सागरसमवेतत्वाभावात्। सागरत्वस्य च सरित्समवेतत्वाभावात्। सरस्त्वादीनां त्वन्यतरस्मिन्नपि न समवेतत्वम्। अप्त्वव्यापकस्य द्रव्यत्वस्य सत्तायाश्च ज्वलनासमवेतपदेन निरासः। **तेजस्त्वमिति।** चामीकरं सुवर्णम्। तच्च तेजोविशेष एव। पदकृत्यं पूर्ववद्बोध्यम्। **त्वगिन्द्रियेति।** त्वगिन्द्रियस्य वायवीयत्वात्तत्समवेता द्रव्यत्वस्य साक्षाद्व्याप्या जातिर्वायुत्वमित्यर्थ। **आकाशेति।** आकाशत्वकालत्वदिक्त्वानि न द्रव्यत्वापरजातयः। तेषामेकैकव्यक्तिवृत्तित्वेन जातित्वस्यैवाभावात्। **संयोगाजन्येति।** संयोगाजन्यो जन्यश्च यो विशेषगुणस्तत्समानाधिकरणस्य विशेषस्य यदधिकरणं तदेवाकाशम्। विशेषाणां नित्यद्रव्यवृत्तित्वादाकाशे कश्चन विशेषोस्त्येव। स च विशेषगुणेन शब्देन सह समानाधिकरणः। शब्दस्याकाशवृत्तित्वात्। शब्दश्चानित्यत्वाज्जन्यः। संयोगाजन्योपि भवति। विभागजस्य शब्दजस्य च शब्दस्य सत्त्वात्। अत्र विशेषाधिकारणमित्युक्त्याद्व्यणुकत्र्यणुकादीनामनित्यद्रव्याणां गुणकर्मादीनां च निरासः। विशेषाणां नित्यद्रव्यमात्रवृत्तित्वात्। पृथिवीपरमाणुगता रूपादयो विशेषगुणा जन्या अपि न संयोगाजन्याः। तेषां पाकजत्वात्। पाकस्तेजःसंयोग। जलतेजोवायुपरमाणुगता विशेषगुणास्तु न जन्याः। दिक्कालयोर्मनसि च न विशेषगुणः कश्चित्। परमात्मनिष्ठा बुद्ध्यादयो विशेषगुणा न जन्याः। जीवात्मनिष्ठास्तु बुद्ध्यादयो जन्या अपि न संयोगाजन्याः। तेषां मनःसंयोगजन्यत्वात्। तदेवमाकाशमेवैकमीदृशं परिशिष्यते। शब्दगुणकमाकाशमित्युक्त्यैव निर्वाहे संयोगाजन्ये त्याद्युक्तिर्वैचित्र्यविशेषस्फोरणार्था। विशेषाधिकरणत्वेन केषां मिथः साधर्म्यं विशेषगुणसमानाधिकरणविशेषाधिकरणत्वेन च केषां साधर्म्यमित्यादिज्ञानं ह्यनुमाने व्याप्त्युदाहरणप्रदर्शनायोपयुज्यत इति। **विभुत्वे सतीति।** दिगसमवेतं यत्परत्वस्यासमवायिकारणं तदाधारभूतो यो विभुः पदार्थः स काल इत्यर्थः। परत्वं द्विविधम्–समीपवस्त्वपेक्षया दूरवस्तुनि विद्यमानं कनिष्ठापेक्षया ज्येष्ठे विद्यमानं च। आद्यस्यासमवायिकारणं दिग्वस्तुनोः संयोगः। अयं दिक्समवेतः। संयोगस्य द्विष्ठत्वात्। द्वितीयस्यासमवायिकारणं कालवस्तुनो संयोगः। अयं दिगसमवेतः कालसमवेतः। ज्येष्ठेतिव्याप्तिवारणाय विभुत्वे सतीति। संयोगस्य द्विष्ठत्वेन काले ज्येष्ठे च सत्त्वात्। आकाशात्मनोरतिव्याप्तिवारणाय परत्वेति। दिश्यतिव्याप्तिवारणाय दिगसमवेतेति। तच्चासमवायिकारणस्य विशेषणम्। **अकालत्व इति।** कालभिन्ना विशेषगुणरहिता महती च या सैव दिगित्यर्थः। कालेतिव्याप्तिवारणायाकालत्वे सतीति। आकाशात्मनोरतिव्याप्तिवारणायाविशेषगुणेति। मनस्यतिव्याप्तिवारणाय महतीति। **आत्मत्वमनस्त्वे**

इति। लक्षणमित्यनुकृष्यते। तच्च वचनविपरिणामेनात्र द्विवचनान्तं सत्संबध्यते। **आत्मत्वं नामेति**। मूर्तद्रव्येष्वसमवेता द्रव्यत्वव्याप्या या जातिस्तदेवात्मत्वमित्यर्थः। पृथिव्यप्ते-जोवायुमनांसि पञ्च मूर्तद्रव्याणि । तेषु पृथिवीत्वादिर्जातिर्वर्तते। परं तु सा मूर्तसमवेतेति तन्निरासः। आकाशकालदिशां चैकैकव्यक्तिकत्वात्तेषु जातिरेव नास्ति। तथा चेदृश्यात्मत्वजातिरेव। **मनस्त्वं नामेति**। द्रव्यसमवायिकारणत्वेन रहिता येणवस्तेषु समवेता द्रव्यत्वव्याप्या या जातिस्तदेव मनस्त्ववित्यर्थः। पृथिव्यप्तेजोवायूनां परमाण-वस्तत्तद्द्व्यणुकसमवायिकारणभूता इति ते द्रव्यसमवायिकारणत्वेन रहिता न भवन्ति। आत्मानस्तु विभव एव नाणवः। मनांसि त्वणून्येव।

Substances is ninefold,—earth, water, fire, air, ether, time, space, soul, and mind. The genera of earth, etc. (*pṛthivītva)*, are the definitions of the first four. The genus of earth is that generality which is immediately subordinate to substance, and resides in the same subject with colour produced by baking.[1]

The genus of water is that generality which is found with intimate relation in water, being also found in intimate relation in river and sea. The genus of fire is that generality which is found with intimate relation in fire, being also found with intimate relation in the moon and gold: The genus of air is that which is immediately subordinate to substance, and is found with intimate relation in the organ of the skin.[2]

As ether, space, and time, from their being single, can not be subordinate genera, their several names stand respectively for their technical appellations. Ether is the abode of particularity, and is found in the same subject with the non-eternal (*janya*) special quality which is not produced by contact.[3]

रूपरसगन्धस्पर्शसंख्यापरिमाणपृथक्त्वसंयोगविभागपरत्वापरत्वबुद्धि-

1. The feel or touch of earth is said to be "neither hot nor cold, and its colour, taste, smell, and touch are changed by union with fire" (Bhāṣāpariccheda, sl. 103, 104).
2. The organ of touch is an aerial integument.—*Colebrooke.*
3. Sound is twofold,—"produced from contact," as the *first* sound, and "produced from sound," as the *second*. *Janya* is added to exclude God's knowledge while saṁyogajanya excludes the soul's which is produced by contact, as of the soul and mind and the senses, etc.

सुखदु:खेच्छाद्वेषप्रयत्नाश्च कण्ठोक्ता: सप्तदश चशब्दसमुच्चिता गुरुत्वद्रवत्व-स्नेहसंस्कारादृष्टशब्दा: सप्तैवेत्येवं चतुर्विंशतिर्गुणा:। तत्र रूपादिशब्दान्तानां रूपत्वादिजातिर्लक्षणम्। रूपत्वं नाम नीलसमवेतगुणत्वापरजाति:। अनया दिशा शिष्यानां लक्षणानि द्रष्टव्यानि।

व्या० : कण्ठोक्ता इति। रूपरसगन्धस्पर्शा: संख्या: परिमाणानि पृथक्त्वं संयोगविभागौ परत्वापरत्वे बुद्धय: सुखदु:खे इच्छाद्वेषौ प्रयत्नाश्च गुणा: (क. सू. १।१।६) इति सूत्रे कणादेनोक्ता:। तत्रैव सूत्रेनुक्तसमुच्चयार्थकेन चकारेण गृहीता गुरुत्वादय: सप्तेत्येवं चतुर्विंशतिर्गुणा:। अदृष्टशब्देन धर्माधर्मयोर्द्वयोर्ग्रहणम्। **रूपत्वमिति।** नीले रूपविशेषे समवेता गुणत्वस्य साक्षाद्व्याप्या या जातिस्तदेव रूपत्वमित्यर्थ:। रसत्वादिजातयस्तु न नीलसमवेता:। सत्ता तु न गुणत्वव्याप्या। नीलत्वजातिस्तु न गुणत्वस्य साक्षाद्व्याप्येति भाव:।

Time is that which, being a pervading substance, is the abode of the mediate cause[1] of that idea of remoteness (*paratva*) which is not found with intimate relation in space;[2] while space is that pervading substance which possesses no special qualities and yet is not time.[3] The general terms *ātmatva* and *manastva* are the respective definitions of soul (*ātman*) and mind (*manas*). The general idea of soul is that which is subordinate to substance, being also found with intimate relation in that which is without form[4] *amūrtta*). The general idea of mind is that which is subordinate to substance, being also found existing with intimate relation in an atom, but [unlike other atoms] not the intimate cause of any substance. There are twenty-four qualities; seventeen are mentioned directly in Kaṇāda's Sūtras (i, 1, 6), "colour, taste, smell, touch, number, quantity, severalty, conjunction, disjunction, remoteness, proximity, intelligence,

1. The mediate cause itself is the conjunction of time with somebody, etc., existing in time,—this latter is the intimate cause, while the knowledge of the revolutions of the sun is the instrumental cause. In p. 106, line 12, read *adhikaraṇam.*
2. *Paratve* being of two kinds, *daiśika* and *kālika.*
3. Time, space, and mind have no special qualities; the last, however, is not pervading but atomic.
4. The three other *padārthas*, beside soul, which are *amūrtta,*—time, ether, and space,—are not genera.

pleasure, pain, desire, aversion, and effort;" and, besides these, seven others are understood in the word "*and,*" viz., gravity, fluidity, viscidity, faculty, merit, demerit, and sound. Their respective genera (*rūpatva*, etc) are their several definitions. The class or genus of "colour" is that which is subordinate to quality and exists with intimate relation in blue. In the same way may be formed the definitions of the rest.

कर्म पञ्चविधम्। उत्क्षेपणापक्षेपणाकुञ्चनप्रसारणगमनभेदात्। भ्रमणरेचनादीनां गमन एवान्तर्भावः। उत्क्षेपणादीनामुत्क्षेपणत्वादिजातिर्लक्षणम्। तत्रोत्क्षेपणत्वं नामोर्ध्वदेशसंयोगासमवायिकारणसमवेतकर्मत्वापरजातिः। एवमपक्षेपणत्वादीनां लक्षणं कर्तव्यम्।

व्या० : भ्रमणेति। तदुक्तं भाषापरिच्छेदे–

भ्रमणं रेचनं स्यन्दनोर्ध्वज्वलनमेव च।
तिर्यग्गमनमप्यत्र गमनादेव लभ्यते।। (भाषाप. ७) इति।

उत्क्षेपणादीनामपि गमनेन्तर्भाव इति तु न शङ्क्यम्। स्वतन्त्रेच्छस्य सूत्रकारस्य पर्यनुयोगानर्हत्वात्। **तत्रोत्क्षेपणत्वमिति।** ऊर्ध्वदेशसंयोगस्यासमवायिकारणं यत्कर्मविशेषरूपं तत्समवेता कर्मत्वव्याप्या या जातिस्तदेवोत्क्षेपणत्वमित्यर्थः। **एवमिति।** अधोदेशसंयोगहेतुरपक्षेणम्। वक्रतासंपादकमाकुञ्चनम्। ऋतुजासंपादकं प्रसारणम्। अन्यत्सर्वं गमनम्।

"Action" is fivefold, according to the distinction of throwing upwards, throwing downwards, contracting, expanding, and going: revolution, evacuating, etc., being included under "going," The genus of throwing upwards, etc., will be their respective definitions. The genus of throwing upwards is a subordinate genus to action; it exists with intimate relation, and is to be known as the mediate cause of conjunction with a higher place. In the same manner are to be made the definitions of throwing downwards, etc. Generality (or genus) is twofold, extensive and non-extensive; existence is extensive as found with intimate connection in substance and quality, or in quality and action; substance, etc., are non-extensive. The definition of generality has been given before. Particularity and intimate relation cannot be divided,—in the former case in consequence of the infinite number of separate particularities, in the latter from intimate relation being but one; their definitions have been given before.

सामान्यं द्विविधं परमपरं च। परं सत्ता द्रव्यगुणसमवेता। अपरं द्रव्यत्वादि। तल्लक्षणं प्रागेवोक्तम्।

विशेषाणामनन्तत्वात्समवायस्य चैकत्वाद्विभागो न संभवति। तल्लक्षणं च प्रागेवावादि।

व्या० : द्रव्यगुणेति। द्रव्यसमवेतेत्युक्तौ द्रव्यत्वेतिव्याप्तिः। अतो गुणपदम्। तावन्मात्रोक्तौ गुणत्वेतिव्याप्तिः। अतो द्रव्यपदम्। सत्ता तु द्रव्यवृत्तिर्गुणवृत्तिश्च भवति। कर्मवृत्तिरपीत्यन्यदेतत्। न तु लक्षणे कर्मपदस्योपयोगः।

There is a popular proverb—

"Duality, change produced by baking, and disjunction produced by disjunction,—he whose mind vacillates not in these three is the true Vaiśeṣika;" and therefore we will now show the manner of the production of duality, etc.

द्वित्वे च पाकजोत्पत्तौ विभागे च विभागजे।
यस्य न स्खलिता बुद्धिस्तं वै वैशेषिकं विदुः।।

इत्याभाणकस्य सद्भावादिद्वत्वाद्युत्पत्तिप्रकारः प्रदर्श्यते। तत्र प्रथममिन्द्रियार्थ-संनिकर्षः (१) तस्मादेकत्वसामान्यज्ञानम् (२)। ततोपेक्षाबुद्धिः (३)। ततो द्वित्वोत्पत्तिः (४)। ततो द्वित्वत्वेसामान्यज्ञानम् (५)। तस्मादिद्वत्वगुणज्ञानम् (६)। ततो द्वे द्रव्ये इति धीः (७)। ततः संस्कारः (८)। तदाह–

आदाविन्द्रियसंनिकर्षघटनादेकत्वसामान्यधी-
रेकत्वोभयगोचरा मतिरतो द्वित्वं ततो जायते।
द्वित्वत्वप्रमितिस्ततो नु परतो द्वित्वप्रमानन्तरं
द्वे द्रव्ये इति धीरियं निगदिता द्वित्वोदयप्रक्रिया।। इति।

व्या० : द्वित्व चेति। द्वित्वसंख्याविषये पाकजोत्पत्तिविषये विभागजविभागविषये च यस्य बुद्धिर्न च्यवते तं वैशेषिकं विदुः। उक्तस्थलत्रये वैशेषिकाणां विशेषोभिनिवेश इत्यर्थः। **आभाणकः।** ह्मण इति भाषायां प्रसिद्ध उक्तिविशेषः। मीमांसका-स्त्वित्थमाहुः–यदा घयदिद्वयमेकत्र मिथः संनिहितं भवति तदानीमेव तत्र द्वित्वसंख्योत्पद्यते। पश्चादिन्द्रियसंनिकर्षानन्तरमयमेकोयमेक इत्यपेक्षाबुद्ध्या द्वित्वं

ज्ञायते। तथा चापेक्षाबुद्धिर्द्वित्वस्य व्यञ्जिका न तूत्पादिका। यदा तु घटादिद्वयं मिथो वियुक्तं भवति तदा द्वित्वस्य नाशः। एवमेव त्रित्वादिविषयेपि बोध्यमिति। वैशेषिकास्त्वज्ञाताया द्वित्वादिसंख्याया अभ्युपगमो निरर्थक इति मन्वाना अपेक्षाबुद्धिरेव द्वित्वादेरुत्पादिकेति वदन्ति। तन्मत इन्द्रियार्थसंनिकर्षमारभ्य संस्कारपर्यन्तानामष्टसु क्षणेषु क्रमेश उत्पत्तिं प्रदर्शयति–**तत्र प्रथममिति।** प्रथमे क्षण इन्द्रियस्य घटद्वयेन सह संबन्धः। द्वितीय एकत्वजातिज्ञानम्। तृतीयेयमेकोयमेक इत्यपेक्षाबुद्धिः। चतुर्थे द्वित्वसंख्योत्पत्तिः। पञ्चमे द्वित्वत्वजातिज्ञानम्। षष्ठे द्वित्वसंख्याज्ञानम्। सप्तम इमौ द्वौ घटावित्याद्वित्वसंख्या विशिष्टद्रव्यज्ञानम्। अष्टमे तादृशज्ञानजन्य आत्मनि संस्कार उत्पद्यते। अत्र पूर्वपूर्वोत्पन्नस्योत्तरोत्तरं प्रति कारणत्वादीदृशक्रमस्यावश्यकत्वमिति।

There is here first the contact of the organ of sense with the object; thence there arises the knowledge of the genus unity; then the distinguishing perception *apekṣā-buddhi* [by which we apprehend "this is one," "this is one," etc.] ; then the production of duality, *dvitva* (in the object);[1] then the knowledge of the abstract genus of duality (*dvitvatva*) ; then the knowledge of the quality duality as it exists in the two things; then imagination[2] (*saṁskāra*).[3]

But it may here be asked what is the proof of duality, etc., being thus produced from *apekṣābuddhi*? The great doctor (Udayana) maintained that *apekṣābuddhi* must be the producer of duality, etc., because duality is never found separated from it, while, at the same time, we cannot hold *apekṣābuddhi* as the cause only of its being known [and therefore it follows that it must be the cause of its being produced[4]], just as contact is with regard to sound. We, however, maintain the same opinion

1. All numbers, from duality upwards, are artificial, *i.e.*, they are made by our minds; unity alone exists in things themselves—each being *one;* and they only become two, etc., by our choosing to regard them so, and thus joining them in thought.
2. *Saṁskāra* is here the idea conceived by the mind—created, infact, by its own energies out of the material previously supplied to it by the senses and the internal organ or mind. (Cf. the tables in p. 354).
3. Here and elsewhere I omit the metrical summary of the original, as it adds nothing new to the previous prose.
4. Every cause must be either *jñāpaka* or *janaka; apekṣābuddhi*, not being the former, must be the latter.

by a different argument; duality, etc., cannot be held to be made known (*Jñāpya*) by that non-eternal apprehension whose object is two or more individual unities (*i.e., apekṣābuddhi*), because these are qualities which reside in a plurality of subjects [and not in any one individual[1]] just as "severalty" does [and, therefore, as *apekṣābuddhi* is not their *Jñāpaka*, it must be their *janaka*].

द्वित्वादेरपेक्षाबुद्धिजन्यत्वे किं प्रमाणम्। अत्राहुराचार्याः-अपेक्षाबुद्धिर्द्वित्वादेरुत्पादिका भवितुमर्हति। व्यञ्जकत्वानुपपत्तौ तेनानुविधीयमानत्वात्। शब्दं प्रति संयोगवदिति। वयं तु ब्रूमः-द्वित्वादिकमेकत्वद्वयविषयानित्यबुद्धिव्यङ्ग्यं न भवति अनेकाश्रितगुणत्वात्पृथक्त्वादिवदिति।

व्या० : अपेक्षाबुद्धिरिति। अनुविधीयमानमपेक्ष्यमाणम्। व्यङ्ग्योर्थो व्यञ्जकमपेक्षते। तथोत्पाद्योर्थ उत्पादकमपेक्षते। प्रकृते द्वित्वादिसंख्ययापेक्षाबुद्धिरपेक्ष्यते। अपेक्षाबुद्धेश्च न द्वित्वादिव्यञ्जकत्वम्। अपेक्षाबुद्धेः पूर्व द्वित्वादिसत्त्वे प्रमाणाभावात्। मेयसिद्धेर्मानाधीनत्वात्। तथा च यत्र व्यञ्जकत्वाभावसहकृतमपेक्ष्यमाणत्वं तत्रोत्पादकत्वं यथा शब्देनापेक्ष्यमाण कण्ठादिस्थानेषु वायुसंयोगे शब्दोत्पादकत्वमिति व्याप्त्या अपेक्षाबुद्धेर्द्वित्वाद्युत्पादकत्वं सिध्यति। **द्वित्वादिकमिति।** एकत्वद्वयविषयायमेकोयमेक इत्याकारिका अनित्या च यापेक्षाबुद्धिस्तद्व्यङ्ग्यं द्वित्वादिकं न भवति। द्वित्वस्यानेकाश्रितगुणत्वात्। द्वित्वसंख्या हि द्वयोः पर्याप्ता। एवं त्रित्वसंख्या त्रिष्वित्यादि। यथा चैत्रमैत्रौ देवदत्तात्पृथग्भूतावित्यत्रानेकवृत्तिपृथक्त्वं देवदत्ताच्चैत्रः पृथग्देवदत्तान्मैत्रः पृथगित्याकारकनानैकपृथक्त्वविषयकापेक्षाबुद्धिव्यङ्ग्यं न भवति तद्वत्। तथा च व्यङ्ग्यत्वासिद्ध्या अर्थाज्जन्यत्वमेव सिध्यतीति भावः।

Next we will describe the order of the successive destructions. From *apekṣābuddhi* arises, simultaneously with the production of duality (*dvitva*), the destruction of the knowledge of the genus of unity; next from the knowledge of the genus of duality (*dvitvatva*) arises, simultaneously with the knowledge of the quality duality, the destruction of *apekṣābuddhi;* next from the destruction of *apekṣābuddhi* arises, simultaneously with the knowledge of the two substances, the destruction of the duality;

---

1. *Apekṣābuddhi* apprehends "this is one," "this is one," etc.; but duality, for instance, does not reside in either of these, but in *both* together.

next from the knowledge of the two substances arises, simultaneously with the production of imagination (*saṁskāra*), the destruction of the knowledge of the quality; and next from imagination arises the destruction of the knowledge of the substances.

निवृत्तिक्रमो निरूप्यते–अपेक्षाबुद्धित एकत्वसामान्यज्ञानस्य द्वित्वोत्पत्ति-समकालं निवृत्तिः। अपेक्षाबुद्धेर्द्वित्वत्वसामान्यज्ञानाद्द्वित्वगुणबुद्धिसमसमयम्। द्वित्वस्यापेक्षाबुद्धिनिवृत्तेर्द्रव्यबुद्धिसमकालम्। गुणबुद्धेर्द्रव्यबुद्धितः संस्कारोत्पत्ति-समकालम्। द्रव्यबुद्धेस्तदनन्तरं संस्कारादिति। तथा च संग्रहश्लोकाः –

आदावपेक्षाबुद्ध्या हि नश्येदेकत्वजातिधीः।
द्वित्वोदयसमं पश्चात्सा च तज्जातिबुद्धितः।।
द्वित्वाख्यगुणधीकाले ततो द्वित्वं निवर्तते।
अपेक्षाबुद्धिनाशेन द्रव्यधीजन्मकालतः।।
गुणबुद्धिर्द्रव्यबुद्ध्या संस्कारोत्पत्तिकालतः।
द्रव्यबुद्धिश्च संस्कारादिति नाशक्रमो मतः।। इति।

व्या० : अपेक्षाबुद्धित इति। इन्द्रियार्थसंनिकर्षोत्पत्तिमारभ्यं संस्कारोत्पत्तिपर्यन्तं येष्टौ क्षणाः प्राक्प्रदर्शितास्तेषु तृतीयक्षणभवा अपेक्षाबुद्धिश्चतुर्थे स्वोत्तरक्षणे द्वित्संख्यामुत्पादयति द्वितीयक्षण उत्पन्नमेकत्वजातिज्ञानं विनाशयति च। एवं पञ्चमक्षणभवं द्वित्वत्वजातिज्ञानं षष्ठे स्वोत्तरक्षणे द्वित्वसंख्याज्ञानमुत्पादयति तृतीयक्षण उत्पन्नामपेक्षाबुद्धिं विनाशयति च। तथा सप्तमे द्वौ घटावित्याकारकद्रव्यज्ञानक्षणे चतुर्थक्षण उत्पन्नाया द्वित्वसंख्याया नाशः। द्वित्वसंख्याकारणीभूताया अपेक्षाबुद्धेस्त-त्पूर्वक्षणे विनाशात्। तथा सप्तमक्षणभवं द्वौ घटाविति द्रव्यज्ञानमष्टमे स्वोत्तरक्षणे ज्ञातर्यात्मनि संस्कारमुत्पादयति षष्ठक्षण उत्पन्नं द्वित्वसंख्याज्ञानं विनाशयति च। अष्टमक्षणभवः संस्कारो नवमे स्वोत्तरक्षणे द्वौ घटाविति द्रव्यज्ञानं विनाशयतीति भावः। **द्वित्वोदयसममिति।** चतुर्थे द्वित्वसंख्योत्पत्तिक्षण इत्यर्थः। इदं पूर्वान्वयि। **सा च।** अपेक्षाबुद्धिश्च। नश्येदित्यनुकृष्यते। **तज्जातिबुद्धितः।** द्वित्वत्वजातिज्ञानात्। **द्वित्वाख्यगुणधीकाले।** षष्ठे द्वित्वसंख्याज्ञानक्षणे। इदमपि पूर्वान्वयि। **द्रव्यधीजन्मकालतः।** सार्वविभक्तिकस्तसिः। सप्तमे द्वौ घटाविति द्रव्यज्ञानक्षण इत्यर्थः। **गुणबुद्धिरिति।** सप्तमक्षणोत्पन्ने द्वौ घटाविति द्रव्यज्ञानेनाष्टमे संस्कारोत्पत्तिक्षणे गुणस्य द्वित्वसंख्याया बुद्धिर्नश्येदित्यर्थः।

The evidence for the destruction of one kind of knowledge by another, and for the destruction of another knowledge by imagination, is to be found in the following argument; these knowledges themselves which are the subjects of the discussion *are* successively destroyed by the rise of others produced from them, because knowledge, like sound, is a special quality of an all-pervading substance, and of momentary duration.[2] I may briefly add, that when you have the knowledge of the genus of unity simultaneously with an action in one of the two things themselves, producing that separation which is the opposite to the conjunction that produced the whole, in that case you have the subsequent destruction of duality produced by the destruction of its abiding-place (the two things) ; but where you have this separate action taking place simultaneously with the rise of *apekṣābuddhi,* there you have the destruction of duality produced by the united influence of both.[3]

---

1. The Vaiśeṣikas held that the jīvātman and space are each an allpervading substance, but the individual portions of each have different special qualities; hence one man knows what another is ignorant of and one portion of ether has sound when another portion has not. Dr. Roer, in his version of the Bhāṣā. Pariccheda, has mistranslated an important Sūtra which bears on this point. It is said in Sūtra 26—
athākāsāśarīriṇām,
avyāpyavṛttiḥ kṣaṇiko viśeṣaguṇa iṣyate,
which does not mean "the special qualities of ether and soul are limitation to space and momentary duration," but "the special qualities of ether and soul *(i.e.,* sound, knowledge, etc.) are limited to different portions and of momentary duration."
2. The author here mentions two other causes of the destruction of *dvitva* besides that already given in p. 152, I. 14, *(apekṣābuddhi-nāsā),* viz., *āśrayanāśa,* and the unired action of *both* :—

1. Ekatva-jñāna	Avayava-kriyā	....
2. Apekṣābuddhi	Avayava-vibhāga	Avayava-kriyā
3. Dvitvotpatti and ekatvajñāna-nāśa	Avayava saṁyoganāśa	Avayava-vibhāga.
4. Dvitvatvajñāna	Dvitvādhārasya (i.e., avayavinaḥ) nāsaḥ	Avayava-saṁyoga-nāśa
5. Dvitvaguṇa-buddhi and apekṣābuddhi-nāśa	Dvitva-nāśa (i.e., of avayavin)	Ādhāra-nāśa (of avyavin).
6. Dvitva-nāśa and dravya-buddhi	....	Dvitva-nāśa.

Apekṣābuddhi is to be considered as that operation of the mind which is the counter-entity to that emergent non-existence (*i.e.*, destruction) which itself causes a subsequent destruction.[1]

बुद्धेर्बुद्ध्यन्तरविनाश्यत्वे संस्कारविनाश्यत्वे च प्रमाणम्–विवादाध्यासितानि ज्ञानान्युत्तरोत्तरकार्यविनाश्यानि क्षणिकविभुविशेषगुणत्वाच्छब्दवत्। क्वचिद्-द्रव्यारम्भकसंयोगप्रतिद्वन्द्विविभागजनककर्मसमकालमेकत्वसामान्य[2]चिन्तयाश्रय-निवृत्तेरेव द्वित्वनिवृत्तिः। कर्मसमकालमपेक्षाबुद्धिचिन्तनादुभाभ्यामिति संक्षेपः।

व्या० : क्षणिकेति। क्षणिको यो विभुद्रव्यस्य विशेषगुणस्तस्य भावस्तत्त्वं तस्मात्। यथा विभोराकाशस्य क्षणिको विशेषगुणः शब्दः। स च स्वद्वितीयक्षणे स्वसदृशं शब्दान्तरमुत्पाद्य तृतीयक्षणे विनश्यति। तेन प्रथमक्षणिकशब्देन द्वितीयक्षण उत्पादितस्तत्कार्यभूतः शब्द एव तस्य विनाशकः। विभुद्रव्यस्य जीवात्मनः क्षणिका ज्ञानादयो विशेषगुणा अप्येवम्। तथा च ज्ञानेन स्वद्वितीयक्षण उत्पादितं ज्ञानान्तरं संस्कारश्च स्वोत्पादकं ज्ञानं विनाशयतीति सिद्धम्। अपेक्षाबुद्धिनाशाद्द्वित्वनाश इत्युक्तम्। तत्र विशेषमाह–**क्वचिदिति**। प्रतिद्वन्द्वी विनाशकः। घटारम्भको यो घटावयवानां संयोगस्तद्विनाशकस्य विभागस्य कारणीभूतं यत्कर्म तेन कर्मणा चतुर्थे क्षणे घटनाशो भवति। प्रथमे तत्कर्म। तेन कर्मणा द्वितीयेवयवविभागः। तेन विभागेन

The second and third columns represent what takes place when, in the course of the six steps of *ekatva-jñāna*, etc., one of the two parts is itself divided either at the *first* or the *second* moment. In the first case, the *dvitva* of the whole is destroyed in the fifth moment, and therefore its only cause is its immediately preceding *dvitvādhāra-nāsa*, or, as Mādhava calls it, *āśrayanivṛtti*. In the second case, the *nāsa* arrives at the same moment simultaneously by both columns (1) and (2) and hence it may be ascribed to the united action of two causes, *apekṣābuddhi-nāśa* and *ādhāra-nāśa*. And *kriyā* which arose in one of the part after the second moment would be unimportant, as the *nāśa* of the *dvitva* of the whole would take place by the original sequence in column (1) in the sixth moment; and in this way it would be too late to affect that result.

1. *I.e.*, from the destruction of *apekṣābuddhi* follows the desctruction of *dvitva;* but the other destructions previously described were followed by some production,—thus the knowledge of *dvitvatva* arose from the destruction of *ekatvajñāna*, etc., (cf. Siddd. Mukt., p. 107). I may remind the reader that in Hindu logic the counter-entity to the non-existence of a thing is the thing itself.
2. सामान्यज्ञान for सामान्य. D.

तृतीयेवयवसंयोगनाशः। तेन संयोगनाशेन चतुर्थे घटनाश इति क्रमः। पूर्वं द्वित्वोत्पत्तिविचारे क्षणाष्टकमध्ये द्वितीयक्षणे यदेकत्वजातिज्ञानपेक्षाबुद्ध्युत्पादकमुक्तं तद्यदि कदाचिद्घटविनाशकालिकोक्तक्षणचतुष्टयमध्ये प्रथमे विभागजनककर्मक्षणे भवेत्तदा द्वितीये विभागक्षणेपेक्षाबुद्ध्युत्पत्तिः। तृतीये संयोगनाशलक्षणे द्वित्वोत्पत्तिः। चतुर्थे घटनाशक्षणे द्वित्वत्वजातिज्ञानम्। अस्मिन्क्षणे घटरूपाश्रयनाशादेव तदुत्तरक्षणे घटद्वयगतद्वित्वनाशः। घटनाशोत्तरं तद्गुणभूतद्वित्वस्यावस्थानासंभवात्। न त्वपेक्षाबुद्धि-नाशादत्र द्वित्वनाशः। द्वित्वनाशात्पूर्वमपेक्षाबुद्धिनाशाभावात्। एकत्वसामान्यचिन्तैकत्व-जातिज्ञानम्। यदि तु कदाचिदेकत्वजातिज्ञानं पूर्वमभूत् तदुत्तरक्षणे च विभागजनकं कर्म तदा तादृशे प्रथमे विभागजनककर्मक्षणेपेक्षाबुद्ध्युत्पत्तिः। द्वितीये विभागक्षणे द्वित्वोत्पत्तिः। तृतीये संयोगनाशक्षणे द्वित्वत्वजातिज्ञानम्। चतुर्थे घटनाशक्षणेपेक्षा-बुद्धिनाशः। अस्मिन्क्षणे घटरूपाश्रयनाशोपेक्षाबुद्धिनाशश्चेत्युभाभ्यां कारणाभ्यां तदुत्तरक्षणे द्वित्वनाशो भवति।

Next we will inquire in how many moments, commencing with the destruction of the compound of two atoms (the *dvyaṇuka*), another compound of two atoms is produced, having colour, etc. In the course of this investigation the mode of production will be explained. First, the compound of two atoms is gradually destroyed by the series of steps commencing with the contact of fire;[1] secondly, from the conjunction of fire arises the destruction of the qualities black, etc., in the single atom; thirdly, from another conjunction of fire arises the production of red, etc., in the atom; fourthly, from conjunction with a soul possessing merit arises an action[2] in the atom for the production of a substance; fifthly, by that action is produced a separation of that atom from its former place; sixthly, there is produced thereby the destruction of its conjunction with that former place; seventhly, is produced the conjunction with another atom; eighthly, from these two atoms arises the compound of two atoms; ninthly, from the qualities, etc., of the causes (*i.e.*, the atoms) are produced colour, etc., the qualities of the effect (*i.e.*,

1. From the conjunction of fire is produced an action in the atoms of the jar; thence a separation of one atom from another; thence a destruction of the conjunction of atoms which made the black (or unbaked) jar; thence the destruction of the compound of two atoms.
2. *I.e.*, a kind of initiative tendency.

the *dvyaṇuka*). Such is the order of the series of nine moments. The other two series,[1] that of the ten and that of the eleven moments, are omitted for fear of prolixity. Such is the mode of production, if we hold (with the Vaiśeṣikas) that the baking process takes place in the atoms of the jar.[2] The Naiyāyikas, however, maintain that the baking process takes place in the jar.

"Disjunction produced by disjunction" is twofold,—that produced by the disjunction of the intimate [or materials causes only, and that produced by the disjunction of the intimate cause and the non-cause [*i.e.,* the place]. We will first describe the former kind.

अपेक्षाबुद्धिर्नाम विनाशकविनाशप्रतियोगिनी बुद्धिरिति बोद्धव्यम्। अथ द्व्यणुकनाशमारभ्य कतिभिः क्षणैः पुनरन्यद्द्व्यणुकमुत्पद्यरूपादिमद्भवतीति जिज्ञासायामुत्पत्तिप्रकारः कथ्यते–नोदनादिक्रमेण द्व्यणुकनाशः। नष्टे द्व्यणुके परमाणावग्निसंयोगाच्छ्यामादीनां निवृत्तिः। निवृत्तेषु श्यामादिषु पुनरन्यस्मा-दग्निसंयोगाद्रक्तादीनामुत्पत्तिः। उत्पन्नेषु रक्तादिष्वदृष्टवदात्मसंयोगात्परमाणौ द्रव्यारम्भणाय क्रिया। तया पूर्वदेशाद्विभागः। विभागेन पूर्वदेशसंयोगनिवृत्तिः।

1. These are explained at full length in the Siddhānta Muktāvalī, pp. 104, 105. In he first series we have—1. the destruction of the *dvyaṇuka* and simultaneously a disjunction from the old place produced by the disjunction (of the parts); 2. the destruction of the black colour in the *dvyaṇuka,* and the simultaneous destruction of the conjunction of the *dvyaṇuka* with that place; 3. the production of the red colour in the atoms, and the simultaneous conjunction with another place; 4. the cessation of the original conjunction of fire. The remaining 5-10 agree with the 4-9 above.
2. The Vaiśeṣikas hold that when a jar is baked, the old black jar is *destroyed,* its several compounds of two atoms, etc., being destroyed; the action of the fire then produces the red colour in the separate atoms, and, joining these into new compounds, eventually produces a new red jar. The exceeding rapidity of the steps prevents the eye's detecting the change of the jars. The followers of the Nyāya maintain that the fire penetrates into the different compounds of two or more atoms, and, without any destruction of the old jar, produces its effects on these compounds, and thereby changes not the jart but its colour, etc.,—it is still the same jar, only it is red, not black.

तस्मिन्निवृत्ते परमाण्वन्तरेण संयोगोत्पत्तिः। संयुक्ताभ्यां परमाणुभ्यां द्व्यणुकारम्भः। आरब्धे द्व्यणुके कारणगुणादिभ्यः कार्यगुणादीनां रूपादीनामुत्पत्तिरिति यथाक्रमं नव क्षणाः। दशक्षणादिप्रकारान्तरं विस्तरभयान्नेह प्रतन्यते। इत्थं पीलुपाकप्रक्रिया। पिठरपाकप्रक्रिया तु नैयायिकधीसंमता।

व्या० : विनाशकविनाशेति। अपेक्षाबुद्धेर्नाशो हि द्वित्वसंख्याया विनाशकः। तादृशविनाशप्रतियोगित्वमपेक्षाबुद्धेरिति लक्षणसंगतिः। अत्र विनाशकेति पदानुक्तौ सर्वत्र जीवबुद्धावतिव्याप्तः। अयं घट इति बुद्धेरपि तृतीयक्षणे विनाशेन विनाशप्रतियोगित्वात्। विनाशकेत्युक्तौ तु न दोषः। तेन घटज्ञाननाशेनान्यस्य कस्यचिद्विनाशस्याजननेन तस्य घटज्ञाननाशस्य विनाशकत्वाभावात्। एतावता ग्रन्थसंदर्भेण द्वित्वमपेक्षाबुद्धिजन्यमिति वैशेषिकमतं प्रदर्शितम्। यद्यपि प्रायो नैयायिका अप्येतदनुसरन्ति तथापि न तेषां विशेषतस्तत्राभिनिवेशः। वैशेषिकाणां तु द्वित्वमपेक्षाबुद्धिव्यङ्ग्यं न तज्जन्यम्–इति केनाप्युक्ते सद्यस्तखण्डनार्थ स्वप्नादप्युत्थानं स्यादिति। विभागजविभागविषयेप्येवमेव।

एवं द्वित्वविषये वैशेषिकमतं प्रदर्श्य पाकजोत्पत्तिविषये तत्प्रदर्शयति–**अथेति।** द्रव्येषु तेजःसंयोगेन क्वचिद्रूपरसादीनां परावृत्तिर्दृश्यते। यथा श्यामो घटस्तेजःसंयोगेन रक्तो भवति। हरिद्वर्णमाम्रकदल्यादिफलं तेजःसंयोगेन पीतं भवति। एवं पक्वं फलं क्वचिन्मधुरं गन्धान्तरेण युक्त मृदु च भवति। तत्र तेजःसंयोगेन घटाद्यवयवानां कपालानां वियोगेन विनाशेन वा घटनाशः। कपालानामपि तदवयववियोगेन विनाशेन वा नाशः। एवं त्र्यणुकपर्यन्तं नाशः। द्व्यणुकस्य तु नावयवनाशेन नाशः। तदवयवानां परमाणूनां नित्यत्वात्। किं तु परमाण्वोर्मिथो वियोगेन। ततो विशकलितेषु परमाणुषु पूर्वरूपरसादिनाशेन्यरूपरसाद्युत्पत्तौ च सत्यां पुनस्तेषां परमाणूनां द्व्यणुकत्र्यणुकादिक्रमेण नवो घटादिर्जायते। एषा पीलुपाकप्रक्रिया वैशेषिकाणाम्। पीलुः परमाणुः। तत्रैव तैः पाकजन्यगुणपरावृत्तेरङ्गीकारात्। वैशेषिकाणां ह्ययमाशयो मुक्तावल्यामुक्तः। अवयविनावष्टब्धेष्ववयवेषु पाको न संभवति। परं तु वह्नि संयोगेनावयविषु विष्टेषु स्वतन्त्रेषु परमाणुषु पाकः। पुनश्च पक्वपरमाणुसंयोगाद्द्व्यणुकादिक्रमेण महावयविपर्यन्तमुत्पत्तिः। तेजसामतिशयितवेगवशात्पूर्वव्यूहनाशो झटिति व्यूहान्तरोत्पत्तिश्चेति। सूक्ष्मतरकालस्यानाकलनाच्च पूर्वघटनाशादिकं नालक्ष्यत इति तदभिप्रायः। पिठरपाकप्रक्रिया तु नैयायिकानाम्। पिठरः पिण्डो घटादिरवयवी। तस्य तेजः संयोगेपि न विनाशः। किं त्ववयवैः सहावयविनि विशिष्टे घटादावेकदैव पूर्वरूपादीनां नाशो रूपान्तराद्युत्पतिश्च भवतीति तदाशयः। तत्र वैशेषिकमतानुसारेण क्षणप्रक्रियेयमुच्यते। **नोदनादीति।** नोदनं संयोगविशेषः। स चात्र तेजःसंयोगः। ततस्तेन

द्रव्यारम्भकसंयोगप्रतिद्वन्द्विभूतविभागजनकं कर्मोत्पद्यते। तेन कर्मणा परमाणुद्वयविभागो जायते। ततो द्व्यणुकारम्भकसंयोगनाशः ततो द्व्यणुकनाशः। तादृशद्व्यणुकनाशक्षण-मारभ्य नवमे क्षणेऽन्यद्द्व्यणुकं रूपान्तरेण युक्तं संपद्यते। **नष्टे द्व्यणुक इति।** द्व्यणुकनाशात्पूर्वं तु परमाण्वोर्द्व्यणुकेनावष्टब्धत्वान्न कात्स्न्येन श्यामादीनां निवृत्तिः संभवतीति भावः। **निवृत्तेष्विति।** पूर्वरूपध्वंसस्य रूपान्तरे हेतुत्वेन श्यामादिनाशोत्तरमेव रक्ताद्युत्पत्तिर्न तु ततः प्राक्। रूपविनाशकस्याग्निसंयोगस्य रूपोत्पादकत्वासंभवादन्य-स्मादित्युक्तम्। **उत्पन्नेष्विति।** रक्ताद्युत्पत्तेः पूर्वं तु न द्रव्यारम्भानुगुणा क्रिया। निर्गुणे द्रव्ये तस्या असंभवात्। अदृष्टं धर्माधर्मौ। तदाश्रयो य आत्मा तत्संयोगात्परमाणुषु द्व्यणुकद्रव्यारम्भकं कर्मोत्पद्यते। पदार्थमात्रं प्रत्यदृष्टस्य साधारणकारणत्वात्। अदृष्टाश्रयाणां जीवानां विभुत्वेन सर्वत्र कार्यदेशे अदृष्टस्य संनिहितत्वादिति भावः। **कारणगुणादिभ्य इति।** तथा तन्तुरूपात्पटरूपोत्पत्तिस्तद्वत्। **दशक्षणादीति।** इदं प्रकारान्तरं विभागजविभागाङ्गीकारेण। तच्चानुपदमेव वक्ष्यते।

It is a fixed rule, that when the action of breaking arises in the [material] cause which is inseparably connected with the effect [*i.e.*, in one of the two halves of the pot], and produces a disjunction from the other half, there is not produced at that time a disjunction from the place or point of space occupied by the pot; and, again, when there is a disjunction from that point of space occupied by the pot, the disjunction from the other half is not contemporary with it, but has already taken place. For just as we never see smoke without its cause, fire, so we never see that effect of the breaking in the pot which we call the disjunction from the point of space,[2] without there having previously been the origination of that disjunction of the halves which stops the conjunction whereby the pot was brought into being. Therefore the action of breaking in the parts produces the disjunction of one part from another, but not the disjunction from the point of space; next, this disjunction of one part from another produces the destruction of that conjunction which had brought the pot into existence; and thence arises the destruction of the pot, according to the principle, *cessante causā cessat effectus*. The pot being thus destroyed, that disjunction, which resides in both the halves (which are the material or intimate causes of

---

1. In p. 109, line 14, I read *gagaṇavibhāgakartṛtvasya.*

the pot) during the time that is marked by the destruction of the pot or perhaps having reference only to one independent half, initiates, in the case of that half where the breaking began, a disjunction from the point of space which had been connected with the pot; but not in the case of the other half, as there is no cause to produce it.[1]

विभागजविभागो द्विविधः–कारणमात्रविभागजः कारणाकारणविभागजश्च। तत्र प्रथमः कथ्यते–कार्यव्याप्ते कारणे कर्मोत्पन्नं यदावयवान्तराद्विभागं विधत्ते न तदाकाशादिदेशाद्विभागः। यदा त्वाकाशादिदेशाद्विभागो न तदावयवान्तरादिति स्थितिनियमः। कर्मणो गगनविभागाकर्तृत्व[1]स्य द्रव्यारम्भसंयोगविरोधिविभागारम्भकत्वेन धूमस्य धूमध्वजवर्गेणेव व्यभिचारानुपलम्भात्। ततश्चावयव[2]कर्मावयवान्तरादेव विभागं करोति नाकाशादिदेशात्। तस्माद्विभागाद्द्रव्यारम्भकसंयोगनिवृत्तिः। ततः कारणाभावात्कार्याभाव इति न्यायादवयविनिवृत्तिः। निवृत्तेवयविनितत्कारणयोरवयवयोर्वर्तमानो विभागः कार्यविनाशविशिष्टं कालं स्वतन्त्रं वावयवमपेक्ष्य सक्रियस्यैवावयवस्य कार्यसंयुक्तादाकाश देशाद्विभागमारभते न निष्क्रियस्य। कारणाभावात्। द्वितीयस्तु हस्ते कर्मोत्पन्नमवयवान्तराद्विभागं कुर्वदाकाशादिदेशेभ्यो विभागानारभते। ते कारणाकारणविभागाः कर्म यां दिशं प्रति कार्यारम्भाभिमुखं तामपेक्ष्य कार्याकार्यविभागमारभन्ते। यथा हस्ताकाशविभागाच्छरीराकाशविभागः। न चासो शरीरक्रियाकार्यः। तदा तस्य निष्क्रियत्वात्। नापि हस्तक्रियाकार्यः। व्यधिकरणस्य कर्मणो विभागकर्तृत्वानुपपत्तेः। अतः पारिशेष्यात्कारणाकारणविभागस्तस्यकारणमङ्गीकरणीयम्।

---

1. The Siddhānta Muktāvalī, p. 112, described the series of steps : — 1. An action, as of breaking, in one of the halves; 2. the disjunction of the two halves; 3. the destruction of the conjunction which originally produced the pot; 4. the destruction of the pot; 5. by the disjunction of the two halves is produced a disjunction of the severed half from the old place; 6. the destruction of the conjunction with that old place; 7. the conjunction with the new place; 8. the cessation of the original impulse of fracture. Here the second disjunction (viz., of the half of the pot and the place) is produced by the previous disjunction of the halves, the intimate causes of the pot.
2. कर्तृत्वस्य for अकर्तृत्वस्य C.
3. अवयवि for अवयव C.

व्या० : कार्यव्याप्त इति। द्व्यणुकावष्टब्धे परमाणावुत्पन्नं यत्कर्म द्व्यणुकारम्भकसंयोगप्रतिद्वन्द्विभूतं परमाण्वन्तराद्विभागं जनयति तत्कर्म द्व्यणुकानारम्भकाकाशप्रदेशसंयोगप्रतिद्वन्द्विभूतं विभागं न जनयेत्। एकस्मिन्कर्मण्यारम्भकसंयोगप्रतिद्वन्द्विविभागजनकत्वस्यानारम्भकसंयोगप्रतिद्वन्द्विविभागजनकत्वस्य च विरोधात्। अन्यथा विकसत्कमलकुड्मलभङ्गप्रसङ्ग। तत्र हि विकासकाले कमलानारम्भकाकाशप्रदेशसंयोगप्रतिद्वन्द्विविभागजनकं कर्मोत्पद्यते। तद्यदि कमलारम्भकसंयोगप्रतिद्वन्द्विविभागं जनयेत्तदा कमलविनाशः स्यात्। तथा च यथा यत्र धूमस्तत्राग्निरस्त्येवेति धूमस्य धूमध्वजेनाग्निना न क्वापि व्यभिचारो दृश्यते तथा यत्र कर्मण्यनारम्भकाकाशप्रदेशसंयोगविरोध्याकाशप्रदेशविभागाजनकत्वं तत्र कर्मणि द्रव्यारम्भकावयवान्तरसंयोगविरोधिविभागजनकत्वमस्त्येव न क्वापि व्यभिचारः। समनियतत्वं चानयोः। यत्र कर्मणि द्रव्यारम्भकावयवान्तरसंयोगविरोधिविभागजनकत्वं तत्र कर्मण्यनारम्भकाकाशप्रदेशसंयोगविरोध्याकाशप्रदेशविभागाजनकत्वमित्यपि नियमसंभवात्। तस्मात्परमाणुगतं कर्म नानारम्भकसंयोगविरोध्याप्रदेशविभागं जनयति। किं तु तादृशकर्मजन्यो यो विभागः स कर्मवत्येव तत्राकाशप्रदेशविभागं जनयति। अयं च विभागजनको विभागो न स्वाव्यवहितोत्तरक्षण आकाशप्रदेशविभागं जनयति। सहायाभावात्। असहायस्यैव तस्य विभागजनकत्वं तु न स्वीक्रियते। कर्मलक्षणस्य विभागेतिव्याप्त्यापत्तेः। कणादसूत्रे (१।१।१७) हि संयोगविभागयोर्यदसहायं कारणं तत्कर्मेति कर्मलक्षणमुक्तम्। असहायत्वं च तत्र स्वोत्तरोत्पन्नभावान्तरानपेक्षत्वम्। ननु तर्हि किमत्र विभागस्य विभागोत्पादने सहायमिति चेत्–उच्यते। प्रथमे क्षणेग्निसंयोगात्परमाणौ कर्म। द्वितीये परमाण्वन्तरेण विभागः। तृतीय आरम्भकसंयोगनाशः। चतुर्थे द्व्यणुकनाश इति द्व्यणुकनाशपर्यन्तं क्रमः। तत्र यदि द्वितीयक्षणोत्पन्नो विभागस्तृतीयस्यारम्भसंयोगनाशक्षणस्य सहायेनाकाशप्रदेशविभागं जनयेत्तदा स विभागजो विभागश्चतुर्थे द्व्यणुकनाशक्षण उत्पद्येत। यदि चतुर्थस्य द्व्यणुकनाशक्षणस्य सहायेन जनयेत्तदा द्व्यणुकनाशोत्तरक्षणे द्व्युणकश्यामरूपनाशसमय उत्पद्येतेति पक्षद्वयम्। अत्रारम्भकसंयोगनाशविशिष्ये द्व्यणुकनाशविशिष्ये वा क्षणस्तेन तेन विशिष्टेनैव रूपेण विभागस्य साहाय्यं करोतीत्येके। अपरे तु विशिष्येप्ययं क्षणः स्वीयेन स्वतन्त्रेण केवलेनैव रूपेण साहाय्यं करोतीत्याहुः। एवं विशिष्टः केवलो वारम्भकसंयोगनाशक्षणः सहाय इत्याद्ये पक्षे पूर्वं ये द्व्यणुकनाशमारभ्य रूपान्तरयुक्तद्व्यणुकोत्पत्तिपर्यन्तं नव क्षणाः प्रदर्शितास्ते दश क्षणाः स्वीकार्या भवन्ति। तृतीयचतुर्थक्षणयोर्मध्येधिकस्यैकस्य क्षणस्यावश्यं स्वीकार्यत्वात्। एवं विशिष्टः केवलो वा द्व्यणुकनाशक्षणः सहाय इति द्वितीये पक्षे चैकादश क्षणाः स्वीकार्या भवन्ति। तयोरेव क्षणयोर्मध्येधिकस्य क्षणद्वयस्यावश्यं स्वीकार्यत्वात्। तथा हि–प्रागुक्तानां नवक्षणानां मध्ये चतुर्थक्षणे

पुनर्द्रव्यारम्भकं कर्मोत्पद्यत इत्युक्तम्। तदुत्पत्तिश्च विभागजनक कर्मनाशानन्तरमेव वक्तुं शक्यते। विभागजनककर्मसत्त्वे तद्विरोधेनारम्भककर्मोत्पत्त्य संभवात्। आद्ये पक्षे विभागजविभाग: प्रथमे द्व्यणुकनाशक्षणे जात:। तत: पूर्वसंयोगनाशो द्वितीये श्यामरूपनाशक्षणे जात:। उत्तरसंयोगोत्पत्तिस्तृतीये रक्तोत्पत्तिक्षणे जाता। उत्तरदेश-संयोगोत्पत्तिपर्यन्तं च विभागजनकं कर्मावश्यमभ्युपेयम्। कर्मरहिते वस्तुन्युत्तरदेश-संयोगजननासंभवात्। ततश्च विभागजनककर्मनाशश्चतुर्थे क्षण आरम्भकं कर्म तु पञ्चमे क्षण इत्यास्थेयम्। द्वितीये पक्षे तु विभागजविभाग एव द्वितीये श्यामरूपनाशक्षणे जात:। ततस्तृतीये रक्तोत्पत्तिक्षणे पूर्वसंयोगनाश:। चतुर्थ उत्तरसंयोगोत्पत्ति:। पञ्चमे विभागजनककर्मनाश:। तत: षष्ठे क्षण आरम्भककर्मोत्पत्तिरास्थेया भवति। एवं विभागजविभागस्वीकारे कार्यकारणभूतयोस्तयोर्विभागयोर्विद्यमानमपि पौर्वापर्यं सूक्ष्मकालस्यानाकलनाल्लोकैर्नालक्ष्यत इति बोध्यम्। **अवयवमपेक्ष्येति।** स्वोत्तरवर्तिनं कालस्यावयवक्षणविशेषमपेक्ष्येत्यर्थ:। अनुपदमेवोपपादितमेतत्। **द्वितीयस्त्विति।** कारणाकारणविभागजो विभाग इत्यर्थ:। पूर्वस्तु द्वयोरपि परमाण्वोर्द्व्यणुककारण-त्वात्कारणमात्रविभागाज्जात इति भाव:। **आकाशादीति।** आदिपदेन हस्तसंयुक्ता घटपटतर्वादयो गृह्यन्ते। हस्तो हि शरीरस्यावयवत्वच्छरीरं प्रति कारणम्। आकाशादिकं च न शरीरं प्रतिकारणम्। तयोश्च कारणाकारणयोर्ये विभागास्ते शरीरस्याकाशादिका-द्विभागाञ्जनयन्ति। ते च कर्मानुरूपा एव जायन्ते। हस्तो ह्युत्तरतश्चलितश्चेद्दक्षिणा-काशप्रदेशादेव हस्ताकाशविभागो जायते। तस्माच्च जायमान: शरीरस्याकाश-प्रदेशाद्विभागोपि तथैव। **न चासाविति।** असौ शरीराकाशविभागो हस्ताकाशविभागजन्य एव न तु शरीरगतकर्मजन्य:। हस्तमात्रस्य चलने तस्यैव सक्रियत्वम्। शरीरं तु तदा निष्क्रियमेव। अवयविक्रियाया: सकलावयवक्रियानियतत्वात्। **नापीति।** हस्तचलनक्रियया यथा हस्ताकाशविभागो जायते तथा तयैव शरीराकाशविभागोपि जायत इत्यपि न वक्तुं शक्यम्। क्रिया हि स्वाश्रय एव स्वकार्यं जनयेन्नान्यत्र। अन्यथातिप्रसङ्गात्। तथा च कर्म हस्तनिष्ठं विभागश्च शरीरनिष्ठ इति व्यधिकरणत्वाद्धस्तनिष्ठकर्मण: शरीराकाशविभागकर्तृत्वं नोपपद्यते।

But the second kind is as follows:—As action which arises in the hand, and causes a disjunction from that with which it was in contact, initiates a disjunction[1] from the points of space in which the original conjunction took place; and this is "the disjunction of the intimate cause and the non-cause." When

1. The original has a plural *vibhāgān, i.e.,* disjunction from the several points.

the action in the hand produces an effect in relation to any points of space, it initiates also in the same direction a disjunction of the intimate effect and the non-effect; thus the disjunction of the body [the intimate effect] and the points of space arises from the disjunction of the hand and the points of space [the baud being an intimate or material cause of the body, but the points of space being not a cause]. This second disjunction is not produced by the action of the body, because the body is supposed to be at the time inactive; nor is it produced by the action of the hand, because it is impossible that an action residing in some other place [as the hand] should produce the effect of disjunction [in the body. Therefore we conclude by exhaustion that we must accept the view—that it is the disjunction of the intimate cause and the non-cause[1] which causes the second disjunction of the body and the points of space.

यदवाद्यन्धकारादौ भावत्वं निषिध्यत इति तदसंगतम्। तत्र चतुर्धा विवादसंभवात्। तथा हि। द्रव्यं तम इति भाट्टा वेदान्तिनश्च भणन्ति। आरोपितं नीलरूपमिति श्रीधराचार्याः। आलोकज्ञानाभाव इति प्राभाकरैकदेशिनः। आलोकाभाव इति नैयायिकादय इति चेत्-तत्र द्रव्यत्वपक्षो न घटते। विकल्पानुपपत्तेः। द्रव्यं भवदन्धकाराख्यं पृथिव्याद्यन्यतममन्यद्वा। नाद्यः। यत्रान्तर्भावोस्य तस्य यावन्तो गुणास्तावद्गुणकत्वप्रसङ्गात्। न द्वितीयः। निर्गुणस्य तस्य द्रव्यत्वासंभवेन द्रव्यान्तरत्वस्य सुतरामसंभवात्। ननु तमालश्यामल-त्वेनोपलभ्यमानं तमः कथं निर्गुणं स्यादिति चेत्-तदसारम्। गन्धादिव्याप्तस्य नीलरूपस्य तन्निवृत्तौ निवृत्तेः। अथ नीलं तम इति गतेः का गतिरितिचेत् नीलं नभ इतिवद्भ्रान्तिरेवेत्यलं वृद्धवीवधया। अत एव नारोपितरूपं तमः। अधिष्ठानप्रत्ययमन्तरेणारोपायोगात्। बाह्यालोकसहकारिरहितस्य चक्षुषो रूपारोपे सामर्थ्यानुपलम्भाच्च। न चायमचाक्षुषः प्रत्ययः। तदनुविधानस्यानन्यथा-सिद्धत्वात्। अत एव नालोकज्ञानाभावः। अभावस्य प्रतियोगिग्राहकेन्द्रिय-ग्राह्यत्वनियमेन मानसत्वप्रसङ्गात्। तस्मादालोकाभाव एव तमः। न च

1. *I.e.*, the disjunction of the hand and the points of space.

विधिप्रत्ययवेद्यत्वेनाभावत्वायोग इति सांप्रतम्। प्रलयविनाशावसानादिषु व्यभिचारात्। न चाभावे भावधर्माध्यारोपो दुरुपपादः। दुःखाभावे सुखत्वारोपस्य संयोगाभावे विभागत्वाभिमानस्य च दृष्टत्वात्। न चालोकाभावस्य घटाद्यभाववद्रूपवदभावत्वेनालोकसापेक्षचक्षुर्जन्यज्ञानविषयत्वं स्यादित्येषितव्यम्। यद्ग्रहे यदपेक्षं चक्षुस्तदभावग्रहेपि तदपेक्षत इति न्यायेनालोकग्रह आलोकपेक्षाया अभावेन तदभावग्रहेपि तदपेक्षाया अभावात्। न चाधिकरणग्रहणावश्यंभावः। अभावप्रतीतावधिकरणग्रहणावश्यंभावानङ्गीकारात्। अपरथा निवृत्तः कोलाहल इति शब्दप्रध्वंसः प्रत्यक्षो न स्यादिति अप्रामाणिकं परवचनम्। तत्सर्वमभिसंधाय भगवान्कणादः प्रणिनाय सूत्रं द्रव्यगुणकर्मनिष्पत्तिवैधर्म्यादभावस्तमः (क. सू. ५।२।१९) इति।

व्या० : यदवादीति। पूर्वं षडेवेति नियमव्यवच्छेद्यकथनप्रसङ्गे (द. १० पं. ४५) इति भावः। **द्रव्यं तम इति।** स्वाभाविकनीलरूपविशिष्टं द्रव्यं तमः कज्जलादिवदित्यर्थः। **आरोपितमिति।** वस्तुतो द्रव्यमेव तमः। तत्र नीलरूपं तु न वास्तविकं किं तु जल इवारोपितमित्यर्थः। **पृथिव्याद्यन्यतममन्यद्वेति।** पृथिव्यादिनव-द्रव्यान्तर्गतमथ वा दशममिति विकल्पः। **यत्रेति।** पृथिव्यामन्धकारस्यान्तर्भावे पृथिव्या इव तस्य रूपादिचतुर्थदशगुणकत्वं स्वीकार्यं स्यात्। इष्यपत्तिस्त्वनुपलब्धिपराहता। न हि पृथिव्यामिवान्धकारे शुक्लादीनि नानाविधानि रूपाणि रसगन्धादयो गुणाश्च क्वाप्युलभ्यन्ते। एवं जलान्तर्भावे शीतस्पर्शरसद्रवत्वाद्युपलम्भः स्यात्। तेजस्यन्तर्भाव उष्णस्पर्शाद्युपलम्भः स्यादित्याद्यूह्यम्। पृथिव्यादीनां नवानां द्रव्याणां गुणाश्च भाषापरिच्छेदे प्रदर्शिताः। यथा–

स्पर्शादयोष्टौ वेगाख्यः संस्कारो मरुतो गुणाः।
स्पर्शाद्यष्टौ रूपवेगौ द्रवत्वं तेजसो गुणाः।।
स्पर्शादयोष्टौ वेगश्च गुरुत्वं च द्रवत्वकम्।
रूपं रसस्तथा स्नेहो वारिण्येते चतुर्दश।।
स्नेहहीना गन्धयुताः क्षितावेते चतुर्दश।
बुद्ध्यादिषट्कं संख्यादिपञ्चकं भावना तथा।।
धर्माधर्मौ गुणा एत आत्मनः स्युश्चतुर्दश।
संख्यादिपञ्चकं कालदिशोः शब्दश्च ते च खे।।

संख्यादयः पञ्च बुद्धिरिच्छा यत्नोपि चेश्वरे।
परापरत्वे संख्याद्याः पञ्च वेगश्च मानसे।।

(भा. प. ३०-३४) इति।

स्पर्शादयोष्टौ स्पर्शः संख्या परिमाणं पृथक्त्वं संयोगो विभागः परत्वमपरत्वं चेति। बुद्ध्यादिषट्कं बुद्धि सुखं दुःखमिच्छा द्वेषः प्रयत्नश्चेति। संख्यादिपञ्चकं स्पर्शाद्यष्टकान्तर्गतम्। आत्मनो जीवात्मनः। ते संख्यादयः पञ्च। **न द्वितीय इति।** पृथिव्यादिनवद्रव्यबहिर्भूतं दशमं द्रव्यं तम इति न युक्तमित्यर्थः। **निर्गुणस्येति।** गुणवद्द्रव्यमिति हि द्रव्यलक्षणम्। तथा च यत्र रूपाद्यन्यतमस्य कस्यापि गुणस्याभावेन सामान्यतो द्रव्यत्वमेव नास्ति तत्र दशमद्रव्यत्वं सुतरां न संभवतीति भावः। **गन्धादिव्याप्तस्येति।** यत्र नीलरूपं तत्र गन्धरसादयो गुणा यथा प्रियङ्गुकलिकादाविति हि व्याप्तिः। तथा च व्यापकस्याभावे व्याप्यस्याभाव इति नियमादन्धकारे गन्धरसादीनामनुपलब्ध्या नीलरूपाभावो निश्चीयत इति भावः। **वृद्धवीवधयेति।** वृद्धानां भाट्टादीनां वीवधा दोषपर्यालोचना। **अत एवेति।** अन्धकारस्य द्रव्यत्वाभावादेव आरोपितनीलरूपयुक्तं द्रव्यं तमः—इति श्रीधराचार्यमतमपि न संभवतीति भावः। **अधिष्ठानेति।** शङ्खे दृष्ट एव तत्र पित्तादिदोषजन्यः पीतत्वारोपो भवति नान्यथा। **बाह्येति।** सहकारिणा बाह्यालोकेन युक्तमेव चक्षू रूपारोपे समर्थं भवति। **न चायमिति।** न हीदं त म इति ज्ञानं चक्षुरिन्द्रियाजन्यं भवति। येन तद्गतरूपारोपेपि चक्षुरिन्द्रियस्य कारणत्वाभावेन सहकारिराहित्यविचारो निरर्थकः स्यात्। किं त्वन्धकारज्ञानं चक्षुरिन्द्रियजन्यमेव। अन्धकारज्ञाने दृश्यमानायाश्चक्षुरिन्द्रियापेक्षाया अन्यथोपपत्त्य-भावात्। **अत एवेति।** अन्धकारस्य चाक्षुषप्रत्ययवेद्यत्वादेव आलोकज्ञानाभाव एवान्धकार—इति प्राभाकरैकदेशिमतं न संभवति। आलोकज्ञानाभावस्य मानसप्रत्यय-वेद्यत्वेन चाक्षुषप्रत्ययवेद्यत्वाभावात्। यस्याभावः स पदार्थस्तस्याभावस्य प्रतियोगी। स येनेन्द्रियेण गृह्यते तेनैवेन्द्रियेण तदभावो गृह्यत इति नियमात्। **न च विधीति।** अन्धकारो हि नाभाव इव नञा बोध्यते। तथा चास्तीति विधिप्रत्ययवेद्य एव स इति तस्य नाभास्वरूपत्वं युक्तम्। तथा च प्रयोगः—विमतोन्धकारो भावो भवितुमर्हति नञानुल्लिखितधीविषयत्वाद्घटादिवदित्याशयः। **प्रलयेति।** प्रलयः सृष्ट्यभावः। विनाशो ध्वंसः। अवसानं समाप्तिर्वर्णाद्यभावः। अभावरूपा अप्येते प्रलयोस्तीत्येवं विधिप्रत्ययवेद्या दृश्यन्ते। तथा च नञानुल्लिखितधीविषयत्वं न भावत्वव्याप्तं भवतीत्युक्तमनुमानं दुरुक्तमेव भवति। **न चाभाव इति।** भावस्य नीलपुष्पादेर्यो धर्मो नीलरूपं तस्यालोकाभावरूपेन्धकार आरोपो न वक्तुं शक्यत इति शङ्काशयः।

दुःखाभाव इति। भारपीडितस्य भारापगमे सुखी संवृत्तोहम्–इति प्रत्ययो भवति। **संयोगाभाव इति।** संयोगाभाव एव विभाग इति केषांचिन्मतम्। तदनुसारेणेदम्। कणादेन त्वेतन्मतं नाद्रियत इत्यन्यत्। **न चालोकाभावस्येति।** यथा रूपवतो घटस्याभाव आलोकसहकृतेन चक्षुषा ज्ञायते तथा रूपवत आलोकस्याभावोप्यालोकसहकृतेनैव चक्षुषा ज्ञायेत। न तु तथान्धकारो ज्ञायते। अतो नायमालोकाभावरूप इत्याशयः। **अपरथेति।** निवृत्तः कोलाहल इत्येवं शब्दनाशस्य यत्प्रत्यक्षं भवति तन्न स्यात्। तदाश्रयस्याकाशस्य प्रत्यक्षविषयत्वाभावात्। तथा चान्धकारस्यालोकाभावरूपत्वे सिद्धे द्रव्यं तम इत्याद्युक्तिर्भाट्टानामप्रामाणिकीति सिद्धम्। **द्रव्यगुणेति।** निष्पत्तिरुत्पत्तिः। वैधर्म्यं वैलक्षण्यम्। तमस उत्पत्तिविनाशावुपलभ्येते। अतस्तस्यानित्यत्वान्न सामान्यविशेषसमवायेष्वन्तर्भावः। तेषां नित्यत्वात्। नाप्युत्पत्तिमत्सु द्रव्यगुणकर्मस्वन्तर्भावः। यतस्तमस उत्पत्तिर्द्रव्याद्युत्पत्त्यपेक्षेया विलक्षणा दृश्यते। जन्यद्रव्यं ह्यवयवारब्धं भवति। तमस्तु न तथा। आलोकापसरणे सहसैवानुभूयमानत्वात्। गुणकर्मणोस्तु द्रव्याश्रयेणोत्पत्तिर्दृश्यते। न तथा तमस इति सूत्रतात्पर्यम्।

But an opponent may here object that "what you formerly stated (p. 147) as to existence being denied of darkness, etc., is surely unreasonable ; for, in fact, there are no less than four different opinions maintained on this point,—thus (a.) the Bhāṭṭa Mīmāṁsakas and the Vedāntins hold that darkness is a substance; (b.) Śrīdhara Ācārya[1] holds that the colour of dark blue is imposed [and thus darkness will be a quality]; (c.) some of the Prābhākara Mīmāṁsakas hold, that it is the absence of the cognition of light; (d.) the Naiyāyikas, etc., hold that it is the absence of light." In reply, we assert that as for the first alleged opinion (a.) it is quite out of the question, as it is consistent with neither of the two possible alternatives; for if darkness is a substance, it must either be one of the nine well-known substances, earth, etc.,[2] or some different one. But it cannot be any one of the nine, since, under whichever one you would place it; all the qualities of that substance should certainly be found in it; nor can you, on the other hand, assert that it is some substance different from these nine, since, being in itself destitute of qualities, it cannot properly be a substance at all

1. The author of a commentary on the Bhagavad Gītā.
2. For *dravyādi* read *pṛthivyādi*.

[the very definition of substance being "that which is the substratum of qualities"], and therefcre, of course, it cannot be a different substance from the nine. But you may ask, "How can you say that darkness is destitute of qualities, when it is perceived as possessed of the dark blue of the tamāla blossom?" We reply, that this is merely an error, as when men say that the [colourless] sky is blue. But enough of this onslaught on ancient sages.[1] (b.) Hence it follows that darkness cannot have its colour imposed upon it, since you cannot have an imposition of colour without supposing some substratum to receive it;[2] and again, we cannot conceive the eye as capable of imposing a colour when deprived 'of the concurrent. cause, the external light. Nor can we accept that it is an impression independent of the eye [*i.e.*, produced by the internal sense, mind], because the concurrence of the eye is not a superfluous but an indispensable condition to its being produced. Nor can you, maintain that "absence or non-existence (*abhāva*[3]) is incapable of being expressed by affirmative tense affixes [and, therefore, as we do use such phrases as *tenebroe oriuntur*, darkness cannot be a mere non-existence"] ; because your assertion is too broad, as it would include such cases of non-existence as a mundane collapse, destruction, inattention,[4] etc. [and yet we all know that men do speak of any of these things as past, present, or future, and yet all are eases of *abhāva*]. (c.) Hence darkness cannot be the absence of the cognition of light, since, by the well-known rule that that organ which perceives a certain object can also perceive its absence, it would follow that darkness would be perceived by the mind [since it is the mind which perceives cognitions].[5] Hence we conclude that the fourth or remaining opinion must

1. I am not sure that it would not be better to read *viddhavevidhayā*, rewounding the wounded, instead of *vṛddhavīvadhayā*.
2. Unless you *see* the rope you cannot mistake it for a serpent.
3. In p. 110, last line, read *bhāve*.
4. Read in p. 110, last line, *anavadhānādiṣu*. *Vidhipratyaya* properly means an imperative or potential affix implying "command;" but the pandit takes *vidhi* here as *bhāvabodhaka-kriyā*. It has that meaning in Kāvyaprakāśa, V. (p. 114, I. I).
5. The mind perceives (*āloka-jñāna*, therefore it would perceive its absence, i.e., darkness, but this last is perceived by the *eye*.

be the true one, viz., that darkness is only the absence of light. And it need not be objected that it is very difficult to account for the attribution to non-exist once of the qualities of existence, for we all see that the quality happiness is attributed to the absence of pain, and the idea of separation is connected with the absence of conjunction. And you need not assert that "this absence of light must be the object of a cognition produced by the eye in dependence on light, since it is the absence of an object possessing colour,[1] as we see in the case of a jar's absence," because by the very rule on which you rely, *viz.*, that that on which the eye depends to perceive an object, it must also depend on to perceive that object's absence, it follows that as there is no dependence of the eye on light to perceive light, it need not depend thereon to perceive this light's absence. Nor need our opponent retort that "the cognition of darkness [as the absence of light] necessitates the cognition of the place where the absence resides [and *this* will require light]," as such an assertion is quite untenable, for we cannot admit that in order to have a conception of absence it is necessary to have a conception of the place where the absence resides, else we could not have the perception of the cessation of sound, as is implied in such an expression as "the tumult has ceased."[2] Hence, having all these difficulties in his mind, the venerable Kaṇāda uttered his aphorism [as an *ipse dixit* to settle the question]: "*Dravya-guṇa-karma-niṣpatti-vaidharmyād abhāvas tamas*" (*Vaiś. Sūt*. v. 2, 19), "Darkness is really non-existence, since it is dissimilar to the production of substances, qualities, or actions." The same thing has been also established by the argument that darkness is perceived by the eye[3] [without light, whereas all substances, if perceptible at all, require the presence of light as well as of the eye to be visible].

---

1. I.e., light possesses colour, and we cannot see a jar's absence in the dark.
2. Sound resides in the imperceptible ether, and cessation is the *dhvaṁśābhāva*, or "emergent non-existence."
3. The reading *pratyayavedyatvena* seems supported by p. 110, last line, but it is difficult to trace the argument; I have, therefore, ventured

अभावस्तु निषेधमुखप्रमाणगम्यः सप्तमो निरूप्यते–स चासमवायत्वे सत्यसमवायः। संक्षेपतो द्विविधः। संसर्गाभावान्योन्याभावभेदात्। संसर्गाभावोपि त्रिविधः। प्राक्प्रध्वंसात्यन्ताभावभेदात्। तत्रानित्योनादितमः प्रागभावः। उत्पत्तिमानविनाशी प्रध्वंसः। प्रतियोग्याश्रयोऽभावोत्यन्ताभावः। अत्यन्ताभावव्यतिरिक्तत्वे सत्यनवधिरभावोन्योन्याभावः। नन्वन्योन्याभाव एवात्यन्ताभाव इति चेत्–अहो राजमार्ग एव भ्रमः। अन्योन्याभावो हि तादात्म्यप्रतियोगिकः प्रतिषेधः। यथा घटः पटात्मा न भवतीति। संसर्गप्रतियोगिकः प्रतिषेधोत्यन्ताभावः। यथा वायौ रूपसंबन्धो नास्तीति। न चास्य पुरुषार्थौपयिकत्वं नास्तीत्याशङ्कनीयम्। दुःखात्यन्तोच्छेदापरपर्यायनिःश्रेयसरूपत्वेन परमपुरुषार्थत्वात्।।

इति श्रीमत्सायणमाधवीये सर्वदर्शनसंग्रह औलूक्यदर्शनम्।।

व्या० : स चेति। समवायसंबन्धरहितत्वे सति समवायभिन्नो यः पदार्थः सोऽभाव इत्यर्थः। सत्यन्तेन द्रव्यगुणकर्मसामान्यविशेषाणां व्यावृत्तिः। तेषां समवायसंबन्धवत्त्वात्। तत्र द्रव्याणां तत्तदाश्रितैर्गुणादिभिः सह समवायः संबन्धः। अनित्यद्रव्याणां चाश्रयभूतैरवयवैः सहापि समवायः। गुणकर्मणोस्त्वाश्रयभूतेन द्रव्येणाश्रितेन सामान्येन च सह समवायः। सामान्यस्य त्वाश्रयभूतैर्द्रव्यगुणकर्मभिः सह समवायः। विशेषाणां चाश्रयभूतैर्नित्यद्रव्यैः सहेति। समवायस्य समवायस्त्वनवस्थाभिया नाद्रियत इति समवायस्य समवायसंबन्धरहितत्वेन तत्राभावलक्षणस्यातिव्याप्तिः स्यात्तन्निरासाय समवायभिन्न इत्युक्तम्। **संसर्गाभावेति।** संसर्गः संबन्धः। तत्प्रतियोगिको निषेधः संसर्गाभावः। यथा घटोत्पत्तेः पूर्वमिह घटो नास्तीति प्रागभावो व्यपदिश्यते। तत्र मृत्पिण्डे घटसंबन्धो निषिध्यते। तथा घटनाशोत्तरमिह घटो नास्तीति प्रध्वंसाभावो व्यपदिश्यते। तत्र शकलेषु घटसंबन्धो निषिध्यते। तथा भूतले घटो नास्तीत्यत्यन्ताभावेपि भूतले घटसंबन्धो निषिध्यते। संसर्गाभावेषु प्रागभावः प्रध्वंसाभावश्चानित्यः। प्रागभावस्योत्पत्तिराहित्येपि विनाशसत्त्वात्। प्रध्वंसाभावस्य विनाशराहित्येप्युत्पत्तिसत्त्वात्। अत्यन्ताभावस्तु नित्यः। तथान्योन्याभावोपि नित्य एव। **अनादितम इति।** अतिशयेनानादिरनादितमः। क्वचिज्जीर्णदेवालयादौ सादित्वेप्युत्पत्तिःकालाज्ञानमात्रेणानादित्वं व्यपदिश्यते। न तथास्य। प्रागभावोत्पत्तिकालस्य ब्रह्मणाप्यज्ञानात्। अत्रानित्योनादितमोऽभावः प्रागभावः—इत्येमवभावपदं नोक्तम्। अनादेर्भावस्या–

hesitatingly to read *pratyakṣavedyatvena,* and would refer to the commentary (Vaiś. Sūt. p. 250), *"yadi hi nila-rūpavan nīlaṁ rūpam eva vā tamaḥ syāt, vāhyālokapragrahaṇ antareṇa cakṣuṣā na gṛhyeta."*

नित्यत्वाभावेन भावेष्वतिव्याप्त्यभावात्। एवं प्रध्वंसलक्षणेप्युत्पत्तिमानविनाश्यभाव इत्यभावपदं नोक्तम्। अविनाशिनो भावस्योत्पत्त्यभावेन भावेष्वतिव्याप्त्यभावात्। **प्रतियोग्याश्रय इति।** प्रागभावप्रध्वंसयोराश्रयश्च न कदापि प्रतियोगी भवति। प्रतियोगिना सह तयोर्यौगपद्याभावात्। घटोत्पत्तेः पूर्वं घटनाशोत्तरं च घटस्यासत्त्वात्। अन्योन्याभावस्याप्याश्रयः प्रतियोगी न भवति। घटे घटभेदस्यासत्त्वात्। अत्यन्ताभावस्य तु प्रतियोग्याश्रयो भवति। भूतल इव घटेपि घटाभावस्य वक्तुं शक्यत्वात्। स्वस्मिन्स्वस्याभावात्। अयं चात्यन्ताभावान्योन्याभावयोरपरो विशेषः। अत्यन्ताभावो हि प्रतियोगिसामानाधिकरण्येन न कदापि प्रतीयते। भूतले घटसत्त्वे तदानीं तत्र विद्यमानस्यापि घटात्यन्ताभावस्याप्रतीतेः। अन्योन्याभावस्तु प्रतियोगसामानाधि-करण्येनापि प्रतीयते। घटवत्यपि भूतले घटभेदप्रतीतेर्दर्शनात्। अत्र प्रतियोग्याश्रय इत्येतावन्मात्रोक्तौ आकाशवत्तदाश्रयः सूर्यप्रकाशो व्यापकः-इत्यत्र सादृश्यानुयोगिनः प्रकाशस्य सादृश्यप्रतियोगिभूताकाशाश्रितत्वेन तत्रातिव्याप्तिः स्यात्। अतोऽभावपदमु-पात्तम्। **अनवधिः।** कालकृतावधिरहितः। नित्य इति यावत्। नित्येषु परमाण्वाकाशादिषु भावेष्वतिव्याप्तिवारणायाभावपदमुपात्तम्। **तादात्म्येति।** तादात्म्यं तत्स्वरूपत्वम्। **न चास्येति।** द्रव्यादीनां षण्णां पदार्थानां तत्वज्ञानान्मोक्ष इति तेषां विवेचनं पुरुषार्थोपयुक्तं भवति। न तु तथास्याभावस्येति शङ्काशयः। अभावज्ञानं पुरुषार्थोपयोगि न भवतीति मन्यसे चेदस्तु नाम। न काचित्क्षतिः। यतोयमभावः स्वयमेव परमपुरुषार्थस्वरूप इत्याशयेन समाधत्ते-**दुःखात्यन्तोच्छेदेति।** दुःखात्यन्तोच्छेद एव मोक्ष इति सिद्धान्तादिति भावः।।

।। इति श्रीसर्वदर्शनसंग्रहव्याख्यायां दर्शनाङ्कुराभिधायामौलूक्यदर्शनं समाप्तम्।।

Non-existence (*abhāva*) is considered to be the seventh category, as established by negative proofs. It may be concisely defined as that which, itself not having intimate relation, is *not* intimate relation;[1] and this is twofold, "relative non-existence"[2] and "reciprocal non-existence." The former is again divided into "antecedent," "emergent" and "absolute". "Antecedent" is that non-existence which, though without any beginning is

1. Intimate relation has also no intimate relation.
2. "Relative non-existence" (*saṁsargābhāva*) is the negation of a relation; thus "the jar is not in the house" is "absolute non-existence," "it was not in the house" is "antecedent," and "it will not be in the house" is "emergent," non-existence.

not everlasting; "emergent" is that which, though having a beginning, is everlasting; "absolute" is that non-existence which abides in its own counter-entity;[1] "reciprocal non-existence" is that which, being different from "absolute," has yet no defined limit [*i.e.*, no *terminus ad quem* nor *terminus a quo* as "antecedent" " and "emergent" have].

If you raise the objection that "'reciprocal non-existence' is really the same as 'absolute non-existence;'" we reply that this is indeed to lose one's way in the king's highroad; for "reciprocal non-existence" is that negation whose opposite is held to be identity, as "a jar is not cloth;" but "absolute non-existence" is that negation whose opposite is connection, as "there is no colour in the air."[2] Nor need you here raise the objection that "*abhāva* can never be a means of producing any good to man," for we maintain that it is his *summum, bonum,* in the form of final beatitude, which is only another term for the absolute abolition of all pain [and therefore comes under the category of *abhāva*].

E.B.C.

1. *I.e.*, the absolute absence of the jar is found in the jar, as, of course, the jar does not reside in the jar, but in the spot of ground,—it is the *jāti ghaṭatva* which resides in the jar.
2 The opposite is "there is colour in the air."

Chapter XI

The Akṣapāda (or Nyāya) Darśana

अथाक्षपाददर्शनम्

तत्त्वज्ञानाद्दुःखात्यन्तोच्छेदलक्षणं निःश्रेयसं भवतीति समानतन्त्रेपि प्रतिपादितम्। तदाह सूत्रकारः–प्रमाणप्रमेयेत्यादि तत्त्वज्ञानान्निःश्रेयसाधिगम इति। इदं न्यायशास्त्रस्यादिमं सूत्रम्। न्यायशास्त्रं च पञ्चाध्यायात्मकम्। तत्र प्रत्यध्यायमाह्निकद्वयम्। तत्र प्रथमाध्यायस्य प्रथमाह्निके भगवता गौतमेन प्रमाणादिपदार्थनवकलक्षणनिरूपणं विधाय द्वितीये वादादिसप्तपदार्थ-लक्षणनिरूपणं कृतम्। द्वितीयस्य प्रथमे संशयपरीक्षणं प्रमाणचतुष्टयाप्रामाण्य-शङ्कानिराकरणं च। द्वितीयेर्थापत्त्यादेरन्तर्भावनिरूपणम्। तृतीयस्य प्रथम आत्मशरीरेन्द्रियार्थपरीक्षणम्। द्वितीये बुद्धिमनः परीक्षणम्। चतुर्थस्य प्रथमे प्रवृत्तिदोषप्रेत्यभावफलदुःखापवर्गपरीक्षणम्। द्वितीये दोषनिमित्तकत्वनिरूपण-मवयव्यादिनिरूपणं च। पञ्चमस्य प्रथमे जातिभेदनिरूपणम्। द्वितीये निग्रहस्थानभेदनिरूपणम्।

व्या० : अथाक्षपादेति। अस्मिन्दर्शने गौतमेन पञ्चाध्यायात्मकं सूत्रं प्रणीतम्। गौतमो हि स्वमतदूषकस्य मुखदर्शनं चक्षुषा न कर्तव्यमिति प्रतिज्ञाय पश्चाद्व्यासेन प्रसादितः पादे नेत्रं प्रकाश्यं तं दृष्टवान्। ततःप्रभृत्यस्याक्षपादनाम्ना प्रसिद्धिरभूत्। ततस्तत्प्रणीतमिदं न्यायशास्त्रमक्षपाददर्शनमित्युच्यते।

तत्वज्ञानादिति। वैशेषिकदर्शनेन समानं तन्त्रं न्यायशास्त्रम्। तत्रापि तत्वज्ञानान्मोक्षो भवतीति। प्रतिपादितमित्यर्थः। **प्रमाणेति।** प्रमाणप्रमेयसंशयप्रयोजनदृष्यन्तसिद्धान्ता-वयवतर्कनिर्णयवादजल्पवितण्डाहेत्वाभासच्छलजातिनिग्रहस्थानानां तत्त्वज्ञानान्निः-

श्रेयसाधिगमः (गौ. सू. १।१।१) इति प्रथमं सूत्रम्। तत्र च षोडशपदार्था निर्दिष्यः। **संशयपरीक्षणमिति**। संशयस्य किं कारणं किं च तस्य स्वरूपमित्येत्वं विचार इत्यर्थः। **तृतीयस्येति**। अध्यायद्वये प्रमाणसंबन्धेन विचारं कृत्वा तृतीये प्रमेयविचार आरभ्यते। प्रमेयं च द्वादशविधम्। तथा च सूत्रम्–आत्मशरीरेन्द्रियार्थबुद्धिमनःप्रवत्तिदोषप्रेत्यभाव-फलदुःखापवर्गास्त प्रमेयम् (गौ. सू. १।१।९) इति। क्रमेण चैतत्प्रमेयजातं तृतीयस्याह्निकद्वयेन चतुर्थस्य प्रथमाह्निकेन चेत्येवमाह्निकत्रयेण परीक्षितम्। **अवयव्यादीति**। पटादिरवयवी स्वायवेभ्यस्तन्तुभ्यः सकाशाद्भिन्न इत्येवं निरूपणम्। आदिपदेन परमाणूनां निरवयवत्वसाधनं गृह्यते।

The principle that final bliss, *i.e.,* the absolute. abolition of pain, arises from the knowledge of the truth [though in a certain sense universally accepted], is established in a special sense as a particular tenet[1] of the Nyāya school, as is declared by the author of the aphorisms in the words "proof, that which is to be proved, etc.,—from knowledge of the truth as to these things there is the attainment of final bliss." This is the first aphorism of the Nyāya Śastra. Now the Nyāya Śāstra consists of five books, and each book contains two "daily portions." In the first daily portion of the first book the venerable Gotama discusses the definitions of nine categories, beginning with "proof," and in the second those, of the remaining seven, beginning with "discussion" (*vāda*). In the first daily portion of the second book he examines "doubt," discusses the four kinds of "proof," and refutes the suggested objections to their being instruments of right knowledge; and in the second he shows that "presumption," etc., are really included in the four kinds of "proof" already given [and therefore need not be added by the Mīmāṁsakas as separate ones.] In the first daily portion of the third book he examines the soul, the body, the senses, and their objects; in the second, "understanding" (*buddhi*), and "mind" (*manas*). In the first daily portion of the fourth book he examines "volition" (*pravṛtti*), the "faults," "transmigration," "fruit" [of actions], "pain," and "final liberation;" in the second he

1. Cf. Nyāya Sūtras, i. 29.

investigates the truth[1] as to the causes of the "faults," and also "wholes" and "parts." In the first daily portion of the fifth book he discusses the various kinds of futility (*jāti*), and in the second the various kinds of occasion for rebuke" (*nigrahasthāna*, or "unfitness to be argued with").

मानाधीना मेयसिद्धिरिति न्यायेन प्रमाणस्य प्रथममुद्देशे तदनुसारेण लक्षणस्य कथनीयतया प्रथमोद्दिष्टस्य प्रमाणस्य प्रथमं लक्षणं कथ्यते–साधनाश्रयाव्यतिरिक्तत्वे सति प्रमाव्याप्तं प्रमाणम्। एवं च प्रतितन्त्रसिद्धान्तसिद्धं परमेश्वरप्रामाण्यं संगृहीतं भवति। यदचकथत्सूत्रकारः–मन्त्रायुर्वेदप्रामाण्यवच्च तत्प्रामाण्यमाप्तप्रामाण्यात् (गौ. सू. २।१।६७) इति। तथा च न्यायनयपारावारपारदृश्वा विश्वविख्यातकीर्तिरुदयनाचार्योपि न्यायकुसुमाञ्जलौ चतुर्थे स्तबके–

मितिः सम्यक्परिच्छित्तिस्तद्वत्ता च प्रमातृता।
तदयोगव्यवच्छेदः प्रामाण्यं गौतम मते।। (न्या. कु. ४।५) इति

साक्षात्कारिणि नित्ययोगिनि परद्वारानपेक्षस्थितौ
भूतार्थानुभवे निविष्टनिखिलप्रस्ताविवस्तुक्रमः।
लेशादृष्टिनिमित्तदुष्टिविगमप्रभ्रष्टशङ्कातुषः
शङ्कोन्मेषकलङ्किभिः किमपरैस्तन्मे प्रमाणं शिवः।।

(न्या. कु. ४।६) इति।

तच्चतुर्विधं प्रत्यक्षानुमानोपमानशब्दभेदात्।

व्या० : साधनाश्रयेति। यथार्थानुभवः प्रमा। तस्याः साधनं करणम्। आश्रय आत्मा। तदुभयापेक्षया भिन्नं यन्न भवति तथाभूतं सद्यत्प्रमया नित्यसंबद्धं तत्प्रमाणमित्यर्थः। तत्र प्रमायाः करणं प्रमया नित्यसंबद्धमेव। करणस्य फलवत्त्वनियमात्। तच्च प्रमाणमिति सर्वसंमतम्। आश्रयस्तु परमेश्वरः प्रमया नित्यसंबद्धः। जीवस्तु न सर्वस्तथाविधः। अस्मादृशानां भ्रमसंभवात्। तद्व्यावृत्तये प्रमाव्याप्तमिति। एवं चाप्ततमः परमेश्वरः प्रमाणमित्युक्तं भवति। तदाह–**एवं चेति।** न एकमात्राभ्युपगमः प्रतितन्त्रसिद्धान्तः। यथा नैयायिकैरभ्युपगतं शब्दानित्यत्वं परमेश्वरप्रामाण्यमित्यादि। एतच्च मीमांसकैर्नाभ्युपगम्यते। सूत्रकारैस्तु समानतन्त्रसिद्धः

1. In p. 112, line 16, of the Calcuta edition, I read *doshanimittatattva for doshanimittakatva* (compare Nyāya Sūt. iv. 68).

परतन्त्रासिद्धः प्रतितन्त्रसिद्धान्तः (गौ. सू. १।१।२९) इत्युक्तम्। परमेश्वरप्रामाण्यं च समाने वैशेषिकतन्त्रे सिद्धं परतन्त्रे मीमांसादावसिद्धमिति प्रतितन्त्रसिद्धान्तसिद्धं भवति। **मन्त्रायुरिति।** तत्पदेनाप्तोपदेशः। परामृश्यते। आप्तो हि साक्षात्कृतधर्मा भूतेषु दयालुर्यथाभूतार्थवक्ता चेत्यतः प्रमाणं भवति। तत्प्रामाण्यात्तदुपदेशस्य प्रामाण्यम्। यथा मन्त्राणामायुर्वेदस्य च प्रामाण्यमाप्तप्रामाण्यादेव तद्वदित्यर्थः। आयुर्वेदो हि ऋग्वेदस्योपवेदः। तथा चाप्ततमस्य परमेश्वरस्य प्रामाण्यं सूत्रकारसंमवमिति भावः। **न्यायेति।** न्यायशास्त्ररूपो यः पारावारः समुद्रस्तस्य पारं दृष्टवानित्यर्थः। **मितिरिति।** सम्यक्परिच्छित्तिर्यथार्थज्ञानं मितिः प्रमा। तद्वान्प्रमाता। तस्या मितेरयोगस्य संबन्धाभावस्य यो व्यवच्छेदो व्यावृत्तिरावश्यकः संबन्धस्तदेव गौतमदर्शने प्रामाण्यमित्यर्थः। **साक्षात्कारिणीति।** शिवस्य यो भूतार्थानुभवो भूतानां पूर्वसिद्धानां त्रैलोक्यगत-पदार्थानामनुभवः स च साक्षात्कारी प्रत्यक्षः। किं च नित्ययोगी। नास्माकमिव क्षणिकः। तथा नास्माकमिवेन्द्रियाद्यपेक्षया विद्यमानः। किं तु परस्य कस्यचिदनपेक्षयैव यस्य स्थितिर्भवति तादृशः। भूतानामप्यर्थानां प्रत्यक्षज्ञानं योगिनां योगबलेन भवति किमु वक्तव्यमचिन्त्यशक्तिकस्य महेश्वरस्य। सृष्ट्यारम्भे हि पूर्वकल्पसिद्धानर्थान्कल्पनामात्रेण परमेश्वरोवलोकयितुमारभते। तदनुसारेण च ते तथैवोत्पद्यन्ते। तथा च श्रुतिः–धाता यथापूर्वमकल्पयत् (म. ना. ५।७) इति। तथा चैतादृशे स्वीये प्रत्यक्षानुभवे निखिलानां सांप्रतिकवस्तूनामुत्पत्त्यादिक्रमो निविष्टो येन तादृशः शिवः। अत एव लेशतो यत्पदार्थानामदर्शनं तन्मूलकानां दोषाणामपगमेन प्रभ्रष्टं शङ्कारूपं तुषं यस्य तादृशः। अस्मादृशानां तु वस्तुतः परोक्षज्ञाने सत्यनेकाः शङ्काः समुत्पद्यन्त इति त्वास्ताम्। प्रत्यक्षानुभवेपि वस्तुतः कार्त्स्न्येन ज्ञानाभावादंशेन यददर्शनं तेन द्वारीभूतेन दोषाणां प्रादुर्भावादनेकविधा विपरीतभावनाः संभवन्ति। परमेश्वरस्य तु न कथमपि तथा संभवः। तथा च शङ्कोन्मेषेण कलङ्कितैः प्रमाणान्तरैः किं संपादितं भवेत्। अतो निष्कलङ्कः शिव एव मे प्रमाणमित्यर्थः। **प्रत्यक्षेति।** इन्द्रिजन्यं ज्ञानं प्रत्यक्षम्। यथा पुरोवर्तिघट्यदेरयं घट इत्यादि। लिङ्गपरामर्शोनुमानम्। व्याप्तिबलेनार्थगमकं लिङ्गम्। यथा धूमोग्नेः। यत्र धूमस्तत्राग्निरिति साहचर्यनियमो व्याप्तिः। तस्य व्याप्तविशिष्टस्य लिङ्गस्य पक्षे पर्वतादौ यज्ज्ञानं स लिङ्गपरामर्शः। स एवानुमानमित्युच्यते। तेन ह्यग्निरनुमीयते। अतिदेशवाक्यस्मरणसहकृतं सदृशवस्तुज्ञानमुपमानम्। यथा गोसदृशो गवय इत्यतिदेशवाक्यं श्रुत्वा कदाचिद्वनं गतस्य तादृशातिदेशवाक्यस्मरणसहकृतं गोसदृशपशुज्ञानम्। तस्माच्चायं गवय इत्युपमितिर्भवति। आप्तवाक्यं शब्दः। तस्माच्च प्रत्यक्षाद्ययोग्यमपि वस्तु ज्ञायते।

In accordance with the principle that "to know the thing to be measured you must first know the measure," "proof" (*pramāṇa*) is first enunciated, and as this must be done by defining it, we have first a definition of "proof." "Proof" is that which is always accompanied by right knowledge, and is at the same time not disjoined from the proper instruments [as the eye, etc.], and from the site of knowledge [*i.e.*, the soul];[1] and this definition thus includes the peculiar tenet of the Nyāya School that God is a source of right knowledge,[2] as the author of the aphorisms has expressly declared (ii. 68), "and the fact of the Veda's being a cause of right knowledge, like spells and the medical science; follows from the fact that the fact one who gave the Veda was a source of right knowledge." And thus too hath the universally renowned teacher Udayana, who saw to the farthest shore of the ocean of logic, declared in the fourth chapter of the Kusumāñjali:

"Right knowledge is accurate comprehension, and right knowing is the possession thereof; authoritativeness is, according to Gotama's school, the being separated from all absence thereof.

"He in whose intuitive unerring perception, inseparably united to Him and dependent on no foreign inlets, the succession of all the various existing objects is contained,—all the chaff of our suspicion being swept away by the removal of all possible faults as caused by the slightest want of observation in Him;—He, Śiva, is my authoiity; what have I to do with others, darkened as their authority must ever be with rising, doubts?"

प्रमायां यद्धि प्रतिभासते तत्प्रमेयम्। तच्च द्वादशप्रकारम्–आत्मशरीरेन्द्रि-यार्थबुद्धिमनःप्रवृत्तिदोषप्रेत्यभावफलदुःखापवर्गभेदात्।

अनवधारणात्मकं ज्ञानं संशयः। स त्रिविधः। साधारणधर्मासाधारण-धर्मविप्रतिपत्तिलक्षणभेदात्।

1. Without this last clause the definition might include the objects *(viṣaya)*, as these are, of course, connected with right knowledge.
2. Iśvara is a cause of right knowledge *(pramāṇa)* according to the definition, because he is *pramāyā āśrayaḥ*.

यमधिकृत्य प्रवर्तन्ते पुरुषास्तत्प्रयोजनम्। तद्द्विविधम्। दृष्टादृष्टभेदात्।

व्याप्तिसंवेदनभूमिर्दृष्टान्तः। स द्विविधः। साधर्म्यवैधर्म्यभेदात्।

प्रामाणिकत्वेनाभ्युपगतोर्थः सिद्धान्तः। स चतुर्विधः। सर्वतन्त्रप्रति-तन्त्राधिकरणाभ्युपगमभेदात्।

परार्थानुमानवाक्यैकदेशोवयवः। स पञ्चविधः। प्रतिज्ञाहेतूदाहरणोपनय-निगमनभेदात्।

व्याप्यारोपेण व्यापकारोपस्तर्कः। स चैकादशविधः। व्याघातात्माश्रयेतरेतरा-श्रयचक्रकाश्रयानवस्थाप्रतिबन्धिकल्पनालाघवकल्पनागौरवोत्सर्गापवादवैजात्य-भेदात्।

व्या० : आत्मेति। ज्ञानवानात्मा। स च द्विविधः। ईश्वरो जीवश्च। ईश्वरः सर्वज्ञ एक एव। जीवस्तु प्रतिशरीरं भिन्नः। द्विविधोपि विभुर्नित्यश्च। सुखदुःखादिभोगसाधनं शरीरम्। शरीरसंयुक्तं ज्ञानकरणमतीन्द्रियमिन्द्रियम्। अर्थाद्रव्यगुणकर्मादयः। ते च वैशेषिकदर्शने निरूपिताः (द. १० पं. ४७)। ज्ञानं बुद्धिः। सुखाद्युपलब्धिसाधनमिन्द्रियं मनः। तच्च नानाविधं प्रतिजीवनियतमणुरूपं नित्यं च। प्रवृत्तिः कायिका वाचिकी मानसिकी च क्रिया। त्रिविधापि शुभाशुभभेदेन द्विविधेति षड्विधा भवति। प्रवृत्तिजनका दोषाः। ते च रागद्वेषमोहाः। प्रेत्यभावो मृत्वा पुनर्जन्म। फलं सुखादिसाक्षात्कारः। दुःखं पीडा। तच्च त्रिविधम्–आध्यात्मिकमाधिभौतिकमाधिदैविकं च। वातपित्तक-फदोषवैषम्यमूलकं शारीरं कामक्रोधादिजं मानसं चाध्यात्मिकम्। एतच्चान्तरोपाय-निवार्यम्। आधिभौतिकं सर्पव्याघ्रादिजम्। आधिदैविकं यक्षराक्षसग्रहाद्यावेशमूलकम्। आधिदैविकमाधिभौतिकं चेति दुःखद्वयं बाह्योपायनिवार्यम्। अन्त्र दुःखस्यैकविंशतिभेदा उक्ताः। ते च शरीरं षडिन्द्रियाणि षड्विषयाः षड्बुद्धयः सुखं दुःखं चेति। सुखमपि दुःखसंबन्धाद्दुःखमेव। शरीरादीनि तु दुःखसाधनत्वाद्दुःखमित्युच्यन्ते। बाह्यं दुःखसाधनं च षोडशविधमन्यत्रोक्तम्–पारतन्त्र्यमाधिर्व्याधिर्मानच्युतिः शत्रुर्दारिद्र्यं भार्याद्वयं कन्याबाहुल्यं कुभार्या कुभृत्यः कुग्रामवासः कुस्वामिसेवा वृद्धत्वं परगृहवासो वर्षाकाले प्रवासो दुर्हलेन कृषिश्चेति। अपवर्गो मोक्षः।

अनवधारणेति। अनिश्चयात्मकं ज्ञानमित्यर्थः। **साधारणेति।** लक्षणशब्दो निमित्तवाची। लक्षणकारणभेदादिति क्वचित्पाठः। तदा लक्षणशब्दः स्वरूपवाची। साधारणधर्मादिनिमित्तभेदेन संशयस्त्रिविधो भवति। आद्यो यथा–स्थाणुर्वा पुरुषो वेति। अत्रोन्नतत्वरूपसाधारणधर्मं ज्ञातवतः स्थाणुत्वनिश्चायकं वक्रकोटरादिकं पुरुषत्व-

निश्चायकं हस्तपादादिकं चापश्यतः संशयो भवति। द्वितीयो यथा–पृथिवी नित्योतानित्येति। अन्यत्र नित्येष्वनित्येषु च क्वाप्यदृष्टं पृथिव्या असाधारणधर्मं गन्धं ज्ञात्वा भवत्येवंविधः संशयः। तृतीयो यथा–शब्दो नित्य उतानित्य इति। एको ब्रूते शब्दो नित्य इति। अन्यस्त्वनित्य इति। तयोर्विप्रतिपत्त्या मध्यस्थस्य भवत्येतादृशः संशयः।

दृष्टादृष्टेति। दृष्टमवघातस्य तुषनिवृत्तिः। अदृष्टं यागस्य स्वर्गादिकम्।

व्याप्तीति। व्याप्तिज्ञापनस्थलं दृष्यन्तः। दृष्येन्तो निश्चयो येन स दृष्यन्तः। यत्र धूमस्तत्राग्निरिति व्याप्तिज्ञापनाय यन्महानसमुदाहरणत्वेन प्रदर्श्यते स साधर्म्यदृष्यन्तः। तत्रैव ह्रदो वैधर्म्यदृष्यन्तः।

सर्वतन्त्रेति। सर्वतन्त्रसिद्धान्तो यथा–पञ्च ज्ञानेन्द्रियाणीत्यादिः। एतच्च सर्वैरङ्गीकृतम्। प्रतितन्त्रसिद्धान्तो यथा–अनित्यः शब्द इति। एतच्च नैयायिकैरङ्गीकृतं न तु मीमांसकादिभिः। अधिकरणसिद्धान्तो यथा–क्षित्यादिकर्तृसिद्धौ कर्तुः सर्वज्ञत्वम्। असंमतमपि यदभ्युपगम्यान्यदुच्यते सोभ्युपगमसिद्धान्तः। यथास्तु द्रव्यं शब्दस्तथाप्यनित्य एवेति।

प्रतिज्ञेति। साध्यभूतधर्मविशिष्टधर्मिप्रतिपादकं वचनं प्रतिज्ञा। यथा पर्वतोग्निमानिति। लिङ्गप्रतिपादिकं वचन हेतुः। यथा धूमवत्त्वादिति। सव्याप्तिकं दृष्यन्तवचनमुदाहरणम्। यथा यत्र धूमस्तत्राग्निर्यथा महानसमिति। लिङ्गोपसंहार-वचनमुपनयः। यथा धूमवांश्चायं पर्वत इति। पक्षे साध्योपसंहारो निगमनम्। यथा तस्मादग्निमान्पर्वत इति।

व्याप्यारोपेणेति। यथा यद्यत्राग्न्यभावः स्यात्तर्हि धूमाभावः स्यादिति। अत्राग्न्यभावस्य व्याप्यस्यारोपेण व्यापकस्य धूमाभावस्यारोपः क्रियते। पर्वते धूमं पश्यत उक्ततर्कसहायेनानुमानप्रमाणेन तत्राग्नेर्निश्चयो भवति। अतोयं प्रमाणानुग्राहक इत्युच्यते। **व्याघातेति।** असंबद्धार्थकं वचनं व्याघातः। यथा मूकोहम् अमूर्ते रूपमित्याद्युक्तिः। स्वस्य स्वापेक्षापादकः प्रसङ्ग आत्माश्रयः। यथा रूपविशिष्टे रूपमिति। स्वस्य स्वापेक्षितापेक्षितत्वमितरेतराश्रयः। यथा चैत्रोत्तिष्ठेति वाक्यश्रवणं जागृतिं प्रति कारणम्। श्रवणे च जागृतिः कारणमिति। तथा चैकव्यवधानेन तद्द्वारा स्वस्य स्वापेक्षाया-मितरेतराश्रय इति सिद्धम्। अनेकव्यवधानेन स्वस्य स्वापेक्षायां तु चक्रकाश्रयः। यथा पूर्वोक्तस्थल एव श्रवण इन्द्रियार्थसंनिकर्षः कारणम्। इन्द्रियार्थसंनिकर्ष जागृतिः कारणम्। जागृतौ च श्रवणं कारणमित्येवमुक्तौ। यत्र क्वाप्यवस्थितिर्न भवति तत्रानवस्था। यथा जातौ जातिकल्पनायां तत्रापि पुनर्जातिरित्यादिः। प्रतिबन्धिकल्पना कल्पनालाघवं

कल्पनागौरवं च प्रसिद्धमेव। उत्सर्गः सामान्यनियमः। अपवादो विशेषनियमः। वैजात्यं वैलक्षण्यम्। प्रमाणसाध्यार्थ विरुद्धसंभावनानिवर्तकत्वेनैषां तर्काणां प्रमाणानुग्राहकत्वं सुधीभिरुन्नेयम्।

"Proof" is fourfold, as being divided into perception; inference, analogy, and testimony. The "thing to be proved" [or the "object of right notion"] is of twelve kinds, *viz.*, soul, body, the senses, their objects, understanding, mind, volition, faults, transmigrations, fruit, pain; and final liberation. "Doubt" is a knowledge whose nature is uncertainty; and this is threefold, as being caused by the object's possessing only qualities which are common to other things also, and therefore not distinctive;—or by its possessing only irrelevant qualities of its own, which do not help us in determining the particular point in question,[1]—or by conflicting testimony. The thing which one proposes to one's self before proceeding to act, is "a motive" (*prayojana*) ; this is twofold, *i.e.,* visible and invisible. "An example" is a fact brought forward as a ground for establishing a general principle, and it may be either affirmative or negative.[2] A "tenet" (*siddhānta*) is something which is accepted as being authoritatively settled as true; it is of four kinds, as being "common to all the schools," "peculiar to one school;" "a pregnant assumption" [leading, if conceded, to a further conclusion], and "an implied dogma" (i. 26-31). The "member" (of a demonstration) is a part of the sentence containing an inference, for the sake of another; and these are five, the proposition, the reason, the example, the application, and the conclusion (i. 32-38). "Confutation" (*tarka*, i. 39) is the showing that the admission of a false minor necessitates the admission of a false major[3] (cf. Sūt. i. 39, and iv. 3) ; and this is of eleven kinds, as *vyāghāta, ātmāśraya, itaretarāśraya,* etc.

1. On this compare Siddhānta-Muktāvali, p. 115.
2. On these compare my note to Colebrooke's Essays, vol. i. p. 315.
3. "Our coming to the conclusion that there can be no smoke in the hill if there be no fire, while we *see* the smoke, is the confutation of these being no fire in the hill" *(Ballantyne)*. Or, in other words, "the mountain must have the absence of smoke *(vyāpaka)* if it has the absence-of-fire (the false *vyāpya*").

यथार्थानुभवपर्याया प्रमितिर्निर्णयः। स चतुर्विधः। साक्षात्कृत्यनुमित्युपमितिशाब्दभेदात्।

तत्त्वनिर्णयफलः कथाविशेषो वादः। उभयसाधनवती विजिगीषुकथा जल्पः। स्वपक्षस्थापनहीनः कथाविशेषो वितण्डा। कथा नाम वादिप्रतिवादिनोः पक्षप्रतिपक्षपरिग्रहः।

व्या० : साक्षात्कृतीति। साक्षात्कृतिः प्रत्यक्षम्।

उभयेति। वादेतिव्याप्तिवारणाय विजिगीषुपदम्। वितण्डायामतिव्याप्तिवारणायोभयसाधनवतीति पदम्।

"Ascertainment" (*nirṇaya*, i. 40) is right knowledge or a perception of the real state of the case. It is of four kinds as produced by perception, inference, analogy, or testimony, "Discussion" (*vāda*) is a particular kind of conversation, having as its end the ascertainment of truth (i. 41). "Wrangling" (*jalpa*) is the talk of a man only wishing for victory, who is ready to employ arguments for either side of the question (i. 42). "Cavilling" (*vitaṇḍā*) is the talk of a man who does not attempt to establish his own side of the question (i. 43). "Dialogue" (*kathā*) is the taking of two opposite sides by two disputants. A "fallacy" is an inconclusive reason which is supposed to prove something, and this may be of five kinds, the "erratic," the "contradictory," the "uncertain," the " unproved," and the "precluded" or "mistimed" (Sūt. i. 44-49). "Unfairness" (*chala*) is the bringing forward a contrary argument by using a term wilfully in an ambiguous sense; this is of three kinds, as there may be fraud in respect of a term, the meaning, or a metaphorical phrase (i. 50-54). "Futility" (*jāti*) is a self-destructive argument (i. 58). This is of twenty-four kinds (as described in the fifth book of the Nyāya aphorisms (1-38). "Occasion for rebuke" is where the disputant loses his cause [by stupidity], and this is of twenty-two kinds (as described in the fifth book of the aphorisms, 44-67). We do not insert here all the minute sub-divisions through fear of being too prolix,—they are fully explained in the aphorisms.

असाधको हेतुत्वेनाभिमतो हेत्वाभासः। स पञ्चविधः। सव्यभिचारविरुद्ध-प्रकरणसमसाध्यसमातीतकालभेदात्।

व्या० : सव्यभिचारेति। व्यभिचारेण सहितः सव्यभिचारः। व्यभिचारश्च हेतोः साध्याभाववद्वृत्तित्वम्। यथा पर्वतोऽग्निमान्प्रमेयत्वादिति। अत्राग्न्यभाववति ह्रदे प्रमेयत्वं वर्तते। साध्याभावव्याप्तो हेतुर्विरुद्धः। यथा शब्दो नित्यः कृतकत्वादिति। कृतकत्वमुत्पन्नत्वम्। अयं हेतुः साध्यस्य नित्यत्वस्याभावेनानित्यत्वेन व्याप्तः। यत्रोत्पन्नत्वं तत्रानित्यत्वमिति व्याप्तिसत्त्वात्। यस्य प्रतिपक्षभूतं हेत्वन्तरमस्ति स प्रकरणसमः। अयमेव सत्प्रतिपक्ष इत्युच्यते। सन्प्रतिपक्षः प्रतिहेतुर्यस्य स सत्प्रतिपक्षः। प्रकरणं प्रक्रिया विचारः। तस्मिन्प्रस्तुते वादिना प्रतिवादिना वा किंचिदर्थसाधनार्थं हेतौ प्रदर्शिते हेतोर्निर्णायकत्वेन सद्य एव प्रकरण समाप्यते। सत्प्रतिपक्षो हेतुस्त्वनिर्णायकत्वान्न प्रकरणसमापनक्षमो भवति। किं तु पूर्ववत्प्रकरणं प्रवर्तयत्येव। अतः प्रकरणेन समो निर्विशेषः प्रकरणसम इत्युच्यते। यथा शब्दोऽनित्यः नित्यधर्मानुपलब्धेः। शब्दो नित्यः अनित्यधर्मानुपलब्धेरिति। असिद्धो हेतुः साध्यसमः। सिद्धो हि हेतुरसिद्धं साध्य साधयति। असिद्धश्चेत्साध्येन सम इति साध्यं साधयितुं न प्रभवति। यथा शब्दो गुणश्चाक्षुषत्वादिति। सोपाधिको हेतुरसिद्धविशेष एव। उपाधिस्वरूपं प्राक् प्रदर्शितम् (द. १ प. ९३)। यस्य साध्याभावः प्रमाणान्तरेण निश्चितः सोतीतकालः। अयमेव बाधित इत्युच्यते। यथाग्निरनुष्णः प्रभाश्रयत्वादिति। अत्रानुष्णत्वस्य साध्यस्याभावः प्रत्यक्षेणैव निश्चितो भवति। तथा च हेतुवाक्यश्रवणात्प्रागेव साध्याभावस्य निश्चय इत्यस्यामवस्थायां प्रयोक्त्रा हेतुवाक्य वस्तुतो नैवोच्चारणीयम्। तस्य कालो हि यावत्साध्यस्य न निश्चयः। ईदृशो हेतुरतीतः कालो यस्येत्यतीतकाल इति व्यपदिश्यते।

But here an objector may say, "If these sixteen topics, proof, etc., are all thus fully discussed, how is it that it has received the name of the Nyāya Śāstra, [as reasoning, *i.e.*, *Nyāya*, or logic, properly forms only a small part of the topics which it treats of?"] We allow the force of the objection; still as names are proverbially said to be given for some special reason, we maintain that the name Nyāya was rightly applied to Gotama's system, since "reasoning," or inference for the sake of another, is justly held to be a predominant feature from its usefulness in all kinds of knowledge, and from its being a necessary means for every kind of pursuit. So it has been said by Sarvajña, "This is the pre-eminent science of Nyāya from its establishing our doctrines against opponents, and from its producing action;"[1] and by Pakṣila Swāmin, "This is the science of reasoning (*ānvīkṣikī*) divided into the different categories, 'proof,' etc. ; the lamp of all sciences, the means for aiding all actions, the ultimate appeal of all religious duties, well proved in the declarations of science."[2]

शब्दवृत्तिव्यत्ययेन प्रतिषेधहेतुश्छलम्। तत्त्रिविधम्। अभिधानतात्पर्योपचवारवृत्तिव्यत्ययभेदात्।

व्या० : अभिधानेति। अभिधानवृत्तिः शक्तिः। तद्व्यत्यनेन छलं यथा–नवकम्बलोयं माणवक इत्येवं नूतनार्थाभिप्रायेण केनचिन्नवशब्दे प्रयुक्ते छलवादी नवशब्दस्य नवसंख्यार्थे व्यत्ययेन शक्तिं मत्वा कुतोस्य दरिद्रस्य नव कम्बला यस्यैकोपि दुर्लभ इति पूर्ववाद्युक्तं प्रतिषेधति। तात्पर्यवृत्तिव्यत्ययेन छलं यथा–ब्राह्मणे विद्यायाः संभव इति तात्पर्येण केनचिद्ब्राह्मणे विद्येति प्रयुक्ते छलवादी नियमे तदुक्तेस्तात्पर्यं मत्वा तदुक्तिं प्रतिषेधति–कथं ब्राह्मणे विद्येत्युच्यते मूर्खा अपि दृश्यन्ते ब्राह्मणा इति। उपचारो लक्षणा। तद्वृत्तिव्यत्ययेन छलं यथा–मञ्चाः क्रोशन्तीति लक्षणया मञ्चस्थपुरुषरूपार्थाभिप्रायेण केनचित्प्रयुक्ते तादृशलक्षणावृत्तिव्यत्ययं कृत्वा शक्यार्थं गृह्णानश्छलवादी कथं काष्ठमया अचेतना मञ्चाः क्रोशन्तीति तदुक्तिं प्रतिषेधति।

But here an objector may say, "When you declare that final liberation arises from the knowledge of the truth, do you mean that liberation ensues immediately upon this knowledge being attained ?" We reply, "No," for it is said in the second Nyāya aphorism, "Pain, birth, activity, faults, false notions,—on the successive annihilation of these in turn, there is the annihilation of the one next before it," by means of this knowledge of the truth. Now false notions are the thinking the body, etc., which are not the soul, to be the soul; "faults" are a desire for those things which seem agreeable to the soul, and a dislike to those things which seem disagreeable to it,[3] though in reality nothing is either agreeable or disagreeable to the soul. And through the

1. Action *(pravṛtti)* follows after the ascertainment of the truth by *nyāya.*
2. Cp. Vātsyāyana's Comment., p. 6. The Calcutta edition read *prakiritā* for *parīkṣitā.*
3. The printed text omits the third fault, "a stupid indifference, *moha,* which is however referred to presently.

mutual reaction of these different "faults" the stupid man desires and the desiring man is stupid; the stupid man is angry, and the angry man is stupid. Moreover the man, impelled by these faults, does those things which are forbidden: thus by the body he does injury, theft, etc. ; by the voice, falsehood, etc.; by the mind, malevolence, etc.; and this same sinful "activity" produces demerit. Or, again, he may do laudable actions by his body, as alms, saving others, etc:, truthful speaking upright counsel, etc., by his voice, and guilelessness, etc., by his mind; and this same right activity produces merit. But both are forms of activity, and each leads to a similar laudable or blamable birth or bodily manifestation; and while this birth lasts there arises the impression of "pain," which we are conscious of as of something that jars against us. Now this series, beginning with "false notions" and ending with "pain," is continually going on, and is what we mean by the words "mundane existence," which rolls on ceaselessly, like a waterwheel. And whenever some pre-eminent man, by the force of his previous good deeds, obtains through the teaching of a great teacher the knowledge that all this present life is only a scene of pain and bound up with pain, he recognises that it is all to be avoided, and desires to abolish the ignorance, etc., which are the causes that produced it.[1] Then he learns that the one means to abolish it is the knowledge of the truth; and as he meditates on the objects of right knowledge divided into the four sciences,[2] there arises in his mind the knowledge of the truth, or, in other words, a right view of things as they are; and from this knowledge of the truth false notions disappear. When false notions disappear, the "faults" pass away; with them ceases "activity ;" and with it ceases "birth;" and with the cessation of "birth" comes the entire abolition of "pain," and

1. In p. 116 line 3, I would read *tannirvartakam* for *tannivartakam*.
2. This refers to the couplet so often quoted in Hindu authors, "Logic, the three Vedas, trade and agriculture, and the eternal doctrine of polity,—these four sciences are the causes of the stability of the world" (cf. Manu, vii. 43). It occurs in Kāmandaki's *Nītisāra*, ii. 3, and seems to be referred to in Vātsyāyana's Com. p. 3, from which Mādhava is here borrowing.

this absolute abolition is final bliss. Its absoluteness consists in this, that nothing similar to that which is thus abolished can ever revive, as is expressly said in the second aphorism of the Nyāya Sūtras: "Pain, birth, activity, faults, false notions,—since, on the successive annihilation of these in turn, there is the annihilation of the one next before it, there is [on the annihilation of the last of them] final beatitude."

स्वव्याघातकमुत्तरं जातिः। सा चतुर्विंशतिविधा। साधर्म्यवैधर्म्योत्कर्षापकर्षवर्ण्यावर्ण्यविकल्पसाध्यप्राप्त्यप्राप्तिप्रसङ्गप्रतिदृष्टान्तानुत्पत्तिसंशयप्रकरणहेत्वर्थापत्त्यविशेषोपपत्त्युपलब्ध्यनुपलब्धिनित्यानित्यकार्यसमभेदात्।[1]

व्या० : साधर्म्येति। साधर्म्येण प्रत्यवस्थानं साधर्म्यसमा (१) जातिः। यथा शब्दोऽनित्यः कृतकत्वाद्घटवदित्युक्ते अमूर्तत्वेन नित्याकाशसाधर्म्यान्नित्यः शब्दः कुतो न स्यादित्युत्तरम्। वैधर्म्यसमा (२) यथा–तत्रैवामूर्तत्वेनानित्यघटवैधर्म्यान्नित्यः शब्दः कुतो न स्यात्। उत्कर्षसमा (३) यथा–तत्रैव यदि कृतकत्वेन घटसाधर्म्यादनित्यः शब्दः स्यात्तर्हि घटवदेव मूर्तोपि भवेत्। न चेन्मूर्तस्तर्हि घटवदनित्योपि माभूत्। अत्र धर्मान्तरोत्कर्षापादनम्। अपकर्षसमा (४) –तत्रैव घटवदेव शब्दोऽश्रावणः स्यात्। अत्र श्रावणत्वधर्मस्यापकर्षः। वर्ण्यसमा (५) –वर्ण्यो वर्णनीः प्रदर्शनीयो हेतुरूपो धर्मः। तत्रैव यथा शब्दे कृतकत्वं ताल्वोष्ठादिव्यापारजं न तादृशं घटे। तत्र तु कुम्भकारादिव्यापारजम्। अवर्ण्यसमा (६) अवर्ण्यः सिद्धः दृष्यन्तधर्मः। तत्रैव वैपरीत्येन यथा घटे कृतकत्वं तादृशं शब्दे। विकल्पसमा (७) –तत्रैव यथा कृतकं किंचिन्मृदु राङ्कवादि किंचित्तु कठोरं कुठारादि इति द्विविधं दृष्टं तथैव कृतकं किंचिद्घटादि अनित्यं किंचित्तु शब्दादि नित्यमपि स्यात्। साध्यसमा (८)–तत्रेव यदि घटवदनित्यः शब्दस्तर्हि शब्दवद्घटोपि श्रावणः स्यात्। प्राप्तिसमा (९) –प्राप्तिः संबन्धः। हेतुः साध्येन संबद्धः साध्यसाधकश्चेत्साध्यहेत्वोर्द्वयोमिथः संबद्धत्वाविशेषात्किं साधनं किं साध्यमित्यनिश्चयः। अप्राप्तिसमा (१०) –हेतुः साध्येनासंबद्धः सन्साध्यसाधकः कथं भवेत्। प्रसङ्गसमा (११) –शब्दे कृतकत्वे कि साधनं तत्रापि किं साधनमित्यनवस्था। यथा दृष्यन्ते घटेऽनित्यत्ने किं साधन तत्रापि किं साधनमिति। प्रतिदृष्यन्तसमा (१२) –शब्दोऽनित्यः प्रयत्नेन विभाव्यमानत्वाद्घटवदियुक्ते शब्दो नित्यः प्रयत्नेन विभाव्यमानत्वादाकाशवदित्युक्तिः। कूपखननप्रयत्नेन तत्रत्याकाशं विभावितं भवति। अनुत्पत्तिसमा (१३) –शब्देऽनित्यत्वसाधनं कृतकत्वादिकं

1. संभेदात् for समभेदात् E.

शब्दोत्पत्तेः प्राङ्नास्त्येव। असति धर्मिणि धर्मासंभवात्। तथा च तदानीं तादृशधर्मसाध्यमनित्यत्वमपि नास्तीत्यर्थादेव नित्यत्वमागतम्। नित्यस्य चोत्पत्तिरेव नास्तीति कथं तत्रानित्यत्वं साध्यते। अथ वा अनित्यहेतुकानुमाने उत्पत्तेः प्राक्पक्षे हेतुर्नास्तीत्यसिद्ध्यापादनम्। संशयमा (१४) –यथा कृतकत्वसाधर्म्येण घटवच्छब्दो-ऽनित्यस्तथा ऐन्द्रियकत्वसाधर्म्येण घटत्ववच्छब्दो नित्यः स्यादिति संशयः। प्रकरणसमा (१५) –संशयसमायां यथा द्वयोः साम्यं तथा प्रकरणसमायाम्। अत्र तु विपरीतानुमानस्य पूर्वानुमानबाधकत्वेनोद्भावनम्। हेतुसमा (१६) हेतुः किं साध्यात्पूर्वकालिक उत्तरोत्तरकालिक उत समकालिकः। आद्ये हेतुकाले साध्यस्याभावात्कस्य साधनम्। द्वितीये पूर्वं साध्यस्य सिद्धत्वात्किं साधनेन। तृतीये सव्येतरगोविषणयोरिव साध्यसाधनभावासंभवः। कारकज्ञापकहेतोरैक्याभिमानेनेदम्। अर्थापत्तिसमा (१७) –अर्थापत्तिशब्देनात्रार्थापत्त्याभासो गृह्यते। शब्दोऽनित्य इत्युक्तेर्थादेव शब्दव्यतिरिक्तं सर्वं नित्यमिति गम्यते। तथा च कथं घटादिदृष्टान्तः। अविशेषसमा (१८) –कृतकत्वरूपसमानधर्मेण शब्दघटयोरविशेषश्चेत्प्रमेयत्वादिसमानधर्मेण सर्वेषामविशेषः स्यादिति सर्वं नित्यमनित्यं वा स्यात्। उपपत्तिसमा (१९) –यदि कृतकत्वोपपत्त्या शब्दस्यानित्यत्वं तर्हि निरवयवत्वोपपत्त्या शब्दस्य नित्यत्वमपि कुतो न भवति। उपलब्धिसमा (२०) –वह्निमान्धूमादित्युक्ते धूमं विनापि कारणान्तरेणालोकादिनापि वह्नेरुपलब्धिर्भवतीत्युक्तिः। एकस्य कार्यस्यैकमेव कारणमित्यभिमानः। अनुपलब्धिसमा (२१) शब्दो न कृतकः। किं तूच्चारणात्प्रागप्यस्त्येव। आवरणसद्भावान्नोपलभ्यते। आवरणं नोपलभ्यत इति चेत्–आवरणानुपलब्धिरपि नोपलभ्यत इत्यावरणोपलब्धिरेव सिध्यतीत्यतः शब्दो नानित्य इत्युक्तिः। नित्यसमा (२२) शब्दे अनित्यत्वरूपो धर्मो नित्योऽनित्यो वा। नित्यत्वे धर्मिणं विना धर्मस्य स्थित्यसंभवेन धर्मिणः शब्दस्यापि नित्यत्वमायाति। अनित्यत्वे अनित्यत्वमेवानित्यं चेदर्थादेव शब्दनित्यत्वमायाति। अनित्यसमा (२३) कृतकत्वेन घटसाधर्म्यादनित्यः शब्दश्चेत्प्रमेयत्वादिना सर्वेषां घटसाधर्म्यात्सर्वेपि पदार्था अनित्याः स्युः। नो चेच्छब्दोपि नानित्यः स्यात्। कार्यसमा (२४) शब्दोऽनित्यः कार्यत्वादित्युक्ते कार्यत्वस्य जन्यत्वज्ञाप्यत्वसाधारण्यान्न तदनित्यत्वसाधनमिति। आसु जातिषु मध्ये साधर्म्यसंशय-प्रकरण-अर्थापत्ति-अनित्य-कार्यसमादीनां कासंचिज्जातीनां पर्यवसाने दूषणैक्येपि दूषणोद्भावनप्रकारो भिन्न इति पृथङ्निर्देशः।

"But is not your definition of the *summum bonum*; liberation, i.e., 'the absolute abolition of pain,' after all as much beyond

1. Compare the English proverb, "As soon as the cat can lick her ear."

our reach as treacle on the elbow is to the tongue ;[1] why then is this continually put forth as if it were established beyond all dispute?" We reply that as all those who maintain liberation in any form do include therein the absolute abolition of pain, our definition, as being thus a tenet accepted in all the schools, may well be called the royal highway[1] of philosophy. No one, infact, maintains that pain is possible without the individual's activity. Thus even the Mādhyamika's opinion that "liberation consists in the abolition of soul," does not controvert our point, so far at any rate as that it is the abolition of pain. But if you proceed to argue that soul, as being the cause of pain, is to be abolished just like the body, etc., we reply that this does not hold, since it fails under either alternative. For do you mean by "the soul," (a.) the continued succession of cognitions, or (b.) something different therefrom? (a.) If the former, we make no objection, [since we Naiyāyikas allow that cognition is evanescent ,[2] and we do desire to abolish cognition as a cause of *pravṛtti* or action[3]], for who would oppose a view which makes for his own side? (b.) But if the latter, then, since it must be eternal,[4] its abolition is impossible; and, again, a second objection would be that no one would try to gain your supposed "*summum bonum;*" far surely no sensible person would strive to annihilate the soul, which is always the dearest of all, on the principle that "everything else is dear for the soul's pleasure;" and, again, everybody uses such a phrase as "liberated," (and this very term refutes the idea of annihilation or abolition).

पराजयनिमित्तं निग्रहस्थानम्। तद्द्वाविंशतिप्रकारम्। प्रतिज्ञाहानिप्रतिज्ञान्तर-प्रतिज्ञाविरोधप्रतिज्ञासंन्यासहेत्वन्तरार्थान्तरनिरर्थकाविज्ञातार्थापार्थकाप्राप्त-

1. Literally the "bell-road," *i.e.*, "the chief road through a village, or that by which elephants, etc., decorated with tinkling ornaments, proceed."—*Wilson's Dict.*
2. The cognition is produced in the first moment, remains during the second, and ceases in the third.
3. See Nyāya Sūt. i.2
4. As otherwise why should we require liberation at all? Or rather the author probably assumes that other Naiyāyikas have sufficiently establisheed this point against its oponents, cf. p. 167, line 11.

कालन्यूनाधिकपुनरुक्ताननुभाषणाज्ञाना प्रतिभाविक्षेपमतानुज्ञापर्यनुयोज्योपेक्षण-निरनुयोज्यानुयोगापसिद्धान्तहेत्वाभासभेदात्।

अत्र सर्वान्तर्गणिकस्तु विशेषस्तत्र शास्त्रे विस्पष्येपि विस्तरभिया न प्रस्तूयते।

व्या० : प्रतिज्ञाहानीति। प्रतिज्ञाहानि: (१) –अनित्य: शब्द ऐन्द्रियकत्वादिति प्रतिज्ञाय तत्र सामान्यमैन्द्रियकमपि नित्यं दृश्यते इति परेणोक्तै अस्तु तर्हि नित्य: शब्द इत्युक्ति:। प्रज्ञिान्तरम् (२)–पूर्ववत्प्रतिज्ञाय दूषणे च परेणोक्ते सामान्यं सर्वगतम् असर्वगत: शब्दोऽनित्य:–इत्यन्या प्रतिज्ञा। प्रतिज्ञाविरोध (३) –प्रतिज्ञावाक्य-हतुवाक्ययोर्विरोध:। यथा गुणव्यक्तिरिक्तं द्रव्यं गुणाद्व्यतिरिक्तस्यानुपलब्धेरित्युक्ति:। प्रतिज्ञासंन्यास: (४) –परेण दूषणे उक्ते क एवमाह शब्दोऽनित्य इत्युक्ति:। पूर्वकृतप्रतिज्ञाया अपलाप:। हेत्वन्तरम्। (५) –शब्दोऽनित्य: बाह्येन्द्रियप्रत्यक्षत्वादित्यत्र सामान्ये व्यभिचार इत्युक्ते सामान्यत्वे सति इति हेतुविशेषणोक्ति:। अर्थान्तरम् (६) –कस्मिंश्चिद्धेतौ इत्युक्ते हिनोतेस्तुन्प्रत्यय इत्यादिर्हेतुशब्दनिर्वचनोक्ति:। निरर्थकम् (७) –कचटपत:शब्दो नित्य: खफछठथत्वात्। जबगडदवत् इति। अविज्ञा तार्थम् (८) –यद्वाक्यं त्रिवारमभिहितमपि श्लिष्ट असमर्थ अप्रतीत–भिन्नभाषास्थशब्दोच्चारणेन शैघ्रयोच्चारणेन वा न मध्यस्थेनान्येन च ज्ञायते तादृयुक्ति:। अपार्थकम् (९) आकाङ्क्षायोग्यतादिरहिता पूर्वापरासंबद्धोक्ति:। दश दाडिमानि षडपूपा: वह्निना सिञ्चतीत्यादि:। अप्राप्तकालम् (१०) –प्रतिज्ञाहेत्वादीनामवयवानां विपर्यासेनोक्ति:। न्यूनम् (११) –प्रतिज्ञाद्यवयवेषु च साध्यसिद्धौ द्वितीस्य हेतोरुदाहरणस्य वा उक्ति:। पुनरुक्तम् (१३) –पुन: पुनस्तैरेव शब्दै: ब्रूहीत्युक्तेप्ययुक्ति:। अज्ञानम् (१५) –वादिनोक्तेर्थे मध्यस्थैर्ज्ञातेपि प्रतिवादिना अज्ञानम्। एवं प्रतिवादिनोक्तस्य मध्यस्थैर्ज्ञातस्य वादिना अज्ञानम्। अप्रतिभा (१६) –परोक्ते ज्ञाते अनूदितेपि तत्रोत्तरास्फूर्ति:। विक्षेप: (१७) –अयोग्यस्य कार्यान्तरव्यासङ्गस्योद्भावनं शौचार्यं गच्छामीत्यादि। गृहदाहादियोग्यकारणे तु न दोष:। मतानुज्ञा (१८) चोरो भवानित्युक्ते स्वचोरत्वमनुद्धृत्य भवानपि चोर इत्युक्ति:। अत्र स्वस्मिंश्चोरत्वप्रतिषिद्धमनुमतं भवति। पर्यनुयोज्योपेक्षणम् (१९) –निग्रहस्थान वस्तुतो जातेपि तस्यान्येन निगृहीतोसि इत्येवमनुद्घाटनम्। निरनुयोज्यानुयोग: (२०) –वस्तुतोऽविद्यमानेपि निग्रहस्थानं इदं निग्रहस्थानम्–इत्येवमुद्घाटनम्। अपसिद्धान्त: (२१) –कंचित्सिद्धान्तमभ्युपेत्य ब्रुवत: कथाप्रसङ्गात्तत्सिद्धान्तप्रच्यव:। हेत्वाभासा: (२२) –सव्यभिचारविरुद्ध-सत्प्रतिपक्षासिद्धबाधिता: पञ्च।

यद्यपि प्रमाणादिषोडशपदार्थेषु प्रमेयव्यतिरिक्तानां पञ्चदशां प्रमेयेषु च

द्वादशविधेष्वर्थव्यतिरिक्तानामेकादशानामर्थ एवान्तर्भावो भवति संमतश्च सूत्रकारस्य तथापि मोक्षकारणीभूततत्त्वज्ञानोपयोगितया पार्थक्येन ते सूत्रकारेण प्रदर्शिताः। तथा हि–मोक्षो ह्यात्यन्तिकी दुःखनिवृत्तिः। दुःखं च मुख्यं मरणगर्भवासरूप-प्रेत्यभावाज्जायते। प्रेत्यभावश्च सुखदुःखोपभोगरूपफलजनकप्रवृत्तिजन्यः। प्रवृत्तिश्च मनोगतरागद्वेषमोहरूपदोषमूलिका। दोषहानिश्च शरीरेन्द्रियार्थेभ्यो व्यतिरिक्तस्यात्मतत्त्वस्य ज्ञानाद्भवति। प्रमेय (२) भूतानां तत्त्वानां ज्ञानं च प्रमाणा (३) नां प्रयोजनम् (४) प्रमाणेषु च सूक्ष्मविषयेनुमानमेव पञ्चावयवो (७) पेतं दृष्यन्त (५) जीवितमनुग्राहकतर्क (८) साहाय्येन संशयं (३) निराकृत्य सिद्धान्ता (३) नुसारेण निर्णयं (९) जनयितुं प्रभवति। निर्णयश्च पक्षप्रतिपक्षपरिग्रहरूपकथायां वादेन (१०) दृढीभवति। कथायां च जल्प (११) वितण्डा (१२) हेत्वाभास (१३) च्छल (१४) जाति (१५) निग्रहस्थाना (१६) नां हेयत्वाय तज्ज्ञानमावश्यकम्। एवं सूत्रकारनिर्दिष्यनां सकलपदार्थानां ज्ञानं मोक्षोपयुक्तं भवति।

अत्रेदं बोध्यम्–जल्पादयश्च स्वयं न प्रयोक्तव्याः। परेण प्रयुक्ताश्चेत्ते दोषत्वेन मध्यस्थानां निदर्शनीयाः। परोऽज्ञानी मूर्खोभिनिविष्टबुद्धिर्वा स्याच्चेतूर्ष्णीभाव एव वरम्। छलादिना वा जेतव्यो यदि मध्यस्थोनुमन्यते। अन्यथा तूर्ष्णीभावेन अयं पराजित इति मत्वा परोक्तमेव सिद्धांत श्रद्धया स्वीकृत्याज्ञानिनो लोका वञ्चिता भवेयुः। तदुक्तम्–

दुःशिक्षितकुतर्कांशलेशवाचालिताननाः ।
शक्याः किमन्यथा जेतुं वितण्डादोषमण्डिताः ।।
गतानुगतिको लोकः कुमार्गं तत्प्रतारिताः।
मा गादिति च्छलादीनि प्राह कारुणिको मुनिः ।। इति।

"But why not say with those Bauddhas who hold the doctrine of pure intelligence [*i.e.*, the Yogācāras and the Sautrāntikas[1]), that 'the *summum bonum*' is the rising of pure intelligence consequent on the cessation of the conscious subject?" To this view we object that there is an absence of means; and also it cannot be established that the locus [or subject] of the two states is the same. For the former, if it is replied that the well-known fourfold set of Bauddha contemplations[2] are to be accepted as the cause, we answer that, as [according to the Bauddha tenet of the momentary

1. See *supra*, pp. 24-32.
2. All is momentary, all is pain, all is *sui gencris*, all is unreal.

existence of all things] there cannot be one abiding subject of these contemplations, they will necessarily exercise a languid power like studies pursued at irregular intervals, and be thus ineffectual to produce any distinct recognition of the real nature of things.

And for the latter, since the continued series of cognitions when accompanied by the natural obstacles[3] is said to be "bound," and when freed from those obstacles is said to be "liberated," you cannot establish an identity of the subject in the two states so as to be able to say that the very same being which *was* bound is now liberated.

ननु प्रमाणादिपदार्थषोडशके प्रतिपाद्यमाने कथमिदं न्यायशास्त्रमिति व्यपदिश्यते। सत्यम्। तथाप्यसाधारण्येन व्यपदेशा भवन्तीति न्यायेन न्यायस्य परार्थानुमानापरपर्यायस्य सकलविद्यानुग्राहकतया सर्वकर्मानुष्ठानसाधनतया प्रधानत्वेन तथा व्यपदेशो युज्यते। तथाभाणि सर्वज्ञेन सोयं परमो न्यायो विप्रतिपन्नपुरुषं प्रति प्रतिपादकत्वात्। तथा प्रवृत्तिहेतुत्वाच्च (गौ. सू. वा. १।१।१) इति। पक्षिलस्वामिना च सेयमान्वीक्षिकी विद्या प्रमाणादिभिः पदार्थैः प्रविभज्यमाना–

प्रदीपः सर्वविद्यानामुपायः सर्वकर्मणाम्।
आश्रयः सर्वधर्माणाः विद्योद्देशे परीक्षिता।।

(न्या. सू. भा. १।१।१) इति।

व्या० : असाधारण्येनेति। पञ्चावयववाक्यात्मकं परार्थानुमानं न्यायपदवाच्यम्। नीयते प्राप्यते विवक्षितार्थसिद्धिरनेनेति व्युत्पत्तेः। तच्चासाधारणमेतच्छास्त्रप्रतिपाद्यम्। तथा च तस्यात्र प्राधान्यादस्य शास्त्रस्य न्यायशास्त्रमिति व्यपदेश इति भावः। **परमो न्याय इति।** निर्णायकं मुख्यं प्रमाणमित्यर्थः। **पक्षिलस्वामिनेति।** गौतममुनिप्रणीत–न्यायसूत्राणां भाष्यकारो वात्स्यायनः पक्षिलस्वामी। पक्षयति। तत्वज्ञानं परिगृह्णातीति पक्षिलः। पक्षपरिग्रह इति धातोर्बाहुलकात्कर्तरीलच्प्रत्ययः। **आन्वीक्षिकीति।** प्रत्यक्षागमाभ्यामीक्षितस्यान्वीक्षणमन्वीक्षा प्रत्यक्षागमाश्रितमनुमानम्। तया प्रवर्तत इत्यान्वीक्षिकी न्यायविद्या।

Nor do we find the path of the Jainas, *viz.*, that "Liberation

1. In the form of the various *kleśas* or "afflictions."

is the releasing from all 'obstructions,'" a path entirely free from bars to impede the wayfarer. Pray, will our Jaina friend kindly inform us what he means by "obstruction"?[1] If he answers "merit, demerit, and error," we readily grant what he says. But if he maintains that "the body is the true obstruction, and hence Liberation is the continual upspringing of the soul consequent on the body's annihilation, as of a parrot released from its cage," then we must inquire whether this said soul possesses form or not. If it possesses form, then has it parts or not? If it has no parts, then, since the wellknown definition of an atom will apply here as "that which has form without parts," it will follow that the attributes of the soul are, like those of an atom, imperceptible to the senses.[2] If you say that it has parts, then the general maxim that " whatever has parts is noneternal," would necessitate that the soul is non-eternal; and if this were conceded, then two grand difficulties [against the Providential course of the world] would burst in unopposed, *viz.*, that what the soul has done would, at its cessation, perish with it [and thus fail of producing the proper fruit], while it would have reaped during life the effects of what it had not done (as the good and evil which happened to it would not be the consequences of its actions in a former birth). If, on the other hand, the Jaina maintains that the soul does not possess form at all, then how can he talk of the soul's "upspringing," since all such actions as motion necessarily involve an agent possessing form?[3]

ननु तत्त्वज्ञानान्निःश्रेयसं भवतीत्युक्तम्। तत्र किं तत्त्वज्ञानादनन्तरमेव निःश्रेयसं संपद्यते। नेत्युच्यते। किं तु तत्त्वज्ञानाद्दुःखजन्मप्रवृत्तिदोषमिथ्याज्ञानाना-मुत्तरोत्तरापाये तदनन्तरापायादपवर्ग इति। तत्र मिथ्याज्ञानं नामानात्मनि देहादावात्मबुद्धिः। तदनुकूलेषु रागः। तत्प्रतिकूलेषु द्वेषः। वस्तुतस्त्वात्मनः प्रतिकूलमनुकूलं वा न किंचिद्वस्त्वस्ति। परस्परानुबन्धित्वाच्च रागादीनां मूढो

1. *Āvaraṇa*, cf. pp. 55, 58.
2. But the Nyāya holds that the attributes of the soul, as happiness, desire, aversion, etc., are perceived by the internal sense, mind (Bhāṣā 1, § 83).
3. The reading *mūrtapratibandhāt* is difficult, but I believe that *pratibandha* means here *vyāpti*, as it does in Sāṁkhya Sūtras, i. 100.

रज्यति रक्तो मुह्यति मूढः कुप्यति कुपितो मुह्यतीति। ततस्तैर्दोषैः प्रेरितः प्राणी प्रतिषिद्धानि शरीरेण हिंसास्तेयादीन्याचरति। वाचा अनृतादीनि। मनसा परद्रोहादीनि। सेयं पापरूपा प्रवृत्तिरधर्मः। शरीरेण प्रशस्तानि दानपरपरित्राणादीनि। वाचा हितसत्यादीनि। मनसा अजिघांसादीनि। सेयं पुण्यरूपा प्रवृत्तिर्धर्मः। सेयमुभयी प्रवृत्तिः। ततः स्वानुरूपं प्रशस्तं निन्दितं वा जन्म पुनः शरीरादेः प्रादुर्भावः। तस्मिन्सति प्रतिकूलवेदनीयतया बाधनात्मकं दुःखं भवति। न ह्यप्रवृत्तस्य दुःखं प्रत्यापद्यत इति कश्चित्प्रपद्यते। त इमे मिथ्याज्ञानादयो दुःखान्ता अविच्छेदेन प्रवर्तमानाः संसारशब्दार्थो घटीचक्रवन्निरवधिरनुवर्तते। यदा कश्चित्पुरुषधौरेयः पुराकृतसुकृतपरिपाकवशादाचार्योपदेशेन सर्वमिदं दुःखायतनं दुःखानुषक्तं च पश्यति तदा तत्सर्वं हेयत्वेन बुध्यते। ततस्तन्निर्वर्तकमविद्यादि निवर्तयितुमिच्छति। तन्निवृत्त्युपायश्च तत्त्वज्ञानमिति। कस्यचिच्चतसृभिर्विधाभिर्विभक्तं प्रमेयं भावयतः सम्यग्दर्शनपदवेदनीयतया तत्त्वज्ञानं जायते। तत्त्वज्ञानान्मिथ्याज्ञानमपैति। मिथ्याज्ञानापाये दोषा अपयान्ति। दोषापाये प्रवृत्तिरपैति। प्रवृत्त्यपाये जन्मापैति। जन्मापाये दुःखमत्यन्तं निवर्तते। सात्यन्तिकी दुःखनिवृत्तिरपवर्गः। निवृत्तेरात्यन्तिकत्वं नाम निवर्त्यसजातीयस्य पुनस्तत्रानुत्पाद इति। तथा च पारमर्षं सूत्रम्—दुःखजन्मप्रवृत्तिदोषमिथ्याज्ञानानामुत्तरोत्तरापाये तदनन्तरापायादपवर्गः (गौ. सू. १।१।२) इति।

व्या० : अनन्तरमेव। अव्यवहितमेव। **तदनन्तरापायादिति**। दुःखादिषु पञ्चसु पूर्वपूर्वं प्रत्युत्तरोत्तस्य कारणत्वेन कारणाभावे च कार्याभावस्यावश्यकत्वेनोत्तरोत्तरापाये तदनन्तरस्य तत्पूर्वस्यापायो भवति। तत्रान्तिमं मिथ्याज्ञानमारभ्य पूर्वं पूर्वं प्रति कारणत्वं दर्शयति—**तत्रेत्यादिना**। **देहादाविति**। आदिपदेन स्त्रीपुत्रधनगृहादिसंग्रहः। **तदनुकूलेष्विति**। तच्छब्देन देहादिकं परामृश्यते। **आत्मन इति**। शरीरेन्द्रियमनोबुद्धिप्राणव्यतिरिक्तस्य शरीरान्तर्गतस्यात्मनो न किंचित्प्रतिकूलमनुकूलं वा संभवति। किं चात्मन्येकदोषानुषङ्गेणैवापरदोषोद्भावनं दृश्यत इति न त आत्मवस्तुस्वरूपानुषङ्गिणः। तथा च मिथ्याज्ञानमूलका एव दोषा इति सिद्धं भवतीति मिथ्याज्ञानापाये दोषापायः सिद्धो भवति। **स्तेयादीनीति**। आदिपदेन परदाराभिमर्शादिसंग्रहः। **अनृतादीनीति**। आदिपदेन परमर्मोद्घाटनादिकं गृह्यते। **परद्रोहादीनीति**। आदिपदेन परद्रव्येच्छानास्तिक्यादिग्रहणम्। **प्रवृत्तिरधर्म इति**। अत्र प्रवृत्तिसाधनौ धर्माधर्मौ प्रवृत्तिशब्देनोक्तौ। यथान्नं वै प्राणिनः प्राणा इति भाष्यकारैरुक्तम्। **परपरित्राणादीनीति**। एतदाद्यादि-

पदत्रयेण क्रमेण परिचरणस्वाध्यायदयादिसंग्रहः। **न ह्यप्रवृत्तस्येति।** प्रवृत्त्यभावे पुनरावृत्त्यभावेन दुःखसंभवाभावात्तत्र दुःखं न कोपि प्रत्येतीत्यर्थः। **तन्निर्वर्तकमिति।** तदुत्पादकमित्यर्थः। **अविद्यादीति।** अविद्या मिथ्याज्ञानम्। आदिपदेन दोषप्रवृत्त्यादि संग्रहः। **चतसृभिरिति।** उद्देशा लक्षणं परीक्षा विभागश्चेति चतस्रो विधाः प्रमेयस्य भवन्ति। विधाः प्रकाराः। अथ वा दुःखं दुःखहेतुर्मोक्षो मोक्षोपायश्चेति प्रकारचतुष्टयं प्रमेयस्यात्र ग्राह्यम्। दुःखं प्रसिद्धन्। दुःखहेतुश्च मिथ्याज्ञानादिकोखिलः संसारः। मोक्षो दुःखात्यन्तोच्छेदः। मोक्षोपायस्तत्त्वज्ञानमिति। **निवर्त्यसजातीयस्येति।** निवर्त्यं दुःखम्। तत्सजातीयं दुःखान्तरं पुनरुत्पत्स्यत इत्येवं संभावनापि यत्र नास्ति तादृशी दुःखनिवृत्तिरपवर्ग इति भावः।

Again, if we fake the Cārvāka?s view "that the only bondage is dependence on another, and therefore independence is the true liberation,"—if by "independence" he means the cessation of pain, we have no need to controvert it. But if he means autocratic power, then no sensible man can concede it, as the very idea of earthly power involves the idea of a capability of being increased and of being equalled.[1]

Again, the Sāṅkhya opinion, which first lays down that nature and soul are utterly distinct, and then holds that "liberation is the soul's remaining as it is in itself after nature [on being known] has withdrawn,"—even this, opinion accepts our tenet of the abolition of pain; but there is left a difficulty as to whether this cognition of the distinction between nature and soul resides in the soul or in nature. It is not consistent to say that it resides in the soul, since the soul is held to be unchangeable and this would seem to involve that previously it had been hampered by ignorance; nor can we say that it resides in nature, since nature is always held to be unintelligent. Moreover, is nature spontaneously active or inactive? If the former, then it follows that there can be no liberation at all, since the spontaneous actions of things cannot be set aside; and if the latter, the course of mundane existence would at once cease to go on.

Again, we have the same recognition of our "abolition of

1. The true *summum bonum* must be *niratiśaya,*—incapable of being added to.

pain" in the doctrine of Bhaṭṭa Sarvajña and his followers, that "Liberation is the manifestation of an eternal happiness incapable of being increased ;" but here we have the difficulty that an eternal happiness does not come within the range of definite proof. If you allege Śruti as the proof, we reply that Śruti has no place when the thing itself is precluded by a valid non-perception;[1] or if you allow its authority, then you will have to concede the existence of such things as floating stones.[2]

ननु दुःखात्यन्तोच्छेदोपवर्ग इत्येतदद्यापि कफोणिगुडायितं वर्तते। तत्कथं सिद्धवत्कृत्य व्यवह्रियत इति चेत्-मैवम्। सर्वेषां मोक्षवादिनामपवर्ग-दशायामात्यन्तिकी दुःखनिवृत्तिरस्तीत्यस्यार्थस्य सर्वतन्त्रसिद्धान्तसिद्धतया घण्टापथत्वात्। तथा हि–आत्मोच्छेदो मोक्ष इति माध्यमिकमते दुःखोच्छेदोस्तीत्येतावत्तावदविवादम्। अथ मन्येथाः-शरीरादिवदात्मापि दुःखहेतुत्वादुच्छेद्य इति तन्न संगच्छते। विकल्पानुपपत्तेः। किमात्मा ज्ञानसंतानो विवक्षितस्तदतिरिक्तो वा। प्रथमे न विप्रतिपत्तिः। कः खल्वनुकूलमाचरति प्रतिकूलमाचरेत्। द्वितीये तस्य नित्यत्वे निवृत्तिरशक्यविधानैव। अनित्यत्वे प्रवृत्त्यनुपपत्तिः। व्यवहारानुपपत्तिश्चाधिकं दूषणम्। न खलु कश्चित्प्रेक्षावानात्मनस्तु कामाय सर्वं प्रियं भवतीति सर्वतः प्रियतमस्यात्मनः समुच्छेदाय प्रयतते। सर्वो हि प्राणी सति धर्मिणि मुक्त इति व्यवहरति ननु। धर्मिनिवृत्तौ निर्मलज्ञानोदयो महोदय इति विज्ञानवादिवादे सामग्र्यभावः सामानाधिकरण्यानुपपत्तिश्च। भावनाचतुष्टयं हि तस्य कारणमभीष्टम्। तच्च क्षणभङ्गपक्षे स्थिरैकाधारा-संभवाल्लङ्घनाभ्यासादिवदनासादितप्रकर्षं न स्फुटमभिज्ञानमभिजनयितुं प्रभवति। सोपप्लवस्य ज्ञानसंतानस्य बद्धत्वे निरुपप्लवस्य च मुक्तत्वे यो बद्धः स एव मुक्त इति सामानाधिकरण्यं न संगच्छते। आवरणमुक्तिर्मुक्तिरिति जैनजनाभिमतोपि मार्गो न निसर्गतो निरर्गलः। अङ्ग भवान्पृष्टो व्याचष्टां किमावरणम्। धर्माधर्मभ्रान्तय इति चेत्–इष्टमेव। अथ देहमेवावरणम्। तथा च तन्निवृत्तौ पञ्जरान्मुक्तस्य शुकस्येवात्मनः सततोर्ध्वगमनं मुक्तिरिति चेत् तदा वक्तव्यम्।

---

1. *Yogyānupalabdhi* is when an object is not seen, and yet all the usual concurrent causes of vision are present, as the eye, light, etc.
2. Alluding to the Vedic phrase, "*grāvānaḥ plavanti,*" see Uttara Naiṣadha, xvii. 37. The phrase *aśmānaḥ plavanti* occurs in Ṣaḍv. Br. 5, 12.

किमयमात्मा मूर्तोऽमूर्तो वा। प्रथमे निरवयवः सावयवो वा। निरवयवत्वे निरवयवो मूर्तः परमाणुरिति परमाणुलक्षणापत्त्या परमाणुधर्मवदात्मधर्माणामतीन्द्रियत्वं प्रसजेत्। सावयवत्वे यत्सावयवं तदनित्यमिति प्रतिबन्धबलेनानित्यत्वापत्तौ कृतप्रणाशाकृताभ्यागमौ निष्प्रतिबन्धौ प्रसरेताम्। अमूर्तत्वे गमनमनुपपन्नमेव। चलनात्मिकायाः क्रियाया मूर्तत्वप्रतिबन्धात्। पारतन्त्र्यं बन्धः स्वातन्त्र्यं मोक्ष इति चार्वाकपक्षेपि स्वातन्त्र्यं दुःखनिवृत्तिश्चेत्-अविवादः। ऐश्वर्यं चेत्-सातिशयतया सदृक्षतया च प्रेक्षावतां नाभिमतम्[1]। प्रकृतिपुरुषान्यत्वख्यातौ प्रकृत्युपरमे पुरुषस्य स्वरूपेणावस्थानं मुक्तिरिति सांख्याख्यातेपि पक्षे दुःखोच्छेदोस्त्येव। विवेकज्ञानं पुरुषाश्रयं प्रकृत्याश्रयं वेत्येतावदवशिष्यते। तत्र पुरुषाश्रयमिति न श्लिष्यते। पुरुषस्य कौटस्थ्यावस्थाननिरोधापातात्। नापि प्रकृत्याश्रयः। अचेतनत्वात्तस्याः। किं च प्रकृतिः प्रवृत्तिस्वभावा निवृत्तिस्वभावा वा। आद्येऽनिर्मोक्षः। स्वभावस्यानपायात्। द्वितीये। संप्रति संसारोस्तमियात्। नित्यनिरतिशयसुखाभिव्यक्तिर्मुक्तिरिति [2]भट्टसर्वज्ञाद्यभिमतेपि दुःखनिवृत्तिरभिमतैव। परं तु नित्यसुखं न प्रमाणपद्धतिमध्यास्ते। श्रुतिस्तत्र प्रमाणमिति चेत्-न। योग्यानुपलब्धिबाधिते तदनवकाशात्। अवकाशे वा ग्रावप्लवेपि तथाभावप्रसङ्गात्।

व्या० : कफोणिगुडायितमिति। कफोणिः कूपरो भुजमध्यभागः तस्य गुडभ्रान्त्या यदास्वादनं क्रियते एतत्कफोणिगुडन्यायस्वरूपम्। तत्र यथा गुडस्यासिद्धत्वात्तदास्वादनं निष्फलं तथोक्तस्य मोक्षस्वरूपस्यासिद्धत्वात्तदुपायविचारो निष्फल इति शङ्काशयः। **सर्वतन्त्रसिद्धान्तेति**। एतल्लक्षणं प्रागुक्तम् (द. ११ पं. ३८)। घण्टेपथो घण्टेपलक्षितानां गजादीनां मार्गः। राजमार्ग इत्यर्थः। राजमार्गे हि न कस्यापि प्रतिबन्धो भवति। तथा च दुःखनिवृत्तिरूपं मोक्षस्वरूपमभ्युपेत्य येन केनापि प्रवर्तितव्यम्। न कश्चितस्य प्रतिबन्धं कर्तुं प्रभवति। **माध्यमिकेति**। माध्यामिका बौद्धविशेषाः प्राग्दर्शिताः (द. २ प. १५६)। **दुःखहेतुत्वादुच्छेद्य इति**। अत एव माध्यमिकैरात्मोच्छेदो मोक्ष इति मोक्षस्वरूपमुक्तम्। तादृशं न्यायनये स्वीकार्यं स्यादिति शङ्काशयः। **किमात्मेति**। संतानः प्रवाहः। माध्यमिकैर्यन्मोक्षस्वरूपमात्मोच्छेद इत्युक्तं तत्रात्मशब्देन ज्ञानप्रवाहो गृह्यत उत तादृशज्ञानप्रवाहपेक्षयातिरिक्तस्तदाश्रयो गृह्यत इति विकल्पः। **प्रथम इति**। आत्मशब्देन ज्ञानं गृह्यत इति पक्ष आत्मोच्छेद इत्यस्य ज्ञानोच्छेद इत्यर्थः। मोक्षे च

1. प्रेक्षावद्विकल्पासहतया मुक्तेर्दुर्निरूपत्वापत्तेः for प्रेक्षावतां माभिमतम् D.
2. भा for भट्ट. D.

ज्ञाननाशो नैयायिकानामभीष्ट एव। पाषाणकल्पा हि मोक्षे जीवस्य स्थितिरिति नैयायिकसिद्धान्तः। तथा च नैयायिकानुकूलं प्रतिपादयति माध्यमिके तत्प्रतिकूलं तत्खण्डनादिकं कः कुर्यादित्यर्थः। **अशक्यविधानैवेति**। कर्तुमशक्येत्यर्थः। तथा चात्मोच्छेदासंभवः। प्रवृत्त्यनुपपत्तिं निरूपयति–**न खल्विति**। व्यवहारानुपपत्तिं निरूपयति–**सर्वो हीति**। शुको मुक्तो वामदेवो मुक्त इत्येवं प्रायः सर्वे प्राणिनो व्यपदिशान्ति। तत्र च मोक्षरूपधर्माश्रयो धर्मी कश्चिदस्तीति तदभिप्रायः। मोक्षावस्थायामात्मन एव नाशे स्वयं व्यवहारो न संभवतीति भावः। विज्ञानवादिभिर्बौद्धविशेषैः प्रतिपादितं मोक्षस्वरूपं दूषयति–**धर्मिनिवृत्ताविति**। ज्ञानं हि निसर्गतो निर्मलं क्षणिकं च। आश्रयस्यात्मनः संबन्धेन च तत्र मलप्रादुर्भावः। आश्रयनिवृत्तौ च तदुत्तरं प्रतिक्षणं निर्मलमेव ज्ञानमुत्पद्यते। अयमेव महोदय इति तद्भावः। महोदयो मोक्षः। **भावनाचतुष्टयमिति**। सर्वं दुःखं क्षणिकं स्वलक्षणं शून्यमिति भावनाचतुष्टयं प्रागुक्तम् (द. २ पं. १४५)। भावना च सामान्यतो जायमाना नाभिज्ञानं जनयति। किं तु प्रकृष्टैव। यथा स्फुटलक्षणरहिते मण्यादावयं मणिरित्युक्त्या मणित्वेन भावनायां जातायामपि न प्रत्यभिज्ञा भवति। किं तु पुनः पुनर्निरीक्षणाभ्यासेन प्रकृष्टयां भावनायां प्रत्यभिज्ञा जायते। लङ्घनादावप्य भ्यासेन प्रकर्षोनुभूयते। लङ्घनमुड्डयनम्। अत्र तु भावनायाः प्रकर्षो न संभवति। भावनाधारस्य स्थिरस्यैकस्यासंभवात्। आत्मनः प्रतिक्षणं भिन्नत्वात्। तथा च न सर्वेषां वस्तूनां दुःखक्षणिकस्वलक्षणशून्यत्वेन प्रत्यभिज्ञा संभवतीति मोक्षसामग्र्यभावः सिद्धः। सामानाधिकरण्यानुपपत्तिमुपपादयति–**सोपप्लवस्येति**। आश्रयसंबद्धः समलो ज्ञानप्रवाहः सोपप्लवः। तद्भिन्नो निरुपप्लवः। जैनाभिमतं मोक्षस्वरूपं प्रागुक्तं (द. ३ पं. ३४६) दूषयति–**आवरणेति**। निरर्गलः। प्रतिबन्धरहितः। **देहमेवेति**। कायो देहः क्लीबपुंसोः (अमरकोश २।६।७१) इत्यमराद्देहशब्दस्य क्लीबत्वमपि।

प्रतिबन्धबलेनेति। प्रतिबन्धो व्याप्तिः। **कृतप्रणाशेति**। कृतप्रणाशस्याकृताभ्यागमस्य च स्वरूपं प्रागुक्तम् (पृ. ५३ प. ९)। **चलनात्मिकाया** इति। यतः क्रिया चलनस्वरूपातः सा मूर्तत्वस्य व्याप्या। यत्र यत्र क्रिया तत्र तत्र मूर्तत्वमिति। तथा च क्रियाया मूर्तत्वव्याप्यत्वाद्व्यापकस्य मूर्तत्वस्यात्मन्यभावेन व्याप्यभूतायाः क्रियाया अपि तत्राभाव इत्यूर्ध्वगमनं न संभवतीति भावः। चार्वाकसंमते मोक्षस्वरूपेपि दुःखोच्छेदोत्येवेति दर्शयति–**पारतन्त्र्यमिति**। **ऐश्वर्यं चेदिति**। यद्यैश्वर्यं स्वातन्त्र्यपदार्थ इत्युच्यते तर्हि तद्विचारशीलानामभिमतं न भवति। ते हि मोक्षं निरतिशयं निरुपमं चेच्छन्ति। जीवस्यैश्वर्यं तु न कथमपि तथाभूतं भवति। यद्यदैश्वर्यं तत्तत्सातिशयमिति व्याप्तेः। किं

च लोके तत्तदधिकारिसामन्तनृपसार्वभौमादीनामीश्वराणामपि क्वचिदनैश्वर्यं दृश्यत एव। शरीरस्य धारणे त्यागे च प्रायः सर्वे प्राणिनोनीश्वरा एव। सांख्याभिमते मोक्षस्वरूपेपि दुःखोच्छेदोस्त्येवेति दर्शयति–**प्रकृतीति**। प्रकृतिरस्याखिलस्य जडवर्गस्य मूलकारणमचेतनं त्रिगुणात्मकं प्रधानम्। पुरुषो जीवः। तयोरन्यत्वं विवेको भेदः। तस्य ख्यातिः प्रतीतिः साक्षात्कारः। तस्मिन्सतीत्यर्थः। एतदग्रे सांख्यदर्शने स्पष्टं भविष्यति। **तत्रेति**। पुरुषाश्रयं जीवाश्रयम्। **न श्लिष्यते**। न युज्यते। जीवानां यन्मूलस्वरूपेण सदैकरूपतयावस्थानं सांख्यसंमतं तद्भङ्गप्रसङ्गादिति भावः मीमांसकाभिमतेपि मोक्षस्वरूपे दुःखोच्छेदोस्त्येवेति दर्शयति–**नित्येति अभिमतैवेति**। लेशतोपि दुःखसत्त्वे सुखस्य निरतिशयत्वासंभवादिति भावः। **परं त्विति**। मोक्षे नित्यसुखं विद्यत इत्यत्र न किंचित्प्रमाणमस्तीत्यर्थः। **श्रुतिरिति**। सोश्नुते सर्वान्कामान्सह ब्रह्मणा विपश्चिता (तै. २।१) इति श्रुतौ मोक्षे सर्वकामावाप्तिरुक्ता। तथा च तत्र सुखं स्वीकार्यमेवेत्याशयः। **योग्येति**। यत्र श्रुत्या प्रतिपादितोपि विषयो बाधितो भवति तत्र श्रुतेर्नावकाशः। न मुख्यार्थप्रतिपादकत्वम्। किं तु तादृशी श्रुतिर्गौणार्थकतयोपपादनीया। यथा आत्मन आकाशः संभूतः (तै. २।१) इत्याकाशोत्पत्तिप्रतिपादिका श्रुतिर्निरवयवस्याकाशस्योत्पत्त्यसंभवेन बाधितविषया संभूत इत्यस्याभिव्यक्त इत्यर्थं गृहीत्वा योज्यते। तद्वदत्रापि मोक्षावस्थायां शरीरेन्द्रियसंबन्धाभावेन सुखानुपलब्ध्या बाधितविषया सती गौणार्थत्वेन योजनीया। सर्वकामावाप्तिश्च सर्वकामानवाप्त्यभावः। मोक्षे शरीरेन्द्रियरहितस्य काम एव नास्ति कुतः कामानवाप्तिरिति तदभावो वर्तत एव। किं चोक्तश्रुतौ सहाश्नुत इत्युक्तम्। सहेत्यस्य युगपदित्यर्थः। सर्वैरिन्द्रियैः सर्वविषयभोगश्चैकदा सुतरां न संभवति। मनसोणुत्वात्। तथा च श्रुतेर्गौणार्थकत्वमवश्यं स्वीकार्यमेव भवति। **ग्रावेति**। प्लवन्ते ग्रावाणः इत्येतादृशश्रुतेरपि मुख्यार्थेनैव प्रामाण्यं स्वीकार्यं स्यात्।

"But if you give up the view that 'liberation is the manifestation of happiness,' and then accept such a view as that which holds it to be only the cessation of pain, does not your conduct resemble that of the dyspeptic patient who refused sweet milk and preferred sour ricegruel?" Your satire, however, falls, powerless, as fitter for some speech in a play [rather than for a grave philosophical argument]. The truth is that all, happiness must be included under the category of pain, since, like honey mixed with poison, it is always accompanied by pain, either as admitting of increase,[1] or as being an object of perception, or as being exposed to many hostile influences, or as involving an irksome necessity of seeking all kinds of instruments for its production. Nor may you retort on us that we have fulfilled the proverb of "seeking one thing and dropping another in the search," since we have abolished happiness as being ever tainted by some incidental pain, and, at the same time, our own favourite alternative is one which no one can consider desirable. For the truth, is that any attempt to establish happiness as the *summum bonum*, since it is inevitably accompanied by various causes of pain, is only like the man who would try to grasp a red-hot ball of iron under the delusion that it was gold. In the case of objects of enjoyment got together by rightful means, we may find many firefly-like pleasures; but then how many are the rainy days to drown them? And in the case of those got together by wrong means, the mind cannot even conceive the future issue which will be brought about. Let our intelligent readers consider all this, and not attempt to disguise their own conscious experience. Therefore it is that we hold it as indisputable that for him, pre-eminent among his fellows; who, through the favour of the Supreme Being, has, by the regular method of listening to the revealed Śruti, etc., attained unto the knowledge of the real nature of the soul; for him the absolute abolition of pain is the true Liberation.

But it may be objected, "Is there any proof at all for the existence of a Supreme Being, *i.e.*, perception, inference, or Śruti? Certainly perception cannot apply here; since the Deity, as devoid of form, etc., must be beyond the senses. Nor can inference hold, since there is no universal proposition or true middle term which can apply.[2] Nor can Śruti, since neither of the resulting alternatives can be sustained; for is it supposed to reveal, as being itself eternal, or as non-eternal? Under the former view an established tenet of our school would be

1. Or perhaps "capable of being surpassed."
2. Since the Supreme Being is a single instance.

contradicted [*viz.*, that the Veda is non-eternal]; under the latter, we should be only arguing in a circle.[1] As for comparison and any other proof which might be adduced [as that sometimes called presumption, etc.], they need not be thought of for a moment, as their object matter is definitely limited, and cannot apply to the present case.[2] Therefore the Supreme Being seems to be as unreal as a hare's horn." But all this elaborate disputation need excite no flurry in the breast of the intelligent, as it can be at once met by the old argument, "The mountain, seas, etc., must have had a maker from their possessing the nature of effects just like a jar." (a.) Nor can our middle term [possessing the nature of effects] be rejected as unproved (*asiddha*), since it can be established beyond a doubt by the fact of the subject's possessing parts. "But what are we to understand by this 'possessing parts'? Is it 'existing in contact with parts,' or 'in intimate relation with parts'? It cannot be the first, since this would equally apply to such eternal things as ether,[3] etc.; nor can it be the second, since this would prove too much, as applying to such cases as the [eternal] species, thread, which abides in intimate relation with the individual threads. It therefore fails as a middle term for your argument." We reply, that it holds if we explain the "possessing parts" as "belonging to the class of those substances which exist in intimate relation."[4] Or we may adopt another view and maintain that it is easy to

1. Since the Veda, if non-eternal, must [to be authoritative] have been created by God, and yet it is brought forward to reveal the existence of God.
2. The Nyāya holds presumption to be included under inference, and comparison is declared to be the ascertaining the relation of a name of the thing named.
3. Since ether is connected by contact with the parts of everything, as *e.g.*, a jar.
4. The whole (as the jar) resides by intimate relation in its parts (as the jar's two halves). But the eternal substances, ether, time, the soul, mind, and the atoms of earth, water, fire, and air, do not thus reside in anything, although, of course, the category *viśeṣa* does reside in them by intimate relation. The word "substances" excludes *tantutva*, and "existing in intimate relation" excludes ether, etc.

infer the "possessing the nature of effects" from the consideration of their possessing intermediate magnitude.[1]

ननु सुखाभिव्यक्तिर्मुक्तिरिति पक्षं परित्यज्य दुःखनिवृत्तिरेव मुक्तिरिति स्वीकारः क्षीरं विहायारोचकग्रस्तस्य सौवीररुचिमनुभावयतीति चेत्-तदेतन्नाटक-पक्षपतितं त्वद्वच इत्युपेक्ष्यते। सुखस्य सातिशयतया सदृक्षतया बहुप्रत्यनीका-क्रान्ततया साधनप्रार्थनपरिक्लिष्टतया च दुःखाविनाभूतत्वेन विषानुषक्तमधुव-दुःखपक्षनिक्षेपात्। नन्वेकमनुसंधित्सतोपरं प्रच्यवत इति न्यायेन दुःखवत्सुख-मप्युच्छिद्यत इत्यकाम्योयं पक्ष इति चेत् मैवं संस्थाः। सुखसंपादने दुःखसाधनबाहुल्यानुषङ्गनियमेन तप्तायःपिण्डे तपनीयबुद्ध्या प्रवर्तमानेन साम्यापातात्। तथा हि न्यायोपार्जितेषु विषयेषु कियन्तः सुखखद्योताः कियन्ति दुःखदुर्दिनानि। अन्यायोपार्जितेषु तु यद्भविष्यति तन्मनसापि चिन्तयितुं न शक्यमिति। एतत्स्वानुभवमप्रच्छादयन्तः सन्तो विदांकुर्वन्तु विदां वरा भवन्तः। तस्मात्परिशेषात्परमेश्वरानुग्रहवशाच्छ्रवणादिक्रमेणात्मतत्त्वसाक्षात्कारवतः पुरुषधौरेयस्य दुःखनिवृत्तिरात्यन्तिकी निःश्रेयसमिति निरवद्यम्।

व्या० : अरोचकेति। सौवीरं काञ्जिकम्। अरोचकग्रस्तस्य हि भक्षणे प्रवृत्तिः स्वभावतो दुर्लभैव। तत्र च यदि नीरसतरं काञ्जिकं भक्ष्यं दीयते चेदुर्लभतरैव भवति। तथा मोक्षे प्रवृत्तिः प्राणिनां प्रथमत एव विरला। तत्र च मोक्षे सुखं नास्तीत्युच्यमाने विरलतरैव स्यादित्याशयः। **नाटकेति**। नाटकादौ ह्युक्तिवैचित्र्यं श्रोतृचेतसि क्षणं चमत्कारमात्रं विधत्ते न तु तदुक्तार्थस्य प्रमाणान्तरासिद्धत्वे तादृशोक्तिमात्रेण सिद्धिर्भवति। न ह्यनुकूलतर्काभावे दृष्यन्तमात्रेण कश्चिदर्थः सिद्धो भवति। अनुकूलतर्काभावं दर्शयति-**सुखस्येति**। यद्यत्सुखं तत्तत्सातिशयमिति व्याप्तिः। तथा च तत्र सर्वत्र तादृशातिशयाप्राप्त्या तदाशाबद्धस्य दुःखमवर्जनीयमेव। प्रत्यक्षं च सुखानुभवकाले परिणामदृष्ट्या दुःखम्। तथा बहुभिः सुखविरोधिभिराक्रान्तं सुखमिति दुःखसंबद्धमेव। तथा अप्राप्तस्य सुखसाधनस्य प्रार्थनायां परिक्लेश एवेति न किंचिदपि सुखं दुःखेनासंबद्धं दृश्यते। तथा च सुखोद्देशेन मोक्षे प्रवृत्तिर्न संभवतीति भावः। **नन्वेकमिति**। दुःखं त्यक्तुकामस्य सुखं त्याज्यं भवेदित्यतो दुःखनिवृत्तिपक्षो न प्रार्थनीयो भवतीत्याशयः। मोक्षे सुखमिति पक्षोपि न प्रार्थनीयो भवति यतस्तत्र प्रेक्षावतां प्रवृत्तिर्नोपपद्यत

---

1. Intermediate between infinite and infinitesimal, all eternal substances being the one or the other.

इत्याशयेनोत्तरयति–**सुखसंपादन इति।** यथा तप्ते लोहपिण्डे सुवर्णबुद्ध्या तद्ग्रहीतुं प्रवृत्तस्य न केवलं सुवर्णालाभः प्रत्युत दाहस्तथात्र सुखबुद्ध्या प्रवृत्तस्य तत्सुखं प्राप्येत न वा। दुःखं त्ववर्जनीयमेव। तथा च कथं तत्र। प्रेक्षावान्प्रवर्तेत। सुखे दुःखस्यावश्यकत्वं सुखापेक्षया दुःखस्याधिक्यं च दर्शयति–**तथा हीत्यादिना।**

(b.) Nor can our middle term be rejected as "contradictory" (*viruddha*),[1] since there is no such acknowledged universal proposition connected with it as would establish the opposite major term to that in our syllogism [*i.e.*, that they must have had no maker]. (c.) Nor is our middle term too general (*anaikānta*), since it is never found in opposite instances [such as the lake, which is the vipakṣa in the argument, "The mountain has fire because it has smoke"]. (d.) Nor again is it precluded (*bādhita* or *kālātyayopadiṣṭa*), for there is no superior evidence to exercise such a precluding power. (e.) Nor is it counterbalanced (*sat-pratipakṣita*), for there does not appear to be any such equally valid antagonist.

नन्वीश्वरसद्भावे किं प्रमाणं प्रत्यक्षमनुमानमागमो वा। न तावदत्र प्रत्यक्षं क्रमते। रूपादिरहितत्वेनातीन्द्रियत्वात्। नाप्यनुमानम्। तद्व्याप्तलिङ्गाभावात्। नागमः। विकल्पासहत्वात्। किं नित्योवगमयत्यनित्यो वा। आद्येपसिद्धान्तापातः। द्वितीये परस्पराश्रयापातः। उपमानादिकमशक्यशङ्कम्। [2]नियतविषयत्वात्। तस्मादीश्वरः शशविषाणायत इति चेत्–तदेतन्न चतुरचेतसां चेतसि चमत्कारमाविष्करोति। विवादास्पदं नगसागरादिकं सकर्तृकं कार्यत्वात्कुम्भवत्। न चायमसिद्धो हेतुः। सावयवत्वेन तस्य सुसाधनत्वात्। ननु किमिदं सावयवत्वम्। अवयवसंयोगित्वमवयवसमवायित्वं वा। नाद्यः। गगनादौ व्यभिचारात्। न द्वितीयः। तन्तुत्वादावनैकान्त्यात्। तस्मादनुपपन्नमिति चेत्–मैवं वादीः। समवेतद्रव्यत्वं सावयवत्वमिति निरुक्तेर्वक्तुं शक्यत्वात्। अवान्तरमहत्वेन वा कार्यत्वानुमानस्य सुकरत्वात्। नापि विरुद्धो हेतुः। साध्यविपर्ययव्याप्तेरभावात्। नाप्यनैकान्तिकः। पक्षादन्यत्र वृत्तेरदर्शनात्। नापि कालात्ययापदिष्टः।

---

1. The *viruddha-hetu* is that which is never found where the major term is.
2. अतत् for नियत. D.

बाधकानुपलम्भात्। नापि सत्प्रतिपक्षः। प्रतिभट्यदर्शनात्। ननु नगादिकमकर्तृकं शरीराजन्यत्वाद्गगनवदिति चेत् नैतत्परीक्षाक्षममीक्ष्यते। न हि कठोरकण्ठीरवस्य कुरङ्गशावः प्रतिभटो भवति। अजन्यत्वस्यैव समर्थतया शरीरविशेषणवैयर्थ्यात्। तर्ह्यजन्यत्वमेव साधनमिति चेत्-न। असिद्धेः। नापि सोपाधिकत्वशङ्का-कलङ्काङ्कुरः संभवी। अनुकूलतर्कसंभवात्। यद्ययमकर्तृकः स्यात्कार्यमपि न स्यात्। इह जगति नास्त्येव तत्कार्यं नाम यत्कारकचक्रमवधीर्यात्मानमासादये-दित्येतदविवादम्। तच्च सर्वं कर्तुविशेषोपहितमर्यादम्। कर्तृत्वं चेतरकारका-प्रयोज्यत्वे सति सकलकारकप्रयोक्तृत्वलक्षणं ज्ञानचिकीर्षाप्रयत्नाधारत्वम्। एवं च कर्तृव्यावृत्तेस्तदुपहितसमस्तकारकव्यावृत्तावकारणककार्योत्पादप्रसङ्ग इति स्थूलः प्रमादः। तथा निरटङ्कि शंकरकिंकरेण-

अनुकूलेन तर्केण सनाथे सति साधने।
साध्यव्यापकताभङ्गात्पक्षे नोपाधिसंभवः।। इति।

यदीश्वरः कर्ता स्यात्तर्हि शरीरी स्यादित्यादिप्रतिकूलतर्कजातं जागर्तीति चेत्-ईश्वरसिद्ध्यसिद्धिभ्यां व्याघातः। तदुदितमुदयनेन-

आगमादेः प्रमाणत्वे बाधनादनिषेधनम्।
आभासत्वे तु सैव स्यादाश्रयासिद्धिरुद्धता।।

(न्या. कु. ३।५) इति।

न च विशेषविरोधः शक्यशङ्कः। ज्ञातत्वाज्ञातत्वविकल्पपराहतत्वात्।

व्या० : तद्व्याप्तेति। लिङ्गं ज्ञापकम्। इदमीश्वरव्याप्यम्-इत्येवंरूपेण न किमपीश्वरज्ञापकं वस्तु प्रत्यक्षादिप्रमाणैरनुभूयत इत्याशयः। **अपसिद्धान्तेति।** आगमो हि पौर्वापर्यविशेषविशिष्टनानावर्णात्मकः। वर्णास्तूच्चारितप्रध्वंसितया प्रत्यक्षमेवानित्या अनुभूयन्त इत्यागमस्यानित्यत्वं सिध्यतीति नैयायिकसिद्धान्तः। **परस्पराश्रयेति।** आगमस्यानित्यत्वात्तत्प्रामाण्यं कर्तृप्रामाण्यापेक्षम्। कर्तुश्चेश्वरस्य प्रामाण्यं तत्कृतागमा-पेक्षमित्यन्योन्याश्रय इति भावः। कार्यत्वहेतोर्हेत्वाभासत्वमाशङ्क्य निराकरोति-**न चायमित्यादिना।** **सावयवत्वेनेति।** तथा च प्रयोगः-नगसागरादिकं कार्यं सावयवत्वाद्घटवदिति। अनेनानुमानेन कार्यत्वं प्रसाध्य ततस्तेन हेतुना पुनरनुमानान्तरेण सकर्तृकत्वसिद्धिरिति भावः। **गगनादाविति।** घटादीनां येवयवास्तैराकाशस्य संयोगो विद्यते। कार्यत्वं त्वाकाशस्य नैयायिकैर्नेष्यते। तथा च कार्यत्वस्वरूपसाध्या-

भाववत्याकाशे सावयवत्वस्य हेतोः सत्त्वेन व्यभिचार इत्याशयः। स्वावयवैः सह संयोगित्वमित्यर्थे तु घटादीनामपि सावयवत्वं न स्यात्। अवयवावयविनोः समवायस्य नैयायिकैरुक्तत्वात्। स्वावयवानां मिथो यः संयोगस्तद्वत्त्वमित्यर्थेपि संयोगाश्रयत्वमवयवानामेव न त्ववयविन इति घटादेः सावयवत्वं न स्यादिति दोषस्तदवस्थ एव। **तन्तुत्वादाविति।** पटावयवेषु तन्तुषु समवायसंबन्धेन तन्तुत्वस्य विद्यमानत्वात्। **समवेतद्रव्यत्वमिति।** आकाशं हि निरवयवत्वान्न समवेतम्। तन्तुत्वं तु न द्रव्यमिति नोक्तस्थले व्यभिचारः। **अवान्तरेति।** अवान्तरमहत्वमपकृष्टमहत्त्वम्। तच्च परममहत्त्वाभाववत्सु द्व्यणुकादिषु नगसागरादिषु सर्वेष्वनित्यद्रव्येषु विद्यते। तथा च प्रयोगः–नगसागरादिकं कार्यं परममहत्वाभाववत्त्वे सति महत्त्वाद्घटादिवदिति। **नापीति।** सकर्तृकत्वसाधकः कार्यत्वहेतुर्विरुद्धरूपो हेत्वाभासो न भवतीत्यर्थः। **नाप्यनैकान्तिक इति।** सकर्तृकत्वस्वरूपसाध्याभाववति परमाण्वादौ कार्यत्वस्यादर्शनान्न कार्यत्वहेतुर्व्यभिचरितो भवतीति भावः। **कालात्ययापदिष्टः।** बाधितो हेत्वाभासविशेषः। **न हीति।** यथा प्रौढस्य सिंहस्य यः कश्चिद्धरिणशिशुः प्रतिभट इति वक्तुमशक्यं तथायमकर्तृकत्साधकत्वेन त्वदुक्तः शरीराजन्यत्वहेतुः सकर्तृकत्वसाधकस्य कार्यत्वहेतोः प्रतिभटो न भवति। अतुल्यबलत्वात्। तदेव दर्शयन्नाह–**अजन्यत्वस्यैवेति।** यथा पर्वतोग्निमान्नीलधूमादित्यत्र नीलेति विशेषणस्य न किंचित्सामर्थ्यमस्ति। विशेष्यमात्रस्य धूमस्याग्निसाधने पर्याप्तत्वात्। तथात्र केवलमजन्यत्वमेवाकर्तृकत्वसाधने पर्याप्तं न तत्र शरीरपदापेक्षा। तथा चेदृशः प्रयुक्तो हेतुः प्रयोक्तुरज्ञानं सूचयति। **असिद्धेरिति।** अजन्यत्वं ह्युत्पत्तिराहित्यम्। तच्च नगसागरादिषु न केनापि प्रमाणेन साधयितुं शक्यते। **नापीति।** कार्यत्वहेतोर्वस्तुत उपाधिर्नास्त्येव। परं तूपाधिशङ्कयाप्ययं कार्यत्वहेतुः कलङ्कितो न भवति। यदि सकर्तृकत्वस्य व्यापकं किंचिद्वस्तु कार्यत्वस्याव्यापकं संभवेत्तर्ह्युपाधिशङ्का। तादृक्संभवश्च कार्यत्वस्य व्यभिचारित्वे सत्येव। व्यभिचारश्चाकर्तृके वस्तुनि कार्यत्वदर्शने सत्येव। तच्च दर्शनमनुकूलतर्केण बाध्यत इति भावः। **कार्यमपि न स्यादिति।** कर्तृजन्यस्यैव कार्यत्वात्। **इहेति।** कारकचक्रं कर्तृकर्मकरणसंप्रदानापादानाधिकरणरूपं कारकषट्कम्। तदनपेक्षया तस्य वस्तुनः स्वरूपप्राप्तिर्भवेत्तादृशं वस्तु जगति किमपि नास्तीत्यर्थः। **तच्चेति।** मर्यादावस्थिति विशेषः। घटपटादिकार्योत्पादनसमये कुम्भकारकुविन्दादिः कर्ता सर्वाणि कारकाणि कार्योत्पत्त्यानुगुण्येनावस्थापयति। स्वस्याप्यवस्थानं तथैव। **कर्तृत्वं चेत।** न मृद्दण्डादीनि घटमुत्पादयितुं कुम्भकारं प्रयोजयन्ति। प्रत्युत कुम्भकार एव तानि स्वेच्छया प्रयोजयति। कर्ता ह्यादौ जानाति तत इच्छति ततो यतत इति प्रसिद्धम्। **एवं चेति।** अकर्तृकस्थले हि कर्तैव नास्तीति त्वत्संमतमेव। तत्र चार्थादेवेतकारकाणि

व्यापारशून्यानि। एवं सत्यपि तत्र कार्यत्वं स्वीक्रियते चेत्कारणं विनैव कार्योत्पत्तिः स्वीकृता भवेदिति तवायं महान्प्रमाद इति भावः। **निरटङ्कि**। निर्बद्धम्। उक्तमिति यावत्। **अनुकूलेनेति**। हेतावनुकूलतर्केण युक्ते सति तत्र नोपाधिः संभवति। उपाधित्वाभिमते साध्यव्यापकत्वस्याभावेन तस्योपाधिलक्षणानाक्रान्तत्वात्। साध्यव्यापकत्वे सति साधनाव्यापकत्वमुपाधिलक्षणम्। अनुकूलतर्केण हि हेतुः साध्यव्याप्य इति निश्चयो भवति। तादृशस्य स्वव्याप्यस्य यो व्यापको न भवति क्वचित्तादृशव्याप्यसत्त्वेपि न विद्यते स स्वस्य (साध्यस्य) व्यापकः कथं भवेत्। स्वव्याप्याव्यापकस्य स्वव्यापकत्वाभावनियमादिति भावः। **यदीश्वर इति**। अयं च तर्कः प्रागुक्त (द. ११ पं. १६५) सिद्धान्तिसंमतानुमानस्य प्रतिकूलः। एतत्तर्कसहायेन जायमानं शङ्काकृदभिमतमनुमानं त्विथम्–ईश्वरो नगसागरादिकर्ता न भवति शरीररहितत्वादाकाशादिवदिति। **ईश्वरसिद्धीति**। यद्यागमादिप्रमाणनेश्वरसिद्धि-रभ्युपगम्यते तर्हि तेनैव प्रमाणेनेश्वरस्य जगत्कर्तृत्वमप्यास्थेयं भवति। तथा च त्वदुक्तानुमानं बाधितं भवतीति न तेन कर्तृत्वस्य निषेधो भवति। अथागमादि न प्रमाणं किं तु प्रमाणाभास इतीश्वरस्यासिद्धिरित्युच्यते तर्हि त्वदुक्तानुमाने पक्षासिद्धिर्नरीनर्त्ति। तथा चोभयथापि त्वदुक्तिर्व्याहतेति भावः। **न च विशेषेति**। ईश्वरो हि नित्यद्रव्यमिति तत्र कश्चिद्विशेषो नैयायिकैरास्थीयते। विशेषश्च स्वभावत एव स्वलक्षण इतरेभ्यः सर्वेभ्यो विलक्षणः। तथा न जगति जीवानां कर्तृत्वं दृष्ट्वा तत्सालक्षण्येन कथं सर्वतोविलक्षणविशेषवति कदाप्यदृष्ट ईश्वरे कर्तृत्वं साध्यते। विशेषस्वभावविरुद्धत्वादिति शङ्काशयः। **ज्ञातत्वेति**। विशेषो ज्ञातश्चेत्स स्वभावत इतरसर्वविलक्षण इत्यन्यत्र क्वाप्यदृष्टस्य जगत्कर्तृत्वस्य प्रयोजको भवेत्। न किंचित्तत्र बाधकं दृश्यते। अज्ञातश्चेन्न तदाश्रयेणानुमानस्य विरोधोद्भावनं संभवतीत्याहुः।

If you bring forward as an antagonistic syllogism, "The mountains, etc., cannot have had a maker, from the fact that they were not produced by a body, just as is the case with the eternal ether,"—this pretended inference will no more stand examination than the young fawn can stand the attack of the full-grown lion; for the additional words "by a body" are useless, since "from the fact that they were not produced" would be a sufficient middle term by itself [and the argument

1. This and much more of the whole discussion is taken from the Kusumāñjali, v.2, and I extract my note on the passage there. "The older Naiyāyikas maintained that the argument 'the mountain has fire because it has blue smoke,' involved the fallacy of

thus involves the fallacy called *vyāpyatvāsiddhi*].[1] Nor can you retort, "Well, let this then be our middle term;" for you cannot establish it as a real fact. Nor again is it possible to raise the smallest shadow of a fear lest our middle term should be liable to limitation by any suggested condition (*upādhi*).[1] [such as "the being produced by a corporeal agent," to limit our old reason "from having the nature of effects"], because we have on our side a valid line of argument to establish our view, *viz.*, "If the mountains, etc., had no maker, then they would not be effects " [but all do acknowledge that they have the nature of effects], for in this world that is not an effect which can attain its proper mature independently of any series of concurrent causes. And this series inevitably involves the idea of some sort of maker; and I mean by "being a maker" the being possessed of that combination of volition, desire to act, and knowledge of the proper means, which sets in motion all other causes; but is itself set in motion by none. And hence we hold that if the necessity of a maker were overthrown, the necessity of the action of all the other causes would be simultaneously overthrown, since these are dependent thereon; and this would lead to the monstrous doctrine that effects could be produced without any cause at all. There is a rule laid down by Śaṅkara-kiṅkara which applies directly to the present case—

> "When a middle term is accompanied by a sound argument to establish its validity,
>
> "Then you cannot, attempt to supply a limiting condition on account of the [supposed] non-invariable concomitance of the major term."

If you maintain that there are many sound counter-arguments, such as "If the Supreme Being were a maker, He would be possessed of a body," etc. we reply, that all such

---

vyāpyatvāsiddhi, because the alleged middle term was unnecessarily restricted (see Siddhānta Muktāv. p. 77). The moderns, however, more wisely consider it as a harmless error, and they would rather meet the objection by asserting that there is no proof to establish the validity of the assumed middle term."

1. For the *upādhi* cf. pp. 7, 8.

reasoning is equally inconsistent, whether we allow that Supreme Being's existence to be established or not.[1] As has been said by Udayana Ācārya [in the Kusumāñjali, iii. 5]

> "If Śruti, etc., have any authority, your negative argument fails from being precluded; if they are fallacious, our old objection of a 'baseless inference' returns stronger than ever."

स्यादेतत्। परमेश्वरस्य जगन्निर्माणे प्रवृत्तिः किमर्था। स्वार्था परार्था वा। आद्येपीष्टप्राप्त्यर्थानिष्टपरिहारार्था वा। नाद्यः। अवाप्तसकलकामस्य तदनुपपत्तेः। अत एव न द्वितीयः। द्वितीये प्रवृत्त्यनुपपत्तिः। कः खलु परार्थं प्रवर्तमानं प्रेक्षावानित्याचक्षीत। अथ करुणया प्रवृत्त्युपपत्तिरित्याचक्षीत कश्चित् तं प्रत्याचक्षीत। तर्हि सर्वान्प्राणिनः सुखिन एव सृजेदीश्वरः। न दुःखशबलान्। करुणाविरोधात्। स्वार्थमनपेक्ष्य परदुःखप्रहाणेच्छा हि कारुण्यम्। तस्मादीश्वरस्य जगत्सर्जनं न युज्यते। तदुक्तं भट्टाचार्यैः-

प्रयोजनमनुद्दिश्य न मन्दोपि प्रवर्तते।
जगच्च सृजतस्तस्य किं नाम न कृतं भवेत्।। इति।

व्या० : अत एवेति। अवाप्तसकलकामत्वेन तदनिष्टस्यासंभवादेव नानिष्टपरिहारार्था प्रवृत्तिः संभवति। **द्वितीये।** परार्थप्रवृत्त्यङ्गीकारे। **किं नामेति।** अपि तु सर्वमेव कृतं भवेत्। इष्टापत्तिस्तु प्रयोजनादर्शनपराहतेत्याशयः।

Nor need we fear the possibility of any other contradiction to our argument, since it would be overthrown by either alternative of God's being known or unknown.[2]

---

1. As in the former case it would be clear that it is a subject for separate discussion; and in the latter you would be liable to the fault of *āśrayāsiddhi*, a "baseless inference," since your subject (or minor term), being itself non-existent, cannot be the locus or subject from which a given attribute is excluded cannot be unreal, so neither can an unreal thing be the subject of a negation."
2. If God is known, then His existence must be granted; if He is not known, how can we argue about Him? I read line 15, 16, in p. 120 of the Calcutta edition, *vikalpaparāhatatvāt*, and then begin the next clause with *syād etat*. The printed text, *vikalpaparāhataḥ syāt tad etat*, seems unintelligible.

"Well, let all this be granted ; but the activity of God in creating the world, what end did it have in view? His own advantage or some other being's? If it was for the former end, was it in order to attain something desired, or to avoid something not desired? It could not be the first, because this would be quite incongruous in a being who possesses every possible desire gratified; and for the same reason too it could not be the second. If it was for the latter end [the advantage of another] it would be equally incongruous.; for who would call that being "wise" who busied himself in acting for another? If you replied that His activity was justified by compassion, any one would at once retort that this feeling of compassion should have rather induced Him to create all living beings happy, and not checkered with misery, since this militates against His compassion; for we define compassion as the disinterested wish to avoid causing another pain. Hence we conclude that it is not befitting for God to create the world. This has been said by Bhaṭṭācārya—

"Not even a fool acts without some object in view;

"Suppose that God did not create the world, what end would be left undone by Him?"—

अत्रोच्यते। नास्तिकशिरोमणे तावदीर्ष्याकषायिते चक्षुषी निमील्य परिभावयतु भवान्। करुणया प्रवृत्तिरस्त्येव। न च निसर्गतः सुखमयसर्गप्रसङ्गः। सृज्यप्राणिसुकृतदुष्कृतपरिपाकविशेषद्वैषम्योपपत्तेः। न च स्वातन्त्र्यभङ्गः शङ्कनीयः। स्वाङ्गं स्वव्यवधायकं न भवतीति न्यायेन प्रत्युत तन्निर्वाहात्। एक एव रुद्रो न द्वितीयोवतस्थे (तै. सं. १।८।६) इत्यादिरागमस्तत्र प्रमाणम्। यद्येवं तर्हि परस्पराश्रयबाध[1]व्याधिं समाधत्स्वेति चेत्–तस्यानुत्थानात्। किमुत्पत्तौ परस्पराश्रयः शङ्क्यते ज्ञप्तौ वा। नाद्यः। आगमस्येश्वराधीनोत्पत्तिकत्वेपि परमेश्वरस्य नित्यत्वेनोत्पत्तेरनुपपत्तेः। नापि ज्ञप्तौ। परमेश्वरस्यागमाधीनज्ञप्तिकत्वेपि तस्यान्यतोवगमात्। नापि तदनित्यवज्ज्ञप्तौ। आगमानित्यत्वस्य तीव्रादिधर्मोपेतत्वादिना सुगमत्वात्। तस्मान्निवर्तकधर्मानुष्ठानवशादीश्वरप्रसादसिद्धावभिमतेष्टसिद्धिरिति सर्वमवदातम्।।

इति श्रीमत्सायणमाधवीये सर्वदर्शनसंग्रहेक्षपाददर्शनम्।।

1. बोध for बाध D.

व्या० : स्वातन्त्र्यभङ्ग इति। ईश्वरस्य जगत्सृष्टौ प्राणिकृतकर्मापेक्षायां परावलम्बिप्रसङ्गादित्याशयः। **स्वाङ्गमिति।** यथा क्वचिदन्वारम्भरणप्रसङ्गेस्वहस्त-पादादिनावयवेन व्यवधानं न मन्यते लोकस्तथात्र कर्मापि जगदन्तर्गतमीश्वरकारितमिति कर्मापेक्षायामपि नेश्वरस्य परावलम्बित्वम्। प्रत्युत स्वारब्धकार्यस्य साधनमपि स्वाधीनमेवेति स्वातन्त्र्यस्योत्कर्ष एव। अथेश्वरसद्भावे प्रमाणमागमं दर्शयति–**एक एवेति।** एक एवेश्वरोवतस्थे न तत्र कश्चन द्वितीयोस्ति। यदेतद्द्वितीयं दृश्यते तदखिलं तेनैव निर्मितमित्यागमतात्पर्यम्। **परस्पराश्रयेति।** ईश्वरस्यागमेन साधन ईश्वरागमयोः परस्पराश्रयरूपो यो दोषस्तद्रूपव्याधेः प्रतीकारं कुर्वित्यर्थः। अशक्यप्रतीकारोयं व्याधिरिति शङ्ककस्य गूढाशयः। **तस्य।** परस्पराश्रयस्य। **परमेश्वरस्य नित्यत्वेनेति।** तथा चोत्पत्तावीश्वरो नागमसापेक्षः। किं च नित्यत्वादीश्वरः स्वत एव प्रमाणमिति नेश्वरप्रामाण्यमप्युत्पत्तावागमापेक्षमिति भावः। **अन्यत इति।** यथा घट उत्पत्तौ कुम्भकारापेक्षो न तु ज्ञाने। ज्ञान तु प्रकाशाद्यपेक्षः। तथोत्पत्तावागम ईश्वरापेक्षोस्तु नाम। गुरुपरंपरादिना सांप्रतं जायमान आगमज्ञाने तु नेश्वरापेक्षोपलभ्यते। एवमागमवृत्तिधर्माणां ज्ञानेपीश्वरापेक्षा नास्तीत्याह–**नापीति।** तीव्रस्तीक्ष्णो दुःसहो भयंकरः कटुः। आगमो ह्यर्थविशिष्टः शब्दः। तत्रार्थे क्वचित्तीक्ष्णत्वादयो धर्मा उपलभ्यन्ते। शब्दे च कर्णकटुत्वादयः। एते च धर्मा अनित्यत्वव्याप्या इत्यागमानित्य-त्वमवगमयन्ति। एतदुक्तं भवति–यथा स्थले नौकाया अन्यत्र नयने शकटापेक्षा। जले च शकटस्यान्यत्र नयने नौकापेक्षेत्येवं विद्यमानोपि परस्पराश्रय आधारभेदेन न दोषरूपतामावहति तथा आगमस्योत्पत्तावीश्वरापेक्षा न ज्ञाने ईश्वरस्य च ज्ञान आगमापेक्षा नोत्पत्ताविति विषयभेदेन परस्पराश्रयदोषो नास्ति। एवमीश्वरप्रामाण्यागमप्रामाण्ययोरपि बोध्यमिति।।

।। इति सर्वदर्शनसंग्रहव्याख्यायां दर्शनाङ्कुराभिधायामक्षपाददर्शन समाप्तम्।।

We reply, O thou crest-jewel of the atheistic school, be pleased for a moment to close thy envy-dimmed eyes, and to consider the following suggestions. His action in creation is indeed solely caused by compassion; but the idea of a creation which shall consist only of happiness is inconsistent with the nature of things, since there cannot but arise eventual differences from the different results which will ripen from the good or evil actions of the beings who are to be created. Nor need you object that this would interfere with God's own independence [as He would thus seem to depend on others' actions, since there is the well-known saying, "One's own body does not hinder one;" nay rather it helps to carry out one's aims;[1] and for this there is authority in such passages of the Veda as that (in the Śvetāśvatara Upaniṣad, iii. 2), "There is one Rudra only; he admits[2] not of a second," etc. " But then how will you remedy your deadly sickness of reasoning in a circle? [for you have to prove the Veda by the authority of God, and then again you have to prove God's existence by the Veda"]. We reply, that we defy you to point out any reasoning in a circle in our argument. Do you suspect this "reciprocal dependence of each," which you call "reasoning in a circle," in regard to their being produced or in regard to their being known?[3] It cannot be the former, for though the production of the Veda is dependent on God, still as God Himself is eternal, there is no possibility of *His* being produced; nor can it be in regard to their being known, for even if our knowledge of God were dependent on the Veda, the Veda might be learned from some other source; nor, again; can it be in regard to the knowledge of the non-eternity of the Veda, for the non-eternity of the Veda is easily perceived by any *yogin* endowed with the transcendent faculties (*tīvra,*[4] etc.)

Therefore, when God has been rendered propitious by the performance of duties which produce His favour, the desired end, Liberation, is obtained; thus everything is clear.

E.B.C.

Note on Pages 397, 398.

We have here an exemplification of the five fallacies or *hetvābhāsas* of the modern Hindu logic (cf. *Siddhāntamukt.*, § 71, *Tarkasaṁgr.* 55-67), viz., *anaikānta, viruddha, asiddha, kālātyayopadiṣṭa* or *bādhita*, and *pratipakṣita* or *satpratipakṣa*. The

1. The aggregate of the various subtile bodies constitutes Hiraṇyagarbha, or the supreme soul viewed in His relation to the world as creator, while the aggregate of the gross bodies similarly constitutes his gross body (virāj).
2. The usual reading is *tasthur* for *tasthe.*
3. For these divisions of the *anyonyāśraya* fallcy, see *Nyāyasūtra vṛtti,* i. 39 (p. 33).
4. For *tīvra cf. Yoga sūtras,* i. 21, 22.

four first of these generally correspond to the *savyabhicāra* or "erratic," *viruddha* or "contradictory," *sādhyasama* or "unproved," and *atītakāla* or "mistimed," *i.e.*, "precluded," as given in the list of fallacies of the older logic in p. 164; but *pratipakṣita* corresponds imperfectly to *prakaraṇasama*. The *prakaraṇasama* or "uncertain" reason is properly that reason which is equally available for both sides, as, *e.g.*, the argument, "Sound is eternal because it is audible," which could be met by the equally plausible argument, "Sound is non-eternal because it is audible;" or, according to other authorities; it is that reason which itself raises the same difficulties as the original question, as, *e.g.*, "sound is non-eternal because eternal qualities are not perceived in it;" here this alleged reason is as much the subject of dispute as the old question, "Is sound eternal?" But the *pratipakṣita* reason is one which is counterbalanced by an equally valid reason, as "Sound is eternal because it is audible," and "Sound is non-eternal because it is a product."

Chapter XII
The Jaiminīya System
अथ जैमिनिदर्शनम्

ननु धर्मानुष्ठानवशादभिमतधर्मसिद्धिरिति जेगीयते भवता। तत्र धर्मः किंलक्षणकः किंप्रमाणक इति चेत्—उच्यते। श्रूयतामवधानेन। अस्य प्रश्नस्य प्रतिवचनं प्राच्यां मीमांसायां प्रादर्शि जैमिनिना मुनिना। सा हि मीमांसा द्वादशलक्षणी। तत्र प्रथमेध्याये विध्यर्थवादमन्त्रस्मृतिनामधेयार्थकस्य शब्दराशेःप्रामाण्यम्। द्वितीय उपोद्घातकर्मभेदप्रमाणापवादप्रयोगभेदरूपोर्थः। तृतीये श्रुतिलिङ्गवाक्यादिविरोधप्रतिपत्तिकर्मानारभ्याधीतबहुप्रधानोपकारकप्रयाजादियाजमानचिन्तनम्। चतुर्थे प्रधानप्रयोजकत्वाप्रधानप्रयोजकत्वजुहूपर्णतादिफलराजसूयगतजघन्याङ्गाक्षद्यूतादिचिन्ता। पञ्चमे श्रुत्यादिक्रमतद्विशेषवृद्ध्यवर्धनप्राबल्यदौर्बल्यचिन्ता। षष्ठेधिकारितद्धर्मद्रव्यप्रतिनिध्यर्थलोपनप्रायश्चित्तसत्रदेयवह्निविचारः। सप्तमे प्रत्यक्षवचनातिदेशशेषनामलिङ्गातिदेशविचारः। अष्टमे स्पष्यस्पष्टप्रबललिङ्गातिदेशापवादविचारः। नवम ऊहविचारारम्भसामोहमन्त्रोहतत्प्रसङ्गागतविचारः। दशमे बाधहेतुद्वारलोपविस्तारबाधकारणकार्यैकत्वसमुच्चयग्रहादिसामप्रकीर्णनञर्थविचारः। एकादशे तन्त्रोपोद्घाततन्त्रावापतन्त्रप्रपञ्चनावापप्रपञ्चनचिन्तनानि। द्वादशे प्रसङ्गतन्त्रिनिर्णयसमुच्चयविकल्पविचारः।

व्या० : द्वादशलक्षणीति। लक्षणशब्दोध्यायवाची। द्वादशानां लक्षणानां समाहारो द्वादशलक्षणी। तादृशस्य द्वादशाध्यायोपेतस्य पूर्वमीमांसाशास्त्रस्य धर्मो विषयः।

विध्यर्थवादेति। प्रथमाध्यायस्य प्रथमपादे विधेः प्रामाण्यविचारः। द्वितीयपादेर्थ-वादमन्त्रयोः। तृतीयपादे मन्वादिस्मृतीनाम्। आचारस्यापि प्रामाण्यं तत्रैव निरूपितम्। चतुर्थपाद उद्भिच्चित्रादिनामधेयानां प्रामाण्यमिति। **उपोद्घातेति**। द्वितीयाध्यायस्य प्रथमे पाद आख्यातमेवापूर्वबोधकमपूर्वसद्भाव इत्यादिकः कर्मभेदचिन्तोपयुक्त उपोद्घातो वर्णितः। द्वितीये धातुभेदपुनरुक्त्यादिभिः कर्मभेदः। तृतीये कर्मभेदप्रामाण्यापवादः। चतुर्थे नित्यकाम्ययोः प्रयोगयोर्भेदः। **तृतीये श्रुतिलिङ्गेति**। अत्र प्रसङ्गाच्छ्रुत्यादि-प्रमाणानि तेषु पूर्वपूर्वप्राबल्यं च निरूप्यते।

तत्र जैमिनेः सूत्रम्–श्रुतिलिङ्गवाक्यप्रकरणस्थानसमाख्यानां समवाये पारदौर्बल्य-मर्थविप्रकर्षात् (जै. सू. ३।३।१४) इति। अस्यार्थः–मन्त्रस्य देवताया हविर्द्रव्यस्यान्यस्य वा कस्यचित्क्व विनियोग इत्याकाङ्क्षायां तत्र निर्णायकानि श्रुत्यादीनि षट् प्रमाणानि। एकत्र प्रमाणद्वयसंनिपाते तु पूर्वापेक्षया परं दुर्बलम्। यतोर्थस्य विनियोगरूपस्य विप्रकर्षात्। पूर्वप्रमाणापेक्षया विलम्बेन प्रतीतिजनकत्वात्। तथा हि–सर्वत्र निर्णायकं प्रमाणं श्रुतिरूपमेकमेव। सा च श्रुतिर्द्विविधा। क्वचित्साक्षात्पठिता क्वचिदनुमिता। आद्या यथा। ऐन्द्र्या गार्हपत्यमुपतिष्ठत इति। अत्रेन्द्रदेवतासंबन्धिन्या ऋचो गार्हपत्याग्न्युपस्थापने विनियोगः साक्षाच्छ्रुत्यैव प्रतिपादितः। द्वितीया यथा–स्योनं त इति पुरोडाशस्य सदनं करोति इति। नेदं वाक्यं श्रुतौ पठ्यमानं क्वचिदुपलभ्यते। किं तु स्योनं ते सदनं कृणोमि (तै. ब्रा. ३।६) इति मन्त्रस्यार्थ दृष्ट्वा तेन लिङ्गेन मन्त्रार्थानुसारेण मन्त्रविनियोजिकेयं श्रुतिरनुमीयते। तया च विनियोगः। लिङ्गं ह्यर्थप्रकाशनसामर्थ्यमेव। तच्च श्रुत्यनुमापकं लिङ्गं द्विविधम्। क्वचित्साक्षाद्दृश्यमानं क्वचिदनुमितम्। आद्यमुपदर्शितम्। अन्त्यं यथा–देवस्य त्वा सवितुः प्रसवेश्विनोर्बाहुभ्यां पूष्णो हस्ताभ्यामग्नये जुष्टं निर्वपामि (तै. सं. १।१।४)। इदं चैकं वाक्यम्। वाक्यं चाकाङ्क्षादिवशात्परस्परान्वितार्थकपदानां समूहः। अस्मिन्देवस्य त्वेति वाक्येग्नये जुष्टमित्यादिभागस्य निर्वापरूपार्थप्रकाशनसामर्थ्यं प्रत्यक्षतो दृश्यत एव। तदेकवाक्य-तयावशिष्टस्यापि देवस्य त्वेत्यादिभागस्य वाक्यप्रमाणबलेन तादृशनिर्वापरूपार्थ-प्रकाशनसामर्थ्यमनुमीयते। तेन च समुदितेन लिङ्गेन देवस्य त्वेति निर्वपति इति श्रुतिरनुमीयते। तया च देवस्य त्वेति मन्त्रस्य निर्वापकर्मणि विनियोगः। तच्च लिङ्गानुमापकं वाक्यं द्विविधम्। क्वचित्साक्षाद्दृश्यमानं क्वचिदनुमितम्। आद्यमुपदर्शितम्। अन्त्यं यथा–समिधो यजतीत्यत्रेष्टविशेषस्यानिर्देशात्समिद्यागेन किं भावयेदित्येवमस्त्युपकार्याकाङ्क्षा। दर्शपूर्णमासविधिवाक्येपि दर्शपूर्णमासाभ्यां स्वर्गं भावयेत्कथमित्येवमस्त्युपकारकाकाङ्क्षा। उभयाकाङ्क्षैव प्रकरणं प्रामाणमित्युच्यते। उभयाकाङ्क्षयैव च तयोरेकवाक्यतानुमीयते। तद्बलाच्च दर्शपूर्णमासफलीभूतस्वर्गसाधनी-

भूतार्थप्रकाशनसामर्थ्यं समिधो यजतीत्यादेसुमीयते। तेन च श्रुतिरनुमीयते। तया स समिद्यागस्य दर्शपूर्णमासकर्मणि विनियोगः। सेयं प्रकरणशब्दितोभयाकाङ्क्षा द्विविधा। क्वचित्साक्षाद्दृश्यमाना क्वचिदनुमिता। आद्योपदर्शिता। अन्त्या यथा–ऐन्द्राग्नमेकादशकपालं निर्वपेत् (तै. सं. २।२।११) वैश्वानरं द्वादशकपालं निर्वपेत् (तै. सं. २।२।५) इत्येवं क्रमेणेष्टयो विधीयन्ते। तत्र चेन्द्राग्नी रोचना दिव. (तै. सं. ४।२।११) इत्यादीनां याज्यानुवाक्यामन्त्राणां यथासंख्यं प्रथमस्य प्रथमं द्वितीयस्य द्वितीयमित्येवं विनियोगो यथासंख्यपाठाद्भवति। पाठस्थानविशेषण ह्युभयाकाङ्क्षानुमीयते। तया चैकवाक्यतानुमीयते। तया च लिङ्गम्। तेन च श्रुतिः। तया च विनियोग इति। तदिदमुभयाकाङ्क्षानुमापकं स्थानं प्रमाणं द्विविधम्। क्वचित्साक्षाद्दृश्यते क्वचित्समाख्ययानुमीयते। आद्यमुपदर्शितम्। अन्त्यं यथा–हौत्रमौद्गात्रमित्यादि। अत्र होतुरिदं हौत्रमित्यादियोगबलेन हौत्रादिसमाख्यातानि कर्माणि होत्रादिभिरनुष्ठेयानि। समाख्या योगबलम्। अन्वर्थतेति यावत्। समाख्या हि संबन्धनिबन्धना असंनिहितेन संबन्धायोगात्तत्सिद्ध्यर्थं संनिधिपाठरूपं क्रमं कल्पति। पाठविशेषक्रमेनुमिते तेनोभयाकाङ्क्षानुमानम्। तया वाक्यम्। तेन लिङ्गम्। तेन श्रुतिः। तया च विनियोग इति।

तत्र तृतीयाध्यायस्याष्टौ पादाः। तत्र प्रथमेङ्गत्वबोधकोक्तश्रुत्यादिप्रमाणषट्कमध्ये श्रुतिर्विचारिता। द्वितीये लिङ्गम्। तृतीये वाक्यप्रकरणस्थानसमाख्यारूपं प्रमाणचतुष्टयम्। चतुर्थे निवीतोपवीतादिष्वर्थवादत्वविधित्वादिनिर्णयेहेतुः श्रुत्यादेः परस्परविरोधसदसद्भावः। पञ्चमे प्रतिपत्तिकर्माणि। उपयुक्तद्रव्यस्य विनियोगः प्रतिपत्तिः। षष्ठेनारभ्याधीतानि। सप्तमे बहुप्रधानोपकारकप्रयाजादिकर्माणि। अष्टमे यजमानकर्माणि। **चतुर्थ इति।** चतुर्थाध्यायस्य प्रथमे पादे प्रधानभूतामिक्षा दध्यानयनस्य प्रयोजिकेत्यादि प्रधानप्रयोक्तृत्वं विचारितम्। द्वितीये त्वप्रधानं वत्सापाकरणं शाखाच्छेदे प्रयोजकमित्याद्यप्रधानप्रयोक्तृत्वम्। तृतीये जुहूपर्णमयीत्वादेरपापश्लोकश्रवणादिफलभावाभावचिन्तनम्। चतुर्थे राजसूयगतगौणाङ्गाक्षद्यूतादिचिन्तनम्। **पञ्चमे श्रुत्यादीति।** अत्र प्रसङ्गाच्छ्रुत्यादिक्रमविचारः क्रियते।

श्रुत्यर्थपठनस्थानमुख्यप्रवृत्त्याख्यानि षट् प्रमाणानि क्रमबोधनद्वारा प्रयोगविधेरङ्गभूतानि। तत्र श्रुतिर्यथा–वेदं कृत्वा वेदिं करोतीति। अत्र पूर्वकालबोधकत्वाप्रत्यश्रुत्यैवादौ वेदकरणं ततो वेदिकरणमिति क्रमोवसीयते। भुक्त्वा व्रजतीतिवत्। वेदो दर्भमुष्टिः। वेदिः परिष्कृता भूमिः। यत्र प्रयोजनवशेन क्रमो निर्णीयते सोर्थक्रमः। यथा—अग्निहोत्रं जुहोतिं यवागूं पचतीति। अत्र यद्यपि यवागूं पचतीति वाक्यं पश्चात्पठ्यते तथापि यवाग्वा होमार्थत्वेन तत्पाकः प्रयोजनवशात्पूर्वमनुष्ठीयते पश्चाद्धोमः। पाठक्रमानुसारेण होमानन्तरं यवाग्वाः पाककरणे तु तस्यादृष्टं फलं कल्पयितव्यं स्यात्।

श्रौतक्रमस्यार्थक्रमस्य चाभावे तु पाठक्रमो ग्राह्यः। स्थानमुपस्थितिः। देशतः कालतश्च यत्र यदुपस्थितं तत्र तत्प्रथमतः कार्यं पश्चादन्यत्। प्रधानक्रमेण योङ्गानां क्रमः स मुख्यक्रमः। येन क्रमेणादित्याद्याः प्रधानदेवताः पूज्यन्ते तेनैव क्रमेण तदधिदेवताद्या अपि पूज्यन्ते। प्रवृत्तिक्रमस्त्वेकत्र येन क्रमेणोपचाराः प्रवर्तितास्तेनैव क्रमेणान्यत्रेति।

तत्र प्रथमे पादे श्रुत्यर्थपठनादिक्रमो निरूपितः। द्वितीये क्रमविशेषः। स चानेकेषु पशुष्वेकैकधर्मसमापनमित्यादिरूपः। तृतीये वृध्यवृद्धी। यथाग्नीषोमीय-पशावेकादशप्रयाजान्यजति। तत्र पञ्चप्रयाजानां द्विरावृत्तिं कृत्वा पुनरपि चरमप्रयाजे सकृदावर्तिते सत्येकादशसंख्या संपादनीयेत्येवं वृद्धिः। क्वचित्तदभावः। चतुर्थे श्रुत्यादिषु षट्सु पूर्वपूर्वस्य प्राबल्यमुत्तरोत्तरं दुर्बलमित्यादिविचारः। **षष्ठ इति।** षष्ठाध्यायस्य प्रथमे पादे कर्माधिकारचक्षुष्मतो नान्धादेरित्येवमधिकारी निरूपितः। द्वितीयेधिकारिधर्माः। तृतीये मुख्याभावे प्रतिनिधिः क्व ग्राह्यः क्व वा नेति। चतुर्थे क्व कस्य लोप इति। पञ्चमे कालादिवैगुण्ये प्रार्याश्चित्तम्। षष्ठे सत्राधिकारिणः। सप्तमे पित्रादि न देयमिति। अष्टमे लौकिकाग्नौ क्व होम इति। **सप्तम इति।** प्रथमे समानमितरच्छ्येनेनेत्यादिप्रत्यक्षवचनैरतिदेशो निरूपितः। द्वितीये तादृशातिदेशस्य शेषः। तृतीयेग्निहोत्रनाम्नातिदेशः। चतुर्थे लिङ्गातिदेशः। **अष्टम इति।** प्रथमे प्रत्यक्षवचनाभावेपि स्पष्टैर्लिङ्गैरतिदेशः। तृतीये प्रबलेन लिङ्गेनातिदेशः। चतुर्थेतिदेशापवादः। **नवम इति।** प्रथम ऊहप्रारम्भः। ऊहो नाम मन्त्रेषु स्थितानां देवतालिङ्गसंख्यादिवाचकशब्दानां प्रयोगविशेषे तत्तद्देवतालिङ्गसंख्याद्यनुसारेण परिवर्तनम्। द्वितीये सामोहः। तृती मन्त्रोहः। चतुर्थे मन्त्रोहप्रसङ्गापतितो विचार। **दशम इति।** प्रथमे बाधहेतुर्द्वारलोपः। यथा यत्र वेदिनिष्पादन रूपं द्वारं नास्ति तत्र वेदिनिष्पाद कानामुद्धननादिकर्मणामर्थाद्बाधो भवति। यथा च यत्र न धान्यस्य वितुषीकरणं तत्रावघातस्य बाधः। द्वितीये तस्यैव द्वारलोपस्य बहुभिरुदाहरणैर्विस्तारः तृतीये बाधकारणं कार्यैकत्वम्। यथा प्रकृतिभूते यागे गावाश्वादिदक्षिणायाः कार्यं ऋत्विक्परिग्रह उक्तः। विकृतिभूते कस्मिंश्चिद्यागे तु तस्मा एव कार्याय धेनुदक्षिणोक्ता। तया च प्रकृतिवदित्यतिदेशप्राप्ताया गवाश्वादिदक्षिणाया बाधः। चतुर्थे यत्र बाधकारणं नास्ति तत्र समुच्चय उक्तः। पञ्चमे बाधप्रसङ्गेन ग्रहादिविचारः। षष्ठे बाधप्रसङ्गेन सामविचारः। सप्तमे बाधप्रसङ्गेनेतरसामान्यविचारः। अष्टमे बाधोपयुक्तो नञर्थविचारः। **एकादश इति।** सकृदनुष्ठानेन सिद्धिस्तन्त्रम्। तन्यते विस्तार्यते बहूनामुपकारो येन सकृत्प्रवर्तितेन तत्तन्त्रम्। अनेकोद्देशेन सकृदनुष्ठानं तन्त्रम्। यत्सकृत्सकृतं बहूनुपकरोति। यथा बहूनां मध्ये स्थापितो दीपः। यस्त्वावृत्त्या बहूनुपकरोति स आवापः। यथा बहूनां भोजनम्। प्रसङ्गस्त्वन्योद्देशेनान्यदीयस्यापि सहानुष्ठानमिति भेदः। तत्र प्रथमे पादे तन्त्रस्योपोद्घातः। द्वितीये तन्त्रावापौ। तृतीये

तन्त्रविस्तारः। चतुर्थ आवापविस्तारः। **द्वादश इति।** एकोद्देशेनानुष्ठितमपि किंचिदङ्गं यद्देशकालत्रैक्ये सत्यनुद्देश्यमप्युपकरोति स प्रसङ्ग इत्युच्यते। तत्र प्रथमे प्रसङ्गविचारः। द्वितीये तन्त्रिणां निर्णयः। तन्त्रं साधारणो धर्मः। साधारणोङ्गकलापः। स येषां ते तन्त्रिणः। तृतीये समुच्चयः। चतुर्थे विकल्पः। एवं संक्षेपेण द्वादशाध्यायपादार्थाः संगृहीताः।

An objector may here ask, "Are you not continually repeating that merit (*dharma*) comes from the practice of duty (*dharma*), but how is duty to be defined or proved?" Listen attentively to my answer. A reply to this question has been given in the older[1] Mīmāṁsā by the holy sage Jaimini. Now the Mīmāṁsā consists of twelve books.[2] In the first book is discussed the authoritativeness of those collections of words which are severally meant by the terms injunction (*vidhi*), "explanatory passage" (*arthavāda)*, hymn (*mantra*), tradition (*smṛti*), and "name." In the second, certain subsidiary discussions [as *e.g.*, on *apūrva*] relating to the difference of various rites, refutation of (erroneously alleged) proofs, and differences of performance [as in "constant" and "voluntary" offerings]. In the third, *Śruti*, "sign" or "sense of the passage" (*liṅga*), "context" (*vākya*), etc., and their respective weight when in apparent opposition to one another, the ceremonies called *pratipatti-karmāṇi*, things mentioned incidentally (*anārabhyādhīta*), things accessory to several main objects, as *prayājas*, etc., and the duties of the sacrificer. In the fourth, the influence on other rites of the principal and subordinate rites, the fruit caused by the *juhū* being made of the *butea frondosa*, etc., and the dice-playing, etc., which form subordinate parts of the *rājasūya* sacrifice. In the fifth, the relative order of different passages of *Śruti*, etc., the order of different parts of a sacrifice [as the seventeen animals at the *vājapeya*], the multiplication and non-multiplication of rites, and the respective force of the words of *Śruti*, order of mention, etc., in determining the order of performance. In the sixth, the persons qualified to offer sacrifices, their obligations, the substitutes for enjoined materials, supplies for lost or injured offerings, expiatory rites, the *sattra* offerings, things proper to be given, and the different

1. Mādhava here calls it the *prācī Mīmāṁsā*.
2. Cf. J. *Nyāyamālāvist*, pp. 5-9.

sacrificial fires. In the seventh, transference of the ceremonies of one sacrifice to another by direct command in the Vedic text, and then as inferred by "name" or "sign." In the eighth, transference by virtue of the clearly expressed or obscurely expressed "sign," or by the predominant "sign," and cases where no transference takes place. In the ninth, the beginning of the discussion on the adaptation of hymns when quoted in a new connection (*ūha*), the adaptation of *sāmans* and *mantras*, and collateral questions connected therewith. In the tenth, the discussion of occasions where the non-performance of the primary rite involves the "preclusion" and non-performance of the dependent rites, and of occasions where rites are precluded because other rites produce their special result, discussions connected with the *graha* offerings, certain *sāmans*, and various other things, and a discussion on the different kinds of negation. In the eleventh, the incidental mention and subsequently the fuller discussion of *tantra*[1] [where several acts are combined into one], and *āvāpa* [or the performing an act more than once]. In the twelfth, a discussion on *prasaṅga* [where the rite is performed for one chief purpose, but with an incidental farther reference], *tantra*, cumulation of concurrent rites (*samuccaya*) and option.

तत्राथातो धर्मजिज्ञासा (जै. सू. १।१।१) इति प्रथममधिकरणं पूर्वमीमांसारम्भोपपादनपरम्। अधिकरणं च पञ्चावयवमाचक्षते परीक्षकाः। ते च पञ्चावयवा विषयसंशयपूर्वपक्षसिद्धान्तसंगतिरूपाः।

तत्राचार्यमतानुसारेणाधिकरणं निरूप्यते। स्वाध्यायोध्येतव्य इत्येद्वाक्यं विषयः। चोदनालक्षणोर्थो धर्मः (जै. सू. १।१।२) इत्यारम्भान्वाहार्ये च दर्शनात् (जै. सू. १२।४।४०) इत्येतदन्तं जैमिनीयं धर्मशास्त्रमनारभ्यमारभ्यं वेति संदेहः। अध्ययनविधेरदृष्यर्थत्वदृष्यर्थत्वाभ्याम्। तत्रानारभ्यमिति पूर्वः पक्षः। अध्ययन-

1. Thus it is said that he who desires to be a family priest should offer a black-necked animal to Agni, a parti-coloured one to Soma, and a black-necked one to Agni. Should this be a case for *tantra* or not? By *tantra* one offering to Agni would do for both; but as the offering to Soma comes between, they cannot be united, and thus it must be a case of *āvāpa, i.e.*, offering the two separately (*J. Nyāyamālā*, xi. I, 13).

विधेरर्थावबोधलक्षणदृष्टफलकत्वानुपपत्तेः। अर्थावबोधार्थमध्ययनविधिरिति वदन्वादी प्रष्टव्यः-किमत्यन्तमप्राप्तमध्ययनं विधीयते किं वा पाक्षिकमवघातवन्नियम्यत इति। न तावदाद्यः। विवापदं वेदाध्ययनमर्थावबोधहेतुरध्ययनत्वाद्भारताध्ययनवदित्यनुमानेन। विध्यनपेक्षतया प्राप्तवात्। अस्तु तर्हि द्वितीयो यथा नखविदलनादिना तण्डुलनिष्पत्तिसंभवात्पाक्षिकोवघातोवश्यं कर्तव्य इति विधिना नियम्यते तथा लिखितपाठेनार्थज्ञानसंभवात्पाक्षिकमध्ययनं विधिना नियम्यत इति चेत्—नैतच्चतुरस्रम्। दृष्यान्तदार्ष्टान्तिकयोर्वैधर्म्यसंभवात्। अवघातनिष्पन्नैरेव तण्डुलैः पिष्टपुरोडाशादिकरणेवान्तरापूर्वद्वारा दर्शपूर्णमासौ परमापूर्वमुत्पादयतो नापरथा। अतोऽपूर्वमवघातस्य नियमहेतुः। प्रकृते लिखितपाठजन्येनाध्ययनजन्येन वार्थावबोधेन क्रत्वनुष्ठानसिद्धेरध्ययनस्य नियमहेतुर्नास्त्येव। तस्मादर्थावबोधहेतुविचारशास्त्रस्य वैधत्वं नास्तीति। तर्हि श्रूयमाणस्य विधेः का गतिरिति चेत्-स्वर्गफलकोक्षरग्रहणमात्रविधिरिति भवान्परितुष्यतु। विश्वजिन्न्यायेनाश्रुतस्यापि स्वर्गस्य कल्पयितुं शक्यत्वात्। यथा स स्वर्गः सर्वान्प्रत्यविशिष्टत्वात् (जै. सू. ४।३।१३) इति विश्वजित्यश्रुतमप्यधिकारिणं संपादयता तद्विशेषणं स्वर्गः फलं युक्त्या निरणायि तद्वदध्ययनेप्यस्तु। तदुक्तम्-

विनापि विधिना दृष्टलाभान्न हि तदर्थता।
कल्प्यस्तु विधिसामर्थ्यात्स्वर्गो विश्वजिदादिवत्।। इति।

व्या० : अथात इति। श्रुतिप्रतिपादितो यागादिर्धर्मः। तस्य जिज्ञासा विचारः। यतोध्ययनस्यार्थज्ञानं फलमतो गुरुकुलस्थितिपूर्वकवेदाध्ययनानन्तरं धर्मविचारः कर्तव्य इति सूत्रार्थः। अधिकरणमवान्तरप्रकरणम्। **विषयेति।** यमधिकृत्य विचारः प्रवर्तते स विषयः। कोटिद्वियावगाहिज्ञानं संशयः। कोटिद्वियं च क्वचिद्भावरूपम्। यथायं स्थाणुर्वा पुरुषो वेति। क्वचिद्भावाभावरूपम्। यथात्र मनुष्योस्ति न वेति। द्वयपदमनेकोपलक्षकम्। वादिप्रतिपादितं मतं पूर्वपक्षः। सिद्धान्तो निर्णयः। संगतिश्च शास्त्रसंगतिरध्यायसंगतिः पादसंगतिश्चेति त्रिधा। सा च वायं विचारोस्मिंञ्छास्त्रेस्मिन्नध्यायेस्मिन्पादे कर्तुं युक्त इत्येवंरूपा। तथा पूर्वोत्तराधिकरणयोः परस्परमवान्तरसंगतिश्चेति। भट्टैस्तु संगतिरधिकरणाङ्गत्वेन नोक्ता किं तूत्तरम्। वादिमतनिरासकं वाक्यमुत्तरम्। निरासश्चासदुत्तरेणापि भवतीत्यतो निर्णयस्योत्तरापेक्षया पार्थक्येन गणनम्। तदुक्तम्-

विषयो विशयश्चैव पूर्वपक्षस्तथोत्तरम्।
निर्णश्चेति पञ्चाङ्गं शास्त्रेधिकरणं स्मृतम्।। इति।

विशय: संशय:।

आचार्यमतेति। इदमेव भट्टमतमित्युच्यते। **अध्ययनविधेरिति।** स्वाध्यायोध्येतव्य इत्यध्ययनविधिर्दृष्यर्थ:। दृष्टोर्थ: प्रयोजनमर्थावबोधरूपं यस्य तादृश:। अध्ययनं चाचार्यकृतोच्चारणानुसारेण तत्समानानुपर्वीकमुच्चारणम्। तत्रैवं केवलं नाध्ययन-विधेस्तात्पर्यम्। किं तु तदर्थज्ञानरूपदष्टफलपर्यन्तमपि। अर्थज्ञानं च विचारं विना न संभवतीत्यतो विचारशास्त्रमेतज्जैमिनिप्रोक्तं विध्यनुग्रहादारम्भणीयं भवति। यदि च स्वर्गादिरूपादृष्टफलार्थ एव विधिर्न तु तस्यार्थज्ञानरूपदृष्टफलपर्यन्त तात्पर्यं तर्हि विचारस्यानावश्यकत्वेन विचारशास्त्रस्य विध्यनुग्रहाभावे वैधत्वाभावादनारम्भणीयत्वं भवति। **किमत्यन्तमिति।** स्वाध्यायोध्येतव्य इति विधि: किमपूर्वविधिरथ वा नियमविधिरिति संशय:। यस्य यदर्थत्वं प्रमाणान्तरेजाप्राप्तं तस्य तदर्थत्वेन यो विधि: सोऽपूर्वविधि:। यथा यजेत स्वर्गकाम इत्यादि:। यागस्य हि स्वर्गार्थत्वं न प्रमाणान्तरेण प्राप्तं किं त्वनेनैव विधिनेति भवत्ययमपूर्वविधि:। पक्षेऽप्राप्तस्य तु यो विधि: स नियमविधि:। यथा व्रीहीनवहन्ति इत्यादि:। अनेन हि विधिनावघातस्य न वैतुष्यार्थत्वं बोध्यते। अवघातेन तुषराहित्यस्य लोकत: सिद्धत्वात्। किं तु नियम:। स चाप्राप्तांशपूरणम्। वैतुष्यस्य हि नानोपायसाध्यत्वाद्यदावघातं परिहृत्योपायान्तरं ग्रहीतुमारभते तदाघातस्याप्राप्तत्वेन तद्विधानात्मकमप्राप्तांशपूरणमेवानेन विधिना क्रियते। अतो भवत्ययं नियमविधि:। अप्राप्तांशपूरणमेव नियमपदेनोच्यते। **नखविदलनादिनेति।** आदिपदेनावघातसंग्रह:। **विधिना नियम्यत्त इति।** यदा गुरूपदेशं परित्यज्य केवलं लिखितपाठेनार्थज्ञानाय प्रवर्तते तदाध्ययनस्याप्राप्तस्य विधानमिति पक्षेऽप्राप्तस्या-ध्ययनस्य नियमविधिरित्यर्थ:। **चतुरस्रमिति।** चतुरस्रशब्द: साध्वर्थोपलक्षक:। चतुरस्रं हि वस्तु साधु दृश्यते। नैतत्साधूच्यत इत्यर्थ:। **अवघातनिष्पन्नैरेवेति।** पुरो दाश्यते दीयत इति पुरोडाशो हविर्द्रव्यविशेष:। तण्डुलादिचूर्णनिर्मितरोटिकाविशेष:। अपूर्वं पुण्यम्। तच्च मुख्यं स्वर्गादिहेतुभूतं दर्शपूर्णमासादियागादुत्पद्यते। तदुत्पत्तौ सहायभूतं चावान्तरापूर्वम्। तच्चावघातादिभिर्जन्यते। अदृष्टवस्तुन उत्पत्तौ कार्यकारणभावश्च शास्त्रबलादेव कल्पनीय:। अवघातनियमजन्यस्यादृष्टस्याकल्पने कल्पितस्य वा तस्य मुख्यापूर्वोत्पत्तौ साहाय्यसंपादनाभावेवघातविधिशास्त्रं व्यर्थं स्यात्। वितुषीकरणाय तु न विधेरावश्यकता। लोकत: सिद्धत्वात्। तथा च श्रुत्या योवघातनियम: कृतस्तत्र दर्शपूर्णमासजन्यं मुख्यमपूर्वं हेतुरिति सिद्धम्। स्वाध्यायोध्येतव्य इति नियमश्च नार्थज्ञानाय कृत इति वक्तुं शक्यते। अध्ययनं विनापि लिखितपाठेनार्थज्ञानस्य दर्शनात्। अर्थज्ञाने च सति यज्ञादिकर्मानुष्ठातुं शक्यत एव। तथा च यथा वितुषीकरणार्थावघात-नियमजन्यावान्तरापूर्वस्यास्वीकारे मुख्यापूर्वं नोत्पद्यत इति मुख्यापूर्वमेवा-

वान्तरापूर्वस्वीकारे हेतुस्तथात्रार्थज्ञानार्थध्ययननियमजन्यावान्तरापूर्वस्वीकारे न कश्चिद्धेतुर्दृश्यते। अध्ययनविधैर्वैयर्थ्यं तु न शङ्क्यम्। विश्वजिन्यायेन स्वर्गादिफलस्य कल्पनीयत्वात्। तथा चायमपूर्वविधिः स्यात्। यतोध्ययनस्य स्वर्गार्थत्वमेतद्विधिं विना न ज्ञायते। नैतावतात्र विधिकरणेर्थज्ञानमुद्देश इत्यर्थज्ञानस्य वैधत्वाभावेनार्थज्ञानोपयोगिनोस्य मीमांसाशास्त्रस्यापि न वैधत्वमित्यनाराम्भणीयत्वं सिद्धमिति पूर्वपक्षाशयः। **स्वर्गफलक इति।** अपूर्वोत्पादनद्वारेति भावः। मात्रपदेनार्थज्ञाननिरासः। विश्वजिन्यायमुपपादति-**यथेति। स स्वर्ग इति।** स दुःखासंभिन्ननिरतिशयसुखास्पदभूतः स्वर्गो विश्वविद्यागस्य फलं स्यात्। सकामान्सर्वान्प्रत्यविशेषादिति सूत्रार्थः। विश्वजिता यजेतेति विधावमुककाम इत्येवं कर्तृविशेषणस्यानिर्देशाद्विश्वजिद्यागे कोधिकारीत्यपेक्षायां किंचित्फलं परिकल्प्य तादृशफलकामोधिकारीति वक्तव्यम्। तच्च कल्प्यमानं यत्सर्वैरभिलष्यते तदेव कल्पनीयमिति स्वर्गो विश्वजिद्यागस्य फलं कल्प्यते। स्वर्गसुखस्य सर्वैरभिलक्षणीयत्वात्। अयमेव विश्वजिन्यायः। **विनापीति।** विधिं विनाप्यर्थज्ञानस्य दृष्टस्याध्ययनफलस्य लोकत एव लाभान्न विधेर्दृष्टफलार्थत्वम्। किं त्वध्ययनविधिसामर्थ्याद्विश्वजिन्यायेन स्वर्गः कल्पनीय इत्यर्थः। **एवं च सति।** अध्ययनविधेरर्थज्ञानपर्यन्तं तात्पर्याभावे सिद्धे सति। **स्नायादिति।** स्नानं चात्र वेदाध्ययनान्तरं गार्हस्थ्याधिकारप्रयोजकीभूतः कर्मविशेषः। अयमेव समावर्तनसंस्कार उच्यते।

Now the first topic which introduces the discussions of the Pūrva-Mīmāṁsā arises from the aphorism, "Now therefore a desire to know duty [is to be entertained by thee "]. Now the learned describe a "topic" as consisting of five members, and these are (a) the subject, (b) the doubt, (c) the *primā facie* argument, (d) the demonstrated conclusion, and (e) the connection (*saṅgati*). The topic is discussed according to the doctrines held by the great teachers of the system. Thus the "subject" to be discussed is the sentence, "The Veda is to be read." Now the "doubt" which arises is whether the study of Jaimini's *śāstra* concerning duty, beginning with the aphorism, "Duty is a thing which is to be recognised by an instigatory passage," and ending with "and from seeing it in the *anvāhārya*," is to be commenced or not. The *primā facie* argument is that it is not to be commenced, whether the injunction to read the Veda be held to have a visible and present or an invisible and future fruit. (a) If you say that this injunction must have a visible fruit, and this can be no other[1] than the knowledge of the meaning of what is read, we must next ask you whether this said reading is enjoined as something which otherwise would not have been thought of, or whether as something which otherwise would have been optional, as we see in the rule for shelling rice.[2] It cannot be the former, for the reading of the Veda is a means of knowing the sense thereof from its very nature as reading, just as in the parallel instance of reading the Mahābhārata ; and we see by this argument that it would present itself as an obvious means quite independently of the injunction. Well, then, let it be the latter alternative; just as the baked flour cake called *puroḍāsa* is made only of rice prepared by being unhusked in a mortar, when, but for the injunction, it might have been unhusked by the finger-nails. There, however, the new moon and full moon sacrifices only produce their unseen effect, which is the principal *apūrva*, by means of the various minor effects or subordinate *apūrvas*, produced by the various subordinate parts of the whole ceremony; and consequently the minor *apūrva* of the unhusking is the reason there for the restricting injunction. But in the case which we are discussing there is no such reason for any such restriction, as the rites can be equally well performed by gaining the knowledge of the Veda's meaning by reading a written book, or by studying under an authorised teacher. Hence we conclude that there is no injunction to study the Pūrva Mīmāṁsā as a means of knowing the sense of the Veda. (b) "What, then, becomes of the Vedic injunction, 'The Veda is to be read'?" Well, you must be content with the fact that the injunction will have heaven as its [future] fruit; although it merely enjoins the making oneself master of the literal words of the Vedic text [without any care to understand the meaning which they may convey], since heaven, though not expressly mentioned, is to be assumed as the fruit, according to the analogy of the Viśvajit offering. Just as Jaimini, in his aphorism (iv. 3, 15), "Let that fruit be heaven, since it

1. In p. 123, line 4, I read *vilakṣaṇa-dṛṣṭaphala*.
2. In the former case it would be a *vidhi*, in the latter a *niyama*. Cf. the lines *vidhir atyantam aprāpto niyamaḥ pākṣike sati, tatra cānyatra ca prāptau parisaṁkhyā vidhīyate.*

equally applies to all," establishes that those who are not expressly mentioned are still qualified to offer the Viśvajit sacrifice, and infers by argument that its characteristic fruit is heaven, so let us assume it to be in the present case also. As it has been said—

"Since the visible fruit would be equally obtained without the injunction, this cannot be its sole object ; we must rather suppose heaven to be the fruit from the injunction's significance, after the analogy of the Viśvajit, etc."

एवं च सति वेदमधीत्य स्नायादिति स्मृतिरनुगृहीता भवति। अत्र हि वेदाध्ययनसमावर्तनयोरव्यवधानमवगम्यते। तावके मते त्वधीतेऽपि वेदे धर्मविचाराय गुरुकुले वस्तव्यम्। तथा सत्यव्यवधानं बाध्येत। तस्माद्विचारशास्त्रस्य वैधत्वाभावात्पाठमात्रेण स्वर्गसिद्धेः समावर्तनशास्त्राच्च धर्मविचारशास्त्रमनारम्भणीयमिति पूर्वपक्षसंक्षेपः।

सिद्धान्तस्त्वन्यतः प्राप्तत्वादप्राप्तविधित्वं मास्तु। नियमविधित्वपक्षस्तु वज्रहस्तेनापि नापहस्तयितुं पार्यते। तथा हि। स्वाध्यायोध्येतव्य इति तव्यप्रत्ययः प्रेरणापरपर्यायां पुरुषप्रवृत्तिरूपार्थभावनाभाव्यामभिधाभावनां प्रत्याययति। सा ह्यर्थभावना भाव्यमाकाङ्क्षति। न तावत्समानपदोपात्तमध्ययनं भाव्यत्वेन परिरमते। अध्ययनशब्दार्थस्य स्वाधीनोच्चारणक्षमत्वस्य वाङ्मनसव्यापारस्य क्लेशार्थकस्य भाव्यत्वासंभवात्। नापि समानवाक्योपात्तः स्वाध्यायः। स्वाध्यायशब्दार्थस्य वर्णराशेर्नित्यत्वेन विभुत्वेन चोत्पत्त्यादीनां चतुर्णां क्रियाफलानामसंभवात्। तस्मात्सामर्थ्यप्राप्तोवबोधो भाव्यत्वेनावतिष्ठते। अर्थी समर्थो विद्वानधिक्रियत इति न्यायेन दर्शपूर्णमासादिविधयः स्वविषयाव बोधमपेक्षमाणाः [1]स्वार्थबोधे स्वाध्यायं विनियुञ्जते। अध्ययनविधिश्च लिखितपाठादिव्यावृत्त्याध्ययनसंस्कृतत्वं स्वाध्यायस्यावगमयति। तथा च यथा दर्शपूर्णमासादिजन्यं परमापूर्वमवघातादिजन्यस्यावान्तरापूर्वस्य कल्पकं तथा समस्तक्रतुजन्यमपूर्वजातं क्रतुज्ञानसाधनाध्ययननियमजन्यमपूर्वं कल्पयिष्यति। नियमादृष्यानिष्टौ विधिश्रवणवैफल्यमापद्येत। न च विश्वजिन्न्यायेन फलकल्पनावकल्प्यते। अर्थावबोधे दृष्टे फले सति फलान्तरकल्पनाया अयोगात्। तदुक्तम्–

1. स्वावबोधे for स्वार्थबोधे D.

लभ्यमाने फले दृष्टे नादृष्टफलकल्पना।
विधेस्तु नियमार्थत्वान्नानर्थक्यं भविष्यति।। इति।

ननु वेदमात्राध्यायिनोर्थावबोधानुदयेपि साङ्गवेदाध्यायिनः पुरुषस्यार्थावबोधसंभवाद्विचारशास्त्रस्य वैफल्यमिति चेत्-तदसमञ्जसम्। बोधमात्रसंभवेपि निर्णयस्य विचाराधीनत्वात्। तद्यथा-अक्ताः शर्करा उपदधाति (तै. ब्रा. ३।१२।५) इत्यत्र घृतेनैव न तैलादिनेत्ययं निर्णयो व्याकरणेन निगमेन निरुक्तेन वा न लभ्यते। विचारशास्त्रेण तु तेजो वै घृतमिति वाक्यशेषवशादर्थनिर्णयो लभ्यते। तस्माद्विचारशास्त्रस्य वैधत्वं सिद्धम्। न च वेदमधीत्य स्नायादिति शास्त्रं गुरुकुलनिवृत्तिपरं व्यवधानप्रतिबन्धकं बाध्येतेति मन्तव्यम्। स्नात्वा भुङ्क्ते इतिवत्पूर्वापरीभावसमानकर्तृकत्वमात्रप्रतिपत्त्याध्ययनसमावर्तनयोर्नैरन्तर्याप्रतिपत्तेः। तस्माद्विधिसामर्थ्यादेवाधिकरणसहस्रात्मकं पूर्वमीमांसाशास्त्रमारम्भणीयम्।

इदं चाधिकरणं शास्त्रेणोपोद्घातत्वेन संबध्यते। तदाह-

चिन्तां प्रकृतसिद्ध्यर्थामुपोद्घातं प्रचक्षते। इति।

व्या० : अध्ययनमर्थावबोधार्थमिति स्वमतमुपपादयति-**सिद्धान्त इति।** शब्दज्ञानस्य लिखितपाठेनापि प्राप्तत्वादन्यतः प्राप्तत्वादित्युक्तम्। **वज्रहस्तेनापीति।** वज्रहस्त इन्द्रः। नियमविधिपक्षोत्र वज्रेणापि दूरीकर्तुं न शक्यत इत्यर्थः। अपहस्तनमलापः। **तव्यप्रत्यय इति।** पुरुषप्रवृत्तिरूपा यार्थी भावना सा भाव्या यस्यास्तादृशीम्। भाव्यं साध्यत्वेनोद्देश्यम्। अभिधाभावनेत्यत्राभिधाशब्देनाभिधीयतेनेनेति व्युत्पत्त्या शब्द उच्यते। तस्य या भावना साभिधाभावना। भावना च व्यापारविशेषः। तव्यप्रत्ययरूपस्य शब्दस्य प्रेरणारूपो यो व्यापारः सोभिधाभावना। इयमेव शाब्दी भावनेत्युच्यते। इयं च तव्यप्रत्ययवाच्या। स्वाध्यायोध्येतव्य इति तव्यप्रत्ययरूप शब्दस्य श्रवणेयं शब्दो मामध्ययनकर्मणि प्रेरयतीति प्रतीतेः। यद्यस्माच्छब्दान्नियमतः प्रतीयते तत्तस्य वाच्यम्। इं च प्रेरणा लोक इव पुरुषनिष्ठेति तु न भ्रमितव्यम्। वेदस्यानादित्वेन तत्कर्तुः पुरुषस्याभावत्। तथा चाभिधाभावनाया आश्रयस्तव्यप्रत्यय एव। स एव च तस्या वाचकः। अभिधाभावनया चाध्ययनादौ पुरुषप्रवृत्तिः साध्यते। इयं च प्रवृत्तिरार्थी भावनेत्युच्यते। पुरुषाद्यर्थनिष्ठत्वात्। अर्थभावनाया अपि वाचकस्तव्यप्रत्यय एव। धातोरध्ययनमात्रबोधकत्वात्। या चाध्ययनप्रयोजिका पुरुषप्रवृत्तिरूपार्थभावना तया किं भावयेदिति भाव्याकाङ्क्षायां तत्साध्यमप्यध्ययनं नार्थभावनायां भाव्यत्वेन संबध्यते। यद्यप्यध्येतव्य इत्येकस्मिन्नेव पदे प्रत्ययेनार्थभावनोच्यते प्रकृत्या चाध्ययनमुच्यत इति

समानपदोपात्तत्वेनार्थभावनाया अध्ययनं संनिहितं तथाप्यध्ययनस्य क्लेशावहत्वान्न तदुद्देशेन प्रवृत्तिरिति वक्तुं शक्यते। यदुद्देशेन प्रवृत्तिस्तुखावहमेवेष्यते। **क्लेशार्थकस्य।** क्लेशप्रयोजनकस्य। **नापीति।** स्वाध्यायोध्येतव्य इत्येकस्मिन्नेव वाक्ये तव्यप्रत्ययेनार्थ-भावनोच्यते। स्वाध्यायशब्देन वेदराशिरुच्यते। यद्यपि समानपदोपात्तापेक्षया समानवाक्योपात्तं विलम्बोपस्थितिकं तथापीतरापेक्षया शीघ्रोपस्थितिकमेवेति समानपदोपात्तस्य संबन्धयोग्यस्याभावे समानवाक्योपात्तस्य संबन्धो वाच्यः। परं तु न संभवति। वेदराशैः साध्यत्वाभावात्। तदुपपादयति–**स्वाध्यायेति।** क्रियाफलानि चत्वारि। उत्पत्तिः प्राप्तिर्विकारः संस्कारश्चेति। यथा कुलालक्रियया घटस्योत्पत्तिः। गमनक्रियया देशान्तरस्य प्राप्तिः। पाकक्रियया तण्डुलस्य विकारः। लाक्षारसावसेकेन कार्पासबीजस्य गुणाधानद्वारा संस्कारः। यथा वा निघर्षणेनादर्शस्य दोषापमगमद्वारा संस्कारः। अत्र त्वध्ययने प्रवृत्त्या न वेदराशिरुत्पद्यते। तस्य नित्यत्वात्। नापि प्राप्यते। विभुत्वेन सर्वत्र सत्त्वात्। अप्राप्तं हि वस्तु प्राप्यं भवति। नापि विक्रियते। अनित्यत्वप्रसङ्गात्। नापि संस्क्रियते। संस्कारो हि नाम कार्यान्तरयोग्यतापादनम्। न हि नित्ये स्फोटरूपे शब्दब्रह्मणि कश्चिदपूर्वो गुण आधेयोस्ति। नापि कश्चिद्दोषो विद्यते। **सामर्थ्यप्राप्त इति।** भाव्यं विनाध्ययनविधिर्निरर्थकः स्यादित्यतस्तत्सामर्थ्या-दर्थावबोधरूपं दृष्टं फलं भाव्यत्वेन कल्प्यते। तथा चाध्ययनेनार्थावबोधं संपादयेदिति विध्यर्थः पर्यवस्यति। स्वर्गादिकं फलं तु विश्वजिन्न्यायानगृहीतमपि न कल्प्यते। अदृष्टत्वात्। दृष्टे संभवति सत्यदृष्टफलकल्पनाया अन्याय्यत्वात्। दृष्टं फलं लोकतः सिद्धमिति चेन्माभूदयमपूर्वविधिरित्युक्तम्। अध्ययनपूर्वकमेवार्थज्ञानं संपादनीयमिति नियमस्य तु दृष्टफलाभावादगत्यावान्तरापूर्वमृष्टं कल्प्यते। तादृशकल्पनायां हेतुस्तु समस्तक्रतुजन्यमपूर्वम्। अर्थज्ञानं विना क्रतूनामसंभवादर्थज्ञानार्थं श्रुत्याध्ययननियमस्य कृतत्वात्। **अर्थीति।** दरिद्रस्यान्धमूकादेरर्थानभिज्ञस्य च न यागेधिकारः। एतच्च षष्ठेध्याये प्रथमपादे जैमिनिना निरूपितम्। **अध्ययनसंस्कृतत्वमिति।** संस्कारश्चायं न गुणाधानरूपो दोषापनयनरूपो वा। किं त्वर्थावबोधरूपफलाभिमुख्यसंपादनम्। तेन स्वाध्यायस्य वेदराशेर्नित्यत्वं न विहन्यते। **स्नात्वा भुङ्क्ते** इति। समानकर्तृकयोः पूर्वकाले (पा. सू. ३।४।२१) इति सूत्रेण हि क्त्वाप्रत्ययो विधीयते। एककर्तृकयोर्धात्वयर्थयोर्मध्ये पूर्वकाले विद्यमानाद्धातोः क्त्वाप्रत्ययो भवतीति तदर्थः। तत्र च न पाणिनिना क्रिययोरव्यवधानं क्त्वाप्रत्ययस्य निमित्तत्वेनोपादीयते।

Thus, too, we shall keep the Smṛti rule from being violated: "Having read the Veda, let him bathe." For this rule clearly implies that no long interval is to take place between reading the Veda and the student's return to his home; while, according to your opinion, after he had read the Veda, he would still have to remain in his preceptor's house to read the Mīmāṁsā discussions, and thus the idea of no interval between would be contradicted. Therefore for these three reasons, (a) that the study of Mīmāṁsā is not enjoined, (b) that heaven can be obtained by the simple reading of the text, and (c)that the rule for the student's return to his home is thus fulfilled, we maintain that the study of the Mīmāṁsā discussions on duty is not to be commenced.

The "authoritative conclusion" (*siddhānta*), however, is as follows :—

We grant that it cannot be a case of *vidhi*, for it might have been adopted on other grounds; but not even Indra with his thunderbolt could make us lose our hold of the other alternative that it is a case of *niyama*. In the sentence, "The Veda is to be read," the affix *tavya* expresses an enforcing power in the word,[1] which is to be rendered visible by a corresponding action in man, bringing a certain effect into existence; and this enforcing power seeks some corresponding end which is connected with the man's creative effort. Now it cannot be the act itself of reading; as suggested by the whole word *adhyetavya*, which it thus seeks as an end; for this act of reading, thus expressed by the word, could never be regarded as an end, since it is a laborious operation of the voice and mind, consisting in the articulate utterance of the portion read. Nor could the portion read, as suggested by the whole sentence, be regarded as the end. For the mass of words called "Veda," which is what we really mean by the words "portion read," being eternal and omnipresent, could never fulfil the conditions of the four "fruits

1. The Mimāṁsā holds that the potential and similar affixes, which constitute a *vidhi*, have a twofold power; by the one they express an active volition of the agent, corresponding to the root-meaning *(artha-bhāvanā)*; by the other an enforcing power in the word *(śabda-bhāvanā)*. Thus in *svargakāmo yajeta*, the *eta* implies "let him produce heaven by means of certain acts which together make up a sacrifice possessing a certain mystic influence;" next it implies an enforcing power residing in itsef (as it is the word of the self-existent Veda and not of God) which sets the hearer upon this course of action.

of action," production, etc.[1] Therefore the only true end which remains to us is the knowledge of the meaning, as obtained by carrying out the sense of the words of the injunction. According to the old rule, "He has the right who has the want, the power, and the wit," those who are aiming to understand certain things, as the new and full moon sacrifices, use their daily reading to learn the truth about them. And the injunction for reading, since it virtually excludes the reading of written books, etc. [from the well-known technical sense of the word "read" when used in this connection], conveys the idea that the reading the Veda enjoined has a consecrated character [as taught by a duly authorised teacher]. Therefore, as the principal *apūrva*, produced by the great new and full moon sacrifices, necessitates and establishes the subordinate *apūrvas* produced by the inferior sacrificial acts, as unhusking the rice, etc., so the mass of *apūrva* produced by all the sacrifices necessitates and establishes a previous *apūrva* produced by the restricting injunction (*niyama*), which prescribes reading the Veda as the means to know how to perform these sacrifices. If you hesitate to concede that a *niyama* could have this future influence called *apūrva*, the same doubt might equally invalidate the efficacy of a *vidhi* [as the two stand on the same level as to their enjoining power]. Nor is the supposition a valid one that heaven is the fruit, according to the analogy of the *Viśvajit* offering, since, if there is a present and visible fruit in the form of a knowledge of the meaning of the sacred text, it is improper to suppose any other future and unseen fruit. Thus it has been said—

> "Where a seen fruit is obtained, you must not suppose an unseen one;, but if a *vidhi* has the restricting meaning of a *niyama*, it does not thereby become meaningless."

---

1. These four "fruits of action" are obscure, and I do not remember to have seen them alluded to elsewhere. I was told in India that they were a thing's coming into being, growing, declining, and perishing. If so, they are the secon.', third, fifth, and sixth of the six *vikāras* mentioned in Śaṅkara's Vajrasūci, 2, *i.e., asti, jāyate, vardhate, vipariṇamate, apakṣīyate, naśyati.* I do not see how there could be any reference to the four kinds of *apūrva*, sc. *phala, samudāya, utpatti,* and *aṅga,* described in Nyāya M.V. ii. I, 2.

But an objector may say, "Although a man who reads the simple text of the Veda may not attain to a knowledge of its meaning, still, as he who reads the Veda with its *aṅgas*, grammar, etc.; may attain to this knowledge, the study of Mīmāṁsā will be useless." But this is not true : for even though he may attain to a simple knowledge of the literal meaning, all deeper investigation must depend on this kind of discussion. For instance; when it is said, "He offers anointed gravel," neither grammar nor *nigama*[1] nor *nirukta* will determine the true meaning that it is to be anointed with ghee and not with oil, etc.; it is only by a Mīmāṁsā discussion that the true meaning is unravelled from the rest of the passage, "Verily, ghee is brightness."[2] It is therefore established that the study of Mīmāṁsā is enjoined. Nor need it be supposed that this contradicts the passage of Smṛti, "Having read the Veda, let him bathe," which implies that he should now leave his teacher's house, and prohibits any further delay; as the words do not necessarily imply that the return to the paternal roof is to follow immediately on his having read the Veda, but only that it is to follow it at some time, and that both actions are to be done by the same person, just as we see in the common phrase, "Having bathed, he eats." Therefore from the purport of the injunction we conclude that the study of the Pūrva Mīmāṁsā Sāstra, consisting of a thousand "topics,"[3] is to be commenced. This topic is connected with the main subject of the Śāstra as being a subsidiary digression, as it is said, "They call that a subsidiary digression which helps to establish the main subject."[4]

इदमेवाधिकरणं गुरुमतमनुसृत्योपन्यस्यते। अष्टवर्षं ब्राह्मणमुपनयीत तमध्यापयीतेत्यत्राध्यापनं नियोगविषयः प्रतिभासते। नियोगश्च नियोज्यमपेक्षते। कश्चात्र नियोज्य इतिचेत्–आचार्यककाम एव। संमानन (पाणि. सू. १।३।३६) इत्यादिना पाणिन्यनुशासनेनाचार्यके गम्यमाने नयतेर्धातोरात्मनेपदस्य विधानात्।

1. The *nigamas* are the Vedic quotations in Yāska's *nirukta*.
2. See Nyāya-mālā-vistara, i.4, 19.
3. The exact number is 915.
4. This is to explain the last of the five members, the *saṁgati*.

उपनयने यो नियोज्यः स एवाध्यापनेपि। तयोरेकप्रयोजनत्वात्। अत एवोक्तं मनुना मुनिना–

उपनीय तु यः शिष्यं वेदमध्यापयेद्द्विजः।
साङ्गं च सरहस्यं च तमाचार्यं प्रचक्षते।। (मनु. २।१४०) इति।

ततश्चाचार्यकर्तृकमध्यापनं माणवककर्तृकेणाध्ययनेन विना न सिध्यतीत्यध्यापनविधिप्रयुक्त्यैवाध्ययनानुष्ठानं सेत्स्यति। प्रयोज्यव्यापारमन्तरेण प्रयोजकव्यापारस्यानिर्वाहात्। तर्ह्यध्येतव्यः (तै. आ. २।१५) इत्यस्य विधित्वं न सिध्यतीति चेत्—मा सैत्सीत्का नो हानिः। पृथगध्ययनविधेरभ्युपगमे प्रयोजनाभावात्। विधिवाक्यस्य नित्यानुवादत्वेनाप्युपपत्तेः। तस्मादध्ययनविधिमुपजीव्य पूर्वमुपन्यस्तौ पूर्वोत्तरपक्षौ प्रकारान्तरेण प्रदर्शनीयौ।

विचारशास्त्रमवैधत्वेनानारब्धव्यमिति पूर्वपक्षो वैधत्वेनारब्धव्यमिति राद्धान्तः। तत्र वैधत्वं वदता वदितव्यं किमध्यापनविधिर्माणवकस्यार्थावबोधमपि प्रयुङ्क्ते किं वा पाठमात्रम्। नाद्यः। विनाप्यर्थावबोधेनाध्यापनसिद्धेः। न द्वितीयः। पाठमात्रे विचारस्य विषयप्रयोजनयोरसंभवात्। आपाततः प्रतिभातः संदिग्धोर्थो विचारशास्त्रस्य विषयो भवति। तथा सति यत्रार्थावगतिरेव नास्ति तत्र संदेहस्य का कथा। विचारफलस्य निर्णयस्य प्रत्याशा दूरत एव। तथा च यदसंदिग्धमप्रयोजनं न च तत्प्रेक्षावत्प्रतिपित्सागोचरः। यथा समनस्केन्द्रियसंनिकृष्टः स्पष्टालोकमध्यमध्यासीनो घट इति न्यायेन विषयप्रयोजनयोरसंभवेन विचारशास्त्रमनारभ्यमिति पूर्वः पक्षः।

व्या० : गुरुमतमिति। इदमेव प्रभाकरमतमित्युच्यते। प्रभाकरस्य गुरुनामप्राप्तौ कारणं त्वित्थं श्रूयते–अत्र तु नोक्तम्। तत्रापि नोक्तम्। अतः पौनरुक्त्यम्–इति फक्किकां दृष्ट्वा उभयत्रापि नोक्तमतः कथं पौनरुक्त्यम्–इत्येवं प्रभाकरगुरोः संशये समुत्पन्ने सति तदपरोक्षं तत्पुस्तके तुना (तुशब्देन) अपिना (अपिशब्देन) इति पदच्छेदः प्रभाकरेण कृतः। तुशब्देनापिशब्देन चोक्तत्वात्पौनरुक्त्यमिति तात्पर्यम्। पदच्छेदं दृष्ट्वा सद्यो निवृत्तसंशयेन चकितचेतसा गुरुणा केनायं पदच्छेदः कृत इति पृष्टे प्रभाकरेण कृत इतीतरे शिष्या जगदुः। ततो गुरुः प्रभाकरं त्वमेव गुरुरित्युक्त्वा गुरुनाम्ना आहूतवानिति। **नियोगविषय इति।** नियोगो विधिः। अध्यापनं विधेयतया प्रतीयत इत्यर्थः। यं प्रति विधिः स नियोज्यः। **आचार्यकेति।** आचार्य उपनयनपूर्वकाध्यापनकर्ता। तस्य भावः

कर्म वाचार्यकम्। तस्य भावः कर्म वेत्यर्थे योपधात् (पा. सू. ५।१।१३२) इति सूत्रेण वुञ्प्रत्ययः। उपोपसर्गपूर्वकस्य नीधातोर्विधिपूर्वकमात्मसमीपप्रापणमर्थः। तादृशप्रापण-क्रियायाः फलं माणवकसंस्कारः। स च माणवकनिष्ठो न त्वाचार्यरूपकर्तृनिष्ठ इति क्रियाफलस्य कर्तृगामित्वाभावात्स्वरितञितः कर्त्रभिप्राये क्रियाफले (पा. सू. १।३।७२) इत्यनेन सूत्रेणात्मनेपदं न सिध्यतीत्यतः संमाननोत्सञ्जनाचार्यकरणज्ञानभृति-विगणनव्ययेषु नियः (पा. सू. १।३।३६) इति सूत्रेणात्मनेपदं विधीयते। तत्राचार्यकरणं निमित्ततयोपादीयते। आचार्यकरणमाचार्यकर्म। इदं च प्रयोगोपाधिर्न तु धातुवाच्यम्। तथा चोपनयीतेत्यात्मनेपदेनाचार्यकर्मणः प्रतीयमानत्वादुपस्थित आचार्यकाम एवात्र नियोज्यत्वेन संबध्यते। **तयोरिति।** उपनयनाध्यापनरूपक्रियाद्वयेन मिलितेनाचार्यत्व-प्राप्तिरूपमेकं प्रयोजनं सिध्यतीत्यर्थः। **उपनीयेति।** यो ब्राह्मणः शिष्यमुपनीयाङ्ग-रहस्यसहितां वेदशाखां सर्वामध्यापयति तमाचार्यं पूर्वे मुनयो वदन्ति। उपनयनपूर्वकेणा-ध्यापनेन हि कश्चिदतिशयोध्यापके जन्यते। स एवाचार्यशब्दप्रवृत्तिनिमित्तमिति तत्तात्पर्यम्। शिक्षा कल्पो व्याकरणं निरुक्तं छन्दो ज्योतिषमिति वेदाङ्गानि षट्। रहस्यमुपनिषत्। उपनिषदां वेदत्वेपि प्राधान्यविवक्षया ब्राह्मणवसिष्ठन्यायेन पृथङ्निर्देशः। उपनिषदां वेदान्तशब्देन प्रसिद्धत्वाद्वेदस्यान्तः समीप इत्यर्थेनोपनिषदाम-वेदत्वभ्रान्त्या रहस्यग्रहणमिति तु मेधातिथिर्व्याख्यातवान्। **विधित्वं न सिध्यतीति।** अध्यापनविधिलब्धत्वेनाध्ययनस्याप्राप्तत्वाभावात्। **नित्यानुवादत्वेनेति।** क्वचिद्विधाय-कत्वेन प्रतीयमानं वाक्यं नित्यप्राप्तस्यानुवादकमपि भवतीति भावः। **तस्मादिति।** स्वाध्यायोध्येतव्यः (तै. आ. २।१५) इत्यस्यानुवादकत्वेन विधित्वस्यैवाभावादर्थाव-बोधपर्यन्तं तत्तात्पर्यस्य वक्तुमशक्त्वादित्यर्थः।

I now proceed to give a sketch of the discussion of the same "topic" in accordance with the teaching of the Guru Prabhākara.

In the Smṛti rule,[1] "Let him admit as a pupil the Brahman lad when eight years old (by investing him with the sacred cord), let him instinct him," the object of the direction appears to be the pupil's instruction. Now a direction must have reference to somebody to be directed; and if you ask who is here to be directed, I reply, "He who desires to be a teacher," since, by Pāṇini's rule (i. 3, 36), the root *ni* is used in the *ātmanepada* when honour, etc., are implied, *i.e.*, here the duty which a teacher performs to his pupils. He who is to be directed

1. Cf. Aśvalāyana's Gṛhya Sūtras, i. 19, I.

as to admitting a pupil is the same person who is to be directed as to teaching him, since both are the object of one and the same command. Hence the inspired sage Manu has said (ii. 140), "The Brāhman who girds his pupil with the sacrificial cord and then instructs him in the Veda, with its subsidiary *aṅgas* and mystic doctrines, they call a spiritual teacher (*ācārya*)." Now the teaching which is the function of the teacher cannot be fulfilled without the learning which is the function of the pupil, and therefore the very injunction to teach implies and establishes a corresponding obligation to learn, since the influencer's efforts fail without those of one to be influenced. If you object that this view does not make reading the Veda the object of definite injunction, I reply, What matters it to us if it is not? For even if there is no reason for us to admit a separate injunction for reading the Veda, it will still remain perpetually enjoined as a duty, because the passage which mentions it is a perpetual *anuvāda* or "supplementary repetition."[1] Therefore the former *primā facie* argument and its answer, which were given before under the idea that there was a definite injunction to read the Veda, must now be discussed in another way to suit this new view.

Now the *prima facie* argument was that the study of Mīmāṁsā, not being authoritatively enjoined, is not to be commenced ; the "conclusion" was that it is to be commenced as being thus authoritatively enjoined.

अध्यापनविधिनार्थावबोधो मा प्रयोजि। तथापि साङ्गवेदाध्यायिनो गृहीतपदपदार्थसंगतिकस्य पुरुषस्य पौरुषेयेष्विव प्रबन्धेष्वाम्नायेप्यर्थावबोध: प्राप्नोत्येव। ननु यथा विषं भुङ्क्ष्वेत्यत्र प्रतीयमानोप्यर्थो न विवक्ष्यते मास्य गृहे भुक्था इति भोजनप्रतिषेधस्य मातृवाक्यतात्पर्यविषयत्वात्। तथाम्नायार्थस्याविवक्षायां विषयाद्यभावदोष: प्राचीन: प्रादु:ष्यादिति चेत्-मैवं वोच:। दृष्यन्तदार्ष्यान्तिकयोर्वैषम्यसंभवात्। विषभोजनवाक्यस्याप्तप्रणीतत्वेन मुख्यार्थ-

1. The *anuvāda*, of course, implied a previous *vidhi*, which it thus repeats and supplements, and so carries with it an equal authority. The *anuvāda* in the present case is the passage which mentions that the Veda is to be read, as it enforces the previous *vidhi* as to teaching.

परिग्रहे बाधः स्यादिति विवक्षा नाश्रीयते। अपौरुषेये तु वेदे प्रतीयमानोर्थः कुतो न विवक्ष्यते। विवक्षिते च वेदार्थे यत्र यत्र पुरुषस्य संदेहः स सर्वोपि विचारशास्त्रस्य विषयो भविष्यति। तन्निर्णयश्च प्रयोजनम्। तस्मादध्यापनविधिप्रयुक्तेना-ध्ययनेनावगम्यमानस्यार्थस्य विचारार्हत्वाद्विचारशास्त्रस्य वैधत्वेन विचारशास्त्रमारम्भणीयमिति राद्धान्तसंग्रहः।

व्या० : अर्थावबोधमपीति। अपिनाध्ययनस्य समुच्चयः। अध्यापनविधिना यदध्ययनमाक्षिप्यते तदर्थावबोधसहितं केवलं वेति विकल्पः। **अध्यापनसिद्धेरिति।** अध्यापनस्याध्ययनं विनानुपपत्तिरित्यतोगऽगत्याध्ययनमाक्षिप्यते। तथा च यावता विनानुपपत्तिस्तावत एवाक्षेपो भवेन्नाधिकस्य कस्यचिदित भावः। **असंभवादिति।** असंभवमेवोपपादयति–**आपातत इति। यदसंदिग्धमप्रयोजनमिति।** प्रकर्षेणेक्षणं प्रेक्षा। वस्तुनः सम्यङ्निरीक्षणम्। तच्छालिनः प्रेक्षावन्तः। ते हि तादृशं वस्तु परं प्रति बोधयितुं प्रतिपादयन्ति। परं तु प्रयोजनसत्त्वेपि यद्विषये न संदेहः किं तु निर्णय एव तत्र प्रतिपादनं व्यर्थम्। संदेहसत्त्वेपि च यत्र न किंचित्प्रयोजनं तत्रापि प्रतिपादनं व्यर्थमेव। तथा च संदेहप्रयोजनरूपं द्वयं मिलितं सत्प्रेक्षावतां प्रतिपादनेच्छायाः कारणं भवति। अन्यतरस्याभावे तादृशेच्छाया अनुदयात्। उभयाभावे तु सुतराम्। यथा देवदत्तस्य मनःसँल्लग्नेनेन्द्रियेण सह संबद्धः स्पष्टलोकमध्ये वर्तमानो घटश्चेत्तज्ज्ञापनाय न कोपि प्रवर्तते तद्वत्। स्पष्टलोकमध्यमित्यधिशीङ्स्थासां कर्म (पा. सू. १।४।४६) इति सूत्रेणाधारस्य कर्मत्वम्।

साङ्गवेदेति।

> **अत ऊर्ध्वं तु छन्दांसि शुक्लेषु नियतः पठेत्।**
> **वेदाङ्गानि च सर्वाणि कृष्णपक्षेषु संपठेत्।।** (मनु. ४।९८)

इति मनुवचनेन वेदाङ्गाध्ययनेन सह वेदाध्ययनस्य विधानात्। पदपदार्थयोः संगतिः संबन्धो गृहीतो येन तस्य ज्ञातशक्तिकस्येत्यर्थः। **आम्नायेपि।** वेदेपि। **प्राप्नोत्येवेति।** शब्दस्य बोधकत्वशक्तिस्वाभाव्याद्विधिं विनापि स्वत एवार्थावबोधः प्राप्नोत्येवेत्यर्थः। **विषं भुङ्क्ष्वेति।** अज्ञानेन शत्रुगृहे भोजनार्थं गच्छन्तं पुत्रं प्रति मातृवाक्यमेतत्। माता हि न कथमपि पुत्रं विषभोजने प्रवर्तयेदित्यतोस्य वाक्यस्य वाच्योर्थो विवभोजनविधिरूपो न विवक्ष्यते। किं त्वस्य गृहे भोजनं मा कार्षीरिति गम्यमानोर्थ एव विवक्ष्यते। **अविवक्षायामिति।** वेदवाक्याद्भासमानोप्यर्थो विवक्षित एव न चेत्किमर्थं विचारशास्त्रमित्याशयः। **आप्तप्रणीतत्वेनेति।** आप्तोच्चारितत्वेनेत्यर्थः। आप्तपदेनात्र

माता गृह्यते। आप्तलक्षणं त्वनुभवेन वस्तुतत्त्वस्य कात्स्न्र्येन निश्चयवान्रागादिवशादपि नान्यथावादीत्युक्तं चरके पतञ्जलिना। **बाध इति।** पुत्रं प्रति विष भोजनप्रेरणाया मातर्यसंभवात्। **प्रतीयमानोर्थः।** वाच्योर्थः।

Now the upholders of the former or *prima facie* view argue as follows :— " We put to the advocates of the conclusion the following dilemma: Does the injunction to teach imply that the pupil is to understand the meaning of what is read, or does it only refer to the bare reading? It cannot be the former, for obviously the act of teaching cannot depend for its fulfilment on the pupil's understanding what is taught [as this will depend on his ability as a recipient]; and the latter will not help you, as, if the bare reading is sufficient, the Mīmāṁsā discussions in question will have no subject or use. For their proper subject is a point in the Veda, which is doubted about from having been only looked at in a rough and impromptu way; now if there is no need of understanding the meaning at all; why should we tally of doubts and still more of any hope of ascertaining the true meaning by means of laborious discussion? And therefore in accordance with the well-known principle, 'That which is a thing of use and not a matter of doubt is an object of attainment to an intelligent man, as, for instance, a jar which is in broad light and in contact with the external and internal senses,' as there is in the present case no such thing as a subject to exercise it upon, or a useful end to be attained by it, we maintain that the study of Mīmāṁsā is not to be commenced."

We grant, in reply, that the injunction to teach does not imply a corresponding necessity that the student must understand the meaning; still when a man has read the Veda with its subsidiary *aṅgas*, and has comprehended the general connection of the words with their respective meanings, this will imply an understanding of the meaning of the Veda, just as it would in any ordinary human compositions. "But may we not say that, just as in the case of the mother who said to her son, 'Eat poison,' the meaning literally expressed by the words was not what she wished to convey, since she really intended to forbid his eating anything at all in such and such a house; so if the literal meaning of the Veda does not express its real purport, the old objection will recur with full force that the study of Mīmāṁsā will have neither subject nor end (as there will be no use in understanding the literal meaning, since, as in the mother's case, it may only lead astray, and so common sense must be the ultimate judge"]. We reply, that your supposed illustration and the case in question are not really parallel. In the supposed illustration the primary meaning of the words would be obviously precluded, because a direction to eat poison 'would be inconceivable in the mouth of an authoritative and trustworthy speaker like a mother, and you would know at once that this could not be what she wished to say; but in the case of the Veda, which is underived from any personal author, why should not the literal meaning be the one actually intended? And it is just the doubts that arise, as they occasionally will do, in reference to this intended meaning, which will be the proper "subject" of Mimāṁsā discussion; and the settlement of these doubts will be its proper " end." Therefore, whenever the true meaning of the Veda is not obtained[1] by that reading which is virtually prescribed by the authoritative injunction to a Brahman to teach, it will be a proper subject for systematic discussion ; and hence we hold that the study of Mīmāṁsā is enjoined, and should be commenced.

स्यादेतत्। वेदस्य कथमपौरुषेयत्वमभिधीयते। तत्प्रतिपादकप्रमाणाभावात्। अथ मन्येथा अपौरुषेया वेदाः संप्रदायाविच्छेदे सत्यस्मर्यमाणकर्तृकत्वा-दात्मवदिति। तदेतन्मन्दम्। विशेषणासिद्धेः। पौरुषेयवेदवादिभिः प्रलये संप्रदायविच्छेदस्य कक्षीकरणात्। किं च किमिदमस्मर्यमाणकर्तृकत्वं नामाप्रमीयमाणकर्तृकत्वमस्मरणगोचरकर्तृकत्वं वा। न प्रथमः कल्पः। परमेश्वरस्य कर्तुः प्रमितेरभ्युपगमात्। न द्वितीयः। विकल्पासहत्वात्। तथा हि। किमेकेनास्मरणमभिप्रेयते सर्वैर्वा। नाद्यः। यो धर्मशीलो जितमानरोष इत्यादिषु मुक्तकोक्तिषु व्यभिचारात्। न द्वितीयः। सर्वास्मरणस्यासर्वज्ञदुर्ज्ञानत्वात्। पौरुषेयत्वे प्रमाणसंभवाच्च। वेदवाक्यानि पौरुषेयाणि वाक्यत्वात्कालिदासादि-वाक्यवत्। वेदवाक्यान्याप्तप्रणीतानि प्रमाणत्वे सति वाक्यत्वान्मन्वादि-वाक्यवदिति। ननु

1. I read in p. 127, line 12, *anavagamyamānasya*, and so the recension given in the Nyāya M. V. P. 14, *na budhyamānasya*.

वेदस्याध्ययनं सर्वं गुर्वध्ययनपूर्वकम्।
वेदाध्ययनसामान्यादधुनाध्ययनं यथा।।

इत्यनुमानं प्रतिसाधनं प्रगल्भत इति चेत्–तदपि न प्रमाणकोटिं प्रवेष्टुमीष्टे।

भारताध्ययनं सर्वं गुर्वध्ययनपूर्वकम्।
भारताध्ययनत्वेन सांप्रताध्ययनं यथा।।

इत्याभाससमानयोगक्षेमत्वात्। ननु तत्र व्यासः कर्तेति स्मर्यते।

को ह्यन्यः पुण्डरीकाक्षान्महाभारतकृद्भवेत्।

इत्यादाविति चेत्–तदसारम्। ऋचः सामानि जज्ञिरे। छन्दांसि जज्ञिरे तस्माद्यजुस्तस्मादजायत (तै. आ. ३।१२) इति पुरुषसूक्ते वेदस्य सकर्तृकता-प्रतिपादनात्। किं चानित्यः शब्दः सामान्यवत्त्वे सत्यस्मदादिबाह्येन्द्रिय-ग्राह्यत्वाद्घटवत्। नन्विदमनुमानं स एवायं गकार इति प्रत्यभिज्ञाप्रमाणप्रतिहतमिति चेत्–तदतिफल्गु। लूनपुनर्जातकेशदलितकुन्दादाविव प्रत्यभिज्ञायाः सामान्य-विषयत्वेन बाधकत्वाभावात्। नन्वशरीरस्य परमेश्वरस्य ताल्वादिस्थानाभावेन वर्णोच्चारणासंभवात्कथं तत्प्रणीतत्वं वेदस्य स्यादिति चेत्–न तद्भद्रम्। स्वभावतोऽशरीरस्यापि तस्य भक्तानुग्रहार्थं लीलाविग्रहग्रहणसंभवात्। तस्माद्वेदस्यापौरुषेयत्ववाचोयुक्तिर्न युक्तेति चेत्–

व्या० : स्यादेतदिति। शङ्काग्रन्थारम्भसूचिकेयं शङ्काकृत उक्तिः। अग्रे यन्मयोच्यते तद्यदि स्थिरं न स्यात्तर्हीदं युष्मदुक्तं निश्चितं भवेदिति तदर्थः। नैयायिकमतानुसारेण शङ्केयम्। नैयायिका हि वेदस्य पौरुषेयत्वं मन्यन्ते। पौरुषेयत्वं च पुरुषविरचितानुपूर्वीविशेषविशिष्टत्वम्। पुरुष ईश्वरः। सिद्धान्तिसंमतं वेदस्यापौरुषेयत्व-साधकमनुमानमनुवदति–**अथेति।** अयं हि सिद्धान्त्यभिप्राः–यत्र ग्रन्थादौ ग्रन्थान्ते ग्रन्थस्यावान्तरप्रकरणान्ते वा ग्रन्थकर्त्रा कर्तृत्वेन स्वानामोल्लेखः कृतस्तत्र पौरुषेयत्व न कश्चिद्विवादः। यथा महाभाष्यप्रदीपसिद्धान्तकौमुदीरघुवंशनैषधादिषु। यत्र न ग्रन्थकर्तारमारभ्य संप्रदायाविच्छेदेन गुरुपरंपरया कर्ता स्मर्यते तत्रापि न विवादः। यथा पाणिनिपतञ्जलिव्यासप्रभृतिभिर्विरचितेषु व्याकरणयोगवेदान्तादिसूत्रेषु। यत्र च ग्रन्थकर्त्रा ग्रन्थे क्वापि कर्तृत्वेन स्वनामोल्लेखो न कृतः संप्रदायविच्छेदेन कर्ता न स्मर्यते तत्र पौरुषेयत्वे संदेहोस्तु नाम। परं तु संप्रदायाविच्छेदेपि कर्ता न स्मर्यते तदा कर्तृस्मरणाभावस्य कारणं कर्तुरभाव एवावश्यं वाच्य इत्येवं वेदस्यापौरुषेयत्वं

सिध्यतीति। **विशेषणेति।** हेतुवाक्यघटितं यत्संप्रदायाविच्छेदे सतीत्येतद्विशेषणं तस्यासिद्धत्वेनायं स्वरूपासिद्धो हेतुः। यथा शब्दो नित्यः द्रव्यत्वे सति स्पर्शरहितत्वादाकाशवत्। अत्र पक्षभूते शब्दे द्रव्यत्वं नास्तीत्यतो द्रव्यत्वे सतीत्येतद्विशेषणमसिद्धम्। **अप्रमीयमाणेति।** वेदस्य कर्ता प्रमाणेन न सिध्यत्यथ वा स्मरणविषयो न भवतीति विकल्पः। **परमेश्वरस्येति।** प्रमितिः प्रमाणजन्यं ज्ञानम्। तथा च श्रुतयः–अस्य महतो भूतस्य निःश्वसितमेतद्यदृग्वेदो यजुर्वेदः (बृ. २।४।१०) तस्माद्यज्ञात्सर्वहुतः ऋचः सामानि जज्ञिरे। छन्दांसि जज्ञिरे तस्माद्यजुस्तस्मादजायत (तै. आ. २।१२) इदं सर्वमसृजत ऋचो यजूंषि सामानि (बृ. १।२।५) तेपानात्त्रयो वेदा अजायन्त इति। **यो धर्मशील इति।** परस्परमसंबद्धा एकत्र संगृहीता अनेके स्फुटश्लोका मुक्तकशब्देनोच्यन्ते। **सर्वास्मरणस्येत।** वेदस्य कर्ता कदापि क्वापि केनापि न स्मर्यत इति निश्चयोऽसर्वज्ञानां दुर्लभ इति भावः। सिद्धान्तिसंमतमनुमानं शङ्कारूपेणानुवदति। **नन्विति।** अत्रायं प्रयोगः–वेदाध्ययनं गुर्वध्ययनपूर्वकं वेदाध्ययत्वाद्वर्तमानवेदाध्ययनवदिति। वेदस्य पौरुषेत्वाङ्गीकारे तु तादृशवेदकर्तृपुरुष-कृतवेदाध्ययनस्य गुर्वध्ययननपूर्वकत्वं न संभवति। उक्तव्याप्तिबलात्तु तत्रापि तस्यावश्यकत्वमिति वेदस्यापौरुषेयत्वमेवाङ्गीकार्यं भवति। **प्रतिसाधनमिति।** पूर्वपक्षिणा वाक्यत्वहेतुकानुमानेन यत्पौरुषेयत्वं साधितं तत्प्रतिकूलं वेदाध्ययनत्वरूपं साधनं हेतुर्यत्रेत्यनुमानविशेषणम्। **इत्याभासेति।** यथेदं भारताध्ययनत्वहेतु-कमनुमानमाभासी भवति तथा वेदाध्ययनत्वहेतुकानुमानमपि। हेतोरप्रयोजकत्वात्। न हि यद्यदध्ययनं तत्तद्गुर्वध्यपनपूर्वकमेवेति नियमे कश्चिद्धेतुरस्ति। लिखितपाठके प्रथमप्रकाशके च व्यभिचारात्। यदि तदध्ययनमेव नेत्युच्यते तर्हि पौरुषेयत्वाङ्गीकारेपि न त्वदुक्तानुमानं प्रतिकूलम्। **को ह्यन्य इति।** पुण्डरीकाक्षो नारायणः। स एव व्यासरूपेणावतीर्य महाभारतं चकार। तथा च विष्णुपुराणवचनम्–

कृष्णद्वैपायनं व्यासं विद्धि नारायणं विभुम्।
कोन्यो हि भुवि मैत्रेय महाभारतकृद्भवेत्।। (वि. पु. ३।४।५)

इति। तथा च भारतस्य व्यासकर्तृकत्वनिश्चयेन तत्र गुर्वध्ययनपूर्वकत्वानुमानं बाधितं भवतीति भावः। **सकर्तृकतेति।** तथा च वेदाध्ययनेपि गुर्वध्ययनपूर्वकत्वानुमानं बाधितं भवतीति पूर्वपक्ष्याशयः। अथ प्रकारान्तरेणाप्यपौरुषेयत्वानुमानं बाधितं भवतीत्याह–**किं चेति।** अपौरुषेयत्वे हि नित्यत्वमवश्यं भावि। वेदस्य च नित्यत्वमनुमानेन बाध्यत इत्याशयः। **सामान्यवत्त्वे सतीति।** सामान्यं जातिः। तदाश्रयत्वे सतीत्यर्थः। शब्दे च शब्दत्वं तद्व्याप्याः कत्वादिजातयश्च स्युरेव। **प्रत्यभिज्ञेति।** प्रत्यभिज्ञा प्रत्यक्षविशेषः।

इन्द्रियसहकृतसंस्कारजन्य ज्ञानमिति यावत्। **अतिफल्गु**। अतितुच्छम्। **लूनेति**। लूनश्छिन्न:। यश्छिन्न: केश: स न पुनर्जायते। किं तु तत्सजातीय:। तथापि केशत्वरूपा जातिरुभयत्रैकैवेति जात्यभिप्रायेण स एवायं केश इति प्रत्यभिज्ञा जायते तद्वत्। एवं दलितकुन्दादावपि बोध्यम्। **लीलाविग्रहग्रहणम्**। लीलया यथेच्छं शरीरेन्द्रियादि धारणम्।

"Well,[1] be it so" [say the followers of the Nyāya], "but how can the Vedas be said to be underived from any personal author, when there is no evidence to establish this? Would you maintain that they have no personal author because, although there is an unbroken line of tradition, there is no remembrance of any author, just as is the case with the soul"?[2] This argument is weak, because the alleged characteristics [unbroken tradition, etc.] are not proved ; for those who hold the human origin of the Vedas maintain that the line of tradition was interrupted at the time of the dissolution of the universe. And, again, what is meant by this assertion that the author is not remembered? Is it (1) that no author is believed, or (2) that no author is remembered ? The first alternative cannot be accepted, since we hold that God is proved to have been the 'author. Nor can the second, because it cannot stand the test of the following dilemma, *viz.*, is it meant (a) that no author of the Veda is remembered by some one person, or (b) by any, person whatever? The former supposition breaks down, as it would prove too much, since it would apply to such an isolated stanza as "He who is religious and has overcome pride and anger," etc.[3] And the latter supposition is inadmissible, since it would

1. In the next two or three pages I have frequently borrowed from Dr. Muir's translation in his *Sanskrit Texts*, vol. iii. p. 88.
2. The soul may be traced back through successive transmigrations, but you never get beck to its beginning.
3. Mādhava means that the author of this stanza, though unknown to many people, was not necessarily unknown to all, as his contemporaries, no doubt, knew who wrote it, and his descendants might perhaps still be aware of the fact. In this case, therefore, we have an instance of a composition of which some persons did not know the origin, but which, nevertheless, had a human author. The stanza in question is quoted in full in Bohtlingk's Indische Sprüche, No. 5598, from the MS. anthology called the *Subhāṣitārṇava*. For *muktaka*, see *Sāh. Darp.*, 558.

be impossible for any person who was not omniscient to know that no author of the Veda was recollected by any person whatever. Moreover, there is actual proof that the Veda had a personal author, for we argue as follows:—The sentences of the Veda must have originated from a personal author, since they have the character of sentences like those of Kālidāsa and other writers. And, again, the sentences of the Veda have been composed by a competent person, since, while they possess authority, they have, at the same time, the character of sentences, like those of Manu and other sages.

तत्र समाधानमभिधीयते। किमिदं पौरुषेयत्वं सिसाधयिषितम्। पुरुषादुत्पन्नत्वमात्रं यथास्मदादिभिरहरहरुच्चार्यमाणस्य वेदस्य। प्रमाणान्तरेणार्थमुपलभ्य तत्प्रकाशनाय रचितत्वं वा यथास्मदादिभिरेव निबध्यमानस्य प्रबन्धस्य। प्रथमे न विप्रतिपत्तिः। चरमे किमनुमानबलात्तत्साधनमागमबलाद्वा। नाद्यः। मालतीमाधवादिवाक्येषु सव्यभिचारत्वात्। अथ प्रमाणत्वे सतीति विशिष्यत इति चेत्–तदपि न विपश्चितो मनसि वैशद्यमापद्यते। प्रमाणान्तरागोचरार्थप्रतिपादकं हि वाक्यं वेदवाक्यम्। तत्प्रमाणान्तरगोचरार्थप्रतिपादकमिति साध्यमाने मम माता वन्ध्येतिवद्व्याघातापातात्।

व्या० : न विप्रतिपत्तिः। न विवादः। उक्तपौरुषेयत्वाङ्गीकारेपीश्वरविरचितत्वाभावेनास्मदभिमतापौरुषेयत्वस्वीकारे बाधकाभावात्। **मालतीमाधवेति।** सव्यभिचारो व्यभिचारेण सहितो हेतुर्हेत्वाभास उच्यते। व्यभिचारश्च हेतोः साध्याभाववद्वृत्तित्वम्। यथा धूमवान्वह्नेरित्यत्र धूमाभाववत्ययोगोलके वह्नेः सत्त्वम्। प्रकृते च त्वदुक्तानुमाने (द. १२ पं. १३८) वाक्यत्वं हेतुः। साध्यं पौरुषेयत्वम्। तच्च प्रमाणान्तरेणार्थमुपलभ्य तत्प्रकाशनाय रचितत्वम्। मालतीमाधवे च संविधानकं कविना स्वकपोलकल्पितं न प्रमाणान्तरेण तस्योपलब्धम्। तथा च साध्याभाववति मालतीमाधवे वाक्यत्वं वर्तत इत्ययं वाक्यत्वरूपो हेतुरसद्धेतुरिति भावः। **प्रमाणत्वे सतीति।** न वाक्यत्वरूपः केवलो हेतुः। किं तु प्रमाणत्वे सति वाक्यत्वम्। मालतीमाधवस्य च प्रमाणत्वाभावेन विशेषणाभावयुक्तविशिष्ट्यभाव इति तत्र हेतोरभवान्न सव्यभिचार इत्याशयः।

But [ash the Mīmāṁsakas] may it not be assumed that "all study of the Veda was preceded by an earlier study of it by the pupil's preceptor, since the study of the Veda must always have had one common character which was the same in former times as now;" and therefore this uninterrupted succession has force to prove the eternity of the Veda? This reasoning, however [the Naiyāyikas answer], cannot rise to the height of proof, for it has no more validity than such obviously illusory reasoning, as "All study of the Mahābhārata was preceded by an earlier study of it by the pupil's preceptor, since it is the study of the Mahābhārata, which must have been the same in former times as now." But [the Mīmāṁsakas will ask whether there is not a difference between these two cases, since] the Smṛti declares that [Viṣṇu incarnate as] Vyāsa was the author of the Mahābhārata, in accordance with the line," Who else than the lotus-eyed Viṣṇu could be the maker of the Mahābhārata?" [while nothing of this sort is recorded in any Smṛti in regard to the Veda]. This argument, however, is pithless, since those words of the Puruṣasūkta (Ṛg V., x. 90), "From him sprang the Ṛc and Sāman verses; from him sprang the Metres from him the Yajus arose;" prove that the Veda had a maker.

Further [proceed the Naiyāyikas] we hold that sound is non-eternal[1] because it has genus, and is also perceptible to the external organs of beings such as ourselves, just as a jar is.[2] "But," you may object, "is not this argument refuted by the proof arising from the fact that we recognise the letter, *g* (for example) as the same we have heard before?" This objection, however, is extremely weak, for the recognition in question is powerless to refute our argument, since it has reference only to identity of species, as in the case of a man whose hair has been cut and has grown again, or of a jasmine which has blossomed afresh. "But [asks the Mīmāṁsaka] how can the Veda have been uttered by the incorporeal Parameśvara, who has no palate or other organs of speech, and therefore cannot have pronounced

1. The eternity of the Veda depends on this tenet of the Mimāṁsā that sound is eternal.
2. Eternal things (as the atoms of earth, fire, water, and air, minds, time, space, ether, and soul) have *viśeṣa*, not *sāmānya* or genus and they are all imperceptible to the senses. Genera are themselves eternal (though the individuals in which they reside are not), but they have not themselves genus. Both these arguments belong rather to the Nyāya-vaiśeṣika school than to the Nyāya.

the letters?" "This objection [answers the Naiyāyika] is not happy, because, though Parameśvara is by nature incorporeal, he can yet assume a body in sport, in order to show kindness to his worshippers. Consequently the arguments in favour of the doctrine that the Veda had no personal author are inconclusive."

किं च परमेश्वरस्य लीलाविग्रहपरिग्रहाभ्युपगमेप्यतीन्द्रियार्थदर्शनं न संजाघटीति। देशकालस्वभावविप्रकृष्टयर्थग्रहणोपायाभावात्। न च तच्चक्षुरादिकमेव तादृक्प्रतीतिजननक्षममिति मन्तव्यम्। दृष्ट्यनुसारेणैव कल्पनाया आश्रयणीयत्वात्। तदुक्तं गुरुभिः[1] सर्वज्ञनिराकरणवेलायाम्–

यत्राप्यतिशयो दृष्टः स स्वार्थानतिलङ्घनात्।
दूरसूक्ष्मादिदृष्टौ स्यान्न रूपे श्रोत्रवृत्तिता।। इति।

अत एव नागमबलात्तत्साधनम्। यथा तेन प्रोक्तम् (पा. सू. ४।३।१०१) इति पाणिन्यनुशासने जाग्रत्यपि काठककालापतैत्तिरीयमित्यादिसमाख्याध्ययनसंप्रदायप्रवर्तकविषयत्वेनोपपद्यते तद्वदत्रापि संप्रदायप्रवर्तकविषयत्वेनाप्युपपद्यते।

व्या० : प्रकारान्तरेण पौरुषेयत्वं खण्डयति–**किं चेति।** पौरुषेयत्ववादिभिः पुरुषपदेन यो यथाविधो गृह्यते स तथाविधो नास्त्येव। दूरे तत्कृतत्वं पौरुषेयत्वमिति भावः। **देशकालेति।** विप्रकृष्टमिन्द्रियेणासंबद्धम्। देशान्तरे लोकान्तरे वा विद्यमानं वस्तु देशतो विप्रकृष्टम्। भूतं भविष्यच्च वस्तु कालतो विप्रकृष्टम्। स्वभावतो विप्रकृष्टं तु चक्षुषो रसगन्धादिकम्। चक्षुःसंयुक्तपुष्पादिगतानां रूपरसगन्धादीनां चक्षुरिन्द्रियेण सह संयुक्तसमवायरूपसंनिकर्षाविशेषेपि चक्षुषा रूपमेव गृह्यते न रसगन्धादिकम्। स्वभावतो विप्रकृष्टत्वात्। यतश्चक्षुरिन्द्रियस्य स्वभावो रूपस्य ग्रहणं न रसस्य। रसस्य च स्वभावो रसनेन्द्रियेण ग्राह्यत्वं न चक्षुरिन्द्रियेण। एवं गन्धस्य स्वभावो घ्राणेन्द्रियग्राह्यत्वम्। एवमन्येषामिन्द्रियाणां विषयाणां च स्वभावा ऊह्याः। **तच्चक्षुरिति।** ईश्वरस्येन्द्रियैर्विप्रकृष्टस्यापि वस्तुनः प्रतीतिर्जायत इत्यर्थः। **गुरुभिः।** कुमारिलभट्टाचार्यैः। **यत्रापीति।** अतिशयः सामर्थ्यविशेषः। स्वार्थः स्वविषयः। यः सामर्थ्यविशेषो दृष्टः स स्वविषयानतिक्रमेण दूरसूक्ष्मादिदृष्टौ कारणं भवेन्न तु स्वविषयातिक्रमेण। यतो न कदापि रूपे श्रोत्रव्यापारविषयत्वमित्यर्थः। ईश्वरेन्द्रियेषु निरतिशयसामर्थ्याङ्गीकारेपि तेन दूरस्थं पर्वतादिगतमव्ययहितं सूक्ष्मं च परमाण्वादिकं दृश्यते न तु देशादिविप्रकृष्टमिति। **अत एव।** युक्त्या सर्वज्ञसिद्धेरभावादेव। आगमो

1. भट्टाचार्यैः for गुरुभिः. D.

हि सर्वमूलभूतः। तत्संप्रदायप्रवर्तकत्वादीश्वरे सर्वज्ञत्वमुपचर्यः यः सर्वज्ञः (मु. १।१।९) इत्याद्यागमोपपत्तिर्न त्वीश्वरे वस्तुतः सर्वज्ञत्वमागमबलादास्थेयं युक्तिविरोधादित्याशयः। **काठकेति।** तेनप्रोक्तमित्यस्य प्रातिपदिकात्तेन प्रोक्तमित्यर्थेणादयः प्रत्यया भवन्तीत्यर्थः। प्रकर्षेणोक्तं प्रोक्तम्। कृतमिति यावत्। प्रकर्षश्च स्वयंविरचनपूर्वकत्वम्। कठशब्दात्तेन प्रोक्तमित्यर्थे वैशम्पायनान्तेवासिभ्यश्च (पा. सू. ४।३।१०४) इति सूत्रेण णिनिप्रत्ययः। तस्य कठचरकाल्लुक् (पा. सू. ४।३।१०७) इति सूत्रेण लुक्। कलापिशब्दात्तेन प्रोक्तमित्यर्थे कलापिनोण् (पा. सू. ४।३।१०८) इति सूत्रेणाण् प्रत्ययः। तित्तिरिशब्दात्तेन प्रोक्तमित्यर्थे तित्तिरिवरतन्तुखण्डिकोखाच्छण् (पा. सू. ४।३।१०२) इति सूत्रेण छण्प्रत्यय। कठशब्दात्कलापशब्दात्तैत्तिरीयशब्दाच्च तदधीत इत्यर्थे तदधीते तद्वेद (पा. सू. ४।२।५९) इति सूत्रेणाण्प्रत्यये प्रोक्ताल्लुक् (पा. सू. ४।२।६४) इति सूत्रेण तस्य लुक्। केवलप्रोक्तप्रत्ययान्तानां तु न साधुत्वम्। छन्दोब्राह्मणानि च तद्विषयाणि (पा. सू. ४।२।६६) इत्युक्तत्वात्। कठेन प्रोक्तमधीयते कठाः। कलापिना प्रोक्तमधीयते कालापाः। तित्तिरिणा प्रोक्तमधीयते तैत्तिरीयाः। अत्र यद्यपि कठादिभिरस्तास्ताः शाखा न विरचितास्तथापि तेषामध्ययनसंप्रदायप्रवर्तकत्वेन शाखासु तत्कृतत्वमुपचर्य यथा कठादिसमाख्या भवति तद्वदेवेश्वरे सर्वज्ञत्वम्। समाख्या यौगिकः शब्दः। वस्तुतस्तु तेन प्रोक्तम् (पा. सू. ४।३।१०१) इत्यत्र प्रोक्तमित्ययस्य न कृतमित्यर्थः। कृते ग्रन्थे (पा. सू. ४।३।११६) इत्यनेन गतार्थत्वात्। किं तु स्वयमन्येन वा कृतमध्यापनेनार्थव्याख्यानेन वा यत्प्रकाशितं तत्प्रोक्तमित्युच्यते। तथा च कठादिसमाख्या मुख्यवृत्त्यैव प्रवृत्तेति।

I shall now [says the Mīmāṁsaka] clear up the whole question. What is meant by this *pauruṣeyatva* ["derivation from a personal author"] which it is sought to prove? Is it (1) mere procession (*utpannatva*) from a person, like the procession of the Veda from persons such as ourselves, when we daily utter it? or (2) is it the arrangement—with a view to its manifestation—of knowledge acquired by other modes of proof, as in the case of treatises composed by persons like ourselves? If the first meaning be intended, there will be no dispute between us.[1] If the second sense be meant, I ask whether it is established (a) by inference,[2] or (b) by supernatural testimony?

1. The Mīmāṁsaka allows that the *uccāraṇa* or utterance is non-eternal.
2. The inference will be as follows : "The Vedas were arranged after being acquired by other modes of proof, with a view to their manifestation, from the very fact of their having the nature of sentences, just like the compositions of Manu, etc."

(a) The former alternative cannot be correct, because your argument would equally apply to the sentences in dramas such as the Mālatīmādhava [which, of course, being a work of fiction, has no authoritative character]. If you qualify your argument by inserting the saving clause, "while they presess authority,"[1] [as supra, p, 188, line 21], even this explanation will fail to satisfy a philosopher. For the sentences of the Veda are universally defined to be sentences which prove things that are not provable by other evidence. But if you could establish that these Vedic sentences only prove what is provable by other evidence, this definition would be at once contradicted, just as if a man were to say that his mother was a barren woman. And even if we granted that Parameśvara might assume a body in sport, in order to show kindness to his worshippers, it would not at all follow that he would perceive things beyond the reach of the senses, from the want of any means of apprehending objects removed from him in place, in time, and in nature.[2] Nor is it to be assumed that his eyes and other senses alone would have the power of producing such knowledge, for we can only draw upon our imagination in accordance with our past experience. This has been declared by the Guru [Prabhākara] when he refutes the supposition of an omniscient author—

> "Wherever we do find the power of an organ intensified,[3] it is done without its going beyond its own proper objects; thus it may appear in the power of seeing the very distant or the very minute, but not in the ear's becoming cognisant of form."

Hence (b) we also maintain that your position cannot be established by any supposed supernatural testimony [as that quoted above from the Ṛg-Veda, "from him sprang the Ṛc and

1. The argument will now run, "The Vedas were arranged after being acquired by other modes of proof, because, while they possess authority, they still have the nature of sentences, like the composition of Manu, etc."
2. In assuming a material body, he would be subject to material limitations.
3. The Jainas allow thirty-four such superhuman developments *(atiśayāḥ)* in their saints.

Sāman verses"]. For the rule of Pāṇini (iv. 3, 101) will still remain inviolate, that the grammatical Axes with which such names as Kāṭhaka, Kālāpa, and Taittirīya are formed, impart to those derivatives the sense of "uttered by" Kaṭha, Kalāpin, etc., though we maintain that these names have reference [not to those parts of the Veda as first composed by these sages, but] to the fact that these sages instituted certain schools of traditional study. And in the same way we hold [in reference to this verse from the Ṛg-Veda] that it only refers to the institution of certain schools of traditional study of these Vedas.

न चानुमानबलाच्छब्दस्यानित्यत्वसिद्धिः। प्रत्यभिज्ञाविरोधात्। न चासत्यप्येकत्वे सामान्यनिबन्धनं तदिति सांप्रतम्। सामान्यनिबन्धनत्वमस्य बलवद्बाधकोपनिपातादास्थीयते क्वचिद्व्यभिचारदर्शनाद्वा। तत्र क्वचिद्व्यभिचादर्शनं तदुत्प्रेक्षायामुक्तं स्वतःप्रामाण्यवादिभिः–

उत्प्रेक्षेत हि यो मोहादज्ञातमपि बाधनम्।
स सर्वव्यवहारेषु संशयात्मा विनश्यति।। इति।

नन्विदं प्रत्यभिज्ञानं गत्वादिजातिविषयं न गादिव्यक्तिविषयम्। तासां प्रतिपुरुषं भेदोपलम्भात्। अन्यथा सोमशर्माधीत इति विभागो न स्यादिति चेत्–तदपि शोभां न बिभर्ति। गादिव्यक्तिभेदे प्रमाणाभावेन गत्वादिजातिविषयकल्पनायां प्रमाणाभावात्। यथा गोत्वमजानत एकमेव भिन्नदेशपरिमाणसंस्थानव्यक्त्युपधानवशाद्भिन्नदेशमिवाल्पमिव महदिव दीर्घमिव वामनमिव प्रथते तथा गव्यक्तिमजानत एकापि व्यञ्जकभेदात्तत्तद्धर्मानुबन्धिनी प्रतिभासते। एतेन विरुद्धधर्माध्यासाद्भेदसिद्धिरिति प्रत्युक्तम्। तत्र किं स्वाभाविको विरुद्धधर्माध्यासो भेदसाधकत्वेनाभिमतः प्रातीतिको वा। प्रथमेऽसिद्धिः। अपरथा स्वाभाविकभेदाभ्युपगमे दश गकारानुदचारयच्चैत्र इति प्रतिपत्तिः स्यान्न तु दशकृत्वो गकार इति। द्वितीये तु न स्वाभाविकभेदसिद्धिः। न हि परोपाधिभेदेन स्वाभाविकमैक्यं विहन्यते। मा भून्नभसोपि कुम्भाद्युपाधिभेदात्स्वाभाविको भेदः। तत्र व्यावृत्तव्यवहारो नादनिदानः। तदुक्तमाचार्यैः–

प्रयोजनं तु यज्जातेस्तद्वर्णादेव लप्स्यते।
व्यक्तिलभ्यं तु नादेभ्य इति गत्वादिधीर्वृथा।। इति।

तथा च–

प्रत्यभिज्ञा यदा शब्दे जागर्ति निरवग्रहा।
अनित्यत्वानुमानानि सैव सर्वाणि बाधते।।

व्या० : न चेति। अनुमानं प्रत्यभिज्ञा चानुपदमेवोक्ता (द. १२ पं. १५०) **सांप्रतम्।** युक्तम्। स एवायं गकार इति प्रत्यभिज्ञारूपं प्रत्यक्षं गत्वरूप जात्यैक्यमूलकमिति यदुच्यते तन्न युक्तमित्यर्थः। **बलवद्बाधकेति।** दृढतरप्रमाणेन व्यक्तिभेदनिश्चयोत्र बलद्बाधकम्। **क्वचिद्व्यभिचारेति।** स एवायमिति प्रत्यभिज्ञा ह्यैक्ये सत्येव भवतीति नियमः। क्वचित्त्वैक्याभावेपि लूनपुनर्जातकेशादौ स एवायमिति प्रत्यभिज्ञा कथंचिज्जायमाना दृश्यते तदुक्तनियमस्य व्यभिचारदर्शनम्। सूचीकटहन्यायेन द्वितीयकल्पं प्रथमतोदूषयति–**तत्र क्वचिदिति। तदुत्प्रेक्षायामिति।** क्वचिल्लूपुनर्जात-केशादौ व्यक्तिभेदप्रत्यक्षोपलम्भरूपबाधकसद्भावेनागत्या स्वीक्रियमाणं नियमव्यभिचारं दृष्ट्वा तद्दृष्यन्तमात्रेणैव केवलमन्यत्र बाधकाभावेपि किंचिद्बाधकं परिकल्प्य तादृशकल्पनायां क्रियमाणायामित्यर्थः। **उत्प्रेक्षेतेति।** कश्चिद्गच्छन्यदृच्छया पादाङ्गुल्यवघातेन सद्यो म्रियते। कश्चित्पूगीफलखण्डभक्षणसमये गलेवरोधात्सद्यो म्रियते। कश्चिद्विद्युत्पातादिना। एतदालोच्य यदि कश्चित्स्वस्य तथाविधजीवनबाधनमज्ञात्वैव तथाविधं स्यात्किमिति संभावयति तर्हि संशयग्रस्तस्य तस्य सर्वे व्यवहारा लुप्तप्रायाः स्युरिति तात्पर्यम्। बलावद्बाधकमाशङ्कते–**नन्विति।** इदं स एवायं गकार इत्याकारम्। **तासाम्।** गकारादिव्यक्तीनाम्। **अन्यथेति।** व्यक्त्यैक्ये हि य एव गकारादयो वर्णाः सोमशर्मणाधीतास्त एवान्येनेत्यतोमुकोधीते नामुक इति व्यवहारो निरालम्बनः स्यादित्याशयः। **गत्वादीति।** स एवायं गकार इत्याकारकस्य व्यक्तिविषयकस्य प्रत्यभिज्ञानस्य जातिविषयकत्वकल्पनायां न प्रमाणमित्यर्थः। **यथा गोत्वमिति।** येन गोत्वजातेः स्वरूपं वस्तुतो न ज्ञायते तस्य वस्तुत एकमपि गोत्वं भिन्नभिन्नदेशाद्युपाधिभेदे सति भिन्नं प्रतीयते–इदं गोत्वमस्मद्देशापेक्षया विलक्षणमित्यादि। नैतावता -गोत्वभेदस्तवापि संमस्तथैव गकारादिव्यक्तिविषयेपीत्यर्थः। संस्थानमवयवरचनाविशेषः। उपधानमुपाधिः। वामनं ह्रस्वम्। **व्यञ्जकभेदादिति।** नाभिप्रदेशात्प्रयत्नप्रेरितो वायुर्वक्त्रं प्राप्य जिह्वाग्रादिस्पर्शपूर्वकं कण्ठादिस्थानान्याहत्य ध्वनिं जनयति। स च ध्वनिः स्वान्तःस्थत्वेन गकारादीन्वर्णानभिव्यक्ति। अयमेव ध्वनिर्नाद इत्युच्यते। तादृशव्यञ्जकध्वनिगताल्पत्वमहत्त्वादिधर्मसंबन्धादेकापि गकारादिव्यक्तिर्भिन्नवद्भासते। सोमशर्माधीत इति विभागोप्येतन्मूलक एवेति बोध्यम्। **असिद्धिरिति।** गकारादिषु स्वाभाविकविरुद्धधर्माभावात्। **न हीति।** नन्वेवं स्वाभाविकस्यैक्यस्य कदाप्यविघात-

श्चेदाकाशे घटाद्युपाधितोपि भेदो न स्यादिति चेत्–इष्टापत्तिरेवेत्याह–**मा भूदिति**। आकाशस्य घटाद्युपाधिभेदादपि भेदो नास्त्येव। औपाधिको भेद इति प्रवादस्य तूपाधिर्भिन्न इत्यर्थे पर्यवसानं बोध्यम्। ननु गकारादिव्यक्त्यैक्येयं गकार: सोमशर्मणाधीतोयं चेन्द्रशर्मणेति मिथो व्यावृत्तप्रत्यय: कथमुपपद्यत इत्यत आह–**तत्र व्यावृत्तेति**। नादनिदान:। व्यञ्जकध्वनिमूलक:। **प्रयोजनं त्विति**। गकारादिव्यक्त्यैक्यात्तत्र गत्वादिजातिर्नास्त्येव। एकव्यक्तिवृत्तिकत्वाद्यथाकाशे। घटत्वादिजातीनां प्रयोजनं तु घटोयं घटोयमित्याकारप्रत्ययजननम्। तच्चात्र गकारादिव्यक्त्यैक्यादेव लब्धं भवति। यच्च तारो गकारो मन्दो गकार इत्याकारकभेदप्रतीतिरूपं व्यक्तिनानात्वप्रयोजनं तद्व्यक्तिव्यञ्जकनादेभ्य एव सिध्यति। तथा च गत्वादिजातिविषयिणी बुद्धिर्वृथैवेत्यर्थ:। **प्रत्यभिज्ञा**। सोयं गकार इत्याकारिका। **निरवग्रहा**। निर्बाधा।

Nor will any supposed inference establish the non-eternity of sound, because [as we said before] it is opposed to the evidence of our consciousness, [since we certainly recognise the letter now heard as the one heard before]. Nor is it reasonable to reply that, although the letters are not the same, they seem to be so on account of their identity of species. For here we ask our opponents a question—Is this idea that "the apparent sameness arises from identity of species" put forward from a wish to preclude entirely any idea of the letters being the same, or only [from an imagined fear of error] because experience shows that the recognition will sometimes be erroneous [as in the cases of the hair and jasmine mentioned above]? (a) If it arises from the latter reason, we Mīmāṁsakas, who hold that the Veda is its own evidence, have said in reference to this timid imagination—

> "He who foolishly imagines that something as yet unknown to him will come hereafter to stop his present conclusion, will go to utter ruin in every transaction of life, his mind a mass of doubts."

(b) "But [the Naiyāyikas will ask] does not this recognition of *g* and other letters [as the same which we heard before] refer to the species which exists the same in each, and not to the several individual letters, since, in fact, we perceive that they are different as uttered by different persons, otherwise we could not make such distinctions as we do when we say 'Somaśarman is reading'?" This objection, however, has as little brilliancy as its predecessors, for as there is no proof of any distinction between the individual *g*'s, there is no proof that we ought to assume any such thing as a species *g*; and we maintain that, just as to the man who does not understand [the Naiyāyika doctrine of] the species *g*, the one species [in the Naiyāyika view] will by the influence of distinction of place, magnitude, form, and individual sounds, appear as if it were variously modified as itself distinct in place, as small, as great, as long, as short; so to the man who does not understand our [Mīmāṁsaka doctrine of] one individual *g*, the one *g* (in our view) will by the diversity of "manifesters,"[1] appear to him associated with their respective peculiarities; and as contrary characters are in this way ascribed [to the letter *g*], there is a fallacious appearance of distinction [between different *g's*]. But does this ascription of contrary characters, which is thus regarded as creating a difference [between the *g's*], result (1) from the nature of the thing, or (2) from our imagination? There is no proof of the former alternative; for, if it were true, as an inherent difference would have to be admitted between different *g's*, we should have to say, "Caitra has uttered tear *g's*," and not "Caitra has uttered the same *g* ten times." On the latter supposition, there is no proof of any inherent distinction between *g's*, for inherent oneness is not destroyed by a difference of external disguises. Thus we must not conceive, from the apparent distinction caused by such external disguises as jars, etc., that there is any inherent distinction, as of parts, in the one indivisible ether. The current use of the rejected phrase [*i.e.*, "different" as applied to the *g's*] is really caused by the noise, which in each case is different. This has been said by the great teacher—

> "The object which the Naiyāyikas seek by supposing a species is, in fact, gained from the letter itself ; and the object which they aim at by supposing an individuality in letters, is attained from audible noises;[2] so that the assumption of species is useless."

1. Jaimini maintains that the vibrations of the air "manifest" the always existing sound.
2. "What is meant by 'noise' (*nāda*) is these 'conjunctions' and

And again—

"Since in regard to sounds such an irresistible instinct of recognition is always awake within us, it precludes by its superior evidence all the 'inferences to prove sound's non-eternity."

एतेनेदमपास्तं यदवादि वागीश्वरेण मानमनोहरे अनित्यः शब्द इन्द्रियग्राह्यविशेषगुणत्वाच्चक्षूरूपवदिति। शब्दद्रव्यत्ववादिनं प्रत्यसिद्धेः। ध्वन्यंशे सिद्धसाधनत्वाच्च। अश्रावणत्वोपाधिबाधितत्वाच्च। उदयनस्तु आश्रयप्रत्यक्षत्वेप्यभावस्य प्रत्यक्षतां महता प्रबन्धेन प्रतिपादयन्निवृत्तः कोलाहल उत्पन्नः शब्द इति व्यवहाराचरणे कारणं प्रत्यक्षं शब्दानित्यत्वे प्रमाणयति स्म। सोपि विरुद्धधर्मसंसर्गस्यौपाधिकत्वोपपादनन्यायेन दत्तरक्तबलिवेतालसमः। यो हि नित्यत्वे सर्वदोपलब्ध्यनुपलब्धिप्रसङ्गो न्यायभूषणकारोक्तः सोपि ध्वनिसंस्कृतस्योपलम्भाभ्युपगमात्प्रतिक्षिप्तः। यत्तु युगपदिन्द्रियसंबन्धित्वेन प्रतिनियतसंस्कारक[1]संस्कार्यत्वाभावानुमानं तदात्मन्यनैकान्तिकमित्यलमतिकलहेन। ततश्च वेदस्यापौरुषेयतया निरस्तसमस्तशङ्काकलङ्काङ्कुरत्वेन स्वतःसिद्धं धर्मे प्रामाण्यमिति सुस्थितम्।

व्या० : असिद्धेरिति। मीमांसका हि वर्णात्मकस्य शब्दस्य द्रव्यत्वमिच्छन्ति। मध्वमतानुयायिनोपि ककारादीनां द्रव्यत्वमाहुः। तथा च शब्दस्य गुणात्वमेव नास्ति कुत इन्द्रियग्राह्यविशेषगुणत्वमिति पक्षभूते शब्दे हेतोरवृत्त्या स्वरूपासिद्धो हेतुः शब्दो गुणश्चाक्षुषत्वादितिवत्। ध्वन्यात्मकशब्दस्यानित्यत्वानुमानं तु निष्फलम्। तस्यास्मन्तेपि सिद्धत्वेन साधनानपेक्षत्वात्। **अश्रावणत्वेति।** उपाधिस्वरूपं प्रागुक्तम् (द. १ पं. १३)। यत्रानित्यत्वं तत्राश्रावणत्वं यथा घटादाविति साध्यव्यापकता। यत्रेन्द्रियग्राह्यविशेषगुणत्वं तत्राश्रावणत्वमिति न नियमः। शब्द एव व्यभिचारादिति साधनाव्यापकत्वम्। तथा चाश्रावणत्वरूपोपाधिसत्त्वात्सोपाधिको हेतुर्व्याप्यत्वासिद्ध इति भावः। शब्दानित्यत्ववाद्युदयनाचार्योक्तिमनुवदति-**उदयनस्त्वति।** इत्थं हि तन्मतम्-अनित्यः शब्दः। तदुत्पत्तिविनाशयोः प्रत्यक्षसिद्धत्वात्। उत्पन्नः शब्द इति व्यवहारः शब्दोत्पत्तिप्रत्यक्षमूलकः। तथा निवृत्तः कोलाहल इति व्यवहारः

'disjunctions,' occasioned by the vibrations of the air."— *Ballantyne, Mīmāṃsā Aphorisms*, i. 17.

1. संस्कार for संस्कारक D.

शब्दविनाशप्रत्यक्षमूलकः। ननु शब्दविनाशस्य प्रध्वंसाभावरूपस्य कथं प्रत्यक्षम्। अभावप्रत्यक्षं प्रत्याश्रयप्रत्यक्षस्य कारणत्वात्। शब्दविनाशाश्रयस्याकाशस्यातीन्द्रियत्वेनाप्रत्यक्षत्वादिति चेन्न। वायोरचाक्षुषत्वेति तद्गतरूपाभावस्य चाक्षुषत्वदर्शनेनोक्तकार्यकारणभावानभ्युपगमात्। **सोपीति।** यथा व्यञ्जकध्वनिरूपोपाधिगतास्तारत्वमन्दत्वादयो विरुद्धा धर्मा शब्देः असन्तोपि भासन्ते तथैव तद्गतावुत्पत्तिविनाशावपीत्युत्पन्नः शब्दो निवृत्तिः कोलाहल इति व्यवहारोपपत्तिः। यथा दत्तं रक्तबलिं दृष्ट्वा संपादितो वेतालो न पीडयति तथोत्पन्नः शब्दो निवृत्तः कोलाहल इति व्यवहारस्यास्मत्कृतामुपपत्तिं दृष्ट्वा समाहित उदयनो न शब्दनित्यतां पीडयितुं प्रभवतीति भावः। **यो हि नित्यत्व इति।** नित्यस्य नानाविधस्य शब्दस्य प्रत्येकं व्यापित्वे व्यञ्जकध्वनिना सर्वशब्दोपलब्धिः स्यात्। अव्यापित्वे यत्र यो नास्ति तस्य तत्र व्यञ्जकेनाप्युपलब्धिर्न स्यात्। परं तु नायं दोषः। व्यञ्जकेन ध्वनिना यो यत्र संस्क्रियते तस्यैव तत्रोपलम्भाभ्युपगमात्। **युगपदिति।** शब्दानां व्यापकत्वात्सर्वे शब्दा युगपदेव श्रोत्रेन्द्रियेण संबद्धा इति तेषां मध्येमुक एव व्यञ्जकध्वनिना संस्क्रियत इति नियमो न संभवति। तथा चानुमानम्–शब्दविशेषो न नियतसंस्कारकसंस्कार्य इतरैः सह संबन्धाविशेषात्। परं तु नायं सद्धेतुः। सर्वेषां जीवात्मनां विभुत्वात्सर्वत्र सत्त्वेपि चाक्षुषादिज्ञानकाल एकस्यैवात्मविशेषस्य संस्कार्यत्वदर्शनात्।

This at once refutes the argument given in the [Naiyāyika] treatise by Vāgiśvara, entitled *Māna-manohara,* "sound is non-eternal from the fact of its being a special quality belonging to an organ of sense[1] (*sc.* the ear), just as colour is to the eye."

We can also refute it in the following ways: (a) If we follow the [Sāṅkhya and Vedānta] view that sound is a substance, it is evidently overthrown[2] [as in that case sound cannot be a quality]; (b) if we take it as referring to the *noise,* not the *sound,* we have no dispute, as it only establishes what we ourselves allow; and (c) the inference is overthrown by the "limiting condition" [*upādhi*] of *aśrāvaṇatva*, or "the not causing audition."[3] So Udayana tries at great length to establish that,

1. The Nyāya holds that colour and sound are respectively special qualities of the elements light and ether; and as the organs of seeing and hearing are composed of light and ether, each will, of course, have its corresponding special quality.
2. In p. 131, line 7, I read *pratyakṣāsiddeḥ.*
3. Cf. my note pp. 7, 8, (on the Cārvāka-darśana) for the *upādhi.* The

although ether, the site of sound, is imperceptible, the non-existence of that which abides in this site is perceptible; and he then brings forward as an evidence for the non-eternity of sound, that sense perception which causes the use of such common expressions as "The tumult is stopped," "The sound has arisen."[1] But he is sufficiently answered[2] by our old reply [in p. 193], that the fallacious appearance of distinction arises from contrary characters being erroneously ascribed, just as, in the story, the demon Tāla went away [as well as Betāla] when the offering of blood was given to the latter.[3] And as for the objection raised by the author of the *Nyāyabhūṣaṇa*,[4] that, if sound were eternal, the conclusion must follow that it would be either always perceptible or always imperceptible, this also is obviated by our allowing that we only perceive that sound

---

upādhi or "condition" limits a too general middle term; it is defined as "that which always accompanies the major term, but does not always accompany the middle." Thus if the condition "produced from wet fuel" is added to "fire," the argument "the mountain has smoke because it has fire" is no longer a false one. Here, in answer to the Nyāya argument in the text, our author objects that its middle term ("from the fact of its being a special quality belonging to an organ of sense") it too wide, *i.e.*, it is sometimes found where the major term "non-eternal" is not found, as *e.g.*, in *sound* itself, according to the Mīmāṁsā doctrine. To obviate this he proposes to add the "condition," "not causing audition", as he will readily concede that all those things are non-eternal which, *while not causing audition*, are special qualities belonging to an organ of sense, as, *e.g.*, colour. But I need scarcely add that this addition would make the whole argument nugatory. In fact, the Pūrva Mīmaṁsā and the Nyāya can never argue together on this question of the eternity of sound, as their points of view are so totally different.

1. In the former case we have the *dhwaṁsa* of sound, in the latter its *prāgabhāva*.
2. In p. 131, line 12, I read *samapauhi* for *samāpohi*, *i.e.*, the passive aorist of *sam+apa+ūh*.
3. I do not know this legend. Tāla and Betāla are the two demons who carry Vikramāditya on their shoulders in the Siṁhāsan-battīsī. It appears to be referred to here as illustrating how one answer can suffice for two opponents.
4. This is probably a work by Bhāsarvajña (see Dr. Hall's *Bibl. Index*, p. 26).

which is manifested by our articulate noise.[1] And as for the (Naiyāyika) argument against the existence[2] of such a constant relation as this which is supposed between the manifested "sound" and the manifesting "noise," since they both come simultaneously in contact with the sense of hearing, this is invalid, as it will indisputably apply with equal force in the case of the soul.[3]

स्यादेतत्।

प्रमाणत्वाप्रमाणत्वे स्वतः सांख्याः समाश्रिताः।
नैयायिकास्ते परतः सौगताश्चरमं स्वतः।।
प्रथमं परतः प्राहुः प्रामाणं वेदवादिनः।
प्रमाणत्वं स्वतः प्राहुः परतश्चाप्रमाणताम्।।

इति वादिविवाददर्शनात्कथंकारं स्वतःसिद्धं धर्मे प्रामाण्यमिति सिद्धवत्कृत्य स्वीक्रियते।

व्या० : अथ प्रामाण्यवादमारभते–**स्यादेतदिति। प्रमाणत्वेति।** प्रमाणानां यथार्थानुभवानां भावः प्रामाण्यम्। एतदेव प्रमात्वम्। प्रमाशब्देन यथार्थानुभवस्यैव व्यपदेशात्। तथा च यथार्थानुभवनिष्ठो धर्मविशेषः प्रामाण्यं प्रमात्वं प्रमाणत्वमिति चोच्यते। एवमयथार्थानुभवनिष्ठो धर्मविशेषोऽप्रामाण्यमप्रमात्वमप्रमाणत्वमिति चोच्यते। तत्कारणविषये यो वादः स प्रामाण्यवादः। स द्विविधः। जनककारणविषयको

1. *Dhvani*, or our "articulate noise," produces the vibrations of air which render manifest the ever-existing but inaudible hum going on, which we modify into a definite speech by our various articulations. I take *saṁskṛta* here as equivalent to *abhivyakta*.
2. I read in p. 131, line 15, *saṁskārakasaṁskāryabhāvābhāvānumānam.*
3. It would be a case of *vyabhicāra*, The Naiyāyika argument would seem to be something as follows :—Sound is not thus manifestesd by noise, since both are simultaneously perceived by the senses, just as we see in the parallel case of the individual and its species; these are both perceived together, but the individual is not manifested by the species. But the Mimāṁsā rejoins that this would equally apply to the soul and knowledge; as the internal sense perceives both simultaneously, and therefore knowledge ought not to be manifested by the soul, which is contrary to experience. But I am not sure that I rightly understand the argument.

ज्ञापककारणविषयकश्च। प्रामाण्यस्य कारणं च स्वयमन्यद्वेति संशयो वादबीजम्। तत्र स्वयमित्यनेन प्रामाण्यं तदाश्रयीभूतं ज्ञानं तत्कारणसामग्री च गृह्यते। एतत्त्रितयातिरिक्तमन्यपदेन गृह्यते। एवमप्रामाण्यविषयेपि स्वपरपदयोरर्थ ऊह्यः। तत्र प्रमाणत्वाप्रमाणत्वयोर्द्वयोरपि कारणं स्वयमेवेति सांख्यमतम्। द्वयोरपि कारणमन्यदिति नैयायिकमतम्। प्रमाणत्वस्य कारणमन्यदप्रमाणत्वस्य तु स्वयमेवेति सौगतानां मतम्। सौगता बौद्धाः। प्रमाणत्वस्य कारणं स्वयमप्रमाणत्वस्य त्वन्यदिति मीमांसकमतम्। **वेदवादिन इति।** एतदुत्तरान्वयि।

Therefore as the Veda is thus proved to have not originated from any personal author, and as the minutest germ of suspicion against it is thus absolutely destroyed, we hold it as satisfactorily demonstrated that it has a self-established authority in all matters relating to duty.

"Well"[1] [say our opponents], "let this question rest; but how about another well-known controversy? It is said—

"'The Sāṅkhyas hold that both authoritativeness and non-authoritativeness are self-proved; the followers of the Nyāya hold that both are proved by something else [as inference, etc.]; the Buddhists hold that the latter is self-proved and the former proved by something else; the teachers of the Veda maintain that authoritativeness is self-proved and non-authoritativeness proved by something else.' Now we ask, amidst all this discussion, how do the Mīmāṁsakas accept as established their tenet that the authoritativeness of duty is self-proved? And what is the meaning of this so-called self-proved authoritativeness? Is it (a) that authoritativeness springs from itself? or (b) that it springs from the right knowledge in which it resides? or (c) that it springs from the instrumental causes [as the eye, etc.] which produced the right knowledge in which it resides ? or (d) that it resides in a particular knowledge produced by the instrumental causes which produced the right knowledge?[2] or

1. Here begins a long *pūrvapakṣa,* from p. 131, line 18, down to p. 133, line 9; see p. 198 *infra.*
2. This is Prabhākara's view (see Siddh. Muktāv. p. 118). The first knowledge is in the form "This is a jar ;" the second knowledge is the cognition of this perception in the form "I perceive the jar;" and this latter produces authoritativeness *(prāmāṇya),* which resides in it as its characteristic.

(e) that it resides in a particular knowledge produced by the instrumental causes only which produced the right knowledge?

"(a) It cannot be the *first,* because wherever the relation of cause and effect is found there must be a difference, and therefore these two cannot reside in the same subject [*i.e.,* authoritativeness cannot cause itself]. (b) It cannot be the *second,* because if knowledge, which is a quality, were the cause of authoritativeness, it would have to be a substance, as being an intimate cause.[1] (c) It cannot be the *third,* because 'authoritativeness' cannot properly be 'produced' at all,[2] whether we call it a general characteristic (*upādhi*) or a species (*jāti*) ;[3] for if we call it an *upādhi,* it is defined as the absolute non-existence of any contradiction to a certain kind of knowledge which does not possess the nature of recollection;[4] and this cannot be produced, for we all allow that absolute non-existence is eternal; and still less can we speak of its being produced, of we regard it as a species. (d) Nor can it be the *fourth,* for wrong knowledge [as well as right knowledge] is a particular kind of knowledge, and the instrumental causes which produce the general are included in those which produce the particular,[5] just as the general idea 'seed,' as applied to 'tree,' is included in the particular seed of any special tree, as, *e.g.,* the Dalbergia Sisu ; otherwise we might suppose that the particular had no instrumental cause at all. Your definition would therefore extend too far [and include erroneous as well as true

1. Substances are "intimate causes" to their qualities, and only substances have qualities; now if authoritativeness, which is a characteristic of right knowledge, were caused by it, it would be a quality of it, that is, right knowledge would be its intimate cause and therefore a substance.
2. The *eye,* etc., would be its instrumental causes.
3. The first three categories "substance," "quality," and "action," are called *jātis* or species; the last four, "genus," "*viśeṣa*" intimate relation," and "non-existence," are called *upādhis* or "general characteristics."
4. The Pūrva Mimāṁsā denies that recollection is right knowledge.
5. Wrong knowledge is produced by the same instrumental causes (as the eye, etc.) which produced right knowledge, but by these *together with a "defect,"* as biliousness, distance, etc.

knowledge]; for non-authoritativeness, which Vedāntists and most Mīmaṁsakas allow to be produced by something external, must also be considered as residing in a particular knowledge [*i.e.*, a wrong knowledge] produced [in part] by the instrumental causes which produced the right knowledge. (e.) As for your *fifth* view, we ask whether by being produced by the instrumental causes *only* which produced right knowledge, you mean to include or exclude the absence of a 'defect'? It cannot be the former alternative; because the followers of the Nyāya who hold that authoritativeness is proved by something external [as inference, etc.], would at once grant that authoritativeness is produced by the instrumental causes of knowledge combined with the absence of a 'defect.'

किं च किमिदं स्वतः प्रामाण्यं नाम। किं स्वत एव प्रामाण्यस्य जन्म। आहोस्वित्स्वाश्रयज्ञानजन्यत्वम्। किमुत स्वाश्रयज्ञानसामग्रीजन्यत्वम्। उताहो ज्ञानसामान्यसामग्रीजन्यज्ञानविशेषाश्रितत्वम्। किं वा ज्ञानसामान्यसामग्री-मात्रजन्यज्ञानविशेषाश्रितत्वम्। तत्राद्यः सावद्यः। कार्यकारणभावस्य भेदसमानाधिकरणत्वेनैकस्मिन्नसंभवात्। नापि द्वितीयः। गुणस्य सतो ज्ञानस्य प्रामाण्यं प्रति समवायिकारणतया द्रव्यत्वापातात्। नापि तृतीयः। प्रामाण्यस्योपाधित्वे जातित्वे वा जन्मायोगात्। स्मृतित्वानधिकरणस्य ज्ञानस्य बाधात्यन्ताभावः प्रामाण्योपाधिः। न च तस्योत्पत्तिसंभवः। अत्यन्ताभावस्य नित्यत्वाभ्युपगमात्। अत एव न जातेरपि जनिर्युज्यते। नापि चतुर्थः। ज्ञानविशेषो ह्यप्रमा। विशेषसामग्र्यां च सामान्यसामग्र्यनुप्रविशति शिंशपासामग्र्यामिव वृक्षसामग्री। अपरथा तस्याकस्मिकत्वं प्रसज्येत। तस्मात्परतस्त्वेन स्वीकृता-प्रामाण्यं विज्ञानसामान्यसामग्रीजन्याश्रितमित्यतिव्याप्तिरापद्यते। पञ्चमविकल्पं विकल्पयामः। किं दोषाभावसहकृतज्ञानसामग्रीजन्यत्वमेव ज्ञानसामग्रीमात्रजन्यत्वं किं वा दोषाभावासहकृतज्ञानसामग्रीजन्यत्वम्। नाद्यः। दोषाभावसहकृतज्ञान-सामग्रीजन्यत्वमेव परतः प्रामाण्यमिति परतःप्रामाण्यवादिभिरुरीकरणात्। नापि द्वितीयः। दोषाभावसहकृतत्वेन सामग्र्यां सहकृतत्वे सिद्धेनन्यथासिद्धान्वय-व्यतिरेकसिद्धतया दोषाभावस्य कारणताया वज्रलेपायमानत्वात्। अभावः कारणमेव न भवतीति चेत्तदा वक्तव्यमभावस्य कार्यत्वमस्ति न वा। यदि नास्ति

तदा घटप्रध्वंसानुत्पत्त्याघटस्य नित्यताप्रसङ्गः। अथास्ति किमपराद्धं कारणत्वेनेति सेयमुभयतस्पाशा रज्जुः। तदुदितमुदयनेन–

भावो यथा तथाभावः[1] कारणं कार्यवन्मतः। (न्या. कु. १।१०)

इति। तथा च प्रयोगः–विमतं प्रामाण्यं ज्ञानहेत्वतिरिक्तहेत्वधीनं कार्यत्वे सति तद्विशेषाश्रितत्वादप्रामाण्यवत्। प्रामाण्यं परतो ज्ञायते अनभ्यासदशायां सांशयिकत्वादप्रामाण्यवत्। तस्मादुत्पत्तौ ज्ञप्तौ च परतस्त्वे प्रमाणसंभवात्स्वतः-सिद्धं प्रामाण्यमित्येतत्पूतिकूष्माण्डायत इति चेत्–

व्या० : अथ परतःप्रामाण्यवादिनां मतं पूर्वपक्षत्वेनोत्थापयति–किं **च किमिदमिति।** ज्ञानगतः प्रामाण्यरूपो यो धर्मः स किं स्वयं स्वस्मादेवोत्पद्यत उत स्वाश्रयीभूतज्ञानादुत्पद्यतेऽथ वा स्वाश्रयीभूतज्ञानकारणादुत्पद्यत इति पक्षत्रयम्। ज्ञानस्य यानि साधारणानि कारणानि तस्मादुत्पन्नो यो ज्ञानविशेषरुस्तद्वृत्तित्वं प्रामाण्यस्येति चतुर्थः पक्षः। ज्ञानस्य यानि साधारणानि कारणानि तन्मात्रादुत्पन्नो यो ज्ञानविशेषस्तद्वृत्तित्वं प्रामाण्यस्येति पञ्चमः पक्षः। **सावद्यः।** निन्द्यः। **द्रव्यत्वापातादिति।** तदुक्तम्–

समवायिकारणत्वं द्रव्यस्यैवेति विज्ञेयम्। (भा. प. २३) इति।

ज्ञानं त्वात्मनो गुण इति न स कदापि कस्यापि समवायिकारणं भवतीति भावः। **प्रामाण्यस्येति।** प्रामाण्यं हि प्रमाणभूतानेकज्ञानवृत्तिः सर्वानुगतो धर्मविशेषः। ईदृशो धर्मः सामान्यमित्युच्यते। जात्युपाधिभेदेन सामान्यस्य द्वैविध्यं तर्ककौमुद्यामुक्तम्। तत्र प्रामाण्यस्य जातित्वे तस्य नित्यत्वान्न जन्मसंभवः। यदि च प्रत्यक्षत्वादिभिः सांकर्यात्प्रामाण्यं न जातिरित्युच्यते तदा तस्योपाधिस्वरूपत्वम्। उपाधिश्च सखण्डाखण्डभेदेन द्विविधः। तत्र प्रामाण्यस्याखण्डोपाधिस्वरूपत्वे नित्यत्वमेव। सखण्डोपाधेस्तु यथायथं द्रव्याद्यन्यतमस्वरूपत्वात्क्वचिन्नित्यत्वं क्वचिद नित्यत्वम्। यथा पृथिवीत्वादिना सांकर्याच्छरीरत्वं न जातिः। किं तूपाधिः। तथा च शरीरे यच्चेष्टाश्रयत्वं तदेव शरीरत्वं नान्यत्। चेष्टाश्रयस्य भावश्चेष्टाश्रयत्वम्। तच्च चेष्टास्वरूपमेव। प्रकृतिजन्यबोधे प्रकारो भाव इति वैयाकरणसिद्धान्तात्। चेष्टा च हिताहितप्राप्तिपरिहारार्था क्रिया। एवं च शरीरत्वस्य क्रियारूपोपाधिस्वरूप-त्वेनानित्यत्वम्। अत्र तु प्रामाण्यं यथार्थानुभवत्वमित्युक्तमेव। यथार्थानुभवत्वं

1. तथा अभावः इति परिच्छेदः।

चानुभवनिष्ठं याथार्थ्यम्। अनुभवश्च स्मृतिभिन्नं ज्ञानम्। तस्य याथार्थ्यं च बाधात्यन्ताभावः। बाधितं हि ज्ञानमयथार्थं भवति। तथा चानुभवात्मकज्ञानस्य यो बाधात्यन्ताभावः स एवात्रोपाधिः। अतस्तादृशबाधात्यन्ताभावरूपमेव प्रामाण्यम्। अत्यन्ताभावश्च नित्य एवेति नोपाधिरूपत्वेपि प्रामाण्यस्योत्पत्तिः संभवतीति भावः। तदुत्तरं च प्रथमद्वितीयपक्षयोरपि बोध्यम्। **अत एव।** नित्यत्वादेव। **ज्ञानविशेष इति।** यथा वस्तुतः शुक्तौ सत्यां तत्र काचादिदोषदूषितेन्द्रियस्य जायमानमिदं रजतमित्याकारकमयथार्थं ज्ञानम्। एतच्च ज्ञानसामान्यसामग्रीजन्यं भवत्येव। ज्ञानस्य सामान्यसामग्री हीन्द्रियप्रकाशादिका। इदं रजतमित्युक्तायथार्थज्ञाने च यद्यपि दुष्यनीन्द्रियाणि कारणानि भवन्ति तथापि तानीन्द्रियत्वं नातिक्रामन्त्येवेति ज्ञानसामान्यसामग्रीजन्यत्वं न विहन्यते। यथा वृक्षस्य सामान्यकारणं मृज्जलादिसहकृतं बीजम्। वृक्षविशेषभूतायाः शिंशपायास्तु तादृशो बीजविशेषः। स च बीजविशेषोपि बीजमेव। यदि बीजं न भवेत्तर्हि वृक्षविशेषोत्पत्तिर्बीजं विनैवेत्याकस्मिकी स्वीकर्तव्या स्यात्। तथा चोक्तमयथार्थज्ञानं ज्ञानसामान्यसामग्रीजन्यो ज्ञानविशेषः। तदाश्रितं चाप्रामाण्यमित्यप्रामाण्ये प्रामाण्यलक्षणप्रसक्त्यातिव्याप्तिरिति भावः। यद्यप्ययथार्थं ज्ञानं ज्ञानसामान्यसामग्रीजन्यं भवति तथापि दोषस्याधिकस्य तत्र कारणत्वेन ज्ञानसामान्य-सामग्रीमात्रजन्यं न भवतीत्येतदभिप्रायेण मात्रपदघटितत्वेन पञ्चमपक्षस्योत्थानम्। **किं दोषाभावेति**ः यथा अयथार्थज्ञानस्थले सामान्यसामग्र्यपेक्षयाधिकस्य दोषरूपकारणस्य सत्त्वेन मात्रपदेन व्यावृत्तिः कृता तथा यथार्थज्ञानस्थले सामान्यसामग्र्यपेक्षया अधिकस्य दोषाभावरूपकारणस्य सत्त्वेन मात्रपदेन तत्र व्यावृत्तिर्न क्रियतेथ वा क्रियत इति विकल्पः। तत्र मात्रपदेन यदि व्यावृत्तिः क्रियते तर्हि प्रामाण्यलक्षणस्य न किमप्युदाहरणमित्यसंभव एव स्यादतो न दोषाभावस्य व्यावृत्तिरित्यभिप्रायेणाद्यपक्षोत्थितिः। यथार्थज्ञाने दोषाभावस्य कारणत्वमेव नास्तीत्यतस्यस्य व्यावृत्तावपि न क्षतिरित्यभिप्रायेण द्वितीयपक्षस्योत्थितिः। **नापि द्वितीय इति।** यथार्थज्ञाने दोषाभावस्य न कारणत्वमिति यदुच्यते तत्किं ज्ञानं जनयतामिन्द्रियादीनां दोषाभावः केवलं साहाय्यं करोति न तु पार्थक्येन तस्य ज्ञानं प्रतिकारणत्वमित्यभिप्रायेणाथ वा निःस्वरूपस्याभावस्य न क्वापि कारणत्वमित्यभिप्रायेण। आद्य आह–**दोषाभावसहकृतत्वेनेति।** सति दोषाभावे यथार्थज्ञानोत्पत्तिरसति नेत्यन्वयव्यतिरेकाभ्यां यथार्थज्ञानं प्रति दोषाभावस्य कारणता दुर्निवारेति भावः। द्वितीय आह–**अभाव इति। अथास्तीति।** कार्यत्वमिति शेषः। **भावो यथेति।** अभावस्य निःस्वरूपत्वात्तस्य समवायिकारणत्वं न संभवतीति चेन्माभून्नाम। निमित्तकारणत्वं तु तस्य स्वीकार्यमेव। बाधकाभावात्। एवं पञ्चभिरपि

प्रकारैः स्वतःप्रामाण्यस्य निर्वक्तुमशक्यतयार्थादेव परतः प्रामाण्यं स्वीकार्यं भवति। तत्रानुमानमपि प्रमाणमित्याह–**तथा चेति।** प्रामाण्यं यथार्थज्ञानत्वम्। अयं पक्षनिर्देशः। ज्ञानसामान्यकारणव्यतिरिक्तो हेतुश्च दोषाभावरूपः। तदधीनत्वं साध्यम्। कार्यत्वे सति ज्ञानविशेषाश्रितत्वं हेतुः। एवं प्रामाण्यस्योत्पत्तौ परतस्त्वं प्रसाध्य ज्ञप्तौ परतस्त्वमनुमानेन साधयति–**प्रामाण्यमिति। परत इति।** न तु ज्ञानज्ञापकसामग्रीमात्रादेव। ज्ञानं येन ज्ञायते तन्मात्रादेव न तादृशज्ञानगतं प्रामाण्यं ज्ञायते। तथा हि–पूर्वदृष्टेन पथा गच्छतः कस्यचिद्दूरत इदं जलमिति ज्ञाने जाते सतीदं ज्ञानं प्रमा न वेति संशयो भवति। पश्चात्संनिहितं गतस्य तस्य जलोपलम्भानन्तरं पूर्वमुत्पन्नं जलज्ञानं प्रमा फलत्वप्रवृत्तिजनकत्वात्। यन्न प्रमा न तत्फलवत्प्रवृत्तिजनकं यथा अप्रमेत्यनुमानेन प्रामाण्यं ज्ञायते। यदि प्रामाण्यं ज्ञानज्ञापकसामग्र्यैव ज्ञायेत तदा ज्ञानोत्पत्त्यनन्तरमेवान्तरप्रत्यक्षेण ज्ञानस्य ज्ञातत्वातद्गतप्रामाण्यस्यापि तदानीमेव। ज्ञातत्वासंशयोत्पत्तिर्न स्यादिति भावः। **पूतिकूष्माण्डं** शशशृङ्गादिरिवासंभवी पदार्थः।

Neither can it be the latter alternative; for, inasmuch as it is certain that the absence of a 'defect' is found combined with the various instrumental causes, this absence of a 'defect' is fixed as by adamantine glue to be a cause of right knowledge, since right knowledge will always accompany its presence, and be absent if it is absent,[1] and it will at the same time be not an unimportant condition.[2] If you object that non-existence (or absence) cannot be a cause, we reply by asking you whether non-existence can be an effect or not? If it cannot, then we should have to allow that cloth is eternal, as its "emergent non-existence" or destruction would be impossible. If it can be an effect, then why should it not be a cause also? So this rope binds you at both ends. This has also been said by Udayana [in his Kusumāñjali, i. 10]—

> "'As existence, so too non-existence is held to be a cause as well as an effect.'

"The argument, in my opinion, runs as follows:—Right

1. *Scil.* if there be *doṣābhāva* there is *pramā;* if not, not. In p. 132, line 20, I read *doṣābhāvatvena* for *doṣābhāvasahakṛtatvena.*
2. *Anyathāsiddhatvam* means *niyatapūrvavartitve sati anāvaśyakatvam.*

knowledge depends on some cause[1] other than the common causes of knowledge, from the very fact that, while it is an effect, it is also knowledge, just as wrong knowledge does.[2] Authoritativeness is known through something external to itself [*e.g.*, inference], because doubt arises in regard to it in an unfamiliar case, as we also see in non-authoritativeness.

"Therefore, as we can prove that authoritativeness is both produced and recognised by means of something external, the Mīmāṁsā tenet that 'authoritativeness is self-proved' is like a gourd overripe and rotten."

तदेतदाकाशमुष्टिहननायते। विज्ञानसामग्रीजन्यत्वे सति तदतिरिक्तहेत्व-जन्यत्वं प्रमायाः स्वतस्त्वमिति निरुक्तिसंभवात्। अस्ति चात्रानुमानम्। विमता प्रमा विज्ञानसामग्रीजन्यत्वे सति तदतिरिक्तजन्या न भवति। अप्रमात्वान-धिकरणत्वात्। घटादिप्रमावत्। न चौदयनमनुमानं परतस्त्वसाधकमिति शङ्कनीयम्। प्रमा दोषव्यति रिक्तज्ञानहेत्वतिरिक्तजन्या न भवति ज्ञानत्वादप्रमावदिति प्रतिसाधनग्रहग्रस्तत्वात्। ज्ञानसामग्रीमात्रादेव प्रमोत्पत्तिसंभवे तदतिरिक्तस्य गुणस्य दोषाभावस्य वा कारणत्वकल्पनायां कल्पनागौरवप्रसङ्गाच्च। ननु दोषस्याप्रमाहेतुत्वेन तदभावस्य प्रमां प्रति हेतुत्वं दुर्निवारमिति चेत्-न। दोषाभावस्याप्रमाप्रतिबन्धकत्वेनान्यथासिद्धत्वात्।

तस्माद्गुणेभ्यो दोषाणामभावस्तदभावतः।
अप्रामाण्यद्वयासत्त्वं तेनोत्सर्गोऽनपोदितः॥ इति।

तथा प्रमाज्ञप्तिरपि ज्ञानज्ञापकसामग्रीत एव जायते। न च संशयानुदयप्रसङ्गो बाधक इति युक्तं वक्तुम्। सत्यपि प्रतिभासपुष्कलकारणे प्रतिबन्धकदोषादि-समवधानात्तदुपपत्तेः। किं च तावकमनुमानं स्वतः प्रमाणं न वा। आद्येनैकान्तिकता। द्वितीये तस्यापि परतः प्रामाण्यमेवं तस्य तस्यापीत्यनवस्था दुरवस्था स्यात्।

व्या० : तदेतदिति। आकाशस्य मुष्ट्या हननं तथा न संभवति तथैवैतत्पूर्वपक्षिकृतं स्वतःप्रामाण्यदूषणोद्भावनं न संभवतीत्यर्थः। **तदातिरिक्तजन्या न भवतीति।**

---

1. *Scil.* or the absence of "defect," *doṣābhāva.*
2. Wrong knowledge has *doṣabhāva* or the presence of a "defect" as its cause, in addition to the common causes.

ज्ञानसामान्यसामग्रीत एव ज्ञानविशेषस्य प्रमारूपस्योत्पत्तिर्न तु तत्राधिकस्य गुणस्य दोषाभावस्य वा हेतुत्वम्। दोषस्तु प्रमाप्रतिबन्धकं इति मीमांसकमतम्। **घटादिप्रमावदिति।** पक्षैकदेशोपि साध्यवत्त्वेन निश्चितश्चेदृष्यन्तत्वेनोपादेयो भवत्येव। **औदयनम्।** उदयनेन प्रोक्तम्। **प्रमेति।** दोषापेक्षयातिरिक्तस्तथा ज्ञानसामान्यहेतुभ्यश्च योतिरिक्तस्तज्जन्यत्वाभावः साध्यः। दोषव्यतिरिक्तेति पदानुक्तावप्रमाज्ञानस्य ज्ञानहेत्वतिरिक्तदोषजन्यत्वेन दृष्यन्तता न स्यादस्तदुक्तिः। प्रतिसाधनं साध्याभावसाधकं हेत्वन्तरम्। तद्रूपेण ग्रहेण ग्रस्तमुदयनोक्तमनुमानम्। तथा च सत्प्रतिपक्ष इत्याशयः। **दोषाभावस्याप्रमेति।** यथा घटं प्रति नियतपूर्ववृत्त्यपि दण्डत्वं दण्डरूपं च घटकारणमुच्यते। तस्य कारणत्वाभावे कुतः पूर्ववृत्तित्वनियम इति चेद्दण्डस्य घटकारणत्वेनाभिमतस्य दण्डत्वेन रूपेण च विनावस्थातुमशक्यत्वात्। अतस्तदन्यथासिद्धम्। तथा प्रमाज्ञानं प्रति नियतपूर्ववृत्तिरपि दोषाभावो न प्रमाज्ञानकारणम्। तस्य पूर्ववृत्तित्वनियमस्तु दोषस्याप्रमाहेतुत्वेन दोषसत्त्वे प्रमोत्पत्तिर्न स्यादिति। तथा च प्रमाज्ञानस्थले नियतपूर्ववृत्तिना दोषाभावेनाप्रमाज्ञानस्य प्रतिबन्धः कृत इत्येव न तु तस्य कश्चन प्रमाज्ञानोत्पादनोपयोगी व्यापारः। तथा च दोषाभावस्य प्रमाज्ञानं प्रति न कारणत्वं किं त्वन्यथासिद्धत्वमिति। ननु प्रमाज्ञानं प्रति गुणस्य कारणत्वानङ्गीकारे कृतं गुणेनेत्यत आह–**तस्मादिति।** गुणेभ्यो हि दोषाणामभावो जायते। दोषाभावाच्च संशयविपर्यययोरसंभवेन द्विप्रकारकमप्यप्रामाण्यं नोत्पद्यते। अप्रामाण्याभावे चोत्सर्गभूतं प्रामाण्यमनपोदितमेव भवति। अपवादाभाव उत्सर्गव्यवस्थितेः। तेनोत्सर्गो नयोदितः इति पाठेपवादाभावे उत्सर्गो नयेनैव स्वभाव एवोदितो भवति न तु तदुदयार्थं कस्यचिदपेक्षेत्यर्थः। एतन्मूलक एव गुणस्य दोषाभावस्य वा प्रामाण्यं प्रति हेतुत्वमिति भ्रमोन्येषामिति भावः।

एवं प्रामाण्यस्योत्पत्तौ स्वतस्त्वमभिधाय ज्ञप्तावपि स्वतस्त्वं साधयति–**तथेति।** प्रमाज्ञप्तिः प्रामाण्यस्य ज्ञानम्। प्रामाण्याश्रयीभूतं ज्ञानं यया साधनसामग्र्या ज्ञायते तयैव तद्गतं प्रामाणं ज्ञायते न तु ततोतिरिक्तस्यानुमानादेरपेक्षेति भावः। **तदुपपत्तेरिति।** संशयोपपत्तेरित्यर्थः। तथा च प्रामाण्यज्ञानं प्रति दोषादयः प्रतिबन्धका इति तात्पर्यम्। **तावकम्।** त्वदीयम्। प्रागुक्त (द. १२ पं. २५०) मुदयनप्रोक्तं प्रामाण्यं परत इति। **अनैकान्तिकतेति।** प्रामाण्यस्य परतो ग्राह्यत्वनियमस्त्वदभिमतो व्यभिचरित इत्यर्थः। **दुरवस्था स्यादिति।** तथा च स्वतःप्रामाण्यमेव स्वीकार्यमिति भावः। किं च सुवर्णरजतादीष्टसाधनवस्तुदर्शने दृष्टमात्र एव तदानयनार्थं सद्यो धावति। न तु मध्येनुमानादिना तादृशज्ञानप्रामाण्यनिश्चयः क्रियमाणोनुभूयते। परतः प्रामाणे तु झटिति प्रवृत्तिर्न स्यात्।

This long harangue of our opponent, however, is but a vain attempt to strike the sky with his fist; for (a) we mean by our phrase "self-proved" that while right knowledge is produced by the instrumental causes of knowledge it is not produced by any other cause (as "defect," etc.,) The following is our argument as drawn out in full:—Right knowledge is not produced by any other instrumental causes than those of knowledge, while, at the same time, it is produced by these, because it is not the site of wrogness of knowledge,—just like a jar.[1] Nor' can Udayana's[2] argument be brought forward as establishing the dependence of authoritativeness on something external, for it is swallowed up by the dragon of the equally potent contradictory argument. "Right knowledge is not produced by any cause which is other than the causes of knowledge and is also other than 'defect,'[3] from the very fact of its being knowledge—like wrong knowledge." Again, since right knowledge can arise from the causes of knowledge *per se*, it would be a needless complexity to suppose that anything else is a cause, whether you call it a guṇa or the absence of a "defect" (*doṣa*).[4]

---

1. Wrongness of knowledge *(apramātva)* can only reside in knowledge as a characteristic or quality thereof; it cannot reside in a jar. The jar is, of course, produced by other instrumental causes than those of knowledge (as, *e.g.*, the potter's stick, etc.), but it is not produced by these other causes *in combination* with being also produced by the instrumental causes of knowledge (with which it has nothing directly to do); and so by a quibble, which is less obvious in Sanskrit than in English, this wretched sophism is allowed to pass muster. The jar is not produced by any other instrumental causes than those of knowledge, while at the same time it is produced by these.
2. I suppose this is the argument given at the close of the previous long pūrva-pakṣa.
3. These words "and is other than defect" *(doṣa-vyatirikta)* are, of course, meaningless as far as right knowledge is concerned; they are simply added to enable the author to bring in "wrong knowledge" as an example. Wrong knowledge is caused by the causes of knowledge *plus* "defect;" right knowledge by the former alone.
4. The Nyāya holds that wrong knowledge is produced by a "defect", as jaundice, etc., in the eye, and right knowledge by a *guṇa* or "virtue" (as the direct contact of the healthy organ with a true object), or by the absence of a "defect."

"But surely if the presence of a defect is the cause of wrong knowledge, it is difficult to deny that its absence must be a cause of right knowledge?" We meet this, however, by maintaining that the absence of defect is only an indirect and remote cause, as it only acts negatively by preventing wrong knowledge. As it has been said—

> "Therefore we reasonably conclude from the presence of *guṇas* the absence of 'defects,'[1] from their absence the non-existence of the two kinds of non-authoritativeness,[2] and from this the general conclusion."[3]

(b) We maintain that the recognition of right knowledge is produced by the same causes only which make us perceive the first knowledge[4] [*sc.* the eye, mind, etc.] Nor can you object that this view is precluded, because it would imply that there could be no such thing as doubt; for we answer that doubt arises in cases where, although all the causes which produce knowledge are present, there is also the simultaneous presence of some opposing cause, as a "defect," etc.

As for your argument [O Naiyāyika! given *supra,* in p. 198, lines 17-24], I ask, Is your own argument an authoritative proof by itself or not? If it is, it proves too much [for it would properly apply to itself and lead us to infer its own dependence on external proof, whereas you hold it to be independent of such]; and if it is not, we should have a case of *regresses in infinitum,* for it will want some other proof to confirm its authoritativeness, and this too in its turn will want some fresh, proof, and so on for ever.

---

1. The *guṇa* of an organ is not properly a cause of *pramā* but rather *doṣābhāva-bodhaka.*
2. *Scil.* "doubtful" *(sandigdha)* and "ascertaineed non-authoritativeness" *(niścitāprāmāṇya).*
3. *Utsarga* is a general conclusion which is not necesssarily true in every particular case; but here it means the conclusion that "right knowledge has no special causes but the common causes of knowledge, the eye," etc.
4. The first knowledge is "This is a jar," the second knowledge is the cognition of this perception in the form "I perceive the jar;" and simultaneously with it arises the cognition of the truth of the perception, *i.e.,* its authoritativeness or *prāmāṇya.*

यदत्र कुसुमाञ्जलावुदयनेन झटिति प्रचुरप्रवृत्तेः प्रामाण्यनिश्चयाधीनत्वाभावमापादयता प्रण्यगादि। प्रवृत्तिर्हीच्छाग्नपेक्षते। तत्प्राचुर्यं चेच्छाप्राचुर्यम्। इच्छा चेष्टसाधनताज्ञानम्। तच्चेष्टजातीयत्वलिङ्गानुभवम्। सोपीन्द्रियार्थसंनिकर्षम्। प्रामाण्यग्रहणं तु न क्वचिदुपयुज्यत इति। तदपि तस्करस्य पुरस्तात्कक्षे सुवर्णमुपेत्य[1] सर्वाङ्गोद्घाटनमिव प्रतिभाति। यतः समीहितसाधनताज्ञानमेव प्रमाणतयावगम्यमानमिच्छां जनयतीत्यत्रैव स्फुट एव प्रामाण्यग्रहणस्योपयोगः। किं च क्वचिदपि चेन्निर्विचिकित्सा प्रवृत्तिः संशयादुपपद्येत तर्हि सर्वत्र तथाभावसंभवात्प्रामाण्यनिश्चयो निरर्थकः स्यात्। तथोक्तम्–अनिश्चितस्य सत्त्वमेव दुर्लभमिति। यदि सत्त्वं सुलभं भवेत्तदा प्रामाण्यं दत्तजलाञ्जलिकं भवेदित्यलमतिप्रपञ्चेन।

यस्मादुक्तम्–

> **तस्मात्सद्बोधकत्वेन प्राप्ता बुद्धेः प्रमाणता।**
> [2]**अर्थान्यथात्वहेतूत्थदोषज्ञानादपोद्यते** ।। इति।

व्या० : नैयायिकास्तु न सर्वत्र प्रवृत्तिर्ज्ञानप्रामाण्यनिश्चयमपेक्षते। किं तु तादृशस्थले प्रामाण्यनिश्चयं विनैव प्रवृत्तिः। अनुभवोपि तथैवेत्याहुः। तदेतन्मतमनूद्य दूषयति–**यदत्रेति। तत्प्राचुर्यं चेति।** प्रवृत्तिप्राचुर्यं कर्तृभूतमिच्छाप्राचुर्यमपेक्षते। यथायथेच्छा बलवती स्यात्तथा तथा तदनुसारेण प्रवृत्तिरपि बलवती भवति। शैघ्र्येणेति यावत्। **इष्टसाधनताज्ञानमिति**। अपेक्षत इति संबध्यते। एवमग्रेप्यपेक्षत इत्यस्य संबन्धो बोध्यः। **निर्विचिकित्सा**। संशयरहिता। निश्चितेति यावत्। यदि संशयाज्जायमानायाः प्रवृत्तेरेकमप्युदाहरणं निश्चितं भवेत्तर्हि सर्वत्र तथात्वसंभवात्प्रामाण्यनिश्चयो वृथा स्यात्। तथा च न संशयात्क्वचिदपि प्रवृत्तिः। अनिश्चिते वस्तुनि सत्त्वस्यैव दुर्लभत्वात्। **तस्मादिति।** सद्वस्तुबोधकत्वेन बुद्धेः प्रामाण्यम्। अर्थस्य शुक्त्यादेर्यदन्यथात्वं रज्जतरूपेणावभासनं तद्धेतोः सकाशादुत्पन्नं यद्दोषज्ञानं तस्मात्तत्प्रामाण्यमपोद्यत इत्यर्थः।

As for the argument urged by udayana[3] in the Kusumāñjali, when he tries to establish that immediate and vehement action

---

1. अपलपतः for उपेत्य D.
2. अथ for अर्थ D.
3. This seems to be a quotation of Udayana's own words, and no doubt is taken from his every rare prose commentary on the Kusumāñjali, a specimen of which I printed in the preface to my edition. This passage must come from the fifth book (v. 6?)

does not depend on the agent's certainty as to the authoritativeness of the speech which sets him acting: "Action depends on wish, its vehemence that of the wish,[1] wish on the knowledge that the thing wished for is a means to attain some wished-for end, and this is only ascertained by an inference based on some 'sign' which proves that the thing is closely connected with the wishedfor end, and this inference depends on the things being in direct contact with the agent's senses; but throughout the whole series of antecedent steps the Mīmāṁsā idea of the perception of authoritativeness is never once found as a cause of action." All this appears to us simple bluster, like that of the thief who ostentatiously throws open all his limbs before me, when I had actually found the gold under his armpit. It is only the knowledge that the thing is a means to attain the desired end; and this knowledge recognised as authoritative and right knowledge, which causes the definite volition to arise at all; and in this we can distinctly trace the influence of that very perception of authoritativeness [whose existence he so vehemently pretended to deny]. If unhesitating action ever arose in any case from doubt, then, as it might always arise so in every given case, all ascertainment of authoritativeness would be useless; and as the very existence of what is unascertained is rendered , uncertain, poor authoritativeness would have to be considered as dead and buried! But enough of this prolix controversy; since it has been said—

> "Therefore the authoritativeness of a cognition, which (authoritativeness) presented itself as representing a real fact, may be overthrown by the perception of a 'defect,' which perception is produced by some sign that proves the discrepancy between the cognition and the fact."[2]

तस्माद्धर्मे स्वतःसिद्धप्रमाणभावे ज्योतिष्टोमेन स्वर्गकामो यजेतेत्यादिविध्यर्थ-वादमन्त्रनामधेयात्मके वेदे यजेतेत्यत्र तप्रत्ययः प्रकृत्यर्थोपरक्तां भावनामभिधत्त

1. I read *tat-prācuryam* for *tatprācurye* in p. 134, line 7.
2. This stanza affirms that according to the Mīmāṁsā school, while authoritativness is self-proved, non-authoritativeness is proved from something else (as inference, etc.)

इति सिद्धे व्युत्पत्तिमभ्युपगच्छतामभिहितान्वयवादिनां भट्टाचार्याणां सिद्धान्तः। यागविषयं नियोगमिति कार्ये व्युत्पत्तिमनुसरतामन्विताभिधानवादिनां प्रभाकरगुरूणां सिद्धान्त इति सर्वमवदातम्।।

इति श्रीमत्सायणमाधवीये सर्वदर्शनसंग्रहे जैमिनिदर्शनम्।।

व्या० : विध्यर्थवादेति। तत्राज्ञातार्थज्ञापको वेदभागो विधिः। यथाग्निहोत्रं जुहुयात्स्वर्गकामः। अयं च मानान्तरेणाप्राप्तस्वर्गप्रयोजनवद्धोमं विधत्ते। अग्निहोत्रहोमेन स्वर्गं भावयेदति वाक्यार्थः। प्राशस्त्यनिन्दान्यतरपरं वाक्यमर्थवादः। यथा वायुर्वै क्षेपिष्ठा देवता (तै. स. २।१।१) इति। अयं चार्थवादो वायुदेवतास्तुतिद्वारा वायव्यं श्वेतमालभेत (तै० सं० २।१।१) इति विधेः प्राशस्त्यं बोधयति। यथा च सोरोदीत्तद्रुद्रस्य रुद्रत्वम् (तै०सं० १।५।१) इति। अयं चार्थवादो रोदनाद्रजतोत्पत्तिबोधनद्वारा बर्हिषि रजतं न देयमिति निषेधापयोगिनीं रजतनिन्दां बोधयति। प्रयोगसमवेतार्थस्मारको वेदभागो मन्त्रः। यथा स्योनं ते सदनं कृणोमि (तै. ब्रा. ३।६) इति। पुरोडाशस्य सुखकरासनकरणरूपार्थप्रकाशनद्वारास्य यज्ञादिकर्मण्युपयोगः। अर्थश्च मन्त्रैरेव स्मर्तव्यो न प्रकारान्तरेणेति नियमाश्रयणान्मन्त्राम्नानं न व्यर्थम्। उद्भिदा यजेतेत्यादावुद्भिदादयः शब्दा यागविशेषनामधेयभूताः। **भावनामभिधत्त इति।** तप्रत्ययो हि पाणिनिना विध्यर्थकत्वेन विधीयते। विधिश्च शाब्दी भावनैवेति कुमारिलभट्टाचार्यमतम्। आर्थी भावनापि तप्रत्ययवाच्यैव। भावनाद्वयस्वरूपं तयोः संबन्धश्च प्रागुक्तः (पृ. २६४ प. २४)। यजेतेत्यत्र प्रकृतिर्यजधातुः। तदर्थो यागः। तादृशयागविषयिणी प्रवृत्तिरार्थी भावना। तादृशार्थभावनाफलिका शाब्दी भावना श्रुतिकर्तृकप्रेरणारूपेत्यर्थः। **सिद्धे व्युत्पत्तिमिति।** इत्थं हि प्रभाकरगुरूणां मतम्। वृद्धव्यवहारो हि शक्तिग्राहक-शिरोमणिभूतः। तस्माज्जायमानो गवादिपदानां शक्तिग्रहः कार्यान्वित एव गवाद्यर्थे न तु केवले। नापीतरान्वितमात्रे। विधिविषयभूतानयनक्रियान्वितां गां दृष्ट्वैव शक्तिग्रहस्य जायमानत्वात्। विधिश्च न शाब्दी भावना। किं तु नियोगः। कस्यचित्क्वचित्कर्मणि विनियोग इति यावत्। तादृशविधिविषयीभूतनयनक्रियायां नीधातोः शक्तिः। तादृशानयनक्रियान्वितेषु गवाद्यर्थेषु गवादिपदानां शक्तिः। तथा च सर्वेषां पदानां कार्यान्वितेर्थे शक्तिः सिद्धा। सिद्धवाक्येषु तु कार्यांशाभावेन सर्वत्रागत्या लक्षणाश्रयणीया भवतु नामेति। परं त्वेतत्कुमारिलभट्टाचार्या न सहन्ते। प्रथमतः कार्यान्विते शक्तिग्रहेपि पश्चात्कार्यांशत्याग एव। सर्वत्र सिद्धवाक्येषु लक्षणाश्रयणं तु क्लिष्टम्। अगत्या स्वीकर्तव्येत्यपि न। तज्ज्ञानामपि सिद्धवाक्येषु सर्वत्र लक्षणाया बुद्धावनारोहात्। लक्षणाहेतोर्मुख्यार्थबाधाद्वेरप्ययनुभवात्। कार्यांशत्यागवत्पश्चादन्वयांशस्यापि त्याग एव। आकाङ्क्षायोग्यतादिवशेन तदुपस्थित्या तस्यान्यलभ्यत्वात्। अनन्यलभ्यस्यैव शब्दार्थत्वादिति। **अभिहितेति।** अन्वयांशरहिता एव शब्दैः स्वार्था अभिधीयन्ते।

अभिहितानां च तेषामाकाङ्क्षादिवशादन्वयो भवतीत्येवंवादिनामित्यर्थः। **नियोगमिति।** तप्रत्ययोभिधत्ते इति संबध्यते। **अन्वितेति।** अन्वितमेवार्थं शब्दोभिधत्त इति वादिनामित्यर्थः।।

।। इति सर्वदर्शनसंग्रहव्याख्यायां दर्शनाङ्कुराभिधायां जैमिनिदर्शनं समाप्तम्।।

Now with regard to the Veda, which is the self-proved and authoritative criterion in regard to duty, [we have the following divergency between the two great Mīmāṁsā schools) :—The Veda is composed of three portions, respectively called "hymns" (*mantra*), "explanatory passages" (*arthavāda*), and "injunctions" (*vidhi*) ; and by "injunction" we mean such sentences as "Let him who desires heaven sacrifice with the Jyotiṣṭoma." Here *ta*, the affix of the third person singular, denotes an enjoining power, which is "coloured" [or rendered definite] by the meaning of the root, according to the opinion of the followers of Bhaṭṭa Kumārila, who maintain that words signify[1] something definite by themselves [apart from the sentence]. The followers of Guru Prabhākara, on the contrary, hold that the whole sentence is a command relating to the sacrifice, as they maintain that words only signify an action or something to be done.[2] Thus all has been made plain.

E.B.C.

---

1. I take *vyutpatti* here as used for *śakti; siddhe* means *ghaṭādau.*
2. These are the two great Mimāṁsā schools. The former, called *abhihitānvaya-ādinaḥ,* hold (like the Naiyāyika school) that words by themselves can express their separate meaning by the function *abhidhā* or "denotation;" these are subsequently combined into a sentence expressing one connected idea. The latter, called *anvitābhidhāna-vādinaḥ,* holds that words only express a meaning as parts of a sentence and grammatically connected with each other; they only mean an action or something connected with an action. In *gām ānaya, gām* does not properly mean *gotva,* but *ānayanānvita-gotva, i.e.,* the bovine genus as connected with "bringing." We cannot have a case of a noun without some governing verb, and *vice versa.* Cf. Waitz, as quoted by Professor Sayce (*Comparative Philology,* page 136): "We do not think in words but in sentences; hence we may assert that a living language consists of sentences, not of words. But a sentence is formed not of single indepencdnet words, but of words which refer too one another in a particular manner, like the corresponding thought, which does not consist of single independent ideas, but of such as, connected, form a whole, and determine one another mutually."

Chapter XIII
The Pāṇinīya System[1]

अथ पाणिनिदर्शनम्

नन्वयं प्रकृतिभागोयं प्रत्ययभाग इति प्रकृतिप्रत्ययविभागः कथमवगम्यत इति चेत्–पीतपातञ्जलजलानामेतच्चोद्यं चमत्कारं न करोति। व्याकरणशास्त्रस्य प्रकृतिप्रत्ययविभागप्रतिपादनपरतायाः प्रसिद्धत्वात्। तथा हि पतञ्जलेर्भगवतो महाभाष्यकारस्येदमादिमं वाक्यम्–अथ शब्दानुशासनम् (पात. म. भा. १ ।१ ।१) इति। अस्यार्थः–अथेत्ययं शब्दोधिकारार्थः प्रयुज्यते। अधिकारः प्रस्तावः। प्रारम्भ इति यावत्। शब्दानुशासनशब्देन च पाणिनिप्रणीतं व्याकरणशास्त्रं विवक्ष्यते। शब्दानुशासनमित्येतावत्यभिधीयमाने संदेहः स्यात्। किं शब्दानुशासनं प्रस्तूयते न वेति। तथा मा प्रसाङ्क्षीदित्यथशब्दं प्रायुङ्क्त। अथशब्दप्रयोगबलेनार्थान्तर-व्युदासेन प्रस्तूयत इत्यस्यार्थस्याभिधीयमानत्वात्। अनेन हि वैदिकाः शब्दाः शं नो देवीरभिष्टये (अथर्वसं. १ ।१) इत्यादयस्तदुपकारिणो लौकिकाः शब्दा गौरश्वः पुरुषो हस्ती शकुनिरित्यादयश्चानुशिष्यन्ते व्युत्पाद्यसंस्क्रियन्ते प्रकृतिप्रत्यय-विभागवत्तया बोध्यन्ते इति शब्दानुशासनम्।

व्या० : प्रकृतिभाग इति। यस्मात्प्रत्ययो विधीयते स प्रकृतिभागः। यथा रामः इति पदे रामेति प्रकृतिः। विसर्गः प्रत्ययः। रामेति प्रातिपदिके च रमधातुः प्रकृतिः। अकारः प्रत्ययः। एवं क्रियापदेप्यूह्यम्। **पीतेति**। पतञ्जलिना प्रोक्तं पातञ्जलं

1. Mādhava uses this peculiar term because the grammarians adopted and fully developed the idea of the Pūrva-Mimāṁsī school that sound in eternal. He therefore treats of *sphoṭa* here, and not in his Jaimini chapter.

व्याकरणमहाभाष्यम्। तद्रूपं जलं यैः पीतं तेषां कृतव्याकरणमहाभाष्याध्ययनानामित्यर्थः। **महाभाष्यकारस्येति।** एतच्च वाक्यं यद्यपि भगवता पतञ्जलिना व्याख्यातं तथापि तदन्यस्येति न भ्रमितव्यम्। किं तु स्वस्यैव वाक्यं स्वेनैव व्याख्यातम्। तथा च भाष्यलक्षणम्–

सूत्रार्थो वर्ण्यते यत्र वाक्यैः सूत्रानुसारिभिः।
स्वपदानि च वर्ण्यन्ते भाष्यं भाष्यविदो विदुः।। इति।

कैयटेनापि तत्रैवमुक्तम्–स्ववाक्यं व्याख्यातुं तदवयवमथशब्दं तावद्व्याचष्ट इति। **प्रस्तूयते न वेति।** प्रस्तूयते प्रारभ्यते। शब्दानुशासनमित्येतावदुक्तौ वाक्यपरिपूर्तिसंपादनायान्वययोग्यक्रियापदमवश्यमध्याहार्यं भवति। तच्च किं प्रस्तूयते इत्यथ वान्यत्किंचित्स्तूयत इत्यादिकमिति संदेहो भवति। अथशब्दप्रयोगे तु तस्य प्रारम्भार्थकत्वात्तदानुगुण्येन प्रस्तूयत इत्यस्यैव क्रियापदस्याध्याहारो भवति। यद्यपि स्तूयत इत्याद्यध्याहारेण वाक्यपरिपूर्तिरन्वयश्च संभवति तथाप्यथशब्दार्थत्वेन प्रारम्भणक्रियात्रोपस्थिता भवति न तु स्तवनादिकेति न तद्वाचकक्रियापदाध्याहारः। शब्दानुशासनशब्दस्य व्युत्पत्तिप्रदर्शनपूर्वकं तस्य व्याकरणार्थकत्वं साधयति–**अनेन हीति।** शब्दा अनुशिष्यन्तेनेति शब्दानुशासनं व्याकरणशास्त्रम्। **तदुपकारिण इति।** अर्थप्रकाशनद्वारेति भावः। वृद्धव्यवहारादिभिः शक्तिग्राहकप्रमाणैर्लोके शब्दशक्तिमवधार्य तदनुसारेण।

लोकावगतसामर्थ्यः शब्दो वेदेपि बोधकः।

इति न्यायेन वैदिकशब्दार्थबोधने प्रवृत्तेः। लोकावलोकितां पदशक्तिं पदार्थयोग्यता च स्वीकृत्यैव वेदस्य प्रचारात्।

If any one asks, "Where are we to learn how to separate a root and an affix so as to be able to say, 'This part is the original root and this is an affix,'" may we not reply that to those who have drunk the waters of Patañjali this question produces no confusion, since it is notorious that the rules of grammar have reference to this very point of the separation of the original roots and affixes? Thus the very first sentence of the venerable Patañjali, the author of the "Great commentary," is "*atha śabdānuśāsanam,*" "Now comes the exposition of words." The particle *atha* ("now") is used here as implying a new topic or a commencement; and by the phrase, "exposition of words" is meant the system of grammar put forth by Pāṇini. Now a doubt might here arise as to whether this phrase implies that the exposition of words is to be the main topic or not; and it is to obviate any such doubt that he employed the particle *atha*, since this particle implies that what follows is to be treated as the main topic to the exclusion of everything else.

The word "exposition" (*anuśāsana*), as here used, implies that thereby Vaidic words, such as those in the line *śaṁ no devīr abhiṣṭaye,*[1] etc., and seculər words as ancillary to these as the common words for "cow," "horse," "man," "elephant," "bird," etc., are made the subject of the exposition, *i.e.*, are deduced from their original roots and properly formed, or, in other words, are explained as divided into root and affix. We must consider that the compound in this phrase represents a genitive of the object [*śabdānuśāsanam* standing for *śabdasyānuśāsanam*], and as there is a rule of Pāṇini (*karmaṇi ca*, ii. 2, 14), which prohibits composition in such a construction, we are forced to concede that the phrase *śabdānuśāsanam* does not come before us as a duly authorised compound.

अत्र केचित्पर्यनुयुञ्जते–अनुशासिक्रियाया: सकर्मकत्वात्कर्मभूतस्य शब्दस्य कर्तृभूतस्याचार्यस्य प्राप्तौ सत्यामुभयप्राप्तौ कर्मणि (पा. सू. २।३।६६) इत्यनुशासनबलात्कर्मण्येषा षष्ठी विधातव्या। तथा च कर्मणि च (पा. सू. २।२।१४) इति समासप्रतिषेधसंभवाच्छब्दानुशासनशब्दो न प्रमाणपथमवतरतीति। अत्रायं समाधिरभिधीयतेयस्मिन्कृत्प्रत्यये कर्तृकर्मणोरुभयो: प्राप्तिरस्ति तत्र कर्मण्येव षष्ठीविभक्तिर्भवति न कर्तरीति बहुव्रीहिविज्ञानबलान्नियम्यते। तद्यथाश्चर्यो गवां दोहोऽशिक्षितेन गोपालकेनेति। शब्दानुशासनमित्यत्र तु शब्दानामनुशासनं नार्थानामित्येतावतो विवक्षितस्यार्थस्याचार्यस्य कर्तुरुपादानेन विनापि सुप्रतिपादत्वादाचार्योपादानमकिंचित्करम्। तस्मादुभयप्राप्तेरभावादुभयप्राप्तौ कर्मणीत्येषा षष्ठी न भवति। किं तु कर्तृकर्मणो: कृति (पा. सू. २।३।६५) इति कृद्योगे कर्तरि कर्मणि च षष्ठीविभक्तिर्भवतीति कृद्योगलक्षणा षष्ठी भविष्यति। तथा चेध्मप्रव्रश्चनपलाशशातनादिवत्समासो भविष्यति। कर्तर्यपि

1. Rig_Veda, x. 9, 4.

षष्ठी भवतीति केचिद् ब्रुवते। अत एवोक्तं काशिकावृत्तौ–केचिदविशेषेणैव विभाषामिच्छन्ति शब्दानामनुशासनमाचार्येणाचार्यस्य वेति। अथ वा शेषलक्षणेयं षष्ठी। तत्र किमपि चोद्यं नावतरत्येव। यद्येवं तर्हि शेषलक्षणाया: षष्ठ्या: सर्वत्र सुवचत्वात्षष्ठीसमासप्रतिषेधसूत्राणामानर्थक्यं प्राप्नुयादिति चेत्–सत्यम्। तेषां स्वरचिन्तायामुपयोगो वाक्यपदीये हरिणा प्रादर्शि। तदाह महोपाध्यायवर्धमानः–

लौकिकव्यवहारेषु यथेष्टं चेष्टतां जनः।
वैदिकेषु तु मार्गेषु विशेषोक्तिः प्रवर्तताम्।।
इति पाणिनिसूत्राणामर्थवत्त्वमसौ यतः।
जनिकर्तुरिति ब्रूते तत्प्रयोजक इत्यपि।। इति।

तथा च शब्दानुशासनापरनामधेयं व्याकरणशास्त्रमारब्धं वेदितव्यमिति वाक्यार्थः संपद्यते।

व्या० : पर्यनुयुञ्जत इति। पर्यनुयोगः प्रश्नः। पृच्छन्तीत्यर्थः। इत्थं हि प्रष्टुरभिप्रायः–कर्तृकर्मणोरुभयोः प्रसङ्गे कर्मणि षष्ठी भवतीत्युभयप्राप्ताविति सूत्रार्थः। यद्यप्यथ शब्दानुशासनमिति वाक्ये शब्दस्य कर्मण एवोपादानं न तु कर्तुराचार्यस्य तथापि धातोः सकर्मकत्वेनोभयोः कर्तृकर्मणोः प्रसङ्गोस्त्येवेत्यनेन सूत्रेण शब्दानामिति कर्मणि षष्ठी। तस्यां च सत्यां कर्मणि च (पा. सू. २।२।१४) इति सूत्रेण समासो निषिध्यते। तत्र चशब्दस्येतिशब्दार्थकत्वात्कर्मणीति शब्दमुच्चार्य विहिता षष्ठीत्यर्थो लभ्यते। सा चोभयप्राप्तौ कर्मणीति सूत्रेण विहिता। तथा चैत्सूत्रेण यत्र षष्ठी तत्र तदन्तस्य न षष्ठीतत्पुरुषसमास इति कर्मणि चेति सूत्रस्यार्थः। तथा च शब्दानामनुशासनमिति व्यस्तं प्रयोक्तव्यं न तु समस्तमिति। **यस्मिन्निति।** अयं भावः–उभयप्राप्ताविति सूत्रे कर्तृकर्मणोः कृति (पा. सू. २।३।६५) इति पूर्वसूत्रात्कृतीत्यनुवर्तते। तस्योभयप्राप्ताविति विशेषणम्। उभयोः प्राप्तिर्यस्मिन्कृत्प्रत्यये इति व्यधिकरणबहुव्रीहिः। कर्तृकर्मणोरुभयोरर्थयोः षष्ठ्याः प्राप्तिश्चोभयोः प्रयोगे सत्येव संभवति। तथा च यत्र तात्पर्यार्थानुसारेणावश्यक उभयोः प्रयोगस्तत्रोभयोरर्थयोः षष्ठ्या प्राप्तौ कर्मण्येव षष्ठी न तु कर्तरीत्यनेन सूत्रेण नियम्यते। आश्चर्यो गवामित्युदाहरणम् तत्र ह्याश्चर्यं प्रतिपाद्यम्। तच्च यद्यशिक्षितो दोग्धा दुर्दोहा गावश्च दोग्धव्यास्तदैव निर्वहति नान्यथा। अतस्तत्रागोपेनेति कर्तृपदमवश्यं प्रयोक्तव्यं भवति। अतः कर्तृकर्मणोर्विशेष्योपादानादस्त्युभयप्राप्तिः। **इध्मेति।** कर्मषठ्यन्तेध्मशब्दस्य प्रव्रश्चनशब्देन सह षष्ठीतत्पुरुषः। एवं पलाशशातनशब्दोपि। अथोभयप्राप्ताविति सूत्रे बहुव्रीहिबलादुभयोः

प्रयोगः इत्यर्थलाभेप्यावश्यकत्वार्थे न प्रमाणम्। तथा चानावश्यकस्थलेपि द्वयोः प्रयोगे सति तस्य प्रवृत्तिरिति मतं तदात्राचार्यपदाध्याहारेणोभयप्राप्तिसत्त्वादस्य प्रवृत्तौ समासानुपपत्तिरिति चेत्-तत्र समाधानान्तरमाह-**कर्तर्यपीति**। अपिना कर्मणि। **केचिदविशेषेणेति**। उभयप्राप्ताविति नियमस्यापवादभूतं वचनं तत्र पठ्यते-स्त्रीप्रत्यययोरकाकारयोर्नायं नियम इति। भेदिका बिभित्सा वा रुद्रस्य जगत इत्युदाहरणम्। भेदिकेत्यत्र भिदधातोर्भावे अकप्रत्ययः। बिभित्सेत्यत्र बिभित्सेति सन्प्रत्ययान्ताद्भिद-धातोर्भावे अकारप्रत्ययः। अनयोश्च स्त्रियां क्तिन् (पा. सू. ३।३।९४) इत्यधिकारे विहितत्वात्स्त्रीप्रत्ययत्वम्। अत्र कर्मण्येवेति नियमाभावाज्जगत इति कर्मणि रुद्रस्येति कर्तरि च षष्ठी भवति। अपवादभूतं द्वितीयं वचनं च शेषे विभाषेति। स्त्रीप्रत्यय इति संबध्यते। अकारव्यतिरिक्तस्त्रीप्रत्ययेप्युभयप्राप्ताविति नियमो नास्ति। द्वयोरपि षष्ठी। तत्र कर्तरि षष्ठी विकल्पेन भवतीत्यर्थः। विचित्रा जगतः कृतिहरेर्हरिणा वेत्युदाहरणम्। अत्र द्वितीयवचने स्त्रीप्रत्यय इत्यस्य संबंध केचिन्न कुर्वन्ति। किं त्वविशेषेणाका-कारव्यतिरिक्ते भावप्रत्ययमात्रे विकल्पं वदन्तः शब्दानामनुशासनमाचार्येणाचार्यस्य वेत्यत्र कर्तृवाचकादाचार्यपदात्षष्ठीविकल्पमिच्छन्ति। तथा चोभयप्राप्ताविति नियमाप्राप्त्या समासनिषेधो न भवति। **अथ वेति**। षष्ठी शेषे (पा. सू. ३।३।५०) इति हि सूत्रम्। कारकप्रतिपदिकार्थव्यतिरिक्तः स्वस्वामिभावादिः संबन्धः शेषस्तत्र षष्ठी भवतीति तदर्थः। यथा राज्ञः पुरुष इति। वस्तुतः कर्मादीनामपि कर्मत्वादिभिरविवक्षायामनेन षष्ठी यथा ग्रामस्य गच्छतीति। इयमेव शेषलक्षणा षष्ठीति व्यवह्रियते। तथा चात्र शब्दस्य कर्मत्वेनाविवक्षयोभयप्राप्ताविति नियमाप्रवृत्त्या न समासनिषेधः। **आनर्थक्यमिति**। सत्यपि समासनिषेधविधायके शास्त्रे गवां दोह इत्यत्र यदि कर्मत्वस्याविवक्षया गवामिति शेषे षष्ठी क्रियते तर्हि समासे गोदोह इति प्राप्नोत्येवेति किं समासनिषेधेनेति। **स्वरचिन्तायामिति। गोदोह** इत्यत्र शेषषष्ठ्या समासे समासस्य (पा. सू. ६।१।२२३) इतिसूत्रेणान्तोदात्तो भवति। एतदपवादभूतं गतिकारकोपपदात्कृत् (पा. सू. ६।२।१३९) इति तु न प्रवर्तते। पूर्वपदस्य गत्याद्यन्यतमत्वाभावात्। सतोपि कर्मकारकस्य गोः कर्मत्वेनाविवक्षितत्वात्। गतेः कारकादुपपदाच्च परीभूतस्य कृदन्तस्योत्तरपदस्य प्रकृतिस्वरो भवतीति तदर्थः। समासनिषेधाभावे तु कर्मषष्ठ्यन्तस्यापि गोपदस्य दोहशब्देन सह समासः स्यात्। तत्र च पूर्वपदस्य कारकत्वादनेन सूत्रेण दोह इत्युत्तरपदस्य प्रकृतिस्वरः स्यात्। दोह इति घञ्प्रत्ययान्तं ञ्नित्यादिर्नित्यम् (पा. सू. ६।१।१९७) इति सूत्रेणाद्युदात्तम्। गतिकारकोपपदात्कृदिति प्रकृतिस्वरेण तस्यैवावस्थाने गोदोहः इति मध्योदात्तं समस्तं पदं स्यात्। तच्च नेष्यते।

अतः समासनिषेध आवश्यकः। **यथेष्टमिति।** लोकैर्वाक्यप्रयोगकाले प्रायः स्वरानादरणात्। **विशेषोक्तिरिति।** स्वरविशेषमात्रोद्देशेन कृतात एव लौकिकशब्देष्वनुपयुक्ता समासनिषेधशास्त्रादिका विशेषोक्तिर्वैदिकेषु शब्देषु प्रवर्तताम्। अनेन प्रकारेणैव तेषां सूत्राणां साफल्यं भवति। यतोसौ पाणिनिस्तृजकाभ्यां कर्तरि (पा. सू. २।२।१५) इति समासनिषेधं कुर्वन्नपि स्वयमेव जनिकर्तुः (पा. सू. १।४।३०) तत्प्रयोजकः (पा. सू. १।४।५५) इत्येवं समस्तं पदं निर्दिशति। एवं निर्दिशन्पाणिनिः समासनिषेधशास्त्राणि न तादृशस्थले समस्तपदस्यासाधुत्वबोधनार्थं कृतानि किं तु केवलं स्वरविशेषसिद्ध्यर्थमेवेति ध्वनयति।

Here, however, arises a discussion [as to the true application of the alleged rule of Pāṇini], for we hold that, by ii. 3, 66, wherever an object and an agent are both expressed in one and the same sentence in connection with a word ending with a kṛt affix, there the object alone can be put in the genitive and not the agent;[1] this limitation arising from our taking *ubhayaprāpti* in the sūtra as a *bahuvrīhi* compound.[2] Thus we must say, "Wonderful is the milking of cows by an unpractised cowherd." We may, however, remark in passing that some authors do maintain that the agent may in such cases be put in the genitive (as well as the object) ; hence we find it stated in the Kāśikā Commentary : "Some authors, maintain that there should be an option in such cases without any distinction, and thus they would equally allow such a construction as 'the exposition of words *of* the teacher' or '*by* the teacher.'" Inasmuch, however, as the words of the phrase in question really mean that the "exposition" intended relates to *words* and not to *things*, and

1. *Śabdānuśāsana,* if judged by the apparent sense of Pāṇini, ii. 2, 14, would be a wrong compound; but it is not so, because ii. 2, 14 must be interpreted in the sense of ii. 3, 66, whence it follows that the compound would only be wrong if there were an agent expressed *as well as* an object, *i.e.,* if such a word as *ācāryeṇa* followed. In the example given, we cannot say *āścaryo godoho śikṣitena gopālena* (as it would violate ii. 2, 14), neither can we say *āścaryo gavāṁ doho śikṣitasya gopālasya* (as it would violate ii. 3, 66)
2. That is, the *ubhayaprāpti* of ii. 3, 66, is a *bahuvrīhi* agreeing with *kṛtti* in ii. 4, 64. These points are all discussed at some length in the Commentaries on Pāṇini.

since this can be at once understood without any mention of the agent, *i.e.*, the teacher, any such mention would be plainly superfluous; and therefore as the object and the agent are *not* both expressed in one and the same sentence, this is not an instance of the genitive of the object (coming under ii. 3, 66, and ii. 2, 14), but rather an instance of quite another rule, *viz.*, ii. 3, 65, which directs that an agent or an object, in connection with a word ending with a kṛt affix, is to be put in the genitive [which in this instance is expressed by the *tatpuruṣa* compound]; and the compound in question will be strictly analogous to such recognised forms as *idhma-pravraścana, palāśa-śātana* etc.[1] Or we might argue that the genitive case implied in this *ṣaṣṭhītatpuruṣa* is one of the class called "residual," in accordance with Pāṇini's rule (ii. 3, 50), "Let the genitive be used in the residuum," [*i.e.*, in the other constructions not provided for by special rules];[2] and in this way we might defend the phrase against the opponent's attack. "But," it might be replied, "your alleged 'residual genitive' could be assumed everywhere, and we should thus find all the prohibitions of composition in constructions with a genitive case rendered utterly nugatory." This we readily grant, and hence Bhartṛhari in his *Vākyapadīya* has shown that these rules are mainly useful where the question relates to the *accent*.[3] To this effect are the words of the great doctor Vardhamāna—

" In secular utterances men may proceed as they will,
" But in Vaidic paths let minute accuracy of speech be employed.
"Thus have they explained the meaning of Pāṇini's sūtras, since
"He himself uses such phrases as *Janikartuḥ* anti *tatprayojakaḥ*."[4]

1. These actually occur in the Commentaries of Pāṇini, ii. 2, 8; iii. 3, 117, etc.
2. This takes in all cases of relation, *sambandha (i.e., ṣaṣṭhi-sambandha)*.
3. As in such rules as vi. 2, 139.
4. These compounds occur in Pāṇini's own sūtras (i. 4, 30, and i. 4, 55), and would violate his own rule in ii. 2, 15, if we were to interpret the latter without some such saving modification as *ṣaṣṭhi śeṣe*.

Hence it follows that the full meaning of the sentence in question (of the *Mahābhāṣya*) is that "it is to be" understood that the rules of grammar which may be taken as a synonym for 'the exposition concerning words' are now commenced."

तस्यार्थस्य झटिति प्रतिपत्तये अथ व्याकरणमित्येवाभिधीयताम्। अथ शब्दानुशासनमित्यधिकाक्षरं मुधाभिधीयत इति। मैवम्। शब्दानुशासनमित्यन्वर्थ-समाख्योपादाने तदीयवेदाङ्गत्वप्रतिपादकप्रयोजनन्वाख्यानसिद्धेः। अन्यथा प्रयोजनानभिधाने व्याकरणाध्ययनेध्येतॄणां प्रवृत्तिरेव न प्रसजेत्। ननु निष्कारणो धर्मः षडङ्गो वेदोध्येतव्य इत्यध्येतव्यत्वविधानादेव प्रवृत्तिः सेत्स्यतीति चेत्- मैवम्। तथा विधानेपि तदीयवेदाङ्गत्वप्रतिपादकप्रयोजनानभिधाने तेषां प्रवृत्तेरनुपपत्तेः। तथा हि पुरा किल वेदमधीत्याध्येतारस्त्वरितं वक्तारो भवन्ति।

वेदानो वैदिकाः शब्दाः सिद्धा लोकाच्च लौकिकाः।

तस्मादनर्थकं व्याकरणमिति। तस्माद्वेदाङ्गत्वं मन्यमानास्तदध्ययने प्रवृत्तिमकार्षुः। ततश्चेदानींतनानामपि तत्र प्रवृत्तिर्न सिध्येत्। सा मा प्रसाङ्क्षीदिति तदीयवेदाङ्गत्वप्रतिपादकं प्रयोजनमन्वाख्येयमेव। यद्यन्वाख्यातेपि प्रयोजने न प्रवर्तेरंस्तर्हि लौकिकशब्दसंस्कारज्ञानरहितास्ते याज्ञे कर्मणि प्रत्यवायभाजो भवेयुः। धर्माद्धीयेरन्। अतएव याज्ञिकाः पठन्ति-आहिताग्निरपशब्दं प्रयुज्य प्रायश्चित्तीयां सारस्वतीमिष्टिं निर्वपेदिति। अतस्तदीयवेदाङ्गत्वप्रतिपादकप्रयोजनान्वा-ख्यानार्थमथ शब्दानुशासनमित्येव कथ्यते नाथ व्याकरणमिति। भवति च शब्दसंस्कारो व्याकरणशास्त्रस्य प्रयोजनम्। तस्य तदुद्देशेन प्रवृत्तेः। यथा स्वर्गोद्देशेन प्रवृत्तस्य यागस्य स्वर्गः प्रयोजनम्। तस्माच्छब्दानुशिष्टिः संस्कारपदवेदनीया शब्दानुशासनस्य प्रयोजनम्।

व्या० : शङ्कते-**तस्यार्थस्येति**। व्याकरणरूपस्यार्थस्य व्याकरणशब्दाद्यथा शीघ्रं प्रतिपत्तिर्भवेन्न तथा शब्दानुशासनशब्दादिति विलम्बेनार्थोपस्थापकमधिकाक्षरं च शब्दानुशासनमिति निरर्थकमभिहितमिति शङ्काशयः। **तदीयेति**। व्याकरणशास्त्रस्य हि वैदिकशब्दार्थबोधकत्वेन वेदाङ्गत्वम्। स च व्याकरणशास्त्रगतः शब्दार्थबोधकत्वरूपो धर्मः शब्दानुशासनशब्दात्प्रतीयते न व्याकरणशब्दमात्रात्। शब्दानामिदं व्याकरणमिति निर्णयस्य तावन्मात्रादलाभात्। **अनुपपत्तेरिति**। विधिवशात्षडङ्गवेदाध्ययने प्रवृत्तिर्भवतु नाम। परं तु यावद्व्याकरणस्य वेदाङ्गत्वं नावगतं तावत्तत्र प्रवृत्तिर्दुर्लभैव भवेदिति

भावः। **तर्हीति**। संस्कारः प्रकृतिप्रत्ययव्युत्पादनम्। प्रत्यवायः पापम्। अनधीतव्याकरणशास्त्राणां प्रकृतिप्रत्ययव्युत्पादनपूर्वकं शब्दार्थज्ञानाभावेन ते कदाचिदश्वशब्दस्थाने अस्वशब्दमित्येवमपशब्दानपि प्रयुञ्जीरन्। अपशब्दप्रयोगाच्च तेषां पापभाक्त्वं स्यात्। **प्रायश्चित्तीयामिति**।

प्रायः पापमिति प्रोक्तं चित्तं तस्य विशोधनम्।

प्रायश्चित्तशब्दात्तस्मै हितम् (पा. सू. ५।१।५) इति सूत्रेण प्रायश्चित्ताय हितमित्यर्थे छप्रत्ययः। प्रायश्चित्तमस्त्यस्यामित्यर्थे तदस्य तदस्मिन्स्यादिति (पा. सू. ५।१।१६) इति सूत्रेण वा। सारस्वतीं सरस्वतीदेवताकाम्। अपशब्दप्रयोगजन्यपातकनिरसनाय हीयं सारस्वतीष्टिर्विधीयते।

"Well, then, for the sake of directly understanding this intended meaning, it would have been better to have said 'now comes grammar,' as the words 'now comes the exposition of words' involve a useless excess of letters." This objection cannot, however, be allowed, since, the employment of such a word as *śabdānuśāsanam,* the sense of which can be so readily inferred from its etymology, proves that the author intends to imply an end which shall establish that grammar is a subordinate study (*aṅga*) to the Veda.[1] Otherwise, if there were no such end set forth, there would be no consequent application of the readers to the study of grammar. Nor may you say that this application will be sufficiently enforced by the injunction for study, "the Veda with its six subordinate parts must be read as a duty without any (special) end,"[2] because, even though there be such an injunction, it will not follow that students will apply to this study, if no end is mentioned which will establish that it is an anger of the Veda. Thus in old times the students; after reading the Veda, used to be in haste to say—

> "Are not Vaidic words established by the Veda and secular by common life,
>
> "And therefore grammar is useless?"

1. The very word *śabda* in *śabdānuśāsanam* implies the Veda, since this is pre-eminently *śabda.*
2. Compare Max Müller, *Sansk. Liter.* p. 113. It is quoted as from the Veda in the Mahābhāṣya.

नन्वेवमप्यभिमतं प्रयोजनं न लभ्यते। तदुपायाभावात्। अथ प्रतिपदपाठ एवाभ्युपाय इति मन्येथास्तर्हि स ह्यनभ्युपायः शब्दानां प्रतिपत्तौ प्रतिपदपाठौ भवेत्। शब्दापशब्दभेदेनानन्त्याच्छब्दानाम्। एवं हि समाम्नायते बृहस्पतिरिन्द्राय दिव्यं वर्षसहस्रं प्रतिपदपाठविहितानां शब्दानां शब्दपारायणं प्रोवाच नान्तं जगाम। बृहस्पतिश्च प्रवक्ता इन्द्रोध्येता दिव्यं वर्षसहस्रमध्ययनकालः। न च पारावाप्तिरभूत्। किमुताद्य यश्चिरं जीवति स वर्षशतं जीवति। अधीतिबोधाचरणप्रचारणै-श्चतुर्भिर्ह्युपायैर्विद्योपयुक्ता भवति। तत्राध्ययनकालेनैव सर्वमायुरुपयुक्तं स्यात्। तस्मादनभ्युपायः शब्दानां प्रतिपत्तौ प्रतिपदपाठ इति प्रयोजनं न सिध्येदिति चेत्–मैवम्। शब्दप्रतिपत्तेः प्रतिपदपाठसाध्यत्वानङ्गीकारात्। प्रकृत्यादिविभाग-कल्पनावत्सु लक्ष्येषु सामान्यविशेषरूपाणां लक्षणानां पर्जन्यवत्सकृदेव प्रवृत्तौ बहूनां शब्दानामनुशासनोपलम्भाच्च। तथा हि। कर्मण्यण् (पा. सू. ३।२।१) इत्येकेन सामान्यरूपेण लक्षणेन कर्मोपपदाद्धातुमात्रादण्प्रत्यये कृते कुम्भकारः काण्डलाव इत्यादिनां बहूनां शब्दानामनुशासनमुपलभ्यते। एवमातोनुपसर्गे कः (पा. सू. ३।२।३) इत्येकेन विशेषलक्षणेनाकारान्ताद्धातोः कप्रत्यये कृते धान्यदो धनद इत्यादीनां बहूनां शब्दानामनुशासनमुपलभ्यते। बृहस्पतिरिन्द्रायेति प्रतिपादपाठस्याशक्यत्वप्रतिपादनपरोर्थवादः।

व्या० : प्रतिपदपाठ इति। रामकृष्णाद्येकैकं पदं पठित्वा तस्य साधुत्वं बोधनीयमित्यर्थः। **शब्दानां शब्दपारायणमिति।** व्याकरणशास्त्ररूपेर्थे शब्दपारायण-शब्दो योगरूढः। यद्यप्यनेनैव गम्यमानत्वात्पुनः शब्दानामित्यनुपादेयं तथापि प्रतिपदपाठविहितानामिति विशेषणाभिधानाय तदुक्तिः। यथा–

निर्वातपद्मोदरसोदराभ्यां विलोचनाभ्यामवलोकयन्ती (का. प्रदी. उ. ७) इत्यत्र विलोचनाभ्यामित्युक्तिर्निर्वातेत्यादि विशेषणदानायैव कृता तद्वत्। **पारावाप्तिः।** पारस्यान्तस्यावाप्तिः प्राप्तिः। **अधीतीति।** अधीतिर्गुरोः सकाशाद्ग्रहणम्। बोधः पुनः पुनरभ्यासेन तच्चिन्तनम्। आचरणं यज्ञादौ तथानुष्ठानम्। प्रचारणं शिष्येभ्योध्यापनम्। शङ्कामुपसंहरति–**तस्मादिति।** उपायस्य प्रतिपदपाठस्यासंभवादित्याशयः। समाधत्ते–**मैवमिति।** शब्दप्रतिपत्तिः शब्दार्थज्ञानम्। तस्य प्रतिपदपाठः कारणमिति कार्यकारणभावो निश्चितश्चेत्तदा कारणासंभवात्कार्यस्यासिद्धिरापादनीया स्यात्। न तु तथा कार्यकारण-भावोस्माभिः स्वीक्रियत इति भावः। तर्हि शब्दार्थज्ञाने क उपाय इति चेत्तत्राह–**प्रकृत्यादिति। कर्मण्यणिति।** इदं सामान्यलक्षणम्। कर्मवाचक उपपदे

धातोरणप्रत्ययो भवतीति सूत्रार्थः। कुम्भं करोतीति कुम्भकारः। काण्डं लुनातीति काण्डलावः। कुम्भेति कर्मवाचक उपपदे कृधातोरणप्रत्यये णकारस्येत्संज्ञायां लोपे चाचो ञ्णिति (पा. सू. ७।२।११५) इति सूत्रेण वृद्धौ सत्यां कुम्भकार इति लक्ष्यं सिध्यति। तद्वदेव काण्डलाव इति। एवमेकेनानेन शास्त्रेणानेकानि लक्ष्याणि सिध्यन्ति। **आतोनुपसर्गे क इति।** इदं विशेषलक्षणं पूर्वस्य सामान्यलक्षणस्यापवादभूतम्। प्राद्युपसर्गरहिते कर्मवाचक उपपदे सत्याकारान्ताद्धातोः कप्रत्ययो भवतीति सूत्रार्थः। धान्यं ददातीति धान्यदः। धनं ददातीति धनदः। अत्र कर्मण्यणिति सामान्यलक्षणस्य न प्रवृत्तिः। तदपवादभूतस्यास्य विशेषलक्षणस्य प्रवृत्तेः। एवमनेन लघुभूतेनोपायेन सकलशब्दानां प्रकृतिप्रत्ययविभागव्युत्पादनपूर्वकमर्थज्ञानं भवति। कथं तर्हि बृहस्पतिरिन्द्राय (द. १३ प. ६६) इत्यादिना शब्दानुशासनस्याशक्यत्वमुच्यत इति चेत्तत्राह–**बृहस्पतिरिति।**

Therefore it was only when they understood it to be an *aṅga* of the Veda that they applied themselves to its study. So in the same way the students of the present day would not be likely to apply themselves to it either. It is to obviate this danger that it becomes necessary to set forth some end which shall, at the same time, establish that grammar is an *aṅga* of the Veda. If, when the end is explained, they should still not apply themselves, then, being destitute of all knowledge of the true formation of secular words, they would become involved in sin in the course of sacrificial acts, and would consequently lose their religious merit. Hence the followers of sacrifice read, "One who keeps up a sacrificial fire, on using an incorrect word, should offer an expiatory offering to Saraswatī." Now it is to declare this end which establishes that it is an *aṅga* of the Veda that he uses the words *atha śabdānuśāsanam* and not *atha vyākaraṇam*. Now the rules of grammar must have an end, and a thing's end is determined by men's pursuit of it with a view thereto. Just as in a sacrifice undertaken with a view to heaven, heaven is the end; in the same way the end of the exposition of words is instruction concerning, words, *i.e.*, propriety of speech. "But," an objector may say, "will not the desired end be still unattained for want of the true means to it? Nor can it be said that reading. the Veda word by word is the true means; for this cannot be a means for the understanding of words, since their number is infinite, as divided into proper and improper words.[1] Thus there is a tradition that Bṛhaspati for a thousand divine years taught to India the study of words as used in their individual forms when the Veda is read word by word,[2] and still he came not to the end. Here the teacher was Bṛhaspati, the pupil was India, and the time of study a thousand years of the gods; and yet the termination was not reached,—how much less, then, in our day, let a man live ever so long? Learning is rendered efficient by four appropriate means,—reading, understanding, practising, and handing it on to others; but in the proposed way life would only suffice for the bare time of reading; therefore the reading word by word is not a means for the knowledge of words, and consequently, as we said at first, the desired end is not established" We reply, however, that it was never conceded that the knowledge of words was to be attained by this reading word by word. And again, since general and special rules apply at once to many examples, when these are divided into the artificial parts called roots, etc. (just as one cloud rains over many spots of ground), in this way we can easily comprehend an exposition of many words. Thus, for instance, by the general rule (iii. 2, 1), *karmaṇi,* the affix *aṇ* is enjoined after a root when the object is in composition with it; and by this rule we learn many words, as *kumbhakāra,* "a potter," *kāṇḍalāva,* "a cutter of stems," etc. But the supplementary special rule (iii. 2, 3), *āto 'nupasarge kaḥ*, directing that the affix *ka* is to be used after a root that ends in long *ā* when there is no *upasarga,* shows how impracticable this reading word by word would be [since it would never teach us how to distinguish an *upasarga*].

नन्वयेष्वप्यङ्गेषु सत्सु किमित्येतदेवाद्रियते। उच्यते। प्रधानं च षट्स्वङ्गेषु व्याकरणम्। प्रधाने च कृतो यत्नः फलवान्भवति। तदुक्तम्–

आसन्नं ब्रह्मणस्तस्य तपसामुत्तमं तपः।
प्रथमं छन्दसामङ्गमाहुर्व्याकरणं बुधाः।। (वाक्यप. १।११) इति।

1. In the Calcutta text, p. 138, dele *daṇḍa* in line 3 after *bhavet,* and insert it in line 4 after *śabdānām.*
2. As in the so-called *pada* text.

तस्माद्व्याकरणशास्त्रस्य शब्दानुशासनं भवति साक्षात्प्रयोजनम्। पारंपर्येण तु वेदरक्षादीनि। अत एवोक्तं भगवता भाष्यकारेण–रक्षोहागमलघ्वसंदेहाः प्रयोजनम् (पात. म. भा. १।१।१) इति।

व्या० : प्रधानं चेति। वाक्यार्थज्ञानकारणीभूतस्य पदपदार्थज्ञानस्य व्याकरणाधीनत्वादिति भावः। **फलवानिति।** फलशब्देन वाक्यार्थज्ञानं विवक्ष्यते। **तदुक्तमिति।** वाक्यपदीये हरिणेति शेषः। **आसन्नमिति।** तस्य वेदाख्यस्य ब्रह्मणं इदं व्याकरणमासन्नं संनिकृष्टतरम्। साधुत्वप्रतिपत्तिफलकस्य स्वरूपसंस्कारस्य साक्षादुपकारकत्वात्। तपसां चान्द्रायणादीनां मध्य इदमुत्तमं तपः। दृष्टफलहेतुत्वात्। बुधा वेदानां मुख्यमङ्गं व्याकरणमाहुरित्यर्थः। **रक्षोहेति।** प्रयोजनशब्देन प्रयोजकं फलं चोच्यते। तत्रागमः प्रयोजकः। रक्षादीनि चत्वारि फलानि। आगमो यथा–ब्राह्मणेन निष्कारणो धर्मः षडङ्गो वेदोध्येयो ज्ञेयश्चेति। श्रुतिरेषेति हरदत्तादयः। स्मृतिरिति तु भट्टाचार्याः। तन्मत आगमपदेनागममूलकत्वात्स्मृतेरपि ग्रहणं बोध्यम्। कार्यतेनुष्ठाप्यतेनेनेति कारणं फलम्। निष्कारणो दृष्टफलाभिसंधिरहितो नित्य इत्यर्थः। रक्षा वेदसंरक्षणम्। लौकिके प्रयोगे क्वाप्यदृष्यानि रूपाणि वेद उपलभ्यन्ते देवा इति प्रयोक्तव्ये देवास इति। आज्जसेरसुक् (पा. सू. ७।१।५०) इति सूत्रेणासुगागमः। देवैरिति प्रयोक्तव्ये देवेभिरिति। बहुलं छन्दसि (पा.सू. ७।१।१०) इति सूत्रेणैसादेशाभावः। आत्मनेति प्रयोक्तव्ये त्मनेति। मन्त्रेष्वाङ्यादेरात्मनः। (पा. सू. ६।४।१४१) इति सूत्रेणाकारस्य लोपः। एतान्यदृष्टपूर्वाणि रूपाण्युपलभ्य व्याकरणानभिज्ञः कदाचिद्भ्रमेण प्रामादिकत्वशङ्क्या पाठान्तरं कल्पयेत्। तथा चानुपूर्वीभङ्गः स्यात्। व्याकरणशास्त्रज्ञो हि तेषां रूपाणां साधुत्वं पश्यन्वेदानुपूर्वी संरक्षति। ऊहो नाम वैदिकशब्दानां तत्तद्देवतालिङ्गाद्यनुसारेण विपरिणामः। अग्नये जुष्टम् (तै. सं. १।१।४) इति मन्त्रो वेदे पठ्यते। यत्र च सूर्यो देवता तत्र तदनुसारेण सूर्याय जुष्टमिति मन्त्रः कल्पनीयः। एवं लिङ्गवचनभेदेप्यूह्यम्। वैयाकरण एव चोहं कर्तुं शक्नोति। लघुशब्देन लाघवमुच्यते। वैयाकरणो हि शब्दानां प्रकृतिप्रत्ययविभागं ज्ञात्वा प्रतिपदपादापेक्षया लाघवेन शब्दार्थं जानाति। असंदेहः संदेहाभावः। यथा स्थूलपृषतीमनड्वाहीमालभेत इति श्रूयते। अनड्वाही गौः। तद्विशेषणं स्थूलपृषतीति। तत्र कर्मधारयो बहुव्रीहिर्वेति संदेहः। कर्मधारये स्थूला चासौ पृषती चेति विग्रहः। गवां शरीरे दृश्यमाना बिन्दवः पृषच्छब्देनोच्यन्ते। अत्र तु लक्षणया पृषद्वतीत्यर्थः। तथा च बिन्दवः स्थूलाः कृशा वा कथमपि सन्तु। गौः स्थूला बिन्दुमती चापेक्षिता भवति। बहुव्रीहौ तु स्थूलानि पृषन्ति यस्यामिति विग्रहः। अत्र तु गौः स्थूला कृशा वा यथातथास्तु। बिन्दूनां तु स्थौल्यमपेक्षितं भवति। तथा च कीदृशी गौर्ग्राह्येति

संदेहे वैयाकरणः स्थूलपृषतीमिति पूर्वपदान्तोदात्तं दृष्ट्वा बहुव्रीहिरयमिति निश्चिनोति। स्थूलेति पूर्वपदस्य बहुव्रीहौ प्रकृत्या पूर्वपदम् (पा. सू. ६।२।१) इति सूत्रेण प्रकृतिस्वरः। कर्मधारये तु समासस्य (पा. सू. ६।१।२२३) इति सूत्रेणान्तोदात्तं स्थूलपृषतीमिति पदं स्यात्।

"But since there are other *aṅgas,* why do you, single out grammar as the one object of honour? "We reply, that among the six *aṅgas* the principal one is grammar, and labour devoted to what is the principal is sure to bear fruit. Thus it has been said—

> "Nigh unto Brahman himself, the highest of all religious austerities,
> "The wise have called grammar the first *aṅga* of the Veda."

Hence we conclude that the exposition of words is the direct end of the rules of grammar, but its indirect end is the preservation, etc., of the Veda. Hence it has been said by the worshipful author of the great Commentary quoting a Vārttika], "the end (or motive) is preservation, inference, scripture, facility, , and assurance."[1]

साधुशब्दप्रयोगवशादभ्युदयोपि भवति। तथा च कथितं कात्यायनेन- शास्त्रपूर्वके प्रयोगेभ्युदयस्तत्तुल्यं वेदशब्देनेति। अन्यैरप्युक्तम्-एकः शब्दः सम्यग्ज्ञातः सुष्ठु प्रयुक्तः स्वर्गे लोके कामधुग्भवतीति। तथा-

नाकमिष्टसुखं यान्ति सुयुक्तैर्बद्धवाग्रथैः।
अथ पत्काषिणो यान्ति ये [2]चिक्कमितभाषिणः।।

नन्वचेतनस्य शब्दस्य कथमीदृशं सामर्थ्यमुपपद्यत इति चेत्-मैवं मन्येथाः। महता देवेन साम्यश्रवणात्। तदाह श्रुतिः-

चत्वारि शृङ्गा त्रयो अस्य पादा द्वे शीर्षे सप्त हस्तासो अस्य।
त्रिधा बद्धो वृषभो रोरवीति महो देवो मर्त्याँ आविवेश।।

(म.ना. १०।१)

1. See Ballantyne's *Mahābhāṣya*, pp. 12, 64.
2. अचीक्रमत for चिक्कमित A.

व्याचकार च भाष्यकारः–चत्वारि शृङ्गाणि चत्वारि पदजातानि नामाख्यातोपसर्गनिपाताः। त्रयो अस्य पादा लडादिविषयास्त्रयो भूतभविष्यद्वर्तमानकालाः। द्वे शीर्षे द्वौ शब्दात्मानौ नित्यः कार्यश्च। व्यङ्ग्यव्यञ्जकभेदात्। सप्त हस्तासो अस्य तिङा सह सप्त सुब्विभक्तयः। त्रिधा बद्धस्त्रिषु स्थानेषु उरसि कण्ठे शिरसि च बद्धः। वृषभ इति प्रसिद्धवृषभत्वेन रूपणं क्रियते। वर्षणात्। वर्षणं च ज्ञानपूर्वकानुष्ठानेन फलप्रदत्वम्। रोरवीति शब्दं करोति। रौतिः शब्दकर्मा। इह शब्दशब्देन प्रपञ्चो विवक्षितः। महो देवो मर्त्याँ आविवेश। महान्देवः शब्दो मर्त्या मरणधर्माणो मनुष्यास्तानाविवेशेति। महता देवेन परेण ब्रह्मणा साम्यमुक्तं स्यात् (पातमहाभा. पृ. ३ पं. १७) इति।

व्या० : शास्त्रपूर्वक इति। व्याकरणशास्त्रज्ञानपूर्वकं यः शब्दान्प्रयुङ्क्ते सोभ्युदयेन युज्यते। यथा योश्वमेधेन यजते य उ चैनमेवं वेद (तै. ब्रा. ३।९।७) इत्यत्र वेदेति शब्दोक्त्या ज्ञानपूर्वकमनुष्ठितादग्निष्टोमयागात्फलं प्राप्यत इत्युक्तं तद्वत्। वेद जानाति। सम्यग्ज्ञातः प्रकृतिप्रत्ययविभागज्ञानपूर्वकं शास्त्रादधगतः। **कामधुगिति।** कामान्दोग्धीति कामधुक्। यथेष्टफलप्रद इत्यर्थः। **नाकमिति।** नाकः स्वर्गलोकः। बद्धाः प्रकृतिप्रत्ययविभागज्ञानपूर्वकार्थावगमेन सज्जीभूता ये वाग्रूपा रथास्ते च सुप्रयुक्ताश्चेत्–तैः साधनभूतैः प्रवक्तार इष्टं सुखं यत्र तादृशं स्वर्गलोकं प्रयान्ति। ये चावैयाकरणाः संस्काररराहित्याच्चिक्क्केनाव्यक्तशब्देन मितं तुल्यं यथा तथा भाषन्ते ते पादैर्मार्गं कषन्तस्ताडयन्तःसन्तो यान्ति। न तेषां रथेनेव शीघ्रं सुखकरं च गमनं भवतीति भावः। **चत्वारीति।** शृङ्गा शृङ्गाणि। त्रयो अस्येत्यत्र हस्तासो अस्येत्यत्र च प्रकृत्यान्तः–पादम् (पा. सू. ६।१।११५) इति प्रकृतिभावः। शीर्षशब्दोऽकारान्तो नपुंसकः। हस्तासो हस्ताः। महो महान्। मह्यते पूज्यत इति महः। घञर्थे कविधानमिति कर्मणि कप्रत्ययः। मर्त्यानित्यत्र नकारस्य दीर्घादटि समानपादे (पा. सू. ८।३।९) इति सूत्रेण रुत्वे यत्वे यलोपः। पूर्वस्याकारस्यातोटि नित्यम् (पा. सू. ८।३।३) इति सूत्रेणानुनासिकः। अस्मिन्मन्त्रे शब्दस्य वृषभत्वेन रूपणं क्रियते। **नामाख्यातेति।** नाम सुबन्तम्। आख्यातं तिङन्तम्। उपसर्गाः प्र परेत्यादयः। निपाताश्च वा हेत्यादयः। उपसर्गनिपातयोर्नामत्वेपि पृथगुपादानं गोबलीवर्दन्यायेन। **लडादीति।** भूतादिकालत्रयबोधका लडादयः पादा इत्यर्थः। कालानां तु न पादत्वकल्पना। तेषां वर्णरूपत्वाभावेन तत्र तादृशकल्पनाया असंभवात्। यद्यपि लकारा दश तथापि तद्बोध्यकालानां त्रित्वानुसारेण बोधकेषु तेषु त्रित्वं कल्पयितुं शक्यम्। **शब्दात्मानाविति।** आत्मशब्दः स्वरूपवाची। नित्यानित्यभेदेन यद्द्विधा शब्दस्वरूपं तन्मस्तकद्वयमिति कल्प्यते। तत्र व्यङ्ग्यो नित्य

आन्तरः। व्यञ्जकस्त्वनित्यो वैखरीरूपः। **तिङा सहेति।** कर्त्रादिषट्कारकबोधिकाः षट्। तदितरा चैकेति सप्त विभक्तयः। कर्त्रर्थकतिङां कर्मार्थकतिङां च कारकबोधकत्वेन षट्सु संग्रहः। तदितरेत्यनेन प्रातिपदिकार्थमात्रे प्रथमायाः शेषलक्षणायाः षष्ठ्या भावार्थकतिङ्विभक्तेश्च संग्रहः। अन्ये तु प्रथमा द्वितीयेत्यादय एव सप्त विभक्तयः। तिङां संग्रहस्तु कालबोधकत्वेन पादेषु जात एवेत्याहुः। **उरसीति।** वर्गपञ्चमैर्यरलवैश्च युक्तस्य हकारस्योरः स्थानम्। अकारकवर्गहकारविसर्गाणां कण्ठः स्थानम्। कण्ठशब्देन मुखान्तर्गतान्यन्यानि ताल्वादिस्थानान्युपलक्ष्यन्ते। ऋकारटवर्गरेफषकाराणां शिरः स्थानम्। **शब्दकर्मा** शब्दार्थकः। ननु शब्द एव कथं शब्दं करोतीति चेत्तत्राह–**इहेति।** रोरवीतीत्यस्य विवरणं यच्छब्दं करोतीति कृतं तत्रेत्यर्थः। नित्यः शब्द एवायमखिलं प्रपञ्चं विस्तारयति। एतच्चानुपदमेव प्रदर्शितायां हरिकारिकायां स्पष्टम्। **महान्देव इति।** महान्परब्रह्मस्वरूपो देवोन्तर्यामिरूपः शब्दो मनुष्येषु प्रविष्ट इत्यर्थः। **महता देवेनेति।** साम्यं सायुज्यम्। व्याकरणशास्त्रजशब्दज्ञानपूर्वकं प्रयोगेण क्षीणपापः पुरुषोहंकारादिग्रन्थीन्विच्छिद्यान्तरेण शब्दब्रह्मणात्यन्तं संसृज्यत इति भावः।

Moreover prosperity arises from the employment of a correct word; thus Kātyāyana has said, "There is prosperity in the employment of a word according to the *śāstra*; it is equal to the words of the Veda itself." Others also have said that "a single word thoroughly understood and rightly used becomes in Swarga the desire-milking cow." Thus (they say)—

> "They proceed to heaven, with every desired happiness, in well-yoked chariots of harnessed speech;
>
> "But those who use such false forms as *acikramata* must trudge thither on foot."[1]

Nor need you ask "how can an irrational word possess such power?" since we have revelation declaring that it is like to the great god. For the Śruti says, "Four are its horns, three its feet, two its heads, and seven its hands,—roars loudly the threefold-bound bull, the great god enters mortals" (Ṛg-Veda, iv. 58, 3). The great commentator thus explains it :— The " four horns " are the four kinds of words—nouns, verbs, prepositions, and particles; its "three feet" mean the three times, past, present,

1. *Acīkramata* seems put here as a purposely false form of the frequentative of *kram* for *acaṅkramyata*.

and future, expressed by the tense-affixes, *tat*, etc. ; the "two heads," the eternal and temporary (or produced) words, distinguished as the "manifested" and the "manifester ;" its "seven hands" are the seven case affixes, including the conjugational terminations; "threefold bound," as enclosed in the three organs—the chest, the throat, and the head. The metaphor "bull" (*vṛṣabha*) is applied from its pouring forth (*varṣaṇa*), *i.e.*, from its giving fruit when used with knowledge. "Loudly roars," *i.e.*, utters sound, for the root *ru* means "sound;" here by the word "sound" developed speech (or language)[1] is implied; "the great god enters mortals,"—the "great god," *i.e.*, speech,—enters mortals, *i.e.*, men endowed with the attribute of mortality. Thus is declared the likeness [of speech][2] to the supreme Brahman.

जगन्निदानं स्फोटाख्यो निरवयवो नित्यः शब्दो ब्रह्मैवेति हरिणाभाणि ब्रह्मकाण्डे–

अनादिनिधनं ब्रह्म शब्दतत्त्वं तदक्षरम्।
विवर्ततेर्थभावेन प्रक्रिया जगतो यतः।। (वाक्यप. १।१।) इति।

ननु नामाख्यातभेदेन पदद्वैविध्यप्रतीतेः कथं चातुर्विध्यमुक्तमिति चेत्–मैवम्। प्रकारान्तरस्य प्रसिद्धत्वात्। तदुक्तं प्रकीर्णके–

द्विधा कैश्चित्पदं भिन्नं चतुर्धा पञ्चधापि वा।
अपोद्धृत्यैव वाक्येभ्यः प्रकृतिप्रत्ययादिवत्।। इति।

कर्मप्रवचनीयेन वै पञ्चमेन सह पदस्य पञ्चविधत्वमिति हेलाराजो व्याख्यातवान्। कर्मप्रवचनीयास्तु क्रियाविशेषोपजनितसंबन्धावच्छेदहेतव इति संबन्धविशेष-द्योतनद्वारेण क्रियाविशेषद्योतनादुपसर्गेष्वेवान्तर्भवन्तीत्यभिसंधाय पदचातुर्विध्यं भाष्यकारेणोक्तं युक्तमिति विवेक्तव्यम्।

व्या० : स्फोटाख्य इति। एतत्तत्वमग्रे मूल एव स्फुटीभविष्यति। **अनादीति।**

1. Or it may mean "the developed universe." Compare the lines of Bhartṛhari which immediately follow.
2. One would naturally supply *śabdasya* after *sāmyam*, but the Mahābhāṣya has *naḥ sāmyam* (see Ballantyne's ed., p. 27).

आद्यन्तरहितं शब्दरूपं ब्रह्म। तच्चानिमित्तकत्वादक्षरं विकारशून्यम्। तदेव च जगद्रूपेण भासते। यस्माच्छब्दब्रह्मणः सकाशाज्जगतो रचना भवतीत्यर्थः। निरूपितं चैतन्नागोजी-भट्टैर्लघुमञ्जूषायाम् (सटीकमुद्रितपुस्तके पृ. १७६)

व्या० : द्विधेति। अपोद्धृत्य प्रविभज्य। यथा पदार्थावगतये प्रकृतिप्रत्ययाः पदेभ्यः पृथक्कल्प्यन्ते तथा वाक्यार्थावगतये वाक्येभ्योपि पदानि पृथक्कल्प्यन्ते। तच्च पृथक्कल्पितं पदजातं नामाख्यातभेदेन द्विधेति कैश्चिदुच्यते। उपसर्गनिपातयोः पृथग्गणनायां चतुर्धेति। कर्मप्रवचनीयानां पृथग्गणनायां पञ्चधेत्यर्थः। उपसर्गाः क्रियागतविशेषद्योतकाः। कर्मप्रवचनीयास्तु क्रियानुयोगिकसंबन्धविशेषद्योतका इति भेदः। यथा जपमनुप्रावर्षत्। अत्र जयप्रतियोगिको वर्षाणानुयोगिको यस्तयोर्लक्ष्य-लक्षणभावः संबन्धः सोनुना कर्मप्रवचनीयेन द्योत्यते। कर्मप्रवचनीयशब्दे क्रियावाचिना कर्मशब्देन क्रियानुयोगिकः संबन्धो लक्ष्यते। प्रोपसृष्टाद्वचधातोर्बाहुलकात्कर्तर्य-नीयर्प्रत्ययः। **क्रियाविशेषेति।** यथोक्तोदाहरणे क्रियाविशेषो वर्षणम्। तेन सह जातो यो जपस्य संबन्धस्तस्यावच्छेदो लक्ष्यलक्षणभाव एव संबन्ध इत्येवंरूपः संकोचस्तद्धेतुस्तज्ज्ञापकः कर्मप्रचनीयोनुः।

The eternal word, called *sphoṭa,* without parts, and the cause of the world, is verily Brahman; thus it has been declared by Bhartṛhari in the part of his book called the Brahmakāṇḍa—

> "Brahman, without beginning or end, the indestructible essence of speech,
>
> "Which is developed in the form of things, and whence springs the creation of the world."

"But since there is a well-known twofold division of words into nouns and verbs, how comes this fourfold division?" We reply, because this, too, is well known. Thus it has been said in the Prakīrṇaka—

> "Some make a twofold division of words; some a fourfold or a fivefold,
>
> "Drawing them up from the sentences as root, affix, and the like:"

Helārāja interprets the fivefold division as including *karmapravacanīyas.*[1] But the fourfold division, mentioned by the

1. I.e., prepositions used separately as governing cases of their own, and not (as usually in Sanskrit) in composition.

great commentator, is proper, 'since *karma-pravacanīyas* distinguish a connection produced by a particular kind of verb, and thus, as marking out a particular kind of connection and so marking out a particular kind of verb, they are really included in compounded prepositions (*upasargas*).[1]

ननु भवता स्फोटात्मा नित्यः शब्द इति निजागद्यते। तन्न मृष्यामहे। तत्र प्रमाणाभावादिति केचित्। अत्रोच्यते–प्रत्यक्षमेवात्र प्रमाणम्। गौरित्येकं पदमिति नानावर्णातिरिक्तैकपदावगतेः सर्वजनीनत्वात्। न ह्यसति बाधके पदानुभवः शक्यो मिथ्येति वक्तुम्। पदार्थप्रतीत्यन्यथानुपपत्त्यापि स्फोटोभ्युपगन्तव्यः। न च वर्णेभ्य एव तत्प्रत्ययः प्रादुर्भवतीति परीक्षाक्षमम्। विकल्पासहत्वात्। किं वर्णाः समस्ता व्यस्ता वार्थप्रत्ययं जनयन्ति। नाद्यः। वर्णानां क्षणिकानां समूहासंभवात्। नान्त्यः। [2]व्यस्तवर्णेभ्योर्थप्रत्ययासंभवात्। न च व्याससमासाभ्यामन्यः प्रकारः समस्तीति। तस्माद्वर्णानां वाचकत्वानुपपत्तौ यद्बलादर्थप्रतिपत्तिः स स्फोटः। वर्णातिरिक्तो वर्णाभिव्यङ्ग्योर्थप्रत्यायको नित्यः शब्दः स्फोट इति तद्विदो वदन्ति। अत एव स्फुट्यते व्यज्यते वर्णैरिति स्फोटो वर्णाभिव्यङ्ग्यः स्फुटति स्फुटीभवत्यस्मादर्थ इति स्फोटोर्थप्रत्यायक इति स्फोटशब्दार्थमुभयथा निराहुः। तथा चोक्तं भगवता पतञ्जलिना महाभाष्ये–अथ गौरित्यत्र कः शब्दो येनोच्चारितेन सास्नालाङ्गूल-ककुदरखुरविषाणानां संप्रत्ययो भवति स शब्दः (पात. महाभा. पृ. १ पं. ६) इति। विवृतं च कैयटेन–वैयाकरणा वर्णव्यतिरिक्तस्य पदस्य वाचकत्वमिच्छन्ति। वर्णानां वाचकत्वे द्वितीयादिवर्णोच्चारणानर्थक्यप्रसङ्गादित्यादिना तद्व्यतिरिक्तः स्फोटो नादाभिव्यङ्ग्यो वाचको विस्तरेण वाक्यपदीये व्यवस्थापित इत्यन्तेन प्रबन्धेन।

व्या० : नैयायिकमतेनाशङ्कते–**नन्विति**। नैयायिकास्तु घटमानेत्यादिवाक्यो-च्चारणसमये ये घकारादयो वर्णाः कण्ठादिस्थानेषु वायुसंयोगेनोत्पद्यन्ते ये च

1. The *karmapravcanīyas* imply a verb other than the one expressed, and they are said to determine the relation which is produced by this understood verb. Thus in the example, *Śakalyasaṁhitām anu prāvarṣat*, "he rained after the Śakalya hymns," *anu* implies an understood verb *niśamya*, "having heard," and this verb shows that there is a relation of cause and effect between the hymns and the rain. This *anu* is said to determine this relation.
2. इतरवर्णवैयर्थ्यप्रसङ्गात् for व्यस्तवर्णेभ्योर्थप्रत्ययासंभवात् D.

श्रवणेन्द्रियगोचरा भवन्ति सद्यो विनश्यन्ति च स एव शब्दो न तु तदतिरिक्तः। कश्चित्। कम्बुग्रीवादिमद्वस्तुनो वाचकश्च स एव। अतश्चानित्य एव शब्द इत्याहुः। वैयाकरणास्तु नायं शब्दः। किं तु शब्दस्य व्यञ्जको ध्वनिः। एतद्व्यङ्ग्यो हि शब्दः। स एव कम्बुग्रीवादिमद्वस्तुनो वाचकः। स च नित्यः। नोत्पद्यते न विनश्यति। अयमेव स्फोट इत्युच्यते। ध्वनिश्च तद्व्यञ्जकोनर्थक एव। तथा च घटमानयेत्याद्युच्चारितेन ध्वनिना वाचके नित्ये शब्देभिव्यक्ते सति तस्मादार्थबोधो भवतीत्याहुः। **केचिदिति**। नैयायिकादय इत्यर्थः। **एकपदावगतेरिति**। एकं पदमित्येकत्वावगाहिनी सर्वजनप्रसिद्धा प्रतीतिर्भवति। तच्चैकत्वं न वर्णनिष्ठम्। तेषां नानात्वात्। अतस्तादृशैकत्वाश्रयीभूतं वर्णसमूह-व्यङ्ग्यमवश्यमन्यत्किंचिदास्थेयम्। स एव स्फोट इति। **अर्थप्रत्ययासंभवादिति**। एकैकस्मिन्वर्ण उच्चारिते तस्मात्तदृशार्थप्रतीतेरदर्शनात्। किं च वर्णानां प्रत्येकमर्थवत्त्व एकेनैवार्थप्रतीतिसिद्धावितरवर्णवैयर्थ्यं च स्यात्। पदे च यत्र यावन्तो वर्णास्तत्र तावत्संख्याकानां वस्तूनां बोधापत्तेश्च। प्रायः सर्वेषां वर्णाना पर्यायतापत्तेश्चेति। **येनोच्चारितेनेति**। उच्चारणक्रियया प्रकाशितेनेत्यर्थः। सास्ना गोगलकम्बलः। लाङ्गूलं पुच्छम्। ककुदः पृष्ठगलयोर्मध्येव स्थित उन्नतप्रदेशः (वशिंढ इति प्र.)। खुरः शफम्। विषाणं शृङ्गम्। संप्रत्ययो बोधः। **नादाभिव्यङ्ग्य इति**। नादेन वर्णरूपेण ध्वनिनाभिव्यक्त इत्यर्थः।

" But," say some, "why do you talk so much of an eternal sound called *sphoṭa*? This we do not concede, since there is no proof that there is such a thing." We reply that our own perception is the proof. Thus there is one word "cow," since all men have the cognition of a word distinct from the various letters, composing it. You cannot say, in the absence of any manifest contradiction, that this perception of the word is a false perception. Hence you must concede that there is such a thing as *sphoṭa*, as otherwise you cannot account for the cognition of the meaning of the word. For the answer that its cognition arises from the letters cannot bear examination, since it breaks down before either horn of the following dilemma :— Are the letters supposed to produce this cognition of the meaning in their united or their individual capacity? Not the first, for the letters singly exist only for a moment, and therefore cannot form a united whole at all; and not the second, since the single letters have no power to produce the cognition of the meaning [which the word is to convey]. There is no conceivable alternative other than their single or united capacity; and therefore it follows (say the wise in these matters) that, as the letters cannot cause the cognition of the meaning, there must be a *sphoṭa* by means of which arises the knowledge of the meaning; and this *sphoṭa* is an eternal sound, distinct from the letters and revealed by them, which causes the cognition of the meaning. "It is disclosed (*sphuṭyate*) or revealed by the letters," hence it is called *sphoṭa*, as revealed by the letters; or "from it is disclosed the meaning," hence it is called *sphoṭa* as causing the knowledge of the meaning,—these are the two etymologies to explain the meaning of the word. And thus it hath been said by the worshipful Patañjali in the great Commentary, "Now what is the word *'cow' gauḥ*? It is that word by which, when pronounced, there is produced the simultaneous cognition of dewlap, tail, hump, hoofs, and horns." This is expounded by Kaiyaṭa in the passage commencing, "Grammarians maintain that it is the word, as distinct from the letters, which expresses the meaning, since, if the letters expressed it, there would be no use in pronouncing the second and following ones [as the first would have already conveyed all we wished]," and ending, "The *Vākyapadīya* has established at length that it is the *sphoṭa* which, distinct from the letters and revealed by the sound expresses the meaning."[1]

ननु स्फोटस्याप्यर्थप्रत्यायकत्वं न घटते। विकल्पासहत्वात्। किमभिव्यक्तिः स्फोटोर्थं प्रत्याययत्यनभिव्यक्तो वा। न चरमः। सर्वदार्थप्रत्ययलक्षण-कार्योत्पादप्रसङ्गात्। स्फोटस्य नित्यत्वाभ्युपगमेन निरपेक्षस्य हेतोः सदा सत्त्वेन कार्यस्य विलम्बायोगात्। अथैतद्दोषपरिजिहीर्षयाभिव्यक्तः स्फोटार्थं प्रत्याययतीति कक्षीक्रियते तथाप्यभिव्यञ्जयन्तो वर्णाः किं प्रत्येकमभिव्यञ्जयन्ति संभूय वा। पक्षद्वयेपि वर्णानां वाचकत्वपक्षे भवता ये दोषा भाषितास्त एव स्फोटाभिव्यञ्जकत्वपक्षे व्यावर्तनीयाः। तदुक्तं भट्टाचार्यैर्मीमांसाश्लोकवार्तिके-

यस्यानवयवः स्फोटो व्यज्यते वर्णबुद्धिभिः।
सोपि पर्यनुयोगेन नैकेनापि विमुच्यते।। इति।

विभक्त्यन्तेष्वेव वर्णेषु सुप्तिङन्तं पदम् (पा. सू. १।४।१४) इति पाणिनिना ते विभक्त्यन्ताः पदम् (गौत. सू. २।२।६०) इति गौतमेन च पदसंज्ञाया

1. See Ballantyne's ed., p. 10.

विहितत्वात्संकेतग्रहेणानुग्रहवशाद्वर्णेष्वेव पदबुद्धिर्भविष्यति। तर्हि सर इत्येतस्मिन्पदे यावन्तो वर्णास्तावन्त एव रस इत्यत्रापि। एवं वनं नदी दीना रामो मारो राजा जारेत्यादिष्वर्थभेदप्रतीतिर्न स्यादिति चेन्न। [1]क्रमभेदेन भेदसंभवात्। तदुक्तं तौतातितैः–

यावन्तो यादृशा ये च यदर्थप्रतिपादने।
वर्णाः प्रज्ञातसामर्थ्यास्ते तथैवावबोधकाः।। इति।

तस्माद्यश्चोभयोः समो दोषो न तेनैकश्चोद्यो भवतीति न्यायाद्वर्णानामेव वाचकत्वोपपत्तौ नातिरिक्तस्फोटकल्पनावकल्पत इति चेत्।

व्या० : न चरम इति। चरमस्यानभिव्यक्तिपक्षस्य स्फोटवादिभिरप्यनभ्युपगमेन लोकेत्यन्तासंभवित्वेन च प्रथमतस्तत्खण्डनम्। सूचीकटाहन्यायात्। **सर्वदेति।** अर्थप्रत्ययोर्थबोधः। तद्रूपं कार्यम्। तस्य च स्फोटः कारणम्। स चाभिव्यक्त्यनपेक्षः। तादृशस्य च तस्य सर्वदा सत्त्वेन सदैवार्थबोधः स्यादिति भावः। **व्यावर्तनीया इति।** प्रतिनिवर्तनीया इत्यर्थः। स्फोटवादिनं प्रत्यापादनीया इति यावत्। तथा हि–वर्णाः प्रत्येकमभिव्यञ्जयन्तीति पक्षो न संभवति। एकैकस्मिन्वर्ण उच्चारिते तस्मात्स्फोटाभिव्यक्तेरदर्शनात्। किं चैकेनैव वर्णेनोच्चारितेन स्फोटाभिव्यक्तावितरवर्णोच्चारणवैयर्थ्यम्। पदे च यत्र यावन्तो वर्णास्तत्र तावत्संख्याकानां स्फोटनामभिव्यक्त्यापत्तेश्च। नापि वर्णाः संभूय स्फोटमभिव्यञ्जयन्ति। क्षणिकानां वर्णानामाशुतरविनाशित्वेन समूहासंभवात्। **यस्येति।** पर्यनुयोगः प्रश्नः। निरवयवो वाचकः स्फोटो वर्णज्ञानेनाभिव्यज्यत इति यस्य मतं सोपि स्फोटवादी वैयाकरणोपि ये तेन स्फोटवादिना प्रतिवादिनं प्रति प्रश्नाः कृताः किं वर्णाः समस्ता व्यस्ता वा (द. १३ पं. १३१) इत्यादयस्तेष्वेकेनापि न विमुच्यते। स्फोटस्य सावयवत्वे त्वेकैकेन वर्णेनावयवशः स्फोटोभिव्यज्यत इति वक्तुं शक्येत। परं तु स्फोटवादी स्फोटस्य निरवयवत्वं मन्यते। अतस्तत्कृता प्रश्नास्तन्मत एवोपक्षेप्तुं शक्यन्त इति भाव। **सुप्तिङन्तमिति।** प्रथमाद्वितीयादयः प्रत्ययाः सुप्शब्देनोच्यन्ते। क्रियापदघटकाः प्रत्ययस्तिङ्शब्देनोच्यन्ते। द्विविधा अपि विभक्तिसंज्ञकाः। तादृशद्विविधप्रत्ययान्तं शब्दस्वरूपं पदसंज्ञकं भवतीति सूत्रार्थः। **ते विभक्तीति।** त इत्यनेन वर्णाः परामृश्यन्ते। विभक्तिसंज्ञकप्रत्ययान्ता वर्णाः पदसंज्ञका भवन्तीति सूत्रार्थः। एतत्सूत्रद्वयानुरोधेन वर्णसमुदाय एव पदं न तु तदतिरिक्तं स्फोटाख्यं किंचिदित्यास्थेयम्। यद्यपि वर्णानामाशुतरविनाशित्वेन समूहासंभवात्पदबुद्धेरसंभवस्तथापि वृद्धव्यवहारादिभिर्वर्णसमुदायस्य संकेतग्रहपूर्वक-

1. क्रमवतामेव वर्णानां बावकत्वसामर्थ्याभ्युपगमात् for क्रमभेदेन भेदसंभवात् D.

मेकार्थप्रत्यायकत्वदर्शनेन विनाशिभिरपि वर्णैरुत्तरोत्तरमनुग्रहो भवतीत्यनुभवबला-दास्थेयमित्येतावता समूहकल्पनया पदबुद्धिरुपपद्यत इत्याशयः। शङ्कते–तर्हीति। यश्चोभयोरिति।

यश्चोभयोः समो दोषः परिहारोपि वा समः।
नैकः पर्यनुयोक्तव्यस्तादृगर्थविचारणे॥

इति तन्यायस्वरूपम्।

Here, however, an objector may urge, "But should we not rather say that the *sphoṭa* has no power to convey the meaning, as it fails under either of the following alternatives, for is it supposed to convey the meaning when itself manifested or unmanifested? Not the latter, because it would then follow that we should find the effect of conveying the meaning always produced, since, as *sphoṭa* is supposed to be eternal, and there would thus be an everpresent cause independent of all subsidiary aids, the effect. could not possibly fail to appear. Therefore, to avoid this fault, we must allow the other alternative, *viz.*, that *sphoṭa* conveys the meaning when it is itself manifested. Well, then, do the manifesting letters exercise this manifesting power separately or combined? Whichever alternative you adopt, the very same faults which yon alleged against the hypothesis of the letters expressing the meaning, will have to be met in your hypothesis that they have this power to manifest *sphoṭa*. This has been said by Bhaṭṭa in his Mīmāṁsā-śloka-vārttika—

> "The grammarian who holds that *sphoṭa* is manifested by the letters as they are severally apprehended, though itself one and indivisible, does not thereby escape from a single difficulty."

The truth is, that, as Pāṇini (i. 4,14) and Gotama (Sūt. ii. 123) both lay it down that letters only then form a word when they have an affix at the end, it is the letters which convey the word's meaning through the apprehension of the conventional association of ideas which they help.[1] If you object that as there

1. This is not very clear, the *anu* in *anugraha* might mean *krameṇa*, and so imply the successive order of the letters.

are the same letters in *rasa* as in *sara*, in *nava* as in *vana*, in *dīnā* as in *nadī*, in *māra* as in *rāma*, in *rāja* as in *jāra*, etc., these several pairs of words would not convey a different meaning, we reply that the difference in the order of the letters will produce a difference in the meaning. This has been said by Tautātita—

> "As are the letters in number and kind, whose power is perceived in conveying any given meaning of a word, so will be the meaning which they convey."

Therefore, as there is a well-known rule that when the same fault attaches to both sides of an argument it cannot be urged against one alone, we maintain that the hypothesis of the existence of a separate thing called *sphoṭa* is unnecessary, as we have proved that it is the letters which express the word's meaning [your arguments against our view having been shown to be irrelevant."

तदेतत्काशकुशावलम्बनकल्पम्। विकल्पानुपपत्तेः। किं वर्णमात्रं पदप्रत्ययावलम्बनं वर्णसमूहो वा। नाद्यः परस्परविलक्षणवर्णमालायामभिन्नं निमित्तं पुष्पेषु विना सूत्रं मालाप्रत्ययवदित्येकं पदमिति प्रतिपत्तेरनुपपत्तेः। नापि द्वितीयः। उच्चरितप्रध्वस्तानां वर्णानां समूहभावासंभवात्। तत्र हि समूहव्यपदेशो ये पदार्था एकस्मिन्प्रदेशे सहावस्थिततया बहवोनुभूयन्ते। यथैकस्मिन्प्रदेशे सहावस्थिततयानुभूयमानेषु धवखदिरपलाशादिषु समूहव्यपदेशो यथा वा गजनरतुरगादिषु। न च ते वर्णास्तथानुभूयन्ते। उत्पन्नप्रध्वस्तत्वात्। अभिव्यक्तिपक्षेपि क्रमेणैवाभिव्यक्तिः। समूहासंभवात्। नापि वर्णेषु काल्पनिकः समूहः कल्पनीयः। परस्पराश्रयप्रसङ्गात्। एकार्थप्रत्यायकत्वसिद्धौ तदुपाधिना वर्णेषु पदत्वप्रतीतिस्तत्सिद्धावेकार्थप्रत्यायकत्वसिद्धिरिति। तस्माद्वर्णानां वाचकत्वासंभवात्स्फोटोभ्युपगन्तव्यः।

व्या० : काशकुशेति। यथा नद्यादौ बाहुभ्यां तर्तुं प्रवृत्तस्यासामर्थ्येन मज्जतः प्राणसंरक्षणार्थमालम्बनं दृढतरमेव किंचिदपेक्ष्यते न तु तृणविशेषभूतं काशकुशादिकं तद्वदेवेदमिति भावः। **परस्परेति।** यथा सूत्रं विना पुष्पेषु मालाप्रत्ययो नोपपद्यते तथा मिथो विलक्षणवर्णमालायामप्येकस्यानेकवर्णानुगतस्य कस्याप्यभावेन पदप्रत्ययो नोपपद्यत इति भावः। **धवेति।** धवादयस्त्रयो वृक्षविशेषाः। **तथा।** एकस्मिन्प्रदेशे सहावस्थिताः। **उत्पन्नप्रध्वस्तत्वादिति।** तथा च वर्णसमूहो दुरुपपाद इति भावः। ननु

स्फोटवादिनोपि मते स्फोटयभिव्यञ्जकत्वेन वर्णसमूहो नोपपादयितुं शक्यत इति चेत्-इष्यपत्तिः। स्फोटस्याभिव्यक्तिस्तु न वर्णसमूहेनैकपद एव भवति। किं तु क्रमेणैव। तदाह-**अभिव्यक्तपक्षेपीति**। एतच्चानुपदं मूल एव स्फुटीभविष्यति। **एकार्थेति**। एकार्थप्रत्यायकत्वं पदत्वं चेति द्वितयमपि स्फोटवादभिर्वर्णसंघातस्य न कल्प्यते किं तु स्फोटस्यैव। तथा च स्फोटमनभ्युपगच्छता तदुभयमपि वर्णेषु तत्समूहं कल्पयित्वा साधनीयम्। तच्च परस्पराश्रयग्रस्तम्। यद्यप्येकार्थप्रत्ययाकत्वमनुभूयते तथापि स्फोटयभ्युपगमेन तस्योपपत्तौ सत्यां नासंभविनो वर्णसमूहस्य कल्पना न्याय्येति भावः।

All this long oration is really only like a drowning man's catching at a straw;[1] for either of the alternatives is impossible, whether you hold that it is the single letters or their aggregation which conveys the meaning of the word. It cannot be the former, because a collection of separate letters, without any one pervading cause,[2] could never produce the idea of a word any more than a collection of separate flowers would form a garland without a string. Nor can it be the latter, because the letters, being separately pronounced and done with, cannot combine into an aggregate. For we use the term "aggregate" where a number of objects are perceived to be united together in one place; thus we apply it to a Grisela tomentosa, an Acacia catechu, a Butea frondosa, etc., or to an elephant, a man, a horse, etc., seen together in one place; but these letters are not perceived thus united together, as they are severally produced and pass away; and even on the hypothesis of their having a "manifesting" power, they can have no power to form an aggregate, as they can only manifest a meaning successively and not simultaneously. Nor can you imagine an artificial aggregate in the letters, because this would involve a "mutual dependence" (or reasoning in a circle); for, on the one hand, the letters would only become a word when their power to convey one meaning had been established; and, on the other hand, their power to convey one meaning would only follow when the fact of their being a word was settled. Therefore, since it is impossible that letters should express the meaning, we must accept the hypothesis of *sphoṭa*. "But even on your oven

1. In the Calcutta edition, p. 142, line 11, I read *kalpam* for *kalpanam*.
2. In p. 142, line 13, I add *vinā* after *nimittam*.

hypothesis that there is a certain thing called *sphoṭa* which expresses the meaning, the same untenable alternative will recur which we discussed before; and therefore it will only be a case of the proverb that 'the dawn finds the smuggler with the revenue-officer's house close by.'"[1] This, however, is only the inflation of the world of fancy from the wide difference between the two cases. For the first letter, in its manifesting power, reveals the invisible *sphoṭa,* and each successive letter makes this *sphoṭa* more and more manifest, just as the Veda, after one reading, is not retained, but is made sure by repetition; of as the real nature of a jewel is not clearly seen at the first glance, but is definitely manifested at the final examination. This is in accordance with the authoritative saying (of the teacher) : "The seed is implanted by the sounds, and, when the idea is ripened by the successive repetition, the word is finally ascertained simultaneously with the last uttered letter." Therefore, since Bhartṛhari has shown in his first book, that the *letters* of a word [being, many and successive] cannot manifest the meaning of the word, as is implied by the very phrase, "We gain such and such a meaning from such and such a *word,*" we are forced to assume the existence[2] of an indivisible *sphoṭa* as a distinct category, which has the power to manifest the word's meaning. All this has been established in the discussion (in the Mahābhāṣya) on "genus" (*jāti*), which aims at proving that the meaning of all words is ultimately that *summum genus, i.e.,* that existence whose characteristic is perfect knowledge of the Supreme reality[3] (Brahman).

ननु स्फोटव्यञ्जकतापक्षेपि प्रागुक्तविकल्पप्रसरेण घट्टकुटीप्रभातायितमिति चेत्–तदेतन्मनोराज्यविजृम्भणम्। वैषम्यसंभवात्। तथा हि। अभिव्यञ्जकोपि प्रथमो ध्वनिः स्फोटमस्फुटमभिव्यनक्ति। उत्तरोत्तराभिव्यञ्जकक्रमेण स्फुटं स्फुटतरं

1. The ghaṭṭa is the place where dues and taxes are collected. Some one anxious to evade payment is going by a private way by night, but he arrives at the tax-collector's house just as day dawns and it thus caught. Hence the proverb means *uddeśyāsiddhi.*
2. In p. 143, line 13, I read *sphoṭakabhāvam* for *sphoṭabhāvam.*
3. Cf. Ballantyne's Transl. of the Mahābhāṣya, pp. 9, 32.

स्फुटतमम्। यथा स्वाध्यायः सकृत्पठ्यमानो नावधार्यते। अभ्यासेन तु स्फुटयवसायः। यथा वा रत्नतत्त्वं प्रथमप्रतीतौ स्फुटं न चकास्ति। चरमे चेतसि यथावदभिव्यज्यते।

> **नादैराहितबीजायामन्त्येन[1] ध्वनिना सह।**
> **आवृत्तिपरिपाकायां बुद्धौ शब्दोवधार्यते।।** (वाक्यप. १।८५)

इति प्रामाणिकोक्तेः। तस्मादस्माच्छब्दादर्थं प्रतिपद्यामह इति व्यवहारवशाद्वर्णानामर्थवाचकत्वानुपपत्तेः प्रथमे काण्डे तत्रभवद्भिर्भर्तृहरिभिरभिहितत्वान्निरवयवमर्थप्रत्यायकं शब्दतत्त्वं स्फोटाख्यमभ्युपगन्तव्यमिति। एतत्सर्वं परमार्थसंविल्लक्षणसत्ताजातिरेव सर्वेषां शब्दानामर्थ इति प्रतिपादनपरे जातिसमुद्देशे प्रतिपादितम्।

व्या० : प्रागुक्तेति। किमभिव्यक्त (द. १३ पं. १४७) इत्यादिग्रन्थेनोक्तः। **घट्टेति।** राजग्राह्यकरस्थानं घट्टकुटी। ग्रामाद्ग्रामान्तरं शकटेन गच्छन्कश्चन कृपणो वणिक् सायं दूरतस्तत्स्थानं दृष्ट्वा तद्देयपरिहाराय तत्पृष्ठभागेन वनान्तरेण जिगमिषुस्तमस्यज्ञानेन मार्गाच्च्युतः कृत्स्नां रात्रिं वनान्तरे परिबभ्राम। प्रभाते यावन्मार्गमागच्छति यावत्तदेव स्थानं संनिहिततरमभूत्। सोयं घट्टकुटीप्रभातन्यायः। **प्रथमो ध्वनिः।** प्रथमो वर्णः। तथा च प्रत्येकं वर्णस्य स्फोटव्यञ्जकत्वमिति नासंभविनः समुदायस्य कल्पनेति भावः। **नादैरिति।** अन्त्येन ध्वनिना सह नादैरुच्चार्यमाणैः पूर्वैः सकलैर्ध्वनिभिराहितं स्थापितं बीजं व्यक्तयवगमानुगुणसंस्कारो यस्यां पूर्वपूर्वसंस्कारसहकृतसंस्कारावृत्त्या प्राप्तः परिपाको योग्यताविशेषो यस्यां तादृश्यां बुद्धावमुकोयं शब्द इत्यवधार्यते निश्चीयत इत्यर्थः। **परमार्थेति।** परमार्थभूता या संविन्निर्विकल्पकं केनापि विशेषेण रहितं सामान्यज्ञानं तद्रूपा याखिलपदार्थानुगता सत्ता सैव घटपटादिसंबन्धिभेदेन घटत्वपटत्वादिजातिरूपा घटपटादिशब्दा समर्थ इत्यर्थः।

But if all words mean only that supreme existence, then all words will be synonyms, having all the same meaning; and your grand logical ingenuity would produce an astonishing result in demonstrating the uselessness of human language as laboriously using several words to no purpose at the same time I Thus it has been said—

> "The employment of synonymous terms at the same time is to be condemned; for they only express their meaning in turn and not by combination."

1- अन्येन for अन्त्येनच D.

"Therefore this opinion of yours is really hardly worth the trouble of refuting."

All this is only the ruminating of empty ether; for just as the colourless crystal is affected by different objects which colour it as blue, red, yellow, etc., so, since the *summum genus*, Brahman, is variously cognised through its connection with different things, as severally identified with each, we thus account for the use of the various conventional words which arise from the different species,[1] as cow, etc., these being "existence " (the *summum genies*) as found in the individual cow, etc.

यदि सत्तैव सर्वेषां शब्दानामर्थस्तर्हि सर्वेषां शब्दानां पर्यायता स्यात्। तथा च क्वचिदपि युगपत्त्रिचतुरपदप्रयोगायोग इति महच्चातुर्यमायुष्मतः। तदुक्तम्–

पर्यायाणां प्रयोगो हि यौगपद्येन नेष्यते।
पर्यायेणैव ते यस्माद्वदन्त्यर्थं न संहताः।। इति।

तस्मादयं पक्षो न क्षोदक्षम इति चेत्–तदेतद्गगनरोमन्थकल्पम्। नीललोहितपीताद्युपरञ्जकद्रव्यभेदेन स्फटिकमणेरिव संबन्धिभेदात्सत्तायास्तदात्मना भेदेन प्रतिपत्तिसिद्धौ गोसत्तादिरूपगोत्वादिभेदनिबन्धनव्यवहारवैलक्षण्योपपत्तेः। तथा चाप्तवाक्यम्–

स्फटिकं विमलं द्रव्यं यथा युक्तं पृथक्पृथक्।
नीललोहितपीताद्यैस्तद्वर्णमुपलभ्यते ।। इति।

तथा हरिणाप्युक्तम्–

संबन्धिभेदात्सत्तैव भिद्यमाना गवादिषु।
जातिरित्युच्यते तस्यां सर्वे शब्दा व्यवस्थिताः।।
तां प्रातिपदिकार्थं च धात्वर्थं च प्रचक्षते।
सा नित्या सा महानात्मा तामाहुस्त्वतलादयः।। इति।

आश्रयभूतैः संबन्धिभिर्भिद्यमाना कल्पितभेदा गवाश्वादिषु सत्तैव महासामान्यमेव

1. The Mimāṁsā holds that a word means the genus *(jāti)* and not the individual *(vyakti)*; the Nyāya holds that a word means an individual as distinguished by such and such a genus (or species).

जातिः। गोत्वादिकमपरं सामान्यं परमार्थतस्ततो भिन्नं न भवति। गोसत्तैव गोत्वं नापरमन्वयि प्रतिभासते। एवमश्वसत्ताश्वत्वमित्यादि वाच्यम्। एवं च तस्यामेव गवादिभेदभिन्नायां सत्तायां जातौ सर्वे गोशब्दादयो वाचकत्वेन व्यवस्थिताः। प्रातिपदिकार्थश्च सत्तेति प्रसिद्धम्। भाववचनो धातुरिति पक्षे भावः सत्तैवेति धात्वर्थः सत्ता भवत्येव। क्रियावचनो धातुरिति पक्षेपि।

जातिमन्ये क्रियामाहुरनेकव्यक्तिवर्तिनीम्!

इति क्रियासमुद्देशे क्रियाया जातिरूपत्वप्रतिपादनाद्धात्वर्थः सत्ता भवत्येव। तस्य भावस्त्वतलौ (पाणि. सू. ५।१।११९) इति भावार्थे त्वतलादीनां विधानात्सत्तावाचित्वं युक्तम्। सा च सत्तोदयव्ययवैधुर्यान्नित्या। सर्वस्य प्रपञ्चस्य तद्विवर्ततया देशतः कालतो वस्तुतश्च परिच्छेदराहित्यात्सा सत्ता महानात्मेति व्यपदिश्यत इति कारिकाद्वयार्थः।

व्या० : आक्षिपति–**यदीति। संहताः।** समुच्चिता। **गगनरोमन्थेति।** चर्वितस्यापकृष्य पुनश्चर्वणं यद्गोमहिष्यादिभिः क्रियते स रोमन्थः। स यथा गगनस्याकाशस्य न संभवति तथायमाक्षेपोत्यन्तासंभवतीत्यर्थः। **तदात्मना।** घटत्वपटत्वादिरूपेण। **सा नित्येति।** सा सकलपदार्थानुगता संविद्रूपा सत्तैव नित्या। सैव महानात्मा महद्ब्रह्म। तां सत्तामेव त्वतलादयः प्रत्यया वदन्ति। त्वतलादयः प्रत्यया हि भावे विधीयन्ते। घटस्य भावो घटत्वं घटतेत्यादि यथा। घटादीनां भावश्च सत्तैवेति। हरिकारिकद्वयार्थमाह–**आश्रयभूतैरिति। नापरमन्वयीति।** सकलगोव्यक्त्यनुस्यूतं सत्तातिरिक्तमन्यत्किंचिन्नप्रतिभासत इत्यर्थः। **जातिमन्य इति।** अनेकव्यक्तिवर्तिनो या जातिस्तामेवान्ये क्रियामाहुः। सकलपाचकव्यक्तिनिष्ठाया पाचकत्वजातिः सैव पचनक्रियेति। तात्पर्यम्। **उदयव्ययवैधुर्यात्।** उत्पत्तिविनाशराहित्यात्। **तद्विवर्ततया।** तस्यां सत्तायां प्रतिभासमानतया। यथा शुक्तिरेव रजतरूपेणावभासते तथाकाशाद्यखिलप्रपञ्चरूपेण सा सत्तैवावभासते। **परिच्छेदः** संकोचः। व्यापकं वस्तु न देशतः परिच्छिद्यते। सर्वत्र सत्त्वात्। नित्यं वस्तु न कालतः परिच्छिद्यते। सर्वदा सत्त्वात्। तथा सर्वाधिष्ठानभूतं वस्तु न वस्तुतः परिच्छिद्यते। भेदाभावात्। यतश्च महाननादिरयमखिलः प्रपञ्चः सत्तायामवभासते ततः सा सत्ता त्रिविधपरिच्छेदराहिता ब्रह्मरूपैवेति भावः।

To this purport we have the following authoritative testimony—

"Just as crystal, that colourless substance; when severally

joined with blue, red, or yellow objects, is seen as possessing that colour."

And so it has been said by Hari, "Existence [pure and simple] being divided, when found in cows, etc., by reason of its connection with different subjects, is called this or that species, and on it all words depend. This they call the meaning of the stem and of the root. This is existence, this the great soul; and it is this which the affixed *tva, tal,* etc., express" (Pāṇini v. 1, 119).

"Existence" is that great *summum genus* which is found in cows, horses, etc., differentiated by the various subjects in which it resides; and the inferior species, "cow," "horse," etc., are not really different from it; for the species "cow" and "horse" (*gotva* and *aśvatva*) are not really new subjects, but each is "existence" as residing in the subject "cow" and "horse." Therefore all words, as expressing definite meanings, ultimately rest on that one *summum genus* existence, which is differentiated by the various subjects, cows, etc., in which it resides; and hence "existence" is the meaning of the stem-word (*prātipadika*). A "root" is sometimes defined as that which expresses *bhāva*;[1] now, as *bhāva* is "existence," the meaning of a root is really existence.[2] Others say that a root should be defined as that which expresses "action" (*kriyā*); but here again the meaning of a root will really be "existence," since this "action" will be a genus, as it is declared to reside in many subjects, in accordance with the common definition of a genus, in the line—

Others say that action (*kriyā*) is a genus, residing in many individuals."

So, too, if we accept Pāṇini's definition (v. I, 119), "Let the affixes *tva* and *tal* come after a word denoting anything], when we speak of the nature (*bhāva*) thereof," it is clear from the very fact that abstract terms ending in *tva* or *tā* [as *aśvatva* and *aśvatā*] are used in the sense of *bhāva*, that they do express "existence." "This is pure existence" from its being free from all coming

1. Cf. Ṛg-Veda Prātiś. xii. 5.
2. He here is trying to show that his view is confirmed by the commonly received definitions of some grammatical terms.

into being or ceasing, to be; it is eternal, since, as all phenomena are developments thereof, it is devoid of any limit in space, time, or substance: this existence is called "the great soul." Such is the meaning of Hari's two *kārikās* quoted above.

द्रव्यपदार्थवादिनोपि नये संविल्लक्षणं तत्त्वमेव सर्वशब्दार्थ इति संबन्धसमुद्देशे समर्थितम्–

> **सत्यं वस्तु तदाकारैरसत्यैरवधार्यते।**
> **असत्योपाधिभिः शब्दैः सत्यमेवाभिधीयते।।**
> **अध्रुवेण निमित्तेन देवदत्तगृहं यथा।**
> **गृहीतं गृहशब्देन शुद्धमेवाभिधीयते।।** इति।

भाष्यकारेणापि सिद्धे शब्दार्थसंबन्ध इत्येतद्वार्तिकव्याख्यानावसरे द्रव्यं हि नित्यमित्यनेन ग्रन्थेनासत्योपाध्यवच्छिन्नं ब्रह्मतत्त्वं द्रव्यशब्दवाच्यं सर्वशब्दार्थ इति निरूपितम्।

व्या० : एवं जातिपदार्थवादिनये जातेः सत्तातोनतिरेकात्परमार्थसंविद्रूपा सत्तैव सर्वेषां शब्दानामर्थ इति प्रसाध्य व्यक्तिपदार्थवादिनयेपि स एवार्थ इति निरूपयति–**द्रव्यपदार्थेति**। द्रव्यं घटादिव्यक्तिः। शक्तिग्रहो हि वृद्धव्यवहारेण भवति। व्यवहारे गामानयाश्वं नयेत्यादौ तत्तत्क्रियाविषयत्वेन व्यवह्रियमाणा व्यक्तिरेव दृश्यते। अतो जातिविशिष्य व्यक्तिः पदार्थ इति तन्मतम्। **संविल्लक्षणं तत्त्वमिति**। परमार्थभूतं निर्विकल्पकज्ञानस्वरूपं सत्ताख्यं तत्त्वमित्यर्थः। **सत्यं वस्त्विति**। यथा कीदृशो गवय इति पृष्टे सत्यगवयस्यासंनिधानादिना तज्ज्ञापनासंभवे तच्चित्रं प्रदर्श्यते। तत्र चासत्यमपि रेखागवयं दृष्ट्वा यथेदृशो गवय इत्येवं सत्यगवयस्वरूपं निश्चीयते तथा असत्यभूतैर्द्रव्यरूपैरुपाधिभिः सत्यमेव शब्दैरभिधीयते। शब्दा हि प्रवृत्तिनिवृत्तियोग्यां व्यक्तिं पुरस्कृत्य तद्द्वारा सत्ताख्यं सत्यमेव तत्त्वमभिदधतीत्यर्थः। **अध्रुवेणेति**। अध्रुवमस्थिरम्। चैत्रमैत्राभ्यां मार्गे गच्छद्भ्यां कस्यचिद्गृहस्योपरि स्थितः काको यदृच्छया दृष्टः। पश्चाच्चैत्रेण क्व देवदत्तगृहमिति पृष्टो मैत्रः काकवद्देवदत्तस्य गृहमिति तद्गृहं बोधयति। तत्र यद्यपि काको न स्थिरस्तथापि तेन निमित्तभूतेनेदं देवदत्तस्य गृहमिति चैत्रेण गृह्यते। अयं तद्गृहज्ञानोपायः। गृहशब्देन तु तच्छुद्धं काकरहितमेवाभिधीयते। तथा गोघटादिशब्दैर्व्यक्तिं पुरस्कृत्य तद्द्वारा तादृशव्यक्तिरहितं सत्ताख्यं सत्यं तत्त्वमेव केवलमभिधीयत। इत्यर्थः। **सिद्ध इति**। किं पाणिनिः शब्दमर्थं तयोः संबन्धं च सृजत्यथ वा केवलं स्मरतीत्याशङ्कायां तत्समाधानपरमिदं वार्तिकम्। सिद्धशब्द इह नित्यवाची। शब्देर्थे तत्संबन्धे च नित्ये सति तज्ज्ञापनार्थमेव केवलं

पाणिनेः प्रवृत्तिरिति वार्तिकार्थः। अर्थविषये च जातिः पदार्थो व्यक्तिः पदार्थ इति पक्षद्वयम्। व्यक्तिर्द्रव्यम्। पक्षद्वयेप्यर्थस्य नित्यत्वमेव। तत्र जातिः पदार्थ इत्यङ्गीकारे जातेः सत्तारूपाया नित्यत्वमस्त्येव। सत्तातिरिक्ताजातिवादिनोपि जातेर्नित्यत्वमेवेच्छन्ति। द्रव्यं पदार्थ इति पक्षेप्यर्थस्य नित्यत्वमेवेत्याशयेन द्रव्यं हि नित्यम् (पात. महाभा. पृ. ७ पं. ११) इति भाष्यकृद्भिरुक्तम्। तत्र द्रव्यशब्देन यदि गोघटादिकं लौकिकं द्रव्यं गृह्यते तर्हि तस्यानित्यत्वेन द्रव्यं हि नित्यम्–इति भाष्यकृदुक्तिर्न संगच्छत इत्याशयेन तत्र कैयटेन असत्योपाध्यवच्छिन्नं ब्रह्मतत्त्वमत्र द्रव्यशब्दवाच्यम्–इत्युक्तम्। तदेवं जातिव्यक्तिपक्षयोरुभयोरपि परमार्थसंविल्लक्षणब्रह्मसत्तैव सर्वेषां शब्दानामर्थ इति सिद्धम्। सिद्धे शब्दार्थसम्बन्धे–इतिवार्तिकोक्तेरर्थवच्छब्दस्यापि नित्यत्वमेवेति नित्यस्य स्फोटरूपस्यैव शब्दस्य वाचकत्वं न त्वनित्यस्य वर्णरूपस्य ध्वनेरित्येवं स्फोटः सिध्यतीति भावः।

So, too, it is laid down in the discussion on *sambandha* [in Hari's verses] that the ultimate meaning of all words is that something whose characteristic is perfect knowledge of the real meaning of the word Substance.

> "The true Reality is ascertained by its illusory forms; the true substance is declared by words through illusory disguises; as the object, 'Devadatta's house,' is apprehended by a transitory cause of discrimination,' but by the word 'house' itself, the pure idea [without owners] is expressed."[2]

So, too, the author of the Mahābhāṣya, when explaining the Vārttika,[3] "a word, its meaning, and its connection being fixed," in the passage beginning "substance is eternal," has shown that the meaning of all words is Brahman, expressed by the word "substance" and determined by various unreal[4] conditions [as "the nature of horse," etc.]

जातिशब्दार्थवाचिनो वाजप्यायनस्य मते गवादयः शब्दा भिन्नद्रव्यसमवेत-जातिमभिदधति। तस्यामवगाह्यमानायां तत्संबन्धाद्द्रव्यमवगम्यते। शुक्लादयः शब्दा गुणसमवेतां जातिमाचक्षते। गुणे तत्संबन्धात्प्रत्ययः। द्रव्ये संबन्धिसंबन्धात्।

1. Since Devadatta is only its transient owner.
2. So by the words "horse," "cow," etc., Brahman is really meant, the one abiding existence.
3. Cf. Ballantyne's Mahābhāṣya, p. 44, 50.
4. In p. 145, line 8, read *asatya* for *aśvattha*.

संज्ञाशब्दानामुत्पत्तिप्रभृत्या विनाशाच्छैशवकौमारयौवनाद्यवस्थादिभेदेपि स एवायमित्यभिन्नप्रत्ययबलात्सिद्धा देवदत्तत्वादिजातिरभ्युपगन्तव्या। क्रियास्वपि जातिरालक्ष्यते। सैव धातुवाच्या। पचतीत्यादावनुवृत्तप्रत्ययस्य प्रादुर्भावात्। द्रव्यपदार्थवादिव्याडिनये शब्दस्य व्यक्तिरेवाभिधेयतया प्रतिभासते। जातिस्तूपलक्षणतयेति नानन्त्यादिदोषावकाशः। पाणिन्याचार्यस्योभयं संमतम्। यतो जातिपदार्थमभ्युपगम्य जात्याख्यायामेकस्मिन्बहुवचनमन्यतरस्याम् (पाणि. सू. १।२।५८) इत्यादिव्यवहारः। द्रव्यपदार्थमङ्गीकृत्य सरूपाणामेकशेष एकविभक्तौ (पाणि. सू. १।२।६४) इत्यादिः। व्याकरणस्य सर्वपार्षदत्वान्मतद्वयाभ्युपगमे न कश्चिद्विरोधः। तस्माददद्वयं सत्यं परं ब्रह्मतत्त्वं सर्वशब्दार्थ इति स्थितम्। तदुक्तम्–

तस्माच्छक्तिविभागेन सत्यः सर्वः सदात्मकः।
एकोर्थः शब्दवाच्यत्वे बहुरूपः प्रकाशते।। इति।

सत्यस्वरूपमपि हरिणोक्तं संबन्धसमुद्देशे–

यत्र द्रष्टा च दृश्यं च दर्शनं चाविकल्पितम्।
तस्यैवार्थस्य सत्यत्वमाहुस्त्रय्यन्तवेदिनः।। इति।

द्रव्यसमुद्देशेपि–

विकारापगमे सत्यं सुवर्णं कुण्डले यथा।
विकारापगमो यत्र तामाहुः प्रकृतिं पराम्।। इति।

व्या० : अधुना लोके प्रतीतौ जातिव्यक्तिपक्षावुपपादयति–**जातिशब्दार्थेति।** वाजप्यायनो जातिपदार्थवादी। व्याडिर्व्यक्तिपदार्थवादीः। पाणिनेस्तु द्वयमपि संमतम्। अत्रेदं बोध्यम्–जातिगुणक्रियासंज्ञाभेदेन चतुर्विधाः शब्दाः। प्रवृत्तिनिमित्तभेदेन चैतच्चातुर्विध्यम्। जातिप्रवृत्तिनिमित्तकः शब्दो जातिशब्दः। एवं गुणप्रवृत्तिनिमित्तकः शब्दो गुणशब्दः। एवमेव क्रियाशब्दः संज्ञाशब्दश्च। यथा गौः शुक्लश्चलो डित्थ इति। अत्रैकस्यां गोव्यक्तौ चत्वारः शब्दाः प्रयुज्यन्ते। तादृशव्यक्तिगतां गोत्वजातिं ज्ञात्वा गोशब्दः प्रयुज्यते। तथा तद्गतं शुक्लगुणं ज्ञात्वा शुक्लशब्दः। चलनक्रियां ज्ञात्वा चलशब्दः। डित्थेति संज्ञां ज्ञात्वा डित्थशब्दः। तत्र चानेकं दर्शनम्–प्रवृत्तिनिमित्तं जात्यादिकमेव तत्तच्छब्दानां वाच्योर्थः। व्यक्तेस्तु तदाश्रयतयाक्षेपादिनावगम इत्येकम्। व्यक्तिरेव वाच्योर्थः। प्रवृत्तिनिमित्तं त्वनेकव्यक्त्यनुगमकतया केवलं तदुपलक्षणम्–इति द्वितीयम्। प्रवृत्तिनिमित्तविशिष्य व्यक्तिर्वाच्योर्थ इति तृतीयम्। वाजप्यायनस्तु प्रथमदर्शनानुसारी। किं तु तत्रापि प्रवृत्तिनिमित्तं न चतुर्विधं किं तु सर्वेषां शब्दानां

जातिरूपमेकमेवेति मन्यते। अनेकगोव्यक्तिसमवेता गोत्वजातिर्गोशब्दस्य प्रवृत्तिनिमित्तम्। स एव तस्य वाच्योर्थः। तथा घटादिनिष्ठो यः शुक्लो गुणस्तद्गता शुक्लत्वजातिः शुक्लशब्दस्य प्रवृत्तिनिमित्तम्। स एव तस्य वाच्योर्थः। शुक्लशब्दाच्छुक्लगुणप्रत्ययस्तु तादृशजातिसंबन्धाद्भवति। शुक्लगुणविशिष्टस्य घटादिद्रव्यस्य शुक्लशब्दाप्रत्ययस्तु तादृशजातिसंबन्धिगुणसंबन्धाद्भवति। तयोनेक-चलनक्रियानिष्ठा चलनत्वजातिश्चलशब्दस्य प्रवृत्तिनिमित्तम्। स एव तस्य वाच्योर्थः। चलशब्दाच्चलनक्रियायाः प्रत्यस्तु तादृशजातिसंबन्धात्। क्रियाश्रयस्य देवदत्तादेर्बोधस्तु तादृशजातिसंबन्धिक्रियासंबन्धात्। डित्थसंज्ञकस्य पश्चादेरेकस्यापि कौमारयौवनाद्य-वस्थाभेदेन भेदात्तादृशानेकव्यक्तिनिष्ठा डित्थत्वजातिर्डित्थशब्दस्य प्रवृत्तिनिमित्तम्। स एव तस्य वाच्योर्थः। व्यक्तिबोधस्तु तादृशडित्थवाश्रयतया भवति। **जातिस्त्विति।** यद्यपि गोव्यक्तीनामानन्त्याद्गोशब्दार्थज्ञानं दुष्करं तथापि गोत्वजात्या सकलगो-व्यक्त्यनुगमो भविष्यति। तथा च गोत्वजातिः केवलं व्यक्त्युपलक्षणं न तु वाच्यकुक्षौ तस्याः प्रवेशः। **जात्याख्यायामिति।** जात्याख्यायामेकोप्यर्थो विकल्पेन बहुवद्भवति। ब्राह्मणाः पूज्याः। ब्राह्मणः पूज्यः। ब्राह्मणजातिः पूज्येत्यर्थः। अत्र ब्राह्मणशब्दस्य ब्राह्मणत्वजातौ तात्पर्यम्। तथा चैतत्सूत्रानुरोधेन जातिः पदार्थ इति मतं पाणिनेः संमतमिति गम्यते। **सरूपाणामिति।** विभक्तिमात्रे यानि सरूपाण्येव दृष्टानि तेषामेक एव शिष्यते। रामश्च रामश्च रामौ। असति ह्यस्मिन्सूत्रे घटश्च पटश्च घटपटावितिवद्रामरामाविति स्यात्। रामश्च रामश्च रामश्च रामा इत्यत्राप्येवम्। अत्र व्यक्तिः पदार्थ इति मते व्यक्त्यनेकत्वात्तदनुसारेण द्वयोस्त्रयाणां ततोप्यधिकानां वा रामशब्दानां प्रयोगः प्राप्तः। तन्निवृत्तय इदं सूत्रम्। तथा चैतत्सूत्रानुरोधेन व्यक्तिः पदार्थ इति मतं पाणिनेः संमतमिति गम्यते। **पार्षदः।** अनुसारी। पर्षच्छब्दाच्छैषिकोण्प्रत्ययः। पर्षत्सभा। जात्यादिपदार्थ-वादिनामनेकेषां या सभा तद्गतसर्वसभ्यसाधारणं व्याकरणं न कस्याप्येकस्या-साधारणमित्यर्थः। **तस्मादिति।** जातिपक्षे गोत्वादिजातेर्ब्रह्मसत्तातोनतिरेकाद्व्यक्ति-पक्षेप्यसत्यभूतव्यक्त्युपाधिद्वारा सत्यस्य ब्रह्मतत्त्वस्य प्रतिपादनमित्यर्थः। **तस्माच्छक्तीति।** सत्यः सर्वव्यापी सद्रूप एकोर्थः परमात्मा तत्तच्छब्दवाच्यत्वावस्थायां शक्तिविभागेन बहुरूपः सन्प्रकाशत इत्यर्थः। **यत्रेति।** त्रयी वेदत्रयी। अयं द्रष्टेदं दृश्यमिदं दर्शनमित्येवं त्रिपुटीकल्पना यत्र नास्ति तस्यैवात्मरूपैकार्थस्य वेदान्तशास्त्रज्ञाः सत्यत्वमाहुरित्यर्थः।

According to the opinion of Vājapyāyana, who maintains that all words mean a genus, words like "cow," etc.,[1] denote a

1. We have here the well-known four grammatical categories, *jāti, guṇa, dravya* or *sañjñā*, and *kriyā*.

genus which resides by intimate relation in different substances; and when this genus is apprehended, through its connection with it we apprehend the particular substance in which it resides. Words like "white," etc., denote a genus which similarly resides in qualities; through the connection with genus we apprehend the quality, and through the connection with the quality we apprehend the individual substance. So in the case of words expressing particular names, in consequence of the recognition that "this is the same person from his first coming into existence to his final destruction, in spite of the difference produced by the various states of childhood, youth, adolescence, etc.," we must accept a fixed genus as Devadattahood,[1] etc. [as directly denoted by them]. So, too, in words expressing "action" a genus is denoted; this is the root-meaning, as in *paṭhati*, "he reads," etc., since we find here a meaning common to all who read.

In the doctrine of Vyāḍi, who maintained that words meant individual things [and not classes or genera), the individual thing is put forward as that which is primarily denoted, while the genus, is implied [as a characteristic mark]; and he thus avoids the alleged faults of " indefiniteness," and " wandering away from its proper subject."[2]

Both views are allowed by the great teacher Pāṇini; since in i. 2, 58, he accepts the theory that a word means the genus, where he says that "when the singular is used to express the class the plural may be optionally used" [as in the sentence, "A Brāhman is to be honoured," which may equally run, "Brāhmans are to be honoured"]; while in i. 2, 64, he accepts the theory that a word means the individual thing, where he

1. But cf. Siddh. Muktāv., p. 6, line 12.
2. Thus we read in the Siddhānta Muktāvali, p. 82, that the Mīmāṁsā holds that a word means the genus and not the individual, since otherwise there would be *vyabhicāra* and *ānantya* (cf. also Maheśacandra Nyāyaratna's note, Kāvya-prakāśa, p. 10). If a word is held to mean only *one* individual, there will be the first fault, as it will "wander away" and equally express others which it should not include; if it is held to mean *many* individuals, it will have an endless variety of meanings and be "indefinite."

says, "In any individual case there is but one retained of things similar in form " [*i.e.*, the dual means Rāma and Rāma, and the plural means Rāma, and Rāma and Rāma; but we retain only one, adding a dual or plural affix]. Grammar, in fact, being adapted to all assemblies, can accept both theories without being compromised. Therefore both theories are in a sense true;[1] but the real fact is that all words ultimately mean the Supreme Brahman.

As it has been said—

> "Therefore under the divisions of the meanings of words, one true universal meaning, identical with the one existent, shines out in many forms as the thing denoted."

Hari also, in his chapter discussing *sambandha*, thus describes the nature of this true meaning—

> "That meaning in which the subject, the object, and the perception [which unites them] are insusceptible of doubt,[2] *that* only is called the truth by those who know the end of the three Vedas."

अभ्युपगताद्वितीयत्वनिर्वाहाय वाच्यवाचकयोरविभागः प्रदर्शितः–

वाच्या सा सर्वशब्दानां शब्दाच्च न पृथक्ततः।
अपृथक्त्वेपि संबन्धस्तयोर्जीवात्मनोरिव।। इति।

तत्तदुपाधिपरिकल्पितभेदबहुलतया व्यवहारस्याविद्यामात्रकल्पितत्वेन प्रतिनियताकारोपधीयमानरूपभेदं ब्रह्मतत्त्वं सर्वशब्दविषयः। अभेदे च पारमार्थिके संवृतिवशाद्व्यवहारदशायां स्वप्नावस्थावदुच्चावचः प्रपञ्चो विवर्तत इति कारिकार्थः। तदाहुर्वेदान्तवादनिपुणाः–

यथा स्वप्नप्रपञ्चोयं मयि मायाविजृम्भितः।
एवं जाग्रत्प्रपञ्चोपि मयि मायाविजृम्भितः।। इति।

व्या० : ननु ब्रह्मतत्त्वं सर्वेषां शब्दानां वाच्यम्। वाचकश्च स्फोटरूपः शब्दइत्येतावता

1. This seems the meaning of the text as printed *tasmāt dvayaṁ satyam*, but I should prefer to read conjecturally *tasmād advayaṁ satyam*, "therefore non-duality is the truth."
2. *Scil.* they can only be the absolute Brahman who alone exists.

द्वैतापत्तिः। तथा च कथमद्वयं ब्रह्मतत्त्वं सर्वशब्दार्थ इत्याशङ्क्याह–**अभ्युपगतेति। वाच्येति।** सा ब्रह्मसत्ता सर्वशब्दानां वाच्या। ततो वाचकात्स्फोटरूपाच्छब्दाच्च न पृथक्। एवं वाच्यवाचकयोरभेदेपि तयोः संबन्धः केवलं कल्पनावशाद्भासते। यथा जीवपरमात्मनोरैक्येपि कल्पनावशाद्व्यवहारदशायां नियम्यनियामकभावः संबन्धस्तयोर्भासते तद्वत्। स्वप्नावस्थायामिव जाग्रदवस्थायामपि कल्पनामूलक एवायमखिलः प्रपञ्चो भासत इति तात्पर्यम्। **संवृतिवशात्।** आवरणवशात्। कल्पनावशाद्वा।

So too in his description of substance, he says—

> "*That* which remains as the Real during the presence of modification, as the gold remains under the form of the earring,—*that* wherein change comes and goes, *that* they call the Supreme Nature."

The essential unity of the word and its meaning is maintained in order to preserve inviolate the non-duality of all things which is a cardinal doctrine of our philosophy.

"This [Supreme Nature] is the thing denoted by all words, and it is identical with the word; but the relation of the two, while they are thus ultimately identical, varies as does the relation of the two souls."[1]

तदित्थं कूटस्थे परस्मिन्ब्रह्मणि सच्चिदानन्दरूपे प्रत्यगभिन्नेवगतेनाद्यविद्यानिवृत्तौ तादृग्ब्रह्मात्मनावस्थानलक्षणं निःश्रेयसं सेत्स्यति।

शब्दब्रह्मणि निष्णातः परं ब्रह्माधिगच्छति।

इत्यभियुक्तोक्तेः। तथा च शब्दानुशासनशास्त्रस्य निःश्रेयस साधनत्वं सिद्धम्। तदुक्तम्–

तदद्वारमपवर्गस्य वाङ्मलानां चिकित्सितम्।
पवित्रं सर्वविद्यानामधिविद्यं प्रचक्षते।।(वाक्यप. १।१४) इति।

तथा–

इदमाद्यं पदस्थानं सिद्धिसोपानपर्वणाम्।
इयं सा मोक्षमाणानामजिह्मा राजपद्धतिः।। (वाक्यप. १।१६) इति।

---

1. *Scil.* the individual soul *(jiva)* and Brahman.

तस्माद्व्याकरणशास्त्रं परमपुरुषार्थसाधनतयाध्येतव्यमिति सिद्धम्।।

इति श्रीमत्सायणमाधवीये सर्वदर्शनसंग्रहे पाणिनिदर्शम्।

व्या० : तदद्वारमिति। अनेन व्याकरणस्य प्राशस्त्यं बोध्यते। **अधिविद्यम्**। विद्यासु। विभक्त्यर्थेव्ययीभावः। तद्व्याकरणमपवर्गस्य मोक्षस्य द्वारम्। तथा वाङ्मलानां चिकित्सतं यथा वैद्यशास्त्रं शारीराणां मलानाम्। तथा सर्वविधानां पवित्रम्। विद्यास्वर्थो हि शब्दैरुपगृहीतो भवति। शब्दस्य संस्कारश्च व्याकरणाधीनः। अतो विद्यास्वेतद्व्याकरणं प्रकाशत इत्यर्थः। **इदमाद्यमिति**। सिद्धिः कैवल्यप्राप्तिः। तस्याः सोपानमार्गे यानि पर्वाणि तेषु प्रथमं पादविन्यासस्थानमिदं व्याकरणम्। मुमुक्षूणां सरलोयं राजमार्ग इत्यर्थः।।

।। इति श्रीसर्वदर्शनसंग्रहव्याख्यायां दर्शनाङ्कुराभिधायां पाणिनिदर्शनं समाप्तम्।

The meaning of this Kārikā is that Brahman is the one object denoted by all words; and this one object has various differences imposed upon it according to each particular form; but the conventional variety of the differences produced by these illusory conditions is only the result of ignorance. Non-duality is the true state; but through the power of "concealment"[1] [exercised by illusion] at the time of the conventional use of words a manifold expansion takes place, just as is the case during sleep. Thus those skilled in Vedānta lore tell us—

> "As all the extended world of dreams is only the development of illusion in me, so all this extended waking world is a development of illusion likewise."

When the unchangeable Supreme Brahman is thus known as the existent joy-thought and identical with the individual soul, and when primeval ignorance is abolished, final bliss is accomplished, which is best defined as the abiding in identity with this Brahman, according to the text, "He who is well versed in the Word-Brahman attains to the Supreme Brahman."[2] And thus we establish the fact that the "exposition of words" is the means to final bliss.

---

1. The *Saṁvṛti* of the text seems to correspond to the *āvaraṇa* so frequent in Vedānta books.
2. This passage is quoted in the Maitrī Upaniṣad, vi. 22.

Thus it has been said—

"They call it the door of emancipation, the medicine of the diseases of speech, the purifier of all sciences, the science of sciences."[1]

And so again—

"This is the first foot-round of the stages of the ladder of final bliss, this is the straight royal road of the travellers to emancipation."

Therefore our final conclusion is that the Śāstra of grammar should be studied as being the means for attaining the chief end of man.

E.B.C.

---

1. *Adhividyam* occurs in Taitt. Upaniṣad, i. 3, I, where it is expalined by Śaṁkara as *vidyāsv adhi yad darśanaṁ tad adhividyam.*

Chapter XIV
The Sāṅkhya System

अथ सांख्यदर्शनम्

अथ सांख्यैराख्याते परिणामवादे परिपन्थिनि जागरूके कथं कारं विवर्तवाद आदरणीयो भवेत्। एष हि तेषामाघोषः। संक्षेपेण हि सांख्यशास्त्रे चतस्रो विधाः संभाव्यन्ते। कश्चिदर्थः प्रकृतिरेव कश्चिद्विकृतिः प्रकृतिश्च कश्चिद्विकृतिरेव कश्चिदनुभय इति।

तत्र केवला प्रकृतिः प्रधानपदेन वेदनीया मूलप्रकृतिः। नासावन्यस्य कस्यचिद्विकृतिः। प्रकरोतीति प्रकृतिरिति व्युत्पत्त्या सत्त्वरजस्तमोगुणानां साम्यावस्थाया अभिधानात्। तदुक्तं मूलप्रकृतिरविकृतिः (सां. का. ३) इति। मूलं चासौ प्रकृतिश्च मूलप्रकृतिः। महदादेः कार्यकलापस्यासौ मूलं न त्वस्य प्रधानस्यमूलान्तरमस्ति। अनवस्थापापात्। न च बीजाङ्कुरवदनवस्थादोषो न भवतीति वाच्यम्। प्रमाणाभावादिति भावः।

विकृतयश्च प्रकृतयश्च महदहंकारतन्मात्राणि। तदप्युक्तं महदाद्याः प्रकृतिविकृतयः सप्त (सां. का. ३) इति। अस्यार्थः। प्रकृतयश्च ता विकृतयश्चेति प्रकृतिविकृतयः सप्त महदादीनि तत्त्वानि। तत्रान्तःकरणादिपदवेदनीयं महत्तत्त्वमहंकारस्य प्रकृतिः। मूलप्रकृतेस्तु विकृतिः। एवमहंकारतत्त्वम-भिमानापरनामधेयं महतो विकृतिः। प्रकृतिश्च तदेवाहंकारतत्त्वं तामसं सत्पञ्चतन्मात्राणां सूक्ष्माभिधानाम्। तदेव सात्त्विकं सत्प्रकृतिरेकादशेन्द्रियाणां बुद्धीन्द्रियाणां चक्षुःश्रोत्रघ्राणरसनात्वगाख्यानां कर्मेन्द्रियाणां वाक्पाणिपादपायू-

पस्थाख्यानामुभयात्मकस्य मनसश्च। रजसस्तूभयत्र क्रियोत्पादनद्वारेण कारणत्वमस्तीति न वैयर्थ्यम्। तदुक्तमीश्वरकृष्णेन–

अभिमानोहंकारस्तस्माद्द्विविधः प्रवर्तते सर्गः।
[1]एकादशकरणगणस्तन्मात्रापञ्चकं चैव।।
सात्त्विक एकादशकः प्रवर्तते वैकृतादहंकारात्।
भूतादेस्तन्मात्रः स तामसस्तैजसादुभयम्।।
बुद्धीन्द्रियाणि चक्षुःश्रोत्रघ्राणरसनत्वगाख्यानि।
वाक्पाणिपादपायूपस्थाः कर्मेन्द्रियाण्याहुः।।
उभयात्मकमत्र मनः संकल्पकमिन्द्रियं च साधर्म्यात्।

(सां. का. २४-२७) इति।

विवृतं च तत्वकौमुद्यामाचार्यवाचस्पतिभिः।

व्या० : अथ परिणामवादिनां सांख्यानां मतमुत्थापयति–**अथेति। परिणामेति।** सतो द्रव्यस्यावस्थान्तरापत्तिः परिणामः। सर्वाणि प्रकृत्यादीनि तत्त्वानि तत्तत्कार्यरूपेण परिणमन्त इति हि सांख्यमतम्। एतच्चानुपदमेव स्फुटीभविष्यति। **विवर्तेति।** अपरित्यक्तपूर्वरूपस्य वस्तुनोऽसता रूपान्तरेण प्रतीतिर्विवर्तः। यथा शुक्तिकाया रजतरूपेण प्रतीतिः अयं च विवर्तवादो वैयाकरणैर्मायावादिभिरद्वैतवेदान्तिभिश्चाश्रीयते। ते ह्यधिष्ठानभूते ब्रह्मरूपे वस्तुन्यसदेवेदं सर्वं जगद्भ्रान्त्या प्रतिभासत इति वदन्ति। **तेषाम्।** सांख्यानाम्। **चतस्रो विधा इति।** सांख्यशास्त्रभिमततत्त्वजातस्येत्यादिः।

प्रकरोतीति। प्रकर्षेण करोति कार्यमुत्पादयतीति प्रकृतिः। प्रकर्षश्च तत्वान्तरारम्भकत्वम्। तथा च यस्मात्तत्त्वान्तरमुत्पद्यते तादृशः कारणविशेषः प्रकृतिशब्देनोच्यते। यद्यपि मृद्घटादीनां पृथिव्यपेक्षया तत्त्वान्तरत्वभावेन मृदादीनां तत्वान्तरोत्पादकत्वाभावान्न प्रकृतित्वं तथापि प्रकर्षस्याविवक्षया प्रकृतिशब्दस्योपादानकारणसामान्यवाचित्वं गृहीत्वा मृदादीनां घटादिप्रकृतित्वं लोके व्यपदिश्यते। तथा च तत्वान्तरारम्भकत्वं प्रकृतित्वमिति प्रकृतिसामान्यलक्षणम्। प्रकृष्य कृतिरस्या इति वा विग्रहः।

अत्रेदं बोध्यम्–उक्तं प्रकृतित्वं प्रधानमहदहंकारपञ्चतन्मात्ररूपतत्त्वाष्टकसाधारणम्। तत्र (१) प्रधानं त्रिगुणात्मकम्। सत्त्वरजस्तमांसि त्रयो गुणाः। ते च तत्र साम्यावस्थाः। साम्यादेवेदं सत्त्वमिदं रज इति व्यवहारयोग्यतापि न तत्र शक्यते वक्तुम्। अत एव न तत्तत्त्वन्नयं किं त्वेकमेव व्यपदिश्यते। सत्त्वरजस्तमांसि वस्तुतो द्रव्यरूपाण्येव।

1. एकादशकश्च for एकादशकरण A.

महदाद्युपादानकारणत्वात्। संयोगविभागाश्रयत्वाच्च। पुरुषभोगसाधनत्वेन गुणभूतत्वात्परं तेषां गुणत्वव्यवहारः। गन्धव्यतिरिक्तायाः पृथिव्या यथा गन्धो गुणस्तथा सत्त्वादित्रयव्यतिरिक्तायाः प्रकृतेः सत्त्वादयो गुणा इति नु न मन्तव्यम्। सत्त्वादीनां प्रकृतिस्वरूपत्वेन प्रकृतिधर्मत्वाभावात्। तदुक्तं सांख्यप्रवचनसूत्रे सत्त्वादीनामतद्धर्मत्वं तद्रूपत्वात् (सां० प्र० सू० ६/३९) इति। प्रकृतेर्गुणा इति व्यवहारस्तु वनस्य वृक्ष इतिवद्बोध्यः।

सत्त्वं रजस्तम इति गुणाः प्रकृतिसंभवाः। (गी० १४/५)

इत्यत्र गुणपदेन न प्रकृतिस्वरूपभूतानां गुणानां ग्रहणम्। किं तु तत्कार्यभूता वैषम्यावस्था महत्तत्त्वादिकारणीभूता ये सत्त्वादयस्तेषां ग्रहणम्। प्रकृतिस्वरूपभूतानां गुणानां ग्रहणे तु तेषां नित्यत्वेनोत्पत्त्यभावात्प्रकृतिसंभवा इत्युक्तिर्न संगच्छते। वैषम्यं च सत्त्वरजस्तमसां प्रत्येकमनेकव्यक्तीनां मिथः सजातीयसंवलनेन लघुत्वप्रकाशादि फलोपहित इदं सत्त्वमिदं रज इत्यादिव्यवहारयोग्यः परिणामविशेषः। इदं वैषम्यावस्थं गुणत्रयं प्रकृत्यपेक्षया पृथक्तत्त्वत्रयमित्याशयेन कैश्चित्सांख्यशास्त्रज्ञैरष्टाविंशतितत्त्वपक्ष उक्तः। सत्त्वादीनां लघुत्वादयः स्वभावविशेषाः सांख्यकारिकायामुक्ताः–

सत्त्वं लघु प्रकाशकमिष्टमुपष्टम्भकं चलं च रजः।
गुरु वरणकमेव तमः (सां० का० १३) इति।

एवशब्दो भिन्नक्रमस्तम इत्यनेन संबध्यते। तथा आवृत्त्या सत्त्वमित्यनेन रज इत्यनेन च संबध्यते। सत्त्वमेव लघु प्रकाशकं चेष्टम्। सत्त्वस्य लघुत्वादेव तत्कार्यभूतेष्विन्द्रियेषु विषयग्रहणौन्मुख्यरूपं पाटवं दृश्यते। तथा सत्त्वस्य प्रकाशकत्वादेवेन्द्रियाणां विषयप्रकाशकत्वं दृश्यते। रज एवोपष्टम्भकं चलं चेष्टम्। यतो रजश्चलं स्वभावतः सक्रियम्। अतः सत्त्वस्य तमसश्चोपष्टम्भकं तत्तत्कार्योत्पादे प्रवर्तकम्। सत्त्वतमसोरक्रियत्वेन तत्र स्वाभाविकप्रवृत्त्यभावात्। तम एव गुरु तथा आवरकं चेष्टम्। गुरुत्वं तु लघुत्वविरोधी स्थितिहेतुभूतो धर्मः। तत्प्रकर्षेण च सत्त्वस्वभावा रजःस्वभावाश्च प्रतिबध्यन्ते। एतदेवावरकत्वम्। सत्त्वस्य लघुत्वादेव प्रकाशकत्वम्। रजसश्चलत्वादेवो-पष्टम्भकत्वम्। तमसश्च गुरुत्वादेवावरकत्वमिति। प्रकृतिस्वरूपभूतं सत्त्वं रजस्तमश्च प्रत्येकं नानाविधम्। अनेका हि सत्त्वव्यक्तयः। तत्र काश्चिदणुपरिमाणाः काश्चिद्विभुपरिमाणाः। न तु मध्यमपरिमाणाः। तथा सति घटादिवदनित्यत्वप्रसङ्गात्। वैषम्यावस्थं कार्यभूतं सत्त्वं तु मध्यम परिमाणमपि भवति। एवं रजस्तमसी अपि नानाविधे। न चैवं गुणत्रयमित्युक्तिर्न संगच्छते। सत्त्वादीनां प्रत्येकमनेकत्वेना-

संख्यत्वादिति वाच्यम्। गुणविभाजकसत्त्वत्वाद्युपाधित्रयाभिप्रायेण गुणत्रयोक्त्युपपत्तेः। यथा वैशेषिकमते पृथिव्यादिद्रव्यनवके पृथिवीजलतेजोवाय्वात्ममनसां प्रत्येकमनेकत्वेपि पृथिवीत्वजलत्वादिद्रव्यविभाजकोपाधिनवकाभिप्रायेण नव द्रव्याणीति व्यवहारस्तद्वत्। सत्त्वादीनां गुणानां धर्मा उक्ताः सांख्यतत्त्वविवेचने अष्टौ प्रकृतयः (सां० समाससू० १) इति सूत्रे। सत्त्वस्य सुखप्रसादप्रकाशादयो धर्माः। रजसो दुःखकालुष्यप्रवृत्त्यादयः। तमसो मोहावरणस्तम्भनादयः। धर्मधर्मिणोरभेदात्सत्त्वं सुखात्मकमिति व्यवहारोपपत्तिः। एवं रजो दुःखात्मकं तमो मोहात्मकमित्यपि।

एतच्च मूलप्रकृतिरूपं तत्त्वमनुमानेन सिध्यति। अत एवैतदानुमानिकमिति गीयते। तथा च प्रयोगः–महदादिकार्यं सुखदुःखमोहात्मकद्रव्यकार्यं कार्यत्वे सति सुखदुःखमोहात्मकत्वात्। वस्त्रादिकार्यभूतशय्यासनादिवत्। ननु नायं दृष्टान्तो युक्तः। वस्त्रादिकार्यभूतानां शय्यासनादीनां सुखादिसाधनत्वेपि सुखाद्यात्मकत्वाभावात्। सुखदुःखमोहास्त्वान्तरा मनोधर्मा एवानुभूयन्त इति चेत्सत्यम्। कारणगुणाः कार्ये गुणान्तरमारभन्त इति न्यायेन मनोधर्माणां सुखादीनां कारणगुणपूर्वकत्वात्तादृश-सुखाद्यारम्भकत्वेन मनसः परंपरया कारणीभूतायां मूलप्रकृतौ सुखादिधर्मा अवश्यमास्थेयाः। ते च मूलप्रकृतिगताः सुखादय उक्तन्यायेन कार्यविशेषे मनसीव पञ्चमहाभूतरूपे कार्यान्तरेपि सुखाद्यारम्भकाः स्युरेव। बाधकाभावात्। तथा च भौतिकेषु विषयेषु सुखादिसिद्धौ धर्मधर्मिणोरभेदाद्भौतिकानां शय्यासनादीनां सुखाद्यात्मकत्वं सिध्यतीति दृष्टान्तोपपत्तिः। घटरूपं पटरूपमिति प्रत्ययवच्चन्दनसुखं स्त्रीसुखमिति प्रत्ययादपि विषये सुखादिकं सिध्यति। सुखाद्युत्पादकत्वाच्च विषये सुखादिक-मुचितमिति।

(२) प्रकृतिसंज्ञके तत्त्वाष्टके द्वितीयं तत्त्वं बुद्धिः। अस्या बुद्धेरेव महदिति संज्ञा। धर्मज्ञानवैराग्यैश्वर्याख्यप्रकृष्टगुणयोगात्। इदं च मूलप्रकृतिभूतात्प्रधानसंज्ञकात्प्रथम-तत्त्वादुत्पद्यते। इदमपि प्रधानवत्त्रिगुणात्मकम्। तत्र सत्त्वांशः प्रधानम्।

सात्त्विकांशात्प्रधानात्तु महत्तत्त्वमजायत।

इत्युक्तिस्तु सत्त्वांशप्राधान्याभिप्राया। बुद्ध्यहंकारमनोरूपतत्त्वत्रयात्मकस्यान्तःकरण-वृक्षस्य महत्तत्त्वमङ्कुरावस्था। निश्चयवृत्तिकमन्तःकरणं बुद्धिः। अभिमानवृत्तिक-मन्तःकरणमहंकारः। संकल्पवृत्तिकमन्तःकरणं मनः। प्रधानमिवेदं बुद्धितत्त्वमपि नानाविधम्। ब्रह्मादिस्थावरान्तानां जीवानां प्रत्येकमेकैकमुपाधिभूतम्। सर्वासु बुद्धिषु सत्त्वांशप्राधान्येपि क्वचिदजस्तमसोरपि प्राकट्यं भवति। ब्रह्मविष्णुमहेशानमुपाधिभूतायां बुद्धौ क्रमेण रजसः सत्त्वस्य तमसश्च प्राकट्यम्। कानिचिद्बुद्धितत्त्वानि रजस्तमसोः

प्राकट्ये तिरोभूतसत्त्वानि महच्छब्दवाच्यान्यप्यमहान्तीवाधर्माज्ञानावैराग्यानैश्वर्ययुक्तानि भवन्ति। तादृशोपाधियुक्ताः क्षुद्रा अपुण्यवन्तो जीवा धर्माचरणे न प्रवर्तन्ते। अधर्माचरणे च प्रवर्तन्ते।

(३) सामान्यप्रकृतिका विशेषा इति न्यायेन बुद्धिसामान्यभूतान्महतत्त्वाद्बुद्धिविशेषभूततत्त्वोत्पत्तिः। अहंतेदंते च बुद्धिविशेषौ। तत्राहंतामन्तरेणेदंताया अनुदयादादौ बुद्धिविशेषभूतमहंकारतत्त्वमुत्पद्यते। इदं च प्रकृति संज्ञके तत्त्वाष्टके तृतीयं तत्त्वम्। महत्तत्त्वमिवाहांकारोपि त्रिविधः सात्त्विको राजसस्तामसश्च। सात्त्विको वैकारिक इत्युच्यते। राजसस्तैजस उच्यते। तामसो भूतादिरित्युच्यते। यत्र रजस्तमसी अभिभूय सत्त्वगुण उत्कटो भवति स सात्त्विकः। स च तैजसांशसहायेन प्रवृत्तिधर्माण्येकादशेन्द्रियाणि जनयति। अत इन्द्रियोत्पत्तिः सात्त्विकात्तैजसाच्च व्यपदिश्यते। पञ्चज्ञानेन्द्रियाणि पञ्च कर्मेन्द्रियाणि मनश्चेत्येकादशेन्द्रियाणि। यत्र च सत्त्वरजसी अभिभूय तमोगुण उत्कटो भवति स तामसः। सोपि तैजसांशसहायेन प्रवृत्तिधर्मकं तन्मात्रपञ्चकं जनयति। पूर्ववदेव तन्मात्रपञ्चकोत्पत्तिस्तामसात्तैजसाच्च व्यपदिश्यते।

(४-८) तन्मात्रपञ्चकं च शब्दतन्मात्रं स्पर्शतन्मात्रं रूपतन्मात्रं रसतन्मात्रं गन्धतन्मात्रं चेति। निर्विशेषा ये शब्दस्पर्शरूपरसगन्धास्तदाश्रयी भूतानि सूक्ष्माणि पञ्च भूतानि तन्मात्रशब्देनोच्यन्ते। विशेषास्तु शब्द उदात्तानुदात्तनिषादर्षभादयः। स्पर्शे शीतत्वोष्णत्वमृदुत्वादयः। रूपे शुक्लत्वनीलत्वादयः। रसे मधुरत्वाम्लत्वादयः। गन्धे सुरभित्वासुरभित्वे। शान्तघोरमूढाः पञ्चस्वपि विशेषाः शब्दत्वस्पर्शत्वादिव्याप्या जातिविशेषा एव। तथा चोक्तं सांख्यतत्त्वविवेचने–

शब्दतन्मात्रमित्येतच्छब्द एवोपलभ्यते।
न तूदात्तनिषादादिभेदस्तस्योपलभ्यते।। इत्यादि।

एतच्चाकाशवायुतेजोजलपृथिवानां पञ्चानां भूतानां क्रमेण प्रकृतिभूतम्।

एतत्प्रकृत्यष्टकमेकादशेन्द्रियाणि (९-१९) पञ्च महाभूतानि (२०-२४) चेति चतुर्विंशतितत्त्वानि। पञ्चविंशः (२५) पुरुषः। स च जीवात्मा। न तु तदतिरिक्तः सर्वज्ञ ईश्वरः कश्चित्। तत्र प्रमाणाभावात् जीवात्मा च प्रतिशरीरं भिन्नः। अन्यथा सुखदुःखमोहजन्ममरणबन्धमोक्षव्यवस्थानुपपत्तेः। तथा च सांख्यप्रवचनसूत्रम्– जन्मादिव्यवस्थातः पुरुषबहुत्वम् (सां०प्र०सू० ६/४५) इति। स च जीवात्मानादिः सूक्ष्मश्चेतनः सर्वगतो निर्गुणः कूटस्थो नित्यो द्रष्टा भोक्ता क्षेत्रविच्च भवति।

वैशेषिकरुक्तानां सप्तपदार्थानामेष्वेवान्तर्भावः। तत्र द्रव्येषु पृथिव्यादिषु नवसु

पृथिव्यप्तेजोवाय्वाकाशमनांसि तत्तद्रूपेणैव पञ्चविंशतितत्त्वेषु निर्दिष्टानि। आत्मा च पुरुषपदेन निर्दिष्टः। दिक्कालयोराकाशेन्तर्भावः। तथा च सांख्यप्रवचनसूत्रम्-दिक्काला-वाकाशादिभ्यः (सां.प्र.सू. २/१२) इति। गुणकर्मसामान्यानां द्रव्य एवान्तर्भावः। धर्मधर्मिणोरभेदात्। विशेषसमवायौ तु नैव स्वीक्रियेते। अनुपयोगात्। अभावस्तु भावान्तरमेव। घटप्रागभावो मृदेव। घटध्वंसः शकलान्येव। घटात्यन्ताभावः केवलाधिकरणमेव। घटान्योन्याभावः पटादिरेवेति।

अथ सृष्टिक्रमः कथ्यते–अव्यक्ताख्या मूलप्रकृतिः प्रवृत्तिस्वभावा स्वतन्त्रा च सृष्ट्यारम्भे स्वयमेव क्षुब्धा सती जीवविशेषेण नारायणाख्येन संयुज्यते। ततश्च सजातीयैरन्यैः प्रकृत्यंशैर्न्यूनाधिकभावेन मिलिता सती महतत्त्वमारभते। न च पुरुषस्य प्रकृत्या सह संयोगे असङ्गो ह्ययं पुरुषः (बृ० ४/३/१५) इति श्रुतिविरोध इति वाच्यम्। विकारहेतुसंयोगस्यैव सङ्गशब्दार्थत्वात्। पद्मपत्रमिवाम्भसा (भ०गी० ५/१०) इत्येवमुच्यमाना पद्मपत्रस्यासङ्गतोक्तार्थेनैवोपपद्यते। महत्तत्त्वं च चेतनाचेतनात्मकम्। तत्राचेतनांशस्य मुख्यैवोत्पत्तिः। चेतनांशस्य त्वभिव्यक्तिरूपा गौण्येव। एवं सृष्ट्यारम्भे जीवविशेषभूता आदिशक्तिरपि महत्तत्त्वकारणीभूतविषमावस्थगुणत्रयसंबन्धादभि-व्यज्यते। इयमेव प्रकृत्यधिष्ठात्री देवता महालक्ष्म्यम्बा भवानी दुर्गेत्यादिशब्दैः पुराणैषूच्यते। जीवगता अखिला विशेषाः प्रधानाद्युपाधिसंबन्धेन भासमाना औपाधिका एव। ततः पूर्वं निर्विशेषा जीवसमष्टिर्ब्रह्मशब्देनोच्यते। स्वयंभूस्तु सविशेषा जीवसमष्टिः। विशेषास्त्वौपाधिका एव। तस्योपाधिर्लिङ्गशरीरम्। लिङ्गशरीरं तु बुद्ध्यहंकारमनो-ज्ञानेन्द्रियकर्मेन्द्रियपञ्चतन्मात्राणामष्टादशानां समुदायः। सप्तदशानां समुदाय इत्युक्ति-स्त्वहंकारस्य बुद्धावन्तर्भावं कल्पयित्वा नेया। प्राणश्च बुद्धेरेव वृत्तिभेदः। उपाधिश्चात्मचैतन्यस्याभिव्यक्तिस्थानम्। वह्नेरिन्धनवत्। इदं च लिङ्गशरीरमादौ स्वयंभुव उपाधिभूतमेकमेव जायते। ततो व्यष्टिजीवानामुपाधिभूतानि व्यष्टिलिङ्गशरीराणि तदंशभूतानि ततो विभज्यन्ते। पितुर्लिङ्गशरीरात्पुत्रलिङ्गशरीरवत्। अयं च स्वयंभूः स्वलिङ्गशरीरावयवान्सूक्ष्मानल्पान्स्वांशचेतनासु संयोज्य सर्वान्प्राणिनः सृजति। जीवाश्च वस्तुतो भिन्ना एव। तेषां समष्टिः स्वयंभूः। अयं च वस्तुतः सन्नेव जीवानां मिथो भेदः शरीराद्युपाधिभिरभिव्यज्यते दीपेन घटादिरिव। न त्वसन्नेवोपाधिनाभिव्यज्यते। यथा जल उष्णस्पर्शोऽसन्नेव तेजसा स्वकीयस्तत्राभिव्यवज्यते तद्वदत्र न मन्तव्यम्। जीवेषु मिथो भेदस्य नैसर्गिकत्वात्। स्वयंभूरेव च स्थूलशरीरोपाधिको नारायण इत्युच्यते। तदुत्पत्तिक्रमश्चेत्थम्–महत्तत्त्वादुत्पन्नस्तद्दशमांशोहंकारः। तस्मात्तन्मात्रद्वारोत्पन्नं तद्दशमांशभूतमाकाशम्। एवं ततोपि न्यूनस्तद्दशमांशो वायुः। तद्दशमांशभूतं तेजः।

तद्दशमांशभूतं जलम्। तद्दशमांशभूता पृथिवी। सैव च स्थूलशरीरस्य बीजम्। तच्चाण्डरूपेण परिणमते। तत्र मध्ये तद्दशमांशभूतं चतुर्दशभुवनात्मकं स्वयंभुवः स्थूलशरीरम्। अयमेव स्थूलशरीरोपाधिको नारायण इत्युच्यते। तन्मात्रोत्पत्तेः प्रागिन्द्रियोत्पत्तिरिन्द्रियोत्पत्तेः प्राक्तन्मात्रोत्पत्तिरिति वा नात्र क्रमनियमः। तयोः कार्यकारणभावाभावेन क्रमे प्रमाणाभावात्। इन्द्रियाणां मध्येमुकमेव प्रथममुत्पद्यत इत्ययमपि नियमो नास्ति। तन्मात्रोत्पत्तौ त्वस्ति क्रमः। तामसाहंकारात्प्रथमं शब्दतन्मात्रमुत्पद्यते। तस्माच्छब्दतन्मात्रादहंकारसहितात्स्पर्शतन्मात्रं शब्दस्पर्शोभयगुणकमुत्पद्यते। तस्मात्स्पर्शतन्मात्रादहंकारसहिताद्रूपतन्मात्रं शब्दस्पर्शरूपगुणकमुत्पद्यते। एवं ततश्चतुर्गुणं रसतन्मात्रं पञ्चगुणं गन्धतन्मात्रमिति। तन्मात्रेभ्यश्च तादृशगुणकान्येव महाभूतान्युत्पद्यन्ते। प्रधानमहदहंकारपञ्चतन्मात्ररूपं प्रकृत्यष्टकं पञ्च ज्ञानेन्द्रियाणि पञ्च कर्मेन्द्रियाणि मनश्चेत्येकादशेन्द्रियगणः पञ्च महाभूतानि चेति चतुर्विंशतितत्त्वानि। सर्वोयं मूलप्रकृतेः प्रधानस्य प्रपञ्चः। पुरुषस्तु पञ्चविंशो न कस्यापि प्रकृतिर्न कस्यापि विकृतिः। तथा च संक्षेपतो द्विविधं तत्त्वं चिदचिद्रूपं पुरुषप्रधानात्मकम्। तयोर्भेदज्ञानात्पुरुषो मुक्तो भवति। एतद्भेदज्ञानायैव प्रकृतिपरिणामभूतानां महदादितत्त्वानां संकलनम्। अन्यथा बुद्धिमनःप्राणशरीरादिभ्य आत्मोपाधिभ्यः सकाशादात्मनि भेदो न सम्यग्ज्ञायेत। तथा च प्रकृतिपुरुषयोरविवेकात्संसारे विवेकान्मोक्ष इति सिद्धम्।

न च बीजाङ्कुरेति। यथा बीजस्य कारणमङ्कुरस्तस्याङ्कुरस्य बीजान्तरं कारणम्। तस्यापि बीजस्याङ्कुरान्तरं कारणं तस्यपि पुनर्बीजान्तरमित्येवं प्राप्ताप्यनवस्था दोषाय न भवति। गत्यन्तराभावात्। तथैवात्रानवस्था न दोषायेति शङ्काशयः। **प्रमाणाभावादिति**। यत्र प्रत्यक्षादिप्रमाणेन द्वयोर्मिथः कार्यकारणभावः सिद्धो भवति तत्र तयोर्द्वयोर्मध्ये प्राथम्यं कस्येत्याकाङ्क्षायां प्रवाहानादित्वं स्वीकृत्यानवस्था न दोषाय भवति। एतावानेव बीजाङ्कुरन्यायस्य विषयः। प्रकृते तु प्रधानस्यामुकं कारणमित्यत्र न किंचित्प्रमाणमित्यप्रामाणिकस्य कार्यकारणभावस्य कल्पनेन प्राप्तानवस्था दोषायैव स्यादिति भावः।

अभिमानोहंकार इति। अहमत्राधिकृतो ममात्र सामर्थ्यं मदर्था इमे विषया अहममुकोस्मीत्यादिरभिमानात्मकोऽसाधारणव्यापारो यस्य सोहंकार इत्यर्थः। व्यापारव्यापारवतोरभेदविवक्षयाभिमानोहंकार इत्युक्तम्। तस्मादहंकाराद्द्विविधः सर्गः प्रवर्तते। प्रकाशकजडभेदेन द्विविधा सृष्टिर्जायते। तदेव प्रकारद्वयमाह–**एकादशेति**। एकादशकश्च गण इति पाठे एकादशसंख्या परिमाणमस्येत्येकादशकः। एकादशशब्दात्तदस्य परिमाणमित्यर्थे संख्याया अतिशदन्तायाः कन् (पा. सू. ५।१।२२) इत्यनेन कन्प्रत्ययः। पञ्चज्ञानेन्द्रियपञ्चकर्मेन्द्रियमनसां प्रकाशनामेकादशानां गण एकः।

शब्दतन्मात्रादीनां जडानां पञ्चानां गणोपर:। नन्वहंकारादेकरूपात्कारणात्कथं जडप्रकाशकयोर्मिथो विलक्षणयोरुत्पत्तिरित्यत आह-**सात्त्विक इति।** एकोप्यहंकार: सत्त्वरजस्तमसां गुणानामुद्भवाभिभवाभ्यां भिन्नस्त्रिविधो भवति। तत्रैक: सत्त्व प्रधानो वैकृतसंज्ञक:। तस्मात्सत्त्वप्रधान एकादशेन्द्रियगण उत्पद्यते। भूतादेरहंकारात्पञ्च-तन्मात्रोत्पत्ति:। यत: स भूतादिस्तामसस्तमोगुणप्रधान:। अयं द्वितीय:। तन्मात्राणि सन्त्यस्मिन्गण इति तन्मात्र:। अर्शआदित्वान्मत्वर्थीयोच्प्रत्यय:। रज:प्रधानस्तैजस-स्तृतीय:। तस्य कार्यं तु नोक्ताभ्यामन्यत्तृतीयं किंचित्। किं त्विन्द्रियगणस्तन्मात्रगणश्चेति सात्त्विकतामसयो: कार्यमेव राजसस्य कार्यम्। यत: सत्त्वगुणस्तमोगुणश्च समर्थोपि क्रियारहितत्वान्न तावत्कार्यं करोति यावत्तं न रजोगुणश्चालयति। तथा च राजसोंहकार इतरयो: क्रियोत्पादनद्वारेण साहाय्यकारीति तात्पर्यम्। **बुद्धीन्द्रियाणीति।** इन्द्रशब्द आत्मवाची। तस्य चिह्नमिन्द्रियम्। इन्द्रियप्रवृत्त्या ह्यात्मानुमीयते। इन्द्रियशब्दश्च सात्त्विकाहांकारकार्ये योगरूढ:। तेन नाहंकारेतिव्याप्ति: शङ्कनीया। **उभयात्मकमिति।** ज्ञानेन्द्रियाणां कर्मेन्द्रियाणां च प्रवर्तकत्वान्मन: स्वयं ज्ञानेन्द्रिय कर्मेन्द्रियं चेत्यर्थ:। तल्लक्षयति-**संकल्पकमिति।** सम्यक्कल्पयतीति संकल्पकम्। मन:संबद्धेनेन्द्रियेण पूर्वं सामान्यरूपेणालोचितं वस्तु पश्चादिदमीदृशं नेदृशमिति सम्यक्कल्पयति मन:। सम्यक्कल्पनं च विशेषणविशेष्यभावेन विवेचनम्। तच्च मनश्चक्षुरादिभि: सह सात्त्विकाहंकारकार्यत्वरूपसाधर्म्येणेन्द्रियमुच्यते। इन्द्रियशब्दस्य तत्रैव योगरूढ्यङ्गी-कारादित्याशय:। एतत्सर्वं सांख्यतत्त्वकौमुद्यां स्पष्टम्। तदेवाह-**विवृतं चेति।**

"But how can we accept the doctrine of illusory emanation thus held by the grammarians, following the guidance of the *pūrva* and *uttara* Mīmāṁsā schools, when the system of development propounded by the Sāṅkhyas is still alive to oppose it?" Such is their loud vaunt. Now the Śāstra of this school may be concisely said to maintain. four several kinds of existences, *viz.*, that which is evolvent[1] only, that which is evolute only, that which is both evolute and evolvent, and that which is neither. (a) Of these the first is that which is only evolvent, called the root-evolvent or the primary; it is not itself the evolute of anything else. It evolves, hence it is called the evolvent (*prakṛti*) since it denotes in itself the equilibrium of the three qualities, goodness, activity, and darkness. This is expressed [in the Sāṅkhya Kārikā], "the root-evolvent is no

1. I borrow this term from Dr. Hall.

evolute." It is called the root-evolvent, as being both root and evolvent; it is the root of all the various effects, as the so-called "great one," etc., but of it, as the primary, there is no root, as otherwise we should have a *regresses ad infinitum*. Nor can you reply that such a *regresses ad infinitum* is no objection, if, like the continued series of seed and shoot, it can be proved by the evidence of our senses,[1]—because here there is no evidence to establish the hypothesis. (b) The "evolutes and evolvents " are the great one, egoism, and the subtile elements,—thus the Sāṅkhya Kārikā (§ 3), "the seven, the great one, etc., are evolute-evolvents." The seven are the seven principles, called the great one, etc. Among these the great principle, called also the intellect,[2] etc., is itself the evolute of nature and the evolvent of egoism; in the same manner the principle egoism, called also "self-consciousness" (*abhimāna*) is the evolute of the great one, intellect; but this same principle, as affected by the quality of darkness, is the evolvent of the five rudiments called subtile elements; and, as affected by the quality of goodness, it is the evolvent of the eleven organs, viz., the five organs of perception, the eye, ear, nose, tongue, and skin; the five organs of action, the voice, hands, feet, anus, and generative organ; and the mind, partaking of the character of both; nor can you object that in our arrangement the third quality, activity, is idle, as it acts as a cause by producing action in the others. This has been thus declared by Iśvara Kṛṣṇa in his Kārikās[3] (§ 24-27), "Self-consciousness is egoism. Thence proceeds a two fold creation, the elevenfold set and the five elemental rudiments. From modified[4] egoism originates the class of eleven imbued with

1. Comapre Kusumāñjali, i. 4.
2. One great defect in the Sāṅkhya nomenclature is the ambiguity between the terms for intellect *(buddhi)* and those for mind *(manas)*. Mādhava here applies to the former the term *antaḥkaraṇa* or "internal organ," the proper term for the latter. I have ventured to alter it in the translation.
3. It is singular that this is Mādhava's principal Sāṅkhya authority, and not the Sāṅkhya Sūtras.
4. *Vaikṛta* is here a technical term meaning that goodness predominates over darkness and activity. On this Kārikā, comp. Dr. Hall's preface to the Sāṅkhya-sāra, pp. 30-35.

goodness; from egoism as the source of the elements originate the rudimentary elements, and these are affected by darkness; but it is only from egoism as affected by activity that the one and the other rise. The intellectual organs are the eyes, the ears, the nose, the tongue, and the skin; those of action are the voice, feet, hands, anus, and organ of generation. In this set is mind, which has the character of each; it determines, and it is an organ (like the other ten) from having a common property with them."[1] All this has been explained at length by the teacher Vācaspati Miśra in the Sāṅkhya-tattva-kaumudī.

केवला विकृतिस्तु वियदादीनि पञ्च महाभूतानि एकादशेन्द्रियाणि च। तदुक्तं षोडशकस्तु विकारः (सां. का. ३) इति। षोडशसंख्यावच्छिन्नो गणः षोडशको विकार एव न प्रकृतिरित्यर्थः। यद्यपि पृथिव्यादयो गोघटादीनां प्रकृतिस्तथापि न ते पृथिव्यादिभ्यस्तत्त्वान्तरमिति न प्रकृतिः। तत्त्वान्तरोपादानत्वं चेह प्रकृतित्वमभिमतम्। गोघटादीनां स्थूलत्वेन्द्रियग्राह्यत्वयोः समानत्वेन तत्त्वान्तरत्वाभावः। तत्र शब्दस्पर्शरूपरसगन्धतन्मात्रेभ्यः पूर्वपूर्वसूक्ष्मभूतसहितेभ्यः पञ्च महाभूतानि वियदादीनि क्रमेणैकद्विचित्रतुष्पञ्चगुणानि जायन्ते। इन्द्रियसृष्टिस्तु प्रागेवोक्ता। तदुक्तम्–

प्रकृतेर्महांस्ततोहंकारस्तस्माद्गणश्च षोडशकः।
तस्मादपि षोडशकात्पञ्चभ्यः पञ्च भूतानि।। (सां. का. २२) इति।

व्या० गोघटादीनामिति। विवेकज्ञानं हि मोक्षसाधनम्। विवेकश्च भेदः। स च यस्य यस्मात्तयोर्द्वयोर्ज्ञाने सत्येव ज्ञातुं शक्यते नान्यथा। तद्द्वयं च प्रकृतिपुरुषरूपं तत्त्वशब्देनोच्यते। अत एव तत्वज्ञानान्मोक्ष इति प्रवादः। तथा च विवेकज्ञाने प्रतियोगित्वेनानुयोगित्वेन वा यस्य संबन्धस्तत्तत्त्वमिति तत्त्वसामान्यलक्षणम्। तत्र मूलप्रकृतेरत्यन्तसूक्ष्मत्वेन दुर्ज्ञेयतया ततो भेदः पुरुषे पुरुषाद्वा तत्र भेदो दुर्ज्ञेय इति तदर्थं प्रकृतिकार्यज्ञानमावश्यकम्। कार्यभेदेन हि कारणभेदानुमानसंभवात्। प्रकृतेः साक्षात्कार्यं महत्तत्त्वम्। तद्द्वाराहंकारः। तद्द्वारा च पञ्चतन्मात्राणि। एतत्सप्तकमपि सूक्ष्ममिति न विशदतया ज्ञातुं शक्यते। अतः प्रकृतेः परंपरया कार्यभूतो विशदतया

1. As produced, like them, from modified egoism. The reading *saṁkalpavikalpātmakam* must be corrected by the Sāṅkhya Kārikā.

ज्ञातुं शक्यश्चेन्द्रियाणां भूतानां च गणोवश्यं तत्त्वरूपेण वर्णनीयः। अयं विशदतया ज्ञातुं शक्यः षोडशको विकारगणस्तेन तेन स्वकार्यविशेषरूपेण ज्ञातः स्वस्मात्पुरुषे भेदं ग्राह्यन्स्वकारणादपि प्रकृतिपर्यन्तात्पुरुषे भेदं ग्राहयति। भौतिकानां गोघटादीनां त्वानन्त्यात्तेषां भेदज्ञापकं विशेषरूपेण ज्ञानमशक्यम्। अनुपयोगि च मोक्षसाधनी-भूतभेदज्ञाने। भूतेभ्यः सकाशादात्मनो भेदेन ज्ञाने सति भौतिकेभ्यः सकाशात्तस्य भेदेन ज्ञानमत्किंचित्करम्। पुरुषो हि निर्विशेषो विधिमुखेन ज्ञातुमशक्यो नेदृशस्तादृश इत्येवं निषेधमुखेनैव ज्ञापनीयः। स च यथा स्थूलेभ्य इन्द्रियग्राह्येभ्यश्च भूतेभ्यः सकाशाद्भेदेन ज्ञायमानः पुरुषो न स्थूलो नापीन्द्रियग्राह्य इत्येवं ज्ञायते तेन च स्थौल्यादयस्तत्र निषिद्धा भवन्ति तथा भौतिकेभ्यः सकाशात्पुरुषस्य भेदज्ञाने तत्र केधिका धर्मा निषिद्धाः स्युर्ये भूतेभ्यो भेदज्ञानेप्यनिषिद्धाः। न केपि तादृशा धर्माः पुरुषे भासन्त इत्यतो भौतिकानां मोक्षसाधनीभूतविवेकज्ञाने न प्रतियोगित्वेन नाप्यनुयोगित्वेन संबन्ध इति न गोघटादीनां भौतिकानां तत्त्वान्तरत्वमिति भावः। **प्रकृतेर्महानिति**। जायत इति शेषः। अत्र षोडशको गण एकादशेन्द्रियाणि पञ्च तन्मात्राणि च। षोडशसंख्या परिमाणमस्येति षोडशकः। षोडशशब्दात्कन् प्रत्ययः। तस्मादपि षोडकान्निष्कृष्टेभ्यः पञ्चभ्यस्तन्मात्रेभ्यः सकाशात्पञ्च भूतानि जायन्ते। निष्कृष्टेभ्य इत्यध्याहारः।

(c.) The "evolute only" means the five gross elements, ether, etc., and the eleven organs, as said in the Kārikā, "The evolute consists of sixteen;" that is, the set of sixteen is evolute only, and not evolvent. Although it may be said that earth, etc., are the evolvents of such productions as cows, jars, etc., yet these are not a different "principle" (*tattva*) from earth; etc., and therefore earth, etc., are not what we term "evolvents;" as the accepted idea of an evolvent is that which is the material cause of a separate principle; and in cows, jars, etc., there is the absence of being any such first principle, in consequence of their being all alike gross [*i.e.*, possessed of dimensions] and perceptible to the senses. The five gross elements, ether, etc., are respectively produced from sound, touch, form, taste, and smell, each subtile element being accompanied by all those which precede it, and thus the gross elements will have respectively one, two, three,

1. Cf. Colebrooke Essays, vol. i. p. 256. The *tanmātras* will reproduce themselves as the respective qualities of the gross elements.

four, and five qualities.[1] The creation of the organs has been pre- described. This is thus propounded in the Sāṅkhya Kārikā (§ 22)—

> "From nature springs the great one, from this egoism, from this the set of sixteen, and from five among the sixteen proceed the five gross elements."

अनुभयात्मकः पुरुषः। तदुक्तं न प्रकृतिर्न विकृतिः पुरुषः (सां. का. ३) इति। पुरुषस्तु कूटस्थनित्योऽपरिणामी न कस्यचित्प्रकृतिर्नापि विकृतिः कस्यचिदित्यर्थः।

एतत्पञ्चविंशतितत्त्वसाधकत्वेन प्रमाणत्रयमभिमतम्। तदप्युक्तम्–

दृष्टमनुमानमाप्तवचनं च सर्वप्रमाणसिद्धत्वात्।
त्रिविधं प्रमाणमिष्टं प्रमेयसिद्धिः प्रमाणाद्धि।। (सां. का. ४) इति।

व्या० : दृष्टमिति। दृष्टं प्रत्यक्षम्। आप्तवचनमाप्तवाक्यं शब्दः। प्रत्यक्षमनुमानं शब्दश्चेति त्रिविधं प्रमाणभिष्टम्। एभिस्त्रिभिरेव सर्वेषां प्रमाणानां सिद्धत्वात्। उपमानादीनां प्रमाणान्तराणां त्रिष्वेवान्तर्भावात्। प्रमेयस्य प्रकृत्यादितत्त्वजातस्य सिद्धिः प्रतीतिः प्रमाणाद्भवति। तत्र विषयसंनिकृष्टेनेन्द्रियेण सह मनसो विषयदेशे जायमाना विषयाकारा वृत्तिः प्रत्यक्षं प्रमाणम्। सा च वृत्तिस्तत्रैवात्मनि प्रतिबिम्बते। आत्मनो विभुत्वात्। तादृशवृत्तिप्रतिबिम्बावच्छिन्नं चैतन्यं प्रत्यक्षप्रमा। एवं व्याप्तिज्ञानजन्या साध्यविशिष्टपक्षाकारा मनोवृत्तिरनुमानं प्रमाणम्। तादृशवृत्तिप्रतिबिम्बावच्छिन्नं चैतन्यमनुमितिः। आप्तवाक्यज्ञानजन्या पदार्थसंसर्गाकारा मनोवृत्तिः शब्दप्रमाणम्। तत्प्रतिबिम्बावच्छिन्नं चैतन्यं शाब्दज्ञानम्। अपरोक्षत्वं परोक्षत्वं स्मृतित्वं संशयत्वं विपर्ययत्वमित्यादयो वृत्तिधर्मा एव तत्प्रतिबिम्बरूपोपाधिवशादात्मचैतन्ये भासन्ते। एतत्सर्वं विज्ञानाचार्यैः कारिकायामुक्तम्–

प्रमाता चेतनः शुद्धः प्रमाणं वृत्तिरेव च।
प्रमार्थाकारवृत्तीनां चेतने प्रतिबिम्बनम्।।
प्रतिबिम्बितवृत्तीनां विषयो मेय उच्यते।
वृत्तयः साक्षिभास्याः स्युः करणस्यानपेक्षणात्।।
साक्षाद्दर्शनरूपं च साक्षित्वं सांख्यसूत्रितम्।। इति।

ज्ञानस्य जन्यत्वं विनाशित्वमात्मधर्मत्वं प्रतिबिम्बोपाधिकं न वस्तुतः। आत्मरूपस्य ज्ञानस्य नित्यत्वात्।

(d) The soul is neither,—as is said in the Kārikā, "The soul is neither evolvent nor evolute." That is, the soul, being absolute, eternal, and subject to no development, is itself neither the evolvent nor the evolute of aught beside. Three kinds of proof are accepted as establishing these twenty-five principles; and thus the Kārikā (§ 4).

"Perception, inference, and the testimony of worthy persons are acknowledged to be the threefold proof, for they comprise every mode of demonstration. It is from proof that there results belief of that which is to be proven."

इह कार्यकारणभावे चतुर्धा विप्रतिपत्तिः प्रसरति। असतः सज्जायत इति सौगताः संगिरन्ते। नैयायिकादयः सतोऽसज्जायत इति। वेदान्तिनः सतो विवर्तः कार्यजातं न वस्तुसदिति। सांख्याः पुनः सतः सज्जायत इति।

व्या०–अथैभिः प्रमाणैः पञ्चविंशतितत्त्वानि साधनीयानि। तत्र प्रथमस्य प्रधानरूप-तत्त्वस्य साधकमनुमानम्। तच्च सतः सज्जायत इत्येवं कार्यकारणभावमुपजीव्य प्रवर्तते इति तदर्थं तादृशं कार्यकारणभावं प्रस्थापयन्कार्यकारणभावे विप्रतिपत्तिं प्रदर्शयति-**इहेति**। **चतुर्धेति**। इदं सर्वं जगत्कार्यं तस्य मूलकारणं चेत्यनयोर्द्वयोः सत्त्वासत्त्वभेदेन कार्यकारणभावे चत्वारः कल्पा भवन्ति। असतः कारणात्सकाशादसत्कार्यं जायत इत्येकः। असतः सकाशात्सदित्यपरः। सतः सकाशादसदिति तृतीयः। सतः सकाशात्सदिति चतुर्थः। तत्र प्रथमो न संभवति। असतस्तुच्छस्य कार्यस्य शशविषाणस्येवोत्पत्त्यसंभवात्। असतः कारणात्सतः कार्यस्योत्पत्तिरिति पक्षो बौद्धानाम्। ते हि सर्वं भावरूपं वस्तु क्षणिकमिति मन्यन्ते। क्षणिकभावयोर्मध्ये च न कार्यकारणभावः। कार्यक्षणे कारणस्य कारणक्षणे च कार्यस्यासत्त्वात्। अतः पूर्वक्षणिकभावस्य विनाश एवोत्तरक्षणिककार्यस्य कारणमित्यगत्याङ्गीकर्तव्यम्। कार्यस्य सत्त्वं च बौद्धमते क्षणमवस्थितिरूपमेव न तु कालत्रयाबाध्यत्वादिकम्। सतः सकाशादसत्कार्यमुत्पद्यत इति तृतीयः कल्पो मायावादिनां वेदान्तिनाम्। तन्मते घटपटादिकार्यं व्यावहारिकसत्ताश्रयीभूतमपि पारमार्थिकत्वाभावादसदुच्यते न तु शशविषाणवत्तुच्छत्वात्। तेन न कार्यस्योत्पत्त्यसंभवः। कार्यं च जगत्तन्मते मूलकारणस्य ब्रह्मणो विवर्तो न तु परिणामः। विवर्तत्वात्तस्याभासमात्रमिति न तस्य पारमार्थिकत्वम्। व्यावहारिकरूपेण सत्त्वं तु कार्यस्येष्टमेव। तदभिप्रायेण तु सतः सकाशात्सत्कार्यमुत्पद्यत इति चतुर्थः पक्षोपि तन्मते वक्तुं शक्यते। यदा च कार्यस्य सत्त्वं परमार्थिकं गृह्यते

तदायं चतुर्थः पक्षो नैयायिकानां सांख्यानां च। तत्रैतावान्विशेषः। नैयायिका हि विनाशिनोपि कार्यस्य किंचित्कालपर्यन्तमवस्थितत्वाद्घटपटादीनां पारमार्थिकत्वं मन्यन्ते। सांख्यास्तु कालत्रयाबाध्यत्वेन पारमार्थिकत्वं मन्यन्त इति। तदत्र प्रागुक्तकल्पचतुष्टयमध्ये प्रथमः पक्षो न संभवति। अवशिष्टकल्पत्रयमध्येन्तिमः पारमार्थिकत्वद्वैधने द्विधा भवतीत्येवं संकलनया संभवन्तश्चत्वारः पक्षाश्चतुर्धेत्यनेन निर्दिष्ट इति बोध्यम्। **सौगताः।** बौद्धाः। सुगतो बुद्धः। तस्येदम् (पा. सू. ४।३।१२०) इति सूत्रेणाण्प्रत्ययः। **सतोऽसदिति।** उत्पत्तेः पूर्वमसद्घटादि कार्यं सतो मृदादिकारणकलापात्सकाशाज्जायत इति नैयायिकादयः संगिरन्त इत्यर्थः। आदिशब्देन वैशेषिकसंग्रहः। **वेदान्तिन इति।** अद्वैतवेदान्तिनो मायावादिनः शंकराचार्यनुसारिण इत्यर्थः। **विवर्त इति।** अपरित्यक्तस्वरूपे वस्तुनि भासमानं रूपान्तरं विवर्तः।

Here a fourfold discussion arises as to the true nature of cause and effect. The Saugatas[1] maintain that the existent is produced from the non-existent; the Naiyāyikas, etc., that the (as yet) non-existent is produced from the existent; the Vedāntins, that all effects are an illusory emanation from the existent and not themselves really existent; while the Sāṅkhyas hold that the existent is produced from the existent.

तत्रासतः सज्जायत इति न प्रामाणिकः पक्षः। असतो निरूपाख्यस्य शशविषाणवत्कारणत्वानुपपत्तेः। तुच्छातुच्छयोस्तादात्म्यानुपपत्तेश्च।

व्या० : बौद्धाभिमतं कार्यकारणभावं खण्डयति–**तत्रासत इति। तुच्छातुच्छयोरिति।** तुच्छं निःस्वरूपम्। पूर्वक्षणिकघटस्याभाव उत्तरक्षणिकघटस्योपादानकारणमिति हि बौद्धा वदन्ति। अभावस्य च स्वरूपरहितस्यातुच्छेनोत्तरक्षणिकभावेन घटादिना तादात्म्यं न संभवति। तादात्म्याभावे च नैवोपादानोपादेयभावसंभवः।

(a) Now the first opinion is clearly untenable, since that which is itself non-existent and unsubstantial can never be a cause any more than the hare's horn; and, again, the real and unreal can never be identical.

नापि सतोऽसज्जायते। कारकव्यापारात्प्रागसतः शशविषाणवत्सत्तासंबन्धलक्षणोत्पत्त्यनुपपत्तेः। न हि नीलं निपुणतमेनापि पीतं कर्तुं पार्यते।। ननु सत्त्वासत्त्वे

1. A name of the Buddhists.

घटस्य धर्माविति चेत्–तदचारु। असति धर्मिणि तद्धर्म इति व्यपदेशानुपपत्त्या धर्मिणीः सत्त्वापत्तेः।

व्या० : नैयायिकाभिमतं कार्यकारणभावं खण्डयति–**नापीति।** पूर्वमसद्घयादिकार्यं सतो मृदादिकारणकलापादुत्पद्यत इत्यपि पक्षो न संभवति। यत उत्पत्तिर्नाम सत्तया सह संबन्धः। संबन्धश्च द्वयोः सतोरेव संभवति न सदसतोः। न हि शशविषाणस्यामुकेन सह संबन्धो जात इति वक्तुं शक्यते। तथा पूर्वमसतो घयादिकार्यस्य सत्तया सह संबन्धो न संभवतीति सत्तासंबन्धरूपा घयादिकार्यस्योत्पत्तिर्नोपपद्यते। न हि पूर्वमसद्घयादिकं कुलालादिकारकव्यापारेणापि सद्रूपं भवेत्। नीलपीतयोरिव सदसतोर्विरोधात्। **घटस्य धर्माविति।** तथा च यथा कटकत्वधर्मविशिष्टं सुवर्णं सुवर्णकारव्यापारेण कुण्डलत्वधर्मभाग्भवति तथात्रासत्त्वधर्मविशिष्ये घटः कुलालादिव्यापारेण सत्त्वधर्मभाग्भवतीत्याशयः। **असतीति।** असत्त्वं घटधर्मश्चेद्धर्मस्य धर्मिणमन्तरेण स्थित्यभावादसत्त्वधर्मकाले धर्मिणो घटस्य सत्त्वापत्तेर्धर्मिणो नित्यत्वं प्रसज्यत इति भावः।

(b) Nor can the non-existent be produced from the existent; since it is impossible that that which, previous to the operation of the originating cause, was as non-existent as a hare's horn should ever be produced, *i.e.*, become connected with existence; for not even the cleverest man living can make blue yellow.[1] If you say, "But are not existence and non-existence attributes of the same jar?" this is incorrect, since we cannot use such an expression as "its quality" in regard to a non-existent subject, for it would certainly imply that the subject itself did exist. Hence we conclude that the effect is existent even previously to the operation of the cause, which only produces the manifestation of this already existent thing, just like the manifestation of the oil in sesame seed by pressing, or of the milk in cows by milking. Again, there is no example whatever to prove the production of a thing previously non-existent.

तस्मात्कारकव्यापारात्प्रागपि कार्यं सदेव। सतश्चाभिव्यक्तिरुपपद्यते। यथा पीडनेन तिलेषु तैलस्य दोहनेन सौरभेयीषु पयसः। असतः कारणे किमपि निदर्शनं न दृश्यते। किं च कार्येण कारणं संबद्धं तज्जनकमसंबद्धं वा। प्रथमे कार्यस्य

1. *I.e.*, the nature of a thing *(Svabhāva)* cannot be altered—a man cannot be made a cow, nor a woman a man.

सत्त्वमायातम्। सतोरेव संबन्ध इति नियमात्। चरमे सर्वं कार्यजातं सर्वस्माज्जायेत। असंबद्धत्वाविशेषात्। तदाख्यायि सांख्याचार्यैः-

असत्त्वान्नास्ति संबन्धः कारणैः सत्त्वसङ्गिभिः।
असंबद्धस्य चोत्पत्तिमिच्छतो न व्यवस्थितिः।। इति।

अथैवमुच्येतासंबद्धमपि तत्तदेव जनयति यत्र यच्छक्तम्। शक्तिश्च कार्यदर्शनोन्नेयेति। तन्न संगच्छते। तिलेषु तैलजननशक्तिरित्यत्र तैलस्यासत्त्वे संबद्धत्वासंबद्धत्वविकल्पेन तच्छक्तिरिति निरूपणायोगात्। कार्यकारणयोरभेदाच्च कारणात्पृथक्कार्यस्य सत्त्वं न भवति। पटस्तन्तुभ्यो न भिद्यते। तद्धर्मत्वात्। न यदेवं न तदेवं यथा गोरश्वः। तद्धर्मश्च पटः। तस्मान्नार्थान्तरम्। तर्हि प्रत्येकं त एव प्रावरणकार्यं कुर्युरिति चेन्न। संस्थानभेदेनाविर्भूतपटभावानां प्रावरणार्थ-क्रियाकारित्वोपपत्तेः। यथा हि कूर्मस्याङ्गानि कूर्मशरीरे निविशमानानि तिरोभवन्ति निःसरन्ति चाविर्भवन्ति एवं कारणस्य तन्त्वादेः पटघटयो विशेषा निःसरन्त आविर्भवन्त उत्पद्यन्त इत्युच्यन्ते। निविशमानास्तिरोभवन्तो विनश्यन्तीत्युच्यन्ते। न पुनरसतामुत्पत्तिः सतां वा विनाशः। यथोक्तं भगवद्गीतायाम्-

नासतो विद्यते भावो नाभावो विद्यते सतः। (गी. २।१६) इति।

ततश्च कार्यानुमानात्तत्प्रधानसिद्धिः। तदुक्तम्-

असदकरणादुपादानग्रहणात्सर्वसंभवाभावात्।
शक्तस्य शक्यकरणात्कारणभावाच्च सत्कार्यम्।।

(सां. का. ९) इति।

व्या० : उपसंहरन्सांख्याभिमतं कार्यकारणभावं प्रदर्शयति-**तस्मादिति**। ननु यदि घटादि कार्यं प्रगपि सदेव तर्हि किमर्थं कुलालादिकारव्यापार इति चेत्तत्राह-**सतश्चेति**। सत एव घटादिकार्यस्य कारकव्यापारात्प्रागनभिव्यक्तस्य कारकव्यापारेण केवलमभि-व्यक्तिर्भवति। तत्र दृष्टान्तमाह-**यथेति**। तिलेषु विद्यमानस्यैव तैलस्य तिलपीडनव्यापारः केवलमभिव्यञ्जकत्वात्कारणं भवति। गवामुदरे विद्यमानस्यैव दुग्धस्य गोदोहनव्यापारः केवलमभिव्यञ्जकत्वात्कारणं भवति। **असत इति**। निदर्शनं दृष्टान्तः। अविद्यमानस्य कार्यस्येदं कारणमित्यत्र न कश्चिद्दृष्टान्तोस्ति। न चासतो घटादेर्दण्डादिकं कारणं दृश्यत इति दृष्टान्तोस्तीति वाच्यम्। उभयवादिसंमतस्यैव दृष्टान्तत्वात्। सांख्यैस्तु घटादि कार्यं प्राक्कारणरूपेण सदेवेति स्वीक्रियते। **किं चेति**। मृदादिकं कारणं घटादिना

कार्येण सह संबद्धं सद्घटादिकार्यमुत्पादयत्युतासंबद्धम्। संबद्धं चेत्तदानीं संबन्धिनो घटादेः सत्त्वमवश्यंभावि। असंबद्धं चेद्यथा मृदादिकं कारणं स्वासंबद्धमपि घटमुत्पादयति तथा पटादिकमप्युत्पादयेत्। **असत्त्वादिति।** सत्त्वेन सत्त्वधर्मेण सह सङ्गः संबन्धो येषां तादृशैः सत्त्वरूपधर्मविशिष्टैः। सद्भिरिति यावत्। तादृशैर्मृदादिकारणैः सह कार्यस्योत्पत्तेः पूर्वं संबन्धो नास्ति। नैयायिकमते उत्पत्तेः पूर्वं घटादिकार्यस्यासत्त्वात्। असंबद्धमप्युत्पद्यत इत्युच्यते चेन्मृदादिकारणकलापाद्घटस्यैवोत्पत्तिर्न पटादीनामिति व्यवस्था न स्यादित्यर्थः। **असंबद्धमपीति।** कार्येण सहासंबद्धमपि तत्कारणं तदेव कार्यं जनयति यत्कारणं यत्र कार्ये शक्तम्। मृद्रूपं कारणं हि घटोत्पादन एव समर्थं न तु पटोत्पादन इति घटमेवोत्पादयति न पटम्। शक्तिः कार्योत्पादनसामर्थ्यम्। मृत्तिकाया घटोत्पादन एव शक्तिर्न पटोत्पादन इति तु मृत्तिकातो जायमानं घटादि कार्यं दृष्ट्वानुमेयम्। तथा च मृत्तिकायां स्वाभाविक्येव घटोत्पादनशक्तिः पश्चाद्घटादिकार्यदर्शनेन केवलमनुमीयत इत्याशय। **तिलेष्विति।** तैलोत्पत्तेः प्रागपि विद्यमानायास्तिलगत-शक्तेस्तैलोत्पत्तिं दृष्ट्वा पश्चादनुमानेन ज्ञानमस्तु नाम। परं तु प्राग्विद्यमाना या तिलगतशक्तिः सा तदानीं तैलेन सह संबद्धा न वा। आद्ये तैलस्योत्पत्तेः पूर्व सत्त्वं दुर्वारम्। द्वितीये त्वियं तैलोत्पादनशक्तिरिति निरूपयितुं न शक्यते। तथा चासंभविनोर्थस्य नानुमानेनापि ज्ञानं युज्यत इति भावः। अथ हेत्वन्तरेण कार्यस्योत्पत्तेः प्राक्सत्त्वं साधयति–**कार्येति।** कार्यकारणयोरभेदे ह्येकैव सत्ता न तु सत्ताद्वयम्। तथा च कार्यस्योत्पत्तेः प्राक्कारणसत्तायां विद्यमानत्वेन तदभिन्ना कार्यसत्तापि तदानीमवर्जनीयेति भावः। **तद्धर्मत्वादिति।** पटस्य तन्त्ववस्थाविशेषरूपत्वेन तन्तुधर्मत्वं बोध्यम्। यो यदभिन्नो न भवति स तस्य धर्मोपि न भवति यथा गोः सकाशादश्वः। **शङ्कते-तर्हीति।** तन्तुभ्यः सकाशात्पटस्यार्थान्तरत्वाभावे सतीत्यर्थः। **प्रावरणकार्यमिति।** प्रावरणरूपं कार्यमित्यर्थः। प्रावरणस्य शीतापनोदनादिकं कार्यमिति वा। **संस्थानेति।** संस्थान-मवयवसंनिवेशविशेषः। तन्तुषु पूर्वं विद्यमानोपि पटभावो वानेनावयवसंनिवेशविशेषे सत्याविर्भवति। पटभावः पटत्वम्। अर्थः पदार्थः। पटरूपपदार्थस्य या प्रावरणरूपा-क्रियतेत्यर्थः। अथ वार्थः प्रयोजनं कार्यमिति यावत्। पटकार्यभूता प्रावरणरूपा या क्रियेत्यर्थः। तादृशक्रियाकारित्वं तन्तूनां पटभावाविर्भावोत्तरमुपपद्यत इत्यर्थः। **निःसरन्तीति।** निःसरच्छब्दस्य प्रथमाबहुवचनम्। अङ्गानीत्यनुषज्यते। **नासत इति।** असतोऽविद्यमानस्य भावः सत्ता न विद्यते। तथा सतो विद्यमानस्याभावोऽविद्यमानता न विद्यते नास्ति। यत्सत्तत्सर्वदा सदेव यच्चासत्तदसदेवेति तात्पर्यम्। **तदुक्तमिति।** कारकव्यापारात्प्रागसतः (द. १४ पं. ६०) इत्यादि ग्रन्थेन नैयायिकाभिमतासत्कार्य-वादनिरासद्वारा कार्यस्योत्पत्तेः प्राक्सत्त्वं यत्साधितं तदेवेश्वरकृष्णेन सांख्यकारिकायामुक्त-

मित्यर्थः। **असदकरणादिति**। कार्यं कारणव्यापारात्प्रागपि सदेव। कुतः। असदकरणात्। असतः करणं न केनापि कर्तुं शक्यते। करणं क्रिया उत्पत्तिः। सत्तया सह संबन्ध इति यावत्। तथा–उपादानग्रहणात्। उपादानानि कारणनि। तेषां ग्रहणं कार्येण सह संबन्धः। कारणं हि कार्येण सह संबद्धमेव कार्यं जनयति। कार्यस्य प्रागसत्त्वे तु तेन सह कारणस्य संबन्धो न संभवति। कार्येण सह संबद्धमेव कारणं कार्योत्पादकमित्यत्र किं नियामकमित्याशङ्क्याह– सर्वसंभवाभावात्। कार्येण सहासंबद्धस्यापि कारणस्य कार्योत्पादकत्वाङ्गीकारे सर्वं कार्यजातं सर्वस्माद्भवेत्। न तु तथा दृश्यते। लोके तु मृत्तिकाया एव घटस्तन्तुभ्य एव पटः सुवर्णादेव कटकमित्येवं कारणविशेषात्कार्य-विशेषोत्पत्तिर्दृश्यते। अथ कार्यविशेषनियमार्थः कारणे कश्चिच्छक्तिविशेषः कल्प्यते। येन च शक्तिविशिष्टत्वाच्छक्तं कारणं स्वशक्यस्यैव कार्यस्योत्पादकं नान्यस्येति चेत्कार्यस्य प्राक्सत्त्वं सिध्यत्येवेत्याह–शक्तस्य शक्यकरणादिति। मृदि कल्प्यमानः शक्तिविशेषो घटसंबद्धश्चेद् घटमेव जनयेन्नान्यथा। घटसंबन्धश्च घटमन्तरेण न संभवतीति घटस्योत्पत्तेः प्राक्सत्त्वं सिध्यति। कारणभावाच्च कार्यस्य प्राक्सत्त्वं सिध्यति। भावशब्दः स्वरूपवाची। कार्यकारणयोरभेदेन कार्यस्य कारणस्वरूपत्वात्कार्योत्पत्तेः प्राक्कारणस्य सत्त्वे तदानीं कार्यस्य सत्त्वमवर्जनीयमेवेति कारिकार्थः।

Moreover, the cause must produce its effect as being either connected with it or not connected; in the former alternative the effect's existence is settled, by the rule that connection can only be between two existent things ; in the latter, any and every effect might arise from any and every cause, as there is nothing to determine the action of an unconnected thing. This has been thus put by the Sāṅkhya teacher:—"From the supposed non-existence of the effect, it can have no connection with causes which always accompany existence; and to him who holds the production of a non-connected thing there arises an utter want of determinateness." If you rejoin that "the cause, though not connected with its effect, can yet produce it, where it has a capacity of so doing, and this capacity of producing is to be inferred from seeing the effect actually produced," still this cannot be allowed, since in such a case as "there is a capacity for producing oil in sesame seeds," you cannot determine, while the oil is non-existent, that there is this capacity in the sesame seeds, whichever alternative you may accept as to their being connected or not with the oil [since our, before-mentioned dilemma will equally apply here].

From our tenet that the cause and effect are identical, it follows that the effect does not exist distinct from the cause; thus the cloth is not something distinct from the threads, as it abides in the latter [as its material cause]; but where this identity is not found, there we do not find the relation of cause and effect; thus a horse and a cow are distinct from each other [for one is not produced from the other, and therefore their qualities are not the same]; but the cloth is an acknowledged effect, and therefore not anything different from its cause.[1] If you object that, if this were true, the separate threads ought to fulfil the office of clothing, we reply, that the office of clothing *is* fulfilled by the threads manifesting the nature of cloth when they are placed in a particular arrangement. As the limbs of a tortoise when they retire within its shell are concealed, and, when they came forth, are revealed, so the particular effects, as cloth, etc., of a cause, as threads, etc., when they come forth and are revealed, axe said to be produced; and when they retire and are concealed, they are said to be destroyed; but there is no such thing as the production of the non-existent or the destruction of the existent. As has been said in the Bhagavad Gītā (ii. 16)—

> "There is no existence for the non-existent, nor non-existence for the existent."

And, in fact, It is by inference from its effects that we establish the existence of the great, evolvent, Nature (*prakṛti*). This has been said [in the Kārikā, § 9]—

> "Effect exists, for what exists not can by no operation of cause be brought into existence; materials, too, are selected which are fit for the purpose; everything is not by every means possible; what is capable does that to which it is competent; and like is produced from like."[2]

1. I take *arthāntaram* here as simply *bhinnam* cf. Tārānātha Tarkavācaspati's note, *Tattva Kaumudi*, p. 47).
2. Colebrooke's translation.

नापि सतो ब्रह्मतत्त्वस्य विवर्तः प्रपञ्चः। बाधानुपलम्भात्। अधिष्ठानारोप्ययोश्चिज्जडयोः कलधौतशुक्त्यादिवत्सारूप्याभावेनारोपसंभवाच्च।

ततश्च सुखदुःखमोहात्मकस्य प्रपञ्चस्य तथाविधकारणमवधारणीयम्। तथा च प्रयोगः-विमतं भावजातं सुखदुःखमोहात्मककारणकं तदन्वितत्वात्। यद्येनान्वीयते। तत्तकारणकं यथा रुचकादिकं सुवर्णान्वितं सुवर्णकारणकम्। तथा चेदं तस्मात्तथेति। तत्र जगत्कारणे येयं सुखात्मकता तत्सत्त्वं या दुःखात्मकता तद्रजो या च मोहात्मकता तत्तम इति त्रिगुणात्मककारणसिद्धिः। तथा हि। प्रत्येकं भावास्त्रैगुण्यवन्तोनुभूयन्ते। यथा मैत्रदारेषु सत्यवत्यां मैत्रस्य सुखमाविरस्ति। तं प्रति सत्त्वगुणाप्रादुर्भावात्। तत्सपत्नीनां दुःखम्। ताः प्रति रजोगुणप्रादुर्भावात्। तामलभमानस्य चैत्रस्य मोहो भवति। तं प्रति तमोगुणसमुद्भवात्। एवमन्यदपि घटादिकं लभ्यमानं सुखं करोति। परैरपह्रियमाणं दुःखाकरोति। उदासीनस्योपेक्षाविषयत्वेनोपतिष्ठते। उपेक्षाविषयत्त्वं नाम मोहः। मुहवैचित्ये इत्यस्माद्धातोर्मोहशब्दनिष्पत्तेः। उपेक्षणीयेषु चित्तवृत्त्यनुदयात्। तस्मात्सर्वं भावजातं सुखदुःखमोहात्मकं त्रिगुणप्रधानकारणकमवगम्यते। तथा च श्वेताश्वतरोपनिषदि श्रूयते-

अजामेकां लोहितशुक्लकृष्णां
बह्वीः प्रजाः सृजमानां सरूपाः।
अजो ह्येको जुषमाणोनुशेते
जहात्येनां भुक्तभोगामजोन्यः॥ (श्वे. ४।५) इति।

अत्र लोहितशुक्लकृष्णशब्दा रञ्जकत्वप्रकाशत्वावरकत्वसाधर्म्याद्रजःसत्त्वतमोगुणत्रयप्रतिपादनपराः।

व्या० : अद्वैतवेदान्तिभिर्मायाग्रावादिभिरुक्तं कार्यकारणभावं खण्डयति-**नापि सत इति**। यथा शुक्तौ रजतं भासते तथा ब्रह्मणि प्रपञ्चो भासत इति। वक्तुमशक्यम्। नेदं रजतमितिवन्नायं प्रपञ्च इति बाधस्यानुपलम्भात्। **अधिष्ठनेति**। अधिष्ठानमारोपस्य चिद्रूपं ब्रह्म। तस्मिन्नारोप्यो जडः प्रपञ्चः। चिज्जडयोश्च मिथो विलक्षणत्वेन प्रसिद्धयोरारोपहेतुभूतसारूप्यभावेन ब्रह्मणि प्रपञ्चस्यारोपो न संभवति। कलधौतं रूप्यम्। तस्य शुक्तेश्च श्वेतत्वेन समानं रूपम्। अतस्तत्रारोपः संभवति। कलधौतशुक्त्यादिवदिति वैधर्म्ये दृष्यन्तः। कलधौतरूप्यादिवदितिपाठे कलधौतं कथित्वं इति महाराष्ट्रभाषायां

प्रसिद्धो धातुविशेषः। तत्र रूप्यस्यारोपो जायते। द्वयोः श्वेतत्वेन सारूप्यम्। अथ वा साधर्म्ये एव दृष्यन्तः। कलधौतं सुवर्णम्। सुवर्णरूप्ययोश्च पीतश्वेतयोरारोपप्रयोजक-सारूप्याभावेन यथा सुवर्ण रूप्यस्य रूप्ये वा सुवर्णस्यारोपो न संभवति तथेत्यर्थः।

एवं बौद्धैर्नैयायिकैरद्वैतवेदान्तिभिश्च प्रदर्शितं कार्यकारणभावं निरस्योत्पत्तेः प्राक् सदेव कार्यं सतः कारणात्सकाशादाविर्भवतीत्येवंरूपं सांख्याभिमतं कार्यकारणभाव-मवलम्ब्य पूर्वोक्तेषु पञ्चविंशतितत्त्वेषु प्रथमं प्रधानमनुमानप्रमाणेन साधयति–**ततश्चेति। विमतमिति।** विमतं साध्यत्वेन संदिग्धम्। संदिग्धसाध्यवान्पक्ष इति पक्षलक्षणानुसारेण विमतपदं तत्र तत्र पक्षविशेषणतयोच्यते। भावजातं पदार्थसमुदायः। अयं पक्षनिर्देशः। सुखदुःखमोहा आत्मा स्वरूपं यस्य तादृशं कारणं यस्येति बहुव्रीहिगर्भो बहुव्रीहिः। अयं साध्यनिर्देशः। तैः सुखदुःखमोहैरन्वितत्वाद्युक्तत्वात्। अयं हेतुनिर्देशः। अन्वीयते संबध्यते। रुचकं सुवर्णपात्रम्। नन्वेवमस्तु मूलाकरणं प्रधानं सुखदुःखमोहयुक्तम्। तावता कथं तस्य त्रिगुणात्मकत्वमित्याह–**तत्रेति।** हेतुत्वेन प्रदर्शितं भावजातस्य सुखदुःखमोहान्वितत्वमुपपादयति–**तथा हीति। मैत्रदारेष्विति।** मैत्रो नाम कश्चित्पुरुषः। तस्य दारा अनेकाः स्त्रियः। तासां मध्ये सत्यवतीनाम्नी काचित्स्त्री। सा च भर्तुः प्रियेति तस्यां विद्यमानः सत्त्वगुणो भर्तारं प्रति प्रादुर्भवति। अतस्तस्याः सकाशाद्भर्तुः सुखं भवति। सपत्नीसंबन्धे सत्यवतीगतो रजोगुणः प्रादुर्भवति। अतस्तासां दुःखं भवति। सत्यवतीमलभमानस्य तत्प्राप्त्यनिच्छोश्चैत्रस्य मोहो भवति। तं प्रति सत्यवतीगतस्य तमोगुणस्य प्रादुर्भावात्। **वैचित्य इति।** वैचित्यं विगतचित्तत्वं चित्तराहित्यमिति यावत्। चित्तराहित्यं च चित्तवृत्तिराहित्यमेव। स्वरूपतश्चित्तराहित्यस्यासंभवात्। **अजामेकामिति।** यद्यप्यजाशब्दः पशुविशेषरूपायां छागायां रूढस्तथाप्यत्र मन्त्रे रूढ्यर्थस्य ग्रहणं न संभवति। अध्यात्मविद्याधिकारात्। तथा च यौगिकार्थस्यैवात्र ग्रहणम्। न जायत इत्यजा मूलप्रकृतिः। सा च नोत्पद्यते। नित्यत्वात्तस्याः। एका च सा लोहितशुक्लकृष्णा च। यद्यपि लोहितशुक्लकृष्णशब्दा वर्णपराः प्रसिद्धास्तथाप्यत्र लक्षणया गुणत्रयपराः। लोहितं कुसुम्भादिकं पटादीन् रञ्जयति। पदार्थगतो रजोगुणोपि प्रेक्षमाणं रञ्जयति। तथा च रञ्जकत्वसाधर्म्याल्लोहितशब्देन रजोगुणो लक्ष्यते। तथा शुक्ल आदित्यादिः पदार्थः प्रकाशकः। सत्त्वगुणोपि प्रकाशकः। तथा च प्रकाशकत्वसाधर्म्याच्छुक्लशब्देन सत्त्वगुणो लक्ष्यते। तथा कृष्णो मेघादिः सूर्याद्यावरकः। तमोगुणोप्यावरकः। तथा चावरकत्व-साधर्म्यात्कृष्णशब्देन तमोगणो लक्ष्यते। एवं च लोहितशुक्लकृष्णेत्यस्य त्रिगुणात्मिके-त्यर्थः पर्यवसन्नः। सा च त्रिगुणात्मिका मूलप्रकृतिः स्वसमानं त्रिगुणान्वितं रूपं यासां तादृशीर्बह्वीः प्रजाः सृजति। सर्वस्य पदार्थजातस्य त्रैगुण्यान्वितत्वमनुपदमेवोक्तम्।

एकोजो बद्धः पुरुषस्तां प्रकृतिं जुषमाणः सेवमानोनुशेतेनुसरति। प्रकृतिकार्यं बुद्धिमनश्चादिकमात्मत्वेनोपगम्य संसरति। अन्योजो मुक्तः पुरुषस्त्वेनां भुक्तभोगां जहाति। अत्र मन्त्रे पूर्वार्धे त्रिगुणात्मिका मूलप्रकृतिरभिधीयते। उत्तरार्धे चात्मभेदः श्रूयते। तथा चैतच्छ्रुत्यनुगुणमेतद्दर्शनमिति सांख्याभिप्रायः।

Nor can we say [with the Vedāntin] that the world is an illusory emanation from the one existent Brahman, because we have no contradictory evidence to preclude by its superior validity the *prima facie* belief that the external world is real (as we have in the case of mistaking a rope for a snake; where a closer inspection will discover the error]; and again, where the subject and the attributed nature are so dissimilar, as the pure intelligent Brahman and the unintelligent creation, we can no more allow the supposed attribution to be possible than in the case of gold and sliver [which no one mistakes for each other]. Hence we conclude that an effect which is composed of happiness, misery, and stupidity, must imply a cause similarly composed; and our argument is as follows :—The subject of the argument, *viz.*, the external world, must have a material cause composed of happiness, misery, and stupidity, because it is itself endued therewith; whatever is endued with certain attributes must have a cause endued with the same,—thus a ring has gold for its material cause, because it has the attributes of gold; our subject is a similar case, therefore we may draw a similar conclusion. What we call "being composed of happiness" in the external world is the quality of goodness; the "being composed of misery" is the quality of activity;[1] the "being composed of stupidity" is the quality of darkness; hence we establish our cause composed of the three qualities (*i.e.*, *prakṛti*, Nature). And we see that individual objects are found by experience to have these three qualities; thus Maitra's happiness is found in his wife Satyavatī, because the quality of "goodness" in her is manifested towards him; but she is the misery of her fellow-wives, because the quality of "activity" is manifested towards them; while she causes indifference to

1. Or "passion," *rajas*.

Caitra who does not possess, her, because towards him the quality of "dankness" is manifested. So, too, in other cases also; thus a jar, when obtained, causes us pleasure; when seized by others it causes us pain; but it is viewed with indifference by one who has no interest in it. Now this being regarded with no interest is what we mean by "stupidity," since the word *moha* is derived from the root *muh*, "to be confused," since no direct action of the mind arises towards those objects to which it is indifferent. Therefore we hold that all things, being composed of pleasure, pain, and stupidity, must have as their cause Nature, which consists of the three qualities: And so it is declared in the Śvestāśvatara Upaniṣad (iv. 5) —

> "The one unborn, for his enjoyment, approaches the one unborn (Nature) which is red, white, and black; and produces a manifold and similar offspring; the other unborn abandons her when once she has been enjoyed."

Here the words "red," "white," and "black," express the qualities "activity," "goodness," and, "darkness," from their severally possessing the same attributes of colouring, manifesting, and concealing.

नन्वचेतनं प्रधानं चेतनानधिष्ठितं महदादिकार्ये न व्याप्रियते। अतः केनचिच्चेतनेनाधिष्ठात्रा भवितव्यम्। तथा च सर्वार्थदर्शी परमेश्वरः स्वीकर्तृव्यः स्यादिति चेत्–तदसंगतम्। अचेतनस्यापि प्रधानस्य प्रयोजनवशेन प्रवृत्त्युपपत्तेः। दृष्टं चाचेतनं चेतनानधिष्ठितं पुरुषार्थाय प्रवर्तमानं यथा वत्सविवृद्ध्यर्थमचेतनं क्षीरं प्रवर्तते यथा च जलमचेतनं लोकोपकाराय प्रवर्तते तथा प्रकृतिरचेतनापि पुरुषविमोक्षाय प्रवर्त्स्यति। तदुक्तम्–

वत्सविवृद्धिनिमित्तं क्षीरस्य यथा प्रवृत्तिरज्ञस्य।

पुरुषविमोक्षनिमित्तं तथा प्रवृत्तिः प्रधानस्य।। (सां. का. ५७) इति।

व्या० : अथाचेतनस्य प्रधानस्य केवलस्य कार्योत्पादने स्वातन्त्र्येण प्रवृत्तिम-सहमानः शङ्कते–**नन्विति**। प्रधानं स्वयमचेतनत्वाच्चेतनेन केनचिदप्रेरितत्वाच्च महत्तत्त्वादिकार्योत्पत्त्यनुगुणं व्यापारं कर्तुं न प्रभवति। लोके तथा क्वाप्यदर्शनात्। न ह्यसंयोजिताश्वो रथः स्वयं गन्तुं प्रभवति। दृष्यच्चादृष्यसिद्धिः। तथा च

प्रधानप्रेरकत्वेनश्वरोङ्गीकर्तव्य इत्याशयः। **वत्सेति**। यथा अज्ञस्याचेतनस्यापि क्षीरस्य वत्सविवृद्धिरूपप्रयोजनवती प्रवृत्तिर्जायमाना लोके दृश्यते तथा पुरुषविमोक्षणोपयोगिनी प्रधानस्य प्रवृत्तिः कल्प्यत इत्यर्थः। ननु प्रधानस्य प्रवृत्त्या कथं पुरुषस्य मोक्ष इति चेत्-उच्यते। दुःखनिवृत्तिर्मोक्षः। दुःखनिवृत्तिश्च प्रकृतिपुरुषविवेकज्ञानाद्भवति। तत्र प्रकृतेरत्यन्तसूक्ष्मत्वेन दुर्ज्ञेयतया ततो विवेकः पुरुषस्य दुरधिगमः। प्रकृतेः प्रवृत्त्यनन्तरं तु भौतिकं स्थूलकार्यं विशदतया ज्ञायत इति ततो भेदः पुरुषस्य ज्ञातुं शक्यते। ततस्तत्कारणेभ्यो भूतेभ्यो भेदो ज्ञायते ततस्तत्कारणादित्येवं क्रमेण स्थूलारुन्धतीन्यायेन प्रकृतेः सकाशाद्भेदः सुग्राह्यो भवतीति।

Here, however, it may be objected, "But will not your, unintelligent Nature, without the superintendence of something intelligent, fail to produce these effects, intellect, etc,? therefore there must be some intelligent superintendent; and hence we must assume an all-seeing, supreme Lord:" We reply that this does not follow, since even unintelligent Nature will act under the force of an impulse; and experience shows us that an unintelligent thing, without any intelligent superintendent, does act for the good of the soul, just as the unintelligent milk acts for the growth of the calf, or just as the unintelligent rain acts for the welfare of living creatures; and so unintelligent Nature will act for the liberation of the soul. As it has been said in the Kārikā (§ 57)—

> "As the unintelligent milk acts for the nourishment of the calf, so Nature acts for the liberation of soul."

यस्तु परमेश्वरः करुणया प्रवर्तक इति परमेश्वरास्तित्ववादिनां डिण्डिमः स गर्भस्रावेण गतः। विकल्पानुपपत्तेः। स किं सृष्टेः प्राक्प्रवर्तते सृष्ट्युत्तरकालं वा। आद्ये शरीराद्यभावेन दुःखानुत्पत्तौ जीवानां दुःखप्रहाणेच्छानुपपत्तिः। द्वितीये परस्पराश्रयप्रसङ्गः। करुणया सृष्टिः सृष्ट्या च कारुण्यमिति। तस्मादचेतनस्यापि चेतनानधिष्ठितस्य प्रधानस्य महदादिरूपेण परिणामः पुरुषार्थप्रयुक्तः[1] प्रधानपुरुषसंयोगनिमित्तः। यथा निर्व्यापारप्यस्कान्तरस्य संनिधानेन लोहस्य व्यापारस्तथा निर्व्यापारस्य पुरुषस्य संनिधानेन प्रधानव्यापारो युज्यते। प्रकृतिपुरुषसंबन्धश्च पङ्ग्वन्धवत्परस्परापेक्षानिबन्धनः। प्रकृतिर्हि भोग्यतया भोक्तारं पुरुषमपेक्षते। पुरुषोपि भेदाग्रहाद्बुद्धिच्छायापत्त्या तद्गतं दुःखत्रयं

1. प्रयुक्त for प्रयुक्तः C.

वारयमाणः कैवल्यमपेक्षते। तत्प्रकृतिपुरुषविवेकनिबन्धनं न च तदन्तरेण युक्तमिति कैवल्यार्थं पुरुषः प्रधानमपेक्षते। यथा खलु कौचित्पङ्ग्वन्धौ पथि सार्थेन गच्छन्तौ दैवकृतादुपप्लवात्परित्यक्तसार्थौ मन्दमन्दमितस्ततः परिभ्रमन्तौ भयाकुलौ दैववशात्संयोगमुपगच्छेताम्। तत्र चान्धेन पङ्गुः स्कन्धमारोपितः। ततः पङ्गुदर्शितेन मार्गेणान्धः समीहितं स्थानं प्राप्नोति पङ्गुरपि स्कन्धाधिरूढः। तथा परस्परापेक्षप्रधानपुरुषनिबन्धनः सर्गः। यथोक्तम्–

पुरुषस्य दर्शनार्थं कैवल्यार्थं तथा प्रधानस्य।
पङ्ग्वन्धवदुभयोरपि संबन्धस्तत्कृत सर्गः॥ (सां. का. २१) इति।

व्या० : आद्य इति। दुःखस्य शरीरसापेक्षत्वाज्जीवानां शरीरसत्वं एव दुःखसंभवो नान्यथेति भावः। **करुणयेति।** करुणा परदुःखप्रहाणेच्छा। तया च प्रवृत्तिर्भवति। **पुरुषार्थप्रयुक्तः।** पुरुषार्थोपयोगी। **पुरुषोपीति।** पुरुषश्च स्वस्मिन्विद्यमानो यः प्रकृतेस्तत्परिणामभूताया बुद्धेश्च सकाशाद्भेदस्तस्याग्रहादज्ञानात्स्वं बुद्धिस्वरूपं मन्यमानो बुद्धिगतं सुखादिकं स्वस्यैवेति जानंस्तन्निवारणाय मोक्षमपेक्षत इत्यर्थः। कैवल्यं मोक्षः। **तत्प्रकृतीति!** तत्कैवल्यं प्रकृतिपुरुषभेदग्रहमूलकमिति तादृशभेदग्रहं विना न युक्तमिति मोक्षसाधनीभूतभेदज्ञानाय भेदप्रतियोगिभूतप्रकृत्यपेक्षा पुरुषस्येति भावः। **सार्थेनेति।** समुदायेन सहेत्यर्थः। **उपप्लवात्।** चोरादिकृतोपद्रवात्। **स्कन्धाधिरूढ इति।** समीहितं स्थानं प्राप्नोतीत्यनुषज्यते। **पुरुषस्येति।** प्रधानस्य स्वकर्मकदर्शनार्थं पुरुषापेक्षायां पुरुषस्य च कैवल्यार्थं प्रधानापेक्षायामुभयोः प्रधानपुरुषयोः संयोगा भवति। पङ्ग्वन्धवत्। यथा गतिशक्तिविहीनस्य पङ्गोरभीष्टदेशाप्राप्त्यर्थं गतिशक्तिमतोपेक्षायामन्धस्य च दृक्शक्तिहीनस्य दृक्शक्तिमतोपेक्षायां संयोगो भवति तद्वत्। तादृशसंयोगकृतेयं सृष्टिरित्यर्थः। अत्र पुरुषः क्रियारहितत्वात्पङ्गुतुल्यः। प्रधानं चाचेतनत्वादन्धतुल्यम्। तत्र च पङ्गुसंबन्धादन्धो मार्गे यथा प्रवर्तते तथा पुरुषसंबन्धात्प्रधानं प्रवर्तते। अन्धसंबन्धाच्च यथा पङ्गुरभीष्टं देशं प्राप्नोति तथा प्रधामसंबन्धात्पुरुषो विवेकज्ञानद्वारा मोक्षं प्राप्नोतीति तात्पर्यम्।

But as for the doctrine of "a Supreme Being who acts from compassion," which has been proclaimed by beat of drum by the advocates of his existence, this has well-nigh passed away out of hearing, since the hypothesis fails to meet either of the two alternatives. For does he act thus *before* or *after* creation? If you say "before," we reply that as pain cannot arise in the absence of bodies, etc., there will be no need, as long as there is no creation, for his desire to free living beings from pain [which is the main characteristic of compassion] ; and if you adopt the second alternative, you will be reasoning in a circle, as on the one hand you will hold that God created the world through compassion [as this is His motive in acting at all], and on the other hand[1] that He compassionated after He had created. Therefore we hold that the development of unintelligent Nature [even without any intelligent superintendent]—in the order of the series intellect, self-consciousness, etc.,—is caused by the union of Nature and Soul, and the moving impulse is the good of Soul. Just as there takes place a movement in the iron in the proximity of the unmoved magnet, so there takes place a movement in Nature in the proximity of the unmoved Soul; and this union of Nature and Soul is caused by mutual dependence, like the union of the lame man and the blind man. Nature, as the thing to be experienced, depends on Soul the experiencer; and Soul looks to final bliss, as it seeks to throw off the three kinds of pain, which, though really apart from it, have fallen upon it by its coming under the shadow of intellect through not recognising its own distinction therefrom.[2] This final bliss [or absolute isolation] is produced by the discrimination of Nature and Soul, nor is this end possible without it; therefore Soul depends on Nature for its final bliss. Just as a lame man and a blind man,[3] travelling along with a caravan, by some accident having become separated from their companions, wandered slowly about in great dismay, till by good luck they met each other, and then the lame man mounted on the blind man's back, and the blind man, following the path indicated by the lame man, reached his desired goal, as did the lame man also, mounted on the other's shoulders; so, too,

1. In other words—on the one hand the existing misery of beings induced God to create a world in order to relieve their misery, and on the other hand it was the existence of a created world which caused their misery at all.
2. Bondage, etc., reside in the intellect, and are only *reflected* upon soul through its proximity (cf. *Śāṅkhyapravacanabhāṣya*, i. 58).
3. This apologue is a widely spread piece of folk-lore. It is found in the Babylonian Talmud, *Sanhedrim*, fol. 91, b, and in the Gesta Romanorum.

creation is effected by Nature and the soul, which are likewise mutually dependent. This has been said in the Kārikā (§ 2I)

> "For the soul's contemplation of Nature and for its final separation the union of both takes place, as of the lame man and the blind man. By that union a creation is formed."

ननु पुरुषार्थनिबन्धना भवतु प्रकृतेः प्रवृत्तिः। निवृत्तिस्तु कथमुपपद्यत इति चेत्–उच्यते। यथा भर्त्रा दृष्टदोषा स्वैरिणी भर्तारं पुनर्नोपैति यथा वा कृतप्रयोजना नर्तकी निवर्तते तथा प्रकृतिरपि। यथोक्तम्–

रङ्गस्य दर्शयित्वा निवर्तते नर्तकी यथा नृत्यात्।
पुरुषस्य तथात्मानं प्रकाश्य विनिवर्तते प्रकृतिः।।

(सां. का. ५९) इति।

एतच्च निरीश्वरसांख्यशास्त्रप्रवर्तककपिलादिमतानुसारिणां मतमुपन्यस्तम्।।

इति श्रीमत्सायणमाधवीये सर्वदर्शनसंग्रहे सांख्यदर्शनम्।।

व्या० : रङ्गस्येति। रङ्गशब्देन नृत्यस्थानवाचिना तादृशस्थानावस्थितो जन उपलक्ष्यते। यथा नर्तकी प्रेक्षकजनस्य नृत्यं दर्शयित्वा नृत्यान्निवर्तते तथा प्रकृतिरात्मानं स्वस्वरूपं महत्तत्त्वादिपरिणामद्वारा शब्दादिविषयरूपेण पुरुषस्य प्रकाश ततो विनिवर्तते इत्यर्थः।।

।। इति श्रीसर्वदर्शनसंग्रहव्याख्यायां दर्शङ्कुराभिधायां सांख्यदर्शन समाप्तम्।।

"Well, I grant that Nature's activity may take place for the good of the soul, but how do you. account for its ceasing to act?" I reply, that as a wilful woman whose faults have once been seen by her husband does not return to him, or as an actress, having performed her part, retires, from the stage, so too does Nature desist. Thus it is said in the Kārikā (§ 59)—

> "As an actress, having exhibited herself to the spectators, desists from the dance, so does Nature desist, having manifested herself to Soul."

For this end has the doctrine of those who fellow Kapila, the founder of the atheistic Sāṅkhya School, been propounded.

E.B.C.

Chapter XV

The Patañjali Or Yoga System

अथ पातञ्जलदर्शनम्

सांप्रतं सेश्वरसांख्यप्रवर्तकपतञ्जलिप्रभृतिमुनिमतमनुवर्तमानानां मतमुपन्यस्यते।

तत्र सांख्यप्रवचनापरनामधेयं योगशास्त्रं पतञ्जलिप्रणीतं पादचतुष्टयात्मकम्। तत्र प्रथमे पादे–अथ योगानुशासनम् (पात. यो. सू. १।१) इति योगशास्त्रारम्भप्रतिज्ञां विधाय योगश्चित्तवृत्तिनिरोधः (पात. यो. सू. १।२) इत्यादिना योगलक्षणमभिधाय समाधिं सप्रपञ्चं निरदिक्षद्भगवान्पतञ्जलिः। द्वितीये तपःस्वाध्यायेश्वरप्रणिधानानि क्रियायोगः (पात. यो. सू. २।१) इत्यादिना व्युत्थितचित्तस्य क्रियायोगं यमादीनि च पञ्च बहिरङ्गाणि साधनानि। तृतीये देशबन्धश्चित्तस्य धारणा (पात. यो. सू. ३।१) इत्यादिना धारणाध्यानसमाधित्रयमन्तरङ्गं संयमपदवाच्यं तदवान्तरफलं विभूतिजातम्। चतुर्थे जन्मौषधिमन्त्रतपःसमाधिजाः सिद्धयः (पात. यो. सू. ४।१) इत्यादिना सिद्धिपञ्चकप्रपञ्चपुरःसरं परमं प्रयोजनं कैवल्यम्। प्रधानादीनि पञ्चविंशतितत्त्वानि प्राचीनान्येव संमतानि। षड्विंशस्तु परमेश्वरः क्लेशकर्मविपाकाशयैरपरामृष्टः पुरुषः स्वेच्छया निर्माणकायमधिष्ठाय लौकिकवैदिकसंप्रदायप्रवर्तकः संसाराङ्गारे तप्यमानानां प्राणभृतामनुग्राहकश्च।

व्या० : सांप्रतमिति। जीवातिरिक्त ईश्वरोस्तीत्येवं मन्यमाना ये सांख्यास्तन्मतप्रवर्तका ये पतञ्जलिप्रभृतो मुनयस्तेषां मतमित्यर्थः। प्रभृतिशब्देन हिरण्यगर्भयाज्ञवल्क्य-

ग्रहणम्। यद्यपि पतञ्जलेः प्रागेव हिरण्यगर्भेण याज्ञवल्क्येन च योगशास्त्रं प्रणीतं तथापि जिज्ञासूनामवबोधसौलभ्याय पतञ्जलिना समाधिसाधनविभूतिकैवल्यभेदेन तदवान्तरभेदेन च विषयान्विविच्याय शास्त्रस्य सामीचीन्येन प्रतिपादनात्तत एव चास्य योगशास्त्रस्य पातञ्जलदर्शनशब्देन प्रसिद्धिबाहुल्याच्चात्र पतञ्जलेनिर्देशः। इतरे प्रभृतिशब्देनः संगृहीताः।

तत्रेति। सांख्यप्रवचनमित्यपरं द्वितीयं नाम यस्य। योगशास्त्रमित्येकं नाम। तस्यैव शास्त्रस्य सांख्यप्रवचनमिति द्वितीयं नाम। तस्मिन्योगशास्त्रे पतञ्जलिमुनिना सूत्रं प्रणीतम्। तत्र चत्वारः पादाः। प्रथमः समाधिपादः। द्वितीयः साधनपादः। तृतीयो विभूतिपादः। चतुर्थः कैवल्यपादः। **अथेति**। अथशब्दः स्वरूपेण मङ्गलभूतः। तदुच्चारणमपि मङ्गलभूतम्। मृदङ्गादिध्वनिवत्। अर्थस्तु तस्याधिकारः। अधिकारश्चात्रारम्भः। योगोनुशिष्यते विविच्य बोध्यतेनेनेति। योगानुशासनं शास्त्रम्। अनेन हिरण्यगर्भाद्यु- पदिष्टस्यैव योगस्य विविच्य बोधनमत्रेति ध्वनितम्। योगशास्त्रमारब्धं वेदितव्यमिति सूत्रार्थः। **योग इति**। चित्तस्य वृत्तीनां प्रमाणविपर्ययादीनां यो निरोधो निवर्तनं स योग इत्यर्थः। वृत्तिनिवर्तनं च चित्तनिग्रहरूपोतीन्द्रियो यत्नविशेषः। **समाधिमिति**। सम्यगाधानं चित्तात्स्थानं समाधिः। तदुक्तं योगवासिष्ठे–

इमं गुणसमाहारमनात्मत्वेन पश्यतः।
अन्तः शीतलता यस्य समाधिरिति कथ्यते।। (यो. वा. इति)

स च समाधिर्द्विविधः संप्रज्ञातोऽसंप्रज्ञातश्च। सम्यक् संशयविपर्ययराहित्येन प्रज्ञायते प्रकर्षेण ज्ञायते ध्येयस्वरूपं यत्र स संप्रज्ञातः। असंप्रज्ञाते तु ध्येयाद्ध्यानस्य भेदोपि न भासते। तत्र ध्येयाकारवृत्तेरपि निरोधात्। **निरदिक्षत्**। निर्दिष्टवान्। **तपःस्वाध्यायेति**। तपः शास्त्रोक्तमुपवासादिकं चित्तप्रसादाविरोधि। स्वाध्यायः प्रणवादिजपो मोक्षशास्त्राध्ययनं वा। ईश्वरप्रणिधानं परमेश्वरचिन्तनं तत्र सर्वकर्मार्पणं च। एतानि क्रियारूपो योगः। योगसाधनत्वाद्योग इत्युच्यते। अयं च क्रियायोगो न समाहितचित्तस्य किं तु व्युत्थितचित्तस्य। क्रियायोगं यमादीनि पञ्च बहिरङ्गाणि साधनानि च द्वितीये साधनपादे निरदिक्षदित्यर्थः। यमादीनि साधनानि च यमनियमासनप्राणायाम- प्रत्याहाररूपाणि। अहिंसा सत्यमस्तेयं ब्रह्मचर्यमपरिग्रहश्चेत्येते पञ्च यमाः। प्राणवियोगानुकूलो व्यापारो हिंसा। तदभावोऽहिंसा। वाचो मनसश्च यथार्थत्वं सत्यम्। परद्रव्यस्यापहरणं स्तेयम्। तदभावोऽस्तेयम्। ब्रह्मचर्यमुपस्थेन्द्रियनियमनम्। अपरिग्रहो भोगसाधनवस्तूनामनङ्गीकारः। शौचं संतोषस्तपः स्वाध्याय ईश्वरप्रणिधानं चेत्येते पञ्च नियमाः। शुचेर्भावः शौचम्। शुद्धिरित्यर्थः। तद्द्विविधं शारीरं मानसं च। शारीरं द्विविधं बाह्यमान्तरं च। मृज्जलादिभिः शरीरक्षालनं बाह्यम्। पञ्चगव्यादिभक्षणेनान्तरम्। सम्यग्

भावनया मनोमलानां रागद्वेषादीनां क्षालनं मानसम्। संतोषस्तृष्णाक्षयः। तपआदीन्युपदमेवोक्तानि। स्थिरसुखमासनम्। स्थिरं निश्चलं सुखावहं च यत्तदासनम्। आस्त्येनेनेत्यासनम्। तच्च पद्मासनादिकं हस्तपादाद्यवयवावस्थानविशेषरूपम्। आसनस्थैर्याच्च शीतोष्णादिपीडा न भवति। श्वासप्रश्वासकाले वायोः स्वाभाविकी या गतिस्तस्या निरोधः प्राणायाम। नासापुटेन वायोरन्तः प्रवेशः श्वासः। ततो बहिर्निर्गमः प्रश्वासः। प्राणायामेन च स्थिरं चित्तं शब्दादिविषयैर्न संयुज्यते। ततश्च श्रोत्रादीनीन्द्रियाण्यपि विषयैर्यैर्न संयुज्यन्ते। तानि च तदानीं केवलं चित्तस्वरूपानुकारीणि भवन्ति। अयमेव प्रत्याहारः। अष्टसु योगाङ्गेष्वेतानि यमनियमासनप्राणायामप्रत्याहाररूपाणि पञ्च बहिरङ्गाणि साधनानि। चित्तस्थैर्यद्वारा परंपरया समाध्युपकारकत्वात्। धारणाध्यानसमाधिरूपाणि त्रीणि समाधेरन्तरङ्गाणि साधनानि। समाधिस्वरूपनिष्पादनात्। समाधिर्योगः। सोयं योगवृक्षश्चित्तक्षेत्रे यमनियमाभ्यां प्राप्तबीज आसनप्राणायामाभ्यामङ्कुरितः प्रत्याहारेण कुसुमितोन्तरङ्गसाधनैर्धारणादिभिस्त्रिभिः फलितो भवति। तदेतदन्तरङ्गं साधनत्रयं पतञ्जलिना तृतीये विभूतिपादे निरूपितम्। तदाह–**तृतीय इति। देशेति।** यत्र हृत्पुण्डरीकादिरूपे देशे ध्येयं चिन्तनीयं तत्र देशे चित्तस्य बन्ध एकाग्रता सैव धारणेत्युच्यत इति सूत्रार्थः। ध्यानं च वृत्त्यन्तराव्यवहितो ध्येयाकारो मनसो वृत्तिप्रवाहः। ध्यानं चैतद्यदा ध्येयमात्राकारं ध्यानध्यातृदृष्टिशून्यं भवति तदा तदेव समाधिरित्यभिधीयते। धारणादेरन्तरङ्गसाधनत्रयस्यैकविषयस्य संयम इति पारिभाषिकी संज्ञा। तदुक्तं सूत्रकारेण–तत्त्रयमेकत्र संयमः (पा. यो. सू. ३।४) इति। संयमस्य मुख्यं फलं योगः। अवान्तरफलं तु विभूतयः। विभूतयः सिद्धयः। ताश्च भूतभविष्यदर्थज्ञानं पशुपक्ष्यादिशब्दज्ञानं जन्मान्तरस्मरणं परमनोगतार्थज्ञानमन्तर्धानमित्याद्याः। एत्सर्वं तृतीये पादे सूत्रकारो निर्दिष्टवानित्यर्थः। **चतुर्थे।** कैवल्यपादे। **जन्मेति।** जन्ममात्राज्जाता जन्मजा। यथा देवादीनाम्। पारदादिरससेवनाज्जाता औषधिजाः सिद्धयः। तथा मन्त्रेण तपसा समाधिना च साधनभूतेन लब्धास्तिस्त्र इत्येवं साधनभेदेन पञ्चविधाः सिद्धयः। ताश्चाणिमाद्या अजरामरत्वाकाशगमादयश्च। पूर्वोक्तैर्यमनियमादिभिरष्टाङ्गैर्योगवृक्षे फलिते सति प्रकृतिपुरुषयोर्भेदः साक्षात्कृतो भवति। ततश्चासङ्गपुरुषज्ञानाद्दुःखात्यन्ताभावरूपो मोक्षः सिध्यति। एतत्सर्वं चतुर्थे पादे निर्दिष्टम्। **प्राचीनानि।** सांख्यदर्शने प्रतिपादितानि (द. १४ पं. ५)। **षड्विंश इति।** अयं हि सांख्यदर्शनापेक्षयास्मिन्पातञ्जलदर्शने विशेषो यदेते पातञ्जला ईश्वरं मन्यन्ते। सांख्या अपि केचिदीश्वरं मन्यन्ते। परं तु तेषां दर्शनमत्र पृथङ्नोक्तम्। विशेषान्तराभावात्। **क्लेशकर्मेति।** अविद्यादयः क्लेशाः। ते चाग्रे मूल एवे वक्ष्यन्ते। ते हि चेतसि वर्तमानास्त्रिगुणात्मकं संसारं द्रढयन्तः परितापं जनयन्ति। अतः क्लेशा उच्यन्ते। कर्म विहितं निषिद्धं च। कर्मफलं जन्मायुर्भोगरूपं त्रिविधं

विपाकशब्देनोच्यते। आशेरते चित्तभूमावित्याशया: संस्कारा:। एतै: क्लेशादिभिरपरामृष्ट: कालत्रयेपि यो न संस्पृश्यते स पुरुषविशेष ईश्वर:। यद्यप्यत्र दर्शने सांख्यदर्शन इव सर्वेषां जीवात्मनां वस्तुत: क्लेशादिस्पर्शो नास्त्येव तथापि चित्तगता: क्लेशा जीवेषु व्यपदिश्यन्ते। ईश्वरस्य तु तादृशोपि क्लेशादिसंबन्धो नास्ति। स चेश्वर: स्वेच्छामात्रेणैकं युगपदनेकानि वा शरीराणि निर्मिमीते। तानि निर्माणकायशब्देनोच्यन्ते। **संप्रदायेति।** अनेन संप्रदायप्रवर्तनेन जीवेष्वनुग्रहकरणेन च लिङ्गेनेश्वरोनुमानप्रमाणेन सिध्यतीति भाव:।

We now set forth the doctrine of that school which professes the opinions of such Munis as Patañjali and others, who originated the system of the Theistic Sāṅkhya philosophy, This school follows the so-called Yoga Śāstra promulgated by Patañjali, and consisting of four chapters, which also bears the name of the "Sāṅkhya Pravacana," or detailed explanation of the Sāṅkhya.[1] In the first chapter thereof the venerable Patañjali, having in the opening aphorism, "Now is the exposition of Concentration" (*yoga*), avowed his commencement of the Yoga Sāstra, proceeds in the second aphorism to give a definition of his subject, "Concentration is the hindering of the modifications of the thinking principle," and then he expounds as length the nature of Meditation (*samādhi*). In the second chapter, in the series of aphorisms commencing,, "The practical part of Concentration is mortification, muttering, and resignation to the Supreme," he expounds the practical part of *yoga* proper to him whose mind is not yet thoroughly abstracted (iii. 9), *viz.*, the five external sub-servients or means, "forbearance," and the rest. In the third chapter, in the series commencing "Attention is the fastening [of the mind] on some spot," he expounds the three internal subservients—attention, contemplation, and meditation, collectively called by the name "subjugation" (*saṁyama*), and also the various superhuman powers which are their subordinate fruit. In the fourth chapter, in the series commencing, "Perfections spring from birth, plants, spells, mortification, and meditation," he expounds the highest

1. On this see, Dr. Hall's Pref. to Sāṅkhya Pr. Bhāṣ., p. 20; S. Sāra, p. 11.

end, Emancipation, together with a detailed account of the five so-called "perfections" (*siddhis*). This school accepts the old twenty-five principles [of the Sāṅkhya], "Nature," etc.; only adding the Supreme Being as the twenty-sixth—a Soul untouched by affliction, action, fruit, or stock of desert, who of His own will assumed a body in order to create, and originated all secular or Vaidic traditions,[1] and is gracious towards those living beings who are burned in the charcoal of mundane existence.

ननु पुष्करपलाशवन्निर्लेपस्य तस्य तप्यभाव: कथमुपपद्यते येन परमेश्वरोनुग्राहकतया कक्षीक्रियत इति चेत्–उदुच्यते। तापकस्य रजस:सत्त्वमेव तप्यं बुद्ध्यात्मना परिणतमिति सत्त्वे परितप्यमाने तदारोपवशेन तदभेदावगाहिपुरुषोपि तप्यत इत्युच्यते। तदुक्तमाचार्यैः:–

सत्त्वं तप्यं बुद्धिभावेन वृत्तं भावा ये वा राजसास्तापकास्ते।
तप्याभेदग्राहिणी तामसी या वृत्तिस्तस्यां तप्य इत्युक्तं आत्मा।।

इति। पञ्चशिखेनाप्युक्तम्–अपरिणामिनी हि भोक्तृशक्तिरप्रतिसंक्रमा च परिणामिन्यर्थे प्रतिसंक्रान्तेव तद्वृत्तिमनुपततीति। भोक्तृशक्तिरिति चिच्छक्तिरुच्यते। सा चात्मैव। परिणामिन्यर्थे बुद्धितत्त्वे प्रतिसंक्रान्तेव प्रतिबिम्बितेव तद्वृत्तिमनुपततीति बुद्धौ प्रतिबिम्बिता सा चिच्छक्तिर्बुद्धिच्छायापत्त्या बुद्धिवृत्त्यनुकारवतीति भाव:। तथा शुद्धोपि पुरुष: प्रत्ययं बौद्धमनुपश्यति तमनुपश्यन्नतदात्मापि तदात्मक इव प्रतिभासत इति। इत्थं तप्यमानस्य पुरुषस्यादरनैरन्तर्यदीर्घकालानुबन्धियमनिमाद्यष्टयङ्गयोगानुष्ठानेन परमेश्वरप्रणिधानेन च सत्त्वपुरुषान्यताख्यातावनुपप्लवायां जातायामविद्यादय: पञ्च क्लेशा: समूलकाषं कषिता भवन्ति। कुशलाकुशलाश्च कर्माशया: समूलघातं हता भवन्ति। ततश्च पुरुषस्य निर्लेपस्य कैवल्येनावस्थानं कैवल्यमिति सिद्धम्।

व्या० : नन्विति। तप्यभावस्तप्यता। दु:खमिति यादत्। जीवस्य दु:खमेवनास्ति। निर्लेपत्वात्। तथा च किमर्थं तदनुग्राहकत्वेनेश्वर: स्वीक्रियत इत्याशय:। **तापकस्येति**। अयं भाव:–न तावज्जीव: स्वयं तप्यो नापि तापक:। किं तु बुद्धिगत: सत्त्वांशस्तप्य:।

1. *i.e.*, he revealed the Veda, and also originated the meaning of words, as well as instructed the first fathers of mankind in the arts of life.

मृदुत्वात्पादतलवत्। तापकस्तु रजोंशः। कठिनत्वात्कण्टकवत्। बुद्धिर्हि प्रधानस्य परिणामः। प्रधानं च त्रिगुणात्मकमिति तद्गुणत्रयमपि बुद्धिरूपेण परिणमते। न च वस्तुत एव जीवस्य तप्यत्वमस्त्विति वाच्यम्। अपरिणामिनि निष्क्रिये जीवात्मनि क्रियाजन्यफलाश्रयत्वरूपकर्मत्वासंभवात्। ज्ञानक्रियाकर्मत्वं तु विषयतारूपं तस्योपपद्यत एवेत्यन्यत्। न चैवं जीवपदवाच्यस्य पुरुषस्य दुःखाभावे दुःखनिवृत्तेः पुरुषार्थत्वं न स्यात्। पुरुषेणाभ्यर्थ्यमानत्वाभावात्। किं च बुद्धेर्दुःखसत्त्वेपि का हानिः पुरुषस्य येन तन्निवृत्त्यर्थमस्य यत्नः स्यादिति वाच्यम्। बुद्धिगते सत्त्वांशे तप्यमाने पुरुषोपि प्रतिबिम्बरुपेण तत्समानाकारो भवन्ननुतप्यत इति मूढैर्दृश्यते। बुद्ध्यपेक्षया स्वस्मिन् भेदस्य विद्यमानस्याप्यज्ञानेन बुद्धिगतधर्माणां स्वस्मिन्नारोपात्। विद्वद्दृष्ट्यापि प्रतिबिम्बरूपेण भोक्तृत्वं पुरुषस्य वर्तत एव। तथा च बुद्धिगतस्यापि दुःखस्य हेयत्वात्पुरुषार्थत्वोपपत्तिः। **सत्त्वमिति।** बुद्धिभावेन वृत्तं बुद्धिभावेन वृत्तं बुद्धिरूपेण परिणतम्। तप्येन बुद्धिगतसत्त्वांशेन सहाभेदग्राहिणी या तामस्यज्ञानमूलिका मनोवृत्तिस्तस्यां सत्यामभेदारोपेणात्मा तप्य इत्युच्यत इत्यर्थः। पञ्चशिखे नेति। इयं पञ्चशिखाचार्योक्तिर्द्रष्टा दृशिमात्रः (पा. यो. सू. २।२०) इति पातञ्जलयोगसूत्रे भाष्यकारैरुद्धृता। प्रतिसंक्रम उपरागः। विकारहेतुभूतः संयोग इति यावत्। तद्रहितोप्यात्मा बुद्धौ प्रतिबिम्बरूपेण संक्रान्त इव तद्वृत्तिं विषयाद्याकारां बुद्धिवृत्तिमनुपतति स्वसंबन्धेन चेतनामिव करोति। यथा सूर्यः स्वप्रतिबिम्बयुक्तं जलं तेजस्वितादिगुणयुक्तं प्रदर्शयति तद्वत्। तादृश्या बुद्धेश्छायया चात्मा बुद्धिरिव स्वयमपि विषयाकारां तद्वृत्तिमनुकरोति। ज्ञानं च तत्तद्विषयाकारग्रहणमेव। तच्च वस्तुतो बुद्धेस्तद्द्वारा च तत्संयुक्तस्यात्मन इत्यात्माज्ञानीत्युच्यते। बुद्धिसत्त्वं चात्मसंबन्धेन चेतनमित्युच्यते। **तथा शुद्धोपीति।** निर्लेपोप्यात्मा बौद्धगतं विषयाकारग्रहणरूपं प्रत्ययमनुपश्यत्यनुकरोति। तादृशश्च पुरुषो वस्तुतोऽतदात्मापि बुद्ध्यसरूपोपि तदात्मक इव बुद्धिसरूप इव प्रतिभासत इत्यर्थः। **इत्थमिति।** यमनियमादीन्यष्टाङ्गानि यस्य तादृशस्य योगस्य यत्तपःश्रद्धादिरूपेणादरेण युक्तं निरन्तरं दीर्घकालपर्यन्तं चानुष्ठानं तेनेश्वरध्यानेन च सत्त्वपुरुषयोर्बुद्धिसत्त्वमात्मा चेत्यनयोर्भेदो ज्ञायते। एतद्भेदज्ञानमेवान्यताख्यातिरित्युच्यते। प्रत्ययान्तररहिते तादृशे भेदज्ञाने सत्यविद्यादयः समूलमुन्मूलिता भवन्ति। क्लेशा वक्ष्यन्ते। समूलकाषमित्यत्र निमूलसमूलयोः कषः (पा. सू. ३।४।३४) इति सूत्रेण समूलशब्द उपपदेकषधातोर्ण-मुल्प्रत्ययः। कषादिषु यथाविध्यनुप्रयोगः (पा. सू. ३।४।४६) इति पुनस्तस्यैव कषधातोरनुप्रयोगः। मूलेन सह विनष्टा भवन्तीत्यर्थः। क्लेशमूलं च संस्कारः। **कुशलेति।** आशेरते सांसारिकाः पुरुषा अस्मिन्नित्याशयः। कर्मणामाशयः कर्माशयः कर्मनिधिः।

स च पुण्यपापरूपो द्विविधोपि क्लेशरूपमूलेन सह हतो भवति। समूलघातमित्यत्र समूलाकृतजीवेषु हन्कृञ्ग्रहः (पा. सू. ३।४।३६) इति सूत्रेण समूलशब्द उपपदे हनूधातोर्णमुल्प्रत्ययः। अनुप्रयोगः पूर्ववत्। ततश्चेति। येन संबन्धेनैकस्य संबन्धिनो धर्मा अपरसंबन्धिनि व्यपिदश्यन्ते तादृशः संबन्धविशेषो लेपः। तद्रहितस्य प्रकृतेः सकाशात्पार्थक्येन यदवस्थानं स मोक्ष इति सिद्धम्।

"But how can such an essence as soul, undefiled as the [glossy] leaf of a lotus, be said to be burned, that we should need to accept any Supreme Being as gracious to it?" To this we reply, that the quality Goodness develops itself as the understanding, and it is this which is, as it were, burned by the quality Activity; and the soul, by the influence of Darkness, blindly identifying itself with this suffering quality, is also said itself to suffer. Thus the teachers have declared—

> "It is Goodness which suffers under the form of the understanding and the substances belonging to Activity which torment,[1]
>
> And it is through the modification of Darkness, as wrongly identifying, that the Soul is spoken of as suffering."

It has been also said by Patañjali,[2] "The power of the enjoyer, which is itself incapable of development or of transference, in an object which is developed and transferred experiences the modifications thereof."

तत्राथ योगानुशासनम् (पात. यो. सू. १।१) इति प्रथमसूत्रेण प्रेक्षावत्प्रवृत्त्यङ्गं विषयप्रयोजनसंबन्धाधिकारिरूपमनुबन्धचतुष्टयं प्रतिपाद्यते।

अत्राथशब्दोधिकारार्थः स्वीक्रियते। अथशब्दस्यानेकार्थत्वे संभवति कथमारम्भार्थत्वपक्षे पक्षपातः संभवेत्। अथशब्दस्य मङ्गलाद्यनेकार्थत्वं नामलिङ्गानुशासनेनानुशिष्टं।

मङ्गलानन्तरारम्भप्रश्नकात्स्न्र्येष्वथो अथ। (अम. को. ३।३।२४६) इति।

---

1. I read *ye* for *te* with Dr. Hall's MS. *Tapya* means rather "susceptible of suffering."
2. This is really Vyāsa's comm. on Sūt, iv. 21.

अत्र प्रश्नकार्त्स्न्ययोरसंभवेष्यानन्तर्यमङ्गलपूर्वप्रकृतापेक्षारम्भलक्षणानां चतुर्णामर्थानां संभवादारम्भार्थत्वानुपपत्तिरिति चेत्–

व्या० : प्रेक्षावदिति। प्रेक्षावतां विचारशीलानां शास्त्रावलोकने या प्रवृत्तिर्भवति सानुबन्धचतुष्टयज्ञानानन्तरमेव। विषयः प्रयोजनं संबन्धोधिकारी चेत्येषां चतुर्णामनुबन्ध इति पारिभाषिकी संज्ञा। एतच्चतुष्टयान्यतमस्य कस्याप्यज्ञाने प्रवृत्तिर्नोपपद्यते। शास्त्रे प्रतिपाद्योर्थो विषयः। अस्मिञ्छास्त्रे किं प्रतिपाद्यते किं च तस्य फलं कश्च शास्त्रे विषयफलाधिकारिणां संबन्धः कस्य च तत्राधिकार एतदवश्यं ज्ञेयमेव। लोकेपि ह्यल्पे घटादौ महति वा प्रासादादौ कार्ये संपाद्यमाने किं कार्यं किमर्थं कार्यं कथं कार्यं केन कार्यमिति सर्वं विचार्यैव प्रवृत्तिर्दृश्यते।

अधिकारार्थः। आरम्भार्थकः। शङ्कते–**अथशब्दस्येति।** नामलिङ्गानुशासनं नामामरसिंहविरचितोऽमरकोशः। तत्र नामानि तल्लिङ्गानि चानुशिष्यन्ते। अथो अथेत्येतौ शब्दौ मङ्गलेनन्तरे आरम्भे प्रश्ने कार्त्स्न्ये चार्थे वर्तेते इति कोशार्थः। मङ्गलरूपेर्थे तत्साधनयैतौ शब्दौ वर्तेते न तु वाचकतया। एतच्छब्दयोरुच्चारणद्वारा मङ्गलसाधनत्वात्। अनन्तरादिष्वर्थेषु तु वाचकतया वर्तेते। न चात्र कोशे वाचकतयैव शब्दानामनुशासनमिति भ्रमितव्यम्। तु हि च स्म ह वै पादपूरणे (अमरको. ३।४।५) इत्यत्र तुहीत्यादीनां पादपूरणसाधनत्वेनानुशासनदर्शनात्। पादपूरणं हि तुहीत्यादीनां न वाच्योर्थः। रामस्तु लक्ष्मणं प्राहेत्यत्र पादपूरणस्य रामे लक्ष्मणे प्रवचनक्रियायां वान्वयाभावात्। तथा च मङ्गलस्य वाच्यार्थत्वाभावेन न तदर्थकाथशब्दस्य विविक्तं किंचिदुदाहरणम्। किं त्वनन्तराद्यन्यतमार्थे प्रयुक्त एवाथशब्दो मङ्गलं साधयति। तत्रानन्तरे यथा–स्नानं कृत्वाथ भुञ्जीत। आरम्भे यथा–अथ शब्दानुशासनम्। प्रश्ने यथा–अथ वक्तुं समर्थोसि। कार्त्स्न्ये यथा–अथ धातून् ब्रूमः। **प्रश्नेति।** कंचित्प्रति प्रष्टुं पतञ्जलेः प्रवृत्त्यभावेन प्रश्नार्थो न संभवति। नापि कार्त्स्न्यम्। कृत्स्नं योगानुशासनमिति प्रतिपादनस्यानर्थक्यात्। **पूर्वप्रकृतेति।** आत्मा नित्योथानित्य इति विप्रतिपत्तिवाक्येथ शब्दस्य पूर्वप्रकृतापेक्षार्थत्वं दृश्यते। अत्र पूर्वप्रकृतापेक्षा प्रयोगोपाधिर्न त्वथशब्दस्य वाच्योर्थः। वाच्यार्थस्तु पूर्वप्रकृत आत्मा। अथानित्य इत्यत्रानित्यः क इति विशेष्यापेक्षायामात्मा नित्य इति पूर्ववाक्ये प्रकृत आत्माथशब्देन परामृश्यते। नित्यत्वानित्यत्वयोर्मिथो विरुद्धयोर्द्वयोः प्रतिपादने सत्युदिते जुहोत्यनुदिते जुहोतीत्यत्रेव विकल्पे पर्यवसानमिति पाक्षिकत्वं तयोः सिध्यति। एतदेव पूर्वप्रकृतापेक्षार्थत्वमथशब्दस्य। **आरम्भार्थत्वानुपपत्तिरिति।** अथशब्दोत्रारम्भार्थक एवेति निश्चयानुपपत्तिरित्यर्थः।

Now the "power of the enjoyer" is the power of intelligence, and this is the soul; and in an object which is "developed" and "transferred," or reflected,—*i.e.*, in the thinking principle or the understanding, it experiences the modifications thereof, *i.e.*, the power of intelligence, being reflected in the understanding, receives itself the shadow of the understanding, and imitates the modifications of it. Thus the soul, though in itself pure, sees according to the idea produced by the understanding; and, while thus seeing at secondhand, though really it is different from the understanding, it appears identical therewith. It is while the soul is thus suffering, that, by the practice of the eight. subservient means, forbearance, religious observance, etc., earnestly, uninterruptedly, and for a long period, and by continued resignation to the Supreme Being, at length there is produced an unclouded recognition of the distinction between the quality Goodness and the Soul; and the five "afflictions," ignorance, etc., are radically destroyed, and the various "stocks of desert," fortunate or unfortunate, are utterly abolished, and, the undefiled soul abiding emancipated, perfect Emancipation is accomplished.

मैवं मंस्थाः। विकल्पासहत्वात्। आनन्तर्यमथशब्दार्थ इति पक्षे यतः कुतश्चिदानन्तर्यं पूर्ववृत्तशमाद्यसाधारणात्कारणादानन्तर्यं वा। न प्रथमः।

न हि कश्चित्क्षणमपि जातु तिष्ठत्यकर्मकृत्। (गी. ३।५)५

इति न्यायेन सर्वो जन्तुरवश्यं किंचिकृत्वा किंचित्करोत्येवेति तस्याभिधानमन्तरेणापि प्राप्ततया तदर्थाथशब्दप्रयोगवैयर्थ्यप्रसक्तेः। न चरमः। शमाद्यनन्तरं योगस्य प्रवृत्तावपि तस्यानुशासनप्रवृत्त्यनुबन्धत्वेनोपात्ततया शब्दतः प्राधान्याभावात्। न च शब्दतः प्रधानभूतस्यानुशासनस्य शमाद्यानन्तर्यमथशब्दार्थः किं न स्यादिति वदितव्यम्। अनुशासनमिति हि शास्त्रमाह। अनुशिष्यते व्याख्यायते लक्षणभेदोपायफलसहितो योगो येन तदनुशासनमिति व्युत्पत्तेः। अनुशासनस्य च तत्वज्ञानचिख्यापयिषानन्तरभावित्वेन शमदमाद्यानन्तर्यनियमाभावात्। जिज्ञासाज्ञानयोस्तु शमाद्यानन्तर्यमाम्नायते—तस्माच्छान्तो दान्त उपरतस्तितिक्षुः समाहितो भूत्वात्मन्येवात्मानं पश्येत् (बृ. ४।४।२३) इत्यादिना। नापि तत्त्वज्ञान. चिख्यापयिषानन्तर्यमथशब्दार्थः। तस्य संभवेपि श्रोतृप्रतिपत्तिवृत्त्योरनुप. योगेनभिधेयत्वात्। तवापि निःश्रेयसहेतुतया योगानुशासनं प्रमितं न वा। आद्ये तदभावेप्युपादेयत्वं भवेत्। द्वितीये तद्भावेपि हेयत्वं स्यात्। प्रमितं चास्य निःश्रेयसनिदानत्वम्।

अध्यात्मयोगाभिगमेन देवं मत्वा धीरो हर्षशोकौ जहाति।

(का. २।१२) इति श्रुतेः।

समाधावचला बुद्धिस्तदा योगमवाप्स्यसि। (गी. २।५३)

व्या० : पूर्ववृत्तेति। योगाभ्यासात्पूर्वं संपादिनानि यानि शमादीनि योगं प्रत्यसाधारणानि कारणानि तन्निरूपितानन्तर्यं वे शमो मनोनिग्रहः। आदि पदेन दमोपरतितितिक्षाश्रद्धासमाधानसंग्रहदमो बाह्येन्द्रियनिग्रहः। उपरतिः संन्यासः। तितिक्षा क्षमा। श्रद्धा गुरुवाक्यानेषु विश्वासः। समाधानं चित्तैकाग्रता। **शमाद्यनन्तरमिति।** अयं भावः-यद्यपि शमादीनां नियमेन योगापेक्षया पूर्ववृत्तत्वमस्ति तथापि नात्र शमाद्यानन्तर्यमथशब्देनोच्यते। सूत्रघटकस्याथशब्दस्यार्थो हि सूत्रजबोधे यस्य प्राधान्यं तत्रैवान्वेतुमर्हति नान्यत्र। अथ योगानुशासनम् (पा. यो. सू. १।१) इति सूत्रार्थे चानुशासनस्य प्राधान्यं न तु योगस्य। योगस्तु तद्विशेषणतयोपात्तः। अनुशासनं शास्त्रम्। तत्र प्रेक्षावतां प्रवृत्त्यर्थमनुबन्धचतुष्टयं प्रदर्शनीयम्। तत्र विषयरूपोनुबन्धो योगशब्देन प्रदर्शितः। न त्वेतावता सूत्रार्थे शब्दतो योगस्य प्राधान्यम्। अतो न तत्राथशब्दार्थस्यान्वय इति। **लक्षणेति।** योगश्चित्तवृत्तिनिरोधः (पा. यो. सू. १।२) इति सूत्रेण योगलक्षणं प्रतिपादितम्। वितर्कविचार० (पा. यो. सू. १।१७) इत्यादिसूत्रैः संप्रज्ञातादिभेदः प्रतिपादितः। द्वितीये साधनपादे योगस्योपायः प्रदर्शितः। चतुर्थे कैवल्यपादे मोक्षरूपं फलमुक्तम्। अथानुशासनशब्दस्य शास्त्ररूपोर्थोस्तु नाम। तावता शमाद्यानन्तर्यमथ-शब्दार्थः कुतो नेत्यत आह-**अनुशासनस्य चेति।** अनुशासनापेक्षयायन्नियमेन पूर्वभावि तदानन्तर्यमेवानुशासनसंबद्धेनाथशब्देनोच्यते। अनुशासनं हि सूत्रकृत्कर्तृकम्। सूत्रकारस्य शास्त्रकरणे प्रवृत्तिस्तत्त्वज्ञानप्रकाशनेच्छानन्तरम्। न तु शमादिसाधनसंपत्त्यनन्तरमेव। तथा च न शमाद्यानन्तर्यमत्राथशब्दार्थ इति सिद्धम्। नन्वेवं तस्माच्छान्तो दान्तः (बृ. ४।४।२३) इत्यादिश्रुतौ शमाद्यानन्तर्यं कस्याम्नातमिति चेत्तत्राह-**जिज्ञासेति।** अथ वा नन्वेवमथातो ब्रह्मजिज्ञासा (ब्र. सू. १।१।१) इत्यत्रापि शमाद्यानन्तर्यमथशब्दार्थो न स्यादिति चेत्तत्राह-**जिज्ञासेति।** तत्सूत्रार्थे जिज्ञासायाः प्राधान्यमस्तु। इच्छया इष्यमाणप्रधानत्वाज्ज्ञानस्य वा प्राधान्यमस्तु। न त्वत्रैवानुशासनस्य। किं च प्राधान्यं दूरे। वाक्यार्थप्रवेश एव नास्त्यनुशासनस्य। तद्वाचकपदस्य तत्राभावात्। **तस्माच्छन्त इति।** शान्तोन्तःकरणतृष्णातो निवृत्तः। दान्तो निगृहीत इन्द्रियः। उपरतः सर्वैषणाविनिर्मुक्तः। तितिक्षुर्जीवनाविच्छेदेन शीतोष्ण सहिष्णुः। समाहितः सम्यगात्मनि स्थापितचित्तो भूत्वात्मन्येव स्वका करणसंघात एवात्मानं प्रत्यक्चेतयितारं पश्यति साक्षात्करोतीत्यर्थः। नन्येवमनुशासनापेक्षया नियमेन पूर्वभाविनी या शास्त्रकारस्य तत्त्वज्ञानादिप्रकाशनेच्छा तदानन्तर्यमत्राथशब्दार्थः कुतो न गृह्यत इति चेत्तत्राह-**नापीति।**

श्रोतृप्रतिपत्तीति। प्रतिपत्तिर्बोधः। शास्त्रकारो हि यदनन्तरं शास्त्रं विरचितवांस्तज्ज्ञानं श्रोतृणां शास्त्राज्जायमाने योगविषयके ज्ञाने योगविषयिण्यां प्रवृत्तौ वा न कारणमिति तदानन्तर्यकथनं निष्फलत्वान्नाभिधातुं योग्यं भवतीति भावः। इदं च तत्त्वज्ञान-प्रकाशनेच्छाया अनुशासनापेक्षया नियमेन पूर्वभावित्वमभ्युपेत्योक्तम्। वस्तुतस्तदेव नास्तीत्याह–**तवापीति।** आनन्तर्यमथशब्दार्थ इति वादिनोपीत्यर्थः। **आद्ये तदभावेपीति।** योगानुशासनं मोक्षहेतुरिति निश्चयश्चेत्तदा तत्त्वज्ञानचिख्यापयिषाया अभावेपि योगानुशासनस्य कर्तव्यत्वापत्तिः। **द्वितीये तद्भावेपीति।** योगानुशासनं मोक्षहेतुरिति न निश्चयश्चेत्तदा तत्त्वज्ञानचिख्यापयिषायाः सत्त्वेपि योगानुशासनस्या-कर्तव्यत्वापत्तिः। तथा च व्यभिचारान्नानुशासनापेक्षया नियमेन पूर्वभावित्वं तत्त्वज्ञानचिख्यापयिषाया इति सिद्धम्। द्वितीयपक्षे दोषान्तरमाह–**प्रमितं चास्येति।** योगशास्त्रस्य योगद्वारा मोक्षहेतुत्वं निश्चितमित्यर्थः। **अध्यात्मेति।** आत्मनि चित्तस्य समाधानमध्यात्मयोगः। निदिध्यासनमिति यावत्। तस्य योगस्याधिगमेन लाभेन देवमात्मानं मत्वा साक्षात्कृत्य धीरो ज्ञानी हर्षशोकौ जहाति हर्षशोकरहितो मुक्तो भवतीत्यर्थः। **समाधाविति।** यदा ते बुद्धिः समाधावात्मनि स्थिरा भविष्यति तदा योगं योगफलमात्मसाक्षात्कारं प्राप्स्यसि मुक्तो भविष्यसीत्यर्थः। आभ्यां श्रुतिस्मृतिभ्यां योगस्य मोक्षहेतुत्वं सिध्यति। एवं च शास्त्रकाराणां स्वकीयतत्त्वज्ञानप्रकाशनेच्छाया अभावेप्यनुशासनस्य कर्तव्यत्वेन तत्त्वज्ञानप्रकाशनेच्छाया न नियमेनानुशासनापेक्षया पूर्ववृत्तत्वम्।

अत्रेदं बोध्यम्–यत्र मध्येथशब्दस्तत्र तत्प्रतिपादितमानन्तर्यं पूर्वप्रकृतार्थनिरूपित-मेवेत्यत्र न संदेहः। तत्र तदानन्तर्यप्रतिपादनस्योपयोगो भवतु मा वा भूत्। तथा तस्य पूर्वप्रकृतार्थस्य नियमेन पूर्ववृत्तत्वमपि तत्र नापेक्ष्यते। यथा देवदत्तो गतो न वेति प्रश्ने स्नानं कृत्वाथ गत इति। अत्र प्रश्नानुरोधेन गमने स्नानानन्तर्यप्रतिपादनस्यानुपयोगेपि स्नानस्य गमनापेक्षया नियमेन पूर्ववृत्तत्वाभावेपि चाथशब्दः स्नानानन्तर्यं प्रतिपादयति। यत्र तु न पूर्वप्रकृतं किंचित् किं त्वनारभ्यैवाथशब्दः प्रयुज्यते तत्राथशब्दार्थ आनन्तर्ये गृह्यमाणे पूर्ववृत्तं योग्यताबलादाक्षेपेणैव निर्णेतव्यं भवति। अतस्तत्रानन्तर्यमव्यभिचरित-पूर्ववृत्तापेक्षयैव ग्राह्यम्। तथा तदानन्तर्यप्रतिपादनस्योपयोगे सत्येव ग्राह्यम्। अन्यथा आक्षेपासंभवादिति।

The words of the first aphorism, "Now is the exposition of concentration," establish the four preliminaries which lead to the intelligent reader's carrying the doctrine into practice, *viz.*, the object-matter, the end proposed, the connection [between the treatise and the object], and the person properly qualified to study it. The word "now" (*atha*) is accepted as having here an inceptive meaning, [as intimating that a distinct topic is now commenced]. "But," it may be objected, "there are several possible significations of this word *atha*; why, then, should you show an unwarranted partiality for this particular 'inceptive' meaning? The great Canon for nouns and their gender [the Amara Koṣa Dictionary] gives many such meanings. '*Atha* is used in the sense of an auspicious particle—after—now (inceptive);—what? (interrogatively),—and all (comprehensively).' Now we willingly surrender such senses as interrogation or comprehensiveness; but since there are four series certainly suitable, *i.e.*, 'after,' 'an auspicious particle,' 'reference to a previous topic,' and 'the inceptive now,' there is no reason for singling out the *last*." This objection, however, will not stand, for it cannot bear the following alternative. If you maintain the sense of "after," then do you hold that it implies following after anything whatever, or only after some definite cause as comprehended under the general definition of causation.[1] *i.e.*, "previous existence [relatively to tne effect]"? It cannot be the former, for, in accordance with the proverb that "No one stands for a single moment inactive," everybody must always do everything after previously doing something else; and since this is at once understood without any direct mention at all, there could be no use in employing the particle *atha* to convey this meaning. Nor can it be the latter alternative; because, although we fully grant that the practice of concentration does in point of fact follow after previous tranquillity, etc., yet these are rather the necessary preliminaries to the work of exposition, and consequently cannot have that avowed predominance [which the presumed *cause* should have]. "But why should we not hold that the word *atha* implies that this very exposition is avowedly the predominant object, anti does follow after previous tranquillity of mind, etc.?" We reply, that the aphorism uses the term "exposition" (*anuśāsana*), and this word, etymologically analysed, implies that by which

1. Cf. *Bhāshā-parichchheda*, 15, a.

the *yoga* is explained, accompanied with definitions, divisions, and detailed means and results; and there is no rule that such an exposition must follow previous tranquillity of mind, etc., the rule rather being that, as far as the teacher is concerned, it must follow a profound knowledge of the truth and a desire to impart it to others; for it is rather the student's desire to know and his derived knowledge, which should have quiet of mind, etc., as their precursors, in accordance with the words of Śruti : "Therefore having become tranquil, self-subdued, loftily indifferent, patient, full of faith and intent, let him see the soul in the soul"[1] Nor can the word *atha* imply the necessary precedence, in the teacher, of a profound knowledge of the truth and a desire to impart it to others; because, even granting that both these are present, they need not to be mentioned thus prominently, as they are powerless in themselves to produce the necessary intelligence and effort in the student. Still [however we may settle these points] the question arises, Is the exposition of the *yoga* ascertained to be a cause of final beatitude or not? If it is, then it is still a desirable object, even if certain presupposed conditions should be absent; and if it is not, then it must be undesirable, whatever conditions may be present.[2] But it is clear that the exposition in question *is* such a cause, since we have such a passage of the Śruti as that [in the Kaṭha Upaniṣad, ii, 12] : "By the acquirement of *yoga* or intense concentration on the Supreme Soul, the wise man having meditated leaves behind joy and sorrow;" and again, such a passage of the Smṛti as that [in the Bhagavad Gītā, ii. 53] : "The intellect unwavering in contemplation will then attain *yoga*." Hence we conclude that it is untenable to interpret *atha* as implying that the exposition must follow "after" a previous inquiry on the part of the student, or "after"' a previous course of ascetic training and use of elixir, etc. [to render the body strong].

But in the ease of the Vedānta Sūtras, which open with the

1. Śatapatha Br., xiv. 7, 2, 28.
2. I read in the second clause *tadbhāve'pi,* understanding by the *tad* the different conditions which *atha* is supposed to assume as being necessarily present.

aphorism, "Now, therefore, there is the wish to know Brahman," Śaṅkara Ācārya has declared that the inceptive meaning of *atha* must be left out of the question, as the wish to know Brahman is not to be undertaken [at will]; and therefore it must be there interpreted to mean "after," *i.e.*, that this desire must follow a previous course of tranquillity, etc., as laid down by the well-known rule which enjoins the practice of tranquillity, self-control, indifference, endurance, contemplation, and faith, the object being to communicate the teaching to a proper student as distinguished by the possession of the four so-called "means."[1]

इति स्मृतेश्च। अत एव शिष्यप्रश्नतपश्चरणसायनोपयोगद्यानन्तर्यं पराकृतम्। अथातो ब्रह्मजिज्ञासा (ब्र. सू. १।१।१) इत्यत्र तु ब्रह्मजिज्ञासाया अनधिकार्यत्वेनाधिकारार्थत्वं परित्यज्य साधनचतुष्टयसंपत्तिविशिष्याधिकारि-समर्पणाय शमदमादिवाक्यविहिताच्छमादेरानन्तर्यमथशब्दार्थ इति शंकराचार्यै-र्निरटङ्किः।

व्या० : अत एवेति। यतस्तत्त्वज्ञानप्रकाशनेच्छानन्तर्यं निराकृतं तत एव शिष्यप्रश्नाद्यानन्तर्यमपि निराकृतं भवति। समाधानस्य तुल्यत्वात्। शास्त्रकाराणां प्रवृत्तिर्हि कदाचिच्छिष्यप्रश्नानन्तरं भवति। यथा पाशुपतशास्त्रे। कदाचित्तपश्चर्यानन्तरं ज्ञानसंपाद-नेन। यथा पाणिनेर्व्याकरणे। कदाचिद्रसायनाद्युपयोगानन्तरम्। पारदादिरससेवनेन हि तत्त्वसाक्षात्कारे जातेनुशासने प्रवृत्तिर्भवितुमर्हति। आदिशब्देन गुर्वाज्ञाया लोकानुकम्पा-याश्च संग्रहः। ताभ्यामपि हि शास्त्रकाराणां शास्त्ररचने प्रवृत्तिः संभवति। परं त्वेषां शिष्यप्रश्नादीनां मध्ये कस्यापि नियतपूर्ववृत्तत्वाभावेन तदानन्तर्यप्रतिपादनस्योपयोगा-भावेन च नात्र तदानन्तर्यमथशब्दार्थ इति सिद्धम्। **अथात इति।** अधिकार आरम्भः। ब्रह्मजिज्ञासा च ब्रह्मज्ञानेच्छा। अथशब्दस्याधिकारार्थत्वे ब्रह्मज्ञानेच्छारभ्यते इति सूत्रार्थः स्यात्। स च न संभवति। इच्छाया अनारभ्यत्वात्। न हि प्रत्यधिकरणमिच्छा क्रियते। किं तु विचारः। ननु तर्ह्यत्र जिज्ञासापदस्य लक्षणया विचार एवार्थोस्तु। दृश्यते च सन्प्रत्ययान्तज्ञाधातोर्विचारार्थे प्रयोगः स विजिज्ञासितव्यः (छा. ८।७।१) तद्विजिज्ञासस्व (तै. ३।१।१) इत्यादौ। ज्ञानेच्छारूपोर्थस्तु तत्र न ग्रहीतुं शक्यते। इच्छाया अविधेयत्वात्।

1. These are, (i). the discrimination of the eternal from the phenomenal; (ii). the rejection of the fruit of actions here or hereafter; (iii). the possession of the six qualities, tranquillity, etc.; and (iv). the desire for liberation.

तथा च विचारस्य ब्रह्मसूत्रकारैः प्रत्यधिकरणं क्रियमाणत्वेनाथशब्दस्याधिकारार्थत्वे गृह्यमाणे न किंचिद्बाधकमिति चेत्सत्यम्। यद्यप्येवमधिकारार्थो ग्रहीतुं शक्यते तथापि तं परित्यज्याधिकारिविशेषलाभायानन्तर्यार्थो भाष्यकृद्भिराश्रितः। ब्रह्मविचार आरभ्यत इत्युक्तौ यो ब्रह्मजिज्ञासुः सोत्राधिकारीति सामान्यत आक्षेपेण प्रेक्षावन्तो जानीयुः। आनन्तर्यार्थे गृह्यमाणे तु किंनिरूपितमानन्तर्यमित्याकाङ्क्षायां योग्यताबलात्साधनचतुष्टय-संपत्त्यानन्तर्यमित्यर्थे साधनचतुष्टयसंपन्नो जिज्ञासुरधिकारीत्यधिकारिविशेषो लभ्यत इति। निरटकङ्क। निश्चितम्।

"Well, then, let us grant that *atha* cannot mean 'after;' but why should it not be simply an auspicious particle?" But this it cannot be, from the absence of any connection between the context and such auspicious meaning. Auspiciousness implies the obtaining of an unimpeached and desired good, and what is desired is so desired as being the attainment of pleasure or the avoidance of pain ; but this suspiciousness cannot belong to the exposition of *yoga* since it is in itself neither pleasure nor the cessation of pain.[1] Therefore it cannot be at all established that the meaning of the aphorism is that "the exposition of the *yoga* is auspicious;" for auspiciousness cannot be either the primary meaning of *atha* or its secondary meaning by metonymy, since it is its very sound which is in itself suspicious [without any reference to the meaning], like that of a drum. "But why not say that just as an implied meaning may enter into the direct meaning of a sentence, so an effect [like this of auspiciousness] may also be included, since both are equally unexpressed so far as the actual words are concerned?"[2] We reply, that in the meaning of a sentence the connection must be between the meaning of one word and that of another; otherwise we should be guilty of breaking the seal which the rule of the grammarians has set, that "verbal expectancy[3] can be fulfilled by *words* alone."

1. It may be *sukha-janaka*, but it is not itself *sukha*.
2. Granting that *atha* does not here mean "auspicious," why should not this be the implied meaning, as all allow that the particle *atha* does produce an auspicious influence?
3. *i.e.*, a word's incapacity to convey a meaning without some other word to complete the construction.

अथ मा नाम भूदानन्तर्यार्थोथशब्दः। मङ्गलार्थः किं न स्यात्। न स्यात्। मङ्गलस्य वाक्यार्थे समन्वयाभावात्। अगर्हिताभीष्यवाप्तिर्मङ्गलम्। अभीष्टं च सुखावाप्तिदुःखपरिहाररूपतयेष्टम्। योगानुशासनस्य च सुखदुःखनिवृत्त्योरन्यतर-त्वाभावान्ना मङ्गलता। तथा च योगानुशासनं मङ्गलमिति न संपनीपद्यते। मृदङ्गध्वनेरिवाथशब्दश्रवणस्य कार्यतया मङ्गलस्य वाच्यत्वलक्ष्यत्वयोर-संभवाच्च। यथार्थिकार्थो वाक्यार्थे न निविशते तथा कार्यमपि न निविशेत। अपदार्थत्वाविशेषात्। पदार्थ एव हि वाक्यार्थ समन्वीयते। अन्यथा शब्दप्रमाणकानां शाब्दी ह्याकाङ्क्षा शब्देनैव पूर्यत इति मुद्राभङ्गः कृतो भवेत्। ननु प्रारिप्सितप्रबन्धपरिसमाप्तिपरिपन्थिप्रत्यूहव्यूहप्रशमनाय शिष्यचारपरिपालनाय च शास्त्रारम्भे मङ्गलाचरणमनुष्ठेयम्। मङ्गलादीनि मङ्गलमध्यानि मङ्गलान्तानि च शास्त्राणि प्रथन्ते आयुष्मत्पुरुषकाणि वीरपुरुषकाणि च भवन्ति (पात. भा. पृ. ७४०) इत्यभियुक्तोक्तेः। भवति च मङ्गलार्थोथशब्दः–

ओंकारश्चाथशब्दश्च द्वावेतौ ब्रह्मणः पुरा।
कण्ठं भित्त्वा विनिर्यातौ तस्मान्माङ्गलिकावुभौ।।

इति स्मृतिसंभवात्। तथा च वृद्धिरादैच् (पाणि. सू. १।१।१) इत्यादौ वृद्ध्यादिशब्दवदथशब्दो मङ्गलार्थः स्यादिति चेत्–मैवं भाषिष्ठाः। अर्थान्तराभिधानाय प्रयुक्तस्याथशब्दस्य वीणावेण्वादिध्वनिवच्छ्रवणमात्रेण मङ्गलफलत्वोपपत्तेः। अथार्थान्तरारम्भवाक्यार्थधीफलकस्याथशब्दस्य कथमन्य-फलकतेति चेन्न। अन्यार्थं नीयमानोदकुम्भोपलम्भवत्तत्संभवात्। न च स्मृतिव्याकोपः। माङ्गलिकाविति मङ्गलप्रयोजनत्वविवक्षया प्रवृत्तेः।

व्या० : मङ्गलार्थः किं नेति। मङ्गलं चानन्तर्यादिवदथशब्दस्य स्वतन्त्रो वाच्योर्थ इति शङ्काकाराभिप्रायः। तदभिप्रायानुसारेणैव प्रथमतः समाधत्ते–**मङ्गलस्येति। तथा चेति।** योगानुशासनं मङ्गलमिति वाक्यार्थो न संभवतीत्यर्थः। वस्तुतस्तु मङ्गलं नाथशब्दस्य वाच्योर्थ इति प्रागुक्तमेव (पृ. ३३६ प. २२)। तदनुसारेणाह–**मृदङ्गध्वनेरिति।** श्रवणमुच्चारणस्याप्युपलक्षणम्। अथशब्दश्रवणस्याथशब्दोच्चारणस्य मङ्गलं कार्यम्। न त्वथशब्दस्य स वाच्योर्थः संभवति। नापि लक्ष्यः। वाच्येनार्थेन संबद्धो ह्यर्थो लक्ष्यो भवति। मङ्गलार्थस्तत्र सूत्रे आनन्तर्यादिषु वाच्येष्वन्यतमेनामुकेन संबद्धतया सूत्रकारस्य प्रतिपिपादयिषित इति वक्तुं न शक्यते। तथा च मङ्गलस्य न वाक्यार्थेन्वय इति सिद्धम्। अधुना मङ्गलरूपार्थस्य वाक्यार्थे प्रवेशयोग्यतापि

नास्तीत्याह–**यथेति**। यथा पीनो देवदत्तौ दिवा न भुङ्क्ते इत्यत्रार्थाद्गम्यमानस्य रात्रिभोजनस्य न वाक्यार्थे प्रवेशस्तथात्राथशब्दकार्यस्य मङ्गलस्यापि। आर्थिकार्थस्येव कार्यभूतस्यार्थस्यापि पदार्थत्वाभावात्। **मुद्राभङ्गः**। नियमहानिः। **प्रारिप्सितेति**। सूत्रकारैः प्रारिप्सितो यो वोगानुशासनप्रबन्धस्तस्य परिसमाप्तौ शत्रुभूतो यो विघ्नसमूहस्तन्नाशायेत्यर्थः। प्रथन्ते। प्रसिद्धिमायान्ति। **अर्थान्तराभिधानायेति**। वृद्धिरादैच् (पाणि. सू. १।१।१) इति पाणिनिसूत्रेपि न वृद्धिशब्दो मङ्गलार्थवाचकः। किं तु संज्ञास्वरूपबोधक एव। तादृश एव च स उच्चारणद्वारा श्रवणद्वारा च मङ्गलं साधयतीत्यन्यत्। अर्थान्तरेति। मङ्गलार्थापेक्षयान्यो य आरम्भादिरूपोर्थस्तस्य या वाक्यार्थे बुद्धिस्तत्फलकस्येत्यर्थः। **अन्यार्थमिति**। गृहकार्यसाधनाय नद्यादेः सकाशान्नीयमानो जलभृतः कुम्भो यस्य गृहान्निर्गमनकाले दृष्टिपथमागच्छेत्तस्य स शुभशकुन इति मङ्गलमपि साधयति तद्वत्। **स्मृतिव्याकोप इति**। तस्मान्माङ्गलिकावुभाविति स्मृतौ माङ्गलिकावित्यस्य मङ्गलं वाच्योर्थो ययोस्तादृशावित्यर्थं मन्यते शङ्ककः। मङ्गलंप्रयोजनंययोस्तादृशाविति माङ्गलिकावित्यस्यार्थ इत्युत्तराशयः। माङ्गलिकावित्यत्र मङ्गलशब्दान्मङ्गलं प्रयोजनमस्येत्यर्थे प्रयोजनम् (पाणि. सू. ५।१।१०९) इति सूत्रेण ठञ्प्रत्ययः।

"But ought not a prayer for an auspicious commencement to be put at the beginning of a Śāstra, in order to lay the hosts of obstacles that would hinder the completion of the work which the author desires to begin, and also to observe the immemorial practice of the good, since it has been said by the wise, 'Those śāstras become widely famous which have auspicious commencements, auspicious middles, and auspicious endings, and their students have long lives and are invincible in disputation'?[1] Now the word *atha* implies 'auspiciousness,' since there is a Smṛti which says, .

> "The word *Om* and the word *atha*,—these two in the ancient time,
>
> "'Cleaving the throat of Brahman, came forth; therefore they are both auspicious.'

"Therefore let the word *atha* stand here as signifying 'auspiciousness,' like the word '*vṛddhi*' used by Pāṇini in his

1. This is found with some variations in the Mahābhāṣya (p. 7, Kielhorn's ed.)

opening sutra *'vṛddhir ād aic.'*"[1] This view, however, is untenable; since the very word *atha,* when heard, has an auspicious influence, even though it be employed to convey some other special signification, just as the hearing the sound of lutes, flutes, etc. [is auspicious for one starting on a journey]. If you still object, "How can the particle *atha* have any other effect, if it is specially used here to produce the idea that the meaning of the sentence is that a new topic is commenced?" we reply that it certainly can have such other additional effect, just as we see that jars of water brought for some other purpose are auspicious omens at the commencement of a journey.[2] Nor does this contradict the smṛti, since the smṛti will still hold good, as the words "they are both auspicious" mean only that they produce an auspicious effect.

नापि पूर्वप्रकृतापेक्षोथशब्दः। फलत आनन्तर्याव्यतिरेकेण प्रागुक्तदूषणानुषङ्गात्। किमयमथशब्दोधिकारार्थोथानन्तर्यार्थ इत्यादिविमर्शवाक्ये पक्षान्तरोपन्यासे तत्संभवेपि प्रकृते तदसंभवाच्च।

तस्मात्पारिशेष्यादधिकारपदवेदनीयप्रारम्भार्थोथशब्द इति विशेषो भाष्यते। यथाथैष ज्योतिरथैष विश्वज्योतिरित्यत्राथशब्दः क्रतुविशेषप्रारम्भार्थः परिगृहीतो

1. The commentators hold that the word *vṛddhiḥ* is placed at the beginning of the first sūtra, while *guṇaḥ* in the second is placed at the end *(ad eṅ guṇaḥ),* in order to ensure an auspicious opening, *vṛddhi* meaning "increase," "prosperity," as well as "the second strengthening of a vowel."
2. In the old Bengali poem Caṇḍi, we have an interesting list of these omens. The hero Candraketu, starting on a journey, has the following good omens : On his right hand a cow, a deer, a Brāhman, a full-blown lotus; on his left, a jackal and a jar full of water. He hears on his right hand the sound of fire and a cowherdess calling "milk" to buyers. He sees a cow with her calf, a woman calling "jaya," *dūrvā* grass, rice, garlands of flowers, diamonds, sapphires, pearls, corals ; and on the left twelve women. He hears drums and cymbals, and men dancing and singing "Hari." It is, however, all spoiled by seeing a guana *(godhikā).* The author adds, "This is a bad omen according to all śāstras, and so is a tortoise, a rhinoceros, the tuberous root of the water-lilly, and a hare." Elsewhere, a vulture, a kite, a lizard, and a woodman carrying wood are called bad omens.

यथा चाथशब्दानुशासनम् (पात. भा. १।१) इत्यत्राथशब्दो व्याकरणशास्त्राधिकारार्थस्तद्वत्। तदभाषि व्यासभाष्ये योगसूत्रविवरणपरे अथेत्ययमधिकारार्थः प्रयुज्यत इति। तद्व्याचख्यौ वाचस्पतिः। तदित्थम्–अमुष्याथशब्दस्याधिकारार्थत्वपक्षे शास्त्रेण प्रस्तूयमानस्य योगस्योपवर्तनात्समस्तशास्त्रतात्पर्यार्थव्याख्यानेन शिष्यस्य सुखावबोधप्रवृत्तिर्भवतीत्यथशब्दस्याधिकारार्थत्वमुपपन्नम्।

ननु

हिरण्यगर्भो योगस्य वक्ता नान्यः पुरातनः।

इति याज्ञवल्क्यस्मृतेः पतञ्जलिः कथं योगस्य शासितेति चेत्–अद्धा। अत एव तत्र तत्र पुराणादौ विशिष्य योगस्य विप्रकीर्णतया दुर्ग्राह्यार्थत्वं मन्यमानेन भगवता कृपासिन्धुना फणिपतिना सारं सजिघृक्षुणानुशासनमारब्धं न तु साक्षाच्छासनम्। यदायमथशब्दोधिकारार्थस्तदैवं वाक्यार्थः संपद्यते–योगानुशासनं शास्त्रमधिकृतं वेदितव्यमिति। तस्मादयमथशब्दोधिकारद्योतको मङ्गलार्थश्चेति सिद्धम्।

व्या० : नापीति। पूर्वप्रकृतापेक्षाथशब्दस्योदाहरणं प्राग्दर्शितमेव (पृ. ३३७ पं. १५)। अनारभ्याधीतेथ योगानुशासनम् (पा. यो. सू. १।१) इति प्रकृतसूत्रे तु न किंचित्पूर्वप्रकृतमिति तद्योग्यताबलाच्छमादि वा तत्त्वज्ञानप्रकाशनेच्छा वा शिष्यप्रश्नादिकं वा किंचिद्ग्रहीतव्यं भवति। गृहीते च तस्मिंस्तस्य योगानुशासनेऽभेदान्वयो न संभवतीति पौर्वापर्यसंबन्धेनान्वयो वाच्यः। तथा चानन्तर्यं फलितं भवति। एवं चानन्तर्यार्थकत्वपक्षोक्तानि (द. १५ प. ४६) दूषणानि पूर्वप्रकृतार्थकत्वपक्षेनुसंधातव्यानि। **विमर्शवाक्ये।** विप्रतिपत्तिबोधकवाक्ये। **तदसंभवादिति।** पूर्वप्रकृतस्य कस्याप्यभावात्। आक्षेपस्तु न संभवति। नित्यसाकाङ्क्षैर्ह्यानन्तर्याद्यर्थैः स्वावधिराक्षिप्यते। न ह्यत्र तादृशः कश्चिदर्थो दृश्यते।

अधिकारपदेति। अधिकारशब्दस्य वाच्योर्थो यः प्रारम्भस्तदर्थकोथशब्द इत्यर्थः। संभवन्नर्थोयमेक एवावशिष्ट इति स एवात्र गृह्यत इति भावः। **तदित्थमिति।** तद्वाचस्पतिकृतं व्याख्यानमित्थमित्यर्थः। तदेवार्थत उपपादयति–**अमुष्येति।** यथा तत्त्वज्ञानप्रकाशनेच्छानन्तर्यार्थकेथशब्दे गृह्यमाणेतादृशानन्तर्यस्य श्रोतृप्रतिवृत्तौ वा न कश्चिदुपयोगः (द. १५ पं. ६१) तथाधिकारार्थकेथशब्दे गृह्यमाणे न भवति। किं तु योगविषयकं शास्त्रमेतदारभ्यते। अतो योगोत्र सकलशास्त्रतात्पर्यविषयीभूतोर्थ इति सामान्यतो ज्ञात्वा ततः शास्त्रसहायेन विशेषतो योगं सुखेन प्रतिपद्यते। किं च सामान्यज्ञाने

सति शास्त्रावलोकने सुखेन प्रवृत्तिर्भवति। तथा चाथशब्दस्यारम्भार्थकत्वं युक्तम्। उपवर्तनं प्रतिपादनम्।

ननु योगशास्त्रं हिरण्यगर्भेणैवारब्धं न पतञ्जलिना। तथा च पतञ्जलिप्रणीतेत्र सूत्रेथशब्दस्यरम्भार्थकत्वं न युज्यत इत्याशयेनाह-**नन्विति**। **अद्धेति**। सत्यमित्यर्थः। नैव पतञ्जलिना योगस्य शासनमेतदारभ्यते किं त्वनुशासनम्। अन्येन शिष्टस्य विविच्य बोधनमनुशासनम्। **पुराणादाविति**। योगो हि पुराणादिषु न मुख्यतः प्रतिपाद्य इति विशिष्य क्वापि नोक्तः। किं तु प्रसङ्गानुसारेण क्वचित्कश्चिदंश इत्येवं तेषु विप्रकीर्णः। विष्णुपुराणे षष्ठेंशे सप्तमाध्याये गारुडे चतुर्दश एकोनपञ्चाशत्तमे चाध्याये मार्कण्डेये योगचिकित्सानामक एकोनचत्वारिंशत्तमेध्याये लिङ्गपुराणे च नवमेध्यायेंशतो योगः प्रतिपादितः। न तु क्वचिदपि साकल्येन संगृहीतः। अतो योगरूपोर्थो जिज्ञासूनां दुर्ग्राह्य इति मत्वा कृपया योगसूत्राणि विरचयता पतञ्जलिना तत्रत्यं सारं साकल्येन संगृहीतमिति भावः।

Nor can the particle *atha* have here the meaning of "reference to a previous topic," since the previously mentioned faults will all equally apply here, as this meaning really involves that of "after" [which we have already discussed and rejected]. And again, in such discussions as this, as to whether this particular *atha* means "the inceptive now" or "after," if another topic had been previously suggested, then "reference thereto" would be a possible meaning; but in the present case [where no other topic has been previously suggested] it is not a possible meaning. Therefore, by exhaustion, the commentator finally adopts, for the *atha* of the sūtra, the remaining meaning of "the inceptive now." So, when it is said [in the Tāṇḍya Brāhmaṇa, xvi. 8, 1 ; xvi. 10, 1], "Now this is the Jyotis," "Now this is the Viśvajyotis"[1] the particle *atha* is, accepted as signifying the commencement of the description of a particular sacrifice, just as the *atha* in the commencement of the Mahābhāṣya, "now comes the exposition of words," signifies the commencement of the Institutes of Grammar. This has been declared by Vyāsa in his Commentary on the Yoga Aphorisms, "the *atha* in this opening aphorism indicates a commencement;" and Vācaspati

1. These are the names of two out of the four sacrifices lasting for one day, in which a thousand cows are given to the officiating Brāhmans.

has similarly explained it, in his gloss; therefore it may be considered as settled that the *atha* here indicates a commencement and, also signifies auspiciousness. Therefore, accepting the view that this *atha* implies a commencement, let the student be left in peace to strive after a successful understanding of the śāstra through the attainment of the *yoga*, which is its proposed subject, by means of the teacher's explanation of its entire purport. But here some one may say, "Does not the smṛti of Yājñavalkya say, 'Hiraṇyagarbha is the promulgator of the Yoga, and no other ancient sage ?' how then is Patañjali the teacher thereof?" We reply that it was for this reason that the venerable Patañjali,[1] that ocean of compassion, considering how difficult it was to grasp all the different forms of Yoga scattered up and down in the Purāṇas, etc., and wishing to collect together their essence, commenced his *anuśāsana*,—the preposition *anu* implying that it was a teaching which followed a primary revelation and was not itself the immediate origin of the system:

तत्र शास्त्रे व्युत्पाद्यमानतया योगः ससाधनः सफलो विषयः। तद्व्युत्पादनमवान्तरफलम्। व्युत्पादितस्य योगस्य कैवल्यं परमप्रयोजनम्। शास्त्रयोगयोः प्रतिपाद्यप्रतिपादकभावलक्षणः संबन्धः। योगस्य कैवल्यस्य च साध्यसाधनभावलक्षणः संबन्धः। स च श्रुत्यादिप्रसिद्ध इति प्रागेवावादिषम्। मोक्षमपेक्षमाणा एवाधिकारिण[2] इत्यर्थसिद्धम्। न चाथातो ब्रह्मजिज्ञासा (ब्र. सू. १।१।१) इत्यादावधिकारिणोर्थतः सिद्धिराशङ्कनीया। तत्राथशब्देनानन्तर्याभिधान-प्रणाडिकयाधिकारिसमर्पणसिद्धावार्थिकत्वशङ्कानुदयात्। अत एवोक्तं श्रुतिप्राप्ते प्रकरणादीनामनवकाश इति। अस्यार्थः-यत्र हि श्रुत्यार्था न लभ्यते तत्रैव प्रकरणादयोर्थं समर्पयन्ति नेतरत्र। यत्र तु शब्दादेवार्थस्योपलम्भस्तत्र नेतरस्य संभवः। शीघ्रबोधिन्या श्रुत्या विनियोगस्य बोधनेन निराकाङ्क्षतयेतरेषामनवकाशात्। किं च श्रुत्या बोधितेर्थे तद्विरुद्धार्थं प्रकरणादि समर्पयत्यविरुद्धं वा। न प्रथमः। विरुद्धार्थबोधकस्य तस्य बाधितत्वात्। न चरमः। वैयर्थ्यात्। तदाह-

1. He is here called *phaṇipati*, "lord of snakes,"—Patañjali, the author of the Mahābhāṣya, being represented as a snake in mythology.
2. श्रवणाधिकारिणः for एवाधिकारिणः A.

श्रुतिलिङ्गवाक्यप्रकरणस्थानसमाख्यानां समवाये पारदौर्बल्यमर्थविप्रकर्षात् (जै. सू. ३।३।१४) इति।

बाधिकैव श्रुतिर्नित्यं समाख्या बाध्यते सदा।
मध्यमानां तु बाध्यत्वं बाधकत्वमपेक्षया।। इति च।

तस्माद्विषयादिमत्त्वाद्ब्रह्मविचारकशास्त्रवद्योगानुशासनं शास्त्रमारम्भणीयमिति स्थितम्।

व्या० : एवमथशब्दार्थविवेचनपूर्वकं सूत्रार्थं निश्चित्य तेनानुबन्धचतुष्टयं प्रतिपाद्यते (द. १५ पं. ३८) इति प्रागुक्तमनुबन्धचतुष्टयं दर्शयति–**तत्र शास्त्र इति। अर्थसिद्ध-मिति।** अध्यात्मयोगाधिगमेन (का. १।१२) इत्यादिप्रमाणैर्योगफलं मोक्ष इति निश्चिते मोक्षकामोधिकारीत्यर्थात्सिद्धं भवति। यदि त्वथशब्दार्थस्य योगेन्वयः संभवेत्तर्ह्यानन्तर्य-मथशब्दार्थं गृहीत्वा शमादिसाधनसंपत्त्यनन्तरमिति सूत्रार्थे जायमाने तादृशसाधनसंपन्नो-धिकारीत्यथशब्दाल्लभ्येत। यथा अथातो ब्रह्मजिज्ञासा (ब्र. सू. १।१।१) इत्यत्राथशब्देन स्वार्थानन्तर्यद्वारा तादृशानन्तर्यप्रतियोगिभूतसाधनचतुष्टयसंपत्तिविशिष्टोधिकारी प्रतिपादितो भवति तद्वत्। परं त्वत्र न तथा वक्तुं शक्यते। योगस्य शासनं प्रत्यप्रधानतया तत्राथशब्दार्थानन्वयस्य प्रागुक्तत्वात् (द. १५ पं. ५२)। ननु तर्ह्यथातो ब्रह्मजिज्ञासा (ब्र. सू. १।१।१) इत्यत्राप्यधिकार एवाथशब्दस्यार्थो गृह्यताम्। तमेवं विद्वानमृत इह भवति (श्वे. ३।८) इत्यादिश्रुतिभिर्ब्रह्मज्ञानफलं मोक्ष इति निश्चितेत्रैव मोक्षकामोधिकारीत्यर्थात्सिद्धं भविष्यतीत्याशयेनाशङ्कते–**न चाथात इति।** समाधत्ते–**तत्राथशब्देनेति।** प्रणाडिका द्वारम्। कस्यचिदर्थस्य साक्षात्परंपरया वा शब्दतो निष्पत्तिसंभवेर्थतस्तत्साधनमन्याय्यम्। **श्रुतिप्राप्त इति।** श्रुतिः शब्दः। प्रकरणादीना-मित्यादिशब्देन लिङ्गवाक्यस्थानसमाख्यानां संग्रहः। श्रुत्यादीनां स्वरूपं जैमिनिदर्शने (पृ. २५७ पं. १७) प्रतिपादितम्। तथा चाथातो ब्रह्मजिज्ञासा (ब्र. सू. १।१।१) इत्यत्राथशब्द आरम्भार्थके गृह्यमाणे केन ब्रह्मजिज्ञासा कार्येत्यस्त्यधिकार्याकाङ्क्षा। मोक्षवाक्येषु च केषुचित्कथं मोक्षो जायत इत्यस्ति साधनाकाङ्क्षा। केषुचित्तु मोक्षसाधनत्वेन ब्रह्मज्ञानेवगते तत्कथं संपादनीयमित्याकाङ्क्षा। उभयाकाङ्क्षैव च प्रकरणशब्देनोच्यते। तद्बलादथातो ब्रह्मजिज्ञासेत्यस्य मोक्षवाक्यस्य चैकवाक्यत्वेनुमिते तद्बलान्मोक्षसाधनीभूतब्रह्मजिज्ञासारूपार्थप्रकाशनसामर्थ्यं ब्रह्मजिज्ञासापदस्यानुमीयते। तेन लिङ्गेन च मुमुक्षुणा ब्रह्मजिज्ञासा कार्या–इति शब्दोनुमीयते। ततो विनियोग इति विलम्बेनाधिकारी प्रतीयते। आनन्तर्यार्थकेथशब्दे गृह्यमाणे योग्यताबलाच्छमादिसाधन-संपत्त्यनन्तरं ब्रह्मजिज्ञासा कार्येत्यर्थे जायमानेथशब्दार्थबलादेव साधनचतुष्टयसंपन्नो-धिकारी शीघ्रं प्रतीतिपथमारोहतीति। **श्रुतिलिङ्गेति।** सूत्रार्थः प्रागुक्तः (पृ. २५७ पं.

१७)। नाधिकैवेति। श्रुत्यपेक्षया पूर्वस्य प्रमाणान्तरस्याभावेन न कदापि श्रुतिप्रमाणस्य बाधः। तथा समाख्यातः परस्य प्रमाणान्तरस्याभावेन न कदापि समाख्याया बाधकत्वम्। मध्यमानां लिङ्गादीनां तु पूर्वेण सहैकत्र संनिपाते बाध्यत्वं परेण सहैकत्र संनिपाते तु बाधकत्वमिति।

Since this *atha* in the aphorism signifies "commencement," the full meaning of the sentence comes out as follows: "be it known that the institute for the exposition of the yoga is now commenced." In this institute the "object-matter," as being that which is, produced by it, is *yoga* [or the "concentration of the mind"], with its means an its fruit; the producing this is its inferior "end;" supreme absorption (*kaivalya*) is the highest "end" of the *yoga* when it is produced. The "connection" between the institute and *yoga* is that of the producer and the thing to be produce; the "connection" between *yoga* and supreme absorption is that of the means and the end; and this is well known from Śruti and Smṛti, as I have before shown. And it is established by the general context that those who aim at liberation are the duly qualified persons to hear this institute. Nor need any one be alarmed lest a similar course should be adopted with the opening aphorism of the Vedānta sūtras, "Now, therefore, there is a wish to know Brahman ; " and lest here, too, we should seek to establish by the general context that all persons who aids at liberation are duly qualified students of the Vedānta. For the word *atha*, as there used, signifies "succession" [or "after"]; and it is a settled point that the doctrine can only be transmitted through a regular channel to duly qualified students, and consequently the question cannot arise as to whether any other meaning is suggested by the context. Hence it has been said, "When Śruti comes [as the determining authority] 'the subject-matter' and the rest have no place."[1] The full meaning of this is as follows: Where a thing is not apprehended from the Veda itself, there the "subjectmatter" and the rest can establish the true meaning, not otherwise ; but wherever we can attain the meaning by a direct text, there the other modes of interpretation are irrelevant. For when a thing is declared by a text of the Veda which makes

1. Cf. Śaṅkara, Vedānta-Sūt., iii. 3, 49.

its meaning obvious at once, the "subject-matter" and the rest either establish a contrary conclusion or one not contrary. Now, in the former case, the authority which would establish this contrary conclusion is [by the very nature of "*śruti*"] already precluded from having any force; and in the latter it is useless. This is all declared in Jaimini's aphorism [iii. 3, 14] ; "A definite text, a 'sign,' the 'sentence' the 'subject-matter,' the 'relative position,' or 'the title'—when any of these come into collision, the later in order is the weaker because its meaning is more remote"[1] [and therefore less obvious]. It has been thus summed up—

> "A text always precludes the rest; the 'title' is always precluded by any of the preceding modes;

1. This is the Mīmāṁsā rule for setting the relative value of the proofs that one thing is ancillary to another. I. *Śruti*, "a definite text," as "let him offer with curds," where curds are clearly an ancillary part of the sacrifice. 3. *Liṅga*, "a sign," or "the sense of the words," as leading to an inference, as in the text "he divides by the ladle;" here we infer that the thing to be divided must be a liquid like ghee, since a ladle could not divide solid things like the baked flour cakes. 3. *Vākya*, "the being mentioned in one sentence," *i.e.*, the context, as in the text "'(I cut) thee for food,' thus saying, he cuts the branch ;" here the words "(I cut) thee for food" are ancillary to the action of cutting; or in the text, "I offer the welcome (oblation) to Agni," the words "the welcome (oblation) to Agni," as they form one sentence with the words "I offer," are ancillary to the act of offering. 4. *Prakaraṇa*, "the subject-matter viewed as a whole, with an interdependence of its parts," as in the *darśa-pūrṇamāsa* sacrifice, where the *prayāja* ceremonies, which have no special fruit mentioned, produce, as parts, a mystic influence *(apūrva)* which helps forward that influence of the whole by which the worshippers obtain heaven. Here the *prakaraṇa* proves them to be ancillary. 5. *Sthāna* (or *krama*), "relative position" or "order," as the recital of the hymn *Śundhadhvam*, etc.,. "Be ye purified for the divine work," in connection with the mention of the *sānnāyya* vessels, where this position proves that the hymn is ancillary to the action of sprinkling those vessels. 6. *Samākhyā*, "title;" thus the Yajurveda is called the special book for the *adhvaryu* priests; hence in any rite mentioned in it they are *prima facie* to be considered as the priests employed. The order in the aphorism representes the relative weight to be attached to each; the first, *Śruti*, being the most important; the last, *samākhyā*, the least. Cf. Jaimini's Sūtras, iii. 3, 14; *Mīmāṁsā-paribhāṣā*, pp. 8, 9.

"But whether any intervening one is precluded, or itself precludes, depends on circumstances."

ननु व्युत्पाद्यमानतया योग एवात्र प्रस्तुतो न शास्त्रमिति चेत्–सत्यम्। प्रतिपाद्यतया योगः प्राधान्येन प्रस्तुतः। स च तद्विषयेण शास्त्रेण प्रतिपाद्यत इति तत्प्रतिपादने करणं शास्त्रम्। करणगोचरश्च कर्तृव्यापारो न कर्मगोचरतामाचरति। यथा छेतुर्देवदत्तस्य व्यापारभूतमुद्यमननिपातनादिकर्म करणभूतपरशुगोचरं न कर्मभूतवृक्षादिगोचरम्। तथा च वक्तुः पतञ्जलेः प्रवचनव्यापारापेक्षया योगविषयस्याधिकृतता करणस्य शास्त्रस्य। अभिधानव्यापारापेक्षया तु योगस्यैवेति विभागः। ततश्च योगशास्त्रस्यारम्भः संभावनां भजते।

अत्र चानुशासनीयो योगश्चित्तवृत्तिनिरोध इत्युच्यते। ननु युजिर्योग इति संयोगार्थतया परिपठिताद्युजेर्निष्पन्नो योगशब्दः संयोगवचन एव स्यान्न तु निरोधवचनः। अत एवोक्तं याज्ञवल्क्येन–

संयोगो योग इत्युक्तो जीवात्मपरमात्मनोः। इति।

व्या० : योग एवेति। तथा च योगारम्भ एव पतञ्जलिना कर्तुं युक्तो न शास्त्रारम्भ इति शङ्काशयः। न कर्मेति। योग एवात्र मुख्यत्वेन प्रतिपाद्यः सूत्रकृतः। किं तु सूत्रकृद्व्यापारस्य प्रवचनरूपस्य शास्त्ररूपकरणविषयकत्वाच्छास्त्रमारब्धम्। अभिधान-रूपशास्त्रव्यापारविषयतया तु योग एवाधिक्रियत इति भावः।

Therefore [after all this long discussion] it may be now considered as settled that, since it has an "object," as well as the other preliminaries, the study of the Śāstra, which teaches the Yoga, is to be commenced like that of the Vedānta, which discusses the nature of Brahman. "But," it may be objected, "it is the Yoga which was said to be the object-matter, since it is this which is to be produced, not the Śāstra." We grant that the Yoga is the principal object, as that which is to be produced; but since it is produced by the Śāstra, especially directed thereto, this Śāstra is the means for its production, and, as a general rule, the agent's activity is directly concerned with the means rather than with the end. Just as the operations of Devadatta the woodcutter, *i.e,* his lifting his arm up and down, etc., relate rather, to the instrument, *i.e.*, the axe, than to the object, *i.e.*, the tree, so here the speaker, Patañjali, in his immediate action of speaking, means the Yoga-Śāstra as his primary object, while he intends the Yoga itself in his ultimate action of "denotation." In consequence of this distinction, the real meaning is that the commencing the Yogaśāstra is that which primarily claims our attention; while the "yoga," or the restraint of the modifications of the mind, is what is to be expounded in this Śāstra. "But as we read in the lists of roots that the root *yuj* is used in the sense of 'joining,' should not the word *yoga*, its derivative, mean 'conjunction,' and not 'restraint'? And indeed this has been said by Yājñavalkya :[1]—

> 'The conjunction of the individual and the supreme souls is called *yoga*.'"

तदेतद्वार्तम्। जीवपरयोः संयोगे कारणस्यान्तरकर्मादेरसंभावात्। अजसंयोगस्य कणभक्षाचरणादिभिः प्रतिक्षेपाच्च। मीमांसकमतानुसारेण तदङ्गीकारेपि नित्यसिद्धस्य साध्यत्वाभावेन शास्त्रवैफल्यापत्तेश्च। धातूनामनेकार्थत्वेन युजेः समाध्यर्थत्वोपपत्तेश्च। तदुक्तम्–

निपाताश्चोपसर्गाश्च धातवश्चेति ते त्रयः।
अनेकार्थाः स्मृताः सर्वे पाठस्तेषां निदर्शनम्॥ इति।

व्या० : वार्तं तुच्छम्। अन्यतरकर्मेति। संयोगस्त्रिविधः–अन्यतरकर्मज उभयकर्मजः। संयोगजश्च। आद्यः श्येनपतनक्रियया शैलश्येनयोः। द्वितीयो मेषयोर्मल्लयोर्वा। तृतीयस्तु हस्तपुस्तकसंयोगात्कायपुस्तकसंयोगः। अत्र तु परमेश्वरस्य जीवानां च विभुत्वेन चलनक्रियाया असंभवान्नान्यतरकर्मज उभयकर्मजश्च संभवति। अत एव न तृतीयोपि। जीवप्रदेशेष्वपि चलनक्रियाया असंभवात्। ननु जीवपरमात्मनोः संयोगो नित्य एवास्तु कृतं कारणान्वेषणेनेत्यत आह–**अजसंयोगस्येति।** कणभक्षः कणादर्षिर्वैशेषिकसूत्रकारः। अक्षचरणो गौतमर्षिर्न्यायसूत्रकारः। तैर्नित्यः संयोगो नाङ्गीक्रियते। संयोगस्य नित्यत्वं च संयोगिनोरुभयोर्नित्यत्वे सत्येव संभवति। घटपटसंयोगस्य घटाकाशसंयोगस्य वा नित्यत्वोक्तेरयुक्तत्वात्। नित्ययोरपि

1. *I.e.*, Yogi-Yājñavalkya, the author of the *Yājñavalkya-gītā*. See Hall, *Bibl. Index.* p. 14; Aufrecht, *Bodl. Catal.*, p. 87 b.

संयोगिनोरुभयोः परिच्छिन्नत्वे संयोगस्यानित्यत्वं दृश्यते। यथा परमाणुद्वयसंयोगस्य। अन्यतरस्य विभुत्वेपि तत्तत्प्रदेशभेदन संयोगस्य नवनवोत्पन्नतया कार्यत्वमेव। यथात्ममनसोः संयोगस्य। उभयोर्विभुत्वे तु तत्संयोगस्य नित्यत्वं वक्तुं शक्यते। परं तु किं तेन संयोगेन कार्यं निष्पद्येत। किंचित्स्याच्चेत्संयोगस्य सदातनत्वेन तत्कार्यमपि तथैव स्यात्। सहकार्यपेक्षया कार्यस्य क्वाचित्कत्वोपपत्तौ तु सहकार्येव कार्यं करोतु कृतं संयोगेन। तथा चोक्तं वाक्यवृत्तौ-संयोगः सर्वौप्यनित्य एव। अजसंयोगानङ्गीकारादिति। अत एव नैयायिका युतसिद्धयोः संबन्धः संयोग इत्यभ्युपगच्छन्ति। **केचन।** पाणिनीयाः। **तत्रस्थस्यापीति।** संयोगो योग इत्युक्त इति पूर्वोक्तयाज्ञवल्क्यवचनस्य जीवात्मपरमात्मनोर्यः संयोगः सम्यग्योगः साम्यावस्थारूपः स योग इत्युच्यते समाधिरित्युच्यत इत्यर्थः। बुद्ध्याद्युपाधिसंबन्धमूलकान्कल्पितान्धर्मान्परित्यज्य स्वाभाविकेनासङ्गरूपेण जीवस्य यत्परमात्मन इवावस्थानं सा साम्यावस्था। इयमेव मुक्तिर्निरञ्जनः परमं साम्यमुपैति (मु. ३।१।३) इत्यादिश्रुतिषु प्रतिपाद्यते।

This, however, is untenable, since there is no possibility of any such action,[1] etc., in either as would produce this conjunction of the two souls. [Nor, again, is such an explanation needed in order to remove the opposition of other philosophical schools]; for the notion of the conjunction of two eternal things is opposed to the doctrines of the Vaiśeṣika and Nyāya schools [and therefore they would still oppose our theory]. And even if we accepted the explanation in accordance with the Mīmāṁsā [or Vedānta], our Yogaśāstra would be rendered nugatory by this concession [and the very ground cut from under our feet]; because the identity of the individual and supreme souls being in that school something already accomplished, it could not be regarded as something to be produced by our Śāstra. And lastly, as it is notorious that roots are used in many different sense, the root *yuj* may very well be used here in the sense of "contemplation."[2] Thus it has been said—

"Particles, prepositions, and roots—these three are all

---

1. *Karman* seems here used for *kriyā*, which properly belongs only to the body, as the soul is *draṣṭṛ*.
2. *Scil., samādhi*, or the restraining the mind and senses to profound contemplation.

held to be of manifold meaning; instances found in reading are their evidence."

अत एव केचन युजिं समाधावपि पठन्ति युज समाधाविति। नापि याज्ञवल्क्यवचनव्याकोपः। तत्रस्थस्यापि योगशब्दस्य समाध्यर्थत्वात्।

समाधिः समतावस्था जीवात्मपरमात्मनोः।
ब्रह्मण्येव स्थितिर्या सा समाधिः प्रत्यगात्मनः।।

इति तेनैवोक्तत्वाच्च। तदुक्तं भगवता व्यासेन (योगभा. पृ. २।१) योगः समाधिरिति।

नन्वेवमष्टाङ्गयोगे चरमस्याङ्गस्य समाधित्वमुक्तं पतञ्जलिना (पात. यो. सू. २।२९) यमनियमासनप्राणायामप्रत्याहारधारणाध्यानसमाधयोष्टवङ्गानि योगस्येति। न चाङ्ग्येवाङ्गतां गन्तुमुत्सहते। उपकार्योपकारकभावस्य दर्शपूर्णमास-प्रयाजादौ भिन्नायतनत्वेनात्यन्तभेदात्। अतः समाधिरपि न योगशब्दार्थो युज्यत इति चेत्–तन्न युज्यते। व्युत्पत्तिमात्राभिधित्सया तदेवार्थमात्रनिर्भासं स्वरूपशून्यमिव समाधिः (पात. यो. सू. ३।३) इति निरूपितचरमाङ्गवाचकेन समाधिशब्देनाङ्गिनो योगस्याभेदविवक्षया व्यपदेशोपपत्तेः। न च व्युत्पत्तिबलादेव सर्वत्र शब्दः प्रवर्तते। तथात्वे गच्छतीति गौरिति व्युत्पत्तेस्तिष्ठन्गौर्न स्यात्। गच्छन्देवदत्तश्च गौः स्यात्। प्रवृत्तिनिमित्तं च प्रागुक्तमेव चित्तवृत्तिनिरोध इति। तदुक्तं योगश्चित्तवृत्तिनिरोधः (पात. यो. सू. १।२) इति।

व्या० : समाधिरूपं योगशब्दार्थमाक्षिपति–**नन्वेवमिति**। अयमाशयः–योगश्चित्त-वृत्तिनिरोध इति पूर्वमुक्तम् (द. १५ प. १४७)। अधुना तु योगशब्दस्य संयोगार्थ कत्वं निराकुर्वता योगः समाधिरित्युच्यते। यदि चात्र समाधिशब्दार्थश्चित्तवृत्तिनिरोधादन्यः कश्चन स्यात्तर्हि पूर्वापरविरोधः। अथ चित्तवृत्तिनिरोध एव समाधिस्तर्हि यमनियम (पा. यो. सू. २।२९) इति सूत्रविरोधः। तत्र हि योगाङ्गेषु समाधिः पठितः। न तु योग एव समाधिरिति तत्रोच्यते। समाधिर्योगाङ्गत्वाद्योगस्योपकारकः। योगश्चाङ्गी तदुपकार्यः। उपकार्यत्वमुपकारकत्वं च न स्वस्यैव स्वं प्रति संभवति। किं तु तयोर्भिन्न एवाश्रयः। यथा दर्शपूर्णमाससंज्ञको यागोऽङ्गित्वादुपकार्यत्वाश्रयः। प्रयाजादीनि तदङ्गानि तूपकार-कत्वाश्रयाणि। तथा चोपकार्यादङ्गिनो योगात्सकाशादुपकारकोऽङ्गभूतः समाधिरत्यन्तभिन्न एवावश्यक इति कथं योगः समाधिरित्युच्यत इति। **भिन्नायतनत्वेन**। भिन्नाश्रयत्वेन। **व्युत्पत्तिमात्रेति**। व्युत्पत्तिः प्रकृतिप्रत्ययाद्यवयवार्थः। योगशब्दस्यावयवार्थः कश्चन

निरूपणीय इत्येतावतैव व्यासभाष्ये समाध्यर्थकं युजधातुं गृहीत्वा योगः समाधिरिति व्यपदिष्टम्। समाधेर्योगाङ्गत्वेनाङ्गिनो योगाद्भेदेप्यङ्गाङ्गिनोरभेदविवक्षामात्रेण कथंचित्तद्योजनीयम्। न तु तत्राभिनिवेष्टव्यम्। समाधिर्ह्यष्टसु योगाङ्गेषु चरममङ्गम्। तदेव तदेवार्थमात्र० (पा. यो. सू. ३।३) इति सूत्रेण लक्ष्यते। सूत्रस्यायमर्थः-तच्छब्देन तत्प्रत्ययैकतानता ध्यानम् (पा. यो. सू. ३।२) इति पूर्वसूत्रोक्तं ध्यानरूपं सप्तमं योगाङ्गं परामृश्यते। सूत्रस्थमात्रपदस्य विवरणं सूत्रकारैः स्वयमेव स्वरूपशून्यमिवेति वदद्भिः संपादितम्। तदेव ध्यानमेव यदा ध्येयावेशवशाद्ध्यानध्यातृदृष्टिशून्यं ध्येयार्थमात्रग्राहि भवति तदा सदपि ध्यानं ध्यातृध्यानध्येयादिविभागाग्रहणात्स्वरूपशून्यमिव भवति स समाधिरुच्यते। अयं च योगाङ्गभूतः समाधिः सूत्रकारैर्लक्षितः। नात्र वृत्तिनिरोधः। ननु योगशब्दस्यावयवार्थानुसारेण योगाङ्गभूते समाधिरूपेर्थे प्रवृत्तिरस्त्विवति भाष्याशय इति चेत्तत्राह-न चेति। यौगिकशब्दस्थले प्रवृत्तिरस्तु। तत्रावयवार्थस्यैव प्रवृत्तिनिमित्तत्वात्। न तु सर्वत्र। योगरूढस्थले रूढस्थले चावयवार्थातिरिक्तमेव प्रवृत्तिनिमित्तमिति तदुनसारेणैव शब्दस्य प्रवृत्तिर्वाच्या। यथा गोशब्दस्य गोत्वं प्रवृत्तिनिमित्तमिति तदनुसारेणैव गोशब्दस्य प्रवृत्तिर्न तु गमनक्रियाश्रयत्वानुसारेण। अन्यथा गमनाभावकाले गवि गोशब्दप्रयोगो न स्यात्। गमनक्रियाश्रये देवदत्तादौ मनुष्ये च गोशब्द प्रयोगः स्यात्। तथा च चित्तवृत्तिनिरोधरूपप्रवृत्तिनिमित्तानुसारेण न योगशब्दः समाधिरूपे योगाङ्गेप्रवर्तत इति योगः समाधिरिति भाष्यं पूर्वोक्तरीत्या गौणतयैव नेयम्।

अत्र वदन्ति-अस्त्ययं समाधिशब्दोनेकार्थः योगस्य यच्चरममङ्गं तद्वाचकोङ्गिभूतयोगवाचकश्च। यमनियम (पा. यो. सू.२।२७) इति सूत्रे योगाङ्गेषु समाधेर्निर्देशात्। ता एव सबीजः समाधिः (पा. यो. सू. १।४६) तस्यापि निरोधे सर्वनिरोधान्निर्बीजः समाधिः (पा. यो. सू. १।५१) इति सूत्रद्वयेङ्गिभूतस्य संप्रज्ञातासंप्रज्ञातभेदेन द्विविधस्य योगस्य समाधिशब्देन व्यपदेशाच्च। व्यासभास्ये च समाधिशब्दप्रयोगोर्थप्यसकृद्दृश्यते। तथा चाङ्गिवाचकत्वेन योगः समाधिरिति भाष्यं सुयोजमेवेति।

Therefore some authors expressly give *yuj* in this sense, and insert in their lists "*yuj* in the sense of *samādhi.*" Nor does this contradict Yājñavalkya's declaration, as the word *yoga*, used by him, may bear this meaning; and he has himself said—

> "*Samādhi* is the state of identity of the individual and supreme souls; this abiding absolutely in Brahman is the samādhi of the individual soul."

It has been also said by the venerable Vyāsa [in his Commentary on the Yoga-sūtras, i. I], "*Yoga is samādhi.*"

An objection, however, may be here raised that "the term *samādhi* is used by Patañjali [in ii. 29] in the sense of one of the eight ancillary parts[1] of the eightfold concentration (*or yoga*) ; and the whole cannot be thus itself a part as well as a whole, since the principal and the ancillary must be completely different from each other, as all their attendant circumstances must be different, just as we see in the *darśapūrṇamāsa* sacrifices and their ancillary rites the *prayājas*, and therefore *samādhi* cannot be the meaning of *yoga*." We however reply that this objection is incorrect; for although the term *samādhi* is used for etymological reasons[2] to express the ancillary part which is really defined [in iii. 3] as "the contemplation which assumes the form of the object, and is apparently devoid of any nature of its own;" still the further use of this term to describe the principal state is justified by the author's wish to declare the ultimate oneness of the two states [as the inferior ultimately merges into the superior]. Nor, can you hold that etymology alone can decide where a word can be used; because if so, as the word *go*, "a bull," is derived by all grammarians from the root *gam*, "to go," we ought never to use the phrase "a standing bull" [as the two words would be contradictory], and the man Devadatta, when going, would properly be called *go*, "a bull;" and, moreover, the Sūtra, i. 2, distinctly gives us a definite justification for employing the word in this sense when it declares that "concentration (*yoga*) is the suppression of the modifications of the thinking principle." [The second or principal sense of *samādhi* will therefore be quite distinct from the first or inferior.]

ननु वृत्तीनां निरोधश्चेद्योगोभिमतस्तासां ज्ञानत्वेनात्माश्रयतया तन्निरोधोपि प्रध्वंसपदवेदनीयस्तदाश्रयो भवेत्। प्रागभावप्रध्वंसयोः प्रतियोगिसमाना-श्रयत्वनियमात्। ततश्च।

उपयन्नपयन्धर्मो विकरोति हि धर्मिणम्।

1. *Scil.*, "forbearance, religious observance, postures, suppression of the breath, restraint, attention, contemplation, and meditation (*samādhi*)."
2. See Bhoja, Comm. iii. 3, *samyag ādhīyate mano yatra sa samādhiḥ*.

इति न्यायेनात्मनः कौटस्थ्यं विहन्येतेति चेत्-तदपि न घटते। निरोधप्रतियोगिभूतानां प्रमाणविपर्ययविकल्पनिद्रास्मृतिस्वरूपाणां वृत्तीनामन्तःकरणाद्यपरपर्यायचित्त. धर्मत्वाङ्गीकारात्। कूटस्थनित्या चिच्छक्तिरपरिणामिनी विज्ञानधर्माश्रयो भवितुं नार्हत्येव। न च चितिशक्तेरपरिणामित्वमसिद्धमिति मन्तव्यम्। चितिशक्तिर. परिणामिनी सदा ज्ञातृत्वात्। न यदेवं न तदेवं यथा चित्तादि— इत्याद्यनुमानसंभवात्। तथा यद्यसौ पुरुषः परिणामी स्यात्तदा परिणामस्य कादाचित्कत्वात्तासां चित्तवृत्तीनां सदा ज्ञातत्वं नोपपद्येत। चिद्रूपस्य पुरुषस्य सदैवाधिष्ठातृत्वेनावस्थितस्य यदन्तरंङ्गं निर्मलं सत्त्वं तस्यापि सदैव स्थिततत्वात् येन येनार्थेनोपरक्तं भवति तस्य दृश्यस्य सदैव चिच्छायापत्त्या भानोपपत्त्या पुरुषस्य निःङ्गत्वं संभवति। ततश्च सिद्धं तस्य सदा ज्ञातृत्वमिति न कदाचित्परिणामित्वश- ङ्कावतरति। चित्तं पुनर्येन विषयेणोपरक्तं भवति स विषयो ज्ञातः येनोपरक्तं न भवति तदज्ञातमिति वस्तुनोयस्कान्तमणिकल्पस्य ज्ञानाज्ञानकारणभूतोपरागा- नुपरागधर्मित्वादयः-सधर्मकं चित्तं परिणामीत्युच्यते।

व्या० : ननु वृत्तीनामिति। प्रमाणविपर्ययविकल्पनिद्रास्मृतयः (पा. यो. सू. १।६) इति सूत्रे प्रमाणाद्याः पञ्च वृत्तय उक्ताः। तत्रानधिगतार्थनिश्चयाकारावृत्तिः प्रमाणम्। मिथ्याज्ञानं विपर्ययः। अर्थशून्यः केवलकल्पनामयो यः प्रत्यय आहार्यज्ञानरूपः स विकल्पः। यथा सूर्योयं ब्राह्मणः शशशृङ्गमित्यादिः। निद्रास्मृती प्रसिद्धे। आसां वृत्तीनां निरोधो हि योगः। निरोधो नाम विनाशः। स च यदधिकरणमाश्रित्य वृत्तयस्तिष्ठन्ति तत्रैवावश्यंभावी। वृत्तयश्च ज्ञानरूपा आत्मनिष्ठा इति तद्विनाशोप्यात्मनिष्ठ एव। स चायं जायमानो विनाशः स्वाश्रय आत्मनि कमपि विकारं जनयेदेव। न हि कथमप्यविकृते धर्मिणि धर्मविनाशसंभवः। तथा च वृत्तिविनाशकाल आत्मनो विकारापत्त्या कूटस्थ आत्मेति सिद्धान्तो भज्येत। कूटने मूलस्वरूपेण सदा तिष्ठति कथमपि विकारं न लभत इति कूटस्थः। **प्रागभावेति।** घटप्रागभावो घटाश्रयीभूतायां मृद्येव। तथा घटध्वंसोपि घटाश्रयीभूतेषु घटावयवेषु शकलेष्वेव। **उपयन्निति।** अयं न्यायः सिद्धान्तबिन्दुटीकायां न्यायरत्नावल्यामुक्तः। उपयन्— जायमानः। अपयन्— विनश्यन्। विकरोति— उत्पत्तिविनाशभाजं करोति (सि. बि. पृ. ७५)। किं च सूतसंहितायां शिवमाहात्म्य- खण्डारम्भे विद्यारण्यकृतटीकायामप्ययं न्याय उक्तः। **अन्तःकरणेति।** अन्तःकरणं चित्तं बुद्धिरिति पर्यायाः। ज्ञानं हि तस्य परिणामः। बुद्धिवृत्तौ विषयाकारसमर्पणमेव विषयस्य ज्ञातत्वम्। विषयाकारोपरक्तबुद्धिवृत्तिश्च चिच्छक्तौ प्रतिबिम्बते। पुरुषे प्रतिबिम्बनसामर्थ्यं च वृत्तिमच्चित्तस्यैव फलबलात्कल्प्यते। यथा जलादौ

प्रतिबिम्बनसामर्थ्यं रूपवत्स्थूलद्रव्यस्यैव तद्वत्। तदानीं च बुद्धिवृत्तेर्भेदेना-ग्रहात्ताद्दशबुद्धिवृत्त्यविभागापन्ना चिच्छक्तिरर्थमनुभवतीति व्यवहारः। तथा च ज्ञानं वस्तुतो बुद्धेरेव नात्मन इति ज्ञानविशेषरूपाः प्रमाणादिवृत्तयोपि नात्मन इत्यात्मनः कूटस्थत्वं सिद्धम्। ननु ज्ञानं वस्तुत एवात्मधर्म इति नैयायिकादिभिरुक्तमिति चेत्तत्राह-**कूटस्थनित्येति**। ज्ञानं हि विषयाकारसद्दशाकारेण परिणामः। स च नापरिणामिन आत्मनः संभवति। **चितिशक्तिरिति**। चिच्छक्तेर्विषयो वृत्तिमच्चित्तम्। चित्तस्य तु विषया घटादयः। न तु घटादयः साक्षाच्चिच्छक्तेर्विषयाः। ते चेन्द्रियसंयोगप्रकाशा-दिसाधनसत्त्वे ज्ञाता भवन्ति। साधनाभावे तु विद्यमाना अप्यज्ञाता एवावतिष्ठन्ते। नैवं चित्तवृत्तिर्विद्यमाना सती कदाप्यज्ञाता तिष्ठति। अज्ञातसत्ताया वृत्तावभावात्। अन्यथा विद्यमानाया अपि चित्तवृत्तेः कदाचिदज्ञाने अहं सुखी न वा दुःखी न वा इच्छामि न वेत्यादिः संशयो दुर्वारः स्यात्। तथा च चित्तवृत्तेः सदा ज्ञातत्वोपपत्तयेचिच्छ-क्तेश्चित्तवृत्तिसाक्षित्वकालेप्यपरिणामित्वमवश्यमभ्युपेयम्। चित्तस्येव चिच्छक्तेरपि परिणामाभ्युपगमे तु परिणामस्य कार्यत्वेन कादाचित्कत्वाच्चित्तवृत्तेः सदा ज्ञातत्वं नोपपद्येत। तथा च विषयस्य ज्ञातत्वं बुद्धिवृत्तौ स्वाकारसमर्पणम्। बुद्धिवृत्तेर्ज्ञातत्वं तु चिच्छक्तौ प्रतिबिम्बनमात्रमेव। तच्च बुद्धिवृत्तेर्विद्यमानत्वेवश्यंभाव्येव। चिच्छक्तिरूपस्य पुरुषस्य सदैवाधिष्ठातृत्वेनावस्थिततत्वात्। तस्य च यदन्तरङ्गं निर्मलं सत्त्वं तस्यापि सदैवावस्थित्वाच्च। एवं च चित्तवृत्तेः सदा ज्ञातत्वे चिच्छक्तेरपि सदा ज्ञातृत्वमर्थादेव सिध्यतीति तेन लिङ्गेन चिच्छक्तेरपरिणामित्वमनुमीयते। अन्वयव्याप्तौ द्दष्टान्ताभावाद्व्य-तिरेकव्याप्तिं दर्शयति—न **यदेवमिति**। न यदपरिणामि न तत्सदा ज्ञातृ यथा चित्तमिति व्यतिरेकिद्दष्टान्तः। **निःसङ्गत्वमिति**। एतेन पुरुषस्य ज्ञातृत्वेन विषयसंबन्धा-वश्यंभावात्तस्य निःसङ्गत्वं न संभवतीत्यापास्तम्। ज्ञातृत्वस्य चित्तवृत्तिप्रति-बिम्बनरूपत्वात्। एवं चित्तवृत्तेरपि परिणामित्वं प्रसाध्य चित्तस्य परिणामित्वं साधयति-**चित्तं पुनरिति**। यदुपरक्तमिति। येन वस्तुनोपरक्तं चित्तं न भवति तद्वस्त्वज्ञातमित्यर्थः। यथायस्कान्तमणिरक्रियोप्ययस आकर्षको भवति तथा अक्रिया अपि विषया अयोवत्क्रियाशीलं चित्तं स्वमहिम्नेन्द्रियद्वारा आकृष्य तत्र स्वाकारसद्दशाकारं समर्पयन्ति। एतदाकारसमर्पणमेवोपरञ्जनमित्युपराग इति चोच्यते। उपरागे सति विषयो ज्ञान इत्युच्यते। अन्यथा त्वज्ञात इति। उपरागश्च चित्तस्य परिणामित्वे सत्येव संभवतीति चित्तस्य परिणामित्वं सिद्धम्।

But purely if *yoga* is held to be the suppression of the modifications of the thinking principle, then as these modifications abide in the soul as themselves partaking of the nature of knowledge, their suppression, or in other words their 'destruction,' would also abide in the soul, since it is a principle in logic that the antecedent non-existence and destruction abide in the same subject as the counter-entity to these negations ;[1] and consequently in accordance with the maxim, 'This newly produced character will affect the subject in which it resides,' the absolute independence of the soul itself would be destroyed." This, however, we do not allow; because we maintain that these various modifications which are to be hindered,[2] such as "right notion," "misconception," "fancy," "sleep," and "memory" (i. 6), are attributes of the internal organ (*citta*), since the power of pure intelligence, which is unchangeable, cannot become the site of this discriminative perception. Nor can you object that this unchangeable nature of the intelligent soul[3] has not been proved, since there is an argument to establish it; for the intelligent soul must be unchangeable from the fact that it always knows, while that which is not always knowing is not unchangeable, as the internal organ, etc. And so again, if this soul were susceptible of change, then, as this chance would be occasional, we could not predicate its always knowing these modifications. But the true view is, that while the intelligent soul always remains as the presiding witness, there is another essentially pure substancee[4] which abides always the same; and as it is this which is affected by any given object, so it is this perceptible substance which is reflected as a shadow on the soul, and so produces are impression;[5] and thus Soul itself is preserved in its own proper independence, and it is maintained to be the always knowing, and no suspicion of change alights upon it. That object by which the understanding becomes affected is

1. Thus, *e.g.*, the antecedent non-existence and the destruction of the pot are found in the two halves in which the pot itself (the counter-entity to its own non-existence) resides by intimate relation *(samavāya-sambandha)*.
2. I read *niroddhavyānām* for *nirodhānām*.
3. *Cit-śakti* and *citi-śakti* = soul.
4. The *sattva* of the *buddhi* or the internal organ.
5. This second substance, "mind" or "understanding" *(buddhi, citta)*, is like a looking-glass, which reflects the image of the object on a second looking-glass *(sc.* soul).

known; that object by which it is not affected is not known; for the understanding is called "susceptible of change," because it resembles the iron, as it is susceptible of being affected or not by the influence or want of influence of the object which resembles the magnet,—this influence or want of influence producing respectively knowledge or the want of knowledge. "But inasmuch as the understanding and the senses which spring from egoism are all-pervading, are they not always connected with all objects, and thus would it not follow that there should be a knowledge everywhere and always of all things ?" We reply that even although we grant that they are allpervading, it is only where a given understanding has certain modifications in a given body, and certain objects are in a connection with that body, that the knowledge of these objects only, and none other, is produced to that understanding ; and therefore, as this limitation is absolute, we hold that objects are just like magnets, and affect the understanding just as these do iron,—coming in contact with it through the channels of the senses. Therefore, the "modifications" belong to the understanding, not to the soul; and so says the Śruti, "Desire, volition, doubt, faith, want of faith, firmness, want of firmness,—all this is only the mind." Moreover, the sage Pañcaśikha declared the unchangeable nature of the intelligent soul, "The power that enjoys is unchangeable ; " and so Patañjali also (iv. 18), "The modifications of the understanding are always known,—this arises from the unchangeableness of the Ruling Soul." The following is the argument drawn out formally to establish the changeableness of the understanding. The understanding is susceptible of change because its various objects are now known and now not known, just like the organ of hearing and the other organs of sense. Now, this change is notoriously threefold, *i.e.*, a change of "property," of "aspect,"[1] and of "condition." When the subject, the understanding, perceives the colour "blue," etc:, there is a change of "property" just as when the substance "gold" becomes a bracelet, a diadem, or an armlet; there is a change of "aspect" when the property

1. Vācaspati explains *lakṣaṇa* as *kālabheda*.

becomes present, past, or future ; and there is a change of "condition" when there is a manifestation or non-manifestation[1] of the perception, as of blue, etc.; or, in the case of gold, the [relative] newness or oldness [at two different moments] would be its change of condition. These three kinds of change must be traced out by the reader for himself in different other cases. And thus we conclude that there is nothing inconsistent in our thesis that, since "right notion" and the other modifications are attributes of the understanding, their "suppression" will also have its site in the same organ.

ननु चित्तस्येन्द्रियाणां चाहंकारिकाणां सर्वगत्वात्सर्वविषयैरस्ति सदा संबन्धः। तथा च सर्वेषां सर्वदा ज्ञानं प्रसज्येतेति चेत्—न। सर्वगतत्वेपि चित्तं यत्र शरीरे वृत्तिमत्तेन शरीरेण सह संबन्धो येषां विषयाणां तेष्वेवास्य ज्ञानं भवति नेतरेष्वित्यतिप्रसङ्गाभावात्। अत एवायस्कान्तमणिकल्पा विषया अयःसधर्मकं चित्तमिन्द्रियप्रणालिकयाभिसंबन्ध्योपरञ्जयन्तीत्युक्तम्। तस्माच्चित्तस्य धर्मा वृत्तयो नात्मनः। तथा च श्रुतिः—कामः संकल्पो विचिकित्सा श्रद्धाश्रद्धा धृतिरधृतिर्ह्रीर्धीर्भीरित्येतत्सर्वं मन एव (वृ. १।५।३) इति। चिच्छक्तेरपरिणामित्वं पञ्चशिखाचार्यैराख्यायि— अपरिणामिनी भोक्तृशक्तिरिति। पतञ्जलिनापि सदा ज्ञाताश्चित्तवृत्तयस्तत्प्रभोः पुरुषस्यापरिणामित्वात् (पात. यो. सू. ४।१८) इति। चित्तपरिणाममित्वेनुमानमुच्यते— चित्तं परिणामि ज्ञाताज्ञातविषयत्वात् श्रोत्रादिवदिति।

व्या० : ननु चित्तस्येति। चित्तं हि नाणुपरिमाणं संभवति। अणुत्वे युगपदनेकविषयसंबन्धासंभवेनैकाग्रतायाः सिद्धत्वादेकाग्रतोपदेशवैयर्थ्यापत्तेः। किं चोशीरादिवासितजलपानादौ दीर्घशष्कुलीभक्षणादौ चैकदैवानेकेन्द्रियवृत्त्यनुभवो न स्यात्। किं च योगिनां सर्वावच्छेदेनैकदाखिलसाक्षात्कारो भवति स न स्यात्। न च स योगिनां साक्षात्कारो न लौकिकसंनिकर्षजन्यः किं तु योगजधर्मजन्य एवेति वाच्यम्। मनसो विभुत्वाङ्गीकारेण लौकिकसंनिकर्षेणैवोपपत्तौ संनिकर्षान्तरकल्पने मानाभावात्। गौरवाच्च। किं च लौकिकसंनिकर्षकार्यतावच्छेदिका साक्षात्कारनिष्ठावान्तरजातिः

1. I take *ādi* as meaning *asphuṭatva*. The change of state takes place between the several moments of the *lakṣaṇa-pariṇāma*. Cf. the Commentaries on iii. 13.

कल्प्या। तथा योगजधर्मकार्यतावच्छेदिका चान्या साक्षात्कारनिष्ठावान्तरजातिः कल्प्येत्यतिगौरवम्। तथा च योगजन्यसाक्षात्कारेपि लौकिकसंनिकर्ष एव कारणम्। सर्वार्थग्रहणसमर्थस्य चित्तस्य तमआख्यावरणभङ्ग एव केवलं योगेन क्रियते। तथा अतिदूरात्सामीप्यात् (सां. का. ७) इत्यात्रोक्तान्युपलब्धिप्रतिबन्धकानि कारणानि (द. ५ पं. ४०) योगेन निरस्यन्ते। अत एवेन्द्रियाणामपि विभुत्वं वाच्यम्। अन्यथा योगिनां देशान्तरस्थवस्तुसाक्षात्कारानुपपत्तेः। इन्द्रियाणां वृत्तिलाभस्तु तत्तत्स्थान एवेत्यन्यत्। इन्द्रियाणामणुत्वव्यपदेशस्तु तत्तत्स्थानकृत औपाधिकः। एवमावश्यकस्येन्द्रियविभुत्वस्यानुपपत्तिस्तु न शङ्कनीया। इन्द्रियाणां सात्त्विकाहंकारजन्यत्वात्। अहंकारस्य च व्यापकत्वात्। न च मनसो विभुत्वे तद्गतिश्रुतिर्विरुध्यत इति वाच्यम्। प्राणाद्युपाधिना तदुपपत्तेः। नापि मध्यमपरिमाणं मनः। मध्यमपरिमाणस्य मनसः प्रलये विनाशावश्यंभावेनादृष्टाधारतानुपपत्तेः। तथा च मनस इन्द्रियाणां च विभुत्वात्सर्वविषयसंनिकर्षस्य सदा सत्त्वाद्योगिनामयोगिनां च सर्वदा ज्ञानप्रसक्तिरित्याशयः। **वृत्तिमत्।** विषयाकारेण परिणामि। अत एव। चित्तस्य परिणामः शरीर एव नान्यत्रेत्यङ्गीकारादेव। **इत्युक्तमिति**। तदुपरागापेक्षित्वात् (पा. यो. सू. ४।१७) इति सूत्रे व्यासभाष्य इति शेषः। उपसंहरति—**तस्मादिति। काम इति।** कामो विषयाभिलाषः। संकल्प इदं नीलमित्यादिकल्पना। विचिकित्सा संशयः। श्रद्धास्तिक्यबुद्धिः। तद्विपरीता बुद्धिरश्रद्धा। धृतिर्धैर्यम्। अधृतिस्त द्विपर्ययः। ह्रीर्लज्जा। धीर्ज्ञानम्। भीर्भयम्। एतत्सर्वं मन एव। वृत्तिवृत्तिमतोरभेदात्। अत्र धीर्मन एवेत्युक्तत्वान्न ज्ञानरूपेण परिणाम आत्मन इत्यात्मनोऽपरिणामित्वं सिद्धम्। अत्रार्थे पञ्चशिखाचार्योक्तिं प्रमाणयति— **चिच्छक्तेरिति। अपरिणामिनीति**। इयं पञ्चशिखाचार्योक्तिर्द्रष्टा दृशिमात्रः (पा. यो. सू. २।२०) इति सूत्रे भाष्यकारैरुद्धृता। भोक्तृशक्तिरात्मा। **सदा ज्ञाता इति।** चिच्छक्तेर्विषयभूताश्चित्तवृत्तयो विद्यमानावस्थायां सदा ज्ञाता एव भवन्ति न तु चित्तविषयभूता घटादय इव ज्ञाताज्ञाताः। यतस्तासां वृत्तीनां प्रभोर्भोक्तुः पुरुषस्य विषयाकारग्रहणाद्यशेषपरिणामशून्यवादिति सूत्रार्थः। एतत्तत्त्वमनुपदमेवोक्तम् (द० १५ पं० १८८)।

[Our opponent now urges a fresh and long objection to what we have said above.] "But if we accept your definition that '*yoga* is the suppression of the modifications of the *citta*,' this will apply also to sound sleep,' since there too we may find the suppression [or suspension] of the modifications found in *kṣipta, vikṣipta, mūḍha,*[1] etc.; but this would be wrong, because it is

1. These are generally called the five states of the thinking principle, *cittabhūmayas* or *avasthās*. Cf. Commentary, i. 2, 18.

impossible for the 'afflictions' to be abolished so long as those states called *kṣipta*, etc., remain at all, and because they only hinder the attainment of the *summum bonum*. Let us examine this more closely. For the understanding is called *kṣipta*, 'restless,' when it is restless [with an excess of the quality *rajas*], as being tossed about amidst various objects which engage it. It is called *mūḍha*, 'blinded,' when it is possessed by the modification 'sleep' and is sunk in a sea of darkness [owing to an excess of the quality *tamas*]. It is called *vikṣipta*, 'unrestless,' when it is different from the first state[1] [as filled with the quality *sattva*]. We must here, however, note a distinction; for, in accordance with the line of the Bhagavad Gītā (vi. 34), 'The mind, O Kṛṣṇa, is fickle, turbulent, violent, and obstinate,' the mind, though naturally restless, may occasionally become fixed by the transient fixedness of its objects ; but restlessness is innate to it, or it is produced in it by sickness, etc., or other consequences of former actions; as it is said (in the Yoga Sūtras, i. 30], 'Sickness, languor, doubt, carelessness, laziness, addiction to objects, erroneous perception, failure to attain some stage, and instability,—these distractions of the mind are called 'obstacles.' Here 'sickness' means fever, etc., caused by the want of equilibrium between the three humours 'languor ' is the mind's want of activity; 'doubt' is a sort of notion which embraces two opposite alternatives; 'carelessness' is a negligence of using the means for producing meditation; 'laziness' is a want of exertion from heaviness of body, speech, or mind; 'addiction to objects' is an attachment to objects of sense ; 'erroneous perception' is a mistaken notion of one thing for another; 'failure to attain some stage' is the failing for some reason or other to arrive at the state of abstract meditation; 'instability' is the mind's failure to continue there, even when the state of abstract meditation has been reached. Therefore we maintain that the suppression of the mind's modifications cannot be laid down as the definition of *yoga*."

---

1. There three conditions respectively characterise men, demons, and gods.

We reply, that even although we allow that, so far as regards the three conditions of the mind called *kṣipta, mūḍha,* and *vikṣipta,* which [as being connected with the three qualities] are all to be avoided as faulty states the suppression of the modifications in these conditions is itself something to be avoided [and so cannot be called *yoga*], this does not apply to the other two conditions called *ekāgra* and *niruddha,* which are to be pursued and attained; and therefore the suppression of the modifications in these two praiseworthy conditions is rightly to be considered as *yoga.* Now by *ekāgra* we mean that state when the mind, entirely filled with the *sattva* quality, is devoted to the one object of meditation; and by *niruddha* we mean that state when all its developments are stopped, and only their latent impressions [or potentialities) remain.

परिणामश्च त्रिविधः प्रसिद्धो धर्मलक्षणावस्थाभेदात्। धर्मिणश्चित्तस्य नीलाद्यालोचनं धर्मपरिणामः। यथा कनकस्य कटकमुकुटकेयूरादि। धर्मस्य वर्तमानत्वादिर्लक्षणपरिणामः। नीलाद्यालोचनस्य स्फुटत्वादिरवस्थापरिणामः। कटकादेस्तु नवपुराणत्वादिरवस्थापरिणामः। एवमन्यत्रापि यथासंभवं परिणामत्रितयमूहनीयम्। तथा च प्रमाणादिवृत्तीनां चित्तधर्मत्वात्तन्निरोधोपि तदाश्रय एवेति न किंचिदनुपपन्नम्।

व्या० : **धर्मलक्षणेति**। धर्मिणो धर्मपरिणामो धर्मस्य लक्षणपरिणामो लक्षणस्य चावस्थापरिणामः। तत्र धर्मपरिणामो नामावस्थितधर्मिणः पूर्वधर्मतिरोभावे धर्मान्तर-प्रादुर्भावः। यथा चित्तस्य तत्तद्विषयाकारा अनेका वृत्तयो धर्माः। तत्रैकस्या नीलालोचनरूपाया नीलाकारायाश्चित्तवृत्तेस्तिरोभावे विषयान्तरालोचनरूपायास्तस्याः प्रादुर्भावः। कनकस्य कटकधर्मतिरोभावे मुकुटधर्मप्रादुर्भावः। मृत्तिकायाश्च पिण्डधर्म-तिरोभावे घटधर्मप्रादुर्भावः। द्रव्यस्यापि धर्मशब्देन व्यपदेशः। बाधकाभावात्। न च पूर्वधर्मस्य नाश एव। कथं तिरोभाव उच्यते। तथा धर्मान्तरस्योत्पत्तिरेव। कथमाविर्भाव उच्यत इति वाच्यम्। सत्कार्यवादपक्षाङ्गीकारेण सर्वधर्माणां सदा सत्त्वात्। तथा चात्र दर्शन आविर्भावतिरोभावावेवोत्पत्तिविनाशौ न त्वसत उत्पत्तिः सतो वा नाशः। तथा च यथा धर्मी स्वरूपेण सदा विद्यमान एव तत्तद्धर्मभाग्भवति तथा धर्मोपि प्रत्येकं सदा विद्यमान एव क्रमेणानागतत्ववर्तमानत्वातीतत्वरूपभिन्नभिन्नलक्षणभाग्भवति। एष धर्मस्य लक्षणपरिणामः। लक्षणपरिणामो नामावस्थितस्यैव धर्मस्यैकं लक्षणं विहाय लक्षणान्तरेण

परिणामः। अनागतत्ववर्तमानत्वातीतत्वरूपं त्रयमत्र तन्त्रै लक्षणशब्देनाध्वशब्देन चोच्यते। धर्मा इव लक्षणान्यपि विद्यमानान्येव केवलमाविर्भवन्ति तिरोभवन्ति चेति न सत्यकार्यवादहानिः। लक्षणानां च त्रयाणामपि प्रतिक्षणं तारतम्यं भवति। लक्षणस्य तारतम्यं च तत्तल्लक्षणापन्नेषु धर्मेष्ववलोकनीयम् यथा नीलालोचनस्य चित्तधर्मस्य वर्तमानत्वलक्षणे विद्यमान एवास्फुटतरत्वास्फुटत्वस्फुटत्वस्फुटतरत्वरूपानेकावस्थाभिस्तारतम्यमनुभूयते। यथा च कनकधर्मस्य कटकादेर्मृद्धर्मस्यपिण्डादेर्वा नवत्वपुराणत्वाद्यवस्थाभेदोनुभूयते। स च सत्त्वादिगुणानां चञ्चलस्वभावत्वात्प्रतिक्षणं जायत इत्यनुमीयते। एष लक्षणस्यावस्थापरिणामः। अवस्थापरिणामो नामावस्थितस्यैव लक्षणस्यैकामवस्थां विहायावस्थान्तरेण परिणामः। अयं चावस्थापरिणामो वर्तमानत्वलक्षणापन्ने धर्मे स्फुटः। अनागतातीतत्वयोस्तु तद्दृष्टान्तेनानुमेयः। इदं च सर्वं धर्मिणो धर्मलक्षणावस्थानां च काल्पनिकं भेदमाश्रित्योक्तम्। परमार्थतस्तु सर्व एव परिमाणो धर्मिण एव। धर्मलक्षणावस्थानां धर्मिमात्रस्वरूपत्वात्। धर्मादिपरिणामद्वारा च धर्मिपरिणामस्यैव प्रपञ्चनात्। तत्र धर्मिणस्त्रिविधेपि परिणामे संस्थानान्यथात्वमेव न द्रव्यान्यथात्वम्। तथा च धर्मधर्मिणोर्नात्यन्तं भेदो नाप्यत्यन्तमभेद इति बोध्यम्।

Now this *samādhi*, "meditation" (in the highest sense), is twofold: "that in which there is distinct recognition" (*samprajñāta*), and "that in which distinct recognition is lost" (*asamprajñāta*) [Yogs S., i. 17, 18].[1] The former is defined as that meditation where the thought is intent on its own object, and all the "modifications," such as "right notion," etc., so far as they depend on external things, are suppressed, or, according to the etymology of the term, it is where the intellect[2] is thoroughly recognised (*samyak prajñāyate*) as distinct from Nature. It has a four-fold division, as *savitarka*, *savicāra*, *sānanda*, and *sāsmita*. Now this "meditation" is a kind of "pondering" (*bhāvanā*), which is the taking into the mind again and again, to the exclusion of all other objects, that which is to be pondered. And that which is thus to be pondered is of two kinds, being either Iśwara or the twenty-five principles. An[illegible]e principles also are of two kinds—senseless and not senseless. Twenty-

1. Much of this is taken from Bhoja's Commentary, and I have borrowed Ballantyne's translation.
2. Can *citta* mean "soul" here?

four, including nature, intellect, egoism, etc., are senseless; that which is not senseless is Soul. Now, among these objects which are to be pondered, when, having taken as the object the gross elements, as earth; etc., pondering is pursued in the form of an investigation as to which is antecedent and which consequent,[1] or in the form of a union of the word, its meaning, and the idea which is to be produced [cf. i. 42]; then the meditation is called "argumentative" (*savitarka*). When, having taken as its object something subtile, as the five subtile elements and the internal organ, pondering is pursued in relation to space, time, etc., then the meditation is called "deliberative" (*savicāra*). When the mind, commingled with some "passion" and "darkness," is pondered, then the meditation is called "beatific" (*sānanda*), because "goodness" is then predominant, which consists in the manifestation of joy.[2] When pondering is pursued, having as its object the pure element of "goodness," unaffected by even a little of "passion" or "darkness," then that meditation is called "egoistical" (*sāsmita*), because here personal existence[3] only remains, since the intellectual faculty becomes now predominant, and the quality of "goodness" has become quite subordinate (as a mere stepping-stone to higher things].

ननु वृत्तिनिरोधो योग इत्यङ्गीकारे सुषुप्त्यादौ क्षिप्तमूढादिचित्तवृत्तीनां निरोधसंभवाद्योगत्वप्रसङ्गः। न चैतद्युज्यते। क्षिप्ताद्यवस्थासु क्लेशप्रहाणादेरसंभवान्निःश्रेयसपरिपन्थित्वाच्च। तथा हि—क्षिप्तं नाम तेषु तेषु विषयेषु क्षिप्यमाणमस्थिरं चित्तमुच्यते। तमःसमुद्रे मग्नं निद्रावृत्तिभावितं मूढमिति गीयते। क्षिप्ताद्विशिष्टं चित्तं विक्षिप्तमिति गीयते। विशेषो नाम

चञ्चलं हि मनः कृष्ण प्रमाथि बलवद्दृढम्। (गी. ६।३४)

इति न्यायेनास्थिरस्यापि मनसः कादाचित्कसमुद्भूतविषयस्थैर्यसंभवेन स्थैर्यम्। अस्थिरत्वं च स्वाभाविकं व्याध्याद्यनुशयजनितं वा। तदाह—व्याधिस्त्यान-

1. *I.e.*, as *e.g.*, whether the senses produce the elements or the elements the senses, etc.
2. In p. 164, line 4 *infra*, read *sukhaprakāsamayasya.*
3. In p. 164, line 2 *infra*, read *sattāmātra* for *sattva.* Bhoja well distinguiśes *asmitā* from *ahaṁkāra.*

संशयप्रमादालस्याविरतिभ्रान्तिदर्शनालब्धभूमिकत्वानवस्थितत्वानि चित्तविक्षेपास्तेन्तरायाः (पात. यो. सू. १।३०) इति। तत्र दोषत्रयवैषम्यनिमित्तो ज्वरादिर्व्याधिः। चित्तस्याकर्मण्यत्वं स्त्यानम्। विरुद्धकोटिद्वयावगाहि ज्ञानं संशयः। समाधिसाधनानामभावनं प्रमादः। शरीरवाक्चितगुरुत्वादप्रवृतिरालस्यम्। विषयाभिलाषोऽविरतिः। अतस्मिंस्तद्बुद्धिर्भ्रान्तिदर्शनम्। कुतश्चिन्निमित्तात्समाधिभूमेरलाभोऽलब्धभूमिकत्वम्। लब्धायामपि तस्यां चित्तस्याप्रतिष्ठानवस्थितत्वमित्यर्थः। तस्मान्न वृत्तिनिरोधो योगपक्षनिक्षेपमर्हतीति चेत्—मैवं वोचः। हेयभूतक्षिप्ताद्यवस्थात्रये वृत्तिनिरोधस्य योगत्वासंभवेप्युपादेययोरेकाग्रनिरुद्धावस्थयोर्वृत्तिनिरोधस्य योगत्वसंभवात्। एकतानं चित्तमेकाग्रमुच्यते। निरुद्धसकलवृत्तिकं संस्कारमात्रशेषं चित्तं निरुद्धमिति भण्यते।

व्या० : वृत्तिनिरोधस्य योगत्वमसहमानः शङ्कते–**नन्विति**। वृत्तिनिरोधश्च यत्किंचिद्वृत्तिनिरोध एव त्वदभिमतः। न तु सकलवृत्तिनिरोधः। अन्यथा तवैव योगत्वेनाभिमते संप्रज्ञातसमाधावव्याप्ततेः। तत्र सात्त्विक्या आत्मविषयिण्यावृत्तेरनिरोधात्। चित्तं हि कदाचित्क्षिप्तं कदाचिन्मूढं कदाचिद्विक्षिप्त कदाचिदेकाग्रं कदाचिन्निरुद्धं चेति पञ्चवृत्तिकम्। तत्र सुषुप्तौ क्षिप्तविक्षिप्तवृत्त्योरभावः। जागृतौ च मूढवृत्तेरभावः। एकाग्रनिरुद्धवृत्त्योरभावस्तु प्रायो बद्धजीवस्य सदैव। तथा चेदृशवृत्तिनिरोधस्य योगत्वापत्तिः। इष्टापत्तिस्तु न। सूत्रकारैश्चतुर्थपादशेषे योगफलत्वेनोक्तायाः क्लेशानां कर्मणां च निवृत्तेर्निःश्रेयसप्राप्तेश्चात्रादर्शनात्। प्रत्युतायं वृत्तिनिरोधो मोक्षविरोधी। सुषुप्त्यादावित्यादिपदेन जागृतिः। क्षिप्तमूढादीत्यादिपदेन विक्षिप्तैकाग्रनिरुद्धसंग्रहः। निःश्रेयसं मोक्षः। परिपन्थि शत्रुभूतम्। **क्षिप्तं नामेति**। रजोगुणोद्रेकादस्थिरं बहिर्मुखतया विषयेषु प्रेरितमित्यर्थः। ईदृशं चित्तं प्रायो दैत्यदानवानां सदैव। तमोगुणोद्रेकात्कृत्याकृत्यविचारशून्यं क्रोधाद्युपहतं निद्रावृत्तिमद्वा मूढम्। ईदृशं चित्तं प्रायः सदैव रक्षःपिशाचादीनाम्। सत्त्वगुणोद्रेकाद्दुःखसाधनं परिहृत्य सुखसाधनेष्वेव शब्दादिषु प्रवृत्तं विक्षिप्तम्। ईदृशं चित्तं प्रायः सदैव देवानाम्। तच्च विषयविशेषानुसारेण कदाचित्किंचित्कालपर्यन्तं स्थिरमपि भवति। **चञ्चलमिति**। चञ्चलमत्यर्थं सदा चलनस्वभावम्। प्रमाथि शरीरेन्द्रियक्षोभकम्। बलवदभिप्रेताद्विषयात्केनाप्युपायेन निवारयितुमशक्यम्। दृढं विषयवासनादुर्गप्रविष्टतया भेत्तुमशक्यम्। **अनुशयः**। अनुबन्धः। **व्याधिस्त्यानेति**। **व्याध्यादयो** नव चित्तस्य विपेक्षा अस्थिरत्वापादका अत एव ते योगस्यान्तराया विरोधिन इति सूत्रार्थः। दोषत्रयं वातपित्तकफरूपम्। अकर्मण्यत्वं योगानुष्ठानाक्षमत्वम्। अभावनं प्रयत्नाभावः। तेन समाधिसाधनीभूत-

शमादिप्राप्तिर्न भवति। **शरीरेति।** शरीरस्य गुरुत्वं कफादिना। वाचो गुरुत्वं तामसपदार्थसेवनेन। चित्तस्य गुरुत्वं च तमोगुणोद्रेकेण। **समाधिभूमेरिति।** मधुमत्यादिष्वन्यतमाया अपि भूमेरित्यर्थः। मधुमत्यादिभूमिस्वरूपमग्रे अनुपदमेव वक्ष्यते। **तस्मादिति।** क्षिप्ताद्यवस्थासु वृत्तिनिरोधसत्त्वेपि योगफलीभूतायाः क्लेशहानेर्निःश्रेयसप्राप्तेश्चाभावाद्वृत्तिनिरोधो योगस्वरूपतां नार्हतीत्याशयः। **योगत्वसंभवादिति।** तथा च चित्तवृत्तिनिरोध इति योगलक्षणं युक्तमेव। क्षिप्ताद्यवस्थासु यत्किंचिद्वृत्तिनिरोधसत्त्वेन तत्र योगलक्षणास्यातिव्याप्तिस्तु न शङ्कनीया। द्रष्टुरात्यन्तिकस्वरूपावस्थितिहेतुचित्तवृत्तिनिरोधस्य क्लेशकर्मादिपरिपन्थिचित्तवृत्तिनिरोधस्य वा योगलक्षणत्वेनाभिप्रेतत्वात्। प्रलये सुषुप्तौ च विद्यमानस्य निरोधस्य व्यावृत्तय आत्यन्तिकेति। क्षिप्तमूढविक्षिप्तावस्थासु तु विद्यमानोपि यत्किंचिद्वृत्तिनिरोधो न स्वरूपावस्थितिहेतुर्नापि क्लेशादिपरिपन्थीति नातिव्याप्तिः संप्रज्ञातस्य चासंप्रज्ञातद्वारा स्वरूपावस्थितिहेतुत्वं बोध्यम्।

But the "meditation, where distinct recognition is lost," consists in the suppression of all "modifications" whatever.

"But" [it may be asked] "was not 'concentration' defined as the suppression of all the modifications? How, then, can the 'meditation whcre there is distinct recognition' be included in it at all, since we still find active in it that modification of the mind, with the quality of goodness predominant, which views the soul and the quality of goodness, as distinct from each other?" This, however, is untenable, because we maintain that concentration is the suppression of the "modifications" of the thinking power, as especially stopping the operation of the "afflictions," the "actions," the "fructifications," and the "stock of deserts."[1]

स च समाधिर्द्विविधः। सप्रज्ञातासंप्रज्ञातभेदात्। तत्रैकाग्रचेतसि यः प्रमाणादिवृत्तीनां बाह्यविषयाणां निरोधः स संप्रज्ञातसमाधिः। सम्यक्प्रज्ञायतेस्मिन्प्रकृतेर्विविक्तया ध्येयमिति व्युत्पत्तेः। स चतुर्विधः। सवितर्कादिभेदात्।। समाधिर्नाम भावना। सा च भाव्यस्य विषयान्तरपरिहारेण चेतसि पुनः पुनर्निवेशनम्। भाव्यं च द्विविधम्—ईश्वरस्तत्त्वानि च। तान्यपि द्विविधानि जडाजडभेदात्। जडानि प्रकृतिमहदहंकारादीनि चतुर्विंशतिः। अजडः पुरुषः। तत्र यदा पृथिव्यादीनि स्थूलानि विषयत्वेनादाय पूर्वापरानुसंधानेन

1. For these see *infra*, and cf. Yoga S., ii. 3, 12, 13.

शब्दार्थोल्लेखसंभेदेन च भावना प्रवर्तते स समाधिः सवितर्कः। यदा तन्मात्रान्तःकरणलक्षणं सूक्ष्मं विषयमालम्ब्य देशाद्यवच्छेदेन भावना प्रवर्तते तदा सविचारः। यदा रजस्तमोलेशानुविद्धं चित्तं भाव्यते तदा सुखप्रकाशमयस्य सत्त्वस्योद्रेकात्सानन्दः। यदा रजस्तमोलेशानभिभूतं शुद्धं सत्त्वमालम्बनीकृत्य या प्रवर्तते भावना तदा तस्यां[1] सत्त्वस्य न्यग्भावाच्चितिशक्तेरुद्रेकाच्च सत्तामात्रावशेषत्वेन सास्मितः समाधिः। तदुक्तं पतञ्जलिना—वितर्कविचारानन्दास्मितारूपानुगमात्संप्रज्ञातः। (पात. यो. सू. १।१७) इति। सर्ववृत्तिनिरोधे त्वसंप्रज्ञातः समाधिः। ननु सर्ववृत्तिनिरोधो योग इत्युक्ते संप्रज्ञाते व्याप्तिर्न स्यात्। तत्र सत्त्वप्रधानायाः सत्त्वपुरुषान्यताख्यातिलक्षणाया वृत्तेरनिरोधादिति चेत्—तदेतद्वार्तम्। क्लेशकर्मविपाकाशयपरिपन्थिचित्तवृत्तिनिरोधोयोग इत्यङ्गीकारात्।

क्लेशाः पुनः पञ्चधा प्रसिद्धा अविद्यास्मितारागद्वेषाभिनिवेशाः क्लेशाः (पात. यो. सू. २।३) इति।

व्या० : स च समाधिरिति। अङ्गिभूतो योगपदवाच्यः समाधिरित्यर्थः। **बाह्यविषयाणामिति।** आत्मविषया सात्त्विकी प्रमाणवृत्तिस्तु तदानीमस्त्येव। **विविक्ततया।** भिन्नतया। **सवितर्कादीति।** आदिपदेन सविचारसानन्दसास्मितसंग्रहः। **भाव्यस्य।** भावनीयस्य। पुरुष इति। अत्र पुरुषपदेन जीवात्मनो ग्रहणम्। ईश्वरस्तत्त्वानि चेत्येवं भाव्यमध्य ईश्वरस्य पृथग्गणनात्। **पृथिव्यादीनि।** जीवेश्वरयोरुपाधिभूतानि शरीरेन्द्रियाणि विराट्शरीरं चतुर्भुजादिकं वेश्वरसहितं तथा स्वशरीरं च जीवसहितमधिकृत्य भावना प्रवर्तते। तत्र शरीर इन्द्रियेषु च ये च तत्र गुणदोषविशेषाः पूर्वं श्रुतास्तेष्वादौ सामान्यं ततो विशेषस्तथादौ धर्मी ततो धर्म इत्येवं पूर्वापरानुसंधानेन भावनया साक्षात्कारो जायते। तथा तत्तच्छब्दोल्लेखपूर्वकं तत्तदर्थभावनया च। ये च पूर्वमश्रुता विशेषास्तेषां भावनाया असंभवेपि तां विनैव योगबलेन साक्षात्कारो भवति। अयं च स्थूलविषयकः साक्षात्कारो वितर्क इत्युच्यते। विशेषेण तर्कणं शब्दार्थज्ञानविकल्परूपं यत्रेति व्युत्पत्तेः। तेन सहितः सवितर्कः। ततः स्थूलसाक्षात्कारानन्तरं तत्रानित्यत्वादिदोषज्ञानेन तां स्थूलाकारदृष्टिं त्यक्त्वा स्थूलयोर्भूतेन्द्रिययोः कारणत्वेन तत्रानुगता ये प्रकृतिमहदहंकाररूपाः सूक्ष्मा अर्थास्तेषां तद्गतविशेषाणां चाश्रुतानामपि देशकालधर्मानुसारेण भावनया यः साक्षात्कारो जायते स विचार इत्युच्यते। विशेषेण चारः सूक्ष्मवस्तुपर्यन्तः संचारो यत्रेति व्युत्पत्तेः। तेन सहितः सविचारः। स्थूलेष्वप्यर्थेषु सूक्ष्मदृष्टिर्यथार्था जायत एव। कार्यकारणयोरभेदात्।

1. तस्य for तस्याम् C.

ततस्तामपि सूक्ष्मविषयां दृष्टिमनित्यत्वादिदोषदर्शनेन त्यक्त्वा चतुर्विंशतितत्त्वानुगतं सत्त्वगुणकार्यं यत्सुखं तस्य रजस्तमोलेशाभिभूतसत्त्वाश्रयेण चितिशक्तेर्न्यग्भावात्प्रवर्तमानया भावनया मनोराज्यादाविव कल्प्यमानो वैषयिकसुखसाक्षात्कार आनन्द इत्युच्यते। तेन सहितः समाधिः सानन्दः। यद्यपि सुखवद्दुःखमोहावपि सर्वत्रानुगतौ तथापि तयोः स्वभावत एव हेयत्वात्तद्भावनाया नावश्यकत्वम्। ततः सुखेपि क्षणिकत्वानित्यत्वादिदोषदृष्ट्या तस्माद्विरज्य जीवस्वरूपस्येश्वरस्वरूपस्य च जडेभ्यो विवेकेन य आत्माकारः साक्षात्कारः सोऽस्मिता। अत्र रजस्तमोलेशेनाप्यनभिभूतं शुद्धं सत्त्वमिति तस्य न्यग्भावः। चितिशक्तेश्चोद्रेकः। अत्रास्मीत्येवास्तीत्येव चाकारः। तत्र पूर्वं जीवात्मविषया अस्मिता। ततस्ततोपि सूक्ष्मा परमात्मविषया। तदनुगतः समाधिः सास्मितः। एषा चित्तस्य चरमा भूमिः। ततः परं ज्ञातव्याभावात्। अस्मिन्संप्रज्ञातसमाधिभेदचतुष्टये क्रमेण चित्तभूमयो मधुमती मधुप्रतीका विशोका संस्कारशेषा इत्युच्यन्ते।

क्लेशकर्मविपाकाशयानां चतुर्णां स्वरूपं निरूपयिष्यन्नादौ क्लेशान्निरूपयति—क्लेशा इति। **अविद्येति**। एषां स्वरूपं मूल एव विस्तरेण वक्ष्यते। संक्षेपेण तु प्रदर्श्यते। अतस्मिंस्तद्बुद्धिरविद्या। तन्मूलका एवास्मितादयश्चत्वारः। चित्तपुरुषयोरैक्याभिमानोऽस्मिता। विषयाभिलाषो रागः। क्रोधो द्वेषः। शरीरादिभिः कदापि वियोगो मा भूदित्याकारको मानसो भावोभिनिवेशः।

The "afflictions" (*kleśa*) are well known as five, *viz.*, ignorance, egoism, desire, aversion, and tenacity of mundane existence. "But here a question is at once raised, In what sense is the word *avidyā*, "ignorance," used here? Is it to be considered as an *avyayībhāva* compound, where the former portion is predominant, as in the word "aboveboard"?[1] or is it a *tatpuruṣa* [or *karmadhāraya*] compound, where the latter portion is predominant, as in the word "town-clerk"? or is it a *bahuvrīhi* compound, where both portions are dependent on something external to the compound, as "blue-eyed"? It cannot be the first; for if the former portion of the compound were predominant, then we should have the negation the emphatic part in *avidyā* (*i.e.*, it would be an instance of what is called the express negation, or *prasajya-pratiṣedha*) ;[2] and consequently, as *avidyā*

1. I have ventured to alter the examples, to suit the English translation.
2. Where the negation is prominent it is called *prasajya-partiṣedha;* but where it is not prominent, we have the *paryudāsa* negation.. In the

would be thus emphatically a negation, it would be unable to produce positive results, as the "afflictions," etc., and the very forth of the word should not be feminine, but neuter. It cannot be the second; for any knowledge, whatever thing's absence it may characterised by (*a* + *vidyā*), opposes the "afflictions," etc., and cannot therefore be their source. Nor can it be the third; for then,—in accordance with the words of the author of the Vṛtti,[1] "there is a *bahuvrīhi* compound which is formed with some word meaning 'existence' used after 'not,' with the optional elision of this subsequent word"[2]—we must explain this supposed *bahuvrīhi* compound *avidyā* as follows: "That *buddhi* is to be characterised as *avidyā* (*sc.* an adjective), of which there is not a *vidyā* existing." But this explanation is untenable; for such an *avidyā* could not become the source of the "afflictions ;"[3] and yet, on the other hand, it ought to be their source,[4] even though it were associated with the suppression of all the "modifications,"[5] and were also accompanied by that discriminative knowledge of the soul and the quality of goodness [which is found in the *sāsmita* meditation].

नन्वविद्येत्यत्र किमाश्रीयते। पूर्वपदार्थप्राधान्यममक्षिकं वर्तत इतिवत्। उत्तरपदार्थप्राधान्यं वा राजपुरुष इतिवत्। अन्यपदार्थप्राधान्यं वा अमक्षिको देश इतिवत्। तत्र न पूर्वः। पूर्वपदार्थ प्रधानत्वे अविद्यायां प्रसज्यप्रतिषेधोपपत्तौ क्लेशादिकारकत्वानुपपत्तेः। अविद्याशब्दस्य स्त्रीलिङ्गत्वाभावापत्तेश्च। न द्वितीयः। कस्यचिदभावेन विशिष्यया विद्यायाः क्लेशादिपरिपन्थित्वेन तद्बीजत्वानुपपत्तेः।

---

former the negative is connected with the verb; in the latter it is generally compounded with some other word, as, *e.g.*—

(a.) "Not a drum was heard, not a funeral note."

(b.) "Unwatched the garden bough shall sway."

The former corresponds to the logician's *atyantābhāva*, the latter to *anyonyābhāva* or *bheda*.

1. Cf. the *vārttika* in Siddhānta Kaum., i. 401.
2. Thus *adhana* stands for *avidyamānadhana*, with *vidyamāna* omitted in the compound.
3. As its subject would confessedly be *buddhi*.
4. As it is *avidyā* after all.
5. In p. 165, lines 16, 17, read (with my MS. of Vācaspati's Gloss), *sarvavṛttinirodhasampannāyā api tathātvaprasaṅgāt*.

न तृतीयः। नञोस्त्यर्थानां बहुव्रीहिर्वा चोत्तरपदलोपश्चेति वृत्तिकारवचनानुसारेणाविद्यमाना विद्या यस्याः सा अविद्या बुद्धिरिति समासार्थसिद्धौ तस्या अविद्यायाः क्लेशादिबीजत्वानुपपत्तेः। विवेकख्यातिपूर्वकसर्ववृत्तिनिरोधसंपन्नायास्तस्यास्तथात्वप्रसङ्गाच्च। उक्तं चास्मितादीनां क्लेशानामविद्यानिदानत्वम्-अविद्या क्षेत्रमुत्तरेषां प्रसुप्ततनुविच्छिन्नोदाराणाम् (पात. यो. सू. २।४) इति। तत्र प्रसुप्तत्वं प्रबोधसहकार्यभावेनानभिव्यक्तिः। तनुत्वं प्रतिपक्षभावनया शिथिलीकरणम्। विच्छिन्नत्वं बलवता क्लेशेनाभिभवः। उदारत्वं सहकारिसंनिधिवशात्कार्यकारित्वम्। तदुक्तं वाचस्पतिमिश्रेण व्यासभाष्यव्याख्यायाम्-

प्रसुप्तास्तत्त्वलीनानां तन्ववस्थाश्च योगिनाम्।
विच्छिन्नोदाररूपाश्च क्लेशा विषयसङ्गिनाम्।। इति।

द्वन्द्ववत्स्वतन्त्रपदार्थद्वयानवगमादुभयपदार्थप्रधानत्वं नाशङ्कितम्। तस्मात्पक्षत्रयेपि क्लेशादिनिदानत्वमविद्यायाः प्रसिद्धं हीयेतेति चेत्-

व्या० : नन्वविद्येति। अभावार्थकस्य नञित्यव्ययस्य विद्याशब्देन सहाव्ययं विभक्ति (पाणि. सू. २।१।६) इति पाणिनिसूत्रेणाव्ययीभावसमासे विद्याया अभाव इत्यर्थः प्रतीयते। अव्ययीभावसमासे पूर्वपदार्थप्राधान्यस्यौत्सर्गिकत्वात्। यथा अमक्षिकमित्यत्र मक्षिकाणामभाव इत्यर्थः। नञ्तत्पुरुषमासाङ्गीकारे तु यस्य कस्यचिदभावेन विशिष्टा विद्येत्यर्थः स्यात्। तत्पुरुषसमास उत्तरपदार्थप्राधान्यस्यौत्सर्गिकत्वात्। यथा राजपुरुष इत्यत्र राजसंबन्धविशिष्टः पुरुष इत्यर्थः। अराजपुरुष इत्यत्र चारोपितो राजपुरुष इत्यर्थः। बहुव्रीहिसमासे त्वविद्यमाना विद्यायस्यास्तादृशी बुद्धिरित्यर्थः स्यात्। बहुव्रीहिसमासेन्यपदार्थप्राधान्यस्यौत्सर्गिकत्वात्। न मक्षिका यस्मिन्नमक्षिको देश इतिवत्। **प्रसज्यप्रतिषेधेति।** प्राप्तिपूर्वको निषेधो हि प्रसज्यप्रतिषेधः। तथा चाविद्याशब्दाद्विद्यायाः प्रसक्तिपूर्वकं तदभावमात्रं प्रतीयते न तु तत्सहकृतं भावरूपमन्यत्किंचित्। विद्याया अभावश्च न क्लेशादीञ्जनयति। किं तु विद्याविपरीतं ज्ञानमेव तज्जनकम्। तादृशज्ञानरूपोर्थश्चाव्ययीभावसमासे सति नाविद्याशब्दात्प्रतीयते। **स्त्रीलिङ्गत्वाभावेति।** अव्ययीभावश्च (पणि. सू. २।४।१८) इति सूत्रेणाव्ययीभावस्यक्लीबत्वविधानात्। **कस्यचिदिति।** रोगद्वेषशोकमोहादिष्वन्यतमस्य कस्यचिदभावेन युक्ता विद्या क्लेशादीन्विनाशयेन्न तु जनयेत्। ननु नाभावप्रतियोगित्वेन रागादयो विवक्ष्यन्ते किं त्वात्मसाक्षात्कारः। तथा चात्मसाक्षात्कारस्याभावेन युक्ताया विद्यायाः क्लेशादिबीजत्वमुपपद्यत इति चेन्न। तादृशविद्याया विद्यात्वस्यैवाभावात्। तत्पुरुषे हि

प्राधान्यमुत्तरपदार्थस्य। तथा चाप्रधानेन पूर्वपदार्थेनाभावेन तथैव स्वप्रतियोगिन आक्षेपः स्याद्यथोत्तरपदार्थत्वेन स्वं प्रतिप्रधानीभूताया विद्यायाः स्वरूपं न विहन्येत। तथा च विद्याविरुद्धानां रागादीनामेवाभावो ग्राह्य इति। **नञोस्त्यर्थानामिति**। नञः परेषामस्त्यर्थवाचिनां पदान्तरेण सह बहुव्रीहिर्भवति पूर्वपदघटकानामुत्तर-पदभूतानामस्त्यर्थानां लोपश्च विकल्पेन भवतीति वृत्तिकारवचनार्थः। तथा चाविद्याशब्दे बहुव्रीहौ विद्यारहिता बुद्धिः समासार्थः स्यात्। अस्याश्च बुद्धेर्विद्याया अभावमात्रेण क्लेशादिहेतुत्वं न घटते। विद्याया अभावेपि यावन्न विपरीता बुद्धिस्तावन्न कथमपि क्लेशादिसंभवः। ननु विद्याया अभावस्यैव क्लेशादिहेतुत्वमस्तु को दोष इति चेत्तत्राह–**विवेकख्यातीति**। विद्या च ज्ञानविशेषः। असंप्रज्ञातसमाधौ च प्रकृतिपुरुष-भेदसाक्षात्कारपूर्वको बुद्धेः सकलवृत्तिनिरोध इति ज्ञानसामान्यस्यैवाभावे ज्ञानविशेषरूपाया विद्याया अभाव एवेति तदानीं बुद्धेः क्लेशादिहेतुत्वप्रसङ्ग इत्यर्थः। नन्वविद्यायाः क्लेशादिहेतुत्वाभावे का हानिरिति चेत्तत्राह–**उक्तं चेति**। सूत्रकारेणेति शेषः। **अविद्यानिदानत्वम्**। अविद्यामूलकत्वम्। **अविद्या क्षेत्रमिति**। अविद्यास्मिता (पा. यो. सू. २।३) इति पूर्वसूत्रोक्तक्लेशपञ्चकमध्य उत्तरेषामस्मितारागद्वेषाभिनिवेशानां चतुर्णां क्लेशानां प्रसुप्ततनुविच्छिन्नोदाररूपेण प्रत्येकं चतुर्विधानामप्यविद्या क्षेत्रं प्रसवभूमिरिति सूत्रार्थः। **तत्रेति**। ये क्लेशाश्चित्तभूमौ स्थिताः प्रबोधकाभावात्स्वकार्यं नारभन्ते ते प्रसुप्ताः। यथा बालानां प्रकृतिलयानां च। साधिकारे अचरितार्थे एव चेतस्युपासनया प्रकृतौ लीने सति ब्रह्माण्डाद्बहिः प्रकृत्याख्यावरणे लिङ्गदेहेन सह येधिकारवशाच्चित्तस्य पुनरावृत्तिपर्यन्तं कैवल्यपदमिवानुभवन्ति ते प्रकृतिलयाः। **शिथिलीकरणमिति**। यथा योगिनां चेतसि वासनावशेषतयावस्थितानाम्। **अभिभव इति**। यथा द्वेषावस्थायां रागस्य रागावस्थायां वा द्वेषस्य। मिथो विरुद्धयोरनयोर्यौगपद्यं न संभवति। **कार्यकारित्वमिति**। यथा बद्धानां जीवानाम्। तदुक्तमिति। अविद्या क्षेत्रम्। (पा. यो. सू. २।४) इति सूत्र इति शेषः। पक्षत्रये। अव्ययीभावतत्पुरुषबहुव्रीहिरूपे।

" Now it is said [in the Yoga Sūtras, ii. 4], "Ignorance is the field [or place of origin, *i.e.*, source] of the others, whether they be dormant, extenuated, intercepted, or simple." They are said to be "dormant" when they are not manifested for want of something to wake them up; they are called "extenuated" when, through one's meditating on something that is opposed to them, they are rendered inert; they are called "intercepted" when they are overpowered by some other strong "affliction ;" they are called "simple" when they produce their several effects in the direct vicinity of what co-operates with them. This has been expressed by Vācaspati Miśra, in his Gloss an Vyāsa's Commentary, in the following memorial stanza :—

> "The dormant 'afflictions' are found in those souls which are absorbed in the *tattvas* [*i.e.*, not embodied, but existing in an interval of mundane destruction]; the 'extenuated'[1] are found in *yogins*; but the 'intercepted' and the 'simple' in those who are in contact with worldly objects."

तदपि न शोभनं विभाति। पर्युदासशक्तिमाश्रित्याविद्याशब्देन विद्याविरुद्धस्य विपर्ययज्ञानस्याभिधानमिति वृद्धैरङ्गीकारात्।

तदाह–

नामधात्वर्थयोगे तु नैव नञ् प्रतिषेधकः।
[2]**वदत्यब्राह्मणधर्मावन्यमात्रविरोधिनौ** ।। इति।
वृद्धप्रयोगगम्यो हि शब्दार्थः सर्व एव नः।
तेन यत्र प्रयुक्तो यो न तस्मादपनीयते।। इति।

वाचस्पतिमिश्रैरप्युक्तं लोकाधीनावधारणो हि शब्दार्थयोः संबन्धः। लोके चोत्तरपदार्थप्रधानस्यापि नञ उत्तरपदाभिधेयोपमर्दकस्य तद्विरुद्धतया तत्र तत्रोपलब्धेरिहापि तद्विरुद्धे प्रवृत्तिरिति।

व्या० : पर्युदासेति। पर्युदासो भेदः। तत्र च क्वचित्प्रयोगोपाधितया विरोधार्थोपि गम्यते। यथा अधर्मशब्दस्य धर्मभिन्नो धर्मविरोधी पापरूपोर्थः। तथा अविद्याशब्दस्य विद्याभिन्नं विद्याविरुद्धं मिथ्याज्ञानमर्थः। **नामधात्वर्थेति**। विध्यर्थका ये लिङादि-प्रत्ययास्तदर्थयोगे नञो निषेधार्थकत्वम्। नामार्थयोगे धात्वर्थयोगे च न निषेधार्थः। किं तु पर्युदासं वदति। यतोऽब्राह्मणशब्दे ब्राह्मणान्यमात्रमर्थं नञ् वदति। अधर्मशब्दे च धर्मविरोध्यर्थं नञ् वदति। **उक्तमिति**। अनित्याशुचि (पा. यो. सू. २।५) इति सूत्रभाष्यव्याख्यायामिति शेषः। यद्यपि तत्पुरुष उत्तरपदार्थस्य प्राधान्यं तथापि नञ्तत्पुरुषे नञोत्तरपदार्थ उपमृद्यते पर्युदस्यते। तथा तत्रोत्तरपदार्थविरुद्धार्थको नञुपलभ्यते। तद्वदविद्याशब्देपीत्यर्थः।

---

1. I read *tanvavasthāśca* with the printed edition of Vācaspati's Gloss. If *tanudagdhāśca* is correct, it must mean *tanutvena dagdhāḥ*.
2. वदन्ति for वदति C.

"No one proposes the fourth solution of the compound *avidyā* as a *dvandva* compound,[1] where both portions are equally predominant, because we cannot recognise here two equally independent subjects. Therefore under any one of these three admissible alternatives[2] the common notion of ignorance as being the cause of the 'afflictions' would be overthrown."

[We do not, however, concede this objector's view], because we may have recourse to the other kind of negation called *paryudāsa* [where the affirmative part is emphatic], and maintain that *avidyā* means a contradictory [or *wrong*] kind of knowledge, the reverse of *vidyā* ; and so it has been accepted by ancient writers. Thus it has bean said—

> "The particle implying 'negation' does not signify 'absence' [or 'non-existence'] when connected with a noun or a root; thus the words *abrāhmaṇa* and *adharma* respectively signify, 'what is other than a Brāhman' and 'what is contrary to justice.'"

And again—

> "We are to learn all the uses of words from the custom of the ancient writers; therefore a word must not be wrested from the use in which it has been already employed."

Vācaspati also says,[3] "The connection of words and their meanings depends on general consent for its certainty; and since we occasionally see that a *tatpuruṣa* negation, where the latter portion is properly predominant, may overpower the direct meaning of this latter portion by its contradiction of it, we conclude that even here too [in *avidyā*] the real meaning is something contrary to *vidyā*" [*i.e.*, the negative "non-knowledge" becomes ultimately the positive "ignorance"[4]).

एतदेवाभिप्रेत्योक्तम्–अनित्याशुचिदुःखानात्मसु नित्यशुचिसुखात्मख्याति–

1. As in *rāmalakṣmaṇau*, Rāma and Lakṣmaṇa.
2. I read *pakṣatraye* for *pakṣadvaye*.
3. In this comm. on Sūt., ii. 5.
4. Thus *inimicus* is not a "friend", nor, on the other hand, a "non-friend," but something positive, an "enemy." So *agoṣpada* is said to mean "a forest."

रविद्या (पात. यो. सू. २।५) इति। अतस्मिंस्तद्बुद्धिर्विपर्यय इत्युक्तं भवति। तद्यथा–अनित्ये घटादौ नित्यत्वाभिमानः। अशुचौ कायादौ शुचित्वप्रत्ययः–

स्थानाद्बीजादुपष्टम्भान्निष्यन्दान्निधनादपि।
कायमाधेयशौचत्वात्पण्डिता ह्यशुचिं विदुः।। इति।

परिणामतापसंस्कारदुःखैर्गुणवृत्त्यविरोधाच्च दुःखमेव सर्वे विवेकिनः (पात. यो. सू. २।१५) इति न्यायेन दुःखे स्रक्चन्दनवनितादौ सुखत्वारोपः। अनात्मनि देहादावात्मबुद्धिः। तदुक्तम्–

अनात्मनि च देहादावात्मबुद्धिस्तु देहिनाम्।
अविद्या तत्कृतो बन्धस्तन्नाशो मोक्ष उच्यते।। इति।

एवमियमविद्या चतुष्पदा भवति। नन्वेतेष्वविद्याविशेषेषु किंचिदनुगतं सामान्यलक्षणं वर्णनीयम्। अन्यथा विशेषस्यासिद्धेः। तथा चोक्तं भट्टाचार्यैः–

सामान्यलक्षणं मुक्त्वा विशेषस्यैव लक्षणम्।
शक्यं केवलं वक्तुमतोप्यस्य न वाच्यता।। इति।

तदपि न वाच्यम्। अतस्मिंतद्बुद्धिरिति सामान्यलक्षणाभिधानेन दत्तोत्तरत्वात्।

व्या० : एतावता ग्रन्थसंदर्भेणाविद्याशब्दे समासार्थं निरूप्य सांप्रतमविद्यास्वरूपं प्रदर्शयति–**एतदेवेति।** एतदेव पर्युदासार्थकत्वमेव। **अनित्याशुचीति।** अतस्मिंस्तदिति प्रतिभासोऽविद्येत्यविद्यासामान्यलक्षणमग्रे (द. १५ पं. ३०८) वक्ष्यते। तस्या एवावान्तरभेदचतुष्टयमनेन सूत्रेणोच्यते। अनित्ये नित्यत्वप्रतीतिरशुचौ शुचित्वप्रतीतिर्दुःखे सुखत्वप्रतीतिरनात्मन्यात्मत्वप्रतीतिश्चेति। उपलक्षणमेतत्। नित्येऽनित्यत्वप्रतीतिः शुचावशुचित्वप्रतीतिः सुखे दुःखत्वप्रतीतिरात्मन्यनात्मत्वप्रतीतिरप्यविद्यैव। पापादौ पुण्यादिबुद्धिरप्यविद्यैव। शरीरस्याशुचित्वमुपपादयति–**स्थानादिति।** स्थानं शरीरस्योत्पत्तिस्थानं मातुरुदरं मूत्राद्युपहतम्। बीजं शरीरस्योपादानकारणं शुक्रं शोणितं च। उपष्टम्भः पोषकोऽशितपीतान्नसदिरसः। निष्यन्दः प्रस्वेदादिः। निधनं मरणम्। तद्धि श्रोत्रियशरीरमप्यपवित्रयति। स्नानादिभिराधेयं शौचं यस्य। अतः स्वयमशुच्येव शरीरं पण्डिता जानन्तीत्यर्थः। **परिणामेति।** स्रक्चन्दनवनिताद्युपभोगजं वैषयिकं सर्वमेव सुखं विवेकिनो दुःखमेव। विषसंपृक्तस्वाद्वन्नवत्। यतस्तत्सुखं परिणामदुःखस्य तापदुःखस्य संस्कारदुःखस्य च कारणं भवति। सुखसाधनसंपत्तौ सुखोपभोगकाले वा हिंसादेर्नान्तरीयकतया तज्जन्यं भावि दुःखं परिणामदुःखम्। तथा सुखापभोगकाले

स्वापेक्षयान्यस्य सुखाधिक्यं दृष्ट्वा तदसहनेन जायमानं तापदुःखम्। तथा सुखोपभोगकाले जायमानात्संस्कारात्पुनः पुनस्तत्स्मरणे तेन च तत्साधनप्राप्तये प्रवृत्तौ कदाचित्तत्साधनालाभे जायमानं संस्कारदुःखम्। किं च सत्त्वादिगुणत्रयवृत्तयः सर्वस्य त्रिगुणात्मकत्वेन सर्वत्राविरोधेन मिथः संयुक्ता एव वर्तन्ते। तथा च सुखसाधनीभूतत्वेनाभिमतेप्यर्थे रजोगुणकार्यस्य दुःखस्यान्ततोऽवर्जनीयत्वमेव। तथा च विवेकिनः परिज्ञातक्लेशादिविवेकस्य सकलमेव भोगसाधनं प्रतिकूलवेदनीयं भवतीत्यर्थः। **अनात्मनीति**। वस्तुत आत्मभिन्ने देहादौ देहिनां यात्मबुद्धिःसा अविद्या। तत्कृत एवायं संसारबन्धः। तस्या अविद्याया नाश एव मोक्ष इत्युच्यत इत्यर्थः। **चतुष्पदेति**। चत्वारि पदानि स्थानानि यस्या इति चतुष्पदा। एषा चतुष्पदा अविद्यास्य संसारस्य मूलमिति सूत्रकारेण निर्दिष्टा। तेन शुक्तिरजताद्यविद्यानामगणनेपि न न्यूनता।

It is with a view to this that it is said in the Yoga Aphorisms (ii. 5), "Ignorance is the notion that the non-eternal, the impure, pain, and the non-soul are (severally) eternal, pure, pleasure, and soul." *Vipryaya*, "misconception," is defined as "the imagining of a thing in what is not that thing,"[1] [*i.e.*, in its opposite]; as, for instance, the imagining the "eternal" in a "non-eternal" thing, *i.e.*, a jar, or the imagining the "pure" in the "impure" body,[2] when it has been declared by a proverbial couplet—[3]

> "The wise recognise the body as impure, from its original place [the womb],—from its primal seed,—from its composition [of humours, etc.],—from perspiration,—from death [as even a Brāhman's body defiles],—and from the fact that it has to be made pure by rites."

So—in accordance with the principle enounced in the aphorism (ii. 15), "To the discriminating everything is simply pain, through the pain which arises in the ultimate issue of everything,[4] or through the anxiety to secure it [while it is

1. Cf. Yoga Sūt., i. 8.
2. In p. 166, line 4 *infra*, read *kāyādau* for *kāryādau*.
3. This couplet is quoted by Vyāsa in his Comm. on Yoga Sūtras, ii. 5, and I have followed Vācaspati in his explanation of it; he calls it *vaiyāsakī gāthā*.
4. Since the continued enjoyment of an object only increases the desire for more, and its loss gives correspondent regret (cf. Bhag. G. xviii. 38).

enjoyed], or through the latent impressions which it leaves behind, and also from the mutual opposition of the influences of the three qualities" [in the form of pleasure, pain, and stupid indifference],—ignorance transfers the idea of "pleasure" to what is really "pain," as, *e.g.*, garlands, sandal-wood, women, etc.; and similarly it conceives the "non-soul," *e.g.*, the body, etc., as the "soul." As it has been said—

> "But ignorance is when living beings transfer the notion of 'soul' to the 'non-soul,' as the body, etc.;
>
> "This causes bondage ; but in the abolition thereof is liberation."

Thus this ignorance consists of four kinds.[1]

"But [it may be objected] in these four special kinds of ignorance should there not be given some general definition applying to them all, as otherwise their special characteristics cannot be established? For thus it has been said by Bhaṭṭa Kumārila—

> 'Without some general definition, a more special definition cannot be given by itself; therefore it must not be even mentioned here.'"

This, however, must not be urged here, as it is sufficiently met by the general definition of misconception, already adduced above, as "the imagining of a thing in its opposite."

सत्त्वपुरुषयोरहमस्मीत्येकताभिमानोऽस्मिता। तदप्युक्तं-दृग्दर्शनशक्त्योरेकात्मतेवास्मिता। (पात. यो. सू. २।६) इति।

सुखाभिज्ञस्य सुखानुस्मृतिपूर्वकः सुखसाधनेषु तृष्णारूपो गर्धो रागः। दुःखाभिज्ञस्य तदनुस्मृतिपुरस्सरं तत्साधनेषु [2]निवृत्तिर्द्वेषः। तदुक्तं-सुखानुशयी रागः (पात. यो. सू. २।७) दुःखानुशयी द्वेषः (पात. यो. सू. २।८) इति।

व्या० : एवमविद्यारूपं प्रथमं क्लेशं निरूप्य तन्मूलकं द्वितीयमस्मितारूपं क्लेशं निरूपयति-**सत्त्वपुरुषयोरिति**। सत्त्वं चित्तम्। बुद्धिरिति यावत्। **दृग्दर्शनेति**। दृक्च दर्शनं च ते एव शक्ती। दृक्शक्तिर्द्रष्टा पुरुषः। दर्शनशक्तिः करणं बुद्धिः। तयोरात्मानात्म-

1. Literally, "it has four feet."
2. निन्दा for निवृत्तिः A.

नोयौंकत्मतेवैकाकारतारूपैकस्वरूपापत्तिरिव सा अस्मिता क्लेश इत्यर्थः। अनात्मनि बुद्धावात्मबुद्धिरूपा या अविद्या तयेयमस्मिता संपादिता। तत्राविद्यावस्थायां यद्यपि बुद्ध्यादौ सामान्यतोहंबुद्धिरस्ति तथापि सा भेदाभेदविषया। तदानीमत्यन्ताभेदाग्रहणात्। तदुत्तरं पुरुषे बुद्ध्यादिनिष्ठगुणदोषारोपजनक ईश्वरोहमहं भोगीत्यादिरूपो योत्यन्तमेकताभ्रमः सोऽस्मिता। एकताभ्रमं विनान्योन्यस्मिन्नन्योन्यधर्मध्यासेनैव भोग इति तु न संभवति। पुरुषस्यापरिणामित्वेन बुद्धेश्च परिणामित्वेनात्यन्तभिन्नधर्मत्वेनात्यन्तविभक्तयोर्भोक्तृभोग्यशक्त्योः पुरुषबुद्ध्योरविभागरूपैकत्वप्रत्यये सत्येव परस्परधर्माध्यासेन भोगसंभवो नान्यथा।

अस्मिताक्लेशमूलकं तृतीयक्लेशं रागं तन्मूलकं द्वेषं च निरूपयति–सुखाभिज्ञस्येत्यादिना।

"Egoism" (*asmitā*) is the notion that the two separate things, the soul and the quality of purity,[1] are one and the same, as is said (ii. 6), "Egoism is the identifying of the seer with the power of sight." "Desire" (*rāga*) is a longing, in the shape of a thirst, for the means of enjoyment, preceded by the remembrance of enjoyment, on the part of one who has known joy. "Aversion" (*dveṣa*) is the feeling of blame felt towards the means of pain, similarly preceded by the remembrance of pain, on the part of one who has known it. This is expressed in the two aphorisms, "Desire is what dwells on pleasure;" "Aversion is what dwells on pain" (ii. 7, 8).

किमत्रानुशयिशब्दे ताच्छील्यार्थे णिनिरिनिर्वा मत्वर्थीयोभिमतः। नाद्यः। सुप्यजातौ णिनिस्ताच्छील्ये (पाणि. सू. ३।२।७८) इत्यत्र सुपीति वर्तमाने पुनः सुब्ग्रहणस्योपसर्गनिवृत्त्यर्थत्वेन सोपसर्गाद्धातोर्णिनेरनुत्पत्तेः। यथाकथंचित्तदङ्गीकारेप्यचो ञ्णिति (पाणि. सू. ७।२।११५) इति वृद्धिप्रसक्तावतिशाय्यादिपदवदनुशायिपदस्य प्रयोगप्रसङ्गात्। न द्वितीयः।

एकाक्षरात्कृतो जातेः सप्तम्यां च न तौ स्मृतौ।

इति तत्प्रतिषेधात्। अत्र चानुशयशब्दस्याजन्तत्वेन कृदन्तत्वात्। तस्मादनुशयिशब्दो दुरुपपाद इति चेत्–नैतद्भद्रम्। भावानवबोधात्। प्रायिकाभिप्रायमिदं

1. Thus "sight," or the power of seeing, is a modification of the quality of *sattva* unobstructed by *rajas* and *tamas*.

वचनम्। अत एवोक्तं वृत्तिकारेण–इतिकरणो विवक्षार्थः सर्वत्राभिसंबध्यते इति। तेन क्वचिद्भवति कार्यी कार्यिकस्तण्डुली तण्डुलिक इति। तथा च कृदन्ताज्जातेश्च प्रतिषेधस्य प्रायिकत्वम्। अनुशयशब्दस्य कृदन्ततयेनेरुपपत्तिरिति सिद्धम्।

व्या० : प्रसङ्गादनुशयिशब्दस्य साधुत्वमुपपादयति–**किमत्रेति**। सुखमनुशेते तच्छीलः सुखानुशयी। सुखोपपदादनुपूर्वाच्छीधातोर्णिनिप्रत्ययः। अथा वा सुखस्यानुशयः संबन्धविशेषः। सोस्यास्तीति सुखानुशयी। सुखानुशयशब्दान्मत्वर्थे अत इनिठनौ (पाणि. सू. ५।२।११५) इति सूत्रेणेनिप्रत्यय इति भावः। **सुप्यजाताविति**। जातिभिन्नवाचिनि सुबन्त उपपदे ताच्छील्ये द्योत्ये धातोः कर्त्रर्थे णिनिप्रत्ययो भवतीति सूत्रार्थः। उष्णभोजी। उष्णभोजनशील एवमुच्यते। न तु कदाचिद्य उष्णं भुङ्क्ते। अत्र वृत्तिकाराः–सुपि स्थः (पाणि. सू. ३।२।४) इति सूत्रात्सुपीति पदं यद्यप्यनुवर्तते तथापि तन्मध्ये सत्सूद्विष (पाणि. सू. ३।२।६१) इति सूत्र उपसर्गेपीत्यनेन संबद्धम्। तन्निवृत्तये पुनरत्रसुपीत्युच्यते। तथा चोपसर्गे णिनिप्रत्ययो न भवतीति। परं त्वेतन्महाभाष्यविरुद्धम्। तत्र हि सुपीति वर्तमाने पुनः सुब्ग्रहणं किमर्थम्। अनुपसर्ग इत्येवं तदभूत्। इदं तु सुब्मात्रे यथा स्यादित्युक्तम्। अयमाशयः–सुपि स्थः (पाणि. सू. ३।२।४) इत्यत्र सुपीत्युपसर्गेतरपरम्। सत्सूद्विष (पाणि. सू. ३।२।६१) इति सूत्र उपसर्गेपीत्युक्तेः। तथा च तदनुवृत्तावनुयायीत्यादौ णिनिप्रत्ययो न स्यात्। अतोत्र सुपीत्युक्तमिति। प्रसिद्धश्चोपसर्गेपि णिनिप्रत्ययः अनुयायिवर्गः (रघु. २।४) परितो विसारिणा (रघु. ३।१५) विसारि सर्वतः (माघ. १।२) प्रभवोनुजीविभिः (किरात १।४) इति। तदनुसारेप्याह–**यथाकथंचिदिति। अचो ञ्णितीति**। ञकारेत्संज्ञके णकारेत्संज्ञके वा प्रत्यये परे अजन्ताङ्गस्य वृद्धिः स्यादिति तत्सूत्रार्थः। **एकाक्षरादिति**। अत इनिठनौ (पाणि. सू. ५।२।११५) इति सूत्रेण ह्रस्वाकारान्ताच्छब्दान्मत्वर्थ इनिठनौ प्रत्ययौ विधीयेते। तस्य निषेधकमेतद्वचनम्। एकाक्षराच्छब्दादिनिठनौ न भवतः। स्ववान्। कृत्प्रत्ययान्तान्न भवतः। कारकवान्। जातिवाचकाच्च न भवतः। व्याघ्रवान्। तथा सप्तम्यर्थे न भवतः। दण्डा अस्यां सन्ति दण्डवती शाला। अनुशयशब्दस्तु कृत्प्रत्ययान्तः। अनुपूर्वाच्छी-धातोरेरच् (पाणि. से. ३।३।५६) इति सूत्रेण भावे अच्प्रत्ययविधानात्। तथा च कृदन्तत्वादिनिप्रत्ययस्य निषेधेनुशयवानिति भवितव्यं न त्वनुशयीति। **प्रायिकेति**। एकाक्षरादिति वचनं प्रायिकं न तु सार्वत्रिकम्। **इतिकरण इति**। इतिकरण इतिशब्दः। स च तदस्यास्त्यस्मिन्निति मतुप् (पाणि. सू. ५।२।९४) इति सूत्रे पाणिनिना निर्दिष्टः। स चेतिशब्दो लौकिकीं विवक्षामनुसारयति लौकिकप्रयोगानुसारेण प्रत्ययविधानमिति। स चोत्तरत्र मत्वर्थीयप्रकरणे सर्वत्र संबध्यते। नथा चात इनिठनौ (पाणि. सू. ५।२।११५) इत्यत्रापि तत्संबन्ध इनिठनौ प्रत्ययावपि लौकिकप्रयोगानुसारेणैव कर्तव्याविति

स्ववानित्यादौ न भवतः। तन्मूलकमेकाक्षरादिति वचनं नापूर्वम्। लोके तु क्वचित्कृदन्तादपीनिठनौ दृश्येते। यथा कार्यी कार्यिकः। तथा जातिवाचकाच्छब्दादपि दृश्येते यथा तण्डुली तण्डुलिक इति। तद्वदनुशयशब्दस्य कृदन्तत्वेपीनिप्रत्ययोपपत्तिरिति भावः।

Here a grammatical question may be raised, "Are we to consider this word *anuśayin* ('dwelling') as formed by the *kṛt* affix *ṇini* in the sense of 'what is habitual,' or the *taddhita* affix *ini* in the sense of *matup*? It cannot be the former, since the affix *ṇini* cannot be used after a root compounded with a preposition as *anuśī;* for, as the word *supi* has already occurred in the Sūtra, iii. 2; 4, and has been exerting its influence in the following sūtras, this word must have been introduced a second time in the Sūtra, iii. 2, 78, *supy ajātau ṇin:s tācchilye,*[1] on purpose to exclude prepositions, as these have no case terminations ; and even if we did strain a point to allow them, still it would follow by the Sūtra, vii. 2, 115, *aco ñṇiti,*[2] that the radical vowel must be subject to *vṛddhi*, and so the word must be *anuśāyin*, in accordance with the analogy of such words as *atiśāyin*, etc. Nor is the latter view tenable (*i.e.*, that it is the *taddhita* affix *ini*[3]), since *ini* is forbidden by the technical verse—

> 'These two affixes[4] are not used after a monosyllable nor a *kṛt* formation, nor a word meaning 'genus,' nor with a word in the locative case;'

and the word *anuśaya* is clearly a *kṛt* formation as it ends with the affix *ac*[5] [which brings it under this prohibition, and so

1. "Let the affix *ṇini* be used after a root in the sense of what is habitual, when the *upapada*, or subordinate word, is not a word meaning 'genus' and ends in a case."
2. "Let *vṛddhi* be the substitute of a base ending in a vowel, when that which has an indicatory *ñ* or *ṇ follows* ; " *ṇini* has an indicatory *ṇ*.
3. Sc. *anuśaya +ini=anuśayin.*
4. *Ini* and *ṭhan*, which respectively leave *in* and *ika;* thus *daṇḍa* gives *daṇḍin* and *daṇḍika*. The line is quoted by Boehtlingk, vol. ii. p. 217, on Pāṇ. v. 2, 115, and is explained in the *Kāśikā ad loc.* The different prohibitions are illustrated by the examples :— (1) *svavān, khavān ;* *(2.) kārakavān; (3.) vyāghravān, siṁhavān; (4.) daṇḍavati śalā (i.e., daṇḍā asyaṁ santi.).*
5. By iii. 3, 56.

renders it insusceptible of the affix *ini*]. Consequently, the word *anuśayin* in the Yoga aphorism is one the formation of which it is very hard to justify."[1] This cavil, however, is not to be admitted ; since the rule is only to be understood as applying generally, not absolutely, as it does not refer to something of essential importance. Hence the author of the Vṛtti has said—

> "The word *iti*, as implying the idea of popular acceptation, is everywhere connected with the examples of this rule[2] [*i.e.*, it is not an absolute law]."

Therefore, sometimes the prohibited cases are found, as *kāryin*, *kāryika* [where the affixes are added after a *kṛt* formation], *taṇḍulin*, *taṇḍulika* [where they are added after a word meaning "genus"]. Hence the prohibition is only general, not absolute, after *kṛt* formations and words meaning "genus," and therefore the use of the affix *ini* is justified, although the word *anuśaya* is formed by a *kṛt* affix. This doubt therefore is settled.

पूर्वजन्मानुभूतमरणदु:खानुभववासनाबलात्सर्वस्य प्राणभृन्मात्रस्या कृमेरा च विदुषः संजायमानः शरीरविषयादेर्मम वियोगो मा भूदिति प्रत्यहं निमित्तं विना प्रवर्तमानो [3]भयरूपोभिनिवेशः पञ्चमः क्लेशः। मा न भूवं हि भूयासमिति प्रार्थनायाः प्रत्यात्ममनुभवसिद्धत्वात्। तदाह–स्वरसवाही विदुषोपि तथा रूढोभिनिवेशः (पात. यो. सू. २।९) इति ते चाविद्यादयः पञ्च सांसारिकविविधदु:खोपहारहेतुत्वेन पुरुषं क्लिश्नन्तीति क्लेशाः प्रसिद्धाः।

व्या० : अथाभिनिवेशाख्यं पञ्चमं क्लेशं निरूपयति-**पूर्वजन्मेति। मा न भूवमिति।** अहं कदापि मा न भूवमिति न किं तु सर्वदा भूयासमेवेति प्रार्थना प्राणिमात्रस्यानुभवसिद्धा। **स्वरसेति।** स्वस्य रसेन संस्कारमात्रेण वहतीति स्वरसवाही स्वाभाविकः। न त्वागन्तुकः। तादृशश्च भयविशेषरूपः क्लेशः–अहं कदापि मा भूवमिति

---

1. It is curious to see the great grammarian's favourite study obtruding itself here on such a slender pretext.
2. See the *Kāśikā* on Pāṇ. v. 2, 115. For *vivakṣārtha* (meaning "general currency"), compare Commentary on Pāṇ. ii. 2, 27. The edition in the Benares *Pandit* read *viṣayaniyamārtha.*
3. भवरूपः for भयरूपः D.

न किं तु सदा भूयासमेव-इत्याकारकोऽविदुष इव विदुषोपि रूढः प्रसिद्धः। सोभिनिवेश इति सूत्रार्थः। **उपहारः**। प्राप्तिः।

The fifth "affliction," called "tenacity of mundane existence" (*abhiniveśa*), is what prevails in the case of all living beings, from the worm up to the philosopher, springing up daily, without any immediate cause, in the form of a dread, "May I not be separated from the body, things sensible, etc.," through the force of the impression, left by the experience of the pain of the deaths which were suffered in previous lives, this is proved by universal experience, since every individual has the wish, "May I not cease to be," "May I be." This is declared in the aphorism, "Tenacity of mundane existence, flowing on through its own nature, is notorious even in the case of the philosopher" [ii. 9]. These five, "ignorance," etc., are well known as the "afflictions" (*kleśa*), since they afflict the soul, as bringing upon it various mundane troubles.

[We next describe the *karmāśaya* of ii. 12, the "stock of works"or "merits" in the mind.] "Works" (*karman*) consist of enjoined or forbidden actions, as the *Jyotiṣṭoma* sacrifice, brāhmanicide, etc. " Stock " (*āśaya*) is the balance of the fruits of previous works, which lie stored up in the mind in the form of "mental deposits" of merit or demerit, until they ripen in the individual soul's own experience as "rank," "years," and "enjoyment" [ii. 13].

कर्मणि निहितप्रतिषिद्धरूपाणि ज्योतिष्टोमब्रह्महत्यादीनि। विपाकाः कर्मफलानि जात्यायुर्भोगाः। आ फलविपाकाच्चित्तभूमौ शेरत इत्याशया धर्माधर्मसंस्काराः। तत्परिपन्थिचित्तवृत्तिनिरोधो योगः। निरोधो नाभावमात्रमभिमतम्। तस्य तुच्छत्वेन भावरूपसाक्षात्कारजननक्षमत्वासंभवात्। किं तु तदाश्रयो मधुमतीमधुप्रतीकाविशोकासंस्कारशेषाव्यपदेश्यश्चित्तस्यावस्थाविशेषः। निरुध्यन्तेस्मिन्प्रमाणाद्याश्चित्तवृत्तय इति व्युत्पत्तेरुपपत्तेः।

अभ्यासवैराग्याभ्यां वृत्तिनिरोधः। तत्र स्थितौ यत्नोभ्यासः। (पात. यो. सू. १।१२।१३)। वृत्तिरहितस्य चित्तस्य स्वरूपनिष्ठः प्रशान्तवाहितारूपः परिणामविशेषः स्थितिः। तं निमित्तीकृत्य यत्नः पुनः पुनस्तथात्वेन चेतसि

निवेशनमभ्यासः। चर्मणि द्वीपिनं हन्तीतिवन्निमित्तार्थेयं सप्तमीयुक्तं भवति। दृष्टानुश्रविकविषयवितृष्णस्य वशीकारसंज्ञा वैराग्यम् (पात. यो. स. १।१५)। ऐहिकपारत्रिकविषयादौ दोषदर्शनान्निरभिलाषस्य ममैते विषया वश्या[1] नाहमेतेषां वश्य इति विमर्शो वैराग्यमित्युक्तं भवति।

व्या० : क्लेशकर्मविपाकाशयपरिपन्थिचित्तवृत्तिनिरोधो योग इति प्रागुक्तम् (द. १५ पं. २५८)। तद्घटकपदार्थेषु निरूपणीयेषु क्लेशा अवान्तरविभागपूर्वकं निरूपिताः। इदानीं कर्मादीन्निरूपयति–**कर्माणीति। विपाका इति।** विपच्यते साध्यते कर्मभिरिति विपाकः कर्मफलम्। तच्च जात्यायुर्भोगरूपेण त्रिविधम्। जातिर्जन्म। आयुर्जीवनकालः। भोगः सुखदुःखमोहात्मकशब्दादिवृत्तिः। अत्र भोगो मुख्यं कर्मफलम्। तन्त्रान्तरीयके च जन्मायुषी। **तत्परिपन्थीति।** तच्छब्देन क्लेशकर्मविपाकाशयरूपं पूर्वोक्तं चतुष्टयं परामृश्यते। **तुच्छत्वेनेति।** तुच्छत्वं निःस्वरूपत्वम्। वृत्तिनिरोधस्य वृत्त्यभावमात्रत्वे तस्य स्वरूपरहितत्वेन तस्माद्ध्येयसाक्षात्कारो न संभवति। अभावाद्भावोत्पत्त्ययोगात्। न हि स्वरूपरहिताच्छशशृङ्गादेः सकाशात्कस्यापि कार्यस्योत्पत्तिर्जायते। **किं तु तदाश्रय इति।** संप्रज्ञातसमाधेरवान्तरभेदाः सवितर्कादयश्चत्वारः प्रागुक्ताः (द. १५ पं. २४२)। तत्र सवितर्के समाधौ जायमाना चित्तस्यावस्था मधुमतीत्युच्यते। सविचारे मधुप्रतीका। सानन्दे विशोका। सास्मिते संस्कारशेषा। अवस्थानां च भावरूपत्वात्तस्माद्ध्येय-साक्षात्कार उपपद्यते। नन्वेषां चतुर्विधानामवस्थाविशेषाणां निरोधशब्दवाच्यत्वं कथमुपपद्यत इत्यत आह–निरुध्यन्त इति। नीत्युपसर्गपूर्वाद्रुधधातोरधिकरणे घञ्प्रत्ययः।

अथ चित्तवृत्तिनिरोधोपायमाह–अभ्यासेति। तदुक्तं पतञ्जलिना–अभ्यास-वैराग्याभ्यां तन्निरोधः (पा. यो. सू. १।१२) इति। अभ्यासवैराग्याभ्यां मिलिताभ्यां चित्तवृत्तिनिरोधो भवतीत्यर्थः। चित्तनद्याः प्रवाहः स्वभावतो विषयमार्गगामी। स विषयदोषदर्शनजेन वैराग्येण प्रतिबध्यते। प्रतिबद्धश्च स विवेकदर्शनाभ्यासेन विवेकमार्गगामी भवति। तेन च ध्येयाकारवृत्तिप्रवाहस्य बलवत्त्वं दार्ढ्यं चेत्यभ्यास-वैराग्योभयाधीनश्चित्तवृत्तिनिरोध इति तात्पर्यम्। अभ्यासं निरूपयन्सूत्रमाह–**तत्रेति।** तत्राभ्यासवैराग्यमध्ये। **वृत्तिरहितस्येति।** राजसतामसवृत्तिरहितस्येत्यर्थः। **तं निमित्ती-कृत्येति।** तं परिणामविशेषं निमित्तीकृत्येत्यर्थः। तादृशस्थितिप्राप्तय इति यावत्। ननु सूत्रे स्थिताविति सप्तम्यन्तं पदं दृश्यते। तस्यायमर्थः कथमित्यत आह–**चर्मणीति।** चर्मनिमित्तमित्यर्थः। चर्मप्राप्तय इति यावत्। दृष्टेति। दृष्टो विषय इहलोक उपलभ्यमानः

1. न वश्याः for वश्याः D.

स्त्र्यन्नपानादिः। अनुश्रूयते गुरुमुखादित्यनुश्रवो वेदः। तत आगतस्तदेकसमधिगम्यः स्वर्गादिर्विषय आनुश्रविकः। द्विविधेपि विषये परिणामविरसत्वदोषदर्शनेन निवृत्ताभिलाषस्य या वशीकारसंज्ञा तद्वैराग्यम्। ममैते विषया वश्या नाहमेतेषां विषयाणां वश्य इति विचारो वशीकारसंज्ञेति व्यपदिश्यते।

Now "concentration" [*yoga*] consists [by i. 2] in "the suppression of the modifications of the thinking principle," which stops the operations of the "afflictions," etc. ; and this "suppression" is not considered to be merely the non-existence of the modifications [*i.e.*, a mere negation], because, if it were a mere negation, it could not produce positive impressions on the mind; but it is rather the site of this non-existence,[1]—a particular state of the thinking principle, called by the four names [which will be fully described hereafter], *madhumatī*, *madhupratīkā*, *viśokā*, and *saṁskāraśeṣatā*. The word *nirodha* thus corresponds to its etymological explanation as "that in which the modifications of the thinking principle, right notion, misconception, etc., are suppressed (*nirudhyante*). This suppression of the modifications is produced by "exercise" and "dispassion" [i. 12]. "Exercise is the repeated effort that the internal organ shall remain its proper state" [i. 13]. This "remaining in its proper state"is a particular, kind of development, whereby the thinking principle remains in its natural state, unaffected by those modifications which at different times assume the form of revealing, energising, and controlling.[2] "Exercise" is an effort directed to this, an endeavour again and again to reduce the internal organ to such a condition. The locative case, *sthitau*, in the aphorism is intended to express the object or aim, as in the well-known phrase, "He kills the elephant for its skin."[3] "Dispassion is the consciousness of having overcome desire in him who thirsts after neither the objects that are seen nor those that are heard of in revelation" [i. 15]. "Dispassion" is thus the reflection, "These objects are subject to me, not I to them," in one who

1. *i.e.*, Thus *nirodha* is not *vṛtter abhāvaḥ*, but *abhāvasyāśryaḥ*.
2. I read in p. 168, last line, *prakāśapravṛttiniyamarūpa*, from Bhoja's comment on i. 12.
3. See Kāśikā, ii 3, 36.

feels no interest in the things of this world or the next, from perceiving the imperfections attached to them.

समाधिपरिपन्थिक्लेशतनूकरणार्थं समाधिलाभार्थं च प्रथमं क्रियायोगविधानपरेण योगिना भवितव्यम्। क्रियायोगसंपादनेभ्यासवैराग्ययोः संभवात्। तदुक्तं भगवता–

आरुरुक्षोर्मुनेर्योगं कर्म कारणमुच्यते।
योगारूढस्य तस्यैव शमः कारणमुच्यते।। (गी. ६।३) इति।

व्या० : एवं चित्तवृत्तिनिरोधोपायभूते अभ्यासवैराग्ये प्रदर्श्य तादृशाभ्यासवैराग्यसाधनाय क्रियायोगमाह–**समाधीति।** समाधिश्चित्तवृत्तिनिरोधः। तच्छत्रुभूता ये अविद्यादयः क्लेशास्तेषां तनूकरणं स्वकार्यकरणप्रतिबन्धस्तदर्थमित्यर्थः। **आरुरुक्षोरिति।** योगं चित्तवृत्तिनिरोधमारुरुक्षोरारोढुमिच्छोर्न त्वारूढस्य मुनेः। भाव्यवस्थाभिप्रायेण मुनिपदोक्तिः। तादृशस्य योगारोहणसाधनं कर्मोच्यते। निष्कामकर्मणा हि चित्तशुद्धिस्ततो वैराग्यं ततो वृत्तिनिरोध इति। योगारूढस्य तु तस्य शमः सर्वकर्मसंन्यास एव ज्ञानपरिपाकसाधनमुच्यत इत्यर्थः। योगारूढश्च गीतायां लक्षितः–

यदा हि नेन्द्रियार्थेषु न कर्मस्वनुषज्जते।
सर्वसंकल्पसंन्यासी योगारूढस्तदोच्यते।। (भ. गी. ६।४) इति।

Now, in order to reduce the "afflictions" which hinder meditation and to attain meditation, the *yogin* must first direct his attention to practical concentration, and "exercise" and "dispassion" are of especial use in its attainment. This has been said by Kṛṣṇa in the Bhagavad Gītā [vi. 3]—

> "Action is the means to the sage who wishes to rise to *yoga;*
> "But to him who has risen to it, tranquillity is said to be the means."

क्रियायोगश्चोपदिष्टः पतञ्जलिना--तपःस्वाध्यायेश्वरप्रणिधानानि क्रियायोगः (पात. यो. सू. २।१) इति। तपःस्वरूपं निरूपितं याज्ञवल्क्येन–

विधिनोक्तेन मार्गेण कृच्छ्रचान्द्रायणादिभिः।
शरीरशोषणं प्राहुस्तपसां तप उत्तमम्।। इति।

प्रणवगायत्रीप्रभृतीनां मन्त्राणामध्ययनं स्वाध्यायः।

व्या० : तप इति। तप: स्वाध्याय ईश्वरप्राणिधानं चेत्येतानि क्रियायोग इत्युच्यते। क्रियारूपो योग: क्रियायोग:। योगसाधनत्वात्तप:प्रभृतिक्रियाया योगत्वमौपचारिकम्। **विधिनेति।**

त्र्यहं प्रातस्त्र्यहं सायं त्र्यहमद्यादयाचितम्।
परं त्र्यहं च नाश्नीयात्प्राजापत्यं चरेद्द्विज:।। (मनु. ११।२११)

इत्येवं द्वादशदिनसाध्यं प्राजापत्यकृच्छ्रम्। अन्येपि कृच्छ्रभेदास्तत्रोक्तास्तत एव ज्ञेया:। चान्द्रायणमुच्यते–शुक्लप्रतिपदि मयूराण्डसमान एक एव ग्रासो भक्षणीय:। द्वितीयायां द्वौ। एवमेकैकवृद्ध्या पूर्णिमायां पञ्चदश ग्रासा:। तत: कृष्णप्रतिपदि चतुर्दश। द्वितीयायां त्रयोदश। एवमेकैकह्रासेन कृष्णचतुर्दश्यामेक:। अमायां तूपवास:। एवद्यवमध्य-चान्द्रायणमुच्यते। अत्रान्त्यदिन उपवास:। यदा च कृष्णप्रतिपदमारभ्य पूर्णिमान्तं क्रियते तदा मध्य उपवास:। एतत्पिपीलिकामध्यचान्द्रायणमुच्यते। कृच्छ्रचान्द्रायणादीनां यथाविध्यनुष्ठानेन यच्छरीरशोषणं तत्तपसां मध्य उत्तमं तप: प्राहुरित्यर्थ:। तपश्च यथा चित्तप्रसादो न विहन्यते तथैव कार्यम्। स्वाध्यायं निरूपयति–प्रणवेति। प्रणव ओंकार:। प्रभृतिशब्देन पुरुषसूक्तरुद्रादिसंग्रह:। मन्त्रशब्दद्रव्युत्पत्तिस्तु–

मननात्त्रायते यस्मात्तस्मान्मन्त्र: प्रकीर्तित:।

इति बोध्या। मन्त्राणामचिन्त्यशक्तितेति कल्पसूत्रम्।

Patañjali has thus defined the practical *yoga*: "Practical concentration is mortification, recitation of texts, and resignation to the Lord" [ii. I]. Yājñavalkya has described "mortification"—

> "By the way prescribed in sacred rule, by the difficult cāndrāyaṇa fast, etc.,
>
> "Thus to dry up the body they call the highest of all mortifications."[1]

ते च मन्त्रा द्विविधा वैदिकास्तान्त्रिकाश्च। वैदिकाश्च द्विविधा:। प्रगीता अप्रगीताश्च। तत्र प्रगीता: सामानि। अप्रगीताश्च द्विविधा:। छन्दोबद्धास्त-द्विलक्षणाश्च। तत्र प्रथमा ऋचो द्वितीया यजूंषि तदुक्तं जैमिनिना–तेषामृग्यत्रार्थवशेन पादव्यवस्था। गीतिषु सामाख्या। शेषे यजु:शब्द: (जै. सू. २।१।३३–३५) इति। तन्त्रेषु कामिककारणप्रपञ्चाद्यागमेषु ये ये वर्णितास्ते तान्त्रिका:। ते पुनर्मन्त्रास्त्रिविधा: स्त्रीपुंनपुंसकभेदात्। तदाह–

1. This passage probably occurs in the *Yājñavalkyagītā* of Yogi-yājñavalkya. See Colebrooke's Essays (ed. 2), vol. i. p. 145, note.

स्त्रीपुंनपुंसकत्वेन त्रिविधा मन्त्रजातयः।
स्त्रीमन्त्रा वह्निजायान्ता नमोन्ताः स्युर्नपुंसकाः।।

व्या० : स्वाध्यायप्रसङ्गेन मन्त्रस्वरूपं विभागपूर्वकं प्रदर्शयति–**ते चेति। तेषामिति।** तेषां मन्त्राणां मध्ये यत्र वाक्येर्थवशेन च्छन्दोविशेषवशेन च पादव्यवस्था सा ऋगित्यर्थः। **गीतिष्विति।** गानप्रकाराणां बहुत्वाद्बहुवचनम्। तत्रैव मन्त्रे गाने सति सामेत्याख्या भवति। गायनोक्तप्रकारेण पठिता मन्त्राः सामेत्युच्यत इत्यर्थः। **शेष इति।** यत्र मन्त्रे न पादव्यवस्था नापि गीतिस्तत्र यजुःशब्द इत्यर्थः। **तन्त्रेष्विति।** कामिकप्रभृतीनामागमानां तन्त्रेति संज्ञा। तन्त्रं शास्त्रम्। आगमशब्दाक्षरार्थो यथा–

आगतं पञ्चवक्त्रात्तु गतं च गिरिजानने।
मतं च वासुदेवस्य तस्मादागममुच्यते।। इति।

आगमलक्षणं तु–

सृष्टिश्च प्रलयश्चैव देवतानां तथार्चनम्।
साधनं चैव सर्वेषां पुरश्चरणमेव च।।
षट्कर्मसाधनं चैव ध्यानयोगश्चतुर्विधः।
सप्तभिर्लक्षणैर्युक्तमागमं तद्विदुर्बुधाः।।

इति बोध्यम्। षटकर्माणि तु–

शान्तिवश्यस्तम्भनानि विद्वेषोच्चाटने ततः।
मारणान्तानि शंसन्ति षट्कर्माणि मनीषिणः।।

इति शारदोक्तानि बोध्यानि। एवंविधागमेषु ये मन्त्रा उक्तास्ते तान्त्रिकाः। **वह्निजायान्ताः।** स्वाहाशब्दान्ताः। स्वाहा च हुतभुक्प्रिया (अमरकोश २।७।२१) इत्यमरः। ब्रह्मवैवर्ते चोक्तम्–

प्रकृतेः कलया चैव सर्वशक्तिस्वरूपिणी।
बभूव दाहिका शक्तिरग्नेः स्वाहा स्वकामिनी।।
ग्रीष्ममध्याह्नमार्तण्डप्रभाच्छ्अदनकारिणी ।

"Recitation of texts" is the repetition of the syllable *Om*, the *gāyatrī*, etc. Now these *mantras* are of two kinds, Vaidik and Tāntrik. The Vaidik are also of two kinds, those chanted and those not chanted. Those chanted are the *sāmans*; those not chanted are either in metre, *i.e.*, the *ṛcas*, or in prose, *i.e.*, the *yajūṁṣi*, as has been said by Jaimini,[1] "Of these, that is a *ṛc*, in which by the force of the sense there is a definite division into *pādas* [or portion of a verse] ; the name *sāman* is applied to chanted portions; the ward *yajus* is applied to the rest." Those *mantras* are called Tāntrik which are set forth in sacred books that are directed to topics of voluntary devotion;[2] and these are again threefold, as female, male, and neuter; as it has been said—

"The *mantras* are of three kinds, as female, male, and neuter :

"The female are those which end in the wife of fire (*i.e.*, the exclamation *svāhā*) ; the neuter those which end in *namas*;

"The rest are male, and considered the best. They are all-powerful in mesmerising another's will, etc:"

They are called "all-powerful" (*siddha*) because they counteract all defects in their performance, and produce their effect even when the ordinary consecrating ceremonies, as bathing, etc., have been omitted.

शेषाः पुमांसस्ते शस्ताः सिद्धा वश्यादिकर्मणि। इति।

जननादिसंस्काराभावेपि निरस्तसमस्तदोषत्वेन सिद्धिहेतुत्वात्सिद्धत्वम्। स च संस्कारो दशविधः कथितः शारदातिलके–

मन्त्राणां दश कथ्यन्ते संस्काराः सिद्धिदायिनः।
निर्दोषतां प्रयान्त्याशु ते मन्त्राः साधु संस्कृताः।।
जननं जीवनं चैव ताडनं बोधनं तथा।
अभिषेकोथ विमलीकरणाप्यायने पुनः।।
तर्पणं दीपनं गुप्तिर्दशैता मन्त्रसंस्क्रियाः।
मन्त्रणां मातृका[3]यन्त्रादुद्धारो जननं स्मृतम्।।
प्रणवान्तरितान्कृत्वा मन्त्रवर्णाञ्जपेत्सुधीः।
मन्त्रार्णसंख्यया तद्धि जीवनं संप्रचक्षते।।

---

1. Mimāṁsā Sūtras, ii. I, 35-37.
2. The tantras are not properly concerned with what is *nitya or naimittika;* they are *kāmya*.
3. वर्गात् for यन्त्रात् C.

मन्त्रवर्णान्समालिख्य ताडयेच्चन्दनाम्भसा।
प्रत्येकं वायुबीजेन ताडनं तदुदाहृतम्।।
विलिख्य मन्त्रवर्णांस्तु प्रसूनैः करवीरजैः।
मन्त्राक्षरेण संख्यातैर्हन्यात्तद्बोधनं मतम्।।
स्वतन्त्रोक्तविधानेन मन्त्री मन्त्रार्णसंख्यया।
अश्वत्थपल्लवैर्मन्त्रमभिषिञ्चेद्विशुद्धये ।।
संचिन्त्य मनसा मन्त्रं ज्योतिर्मन्त्रेण निर्दहेत्।
मन्त्र मलत्रयं मन्त्री विमलीकरणं हि तत्।।
तारव्योमाग्निमनुयुग्ज्योतिर्मन्त्र उदाहृतः।
कुशोदकेन जप्तेन प्रत्यर्णं प्रोक्षणं मनोः।।
वारिबीजेन विधिवदेतदाप्यायनं मतम्।
मन्त्रेण वारिणा मन्त्रे तर्पणं तर्पणं स्मृतम्।।
तारमायारमायोगो मनोर्दीपनमुच्यते।
जप्यमानस्य मन्त्रस्य गोपनं त्वप्रकाशनम्।।
संस्कारा दश मन्त्राणां सर्वतन्त्रेषु गोपिताः।
यत्कृत्वा संप्रदायेन मन्त्री वाञ्छितमश्नुते।।
रुद्धकीलितविच्छिन्नसुप्तशप्तादयोपि च।
मन्त्रदोषाः प्रणश्यन्ति संस्कारैरेभिरुत्तमैः।। इति।

व्या० : त्वमग्नेर्दाहिका शक्तिर्भव पत्नी च सुन्दरी।। (ब्र. वै. प्र. अ. ३७) इति। **निरस्तेति।** मन्त्रदोषा रुद्धकीलिताद्या अनुपदमेव वक्ष्यन्ते (द. १५ पं. ३९९)। ते सर्वे स्वभावत एव निरस्ता येषां तादृशत्वेनेत्यर्थः। **निर्दोषतामिति।**

कर्मण्यतिजडा मन्त्रा मन्त्रिणा योजिता अपि।
तस्मात्तद्दोषनाशाय कर्तव्याः संस्क्रिया दश।।

इत्युक्तत्वात्। **मातृकायन्त्रादिति।** मातृकायन्त्रं च चतुरस्रं चतुर्द्वारं शक्तिमन्त्रस्योद्धारे काश्मीरेण विष्णुमन्त्रस्योद्धारे चन्दनेन शिवमन्त्रस्योद्धारे भस्मना च स्वर्णादिपात्रे विलेखनीयम्। तत्र

कादिमान्ताः पञ्च वर्गा दिक्षु पूर्वादितो न्यसेत्।
यादिवान्ताः शादिहान्ता लक्ष्मीशे प्रविन्यसेत्।।

न्यसेद्विलिखेत्। लक्षं ल क्ष–इति वर्णद्वयम्। ईश ईशान्याम्। तस्माद्यन्त्रान्मन्त्राक्षराणां भावनमुद्धारः। **प्रणवेति**। मन्त्रस्यादौ प्रणवः। ततः प्रथममक्षरम्। ततः पुनः प्रणवः। ततो द्वितीयमक्षरम्। ततः पुनः प्रणव इत्येवं चरमाक्षरान्ते प्रणवं प्रकल्प्य तादृशमन्त्रस्य जपः कार्यः। स च मन्त्राक्षराणां या संख्या तत्संख्याकः। अर्णशब्दो वर्णवाची। **वायुबीजं** यमिति। **मलत्रयमिति**। मायिकं कार्मणमानव्यं चेति मलत्रयम्।

मायिकं नाम योषोत्थं पौरुषं कार्मणं मलम्।
आनव्यमनवीनत्वं निषिद्धं तन्मलत्रयम्।।

न नवमनवम्। तस्य भाव आनव्यं वृद्धत्वमित्यर्थः। ज्योतिर्मन्त्रं निरूपयति–**तारेति**। तारं प्रणवः। व्योम हकारः। अग्नी रेफः। मनुरौकारः। अनुस्वारश्चान्तेनुक्तोपि ग्राह्यः।

तारव्योमाग्निमनुयुग्दण्डी ज्योतिर्मनुर्मतः।

इत्यन्यत्रोक्तत्वात्। दण्ड्यनुस्वारः। प्रत्यर्णं प्रतिवर्णम्। मनोर्मन्त्रस्य। **वारिबीजं** वमिति। **तारेति**। तारं प्रणवः। मायाशब्देन मायाबीजं ह्रीमित्युच्यते। रमाशब्देन श्रीमिति। मनोर्मन्त्रस्यैतत्त्रितयेन यो योगस्तद्दीपनमित्यर्थः। **रुद्धेति**।

आदिमध्यावसानेषु भूबीजद्वंद्वलाञ्छितः।
रुद्धमन्त्रः स विज्ञेयो भुक्तिमुक्तिविवर्जितः।।

भूबीजं लमिति।

Now the peculiar "consecrating ceremonies" (*saṁskāra*) are ten, and they have been thus described in the *Śāradātilaka*—

"There are said to be ten preliminary ceremonies which give to *mantras* efficacy :

"These mantras are thus made complete; they are thoroughly consecrated.

"The 'begetting,' the 'vivifying,' the 'smiting,' the 'awakening,'

"The 'sprinkling,' the 'purifying,' the 'fattening,'

"The 'satisfying,' the 'illumining,' the 'concealing,—these are the ten consecrations of *mantras*.

"The 'begetting' (*janana*) is the extracting of the mantra from its vowels and consonants.

"The wise man should mutter the several letters of the *mantra*, each united to Om,

"According to the number of the letters. This they call the 'vivifying' (*Jīvana*).

"Having written the letters of the *mantra*, let him smite each with sandal-water,

"Uttering at each the mystic 'seed' of air.[1] This is called the 'smiting' (*tāḍana*).

"Having written the letters of the *mantra*, let him strike them with oleander flowers,

"Each enumerated with a letter. This is called the 'awakening' (*bodhana*).

"Let the adept, according to the ritual prescribed in his own special *tantra*,

"Sprinkle the letters, according to their number, with leaves of the Ficus religiosa. This is the 'sprinkling' (*abhiṣeka*).

"Having meditated on the *mantra* in his mind, let him consume by the *Jyotir-mantra*

"The threefold impurity of the *mantra*. This is the 'purification' (*vimalī-karaṇa*).

"The utterance of the *Jyotir-mantra*, together with, Om, and the mantras of Vyoman and Agni,

"And the sprinkling of every letter with water from a bunch of kuśa grass,

"With the mystical seed of water[2] duly muttered,—this is held to be the, 'fattening' (*āpyāyana*).

"The satiating libation over the *mantra* with *mantra*-hallowed water is the 'satisfying' (*tarpaṇa*).

"The joining of, the *mantra* with Om and the 'seeds' of Māyā[3] and Rāmā[4] is called its 'illumining' (*dīpana*).

"The non-publication of the *mantra* which is being muttered—this is its 'concealing' (*gopana*).

1. The *vīja* of air is the syllable *jaṁ*.
2. The *vija* of water is the syllable *baṁ*.
3. *Hriṁ*.
4. *Śriṁ*.

"These ten consecrating ceremonies are kept close in all *tantras;*

"And the adept who practises them according to the tradition obtains his desire;

"And *ruddha, kīlita, vichinna, supta, śapta,* and the rest,

"All these faults in the *mantra* rites are abolished by these excellent consecrations."

तदलमकाण्डताण्डवकल्पेन मन्त्रशास्त्ररहस्योद्घोषणेन।

ईश्वरप्रणिधानं नामाभिहितानामनभिहितानां च सर्वासां क्रियायां परमेश्वरे परमगुरौ फलानपेक्षया समर्पणम्। यत्रेदमुक्तम्–

कामतोऽकामतो वापि यत्करोमि शुभाशुभम्।
तत्सर्वं त्वयि विन्यस्तं त्वत्प्रयुक्तः करोम्यहम्।। इति।

व्या० : माया नमामि च पदं नास्ति यस्मिन्स कीलितः।
मनोर्यस्यादिमध्यान्तेष्वानिलं बीजमुच्यते।।
संयुक्तं वा वियुक्तं वा स्वराक्रान्तं त्रिधा पुनः।
चतुर्धा पञ्चधा वाथ स मन्त्रश्छिन्नसंज्ञकः।।
त्रिवर्णो हंसहीनो यः सुषुप्तः समुदाहृतः।

शप्तः केनापि हृतवीर्यः।

एवं स्वाध्यायं निरूप्य क्रमप्राप्तमीश्वरप्रणिधानं निरूपयति–**ईश्वरेति।** अभिहिता विहिताः। तत्तुल्यन्यायेनात्र क्रियमाणा अनिषिद्धा अनभिहिताः। अथ वा अभिहिता वैदिक्यः। अनभिहिता लौकिक्यः। यत्र समर्पणविषये। **कामत इति।** स्पष्टम्। कौर्मेप्युक्तम्–

नाहं कर्ता सर्वमेतद्ब्रह्मैव कुरुते तथा।
एतद्ब्रह्मार्पणं प्रोक्तमृषिभिस्तत्त्वदर्शिभिः।। इति।

But enough of this venturing to make public the *tantra* mysteries connected with *mantras,* which has suddenly led us astray like an unexpected Baccanalian dance.[1]

The third form of practical *yoga,* "resignation to the Lord"

---

1. *Tāṇḍava* is the frantic dance of the god Śiva and his votaries.

(*īśvara -praṇidhāna*), is the consigning all one's works, whether mentioned or not, without regard to fruit, to the Supreme Lord, the Supremely Venerable. As it has been said—

"Whatever I do, good or bad, voluntary or involuntary,

"That is all made over to thee; I act as impelled by thee."

क्रियाफलसंन्यासोपि भक्तिविशेषापरपर्यायं प्रणिधानमेव। फलानभिसंधानेन कर्मकरणात्। तथा च गीयते गीतासु भगवता–

कर्मण्येवाधिकारस्ते मा फलेषु कदाचन।
मा कर्मफलहेतुर्भूर्मा ते सङ्गोस्त्वकर्मणि।। (गी. २।४७)

फलाभिसंधेरुपघातकत्वमभिहितं भगवद्भिर्नीलकण्ठभारतीश्रीचरणैः:-

अपि प्रयत्नसंपन्नं कामेनोपहतं तपः।
न तुष्टये महेशस्य श्वलीढमिव पायसम्।। इति।

सा च तपःस्वाध्यायेश्वरप्रणिधानात्मिका क्रिया योगसाधनत्वाद्योग इति शुद्धसारोपलक्षणावृत्त्याश्रयणेन निरूप्यते यथायुर्घृतमिति।

व्या० : कर्मण्येवेति। कर्मण्येव तेर्जुनस्याधिकारो न कर्मफले। कर्मफलेधिकारो नाम मयेदं फलं भोक्तव्यमित्यभिलाषः। फलकामनया कर्म कुर्वन् फलहेतुरुच्यते। तादृशस्त्वं मा भूः। कर्माकरणे च ते प्रीतिर्मा भूदित्यर्थः। **श्वलीढम्।** शुनास्वादितम्। **शुद्धसारोपेति।** यथायुर्घृतमित्यत्रायुःपदेनायुःसाधनं लक्ष्यते तथा तपःस्वाध्याय (पात. यो. सू. २।१) इति सूत्रे योगपदेन योगसाधनं लक्ष्यते।

This self-resignation is also sometimes defined as "the surrender of the fruits of one's actions," and is thus a peculiar kind of faith, since most men act only with a selfish regard to the fruit. Thus it is sung in the Bhagavad Gītā [ii. 47]—

"Let thy sole concern be with action and never the fruits;

"Be not attracted by the fruit of the action, nor be thou attached to inaction."

The harmfulness of aiming at the fruit of an action has been declared by the venerable Nīlakaṇṭha-bhāratī—

Even a penance accomplished by great effort, but vitiated by desire,

"Produces only disgust in the Great Lord, like milk which has been licked by a dog."

शुद्धसारोपलक्षणा नाम लक्षणाप्रभेदः। मुख्यार्थबाधतद्योगाभ्यामर्थान्तर-प्रतिपादनं लक्षणा। सा द्विविधा। रूढिमूला प्रयोजनमूला च। तदुक्तं काव्यप्रकाशे-

मुख्यार्थबाधे तद्योगे रूढितोथ प्रयोजनात्।
अन्योर्थो लक्ष्यते यत्सा लक्षणारोपिता क्रिया।।

(का. प्र. २।९) इति।

यच्छब्देन लक्ष्यत इत्याख्याते गुणीभूतं प्रतिपादनमात्रं परामृश्यते। सा लक्षणेति प्रतिनिर्दिश्यमानापेक्षया तच्छब्दस्य स्त्रीलिङ्गत्वोपपत्तिः। तदुक्तं कैयटैः- निर्दिश्यमानप्रतिनिर्दिश्यमानयोरैक्यमापादयन्ति सर्वनामानि पर्यायेण तत्तल्लिङ्ग-मुपाददत इति। तत्र कर्मणि कुशल इत्यादि रूढिलक्षणाया उदाहरणम्। कुशाल्लाँतीति व्युत्पत्त्या दर्भादानकर्तरि यौगिकं कुशलपदं विवेचकत्वसारूप्या-त्प्रवीणे प्रवर्तमानमनादिवृद्धव्यवहारपरम्परानुपातित्वेनाभिधानवत्प्रयोजनमनपेक्ष्य प्रवर्तते। तदाह-

निरूढा लक्षणाः काश्चित्सामर्थ्यादभिधानवत्। (त. वा.) इति।

तस्माद्रूढिलक्षणायाः प्रयोजनापेक्षा नास्ति। यद्यपि प्रयुक्तः शब्दः प्रथमं मुख्यार्थं प्रतिपादयति तेनार्थेनार्थान्तरं लक्ष्यत इत्यर्थधर्मोयं लक्षणा तथापि तत्प्रतिपादके शब्दे समारोपितः सञ्शब्दव्यापार इति व्यपदिश्यते। एतदेवाभिप्रेत्योक्तं लक्षणारोपिता क्रियेति। प्रयोजनलक्षणा तु षड्विधा। उपादानलक्षणा लक्षणलक्षणा गौणसारोपा गौणसाध्यवसाना शुद्धसारोपा शुद्धसाध्यवसाना चेति। कुन्ताः प्रविशन्ति मञ्चाः क्रोशन्ति गौर्बाहीकः गौरयम् आयुर्घृतम् आयुरेवेदम्-इति यथाक्रममुदाहरणानि द्रष्टव्यानि। तदुक्तम्-

स्वसिद्धये पराक्षेपः परार्थं स्वसमर्पणम्।
उपादानं लक्षणं चेत्युक्ता शुद्धैव सा द्विधा।।
सारोपान्या तु यत्रोक्तौ विषयी विषयस्तथा।
विषय्यन्तःकृतेन्यस्मिन्सा स्यात्साध्यवसानिका।।
भेदाविमौ च सादृश्यात्संबन्धान्तरतस्तथा।
गौणौ शुद्धौ च विज्ञेयौ लक्षणा तेन षड्विधा।।

(का. प्र. २।१०-१२) इति।

तदलं काव्यमीमांसामर्मनिर्मन्थनेन।

व्या० : अत्र शुद्धसारोपलक्षणामुपपादयल्लँक्षणायाः स्वरूपं विभागं च प्रदर्शयति–**शुद्धेत्यादिना**। अत्र च लक्षणा शुद्धा। न तु गौणी। सादृश्यसंबन्धमूलिका लक्षणा च गौणीत्युच्यते। यथा सिंहो माणवक इति। अत्र क्रौर्यादिगुणैः सिंहसदृशे माणवके सिंहशब्दः प्रयुज्यते। सादृश्येतरसंबन्धमूलिका लक्षणा शुद्धा। योगशब्दस्य योगसाधनेर्थे लक्षणायाः कार्यकारणभावसंबन्धमूलकत्वेनेयं शुद्धा। सारोपा चेयं लक्षणा। आरोपो हि विषयविषयिणोर्भेदेनोपन्यासः। अत्रारोप्यमाणो योगो विषयी। विषयश्चारोपस्य क्रिया। तयोर्द्वयोः क्रियायोगयोरत्रोपन्यासात्। यथा सिंहो माणवक इत्यत्र सिंहमाणवकयोरुपन्यासे सारोपा। यदा तु माणवकपदमनुच्चार्यायं सिंह इत्येव विषयिमात्रं निर्दिश्यते तदा न सारोपा। किं तु साध्यवसाना। अध्यवसानं नाम विषयिवाचकपदेन विषयनिगरणम्। **मुख्यार्थबाधेति**। यथा गङ्गायां घोष इत्यत्र गङ्गापदस्य मुख्योर्थो जलविशेषः। स च बाधितः। तस्य घोषाधारत्वासंभवात्। तद्योगस्तेन मुख्यार्थेन जलेन योगः संबन्धस्तीरे। अतो बाधितेन गङ्गाशब्दस्य मुख्यार्थेन जलेन यत्स्वसंयुक्त-स्यार्थान्तरस्य तीरस्य बोधनं सा लक्षणा। लक्षणा च न मुख्या वृत्तिः। तथापीयं प्रयोजनवशादाश्रीयते। यथा गङ्गायां घोष इत्यत्रैव यदि लक्षणां विहाय मुख्यार्थस्तीरशब्द एव प्रयुज्यते गङ्गातीरे घोष इति तदा गङ्गासमीपस्थे घोषे गङ्गासामीप्येन शैत्यं पावनत्वं च सामान्यतः प्रतीयते न तु तदतित्रयः। गङ्गायामित्युक्तौ तु तीरस्य गङ्गात्वेन बोधाद्घोषे गङ्गास्थ इव शैत्यातिशयः पावनत्वातिशयश्च प्रतीयते। तथा चेयं लक्षणा प्रयोजनमूलेत्युच्यते। क्वचित्तु प्रयोजनमनुद्दिश्य लोके तादृशप्रयोगप्रसिद्धिं दृष्ट्वैव केवलं लक्षणाश्रीयते तत्र लक्षणा रूढिमूलेत्युच्यते। रूढिः प्रसिद्धिः। यथा कर्मणि कुशल इति। अत्र हि कुशान्दर्भांल्लाँत्यादत्त इति कुशल इति व्युत्पत्त्या दर्भग्रहणकर्ता कुशलशब्दस्य मुख्योर्थः। स च सर्वत्र कर्मणि बाधित इति लक्षणया तस्य निपुणार्थबोधकत्वम्। कुशग्रहणकर्तुर्निपुणस्य च साध्वसाधुविवेचकत्वेन सादृश्यसंबन्धसत्त्वात्। अत्र च कर्मणि निपुण इत्यपेक्षया कर्मणि कुशल इत्यस्मान्न कश्चिदधिकोर्थः प्रतीयत इतीयं रूढिमूला। इयं चाभिधातुल्यैव। **मुख्यार्थेति**। बाधश्चान्वयासंभवः। क्रिया व्यापारः। मुख्यार्थस्य बाधे तेन मुख्यार्थेन स्वसंयुक्तस्यार्थस्य रूढितः प्रयोजनाद्वा यत्प्रतिपादनं सा लक्षणा। तथा चायमन्यार्थप्रतिपादनरूपो लक्षणासंज्ञको व्यापारो मुख्यार्थस्य जलादेरेव न तु गङ्गाशब्दस्य। शब्दे त्वर्थद्वारायं व्यापार आरोपितः। तथा च लोके प्रयुज्यते गङ्गाशब्दो लक्षणया तीरं बोधयतीति। **यच्छब्देनेति**। पाचकादिपदेष्विव पचति पच्यत इति क्रियापदेष्वपि प्रत्ययार्थस्यैव प्राधान्यम्। धात्वर्थस्तु तद्विशेषणमिति नैयायिकमतम्। तथा च लक्ष्यत इति क्रियापदे लक्षधातोः प्रतिपादनरूपार्थः प्रत्ययार्थस्य विशेषणीभूतोपि

यदित्यनेन परामृश्यते न तु तद्विशिष्टः प्रत्ययार्थः। यतः प्रतिपादनमेव लक्षणा न तु प्रतिपादितोर्थः। वैयाकरणमते तु क्रियापदे प्रकृत्यर्थस्यैव प्राधान्यमिति न प्रतिपादनस्य गुणीभूतत्वमित्यन्यत्। ननु यत्तच्छब्दार्थयोः समानार्थकत्वनियमात्तच्छब्देनापि प्रतिपादनस्यैव परामर्शात्तल्लक्षणेति वक्तव्यं न तु सेति स्त्रीलिङ्गनिर्देश इति चेत्तत्राह–**सा लक्षणेतीति। तदुक्तं कैयटैरिति।** पातञ्जले महाभाष्ये पस्पशाह्निके शब्दस्वरूपविवेचने प्रस्तुते किं यत्तत्सास्नालाङ्गूलककुदखुरविषाण्यर्थरूपं स शब्द इत्युक्तम्। तत्र विधेयभूतशब्दानुसारेण स इति पुंस्त्वेन निर्देशः कृतः। तदुपपत्तिं प्रदर्शयद्भिः केयटेपाध्यायैरेतदुक्तम् निर्दिश्यमानमुद्देश्यम्। प्रतिनिर्दिश्यमानं विधेयम्। विद्यप्युद्देश्यपरामर्शी तच्छब्दस्तथापि तस्योद्देश्यविधेययोरैक्यप्रदर्शकत्वेनोद्देश्यलिङ्गेनैव निर्देशः कार्य इत्यत्र प्रमाणाभावाद्विधेयलिङ्गेन निर्देशेपि न किंचिद्बाधकमिति कैयटाशयः। तथा च प्रयुज्यते–योसौ पुत्रः स रत्नमिति योसौ पुत्रस्तद्रत्नमिति च। **अभिधानवत्।** शक्तिवत्। **तदाहेति।** तन्त्रवार्तिककारः कुमारिलभट्ट इति शेषः। तेन ह्यरुणाधिकरण एतदुक्तम्। **सामर्थ्यात्।** प्रसिद्धेः। **यद्यपीति।** अनुपदमेवोपपादितम्। **स्वसिद्धय इति।** स्वस्य मुख्यार्थस्यान्वयप्रवेशसिद्धये परस्यान्यार्थस्याक्षेपो ग्रहणम्। एतदेवोपादानमुच्यते। स्वार्थापरित्यागेन परार्थग्रहणमुपादानमिति यावत्। तथा कुन्ताः प्रविशन्तीत्यत्र कुन्तानां शस्त्रविशेषाणामचेतनानां प्रवेशनक्रियाकर्तृत्वासंभवेनान्वयायोगात्तत्सिद्ध्यर्थं स्वविशिष्टाः पुरुषास्तैर्लक्ष्यन्ते। कुन्तविशिष्टानामेव प्रवेशस्य विवक्षितत्वात्। अत इयमुपादानलक्षणा। एवं परार्थं परस्यान्वयप्रवेशसिद्ध्यर्थं स्वस्य मुख्यार्थस्य समर्पणं परित्यागः। एतदेव लक्षणमित्युच्यते। स्वार्थपरित्यागेन परार्थलक्षणं लक्षणमिति यावत्। यथा मञ्चाः क्रोशन्तीत्यत्र मञ्चैः स्वपरित्यागपूर्वकं स्वनिष्ठाः पुरुषा एव केवलमाक्षिप्यन्ते। मञ्चविशिष्टानां क्रोशनकर्तृत्वासंभवात्। अत इयं लक्षणलक्षणा। एतादृशप्रकारद्वयवती शुद्धैव न तु गौणी। गौण्याः सादृश्यसंबन्धमूलकत्वनियमेन तत्रोपादानलक्षणाया असंभवात्। **सारोपेति।** अन्या तु गौणी तु प्रकारान्तरेण भिद्यते। यत्र विषयी विषयश्चेत्युभावुक्तौ शब्दप्रतिपाद्यौ भवतस्तत्र सारोपा। विषयवियषिणोरभेदेनोपन्यास आरोपः। यथा गौर्बाहीक इत्यत्र। अत्र हि गवा बुद्धिमान्द्यादिसादृश्याज्जड इत्यर्थो लक्ष्यते। अतो गौणी। आरोप्यमाणो विषयी गौर्गोशब्देन निर्दिष्टः। आरोपस्य विषयो बाहीकश्च बाहीकशब्देन निर्दिष्टः। अतः सारोपा। एवमियं गौणसारोपेत्युच्यते। तथा विषयिणारोप्यमाणेनान्यस्मिन्विषयेन्तःकृते निगीर्णे सति साध्यवसानिका भवति। विषयिणा विषयस्य तिरोभावो ह्यध्यवसानम्। यथा गौरयमिति। अत्र हि बाहीकोर्थो गवा स्विस्मिन्निगीर्यते न तु तस्य शब्दान्तरेणोपस्थितिः। बाहीकपदानुच्चारणात्। अत इयं गौणसाध्यवसाना। **भेदाविति।** इमौ सारोपसाध्यवसानरूपौ भेदौ यदा सादृश्यसंबन्धाद्भवतस्तदा गौणौ विज्ञेयौ। तौ चोदाहृतौ। यदा तु संबन्धान्तराद्भवतस्तदा

शुद्धौ विज्ञेयौ। यथा आयुर्घृतमिति। अत्र हि नायुर्घृतयोः सादृश्यसंबन्धः। किं तु कार्यकारणभावः। अत इयं शुद्धा। घृतायुषोर्विषयविषयिणोः पदद्वयेन पृथगुपन्यासात्सारोपा च। आयुरेवेदमित्यत्र तु घृतस्य पदान्तरेणानुपस्थानात्साध्यवसाना। एवं लक्षणा षड्विधेत्यर्थः।

Now this prescribed practice of mortification, recitation, and resignation is itself called yoga,, because it is a means for producing *yoga*, this being an instance of the function of words called "superimponent pure Indication," as in the well-known example, "Butter is longevity." "Indication" is the establishing of another meaning of a word from the incompatibility of its principal meaning with the rest of the sentence, and from the connection of this new meaning with the former; it is twofold, as founded on notoriety or on a motive. This has been declared in the *Kāvya-prakāśa* [ii. 9]—

> "When, in consequence of the incompatibility of the principal meaning of a word, and yet in connection with it, another meaning is indicated through notoriety, or a motive, this is 'Indication,' the superadded function of the word."

Now, the word "this" [*i.e., tat* in the neuter, which the neuter *yat* in the extract would have naturally led us to expect instead of the feminine *sā*] would have signified some neuter word, like "implying," which is involved as a subordinate part of the verb "is indicated." But *sā* is used in the feminine [by attraction to agree with *lakṣaṇā*], "this is indication," *i.e.*, the neuter "this" is put in the feminine through its dependence on the predicate. This has been explained by Kaiyaṭa, "Of those pronouns which imply the identity of the subject and the predicate, the former takes the gender of the former, the latter of the latter."[1] Now "expert (*kuśala*) in business" is an example of Indication from notoriety; for the word *kuśala*, which is significant in its parts by being analysed etymologically as *kuśaṁ+ lāti*, "one who gathers kuśa grass for the sacrifice;" is here employed to mean

1. Literally "they take severally in order the gender of one of the two." Cf. "The bae ipsae quod Boeotiae caput est," *Livy*, xlii. 44; "Animal hoc providum, acutum, plenum rationis et consilii, quem vocamus hominem," *Cic., Legg.* i. 7.

"expert" through the relation of a similarity in character, as both are persons of discernment; and this does not need a motive any more than Denotation does, since each is the using a word in its recognised conventional sense in accordance with the immemorial tradition of the elders. Hence it has been said—

> "Some instances of 'indication' are known by notoriety from their immediate significance, just as is the case in 'denotation' [the primary power of a word]."

Therefore indication based on notoriety has no regard to any motive. Although a word, when it is employed, first establishes its principal meaning, and then by that meaning a second meaning is subsequently indicated, and so indication belongs properly to the principal meaning and not to the word; still, since it is superadded to the word which originally established the primary meaning, it is called [improperly by metonymy] a function of the word. It was with a view to this that the author of the Kāvya-prakāśa used the expression, "This is 'Indication,' the superadded function of the word." But the indication based on a motive is of six kinds : 1. inclusive indication,[1] as "the lances enter" [where we really mean "men *with* the lances"]; 2. indicative indication, as "the benches shout" [where the spectators are meant *without* the benches]; 3. qualified[2] superimponent indication, as "the man of the Panjāb is an ox" [here the object is not swallowed up in the simile]; 4. qualified introsusceptive indication, as "that ox" (here the man is swallowed up in the simile]; 5. pure superimponent indication, as "*ghī* is life;" 6. pure introsuspective indication, as "verily this is life." This been all explained in the Kāvya-prakāśa [ii. 10-12]. But enough of this churning of the depths of rhetorical discussions.

स च योगो यमादिभेदवशादष्यङ्ग इति निर्दिष्टः। तत्र यमा अहिंसादयः। तदाह पतञ्जलिः-अंहिंसासत्यास्तेयब्रह्मचर्यापरिग्रहा यमाः (पात. यो. सू. २।३०)

1. I have borrowed these terms from Ballantyne's translation of the Sāhitya-darpaṇa.
2. Qualified indication arises from likeness, as the man is like an ox from his stupidity ; pure indication from any other relation, as cause and effect, etc., thus butter is the cause of longevity.

इति। नियमाः शौचादयः। तदप्याह–शौचसंतोषतपःस्वाध्यायेश्वरप्रणिधानानि नियमाः (पात. यो. सू. २।३२) इति। एते च यमनियमा विष्णुपुराणे दर्शिताः –

ब्रह्मचर्यमहिंसां च सत्यास्तेयापरिग्रहान्।
सेवेत योगी निष्कामो योग्यतां स्वं मनो नयन्।।
स्वाध्यायशौचसंतोषतपांसि नियतात्मवान्।
कुर्वीत ब्रह्मणि तथा परस्मिन्प्रवणं मनः।।
एते यमाः सनियमाः पञ्च पञ्च प्रकीर्तिताः।
विशिटफलदाः कामे निष्कामाणां विमुक्तिदाः।।

(वि. पु. ६।७।३६–३८) इति।

स्थिरसुखमासनं पद्मासनभद्रासनवीरासनस्वस्तिकासनदण्डकासनसोपाश्रय-पर्यङ्कक्रौञ्चनिषदनोष्ट्रनिषदनसमसंस्थानभेदाद्दशविधम्।

पादाङ्गुष्ठौ निबध्नीयाद्धस्ताभ्यां व्युत्क्रमेण तु।
ऊर्वोरुपरि विप्रेन्द्र कृत्वा पादतले उभे।।
पद्मासनं भवेदेतत्सर्वेषामभिपूजितम्।

इत्यादिना याज्ञवल्क्यः पद्मासनादिस्वरूपं निरूपितवान्। तत्सर्वं तत एवावगन्तव्यम्। तस्मिन्नासनस्थैर्ये सति प्राणायामः प्रतिष्ठितो भवति। स च श्वासप्रश्वासयोर्गतिविच्छेदस्वरूपः। तत्र [1]श्वासो नाम बाह्यस्य वायोरन्तरानयनम्। प्रश्वासः पुनः कोष्ठ्यस्य बहिर्निःसारणम्। तयोरुभयोरपि संचरणाभावः प्राणायामः। ननु नेदं प्राणायामसामान्यलक्षणम्। तद्विशेषेबु रेचककुम्भकपूरकप्रकारेषु तदनुगतेरयोगादिति चेत्–नैष दोषः। सर्वत्रापि श्वासप्रश्वासगतिविच्छेदसंभवात्। तथा हि। कोष्ठ्यस्य वायोर्बहिर्निःसरणं रेचकः प्राणयामो यः प्रश्वासत्वेन प्रागुक्तः। बाह्यस्य वायोरन्तर्धारणं पूरको[2] यः श्वासरूपः। अन्तःस्तम्भवृत्तिः कुम्भकः। यस्मिञ्जलमिव कुम्भे निश्चलतया प्राणाख्यो वायुवस्थाप्यते। तत्र सर्वत्र श्वासप्रश्वासद्वय गतिविच्छेदोस्त्येवेति नास्ति शङ्कावकाशः। तदुक्तं तस्मिन्सति श्वासप्रश्वासयोर्गति विच्छेदः प्राणायामः (पात. यो. सू. २।४९) इति।

व्या० : यमादिभेदेति। आदिपदेन नियमासनप्राणायामप्रत्याहारधारणाध्यान-

1. उच्छ्वास for श्वास D.
2. चरमः for पूरकः A.

समाधिसंग्रहः। **अहिंसेति**। अहिंसादीनां यमानां शौचादीनां नियमानां च स्वरूपं प्रागुक्तम् (पृ. ३३२ पं. १२)। **योग्यतामिति**। स्वं स्वकीयं मन आत्मविचारयोग्यतां प्रापयन्नित्यर्थः। फलाभिसंधिराहितेनाहिंसादियमानुष्ठानेनात्मविचारयोग्यं मनो भवतीति तात्पर्यम्। **स्वाध्यायेति**। नियतात्मवान्निगृहीतमनाः सन्स्वाध्यायादीन्सेवेत। तथा च परस्मिन्ब्रह्मणि प्रवणमासक्तं मनः कुर्वीत। अनेनेश्वरप्रणिधानरूपः प्रश्चमो नियमः प्रदर्शितः। **स्थिरेति**। प्रागुपपादितम् (पृ. ३३२ पं. १९) **पद्मासनेति**। पद्मासनस्वरूपं मूल एवोक्तम्। अन्यान्युच्यन्ते–

गुल्फौ च वृषणस्याधः सीवन्याः पार्श्वयोः क्षिपेत्।
पार्श्वपादौ च पाणिभ्यां दृढं बध्वा सुनिश्चलः।
भद्रासनं भवेदेतत्सर्वव्याधिविषापहम्।।
एकपादमथैकस्मिन्विन्यस्योरौ च संस्थितः।
इतरस्मिंस्तथा पादं वीरासनमुदाहृतम्।।
जानूर्वोरन्तरे सम्यक्कृत्वा पादतले उभे।
ऋजुकायः सुखासीनः स्वस्तिकं तत्प्रचक्षते।।

श्लिष्टङ्गुलिकौ श्लिष्टगुल्फौ भूमिश्लिष्टजङ्घोरुपादौ प्रसार्योपवेशनं दण्डकासनम्। योगपट्टयोगेनोपवेशनं सोपाश्रयम्। जानुप्रसारितबाहोः शयनं पर्यङ्कः। निषण्णक्रौञ्चवदवस्थानं क्रौञ्चनिषदनम्। निषण्णोष्ट्रवदवस्थानमुष्ट्रनिषदनम्। जान्वोरुपरि हस्तौ कृत्वा कायशिरोग्रीवाणामवक्रभावेनावस्थानं समसंस्थानम्। तदनुगतेरिति। तस्य गतिविच्छेदरूपस्य प्राणायामसामान्यलक्षणस्य कुम्भकेनुगतावपि रेचकपूरकयोस्तदसंभवः। रेचके बहिर्निःसरणरूपायाः पूरकेन्तःप्रवेशरूपायाश्च गतेः सत्त्वादिति शङ्काशयः। **श्वासप्रश्वासद्वयेति**। एकसत्त्वेपि द्वयं नास्तीति न्यायेनोभयाभावस्य पूरके रेचके च सत्त्वात्। किं च प्राणायामसामान्यलक्षणे गतिविच्छेद इत्यस्य स्वाभाविक्या गतेर्विच्छेद इत्यर्थः। रेचके पूरके च न वायोः स्वाभाविकी गतिः। किं तु देशतः कालतश्चाधिका। तथा च स्वाभाविकगतिविच्छेदसत्त्वान्न दोषः। वस्तुतस्तु प्रश्वासेन रेचनेन यो गत्यभावः स रेचकः। तथान्तरा पूरणेन यो गत्यभावः स पूरकः। प्रश्वासपूर्वको गत्यभावो रेचकः। श्वासपूर्वको गत्यभावः पूरक इति यावत्। कुम्भके तु यथा तप्त उपले न्यस्तं जलं सर्वतः संकोचमापद्यते तथा बाह्याभ्यन्तरयोर्द्वयोरपि युगपद्गत्यभावेन संकोचरूपः स्तम्भो भवतीति विशेषः।

This yoga has been declared to have eight things ancillary to it (*anga*) ; these are the forbearances, religions observances, postures, suppression of the breath, restraint, attention, contemplation, and meditation [ii. 29]. Patañjali says, "Forbearance consists in not wishing to kill, veracity, not stealing, continence, not coveting" (ii. 30]. "Religious observances are purifications, contentment, mortification, recitation of texts, and resignation to the Lord" (ii. 32]; and these are described in the Viṣṇu Purāṇa (vi 7, 36-38]—

> "The sage who brings his mind into a fit state for attaining Brahman, practises, void of all desire,
>
> "Continence, abstinence from injury, truth, non-stealing, and non-coveting ;
>
> "Self-controlled, he should practise recitation of texts, purification, contentment, and austerity,
>
> "And then he should make his mind intent on the Supreme Brahman.
>
> "These are respectively called the five 'forbearances' and the five 'religious observances;'
>
> "They bestow excellent rewards when done through desire of reward, and eternal liberation to those void of desire."

"A 'posture' is what is steady and pleasant" [ii. 46]; it is of ten kinds, as the *padma, bhadra, vīra, svastika, daṇḍaka, sopāśraya, paryaṅka, krauñcaniṣadana, uṣṭraniṣadana, samasaṁsthāna.* Yājñavalkya has described each of them in the passage which commences—

> "Let him hold fast his two great toes with his two hands, but in reverse order,
>
> "Having placed the soles of his feet, O chief of Brāhmans, on his thighs;
>
> "This will be the *padma* posture, held in honour by all."

The descriptions of the others must be sought in that work.—When this steadiness of posture has been attained, "regulation of the breath " is practised, and this consists in "a cutting short of the motion of inspiration and expiration" [ii. 49]. Inspiration is the drawing in of the external air; expiration is the expelling of the air within the body; and "regulation of the breath" is the cessation of activity in both movements. "But [it may be objected] this cannot be accepted as a general definition of 'regulation of breath,' since it fails to apply to the special kinds, as *recaka, pūraka,* and *kumbhaka.*" We reply that there is here no fault in the definition, since the "cutting short of the motion of inspiration and expiration" is found in all these special kinds. Thus *recaka,* which is the expulsion of the air within the body, is only that regulation of the breath, which has been mentioned before as "expiration ;" and *pūraka,* which is the [regulated] retention of the external air within the body, is the "inspiration;" and *kumbhaka* is the internal suspension of breathing, when the vital air, called *prāṇa,* remains motionless like water in a jar (*kumbha*). Thus the "cutting short of the motion of inspiration and expiration" applies to all, and consequently the objector's doubt is needless.

स च वायुः सूर्योदयमारभ्य सार्धघटिकाद्वयं घटीयन्त्रस्थितघटभ्रमण-न्यानेनैककस्यां नाड्यां भवति। एवं सत्यहर्निशं श्वासप्रश्वासयोः षट्शताधिकैक-विंशतिसहस्राणि जायन्ते। अत एवोक्तं मन्त्रसमर्पणरहस्यवेदिभिरजपामन्त्रसमर्पणे–

षट्शतानि गणेशाय षट्सहस्रं स्वयंभुवे।
विष्णवे षट्सहस्रं च षट्सहस्रं पिनाकिने।।
सहस्रमेक गुरवे सहस्रं परमात्मने।
सहस्रमात्मने चैवमर्पयामि कृतं जपम्।। इति।

तथा नाडीसंचारणदशायां वायोः संचरणे पृथिव्यादीनि तत्त्वानि वर्णविशेष-वशात्पुरुषार्थाभिलाषुकैः पुरुषैरवगन्तव्यानि। तदुक्तमभियुक्तैः–

सार्धं घटीद्वयं नाड्योरेकैकार्कोदयाद्वहेत्।
अरघट्टघटीभ्रान्तिन्यायो नाड्योः पुनः पुनः।।
शतानि तत्र जायन्ते निश्वासोच्छ्वासयोर्नव।
खखषट्कद्विकैः संख्याहोरात्रे सकले पुनः।।
षट्त्रिंशद्गुरुवर्णानां या बेला भणने भवेत्।
सा वेला मरुतो नाड्यन्तरे संचरतो भवेत्।।

प्रत्येकं पञ्च तत्त्वानि नाड्योश्च वहमानयोः।
वहन्त्यहर्निशं तानि ज्ञातव्यानि यतात्मभिः।।
ऊर्ध्वं वह्निरधस्तोयं तिरश्चीनः समीरणः।
भूमिमर्धपुटे व्योम सर्वगं प्रवहेत्पुनः।।
वायोर्वह्नेरपां पृथ्व्या व्योम्नस्तत्वं वहेत्क्रमात्।
वहन्त्योरुभयोर्नाड्योर्ज्ञातव्योयं क्रमः सदा।।
पृथ्व्याः पलानि पञ्चाशच्चत्वारिंशत्तथाम्भसः।
अग्नेस्त्रिंशत्पुनर्वायोविंशतिर्नभसो दश।।
प्रवाहकालसंख्येयं हेतुस्तत्र प्रदर्श्यते।
पृथ्वी पञ्चगुणा तोयं चतुर्गुणमथानलः।।
त्रिगुणो द्विगुणो वायुर्वियदेकगुणं भवेत्।
गुणं प्रति दश पलान्युर्व्यां पञ्चाशदित्यतः।।
एकैकहानिस्तोयादेस्तथा पञ्च गुणाः क्षितेः।
गन्धो रसश्च रूपं च स्पर्शः शब्दः क्रमादमी।।
तत्वाभ्यां भूजलाभ्यां स्याच्छन्तिः कार्ये फलोन्नतिः।
दीप्तास्थिराव्यूहवृत्तिस्तेजोवाय्वम्बरेषु च।।
पृथ्व्यप्तेजोमरुद्व्योमतत्त्वानां चिह्नमुच्यते।
आद्ये स्थैर्यं स्वचित्तस्य शैत्ये कामोद्भवो भवेत्।।
तृतीये कोपसंतापौ चतुर्थे चञ्चलात्मता।
पञ्चमे शून्यतैव स्यादथ वाधर्मवासना।।
श्रुत्योरङ्गुष्ठकौ मध्याङ्गुल्यौ नासापुटद्वये।
सृक्किण्योः प्रान्त्यकोपान्त्याङ्गुली शेषे दृगन्तयोः।।
न्यस्यान्तः स्थपृथिव्यादितत्वज्ञानं भवेत्क्रमात्।
पीतश्वेतारुणश्यामैर्बिन्दुभिर्निरुपाधि खम्।। इत्यादिना।

यथावद्वायुतत्त्वमवगम्य तन्नियमने विधीयमाने विवेकज्ञानावरणकर्मक्षयो भवति। तपो न परं प्राणायामादिति।

दह्यन्ते ध्मायमानानां धातूनां हि यथा मलाः।
प्राणायामैस्तु दह्यन्ते तद्वदिन्द्रियजा मलाः।। इति च।

व्या० : अथ प्राणायामप्रसङ्गेन वायोर्वहनस्थानादिकं निरूपयति–**स च वायुरिति।** प्राणिनां दक्षिणा नाडी पिङ्गला। वामा त्विडा। मध्ये सुषुम्ना। वायोः संचारश्च सार्धघटिकाद्वयपर्यन्तं पिङ्गलया भवति। ततः सार्धघटिकाद्वयपर्यन्तमिडया भवति। ततः पुनस्तावत्कालपर्यन्तमेव पिङ्गलया ततः पुनरिडयेत्येवमहर्निशं घटीयन्त्रस्थित-घटभ्रमणवन्नाडीद्वयेन वायुर्वहति। एकैकस्या घटिकायाश्च पलानि षष्टिः। एकैकस्मिन्पले श्वासप्रश्वासाः षड्भवन्ति। तथा चैकस्यां घटिकायां षष्ट्यधिकं शतत्रयम्। सार्धघटिकाद्वये नव शतानि। सूर्योदयमारभ्य पुनः सूर्योदयपर्यन्तं श्वासप्रश्वासाः षट्शताधिकैक-विंशतिसहस्रसंख्याकाः संपद्यन्ते। **अजपामन्त्रेति।** स्वभावसिद्ध एवायं श्वासप्रश्वासरूपो-ऽजपामन्त्रः। स्वभावसिद्धत्वान्नायमितरमन्त्रवज्जप्यते। तेनाजपेत्युच्यते। तत्र हि श्वासप्रश्वासयोर्हंस इति मन्त्रभावना क्रियते। श्वासप्रश्वासरूपत्वादयं मन्त्रः प्रत्यहर्निशं षट्शताधिकैकविंशतिसहस्रसंख्याकः संपद्यते। स च विभज्य गणपत्यादिदेवताभ्यः समर्प्यते। **तथेति।** यथा वायोः स्वाभाविकगत्या प्रतिश्वासप्रश्वासं हंस इति मन्त्रभावनया अजपाजपः साधितस्तथा वायुसंचारेण संचरन्त्यां नाड्यां तदन्तः स्थानि संचरन्ति पृथिव्यादीनि तत्त्वान्यान्तरदृष्ट्यावलोकितैः पीतादिवर्णविशेषविशिष्टैर्बिन्दुभिरवगम्य पुरुषार्थः साधनीयः। एतदेवोपपादयति–**तदुक्तमिति। सार्धमिति।** इडापिङ्गलयो-र्नाड्योर्मध्य एकैकया नाड्या सार्धघटीद्वयपर्यन्तं प्राणवायुर्वहति। यदा च यया नाड्या वायुर्वहति तदानीं वायुसंचारेण तस्या नाड्याः संचलनात्सा नाडी वहतीत्युच्यते। सूर्योदयमारभ्य चैते नाड्यावरघट्टघटीभ्रमणवत्क्रमेण वहतः। **शतानीति।** तत्र सार्धघटीद्वयपरिमिते काले नवशतसंख्याकाः श्वासोच्छ्वासा भवन्ति। मिलित्वा सकलेहोरात्रे षट्शताधिकैकविंशतिसहस्रसंख्या संपद्यते। खशब्द आकाशवाच्याकाशस्य शून्यस्वरूपत्वाच्छून्यद्योतकत्वेन ज्योतिःशास्त्रे परिभाषितः। अङ्कानां वामतो गतिरिति न्यायेन खखेत्यनेन द्योतितं शून्यद्वयमन्ते निवेशनीयम्। तस्मात्पूर्वं षट्। तस्मात्पूर्वं कवर्णसूचित एकोङ्कः। त्रस्मात्पूर्वं द्व्यङ्को निवेशनीय इत्युक्ता संख्या (२१६००) भवति। तत्र हेतुमाह–**षट्त्रिंशदिति।** षट्त्रिंशत्संख्याकगुरुवर्णोच्चारणस्य यावान् कालस्तावत्येव काले नाडीमध्ये संचरतो वायोः श्वासोच्छ्वासौ भवतः। तावतः कालस्य प्राण इति संज्ञा। षट् प्राणा एकं पलम्। पलानि षष्टिरेका घटिका तथा चैकस्यां घटिकायां श्वासोच्छ्छ्वासानां षष्ट्यधिकं शतत्रयम् (३६०)। षष्टिर्घटिकाश्चैकोहोरात्रः। तथा च षष्ट्यधिकशतत्रयसंख्यायाः षष्ट्य गुणने सत्युक्ता संख्या (२१६००) संपद्यते। **प्रत्येकमिति।** वायुसंचरणेन संचलन्ती द्विविधापि नाडी स्वान्तःस्थितसूक्ष्मपृथिव्यादि-पञ्चतत्त्वान्यतमांशेन संचलति। यदा यत्तत्त्वं वहति तदा तेन नाडी संचलतीत्युच्यते। एतच्च योगबलेनावगन्तुं शक्यं नान्यथा। नाड्योः प्रवहतां पञ्चतत्त्वानां स्थानान्याह–**ऊर्ध्वमिति।** प्रवाहे क्रममाह–**वायोरिति।** संचलितुं प्रवृत्तायां नाड्यामादौ

विंशतिपलपर्यन्तं वायुतत्त्वं वहति। ततश्चत्वारिंशत्पलपर्यन्त वारितत्त्वं वहति। ततः पञ्चाशत्पलपर्यन्तं पृथिवीतत्त्वं वहति। ततो दशपलपर्यन्तमाकाशतत्त्वं वहति। मिलितानां पलानां पञ्चाशदधिकशतसंख्या भवतीति सार्धघटीद्वयं संपद्यते। **गन्धो रस इति।** एत एव गन्धरहिताश्चत्वारस्तोयस्य गुणाः। तथा तेष्वपि रसरहितास्त्रयस्तेजसः। स्पर्शः शब्दश्चेति द्वयं वायोः। शब्द एक आकाशस्येति भावः। **तत्त्वाभ्यामिति।** भूतत्त्वे वहति चेतसः शान्तिः स्यात्। जलतत्त्वे वहति सत्यारब्धे कार्ये फलाधिक्यम्। बलोन्नतिरिति पाठे बलाधिक्यप्रतीतिरित्यर्थः। तेजस्तत्त्वे वहति दीप्ता चित्तवृत्तिः। वायुतत्त्वे वहत्यस्थिरा चित्तवृत्तिः। आकाशतत्त्वे वहत्यव्यूहा चित्तवृत्तिः। अव्यूहो वियोगः। **पञ्चम इति।** अधर्मवासनेति च्छेदः। वहतस्तत्त्वविशेषस्य ज्ञानार्थं तदुपायभूतमान्तर-बिन्द्ववलोकनक्रममाह–**श्रुत्योरिति।** श्रुत्योः कर्णयोः। सृक्किण्योः ओष्ठप्रान्तयोः। प्रान्त्यकाङ्गुली कनिष्ठिके। उपान्त्यङ्गुली अनामिके। शेषे तर्जन्यौ। मुखस्य दक्षिणे भागे दक्षिणकराङ्गुलीनां तत्तत्स्थानेषु विन्यासः। एवं मुखस्य वामभागे वामकराङ्गुलीनां विन्यासः। तत्र कर्णेङ्गुष्ठ। नेत्रप्रान्ते तर्जनी। नासापुटे मध्यमा। ऊर्ध्वोष्ठस्य प्रान्तेनामिका। अधरोष्ठस्य प्रान्ते कनिष्ठिका। एवमुभयकराङ्गुलीर्विन्यस्यान्तर्दृष्ट्यावलोकिते बिन्दुर्दृश्यते। पीतवर्णे बिन्दौ दृष्टे पृथिवीतत्त्वं वहतीति ज्ञेयम्। श्वेतबिन्दुदर्शने जलतत्त्वम्। अरुणबिन्दुदर्शने तेजस्तत्त्वम्। श्यामबिन्दुदर्शने वायु तत्त्वम्। पीतादिवर्णरहित-परिवेषमात्रदर्शन आकाशतत्त्वमिति। उपाधिशब्देन पीतादयो वर्णा गृह्यन्ते। खमाकाशम्। **यथावदिति।** उक्तरीत्या श्वासोच्छ्वासतत्त्वं विज्ञान प्राणायामेन वायोर्निरोधे कृते विवेकज्ञानाच्छादकं कर्म क्षीयते। कर्मशब्देन कर्मजन्यमपुण्यं कर्मकारणीभूता अविद्यादयः क्लेशाश्च लक्ष्यन्ते। ते हि महामोहप्रचुरशब्दादिविषयजालसहायेन विवेकज्ञानशीलं बुद्धिसत्त्वमाच्छादयन्ति। न केवलमेतावदेव प्रत्युत तदेव बुद्धिसत्त्वमकार्ये संसारहेतुभूते व्यापारे नियोजयति। प्राणायामाभ्यासात्तु ते क्लेशा दुर्बलाः स्वकार्यकरणाक्षमा भवन्ति। प्रतिक्षणं क्षीयन्ते च। अत एव कर्मक्षयकारित्वा-त्प्राणायामस्यतपस्त्वम्। किं च कृच्छ्रचान्द्रायणादितपसा केवलं पापकर्म क्षीयते। प्राणायामेन तु तन्मूलभूता अविद्यादयः क्लेशाः क्षीयन्ते। तदेवाह–**तपो न परमिति।** प्राणायामापेक्षया श्रेष्ठमन्यत्तपो नास्तीत्यर्थः। **दह्यन्त इति।** ध्मायमानानामग्निसंयुक्तानाम्। धातूनां सुवर्णादीनाम्।

Now this air, beginning from sunrise, remains two ghaṭikās and a half[1] in each artery[2] (*nāḍi*), like the revolving buckets on

1. *I.e.*, an hour, a *ghaṭikā* being twenty-four minutes.
2. The *nāḍis* or tubular vessels are generally reckoned to be 101, with ten principal one; others make sixteen principal *nāḍis*. They seem taken afterwards in pairs.

a waterwheels.[1] Thus in the course of a day and night there are produced 21,600 inspirations and expirations. Hence it has been said by those who know the secret of transmitting the *mantras,* concerning the transmission of the *ajapāmantra*[2]—

> "Six hundred to Gaṇeśa, six thousand to the self-existent Brahman,
>
> "Six thousand to Viṣṇu, six thousand to Śiva,
>
> "One thousand to the Guru (Bṛhaspati), one thousand to the Supreme Soul,
>
> "And one thousand to the soul: thus I make over the performed muttering."

So at the time of the passing of the air through the arteries, the elements, earth, etc., must be understood, according to their different colours, by those who wish to obtain the highest good. This has been thus explained by the wise—

> "Let each artery convey the air two *ghaṭīs* and a half from sunrise.
>
> "There is a continual resemblance of the two arteries[3] to the buckets on a revolving waterwheel.
>
> "Nine hundred inspirations and expirations of the air take place [in the hour],
>
> "And all combined produce the total of twenty-one thousand six hundred in a day and night.

---

1. Mādhava uses the same illustration in his commentary on the passage in the Aitareya Brāhmaṇa (iii. 29), where the relation of the vital airs, the seasons, and the mantras repeated with the offerings to the seasons, is discussed. "The seasons never stand still; following each other in order one by one, as spring, summer, the rains, autumn, the cold and the foggy seasons, each consisting of two months, and so constituting the year of twelve months, they continue revolving again and again like a waterwheel *(ghaṭīyantravat)*; hence the seasons never pause in their course.
2. This refers to a peculiar tenet of Hindu mysticism, that each involuntary inspiration and expiration constitutes a mantra, as their sound expressed the word *so'haṁ* (i.e., *haṁsaḥ),* "I am he." This mantra is repeated 21,600 times in every twenty-four hours; it is called the *ajapāmantra, i.e.,* the mantra uttered without voluntary muttering.
3. *I.e.,* that which conveys the inhaled and the exhaled breath.

"The time that is spent in uttering thirty-six *guṇa* letters,[1]

"That time elapses while the air passes along in the interval between two arteries.

"There are five elements in each of the two conducting arteries,—

"They bear it along day and night; , these are to be known by the self-restrained.

"Fire bears above, water below; air moves across,

"Earth in the half-hollow ; ether moves everywhere.

"They bear along in order,—air, fire, water, earth, ether;

"This is to be known in its due order in the two conducting arteries.

"The *palas*[2] of earth are fifty, of water forty;

"Of fire thirty, of air twenty, of ether ten.

"This is the amount of time taken for the bearing; but the reason that the two arteries are so disturbed

"Is that earth has five properties,[3] water four,

"Fire has three, air two, and ether one.

"There are ten *palas* for each property; hence earth has fifty *palas*,

"And each, from water downwards, loses successively. Now the five properties of earth

"Are odour, savour, colour, to tangibility, and audibleness; and these decrease one by one.

"The two elements, earth and water, produce their fruit by the influence of 'quiet,'

---

1. I cannot expalin this. We might read *guruvarṇānām* for *guṇavarṇānāṁ*, as the time spent in uttering a *guruvarṇa* is a *vipala*, sixty of which make a *pala*, and two and a half *palas* make a minute; but this seems inconsistent with the other numerical details. The whole passage may be compared with the opening of the fifth act of the *Mālatīmādhava*.
2. Sixty *palas* make a *ghaṭikā* (50 + 40 + 30 + 20 + 10 = 150, *i.e.*, the *palas* in two and a half *ghaṭikās* or one hour).
3. Cf. Colebrooke's Essays, vol. i. p. 256.

"But fire, air, and ether by the influence of 'brightness,' 'restlessness,' and 'immensity,'[1]

"The characteristic signs of earth, water, fire, air, and ether are now declared;—

"Of the first steadfastness of mind; through the coldness of the second arises desire;

"From the third anger and grief; from the fourth fickleness of mind;

"From the fifth the absence of any object, or mental impressions of latent merit.

"Let the devotee place his thumbs in his ears, and a middle finger in each nostril,

"And the little finger and the one next to it in the corners of his mouth, and the two remaining fingers in the corners of his eyes,

"Then there will arise in due order the knowledge of the earth and the ether elements within him,

"The first four by yellow, white, dark red, and dark blue spots,[2]—the ether has no symbol"

When the element air is thus comprehended and its restraint is accomplished, the evil influence of works which concealed discriminating knowledge is destroyed [ii. 52]; hence it has been said—

"There is no austerity superior to regulation of the breath."[3]

And again—

"As the dross of metals, when they are melted, is consumed,

"So the serpents of the senses are consumed by regulation of the breath:"[4]

---

1. Literally "the being ever more."
2. For these colours cf. *Chāndogya Up.* viii 6; *Maitri Up.* vi. 30.
3. This is an anonymous quotation in Vyāsa's Comm.
4. This seems a variation of Śloka 7 of the *Amṛta-nāda Up.* See Weber, *Indische Stud.*, ix. 26.

तदेवं यमादिभिः संस्कृतमनस्कस्य योगिनः संयमाय प्रत्याहारः कर्तव्यः। चक्षुरादीनामिन्द्रियाणां प्रतिनियतरञ्जनीयकोपनीयमोहनीयप्रवणत्वप्रहाणेनाविकृतस्वरूपप्रवणचित्तानुकारः प्रत्याहारः। इन्द्रियाणि विषयेभ्यः प्रतीपमाह्रियन्तेऽस्मिन्निति व्युत्पत्तेः। ननु तदा चित्तमभिनिविशते नेन्द्रियाणि। तेषां बाह्यविषयत्वेन तत्र सामर्थ्याभावात्। अतः कथं चित्तानुकारः। अद्धा। अत एव वस्तुतस्तस्यासंभवमभिसंधाय सादृश्यार्थमिवशब्दं चकार सूत्रकारः- स्वविषयासंप्रयोगे चित्तस्वरूपानुकार इवेन्द्रियाणां प्रत्याहारः (पात. यो. सू. २।५४) इति। सादृश्यं च चित्तानुकारनिमित्तं विषयासंप्रयोगः। यदा चित्तं निरुध्यते तदा चक्षुरादीनां निरोधे प्रयत्नान्तरं नापेक्षणीयम्। यथा मधुकरराजं मधुमक्षिका अनुवर्तन्ते तथेन्द्रियाणि चित्तमिति। तदुक्तं विष्णुपुराणे–

शब्दादिष्वनुरक्तानि निगृह्याक्षाणि योगवित्।
कुर्याच्चित्तानुकारीणि प्रत्याहारपरायणः।।
वश्यता परमा तेन जायतेऽतिचलात्मनाम्।
इन्द्रियाणामवश्यैस्तैर्न योगी योगसाधकः।।

(वि. पु. ६।७।४३, ४४) इति।

व्या० : अथाष्टसु यमादिषु योगाङ्गेषु पञ्चमं प्रत्याहारं निरूपयति–**तदेवमिति।** अष्टसु योगाङ्गेष्वन्तिमं धारणाध्यानसमाधिरूपमन्तरङ्गं साधनत्रय संयमशब्देनोच्यते। तत्प्रत्याहारं विना न सिध्यति। अतस्तदर्थं प्रत्याहारः साधनीयः। **चक्षुरादीनामिति।** शब्दादिविषयेषु केचित्कस्यचिद्रञ्जनीया रागप्रयोजकाः। केचित्कोपनीया द्वेषप्रयोजकाः। केचिन्मोहनीया वैचित्त्यप्रयोजकाः। तादृशविषयप्रवणत्वं तत्रेन्द्रियाणामासक्तिः। सा चानादिकालमारभ्य प्रवृत्तत्वात्प्रतिनियता। तत्प्रहाणेन तत्त्यागपूर्वकमिन्द्रियाणां यो निर्विकारात्मस्वरूपासक्तचित्तस्यानुकारश्चित्तानुरोधित्वं स प्रत्याहारः। बद्धजीवानां स्वभावतश्चित्तमिन्द्रियानुरोध। प्रत्याहारे त्विन्द्रियाणि चित्तानुरोधीनि भवन्ति। चित्ते निरोधोन्मुखे प्रयत्नान्तरं विनैव य इन्द्रियाणां निरोधः स चित्तानुकार इति तात्पर्यम्। एतदेव शङ्कासमाधानाभ्यां विशदयति–**नन्विति। अभिनिविशत इति।** निर्विकारात्मस्वरूप इति शेषः। **अद्धेति।** अङ्गीकारार्थकमेतदव्ययम्। शङ्काकृतोक्तमङ्गीकृतमित्यर्थः। **तस्य।** चित्तानुकारस्य। **स्वविषयेति।** इन्द्रियाणां स्वस्वविषयासंप्रयोगकाले चित्तस्वरूपानुकारितेव या भवति स प्रत्याहार इति सूत्रार्थः। अजितेन्द्रियस्य बद्धस्यापि जीवस्येन्द्रियाणि विषयोपभोगकाले चित्तानुकारिणि भवन्ति। तत्रातिव्याप्तिनिवृत्तये

स्वविषयासंप्रयोग इत्युक्तम्। अनुवर्तन्त इति। उत्पतति मधुकरराजे मक्षिका उत्पतन्ति निविशमाने च तस्मिन्नेता अपि तत्र निविशन्ति। **शब्दादिष्विति।** अक्षाणीन्द्रियाणि। चित्तानुकारीणि चित्तस्य यो विषयस्तदतिरिक्तविषयरहितानि। प्रत्याहारस्योपयोग-प्रकारमाह-**वश्यतेति।** तेन प्रत्याहारेणेन्द्रियाणामतिचञ्चलस्वरूपाणामपि वश्यता जायते। अवश्यैरित्यादिना व्यतिरेकः प्रदर्शितः। यावन्नेन्द्रियाणि वश्यानि तावत्तैर्योगी न योगसाधको भवतीत्यर्थः।

Now in thus way, having his mind purified by the "forbearances" and the other things subservient to concentration, the devotee is to attain "self-mastery" (*saṁyama*)[1] and "restraint" (*pratyāhāra*). "Restraint" is the accommodation of the senses, as the eye, etc:, to the nature of the mind,[2] which is intent on the soul's unaltered nature, while they abandon all concernment with their own several objects, which might excite desire or angei or stupid indifference. This is expressed by the etymology of the word; the senses are drawn to it (*ā+hṛ*), away from them (*pratīpa*).

"But is it not the mind which is then intent upon the soul and not the senses, since these are only adapted for external objects and therefore have no power for this supposed action? How, therefore, could they be accommodated to the nature of the mind?" What you say is quite true; and therefore the author of the aphorisms, having an eye to their want of power for this, introduced the words "as it were," to express "resemblance." "Restraint is, as it were, the accommodation of the senses to the nature of the mind in the absence of concernment with each one's own object" [ii. 54]. Their absence of concernment with their several objects for the sake of being accommodated to the nature of the mind is this "resemblance" which we mean. Since, when the mind is restrained, the eye, etc., are restrained, no fresh effort is to be expected from them; and they follow the mind as bees follow their king. This has been declared in the Viṣṇu-purāṇa [vi. 7, 43, 44]—

1. This is defined in the Yoga Sūt., iii. 4, as consisting of the united operation, towards one object of contemplation, attention, and meditation.
2. *I.e.*, the internal organ *(citta)*.

"Let the devotee, restraining his organs of sense, which ever tend to pursue external objects,

"Himself intent on restraint, , make them conformable to the mind;

"By this is effected the entire subjugation of the unsteady senses;

"If they are not controlled, the *yogin* will not accomplish his *yoga*."[1]

नाभिचक्रहृदयपुण्डरीकनासाग्रादावाध्यात्मिके हिरण्यगर्भवासप्रजापति-प्रभृतिके बाह्ये वा देशे चित्तस्य विषयान्तरपरिहारेण स्थिरीकरणं धारणा। तदाह-देशबन्धश्चित्तस्य धारणा (पात. यो. सू. ३।१) इति। पौराणिकाश्च-

प्राणायामेन पवनं प्रत्याहारेण चेन्द्रियम्।
वशीकृत्यः ततः कुर्याच्चित्तस्थानं शुभाश्रये।।

(वि. पु. ६।७।४५) इति।

व्या० : अथ षष्ठं योगाङ्गं धारणां निरूपयति-**नाभिचक्रेति**। आदिपदेन भ्रूमध्यमूर्धादिसंग्रहः। आध्यात्मिकः शरीरान्तर्गतः। हिरण्यगर्भादिशब्दैस्तत्प्रतिमा उच्यन्ते। प्रभृतिपदेन पर्वतशिखरादिसंग्रहः। देशे। ध्यानाधारभूते देशविशेषे। अत्रैव पश्चाद्ध्येयस्य चिन्तनं भवति। **देशबन्ध इति**। बन्धो दृढः संबन्धः। तदेकाग्रतेति यावत्। यत्र नाभिचक्रादिदेशे ध्येयं चिन्तनीयं तत्र देशे चित्तस्य बन्धः स्थिरीकरणं धारणेति सूत्रार्थः। तदुक्तम्-

हृत्पुण्डरीके नाभ्यां वा मूर्ध्नि पर्वतमस्तके।
एवामादिप्रदेशेषु धारणा चित्तबन्धनम्।। इति।

उक्ते देशे चित्तस्य स्थिरीकरणं च वृत्तिमात्रेण न तु ध्येयकल्पनया। तस्या अग्रिमेङ्गे वक्ष्यमाणत्वात्। प्राणायामेनेति। चित्तस्थानं चित्तावस्थितिः। नाभिचक्रादिदेशः शुभाश्रय इत्युच्यते। तत्र चित्तावस्थितिं कुर्यादित्यर्थः। स्थानशब्दे भावे ल्युट् प्रत्ययः। शुभाश्रयमितिपाठे त्वधिकरणे ल्युट्प्रत्ययः। नाभ्यादिदेशं चित्तावस्थित्यधिकरणं कुर्यादित्यर्थः।

"Attention" (*dhāraṇā*) is the fixing the mind, by withdrawing

1. This couplet is corrupt in the text. I follow the reading of the Bombay edition of the Purāṇa (only reading in line 3 *calātmanām*).

it from all other objects, on some place, whether connected with the internal self, as the circle of the navel, the lotus of the heart, the top of the *suṣumṇā* artery, etc., or something external, as Prajāpati, Vāsava, Hiraṇyagarbha, etc. This is declared by the aphorism, "'Attention' is the fixing the mind on a place" [iii, 1]; and so, too, say the followers of the Purāṇas—

> "By regulation of breath having controlled the air, and by restraint the senses,
> "Let him next make the perfect asylum the dwelling-place of his mind."[1]

तस्मिन्देशे ध्येयावलम्बनस्य प्रत्ययस्य विसदृशप्रत्ययप्रहाणेन प्रवाहो ध्यानम्। तदुक्तं-तत्र प्रत्ययैकतानता ध्यानम् (पात. यो. सूत्र ३।२) इति। अन्यैरप्युक्तम्-

> **तद्रूपप्रत्ययैकाग्र्या संततिश्चान्यनिस्पृहा।**
> **तद्ध्यानं प्रथमैरङ्गैः षड्भिर्निष्पाद्यते नृप।।**(वि.पु. ६।७।८९) इति।

प्रसङ्गाच्चरममङ्गं प्रागेव (द. १५ पं. १४७) प्रत्यपीपदाम्।

व्या० : सप्तमं योगाङ्गं ध्यानं निरूपयति-**तस्मिन्निति**। **ध्येयावलम्बनस्य**। प्रसन्नवदनचतुर्भुजादिध्येयाकारस्य। **तद्रूपेति**। तद्रूपस्य प्रसन्नवदनादिध्येयरूपस्य यः प्रत्ययो ज्ञानं तदैकाग्र्य तदेकप्रकारा तथान्यनिस्पृहा विषयान्तरव्यवधानशून्या च या संततिः प्रवाहस्तद्ध्यानमित्युच्यते। तच्च ध्यानं प्रथमैः पूर्वं संपादितैर्यमादिभिः षडभिरङ्गैर्निष्पाद्यते। नृपेति खाण्डिक्यसंबोधनम्। **प्रसङ्गादिति**। एतद्दर्शनारम्भे योगानुशासनशब्दान्तर्गतयोगशब्दार्थनिर्वचनप्रसङ्गेन समाधिरूपमष्टमं योगाङ्गं पूर्वमेव प्रतिपादितमित्यर्थः।

The continual flow of thought in this place, resting on the object to be contemplated, and avoiding all incongruous thoughts, is "contemplation" (*dhyāna*); thus it is said, "A course of uniform thought there, is 'contemplation'" [iii. 2]. Others also have said—

> "A continued succession of thoughts, intent on objects of that kind and desiring no other,
> "This is 'contemplation,'—it is thus effected by the first six of the ancillary things."

1. Viṣṇu-pur., vi. 7, 45, with one or two variations. The "perfect asylum" is Brahman, formless or possessing form.

तदनेन योगाङ्गानुष्ठानेनादरनैरन्तर्यदीर्घकालसेवितेन समाधिप्रतिपक्षक्लेशप्रक्षयेऽभ्यासवैराग्यवशान्मधुमत्यादिसिद्धिलाभो भवति।

व्या० : आदरेति। तदुक्तं पतञ्जलिना प्रथमे समाधिपादे–स तु दीर्घकालनैरन्तर्यसत्कारासेवितो दृढभूमिः (पात. यो. सू. १।१४) इति। तपोब्रह्मचर्यादिपूर्वकं यद्योगाङ्गानुष्ठानस्य संपादनं तत्तस्यादरेण सेवनमुच्यते। दीर्घकालसेवितेनेति पाठे आसेवितेनेति च्छेदः। **मधुमत्यादीति।** आदिपदेन मधुप्रतीकाविशोकासंस्कारशेषानामक सिद्धिसंग्रहः।

We incidentally, in elucidating something else, discussed the remaining eighth ancillary thing, "meditation" (*samādhi*, see p. 243). By this practice of the ancillary means of *yoga*, pursued for a long time with uninterrupted earnestness, the "afflictions" which hinder meditation are abolished, and through "exercise" and "dispassion" the devotee attains to the perfections designated by the names Madhumatī and the rest.

अथ किमेवमकस्मादस्मानतिविकट्याभिरत्यन्ताप्रसिद्धाभिः कर्णाट गौडलाटभाषाभिर्भीषयते भवान्। न हि वयं भवन्तं भीषयामहे। किं तु मधुमत्यादिपदार्थव्युत्पादनेन तोषयामः। ततश्चाकुतोभयेन भवता श्रूयतामवधानेन। तत्र मधुमती नामाभ्यासवैराग्यादिवशादपास्तरजस्तमोलेशसुखप्रकाशमयसत्त्वभावनयानवद्यवैशारद्यविद्योतनरूपऋतंभरप्रज्ञाख्या समाधिसिद्धिः। तदुक्तम्–ऋतंभरा तत्र प्रज्ञा (पात.यो.सू. १।४८) इति। ऋतं सत्यं बिभर्ति कदाचिदपि न विपर्ययेणाच्छाद्यते। तत्र स्थितौ दार्ढ्ये सति द्वितीयस्य योगिनः सा प्रज्ञा भवतीत्यर्थः। चत्वारः खलु योगिनः प्रसिद्धाः प्राथमकल्पिको मधुभूमिकः प्रज्ञाज्योतिरतिक्रान्तभावनीयश्चेति। तत्राभ्यासी प्रवृत्तमात्रज्योतिः प्रथमः। न त्वनेन परचित्तादिगोरज्ञानरूपं ज्योतिर्वशीकृतमित्युक्तं भवति। ऋतंभरप्रज्ञो द्वितीयः। भूतेन्द्रियजयी तृतीयः। परवैराग्यसंपन्नश्चतुर्थः। मनोजवित्यादयो मधुप्रतीकसिद्धयः। तदुक्तं–मनोजवित्वं विकरणभावः प्रधानजयश्च (पात.यो. सू. ३।४८) इति। मनोजवित्वं नाम कायस्य मनोवदनुत्तमो गतिलाभः। विकरणभावः कायनिरपेक्षाणामिन्द्रियाणामभिमतदेशकालविषयापेक्षवृत्तिलाभः। प्रधानजयः प्रकृतिविकारेषु सर्वेषु वशित्वम्। एताश्च सिद्धयः करणपञ्चकरूपजयात्तृतीयस्य

योगिनः प्रादुर्भवन्ति। यथा मधुन एकदेशोपि स्वदते तथा प्रत्येकमेव ताः सिद्धयः स्वदन्त इति मधुप्रतीकाः। सर्वभावाधिष्ठातृत्वादिरूपा विशोका सिद्धिः। तदाह–सत्त्वपुरुषान्यताख्यातिमात्रस्य सर्वभावाधिष्ठातृत्वं सर्वज्ञत्वं च (पात. यो. सू. ३।४९) इति। सर्वेषां व्यवसायाव्यवसाया[1]त्मकानां गुणपरिणामरूपाणां भावानां स्वामिवदाक्रमणं सर्वभावाधिष्ठातृत्वम्। तेषामेव शान्तोदिताव्यपदेश्य धर्मित्वेन स्थितानां विवेकज्ञानं सर्वज्ञातृत्वम्। तदुक्तं–विशोका वा ज्योतिष्मती (पात. यो. सू. १।३६) इति। सर्ववृत्तिप्रत्यस्तमये परं वैराग्यमाश्रितस्य जात्यादिबीजानां क्लेशानां निरोधसमर्थो निर्बीजः समाधिरसंप्रज्ञातपदवेदनीयः संस्कारशेषताव्यपदेश्यश्चित्तस्यावस्थाविशेषः। तदुक्तं–विरामप्रत्ययाभ्यासपूर्वः संस्कारशेषोन्यः (पात. यो. सू. १।१८) इति। एवं च सर्वतो विरज्यमानस्य तस्य पुरुषधौरेयस्य क्लेशबीजानि निर्दग्धशालिबीजकल्पानि प्रसवसामर्थ्य-विधुराणि मनसा सार्धं प्रत्यस्तं गच्छन्ति।

व्या० : इदमश्रुतपूर्वमज्ञातार्थकं मधुमत्यादिशब्दं श्रुत्वा पृच्छति–**अथेति**। विकटा विकरालाः। भयोत्पादिका इति यावत्। मधुमत्यादिशब्दा अप्रसिद्धत्वादन्यभाषास्था इति प्रकल्प्य कणटित्याद्युक्तम्। कर्णाटादयो देशविशेषवाचकाः शब्दास्तत्र तत्र प्रचलितायां भाषायां लाक्षणिकाः। उत्तरयति–**न हीति**। **अभ्यासेति**। अभ्यासवैराग्ये प्रागुक्ते (द. १५ पं. ३३७)। ताभ्यामपास्तो निरस्तो रजोगुणस्य तमोगुणस्य च लेशो यस्य। लेशतोपि रजस्तमःसंबन्धाभाववत इत्यर्थः। एतादृशस्य सुखप्रकाशमयस्य बुद्धिसत्त्वस्य भावनया यदनवद्यवैशारद्यं बुद्धिसत्त्वस्य स्वच्छः स्थितिप्रवाहः स विद्योतते। एतद्विद्योतनरूपा ऋतंभरप्रज्ञानामिका या समाधिजन्या सिद्धिः सा मधुमतीत्युच्यते। **कदाचिदपि नेति**। रजस्तमःसंबन्धाभावान्न कदापि विपरीतज्ञानमज्ञानं वेत्यर्थः। सूत्रार्थमाह–**तत्रेति**। तत्रेत्यस्यार्थः स्थितौ दार्ढ्ये सतीति। यदा चित्तं क्लेशवासनारहितं स्थितिप्रवाहयोग्यं भवति तदेत्यर्थः। **सा प्रज्ञा भवतीति**। इयमेव मधुमतीसिद्धिः। **प्रवृत्तमात्रेति**। प्रवृत्तमात्रं न तु निष्पन्नं ज्योतिर्ज्ञानं यस्य तादृशः। अवशीकृतज्ञान इत्यर्थः। तेनास्य परचित्तविषयकं ज्ञानं न भवति। **द्वितीयः**। मधुभूमिकः। अस्यैव मधुमतीसंज्ञकसिद्धिरुक्ता। अनेन च भूतानीन्द्रियाणि च न जितानि। किं तु तानि जेतुमिच्छम्त्ययम्। **तृतीयः**। प्रज्ञाज्योतिः। **चतुर्थः**। अतिक्रान्तभावनीयः। अनेन सर्वं भावितमेव। नास्य भावनीयं किंचिदस्ति। जीवन्मुक्तोयम्। **अनुत्तम इति**। नोत्तमो यस्मात्। अत्युत्तम इत्यर्थः। **कायनिरपेक्षाणा-**

---

1. अव्यवसेय for अव्यवसाय D.

मिति। तेन देशान्तरस्थस्य कालान्तरस्थस्य च वस्तुनो ज्ञानं जायते। **वशित्वमिति**। महत्तत्त्वादयः सर्वे विकार एतदधीनाः। व्यक्तिभेदेनानन्तान्भूतेन्द्रियप्रकृतिभूतान्सत्त्वादिगुणांस्तद्विकारांश्च स्वेच्छयायमनुविधत्ते। **करणपञ्चकरूपेति**। करणपञ्चकस्य ज्ञानेन्द्रियपञ्चकस्य यानि ग्रहणादीनि पञ्च रूपाणि तज्जयादित्यर्थः। करणपञ्चकस्वरूपजयादिति पाठे करणपञ्चकस्य यत्स्वरूपं ग्रहणादिरूपपञ्चकयुतं तज्जयादित्यर्थः। इन्द्रियरूपाणां जयादेवेन्द्रियकारणानां प्रधानादीनां जयो भवति। प्रधानादीनामिन्द्रियरूपान्तर्गतत्वात्। केवलेन्द्रियजये तु तत्कारणीभूतप्रधानादिजयो न स्यात्। ग्रहणादीनि पञ्च रूपाणि तु ग्रहणं स्वरूपमस्मितान्वयोर्थवत्त्वं चेति। ग्रहणं नाम निश्चयाभिमानसंकल्पदर्शनश्रवणाद्या वृत्तयः। स्वरूपमेकादशेन्द्रियाणि। अस्मिता बुद्ध्यहंकारौ। अन्वयः कारणानुगमः। यथा घटे मृदः। अर्थवत्त्वमिन्द्रियप्रकृतिभूतेषु गुणेष्वनुगतं पुरुषार्थवत्त्वम्। मनोजवित्वादिसिद्धीनां मधुप्रतीकेति संज्ञायां हेतुमाह– **यथेति**। विशोकां सिद्धिं दर्शयति–**सर्वभावेति**। **सत्त्वपुरुषेति**। सत्त्वपुरुषयोर्यान्यताख्यातिर्भेदसाक्षात्कारस्तन्मात्रप्रतिष्ठस्य सर्वभावाधिष्ठातृत्वं सर्वज्ञत्वं च भवतीत्यर्थः। अधिष्ठातृत्वं यथेच्छविनियोक्तृत्वम्। व्यवसायेति। व्यवसायः प्रकाशः। तदात्मका भावा इन्द्रियाणि। इन्द्रियविषयाः शब्दस्पर्शादयस्तदाश्रयाः पृथिव्यादयश्च भवा अव्यवसायात्मकाः। जडा इति यावत्। भावाः पदार्थाः। सर्वे चैते सत्त्वादिगुणत्रपरिणाभभूता एव। तेषामेवेति। तेषां सर्वेषां भावानां शान्तादिधर्माधारभूतानां धर्मतः सकाशाद्भेदेन यज्ज्ञानं तत्सर्वज्ञातृत्वम्। धर्माश्च केचिच्छान्ताः कृतस्वव्यापारा अतीतेध्वन्यनुप्रविष्टाः। स्वं व्यापारं कुर्वन्त उदिता वर्तमानेध्वन्यनुप्रविष्टाः। करिष्यमाणव्यापाराः सांप्रतं शक्तिरूपेणावस्थिता अत एव व्यपदेष्टुमशक्या अव्यपदेश्याः। एवं त्रिविधा भूता वर्तमाना भविष्यन्तश्च ये धर्मास्तेषु त्रिविधेष्वप्यन्वयित्वेन सदा वर्तमानास्तदाधारभूता अत एव धर्मेभ्यो भिन्ना भावा इति यज्ज्ञानं तद्विवेकज्ञानमिति भावः। **विशोकेति**। योगजसाक्षात्काररूपान्तःकरणवृत्तिर्ज्योतिष्मतीत्युच्यते। सैव शोकनाशकत्वाद्विशोका। इयं वृत्तिर्मनसः स्थैर्यहेतुत्वेन विशोकेति सूत्र उक्ता। अत्र तु सैव सिद्धित्वेनोक्तेति बोध्यम्। एषा सिद्धिरग्रिमा च चतुर्थस्य योगिनः। संस्कारशेषां सिद्धिं दर्शयति–**सर्ववृत्तीति**। **विरामेति**। तत्त्वज्ञानरूपापि वृत्तिर्विरमत्वित्येतादृशी या ज्ञानेप्यलंबुद्धिः सा विरामप्रत्ययः। तदभ्यासाज्जायमानो यः संस्कारमात्रावशेषो वृत्तिनिरोधः स पूर्वोक्तात्संप्रज्ञातसमाधेः सकाशादन्योऽसंप्रज्ञात इत्यर्थः। संस्कारमात्रशेष इत्यनेन मोक्षकालिकनिरोधव्यावृत्तिः। असंप्रज्ञाते हि पुनरुत्थानार्थं वृत्तिसंस्कारमात्रं तिष्ठति न तु वृत्तिः। मोक्षे तु चित्तस्यात्यन्तं विलयात्संस्कारोपि न तिष्ठतीति विशेषः।

"But why do you needlessly frighten us with unknown and monstrous words from the dialects of Karṇāṭa, Gauḍa,[1] and Lāṭa?"[2] We do not want to frighten you, but rather to gratify you by explaining the meaning of these strange words; therefore let the reader who is so needlessly alarmed listen to us with attention.

The *Madhumatī* perfection,—this is the perfection of meditation, called "the knowledge which holds to the truth", consisting in the illumination of unsullied purity by means of the contemplation of "goodness," composed of the manifestation of "goodness," composed of the manifestation of joy, with every trace of "passion" or "darkness" abolished by "exercise", "disapassion," etc. Thus it is said in the aphorisms, "In that case there is the knowledge which holds to the truth" [i. 48]. It holds "to the truth", *i.e.,* to the real; it is never overshadowed by error. "In that case", *i.e.,* when firmly established, there arises this knowledge to the second yogin. For the *yogins* or devotees to the practice of *yoga* are well known to be of four kinds, viz.,—

i. The *prāthamakalpika,* in whom the light has just, entered[3] but, as it has been said, "he has not won the light which consists in the power of knowing another's thoughts, etc.;" 2. The *madhubhūmika,* who possesses the knowledge which holds to the truth; 3. The *prajñājyotis,* who has subdued the elements and the senses; 4. The *atikrānta-bhāvanīya,* who has attained the highest dispassion:

ii. The *Madhupratīka* perfections are swiftness like thought, etc. These are declared to be "swiftness like thought, the being without organs, and the conquest of nature" [iii. 49]. "Swiftness like thought" is the attainment by the body of exceeding swiftness of motion, like thought; "the being without bodily

1. The old name for the central part of Bengal.
2. A country comprising Khandesh and part of Guzerat; it is the Λαρικὴ of Ptolemy.
3. In p. 178, I. 2, *infra,* read *pravṛtta* for *pravṛtti.* Cf. Yoga S., iii. 52 in Bhoja's Comm. (50 in Vyāsa's Comm.)
4. Read *vikaraṇabhāvaḥ;* Vācaspati explains it as *"videhānām indriyāṇām karaṇabhāvaḥ."*

organs"[4] is the attainment by the senses, irrespective of the body, of powers directed to objects in any desired place or time; "the conquest of nature" is the power of controlling all the manifestations of nature. These perfections appear to the full in the third kind of yogin, from the subjugation by him of the five senses and their essential conditions.[1] These perfections are severally sweet; each one by itself, as even a particle of honey is sweet, and therefore the second state is called *Madhupratīkā* [*i.e.*, that whose parts are sweet].

iii. The *Viśokā* perfection consists in the supremacy over all existences, etc. This is said in the aphorisms, "To him who possesses, to the exclusion of all other ideas, the discriminative knowledge of the quality of goodness and the soul, arises omniscience and the supremacy over all existences" [iii. 5o]. The "supremacy over all existences" is the overcoming like a master all entities, as these are but the developments of the quality of "goodness" in the mind [the other qualities of "passion" and "darkness" being already abolished], and exist only in the form of energy and the objects to be energised upon.[2] The discriminative knowledge of them, as existing in the modes "subsided," "emerged," or "not to be named,"[3] is "omniscience." This is said in the aphorisms [i. 36], "Or a luminous immediate cognition, free from sorrow[4] [may produce steadiness of mind]."

iv. The *Saṁskāraśeṣatā* state is also called *asaṁprajñāta, i.e.*, "that meditation in which distinct recognition of an object is lost;" it is that meditation "without a seed" [*i.e.*, without any object] which is able to stop the "afflictions" that produce fruits to be afterwards experienced in the shape of rank, length of life, and enjoyment; and this meditation belongs to him who, in the cessation of all modifications of the internal organ, has reached the highest "dispassion." "The other kind of meditation

1. Vyāsa has *karaṇapañcakarūpajaya;* Vācaspati explains *rūpa* by *grahaṇādi* (cf. iii. 47).
2. I read in p. 179, 1. Ii, *vyavasāyavyavaseyātmakānām,* from Vyāsa's Comm.
3. *I.e.*, as past, present, or future.
4. *Viśokā.*

[*i.e.*, that in which distinct recognition of an object is lost] is preceded by that exercise of thought which produces the entire cessation of modifications; it has nothing left but the latent impressions" [of thought after the departure of all objects] [*i.e.*, *saṁskāraśeṣa*, i. 18]. Thus this foremost of men, being utterly passionless towards everything, finds that the seeds of the "afflictions," like burned rice-grains, are bereft of the power to germinate, and they are abolished together with the internal organ. When these are destroyed, there ensues; through the full maturity of his unclouded "discriminative knowledge," an absorption of all causes and effects into the primal *prakṛti* ; and the soul, which is the power of pure intelligence, abiding in its own real nature, and escaped from all connection with the phenomenal understanding (*buddhi*), or with existence, reaches "absolute isolation" (*kaivalya*). Final liberation is described by Patañjali as two perfections : "Absolute isolation is the repressive absorption[1] of the 'qualities' which have consummated the ends of the soul, *i.e.*, enjoyment and liberation, or the abiding of the power of intelligence in its own nature" [iv. 33]. Nor should any one object, "Why, however, should not the individual be born again even though this should have been attained?" for that is settled by the well-known principle that "with the cessation of the cause the effect ceases," and therefore this objection is utterly, irrelevant, as admitting neither inquiry nor decision; for otherwise, if the effect could arise even in the absence of the cause, we should have blind men finding jewels, and such like absurdities; and the popular proverb for the impossible would become a possibility. And

1. This is explained by Vācaspati, "The latent impressions produced by the states of the internal organ called *vyutthāna* (when it is chiefly characterised by 'activity,' or 'darkness,' iii. 9) and *nirodha* (when it is chiefly characterised by the quality of 'goodness'), are absorbed in the internal organ itself; this is 'egoism' (*asmitā*); 'egoism' in the 'merely once resolvable' (*i.e.*, *buddhi*); and *buddhi* into the 'irresolvable' (*i.e.*, *prakṛti*)." *Prakṛti* consists of the three 'qualities' in equilibrium; and the entire creation, consisting of causes and effect, is the development of these 'qualities' when one or another becomes predominant.

so, too, says the Śruti, "A blind man found a jewel; one without fingers seized it; one without a neck put it on; and a dumb man praised it"[1]

तदेतेषु प्रलीनेषु निरुपप्लवविवेकख्यातिपरिपाकवशात्कार्यकारणात्मकानां प्रधाने लयः चितिशक्तिः स्वरूपप्रतिष्ठा पुनर्बुद्धिसत्त्वाभिसंबन्धविधुरा वा कैवल्यं लभत इति सिद्धम्। द्वयी च मुक्तिरुक्ता पतञ्जलिना-पुरुषार्थशून्यानां गुणानां प्रतिप्रसवः कैवल्यं स्वरूपप्रतिष्ठा वा चितिशक्तिः (पात. यो. सू. ४।३४) इति। न चास्मिन्सत्यपि कस्मान्न जायते जन्तुरिति वदितव्यम्। कारणाभावात्कार्याभाव इति प्रमाणसिद्धार्थे नियोगानुयोगयोरयोगात्। अपरथा कारणाभावेपि कार्यसंभवे मणिवेधादयोन्धादिभ्यो भवेयुः। तथा चानुपपन्नार्थतायामाभाणको लौकिक उपपन्नार्थो भवेत्। तथा च श्रुतिः-अन्धो मणिमविन्दत्। तमनङ्गुलिरावयत्। अग्रीवः प्रत्यमुञ्चत्। तमजिह्वा असश्चत (तै. आ.१।११।५)। अविन्ददविध्यत। आवयद्गृहीतवान्। प्रत्यमुञ्चत्पिनद्धवान्। असश्चताभ्यपूजयत्स्तुतवानिति यावत्। एवं च चिकित्साशास्त्रवद्योगशास्त्रं चतुर्व्यूहम्। यथा चिकित्साशास्त्रं रोगो रोगहेतुरारोग्यं भेषजमिति तथेदमपि संसारःसंसारहेतुर्मोक्षो मोक्षोपाय इति। तत्र दुःखमयः संसारो हेयः। प्रधानपुरुषयोः संयोगो हेयभोगहेतुः। तस्यात्यन्तिकी निवृत्तिर्हानम्। तदुपायः सम्यग्दर्शनम्। एवमन्यदपि शास्त्रं [2]यथासंभवं चतुर्व्यूहमूहनीयमिति सर्वमवदातम्।

इति श्रीमत्सायणमाधवीये सर्वदर्शनसंग्रहे पातञ्जलदर्शनम्।

व्या० : तदेतेष्विति। क्लेशबीजेषु कर्माशयेषु स्वकारणे विलीनेषु निर्बाधा या विवेकख्यातिः प्रकृतिपुरुषयोर्भेदसाक्षात्कारस्तत्परिपाकवशाच्छरीरेन्द्रियाणां स्वकारणे प्रधाने लयो भवति। एतत्प्रकृतेः कैवल्यम्। कैवल्यमेकाकित्वम्। प्रकृतिकार्यस्य विलयात्प्रकृतेः पुरुषेण सहात्यन्तं वियोगाच्च प्रकृतेरेकाकित्वं सिद्धम्। पुरुषस्य कैवल्यमाह-**चितिशक्तिरिति**। चितिशक्तिरात्मा। तस्यौपाधिकरूपं परित्यज्य मूलस्वरूपेण यदवस्थानं तत्पुरुषस्य कैवल्यम्। तदनन्तरं न कदापि पुनस्तस्य

1. This curious passage occurs in the Taittirīya-Āraṇyaka i. 11, 5. Mādhava in his Comment. there explains it of the soul, and quotes the Śvetāśv. Up., iii. 19. Mādhava here takes *avindat* as "he pierced the jewel," but I have followed his correct explanation in the Comm.
2. सर्वमवदातम्-इत्यस्यान्तरम् 'इत परं सर्वदर्शनशिरोमणिभूतं शांकरदर्शनमन्यत्र लिखितमित्यत्रोपेक्षितमिति' इयं पङ्क्तिः D. पुस्तके वर्तते।

बुद्धिसत्त्वाभिसंबन्धो भवतीति भावः। **द्वयी।** द्विविधा। **पुरुषार्थेति।** गुणानां महत्तत्त्वप्रभृतिसूक्ष्मभूतपर्यन्तानां लिङ्गशरीराद्यात्मकानां पुरुषोपकरणानां कृतकर्तव्यतया पुरुषार्थशून्यानां यः प्रतिप्रसवः स्वकारणेत्यन्तं लय एतत्प्रकृतेः कैवल्यम्। या तु पुनर्बुद्धितत्त्वासंबन्धात्केवलचितिशक्तिरूपा पुरुषस्य स्वरूपप्रतिष्ठा बुद्धिसत्त्वौपाधिकरूपशून्यतारूपा जपायोगापाये स्फटिकस्य स्वरूपप्रतिष्ठावत् तादृशं च यत्सर्वदावस्थानं तत्पुरुषस्य कैवल्यमिति सूत्रार्थः। **न चेति।** कैवल्ये सत्यपि प्राणिनां कुतः पुनर्जन्म न भवतीति न वदितव्यमित्यर्थः। कारणेति। क्लेशबीजानां दग्धत्वादभावेन तत्कार्यस्य जन्ममरणादेरभावः। **नियोगेनेति।** नियोगो विधिः। विधिश्चापूर्वबोधनात्मकः। यश्चाबालवृद्धं प्रमाणसिद्धोर्थस्तत्र न विधिः संभवति। नाप्यनुयोगः। अनुयोगश्च प्रश्नः। स चाज्ञातेर्थे सति संभवति नान्यथा। **भवेयुरिति।** अवलोकनकारणस्य चक्षुरिन्द्रियस्याभावेप्यवलोकनसंभवे मणिवेधः स्यात्। सूच्यादिना मणेरन्तश्छिद्रकरणं मणिवेधः। **तथा चेति।** अर्थस्यासंभवित्वप्रदर्शनार्थं लोकेयमाभाणक उपादीयते। स संभव्यर्थप्रतिपादकः स्यात्। **अन्धो मणिमिति।** लोके हि पुरुषश्चक्षुषा मणिं दृष्ट्वा तमङ्गुलिभिरादाय ग्रीवायां प्रतिमुच्य जिह्वया प्रशंसति। चिद्रूप आत्मा तु चक्षुरङ्गुलिग्रीवाजिह्वावर्जित एव सन्नचिन्त्यशक्तित्वात्तान्सर्वान्व्यापारान्करोतीति श्रुत्यर्थः। चिदात्मनः प्रशंसेयं यदसंभाव्यमानमपि कार्यमयं करोतीति। कारणाभावेपि कार्यसंभवे त्वेतच्छ्रुतै प्रशंसा न स्यात्। तदा सर्वावरण० (पात. यो. सू. ४।३१) इति पातञ्जलसूत्रे व्यासभाष्ये त्वविन्ददित्यस्य स्थाने अविध्यदिति पाठः। चतुर्थचरणे च तमजिह्वोभ्यपूजयदिति। अविध्यत्सच्छिद्रं कृतवान्। आवयद्ग्रथितवान्। प्रत्यमुञ्चत्पिनद्धवान्। अभ्यपूजयत् स्तुतवानित्यर्थः। एवं चेति। चिकित्साशास्त्रं वैद्यकम्। चत्वारो व्यूहाः संक्षिप्तावयवरचना यस्य तच्चतुर्व्यूहम्। प्रधानेति। प्रधानशब्देनात्र प्रधानपरिणामभूता बुद्धिरुच्यते। अविद्याया बुद्धिपुरुषसंयोगद्वारैव संसारहेतुत्वात्। सम्यग्दर्शनमिति। प्रकृतिपुरुषविवेकसाक्षात्काररूपमित्यर्थः।।

इति श्रीसर्वदर्शनसंग्रहव्याख्यायां दर्शनाङ्कुराभिधायां पातञ्जलदर्शनं समाप्तम्।।

Thus we see that, like the authoritative treatises on medicine, the Yoga-śastra consists of four divisions; as those on medicine treat of disease, its cause, health, and medicine, so the Yoga-śastra also treats of phenomenal existence, its cause, liberation, and its cause. This existence of ours, full of pain, is what is to be escaped from; the connection of nature and the soul is the cause of our having to experience this existence; the absolute abolition of this connection is the escape; and right insight is the cause thereof.[1] The same fourfold division is to be similarly traced as the case may be in other Śāstras also. Thus all has been made clear.

The system of Śaṅkara, which comes next in succession, and which is the crest-gem of all systems, has been explained by us elsewhere ; it is therefore left untouched here.[2]

E.B.C.

Note of The Yoga

There is an interesting description of the Yogins on the Mountain Raivataka in Māgha (iv. 55).

"There the votaries of meditation, well skilled in benevolence (*maitrī*) and those other purifiers of the mind,—having successfully abolished the 'afflictions' and obtained the 'meditation possessed of a seed,' and having reached that knowledge which recognises the essential difference between the quality Goodness and the Soul,—desire yet further to repress even this ultimate meditation."

It is curious to notice that *maitrī*, which plays such a prominent part in Buddhism, is counted in the Yoga as only a preliminary condition from which the votary is to take, as it were, his first staff towards his final goal. It is called a *parikarman* (=*prasādhaka*) in Vyāsa's Comm. i. 33 (cf. iii. 22), whence the term is borrowed by Māgha. Bhoja expressly says that this purifying process is an external one, and not an intimate portion of yoga itself ; just as in arithmetic the operations of addition, etc., are valuable, not in themselves, but as aids in effecting the more important calculations which arise subsequently. The Yoga seems directly to allude to Buddhism in this marked depreciation of its cardinal virtue.

E.B.C.

Note on P. 237, Last Line

For the word *vyākopa* in the original here (see also p. 242, 1. 3 *infra*), cf. Kusumāñjali, p. 6, 1. 7.

1. This is taken from Vācaspati's Comm. on Yoga S. ii. 15. Cf. the "four truths" of Buddhism.
2. This probably refers to the Pañcadaśi. A Calcutta Pandit told me that it referred to the Prameyavivaraṇa-saṅgraha (cf. Dr. Burnell's preface to his edition of the Devatādhyāya-brāhmaṇa, p. x), but, if this is the same as the vivaraṇa-prameya-saṅgraha, it is by Bhāratītīrtha-vidyāraṇya (see Dr. Burnell's Cat. of Tanjore MSS. p. 88).

Chapter XVI
The System of Śaṅkarācārya

अथ शांकरदर्शनम्

सोयं परिणामवादः प्रामाणिकगर्हणमर्हति। न ह्यचेतनं प्रधानं चेतनाधिष्ठितं प्रवर्तते। सुवर्णादौ रुचकाद्युपादाने हेमकारादिचेतनाधिष्ठानोपलम्भेन नित्यत्व-साधककृतकत्ववत्सुखदुःखमोहात्मनान्वितत्वादेः साधनस्य साध्यविपर्यपव्याप्त-तया विरुद्धत्वात्। स्वरूपासिद्धत्वाच्च। आन्तराः खल्वमी सुखदुःखमोहा बाह्येभ्यश्चन्दनादिभ्यो विभिन्नप्रत्ययवेदनीयेभ्यो व्यतिरिक्ता अध्यक्षमीक्ष्यन्ते। यद्यमी सुखादिस्वभावा भवेयुस्तदा हेमन्तेपि चन्दनः सुखः स्यात्। न हि चन्दनः कदाचिदचन्दनः। तथा निदाघेष्वपि कुङ्कुमपङ्कः सुखो भवेत्। न ह्यसौ कदाचिदकुङ्कुमपङ्क इति। एवं कण्टकः क्रमेलकस्येव मनुष्यादीनामपि प्राणभृतां सुखः स्यात्। न ह्यसौ कांश्चित्प्रत्येव कण्टक इति। तस्माच्चन्दनकुङ्कुमादयो विशेषाः कालविशेषाद्यपेक्षया सुखादिहेतवो न तु सुखादिस्वभावा इति रमणीयम्। तस्माद्धेतुरसिद्ध इति सिद्धम्।

व्या० : **सोयमिति**। सांख्ययोगाभिमत इत्यर्थः। पूर्वं (द. १४ पं. ९४) सांख्यदर्शनेनुमानमुक्तम्। तत्र यत्सुखदुःखमोहात्मककारणकत्वं साध्यं तत्र कारणं चेतनाधिष्ठितमनधिष्ठितं वा। आद्ये सांख्यसिद्धान्तविरोधः। अचेतनं प्रधानं हि स्वतन्त्रं जगत्कारणमिति तेषां सिद्धान्तात्। द्वितीये तु विरुद्धो हेतुरित्याह—**न ह्यचेतनमिति**। दृष्टान्ते रुचकादौ सुवर्णादिश्चेतनानधिष्ठितत्वविरुद्धचेतनाधिष्ठितत्त्वदर्शनेन सुखदुःखमोहा-न्वितत्वहेतोः साध्याभावव्याप्तत्वात्। **साध्यविपर्ययेति**। चेतनानधिष्ठितसुखदुःख-मोहात्मककारणकत्वरूपं यत्साध्यं तस्य विपर्ययश्चेतनाधिष्ठितसुखदुःखमोहात्मक-कारणकत्वं तद्व्याप्तं सुखदुःखमोहान्वितत्वमित्यर्थः। बाह्यानां चन्दनादिविषयाणां सुखदुःखमोहात्मकत्वमभ्युपेत्येदमुक्तम्। वस्तुतस्तु तदेव नास्तीत्याह—**स्वरूपासिद्ध-**

त्वाच्चेति। यथा शब्दो गुणश्चाक्षुषत्वादित्यत्र चाक्षुषत्वं हेतुः पक्षे शब्दे नास्तीति स्वरूपासिद्धो भवति। हेतुर्हि पक्षवृत्तित्वेन स्वरूपेण तत्र साध्यस्य ज्ञापको भवति। तच्च स्वरूपमत्रासिद्धम्। अतश्चाक्षुषत्वहेतुः स्वरूपासिद्धः। तथा पक्षभूतेषु चन्दनादिपदार्थेषु सुखदुःखमोहान्वितत्वं नास्ति। सुखादयो ह्यान्तरा मानसप्रत्ययवेदनीयाः। चन्दनादयस्तु बाह्यचाक्षुषादिप्रत्ययवेदनीयाः। यदि चन्दनादयः सुखादिस्वभावास्तर्ह्येक-प्रत्ययवेदनीयत्वमेव तयोः स्यात्। न तु तथोपलभ्यते। एवं सुखविषययोर्भिन्न-प्रत्ययवेद्यत्वेन भेदं प्रसाध्य सांप्रतं तयोरैक्ये बाधकमाह—**यद्यमी इति। सुखः स्यादिति।** न हि वस्तु स्वभावतः कदाचिदपि प्रच्यवत इति भावः। **क्रमेलकस्येति।** क्रमेलक उष्ट्रः। स हि कण्टकान्भक्षयतीति तस्य कण्टकः सुखकारको नान्येषामिति भावः। **न तु सुखादिस्वभावा इति।** ननु सुखादिहेतुत्वादेव सुखादिरूपत्वमनुमेयम्। सुखादिरूपत्वाभावे तद्धेतुत्वासंभवादिति चेन्न। चन्दनकण्टकादीनामिच्छाद्वेषहेतुत्वेपि तत्स्वरूपत्वाभावस्य सांख्यानामपि संमतत्वेन यो यद्धेतुः स तद्रूप इति व्याप्तेर्व्यभिचारात्। यदि चन्दनकण्टकादीनामिच्छाद्वेषहेतुत्वं कादाचित्कत्वादनियतमित्युच्यते तदा सुखादिहेतुत्व मपि तेषां काल विशेषाद्यपेक्षत्वेनानियतमेवेति कुतो न विभाव्यते।

नापि श्रुतिः प्रधानकारणत्ववादे प्रमाणम्। यतः—यदग्ने रोहितꣳरूपं तेजसस्तद्रूपं यच्छुक्लं तदपां यत्कृष्णं तदन्नस्य (छा. ६।४।१) इति च्छान्दोग्यशाखायां तेजोबन्नात्मिकायाः प्रकृतेर्लोहितशुक्लकृष्णरूपाणि समाम्नातानि तान्येवात्र प्रत्यभिज्ञायन्ते। तत्र श्रौतप्रत्यभिज्ञायाः प्राबल्याल्लोहितादिशब्दानां मुख्यार्थ-संभवाच्च तेजोबन्नात्मिका जरायुजाण्डजस्वदेजोद्भिज्जचतुष्टस्य भूतग्रामस्य प्रकृतिरवसीयते। यद्यपि तेजोबन्नानां प्रकृतेर्जातत्वेन योगवृत्त्या न जायत इत्यजत्वं न सिध्यति तथापि रूढिवृत्त्यावगतमजात्वमुक्तप्रकृतौ सुखावबोधाय प्रकल्प्यते। यथा असौ वादित्यो देवमधु (छा. ३।१।१) इत्यादिवाक्येनादित्यस्य मधुत्वं परिकल्प्यते तथा तेजोबन्नात्मिका प्रकृतिरेवाजेति। अतोजामेकामित्यादिका श्रुतिरपि न प्रधानप्रतिपादिका।

व्या० : नापि श्रुतिरिति। अजामेकाम् (श्वे. ४।५) इति प्रागुक्ता (द. १४ पं. १०८)। यदग्नेरिति। यदग्नेस्त्रिवृत्कृतस्य रोहितं लोहितं रूपं तदत्रिवृत्कृतस्य तेजसो रूपम्। तथा तस्यैवाग्नेर्यच्छुक्लं रूपं तदत्रिवृत्कृतानामपां रूपम्। तथा तस्यैवाग्नेर्यत्कृष्णं रूपं तदन्नस्यात्रिवृत्कृतायाः पृथिव्या रूपमिति च्छान्दोग्यश्रुत्यर्थः। **तान्येवात्रेति।** अजामेकामिति श्रुतावित्यर्थः। **तत्रेति।** यद्यपि लोहितादिशब्दाः सत्त्वादिगुणत्रयप्रतिपादका

इति सांख्यैरुक्तं तथाप्यत्र श्रुतौ तेषां शब्दानां वर्णवाचित्वमेव न्याय्यम्। श्रुतावेवान्यत्र यदग्ने रोहितं रूपमित्येवं रोहितादिशब्दानां वर्णवाचित्वेन निर्देशदर्शनात्। सर्वशाखाप्रत्ययानुरोधात्। असंदिग्धेन च संदिग्धस्य निगमनं न्याय्यं मन्यन्त इति ज्योतिरुपक्रमा (ब्र. सू. १।४।९।) इति सूत्रे भाष्ये श्रीशंकराचार्यैरुक्तम्। **मुख्यार्थेति।** सांख्यैस्तु न मुख्योर्थः परिगृहीतः। किं तु रञ्जकत्वादिसाधर्म्याद्रोहितादिशब्दानां गुणत्रये लक्षणा स्वीकृतेति प्रागुक्तमेव (द. १४ पं. ११२)। एवं च भूतत्रयलक्षणैवेयमजा न गुणत्रयलक्षणा प्रकृतिरिति सिद्धम्। **जरायुजेति।** मनुष्यपश्वादयो जरायुजाः। गर्भाशयो जरायुः। तस्माज्जाता जरायुजाः पक्षिसर्पमत्स्यादयोण्डजाः। स्वेदशब्देन तद्धेतुभूत ऊष्मा लक्ष्यते। ततो जाताः कृमिमत्कुणमशकादयः स्वेदजाः। भुवमुद्भिद्य जातास्तरुगुल्माद्या उद्भिज्जाः। **प्रकृतेरिति।** पञ्चम्यन्तम्। मूलकारणात्प्रधानात्सकाशादित्यर्थः। **रूढिवृत्त्येति।** अजाशब्दो हि रूढ्या पशुविशेषभूतायां छागायां वर्तते। सा च केवला रूढिः। न तु योगरूढिः। पशुविशेषे योगार्थस्योत्पत्तिराहित्यस्यासंभवात्। तच्च पशुविशेषनिष्ठमजात्वं तेजोबन्नलक्षणायां भूतप्रकृतौ प्रकल्प्य रूपकेण तत्रार्थे अजाशब्दः प्रयुक्तः। रूपककल्पना च सुखेनार्थावबोधाय क्रियते। यथा सूर्योयं ब्राह्मण इति। अत्र ब्राह्मणनिष्ठस्तेजस्वितातिशयः प्रति पिपादयिषितः। स च सूर्ये प्रसिद्ध इति सूर्यरूपकेण सोतिशयो झगिति बुद्धिमारोहिति। तथात्र पशुविशेषभूताजा बहूनि सरूपाणि चापत्यानि जनयतीति प्रसिद्धमिति तद्रूपकेण बहुसरूपविकारजातजनयितृत्वं तेजोबन्नलक्षणायां भूतप्रकृतौ शीघ्रं ज्ञायत इति भावः। **असौ वेति।** मधुनि मोहहेतुत्वं प्रसिद्धमिति तद्रूपकेणादित्ये देवानां मोहहेतुत्वं ज्ञाप्यते।

अग्नौ प्रास्ताहुतिः सम्यगादित्यमुपतिष्ठते।

इत्युक्तरीत्या यज्ञकर्मण्यग्नौ प्रक्षिप्ता सोमाज्यपयःप्रभृतिद्रव्याहुती रश्मिद्वारा रसरूपेणादित्यमुपतिष्ठते। तत्र च यथा मधुकराः पुष्पेभ्यो रसमानीय मधु संचिन्वन्ति तथा मन्त्ररूपमधुकरा वेदोक्तकर्मरूपपुष्पेभ्यः सकाशात्सोमाज्यपयःप्रभृतिद्रव्यनिष्पन्नान्यमृतानि रश्मिद्वारा सूर्यमण्डलमानयन्ति। तादृशामृतदर्शनेन च देवानां तृप्तिर्भवतीति बोध्यम्।

यदवादि निदर्शनं पूर्ववादिना क्षीरादिकमचेतनं चेतनानधिष्ठितमेव वत्सविवृद्ध्यर्थं प्रवर्तत इति। नैतद्रमणीयम्। बुद्धिविशेषशालिनः परमेश्वरस्य तत्राप्यधिष्ठातृत्वाभ्युपगमात् न च परमेश्वरस्य करुणया प्रवृत्त्यङ्गीकारे प्रागुक्तविकल्पावसरः। सृष्टेः प्राक् प्राणिनां दुःखसंबन्धासंभवेपि तन्निदानादृष्टसंबन्धसंभवेन तत्प्रहाणेच्छया प्रवृत्त्युपपत्तेः। किं च पुरुषार्थप्रयुक्ता

प्रधानप्रवृत्तिरित्युक्तं तद्विवेक्तव्यम्। किं प्रधान केवलं भोगार्थं प्रवर्तते किं वा केवलमोक्षार्थमाहोस्विदुभयार्थम्। न तावदाद्यः कल्पोवकल्पते। अनाधेयातिशयस्य कूटस्थनित्यस्य पुरुषस्य तात्त्विकभोगासंभवात्। अनिर्मोक्षप्रसङ्गाच्च। येन हि प्रयोजनेन प्रधानं प्रवर्तितं तदनेन विधातव्यम्। भोगेन चैतत्प्रवर्तितमिति तमेव विदध्यान्न मोक्षमिति। नापि द्वितीयः। चिद्धातोर्नित्यशुद्धबुद्धमुक्तस्वभावतया कर्मानुभववासनानामसंभवेन प्रधानप्रवृत्तेः प्रागपि मुक्ततया तदर्थं प्रवृत्त्यनुपपत्तेः। शब्दाद्युपभोगार्थमप्रवृत्तत्वेन प्रधानस्य तदजनकत्वप्रसङ्गाच्च। नापि तृतीयः। प्रागुक्तदूषणलङ्घनालङ्घितत्वात्। प्रवृत्तिस्वभावाया: प्रकृतेरौदासीन्या[1]योगाच्च। ननु सत्त्वपुरुषान्यताख्यातिः पुरुषार्थः। तस्यां जातायां सा निवर्तते कृतकार्यत्वादिति चेत्–तदसमञ्जसम्। अचेतनायाः प्रकृतेर्विचार्य कार्यकारित्वायोगात्। यथेयं कृतेपि शब्दाद्युपलम्भे तदर्थं पुनः प्रवर्तत एवमत्रापि पुनः प्रवर्तेत। स्वभावस्यानपायात्। किं च सा प्रकृतिर्विवेकख्यातिवशादुच्छिद्यते न वा। उच्छेदे सर्वस्य संप्रति संसारोस्तमियात्। अनुच्छेदे न कस्यचिन्मोक्षः। ननु प्रधानाभेदेपि तत्तत्पुरुषाविवेकख्यातिलक्षणाविद्यासदसत्त्वनिबन्धनौ बन्धमोक्षावुपपद्येयातामिति चेत्–हन्त तर्हि कृतं प्रकृत्या। अविद्यासदसद्भावाभ्यामेव तदुपपत्तेः। नन्वविद्यापक्षेप्येष दोषः प्रादुःष्यादिति चेत्–तदेतत्प्रत्ययवस्थानमस्थाने। न हि वयं प्रधानवदविद्यां सर्वेषु जीवेष्वेकामाचक्ष्महे येनैवमुपालभ्येमहि। अपि त्वियं प्रतिजीवं भिद्यते। तेन यस्यैव जीवस्य विद्योत्पद्यते तस्यैवाविद्या समुच्छिद्यते नान्यस्य। भिन्नायतनयोस्तयोर्विरोधाभावात्। अतो न समस्तसंसारोच्छेदप्रसङ्गदोषः। तस्मात्परिमाणः परित्यक्तव्यः। स्वीकर्तव्यश्च विवर्तवादः। ननु जीवजडयोः सारूप्याभावेन चिद्विवर्तत्वं प्रपञ्चस्य न संपरिपद्यत इति प्रागवादिष्मेति चेत् नैतत्साधु। न हि सारूप्यनिबन्धनाः सर्वे विभ्रमा इति व्याप्तिरस्ति। [2]असरूपादपि कामादेः कान्तालिङ्गनादिष्वव स्वप्नविभ्रमस्योपलम्भात्। किं च कादाचित्के विभ्रमे सारूप्यापेक्षा नानाद्यविद्यानिबन्धने प्रपञ्चे। तदवोचदा चार्यवाचस्पतिः–

विवर्तस्तु प्रपञ्चोयं ब्रह्मणोऽपरिणामिनः।
अनादिवासनोद्भूतो न सारूप्यमपेक्षते।। इति।

---

1. कादाचित्कत्व for औदासीन्य D.
2. असदूपात् for असरूपात् A.

तदेतत्सर्वं वेदान्तशास्त्रपरिश्रमशालिनां सुगमं सुघटं च।

व्या० : पूर्ववादिनेति। सांख्येन हि प्रागुदाहरणं प्रदर्शितमेतत् (द. १४ पं. ११८)। **प्रागुक्तविकल्पेति**। स किं सृष्टेः प्राक् (द. १४ पं. १२५) इत्यादिः प्रागुक्तो विकल्पः। **अनाधेयातिशयस्येति**। सुखप्राप्तिदुःखपरिहाराद्यतिशयशून्यस्येत्यर्थः। न मोक्षमिति। मोक्षेण प्रधानस्याप्रवर्तितत्वादिति भावः। **चिद्धातोरिति**। चितेः सदा विशुद्धत्वान्न तस्यां कर्मानुभववासनाः सन्ति। प्रधानं तु तासामनादीनामाधारः। तथा च प्रधानप्रवृत्तेः पूर्वं चितिर्मुक्तैव। मुक्तेः स्वरूपावस्थानरूपत्वात्। **प्रागुक्तदूषणेति**। अनाधेयातिशयस्य पुरुषस्य तात्त्विकभोगासंभवात्प्रधानप्रवृत्तेः प्रागपि चितेर्मुक्तत्वाच्च नोभयार्था प्रधानप्रवृत्तिः संभवतीति भावः। अत्राहुर्वाचस्पतिमिश्राः-न तावदपवर्गः साध्यः। तस्य प्रधानाप्रवृत्तिमात्रेण सिद्धत्वात्। भोगार्थं तु प्रवर्तेत। भोगस्य च सकृच्छब्दाद्युपलब्धिमात्रादेव समाप्तत्वान्न तदर्थं पुनः प्रधानं प्रवर्तेतेत्ययत्नसाध्यो मोक्षः स्यात्। निःशेषशब्दाद्युपभोगस्य चानन्त्येन समाप्तेरनुपपत्तेरनिर्मोक्षप्रसङ्ग इति। **प्रवृत्तिस्वभावाया इति**। प्रवृत्तिः कार्यरूपेण परिणामः। चलं गुणवृत्तमिति तदभ्युपगमाच्चाञ्चल्यादेव च परिणामाभ्युपगमात्त्रिगुणात्मकप्रकृतेः प्रवृत्तिस्वभावत्वं सिद्धम्। तथा च मोक्षानुपपत्तिरिति भावः। **अत्रापीति**। सत्त्वपुरुषान्यताख्यातौ जातायामपीत्यर्थः। **उच्छेदे सर्वस्येति**। प्रधानं हि न प्रतिजीवं भिन्नम्। किं तु सर्वजीवसाधारणमेकमेव। तथा च तस्योच्छेदे सर्व एव पुरुषा मुक्ताः स्युरिति भावः। **तस्मादिति**। वस्तुनः पूर्वावस्थात्यागपुरःसरमवस्थान्तरप्राप्तिः परिणामः। यथा मृदो घटः। प्रधानस्य च जायमानः परिणामः सर्वैर्जीवैरेक एव ज्ञायत इति प्रागुक्तोच्छेदानुच्छेद-विकल्पासहत्वं तदवस्थं स्यात्। विवर्तस्तु न तथा। किं तु वस्तुनः पूर्वावस्थाया अपरित्यागेनावस्थान्तरभानम्। यथा शुक्तौ रजतभानम्। तच्च प्रतिजीवं तत्तत्साधनभेदेन भिन्नमेवेति न प्रागुक्तविकल्पावसरः। **कामादेरिति**। तीव्राभिलाषरूपश्चेतसोनवस्थितत्वा-पादको वृत्तिविशेषः कामः। तत्र निदिध्यासातिशयेन कान्तालिङ्गनादिभ्रमः स्वप्नेनुभूयते। जागृतावपि कदाचिद्भावनया तथोपनीयते। कामादेश्च रूपमेव नास्ति कुतः सारूप्यम्। अथ सारूप्यं कथंचित्साम्यमात्रं चेज्जीवजडयोरपि तद्विभावयितुं शक्यम्। दृश्यते च नीरूपे नभसि तलमलिनतादिभ्रमो बालानाम्।

तच्च वेदान्तशास्त्रं चतुर्लक्षणम्। [1]भगवता बादरायणेन प्रणीतस्य वेदान्तशास्त्रस्य प्रत्यग्ब्रह्मैक्यं विषय इति शंकराचार्याः प्रत्यपीपदन्। तत्र प्रथमे <u>समन्वयाध्याये सर्वेषां</u> वेदान्तानां ब्रह्मणि तात्पर्येण पर्यवसानम्।

1. भगवद्बादरायणप्राणायितस्य for भगवता बादरायणेन प्रणीतस्य D.

द्वितीयेऽविरोधाध्याये सांख्यादितर्कविरोधनिराकरणम्। तृतीये साधनाध्याये ब्रह्मविद्यासाधनम्। चतुर्थे फलाध्याये विद्याफलम्। तत्र प्रत्यध्यायं पादचतुष्टयम्। तत्र प्रथमस्याध्यायस्य प्रथमे पादे स्पष्टब्रह्मलिङ्गं वाक्यजातं मीमांस्यते। द्वितीयेऽस्पष्टब्रह्मलिङ्गमुपास्यविषयम्। तृतीये तादृशं ज्ञेयविषयम्। चतुर्थेऽव्यक्ताजापदादि संदिग्धं पदजातमिति। अविरोधस्य द्वितीयस्य प्रथमे सांख्ययोगकणादादिस्मृतिविरोधपरिहारः। द्वितीये सांख्यादिमतानां दुष्टत्वम्। तृतीये पञ्चमहाभूतश्रुतीनां जीवश्रुतीनां च परस्परविरोधपरिहारः। चतुर्थे लिङ्गशरीरश्रुतीनां विरोधपरिहारः। तृतीयस्य प्रथमे जीवस्य परलोकगमनागमनविचारपुरःसरं वैराग्यम्। द्वितीये त्वंपदतत्पदार्थपरिशोधनम्। तृतीये सगुणविद्यासुगुणोपसंहारः। चतुर्थे निर्गुणब्रह्मविद्याया बहिरङ्गान्तरङ्गाश्रमयज्ञशमादिसाधनजातम्। चतुर्थस्य प्रथमे ब्रह्मसाक्षात्कारेण जीवतः पापपुण्यक्लेशवैधुर्यलक्षणा मुक्तिः। द्वितीये मरणोत्क्रमणप्रकारः। तृतीये सगुणब्रह्मोपासकस्योत्तरमार्गः। चतुर्थे निर्गुणसगुण-ब्रह्मविदो विदेहकैवल्यब्रह्मलोकावस्थानानि। तदित्थं ब्रह्मविचारशास्त्राध्याय-पादार्थसंग्रहः।

व्या० : चतुर्लक्षणम्। अध्यायचतुष्टयात्मकम्। अध्यायचतुष्टयं च प्रतिपाद्यविषय-भेदेन तत्तन्नाम्ना प्रसिद्धम्। समन्वयाध्यायः प्रथमः। अविरोधाध्यायो द्वितीयः। साधनाध्यायस्तृतीयः। फलाध्यायश्चतुर्थः। एषा चतुरध्यायी शारीरकमीमांसा अथातो ब्रह्मजिज्ञासा (ब्र. सू. १।१।१) इत्यादिः अनावृत्तिः शब्दात् (ब्र. सू. ४।४।२२) इत्यन्ता जीवब्रह्मैकत्वसाक्षात्कारहेतुर्मननाख्यविचारोपयोगिनो न्यायानुपदर्शयन्ती भगवता बादरायणेन प्रणीता। **प्रत्यगिति।** प्रति प्रतिशरीरमञ्चति स्फुरतीति प्रत्यग्जीवः। तस्य ब्रह्मणा सहैक्यं वेदान्तशास्त्रप्रतिपाद्यमित्यर्थः। **तत्र प्रथम इति।** संशयितार्थाना-मुपनिषद्वाक्यानां साक्षात्परंपरया वा प्रत्यगभिन्नाद्वितीये ब्रह्मणि तात्पर्यमित्येष समन्वयः प्रथमाध्यायेन प्रदर्शितः। द्वितीय इति। वेदान्तवाक्यानामद्वितीये ब्रह्मणि समन्वये प्रथमाध्यायेन प्रतिपादिते तत्र संभावितस्मृतितर्कादिविरोधमाशङ्क्य तत्परिहारो द्वितीयेध्याये क्रियत इत्ययमध्यायोऽविरोधनाम्ना प्रसिद्धः। **तादृशम्।** अस्पष्टब्रह्मलिङ्गम्। **संदिग्धमिति।** सांख्याभिमतप्रधानप्रतिपादकं भवति न वेत्येवं संदिग्धमित्यर्थः। यथा महतः परमव्यक्तम् (का. १।३।११) इत्यत्राव्यक्तपदम्। यथा च अजामेकाम् (श्वे. ४।५) इत्यत्राजापदम्। **दुष्टत्वमिति।** दुष्टत्वप्रतिपादनं चावश्यकम्। विचारस्य स्वपक्षस्थापनपरपक्षनिराकरणरूपपर्वद्वयात्मकत्वात्। **लिङ्गशरीरेति।** ज्ञानेन्द्रियपञ्चकं

कर्मेन्द्रियपञ्चकं प्राणपञ्चकं मनो बुद्धिश्चेत्येवं सप्तदशपदार्थानां संघातो लिङ्गशरीर-मित्युच्यते। **गुणोपसंहार इति।** अन्यत्र प्रतिपादितानामुपास्यगुणानामन्यत्र संग्रहो गुणोपसंहारः। **आश्रमेति।** ब्रह्मचर्याद्याश्रमकर्मयज्ञादीनि बहिरङ्गसाधनानि। शमदम-निदिध्यासनादीनि चान्तरङ्गसाधनानि। **मुक्तिः।** जीवन्मुक्तिः। **चतुर्थ इति।** निर्गुणब्रह्मविदो विदेहमुक्तिः सगुणब्रह्मविदो ब्रह्मलोकावस्थानं प्रतिपादितमित्यर्थः। इदमेव सर्वशास्त्राणां मूर्धन्यम्। शास्त्रान्तरं सर्वमस्यैव शेषभूतम्। अतो मुमुक्षुभिरिदमेवादरणीयं श्रीशंकरभगवत्पादोदितप्रकारेणेति रहस्यम्। **तदित्थमिति।** शास्त्रप्रतिपाद्यध्यायप्रतिपाद्यं पादप्रतिपाद्यं च प्रदर्शितम्।

अथाधिकरणप्रतिपाद्यं प्रदर्श्यते–

अ. १ पा. २

(१) अथातो ब्रह्मजिज्ञासा (२) ब्रह्मणो लक्षणं ततः।

(३) तत्र प्रमाणं शास्त्रं स्या (४) त्तत्र शास्त्रसमन्वयः।। १।।

(५) प्रधानं न जगद्धेतु (६) रानन्दमय ईश्वरः।

(७) अक्ष्यादित्यान्तःस्थ आत्मा (८) स एवाकाशशब्दभाक्।। २।।

(९) छान्दोग्यस्थप्राणशब्दो (१०) ज्योतिःशब्दश्च तादृशः।।

(११) कौषीतकिगतप्राणशब्दस्तद्वद्रसारसा।। ३।।

अ. १ पा. २

(१) स एव सर्वत्रोपास्यः (२) स एवात्ता कठश्रुतौ।

(३) गुहां प्रविष्टौ जीवेशा (४) वीश एवान्तरोक्षणि।। ४।।

(५) अन्तर्यामीश्वरो ज्ञेयो (६) भूतयोनिरपीश्वरः।

(७) वैश्वानरोपि तादृक्स्याच्छान्दोग्य इति सप्तकम्।। ५।।

अ. १ पा. ३

(१) स्वर्गाद्युपघ्न ईशः स्या (२) दथ भूमा परेश्वरः।

(३) अक्षरं स्यात्परं ब्रह्म (४) तदेव ध्येयमुच्यते।। ६।।

(५) ईश्वरो दहराकाशो (६) रूपाविर्भाववान्परः।

(७) प्रकाशकः स सूर्यादेः (८) स एवाङ्गुष्ठमात्रकः।। ७।।

(९) विद्याधिकारिणो देवाः। (१०) शूद्रस्याधिकृतिर्न च।

(११) सर्वं प्रकम्पयन्नीशो (१२) ज्योतिर्ब्रह्मैव कथ्यते।। ८।।

(१३) स एवाकाशशब्दार्थो (१४) वाज्युक्तात्मा परो वृषा।

अ. १ पा. ४

(१) अव्यक्तं तु शरीरं स्या (२) दजा भूतत्रयात्मिका।। ९।।

(३) प्राणादयः पञ्चजना (४) जगत्कारणमीश्वरः।

(५) कौषीतकिज्ञेय ईश (६) आत्मा वाज्युदितः परः।। १०।।

(७) स एव विश्वोपादानं (८) सर्वं व्याख्यातमष्टकम्।

अ. २ पा. १

(१) न दोषः स्मृतिवैयर्थ्यं (२) योगोप्येतेन निःसृतः।। ११।।

(३) अप्यचिच्चित उत्पन्नं (४) शिष्टास्वीकृतमीदृशम्।

(५) भोक्त्रापत्तिर्न भोग्यस्य (६) नान्यत्कार्यं स्वकारणात्।। १२।।

(७) आधिक्यान्न हिताकृत्त्वं (८) शक्तो नान्यदपेक्षते।

(९) निष्कलोप्यधिकः सृष्टेः (१०) सर्वशक्तियुतः प्रभुः।। १३।।

(११) तस्य प्रवृत्तिर्लीलैव (१२) वैषम्यं कर्ममूलकम्।

(१३) सर्वधर्मोपपत्तिः स्यात्परमेशे त्रयोदश।। १४।।

अ. २ पा. २

(१) स्वातन्त्र्यं न प्रधानस्य (२) महद्वदचितो जनिः।

(३) नाणुभ्यो जगदुत्पत्तिः (४) क्षणिकत्वं न वस्तुनः।। १५।।

(५) ज्ञानात्मता न जगतो (६) न युक्तं जैनदर्शनम्।

(७) न केवलनिमित्तोसौ (८) न भागवतमष्टकम्।। १६।।

अ. २. पा. ३

(१) उत्पत्तिर्वियतोस्त्येव (२) तथा वायोरपि स्मृता।

(३) आत्मनस्तु जनिर्नैव (४) वायोरग्नेः समुद्भवः।। १७।।

(५) अग्नेरापः प्रजायन्ते (६) भूमिरेवान्नमब्भवम्।

(७) तत्तद्रूपो हेतुरात्मै (८) वापीतिः स्याद्विपर्ययात्।। १८।।

(९) इन्द्रियाद्या भौतिकाः स्यु (१०) र्न जीवो जनिमृत्युभाक्।

(११) न कदापि जनिस्तस्य (१२) नित्यज्ञानस्वरूपता।। १९।।

(१३) नाणुर्जीवो विभुरसौ (१४) कर्ता स्यात्पुण्यपापयोः।।

(१५) औपाधिकं तत्कर्तृत्वं (१६) पराधीनं च नान्यथा।। २०।।
(१७) ईशांश इव जीवोसौ विज्ञेयो दश सप्त च।

अ. २ पा. ४

(१) उत्पत्तिरिन्द्रियाणां स्या (२) त्तान्येकादश सन्ति हि।। २१।।
(३) तानि सूक्ष्मतराण्याहुः (४) प्राणस्यापि जनिः स्मृता।
(५) प्राणो वायुविशेषः स्या (६) त्सोपि सूक्ष्मतरः स्मृतः।। २२।।
(७) इन्द्रियप्रेरका देवाः (८) प्राणान्यानीन्द्रियाणि तु।
(९) नामरूपकृदीशानस्त्रिवृत्कर्ता स्मृतो नव।। २३।।

अ. ३ पा. १

(१) भूतसूक्ष्मयुतो जीवो गच्छे (२) त्सानुशयः पतेत्।
(३) पापिनां चन्द्रलोको न (४) पतन्खादिनिभः कृती।। २४।।
(५) खादिसाम्यं नातिचिरं (६) व्रीहिस्थः सुकृती न षट्।

अ. ३ पा. २

(१) मायैव केवलं स्वप्नः (२) सुप्तः स्याल्लीन आत्मनि।। २५।।
(३) स एव स्यात्पुनर्बुद्धो (४) र्धसुप्तो मूर्छितो भवेत्।
(५) परेशो निर्गुणः प्रोक्तो (६) निषेध्यस्तु श्रुतौ न सः।। २६।।
(७) नेशात्परं तत्त्वमन्य (८) त्स एव फलदोष्टकम्।

अ. ३ पा. ३

(१) सर्वत्र धीरेकरूपा (२) विद्यैक्ये गुणसंग्रहः।। २७।।
(३) उद्गीथविद्या भिन्ना स्या (४) दुद्गीथेत्योम्विशेषणम्।
(५) एकैव प्राणविद्या (६) सर्वत्रानन्दादयो मताः।। २८।।
(७) परोखिलान्मतः श्रुत्या (८) मात्मशब्दस्तदर्थकः।
(९) आचामेऽनग्नता प्राणे (१०) विद्यैका शाण्डिली मता।। २९।।
(११) एकैकयोर्नाम सत्ये (१२) भिन्ना छन्दोगशाण्डिली।
(१३) भिन्ना पुरुषविद्या स्या (१४) द्वहिर्मन्त्रा न संविदि।। ३०।।
(१५) कर्मान्यत्र ज्ञानिमुक्तं (१६) कर्मत्यागस्तनुक्षये।
(१७) देवयानेन सगुणा एव (१८) ते चाखिलास्तथा।। ३१।।

(१९) अपि ज्ञान्यधिकारी स्या (२०) न्निषेधाः सर्वधीषु हि।
(२१) इयदुक्तेरेकविद्या (२२) तथोषस्तकहोलयोः।। ३२।।
(२३) जीवेशयोर्मिथो बुद्धिः (२४) सत्यविद्या न वै पृथक्।
(२५) कामादिसंग्रहो भूत्यै (२६) क्लृप्तावेवाग्निहोत्रधीः।। ३३।।
(२७) कर्माङ्गोपास्तयः कामे (२८) प्राणवाय्वोः पृथग्धियौ।
(२९) क्लृप्ताग्नयो न यज्ञाङ्गा (३०) आत्मा भिन्नः शरीरतः।। ३४।।
(३१) सर्वशाखास्वेकगा (३२) पि व्यष्टिर्वैश्वानरे न धीः।
(३३) शब्दादिभेदाद्भिन्ना धीः (३४) साक्षात्कृत्यै न धीद्वयम्।। ३५।।
(३५) विद्या यथेष्टं काम्यास्तु (३६) कर्माङ्गा अपि षट्त्रयः।

अ. ३ पा. ४

(१) ज्ञानादेव तु कैवल्यं (२) सर्वाश्रमपरिग्रहः।। ३६।।
(३) श्रुतावुपास्तिविधय (४) आख्यानात्तु प्ररोचनम्।
(५) न विद्या कर्मसापेक्षा (६) विद्योत्पत्तिस्तु कर्मणा।। ३७।।
(७) प्राणात्यये सर्वमन्नं (८) कर्म्यकामोपि मोचने।
(९) विधुराद्या अधिकृता (१०) उत्सृष्टो नाश्रमः पुनः।। ३८।।
(११) प्रायश्चित्त्यवकीर्णी स्या (१२) त्तथाप्यव्यवहार्यता।
(१३) ऋत्विक्कर्मोपासनास्तु (१४) ज्ञानाधिक्यविधिः श्रुतौ।। ३९।।
(१५) मुमुक्षुर्दम्भरहितः (१६) फलं नात्रैव जन्मनि।
(१७) मुक्तिरेकविधैव स्यान्नान्यथा दश सप्त च।। ४०।।

अ. ४ पा. १

(१) आवृत्तिरा फलप्राप्ते (२) रहमात्मेति भावना।
(३) प्रतीके नात्मबुद्धिः स्या (४) द्ब्रह्मधीरर्यमादिषु।। ४१।।
(५) सूर्यादिदृष्टिः कर्माङ्गे (६) ष्वासीनो ध्यानमाचरेत्।
(७) एकाग्रता साधनीया (८) मरणान्तमुपासना।। ४२।।
(९) ब्रह्मविद्या पातकानि (१०) पुण्यानि च विनाशयेत्।
(११) प्रारब्धानां न नाशः स्या (१२) न्नित्यानां कर्मणां तथा।। ४३।।
(१३) फलाधिक्यं ज्ञानयुता (१४) त्प्रारब्धान्ते तु मोचनम्।

अ. ४ पा. २

(१) लीना मनसि वाग्वृत्ति (२) स्तथा प्राणे तु मानसी।।४४।।

(३) जीवात्मनि प्राणवृत्ति (४) र्ज्ञानिनोपीदृशी गतिः।

(५) आमोक्षं सूक्ष्मभूतानि (६) ज्ञानिदेहात्तु नोत्क्रमः।।४५।।

(७) ज्ञानीन्द्रियाण्यात्मलीना (८) न्यवशेषो न कश्चन।

(९) ज्ञानिजीवो मध्यनाड्या (१०) रात्रावप्यर्कमाविशेत्।।४६।।

(११) अयने दक्षिणेप्येवं मुक्तिरेकाधिका दश।

अ. ४ पा. ३

(१) अर्चिरादिर्मार्ग एक (२) ऊर्ध्वमब्दात्समीरणः।।४७।।

(३) वरुणस्तडितः पश्चा (४) द्देवता आतिवाहिकाः।

(५) मार्गो हिरण्यगर्भान्त (५) श्चिह्नोपास्तावयं न षट्।।४८।।

अ. ४ पा. ४

(१) मुक्तौ स्वरूपाविर्भावः (२) स्थितिर्ब्रह्माविभागतः।

(३) उपाधिधर्माश्चिद्रूपे (४) संकल्पात्स्वेष्टकृद्विदन्।।४९।।

(५) देहादि स्यान्न वा कामा (६) दनेकत्रापि चाविशेत्।

(७) जगद्व्यापाररहिता शक्तिर्मुक्तस्य सप्तकम्।।५०।। इति।

तत्र प्रथममधिकरणमथातो ब्रह्मजिज्ञासा (ब्र. सू. १।१।१) इति। ब्रह्ममीमांसारम्भोपपादनमपरम्। अधिकरणं च पञ्चावयवं प्रसिद्धम्। ते च विषयादयः पञ्चावयवा निरूप्यन्ते। आत्मा वारे द्रष्टव्यः (बृ. २।४।५) इत्येतद्वाक्यं विषयः। ब्रह्म जिज्ञासितव्यं न वेति संदेहः। जिज्ञास्यत्वव्यापकयोः संदेहप्रयोजनयोः संभवासंभवाभ्याम्।

व्या० : विषयादय इति। आदिपदेन संशयपूर्वपक्षसिद्धान्तसंगतिग्रहणम्। लक्षणानि प्रागुक्तानि (पृ० २६१ प० १७)। **जिज्ञास्यत्वेति**। यत्र जिज्ञास्यत्वं तत्र संदेहप्रयोजनरूपं द्वयमावश्यकमेव। यो ह्यर्थो न संदिग्धः किं तु निश्चित एव तत्र प्रयोजनसत्त्वेपि न स जिज्ञास्यो भवति। ज्ञातत्वात्। तथा यत्र फलं नास्ति सोर्थः संदिग्धोपि न जिज्ञास्यो भवति। ज्ञानस्य नैरर्थक्यात्। तथा च यत्र द्वयमपि न संभवति तत्र सुतरां जिज्ञास्यत्वाभाव एव।

तत्र कस्येदं जिज्ञास्यत्वमवगम्यते। अहमनुभवगम्यस्य श्रुतिगम्यस्य वा। नाद्यः। सर्वजनीनेनाहमनुभवेनेदमास्पददेहादिभ्यो विवेकेनात्मनः स्पष्टं प्रतिभासमानत्वात्। ननु स्थूलोहं कृशोहमित्यादिदेहधर्मसामानाधिकरण्यानुभवादध्यस्तात्मभावदेहालम्बनोयमहंकार इति चेन्न। बाल्याद्यवस्थासु भिन्नपरिमाणतया बदरामलकादि वत्परस्परभेदेन शरीरस्य प्रत्यभिज्ञानानुपपत्तेः। अथोच्येत यथा पीलुपाकपक्षे पिठरपाकपक्षे वा कालभेदेनैकस्मिन्वस्तुनि पाकजभेदो युज्यते तथैकस्मिञ्शरीराभिधे वस्तुनि कालभेदेन परिमाणभेदः। अत एव लौकिकाः शरीरमात्मनः सकाशादभिन्नं प्रतिपद्यमानाः प्रत्यभिजानते चेति। न तद्भद्रम्। मणिमन्त्रौषधाद्युपायभेदेन भूमिकाधानवन्नानाविधान्देहान्प्रतिपद्यमानस्याहमालम्बनस्य भिन्नस्यात्मनः शरीराद्भेदेन भासमानत्वात्। अत एव चक्षुरादीनामप्यहमालम्बनत्वमशक्यशङ्कम्। नान्यदृष्टं स्मरत्यन्यः (न्या.कुसु. १।१५) इति नायेन चतुरादौ नष्टेपि रूपादिप्रतिसंधानानुपपत्तेः। नाप्यन्तःकरणस्याहमालम्बनत्वमास्थेयम्। अयमेव भेदो भेदहेतुर्वा यद्विरूद्धधर्माध्यासः कारणभेदश्चेति न्यायेन कर्तृकरणभूतयोरात्मान्तःकरणयोस्तक्षवासिवत्संभेदासंभवात्। यद्यभेद एव नाद्रियते तर्हि स्थूलोहं कृशोहं कृष्णोहमित्यादि संख्यानमुत्सन्नसंकथं स्यात्। न स्यात्। एवं लोके शास्त्रे चोभयथा शब्दप्रयोगदर्शनेन मुख्यार्थत्वानुपपत्तौ मञ्चाः क्रोशन्तीत्यादिवदौपचारिकत्वेनोपपत्तेः। न द्वितीयः। अहमनुभवगम्यस्यैव श्रुतिगम्यत्वात्। सत्यं ज्ञानमनन्तं ब्रह्म (तै. २।१।१) इत्यादिश्रुतिभ्यो हि ब्रह्मावगम्यते। ब्रह्मभावश्चाहमात्मा ब्रह्म (बृ. २।५।१९) तत्त्वमसि (छा. ६।८।७) इत्यादिश्रुतिष्वहंप्रत्ययगम्यस्यैव बोध्यते। तथा चेदमनुमानं समसूचि। विमतमजिज्ञास्यमसंदिग्धत्वात्करतलामलकवत्।

व्या० : तत्र संदेहप्रयोजनयोरसंभवं मन्वानः शङ्कते–**तत्रेति। सर्वजनीनेनेति।** अहमित्येवमनुभवो हि प्राणिमात्रस्य प्रसिद्धः। तादृशानुभवविषयीभूतो जीवात्मा देहादिभ्यो भिन्नः स्पष्टमेवावभासत इति न तस्य जिज्ञासा संभवति। निश्चिते वस्तुनि जिज्ञासाया अनुपपत्तेः। **नन्विति।** स्थूलत्वादयो हि देहधर्मा नात्मनः। तादृशधर्मविशिष्टो देह एवाहंप्रत्ययविषयीभूतः। जडेपि देह आत्मसंबन्धेनात्मत्वारोपात्तस्याहमित्यनुभवविषयत्वमुपपद्यते। तथा च देहातिरिक्त आत्मा नाहमित्यनुभूयत इति तज्जिज्ञासा

संभवतीति भावः। **बाल्यादीति**। अहं बाल्ये क्रीडारसमन्वभूवमहं तारुण्ये विषयसुखमन्वभूवमित्येवं प्रत्यभिज्ञा प्रसिद्धैव। देहस्याहंप्रत्ययविषयत्वे त्वियं प्रत्यभिज्ञा नोपपद्यते। बाल्याद्यावस्थासु परिमाणभेदेन देहभेदस्यावर्जनीयत्वात्। तथा च देहातिरिक्तो जीवात्मैवाहंप्रत्ययविषयः। स्थूलोहमित्यादिप्रतीतिस्तु लाक्षणिकीत्यनुपदमेव वक्ष्यते। **पीलुपाकेति**। एतत्पक्षद्वयं प्रागुक्तम् (पृ० २२५ प० ९)। **तथैकस्मिन्निति**। तथा च परिमाणभेदेप्येक एव देह इति स एवाहंप्रत्ययविषय इत्याशयः। **लौकिकाः**। चार्वाकाः। **मणीति**। एक एव चैत्रादिर्मणिमन्त्रादिसहायेन क्षणं व्याघ्रः क्षणं हस्ती क्षणमन्यो भूत्वा पुनः पूर्ववन्मनुष्यो भवति। तत्र चैक एव जीवात्मा नट इवानेका भूमिका आधत्ते। तथा च तत्र देहभेदः स्पष्ट एवेति तदतिरिक्तो जीवात्मैवाहंप्रत्ययविषय इति सिद्धम्। **अत एवेति**। शरीरादिवेन्द्रियादप्यात्मनो भेदेन प्रतिभासमानत्वादेवेत्यर्थः। **अयमेवेति**। यदित्यव्ययम्। यो विरुद्धधर्माध्यासोयमेव भेदः। तथा यः कारणभेदोयमेव भेदहेतुरिति न्यायार्थः। ज्ञानवैधर्म्यमेवान्योन्याभाव इति मतेन विरुद्धधर्माध्यास एव भेद इत्युक्तम्। प्रकृते च कर्तात्मा। करणं चान्तःकरणम्। तयोश्च विरुद्धधर्माक्रान्तयोर्भेद एव। तक्षवासिवत्। तक्षा रथकारः। वासिस्तक्षणसाधनम् (वाकस इति प्र.)। संभेदस्तादात्म्यम्। **यद्यभेद एवेति**। संख्यानं सम्यग्ज्ञानम्। संकथा संलापः। आत्मशरीरयोर्भेदे स्थूलोहमित्यादिव्यवहारो लुप्तप्रायः स्यादिति तात्पर्यम्। **उभयथेति**। मुख्यवृत्त्या गौणवृत्त्या चेत्यर्थः। **मञ्चा इति**। अत्र क्रोशनस्य चेतनधर्मस्याचेतनेषु मञ्चेष्वसंभवान्मञ्चपदेन मञ्चस्थाः पुरुषा लक्ष्यन्ते। लक्षणावृत्तिश्च गौण्येव। तद्वदत्राहंप्रत्ययगम्ये जीवात्मनि स्थूलत्वाद्यसंभवात्स्थूलादिशब्दैः स्थूलत्वादिधर्मयुक्त-शरीरविशिष्टा अर्था लक्ष्यन्ते। तथा च न तादृशव्यवहारानुपपत्तिरिति भावः। **अहंप्रत्ययगम्यस्यैव बोध्यत इति**। न चाहंप्रत्ययगम्यः सांसारिकसुखदुःख भाग्जीव एव ब्रह्म चेन्निष्कलं निष्क्रियं शान्तम् (श्वे. ६।१९) अप्राणो ह्यमनाः (मु. २।१।२) सदेव सौम्येदमग्र आसीत् (छा. ६।१।१) इत्यादिश्रुतिविरोध इति वाच्यम्। यजमानः प्रस्तरः (तै. ब्रा. ३।३।९) इत्यादिवत्तासामर्थवादत्वेन जीवप्रशंसामात्रपरत्वादित्याशयः।

तथा फलं न फलभावमीक्षते। पुरुषैरर्थ्यत इति व्युत्पत्त्या निःशेषदुःखोप-शमलक्षितं परमानन्दैकरस्यं च पुरुषार्थशब्दस्यार्थः सकलपुरुषधौरेयैः प्रेप्स्यते नेतरत्सांसारिकं सुखजातम्। तस्यैहिकस्य पारलौकिकस्य च सातिशयतया च सदृक्षतया च प्रेक्षावद्भिरर्थ्यमानत्वानुपपत्तेः। यत्तत्परिपन्थि दुःखजातं तज्जिहास्यते। तच्चाविद्यापरपर्यायसंसार एव कर्तृत्वादिसकलानर्थकरत्वादविद्यायाः। समित्येकीकरणे वर्तते। संभेदादौ तथा चोपलम्भात्। तथा चात्मान् देहेनैकीकृत्य

स्वर्गनरकमार्गयोः सरति येन पुरुषः स संसारोऽविद्याशब्दार्थः। तन्निवृत्तिः फलं फलवतामभिमतम्। तथा कथितम्–

अविद्यास्तमयो मोक्षः सा च बन्ध उदाहृतः। इति।

व्या० : एवं संदेहासंभवं निरूप्य प्रयोजनासंभवं निरूपयति–**तथा फलमिति।** इदं फलम्–इति यत्तैरुच्यते तस्य फलत्वमेव नास्तीत्यर्थः। तैः प्रदर्शितं फलं प्रथमतोनुवदति–**पुरुषैरित्यादिना बन्ध उदाहृत इत्यन्तेन।** सर्वेषु पुरुषेष्वग्रेसरा विद्वांसो हि निरतिशयं निरुपमं च पुरुषार्थमिच्छन्ति। ऐहिकं पारलौकिकं वा द्विविधमपि सांसारिकं सुखं तु न कदापि प्रेक्षावद्भिः पुरुषार्थत्वेनेष्यते। नानाविधं सांसारिकं सुखं तारतम्येनानुभूयते। न तत्र किंचिदपि सर्वोत्तमम्। राज्यसुखमपि स्वर्गसुखादपकृष्टमेव। तद्दृष्टान्तेन च स्वर्गसुखमपि किंचिदपेक्षयाकृष्टं स्यात्। किंचिद्वैलक्षण्येनैहिकसुखसदृशमेव च स्यात्। इत्थमनुमानेन निश्चित्य तदपि प्रेक्षावद्भिः पुरुषार्थत्वेन नेष्यते। यच्च निरतिशयं सर्वतो विलक्षणत्वादनुपमं च तदेव पुरुषार्थत्वेन विद्वद्भिरिष्यते। लेशतोपि यत्र न दुःखसंभावना तादृशं हि तत्। अतः पुरुषार्थविरोधित्वाद्दुःखजातं हातव्यं भवति। दुःखमूलं च विद्वद्दृष्ट्या दुःखमेवेत्यादौ तद्धातव्यम्। तच्च मूलाज्ञानमविद्याशब्दवाच्यम्। अविद्यैव हि सकलाननर्थाञ्जनयति। यश्चायमविद्याशब्दार्थः स एव संसार इत्युच्यते। संसरति पुरुषो येन स संसारः। करणे घञ्प्रत्ययः। संभेदसंगमादिशब्देष्विवात्र संसारशब्दे समित्युपसर्गस्यैकीकरणमर्थः। संभेदसंगमशब्दौ पर्यायावेव। एतावता अज्ञानाविद्या-संसारादिशब्दवाच्यस्य दुःखस्य हानमेव ब्रह्मजिज्ञासायाः प्रयोजनमिति सिद्धम्।

तच्च काशकुशावलम्बनकल्पम्। आत्मयाथात्म्यानुभवेन सह वर्तमानस्य संसारस्य रूपरसवद्विरोधाभावेन निवर्त्यनिवर्तकभावाभावात्। ननु सहानुवर्तमानो बोधः संसारं मा बाधिष्ट। सहावर्तमानस्तु बोधः प्रकाशस्तमोवद्बाधिष्यत इति चेत्–तदेतद्रिक्तं वचः। अहमनुभवादन्यस्यसात्मज्ञानस्य मूषिकविषाणायमानत्वात्। नन्वन्योयमनुभवः पामराणां मा स्म भवन्नाम। वेदान्तवचननिचयपर्यालोचनक्षमाणां परीक्षकाणां संभवत्येवेत्यपि न वक्तव्यम्। अबाधितानुभवविरोधेन वेदान्तवाक्यानां ग्रावप्लवनादिवाक्यकल्पत्वात्। न ह्यागमाः परःशतं घटं पटयितुमुत्सहन्ते। न चाध्ययनविधिव्याकोपः। गुरुमतानुसारेण हुंफडादिवाक्यवज्जपमात्रोपयोगित्वेना-चार्यमतानुसारेण वाा यजमानः प्रस्तर इत्यादिवाक्यवत्स्तावकत्वेन वेदान्तसिद्धान्त-स्याध्येतव्यत्वसंभवात्। तथा च प्रयोगः–विवादास्पदं ब्रह्म विचार्यपदं न भवत्यफलत्वाकाकदन्तवदिति। तदाहुराचार्याः–

अहंधियात्मनः सिद्धेस्तस्यैव ब्रह्मभावतः।
तज्ज्ञानान्मुक्त्यभावाच्च जिज्ञासा नावकल्पते।। इति।

व्या० : तच्च प्रयोजनं न संभवतीत्याह–**तच्चेति**। काशकुशौ तृणविशेषत्वाद्दुर्बलौ। यथा जले निमज्जतः काशाद्यवलम्बनं वृथा भवति तथा ब्रह्मजिज्ञासायाः संसारनिवृत्तिरूपप्रयोजनप्रदर्शनं वृथैवेत्यर्थः। **आत्मयाथात्म्येति**। यथा संसारे संचरत एव प्राणिन आन्तरसुखादेर्ज्ञानं तथैव स्वस्यापीत्यविरोधेन न तत्संसारनिवर्तकं भवतीत्याशयः। **नन्विति**। अहमित्येवं यदात्मज्ञानं तत्संसारनिवर्तकं मा भून्नाम। यच्च शुद्धाद्वितीयात्मस्वरूपज्ञानं तत्संसारनिवर्तकं भवेदेवेति शङ्काकृतो भावः। **नन्वन्य इति**। अहमित्यनुभवादन्यः सदेव सौम्य (छा० ६।१।१।१) इत्यादिवाक्यजन्यः शुद्धाद्वितीयात्मस्वरूपानुभवो यद्यपि मूर्खाणां नास्ति तथापि विदुषामस्त्येवेति तेन द्वैतप्रतिभासनात्मकस्य संसारस्य विरोधान्निवृत्तिर्भवेदेवेति भावः। **अबाधितेति**। अहमिदमित्येवं यद्द्वैतप्रत्यक्षं जायते तस्य बाधो न दृश्यत इति तत्प्रमाणमेव। तद्विरोधात्सदेव (छा० ६।१।१) इत्याद्या अद्वितीयात्मप्रतिदिकाः श्रुतयो न प्रमाणम्। ग्रावाणः प्लवन्ते–इत्यादिवाक्यवत्। ग्रावप्लवनं न संभवतीत्यत एतादृशानामनुभवविरुद्धार्थबोधकवाक्यानामप्रमाण्यमेवाङ्गीकार्यम्। आगमानामप्यसंभव्यर्थप्रणयनासामर्थ्यात्। शतं सहस्रं वा ततोप्यधिका वा आगमाः संभूयापि घटस्य पटरूपतामापादयितुं न प्रभवन्ति। **न चेति**। अध्ययनस्य ह्यर्थज्ञानद्वारा कर्मण्युपयोगः। असंभव्यर्थप्रतिपादकवाक्यानां तु तादृशोपयोगाभावादध्ययनं निष्फलम्। तथा च स्वाध्यायान्तर्गततादृशवाक्यविषये स्वाध्यायोध्येतव्य इत्यध्ययनविधिप्रवृत्तिर्विरुध्यत इति भावः। **गुरुमतेति**। एतन्मते स्वाध्यायोध्येतव्यः (तै. आ. २।१५) इत्ययं नापूर्वो विधिः। किं त्वध्यापनविधिसिद्धस्यानुवादः (प्राग्दृश्यम् द. १२ प. १०२)। अध्यापनविधिस्तु पाठमात्रमाक्षिपति नार्थावबोधम्। तथा चार्थज्ञानस्य न विध्यनुसारेण सर्वत्रावश्यकत्वम्। अतोर्थः संभवी चेद्गृह्यतामसंभवी चेत्त्यज्यताम्। तेषामुपयोगस्तु हुंफडादिवैदिकशब्दज्जपमात्रेण भविष्यति। आचार्यमते त्वर्थज्ञानरूपदृष्टफलोद्देशेनाध्ययनविधेः प्रवृत्तिः। यत्र च वाच्योर्थो न संभवति तत्र यजमानः प्रस्तरः (तै. ब्रा. ३।२९) इत्यादिवाक्यवदर्थवादत्वाङ्गीकारेण लक्षणया प्राशस्त्ये तात्पर्यं परिकल्प्योपयोगो भविष्यति। तथा च तादृशस्थले नाप्रामाण्यमपि स्वीकृतं भवति। एवं च ब्रह्मप्रतिपादकवेदान्तवाक्यानां जीवप्राशस्त्यबोधने तात्पर्यम्। स च जीवो यज्ञादौ कर्तोपास्यदेवता वेत्याशयः। **काकदन्तवदिति**। तथा चाभाणकः–

काकस्य कति वा दन्ता मेषस्याण्डं कियत्पलम्।
का वार्ता सिन्धुसौवीरेष्वेषा मूर्खविचारणा।। इति।

न च भेदेनाध्यस्तदेहादिनिवृत्तिः फलमित्यफलत्वहेतुरसिद्ध इति वेदितव्यम्। भेदग्रहो हि व्यापकनिवृत्त्या व्याप्यनिवृत्तिरिति न्यायेन भेदाग्रहपरिपन्थिनं भेदसंस्कारमपेक्षते। अनाकलितकलधौतस्य शुक्तिशकले तत्समारोपानुलम्भात्। संस्कारश्च प्रमितिमाकाङ्क्षति। अननुभूते संस्कारानुदयात्। न च भ्रान्तिरूपोऽनुभवस्तत्करणमिति भणितव्यम्। भ्रान्तेरभ्रान्तिपूर्वकत्वेन क्वचित्प्रमितरेवश्याभ्युपगमयितव्यत्वात्। प्रयोगश्च–विमतावात्मानात्मानौ भेदेन प्रतिमावभेदायोग्यत्वात्। तमःप्रकाशवत्। न चात्मानात्मनोरभेदायोग्यत्वलक्षणो हेतुरसिद्ध इति शङ्कनीयम्। विकल्पासहत्वात्। तथा हि–अनात्मात्मपरिशेषः स्यादात्मानात्मपरिशेषो वा। आद्ये मुक्तिदशायामिव परिदृश्यमानं जगदस्तमियात्। द्वितीये जगदान्ध्यं प्रसज्येत। तमःप्रकाशवद्विरुद्धस्वभावत्वाच्च दृग्दृश्ययोरात्मानात्मनोरभेदायोग्यत्वमवधेयम्। ततश्चार्थाध्यानुसापपत्तौ तत्पूर्वकस्य ज्ञानाध्यासस्यासंभवेन ब्रह्मणो विचार्यत्वासंभवाद्विचारात्मिका चतुर्लक्षणशारीरकमीमांसा नारम्भणीयेति पूर्वपक्षे प्राप्ते सिद्धान्तोभिधीयते–

व्या० : न च भेदेनेति। अद्वितीये ब्रह्मणि भिन्नरूपेणारोपितं देहादिवस्तुजातं यत्प्रतिभासते तस्याद्वितीयब्रह्मविचारेण निवृत्तिर्भवति। तथा चोक्तानुमाने अफलत्वहेतुरसिद्ध इति भावः। **भेदग्रहो हीति**। यथा व्यापकनिवृत्त्या व्याप्यनिवृत्तिरिति न्यायेन धूमोग्निमपेक्षते। व्यापकस्याग्नेरभावे व्याप्यस्य धूमस्यानुदयप्रसङ्गात्। तथा भेदाध्यासो भेदसंस्कारमपेक्षते। भेदसंस्कारमन्तरेण भेदाध्यासानुदयात्। भेदसंस्कारो हि भेदाग्रहं विनाशयन्भेदाध्यासं जनयति। यथेदृशं रजतमित्येवं जायमानो रजतसंस्कारो रजतज्ञानं विनाशयन्निदं रजतमित्येवं यथार्थामयथार्थां वा रजतप्रतीतिं जनयति। अनुत्पन्नरजतसंस्कारस्य तादृशप्रतीत्यदर्शनात्। संस्कारश्च यथार्थानुभवं विना नोत्पद्यते। यद्यप्ययथार्थानुभवेनापि संस्कारोत्पत्तिसंभवस्तथापि तादृशायथार्थानुभवस्यापि संस्कारपूर्वकत्वेनादौ यथार्थानुभवः क्वचिदावश्यक एव। तथा चात्र भेदसंस्कारजनकः प्राथमिको यथार्थो भेदानुभवोवश्यं स्वीकार्यः। तस्य च यथार्थत्वाद्ब्रह्मविचारेणापि निवृत्तिर्न संभवतीति ब्रह्मविचारस्याफलत्वं सिद्धमिति नोक्तानुमाने हेतुरसिद्ध इत्याशयः। **अनात्मेति**। परिशेषोङ्गभूतस्तत्स्वरूपस्तत्र लीन इति यावत्। अवशेषो वा। आत्मानात्मनोरभेदायोग्यत्वमसिद्धमिति वदन्वादीत्थं प्रष्टव्यः–यदि तयोरभेदयोग्यतास्ति तर्हि तयोरभेद एकस्यान्यत्र लयेन वर्णनीयः। जले सैन्धवस्य यथा। स च किमात्मन्यनात्मनोथ वानात्मन्यात्मन इति विकल्पः। अथ वा वस्तुत आत्मैवैकोवशिष्यतेनात्मैव वेत्यर्थः। **आद्ये**। आत्मन एवावशेषे। **द्वितीये**। अनात्मनः परप्रकाशस्य जडवर्गमात्रस्यैवावशेषे।

ततश्चेति। आत्मानात्मनोरभेदायोग्यत्वान्नात्मनि प्रपञ्चरूपस्यार्थस्याध्यासः। प्रपञ्चस्य वास्तविकत्वे तद्विषयकमात्मनो जायमानं लौकिकं ज्ञानमपि वास्तविकमेवेति नात्मनि ज्ञानस्याप्यध्यासः संभवति। एवमध्यासासंभवे ब्रह्मविचारस्याध्यस्त देहादिनिवृत्तिः फलम्इति वक्तुं न शक्यत इत्यफलत्वहेतुना ब्रह्मणो विचार्यत्वाभावः सिध्यतीति पूर्वपक्षाशयः।

अहंपदाधिगम्यादन्यदात्मतत्त्वं नास्तीति न वक्तव्यम्। निरस्तसमस्तोपाधिकस्यात्मतत्त्वस्य श्रुत्यादिषु प्रसिद्धत्वात्। न च तेषामुपचरितार्थता। उपक्रमोपसंहारादिषड्विधतात्पर्यलिङ्गवत्तया तत्त्वं बोधयतामुपचरितार्थत्वानुपपत्तेः। लिङ्गषदकं च पूर्वाचार्यैर्दर्शितम्–

उपक्रमोपसंहारावभ्यासोऽपूर्वता फलम्।
अर्थवादोपपत्ती च लिङ्गं तात्पर्यनिर्णये।। इति।

तत्र सदेव सौम्येदमग्र आसीदित्युपक्रमः। ऐतदात्म्यमिदं सर्वं तत्सत्यं स आत्मा तत्त्वमसि श्वेतकेतो इत्युपसंहारः। तयोर्ब्रह्मविषयत्वेनैक्यरूप्यमेकलिङ्गम्। असकृतत्त्वमसीत्युक्तिरभ्यासः। मानान्तरागम्यत्वमपूर्वत्वम्। एकविज्ञानेन सर्वविज्ञानं फलम्। सृष्टिस्थितिप्रलयप्रवेशनियमनानि पञ्चार्थवादाः। मृदादिदृष्यन्ता उपपत्तयः। तस्मादेतैर्लिङ्गैर्वेदान्तानां नित्यशुद्धबुद्धमुक्तस्वभावब्रह्मात्मपरत्वं निश्चेतव्यम्। तदित्थमौपनिषदस्यात्मतत्त्वस्याहमनुभवेऽनवभासमानत्वात्तस्यानुभवस्याध्यस्तात्मविषयत्वं सिद्धम्।

व्या० : निरस्तेति। अहंप्रत्ययगम्यो जीवात्मा हि नोपाधिरहितः। अत एवाहमिति भासते। अहंभावादिसकलधर्माणामौपाधिकत्वात्। तथा च निरुपाधिकं सदेवेत्यादिश्रुतिप्रसिद्धं यद्ब्रह्मशब्दवाच्यमात्मतत्त्वं तन्निश्चयार्थं ब्रह्मविचार आवश्यक इति भावः। **न च तेषामिति।** सदेवेत्यादिवेदान्तवाक्यानां गौणार्थकत्वं स्वीकृत्य जीवात्मप्रशंसापरत्वेन कथंचिद्योजनं तु न न्याय्यमित्यर्थः। **तत्त्वम्।** निरुपाधिकमद्वितीयं शुद्धं ब्रह्म। **उपक्रमेति।** प्रकरणप्रतिपाद्यस्यार्थस्य प्रकरणादौ प्रकरणान्ते च प्रतिपादनमुपक्रमोपसंहारौ। तौ च संभूयैकं लिङ्गम्। प्रकरणप्रतिपाद्यस्य वस्तुनः प्रकरणमध्ये पुनः पुनः प्रतिपादनमभ्यासः। प्रकरणप्रतिपाद्यस्य वस्तुनः प्रमाणान्तरेणाविषयीकरणमपूर्वता। प्रकरणे तत्र तत्र श्रूयमाणं प्रयोजनं फलम्। प्रकरणप्रतिपाद्यस्य वस्तुनः प्रशंसनमर्थवादः। प्रकरणप्रतिपाद्यार्थसाधिका तत्र तत्र श्रूयमाणा युक्तिरुपपत्तिः। एभिः षड्भिर्लिङ्गैः प्रकरणतात्पर्यं निर्णेतव्यं भवति। **तत्र सदेवेति।** छान्दोग्योपनिषदि षष्टे प्रपाठके प्रकरणादौ

सदेव सौम्येदमग्र आसीदेकमेवाद्वितीयम् (छा. ६।१।१) इत्येवं प्रकरणादौ निरुपाधिकं सन्मात्ररूपमद्वितीयं ब्रह्मोपक्रम्य प्रकरणान्त ऐतदात्म्यमिदं सर्वम् (छा. ६।८-१६) इत्येवमुपसंहृतम्। तत्त्वमसि (छा. ६।८-१६) इत्येवं नववारमद्वितीयात्मप्रतिपादनमभ्यासः। अद्वितीयात्मनः प्रमाणान्तरगम्यत्वस्य तत्राप्रदर्शनमपूर्वत्वम्। तं त्वौपनिषदं पुरुषं पृच्छामि (बृ. ३।९।२६) इत्यादिश्रुत्यन्तरं तत्रोपोद्बलकम्। येनाश्रुतं श्रुतं भवति (छा. ६।८।३) इत्येवमेकविज्ञानेन सर्वविज्ञानमुच्यमानं फलम्। तदैक्षत बहु स्यां प्रजायेयेति तत्तेजोऽसृजत (छा. ६।२।३) इत्यद्वितीयब्रह्मणः सकाशात्सृष्टिरुक्ता। सन्मूलाः सौम्येमाः सर्वाः प्रजाः सदायतनाः सत्प्रतिष्ठाः (छा. ६।८।४) इति स्थितिर्नियमनं चोक्तम्। तेजः परस्यां देवतायाम् (छा. ६।८।६) इति प्रलयः। इमास्तिस्रो देवता अनेन जीवेनात्मनानुप्रविशय नामरूपे व्याकरवाणि (छा. ६।३।२) इति प्रवेशः। एवं श्रुतिप्रतिपादितैः सृष्ट्यादिभिर्ब्रह्मप्रशंसनमर्थवादः। यथा सौम्यैकेन मृत्पिण्डेन सर्वं मृण्मयं विज्ञातं स्याद्वाचारम्भणं विकारो नामधेयं मृत्तिकेत्येव सत्यम् (छा. ६।१।४) इत्येवमद्वितीयवस्तुसाधने प्रोच्यमाना युक्तिरुपपत्तिः। एवं बृहदारण्यके तैत्तिरीयके मुण्डके च लिङ्गषट्कं वेदान्तसारटीकायां रामतीर्थप्रणीतायां विद्वन्मनोरञ्जन्यां प्रदर्शितं तत एव द्रष्टव्यम्। **अध्यस्तात्मविषयत्वमिति**। आरोपितात्मत्वविशिष्टदेहादिविषयकत्वमित्यर्थः। आरोपश्चायमनाहार्यो भ्रममूलकः। रजतरूपेण शुक्तिरिवात्मरूपेणावभासमानो यो देहस्तद्विषयोहमनुभव इति भावः। नन्वहमनुभवे निर्विशेषब्रह्मणोवभासाभावेपि जीवात्मनोवभासः स्यात्। ब्रह्मणः सकाशाद्भिन्नस्य प्रतिशरीरं भिन्नस्य सविशेषस्य देहिनो जीवात्मनो वैशेषिकादिभिः स्वीकृतत्वात्। तथा च कथमहमनुभवस्याध्यस्तात्मत्वविशिष्टदेहादिविषयकत्वमुच्यत इति चेन्न। ब्रह्मणः सकाशाद्भिन्ने जीवात्मनि प्रमाणाभावात्।

कणभक्षाक्षचरणादिकक्षीकृतस्यात्मनो भानाभावादहमनुभवस्याध्यस्तात्मविषयत्वमेषितव्यम्। न तावदहमनुभवः सर्वगतत्वमात्मनोवगमयितुमीष्टे। अहमिहास्मि सदने जानान इति प्रादेशिकत्वग्रहणात्। न चेदं देहस्य प्रादेशिकत्वं प्रतिभासत इति वेदितव्यम्। अहमित्युल्लेखायोगात्। ननु यथा राज्ञः सर्वप्रयोजनविधातरि भृत्ये ममात्मा भद्रसेन इत्युपचारस्तद्वदात्मवचनस्याहंशब्दस्य देह उपचार इति चेत्-मैवं वोचः। उपचरितात्मभावस्य देहादेः स्वसमानाकृतिशिलापुत्रकादिवज्ज्ञातृत्वायोगात्। न च ज्ञातृत्वमप्युपचरितम्। प्रयोक्तुः स्वप्रतिपत्तिप्रकाशके प्रयोगे प्रतिपत्तृत्वोपचारानुपपत्तेः। अथ देहधर्मः प्रादेशिकत्वमात्मन्युपचर्येत तदा देहात्मनोर्भेदेन भवितव्यम्। प्रसिद्धभेदे माणवके

सिंहशब्दवत्सांप्रतिकगौणत्वे तिरोहितभेदेन सार्षपादौ रसे तैलशब्दवन्निरूढगौणत्वे वा गौणमुख्ययोर्भेदाध्यवसायस्य नियतत्वात्। अथ मम शरीरमिति भेदभानसंभवाद्गौणत्वं मन्येथास्तदयुक्तम्। अहंशब्दार्थस्य देहादिभ्यो निष्कृष्यासाधारणधर्मवत्त्वेन प्रतिभासमानत्वाभावात्। अपरथालोकायतिकमतं नोदयमासादयेत्। मम शरीरमित्युक्तिस्तु राहोः शिर इतिवदौपचारिकी। मम शरीरमिति ब्रुवाणेनापि कस्त्वमिति पृष्टेन वक्षस्थलन्यस्तहस्तेन शृङ्गग्राहिकयायमहमिति प्रतिवचनस्य दीयमानत्वेन देहात्मप्रत्ययस्य सकलानुभवसिद्धत्वात्। तदुक्तम्–

देहात्मप्रत्ययो यद्वत्प्रमाणत्वेन कल्पितः।
लौकिकं तद्वदेवेदं प्रमाणं त्वात्मनिश्चयात्।। इति।

तथा च व्यापकस्य भेदभानस्य निवृत्तेर्व्याप्यस्य गौणत्वस्य निवृत्तिरिति निरवद्यम्।

व्या० : अभ्युपेत्याप्याह–**कणभक्षेति**। कणभक्षः कणादऋषिर्वैशेषिकशास्त्रप्रवर्तकः। अक्षपादो गौतमो न्यायशास्त्रप्रवर्तकः। कणभक्षादिभिश्च यथा जीवात्मा स्वीकृतस्तथा नाहमनुभवे प्रतिभासत इति तस्याध्यस्तविषयकत्वमेव स्वीकार्यम्। तमेव प्रतिभासाभावं निरूपयति–**न तावदिति**। सर्वगतत्वं विभुत्वम्। वैशेषिकादिभिर्हि जीवात्मनां प्रत्येकं विभुत्वं स्वीकृतम्। **अहमिहेति**। प्रदेशे कस्मिंश्चिद्भागे विद्यमानः प्रादेशिकः। देशतः परिच्छिन्न इति यावत्। तथाविधत्वं च सदन इत्यल्पाधारोक्त्या प्रतीयते। तच्च विभोर्जीवस्य न संभवतीति भावः। एतदुक्तं भवति–अहमिहास्मि सदने जानान इत्यत्राहंशब्देनात्मत्वं सदने इत्यनेन प्रादेशिकत्वं जानान इत्यनेन ज्ञातृत्वं चैकस्य प्रतीयत इति तन्मतम्। तच्च न देहस्य। आत्मत्वाभावात्। ज्ञातृत्वाभावाच्च। नाप्यात्मनः। प्रादेशिकत्वाभावात्। अथ सदने विभोरात्मनोऽसंभवेप्यात्मैकदेशस्य सदने संभवादेकदेशावच्छेदेनेयं प्रतीतिरिति चेन्न। अन्यत्राप्यात्मैकदेशानां सत्त्वेन गृहे स्थितस्यापि वनेस्मीति प्रतीत्यापत्तेः। तथा चाध्यासेनैवोक्ता प्रतीतिरुपपादनीया भवतीति। स्यादेतत्। आहार्यारोपेणाप्युक्तप्रतीतिरुपपद्यते। बाधज्ञाने सत्यपि य आरोपः क्रियते स आहार्यारोपः। यथा सिंहो माणवक इति। अत्रारोपकाले नायं सिंह इति बाधज्ञानमस्त्येव। आरोपश्चात्र द्विविधः संभवति। आत्मधर्मस्य देहे देहधर्मस्यात्मनि चेति। तत्राद्यं पक्षं गृहीत्वा शङ्कते–**ननु यथेति**। आरोपितात्मत्वविशिष्टो देहो ह्यहंप्रत्ययविषयीभूतः। आरोपश्चायमाहार्यः। देह आत्मा न–इति बाधज्ञाने विद्यमान एव क्रियमाणत्वात्। यथा भद्रसेन आत्मा न–इति बाधज्ञाने सत्यपि भद्रसेनस्य सर्वकार्यनिर्वाहकत्वाद्भद्रसेनो ममात्मेति लक्षणया प्रयुज्यते तद्वदिति शङ्काशयः। **उपचरितेति**। शिलापुत्रकः पाषाणमयी

शिलाप्रतिमा। प्रतिमायाश्च चित्रस्येवाचेतनवत्वान्न ज्ञातृत्वम्। तथा चाहमिहास्मि सदने जानान इत्युक्तप्रतीतौ जानान इति नोपपद्यत इति भावः। **ज्ञातृत्वमपीति।** यथात्मत्वं देहे कल्पितं तथा तत्रैव ज्ञातृत्वमपि कल्पितमित्याशयः। प्रयोक्तुरिति। प्रतिपत्तिर्ज्ञानम्। ज्ञाता हि स्वज्ञानप्रकाशनाय ज्ञानानुसोरण मुख्यया गौण्या वा वृत्त्या वाक्यं प्रयुङ्क्ते। स एव च गौणवृत्त्या प्रयोगं चिकीर्षुः कंचिद्धर्मं क्वचिदविद्यमानमपि कल्पयति। तथा च ज्ञाता कल्पकः प्रयोक्ता चैक एव। स एव चात्राहंशब्दार्थः। स च यदि कल्पितज्ञातृत्वविशिष्टो देहस्तर्हि स स्वान्तर्गतस्य ज्ञातृत्वस्य कल्पकः कथं भवेत्। किं च कल्पितज्ञातृत्वविशिष्टे देहे वस्तुतो ज्ञातृत्वाभावेन कथं प्रयोक्तृत्वम्। कल्पितस्य परमार्थकार्यकारित्वासंभवात्। न हि कल्पिताग्निभावो माणवको दहति। द्वितीयपक्षे वक्ष्यमाणमुत्तरं चात्रापि पक्षे संभवत्येव। देहधर्मस्यात्मन्यारोप इति द्वितीयपक्षाभिप्रायेण शङ्कामनूद्य दूषयति–**अथेत्यादिना।** बुद्धिपुरःसरं हि यत्रान्यधर्मस्यान्यत्रारोपस्तत्र पूर्वं तयोर्भिन्नत्वेन ज्ञानमावश्यकम्। यथा सिंहत्वेन ज्ञायमानात्सिंहात्सकाशाद्भेदः प्रसिद्धो यत्र तादृशे माणवके क्रौर्यादिगुणान् दृष्ट्वा सिंहत्वमारोप्य सिंहशब्दः प्रयुज्यते सिंहोयं माणवक इति। अत्र च गौणत्वं सांप्रतिकं न तु निरूढम्। उक्तरीत्या माणवके सिंहशब्दप्रयोगस्य क्वाचित्कत्वात्। यत्र गौणोपि शब्दस्तथा प्रयोगप्रसिद्धिबाहुल्याद्रूढशब्द इव सर्वदा प्रयुज्यते तत्र निरूढं गौणत्वम्। यथा योगबलेन तिलरसवाचकस्तैलशब्दः सर्षपादिरसेपि तयो रसयोर्विद्यमानस्यापि भेदस्य तिरोधानेन गौण्या वृत्त्या प्रयुज्यते। अत्र चायं तैलशब्दो गौण इति प्रतीतिरपि भेदज्ञानवतां केषांचिदेव न सर्वेषां रूढितुल्यत्वादित्यन्यत्। सर्वथाप्याहार्यारोपस्थल आरोप्यमाणारोपविषययोर्भेदेन ज्ञानमा- वश्यकम्। तथा च यत्र गौणत्वं तत्र भेदभानमिति व्याप्तिः सिद्धा भवति। आत्मा तु देहाद्भेदेन न प्रतीत इति नात्राहार्यारोपेण गौणी वृत्तिराश्रयणीया भवति। **अपरथेति।** देहादिभ्यः पार्थक्येनात्मनः स्वासाधारणधर्मवत्तयानुभवः स्याच्चेत्कथं तादृशानुभवविरुद्धं देह एवात्मा इति मतं चार्वाका अङ्गीकुर्युरित्यर्थः। **औपचारिकीति।** सत्यप्यभेदज्ञाने कथंचिद्भेदं परिकल्प्य मम शरीरमित्युक्तिर्निर्वाह्येति भावः। अभेदज्ञाने साधकमाह **मम शरीरमिति ब्रुवाणेनेति।** एकैकस्य पशोः शृङ्गं गृहीत्वायमीदृश इति तत्तद्विशेषो यत्प्रदर्श्यते सोयं शृङ्गग्राहिकान्यायः। तद्वत्स्वहृदये हस्तं विन्यस्यायमहमागच्छामीत्येवं ब्रुवाणो देहात्मभ्रमवानपि भ्रान्तोयमिति जनैर्न गृह्यते। प्रत्युत तद्वचनं भ्रमान्तराभावे प्रमाणत्वेन प्रत्येति जनः। **देहात्मेति।** आ आत्मनिश्चयादिति पदच्छेदः। आत्मसाक्षात्कारपर्यन्तमित्यर्थः।

नन्वभिज्ञया भेदसिद्धिर्मा संभून्नाम। प्रत्यभिज्ञया तु सोहमित्येवंरूपया

तत्सिद्धिः संभविष्यतीति चेन्न। विकल्पासहत्वात्। किमियं प्रत्यभिज्ञा पामराणां स्यात्परीक्षकाणां वा। नाद्यः। देहव्यतिरिक्तात्मैक्यमवगाहमानायाः प्रत्यभिज्ञाया अनुदयात्। अप्रत्युतश्यामस्य लौहित्यवत्कारणविशेषादल्पस्यापि महापरिमाण-त्वमविरुद्धमनुभवतां तद्देह एव तस्याः संभवाच्च। न द्वितीयः। व्यवहारसमये पामरसाम्यानतिरेकात्। अपरोक्षभ्रमस्य परोक्षज्ञानविनाश्यत्वानुपपत्तेश्च। यदुक्तं भगवता भाष्यकारेण-पश्वादिभिश्चाविशेषात् (ब्र. सू. १।१।१ भा.) इति। भामतीकारैरप्युक्तं शास्त्रचिन्तकाः खल्वेवं विचारयन्ति न प्रतिपत्तार इति। तथा चात्मगोचरस्याध्यासात्मरूपत्वं सुस्थम्।

व्या० : नन्वभिज्ञयेति। यद्यपि स्थूलोहमित्यादिप्रतीतिविरुद्धत्वान्मम शरीरमित्यभिज्ञया जीवात्मशरीरयोर्भेदो न सिध्यति तथापि सोहमिति प्रत्यभिज्ञया भेदः सिध्येत्। स इति परमात्मोच्यते। अहमिति च जीवात्मा। तयोरैक्यं च जीवात्मनो देहाद्भेदे सत्येव संभवति नान्यथा। देह एव जीवात्मा चेन्नस कथमपि परमात्मा भवितुमर्हति। तथा च देहात्मनोर्भेदस्य सिद्धत्वादंहप्रत्ययस्य गौणत्वं वक्तुं शक्यत इत्याशयः। **पामराणाम्**। असंस्कृतान्तःकरणानामज्ञानिनामजाविपालानाम्। देहेति। देहव्यतिरिक्तस्य जीवात्मनः परमात्मना सहैक्यं हि प्रत्यभिज्ञायां भासते। सा च प्रत्यभिज्ञा पामराणां न संभवति। तेषां देहाद्भेदेन जीवात्मनः प्रतीत्यभावात्। प्रत्युतेति। पूर्वावस्थाविरुद्धमपि कार्यं कारणविशेषात्क्वचिदुत्पद्यत इति लोके दृश्यते। यथा पूर्वं श्यामो घटस्तेजः- संयोगेन पक्वः संल्लोहितो जायते। यथा वाल्पस्यापि बीजस्य मृज्जलसंयोगेन महान्वृक्षो भवति। तथा देहरूपो जीवात्मापि कारणविशेषात्परमात्मरूपः स्यादिति संभावनया सोहमिति प्रत्यभिज्ञायाः संभवोस्तीति न तदर्थं देहात्मनोर्भेदज्ञानमावश्यकं भवति। **व्यवहारेति**। परीक्षका ह्यनुत्पन्नतत्त्वसाक्षात्काराः केवलं श्रवणमननकुशलाः परोक्षज्ञानिनो जानन्तु नामागमोपपत्तिभ्यां देहेन्द्रियादिभ्यो भिन्नं जीवात्मानम्। प्रमाणप्रमेयव्यवहारे तु प्राणभृन्मात्रधर्मान्नातिवर्तन्ते। तथा च यथा देहात्मभ्रमेणाहंभावपूर्वकः पामराणां व्यवहारो लोके दृश्यते तथैवैतेषामपि दृश्यते। प्रत्यभिज्ञासत्त्वे तु तद्विरुद्धत्वादितरव्यवहारसदृशस्तेषां व्यवहारो न स्यात्। उत्पन्नतत्त्वसाक्षात्काराश्च ये प्रतिपत्तारस्तद्दृष्ट्या ज्ञातृज्ञेयज्ञानरूपा त्रिपुट्येव नोदयमासादयति कुतस्तत्र प्रत्यभिज्ञासंभवः। कुतस्तरां च तन्मूलिका भेदसिद्धिरिति भावः। **अपरोक्षेति**। यथा नात्र देशे सर्पाणां संभवः—इत्यादिवःक्यात्परोक्षज्ञाने विद्यमानेपि तेन रज्जौ जायमानः प्रत्यक्षः सर्पभ्रमो न निवर्तते। आप्तवाक्येन हि भ्रमस्य भ्रमावेन ज्ञानं भवतीत्येव। न तु भ्रमनिवृत्तिः। भ्रमनिवृत्तिस्त्वियं रज्जुरिति प्रत्यक्षानुभवेनैव

तद्वदिति भावः। **पश्वादिभिरिति।** शारीरभाष्ये प्रथमत एवाध्यासनिरूपणावसरे श्रीमच्छंकराचार्याणामुक्तिरियम्। शास्त्रचिन्तकानां मननकुशलानामप्यनुत्पन्नब्रह्म-साक्षात्काराणां व्यवहारे पश्वादिसाम्यमेव। यथा पशुर्दण्डोद्यतकरं पुरुषमभिमुखमुपलभ्य ततो निवर्तते हरिततृणपाणिमुपलभ्याभिमुखीभवति तथा शास्त्रचिन्तका अपि पुरुषा देहविनाशोद्यतं शस्त्रधारिणं बलिनं पुरुषमभिमुखमागतमुपलभ्य पलायन्ते विपरीतं पुरुषं प्रति तु प्रवर्तन्त इति प्रमाणप्रमेयव्यवहारस्तेषां पशुतुल्य इति तदर्थः। **शास्त्रचिन्तकाः।** अनुत्पन्नात्मसाक्षात्काराः केवलं श्रवणमननादिकुशलाः। **प्रतिपत्तारः।** आत्म-साक्षात्कारयुक्ताः।

न चार्हतमतानुसारेणाहंप्रत्ययप्रामाण्यायात्मनो देहपरिमाणत्वमङ्गीकरणीयमिति सांप्रतम्। मध्यमपरिमाणस्य सावयवत्वेन देहादिवदनित्यत्वे कृतहानाकृताभ्यागम-प्रसङ्गात्। अथैतद्दोषपरिजिहीर्षयावयवसमुदाय आत्मेत्यभ्युपगम्येत तदा वक्तव्यम्। किं प्रत्येकमवयवानां चैतन्यं संघातस्य वा। नाद्यः। बहूनां चेतनानामहमहमिकया प्रधानभावमनुभवतामैकमत्याभावेन समसमयं विरुद्धदिक्क्रियतयाशररीस्यापि विशरणनिष्क्रियत्वयोरन्यतरापातात्। द्वितीयेपि संघातापत्तिः किं शरीरोपाधिकी स्वाभाविकी यादृच्छिकी वा। नाद्यः। एकस्मिन्नवयवे छिन्ने चिदात्मनोप्यवय-वश्छिन्न इत्यचेतनत्वापातात्। न द्वितीयः। अनेकेषामवयवानामन्योन्यसाहित्य-नियमादर्शनात्। न तृतीयः। संश्लेषवद्विश्लेषस्यापि यादृच्छिकत्वेन [1]सुखेन वसतामकस्मादचेतनत्वप्रसङ्गात्।

व्या० : न चेति। आर्हता जैनाः। तद्दर्शनं प्रागुक्तम् (पृ. ४८)। तद्दर्शने हि न जीवो विभुः किं तु देहतुल्यपरिमाणः। तथा चाहमिहास्मि सदने जानान इत्यहं प्रत्यये जीवास्य प्रादेशिकत्वग्रहणं युक्तमेवेति तादृशप्रत्ययस्य प्रामाण्यं सिध्यति। **कृतहानेति।** इदं प्रागुपपादितम् (पृ. ५३ पं. ९)। **ऐकमत्याभावेनेति।** अनेकेषां सामर्थ्यसाम्ये स्वभाववैलक्षण्येन मिथो वैमत्यमनिवार्यमेव। ततश्चैक स्मिन्नैव शरीर एको जीवात्मा पूर्वस्यां दिशि गन्तुमिच्छति परः पश्चिमायां चेकेदेन शरीरेण युगपदुभयत्र गमनमशक्यमित्युभाभ्यां शरीरस्याकर्षणाच्छरीरं विदीर्णं स्यात्। उभाभ्यामपि मिथः प्रतिबन्धादनाकर्षणे वा क्वापि गमनं न स्यादिति क्रियारहितमेव शरीरं स्यात्। **द्वितीय इति।** अवयवानां समुदायो हि जीवः। समुदायभावश्च विश्लिष्टनामनेकेषामवयवानां मिथः संश्लेषविशेषेणावस्थितिः। स च संश्लेषः किं सिद्धे शरीरे तदनुरोधाज्जायत

---

1. सुखेनेव सताम् for सुखेन वसताम् A.

उत स्वभावत एव जायतेथ वा यदृच्छया जायत इति विकल्पः। **एकस्मिन्निति।** हस्ते पादेङ्गुलौ ततोपि सूक्ष्मे वा कस्मिंश्चिच्छरीरावयवे छिन्ने तावतो जीवावयवस्य च्छेदे जीवविनाशप्रसङ्गः स्यात्। संश्लेषस्य स्वाभाविकत्वे यादृच्छिकत्वे वा नायं दोषः। शरीरावयवच्छेदस्य जीवावयवच्छेदाप्रयोजकत्वात्। **अनेकेषामिति।** स्वाभाविकः संश्लेषविशेषश्चेद्वस्तुनो न कदापि स्वभावात्प्रच्यवो भवतीति स्वल्पस्याप्यवयवस्य कदापि विश्लेषो न स्यात्। नियमेन मिथ एकप्रकारेणैव संश्लिष्टैरवयवैः सदा भवितव्यम्। परं न तथा तैरभ्युपगम्यते। बाल्याद्यवस्थाभेदेन जन्मान्तरेण वा शरीरभेदे तावानेव जीवो भवतीति जैनैरङ्गीकारात्।

न चाणुपरिमाणत्वमात्मनः शङ्कनीयम्। स्थूलोहं दीर्घोहमिति प्रत्ययानुपपत्तेः।

न च विज्ञानात्मभाषिणां नैष दोषः। विशुद्धसावयवत्वाभावादिति गणनीयम्। यः सुषुप्तः सोहं जागर्मीति स्थिरगोचरस्याहमुल्लेखस्य क्षणभङ्गिविज्ञानगोचरत्वे अतस्मिंस्तद्बुद्धिरूपमिथ्याध्यासस्य तदवस्थानात्। तदनेन कृशोहं कृष्णोह-मित्यादीनां प्रख्यानानां बुद्ध्या सरूपताख्यानेनौपचारिकत्वं प्रत्याख्यातम्। तद्व्यापकभेदभानासंभवस्य प्रागेव प्रपञ्चितत्वात्। तथा च प्रयोगः–विमतं शास्त्रं विषयप्रयोजनसहितमाविद्यकबन्धनिवर्तकत्वात्सुप्तोत्थितबोधवत्। यथा स्वप्ना-वस्थायां मायापरिकल्पितयोषादिकृतबन्धनिवर्तकस्य सुप्तोत्थितबोधस्य मन्दिरमध्ये सुखेन शय्यायामवतिष्ठमानो देहो विषयः[1]। तस्य सुप्तबोधेनानिश्चयात्। स्वप्नमायाविजृम्भितानर्थनिवृत्तिः प्रयोजनम्। एवं मननादिजन्यपरोक्षज्ञानद्वारेणा-ध्यासिककर्तृत्वभोक्तृत्वाद्यनर्थनिषेधकस्य शास्त्रस्य सच्चिदानन्दैकरसं प्रत्यगात्मभूतं ब्रह्म विषयः। तस्याहमनुभवेनानिश्चयात्। अध्यासनिवृत्तिः प्रयोजनम्। तथा चाफलत्वादिति हेतुरसिद्ध इति सिद्धम्। तदुक्तम्–

श्रुतिगम्यात्मतत्त्वं तु नाहंबुद्धावगम्यते।
अपि खे कामतो मोहा नात्मन्यस्तविपर्यये।। इति।

इतोयमसंदिग्धत्वादिति हेतुरप्यसिद्ध इति सिद्धम्।

व्या० : अथ जीवस्याणुपरिमाणाङ्गीकारेण प्रादेशिकत्वग्रहणोपपत्तिरित्यभिप्रायेणा-शङ्कते–**न चेति। स्थूलोहमिति।** अणुत्वाङ्गीकारेण प्रादेशिकत्वग्रहणोपपत्तावपि स्थौल्यादिप्रतीत्युपपत्तिर्न स्यादिति भावः। **न च विज्ञानेति।** अयमाशयः–बौद्धमते

1. न विषयः for विषयः D.

विज्ञानमेवात्मा। स चाध्यात्मिकदेहाद्याकारोहमिति प्रतीयते। ज्ञानस्य साकारत्वात्। तथा च जीवात्मनः प्रादेशिकत्वस्थूलत्वादि प्रतीयमानं सर्वमुपपद्यत इति न प्रतीत्यनुपपत्तिर्दोषः। नापि शरीरावयवच्छेदादिना तस्य च्छेदप्रसङ्गः। विज्ञानं हि प्रतिक्षणं भिद्यते। यदा यथा शरीरसंस्थानं तदा तादृशाकारं विज्ञानं भवति। शरीराद्यवयवसदृशाश्चैते विज्ञानस्यावयवा न विशुद्धाः। शरीरादिकं हि मूर्तानां परमाणूनां संघातः। विज्ञानादिकमान्तरं तु स्कन्धानां संघातः। स च कल्पनामयस्वाप्नादिवस्तुकल्पः। अतो न तदवयवा मिथः पृथक् सिद्धा भवन्ति। विशुद्धत्वं नामावयवान्तरानधीनोत्पत्त्यादिमत्त्वम्। एतन्मतेप्यहमिति प्रत्ययो न मुख्यत्वेनोपपद्यत इत्याह—**यः सुषुप्त इति।** अस्थिरे स्थिरत्वभ्रान्तिसत्त्वादध्यासोऽवर्जनीय इति भावः। यद्यपि विज्ञानसंतान आत्मेति तैरुच्यते तथापि न तद्युक्तम्। संतानस्य संतानिनः सकाशादभेदो भेदो वेति विकल्पासहत्वात्। **तदनेनेति।** विज्ञानवादिनो बौद्धविशेषा विज्ञानव्यतिरिक्तं नान्यत्किंचित्तत्त्वं मन्यन्ते। बुद्धिरेव ग्राह्यग्राहकाकारा स्वसदृशाकारान्बाह्यान्घटादीन्स्वापेक्षया भिन्नान्कल्पयति।

अविभागोपि बुद्ध्यात्मा विपर्यासितदर्शनैः।
ग्राह्यग्राहकसंवित्तिभेदवानिव लक्ष्यते।।

इति तदुक्तेः। तथा च स्थूलोहमित्याद्यहंप्रत्यय औपचारिक इति तदाशयः। तदप्येतेन निरस्तम्। औपचारिकस्थले भेदभानावश्यकत्वस्यानुपदमेवोक्तत्वात् (द. १६ पं. १८१)। तस्य चात्रासंभवात्। वास्तविकस्य विज्ञानातिरिक्तपदार्थस्यविज्ञानवादिभिरनङ्गीकारात्। एतावता ग्रन्थसंदर्भेणाहंप्रत्ययस्याध्यास्तात्मविषयत्वं सिद्धमिति तादृशाध्यासनिवृत्तिप्रयोजनकत्वादात्मरूपसंदिग्धविषयसत्त्वाच्च वेदान्तशास्त्रपारम्भणीयमित्युपसंहरति—**तथा चेति। आविद्यकेति।** अनाद्यविद्यामूलको यः संसारबन्धस्तन्निवर्तकत्वाच्छास्त्रस्येत्यर्थः। दृष्टान्तं विशदयति—यथेति। योषा स्त्री। **अफलत्वादितीति।** पूर्वपक्षिणा ह्यनेन हेतुना ब्रह्मविचार्यपदं न भवतीति साधितं प्राक् (द. १६ पं. १३८)। **श्रुतिगम्येति।** श्रुत्येकसमधिगम्यमात्मतत्त्वं नाहमिति प्रत्ययेनावबुध्यते। अहमिति प्रत्ययस्त्वहंकारात्मनोस्तादात्म्याध्यासमूलकः। आत्मनोऽप्रत्यक्षत्वेप्याकाश इव यदृच्छया तत्र मोहः संभवत्येव। मिथ्याज्ञानरहित आत्मनि न कथमपि मोहः पदं धत्त इत्यर्थः। **असंदिग्धत्वादिति।** अयं हेतुः पूर्वं (द. १६ पं. ११४) विमतमजिज्ञास्यमित्याद्यनुमाने पूर्वपक्षिणा प्रदर्शितः।

यद्यपि सर्वः प्राणी प्रत्यगात्मास्तित्वं प्रत्येत्यहमस्मीति। न हि कश्चिदपि नाहमस्मीति विप्रतिपद्यते। प्रत्यगात्मैव ब्रह्म। तत्त्वमसि (छा. ६।८।७) इति

सामानाधिकरण्यात्। तस्मादात्मतत्त्वमसंदिग्धं सिद्धम्। तथापि धर्मं प्रति विप्रतिपन्ना बहुविधा इति न्यायेन विशेषप्रतिपत्तिरुपपद्यत एव। तथा हि। चैतन्यविशिष्टं देहमात्मेति लोकायता मन्यन्ते। इन्द्रियाण्यात्मेत्यन्ये। अन्तःकरणमात्मेत्यपरे। क्षणभङ्गुरं संतन्यमानं विज्ञानमात्मेति बौद्धा बुध्यन्ते। देहपरिमाण आत्मेति जैना जिनाः प्रतिजानते। कर्तृत्वादिविशिष्टः परमेश्वराद्भिन्नो जीवात्मेति नैयायिकादयो वर्णयन्ति। द्रव्यबोधस्वभावमात्मेत्याचार्याः परिचक्षते। भोक्तैव केवलं न कर्तेति सांख्याः संगिरन्ते। चिद्रूपः कर्तृत्वादिरहितः परस्मादभिन्नः प्रत्यगात्मे त्यौपनिषदा भाषन्ते। एवं प्रसिद्धे धर्मिणी विशेषतो विप्रतिपत्तौ तद्विशेषसंशयो युज्यते। तथा च संदेहसंभवाज्जिज्ञास्यत्वं ब्रह्मणः सिद्धम्। तदित्थं ब्रह्मणो विचार्यत्वसंभवेन तद्विचारात्मकं ब्रह्ममीमांसाशास्त्रमारम्भणीयमिति युक्तम्। जन्माद्यस्य यतः (ब्र. सू. १।१।२) इत्यादिसर्वस्य शास्त्रस्यैतद्विचारापेक्षत्वाच्छास्त्रप्रथमाध्यायसंगतमिदमधिकरणम्।

व्या० : आत्मविषयकं संदेहं निरूपयति–**यद्यपीति। इन्द्रियाणीति।** इन्द्रियात्मवादिनोन्तःकरणात्मवादिनश्च लोकायतविशेषा एव। मीमांसकैकदेशिनां–भट्टाचार्याणां मतं प्रदर्शयति–द्रव्येति। द्रव्यस्वभावो बोधस्वभावश्चात्मेत्यर्थः। ज्ञानाज्ञानस्वरूप इति यावत्। अयं हि तेषामाशयः–आत्मानन्दमयः (तै. २।५।१) इति श्रुतौ प्राचुर्यार्थे मयट्प्रत्ययो विरोध्यंशस्य लेशतोस्तित्वं गमयति। विरोध्यंशश्च द्रव्यांशः। सुप्तोत्थितस्य हि सुखमहमस्वाप्सं न किंचिदवेदिषम्–इति परामर्शो दृश्यते। सुषुप्तौ प्रकाशाभावे सुषुप्तिरसाक्षिकेति परामर्शो न स्यात्। तेन सुषुप्तौ प्रकाशांशः सिद्धः। न किंचिदवेदिषमिति परमर्शादप्रकाशरूपो द्रव्यांशश्च सिद्ध इति। **जन्माद्यस्येति।** अस्य पुरो दृश्यमानस्य जगत उत्पत्तिस्थितिलया यतो भवन्ति तद्ब्रह्मेति सूत्रार्थः। सर्वेषां वेदान्तवाक्यानां ब्रह्मणि तात्पर्यं समन्वयाख्यप्रथमाध्यायप्रतिपाद्यम्। तथा च ब्रह्मविचारारम्भबोधकमथातो ब्रह्मजिज्ञासा (ब्र. सू. १।१।१) इति प्रथममधिकरणं प्रथमाध्यायसंगतं भवतीत्यर्थः।

नन्वित्थंभूते ब्रह्मणि किं प्रमाणं प्रत्यक्षमनुमानमागमो वा। न कदाचित्तत्र प्रत्यक्षं क्रमते। अतीन्द्रियत्वात्। नाप्यनुमानम्। व्याप्तस्य लिङ्गस्याभावात्। नाप्यागमः। यतो वाचो निवर्तन्ते (तै. २।४।१) इति श्रुत्यैवागमगम्यत्वनिषेधात्। उपमानादिकमशक्यशङ्कम्। नियतविषयत्वात्। तस्माद्ब्रह्मणि प्रमाणं न संभवतीति चेत्–मैवं वोचः। प्रत्यक्षाद्यसंभवेप्यागमस्य सत्त्वात्। यतो वाचो निवर्तन्ते इति

वाग्गोचरत्वनिषेधात्कथमेतदिति चेत्–श्रुतिरेव निषेधति वेदान्तवेद्यत्वं ब्रह्मणः श्रुतिरेव विधत्ते। न हि वेदप्रतिपादितेर्थेनुपपन्ने वैदिकानां बुद्धिः खिद्यते। अपि तु तदुपपादनमार्गमेव विचारयति। तस्मादुभयमपि प्रतिपादनीयम्। विषयत्व-निषेधकानि वाक्यानि वाक्यजन्यवृत्तिव्यक्तस्फुरणलक्षणफलासंभवविवक्षया प्रवृत्तानि। विषयत्वबोधकानि तु वृत्तिजन्यावरणभङ्गलक्षणफलसंभवविवक्षया। तदुक्तं भगवद्भिः–

अनाधेयफलत्वेन श्रुतेर्ब्रह्म न गोचरः।
प्रमेयं प्रमितौ तु स्यादात्माकारसमर्पणात्।। इति।
न प्रकाश्यं प्रमाणेन प्रकाशो ब्रह्मणः स्वयम्।
तज्जन्यावृतिभङ्गत्वात्प्रमेयमिति गीयते।। इति च।

व्या० : व्याप्तस्येति। अग्निव्याप्तस्य धूमस्येव ब्रह्मव्याप्तस्य कस्यापि लिङ्गस्यादर्शनात् विधत्त इति। तं त्वौपनिषदं पुरुषं पृच्छामि (बृ. ३।९।२६) इति श्रुतावौपनिषदमिति पदेन परमात्मन उपनिषत्प्रतिपाद्यता बोध्यते। आनन्दो ब्रह्म (तै. ३।६।१) यः सर्वज्ञः (मु. १।१।९) इत्यादिश्रुतयश्च परमात्मानं प्रतिपादयन्तीति भावः। **प्रतिपादनीयमिति।** एकवाक्यतया योजनीयमित्यर्थः। तामेवैकवाक्यतां प्रदर्शयति– **विषयत्वेति।** यदा घटादिज्ञानं जायते तदान्तःकरणविशेषो बुद्धिरूपः स्वान्तर्गतचिदा-भाससहितो घटादिविषयं व्याप्नोति। तत्र बुद्धिव्याप्त्या अज्ञानरूपमावरणं विनश्यति। चिदाभासव्याप्त्या घटः स्फुरति। जडस्य घटस्य स्वयं प्रकाशाभावात्। तथा चोक्तम्–

बुद्धितत्स्थचिदाभासौ द्वावपि व्याप्नुतो घटम्।
तत्राज्ञानं धिया नश्येदाभासेन घटः स्फुरेत्।। (पं. द. ७।९१) इति।

स्फुरणं च ज्ञाने स्वाकारसमर्पणम्। एवं चावरणभङ्गः स्फुरणं चेति फलद्वयम्। यत्र च तत्त्वमसि (छा० ६।८।७) इत्यादिवाक्यैरात्मज्ञानं जायते तत्र बुद्धिवृत्ति-व्याप्त्यावरणभङ्गरूपं फलं जायते। आवरणभङ्गे सति सद्यः स्वयंप्रकाश आत्मा स्वयमेव स्फुरति। तथा च तत्र स्फुरणस्य स्वयं सिद्धत्वान्न वाक्यजन्यज्ञानस्य तत्फलं भवितुमर्हति। तदभिप्रायेणात्मनि ज्ञानविषयत्वस्य निषेधः। आवरणभङ्गरूपं तु फलं तत्र संभवत्येवेति तदभिप्रायेण ज्ञानविषयत्वमुक्तमिति। **अनाधेयेति।** ब्रह्म श्रुतेर्गोचरो न भवति। यतः श्रुतिः स्वयं स्फुरणरूपे ब्रह्मणि स्फुरणरूपं फलमुत्पादयितुं न प्रभवति। प्रमेयत्वं तु तस्य ज्ञाने स्वाकारसमर्पणाद्भवतीत्यर्थः। **न प्रकाश्यमिति।** यतो ब्रह्मणः

स्वयंप्रकाशोतस्तत्प्रमाणेन प्रकाश्यं न भवति। किं त्वावरणभङ्गः प्रमाणेन जायत इत्यतस्तद्ब्रह्म प्रमेयमित्युच्यत इत्यर्थः।

ननु स्यादेष मनोरथो यदि सिद्धेर्थे वेदस्य प्रामाण्यं सिध्येत्। संगतिग्रहणायत्तत्वात्प्रामाण्यनिश्चयस्य। संगतिग्रहणस्य च वृद्धव्यवहारायत्तत्वात्। वृद्धव्यवहारस्य च लोके कार्यैकनियतत्वात्। न ह्यस्ति संभवः शब्दानां कार्येर्थे संगतिग्रहः सिद्धार्थाभिधायकत्वं तत्र वा प्रामाण्यमिति। न हि तुरङ्गत्वे गृहीतसंगतिकं तुरङ्गपदं गोत्वमाचष्टे तत्र वा प्रामाण्यं भजते। तस्मात्कार्यगृहीत-संगतिकानां शब्दानां कार्य एव प्रामाण्यम्। ननु मुखविकासादिलिङ्गाद्धर्षहेतुं प्रसिद्धार्थमनुमाय यत्र शब्दस्य संगतिग्रहो यथा पुत्रस्ते जात इत्यादिषु तत्रावश्यं कार्यमन्तरेणैव शब्दस्य सिद्धेर्थे प्रामाण्यमाश्रीयत इति चेन्न। पुत्रजन्मवदेव प्रियासुखप्रसवादेरनेकस्य हर्षहेतोरुपस्थीयमानत्वेन परिशेषावधारणानुपपत्तेः। पुत्रस्ते जात इत्यादिषु सिद्धार्थपरेषु प्रयोगेषु द्वारं द्वारमित्यादिवत्कार्याध्याहारेण प्रयोगोपपत्तेश्च। शास्त्रत्वप्रसिद्धा च न वेदान्तानां सिद्धार्थपरत्वम्। प्रवृत्तिनिवृत्तिपराणामेव वाक्यानां शास्त्रत्वप्रसिद्धेः। तदुक्तं भट्टाचार्यैः–

प्रवृत्तिर्वा निवृत्तिर्वा नित्येन कृतकेन वा।
पुंसां येनोपदिश्येत तच्छास्त्रमभिधीयते।। इति।

न चैतेषां स्वरूपपरत्वे प्रयोजनमस्ति। श्रुतवेदान्तार्थस्यापि पुंसः सांसारिक-धर्माणामनिवृत्तेः। तस्माद्वेदान्तानामप्यात्मा ज्ञातव्य इति समाम्नातेन विधिनैक-वाक्यतामाश्रित्य कार्यपरतैवाश्रयणीयेति सिद्धम्। ततश्च केवलसिद्धरूपे ब्रह्मणि वेदान्तानां प्रामाण्यं न सिध्यतीति चेत्।

व्या० : शब्दानां कार्यार्थ एव शक्तिग्रह इति मीमांसकमतानुरोधेनाशङ्कते–**नन्विति**। कर्तव्यमिति बुद्धिविषयीभूतं कार्यमित्युच्यते। संगतिः शब्दार्थयोः संबन्धः। बालानां प्राथमिकः शक्तिग्रहो वृद्धव्यवहारादेव भवति। व्यवहारश्च गामानयेत्यादिविधिवाक्य-श्रवणसमनन्तरभावी गवानयनादिरूपः। अत्र गवानयनं कार्यत्वेन प्रतीयते। विधिप्रत्ययश्रवणेन तस्य कर्तव्यत्वेन बुद्ध्यारूढत्वात्। तथा च कार्यभूतानयने नीधातोः संगतिं बालो गृह्णाति। रामो रावणमाजघानेत्यादि सिद्धवाक्यं तु न कस्यचिद्व्यवहारस्य प्रयोजकमिति न तादृशवाक्याद्बालस्य शक्तिग्रहः। तथा चाकार्वभूते सिद्धेर्थे शब्दस्य शक्तिग्रह एव नास्तीति कुतस्तत्रार्थे प्रयुज्यमानः शब्दः प्रमाणभूतः स्यात्। एवं च सत्यं

ज्ञानमनन्तं ब्रह्म (तै. २।१।१) इत्यादीनां सिद्धब्रह्मबोधकवाक्यानां न प्रामाण्यमित्याशयः। **न ह्यस्तीति**। शब्दस्य सिद्धार्थप्रतिपादकत्वं तस्मिन्नर्थे तस्य प्रामाण्यं च शब्दस्य कार्यार्थे शक्तिग्रहेण विरोधान्न संभवतीत्यर्थः। अथ क्वचित्सिद्धवाक्यादपि शक्तिग्रहो जायत इत्याशयेनाशङ्कते–**ननु मुखेति**। चैत्र पुत्रस्ते जात इति सिद्धार्थप्रतिपादकं चैत्रमुद्दिश्य देवदत्तेनोच्चारितं वाक्यं श्रुत्वा चैत्रस्य मुखं प्रसन्नं भवति। तेन च लिङ्गेन पुत्रस्ते जात इति वाक्यस्यार्थं पुत्रजन्मरूपं व्युत्पित्सुर्देवदत्तो निश्चिनोति। न च मुखप्रसादस्य द्रव्याप्राप्त्यादेरपि संभवेन तेन लिङ्गेन पुत्रजन्मन एव कथं निश्चय इति वाच्यम्। आसन्नप्रसवां चैत्रभार्यां ज्ञातवतो देवदत्तस्य पुत्रजन्मनिश्चयसंभवात्। तथा च सिद्धवाक्यादपि शक्तिग्रहसंभवान्नाप्रामाण्यं सिद्धवाक्यानामिति भावः। **पुत्रजन्मवदिति**। इतरकारणासंभवे हि परिशेषात्पुत्रजन्मैव हर्षकारणमिति निश्चयः स्यात्। असंभवस्तु न कारणान्तराणां दृश्यते। कन्यायां जातायामपि सुखकारकप्रसूतेर्हर्षहेतुत्वात्। आदिशब्देन सुलग्नप्रसवसंग्रहः। किं च पुत्रस्ते जात इति न सिद्धवाक्यम्। वक्तृतात्पर्यनुरोधेन त्वं जानीहीति विधिबोधकशब्दाध्याहारात्। तथा च कार्यवाक्यमेवैतदिति न सिद्धवाक्याच्छक्तिग्रह इत्यभिप्रायेणाह–**पुत्रस्त इति**। यथा द्वारमित्युक्ते पिधेहीति विधिबोधकं क्रियापदमध्याह्रियते तद्वत्। एतेन वाक्ये विधेर्मुख्यत्वेन तद्बोधकपदा-ध्याहारोनुचित इत्यपास्तम्। सति तात्पर्ये विधिबोधकपदाध्याहारस्याप्यावश्यकत्वात्। **प्रवृत्तिर्वेति**। नित्येन वेदेन कृतकेनानित्येन सूत्रादिना वा येन शब्दविशेषेण पुरुषाणां कस्मादपि प्रवृत्तिः कस्मादपि निवृत्तिर्वोपदिश्येत तच्छास्त्रमित्युच्यत इत्यर्थः। शास्त्यनेनेति शास्त्रं शासनकरणम्। शासनं चामुकं कुर्वमुकं मा कार्षीरिति प्रकारद्वयेनेव संभवति। सिद्धब्रह्मबोधकात्सत्यं ज्ञानम् (तै. २।१।१) इत्यादिवाक्यात्तु न विधिर्नापि प्रतिषेधः प्रतीयत इति तस्य शास्त्रत्वाभावप्रसङ्ग इति भावः। **न चैतेषामिति**। सत्यं ज्ञानम् (तै. २।१।१) इत्यादीनां सिद्धब्रह्मबोधकवेदान्तवाक्यानां कथमपि विधिसंबन्धाभावे स्वरूपबोधनस्य न कश्चिदुपयोगो दृश्यत इत्याशयः।

अत्र प्रतिविधीयते–न तावत्सिद्धे व्युत्पत्त्यसिद्धिः। प्रागुन्नीतया नीत्या पुत्रस्ते जात इति वाक्यात्सिद्धपरादपि व्युत्पत्तिसिद्धेः। न च परिशेषावधारणानुपपत्तिः। प्रियासुखप्रसवादेरपि संभवादिति भणितव्यम्। पुत्रपदाङ्कितपटप्रदर्शनवत्प्रियासुख-प्रसवादिसूचका भावात्। पुत्रजन्मैव तत्सूचकमिति चेत्–प्रथमप्रतीतपुत्रजन्म-परित्यागे कारणाभावात्। पुत्रजननस्यैवाधिकानन्दहेतुत्वाच्च।

पुत्रोत्पत्तिविपत्तिभ्यां नापरं सुखदुःखयोः।

इति विद्यमानत्वात्। तथा चाचकथच्चित्सुखाचार्यः –

दृष्टचैत्रसुतोत्पत्तेस्तत्पदाङ्कितवाससा।
वार्ताहारेण यातस्य परिशेषविनिश्चितेः।। (चित्सु. पृ. ८८) इति।

यदुक्तं सिद्धार्थपरेषु कार्याध्याहार इति तदयुक्तम्। मुख्यार्थविषयतया सिद्धेपि प्रयोगसिद्धावध्याहारानुपपत्तेः। यदुक्तं [1]शास्त्रत्वप्रसिद्धा च न स्वरूपपरत्वमिति तदप्ययुक्तम्। हितशासनादपि शास्त्रत्वोपपत्तेः। न च प्रयोजनाभावः। श्रुतमतवेदान्तजन्याद्वितीयात्मविज्ञानाभ्यासेन विद्योदये संसारनिदानाविद्यानिवृत्त्युपलक्षितब्रह्मात्मतालक्षणपरमपुरुषार्थसिद्धेः। न चात्र विधिः संभवति। विकल्पासहत्वात्। तथा हि–किं शाब्दज्ञानं विधेयं किं वा भावनात्मकमाहोस्वित्साक्षात्काररूपम्। नाद्यः। विदितपदार्थसंगतिकस्याधीतशब्दन्यायतत्त्वस्यान्तरेणापि विधिं शब्दादेवोपपत्तेः। नापि द्वितीयः। भावनाया ज्ञानप्रकर्षहेतुभावस्यान्वयव्यतिरेकसिद्धतया प्राप्तत्वेनाविधेयत्वात्। अप्राप्तप्रापकस्यैव विधित्वाङ्गीकारात्। तृतीये साक्षात्कारः किं ब्रह्मस्वरूपः किं वान्तःकरणपरिणामभेदः। नाद्यः। तस्य नित्यत्वेनाविधेयत्वात्। नापि द्वितीयः। आनन्दसाक्षात्काररूपतया फलत्वेनाविधेयत्वात्। तस्माज्ज्ञातव्य इत्यादीनामविधायकत्वादर्हे कृत्यतृचश्च (पाणि. सू. ३।३।१६९) इति कृत्यप्रत्ययानामर्हार्थे विधानादर्हार्थतैव व्याख्येया। तथा च सर्वेषां वेदान्तवाक्यानामुपक्रमोपसंहारादिषड्विधतात्पर्योपेतत्वान्नित्यशुद्धबुद्धमुक्तस्वभावब्रह्मात्मपरत्वमास्थेयम्।

व्या० : पुत्रपदेति। पुत्रपदेन चिह्नितं वस्त्रं प्रदर्शयन् वार्ताहारश्चैत्रमुद्दिश्य पुत्रस्ते जात इति ब्रवीति चेत्तत्र पुत्रजन्मैव हर्षातिशयकारणं निश्चितं भवति। तथा च सिद्धवाक्यादपि शक्तिग्रहः संभवत्येवेति भावः। एतदुक्तं भवति–चैत्रस्य पुत्रोत्पत्तिर्येन प्रत्यक्षतोनुभूता स देवदत्तादिस्तादृशपुत्रपदलिप्तकुङ्कुमाङ्कितपटप्रदर्शकेन वार्ताहारेण सह चैत्रसकाशं गतः। ततो दिष्ट्या वर्धसे चैत्र पुत्रस्ते जात इति वार्ताहारोक्तिश्रवणसमनन्तरं पुलकितशरीरमुत्फुल्लगण्डयुगलमुल्लसितनयनयुगलं चैत्रमवलोकयंस्तत्प्रमोदलिङ्गेन स एव नूनं मदवलोकितः पुत्रसंभवोस्य प्रमोदहेतुरिति निश्चिनोति। यद्यपि सुखप्रसवस्तत्र विद्यते तथापि विद्यत इत्येतावन्मात्रेण न स हर्षहेतुत्वेन निश्चीयते। गामानयेत्यादावपि गवानयनार्थं प्रवृत्तस्य छत्रोपानद्धारणादि विद्यत इति गामानयेत्यादिवाक्यस्य च्छत्रधारणाद्यर्थे शक्तिग्रहापत्तेरिति। **दृष्टेति।** विज्ञातपुत्रजन्म विहायाविज्ञातहर्षहेतुकल्पनमयुक्तमिति प्रदर्शयितुं दृष्टेत्यादिविशेषणम्। विज्ञातादपि प्रियासुखप्रसवा-

---

1. प्रवृत्तिपराणामेव शास्त्रम् for शास्त्रत्वप्रसिद्ध्या च न स्वरूपपरत्वम् D.

द्विशेषदर्शनार्थं तत्पदाङ्कितेति विशेषणम्। **मुख्यार्थेति।** सिद्धार्थपरवाक्येपि मुख्यार्थवाचकत्वेन प्रयोगोपपत्तौ सत्यामध्याहारोनुचित इत्यर्थः। **न चात्रेति।** ब्रह्मप्रतिपादकवेदान्तवाक्ये विधिर्न संभवतीत्यर्थः। **विदितेति।** येन शब्दार्थसंबन्धो ज्ञातस्तथा व्याकरणशास्त्रं मीमांसाशास्त्रं च येनाधीतं तस्य श्रुताच्छब्दाच्छाब्दं ज्ञानमवश्यंभावीति तदर्थं न विध्यपेक्षेत्यर्थः। न्यायपदेन जैमिनीयन्यायग्रहणम्। **भावनाया इति।** यथाग्निसंनिकर्षे शैत्यपीडानिवृत्तिस्तदसंनिकर्षे शैत्यपीडाया अनिवृत्तिरित्यन्वव्यतिरेकाभ्यामग्निसंनिकर्षस्य शैत्यविनाशकारणत्वमवगम्यत इति न तदर्थं शैत्यापनोदार्थमग्निः सेव्य इति विध्यपेक्षा दृश्यते तथा निदिध्यासने ज्ञानातिशयो दृश्यत इति न तदर्थं विध्यपेक्षा। विधिं विनापि भावनायाः प्राप्तत्वात्। पौनःपुन्येन चिन्तनं भावना। निदिध्यासनमिति यावत्। **तस्य नित्यत्वेनेति।** यत्कर्तुं योग्यं तदेव विधेयं भवति। यच्च न कदापि सद्यथा शशशृङ्गं यच्च नित्यं सदेव यथा ब्रह्मस्वरूपं तदुभयं न कथमपि कर्तुं योग्यं भवति। आद्ये कारकव्यापारेणापि सत्त्वायोगात्। अन्त्ये कारकव्यापारात्प्रागेव सत्त्वस्य सिद्धत्वात्। **फलत्वेनेति।** फलमुद्दिश्य तदुपायो विधीयते। यथा स्वर्गाद्युद्देशेन यागादिकम्। न तु फलमेव स्वयं विधेयं भवति। **अर्हे कृत्येति।** कृत्यसंज्ञकास्तव्यादयः प्रत्ययास्तृच्प्रत्ययश्चार्हार्थे भवतीति सूत्रार्थः। तथा च ज्ञातव्य इत्यस्य ज्ञातुमर्ह इत्यर्थः। द्रष्टव्य इत्यस्य द्रष्टुमर्ह इत्यर्थः।

निष्प्रदेशे परमाणौ प्रदेशवृत्तित्वेनाभिमतस्य संयोगस्य दुरुपपादनतया तन्निबन्धनस्य द्व्यणुकस्यासिद्धौ द्व्यणुकादिक्रमेणारम्भवादासंभवादचेतनायाः प्रकृतेर्महदादिरूपेण परिणामवादासंभवाच्चख्यातिबाधान्यथानुपपत्त्यानिर्वचनीयः प्रपञ्चश्चिद्विवर्त इति सिद्धम्। स्वरूपापरित्यागेन रूपान्तरापत्तिर्विवर्त इति सत्यमिथ्याख्यावभास इति। अवभासोध्यास इति पर्यायः। स चाध्यासो द्विविधः–

अर्थाध्यासो ज्ञानाध्यासश्चेति। तदुक्तम्–

प्रमाणदोषसंस्कारजन्मान्यस्य परात्मता।
तद्धीश्चाध्यास इति हि द्वयमिष्टं मनीषिभिः।। इति।

पुनरपि द्विविधोध्यासः। निरुपाधिकसोपाधिकभेदात्। तदप्युक्तम्–

दोषेण कर्मणा वापि क्षोभिताज्ञानसंभवः।
तत्त्वविद्याविरोधी च भ्रमोयं निरुपाधिकः।।
उपाधिसंनिधिप्राप्तक्षोभाविद्याविजृम्भितम्।
उपाध्यपगमापोह्यमाहुः सोपाधिकं भ्रमम्।। इति।

तत्र स्वरूपेण कल्पिताहमाद्यध्यासो निरुपाधिकः। तदप्युक्तम्–

नीलिमेव वियत्येषा भ्रान्त्या ब्रह्मणि संसृतिः।
घटव्योमेव भोक्तायं भ्रान्तो भेदेन न स्वतः।। इति।

व्या० : एवं शास्त्रस्य सच्चिदानन्दैकरसं प्रत्यगात्मभूतं ब्रह्म विषय इति प्रसाध्याधुना शास्त्रस्याध्यासनिवृत्तिः प्रयोजनम् (द. १६ पं २३२) इति प्रागुक्तं प्रयोजनं विशदयति–**निष्प्रदेश इति।** प्रदेशोवयवः। यद्यपि परमाणुसंयोगाद्द्व्यणुकमुत्पद्यते द्व्यणुकसंयोगात्त्र्यणुकमुत्पद्यत एवं क्रमेण पृथिव्यप्तेजोवायूनामुत्पत्तिरित्ययं दृश्यमानः प्रपञ्चः सत्य एव न त्वध्यस्तः। पूर्वमसन्नेव घटादिरवयवी पदार्थोवयवैरारभ्यत इत्यारम्भवादस्य नैयायिकैर्वैशेषिकैश्चाङ्गीकृतत्वात् ततश्चाध्यास एव न सिध्यति। तन्निवृत्तिः प्रयोजनं तु दूर एव। तथापि नायमारम्भवादो युक्तः। परमाणूनां निरवयवत्वेन संयोगासंभवात्। संयोगो ह्यव्याप्यवृत्तिः। स च सावयवस्यैव वस्तुनः संभवति। तथा सांख्याभ्युपगतः परिणामवादोपि न युक्तः। अचेतनाया मूलप्रकृतेश्चेतनसंबन्धमन्तरेण परिणामासंभवात्। पुरुषस्य त्वौदासीन्यमेव सर्वथा सांख्यैरङ्गीकृतम्। न चारम्भवादस्य परिणामवादस्य चायुक्तत्वे प्रपञ्चोयमसन्नेवास्त्विति वाच्यम्। तस्य प्रतीतत्वात्। न चैवं प्रपञ्चस्य प्रतीतत्वादगत्यारम्भवादं परिणामवादं वा कथंचिदाश्रित्य प्रपञ्चः सत्य एवास्त्विति वाच्यम्। ज्ञानिदृष्ट्या तस्य बाधोपलम्भात्। सत्यस्य च बाधायोगात्। तथा च ख्यातेर्बाधस्य चोपपत्तये विवर्तवाद एवाश्रयणीयो भवतीति प्रपञ्चस्याध्यस्तत्वं सिद्धम्। **अनिर्वचनीयो** ज्ञानबाध्यः। **चिद्विवर्तो** ब्रह्मणि कल्पितः। **स्वरूपेति।** यथा वस्तुतः शुक्तौ सत्यां तत्रेदं रजतमिति प्रतीतिर्भवति। तत्र शुक्तेः स्वरूपापरित्यागेनैव रजतरूपापत्तिर्दृश्यते। **सत्यमिथ्येति।** आत्मा सत्यः। अहंकारादिप्रपञ्चश्च मिथ्या। अहंकारादावनात्मनि नात्मनः स्वरूपमध्यस्ते। किं त्वात्मसंसर्गः। आत्मनि त्वहंकारादीनामनात्मनां मिथ्याभूतानां स्वरूपमप्यध्यस्यते। अयमेव सत्यमिथ्याख्यावभास इत्युच्यते। शुक्त्यादौ रजताद्यध्यासेप्येवमूह्यम्। **अर्थाध्यास इति।** शुक्तौ मिथ्याभूतस्य रजतस्याध्यासोर्थाध्यासः। मिथ्याभूतस्य ज्ञानस्यात्मन्यध्यासो ज्ञानाध्यासः। **प्रमाणेति।** प्रमाणं दोषः संस्कारश्चेत्येतन्त्रितयाज्जन्म यस्यास्तादृशी यान्यस्यान्यात्मता वस्त्वन्तरस्वरूपत्वं तत् तादृशवस्तुज्ञानं चेति द्वयं सुधीभिरध्यास इतीष्टमित्यर्थः। प्रमाणं चक्षुरादिकम्। दोषो दूरत्वादिः। संस्कारश्च पूर्वं रजतानुभवादात्मन्युत्पन्नः। एतत्त्रितयसत्त्व एव शुक्ताविदं रजतमिति भ्रमो जायत इति प्रसिद्धमेव। **दोषेणेति।** आत्मन्यहंकाराध्यासो निरुपाधिकभ्रमः। यथानुपहित इदमंशे रजतसंस्कारसहिताविद्यया रजताध्यासो भवति तथा पूर्वपूर्वाहंकारादिना कर्मणा वा क्षोभितया अविद्यया चिद्रूप आत्मन्यनुपहिते–

हंकाराध्यासो भवति। एकस्मिन्नैव ब्रह्मण्युपहिते जीवेश्वररूपेण भेदावभासः सोपाधिकभ्रमः। **भाष्यकार इति।** श्रीमच्छंकराचार्यैः शारीरभाष्यारम्भेध्यासभाष्ये एतद्दृष्टान्तद्वयमुदाहृत्य लोकानुभवः प्रदर्शितः।

अत एव भाष्यकारः शुक्तिका रजतवदवभासत एकश्चन्द्रः सद्वितीयवदिति निदर्शनद्वयमुदाजहार। शिष्टं शास्त्र एव स्पष्टमिति विस्तरभियोपरम्यते। एवं च दृग्दृश्यौ द्वावेव पदार्थाविति वेदान्तिनां सिद्धान्त इति सर्वमवदातम्।

अत्र प्रभाकरः–शुक्तिका रजतवदवभासत इति दृष्यन्तो नेष्टः। रजतप्रत्ययस्य शुक्तिकालम्बनत्वानुपपत्तेः। तथा हि–इदं रजतमिति प्रतीतौ शुक्तेरालम्बनत्वं पुरोदेशसत्तामात्रेणावलम्ब्यते कारणत्वेन भासमानत्वेन वा। नाद्यः। पुरोवर्तिनां लोष्टादीनामप्यावलम्बनत्वप्रसङ्गात्। अथ कलधौतबोधकरणसंस्कारोद्बोध-कारणत्वेन तद्द्वारा रजतज्ञानकारणत्वादालम्बनत्वं मन्यसे। तदपि न संगच्छते। चक्षुरादीनामपि कारणत्वेन विषयत्वापातात्। अथ भासमानतया विषयत्वमिष्यते तदप्यश्लिष्टम्। रजतनिर्भासस्य शुक्तिकालम्बनत्वानुपपत्तेः। यस्मिन्विज्ञाने यदवभासते तत्तदालम्बनम्। अत्र च कलधौतानुभवः शुक्तिकालम्बनत्वकल्पनायां विरुध्यते। तथा चाचकथन्न्यायवीथ्यां शालिकनाथः –

अत्र ब्रूमो य एवार्थो यस्यां संविदि भासते।
वेद्यः स एव नान्यद्धि वेद्यावेद्यत्वलक्षणम्।।
इदं रजतमित्यत्र रजतं त्ववभासते।
तदेव तेन वेद्यं स्यान्न तु शुक्तिरवेदनात्।।
तेनान्यस्यान्यथा भासः प्रतीत्यैव पराहतः।
अन्यस्मिन्भासमाने हि न परं भासते यतः।।

(प्रक.प. ४।२३-२५) इति।

व्या० : अथाध्यासमसहमानस्याख्यातिवादिनो मीमांसकस्य मतमुत्थापयति। **अत्र प्रभाकर–इत्यादिना इति सिद्धम्–इत्यन्तेन।** स हि शुक्तौ जायमानमिदं रजतमिति ज्ञानं न भ्रमः। किं तु यथार्थमेव। तच्च नैकं ज्ञानम्। इदमिति प्रत्यक्षज्ञानम्। रजतमिति तु पूर्वदृष्टरजतस्मृत्याकारप्रदर्शनम्। तत्रेदमिति प्रत्यक्षे पुरोवर्ति द्रव्यमात्रं गृह्यते। दोषवशात्तद्गतशुक्तित्वस्य न ग्रहणम्। तच्च गृहीतं रजतसदृशतया रजतसंस्कारोद्बोधक्रमेण रजतस्मृतिं जनयति। सा च तद्गृहीतमित्येवं गृहीतग्रहणस्वभावापि दोषवशाद्-

गृहीतत्वांशप्रमोषाद्ग्रहणमात्रमवतिष्ठते। अयमेव तत्तांशप्रमोषः। तथा च प्रत्यक्षं स्मरणं चेति ज्ञानद्वयस्य मिथः स्वरूपतो विषयतश्च भेदाग्रहाद्वस्तुतो भिन्नमपि ज्ञानद्वयमिदं रजतम्–इत्यभेदव्यवहारं प्रवर्तयति। रजतार्थिनस्तत्र प्रवृत्तिस्तु पुरोवर्तिपदार्थे नेदं रजतमित्येवं रजतभेदस्याज्ञानाद्भवतीति मन्यते। **रजतप्रत्ययस्येति**। रजतज्ञानस्य शुक्तिकाविषयकत्वं न संभवतीत्यर्थः। न हि घटज्ञानं कदाचिदपि पटविषयकं भवितुमर्हति। **आलम्बनत्वम्**। विषयत्वम्। शुक्ते रजतप्रतीतिकारणत्वेन तादृशप्रतीति-विषयत्वमिति द्वितीयं पक्षमुत्थापयति–**अथ कलधौतेति**। कलधौतं रजतम्। तस्य बोधः स्मरणात्मकं ज्ञानम्। तत्कारणीभूतो यः संस्कारस्तदुद्बोधकारणत्वं शुक्तेः। तेन रजतज्ञानविषयत्वं शुक्तेरिति मन्यस इत्यर्थः। **अश्लिष्टम्**। अयुक्तम्। **विरुध्यत इति**। शुक्तिकाया विषयत्वे हि शुक्तिकैवानुभूयेत न रजतमिति भावः। **शालिकनाथ इति**। शालिकनाथेन प्रभाकरमतानुसारिणा प्रकरणपञ्चिकाख्यो ग्रन्थो विरचितः। तत्र न्यायवीथीनामकं चतुर्थं प्रकरणम्।

किं च मिथ्याज्ञानोत्पत्तौ सामग्री न समस्ति। किं केवलानीन्द्रियादीनि कारणानि दोषदूषितानि वा। नाद्यः। तेषां समीचीनज्ञानजननसामर्थ्योपलम्भात्। अन्यथा समीचीनं रजतज्ञानं न कदाचिदुदयमासादयेत्। न द्वितीयः। दोषाणामौत्सर्गिककार्यप्रसवशक्तिप्रतिबन्धमात्रप्रभावत्वात्। न हि दुष्टं कुटजबीजं वटाङ्कुरं जनयितुमीष्टे। न वा तैलकलुषितं शालिबीजमशाल्यङ्कुरजननायालम्। किं तु स्वकार्यं न करोति। ननु दावदहनदग्धस्य वेत्रबीजस्य कदलीकाण्डजनकत्वं दृष्टमिति चेत्–तन्न स्थाने। दग्धस्यावेत्रबीजत्वेन दोषाणां विपरीतकार्यकारित्वं प्रत्यनुदाहरणात्। न च भस्मकदोषदूषितस्य कौक्षेयकस्याशुशुक्षणेर्बह्वन्न-पचनसामर्थ्यं दृष्टमित्येष्टव्यम्। अशितपीताद्याहारपरिणतौ जाठरस्य जातवेदसः शक्तत्वात्। तदुक्तम्–

> **अयथार्थस्य बोधस्य नोत्पत्तावस्ति कारणम्।**
> **दोषाश्चेन्न हि दोषाणां कार्यशक्तिविघातता।।**
> **भस्मकादिषु कार्यस्य विघातादेव दोषता।**
> **अग्नेर्हि रसनिष्पत्तिः कार्ये जठरवर्तिनः।।**

(प्रक. प. ४।७३-७४) इति।

व्या० : अथ भ्रमात्मकज्ञानोत्पत्तौ कारणाभावादपि न तादृग्ज्ञानं स्वीकर्तुं शक्यत इत्याह–**किं चेति**। **न समस्ति**। न संभवति। **दोषाणामिति**। दोषा हि स्वाश्रये स्वभावतो

विद्यमानस्य कार्योत्पादनसामर्थ्यस्य प्रतिबन्धं कुर्युर्नापूर्वं सामर्थ्यं तत्रोत्पादयेयुः। **कुटजः**। वत्सकः (कुडा इति प्र.)। दावेति। दावाग्निदग्धाद्वेत्रबीजात्कदलीकाण्डोत्पत्तिरिति वनौषधिज्ञाः। कदली रम्भा। **न स्थाने**। न युक्तम्। **दग्धस्येति**। वेत्रोत्पादनसामर्थ्ये विद्यमान एव यदि तस्मात्कदल्युत्पत्तिर्जायेत तर्हि विपरीतकार्यकरणे तदुदाहरणं संभवेन्नान्यथा। न चेति। भस्मको रोगविशेषः। तेन दूषितो जाठराग्निश्चेदाहाराधिक्येपि क्षणमपि नापचनं भवति। कौक्षेयको जाठरः। आशुशुक्षणिरग्निः। अशितेति। जातवेदा अग्निः। आहारपरिपाके तस्मादुधिरादिरसोत्पादने च स्वाभाविकमेव जाठराग्नेः सामर्थ्यम्। केवलमाहाराधिक्याद्यत्तत्राग्नौ मान्द्यं समुत्पद्यते तस्य भस्मकरोगेण प्रतिबन्धः क्रियते। तथा रुधिरादिरसोत्पादने च प्रतिबन्धः क्रियते। **अयथेति**। अर्थस्य शुक्त्यादेर्योन्यथा रजतादिरूपेण बोधस्तादृशस्यायथार्थस्य बोधस्योत्पत्तौ न किमपि कारणमस्ति। दोषास्तत्र कारणमिति चेत्तत्र संभवति। यतो दोषाणां कार्योत्पादन-शक्तिप्रतिबन्धकत्वमेव न त्वपूर्वशक्त्युत्पादकत्वम्। भस्मकादीनां यद्दोषत्वं तद्रुधिरो-त्पादनरूपकार्यप्रतिबन्धकत्वादेव। यतो जाठराग्ने रुधिराद्युत्पादनं स्वाभाविकं कार्यमित्यर्थः।

अपि चासत्यप्यर्थे ज्ञानप्रादुर्भावाभ्युपगमे समीचीनस्थलेपि ज्ञानानां स्वगोचरव्यभिचारशङ्काङ्कुरसंभवेन निरङ्कुशो व्यवहारो लुप्यते। तदाह–

यदि चार्थं परित्यज्य काचिद्बुद्धिः प्रकाशते।
व्यभिचारवति स्वार्थे कथं विश्वासकारणम्।। (प्रक. प. ४।६६) इति।

व्या० : अपि चेति। अविद्यमानेपि रजते यदि रजतज्ञानमुत्पद्यत इति स्वीक्रियते तर्हि ज्ञानं विषयाभावेपि जायमानत्वाद्विषयव्यभिचारि भवति। तथा च रजतमस्तीत्यासेनोक्तेपि तदासज्ञानं विषयाभावेपि जायमानं कदाचित्स्यादिति शङ्कासंभवेन रजतनिश्चयाभावाद्रजतार्थिनः प्रवृत्तिर्न स्यात्। एवं सर्वमेव ज्ञानं शङ्काकलङ्कितमिति व्यवहारलोपप्रसङ्गः। लोके व्यवहारस्तु निश्चितज्ञानपूर्वकोऽप्रतिहतो दृश्यत इति भावः। **यदि चेति**। रजताद्यर्थं विनापि यदि तज्ज्ञानं स्याच्चेत्तादृशं व्यभिचारिज्ञानं कथं स्वविषयीभूतपदार्थास्तित्वविषयकं विश्वासं जनयेदित्यर्थः। तथा च न तत्राविद्यमानस्य रजतस्य प्रत्यक्षज्ञानविषयत्वमिति वस्तुमात्रप्रत्यक्षं रजतस्मरणं चेति ज्ञानद्वय-मेवाङ्गीकरणीयं न तु रजतविषयकमेकं विशिष्टज्ञानमित्याशयः।

ननु रजतगोचरैकविशिष्टज्ञानानङ्गीकारे विशिष्टव्यवहारो न सिध्येत्। अतस्तत्सिद्ध्येपि विपर्ययोङ्गीकार्य इति चेन्न। इदं रजतमिति ग्रहणस्मरणाभिधस्य

बोधद्वयस्य व्यवहारकारणत्वाङ्गीकारात्। यद्येवमिदं शुक्तिकाशकलं तद्रजतमित्यतोपि विशिष्टव्यवहारः स्यादिति। तन्न। तत्रेदमिति पुरोवर्तिद्रव्यमात्रग्रहणस्य दोषदूषितचक्षुर्जन्यत्वेनानाकलितशुक्तित्वादिविशेषितस्य सामान्यमात्रग्रहणरूपत्वाद्रजतमिति ज्ञानस्यासंनिहितविषयस्य संप्रयोगलिङ्गाद्यप्रसूततया सदृशावबोधितसंस्कारमात्रप्रभवत्वेन परिशेषप्राप्तस्मृतिभावस्य दोषहेतुकतया गृहीततत्तांशप्रमोषादग्रहणमात्रत्वोपपत्तेः। तदप्युक्तम्–

नन्वत्र रजताभासः कथमेष घटिष्यते।
उच्यते शुक्तिशकलं गृहीतं भेदवर्जितम्।।
शुक्तिकाया विशेषा ये रजताद्भेदहेतवः।
ते न ज्ञाता अभिभवाज्ज्ञाता सामान्यरूपता।।
अनन्तरं च रजतस्मृतिर्जाता तयापि च।
मनोदोषात्तदित्यंशपरामर्शविवर्जितम्।।
रजतं विषयीकृत्य नैव शुक्तेर्विवेचितम्।
स्मृत्यातो रजताभास उपपन्नो भविष्यति।।

(प्रक. प. ४।२६-२९)

नन्विति। विपर्ययो मिथ्याज्ञानम्। तच्चात्र रजतविषयकमेकं विशिष्टं प्रत्यक्षज्ञानम्। तन्मूलक एवेदं रजतमित्यादिशब्दप्रयोगरूपो विशिष्टव्यवहारो जायते। उक्तमिथ्याज्ञानानङ्गीकारे तु स व्यवहारो न सिध्यतीत्यर्थः। यद्येवमिति। यत्र वस्तुत एव ज्ञानद्वयं सर्वसंमतं यथा शुक्तिकायाः शुक्तिकात्वेन ज्ञानं ततस्तन्मूलकं रजतस्मरणं च तत्रेदं रजतमिति विशिष्टव्यवहारो न दृश्यते। ज्ञानद्वयस्य तादृशव्यवहारकारणत्वाङ्गीकारे तु तत्रापि तथा व्यवहारः स्यादित्यर्थः। **तत्रेदमितीति।** मात्रपदेन शुक्तिकायाः शुक्तिकात्वेन ज्ञानं व्यावर्त्यते। चक्षुरिन्द्रियस्य दोषदूषितत्वेन तेन शुक्तिकायाः शुक्तिकात्वेनाग्रहणात्। तथा च शुक्तिकाया इदमिति सामान्यरूपेणैव ग्रहणम्। रजतज्ञानं तु न प्रत्यक्षम्। तद्विषयीभूतस्य रजतस्यासंनिहितत्वेन संप्रयोगाभावात्। संप्रयोगो विषयेन्द्रियसंनिकर्षः। नाप्यनुमितिः। रजतव्याप्तलिङ्गस्य तत्रादर्शनात्। उपमित्यादिकं तु तत्तन्निमित्तासंभवाद्दूरापेतमेव। एवं च रजतज्ञानं संप्रयोगादेरनुभवहेतोः सकाशादनुत्पन्नतया न प्रत्यक्षाद्यनुभवरूपं संभवतीति परिशेषात्स्मरणरूपं तदित्यास्थेयम्। संभवति च तत्र स्मरणलक्षणम्। रजतसदृशवस्तुदर्शनोद्बुद्धरजतसंस्कारमात्रजन्यत्वात्। तत्र स्मरणे तत्तांशो

दोषवशान्न गृह्यते। **नन्वत्रेति।** रजतस्यासत्त्वात्कथं रजताभासो युज्यत इति शङ्का। उच्यत इत्याद्युत्तरम्। **विषयीकृत्येति।** व्यवस्थापितमित्यध्याहृत्य क्त्वाप्रत्ययोपपत्ति- र्द्रष्टव्या। **स्मृत्येति।** पूर्वान्वयि। शुक्तेः सकाशाद्विवेचितं रजतं स्मृत्या न विषयीकृत- मित्यर्थः। विवेचितं पृथक्कृतम्।

न ह्यसंनिहितं तावत्प्रत्यक्षं रजतं भवेत्।
लिङ्गाद्यभावाच्चान्यस्य प्रमाणस्य न गोचरः।।
परिशेषात्स्मृतिरिति निश्चयो जायते पुनः। (प्रक. प. ४।३१-३२) इति।

ननु किमिदमेकैकं व्यवहारकारणमुत संभूय। न प्रथमः। देशभेदेन प्रवृत्तिप्रसङ्गात्। न चरमः। प्रयत्नायौगपद्याज्ज्ञानायौगपद्यात् (वै. सू. ३।२।३) इत्यादिना ज्ञानयौगपद्यनिषेधात्। अतो ज्ञानद्वयं हेतुरित्ययुक्तं वच इति चेत्-मैवं वोचः। अविनश्यतोः सहावस्थाननिषेधेपि विनश्यदविनश्यतोः सहावस्थानस्या- निषिद्धत्वेन निरन्तरोत्पन्नयोस्तदुपपत्तेः। ननु रजज्ञानाद्रजतार्थी रजते प्रवर्ततां नाम। पौरस्त्ये वस्तुनि कथं प्रवृत्तिः स्यादिति चेन्न। स्वरूपतो विषयतश्चा- गृहीतभेदयोर्ग्रहणस्मरणयोः संनिहितरजतगोचरज्ञानसारूप्येण वस्तुतः परस्परं विभिन्नयोरप्यभेदोचितसामानाधिकरण्यव्यपदेशहेतुत्वोपपत्तेः। ग्रहणस्मरणयोः संनिहितरजतज्ञानसारूप्यं कथम्। यथा चैतत्तथा निशम्यताम्। संनिहितरजतगोचरं हि विज्ञानमिदमंशरजतांशयोरसंसर्गं नावगाहते। तयोः संसृष्टत्वेनासंसर्ग- स्यैवाभावात्। नापि स्वगतं भेदम्। एक ज्ञानत्वात्। एवं ग्रहणस्मरणे अपि दोषवशाद्विद्यमानमपीदमंशरजतांशयोरसंसर्ग भेदं नावगाहत इति। भेदाग्रहणमेव सारूप्यम्। तदुक्तं गुरुमतानुसारिभिः-

ग्रहणस्मरणे चेमे विवेकानवभासिनी।
सम्यग्रजतबोधाच्च भिन्ने यद्यपि तत्त्वतः।।
तथापि भिन्ने नाभाते भेदाग्रहसमत्वतः।
सम्यग्रजतबोधस्तु समक्षैकार्थगोचरः।।
ततो भिन्ने अबुद्ध्वा च ग्रहणस्मरणे इमे।
समानेनैव रूपेण केवलं मन्यते जनः।।
अपरोक्षावभासेन समानार्थग्रहेण च।

अवैलक्षण्यसंवित्तिरिति तावत्समर्थिता।।
व्यवहारोपि तत्तुल्यस्तत एव प्रवर्तते।

(प्रक. प. ४।३३-३७)

एवमगृहीतविवेकमापन्नसंनिहितरूप्यज्ञानसारूप्यं ग्रहणस्मरणद्वयमयथाव्यवहारहेतुरिति सिद्धम्। यद्येवमयथाव्यवहारो ग्रहणस्मरणजन्यस्तर्हि पीतः शङ्ख इत्यादौ स न सिद्धस्तत्र तयोरभावादिति चेन्न। अगृहीतविवेकयोः प्राप्तसमीचीनसंसर्गज्ञानसारूप्यत्वे ग्रहणयोरेव व्यवहारसंपादकत्वोपपत्तेः। नयनरश्मिवर्तिनः पित्तद्रव्यस्य पीतिमा दोषवशाद्द्रव्यरहितो गृह्यते। शङ्खोप्यकलितशुक्लगुणः स्वरूपतो गृह्यते। तदनयोर्गुणगुणिनोः संसर्गयोग्ययोरसंसर्गाग्रह[illegible]रूप्यात्पीततपनीयपिण्डप्रत्ययवैलक्षण्यव्याद्व्यवहार उपपद्यते। यथोक्तम्-

पीतशङ्खावबोधे हि पित्तस्येन्द्रियवर्तिनः।
पीतिमा गृह्यते द्रव्यरहितो दोषतस्तथा।।
शङ्खस्येन्द्रियदोषेण शुक्लिमा न च गृह्यते।
केवलं द्रव्यमात्रं तु प्रथते रूपवर्जितम्।।
गुणे द्रव्यव्यपेक्षे च द्रव्ये च गुणकाङ्क्षिणि।
भासमाने तयोर्बुद्धिरसंबन्धं न बुध्यते।।
सत्यपीतावभासेन समे भाते मती इमे।
व्यवहारोपि तत्तुल्य एवमत्रापि युज्यते।।

(प्रक.प. ४।४८-५१) इति।

व्या० : देशभेदेनेति। इदमिति प्रत्यक्षात्प्रवृत्तिस्तादृशपदार्थाभिमुखी। स्मरणाज्जायमाना तु न नियमेन तादृश्येव जायते। किं चैकैकस्मादपि प्रवृत्तिप्रसङ्गः। प्रयत्नेति। प्रयत्नायौगपद्याज्ज्ञानायौगपद्याच्चैकम्-इति कणादसूत्रम् (३।२।३)। अनेन सूत्रेणैकस्मिञ्छरीरे मनस एकत्वमुच्यते। यद्येकैकस्मिन्नपि शरीरे बहूनि मनांसि स्युस्तदा प्रयत्नानां ज्ञानानां च यौगपद्यं स्यात्। द्वाभ्यामवयवाभ्यां मिथो विरुद्धं प्रयत्नद्वयं युगपदुत्पद्येत। तथा द्वाभ्यामिन्द्रियाभ्यां ज्ञानद्वयं युगपदुत्पद्येत। तददर्शनादेकस्मिञ्छरीर एकं मनः सिध्यतीत्यर्थः। तथा चात्र ज्ञानद्वयस्य सहावस्थानाभावेन संभूय कारणत्वं न संभवति। निरन्तरोत्पन्नयोरिति। अव्यवधानेनोत्पन्नयोरित्यर्थः यद्येकं ज्ञानं प्रथमक्षण उत्पन्नमपरं च द्वितीयक्षणव्यवधानेन तृतीयक्षणे तदुत्तरक्षणे वोत्पन्नं तदा तयोः सहावस्थानं

कथमपि न संभवति। परं त्वव्यवधानेनोत्पन्नयोस्तृतीयक्षणे सहावस्थानं संभवति। ज्ञानं हि प्रथमक्षण उत्पद्यते द्वितीयक्षणे स्थीयते तृतीयक्षणे विनश्यति। इदं रजतमित्यत्र ग्रहणस्मरणात्मकज्ञानद्वयमध्य एकं प्रथमक्षण उत्पन्नमपरं द्वितीयक्षण उत्पन्नम्। तयोः संभूय कार्यकारित्वं तृतीयक्षणे वक्तुं शक्यम्। तत्र प्रथमक्षणोत्पन्नं विनश्यदवस्थं द्वितीयक्षणोत्पन्नमविनश्यदवस्थमिति बोध्यम्। **ननु रजतेति।** रजतस्मरणेन प्रवृत्तश्चेत्तादृशस्मरणविषयीभूते गृहगतमञ्जूषादिगते रजते प्रवृत्तिः स्यान्न तु पुरोवर्तिवस्त्वभिमुखी प्रवृत्तिः स्यादिति भावः। **स्वरूपत इति।** संनिहितरजतगोचरज्ञानं चक्षुःसंनिकृष्टसत्यरजतविषयकं यथार्थं प्रत्यक्षज्ञानम्। तद्यथेदं रजतमिति रजतत्वेदंतयोः सामानाधिकरण्यव्यवहारं तद्द्वारा प्रवृत्तिं च जनयति तथा तत्सारूप्येणैतज्ज्ञानद्वयमपि तादृशव्यवहारं प्रवृत्तिं च जनयति। ज्ञानद्वयस्य तत्सारूप्यं च भेदाग्रहणात्। इयांस्तु विशेषः। सत्यरजतप्रत्यक्षे हि रजतत्वेदंतयोर्वस्तुतो मिथः संसृष्टत्वेन तयोरसंसर्गो नास्ति। अतस्तज्ज्ञानमसंसर्गा विषयकम्। तथा तत्प्रत्यक्षं वस्तुत एकं न तु नानेत्यवान्तरभेदो नास्त्येव। अतस्तत्र भेदस्याग्रहणम्। ज्ञानद्वयस्थले तु वस्तुतस्तयोर्द्वयोर्ज्ञानयोरसंसर्ग एकत्वाभावादवान्तरभेदश्च यद्यपि वर्तते तथापि दोषवशात्तदग्रहणम्। तथा हि–असंसर्गस्य भेदस्य च ग्रहणं विरोधस्फुरणाद्भवति। विरोधश्च तत्तेदंतयोस्तथा शुक्तित्वरजतत्वयोश्च। तत्र प्रत्यक्षे यद्यपीदंता भासते तथापि तद्विरुद्धा तत्ता दोषवशात्मरणे न भासते। तथा स्मरणे यद्यपि रजतत्वं विषयीभवति तथापि तद्विरुद्धं शुक्तित्वं दोषवशात्प्रत्यक्षे न विषयीभवति। तथा च विरोधानवभासेन स्वरूपतो विषयतश्च विद्यमानस्यापि भेदस्याग्रहणम्। तत्र स्वरूपतो विद्यमानस्य भेदस्याग्रहणं तत्तारूपपरोक्षांशस्य दोषवशेन स्मरणेनवभासात्। विषयतो विद्यमानस्य भेदस्याग्रहणं तु दोषवशेन शुक्त्यंशस्य प्रत्यक्षेनवभासादिति। **ग्रहणस्मरणे इति।** ययोर्मिथो विद्यमानोपि भेदा नावभासते तादृशमिदं ग्रहणस्मरणात्मकं ज्ञानद्वयं रजतयथार्थज्ञानाद्भिन्नमपि भेदाग्रहणसारूप्याद-भिन्नमिव तत्कार्यकारि भवतीत्यर्थः। **अगृहीतेति।** न गृहीतो विवेको मिथो भेदो येनात एवापन्नं प्राप्तं संनिहितरूप्यज्ञानेन रजतयथार्थप्रत्यक्षेण सह सारूप्यं येन तादृशमित्यर्थः। **तयोरभावादिति।** ग्रहणसत्त्वेपि स्मरणाभावात्। न हि तत्र पीतत्वाशंः स्मरणविषयो भवति। संस्कारोद्बोधकाभावात्। तथा च तत्र पीतः शङ्ख इति व्यवहारो न स्यादिति शङ्काशयः। **अगृहीतविवेकयोरिति।** यद्यप्यत्र ग्रहणस्मरणात्मकं ज्ञानद्वयं नास्ति तथापि व्यवहारप्रयोजकं ज्ञानद्वयं ग्रहणात्मकमेवात्र वर्तते। पीत इत्येकं प्रत्यक्षम्। शङ्ख इत्यपरं प्रत्यक्षम्। ग्रहणात्मकज्ञानद्वये चास्मिन्वस्तुतो विद्यमानस्य मिथोऽसंसर्गस्य भेदस्य च दोषवशादनवभासः। पीतः शङ्ख इति धीश्च पित्तदोषेण जायते। पित्तं च पीतरूपविशिष्टं सूक्ष्मं द्रव्यं नयनरश्मिनिष्ठम्। रश्मयश्च शङ्खेन संबद्धाः। तत्र च दोषवशेन पित्तस्य

द्रव्यस्य न ग्रहणम्। तद्गतं पीतरूपं केवलं गृह्यते। शङ्खप्रत्यक्षे च दोषवशेन श्वेतरूपस्य न ग्रहणम्। तदाश्रयः शङ्खः केवलं गृह्यते। अतश्च समीचीनसंसर्गज्ञानेन सरूपमेतज्ज्ञानद्वयं भवति। सुवर्णादौ वस्तुतो विद्यमानस्य पीतगुणसंबन्धस्य ज्ञानं समीचीनसंसर्गज्ञानम्। तेन सहास्य प्रत्यक्षज्ञानद्वयस्यासंसर्गानवभासरूपसाधर्म्याच्च तत्रेवात्रापि पीत इति व्यवहार इति भावः। **तपनीयं सुवर्णम्। अवैलक्षण्यं सारूप्यम्।** प्रथते। अवभासते। **गुण इति।** गुणस्य स्वाश्रयद्रव्यापेक्षा। द्रव्यस्य स्वाश्रितगुणापेक्षा। तथा च यत्र द्रव्यं गुणश्चेत्येतदुभयमभासते तत्र तदुभयस्य वस्तुतो मिथोऽसंबन्धेपि तमसंबन्धं तदुभयबुद्धिर्न विषयीकरोतीत्यर्थः। **सत्येति।** सत्यस्य पीतस्यावभासः सुवर्णादौ द्रष्टव्यः।

नन्विदं रजतमिति भ्रान्तिज्ञानानभ्युपगमे रजतप्रसक्तेरसत्त्वान्नेदं रजतमिति निषेधः कथं कलधौताभावं बोधयतीति चेत्–नैष दोषः। भेदाग्रहप्रसञ्जितस्य शुक्तौ रजतव्यवहारस्य निषेधस्वीकारेण कल्पनालाघवसद्भावात्। तदुक्तं पञ्चिकाप्रकरणे–

मिथ्याभावोपि तत्तुल्यव्यवहारप्रवर्तनात्।
रजतव्यवहारांशे विसंवादयतो नरात्।।
बाधकप्रत्ययस्यापि बाधकत्वमतो मतम्।
प्रसज्यमानरजतव्यवहारनिवारणात् ।। (प्रक. प. ४।३८–३९) इति।

व्या० : कथमिति। निषेधस्य प्राप्तिपूर्वकत्वनियमादित्याशयः। कलधौतं रजतम्। **भेदाग्रहेति।** तथा च नेदं रजतव्यवहारार्हमित्यभिप्रायेण नेदं रजतमिति व्यपदिश्यते। रजतनिषेधाङ्गीकारेपि तन्मूलको रजतव्यवहारनिषेधो भवत्येव। तथा चात्रोभयाभ्युपेतो रजतव्यवहारनिषेध एव नेदं रजतमित्यस्यार्थो लाघवात्स्वीकार्यः। किमत्रातिरिक्त-रजतनिषेधकल्पनयेति। **मिथ्याभाव इति।** मिथ्याभावो मिथ्यात्वम्। भ्रम इति यावत्। अयं भावः–इदमित्यनुभवरूपं विज्ञानं प्रमाणमेव। भ्रान्तिरूपता चात्र स्मरणरूपस्यैव। अनुभवजन्यव्यवहारतुल्यव्यवहारप्रवर्तकत्वेपि व्यवहारकाले विसंवादकत्वात्। तज्जन्यप्रवृत्तेर्निष्फलत्वाच्च। येपि चैकमिदं विज्ञानं मिथ्याभूतमिति मन्यन्ते तेपि बाधकप्रत्ययाधीनं मिथ्यात्वमभ्युपगच्छन्तो नेदमंशस्य मिथ्याभावं वदितुमीशते। तत्र बाधकाभावात्। बाधकप्रत्ययदशायामपीदमंशस्यानुवृत्तेरिति।

तदनेन प्राचीनयोर्ज्ञानयोः सत्यत्वे कथं भ्रमत्वप्रसिद्धिरिति शङ्का पराकृता। अयथाव्यवहारप्रवर्तकत्वेन तदुपपत्तेः।

किं च नेदं रजतमिति बाधकावबोधो नाभावमवगाहते। भावव्यतिरेकेणाभावस्य दुर्ग्रहणत्वात्। यद्येवमङ्ग नास्तीति प्रत्ययस्य किमालम्बनम्। अपरथा माहाभानिकपक्षानुप्रवेश इति चेत्मैवं भाषिष्ठाः। अभावस्य धर्मिप्रतियोगिनिरूपणाधीननिरूप्यत्वेनावश्याभ्युपगमनीये दृश्ये प्रतियोगिन्यदृश्यते वा स्मर्यमाणेधिकरणमात्रबुद्धेरेव नास्तीति व्यवहारोपपत्तावतिरिक्ताभावकल्पनायां प्रमाणाभावात्। तदुक्तममृतकलायाम्–

अत्रोच्यते द्वयी संविद्वस्तुनो भूतलादिनः।
एका संसृष्टविषया तन्मात्रविषया परा।।
तन्मात्रविषया वापि द्वयी साथ निगद्यते।
प्रतियोगिन्यदृश्ये च दृश्ये च प्रतियोगिनि।।
तत्र तन्मात्रधीर्येयं स्मृते च प्रतियोगिनि।
नास्तित्वं सैव भूभागे घटादिप्रतियोगिनः।।

(प्रक. प. ६।३७–३९) इति।

अत एव च प्राभाकरमतानुसारिभिः प्रमाणपारायणे प्रत्यक्षादीनि पञ्चैव प्रमाणानि प्रपञ्चितानि। नन्वेवमभावस्याभावे नकारस्य वैयर्थ्यमापद्येत। अनुशासनविरोधश्चापतेदिति चेत्–तदेतद्वार्तम्। एकोनपञ्चाशद्वर्णानां मध्ये कस्यापि वर्णस्याभावार्थत्वादर्शनेन वर्णस्य सतो नकारस्य तदर्थत्वानुपपत्तेः। न चैवमनुशासनविरोधः। तदन्यतदभावतद्विरुद्धेष्वर्थष्वनुशासनस्यैवमर्थः स्यात्। तथा हि–चेतनानां मध्ये कश्चन कस्यचिच्छत्रुः कश्चन कस्यचिमिन्त्रं कश्चन कस्यचिदुदासीनस्तथैवाचेतनानामपि। तदन्यपदेन तदुदासीनो नकारार्थः। विरुद्धपदेन शत्रुर्नकारार्थः। तदभावपदेन मित्रं नकारार्थः। तथा चाब्राह्मणपद एवैतत्त्रयं प्रतीयते शूद्र इत्युदासीनो यवन इति शत्रुः क्षत्रिय इति मित्रम्। एवं सर्वत्र नञ्प्रयोगस्थले द्रष्टव्यमिति न कश्चिदभावो भावव्यक्तिरिक्तः संभवति। तस्मादुक्तया रीत्या भ्रमबाधप्रसिद्ध्या विवादाध्यासिताः प्रत्यया यथार्थाः प्रत्ययत्वाद्दण्डीति प्रत्ययवदिति सिद्धम्।

व्या० : भावव्यतिरेकेणेति। प्रागुपपादितमेतद्रामानुजदर्शने (द. ४ पं. ५७)। **एवम्।** अभावानङ्गीकारे। अपरथा। आलम्बनं विनैव प्रत्ययो जायत इत्यङ्गीकारे। माहाभानिको माध्यमिको बौद्धः। स हि शून्यवादी कृत्स्नं व्यवहारं निरालम्बनमेवाङ्गीकरोति। **अभावस्येति।** भूतले घटो नास्तीति घटाभावज्ञानं भूतलस्य धर्मिणो घटस्य

प्रतियोगिनश्च ज्ञाने सत्येव भवति। अतोऽभावनामकस्वतन्त्रपदार्थाङ्गीकारेपि धर्मिप्रतियोगिनोर्ज्ञानमावश्यकमेव भवति। तथा च धर्मिकल्पनातो वरं धर्मकल्पनेति न्यायानुसारेणाभावो नाम कश्चनाधिकरणस्य धर्मविशेष इत्यास्थीयते। स च केवलभूतलत्वरूपः। तेनैव च घटो नास्तीति व्यवहार उपपद्यत इति भावः। केवलभूतलज्ञानं च घटादेः प्रतियोगिनोऽदर्शनाद्भवति। तच्च प्रतियोगिनोऽदर्शनं प्रतियोगिस्मरणेन सहकृतमित्यन्यदेतत्। **अमृतेति।** शालिकनाथमिश्रविरचितायां प्रकरणपञ्चिकायां षष्टं प्रकरणममृतकलानामकम्। **अत्रोच्यत इति।** भूतलादिन इति वस्तुन इत्यस्य विशेषणम्। इकोचि विभक्तौ (पा. सू. ७।१।७३) इति सूत्रेण नुमागमः। तृतीयादिषु० (पा. सू. ७।१।७४) इति पुंवद्भावस्तु न कृतः। वैकल्पिकत्वात्। भूतलादिवस्तुनो ज्ञानं द्विप्रकारकम्। एकं संसृष्टविषयकं घटवद्भूतलमिति। अपरं च तदविषयकं भूतलमात्रज्ञानम्। तदपि द्विविधं घटाद्यदर्शनसहकृतं तद्दर्शनकालिकं च। तत्राद्यं घटादिस्मरणसहकृतं यदा जायते तदा तादृशभूतलस्वरूप एवाभाव इत्यर्थः। **अत एवेति।** शालिकनाथमिश्रविरचितायां प्रकरणपञ्चिकायां प्रमाणपारायणनामकं पञ्चमं प्रकरणम्। तत्र प्रत्यक्षानुमानोपमानशब्दार्थापत्तिरूपाणि पञ्चैव प्रमाणान्युक्तानि। षष्ठमनुपलब्धिनामकं प्रमाणं मीमांसकैकदेशिभिर्भाट्टैः स्वीकृतमपि प्राभाकरमतानुसारिभिरस्वीकृतत्वान्नोक्तम्। तद्ध्यभावमात्रं गृह्णाति न कदापि भावम्। यदि च भावादतिरिक्तोऽभावो नाम पदार्थ एव नास्ति तर्हि किमर्थं तद्ग्रहणार्थं प्रमाणापेक्षेति भावः। **नन्वेवमिति।** एवकारश्चकार इतिवन्नशब्दात्कारप्रत्ययः। न-इत्यव्ययस्य वाच्यार्थाभावाद्वैयर्थ्यम्। नञित्यव्यं स्वरादिगणे पाणिनिना पठ्यते। नञ् (पा. सू. २।२।६) इत्यनुशासनेन तस्योत्तरपदेन सह तत्पुरुषो विधीयते। स च विरुध्यते। तस्यानर्थकत्वेनोत्तरपदार्थेन सह तस्यान्वयासंभवात्। **वार्तम्।** फल्गु। **एकोनपञ्चाशदिति।** स्वराः षोडश। ककारादयो मकारपर्यन्ताः पञ्चविंशतिः। यकारादयश्चाष्टौ। संकलिता एकोनपञ्चाशत्। अभावार्थत्वादर्शनेनेत्यनेन व्याप्तिः सूचिता। तथा च प्रयोगः-नवर्णो नाभावार्थको वर्णत्वादकारादिवर्णवदिति। **उक्तया रीत्येति।** इदं रजतमिति ग्रहणस्मरणात्मकस्य ज्ञानद्वयस्य सत्यत्वेपि विसंवादिप्रवृत्तिजनकत्वेन भ्रमत्वप्रसिद्धिः। रजतव्यवहारनिषेधाभिप्रायेण नेदं रजतमिति बाधस्य च प्रसिद्धिः। **विवादाध्यासिता इति।** यथार्था अयथार्था वेत्येवं वादग्रस्ता इदं रजतमित्यादयः प्रत्यया इत्यर्थः। अनेन संदिग्धसाध्यवत्त्वरूपपक्षलक्षणमत्रानुगतमिति सूचितम्।

तदपरे न क्षमन्ते। इत खलु निखिलप्रेक्षावान्समीहिततत्साधनयोरन्यतरप्रवेदने प्रवर्तते। न च रजतमर्थयमानस्य शुक्तिकाशकलज्ञानं तद्रूपमनुभावयितुं प्रभवति।

शुक्तिकाशकलस्य समीहिततत्साधनयोरन्यतरभावाभावात्। नापि रजतस्मरणं पुरोवर्तिनि प्रवृत्तिकारणम्। तस्यानुभवपारतन्त्र्यतयानुभवदेश एव प्रवर्तकत्वात्। नापि भेदाग्रहो व्यवहारकारणम्। ग्रहणनिबन्धनत्वाच्चेतनव्यवहारस्य। ननु न वयमेकैकस्य कारणत्वं ब्रूमहे येनैवमुपालभ्येमहि। किं त्वगृहीतविवेकस्य ज्ञानद्वयस्य प्राप्तसमीचीनपुरःस्थितरजतज्ञानसारूप्यस्येत्यनुक्तोपालम्भोयमिति चेत्–तदप्ययुक्तम्। विकल्पासहत्वात्। तथा हि–समीचीनरजतावभाससारूप्यं भासमानं प्रवर्तकं सत्तामात्रेण वा। आद्ये विकल्पे भेदाग्रहापरपर्यायस्य सारूप्यस्य समीचीनसंनिभे इमे ज्ञाने इति विशेषाकारेण गृह्यमाणस्य प्रवृत्तिकारणत्वं किं वानयोरेव स्वरूपतो विषयतश्च मिथो भेदाग्रहो विद्यत इति सामान्याकारेण गृह्यमाणस्य सारूप्यस्य। नाद्यः। समीचीनज्ञानवत्तत्संनिभज्ञानस्य तदुचित-व्यवहारप्रवर्तकत्वानुपपत्तेः। न खलु गोसंनिभो गवय इत्यवभावो गवार्थिनं गवये प्रवर्तयति। न द्वितीयः। व्याहतत्वात्। न खल्वनाकलितभेदानस्योरिति अनयोरिति ग्रहे भेदाग्रह इति च प्रतिपत्तिर्भवति। अतः परिशेषात्सत्तामात्रेण भेदाग्रहरूपस्य सारूप्यस्य व्यवहारकारणत्वमङ्गीकर्तव्यम्। एवमेवास्त्विति चेत्–तर्हीदमिह संप्रधार्यम्–किमयं भेदाग्रहः समारोपोत्पादनक्रमेण व्यवहारकारणमस्तूता-नुत्पादितारोप एव स्वयमिति। न च द्वितीयः पक्ष एव श्रेयान्। तावतैव व्यवहारोत्पत्तावारोपस्य गौरवदोषदुष्टत्वादिति मन्तव्यम्। विशिष्टव्यवहारस्य विशिष्टज्ञानपूर्वकत्वनियमेनाज्ञानपूर्वकत्वानुपपत्तेः।

व्या० : अथायथार्थज्ञानं नास्त्येवेत्येवं मीमासंकमतं दूषयति–**तदपर इति। न च रजतमिति**। वस्तुतो रजतस्यासत्त्वे विद्यमानं शुक्तिकाशकलमिदंत्वेन ज्ञातमपि रजतार्थिनः समीहितवस्तुस्वरूपं तत्साधनस्वरूपं वानुभावयितुं न शक्नोतीत्यर्थः। तस्यानुभवेति। स्मरणं ह्यनुभवानुसारि। तथा चायं यस्मिन्देशे पूर्वं रजतमन्वभूत्त-द्देशाभिमुखमेव तादृशानुभवजन्यस्मरणेनायं प्रवर्तेत न तु पुरोवर्तिशुक्तिकाभिमुखमेवेति भावः। **ग्रहणेति**। ग्रहणमूलको हि चेतनस्य व्यवहारः कथमग्रहणमात्राद्भवेदिति भावः। **न वयमिति**। केवलस्येदमिति ग्रहणस्य केवलस्य रजतस्मरणस्य वा न व्यवहारकारणत्वमुच्यते किं तु तादृशज्ञानद्वयस्य प्राप्तयथार्थरजतज्ञानसादृश्यस्येति न दोष इत्याशयः। **समीचीनरजतेति**। ज्ञानद्वयस्य सत्यरजतज्ञानसादृश्यं प्रवृत्तिकारणमिति यन्मीमांसकैरुक्तं तज्ज्ञायमानमेव प्रवृत्तेः कारणमथ वा वस्तुतः सदिति विकल्पः। ज्ञायमानमेव सादृश्यं कारणमिति पक्षोपि पुनर्विकल्प्यते। ज्ञानस्य द्वैविध्यात्। येन

धर्मेण सादृश्यमभिमतं तद्धर्मापेक्षया सादृश्यं नातिरिक्तं किं तु तादृशधर्मापरपर्यायमेवेति वैशेषिकादयः। स च धर्मोमुकस्योपमेयस्यामुकेनोपमानेन सहामुकः समान इति कदाचिद्विशेषाकारेण जायते। कदाचित्तु सामान्यरूपेणामुकनिष्ठोयं धर्म इति। अत्र च भेदाग्रहः समानो धर्मः। तथा च यथा सत्यरजतज्ञाने भेदो न गृह्यते तथा ज्ञानद्वये भेदो न गृह्यत–इत्याकारकं भेदाग्रहज्ञानं प्रवृत्तेर्जनकमथ वा अवयोर्द्वयोर्ज्ञानयोर्मिथो भेदो न गृह्यते–इत्याकारकमिति विकल्पः फलितः। **व्याहतत्वादिति**। इदमुत्तरमाद्यपक्षेपि संभवति। **सत्तामात्रेणेति**। यथेन्द्रियं स्वयमज्ञातमपि ज्ञानकारणं भवति यथा वा संनिहितोग्निः स्वयमज्ञातोपि दाहकारणं भवति तथानयोर्द्वयोर्ग्रहणस्मरणात्मक-ज्ञानयोर्वस्तुतो विद्यमानो भेदाग्रहः स्वयमज्ञातोपि व्यवहारकारणं प्रवृत्तिकारणं च भवति। एवमेव च मीमांसकैरङ्गीकृतम्। तदाह–**एवमेवेति**। **किमयमिति**। भेदाग्रहो हि शुक्तौ रजतस्वरूपारोपस्य कारणम्। स चारोपो व्यवहारादिकारणम्। तथा चारोपद्वारा भेदाग्रहो व्यवहारादिकारणमिति स्वीक्रियते। अथ वा रजतस्वरूपमनारोप्य भेदाग्रहः स्वयमेव व्यवहारादिकारणमिति स्वीक्रियत इति विकल्पः। **विशिष्टेति**। यथा पुरुषे दण्डवैशिष्ट्यं ज्ञात्वैवायं दण्डीति व्यवहारो भवति न त्वन्यथा तथा पुरोवर्तिपदार्थे रजतत्ववैशिष्ट्यं ज्ञात्वैवेदं रजतमिति व्यवहारः स्यान्न त्वज्ञानेन। अज्ञानं चात्र भेदज्ञानाभावः। यदि स एव कारणं स्यात्तर्हि पुरोवर्तिपदार्थसंनिकर्षात्प्रागपि तस्य सुलभत्वात्कुतो न तादृशव्यवहारो न वा प्रवृत्तिः। तस्माज्ज्ञानविशेषस्यैव चेतनव्यवहारकारणत्वमङ्गीकार्यम्।

नन्वयं व्यवहारो नाज्ञानपूर्वक इत्यनाकलितपराभिसंधिः स्वसिद्धान्त-सिद्धार्थाद्यदि कश्चिच्छङ्केत स प्रतिवक्तव्यः। शुक्तिकाविषयस्य ग्रहणस्या-समीहितविषयत्वेन रजतार्थिप्रवृत्तिहेतुत्वासंभवादन्वयव्यतिरेकाभ्यां रजतज्ञानस्य समीहितविषयत्वेन प्रवृत्तिहेतुत्वसंभवाच्चेदमर्थाभिसंभिन्नविविस्यापि रजतस्मरणस्य कारणत्वं वक्तव्यम्। तच्च वक्तुं न शक्यते। जानाति इच्छति ततः प्रवर्तत इति न्यायेन ज्ञानेच्छाप्रवृत्तीनां समानविषयत्वेन भाव्यम्। तथा चेदंकारास्पदाभिमुखप्रवृत्तस्य रजतार्थिनस्तदिच्छानिबन्धनम्। अन्यथान्यदिच्छन्न-न्यद्व्यवहरतीति व्याहन्येत। तथा च यदीदंकारास्पदं रजतावभासगोचरतां नाचरेत्कथं रजतार्थी तदिच्छेत्। यद्यरजतत्वाग्रहणादिति ब्रूयात् रजतत्वा-ग्रहात्कस्मादग न्नोपेक्षेति। युगपत्तद्भवभेदाग्रहाभेदाग्रहनिबन्धनाभ्यामुपादानोपेक्षाभ्यां पुरतः पृष्ठतश्चाकृष्यमाणः पुरुषो दोलायमानतया रूप्यारोपमन्तरेणोपादानपक्ष एव न व्यवस्थाप्यत इत्यनिच्छताप्यच्छमतिना समारोपः समाश्रयणीयः।

यथाह–भेदाग्रहादिदंकारास्पदे रजतत्वमारोप्य तज्जातीयस्योपकारहेतुभावमनुस्मृत्य तज्जातीयत्वेनास्यापि तदनुमाय तदर्थी प्रवर्तत इति प्रथमः पक्षः प्रशस्यः।

व्या० : अथ शुक्तौ रजतव्यवहारो नारोपपूर्वकः किं तु ज्ञानद्वयस्य मिथो भिन्नत्वेन यदग्रहणं तद्रूपाज्ञानपूर्वकः–इति मीमांसकसिद्धान्तसिद्धार्थानुसारेणाशङ्कते–**नन्वयमिति**। अयं व्यवहारो नाज्ञानपूर्वक इति–इत्येतदभिसंधावन्वेति। शङ्कक्श्चायमनाकलित-पराभिसंधिः। आरोपावश्यकत्वसाधकोनुपदमेव वक्ष्यमाणो वेदान्तिनां गूढाभिप्रायोनेन न ज्ञायते। अन्यथा शङ्कैव नोदयमासादयेत्। **इदमर्थेति**। इदमर्थेनाभिसंभिन्नौ यो ग्रह इदमित्यपरोक्षानुभवस्तस्माद्विविक्तं भिन्नमपि रजतस्मरणमेव प्रवृत्तिकारणमिति वक्तव्यम्। इष्टवस्तुज्ञाने प्रवृत्तिस्तदभावे नेत्यन्वयव्यतिरेकाभ्यां रजतज्ञानमेवात्र प्रवृत्तिकारण-मित्यर्थस्यावश्यमङ्गीकर्तव्यत्वात्। परं तु स्मरणात्मकं रजतज्ञानमत्र प्रवृत्तिकारणमिति वक्तुं न शक्यते। ज्ञानेच्छयोः समानविषयत्वेपीच्छाप्रवृत्त्योः समानविषयत्वभङ्गापत्तेः। इच्छाविषयीभूतं हि रजतम्। न तत्प्रवृत्तिविषयीभूतम्। प्रवृत्तेरिदमर्थाभिमुखत्वात्। तथा चात्र यदभिमुखप्रवृत्तिस्तदेव ज्ञान इच्छायां च विषयीभूतमिति केनापि प्रकारेणोप-पादनीयमेव। तच्च प्रवृत्तिविषयीभूत इदमर्थ इच्छाविषयीभूतरजतारोपमन्तरेण न सिध्यतीति भावः। **तदिच्छेति**। तच्छब्देनेदंकारास्पदं वस्तु परामृश्यते। **यदीति**। पुरोवर्ति वस्तु रजतभिन्नमिति न गृह्यते अतः प्रवृत्तिः–इति यदि मीमांसकैरुच्यते तर्हि तेषामेव मतानुसारेण पुरोवर्ति वस्तु रजतमिति न गृह्यते अतो न प्रवृत्तिः–इत्यपि वक्तुं शक्यते। प्रवृत्त्यभाव एवोपेक्षा। तथा च पुरोवर्तिवस्तुनि रजतभेदस्याज्ञानं रजताभेदस्याज्ञानं चेति द्वयं युगपद्वर्तमानं स्वस्वकार्यं कुर्याच्चेद्युगपदेव कुर्यात्। परं तु प्रवृत्तिस्तदभावश्चेति कार्यद्वयं युगपन्न संभवतीति दोलायमानता स्यान्न तु नियमेन तदुपादानार्थं दृश्यमाना प्रवृत्तिः कथमप्युपपद्यते अतस्तदुपपत्तये पुरोवर्तिनि रजतारोपोवश्यं स्वीकार्यो भवति। **तदनुमायेति**। तथा च प्रयोगः–पुरोवर्तिपदार्थ उपकारहेतू रजतत्वात्पूर्वानुभूतरजतवत्। पक्षे हेतोः सत्त्वं चात्रारोपं विना दुर्लभमिति भेदाग्रहः समारोपोत्पादनक्रमेण व्यवहारहेतुः–इत्येवं पूर्वोक्तः (द. १६ पं. ५१०) प्रथमः पक्ष एव युक्तः।

न च तटस्थरजतस्मरणपक्षेपि हेतोर्गृहीतत्वेनायं मार्गः समान इति वाच्यम्। रजतत्वस्य हेतोः पक्षधर्मत्वाभावात्। न च पक्षधर्मताया अभावेपि व्याप्ति-बलाद्गमकत्वं शङ्क्यम्। व्याप्तिपक्षधर्मतावल्लिङ्गस्यैव गमकत्वाङ्गीकारात्। तदाहुः शबरस्वामिनः–ज्ञातसंबन्धस्यैव पुंसो लिङ्गविशिष्टधर्म्येकदेशदर्शना-ल्लिङ्गिविशिष्टधर्म्येकदेशबुद्धिरनुमानमिति। आचार्योप्यवोचत्–

स एष चोभयात्मा यो गम्ये गमक इष्यते।
असिद्धेनैकदेशेन गम्यासिद्धेर्न बोधकः।। इति।

ननु भवत्पक्षेपि पुरःस्थितस्येदमर्थस्य परमार्थतो रजतत्वं नास्तीति न रजतत्वं धर्म्येकदेश इति चेन्न। यक्षानुरूपो बलिरिति न्यायेनानुमित्याभासानुगुणस्यैकदेशस्य विद्यमानत्वात्। तथा च प्रयोगः-विवादाध्यासितं रजतज्ञानं पुरोवर्तिविषयं रजतार्थिनस्तत्र नियमेन प्रवर्तकत्वात्। यदुक्तसाधनं तदुक्तसाध्यं यथोभयवादिसंमतं सत्यरजतज्ञानम्। विवादपदं शुक्तिशकलं रजतज्ञानविषयोऽव्यवधानेन रजतार्थिप्रवृत्तिविषयत्वाद्रजतपदसमानाधिकरणपदान्तरवाच्यत्वाद्वा वस्तुरजतवत्।

व्या० : तटस्थेति। पूर्वानुभूतमनारोपितं रजतं तटस्थम्। तस्य स्मरणेनारोपं विनापि हेतोर्ज्ञानमस्त्येवेत्यनुमानं सुलभमिति शङ्काशयः। **पक्षधर्मत्वाभावादिति।** शङ्केनारोपानङ्गीकाराद्रजतत्वस्य हेतोः पक्षभूतेदमर्थावृत्तित्वात्। **ज्ञातेति।** लिङ्गं साधनं धूमादिकम्। तज्ज्ञापकमस्यास्तीति लिङ्गिसाध्यमग्न्यादिकम्। धूमाग्न्योर्व्याप्तिर्गृहीता येन तादृशस्य पुरुषस्य धूमविशिष्टपर्वतैकदेशभूतधूमदर्शनादग्निविशिष्टपर्वतैकदेशभूतस्याग्नेर्यज्ज्ञानं जायते तदनुमानमित्यर्थः। **स एष इति।** गम्यो ज्ञाप्यः साध्यभूतोर्थः। गमको ज्ञापको हेतुः। पर्वतगतेग्नौ साध्ये यो धूमादिस्तज्ज्ञापक इष्यते स एष उभयात्मा व्याप्तिविशिष्टः पक्षनिष्ठश्चेत्येवं स्वरूपद्वयाक्रान्तो भवति। यदि व्याप्तिविशिष्टोपि न पक्षनिष्ठो यदि वा पक्षनिष्ठोपि न व्याप्तिविशिष्ट इत्येवमेकमपि स्वरूपमसिद्धं चेत्तेन ज्ञाप्यं न सिध्यतीत्यतः स हेतुत्वेनाभिमतो धूमादिर्न बोधको भवतीत्यर्थः। **भवत्पक्षेपि।** शुक्तौ रजतत्वारोप इति पक्षेपि। **यक्षेति।** पुरोवस्थित इदमर्थे साध्यमुपकारहेतुत्वं न वस्तुतो विद्यते किं तु किंचित्कालपर्यन्तमवभासत इत्यपारमार्थिकम्। तादृशापारमार्थिकसाध्यस्यानुमापकं लिङ्गं रजतत्वमपारमार्थिकं चेत्का हानिरिति भावः। **पुरोवर्तिविषयमिति।** बहुव्रीहिः। अनेनानुमानेन रजतविषयकज्ञानस्य पुरोवर्तिविषयकत्वे साधितेर्थादेव रजतपुरोवर्तिनोस्तादात्म्यं सिद्धम्। एवं द्वितीयेनानुमानेन शुक्तिशकलस्य रजतविषयकज्ञानविषयत्वे साधितेर्थादेव शुक्तिशकलरजतयोस्तादात्म्यं सिद्धम्। द्विविधमप्येतत्तादात्म्यमारोपेणैवोपपादनीयं भवतीत्यारोपः सिध्यति। रजतपदेति। इदं रजतमित्यत्र रजतपदसमानाधिकरणं यत्पदान्तरमिदमिति तद्वाच्यत्वं शुक्तिशकलस्ये- त्यर्थः।

यदुक्तं रजतज्ञानस्य शुक्तिकालम्बनत्वेनुभवविरोध इति तदप्ययुक्तम्। विकल्पासहत्वात्। तथा हि-तत्र किं रजताकारप्रतीतिं पति शुक्तेरालम्बनत्वेनुभवविरोध उद्भाव्यत इदमंशस्य वा। नाद्यः। अनङ्गीकारपराहतत्वात्। न द्वितीयः।

इदंतानियतदेशाधिकरणस्य चाकचक्यविशिष्टस्य वस्तुनो रजतज्ञानालम्बनत्वमनवलम्बमानस्य भवत एवानुभवविरोधात्। इदं रजतमिति सामानाधिकरण्येन पुरोवर्तिन्यङ्गुलिनिर्देशपूर्वकमुपादानादिव्यवहारदर्शनाच्च।

व्या० : तत्र किमिति। पुरोवर्तिपदार्थमवलम्ब्य रजतमिति प्रतीतिर्भवतीतिनिखिलप्रेक्षावदनुभवसिद्धम्। एवं सत्यपि अनुभवविरोध इति वदतो यदीत्थमाशयः–पुरोवर्तिपदार्थः शुक्तिकात्वेन रजतप्रतीतेरवलम्बनं भवतीति मत्वानुभवविरोध उच्यते इति तर्हि नैवेदृशोनुभवविरोधो वक्तव्यः। पुरोवर्तिपदार्थः शुक्तिकात्वेन रजतप्रतीतेरवलम्बनमित्यस्यार्थस्यास्माभिरनङ्गीकारात्। अथ पुरोवर्तिपदार्थ इदंत्वेन रजतप्रतीतेरवलम्बनं भवतीति मत्वानुभवविरोध उच्यते–इत्याशयस्तर्ह्येषा अनुभवविरोध–इति त्वदुक्तिरेवानुभवविरुद्धा। ईदृशो हि प्रेक्षावतामनुभवः–दूषितलोचनस्य पुरोवर्तिद्रव्यसंयोगादिदमाकारा चाकचिक्याकारा चान्तःकरणवृत्तिरुदेति। शुक्तित्वप्रकारिका तु नैवान्तःकरणवृत्तिरुदेति। तथा च शुक्तित्वप्रकारकान्तःकरणवृत्त्यभावरूपा या चाविद्या सैव चाकचिक्यादिसादृश्यसंदर्शनसमुद्बोधितरजतसंस्कारसहिता दोषसमवहिता च रजतरूपार्थाकारेण रजतज्ञानाभासाकारेण च परिणमते। अयमेव क्रमेणार्थाध्यासो ज्ञानाध्यासश्चोच्यत इति। तत्र ज्ञानाध्यासोर्थाध्यासाविनाभूतत्वान्न पृथक् साधनीयो भवतीत्यन्यत्। इदंतेति। इदंतानियतः पुरोवर्ती। तादृशो देशोधिकरणं यस्येत्यर्थः।

यच्चोक्तम्–दोषाणामौत्सर्गिककार्यप्रसवशक्तिप्रतिबन्धकतया विपरीतकारित्वं नास्तीति। तदप्ययुक्तम्। दावदग्धवेत्रबीजादौ तथा दर्शनात्। न च दग्धस्य वेत्रबीजत्वं नास्तीति मन्तव्यम्। श्यामस्य घटस्य रक्ततामात्रेण घटत्वनिवृत्तिप्रसङ्गात्। ननु घटोयं घटोयमित्यनुवृत्तयोः प्रत्ययप्रयोगयोः सद्भावाद्घटत्वस्य सद्भाव इति चेन्न। अत्रापीदं वेत्रबीजमिति तयोः समानत्वात्। तथा भस्मकदोषदूषितस्य जाठराग्नेर्बह्वन्नपचनसामर्थ्यं दृश्यते। न च बह्वन्नपचनसामर्थ्यं जाठरस्यैव जातवेदसो न भस्मकव्याधेरिति वक्तुं युक्तम्। तस्य मन्दमल्पपचनसामर्थ्येपि सहसा महत्वपचनस्य भस्मकाव्याधिसाहायकमन्तरेणानुपपत्तेः। अन्यथा सर्वेषां तथापत्तेः। किं च ज्ञानानां यथार्थव्यवहारकारणत्वेपि दोषवशादयथार्थव्यवहारकारणत्वमङ्गीकुर्वाणो भवानेव पर्यनुयोज्यो भवति। तदुक्तं भाष्ये–यश्चोभयोः समानो दोषो द्योतते तत्र कश्चोद्यो भवतीति। अत्राप्युक्तम्–

यश्चोभयोः समो दोषः परिहारोपि वा समः।
नैकः पर्यनुयोक्तव्यस्तादृगर्थविचारणे।। इति।

तथापि मामकस्यानुमानस्य किं दूषणं दत्तमासीत्। यद्यनुमानदूषणं विना न परितुष्यति हन्त कालात्ययापदिष्टता। कृष्णवर्त्मानुष्णत्वानुमानवत्। एतावन्तं कालं यदिदं रजतमित्यभादसौ शुक्तिरिति प्रत्यक्षेण प्राचीनप्रत्ययस्यायथार्थत्वं प्रवेदयता यथार्थत्वानुमानस्यापहृतविषयत्वाद्बाध्यत्वसंभवात्।

व्या० : दावदग्धेति। प्रागुक्तम् (द. १६ पं. ३६८)। **निवृत्तिप्रसङ्गादिति।** तथा च परिणामविशेषेण स्वाभाविकधर्मस्य न हानिरिति वेत्रबीजस्य विपरीतकार्यकारित्वं सिद्धम्। **अनुवृत्तियोरिति।** पाकेन रक्ते घटे पूर्ववदेव घटविषयकं ज्ञानमनुवर्तते घटोऽयमिति प्रयोगश्च पूर्ववद्भवति। **मन्देति।** भुक्तमन्नं हि जाठराग्निना शनैः पच्यते नैकपदे। तथा बहु भुक्तमन्नं न पच्यते किं तु परिमितम्। **सर्वेषामिति।** भस्मकरोग-रहितानामपीत्यर्थः। मीमांसकस्य स्वमतविरोधं दर्शयति- **किं चेति।** पुरोवर्तिवस्तुप्रत्यक्षं रजतस्मरणं चेति ज्ञानद्वयं सत्यमेव। तत्र दोषवशादेकज्ञानजन्य इव जायमान इदं रजतमिति व्यवहारस्त्वसत्य-इति हि तव मतम्। तथा च यथार्थव्यवहारविपरीतायथार्थ-व्यवहाररूपकार्यकारित्वं दोषस्य तवावर्जनीयं भवति। **अनुमानस्येति।** विवादाध्यासिताः प्रत्यया यथार्थाः प्रत्ययत्वाद्दण्डीति प्रत्ययवदित्येवं पूर्वपक्षिणा प्राक् प्रदर्शितस्येत्यर्थः (द. १६ पं. ४८८)। **कालात्ययापदिष्टता।** बाधितत्वम्। (प्राग्दृश्यम् पृ. २४० पं. ११)। **कृष्णवर्त्मेति।** कृष्णवर्त्माग्निः। बर्हिः शुष्मा कृष्णवर्त्मा (अम. को. १ ।१ ।५७) इत्यमरः। कृष्णं कृष्णवर्णं वर्त्म मार्गो यस्य। सूक्ष्मरूपेण धूमाभ्यन्तरगामित्वात्। अग्निरनुष्णो द्रव्यत्वाज्जलवदित्यनुमानं यथा प्रत्यक्षबाधितं भवति तथा त्वदुक्तमनुमानमेतदित्यर्थः।

यच्चोक्तं स्वगोचरव्यभिचारे सर्वानाश्वासप्रसङ्ग इति। तदसांप्रतम्। संविदां क्वचित्संवादिव्यवहारजनकत्वेपि न सर्वत्र तच्छङ्कया प्रवृत्त्युच्छेद इति यथा तावके मते तथा मामकेप्यसौ पन्था न वारित इति समानयोगक्षेमत्वात्। तौताततितमत-मवलम्ब्य विधिविवेकं व्याकुर्वाणैराचार्यवाचस्पतिमिश्रैर्बोधकत्वेन स्वतः प्रामाणं नाव्यभिचारेणेति न्यायकणिकायां प्रत्यपादि। तस्मादविश्वासशङ्कानवकाशं लभते।

व्या० : संविदामिति। विषयस्यायथार्थत्वेपि तज्ज्ञानमङ्गीकुर्वद्भिरस्माभिर्ज्ञाने विषयव्यभिचारः स्वीकृतः। त्वया तु व्यवहारस्यायथार्थत्वेपि तत्प्रयोजकत्वं ज्ञानस्याङ्गीकुर्वता ज्ञाने व्यवहारव्यभिचारः स्वीकृतः। तथा चाविश्वासप्रसङ्गरूपो दोषो ममेव तवापि। यदि तु कश्चित्पूगीफलभक्षणेन सद्यो मृत इति न सर्वैः पूगीफलं परिह्रियते। अतः क्वाचित्कं व्यभिचारं दृष्ट्वा तच्छङ्कया न सर्वत्र प्रवृत्तिरुच्छिद्यते-इति ब्रूषे चेत्तुल्यं ममापि। **तौताततितेति।** वेदविहितायां पुत्रकामेष्टौ कृतायामपि क्वचित्पुत्रानुत्पत्तिदर्शनेन

फलव्यभिचारात्तद्बोधकविधेरप्रामाण्यमिति चार्वाकमतानुसारेणाशङ्क्यापूर्वार्थबोधकत्वेन विधेः स्वतः प्रामाण्यं न फलव्यभिचारेणेति हि तत्र प्रतिपादितम्।

ननु माध्यमिकमतावलम्बनेन रजतादिविभ्रमालम्बनमसदिति चेत्–तदुक्तम्। असतोऽपरोक्षप्रतिभासायोग्यत्वात्। तदुपादित्सया प्रवृत्त्यनुपपत्तेश्च। ननु विज्ञानमेव वासनादिस्वकारणसामर्थ्यासादितदृष्यन्तसिद्धस्वभावविशेषमसत्प्रकाशनसमर्थनमुपजातम्। असत्प्रकाशनशक्तिरविद्या संवृतिरिति पर्यायाः। तस्मादविद्यावशादसन्तो भान्तीति चेत्–तदपि वक्तुमशक्यम्। शक्यस्य दुर्निरूप्यत्वात्। किमत्र शक्यं कार्यं ज्ञाप्यं वा। नाद्यः। असतः कारणत्वानुपपत्तेः। न द्वितीयः। शक्यस्य कारणत्वेनाङ्गीकृतत्वात्। ज्ञानादन्यस्य ज्ञानस्यानुपलब्धेश्च। उपलब्धौ वा तस्यापि ज्ञाप्यत्वेन ज्ञापकान्तरापेक्षायामनवस्थापत्तेश्च। अथैतद्दोषपरिजिहीर्षया विज्ञानं सद्रूपमेवासतः प्रकाशकमिति कक्षीक्रियत इति चेत्–अत्र देवानांप्रियः प्रष्टव्यः पुनः। असौ सदसतोः संबन्धो निरूप्यनिरूपकभावोऽविनाभावो वा। नाद्यः। असत उपकाराधारत्वायोगेनानुपकृतया निरूप्यत्वानुपपत्तेः। न चरमः। धूमधूमध्वजयोरिव तदुत्पत्तिलक्षणस्य शिंशपावृक्षयोरिव तादात्म्यलक्षणस्य वा अविनाभावनिदानस्य सदसतोरसंभवात्। तस्माद्विज्ञानमेवासत्प्रकाशकमित्यसद्वादिनामयमसत्प्रलाप इत्यारोप्यमाणं नासत्।

व्या० : नन्विति। माध्यमिकाः शून्यवादिनो बौद्धाः। तेषां मतं प्रागुक्तम् (द. २ पं. १५९)। तेषां मते हि सर्वं शून्यमेवेति शुक्तिरपि वस्तुतोत्र नास्त्येव। तथा चासदेव रजतभ्रमस्यालम्बनमित्याशयः। **ननु विज्ञानमिति।** शून्यवादिनां माध्यमिकानामयमाशयः–असत्प्रकाशनशक्तिमती वासना स्वयमसत्यपि सतीव प्रकाशिता भवति। प्रकाशश्चायमनादिः। तथाविधा च सा असदेव विज्ञानं सदिव प्रकाशयति। तत्र स्वसदृशीमसत्प्रकाशनशक्तिं च प्रकाशयति। विज्ञानस्यासत्प्रकाशनस्वभावश्च स्वप्नदृष्टान्तेन सिद्धो भवति। वासनादिस्वकारणसामर्थ्यासादितो दृष्टान्तसिद्धश्च स्वभावविशेषो यस्येति विग्रहः। असत्प्रकाशनशक्तिरेवाविद्याशब्देन संवृतिशब्देन चोच्यते। **शक्यस्येति।** असत्प्रकाशनशक्तिमद्विज्ञानं शक्तम्। तेन स्वशक्त्या प्रकाशितं घटाद्यर्थजातं शक्यम्। तच्च किं विज्ञानस्य कार्यं ज्ञाप्यं वा। कार्यं जन्यम्। यथा दण्डादेर्घटादि। ज्ञाप्यं जन्यज्ञानविषयम्। यथा दीपादेर्घटादि। **असत इति।** सर्वशून्यवादिनो माध्यमिकस्य मते विज्ञानस्याप्यसत्त्वेन तस्य घटादिकारणत्वानुपपत्तेः। **शक्यस्येति।** शक्यस्य घटादेरर्थजातस्य ज्ञाप्यत्वे हि तज्ज्ञापकत्वं विज्ञानस्यार्थादेव

समायातम्। ज्ञापकस्य च ज्ञाप्येन सह संबन्धो न साक्षात्। किं तु स्वजन्यज्ञानद्वारैव। यथा ज्ञापकं दीपादिकं घटादिज्ञानजनकं भवति। तद्वदत्र ज्ञापकं विज्ञानं घटादिज्ञानजनकमिति वक्तव्यम्। तादृशविज्ञानजन्यं विज्ञानादन्यद्घटादिविषयकं द्वितीयं ज्ञानं नोपलभ्यते। उपलभ्यत इति वैयात्येन ब्रूषे चेत्तादृशद्वितीयज्ञानस्य शक्यं घटाद्यर्थजातं न कार्यम्। उक्तन्यायात्। किं तु ज्ञाप्यमेवेति तादृशस्य स्वीकृतस्य द्वितीयज्ञानस्य घटादिज्ञापकत्वमर्थादेव समायातम्। ज्ञापकं च ज्ञानजनकमेवेति पुनरन्यद्द्वितीयज्ञानजन्यं तृतीयं ज्ञानमङ्गीकार्यं स्यात्। तस्यापि पुनः पूर्वोक्तरीत्या ज्ञापकत्वात्तज्जन्यं चतुर्थं ज्ञानं स्वीकार्यं स्यादित्येवमनवस्थाप्रसङ्ग इत्याशयः। शङ्कते–**अथेति**। असतो घटादेरुपादान-कारणत्वेनाभिमतं विज्ञानमेव च घटादेर्ज्ञापकमास्थीयत इति नानवस्थादोष इति शङ्काशयः। शङ्कश्चायं न सर्वथा सर्वशून्यवादिमाध्यमिकमतानुरोधी। विज्ञानस्य सद्रूपत्वाङ्गीकारात्। नापि विज्ञानवादियोगाचारमतानुरोधी। बाह्यस्य घटादेर्ज्ञानस्वरूप-त्वानङ्गीकारात्। अतोस्यार्धजरतीयत्वम्। अत एव देवानांप्रिय इत्युक्तम्। **सदसतोः**। विज्ञानघटाद्योः। तत्रादौ तावत्सदसतोर्विज्ञानघटाद्योरुपादानोपादेयभाव एव न संभवति। क्वाप्यदर्शनात्। ज्ञाप्यज्ञापकभावोपि न तयोः संभवति। तथा हि–विज्ञानं किं घटादिनिरूपकत्वाद्घटादेर्ज्ञापकं भवत्यथ वा घटाद्यविनाभावित्वात्। निरूपकत्वा-च्चेद्घटादेर्विज्ञाननिरूप्यत्वं वक्तव्यम्। निरूप्यं च निरूपकेणोपकृतमेव निरूप्यं भवति। निरूपकेण यत्र कश्चिदतिशय आधीयते तादृशमिति यावत्। अतिशयाधानं चासद्वस्तुनि न संभवति। असत आश्रयत्वायोगात्। तथा विज्ञानं व्याप्तिबलादपि न घटादिज्ञापकं भवति। व्याप्तिग्राहकप्रमाणाभावात्। अनुकूलतर्कबलाद्धि व्याप्तिर्निश्चयते। अनुकूलतर्कश्च कार्यकारणभाव मूलकः सामान्यविशेषभावमूलकश्च। द्विविधोप्यत्र न संभवतीति भावः। **तदुत्पत्तिलक्षणस्येति**। इदं प्रागुपपादितम् (द. २ पं. २)। **आरोप्यमाणं नासदिति**। सदेव ह्यन्यत्रारोप्यते नासत्। शशे शृङ्गस्यारोपो भवेत्। शृङ्गस्यान्यत्र सत्त्वात्। न तु शशशृङ्गस्यान्यत्रारोपः। तस्य क्वापि सत्त्वाभावात्।

ननु विज्ञानवादिनयानुसारेण प्रतीयमानं रजतं ज्ञानात्मकम्। तत्र च युक्तिरभिधीयते–यद्यथानुभूयते तत्तथा। अन्यथात्वं तु बलवद्बाधकोप-निपातादास्थीयत इत्युभयवादिसंमतोर्थः। तत्र च नेदं रजतमिति निषिद्धेदंभावं रजतमर्थादान्तरज्ञानरूपमवतिष्ठते। न चेदंतया निषेधे सत्यनिदंतया च बहिरपि व्यवस्थोपपत्तेः कुतः संविदाकारतेति वाच्यम्। व्यवहितस्यापरोक्षत्वानु-पपत्तावपरोक्षस्य विज्ञानस्य कक्षीकर्तव्यत्वात्। तथा च प्रयोगः–विवादपदं विज्ञानाकारः संप्रयोगमन्तरेणापरोक्षत्वाद्विज्ञानवदिति। तदनुपपन्नम्। विकल्पा-

सहत्वात्। बाधकोवबोध: किं साक्षाज्ज्ञानाकारतां बोधयत्यर्थाद्वा। नाद्य:। नेदं रजतमिति प्रत्ययस्य रजतविवेकमात्रगोचरस्य ज्ञानाभेदगोचरतायामनुभवविरोधात्। नेदं रजतमिति रजतस्य पुरोवर्तित्वप्रतिषेधो ज्ञानाकारतां कल्पयतीति चेत्–तदेतद्वार्तम्। प्रसक्तप्रतिषेधात्मनो बाधकावबोधस्य तत्रैव सत्त्वात्प्रतिषेधोपपत्ते:। विज्ञानाकारत्वसाधनमप्यविज्ञानाकारे बहिष्ठे साक्षिप्रत्यक्षे भावरूपाज्ञाने वर्तत इति सव्यभिचार:।

व्या० : अन्यथात्वं त्विति। यथा जलेनुभूयमानोप्युष्णस्पर्शो न जलस्य किं त्वग्नेरित्यास्थीयते। अन्वयव्यतिरेकाभ्यां जले शैत्यस्याग्नावुष्णत्वस्य च सिद्धत्वात्। यत्र च नैतादृशं किंचिद्बाधकं तत्रानुभवानुसारेणैव वस्तु निश्चेतव्यं भवति। नेदं रजतमित्यत्र नञर्थस्य निषेधस्य संनिहितेदमर्थेन संबन्धो न रजतेन। रजतमुद्दिश्येदंता निषिध्यत इत्यर्थ:। रजतमस्त्येव परं तु तत्रेदमित्युक्ते बहिर्दृश्यमानत्वे निषिद्धेर्थादेव रजतस्यान्तरत्वं सिध्यतीति शङ्कस्याभिमान:। **न चेदंतयेति**। इदंतया निषेधे ह्यनिदंतया रजतस्य स्थिति: सिध्यतीति सत्यम्। अनिदंता च संनिहितस्याबहिर्भूतस्येव बहिर्भूतस्यासंनिहितस्यापि संभवति। तादृशं च गृहान्तर्गतमञ्जूषादिस्थमस्त्येवेति कथं तद्रजतमान्तरमेवेति निश्चीयत इत्यर्थ:। **व्यवहितेति**। व्यवहितमसंनिहितम्। अपरोक्षत्वं प्रत्यक्षत्वम्। नेदं रजतमित्यत्रेदंतैव निषिध्यते न तु प्रत्यक्षत्वमपि। तथा च निषेधबलादन्यत्र सत्यतया कल्प्यमानं प्रत्यक्षयोग्यमेव स्वीकार्यम्। तादृशं चान्तरमेव तत्र सिध्यति। आन्तरस्य च सुखादिवत्प्रत्यक्षत्वं न हीयते। अयमप्यभिमान एव। **संप्रयोगमिति**। संप्रयोगो बहिरिन्द्रियसंनिकर्ष:। **नेदमिति**। नेदं रजतमिति बाधकज्ञानं बाधकोवबोध:। तच्च रजतभेदमात्रविषयकं न तु रजतस्य ज्ञानस्वरूपत्वविषयकम्। तथैवानुभवात्। द्वितीयमाशङ्कते–**नेदमिति**। **वार्तम्**। फल्गु। **प्रसक्तेति**। नेदं रजतमिति बाधकज्ञानं हि प्रसक्तं प्रतिषेधति न त्वप्रसक्तं विधत्ते। प्रसक्तं चात्र दोषपरिकल्पितमवभासमानं रजतम्। तस्य च प्रतिषेधस्य पुरोवर्तिप्रदेश एव सत्त्वात्प्रतिषेध उपपद्यते। तथा च नास्मात्प्रतिषेधादार्थिकत्वेनाप्यान्तरस्य रजतस्य सिद्धिर्नाप्यसंनिहितस्येति भाव:। **विज्ञानाकारत्वेति**। यत्पूर्वं रजतस्य बहिरिन्द्रियसंनिकर्षं विनापि प्रत्यक्षत्वरूपं हेतुं पुरस्कृत्य विज्ञानाकारत्वं साधितं तन्न युक्तम्। भावरूपाज्ञाने व्यभिचारेण व्याप्तेरभावात्। जगतो मूलकारणं भावरूपमनाद्यज्ञानमग्रे (द. १६ पं. ६९३) वक्ष्यते। तच्च न विज्ञानाकारम्। जगन्मूलकारणत्वेन बहिरवस्थितत्वात्। तथा बहिरिन्द्रियसंनिकर्षं विनाप्यहमज्ञ इत्येवं प्रत्यक्षं च तस्य भवति। तथा च विज्ञानाकारत्वरूपसाध्याभाववति तत्राज्ञाने बहिरिन्द्रियसंनिकर्षं विनापि प्रत्यक्षत्वस्य हेतो: सत्त्वेन व्यभिचार: सिध्यति।

नन्वन्यथाख्यातिवादिमतानुसारेण रजतस्य देशान्तरसत्त्वेन भाव्यम्। अन्यथा तस्य प्रतिषेधप्रतियोगित्वानुपपत्तेः। न हि कश्चित्प्रेक्षावाञ्शशविषाणं प्रतिषेद्धुं प्रभवति। तदुक्तम्–

व्यावर्त्याभाववत्तैव भाविकी हि विशेष्यता।
अभावविरहात्मत्वं वस्तुनः प्रतियोगिता।। (न्या.कु. ३।२) इति।

तथा च तस्य देशान्तरसत्त्वमाश्रयणीयमिति चेत्–तदपि न प्रमाणपद्धतिमध्यास्ते। असतः संसर्गस्येव कलधौतस्य निषेधप्रतियोगित्वोपपत्तेः।

व्या० : अथ नेदं रजतमिति प्रतिषेधादार्थिकत्वेनान्तरस्य विज्ञानाकारस्य रजतस्य सिद्धिर्मा भून्नाम। असंनिहितस्य तु गृहादौ वर्तमानस्य रजतस्यास्मात्प्रतिषेधादार्थिकत्वेन सिद्धिर्भवत्येवेत्याशयेनाशङ्कते–**नन्वन्यथेति**। नैयायिका ह्यन्यथाख्यातिं वदन्ति। अन्यथा ख्यातिर्नामान्यस्यान्यरूपेण प्रतीतिः। अन्यरूपेण प्रतीतिश्चान्यस्य क्वचित्सत्त्व एव नात्यन्तासत्त्वे। अत्यन्तासतः प्रतीतिविषयत्वानुपपत्तेः। ततश्चासंनिहितस्य रजतस्यान्यत्र सत्त्वं सिध्यतीति तदाशयः। **व्यावर्त्येति**। व्यावर्त्यः प्रतियोगी। भाविकी पारमार्थिकी। विरहोऽभावः। वस्तुशब्देन पारमार्थिकः पदार्थ उच्यते। अत्यन्तासतः शशशृङ्गादेराभास-प्रतिपन्नस्य शुक्तिरजतादेश्च तुच्छत्वं न तु वस्तुत्वमिति प्रसिद्धमेव। तुच्छस्य च न विशेष्यत्वं नापि प्रतियोगित्वमित्यनेन श्लोकेन प्रतिपाद्यते। अयं भावः–संबन्धस्य संबन्धिनौ द्वौ प्रतियोग्यनुयोगिनौ। एतावेव क्रमेण विशेषणविशेष्यशब्दाभ्यामुच्येते। घटवद्भूतलमित्यत्र घटो विशेषणम्। भूतलं विशेष्यम्। घटवदित्यनेन च भूतले घटाभावो व्यावर्त्यते। व्यावर्त्यविरोध्येव हि व्यावर्तको भवति। घटाभावस्य व्यावर्तको घटाभावाभावः। तत्प्रतीतिश्चात्रघटपदेनेति घटस्य घटाभावाभावस्वरूपत्वं सिद्धम्। तथा च व्यावर्त्यस्य घटाभावस्य योऽभावस्तद्वत्त्वं यद्भूतले पारमार्थिकं सैव तत्र विशेष्यता। तथा घटाभावस्य यो विरहोऽभावस्तत्स्वरूपत्वं यत्पारमार्थिकस्य वस्तुनः सैव तत्र प्रतियोगितेति। एवं च नेदं रजतमित्यत्र प्रतिषेधप्रतियोगित्वं पारमार्थिकस्यैव रजतस्य न त्वाभासप्रतिपन्नस्येति तस्य देशान्तरे सत्त्वं सिध्यति। **असत इति**। यथा रूपं न रससंयुक्तम्–इत्यत्र रसरूपयोः सामानाधिकरण्यबलात्कल्पित एव संयोगो निषिध्यते। अन्यत्र रूपसंयोगस्य क्वाप्यदर्शनात्। तथात्र कल्पनामात्रजीवितं रजतं निषिध्यत इति भावः।

नन्विदं रजतमिति ज्ञानमेकमनेकं वा। न तावदाद्यः। अपसिद्धान्तापत्तेर-

संभवाच्च। तथा हि। शुक्तीदमंशेन्द्रियसंप्रयोगादिदमाकारान्तःपरिणामरूपमेकं[1] ज्ञानं जायते। न च तत्र कलधौतं विषयभावमाकल्पयितुमुत्सहते। असंप्रयुक्तत्वात्तस्य। विषयत्वाङ्गीकारे सर्वज्ञत्वापत्तेः। न च चक्षुरन्वयव्यतिरेकानुविधायितया तज्ज्ञानस्य तज्जन्यत्वं वाच्यम्। इदमंशज्ञानोत्पत्तौ [2]तदुपक्षयोपपत्तेः। न चापि संस्काराद्रजतज्ञानस्य जन्म। स्मृतित्वापत्तेः। अथेन्द्रियदोषस्य तत्करणत्वम्। तदप्ययुक्तम्। स्वातन्त्र्येण तस्य ज्ञानहेतुत्वानुपपत्तेः। न हि ग्रहणस्मरणाभ्यामन्यः प्रकारः समस्ति। तस्मादिदमंशरजततादात्म्यविषयमेकं विज्ञानं न घटते। नाप्यनेकमख्यातिमतापत्तेरिति चेत्–

व्या० : अपसिद्धान्तेति। अद्वैतवेदान्तिभिः सिद्धान्ते ज्ञानद्वयस्याङ्गीकारात्। तच्चानुपदमेव (द. १६ पं. ६४३) स्फुटीभविष्यति। **शुक्तीदमिति**। वस्तुतः शुक्तिरूपो य इदमंशस्तस्येन्द्रियसंबद्धत्वेनेन्द्रियद्वारा तत्र गतस्यान्तः–करणस्येदमाकारः परिणामो जायते। अयं परिणाम एव वृत्तिरिति ज्ञानमिति चोच्यते। तादृशज्ञाने च न रजतं विषयो भवति। तत्र वस्तुतो रजतस्याभावेनेन्द्रियासंनिकर्षात्। असंनिकृष्टस्यापि ज्ञानविषयत्वाङ्गीकारे तु सर्वज्ञत्वप्रसङ्गः। **न चेति**। चक्षुःसंनिकर्षात्प्रागिदं रजतमिति ज्ञानं न जायते। तत्संनिकर्षोत्तरं च जायत इत्येतावता रजतज्ञानस्य चक्षुरिन्द्रियजन्यत्वमिति तु न वक्तव्यम्। इदमंशस्य तत्र विषयीभावे चक्षुरिन्द्रियस्योपयोगात्। **तत्करणत्वम्**। इदमंशविषयकप्रत्यक्षानुभवे गृहगतमञ्जूषास्थस्य रजतस्य विषयीकारकरणत्वम्। **स्वातन्त्र्येणेति**। देवदत्तनिष्ठो व्यसनादिदोषो हि देवदत्तद्वारैव तत्संसृष्टं यज्ञदत्तादिकं दूषयति न तु स्वातन्त्र्येण तदसंसृष्टमपि। तथात्रेन्द्रियदोषस्येन्द्रियद्वारैव किंचित्कार्यं प्रति हेतुत्वं वाच्यं नान्यथेति भावः। न हि ग्रहणेति। ग्रहणात्मकं ज्ञानमिन्द्रियजन्यम्। स्मरणात्मकं ज्ञानं संस्कारजन्यम्। ताभ्यां विलक्षणं तृतीयं दोषजन्यमत्र किंचिज्ज्ञानं नोपलभ्यते। **तस्मात्**। इदमंशविषयके प्रत्यक्षे रजतस्य विषयतया कथमप्यप्रवेशात्।

उच्यते। प्रथमं दोषकलुषितेन चक्षुषेदंतामात्रविषयान्तःकरणवृत्तिरुत्पद्यते। अनन्तरं तया वृत्त्या चैतन्यावरणाभिभवे सति तच्चैतन्यमभिव्यज्यते। पश्चादिदमंशचैतन्यनिष्ठा अविद्या रागादिदोषकलुषिता कलधौताकारेण परिणमते। इदमाकारान्तःकरणपरिणामावच्छिन्नचैतन्यनिष्ठा कलधौतगोचरपरिणामसंस्कारसचिवाकलधौतज्ञानाभासाकारेण परिणमते। तौ च रजतवृत्तिपरिणामौ

1. रूपात्मकम् for रूपमेकम् D.
2. तदपेक्षायाः for तदुपक्षय D.

स्वाधिष्ठानेन साक्षिचैतन्येनाव्यवधानेन भास्येते। तथा च सवृत्तिकाया अविद्याया: साक्षिभास्यत्वाभ्युपगमे वृत्त्यन्तरवेद्यत्वाभावान्नानवस्था। यद्यप्यन्त:करणवृत्तिरविद्यावृत्तिश्चेति द्वे इमे ज्ञाने तथापि विषयाधीनं फलम्। ज्ञातो घट इति विषयावच्छिन्नतया फलप्रतीते:। तद्विषयश्च सत्यमिथ्याभूतयोरिदमंशरजतांशयोरन्योन्यात्मकतयैकत्वमापन्न:। तस्याद्विषयावच्छिन्नफलस्याप्येकत्वाज्ज्ञानैक्यमुपचर्यते। तदुक्तम्–

शुक्तीदमंशचैतन्यस्थिताविद्या विजृम्भते।
रागादिदोषसंस्कारसचिवा रजतात्मना।।
इदमाकारवृत्त्यक्तचैतन्यस्था तथाविधा।
विवर्तते तद्रजतज्ञानाभासात्मनाप्यसौ ।।
सत्यमिथ्यात्मनोरैक्यादेकस्तद्विषयो मत:।
तदायत्तफलैकत्वाज्ज्ञानैक्यमुपचर्यते ।। इति।

पञ्चपादिकायामपि फलैक्याज्ज्ञानैक्यमुपचर्यत इत्यभिप्रायेण स्रा चैकमेव ज्ञानमेकफलं जनयति (प. पा. पृ. ९ पृ. १५) इत्युक्तम्।

व्या० : प्रथममिति। दोषवशात्पुरोवर्तिवस्तुन: शुक्तित्वेनाग्रहणादन्त:करणवृत्तिरिदमाकारैव जायते। सा च वृत्तिरिदंत्वावच्छिन्नचैतन्याभिव्यक्तिप्रतिबन्धकंचैतन्यावरणं दूरीकरोति। तत इदंतायां तद्ग्राहकवृत्तौ च चैतन्यं प्रतिबिम्बितं सत्तत्तद्रूपेणाभिव्यक्तं भवति। शुक्त्यंशेन तु चैतन्यस्य नाभिव्यक्ति:। दोषवशेन तच्चैतन्यावरणस्यानभिभवात्। अयं चेदमंशावच्छिन्नचैतन्यस्य शुक्तिरूपेणानवभासस्तत एव तदाकारवृत्तिरूपेणानवभासश्चाविद्या। तस्याश्च क्रमेणेदमंशावच्छिन्नं चैतन्यमिदमाकारवृत्त्यवच्छिन्नं चैतन्यं चाश्रय:। द्विविधापीयमविद्यादोषवशात्संक्षुभ्नाति। तत्रेदमंशावच्छिन्नचैतन्यनिष्ठा अविद्या संक्षुभिता सती चाकचिक्यादिसादृश्यसंदर्शनसमुद्बोधितरजतसंस्कारसहायेन रजताकारेण परिणमते। वृत्त्यवच्छिन्नचैतन्यस्था अविद्या तु रजतग्राहिवृत्तिसंस्कारसहकृतावृत्तिरूपेण परिणमते। एतच्च परिणामद्वयं स्वस्वाधिष्ठानभूतेन साक्षिचैतन्येनावभासते। एतदेव क्रमेणार्थाध्यास इति ज्ञानाध्यास इति चोच्यते। न च यथा विषयाकारान्त:करणवृत्त्या विषयावभासस्तथा तद्वृत्तेरवभासस्तद्वृत्त्याकारेणान्त:करणवृत्त्यन्तरेणेत्यनवस्थेति वाच्यम्। वृत्तेर्वृत्त्यन्तराविषयत्वेपि स्वविषयत्वाभ्युपगमेनादोषात्। तथा चात्राविद्या सवृत्तिका साक्षिभास्या भवति। अविद्याया अपि साक्षिभास्यत्वात्। अत्र चेदमाकारा वृत्तिरन्त:करणस्य। रजताकारा वृत्तिस्त्वविद्याया:। वृत्तिरेव च ज्ञानमिति वस्तुतो ज्ञानद्वयं

वर्तत एव। इदं रजतमित्येकं ज्ञानमिति व्यवहारस्तु फलैक्यादौपचारिकः। ज्ञानं हि वृत्तिरूपम्। तत्फलं च विषयावभासः। स च यथाविषयं जायत इति विषयाधीनः। विषयश्चात्र सत्यानृतयोरिदंरजतयोरन्योन्यात्मकतयैकत्वमापन्न इति तदवभासरूपं फलमेकमेवेदृशस्थले निरूढं प्रतीयते। **विजृम्भते**। परिणमते। **इदमाकारेति**। अक्तमवच्छिन्नम्। इदमाकारवृत्त्यवच्छिन्नचैतन्यनिष्ठेत्यर्थः। **पञ्चपादिकायामिति**। श्रीमच्छंकराचार्यप्रणीतब्रह्मसूत्रभाष्यस्य व्याख्या श्रीमत्पद्मपादाचार्यविरचिता चतुःसूत्रीपर्यन्ता पञ्चपादिका नाम प्रसिद्धैव। उक्तस्तदभिप्रायश्च तद्व्याख्यानभूते श्रीप्रकाशात्मयतिविरचिते विवरणे स्पष्टीकृतः।

ननु शुक्तिकामस्तके भाव्यमानस्य कलधौतस्य तत्रैव सत्यत्वाभ्युपगमे नेदं रजतमिति निषेधः कथं प्रभवेदिति चेन्न। प्रातिभासिकसत्यत्वेपि व्यावहारिकसत्यत्वाभावेन प्रतिपन्नोपाधौ प्रतियोगित्वसंभवात्। तदुक्तं पञ्चपादिकाविवरणे (पृ. ३१, प. १)– त्रिविधं सत्त्वम्। परमार्थसत्त्वं ब्रह्मणः। अर्थक्रियासामर्थ्यं सत्त्वं मायोपाधिकमाकाशादेः। अविद्योपाधिकं सत्त्वं रजतादेरिति।

अन्यत्राप्युक्तम्–

कालत्रये ज्ञातृकाले प्रतीतिसमये तथा।
बाधाभावात्पदार्थानां सत्त्वत्रैविध्यमिष्यते।।
तात्त्विकं ब्रह्मणः सत्त्वं व्योमादेर्व्यावहारिकम्।
रूप्यादेरर्थजातस्य प्रातिभासिकमिष्यते।। इति।
लौकिकेन प्रमाणेन यद्बाध्यं लौकिकेवधौ।
तत्प्रातिभासिकं सत्त्वं बाध्यं सत्येव मातरि।।
वैदिकेन प्रमाणेन यद्बाध्यं वैदिकेवधौ।
तद्व्यावहारिकं सत्त्वं बाध्यं मात्रा सहैव तत्।। इति च।

ततः ख्यातिबाधान्यथानुपपत्त्या भ्रान्तिगोचरस्य मायामयस्य रजतादेः सदसद्विलक्षणत्वलक्षणमनिर्वचनीयत्वं सिद्धम्। तमवोचच्चित्सुखाचार्यः–

प्रत्येकं सदसत्त्वाभ्यां विचारपदवीं न यत्।
गाहते तदनिर्वाच्यमाहुर्वेदान्तावादिनः।। (चित्सु. पृ. ७९) इति।

व्या० : सत्यत्वाभ्युपगम इति। शुक्तिकास्थल एवाविद्यापरिणामभूतस्य रजतस्याङ्गीकारात्सत्यत्वं दुर्वारमिति भावः। **प्रतिपन्नोपाधाविति**। सोपाधिक इत्यर्थः।

शुक्तिकाप्रदेश एव नेदं रजतमिति निषेधः प्रतीयते। यद्यपि तादृशनिषेधप्रतियोगित्वं तत्र रजतस्य न संभवति। अविद्यापरिणामभूतस्य रजतस्य किंचित्कालपर्यन्तमवस्थितत्वात्। निषेधस्तु नेदं कदापि रजतमित्येवं कालानवच्छिन्न एव प्रतीयते तथापि व्यावहारिकत्वोपाधिविशिष्टस्य रजतस्य तत्र कदाप्यसत्त्वेन तादृशरजतस्य निषेधप्रतियोगित्वं संभवति। **अर्थक्रियेति।** अर्थक्रियाकारित्वमित्यर्थः। एतदेव व्यावहारिकं सत्त्वमित्युच्यते। **मायोपाधिकमिति।** मायाया अविद्यायाश्च स्वरूपमग्रेनुपदमेव वक्ष्यते। **ज्ञातृकाले।** व्यवहारदशायाम्। **लौकिकेवधौ।** व्यवहारकाले। व्यवहारदशायामेव प्रत्यक्षादिप्रमाणेन नेदं रजतमित्येवं रजतं बाध्यते। प्रमाता देवदत्तादिस्त्वौपाधिकोपि न तदानीं बाध्यते। **वैदिकेनेति।** आकाशादिप्रपञ्चस्य सत्त्वं व्यावहारिकम्। यतस्तद्व्यवहारदशायां न बाध्यते। किं तु तत्त्वमस्याद्यागमेनात्मैक्यसाक्षात्कारकाले बाध्यते। तदानीं च लेशतोपि न द्वैतावभासः। प्रमातुः प्रमातृत्वमपि तदानीं न प्रतीयते इति प्रमातापि बाधितो भवति। प्रतीत्यभाव एवात्र बाधो न तु निषेध्यत्वेन प्रतीतिः। **ततः ख्यातीति।** शुक्तौ प्रतीयमानं रजतं नासत्। प्रतीत्यनुपपत्तेः। नापि सत्। नेदं रजतमिति बाधानुपपत्तेः। ख्यातिविषयत्वबाधविषयत्वयोरुभयोरेकत्र समावेशश्च तस्यानिर्वचनीयत्वाङ्गीकार एव संपद्यते। अनिर्वचनीयत्वं च सदसद्विलक्षणत्वम्। तादृशं च मायापरिणामभूतमेवेति तस्य मायामयत्वं सिद्धम्। पञ्चपादिकायाम् (पञ्चपा. पृ. ३१ प. १) अप्यस्य मायामयत्वमुक्तम्। **प्रत्येकमिति।** सत्त्वेनासत्त्वेन च विचारासहत्वे सति सदसत्त्वेन च यद्विचारं न सहते तदनिर्वाच्यमित्यर्थः।

ननु मायाविद्ययोः स्वाश्रयव्यामोहहेतुत्वतदभावाभ्यां भेदस्य जागरूकत्वेनाविद्यामयत्वे वक्तव्ये मायामयत्वोक्तिरारोप्यस्यायुक्तेति चेत्-तदयुक्तम्। अनिर्वचनीयत्वतत्त्वाभासप्रतिबन्धकत्वादिलक्षणजातस्य मायाविद्ययोः समानत्वात्। किं चाश्रशब्देन द्रष्ट्रोच्यते कर्ता वा। नाद्यः। मन्त्रौषधादिनिमित्तमायादर्शिनस्तस्य व्यामोहदर्शनात्। न द्वितीयः। विष्णोः स्वाश्रितमाययैव रामावतारे मोहितत्वेन तत्र मायावित्वस्याप्रयोजकत्वात्। बाधनिश्चयमन्त्रादिप्रतीकारबोधयोरेव प्रयोजकत्वात्। अपरथा पङ्ग्वन्धवत्कर्तापि व्यामुह्येत। न चेच्छानुविधानाननुविधानाभ्यां तयोर्भेद इति भणितव्यम्। मायास्थले मणिमन्त्रौषधादिप्रयोगवदविद्यास्थलेपि द्विचन्द्रकेशोण्ड्रकादिविभ्रमनिमित्ताङ्गुल्यवष्टम्भादावपि स्वातन्त्र्योपलम्भात्। अत एव तत्र तत्र श्रुतिस्मृतिभाष्यादिषु मायाविद्ययोरभेदेन व्यवहारः संगच्छते। क्वचिद्विक्षेपप्राधान्येनावरणप्राधान्येन च मायाविद्ययोर्भेदे तद्व्यवहारो न विरुध्यते। तदुक्तम्-

माया विक्षिपदज्ञानमीशेच्छावशवर्ति वा।
अविद्याच्छादयत्तत्त्वं स्वातन्त्र्यानुविधायि वा।। इति।

व्या० : अथ तत्र रजतं न मायामयं किं त्वविद्यामयमित्याशयेनाशङ्कते—**नन्विति।** आश्रयमव्यामोहयन्ती कर्तुरिच्छामनुसरन्ती माया। तद्विपरिता त्वविद्या। शुक्तिरजतादौ रजतोपादानभूता त्वविद्यैव। रजतद्रष्टुर्भ्रान्तत्वेन व्यामोहसत्त्वात्। तदिच्छानुविधायित्वाभावाच्च। द्रष्टुरनिच्छायामपि विजृम्भणात्तस्याः। अविद्या न मायातो भिन्नेत्याशयेनोत्तरयति—**अनिर्वचनीयत्वेति।** अनिर्वचनीयत्वं तत्त्वप्रतीतिप्रतिबन्धकत्वं च मायायामविद्यायां च समानम्। आदिपदेन विपर्ययावभासकत्वं संगृह्यते। **किं चेति।** मायापरिणामभूतान्हस्त्यश्वादीन्यः प्रेक्षते स मायाश्रय उत यो मायां सृजति स मायाश्रय इति विकल्पः। **मन्त्रेति।** मन्त्रिकजाङ्गलिकादयो मन्त्रौषधादियोगेन मायां प्रयोजयन्ति। तादृशमायापरिणामभूतान्हस्त्यश्वादीन्दृष्टवतां प्रेक्षकजनानां व्यामोहो जायते। तथा चाश्रयशब्देन द्रष्टुर्ग्रहणे माया स्वाश्रयस्य व्यामोहहेतुर्न भवति—इत्युक्तिर्विरुध्यते। **तत्र।** स्वाश्रयव्यामोहाभावे। अयं भावः—अविद्याया इव मायाया अपि व्यामोहकारित्वं स्वभाव एव। स्वभावश्च द्रष्टारं प्रतीव प्रयोक्तारं प्रत्यप्यविशिष्ट एव। ततश्चाविद्याया मायाया वा द्रष्टा वा प्रयोक्ता वा यो बाधं निश्चिनोति यो वा मन्त्रादिप्रतीकारं जानाति स न मुह्यति। अनीदृशश्चेद्द्रष्टेव प्रयोक्तापि मुह्यत्येव। तत्रैतावान्विशेषः। व्यामोहाभावकारणं द्रष्टरि क्वचिद्दृश्यते। प्रयोक्तरि तु बाहुल्येनेति। रामावतारे प्रतीकाराननुसंधानाद्व्यामोह उपपद्येत। यथा पङ्गोरन्धस्य वाङ्गवैकल्येन न तत्तत्कार्यं तथा प्रतीकाररूपाङ्गवैकल्यान्न व्यामोहाभावः। किं चाविद्यास्थलेपि न नियमेनाश्रयव्यामोहो दृश्यते। जलमध्येधोमुखत्वेन वृक्षेष्वध्यस्तेष्वपि तदूर्ध्वमुखतायां द्रष्टुरव्यामोहात्। अथात्र तीरस्थवृक्षदर्शनजन्यविवेकवशादव्यामोहोस्तु नाम। अविद्यायाः स्वभावस्तु व्यामोहकारित्वमस्त्येवेति चेत्तर्हि मायापि स्वभावाद्व्यामोहिकैव। मा याप्रयोक्तुरैन्द्रजालिकस्य प्रतीकारज्ञानान्न व्यामोह इति समानम्। एवमविद्याश्रया अपि प्रतीकारज्ञाने सति न मुह्यन्त्येव। तथा चाविद्या न मायातो भिन्नेति सिद्धम्। **न चेच्छेति।** माया हि कर्तुरिच्छामनुसरति। अविद्या तु कर्तुरनिच्छायामपि स्वातन्त्रेण परिणामादि कार्यं जनयतीत्येवं मायाविद्ययोर्भेद इत्याशयः। **मायास्थल इति।** यथा मायास्थल ऐन्द्रजालिकादिः स्वेच्छयैव मणिमन्त्रादिसहायेन मायां प्रवर्तयत्युपसंहरति च तथा अविद्यास्थलेपि प्रयोक्ता स्वातन्त्र्येण नेत्रेङ्गुल्यवष्टम्भादिना यावदिच्छं चन्द्रद्वयादिकं पश्यति। **श्रुतीति।** भूयश्चान्ते विश्वमायानिवृत्तिः (श्व. १।१०) इति श्रुतौ सम्यग्ज्ञाननिवर्त्या अविद्या मायाशब्देन व्यवहृता।

तरत्यविद्यां विततां हृदि यस्मिन्निवेशिते।
योगी मायाममेयाय तस्मै विद्यात्मने नमः।।

इति स्मृतौ मायाविद्ययोरेकत्वेन निर्देशः स्पष्ट एव। अविद्या माया अविद्यात्मिका मायाशक्तिरिति भाष्ये निर्दिश्यते। आदिशब्देन टीकाकृतां ग्रहणम्। तथा च मायाविद्ययोरैक्यं सिद्धम्। लोकप्रसिद्धिस्त्वेकस्मिन्नपि वस्तुन्युपाधिभेदादुपपद्यते। तदाह-**क्वचिदिति**। अज्ञानस्य हि शक्तिद्वयमावरणशक्तिर्विक्षेपशक्तिश्चेति। यथा शुक्तिरजतप्रतिभासस्थल आद्यया शक्त्या शुक्तिरूपं सदप्याव्रियते। अन्त्यया रजतमसदपि प्रदर्श्यते। एवमनाद्यज्ञानेन ब्रह्मस्वरूपमाव्रियते जगच्च तत्र प्रदर्श्यते। तत्रावरणशक्ति-प्राधान्ये अविद्येति व्यवहारः। विक्षेपशक्तिप्राधान्ये तु मायाशब्देनेति। **मायेति।** विक्षेपशक्तिमदीशेच्छाधीनं वा यदज्ञानं तन्मायेति व्यपदिश्यते। तथा आवरणशक्ति-मत्स्वतन्त्रं वा यदज्ञानं तदविद्येति व्यपदिश्यते। तथा च विवक्षाभेदेन तथा तथा शब्दप्रयोगेपि न वस्तुतो मायाविद्ययोर्भेद इति भावः।

नन्वविद्यासद्भावे किं प्रमाणम्। अहमज्ञो मामन्यं च न जानामीति प्रत्यक्षप्रतिभास एव। ननु ज्ञानाभावविषयोयं नाभिप्रेतमर्थं गमयतीति चेत्-न तावदनुपलब्धिवादिनश्चोद्यमेतत्। परोक्षप्रतिभासहेतुत्वात्तस्याः। अयमपि परोक्षप्रतिभास एवेति चेत्-न तावल्लिङ्गशब्दानुपपद्यमानार्थजन्यः। ज्ञातकरण-त्वात्तेषाम्। न चैतत्सामग्रीकाले ज्ञानमस्ति। अनुभूयते वा। अनुपलब्ध्या जन्यत इति चेत्-न तावदियमज्ञाता करणम्। प्रत्यक्षेतरस्य ज्ञातकरणत्वनियमात्। नापि ज्ञातैव करणम्। अनुपलब्ध्यनवस्थानात्। न च यथा परेषामभावग्रहणे योग्यानुपलब्धिः सहकारिणी तथा नः करणमिति शङ्क्यम्। ज्ञानकरण इव सहकारिणी ज्ञातत्वनियमाभावात्। अस्तु वा तथा ज्ञेयाभावग्रहणे करणम्। ज्ञानाभावग्रहणे करणं न भवत्येवेति वक्ष्यते।

व्या० : अहमज्ञ इति। अहमज्ञ इत्येवमज्ञानविषयकः प्रत्यक्षानुभव एवाविद्यायां प्रमाणम्। अत्र ह्यात्मानमाश्रित्य बाह्याध्यात्मिकेषु व्याप्ता जडात्मिका अविद्याशक्ति-रनुभूयते। एतच्चाज्ञानं न ज्ञानाभावस्वरूपम्। किं तु तदपेक्षयान्यदेव। भावरूपं चैतत्। भावकार्योपादानकारणत्वात्। **नन्विति।** अहमज्ञ इत्येवमवभासमानो ज्ञानाभाव एव न तु तदपेक्षयातिरिक्तमज्ञानं किंचित्। जगतो मूलकारणं तु प्रधानपरमाण्वादिकमन्यदेवेति तदाशयः। **अनुपलब्धीति।** अनुपलब्धिनामकमभावग्राहकमतिरिक्तं प्रमाणमिति भाट्टा अद्वैतवादिनश्च। भूतले घटो नास्तीत्येवं जायमानं घटाभावज्ञानमनुपलब्धिप्रमाणजन्यं परोक्षमेव न प्रत्यक्षम्। अनुमानादिप्रमाणान्तरेणाप्यभावज्ञानं भवतीति तु सर्वसंमतमेवे-त्यन्यत्। सर्वथा न कदाप्यभावस्य प्रत्यक्षज्ञानं तन्मत इत्यहमज्ञ इति प्रत्यक्षे न ज्ञानाभावो

विषयीभवितुमर्हतीति भावः। **अयमपीति।** अहमज्ञ इति ज्ञानं न प्रत्यक्षं किं तु परोक्षमेवाङ्गीक्रियत इत्याशयः। **न तावल्लिङ्गेति।** अहमज्ञ इति ज्ञानं परोक्षं चेदनुमानाद्यन्यतमप्रमाणेन जन्यत इति वक्तव्यम्। तत्र नानुमानेन न शब्देन नाप्यर्थापत्त्यायमर्थो ज्ञायते। यतस्तत्र लिङ्गं शब्दोनुपपद्यमानोर्थश्च ज्ञात एवार्थान्तरं बोधयितुं प्रभवति। न हि वस्तुतो विद्यमानोपि धूमोऽज्ञातश्चेदग्निमनुमापयितुं प्रभवति। एवं शब्दोपि। यतो बधिरस्य न शाब्दबोधो भवति। तथार्थापत्तिस्थलेपि दिवा अभोजिनो देवदत्तस्य पीनत्वं ज्ञातमेव रात्रिभोजनरूपमर्थं बोधयति। अहमज्ञ इत्यत्र तु न लिङ्गादिज्ञानसंभव इति भावः। **अनुपलब्ध्येति।** यथा भूतले घटानुपलब्ध्या घटाभावो ज्ञायते तथात्र ज्ञानानुपलब्ध्या ज्ञानाभावो ज्ञायत इत्याशयः। **न तावदियमिति।** यतो घटानुपलब्धिरज्ञाता। चेन्न तया घटाभावो ज्ञातुं शक्यते। **अनवस्थानादिति।** घटानुपलब्धिर्ज्ञातैव घटाभावज्ञानकारणमिति चेत्–तत्रेदं पृच्छ्यते–घटानुपलब्धिः कथं ज्ञाता। घटानुपलब्धिर्हि घटोपलब्ध्यभावः। स च पुनरनुपलब्धिप्रमाणेन ज्ञायते चेत्–उपलब्धेरनुपलब्ध्योपलब्ध्यभावो ज्ञायत इति वक्तव्यम्। सा च पुनरुपलब्धेर-नुपलब्धिर्ज्ञातैव कारणमिति पुनस्तत्रानुपलब्धिः प्रमाणान्तरं वक्तव्यमित्येवमनवस्था बोध्या। **न च यथेति।** नैयायिकादयोनुपलब्धिं प्रमाणान्तरत्वेन नाङ्गीकुर्वन्ति। भूतले घटाभावस्तु प्रत्यक्षप्रमाणेनैव ज्ञायते। योग्यानुपलब्धिस्तु केवलं तत्र सहकारिणी। घटोत्र स्याच्चेदवश्यमुपलभ्येतेत्येवं यत्र वक्तुं शक्यते तत्र तदनुपलब्धिर्योग्या भवति। तथा च तेषां मतेनुपलब्धिरज्ञाता ज्ञाता वा सहकारिणी भवतीत्येवं स्वीकृत्यानवस्था परिहृता। तथानुपलब्धिं प्रमाणान्तरत्वेन स्वीकुर्वतो मम मतेनुपलब्धेर्ज्ञानकरणत्वेप्यनवस्थापरिहारो भवेदित्याशयः। **नियमाभावादिति।** तथा च सहकारिणि ज्ञातस्यैव सहकारित्वमिति नियमो मा भून्नाम। करणे तु ज्ञातस्यैव करणत्वमिति नियम आवश्यक इति भावः। **अस्तु वेति।** अनुपलब्धिः षष्ठं प्रमाणं ज्ञानकारणमिति पक्षेप्यनुपलब्धिरज्ञाता ज्ञाता वा करणं भवतु। परं तु तया ज्ञानव्यतिरिक्तस्याभावो ग्रहीतुं शक्यो न तु ज्ञानस्याभाव इत्यनुपदमेव वक्ष्यत इत्यर्थः। एतावता ग्रन्थसंदर्भेणानुपलब्धिवादिनां मतेहमज्ञ इति ज्ञानाभावानुभवस्य परोक्षत्वाभावः समर्थितः।

प्रत्यक्षाभाववादे तु प्रत्यक्षेण तावद्धर्मिप्रतियोगिज्ञानयोः सतोरात्मनि ज्ञानमात्राभावग्रहणं न ब्रूयात्। घटवति भूतले घटाभावस्येव ज्ञानमात्राभावस्य ग्रहीतुमशक्यत्वात्। तयोरसतोस्तु सुतराम्। कारणाभावात्। अतोपि योग्यानुपलब्ध्या वा फललिङ्गाद्यभावेन वात्मनि ज्ञानमात्राभावग्रहणं दुर्लभमिति परमतेप्ययं न्यायः

समानः। तदेवमात्मनि प्रत्यक्षेण वान्येन वा ज्ञानमात्राभावस्य ग्रहणमशक्यमिति स्थितम्।

व्या० : अधुनानुपलब्धिं प्रमाणान्तरमस्वीकुर्वतामभावः प्रत्यक्षो भवतीत्येवंवादिनां नैयायिकादीनामहमज्ञ इति प्रत्यक्षस्य ज्ञानाभावविषयकत्वं वदतां मतं खण्डयति- **प्रत्यक्षाभावेति।** अहमज्ञ इत्यत्र किं ज्ञानसामान्याभावः प्रत्यक्षविषय उत ज्ञानविशेषाभावः। तत्र द्वितीयकल्पं न तावत्स्मरणाभावः (द. १६ प. ७१२) इत्यादिना निरस्यति। नाद्यः। अहमित्येवमात्मनो ज्ञानाभावधर्मित्वेन ज्ञानस्य चाभावप्रतियोगित्वे- नावगतिसत्त्वात्तत्सामान्यभावस्य तत्रासत्त्वेन श्चत्प्रत्श्चक्षस्यासंभवात्। श्च **गतयोरसतोरिति** धर्मिज्ञानं प्रतियोगिज्ञानं चात्र नास्तीत्युच्यते चेत्-अहमज्ञ इति ज्ञानाभावप्रत्यक्षम्-इति सुतरां वक्तुमशक्यम्। अभावज्ञाने प्रतियोगिज्ञानस्याधिकरणज्ञानस्य च कारणत्वात्। अत्र च त्वदुक्तरीत्या तदभावात्। **अतोपीति।** यत उक्तप्रकारेण धर्मिप्रतियोगिज्ञानसत्त्वे तदसत्त्वे च ज्ञानसामान्याभावो ग्रहीतुं न शक्यतेतोप्यत्रानुपलब्ध्या वानुमानेन वा ज्ञानसामान्याभावग्रहणं दुर्लभम्। अनुमानस्योक्तिसंभवस्तु सर्वत्र व्यवहारो ज्ञानस्य फलत्वेन लिङ्गं भवति। तादृशलिङ्गस्यात्रादर्शनेन तादृशादर्शनरूपहेतुना ज्ञानाभावोनुमातुं शक्य इति। **परमतेपीति।** अनुपलब्धिवादिनां भाट्टादीनां मतेपीत्यर्थः।

ननु ज्ञानविशेषाभावः प्रत्यक्षेण गृह्यताम्। न तावत्स्मरणाभावः। अभावग्रहणे प्रतियोगिस्मरणस्य[1] कारणत्वात्। नाप्यनुभवाभावः। तस्यावर्जनीयत्वात्। नन्वात्मनि घटानुभवाभावः प्रत्यक्षविषयस्तर्ह्यहमज्ञ इति ज्ञानसामान्यवचनो जानातिर्ज्ञानविशेषेनुभवे लक्षणया वर्तनीयः। लक्षणा च संबन्धेनुपपत्तौ च सत्यां वर्तते। संबन्धस्तावदनुभवत्वज्ञानत्वयोरेकव्यक्तिसमावेशो व्याप्यव्यापकभावो वा विद्यत एव। अनुपपत्तिं तु न पश्यामः। नन्वनुभवाभावे प्रत्यक्षस्य प्रमेयलाभस्तेनैव तस्यार्थवत्ता सिध्यति। सत्यम्। प्रयोजनमेतन्नानुपपत्तिः। अन्योन्याश्रयात्। नन्वहमज्ञ इत्यत्र नञ् आत्मनि ज्ञानमात्राभावं न ब्रूते। ज्ञानवति तस्मिंस्तदभावात्। नाप्यनुभवाभावम्। ज्ञानोक्तेस्तदनभिधायकत्वात्। नैरर्थक्यं च न युक्तमित्यनयैवा- नुपपत्त्या लक्षणेति चेत्-उक्तलक्षणैवाविद्या तदर्थोस्तु। संदेह इति चेन्न। असमत्वात्कोटिद्वयस्य। अन्यत्र हि प्रतियोगिनिवृत्तिर्नञर्थः। अत्र तु प्रतियोगिव्याप्यनिवृत्तिरिति। जानातिसमभिव्याहृतस्य नञः क्वचिदुक्तलक्षणा- विद्याविषयत्वसिद्धिमन्तरेण न संदेह इत्यवश्यंभावेन सैव जानातिसमभिव्याहृतस्य नञः सर्वत्र तद्विषयत्वमवगमयति विलुम्पति ज्ञानाभावकोट्यन्तरमिति क्व

1. ग्रहणस्य for स्मरणस्य A.

संदेहावकाशः। तदेवं लक्षणाहेत्वभावेनुभवाभावोप्यात्मनि न प्रत्यक्षेण गृह्यत इति परिशेषादुक्तलक्षणाविद्यैवाज्ञ इति प्रतिभासस्य विषय इति स्थितम्।

व्या० : अभावग्रहण इति। अहमज्ञ इत्यस्याहं स्मरणरूपज्ञानाभाववानित्यर्थो वाच्यः। स न संभवति। अभावज्ञाने प्रतियोगिज्ञानस्य कारणत्वेनात्र प्रतियोगिनः स्मरणस्य ज्ञानमावश्यकम्। तच्च स्मरणात्मकमेवेति कथं तत्र स्मरणाभावः संभवेत्। **अवर्जनीयत्वादिति।** अहमज्ञ इत्येवं ज्ञानाभावविषयकज्ञानस्यानुभवरूपत्वेनानुभवस्यावश्यकत्वात्। **ज्ञानविशेष इति।** आत्मस्वरूपविशेषविषयकानुभव इत्यर्थः। **लक्षणा चेति।** यथा गङ्गायां घोष इत्यत्र गङ्गापदशक्यार्थस्य गङ्गात्वस्य लक्ष्यार्थेन तीरत्वेन सह संबन्ध आश्रयद्वारा वर्तते। गङ्गातीरयोः संयोगस्य सत्त्वात्। जातिः पदार्थ इत्यभिप्रायेणेदमुक्तम्। व्यक्तिपक्षे तु मुख्यार्थलक्ष्यार्थयोः प्रवाहतीरयोः साक्षादेव संयोगसंबन्धो वर्तते। तथात्र ज्ञातधातुशक्यार्थस्य ज्ञानत्वस्य लक्ष्यार्थस्य विशेषानुभवत्वस्य सामानाधिकरण्यसंबन्धो वर्तते। घटप्रत्यक्षरूपायामेकस्यां व्यक्तौ तयोर्विद्यमानत्वात्। तथा ज्ञानत्वं व्यापकं तादृशानुभवत्वं तु व्याप्यमिति व्याप्यव्यापकभावसंबन्धश्च वर्तते। परं तु यथा गङ्गापदशक्यार्थे घोषस्थित्यसंभवेन तत्रानुपपत्तिरस्ति तथात्र नानुपपत्तिर्दृश्यते। **नन्वनुभवेति।** लक्षणाया अभावेहमज्ञ इति प्रत्यक्षेण किं ज्ञाप्यते। ज्ञानसामान्याभावश्चेदसंभवः। तथा चात्र प्रत्यक्षप्रमाणस्य साफल्याय प्रमेयं किंचिदवश्यं प्रदर्शनीयम्। तच्च लक्षणायां स्वीकृतायामनुभवविशेषाभावरूपं वक्तुं शक्यते। अतो लक्षणा स्वीकार्येत्याशयः। **अन्योन्याश्रयादिति।** साफल्यमूलिका लक्षणा लक्षणामूलकं च साफल्यमित्येवमन्योन्याश्रयो बोध्यः। लक्षणाबीजभूतामनुपपत्ति प्रकारान्तरेण दर्शयति–**नन्वहमज्ञ इति।** अयमाशयः–नञित्यव्ययस्यार्थो ह्यभावः। स चात्र न ज्ञानसामान्यस्य वक्तुं शक्यते। तदानीमहमज्ञ इत्याकारकस्य प्रत्यक्षस्य सत्त्वेन तत्र ज्ञानसामान्याभावस्याभावात्। नापि ज्ञानविशेषस्य विशेषानुभतस्य। ज्ञाधातोर्ज्ञानविशेषार्थानभिधायकत्वात्। न हि जनसंकुले ग्रामे देवदत्तो नास्ति–इत्यभिप्रायेण अमनुष्योयं ग्राम–अति प्रयुज्यते केनचित्। अहमज्ञ इति वाक्यं निरर्थकमेवास्त्वित्यपि न युक्तम्। अनुन्मत्तप्रयुक्तत्वात्। तथा चाहमज्ञ इत्यत्र किंविषयकं ज्ञानं विवक्षितं तन्न निर्वक्तुं शक्यते। अनयैवानुपपत्त्या लक्षणेति। **उक्तलक्षणेति।** लक्षणाबीजभूतामनुपपत्तिं निरूपयता ईदृशं ज्ञानमिति निर्वक्तुं न शक्यते–इति वदता त्वयात्रानिर्वनीयत्वं यत्प्रदर्श्यत एषैवाविद्या। तथा च सैवात्र नञोर्थोस्तु मास्तु च तादृशानुपपत्त्यनुसंधानपूर्वकलक्षणाश्रयणक्लेशपुरःसरं नञोऽभावार्थकत्वमिति गूढाशयः। **संदेह इति।** अस्त्वनुपपत्तिरेवाविद्या अनिर्वचनीयत्वस्वरूपा पदार्थान्तरं भावरूपम्। तथापि स एवात्र नञर्थ इति

कुतो निश्चयः। उक्तरीत्या अभावार्थकत्वस्यापि संभवादित्याशयः। **असमत्वादिति**। कोटिद्वयस्य साम्ये हि संदेहो भवति। न त्वेकस्याः प्राबल्येपरस्याश्च दौर्बल्ये। अघटं भूतलमित्यादावभावार्थकनञः प्रयोगे प्रतियोगिनो घटस्य निवृत्तिर्बोध्यते। अहमज्ञ इत्यत्र तु न प्रतियोगिभूतस्य ज्ञानस्य निवृत्तिःसंभवति। किं तु तद्व्याप्यस्यानुभवविशेषस्य। तथा च लक्षणाश्रयणीयेत्यभावार्थकत्वकोटिर्दुर्बला। अविद्यार्थकत्वकोटिस्तु प्रबलैव। यतो य ईदृशं संदेहं पुरोवस्थापयति सोऽविद्यां नञस्तदर्थकत्वं च मन्यत इति निर्विवादं न तत्र संदेहः। तदर्थकस्य नञ उदाहरणं च जानातिसमभिव्याहृतनञ्घटितं किंचित्प्रदर्शनीयं भवति। अहमज्ञ इत्यत्र च जानातिसमभिव्याहृतो नञिति तस्या-विद्यार्थकत्वं शीघ्रं बुद्धिमारोहति। अभावार्थकत्वं तु न तथा। किं तु तदत्र लुप्तप्रायमिव भवति। **तदेवमिति**। अनुपपत्तिर्न स्याच्चेन्न लक्षणा। बीजाभावात्। अथ स्याच्चेत्तदापि सैव नञर्थत्वेन शीघ्रं बुद्धिमारोहति। तावतैव वाक्यार्थोपपत्तौ न सा लक्षणाहेतुर्भवतीति भावः। तथा चाहमज्ञ इति प्रत्यक्षस्याविद्याविषयकत्वं सिद्धम्।

अस्तु वा ज्ञानाभावप्रतिभासः। अयमभावश्च प्रतियोगी यत्र निषिध्यते न ततस्तत्त्वान्तरमन्यदधिकरणभावात्। मा भूदन्यभावत्वमन्याभावत्वं तु स्यात्। ननु तदपि विरुद्धम्[1]। सत्यं सति भेदे। स च प्रमाणात्। तच्च सति प्रतियोग्यभावाधिकरणतस्तत्त्वान्तरे। ननु घटवति भूतले घटाभावमितिव्यवहृती स्यातामिति चेत्–मा भूतामेते प्रतियोगिना सहानुभूयमानेधिकरणे। प्रतियोगिस्मरणे सत्यनुभूयमानेधिकरणे तु स्याताम्। एवमप्युपपत्तौ न तत्त्वान्तरविषयत्वं कल्प्यम्। कानुपपत्तिरिति चेद्बाधकाभातावदुक्त एव। बाधकं तु कल्पनागौरवमेव। तथा हि–तत्त्वान्तरत्वं तावदेकं कल्प्यम्। तस्यापरोक्षत्वायेन्द्रियसंनिकर्षः कल्प्यः। स च संयोगादिर्न भवतीति संयुक्तविशेषणत्वादिः कल्प्य इत्यतो वरमुक्तलक्षण-स्याधिकरणस्य व्यवहारविषयेङ्गीकारः। सति चैवं ज्ञानाभावेनापि प्रतियोगिस्मृतौ सत्यामनुभूयमानमधिकरणं ज्ञातैव। स च न केवलमन्तःकरणम्। जडत्वात्। नापि केवल आत्मैव। अपरिणामित्वादगुणत्वाच्च। अत उभयोरभेदोध्यासः। आत्माध्यासश्चोक्तलक्षणाविद्यात्मेत्यायातमविद्यायामेवाहमज्ञ इति प्रतिभासः प्रमाणमिति।

व्या० : प्रकारान्तरेणापि साधयति–**अस्तु वेति**। **न तत इति**। इदं प्रागुपपादितम् (द. १६ पं. ४६७)। अधिकरणभावात्। अधिकरणस्वरूपात्। शङ्कते–**मा भूदिति**।

---

1. तद्विरुद्धम् for तदपि विरुद्धम् D.

घटाद्यभावो नाम भूतलापेक्षया भावोन्यो मा भूत्। अभावस्तु तदपेक्षयान्यः स्यादेव। इत्थमधिकरणादन्यस्याभावस्य सत्त्वे स एवाहमज्ञ इत्यत्र नञर्थः स्यात्। **ननु तदपीति।** नन्विति वितर्के। अहमज्ञ इति प्रत्यक्षं भावरूपाज्ञानविषयमिति वदतो भवतोधिकरणापेक्षयान्योऽभाव इत्येतदपि विरुद्धमेव। तादृशप्रत्यक्षस्याभावविषयकत्वेनान्यथोपपत्तेरित्याशयः। परिहरति–**सत्यमिति।** अधिकरणापेक्षया अभावस्यान्यत्वे सिद्धे हि तद्विषयकमहमज्ञ इति प्रत्यक्षं भवेत्। परं त्वभावस्याधिकरणापेक्षयान्यत्वमेव न सिध्यति। अभावविषयकं प्रत्यक्षादिकं ह्यभावे प्रमाणं भवेन्न तु तस्याधिकरणादन्यत्वे। अन्यत्वं तु तादृशप्रमाणान्न सिध्यति। भेदसिद्ध्युत्तरं हि प्रमाणस्य भिन्नाभावविषयकत्वं तस्य तद्विषयकत्वे च भेदसिद्धिरित्यन्योन्याश्रयात्। तथा च परस्पराश्रयग्रस्तत्वान्नाभावस्तत्त्वान्तरं सिध्यति। अभावमितिरभावव्यवहृतिश्च प्रतियोग्यधिकरणैतद्द्वयविषयिकैवेति भावः। **मा भूतामिति।** न भवत इत्यर्थः। न हि सर्वत्र विषयसत्त्वे तज्ज्ञानमवश्यं भाव्येवेति नियमः। प्रतियोगिसंसर्गस्य तत्र तादृशमितिव्यवहृतिप्रतिबन्धकत्वमिति गूढोभिप्रायः। तथा च प्रतियोगिस्मरणकालिकाधिकरणस्वरूपमेवाभावो नातिरिक्त इति फलितम्। अयं च मूले मा भूत् (द. १६ पं. ७३३) इत्यारभ्य यथा पाठो दृष्टस्तथा योजितः। समीचीनं पाठान्तरं केनाप्युपलभ्यते चेत्प्रदर्शनीयम्। **उपपत्ताविति।** अभावप्रमितेस्तन्मूलिकाया नास्तीति व्यवहृतेश्चोपपत्तौ सत्यां तयोर्नातिरिक्ताभावविषयकत्वं कल्पनीयमिति भावः। **संयुक्तविशेषणत्वादिरिति।** घटाभाववद्भूतलमित्यत्र चक्षुःसंयुक्ते भूतले घटाभावस्य विशेषणत्वम्। भूतले घटाभाव इत्यत्र चक्षुःसंयुक्ते भूतले घटाभावस्य विशेष्यत्वम्। खत्वाभाववान्ककार इत्यत्र समवेतविशेषणत्वम्। श्रोत्रसमवेते ककारे खत्वाभावस्य विशेषणत्वादित्यादि बोध्यम्। **उक्तलक्षणस्येति।** प्रतियोगिस्मरणकालिकस्वरूपविशिष्टस्येत्यर्थः। तथा चाभावानुभवो नाम प्रतियोगिस्मरणसहकृतोधिकरणानुभव इति सिद्धम्। **ज्ञातैवेति।** अहमज्ञ इत्यनुभवकाले ह्यविद्यमानज्ञानविशेषस्मरणपूर्वकं ज्ञातानुभूयते। ज्ञाता नाम विषयाकारपरिणामाश्रयः। परिणामश्च न केवलस्यान्तःकरणस्य। तस्य जडत्वेनेदृशपरिणामासंभवात्। नापि केवलस्यात्मनः। अपरिणामित्वात्। किं च परिणामो नाम धर्मान्तरेणाविर्भावः। स च निर्धर्मकस्यात्मनो न संभवति। किं त्वात्मान्तःकरणयोरभेदाध्यासे सत्यध्यस्तात्मतादात्म्यस्यान्तःकरणस्य परिणामोयम्। अध्यासश्चाविद्यास्वरूप एवेत्यहमज्ञ इति प्रत्यक्षेणाविद्या सिध्यति।

अनुमानं च–विवादपदं प्रमाणज्ञानं स्वप्रागभावव्यतिरिक्तस्वविषयावरणस्वनिवर्त्यस्वदेशगतवस्त्वन्तरपूर्वकमप्रकाशितार्थप्रकाशकत्वात्। अन्धकारे

प्रथमोत्पन्नप्रदीपप्रभावदिति। वस्तुपूर्वकमित्युक्त आत्मवस्तुपूर्वकत्वेनार्थान्तरता। तदर्थं वस्त्वन्तरेति। तथापि विषयभूते वस्त्वन्तरेऽर्थान्तरता। तदर्थं स्वदेशगतेति। अदृष्यदिकं प्रत्यादेष्टुं स्वनिवर्त्येति। उत्तरज्ञाननिवर्त्यं प्रथमज्ञानं निवर्तयितुं स्वविषयावरणेति। प्रागभावं प्रतिक्षेप्तुं स्वप्रागभावव्यतिरिक्तेति। स्वप्रागभाव-व्यतिरिक्तपूर्वकमित्युक्ते विषयेणार्थान्तरता। तदर्थं विषयावरणेति। तादृशमन्धकारं व्यासेद्धुं स्वनिवर्त्येति। विषयगतामज्ञाततां निराकर्तुं स्वदेशगतेति। मिथ्याज्ञानम-पोहितुं वस्त्वन्तरेति। धारावाहिकविज्ञाने व्यभिचारं व्यासेद्धुमप्रकाशितेति। मध्यवर्तिप्रदीपप्रभायां साध्साधनवैधुर्यप्रतिरोधाय प्रथमोत्पन्नविशेषणम्। सौरालोकव्याप्तदेशस्थप्रदीपप्रभाप्रतिक्षेपायान्धकारेति। न च ज्ञानसाधके प्रमाणे व्यभिचारः शङ्कनीयः। विप्रतिपन्नं प्रत्यसत्त्वनिवृत्तिमात्रस्य प्रमाणकृत्यत्वात्। तदुक्तं देवताधिकरणे कल्पतरुकारैरनुमानादिभिरसत्त्वनिवृत्तिः क्रियत इति। ननु साधनविकलो दृष्यन्त इति चेन्न। प्रकाशशब्देन तमोविरोध्याकारस्य विवक्षितत्वात्। तदुक्तं विवरणविवरणे सहजसर्वज्ञविष्णुभट्टोपाध्यायैः-न चात्र पक्षदृष्यन्तयोरेकप्रकाशरूपानन्वयः शङ्कनीयः। तमोविरोध्याकारो हि प्रकाशशब्दवाच्यः। तेनाकारेणैक्यमुभयत्रास्तीति। नरेन्द्रगिरिश्रीचरणैस्त्वित्थ-मुक्तम्-अप्रकाशितप्रकाशव्यवहारहेतुत्वं हेत्वर्थः। तस्य चोभयत्रानुगतत्वान्ना-सिद्ध्यादिरिति।

श्रुतेश्च। भूयश्चान्ते विश्वमायानिवृत्ति (श्वे. १।१०) इत्यादिका श्रुतिः।

तरत्यविद्यां विततां हृदि यस्मिन्निवेशिते।
योगी मायाममेयाय तस्मै विद्यात्मने नमः।। इति च।

व्या० : अनुमानं चेति। स्वप्रागभावव्यतिरिक्तं स्वविषयावरणभूतं स्वनिवर्त्यं स्वदेशगतं च यद्वस्त्वन्तरं तत्पूर्वकत्वं पक्षभूते प्रमाणज्ञाने साध्यते। विशेषणचतुष्टये स्वशब्देन प्रमाणज्ञानस्य परामर्शः। एतादृशं वस्त्वन्तरं चाविद्यैव। न तु तां विनान्यत्किमपि तथाविधं संभवति। अतोनेनानुमानेनाविद्या सिध्यति। तथा हि-अयं घट इति प्रमाणज्ञानस्थले प्रमाणज्ञानात्पूर्वमविद्या वर्तते। सा च प्रमाणज्ञानापेक्षया वस्त्वन्तरम्। प्रमाणज्ञानाश्रय आत्मरूपे देशे वर्तत इति स्वदेशगतम्। प्रमाणज्ञानेन विनाश्यत्वात्स्व-निवर्त्यम्। प्रमाणज्ञानविषयस्य घटस्यावरणात्वस्वविषयावरणम्। स्वप्रागभावव्यतिरिक्तं च तत्। अविद्यायाः प्रमाणज्ञानप्रागभावभिन्नत्वेनाङ्गीकारात्। यद्येतादृशं वस्त्वविद्यां

विनान्यत्किमपि स्यात्तर्हि तेनैवास्यानुमानस्योपक्षीणत्वादविद्या न सिध्येत्। न तु तदस्ति। साध्यांशे कस्यापि विशेषणस्य त्यागे तु तथाविधमविद्यापेक्षयार्थान्तरं संदृश्यत एवेत्यविद्यसिद्धिर्न स्यात्। अतो गुरुभूतसाध्योपादानम्। तदाह–**वस्तुपूर्वकमिति**। वस्तुपूर्वकमित्येतावदेव साध्यमुच्यते चेत्प्रमाण ज्ञानाश्रयीभूतमात्मरूपं वस्तु विद्यत एवाविद्यापेक्षयार्थान्तरम्। वस्त्वन्तरपूर्वकमित्युक्तौ त्वात्मा न प्रमाणज्ञानाद्वस्त्वन्तरम्। वस्त्वन्तरमित्यस्य हि स्वस्मात्स्वाश्रयाच्चान्यदित्यर्थः। वस्त्वन्तरपूर्वकमित्येतावदेव साध्यं चेत्प्रमाणज्ञानविषयीभूतं घटादिकं वस्त्वविद्यापेक्षयार्थान्तरं विद्यत एव। अतः स्वदेशगतेत्युक्तिः। स्वस्य प्रमाणज्ञानस्य देश आश्रय आत्मा। न तु तद्गतं घटादिकम्। अदृष्टशब्दवाच्यौ धर्माधर्मौ सुखादिकं चात्मगतं भवतीत्यतस्तद्व्यावृत्तये स्वनिवर्त्येति। धर्मादिकं हि प्रमाणज्ञाननिवर्त्यं न भवति। उत्तरज्ञाननिवर्त्यस्य पूर्वक्षणिकज्ञानस्य व्यावृत्तये स्वविषयावरणेति। तथाविधः प्रमाणज्ञानस्य प्रागभावो वर्तत इति तद्व्यावृत्तये स्वप्रागभावव्यतिरिक्तेति। एवमन्तिमं विशेषणमारभ्य तत्पूर्वपूर्वविशेषणस्य साफल्यं प्रदर्शितम्। अधुना प्रथमं विशेषणमारभ्योत्तरोत्तरविशेषणस्य साफल्यं प्रदर्शयति–**स्वप्रागभावव्यतिरिक्तपूर्वकमिति। तादृशमिति।** स्वप्रागभावव्यतिरिक्तं स्वविषयावरणं चेत्यर्थः। स्वनिवर्त्येत्युक्तौ तु नान्धकारस्तथाविधो भवति। अन्धकारो हि प्रकाशेन निवर्तते न प्रमाणज्ञानेन। घटादिविषयनिष्ठमज्ञातत्वं यद्यपि प्रमाणज्ञानेन निवर्त्यते तथापि न तत्स्वदेशगतम्। **मिथ्याज्ञानमिति।** शुक्तौ रजतज्ञानं च शुक्तित्वप्रकारकं यत्प्रमाणज्ञानं तत्प्रागभावव्यतिरिक्तं तद्विषयीभूतायाः शुक्तेरावरणं तेन शुक्तिज्ञानेन निवर्त्यं तादृशशुक्तिज्ञानाश्रयीभूतात्मनिष्ठं च यद्यपि भवति तथापि न तद्वस्त्वन्तरम्। तस्य ज्ञानत्वेन वस्त्वन्तरत्वाभावात्। **धारावाहिकेति।** अप्रकाशितार्थप्रकाशकत्वादिति हेतावप्रकाशितेति पदानुक्तौ धारावाहिकज्ञानस्थले व्यभिचारः। तत्र प्रथमज्ञानस्याज्ञानपूर्वकत्वात्तत्र निरुक्तवस्त्वन्तरपूर्वकत्वरूपसाध्यं विद्यते। तेन च प्रथमज्ञानेनाज्ञानस्य निवृत्तौ विषयप्रकाशे जाते द्वितीयादिज्ञानानां निरुक्तवस्त्वन्तरपूर्वकत्वाभावेन साध्यं नास्ति। अर्थप्रकाशकत्वरूपहेतुश्च वर्तत इति। अप्रकाशितेत्युक्ते तु द्वितीयादिज्ञानानां पूर्वज्ञानप्रकाशितार्थप्रकाशकत्वेऽप्यप्रकाशितार्थप्रकाशकत्वरूपहेतुर्नास्तीति न व्यभिचारः। व्यभिचारलक्षणं प्रागुक्तम् (पृ. ३८१ पृं. ३)। मध्यवर्तीति। वैधुर्यमभावः। प्रतिरोधो निवारणम्। प्रभा च प्रतिक्षणं भिद्यते। तत्रान्धकारव्याप्ते देशे प्रथमक्षणोत्पन्ना प्रदीपप्रभा चात्र दृष्टान्तत्वेनाक्ता। तत्र च तादृशवस्त्वन्तरमन्धकार इति तत्पूर्वकत्वरूपं साध्यं वर्तते। अप्रकाशितार्थप्रकाशकत्वरूपहेतुश्च वर्तते। द्वितीयादिक्षणोत्पन्ना प्रदीपप्रभा तु मध्यवर्तिनी। सा च न तादृशवस्त्वन्तरपूर्विका। अन्धकारस्य प्रथमक्षणोत्पन्नयैव निवृत्तेः। नाप्यप्रकाशितार्थप्रकाशिका। प्रथमक्षणोत्पन्नयैवार्थप्रकाशनात्। तथा च तस्यां

साध्यसाधनयोरभावेन दृष्टान्तत्वं न संभवति। अतो दृष्टान्तत्त्वसंभवाय प्रथमोत्पन्नेत्युक्तम्। **सौरालोकेति।** दिवा सूर्यप्रकाशे प्रथमक्षणोत्पन्नयामपि दीपप्रभायां न साध्यं नापि हेतुरिति तस्या दृष्टान्तत्वं न संभवति। अतोन्धकार इत्युक्तम्। **न च ज्ञानेति।** प्रत्यक्षज्ञानसाधकत्वादिन्द्रियं प्रत्यक्षप्रमाणम्। एवमनुमितिसाधको लिङ्गपरामर्शोनुमानं प्रमाणम्। शब्दश्च शाब्दज्ञानसाधकं प्रमाणम्। तत्र च हेतुर्वर्तते। स्वफलीभूतज्ञानविषय-प्रकाशकत्वेनाप्रकाशितार्थप्रकाशकत्वात्। उक्तवस्त्वन्तरपूर्वकत्वरूपसाध्यं च तत्र नास्तीत्यतो व्यभिचारः। **विप्रतिपन्नमिति।** यश्चास्तित्वे विवदते तं प्रति प्रमाणानि केवलं तत्र तस्य वस्तुनो नास्तित्वं निवारयन्ति। न तु तादृशवस्तुप्रकाशकत्वं तेषाम्। प्रकाशकं तु प्रमाणजन्यं ज्ञानमेवेति न व्यभिचारः। **नन्विति।** प्रभा हि न स्वयमर्थप्रकाशिका। किं तु ज्ञानमेवार्थप्रकाशकम्। प्रकाशो नामार्थस्फुरणम्। प्रभा तु तमोदूरीकरणेन केवलमिन्द्रियाणां साहाय्यं करोति। तथा च प्रभाया अर्थप्रकाशकत्वाभावेन साधनरहितत्वान्न तस्या दृष्टान्तत्वं संभवति। यदि तु परंपरयापि प्रकाशकत्वं गृह्यते तर्हीन्द्रियाणामपि प्रकाशकत्वापत्तिः। इष्टापत्तौ तु तत्र साध्याभावाद्धेतुर्व्यभिचरितः स्यादित्याशयः। **प्रकाशशब्देनेति।** नात्र प्रकाशशब्देनार्थस्फुरणं विवक्षितम्। किं तु तमोनिरासकत्वमात्रम्। अन्तःकरणवृत्तिरपि हि ज्ञानाख्या विषयगतमान्तरमावरणरूपं तमो निवारयति। प्रभा तु बाह्यमन्धकाररूपं तमो दूरीकरोति। विषयस्फुरणं तु बुद्धिस्थचिदाभासव्याप्त्यैवेत्युपपादितम् (पृ. ४१५ पं. १५)। इन्द्रियाणि त्वन्तःकरणस्य मार्गप्रदानेन साहाय्यमाचरन्ति न तमोनिरसनेनेति न कश्चिद्दोषः। **व्यवहारहेतुत्वमिति।** प्रकाशयतीति व्यवहारो ज्ञाने तेजसि च लोके दृश्यते। तथा च प्रकाशव्यवहारहेतुत्वं ज्ञानप्रभयोः पक्षदृष्टान्तयोरविशिष्टमिति भावः। इत्थं प्रत्यक्षमनुमानं चाविद्यायां प्रमाणं प्रदर्शितम्।

एतेनैतत्प्रयुक्तं यदुक्तं भास्करेण क्षपणकचरणं प्रमाणशरणे भेदाभेदवादिनां भावरूपमज्ञानं नास्ति किं तु ज्ञानाभाव इति। तथा च भास्करप्रणीतशारीरक-मीमांसाभाष्यग्रन्थः। यदेव पररूपादर्शनं सैवाविद्येति। भावरूपाज्ञानानभ्युपगमे जीवेश्वरादिविभागानुपपत्तेः। न च भाविकः परमात्मनोंशो जीव इति वाच्यम्।

निष्कलं निष्क्रियं शान्तं निरवद्यं निरञ्जनम्। (श्वे० ६।१९)

इत्यादिश्रुतिविरोधात्।

व्या० : अधुना तत्र शब्दप्रमाणं प्रदर्शयति–**श्रुतेश्चेति। भूय इति।** अत्र विश्वमायाशब्देनाविद्योच्यते। परमात्मध्यानादिना मोक्षकाले तस्या निवृत्तिर्भवतीत्यर्थः।

तरतीति। योगी ध्यानेन स्वहृदि यस्मिन्परमात्मनि निवेशिते सति विद्याविरुद्धां विस्तृतामेतां मायां तरति तस्मै ज्ञानस्वरूपाय ज्ञातुमशक्याय परमात्मने नम इत्यर्थः। **एतेनेति।** भावरूपाया अविद्यायाः प्रमाणसिद्धत्वेन तदनङ्गीकर्तुर्भास्करस्य मतं निरस्तमित्यर्थः। **भावरूपेति।** ब्रह्मण एव भावरूपाज्ञानोपाधिकमीश्वरत्वं जीवत्वं चेत्यद्वैतामोदे (पृ. ८) विस्तरेण निरूपितम्। न चेति। भाविकः सत्यः। तन्तुः पटस्येव जीवः परमात्मनो वास्तविक एवावयव इति न वाच्यमित्यर्थः। **निष्कलमिति।** निर्गताः कला अंशा यस्मात्तन्निष्कलं निरवयवम्। अत एव निष्क्रियं क्रियारहितम्। तत एव शान्तमपरिणामि। शान्तमित्यस्योर्मिषट्करहितमिति वार्थः। ऊर्मिषट्कं तु बुभुक्षापिपासा-शोकमोहजरामृत्युरूपम्। निरवद्यं रागादिदोषशून्यम्। निरञ्जनं धर्माधर्माद्यसंबद्धम्। अस्यां श्रुतौ परमात्मनोंशरहितत्वं स्पष्टमेवोक्तम्।

केचन शाक्ताः-शक्तिं मायाशब्दार्थभूतां जगत्कारणत्वेनाङ्गीकृतां सत्याम-भ्युपेत्य मातुलिङ्गगदाखेटविधारिणी महालक्ष्मीस्तस्याः प्रथमावतार इति वर्णयन्ति। सा च कालरात्रिः सरस्वतीति द्वे शक्ती उत्पाद्य ब्रह्माणं पुरुषं श्रियं च स्त्रियमुत्पादयामास। स्वयं मिथुनं जनयित्वा स्वसुते अप्याह-अहमिव युवामपि मिथुनमुत्पादयमिति। ततः कालरात्रिर्महादेवं पुरुषं स्वरां स्त्रियं च जनयामास। सरस्वती च विष्णुं पुरुषं गौरीं च श्रियमुदपादयत्। ततश्चादिर्विवाह-मकरोदकारयच्च। एवं ब्रह्मणे स्वरां विष्णवे श्रियं शिवाय गौरीं दत्त्वा शक्तियुक्तानां तेषां सृष्टिस्थितिसंहाराख्यानि कर्माणि प्रत्यपादयदिति। तदेतन्मतं श्रुत्यादिमूल-प्रमाणविधुरतया स्वोत्प्रेक्षामात्रपरिकल्पितमिति स्वरूपव्याक्रियैव निराक्रियेत्यु-पेक्षणीयम्। ततश्चानिर्वचनीयानाद्यविद्यालसितः प्रत्यगात्मनि प्रतीयमानः प्रमातृत्वादिप्रपञ्च इत्यलमप्रतिप्रसङ्गेन।

व्या० : शक्तिमिति। सप्तशत्यां प्राधानिके रहस्ये स्पष्टमेतत्। **मातुलिङ्गेति।** मातुलिङ्गं फलविशेषः (महाळुंग इ. प्र.)। गदा आयुधविशेषः। खेटश्चर्म। **स्वयमिति।** महालक्ष्मीर्ब्रह्मा श्रीश्चेत्यपत्यद्वयं स्वयमुत्पाद्य कालरात्रिः सरस्वती चेति शक्तिरूपं स्वकन्याद्वयमप्यपत्यद्वयोत्पादेन प्रेरयामासेत्यर्थः। **ततश्चेति।** आदिर्महालक्ष्मीः। सा च स्वापत्ययोर्विवाहमकरोत्। कालरात्रिसरस्वत्यपत्यानां विवाहमकारयच्चेत्यर्थः। **स्वरूपेति।** यथा चैत्रेण अहं गच्छामि-इत्युक्ते मैत्रो विधिप्रतिषेधावकृत्वैव तदुक्तिश्रवण-समनन्तरं सद्यः अहं गच्छामि-इति केवलमनुवदति। एतच्च तदुक्तिस्वरूपानुकरणं प्रतिषेधसूचकं भवति। तथैवात्र बोध्यमित्याशयः। **ततश्चेति।** उक्तप्रकारेणाविद्यासिद्धौ

तन्मूलकस्य सकलस्यास्य प्रपञ्चस्य मिथ्यात्वं सिद्धं भवति। सति प्रमेय प्रमातृत्वमिति न्यायेन प्रमेयस्य प्रपञ्चस्य मिथ्यात्वं चेत्तन्निरूपिताः प्रमातृत्वादयोखिला धर्मा अपि मिथ्याभूता एवेत्यात्मनो निर्विशेषत्वं सिद्धं भवति।

ननु किमर्थं प्रमातृत्वादीनामाविद्यकत्वं निगद्यते। ब्रह्मज्ञानेन निवर्तनाय जीवस्य ब्रह्मभावाय वा। न प्रथमः। शास्त्रप्रामाण्यादेव सत्यस्यापि ज्ञानेन निवृत्तेरुपपत्तेः। उपलम्भाच्च। तथा हि–

सेतुं दृष्ट्वा विमुच्येत ब्रह्महत्यया।

इत्यादिना पापं सनीस्रस्यते। विषयदोषदर्शनेन रागो दंदह्यते। तार्क्ष्यध्यानेन विषं शम्यते। एवं कर्तृत्वादिबन्धः पारमार्थिकोपि तत्त्वज्ञानेन निवर्त्येत। न चरमः। औपाधिकस्य जीवभावस्योपाधिनिवृत्त्या निवृत्तौ ब्रह्मभावसंभवात्। तस्माद्बन्धस्याविद्यकत्ववाचोयुक्तिः सावद्येति चेत्–नैतदनवद्यम्। सत्यस्यात्मवज्ज्ञाननिर्यत्वानुपपत्तेः। बन्धस्य मिथ्यात्वमन्तरेण शास्त्रप्रामाण्यादपि तदसिद्धेश्च। शास्त्रमपि

लोकावगतसामर्थ्यः शब्दो वेदेपि बोधकः।

इति न्यायेन लोकावलोकितां पदशक्तिं पदार्थयोग्यतां चोररीकृत्य प्रचरतीति। अपरथा आदित्यो यूपः (तै. ब्रा. २।१।५) यजमानः प्रस्तरः (तै. सं. १।७।४) इत्यादिवाक्यस्तोमय यथाश्रुतेर्थे प्रामाण्यापत्तेः। वैदिक्याः क्रियायाः समक्षक्षयितया पारत्रिकफलकरणत्वान्यथानुपपत्त्या अपूर्वाङ्गीकरणानुपपत्तिश्च। लोके च शुक्तिव्यक्तितत्त्वाभिव्यक्तावपनीयमानस्यारोपितस्य मिथ्यात्वदृष्टौ तद्दृष्टान्तावष्टम्भेनात्मतत्त्व[1]साक्षात्कारविद्यापनोद्यस्याविद्यकस्य बन्धस्य मिथ्यात्वानुमानसंभवात्। विमतं मिथ्या अधिष्ठानतत्त्वज्ञाननिवर्त्यत्वाच्छुक्तिकारूप्यवदिति। न च विमतं सत्यं भासमानत्वादिति प्रतिप्रयोगे समानबलतया बाधप्रतिरोधः। प्रतिरोधभियान्यतरदोषत्संभवादिति वदितव्यम्। मरुमरीचिकोदकादौ सव्यभिचारात्। अबाधितत्वेन विशेषणान्न दोष इति चेत्–मैवं भाषिष्ठाः। विशेषणासिद्धेः। तत्रेदं भवान्पृष्ट्ये व्याचष्यम्। कतिपयपुरुषकतिपयकालाबाधितत्वं हेतुविशेषणं क्रियते सर्वथा बाधवैधुर्यं वा। न प्रथमः।

यत्नेनानुमितोप्यर्थः कुशलैरनुमातृभिः
अभियुक्ततरैरन्यैरन्यथैवोपपाद्यते ।। (वाक्यप. १।३४)

1. आत्यन्तिकतत्त्व for आत्मतत्त्व A.

इति न्यायेन त्रिचतुरप्रतिपत्तृप्रतिपादितस्यापि प्रतिपत्त्रन्तरेण प्रकारान्तरमुररीकृत्य प्रतिपादनात्। नापि चरमः। सर्वथा बाधवैधुर्यस्यासर्वज्ञदुर्ज्ञयत्वात्। यद्येवं हन्त तर्हि ज्ञानात्मनोपि सत्यत्वं नावगम्यत इति चेत्–मैवं मंस्थाः। तत्सत्यं स आत्मा (छा. ६।८।७) इत्यागमसंवादगतेः। न च प्रपञ्चेप्ययं न्याय इति मन्तव्यम्। तादृशस्यागमस्यानुपलम्भात्। प्रत्युताद्वितीयत्वं श्रावयन्त्याः श्रुतेः प्रपञ्चमिथ्यात्व एव पक्षपातात्। ननु कल्पनामात्रशरीरस्य पक्षसपक्षविपक्षादेः सर्वसुलभत्वेन जयपराजयव्यवस्थया कथं कथा प्रथेत। कात्र कथंता।

एवं त्रिचतुरज्ञानजन्मनो नाधिका मतिः। (श्लोक वा. १।१।२ सूत्रे) इति न्यायेन त्रिचतुरकक्ष्याविश्रान्तस्य तत्तदाभासलक्षणानालिङ्गितस्य दूषणभूषणादेस्तत्र कथाङ्गत्वाङ्गीकारात्। अत एवोक्तं खण्डनकारेण–व्यावहारिकीं प्रमाणसत्तामादाय विचारारम्भः (ख. पृ. ४४) इति। न च भेदग्राहिभिः प्रमाणैरद्वैतश्रुतेर्जघन्यतेति शङ्क्यम्। ब्रह्मणि पारमार्थिकसत्यत्वेन तदावेदिकायास्तत्त्वावेदनलक्षणप्रामाण्यायाः श्रुतेर्व्यावहारिकप्रमाणभावानां प्रत्यक्षादीनां च विभिन्नविषयतया परस्परं बाध्यबाधकभावासंभवात्। तदप्युक्तं तेनैव–

तदद्वैतश्रुतेस्तावद्बाधः प्रत्यक्षतः क्षतः।
नानुमानादि तं कर्तुं तवापि क्षमते मते।। (ख. १।२०)
धीधना बाधनायास्यास्तदा प्रज्ञां प्रयच्छथ।
क्षेप्तुं चिन्तामणिं पाणिलब्धमब्धौ यदीच्छथ।। (ख. १।२४)

तस्मात्तत्त्वज्ञानेन निवर्तनायास्य बन्धस्याज्ञानकल्पितत्वमङ्गीकर्तव्यम्। यत उक्तं यतो ज्ञानमज्ञानस्य निवर्तकमिति।

व्या० : नन्विति। आविद्यकत्वमविद्याकल्पितत्वम्। मिथ्यात्वमिति यावत्। **निवर्तनायेति।** मिथ्याभूतमेव वस्तु ज्ञानेन निवर्त्यते न तु सत्यम्। **ब्रह्मभावायेति।** जीवगतानां प्रमातृत्वादिधर्माणां सत्यत्वे जीवस्य सविशेषत्वावश्यंभावेन तस्य निर्विशेषब्रह्मतादात्म्यं नोपपद्यते। **शास्त्रेति।** ब्रह्म वेद ब्रह्मैव भवति (मु. ३।२।९) इति श्रुतौ ब्रह्मज्ञानाद्ब्रह्मभावो बोध्यते। ब्रह्मभावश्च जीवस्योपाधिविलये सत्येव। तदुक्तम्–

घटे नष्टे यथा व्योम व्योमैव भवति स्वयम्।
तथैवोपाधिविलये ब्रह्मैव ब्रह्मवित्स्वयम्।। (आत्मोप. १।१६) इति।

तथा च जीवोपाधिभूतानां मनःप्रभृतीनां वस्तुतः सत्यत्वेप्युक्तश्रुतिबलात्प्रमारूपेण

ब्रह्मज्ञानेन तेषां निवृत्तिरुपपद्यते। उपाधिविलयं विना जीवस्य ब्रह्मभावासंभवात्। **उपलम्भाच्चेति।** श्रीरामचन्द्रकृतसेतुदर्शनं विषयदोषदर्शनं तार्क्ष्यध्यानं च ज्ञानविशेषभूतमपि क्रमेण ब्रह्महत्यादिपातकस्य रागस्य विषस्य च सत्यस्यापि विनाशकमुपलभ्यते। तार्क्ष्यो गरुडः। सावद्या। गर्हणीया। **अनवद्यम्।** समीचीनम्। **सत्यस्येति।** यथा सत्य आत्मा ज्ञानेन न निवर्तते तथा मनःप्रभृतिवस्तुजातं जीवोपाधिभूतं वस्तुतः सत्यं चेन्न कथंचिदपि ज्ञानेन तन्निवृत्तिरुपपद्यते। उपाधिमिथ्यात्वाभिप्रायेणैव शास्त्रमुपाधिनिवृत्तिं प्रतिपादयति। **बन्धस्येति।** अतो यत्र शास्त्रस्य युक्तिविरुद्धार्थावभासस्तत्रयुक्तियुक्त एव शास्त्रस्याभिप्रायो वर्णनीयः। तथा चोपाधिमिथ्यात्वाभिप्रायेणैव शास्त्रमुपाधिनिवृत्तिं बोधयतीति सिद्धम्। **आदित्य इति।** श्रुतिरपि संभवदर्थाभिप्रायेणैव प्रमाणं भवति। यूपो यज्ञस्तम्भः। तस्यादित्यतादात्म्यमित्यादित्यो यूप इति श्रुतेर्यथाश्रुतोर्थः। परं तु तस्मिन्नर्थे श्रुतिर्न प्रमाणम्। लोके तत्तादात्म्यस्यासंभवात्। आदित्यसादृश्यं तु यूपस्य तेजस्वित्वादिधर्मेण संभवतीति तदभिप्रायेण तस्याः श्रुतेः प्रामाण्यं स्वीक्रियते। एवमेव यजमानः प्रस्तर इत्यत्रापि। **वैदिक्या इति।** ज्योतिष्टोमेन स्वर्गकामो यजेतेत्यादिश्रुतिषु स्वर्गाद्युद्देशेन यागो विधीयते। यागश्च क्रियारूपः। क्रियायाश्चाशुतरविनाशित्वान्न तस्याः स्वर्गप्राप्तिपर्यन्तमवस्थितिरिति स्वर्गयागयोः कार्यकारणभावासंभवेन श्रुत्यर्थानुपपत्तिः। तदर्थं तादृशक्रियाजन्यं स्वर्गप्राप्तिपर्यन्तमवस्थाय्यपूर्वमङ्गीकृतम्। असंभविन्यप्यर्थे श्रुतेः प्रामाण्याङ्गीकारे त्वदृष्टापि लोके विनष्टात्कारणात्साक्षात्कार्योत्पत्तिः श्रुतिबलात्कल्पनीया स्यात्। तस्माल्लोकदृष्टव्यवहारानुसारेणैव श्रुतितात्पर्यं कल्पनीयम्। तथा च श्रुत्युक्तोपाधिनिवृत्तिसिद्धये प्रपञ्चस्य मिथ्यात्वमवश्यमभ्युपेतव्यं भवति। **प्रतिरोधभियेति।** यत्रैकस्मिन्पक्षे मिथो विरुद्धस्य साध्यद्वयस्य साधकं हेतुद्वयं दृश्यते तत्र यद्यपि वस्तुत एकः सद्धेतुरपि स्यादपरो दुष्टस्तथापि यावत्तयोर्मध्येन्यतरस्य प्राबल्यं नावगम्यते तावद्धेतुद्वयमपि दुष्टत्वशङ्कया स्वस्वसाध्यं साधयितुमसमर्थं भवतीत्याशयः। **मरुमरीचिकादाविति।** मरुदेशे मृगतृष्णादौ च जलप्रतिभासोत्तरं जलालाभेन जलाभावनिश्चये जाते तत्र सत्यत्वरूपसाध्याभावेपि भासमानत्वरूपहेतोः सत्त्वेन भासमानत्वहेतुर्व्यभिचरितो भवतीति स एव दुष्ट इति भावः। **अबाधितत्वेनेति।** तथा च मरुमरीचिकाजले भासमानत्वस्य सत्त्वेप्यबाधितत्वविशिष्टभासमानत्वस्य हेतोरभावेन न व्यभिचार इत्याशयः। **विशेषणासिद्धेरिति।** पक्षभूते भासमानेस्मिन्प्रपञ्चे अबाधितत्वस्याभावेन त्वदुक्तो हेतुर्विशेषणासिद्ध इति गूढाशयः। तमेव विशदयति–**तत्रेदमिति। न प्रथम इति।** यदि मरुमरीचिकाजलं भासमानदशायामपि नाबाधितं भवति। तदानीं बाधज्ञानाभावेपि बाधसत्त्वात्। पश्चात्तनबाधज्ञानेन भासमानदशास्थबाधस्यापि विषयीकरणान्नात्र पूर्वमपि जलमभूदिति। तथा च यदा

कदाप्यबाधितं तत्र भवतीति न हेतुर्दुष्ट इति ब्रूषे तर्हि प्रपञ्चोपि तद्वदेवेति विभावय। बद्धावस्थायामपि प्रपञ्चस्य ज्ञानिदृष्ट्या बाधितत्वात्। एवं चेदृशे प्रपञ्चसत्यत्वादिविषय आगम एव मुख्यं प्रमाणं नानुमानमिति भावः। **यत्नेनेति**। उक्त एवार्थोनया हरिकारिकया प्रदर्शितः। **ज्ञानात्मनोपीति**। ज्ञानस्वरूप आत्मा कस्यामप्यवस्थायां न बाध्यत इत्येवं कथमस्माभिरसर्वज्ञैर्ज्ञेयमित्याशयः। **अद्वितीयत्वमिति**। सदेव सौम्येदमग्र आसीदेकमेवाद्वितीयम् (छा. ६।१।१) इति श्रुतावात्मभिन्नं द्वितीयं सर्वं निषिध्यते। **कथं कथेति**। कथा नाम नानावक्तृकः पूर्वोत्तरपक्षप्रतिपादकवाक्यसंदर्भः। स च वादजल्पवितण्डारूपः। तत्र तत्त्वनिर्णयफलः कथाविशेषो वादः। परं तु यत्नेनेत्युक्त-हरिकारिकानुसारेण तर्कस्याप्रतिष्ठानाद्वादिप्रतिवादिनोरुभयोरपि स्वस्वाभिमतार्थ-साधकानुमानस्य वक्तुं शक्यत्वेन न कस्यापि जयः पराजयो वेति तत्त्वनिर्णयो न स्यादित्याशयः। एवं त्रिचतुरेति। त्रयाणां चतुर्णां वा ज्ञानानां जन्म भवति। तदपेक्षयाधिका मतिर्नास्तीति न्यायार्थः साधकं बाधकं वा यद्धेत्वाभासादिलक्षणैरयुक्तं तत्तृतीयायां चतुर्थ्यां वावस्थायां विश्रान्तं भवति। आभासलक्षणयुक्तं तु तर्काप्रतिष्ठानाद्विश्रान्तं न भवति। तच्च कथाङ्गं न भवति। तथा च निर्दुष्टेन साधकेन बाधकेन वा कथासमाप्तिसंभव इति भावः। **न च भेदेति**। जघन्यता गौणत्वम्। जीवेश्वरभेदो जीवानां मिथो भेदो जडभेदश्च व्यवहारेनुभूयते। तादृशप्रमाणविरुद्धा सदेव सौम्य (छा. ६।१।१) इत्यद्वैतप्रतिपादिका श्रुतिर्गौणार्थकत्वेन कथंचिद्योज्येत्याशयः। **विभिन्नेति**। यथा व्यावहारिकशुक्तिसत्यत्वं प्रातिभासिकरजत सत्यत्वेन न विरुध्यते तथा श्रुतिप्रतिपादितं पारमार्थिकं ब्रह्माद्वैतसत्यत्वं लोकेनुभूयमानेन व्यावहारिकेण द्वैतसत्यत्वेन न विरुध्यत इति भावः। **तेनैव**। खण्डनकारेणैव। **तदद्वैतेति**। तत्तस्मादद्वैतश्रुतेः प्रत्यक्षतो बाधः क्षतः। सकलप्रमाणज्येष्ठस्य प्रत्यक्षस्यैतादृशी गतिश्चेत्तदुपजीविनोनुमानादेर्वराकस्य कैव कथेति दर्शयति–**नानुमानादीति**। तं श्रुतिबाधं कर्तुमनुमानादि तवमतेपि न क्षमते। श्रुत्यपेक्षया लिङ्गस्य दुर्बलत्वादित्यर्थः। अत्र क्षतः क्षतो मते मत इति पादान्त्ययमकं कविना निर्दिष्टम्। **धीधना इति**। धीरेव धनं येषां ते धीधनाः। संबोधनम्। भो बुद्धिमन्तः पुरुषा अस्या अद्वैतश्रुतेर्बाधनाय तदा प्रज्ञां प्रयच्छथ दत्त यदा पाणिलब्धं हस्तप्राप्तं चिन्तामणिं समुद्रे क्षेप्तुमिच्छथेत्यर्थः।

यदुक्तं सत्यस्यापि दुरितस्य सेतुदर्शनेन निवृत्तिरुपलभ्यत इति। तदयुक्तम्। त्रिहितक्रियानुष्ठानेन जनितस्य धमस्याधर्मनिवर्तकत्व ध्रौव्यात्। धर्मेण पापमपनुदन्ति (म. ना. २२।१) इति श्रुतेः। प्रमाणवस्तुपरतन्त्रशालिन्या दर्शनक्रियायाश्चोदितपुरुषप्रयत्नतन्त्रत्वाभावेन विधानासंभवात्।

ब्रह्महत्यां प्रमुच्येत तस्मिन्स्नात्वा महोदधौ।

इत्यादिस्मृतिविहितब्रह्मचर्याङ्गसहितदूरतरदेशगमनसाध्यब्रह्महनननिवृत्तिफलक-सेतुस्नानप्रशंसार्थत्वात्। यस्य हि दर्शनमात्रेणैव दुरितोपशमः किमुत स्नानेन। अन्यथा दूरगमनानर्थक्यं प्रसजेत्। तत्र खरादीनामप्यनर्थनिवृत्तिरापतेत्। अन्धस्य न स्याच्च। ननु–

अग्निचित्कपिला राजा सती भिक्षुर्महोदधिः।
दृष्टमात्राः पुनन्त्येते तस्मात्पश्येत नित्यशः।।

इति क्वचिद्दर्शनक्रियाया अपि विधानं दरीदृश्यत इति चेत्–मैवं वोचः। तत्राप्यनयैवानुपपत्त्याग्निचिदाद्यर्घपरिचर्यादावेव तात्पर्यावधारणात्। यच्चोक्तं विषयदोषदर्शनाद्रागो दन्दह्यत इति। तत्र विषयदोषदर्शनेन विरोधभूतानभिरति-संज्ञकवैराग्यैकप्रादुर्भावाद्रागनिवृत्तौ तददर्शनमात्रमिति न व्यभिचारः। यदपि ताक्ष्यर्ध्यानादिना विषादि सत्यं विनश्यतीति। तन्न श्लिष्यते। तत्रापि मन्त्र-प्रयोगादिक्रियाया एव विषाद्यपनोदकत्वात्। ध्यानस्य प्रमात्वाभावाच्च। यदवाद्यौ-पाधिकस्य जीवभावस्योपाधिनिवृत्त्या निवृत्तौ ब्रह्मभावोपपत्तेर्न तदर्थमर्थवैतथ्य-कथनमिति। तदपि काशकुशावलम्बनकल्पम्। विकल्पासहत्वात्। किमुपाधेः सत्यवमभिप्रेत्य मिथ्यात्वं वा। न प्रथमः। प्रमाणाभावात्। नापरः। इष्टापत्तेः। तस्मादाविद्यको भेद इति श्रुतावद्वितीयत्वोपपत्तेर्भिधीयते न तु व्यसनितया।

व्या० : विहितेति। धर्मेण पापमपनुदन्ति (म. ना. २२।१) इति श्रुतेः पापविनाशकत्वं धर्मस्यैव न तु ज्ञानस्य। ज्ञानं च प्रमाणाधीनं विषयाधीनं चेति न तद्विधातुं शक्यते। यज्ञादिकर्म तु मुख्यतः पुरुषप्रयत्नाधीनमिति तद्विधानं संभवति। तथा सेतुं दृष्ट्वेत्यत्र सेतुदर्शनविधौ न तात्पर्यम्। किं तु सेतुस्नानप्रशंसार्थिका तद्दर्शनोक्तिः। **आपतेदिति।** खरादीनामत्यन्तपापिनामपि साहजिकतयैव सेतुदर्शनसंभवात्। **न स्याच्चेति।** अन्धत्वेन सेतुदर्शनासंभवात्। **अग्निचिदिति।** अग्निं चिनोतीत्यग्नि-चिद्यजमानः। कपिला गौः। सती पतिव्रता। भिक्षुः सर्वकर्मसंन्यासी परमहंसः। महोदधिर्गहासमुद्रः। **विरोधभूतेति।** विषरागविरोधभूता या विषयानभिरति-स्तत्संज्ञकवैराग्योत्पत्तौ सत्यां विषयरागो न दृश्यत इत्येतदभिप्रायिकैव रागदाहोक्तिरिति भावः। **न श्लिष्यते।** न युज्यते। **ध्यानस्येति।** ज्ञानविशेषः प्रमापदवाच्यो यथार्थानुभवो हि शास्त्रप्रामाण्यात्सत्यस्यापि विनाशक इति तवाभिमतम्। तत्र च ताक्ष्यर्ध्यानेन विषविनाश इत्युदाहरणं न युज्यते। ध्यानस्याविच्छिन्नस्मृतिसंतानरूपत्वेनानु-

भवत्वस्यैवाभावेन यथार्थानुभवत्वाभावादिति भावः। **अर्थवैतथ्येति।** अर्थस्य प्रमातृत्वादिनिखिलप्रपञ्चस्य वैतथ्यं मिथ्यात्वम्। तस्योक्तिर्न ब्रह्मभावायेत्यर्थः। **तस्मादिति।** सदेव (छा. ६।१।१) इति श्रुतौ यदद्वितीयत्वं प्रतिपाद्यते तदुपपत्तये प्रत्यक्षतो दृश्यमानस्य भेदस्याविद्याकल्पितत्वमस्माभिरुच्यते न त्वद्वैतवादव्यसन-मेवास्माकमिति मन्तव्यम्।

यदि वस्तुतः सर्वोपद्रवरहितमात्मतत्त्वं तर्हि कथंकारं देहादिरूपं कारागारं कारंकारं पुनः प्रविशति। तदतिफल्गु। अविद्याया अनादित्वेन दत्तोत्तरत्वात्। अतो निवृत्त्युपाय एवान्वेषणीयः प्रेक्षावता। न तु विस्मयः कर्तव्यः। ततश्च तत्त्वमस्यादिविद्यया तदविद्यानिवृत्तौ निरतिशयानन्दात्मलाभरूपपरमपुरुषार्थः सेत्स्यति। तथा चापस्तम्बस्मृतिः-आत्मलाभान्न परं विद्यत इति। नन्वसौ नित्यलब्धः। न हि स्वयमेव स्वस्यालब्धो भवति। सत्यम्। किं त्वनादिमायासंबन्धात्क्षीरोकवत्समुदाचारवृत्तितां न लभते। तथा च यथा शबरादिभिर्बाल्यात्स्वसुतैः सह वर्धितो राजपुत्रस्तज्जातीयमात्मानमवगच्छन्बन्धु-भिर्य एवंभूतो राजा स त्वमसीति बोधिते स्वरूपे लब्धस्वरूप इव भवति तथा वेश्यास्थानीययानाद्यविद्यया स्वभावान्तरं नीत आत्मा मातृस्थानीयया तत्त्वमसीत्यादिकया श्रुत्या स्वभावं नीयते। एतदाहुस्त्रैविद्यवृद्धाः-

नीचानां वसतौ तदीयतनयैः सार्धं चिरं वर्धित-
स्तज्जातीयमवैति राजतनयः स्वात्मानमप्यञ्जसा।
संवादे महदादिभिः सह वसंस्तद्वद्भवेत्पूरुषः
स्वात्मानं सुखदुःखजालकलितं मिथ्यैव धिङ्मन्यते।।
दाता भोगपरः समग्रविभवो यः शासिता दुष्कृताम्
राजा स त्वमसीति रक्षितृमुखाच्छ्रुत्वा यथावत्स तु।
राजीभूय जयार्थमेव यतते तद्वत्पुमान्बोधितः
श्रुत्या तत्त्वमसीत्यपास्य दुरितं ब्रह्मैव संपद्यते।।

एतेनैतत्प्रयुक्तं यदुक्तं परैः किं द्वयोस्तादात्म्यमेकस्य वा। नाद्यः। अद्वैतभङ्गप्रसङ्गात्। न द्वितीयः। असंभवादिति। तन्न। अविद्यापरिकल्पितभेदनिवृत्तिपरत्वेन तत्त्वमस्यादितादात्म्यवादप्रामाण्योपपत्तेः। तौ च पर्यनुयोगपरिहारवग्राहिषातां मनीषिभिः।

न द्वयोरस्ति तादात्म्यं न चैकस्याद्वयत्वतः।
अप्रामाण्यं श्रुतेरेवं नारोपध्वंसमात्रतः।। इति।

ततश्च तत्त्वमसीति तत्त्वंपदार्थश्रवणमननभावनाबलभुवा साक्षात्कारेणानाद्यविद्यानिवृत्तौ सच्चिदानन्दैकरसब्रह्माविर्भावः संपत्स्यत इति ब्रह्मणो जिज्ञास्यत्वं प्रथमसूत्रोक्तं युक्तम्।

अज्ञातं विषयो ब्रह्म ज्ञातं तच्च प्रयोजनम्।
मुमुक्षुरधिकारी स्यात्संबन्धः शक्तितः श्रुतेः।। इति।

व्या० : किं त्वनादीति। यथा क्षीरोदके मिथः संपृक्ते इदं क्षीरमिदमुदकमित्येवं क्षीरत्वेनोदकत्वेन च विशदतया न प्रतीयेते तथा मायात्मानौ वैशद्येन न प्रतीयेते। यत आत्मा मायिकं बुद्ध्यादिकमात्मत्वेन प्रत्येति न तु तद्विविक्ततया स्वस्वरूपं प्रत्येति। मायामपि च मायात्वेन न प्रत्येतीति भावः। **नीचानामिति।** व्याधवर्धितराजपुत्रवदयं पुरुषो जीवात्मा मायाकार्यभूतैर्महत्तत्त्वाहंकारादिभिः सहाविवेकेन वसंस्तदनुरूपमेव जनसंवादे स्वात्मानं मिथ्यैव सुखाद्याक्रान्तं मन्यत इत्यर्थः। दातेति। तदुक्तं वार्तिककारैः–

राजसूनोः स्मृतिप्राप्तौ व्याधभावो निवर्तते।
यथैवमात्मनोऽज्ञस्य तत्त्वमस्यादिवाक्यतः।। इति।

द्वयोस्तादात्म्यमिति। स आत्मा ययोस्तौ तदात्मानौ। तयोर्भावस्तादात्म्यमिति तादात्म्यशब्दार्थः। तत्र तयोर्द्वयोर्वस्तुतो भेदे अद्वैतहानिः। वस्तुतो भेदाभावे तु न तादात्म्यशब्दार्थ उपपद्यत इत्याशयः।

जन्माद्यस्य यतः (ब्र. सू. १।१।२) इति द्वितीयसूत्रे ब्रह्मस्वरूपलक्षणतटस्थलक्षणाभ्यां न्यरूपि। तत्र स्वरूपान्तर्गतत्वे सति व्यावर्तक स्वरूपलक्षणं सत्यं ज्ञानमनन्तं ब्रह्म (तै. २।१।१) इत्यादिवेदान्तैः प्रतिपादिकम्। तस्य सत्यज्ञानाद्यात्मकस्वरूपान्तर्गतत्वे सति व्यावर्तकत्वात्। तटस्थलक्षणं यतो वा इमानि (तै. २।१) इत्यादीनि वाक्यानि निरूपयन्ति जगज्जन्मादिकारणत्वेन। तदुक्तं विवरणे–

जगज्जन्मस्थितिध्वंसा यतः सिध्यन्ति कारणात्।
तत्स्वरूपतटस्थाभ्यां लक्षणाभ्यां प्रदर्श्यते।। इति।

व्या० : जन्मादीति। अस्य पुरो दृश्यमानस्य निखिलस्य जगत उत्पत्तिस्थितिलया

यस्माद्भवन्ति तद्ब्रह्मेति सूत्रार्थः। अथातो ब्रह्मजिज्ञासा (ब्रह्मसू. १।१।१) इति प्रथमसूत्रेण ब्रह्मजिज्ञासायां प्रवर्तितायां कीदृशं ब्रह्मेत्याकाङ्क्षा जायते। तदर्थं ब्रह्मलक्षणमवश्यं कथनीयम्। तदनेन द्वितीयसूत्रेण प्रदर्श्यते।

तथा चोक्तम्–

ऋषयोपि पदार्थानां नान्तं यान्ति पृथक्त्वतः।
लक्षणेन तु सिद्धानामन्तं यान्ति विपश्चितः।। इति।

लक्षणं द्विविधम्–स्वरूपलक्षणं तटस्थलक्षणं च। द्विविधमपि लक्षणं व्यावर्तकं व्यवहारप्रयोजकं च भवति। स्वरूपलक्षणाद्वस्तुस्वरूपपरिचयो भवति। तत्र तावज्जन्मादिकारणत्वं मायाविशिष्टब्रह्मणः स्वरूपलक्षणत्वेप्यविरुद्धम्। शुद्धब्रह्मणस्तु तत्तटस्थलक्षणम्। शुद्धब्रह्मणः स्वरूपलक्षणं तु सत्यं ज्ञानमनन्तं ब्रह्म (तै. २।१।१) इति। **विवरण इति।** श्रीप्रकाशात्मयतिविरचिते पञ्चपादिकाविवरणे द्वितीयसूत्रारम्भ एवैतदुक्तमित्यर्थः।

शास्त्रयोनित्वात् (ब्र. सू. १।१।३) इति तृतीयसूत्रे प्रथमवर्णकेन षष्ठीसमास–समाश्रित्य सर्वज्ञत्वं प्रत्यपादि। द्वितीयवर्णकेन बहुव्रीहिसमासमभ्युपगम्य ब्रह्मणो वेदान्तप्रमाणकत्वं प्रत्यज्ञायि।

व्या० : शास्त्रेति। द्वितीयसूत्रे जगत्कारणत्वेन ब्रह्मणः सर्वज्ञत्वमर्थादुक्तम्। तदार्थिकं सर्वज्ञत्वं प्रधानादिनिरासाय वेदकर्तृत्वहेतुना समर्थयितुमिदं तृतीयं सूत्रम्। शास्त्रं वेदः।

प्रवृत्तिश्च निवृत्तिश्च पुंसां येनोपदिश्यते।
तद्धर्माश्चोपदिश्यन्ते शास्त्रं शास्त्रविदो विदुः।।

इति तल्लक्षणात्। तस्य योनिः कारणमिति षष्टसमासः। सर्वज्ञकल्पवेदकर्तृत्वाद्ब्रह्मणः सर्वज्ञत्वमित्यर्थः। इदं प्रथमं वर्णकम्। एकः प्रकार इत्यर्थः। द्वितीयेति। अस्मिन्प्रकारे शास्त्रयोनिरिति बहुव्रीहिः। जन्माद्यस्येति द्वितीयसूत्रे ब्रह्मणो जगज्जन्मादिकारणत्वकथनेन क्षित्यङ्कुरादिकं सकर्तृकं कार्यत्वाद्घटवत्–इत्युयनुमानं ब्रह्मणि प्रमाणं सूचितमित्याशङ्का स्यात्। तन्निवृत्तय इदं सूत्रम्। ब्रह्म न प्रमाणान्तरगम्यम्। कुतः। शास्त्रयोनित्वात्। शास्त्रं वेदो योनिः प्रमाणं यस्य तत्त्वादित्यर्थः। तं त्वौपनिषदं पुरुषं पृच्छामि (बृ. ३।९।२६) इत्युपनिषद्वेद्यत्वप्रतीतेः। नावेदविन्मनुते तं बृहन्तम् (तै. ब्रा. ३।१२।९।७) इति श्रुतौ प्रमाणान्तरनिषेधस्य स्पष्टमेवोक्तत्वाच्च। अनुमानं त्वत्र श्रुतिपार्षदतयैवोपयुज्यते न तु स्वातन्त्र्येणेत्यभिप्रायः।

तत्तु समन्वयात् (ब्र. सू. १।१।४) इति चतुर्थे सूत्रे प्रथमवर्णकेन वेदान्तानां ब्रह्मणि तात्पर्यं प्रत्यपादि। द्वितीयवर्णकेन वेदान्तानां प्रतिपत्तिविधिशेषतया ब्रह्मप्रतिपादकत्वं प्रत्यक्षेपि। दिङ्मात्रमत्र प्रदर्शितम्। शिष्टं शास्त्र एव स्पष्टमिति सकलं समञ्जसम्।।

।। श्रीरस्तु।।

इति श्रीमत्सायणमाधवीये सर्वदर्शनसंग्रहे सकलदर्शनशिरोलंकाररत्नं श्रीमच्छांकरदर्शनं समाप्तम्।।

समाप्तोयं सर्वदर्शनसंग्रहः।।

व्या० : तत्त्विति। सम्यगन्वयः समन्वयस्तात्पर्यविषयत्वम्। तत्पूर्वसूत्रोक्तं शास्त्रयोनित्वं ब्रह्मणो वेदान्तवाक्यतात्पर्यविषयत्वात्सिध्यतीति सूत्रार्थः। **द्वितीयेति।** वेदान्तवाक्यानि न विधेयोपासनाविषयत्वेन ब्रह्म बोधयन्ति किं तु मुख्यत्वेन। तथैव तेषां तात्पर्यावधारणादिति सूत्रार्थ इति शम्।। श्रीः।।

इति श्रीमदभ्यंकरोपाह्व-महामहोपाध्यायवासुदवेशास्त्रिविरचितायां सर्वदर्शनसंग्रहव्याख्यायां दर्शनाङ्कुराभिधायां शाङ्करदर्शनं समाप्तम्।।

शुभं भवतु।। श्रीः।।

Appendix

On the Upādhi (cf. *supra*, pp. 7, 8, 174, 194)

[As the *upādhi* or "condition" is a peculiarity, of Hindu logic which is little known in Europe, I have added the following translation of the sections in the Bhāṣā-pariccheda and the Siddhānta-muktāvalī, which treat of it.]

> cxxxvii. *That which always accompanies the major term (sādhya), but does not always accompany the middle (hetu), is called the condition (upādhi) ; its examination is now set forth.*

Our author now proceeds to define the *upādhi* or condition,[1] which is used to stop our acquiescence in a universal proposition as laid down by another person;—"that which always accompanies," etc. The meaning of this is that the so-called condition, while it invariably accompanies that which is accepted as the major term, does not thus invariably accompany that which our opponent puts forward as his middle term. [Thus

1. The *upādhi* is the "condition" which must be supplied to restrict a too general middle term. It the middle term, as thus restricted, is still found in the minor term, the argument is valid; if not, it fails. Thus, in "The mountain has smoke because it has fire" (which rests on the false premiss that "all fire is accompanied by smoke"), we must add "we fuel" as the condition of "fire;" and if the mountain *has* wet fuel as well as fire, of course it will have smoke. Similarly, the alleged argument that "B is dark because he is Mitrā's son" fails, if we can establish that the dark colour of her former offspring A depended not on his being her son, but on her happening to have fed on vegetables instead of ghee. If we can prove that she still keeps to her old diet, of course our amended middle term will still prove B to be dark, but not otherwise.

in the false argument, "The mountain has smoke because it has fire," we may advance "wet fuel," or rather "the being produced from wet fuel," as, an *upādhi,* since "wet fuel" is necessarily found wherever smoke is, but not always where fire is, as *e.g.*, in a red-hot iron ball.]

"But," the opponent may suggest, "if this were true, would it not follow that (a) in the case of the too wide middle term in the argument, 'This [second] son of Mitrā's, whom I have not seen; must be dark because he is Mitrā's son,' we could not allege 'the being produced from feeding on vegetables'[1] as a 'condition,'—inasmuch as it does not invariably accompany a dark colour, since a dark colour does also reside in things like [unbaked] jars, etc., which have nothing to do with feeding on vegetables? (b) Again, in the argument, 'The air must be perceptible to sense[2] because it is the site of touch,' we could not allege the 'possessing proportionate form' as a 'condition;' because perceptibility [to the internal sense] is found in the soul, etc., and yet soul, etc., have no form [and therefore the 'possessing proportionate form' does not invariably accompany perceptibility]. (c) Again, in the argument, 'Destruction is itself perishable, because it is produced,' we could not allege as a 'condition' the 'being included in some positive category of existence'[3] [destruction being a form of non-existence, called "emergent," *dvaṁśābhāva*], inasmuch as perishability is found in antecedent non-existence, and this certainly cannot be said to be included in any positive category of existence."

We, however, deny this, and maintain that the true meaning of the definition is simply this,—that whatever fact or mark we take to determine definitely, in reference to the topic, the major

1. The Hindus think that a child's dark colour comes from the mother's living on vegetables, while its fair colour comes from her living on ghee.
2. By Bhāṣā-parich. śl. 25, the four elements, earth, water, air, and fire, are *sparśavat*, but by śl. 27 of these air is neither *pratyakṣa* nor *rūpavat*.
3. This condition would imply that we could only argue from this middle term "the being produced" in cases of positive existence, not non-existence.

term which our condition is invariably to accompany, that same fact or mark must be equally taken to determine the middle term which our said condition is not invariably to accompany. Thus (a) the "being produced from feeding on vegetables" invariably accompanies "a dark colour," as determined by the fact that it is Mitra's son, whose dark colour is discussed [and this very fact is the alleged middle term of the argument; but the pretended contradictory instance of the dark jar is not in point, as this was not the topic discussed]. (b) Again, "possessing proportionate form" invariably accompanies perceptibility as determined by the fact that the thing perceived is an external object; while it does not invariably accompany the alleged middle term "the being the site of touch," which is equally to be determined by the fact that the thing perceived is to be an external object.[1] (c) Again, in the argument "destruction is perishable from its being produced," the "being included in some positive category of existence" invariably accompanies the major term "perishable," when determined by the attribute of being produced. [And this is the middle term advanced ; and therefore the alleged contradictory instance, "antecedent non-existence," is not in point, since nobody pretends that this is produced at all.

But it is to be observed that there is nothing of this kind in valid middle terms, *i.e.*, there is nothing *there* which invariably accompanies the major term when determined by a certain fact or mark, and does not so accompany the middle term when similarly determined. This is peculiar to the so-called condition. [Should the reader object that "in each of our previous examples there has been given a separate determining mark or attribute which was to be found in each of the cases included under each; how then, in the absence of some general rule, are we to find out what this determining mark is to be in any particular given case?" We reply that] in the case of any middle term which is too general, the required general rule consists in the constant presence of one or other of the following alternatives *viz.*, that the subjects thus to be included are either (i.) the acknowledged

---

1. "Soul," of course, is not external; but our topic was not *soul* but *air*.

site of the major term, and also the site of the condition,[1] or else (ii.) the acknowledged site of the too general middle term, but excluding the said condition;[2] and it will be when the case is determined by the presence of one or other of these alternatives that the condition will be considered as "always accompanying the major term, and not always accompanying the middle term."[3]

cxxxviii. *All true Conditions reside in the same subjects with their major terms;*[4] *and, their subjects being thus common, the (erring) middle term will be equally too general in regard to the Condition and the major term.*[5]

cxxxix. *It is in order to prove faulty generality in a middle term that the Condition has to be employed.*[6]

The meaning of this is that it is in consequence of the middle term being found too general in regard to the condition, that we infer that it is too general in regard to the major term; and

---

1. As, *e.g.*, the mountain and Mitrā's first son in the two false arguments, "The mountain has smoke because it has fire" (when the fire-possessing red-hot iron ball has no smoke), and "Mitrā's first son A is dark because he is Mitrās offspring" (when her second son B is fair). These two subjects possess the respective *sādhyas* or major terms "smoke" and "dark colour," and therefore are respectively the subjects where the conditions "wet fuel" and "the mother's feeding on vegetables" are to be respectively applied.
2. As, *e.g.*, the red-hot ball of iron and Mitrās second son; as these, though possessing the respective middle terms "fire" and "the being Mitrā's offspring" do not possess the respective conditions "wet fuel" or "the mother's feeding on vegetables," nor, consequently, the respective major terms *(sādhya)* "smoke" and "dark colour."
3. This will exclude the objected case of "dark jars" in (a), as it falls under neither of these two alternatives; for, though they are the sites of the *sādhya* "dark colour," they do not admit the condition "the feeding on vegetables," nor the middle term "the being Mitrā's son."
4. *I.e.*, wherever there is fire produced by wet fuel there is smoke. The condition and the major term are "equipollent" in their extension.
5. Where the *hetu* is found and not the *śadhya* (as in the red-hot ball of iron), there the *upādhi* also is not applicable.
6. *I.e.*, one which requires no determining fact or mark, such as the three objected arguments required in § 137.

hence the use of having a condition at all. (a) Thus, where the condition invariably accompanies an unlimited[1] major term, we infer that the middle term is too general in regard to the major term, from the very fact that it is too general in regard to the condition; as, for example, in the instance "the mountain has smoke because it has fire," where we infer that the "fire" is too general in regard to "smoke," since it is too general in regard to "wet fuel ;" for there is a rule that what is too general for that which invariably accompanies must also be too general for that which is invariably accompanied. (b) But where we take some fact or mark to determine definitely the major term which the condition is invariably to accompany,—there it is from the middle term's being found too general in regard to the condition in cases possessing this fact, or mark that we infer that the middle term is equally too general in regard to the major term. Thus in the argument, "B is dark because he is Mitrā's son," the middle term "the fact of being Mitrā's son" is too general in regard to the *sādhya*, "dark colour," because it is too general in regard to the *upādhi*, "feeding on vegetables," as seen in the case of Mitrā's second son [Mitrā's parentage being the assumed fact or mark, and Mitrā herself not having fed on vegetables previous to his birth].

(But an objector might here interpose, "If your definition of a condition be correct, surely a pretended condition which fulfils your definition can always be found even in the case of a valid middle term. For instance, in the stock argument 'the mountain must have fire because it has smoke,' we may assume as our pretended condition 'the being' always found elsewhere than in the mountain;' since this certainly does not always 'accompany the middle term,' inasmuch as it is not found in the mountain itself where the smoke is acknowledged to be; and yet it apparently does 'always accompany the major term,' since in every other known case of fire we certainly find it, and as for the present case you must remember that the presence of fire in this mountain is the very point in dispute." To this we reply] You never may take such a condition as "the being always

1. The disputant says, "Fire must be non-hot because it is artificial." "Well," you agine "then it must only be an artificiality which is

found elsewhere than in the subject or minor term" (unless this can be proved by some direct sense-evidence which precludes all dispute); because, in the first place, you cannot produce any argument to convince your antagonist that this condition does invariably accompany the major term [since he naturally maintains that the present case is exactly one in point against you]; and, secondly, because it is self-contradictory [as the same nugatory condition may be equally employed to overthrow the contrary argument].

But if you can establish it by direct sense-evidence; then the "being always found elsewhere than in the subject" becomes a true condition, [and serves to render nugatory the false argument which a disputant tries to establish. Thus in the illusory argument "the fire must be non-hot because it is artificial," we can have a valid condition in "the being always found elsewhere than in fire," since we can prove by sense-evidence that fire is hot,[1] [thus the *upādhi* here is a means of overthrowing the false argument].

Where the fact of its always accompanying the major term, etc., is disputed, there we have what is called a disputed condition.[2] But "the being found elsewhere than in the subject" can never be employed even as a disputed condition, in accordance with the traditional rules of logical controversy.[3]

E. B. C.

---

always found elsewhere than in fire, — *i.e.*, one which will not answer your purpose in trying to prove your point." Here the proposed *upādhi* "the being always found elsewhere than in fire" answers to the definition, as it does not always accompany the *hetu* "possessing artificiality," but it does always accompany the *sādhya* "non-hot," as fire is proved by sense-evidence to be hot.

2. As in the argument, "The earth, etc., must have had a maker because they have the nature of effects," where the Theist disputes the Atheistic condition "the being produced by one possessing a body." See Kusumāñjali, v. 2.
3. In fact, it would abolish all disputation at the outset, as each party would produce a condition which from his own point of view would reduce his opponent to silence. In other words, a true condition must be consistent with *either* party's opinions.

Index

A

L

M

R